金融学原理

PRINCIPLES OF FINANCE 5E

金融学精选教材译丛

U0369187

〔美〕 斯科特·贝斯利 (Scott Besley)
尤金·F.布里格姆 (Eugene F. Brigham) 著

吴先红　徐春武　王宇　等译

第5版

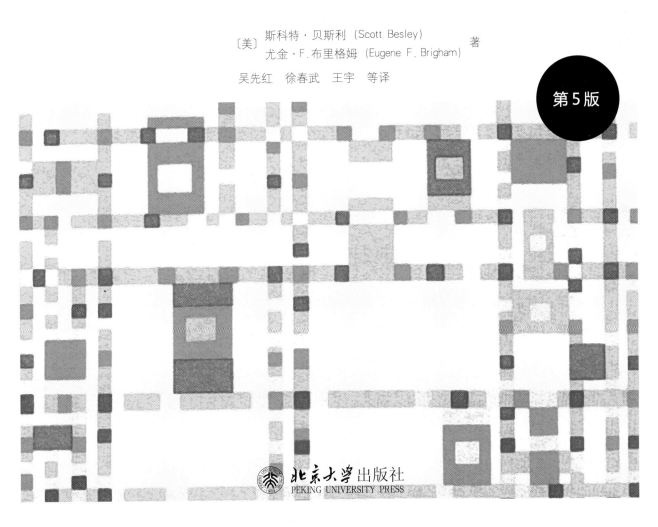

北京大学出版社
PEKING UNIVERSITY PRESS

著作权合同登记号　图字:01-2013-4107

图书在版编目(CIP)数据

金融学原理:第5版/(美)贝斯利(Besley,S.),(美)布里格姆(Brigham,E. F.)著;吴先红等译.—北京:北京大学出版社,2016.7
　　(金融学精选教材译丛)
　　ISBN 978-7-301-25314-4

Ⅰ.①金… Ⅱ.①贝… ②布… ③吴… Ⅲ.①金融学—高等学校—教材 Ⅳ.①F830

中国版本图书馆 CIP 数据核字(2015)第 006823 号

Scott Besley, Eugene F. Brigham

Principles of Finance, 5th edition

书　　　名	金融学原理(第5版)
	JINRONGXUE YUANLI
著作责任者	〔美〕斯科特·贝斯利(Scott Besley) 尤金·F. 布里格姆(Eugene F. Brigham) 著
	吴先红 徐春武 王 宇 等译
策划编辑	张 燕
责任编辑	刘誉阳 姚大悦
标准书号	ISBN 978-7-301-25314-4
出版发行	北京大学出版社
地　　　址	北京市海淀区成府路 205 号　100871
网　　　址	http://www. pup. cn
电子信箱	em@ pup. cn　　　QQ:552063295
新浪微博	@北京大学出版社　@北京大学出版社经管图书
电　　　话	邮购部 62752015　发行部 62750672　编辑部 62752926
印刷者	河北滦县鑫华书刊印刷厂
经销者	新华书店
	787 毫米×1092 毫米　16 开本　41.5 印张　984 千字
	2016 年 7 月第 1 版　2021 年 5 月第 3 次印刷
定　　　价	82.00 元

出版者序言

　　作为一家致力于出版和传承经典、与国际接轨的大学出版社，北京大学出版社历来重视国际经典教材，尤其是经管类经典教材的引进和出版。自 2003 年起，我们与圣智、培生、麦格劳－希尔、约翰－威利等国际著名教育出版机构合作，精选并引进了一大批经济管理类的国际优秀教材。其中，很多图书已经改版多次，得到了广大读者的认可和好评，成为国内市面上的经典。例如，我们引进的世界上最流行的经济学教科书——曼昆的《经济学原理》，已经成为国内最受欢迎、使用面最广的经济学经典教材。

　　呈现在您面前的这套引进版精选教材，是主要面向国内经济管理类各专业本科生、研究生的教材系列。经过多年的沉淀和累积、吐故和纳新，这套教材在各方面正逐步趋于完善：在学科范围上，扩展为"经济学精选教材""金融学精选教材""国际商务精选教材""管理学精选教材""会计学精选教材""营销学精选教材""人力资源管理精选教材"七个子系列，每个子系列下又分为翻译版、英文影印/改编版和双语注释版。其中，翻译版以"译丛"的形式出版。在课程类型上，基本涵盖了经管类各专业的主修课程，并延伸到不少国内缺乏教材的前沿和分支领域；即便针对同一门课程，也有多本教材入选，或难易程度不同，或理论和实践各有侧重，从而为师生提供了更多的选择。同时，我们在出版形式上也进行了一些探索和创新。例如，为了满足国内双语教学的需要，我们改变了部分影印版图书之前的单纯影印形式，而是在此基础上，由资深授课教师根据该课程的重点，添加重要术语和重要结论的中文注释，使之成为双语注释版。此次，我们更新了丛书的封面和开本，将其以全新的面貌呈现给广大读者。希望这些内容和形式上的改进，能够为教师授课和学生学习提供便利。

　　在本丛书的出版过程中，我们得到了国际教育出版机构同行们在版权方面的协助和教辅材料方面的支持。国内诸多著名高校的专家学者、一线教师，更是在繁重的教学和科研任务之余，为我们承担了图书的推荐、评审和翻译工作；正是每一位推荐者和评审者的国际化视野和专业眼光,帮助我们书海拾慧,汇集了各学科的前沿和经典;正是每一位译者的全心投入和细致校译,保证了经典内容的准确传达和最佳呈现。此外,来自广大读者的反馈既是对我们莫大的肯定和鼓舞,也总能让我们找到提升的空间。本丛书凝聚了上述各方的心血和智慧,在此,谨对他们的热忱帮助和卓越贡献深表谢意!

　　"千淘万漉虽辛苦,吹尽狂沙始到金。"在图书市场竞争日趋激烈的今天,北京大学出版社始终秉承"教材优先,学术为本"的宗旨,把精品教材的建设作为一项长期的事业。尽管其中会有探索,有坚持,有舍弃,但我们深信,经典必将长远传承,并历久弥新。我们的事业也需要您的热情参与!在此,诚邀各位专家学者和一线教师为我们推荐优秀的经济管理图书(em@ pup. cn),并期待来自广大读者的批评和建议。您的需要始终是我们为之努力的目标方向,您的支持是激励我们不断前行的动力源泉!让我们共同引进经典,传播智慧,为提升中国经济管理教育的国际化水平做出贡献!

北京大学出版社
经济与管理图书事业部

前　言

"金融学原理"是一门基础课程。本书包括三个金融研究领域的关键概念：① 金融市场和机构；② 财务管理；③ 投资。本书从讨论金融体系——金融市场、金融机构和金融资产开始，接着介绍一般企业概念，包括企业组织与目标、财务稳健性判断。其后几章介绍估值概念，包括货币的时间价值、金融和实体资产的估值、风险和收益的基本要素。然后进入公司决策或财务管理的讨论，主要集中在财务经理如何通过完善资本预算、选择资本结构和管理营运资本等决策来实现公司价值最大化。最后两章说明投资的基本原理。这样的结构具有三个重要的优点：

(1) 在本书的前一部分说明金融市场如何运作和证券价格如何确定，有助于学生理解财务管理如何影响公司价值以及这些概念如何用于作出个人财务决策。这一背景对于理解本书后面讨论的诸如风险分析、时间价值、估值技巧等关键概念都有所帮助。

(2) 围绕市场和估值来构造本书的结构，增强了本书的连续性，原因在于这样的结构有助于学生理解各个主体之间是如何联系在一起的。

(3) 大部分学生，即使不打算学金融学专业，通常对投资的概念，如股票和债券的估值与选择、金融市场如何运作、风险和回报率如何影响财务决策等，也会感兴趣。因为一个人的学习能力与其兴趣和动机有着紧密的关系，而且由于本书从证券市场、金融资产估值和财务管理之间的关系入手，因此从教学观点来看，这样的结构顺理成章。

虽然本书的目的是讨论金融学，但无法涉猎金融学的每个领域。因而，我们只包括那些与金融学密切相关的领域的议题。由于多数阅读本书的学生将来的专业可能并不是金融学，故本书将成为他们接触金融学（包括那些大家都感兴趣的投资概念）的唯一契机。因此，我们对本书的结构如此安排是想达到以下目的：① 内容足以使学生对金融学具有基本的了解；② 作为回答有关金融学基本问题的参考书。

与圣智其他图书的关系

显然无法在一本教科书，特别是大学教科书中提供给读者有关金融学的所有内容。认识到这样一个事实，使我们得以界定本书的范围，同时也编著其他教材对本书没有讨论的内容进行补充。我们编写了一部内容更为详细的财务管理的教材《财务管理精要》(*Essentials of Managerial Finance*，第 14 版)。另外，尤金·F.布里格姆(Eugene F. Brigham)和菲利浦·R.

大卫(Philip R. Daves)合著了大学中级教材《中级财务管理学》(*Intermediate Financial Management*,第10版),尤金·F.布里格姆和迈克尔·C.伊尔哈特(Michael C. Ehrhardt)合著了比较全面的 MBA 教材《财务管理:理论和实务》(*Financial Management:Theory and Practice*,第13版)。

本书和其他高级教材之间的关系如下:我们知道许多学生在使用高级教材之前,曾经使用本书作为入门教材。因此,我们力求避免重复,又要使学生能够在有争议的问题中学习到不同的观点。我们也注意到重复难点有助于学生学习——他们需要复习。学生希望高级教材中的风格和术语与入门教材能够保持一致,这将使学习变得更容易。对于这些不同的观点,我们尽量采取适度和中庸的方式,在存在严重争议的地方,尽量兼容不同的观点。本书的评论者应当考虑这一点,他们提供的建议和意见有助于减少可能的偏差。

目标市场和使用

如前所述,本书是初级教材。一个学期的课程可以讲授关键的章节,如果补充案例和课外读物,本书可以用于两个学期的课程。如果本书作为一个学期的课程,指导教师可以选择一些章节,余下的部分让学生自学或者作为其他课程的参考。另外,我们的编写具有很大的弹性,这有助于教师根据自己的选择自由安排各个章节的顺序。

本书的特色

为确保本书各个主题的连贯性和说服力,我们采取结构化的方式编写本书。为了加强教学效果,我们吸收了一些重要的特色,包括:

学习目标和章尾总结

每章的开始都有一个称为"学习目标"的部分,这里给出了一些问题,每个学生在阅读完本章后都应该能知道答案。此外,在每章的结尾都对本章所提到的一些概念作了总结,这些概念也与各章开始的"学习目标"相联系。这一特色能帮助学生们将各章的内容与教师们经常在课堂上提到的问题或考试中的试题联系起来。

电子表格

在适当的情况下,可以使用电子表格解答本书中给出的问题。本书使用电子表格解决的财务问题主要是在含有货币时间价值的章节(第9章)和描述资本预算方法的章节(第13章)。另外,涉及计算机计算的有关问题应当使用电子表格来解决,这些问题在相关章节最后的计算题部分。由于学生们在以后的企业工作中必须使用电子表格,所以他们应当尽早在相关课程中学习这些工具的用法。

个人理财

在过去我们讲授所有商务专业都必修的金融学基本课程时,我们发现很多学生似乎对这一课程不感兴趣。实际上,大部分人都承认,如果某一课程不是他们以后的工作所需要的,他们就不会选修这门课程。所以,我们尝试着使用各种方法让对金融学不感兴趣的学生对它产生兴趣。关于个人理财决策的财务管理话题似乎能够引起学生们的关注,毕竟在每个人的一生中都会或多或少地遇到这个问题。因此,本书的每一章都有一个称为"个人理财"的部分,这部分主要是关于各章中涉及个人理财决策相关话题的讨论。我们希望的是,学生们能够将课程中讲授的金融学知识与他们将来要面临的个人理财决策的应用联系起来。也许这一教学方式能够让学生们更有兴趣学习重要的金融学知识。

道德困境

我们觉得在本书中引入金融学的道德问题是非常关键的,因为学生们可能在将来的某一天会成为决策者。因此,在一些章节中包括了"道德困境"的专题,根据真实的故事提炼出与本章内容相关的道德问题,让学生回答在遇到这样的问题时他们会如何应对。道德困境问题使得学生在面对道德和企业的关系时,促进关键性思考和决策技巧,并提供班级讨论的有趣的话题。

现金流量的时间序列和货币时间价值分析的方法

在讨论货币时间价值(第9章)时,我们把时间价值问题的文字讨论作为每节的开始,接下来我们利用时间序列的图形来表示与此相关的现金流,之后我们给出解题的等式。最后,我们提供解等式的两种方法:① 数解;② 财务计算器求解。对一些问题我们还会给出电子表格解法。现金流量的时间序列帮助学生认清解决问题的方法,等式帮助学生了解数学方法,这两种解决方法帮助学生认识到时间价值问题有不同的解法。这一方法的好处之一是财务计算器不再被视为一个"黑箱",而是解决时间价值问题的有效方式。

跨国金融知识介绍

跨国金融知识是分别在有相关专题的章节中介绍的,而不是单独用一个章节来介绍。这一做法能有助于学生更好地理解如何在国内和国际这两个背景下运用各章中所介绍的知识。

管理的视角

每章从"管理的视角"开始,它可用于学生自己阅读,也可用于教师课程的讲稿,或者两者皆可。尽管这些商业小故事对这一版本来说不是第一次引用的,但是我们希望能够引起读者的注意,因为这一版本中每一个小故事的内容都是最新的,或者在前版的基础上有所更新。

补充材料

教师可以免费获得如下一些材料:

(1) 教师指导手册。教师指导手册是一个全面的手册,包括所有练习和习题的答案、综合题的详细解答、考试样题和课程大纲。

(2) 教学演示软件。为了方便课堂演示,提供了用微软 PowerPoint 软件制作的演示文稿。

（3）题库。题库中包含了一千多道课堂测试题，其中的很多题目都是新编的。同时提供了相当多的是非题、多项概念选择题、多项选择题（去掉选择答案就很容易调整为简答题）以及金融计算题。对于这一版本的题库，我们还设计了学习目标和学习效果评估标准，这一标准可以满足 AACSB 的要求。此外，用来评估学习效果的试题在题库中都有标记，考虑到 AACSB 的要求，这些试题都是由编题委员会精心挑选的。

题库包含印刷版题库的所有题目并且允许教师新增、编辑、储存和打印这些试题，也可以在线使用这些试题。

（4）问题的电子表格。在各章最后部分出现的计算机相关问题涉及的电子表格也可以获得。

（5）网站。教师和学生可以通过本书指定的网址获得更多学习资源，网址为：http://www.cengage.com/finance/besley。

学生可以购买的一些辅导资料：

（1）案例。由 Eugene F. Brigham 和 Linda S. Klein 编写的《金融在线案例库》(*Finance Online Case Library*, 3rd edition) 非常适合与本书一起使用。这些案例将本书中介绍的方法和概念具体运用到现实的生活中。此外，所有的案例都可以以定制的方式获取，这样你就可以只购买你想要使用的案例。

（2）电子表格分析教材。由 Timothy Mayes 和 Todd Shank 编写的《使用微软 Excel 进行金融分析》(*Financial Analysis with Microsoft Excel*, 5th edition)，完全将电子表格分析教学与基本的金融知识结合起来，并与本书中备受重视的计算机计算的原理紧密相连。

致谢

本书是许多人多年努力的结晶。对于第 5 版，我们首先要感谢以下几位教授为完善它所作的努力：

Catherine D. Broussard, University of Louisiana at Lafayette

Barbara H. Edington, St. Francis College

Thomas C. Friday, San Antonio College

Tim Jares, University of Northern Colorado

Ladan Masoudie, University of South Carolina

Christine McClatchey, University of Northern Colorado

Richard A. Shick, Canisius College

K. Matthew Wong, St. John's University

其次，我们要感谢以下人员对本书的前几版提供的具有价值的评论和建议，他们是：Nasser Arshadi, Robert E. Chatfield, K. C. Chen, John H. Crockett Jr., Mary M. Cutler, Dean Drenk, John Fay, David R. Fewings, Shawn M. Forbes, Beverly Hadaway, William C. Handorf, Jerry M. Hood, Raman Kumar, Kristie J. Loescher, Joseph H. Meredith, Aldo Palles, Robert M. Pavlik, Stephen Peters, Marianne Plunkert, Gary Sanger, Oliver Schnusenberg, Paul J. Swanson, Harold

B. Tamule，Sorin Tuluca，David E. Upton，Bonnie Van Ness，Howard R. Whitney，Sinan Yildirim，Shaorong Zhang。

结论

从某种意义上来说,金融学是企业管理系统的基石——好的财务管理对企业、国家和世界经济的稳健运行都至关重要。正是因为这一学科的重要性,才要广泛、全面地掌握金融学知识。但是知易行难,这一领域相当复杂,它为了应对经济环境的快速变化而不断变化。所有这些使得金融学变得更加令人激动和兴奋,同时也充满挑战性,有时还令人费解。我们真诚希望本书有助于加深我们对金融系统的理解,从而应对自身的挑战。

斯科特·贝斯利
南佛罗里达大学
商学院 BSN3403
佛罗里达州坦帕市 33620-5500

尤金·F.布里格姆
佛罗里达大学
商学院
佛罗里达州盖恩斯维尔市 32611-7160

目录
contents

第4部分　公司决策

第 *1* 部分

金融学的基本概念

第1章
金融学概述

　　你喜欢钱吗？如果喜欢，那你应该也会喜爱金融学，因为金融学探讨的对象就是钱，更重要的是，当你阅读本书时，你会发现财务界人士喜爱用钱来生钱。这听起来是一个不错的想法吧？确实是。

　　你对金融学的了解有多少？多数人会回答"不太了解"。一些对美国人金融素质的调查和测试显示，相当多的美国人是"金融盲"。2003 年，Bankrate.com 对美国人金融素质调查给出的平均打分值为 D。在该项测试中，只有 10% 的参与者的得分是 A，35% 的参与者不及格。将该项测试应用于中学生中，结果更糟。[①] 在 2008 年对中学高年级的学生进行的调查中，Jump$tart 发现他们的平均金融素质得分是 48 分，不及格。尽管大学生表现得要好一些，但是他们仍然也只有 62 分的 D 级平均得分。[②] 在由 Harris Interactive Inc. 为全国信贷咨询基金会所实施的 2010 年消费者金融素质调查中，发现只有 34%（2009 年为 41%）的调查者觉得他们对个人理财知识的得分应为 C 或者更低。[③] 这些调查结果很清晰地表明，在世界上大部分金融业很发达的国家——比如美国——都缺少对个人理财的理解。

　　人们对与自己有关的金融问题存在的异议或误解主要是在养老和个人债务方面。1950—1979 年，美国的年平均储蓄率（以可支配收入的百分比表示）大约为 9%，到 20 世纪 90 年代时下降到 5.5%，而到了 21 世纪时则下降到 3%。这意味着自 1980 年以来美国人把他们

---

　　① 关于金融素质的信息可以通过 Bankrate.com 网站获取。本调查的网址是：http://www.bankrate.com/brm/news/financialliteracy2004/grade-home.asp。

　　② Jump$tart 调查的结果可以通过以下网址获取：http://www.jumpstart.org/survey.html。

　　③ 全国信贷咨询基金会实施的"2010 年消费者金融素质调查：最终报告"的结果可通过以下网址获取：http://www.nfcc.org/Newsroom/FinancialLiteracy/index.cfm。

的收入用于应对退休或紧急情况的比例实质上是下降了。④ 更糟糕的是,储蓄下降,而个人债务却急剧增长,例如,1990 年的人均信用卡余额大约为 3 000 美元,而在 2000 年这一余额接近 8 000 美元。尽管在 2010 年未偿还信用卡债务稍微有点下降,但平均估计每个美国家庭的信用卡债务为 7 500—15 000 美元。作为一个学生,你应当留意你的信用卡,因为平均而言,大学本科生的信用卡余额大约为 3 500 美元,而研究生则几乎达到 5 600 美元。遗憾的是,近 10% 的毕业生的信用卡余额超过 7 000 美元。而且,在毕业之后,大学生们平均有 24 000 美元的助学贷款需要偿还。⑤

　　金融学是日常生活的一部分,所以就个人而言,有必要了解金融学如何影响个人的生活。当你准备购买汽车或房子或者制订退休计划时,必然会遇到一些基础的财务金融概念。因此,当你阅读本书时,试着把问题与你将面对的未来决策联系起来,这些决策包括股票投资、退休规划,以及对诸如汽车、房子等高价位商品的投资。即使你从事的是非金融职业,你也会发现财务金融概念在你的工作和个人生活中的应用。

　　金融学的发展已经历经了好几百年,有着古老的根基。但其至今仍是一门演进中的学科,还有不可限量的发展空间。当你阅读本书时,记住,金融领域是动态的且随时在变动,如果你要寻找将来不会使你感到厌烦的职业,学习金融学也许是个不错的选择。

学习目标

在阅读完本章后,你应当能够:

(1) 解释什么是金融学,为什么每个人都应当对基本的金融知识有一个了解。
(2) 描述在过去的一个世纪中金融学这门学科所发生的改变。
(3) 解释价值通常是怎样衡量的,以及什么是价值最大化。
(4) 解释可持续意味着什么,以及如何制定适当的金融决策来促进可持续发展。
(5) 解释精益生产和精益金融是什么意思。

1.1　什么是金融?

　　简而言之,**金融**(finance)是有关资金,或者更确切地说,是有关现金流的决策。金融决策

---

④　资料来源:经济分析局(http//www.bea.gov/)。

⑤　资料包括:Draut, T.,"Economic State of Young America,"Dēmos:A Network for Ideas & Action(New York),Spring 2008. A pdf version of the report is available at http://www.demos.org/;Dickler,J.,"Getting Squeezed by Credit Card Companies:Card Issuers Use All Sorts of Tactics to Wrestle Every Penny Out of Customers. Here's What You Need to Know,"CNNMoney.com,May 27,2008;"Taking Charge:America's Relationship with Credit Cards,"CreditCards.com,June 6,2007;and "Student Debt and the Class of 2009,"The Project on Student Debt,October 2010,available at http://www.projectonstudentdebt.org/。此外,从诸如以下网址中也能获得相关信息:Index Credit Cards, http://www.indexcreditcards.com/creditcarddebt/,Collections & Credit Risk, http://www.collectionscreditrisk.com/news/card-debt-falling-along-with-average-credit-scores-3003248-1.html, and CreditCards.com, http://www.creditcards.com/credit-card-news/credit-card-industry-facts-personal-debt-statistics-1276.php.

主要是关于企业、政府、个人如何筹集和运用资金。要作出理性的财务决策,你必须理解三个一般又合理的概念。其他条件不变时:① 更多的价值比更少的要好;② 越早获得资金就越有价值;③ 低风险的资产比高风险的资产要更有价值。所以,如果公司在作决策时考虑到以上三个概念,那么它就能使公司以更低的价格向顾客出售更好的产品,付给员工更高的工资,而且能为公司的投资者带来更多的利润。因此,良好的财务管理对个人和大众都有百利而无一害。

尽管本书强调的是企业金融,但是你会发现,企业进行理性商业决策所运用的知识同样适用于个人理财,个人通过运用这些知识也可以作出明智的财务决策。例如,如果你中了价值 1.05 亿美元的州彩票,你会选择以下哪种支付方式:① 现在一次性向你支付 5 400 万美元;② 在未来 30 年每年向你支付 350 万美元? 在第 9 章我们将会介绍货币的时间价值技术,企业一般会用它来进行商业决策,但它也可以用来回答以上的问题及其他涉及个人理财的问题。

1.2　金融学领域

金融学的研究包括四个相互关联的领域。

1. 金融市场和金融机构

金融机构包括银行、保险公司、储蓄与贷款协会、信用社,它们都是金融市场的组成部分。要成为一名成功的金融从业者,首先要对金融市场中导致利率和其他收益率升降的因素、金融机构的监管制度和各种金融工具(分期付款、汽车贷款、存单等)有清楚的了解。

2. 投资

金融研究的这一领域关注企业和个人为构造投资组合而对证券进行选择的相关决策。投资领域的主要功能包括:① 确定关于金融资产(如股票、债券等)的价值、风险和收益率。② 确定投资组合中的最优证券组合。

3. 金融服务

金融服务是由对资金进行管理的组织所提供的一项功能。这些组织包括银行、保险公司、经纪公司等。在这些组织中的工作人员帮助个人或公司决定如何进行投资以实现他们的目标,这些目标包括购房计划、退休计划、财务的稳定和可持续、预算及相关活动。

4. 财务管理

财务管理探讨的是所有组织都很关心的现金流的决策,包括现金流入和现金流出。因此,非上市公司也好,上市公司也好,金融业也好,制造业也好,财务管理对所有行业而言都非常重要。从经营扩张到选择融资工具,这些都是财务管理工作所涉及的问题。财务经理同样要负责针对不同客户制定赊销政策,决定存货量和库存现金量、是否应该兼并其他公司(兼并分析)、如何分配利润(发放股利和再投资进公司),等等。

尽管本书主要关注的是财务管理,但对其他三个领域也有所讨论,因为所有的金融领域都是相互联系的。不管你从事的是哪一个行业,都要对上述三个领域的知识有所涉猎。例如,银行家如果不了解财务管理,就无法判断一个公司经营的好坏,因而就无法作出最佳的贷款决策。同样,证券分析师,甚至股票经纪人想要提供给客户最佳的投资建议,他们也需要对财务管理有所了解。同时,公司财务经理则要知道银行家和投资者对公司业绩作何评价,以及他们的评价如何影响股票价格。

1.3　金融学在非金融领域的重要性

无论选择何种职业,你几乎每天都离不开金融知识。当你借钱买车或购房时,需用金融知识来决定你每个月的付款。当你退休时,要用金融知识来决定你从退休计划中领到的养老金。如果你打算创业,了解金融知识关系到企业的存活。因此,即使你不想进入金融相关领域工作,对金融概念有一些基本的了解也是很重要的。当然,如果你决定在金融领域工作,那么你必须了解营销、会计、生产等商业的其他领域,以作出更可靠的金融决策。下面我们来看看金融学与商业中的其他领域有什么联系。

1. 管理层

提到管理层,我们常常想到人事决策、员工关系、战略规划及公司总体经营。战略规划是最重要的管理活动之一,如果不考虑该规划如何影响公司的财务状况,那么该规划是不能实现的。在这些领域中,金融知识扮演着相当重要的角色。例如,确定工资、雇用新员工、决定奖金等有关人力资源的决策必须与财务决策协调,以确保必要的资金到位。如果不考虑这些计划如何影响公司整体的财务利益,最重要的管理活动之一——战略规划也就无法完成。因此,管理者必须对财务管理知识有大体的了解,才能在其专业领域作出睿智的决策。

2. 营销

如果学过基本的营销课程,你应该知道营销的"4P"——产品、价格、渠道和促销,它们决定了公司制造与销售的产品能否成功。毋庸置疑,有关产品的定价和广告费用的金额应该与财务经理共同决定,因为如果产品价格定得太低或广告费用太高,公司会出现亏损。协调财务功能与营销功能,对企业特别是新成立的小企业来说更为关键,原因是企业要生存的话,必须有充分的现金流。因此,营销人员必须了解营销决策与可用资金、库存水平、生产过剩等如何相互影响。

3. 会计

对于许多公司(尤其是小公司)而言,很难区分财务功能和会计功能,会计人员常常作出财务决策,反之亦然,因为这两个学科有密切的关系。你将发现,财务经理对会计信息有很大的依赖性,因为未来的决策需要以过去的信息为基础,其结果是会计人员必须了解财务经理在作规划与决策时如何使用会计信息,以便提供准确、及时的会计信息。同样,会计人员也必须了解投资者、债权人和对公司经营有兴趣的外部人士如何解读会计数据,这样他们就可以提供恰当的财务信息。

4. 信息系统

为了作出理性的决策,财务经理非常依靠信息的可得性。对传递这种信息的过程进行规划、发展和执行的成本相当高;然而,因缺乏信息而产生的问题也要支付巨额代价,如果没有适当的信息,财务、管理、营销、会计等相关决策可能造成重大危害。不同类型的信息需要不同的信息系统,所以信息系统专家与财务经理共同决定需要哪些信息、如何储存信息、如何传递信息及信息管理如何影响公司的盈利。

5. 经济学

金融学与经济学十分相似,很多大学都把有关这两个领域的课程放到一个院系中(功能领域)。经济学家开发了很多用来进行财务决策的工具,这些工具是从原理或模型一步步地发展起来的。也许金融学与经济学最显著的不同就在于财务经理是对一个特别的公司或一组公司的现金流进行评价、作出决策,而经济学家则是对整个行业的活动进行分析,预测其变化,他们是把经济作为一个整体。财务经理懂得经济学知识很重要,经济学家懂得财务知识也同样重要——经济活动和经济政策影响财务决策,反之亦然。

无论你选择哪种行业,金融学都将成为你生活的一部分。就事业和个人而言,一生中有很多次面临有关金融决策的机会,因而了解一般金融概念是一件重要的事情。事实上几乎所有的企业决策都会运用金融知识,而非财务人员必须具备足够的金融知识,才能将这些知识与他们的专业分析相结合。因此,不论学习什么专业,每个商学院的学生都应该关注金融学。

1.4　现代金融学的发展[⑥]

本书中,虽然我们在前面考察了金融学里四个相互关联的领域的一般概念,但是接下来我们主要从三个领域来讨论,因为人们都认为这三个领域就已经涵盖了金融学研究的基本内容。这三个领域是:① 金融市场;② 投资;③ 公司理财(或财务管理)。本节主要是对现代金融学在这些领域的发展进行简要的介绍。稍后,你会发现许多讨论的重点都放在财务管理上了,我们这样做有两个原因:① 财务管理包括其他两个领域;② 通常,财务管理的方法也可应用到个人面对的融资和投资决策上,以及金融服务机构提供的服务和产品上。

1.4.1　金融市场

金融市场提供了一种机制,使得借款方和贷款方能够相互转移资金,无论是直接转移还是间接转移。由于美国的金融市场发展良好,所以我们的生活水平不断提高,如果没有诸如银行、信贷协会、储蓄信贷协会等金融机构,贷款买车或购房将会相当困难。然而,20 世纪的金融市场和金融机构都经历了巨大的变化。

20 世纪初,"银行业"包括数以千计的独立银行,多数属于小型的地方银行。较大的银行提供多样化的服务,包括那些传统上与银行有关的业务及其他金融业务,如投资服务和保险。到 20 世纪 20 年代,许多大型商业银行下设投资部和支持公司发行股票与债券的附属机构,10 年后,银行或其附属机构承销大约 50% 的新发行股票和债券。在这一时期,银行真正是提供全方位服务的金融机构。

---

⑥　关于 20 世纪金融学演进的精彩讨论,参见 J. Fred Weston, "A (Relatively) Brief History of Finance Ideas," *Financial Practice and Education*, Spring/Summer 1994, 7—26。

在 20 世纪前 1/3 的时间里,发生了包括 1907 年破坏性的金融危机、20 世纪 20 年代大约 6 000 家银行倒闭及 1929—1933 年的大萧条等在内的一系列金融危机,促成了严格限制银行营业地点与营业方式的法律,从而奠定了现行的银行制度基础。在那一时期,还没有我们今天所知道的分行业务,当时分行制度被法律禁止或遭到银行业反对。此外,20 世纪 30 年代的银行改革严格限制银行业的经营范围。当时一般的想法是认为无所不为的银行组织造成了早期的金融危机和大萧条,因此,有必要对此进行改革,让银行专注于银行业的主要活动——存款与贷款。似乎只有通过强有力的管理与监督,才能实现这样的目标。

无论在国内还是国外的金融市场,这种对银行经营范围的限制都使得银行处于竞争劣势。20 世纪七八十年代,金融市场经历了利率快速上升及信息和通信技术的重大进步,造成非银行金融机构出现,并迅速威胁到银行与其他金融机构的生存。为适应环境的变化,从 20 世纪 70 年代起银行业开始放松监管。例如,过去几十年中法律和法律提案取消了设立全国性分行的障碍,并允许银行业进入投资、保险等领域,而这些是从 20 世纪 30 年代起就禁止银行业进入的领域。有人认为银行监管的放松是为了促进竞争,过度严格的银行监管威胁着金融机构的生存。

过去,银行监管更加严格,整个金融市场也是如此。近年来发生在金融市场中的事件,以及 2007—2010 年的经济萧条,提高了人们对金融市场参与者的关注。金融市场应当被更加严格地监管,尽可能避免出现严重的市场低迷状况,减少投资者间相互欺骗的机会。在房地产市场崩盘后,借款人由于对次级贷款、期权、抵押贷款的误解遭到了很多指责,一些由不完善的风险管理所导致的大型金融机构倒闭,国会一直致力于重新监管金融市场。观察未来立法的态势会是一件很有趣的事。通常,当经济(与金融市场)表现良好时,就会向有利于自由化的方向立法;反之,在发生经济危机时或之后(正如 2007—2010 年发生过的那样),就会有相反方向的立法。

1.4.2　投资

20 世纪起,美国就有很多股票市场。此外,投资参与者和金融工具的种类也发生了相当大的变化。20 世纪初,投资领域是由一小群非常富有的投资者和富裕的公司主导的,由于管理层很少对公众披露财务信息,当时也没有规定要这么做,因此小投资者进入公司股票和债券投资领域的风险非常大。因为信息由内部人士及那些有能力为之付款的人掌握,小投资者处于相当不利的地位,也常常成为消息灵通投资者剥削的对象,结果多数小投资者选择投资于相对安全的金融工具,如银行的储蓄存款或政府证券。

工业化和第一次世界大战期间的政府融资使得金融业不断繁荣,参与金融市场的投资者从中获利。毫不意外,这种市场表现很快吸引了个人投资者更大的兴趣。到 20 世纪 20 年代,投资企业的数量已经明显增多,公司股票与债券也不再被视为社会精英人士所独有的投资。遗憾的是,随着证券市场逐渐大众化,诈骗和受操纵的投资机构也在增加,其中一些还与当时的商业银行有联系。有趣的是,在这一时期共同基金被引入美国金融市场。几乎所有的基金都对普通股投资,许多基金都具有高度投机的性质,而这对 1929 年的股市崩盘起到了推波助澜的作用。

1929—1932 年间,股市下跌超过 80%——从 900 亿美元缩减到不足 160 亿美元的市值。

许多人认为市场崩盘是因为不道德的交易与对投资机构和个人的滥用而引发的。因此，20 世纪30 年代开始对金融市场参与者的行为加强监管，构成当今监管核心基础的许多法律都是那一时期通过的。实行监管的主要动机是禁止欺骗行为及滥用投资者和投资机构的行为，并且要求证券发行者披露更多的财务信息。披露更多财务信息的要求为投资领域创造了更多的机会：会计专业迅速扩张，投资机构引入证券分析，在许多大学投资成为深受欢迎的学科。

第二次世界大战后的经济繁荣和大众对投资兴趣的增长，有助于 20 世纪五六十年代共同基金的普及。另一方面，70 年代利率和通货膨胀上升，对经济社会和波动性很高的证券市场（股票市场）带来相当大的不确定性，投资者对此作出的反应是从共同基金抽回他们的资金，当时共同基金只进行股票投资。同一时期，共同基金公司开始引入新产品，如货币市场基金（短期投资）和地方债券基金，试图重新夺回一些流失的需求。从 70 年代起，共同基金机构持续扩张基金的品种，主要目的就是满足投资者需求。现在的共同基金包括你所能想象到的各种投资。任何一种基金受欢迎的程度都随着金融市场的变化而变动：当股市表现良好时，对股票型基金的需求增加；当经济停滞或进入衰退时，货币市场或短期基金更受欢迎。

从第二次世界大战起，机构投资者（包括养老金、共同基金、保险公司等）和个人投资者越来越多地参与证券市场投资。例如，20 世纪 50 年代以前，机构投资者持有公司股票的比例不到 20%，而到 2010 年左右，这一比例已经超过 50%。在 1929 年股市崩盘以后，只有不到 5% 的美国人持有公司股票，而如今已有超过 30% 的美国人直接投资普通股，70% 的美国人通过共同基金或公司退休计划间接地投资股票。由于个人投资对股市的兴趣增加，以及先进的信息科技广泛应用，未来个人股东的人数必然会增加。

随着投资者和监管当局态度的变化，投资品种和用来评估投资机会的方法也随之改变。20 世纪初适于个人的投资机会大多是公司股票和债券，但由于缺乏有用、及时的信息，一般投资者只能通过观察那些能够获得金融信息的投资者及其对这些信息作出反应的行为来评估证券。随着信息披露的标准化及一般投资者具备更多的投资知识，金融市场也引进了更多种类的投资工具和投资技术，包括利率互换（interest-rate swaps）、国债拆分（Treasury strips）、程式交易（program trading）、垃圾债券（junk bonds）和指数化产品（indexing）。

随着投资类型的改变，评估投资机会的方法也应当随之改变。另外，投资分析越来越精细。今天我们使用的分析工具在理论发展方面可以追溯到 20 世纪 30 年代。当时，投资专家指出盈利、股利和股价之间存在一定的关系，这种关系使得与股票有关的未来现金流的现值决定了股票价值。虽然如今我们使用的技术更精细，但你很快会看到，我们仍然使用同样的方法来分析投资。

1.4.3　财务管理

20 世纪初，当财务管理作为一门独立学科出现时，其重点是在并购的法律事务、新公司的建立和公司融资而发行的各种证券上。在这一时期，工业化浪潮席卷美国，大家认为"大即是好"，所以经过兼并与并购活动创造了许多大公司。我们举例来说明当时的情况。1890—1905 年，有 4 300 家公司合并为 300 家公司，其中最著名的并购案包括 8 家大型钢铁公司合并组成美国钢铁公司，交易额达 14 亿美元，相当于当时美国 GNP 的 7%。按照今天的经济规模,合并价值超过 1 万亿美元才称得上是大型并购。

　　另一次大规模的并购活动发生在 20 世纪 20 年代,主要是由公用事业的合并带动的。20 世纪30 年代大萧条期间,出现了史无前例的大量的企业破产,使得财务管理的重心转移到破产和重组、公司流动性及证券市场监管上。在此期间制定了新规则要求公司公开披露某些财务信息。

　　即使经历了 20 世纪初期和 20 年代合并热潮及 30 年代大萧条造成的众多公司倒闭,金融学主要还是一门叙述性的学科,强调公司和法律事务之间的组织关系,多数金融理论包括典故和"经验规则"。如果你阅读这一时期出版的有关金融决策实务的书籍,你将发现很少有把如适当的流动性水平等复杂决策应用于分析的;相反,许多决策是基于主观或直觉。有时会利用基于货币时间价值的分析模型来帮助作出长期高价值资本投资的决策。然而,那时像传统的资本回收期法这样的主观方法都被认为是进行决策的最佳方法。[7]

　　从 20 世纪 40 年代到 50 年代初期,金融学仍然是一门从局外人而不是管理层的角度来讲授的叙述性和制度性学科。财务管理人员重视流动性,即资本预算与短期资产和负债管理。在这一时期,金融管理的范围有所扩大,主要是与适度流动性管理有关的职能,包括应收账款、制造作业和各种短期融资渠道的知识。

　　20 世纪 50 年代后期和 60 年代,已有产业的激烈竞争使得公司的盈利机会减少,财务管理人员把重心转移到对投资机会的评估,以及寻找提高公司未来盈利能力的投资上。几乎在同一时期,计算机作为一项工具被引入企业,财务管理的重心开始转向内部人视角及财务决策对公司的重要性。20 世纪 60 年代开始向理论分析转移,财务管理的重心转移到如何选择资产和负债以使公司价值最大化上,这一时期被认为是现代金融学的诞生期,如今我们使用的许多决策方法都是在当时理论的基础上发展而来的。

　　20 世纪 70 年代的特点是国际竞争加剧、技术变革和创新步伐加快,更重要的是由政府预算赤字和国际贸易赤字造成的持续通货膨胀及经济不确定性。从企业的变化可以预见到 20 世纪70 年代后期会出现金融革命。公司发现了管理财务风险和为各种活动融资的新方法,股东开始关心公司是如何管理的及管理者的活动如何影响公司的价值。

　　对价值评估的关注一直持续了整个 20 世纪 80 年代,而分析又扩展到几个新领域,包括:① 通货膨胀及其对企业决策的影响;② 金融自由化及其形成的大规模多元化经营的金融服务公司趋势;③ 计算机在分析上的运用及电子通信的快速发展;④ 全球化市场和企业经营越来越重要;⑤ 向投资者提供的金融产品创新。例如,20 世纪 80 年代逐渐增加的杠杆收购(leveraged buyout,LBO),即利用债务资金收购上市公司,并组建一个新的私有的高杠杆公司。

　　在当今由科技驱动的快速发展的世界,财务管理持续发展,并购仍是金融市场的重要组成部分。而 20 世纪 90 年代最重要的一些趋势已经持续到 21 世纪,包括:① 商业持续全球化;② 电子技术的应用更为深广;③ 政府的监管态度。

---

　　[7]　我们把用于作出这样的决策的技术称为资本预算决策,第 13 章将详细介绍它。

商业全球化

以下是推进商业全球化的四个因素：

（1）现代交通和通信水平降低了运输成本，使得国际贸易变得更加可行。

（2）喜爱低成本、高质量产品的消费者的政治影响力，有助于降低用来保护低效率、高成本的国内产品的贸易壁垒。

（3）随着科技的进步，开发新产品的成本增加，公司要想保持竞争力，就必须提高销售量。

（4）跨国公司能够把生产转移到成本最低的地区，除非其国内成本恰好很低，否则把生产限制在一个国家的公司就不具备竞争力，而这一条件对许多美国公司而言并不存在。

因此，很多制造业企业不得不进行全球化生产和销售。包括银行、广告公司、会计师事务所等在内的服务业也要"走出国门"，为跨国公司客户提供更好的服务。这些跨国公司本身也是全球化经营。当然还有一些完全是国内公司，但你要记住，只有全球化经营的公司才能把握动态最优增长机遇。

在过去的几年（2007—2010）中，美国经历了 50 年以来最严重的萧条时期。由于美国是国际贸易的重要参与者，所以美国经济的衰退同样影响外国的经济。比如，美国人对美国金融市场的投资变得很不确定，世界经济衰退，国际市场的不确定性增加，这些事件会引起很多外国投资者采取"观望"的态度，直至他们能够确定这些事件对商业活动有什么影响。在我们写这本书的时候，美国的经济还是高度不确定——也许它正渐渐地走出萧条时期，也许它正进入另一个经济负增长时期，这意味着国际金融市场也非常不确定。全世界的金融市场是相互联系的，一个主要的经济体（市场）受到影响，大部分其他国家的市场也会受到影响。

信息技术

目前多数大公司都使用互联网，通过网络使公司计算机主机与客户和供应商的计算机链接。有些公司，如通用汽车要求与供应商的计算机联网，以便通过计算机下单和付款。进入21 世纪后，我们发现电子和信息技术在财务管理中的应用继续发展。同过去一样，电子科技将掀起财务决策方法的新革命。例如，"电子革命"的一个重大结果是，财务决策中利用计算机进行数量分析的方法逐渐增加，显然，下一代的财务经理比以往任何时候都需要具备更强的计算机和数量分析能力。

政府的监管态度

过去 30 年来，政府在法律与执法上一直采取相当友好的态度。多数法律都对高度监管产业放松管制，这些产业包括金融服务业、交通、通信和公用事业。另外，在多数情况下，政府并不反对合并与并购，从 1985 年起价值创历史新高的公司并购案开始出现。这一时期，经济条件是非常有利的，这在我们观察到的 20 世纪八九十年代以及后来的 21 世纪头十年中期股市达到历史高点时有所表现。但一旦未来经济形势恶化，从而导致股市萎缩，消费者背负重担（如 2007—2010 年），政府则有可能认为这是放松管制带来的结果，因而再实行管制。历史上，每次发生经济衰退，要求加强新管制的呼声总会变高，而国会也往往会接受这种观点。

在我们写这本书的时候(2010年),市场经济状况很差,消费者的信心也很低。2007年开始的经济危机主要有两个原因:① 房地产行业的繁荣超过了15年,突然在2008—2010年发生逆转,从而导致房地产价格大幅下降,抵押贷款的违约和抵押品的丧失大量增加;② 房地产价格的下降,燃油价格的不确定,消费者和投资者投资信心的下降,最终导致金融市场的下降。当国会准备通过立法来减缓房地产市场和金融市场的衰退时,引起了一片哗然,我们对这也不要过于惊讶,因为政府似乎得听听大众的意见。在下几个章节中,我们将会讨论最近所颁布的主要法律法规。

1.5　财务管理的重要性

前面讨论的历史发展趋势大大提高了财务,尤其是财务管理的重要性。由于本书主要探讨公司财务经理面对的决策结构,因此本节说明财务管理在企业决策中的作用。

我们在前面讨论的金融学的几个领域相互之间具有高度相关性。事实上,在很多情况下,很难区分每个领域的功能。例如,考虑当公司想要融资促进未来发展时的一系列事情。通常,如果公司的股票是公开发行的,那么它所能筹集的潜在资本比在个别银行或金融机构借到的要多得多。因此,公司通常会向个人投资者或投资机构(养老金、共同基金等)销售(发行)股票、债券或两者的组合。当决定所需资本的具体数额时,公司会使用帮助公司作财务决策的技术,包括资本预算和其他评估技术。同样,当投资者决定是否投资这家公司的股票或证券时,也会使用相同的评估技术。

当公司应用现有的信息来评估一个项目是否值得投资时,这个评估过程会用到一些财务管理的概念。同时,投资者在通过可用信息评估公司融资决策的价值,从而评估公司是否有投资吸引力和投资价值时,也会涉及一些投资概念。金融市场对这两种决策都有作用。公司去金融市场获得它们所需要的资本,而投资者去金融市场将资金投入公司以期获得高收益。公司和投资者遵循着同样的财务决策制定过程。两者都要对他们的决策进行评估。主要的不同是他们站在"篱笆的不同位置",也就是说,公司筹资以获得发展,而投资者提供资金是觉得"价格合理"(有升值潜力)。两者都需要金融市场,因为他们都要在金融市场中来实现决策。

由此可以看出金融的几个基本领域的相互关系。我们会在本书的稍后章节详细介绍几个领域的相互关系和每个领域在决策时所应用的技术。接下来我们先来介绍一下价值的含义,因为它是所有决策的基础。

1.6　财务决策与价值(财富)最大化

投资者购买公司股票是希望能够获得高的投资收益,而且在相同条件下,收益越高越好。因为投资者(股东)不能每天都对公司的日常工作进行监督,他们期望负责公司日常决策的人——也就是高管和经理——能够把股东的利益时刻牢记在心。我们会在本书的后面部分介绍股东和公司决策者之间的关系。财务决策,不管是关于公司运营的还是有关个人财务方面的,都是关于价值的决策。当你把辛辛苦苦赚来的钱投资于股票时,你希望那些股票能够给你带来最大的收益。就像当你把钱用于购买房产等资产时,你希望这些资产能够保值或者增值一样。

怎样才能对价值进行衡量?什么样的行为会使价值最大化?虽然我们会在后面的章节详细论述价值评估,但这里也要介绍价值的概念,以帮助你了解价值代表什么以及什么会影响资产价值。首先,任何投资的价值,如股票,是基于在投资期内预期产生的现金流,包括现金流的数量和时间。你希望你的投资在未来产生不了任何现金流吗?你肯定回答"绝对不",谁都不会希望自己辛苦赚来的钱在未来产生不了任何收益。其次,投资者通常是风险厌恶者,也就是说,在其他条件不变的情况下,投资者更愿意投资那些有稳定现金流而不是那些不确定性大的、风险高的投资。因此,在其他条件不变时,当资产预期的未来现金流(数量和时间)发生变化时,或者预期现金流的确定性发生改变时,或者两者皆而有之时,资产本身的价值也发生了改变。

图1-1是整个价值评估过程的各方关系。从图中可以看出,估价是公司估计预期获得的现金流和投资者为公司(或任何资产)提供资金预期收益率的一个函数,这在本书后面的部分将会详细介绍。很多因素影响着预期现金流以及投资者的预期收益率,这些因素包括经济和金融市场环境、竞争环境以及公司运营情况等。我们稍后将讨论影响公司价值(和其他资产)的所有因素。我们所指的价值(value),是当前货币的未来现金流的价值,也就是说,资产在投资期内预期所产生的现金流的现值。

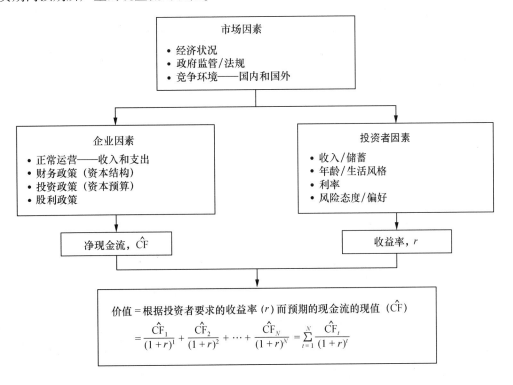

图1-1 公司价值

1.7　商业和金融的最新(未来)发展

　　近年来,许多企业在进行战略决策时,都会关注以下两个方面:① 可持续性;② 精益生产。有些人可能会认为这些概念在许多领域都不是很"新",但在 21 世纪人们对这方面的兴趣突然激增。所以,本节我们讨论金融学在战略决策框架(使可持续性和精益生产一体化)中所充当的角色。

1.7.1　可持续性

　　可持续性,简单来说,它代表着一个持续过程,即当前我们生活中的人和物在将来还会继续存在。听起来,可持续的做法是认识到经济、环境和文化以这样的一种方式联系在一起,即直接影响一个领域的因素也会影响另一个领域。**可持续性**(sustainability)是一个长期的概念,它注重于提高每一代的所有股东(如人类、动物、企业和政府等)的生活质量,包括当前的股东和未来的股东。维持和提高当前生活质量的基本观念是不损害后代(股东)的生活质量。

　　金融学是我们所在的"系统"中的重要组成部分,不管是在职业生活还是个人生活中,它在可持续性中都充当着重要的角色。从广义上来说,股东受到公司决策的影响可以被认为是受到我们生活和工作所在的环境的影响,具体包括制定决策的公司、竞争对手、客户、政府、经济、其他的个人、动物,或者其他有可能受公司决策影响的"事物"。很明显,一个公司只有公平地对待每一个员工才能够生存下去——保持可持续性,这个道理无论是对人类、企业、政府,还是对环境都同样适用。公司破坏对员工、客户、股东或环境任何一方面的信任都是在毁灭自己。因此,你会看到本书中,任何一个企业若不保持可持续性都不可能实现价值最大化的目标。

1.7.2　精益生产

　　精益生产(lean manufacturing)是一个"系统",它集成了整个生产过程,以达到最少地使用资源的目的。精益生产的主要目标是消除在努力更加有效地满足客户需求过程中产生的剩余,即以最低的成本生产高质量的产品。支持精益生产的管理者们的口号可能是:"我们的目标是为客户创造价值,并且我们将以更加有效的方式开发、生产产品和提供服务。"

　　金融学的主要目标是价值(财富)最大化。为了实现这个目标,实现的"过程"就必须精益。例如,作为一个投资者,你总希望能够以最低的成本获得最高的收益来投资你的资金。企业的经理们试图最大化企业的股票价值,根据定义,就是最大化股东所收到的净现金流,也即以最低的成本产生最高的现金流。因此,你会看到本书中,任何一个企业若不"精益"都不可能实现价值最大化的目标。

　　随着越来越多的企业成为"精益思维者",其他的业务领域和业务功能也紧随其后。例如,最近许多企业都开始探讨简化财务报告的可能性。传统财务报告的方法是十分复杂的,似乎有些冗余,并且在有些情况下提供了无用的数据。精益财务报告是一个相对较新颖的提议,即简化财务报表,使适当的信息以准确的、及时的和可理解的方式报告出来。此时,"精益会计"仍然处于发展阶段,因此在大部分企业采取这种方法之前可能需要相当长的时间。

道德困境

ETHICAL DILEMMA

谁有资金——Democrat 还是 Republican

Sunflower 制造公司最近向 Democrat 联邦银行(以下简称 Democrat)申请 1 000 万美元的贷款。贷款的目的是维持在接下来九个月的营运资本需要(短期资金)。Sunflower 是银行多年来的忠实消费者,已经扩展到任何数量的信贷要求。

Sheli 是一位新加入 Democrat 的年轻信贷员,她审核了 Sunflower 的贷款申请,决定降低对它的贷款数量。在她给 Henry(她的上司,最高信贷官)的报告中,她指出 Sunflower 将不能如期偿还 1 000 万美元的贷款,因为 Sunflower 的财务状况在最近几个月不断恶化。Sheli 注意到 Sunflower 当前的还款能力(流动性状况)很差,而且分析师对 Sunflower 在接下来两年里改善流动性状况持悲观态度。因此,Sheli 拒绝 Sunflower 的 1 000 万美元的贷款要求,但她认为银行可以给 Sunflower 一个小的贷款额,最高为 200 万美元。

今天早晨,Henry 把 Sheli 叫到办公司讨论她的报告,因为 Henry 想让 Sheli 重新考虑自己的建议。Henry 告诉 Sheli,他认为银行应当向 Sunflower 贷款 1 000 万美元,因为在过去,Sunflower 对银行来说是一个模范客户,银行不应该只因为 Sunflower 有短期的财务困境而抛弃它的一个忠实客户。但 Sheli 解释道,Sunflower 的财务数据表明该公司只能持有 200 万美元的贷款。同时,她还解释道,贷款申请表上所提供的现金预算是"可疑的",因为申请表上的数据与 Sunflower 的其他财务报表和公司银行账户最近的活动不一致。

Henry 让 Sheli 回到自己的办公室,重新评估 Sunflower 的贷款申请,他建议 Sheli 应当考虑该公司在过去几年里所表现出的忠诚。Henry 告诉 Sheli,他认为在银行决定向谁贷款的时候,忠诚应当是首先要考虑的因素。而且,Henry 认为,如果 Democrat 没有向 Sunflower 贷到它所要求的 1 000 万美元,那么 Sunflower 就会去别的银行借款——可能是它的主要竞争对手:Republican 国民银行(简称 Republican)。一旦竞争对手同意给 Sunflower 贷款,Democrat 就可能会失去对 Sunflower 的所有业务,包括活期存款、薪酬管理、应收账款管理等。

在 Sheli 重新考虑给 Sunflower 的融资数之后,她仍旧持有之前的观点。事实上,她更加确信不应当给 Sunflower 贷款,因为 Sunflower 最近几个月的财务状况和产生现金流的能力表明,如果银行批准给它贷款,就会酿成大错。但是,由于现在是会计期末期,Sheli 知道她部门的贷款数目还没有达标,所以她试图采取某种行动使得贷款申请更有吸引力。在 Sheli 的脑海中,她不能忘却之前与 Henry 谈论的达到贷款额的重要性,如果没有达标,她就可能会失去工作。

Sheli 需要考虑的另一个因素是,Democrat 本身的财务状况也有点不稳定。在过去的几年里,Democrat 的很多业务流失到了竞争对手那里,特别是 Republican,业务的丢失使得 Democrat 的增长大幅下降。那么,Sheli 应该怎样做呢? 如果你处于 Sheli 的位置,你会怎样做?

■ **本章要点总结**

本章重要概念

为了总结,我们把本章讨论的关键概念与本章开始的学习目标联系起来。

● 金融学是有关资金的决策,即关于企业和个人如何融资与运用资金。每个人在自己的工作和生活中都需要作出一些财务决策。正因为如此,几乎所有的企业决策都运用财务金融知识,因而了解一般金融概念是一件重要的事情,这样你才能够对资金作出理性的决策。

● 在 20 世纪,金融学由一门描述性学科(许多决策由经验法则决定)发展成为一门技术性学科(决策过程衍生于定量模型),其中一些知识很复杂。强调对定量技术的使用,促进了科技的发展。

● 资产的价值是基于其可使用年限内预期产生的未来现金流计算的。任何资产的价值都是由该项资产预期产生的未来现金流的现值决定的。当个人或企业的投资收益大于投资成本时,价值增加;反之,当投资收益小于投资成本时,价值减少。因此,为了使价值最大化,应当尽可能以最低的成本产生最高的收益。通过本书的学习,对这方面知识的理解将会更加清晰。

● 可持续性认识到了当前我们的实践和行为对后代的影响。"良好的可持续性"注重提高所有后代股东,即所有的利益相关者的生活质量,包括当前的股东和未来的股东。一个企业若不考虑它的员工、客户、股东和它所处的环境的利益,那么它将无法生存下去。

● 精益生产是一种观念,即使用最少数量的资源生产产品,减少资源浪费。精益生产的主要目标是生产过程的完全有效。实现价值最大化是每个企业的主要目标,为了实现这个目标,就必须实现精益生产。你会发现,在本书后面的讨论中企业试图实现价值最大化的一种方式是减少资产投资的资金成本。同时,在其他条件不变的情况下,企业希望投资能够获得尽可能高的回报。因此,我们可以说,企业的目标是实现"财务精益"。

个人理财相关知识

学习本书的基本知识将有助于你将来对个人的财务作出理性的安排。通过这本书,我们将向你介绍如何运用各章节中所介绍的知识,帮助你作出适当的个人财务决策。

以下是本章中提到的一些基本概念,这些概念在作出个人财务决策时都会有所涉及。

● **估值**——通过本书,我们将介绍价值的概念。其实很容易理解,价值是根据一项资产预期产生的未来现金流(数量和时间)以及这些现金流的风险计算得出的。你应当能够运用这个知识估计投资的价值,从而基于投资当前的售价作出理性的决策。

● **投资目标**——当你将自己的资金投资于一家公司股票的时候,你就特别希望该股票的价格能够上涨。其实,你是想获得最高的股票收益,这也意味着,你想要该公司支付的股息和股票价格尽可能地高。所以,你希望该公司的经理作出最大化公司价值的决策。

● **可持续性**——我们人类有责任为了后代保护环境,也就是说,当我们开始"使用"环境的时候,我们有责任在一定条件下不加伤害地离开它。所以,在作个人财务决策时,我们应当考虑我们的决策对我们的后代及环境的影响。

思考题

1-1　20 世纪初以来，金融学的研究发生了怎样的变化？

1-2　为什么学习金融学对商学院的学生很重要，即使他们的专业不是金融学？

1-3　公司财务经理作财务决策的知识如何帮助你作出个人财务决策？

1-4　你认为在什么情况下政府应对金融市场和企业实行更多的监管？而在什么时候政府应倾向于放松监管，并对企业采取更加自由放任的态度？

1-5　一般来说，如何度量价值？价值由什么因素决定？每个因素如何影响价值？

1-6　价值最大化是什么意思？

1-7　可持续性是什么意思？

1-8　如果一个公司不考虑它的决策对所有利益相关者的影响（包括环境），那么它能生存下去吗？

1-9　什么是精益生产？

1-10　价值最大化的目标与精益生产有何关联？

计算题

综合题

几年前，Samantha 女士在 55 岁时退休了。由于她不喜欢退休后的生活，觉得自己还很年轻，所以她决定开一家自己的公司。但是她对于如何经营公司这方面知之甚少，于是她雇用了一家咨询公司来教她关于商业和金融方面的知识。

在你给 Samantha 女士上课时，她问了你以下的一些问题：

a. 什么是金融学？为什么懂得金融知识对成功地经营企业很重要？

b. 金融学这门学科有哪几个重要领域？

c. 从 20 世纪开始，金融学发生了怎样的变化？

d. 企业当前利率的变化趋势是什么？

e. 什么是价值？它是如何确定的？

f. 价值最大化是什么意思？

g. 什么是可持续性？这个概念与金融学有什么关联？

h. 什么是精益生产？价值最大化的目标与精益生产有何关联？

第2章
金融资产(工具)

2011年11月,有两个人非常幸运——一个在爱德荷州,一个在华盛顿,他们共同赢得了价值为38 000万美元的超级百万乐透大奖,创造了一个纪录。他们一共得到的现金是24 000万美元,也就是说,每人在扣除7 000万美元的税后,各自可以立即得到12 000万美元的现金。假如你就是这次超级百万乐透大奖的一位得主,你会投资你的资金吗?如果你决定投资,那么这时你会(应该)选择哪种投资渠道?你会投资于股票还是债券?如果决定投资股票,你会投资于优先股还是普通股?也许你喜欢普通股,因为它有获得巨大利润的可能性,而且股市好像也很热,最近股市颇受大众的关注。那么,你会购买哪一类普通股,增长股还是收益股?如果你的选择是债券,你偏好哪一类债券?长期还是短期?有担保的还是无担保的?共同基金怎么样?对你来说是否合适?还是你只购买定期存单或者把钱存在银行?

假设你是财务经理,负责为目前经营资金及未来扩张的资本项目筹措资金。你是否建议公司发行商业票据、债券、普通股或其他金融工具?如果公司发行债券,债券合同应该有转换条款、赎回条款或者兼而有之吗?为什么公司选择发行普通股而不是发行债券来筹措资金,或者反之?

后几章将介绍回答这些问题的程序与方法。在作这些决策前,我们要了解投资者、公司和政府可以运用的金融资产的种类。投资者利用金融资产作为储蓄工具,公司和政府利用金融资产作为筹资工具。随着对这些问题的不断认识,市场上有许多不同种类的金融资产,它们拥有不同的特点,有时投资者和借款人好像有无穷的选择,然而你会看到并非所有的金融资产都适用于同样的目的,换言之,不同的情况需要选择不同的金融资产。

你在阅读本章时,试着回答这里提出的问题。当你学习对每种金融资产的介绍时,把自己当作投资者,思考在哪种情况下自己会投资于那类金融工具;然后变换角色,把自己作为借款人(如一家大型公司),思考用同样的金融工具何时融资更合适。你会发现这类练习相当有趣。在学完这一章后,你会对上面的问题给出大致的答案。

学习目标

在阅读完本章后,你应当能够:
(1) 解释为什么有如此多不同类型的金融工具。
(2) 描述现存的债务的类型及其特征。
(3) 解释什么是债券评级,以及为什么债券评级很重要。
(4) 描述什么是股票及它的一些特征。
(5) 描述什么是衍生工具及一些熟知的衍生工具的类型。

第3章介绍金融市场的概念及其运作。金融市场是股票、债券等金融工具进行交易的场所。在进入金融市场这一主题前,我们先概述一些在金融市场交易的工具。本章介绍的金融资产,有些你可能很熟悉,例如公司股票、政府债券、货币市场基金和定期存单;有些你可能觉得陌生,例如可转换债券、期货和互换。既有的金融资产比我们介绍的要多,我们只介绍其中比较流行的金融工具。

在介绍每种金融资产前,我们先区分实物资产和金融资产——在商业世界中我们将资产分成这两大类。虽然一般认为资产是为所有者提供价值的东西,但在如何提供价值方面,实物资产和金融资产存在显著的差异。实物资产(real asset)有时称为实体资产(physical asset),因为它基本上是一个有形(即可观察到)的东西,例如计算机、建筑物或库存;相反,金融资产(financial asset)是无形的,因为它代表给所有者未来现金流的一个期望或承诺。本章讨论的是金融资产,实物资产将在本书后面的章节介绍。

不同的投资者偏好不同的金融工具,而且投资者的偏好随着时间在变,因此公司和政府提供多样化的证券,在每一时点,公司和政府把新证券的发行加以包装,以吸引最大多数的潜在投资者。多数金融资产可以分为债务、股权或衍生产品,表2-1列出在金融市场的各种交易中大家最熟悉的一些金融工具,这些金融工具按照到期时间从短到长的顺序排列。

表2-1 主要金融工具

金融工具	市场参与者	风险	到期时间	收益率 1/28/11[a]
国库券	为政府活动融资,只发行给机构投资者	极低风险;无违约风险	91天至1年	0.20%
回购协议	银行为调节准备金在回购协议下使用	低风险	很短/隔夜	0.17%
联邦基金	银行为调节准备金在同业间拆借	低风险	很短/隔夜	0.18%

（续表）

金融工具	市场参与者	风险	到期时间	收益率 1/28/11[a]
银行承兑汇票	银行担保公司付款的承诺	如果银行实力强则风险低	最长 180 天	0.34%
商业汇票	大型、有财务保障的公司发行	低违约风险	最长 270 天	0.35%
可转让定期存单	大型、有财务保障的银行发行	比国库券风险高	最长几年	0.39%
欧洲美元	美国境外以美元计值的银行存款	取决于外国银行的实力	最长 1 年	0.55%
货币市场共同基金	投资于国库券、定期存单及其他短期投资	低风险	无特定期限（即时流动性）	0.63%
国库券/国债	政府为支出融资发行	无违约风险,但价格随市场利率而变动	1—30 年	4.31%
地方债券	州及地方政府为支出融资发行	比国债风险高	最长 30 年	4.85%
定期贷款	由公司发行,与金融机构协商	比政府债券风险高,因借款人而异	2—30 年	4.92%
房地产抵押债券	金融中介的房地产贷款	风险远高于政府债券,因借款人而异	最长 30 年	4.80%
公司债券	公司发行的债务	比政府债券风险高,比股票风险低,因公司而异	最长 40 年	5.12%
优先股	公司发行的股票	比公司债券风险高,比普通股风险低	无	7.81%
普通股[b]	公司发行的股票	高风险	无	18.52%

注:a 此处收益率是针对最长到期日的证券和给定种类的最安全证券。因此,这里所述的公司债券的收益率 5.12% 表示的是 30 年、AAA 级债券的收益率。评级越低的证券的收益率越高。

b 普通股的收益率是基于平均报酬,即如果在 2010 年 1 月 4 日购买股票并且持有股票至 2010 年 12 月 31 日,投资者可以获得的平均报酬。这个收益率由各个市场指数的平均值决定。

资料来源:联邦储备委员会(http://www.federalreserve.gov/)、华尔街日报和各种其他资源。

为了揭示金融工具在企业中扮演的角色,本章从公司发行证券的一些会计事项开始讨论,然后说明表 2-1 所列的每一种证券,并就衍生工具作简要的概述。投资者可以直接投资本章介绍的每一种金融工具,或者通过养老金或共同基金等中介机构进行间接投资。

2.1　金融工具与公司资产负债表

回忆你所学的会计学课程,公司投资于库存和固定资产等实物资产,会产生被称作利润的正收益。同时,公司发行被称作债务和股权的金融工具,筹集获得实物资产所需要的资金。换言之,公司发行金融工具,购买生产和销售库存用的资产。此外,公司利用衍生工具进行套期保值或规避各种风险。对于投资者和财务经理来说,了解法律与会计术语及解释公司所发行的金融工具很重要,这可以避免误解或出现代价高的错误。

表 2-2 显示简化的 Sydex 纺织公司的资产负债表。2011 年年底 Sydex 纺织公司资产的账面价值是 7.4 亿美元,这些资产的资金来源有两个:① 以流动负债(短期)和债券(长期)的形式存在的债务,合计 4.1 亿美元;② 合计 3.3 亿美元的股权。当年,Sydex 纺织公司总资产中的投资增加 6 000 万美元,从 2011 年年初(2010 年年底)的 6.8 亿美元增加到 2011 年年底的 7.4 亿美元。为了购买这些新资产,该公司通过以下渠道筹集资金:使用额外的短期债务 1 000 万美元(流动负债从 2.2 亿美元增加到 2.3 亿美元),发行债券 3 000 万美元(长期债务从 1.5 亿美元增加到 1.8 亿美元),并从当年的盈利中留存 2 000 万美元(留存收益从 1.5 亿美元增加到 1.7 亿美元)。2011 年新增资金总计 6 000 万美元[= (短期债务增加的 1 000 万美元) + (长期债务增加的 3 000 万美元) + (留存收益增加的 2 000 万美元)]。

表 2-2　Sydex 纺织公司 12 月 31 日资产负债表　　　　　　　(单位:百万美元)

	2011	2010
资产		
现金和应收账款	280	290
库存	180	150
流动资产	460	440
厂房和设备净额	280	240
资产合计	740	680
负债与所有者权益		
短期负债(流动负债)	230	220
长期负债(债券)	180	150
负债合计	410	370
普通股(额定股数 7 500 万股,流通股股数 4 000 万股,面额 1 美元)	40	40
资本公积	120	120
留存收益	170	150
普通股股东权益合计	330	310
负责与所有者权益合计	740	680

2011 年 Sydex 纺织公司有 4.1 亿美元的总债务,这些资金借自银行、原料供应商、债券投资者等债权人,因此公司欠债权人 4.1 亿美元,其中 2.3 亿美元是"流动的",意指这些债务必须在 2012 年偿还,其余的将在未来几年到期。

在资产负债表的**普通股权益**(common equity)部分显示,Sydex 纺织公司的股东已经授权管理层发行 7 500 万股股票,而实际上管理层至今只发行或销售了 4 000 万股,**每股面额**(par value)1 美元,这是发行新股的最低额度。①

Sydex 纺织公司利润表(为简化故未列出)指出,2011 年的净收入为 5 000 万美元,一部分盈利以股利的形式发给股东,其余的计入留存收益。总股利是 3 000 万美元,2 000 万美元加

———————————

① 股票的面值是指股东最初购买股票的最低价格的绝对值。现在,通常不要求公司确定股票的面值。因此,Sydex 纺织公司可以选择发行无面值股票,在这种情况下可以将普通股账户和资本公积账户合并成一个单独的普通股账户,那么 2011 年的资产负债表中该科目的余额为 1.6 亿美元(4 000 万普通股加上 1.2 亿美元的资本公积)。

到资产负债表的累积**留存收益**(retained earnings)中,该账户 2011 年年底的余额为 1.7 亿美元,因此 Sydex 纺织公司从开始营业到 2007 年年底已经累积利润或对公司再投资(plowed back)1.7 亿美元。这些钱属于普通股股东,由于这些是前几年要以股利的形式支付给股东的钱,而股东"允许"管理层将这 1.7 亿美元再投资于公司,以扩大公司经营。

现在我们来讨论 1.2 亿美元的**资本公积**(additional paid-in capital)。这个账户代表股票面额与股东买入新股票支付的款项的差额,例如 1990 年 Sydex 纺织公司成立时,以面额发行了 1 500 万股股票,所以刚开始资本公积的余额为 0,普通股账户的余额为 1 500 万美元。1993 年为筹集扩大投资计划的资金,Sydex 纺织公司以每股 5.80 美元的市价发行 2 500 万股新股,总价值高达 1.45 亿美元:普通股账户增加 2 500 万美元(发行 2 500 万股,每股面值 1 美元),其余的 1.2 亿美元则计入资本公积。1993 年以后 Sydex 纺织公司没有发行任何新股,所以从那时候开始,所有者权益的唯一变化是留存收益。

表 2-2 显示,Sydex 纺织公司以债务和股权的形式筹集 2011 年经营所需资金,公司发行的债务和权益工具由个人、其他公司或金融机构购买,它们构成金融市场中交易的一部分金融资产。本章其余的部分介绍债务、股权及其他类金融工具的特点。

⌇)) 自测题 1

(答案见本章末附录 2A)

Stephaner 公司以每股 8 美元的价格发行了 10 000 股普通股,如果该股票每股价格是 3 美元,那么发行股票的总价值中有多少金额计入股本,又有多少金额计入资本公积?

2.2　债务

简言之,**债务**(debt)是对公司、政府或个人的贷款,有许多种类的债务工具:住房抵押债券、商业票据、定期贷款、债券、抵押和无抵押票据、可流通和不可流通的债务等。

2.2.1　债务特点

我们常常用本金、利息、到期时间等三个特点来描述债务,例如 1 000 美元、10 年、8% 的债券是指 10 年到期、本金 1 000 美元、每年支付的利息等于本金的 8% 或 80 美元的债券。本节将说明这些术语的含义,并介绍与债务有关的一些特点。

资产和利润的优先权

在利润分配和资产清算方面,债权人比股东有优先的权利。换言之,在对股东支付前必须先偿还债权人,在支付股利前要先偿还债务的利息,在股东得到公司清算的收入前要先偿还现有的债务。

本金值、面值、到期值和面额

债务的本金值(principal value)代表欠贷款人(债权人)的金额,这些金额必须在债务期的某一时点偿还,公司发行的多数债券的本金金额都在到期当天偿还,所以到期值也称为本金值。本金值通常写在债务工具的"票面"(face)上,所以本金值有时也称为面值(face value)。当债券的市值等于面值时,债券是按面额(par)销售,因此本金金额也称为面额(par value)。对于多数债券,面额、面值、到期值和本金值可以互相交换使用,这些术语都代表借款人必须偿还的金额。

利息支付

在许多情况下,债务工具的投资者(所有者)收到定期的利息支付,这一项利息支付以本金金额的百分比表示。有些债券不支付利息,为了让投资者获得正收益,这类金融资产必须低于面额或低于到期值发行。证券低于面额发行称为折价销售,折价销售的证券称为**折价证券**(discounted securities)。如果投资者持有折价证券直至到期,那么他的收益就是证券购买价格与到期值或面值的差额。多数折价证券的期限是 1 年或少于 1 年。

到期日

到期日是偿还债务本金的日期,只要支付到期的利息并偿还本金,就完成了偿还债务的责任。有些被称为分期偿还贷款的债务工具规定,本金金额必须在债务期内分成数次偿还。在这种情况下,到期日是偿还最后一次分期付款的时间。不同的债务到期时间不同,有些债务的到期时间短得只有几个小时,有些债务则没有特定的到期时间。

公司的控制(投票权)

债权人没有投票权,因而他们无法取得公司的控制权,然而,债权人可以通过对资金的使用进行限制来影响公司的管理和经营,这些限制是贷款合同的一部分。

2.2.2　短期债务

短期债务通常指到期时间为 1 年或 1 年以内的债务。以下是一些较常见的短期债务工具。

国库券

国库券(Treasury bill,T-bill)是美国政府发行的一种折价债券。当美国财政部发行国库券时,其价格取决于拍卖的过程——有兴趣的投资者和投资机构对拍卖的国库券进行竞价。[2]通过电子系统发行的国库券的面额从 1 000 美元到 500 万美元不等,期限通常为 4 周、13 周、26 周或 52 周。

---

② 美国财政部还在没有竞争的情况下向提出购买一定额度的投资者或投资机构发行国库券,在这种情况下,购买价格是在财政部接到的投标竞价的基础上平均后得出的。

回购协议

回购协议(repurchase agreement,Repo)是公司把金融资产卖给另一家公司,并承诺未来以较高价格买回证券的协议。在制定回购协议的时候,双方已经约定了回购证券的价格。一家公司因需要资金而同意卖出证券,另一家公司因持有多余资金要买入证券,经过这样一种安排,回购的卖方有效地从回购的买方借入资金。通常,参与回购的一方是银行,而售出并买回的证券是政府债券,如国库券。虽然有些回购协议持续数日或数周,但多数回购协议的期限是隔夜。

联邦基金

联邦基金(federal funds, fed funds)是一家银行对另一家银行的隔夜贷款。银行通常使用联邦基金市场来调整其准备金:需要更多资金以满足美国联邦储蓄系统(以下简称"美联储")对准备金需求的银行,要从准备金过多的银行借入资金。与这种债务相关的利率被称为**联邦基金利率**(federal funds rate)。联邦基金的期限非常短,通常为隔夜。

银行承兑汇票

银行承兑汇票(banker's acceptance)可以被视为远期支票。更准确地说,银行承兑汇票是定期汇票(time draft)——由银行发行并保证在未来某一时间支付一定金额给持票人的一种工具。银行承兑汇票通常用于国际贸易,它是银行与公司之间建立的合同,确保该公司的贸易伙伴在未来某一时间收到商品和劳务的付款,这一时间足够双方确认交易完成。原有持票人通常会在到期前出售银行承兑汇票,以筹集现金。银行承兑汇票不支付利息,所以必须折价发行。银行承兑汇票的期限通常最长为 180 天。

商业票据

商业票据(commercial paper)是票据(promissory note)的一种,是由大型且有财务实力的公司发行的法定借据(IOU)。如同国库券,商业票据不支付利息,所以必须折价发行。商业票据的期限从 1 个月到 9 个月不等,平均大约为 5 个月。[3] 商业票据的面额通常是 10 万美元或更高,所以很少有个人能够直接投资商业票据市场。商业票据主要卖给其他企业、保险公司、养老金、货币市场共同基金和银行。

定期存单

定期存单(certificate of deposit, CD)是在银行或其他金融机构的定期存款。传统的定期存单通常赚取定期的利息,按规定要存放在金融机构一段时间。如果在到期前需要资金,持有人必须把它返回给发行机构要求解约,并承担惩罚性利息。

但**可转让定期存单**(negotiable CDs)在到期前可以卖给其他投资者,因为到期时这些存单可以由任何持有人赎回。因这些金融资产的面额基本上高达 100 万—500 万美元,通常又称

---

③　未在美国证券交易委员会(SEC)注册的最长期限为 270 天。商业票据只能发行给有资质的投资者,否则,即使期限在 270 天以内也要在 SEC 登记备案。

其为巨无霸存单(jumbo CDs),其期限从几个月到几年不等。

欧洲美元存款

欧洲美元存款(Eurodollar deposit)是在美国境外银行的存款,这些存款不是以当地的货币而是以美元标价,且没有汇率风险,汇率风险与美元兑换成外币有关。欧洲美元存款赚取外国银行支付的利率,也不受美国银行存款所受的监管,所以欧洲美元存款利率有时远远高于美国银行存款的利率。

货币市场共同基金

货币市场共同基金(money market mutual funds)是投资公司为投资短期金融资产所筹集和管理的投资基金。这些基金让个人投资者有能力间接地投资这些短期证券,包括国库券、商业票据、欧洲美元等。如果没有货币市场共同基金,个人投资者将无法参与购买这些证券,因为它们不是面额太高,就是不向个人投资者开放。④

2.2.3　长期债务

长期债务指期限在 1 年以上的债务工具。这种债务工具的持有人通常获得定期的利息。下面介绍一些常见的长期债务。

定期贷款

定期贷款(term loan)是一个合同,在合同中借款人同意在特定日期支付一系列的利息和偿还本金给贷款人。定期贷款通常发生在借款公司与银行、保险公司、养老金等金融机构之间,因此通常称为私人债务。虽然定期贷款的期限为 2—30 年不等,但是多数期限为 3—15 年。⑤

与公开发行的公司债券相比,定期贷款通常有三个优点:快捷、灵活和低成本。因为定期贷款是在贷款人和借款人之间发生的,正式的文件已被减到最少;定期贷款的主要条款较公开发行的债务更容易制定,而且也不用在 SEC 登记。定期贷款的另一个优点是灵活性。如果债券由许多不同的债权投资者持有,要获得投资者同意修改这些条款实际上是不可能的(即使经济环境发生变化需要修改债务合同条款),然而,定期贷款的借款人和贷款人却可以坐下来协商修改合同。

定期贷款的利率在贷款期限内可以是固定的,也可以是浮动的。如果是固定利率,它通常接近相同期限和风险的债券的利率水平。如果是浮动利率,它通常围绕基准利率形成几个百分点的上下波动。基准利率可以是商业票据利率,也可以是国库券利率或某一指定利率。定期贷款余额的利率随着基准利率的升降而定期调整。通常利率波动越大,银行和其他贷款人就越不愿意发放长期、固定利率贷款,因此,在这一时期浮动利率贷款更为普遍。

---

④　第 4 章将对共同基金进行更为详细的讨论。

⑤　大部分贷款都是分期偿还,也就是说债务人在贷款的有效期内分时段按批偿还贷款。这有助于保护债权人免受贷款期内债务人的违约风险(关于分期偿还贷款更为详细的讨论见第 9 章)。在定期贷款合同下,如果债务人不能按时偿还本金和利息,就称其为违约,违约公司有可能被迫宣告破产。

债券

债券(bond)是一种长期债务合同,在合同中借款人同意在特定的日期支付一系列的利息及偿还本金给贷款人。利息支付取决于票面利率和本金或债券面值。**票面利率**(coupon rate)代表每年支付的利息总额,用债券面值的百分比表示。通常,债券利息每半年支付一次,但是也有按年、按季或按月支付的。例如,面值1 000美元、票面利率10%的债券,通常每半年支付50美元的利息或每年支付100美元的利息。

这里介绍一些由政府和公司发行的比较常见的债券。

1. 政府债券

政府债券(government bonds)由美国政府、州政府、地方或市政府发行。美国政府债券由美国财政部发行,称为中期国债(Treasury notes)或长期国债(Treasury bonds)。这两种债券都是每半年付息一次,二者的主要差别在于债券发行时的期限。中期国债的原始期限从1年到10年不等,而长期国债的原始期限在10年以上。

地方债券(municipal bonds)类似美国政府债券,不同的是前者由州和地方政府发行。地方债券主要包括收入债券和一般债务债券两种。**收入债券**(revenue bonds)用来为那些产生收益的投资计划筹集资金,这些收益可偿还利息和本金。**一般债务债券**(general obligation bonds)以政府税收能力为保障,征收特别税或靠税收的增加来偿还利息和本金。通常,地方债券的利息收入免征联邦税,但很多州会征收地方税。

2. 公司债券

由公司债券的名称可见,**公司债券**(corporate bonds)是由公司发行的。[6] 虽然传统上公司债券的期限为20—30年,不过较短期的公司债券也较为常见,如7—10年的。公司债券类似于定期贷款,不同的是发行债券通常需要公告,向公众公开发行,对众多不同投资者销售。当公司发行债券时,成千上万的个人和机构投资者可能购买债券,然而通常只有一个贷款人参与定期贷款。[7] 虽然过去20年浮动利率债券颇受欢迎,但债券的利率基本上仍是固定的。此外,还有好几种公司债券,本节其余的部分将介绍几种比较重要的公司债券。

3. 抵押债券

抵押债券(mortgage bonds)是公司提供某些资产作为抵押的债券。例如,2006年Muttle家具公司需要3 000万美元建立一个主要地区销售中心,其发行以这一资产作为抵押品的债券2 400万美元(其余600万美元以股票或股权方式融资)。如果Muttle家具公司的债券违约,债券持有人可以取消Muttle家具公司对抵押品的赎回权,并以出售抵押品获得的资金来偿还其债权。同时,Muttle家具公司还可以用相同的3 000万美元设施(销售中心)作为抵押品,发行第二抵押债券(second mortgage bonds)。当公司清算时,只有在第一抵押债券持有人的债券获得全额清偿后,第二抵押债券持有人对这一抵押品才有要求权。第二抵押债券也称

---

[6] 企业组织的形式——私有制、合伙制和公司制——在第6章有详细的介绍。这里,我们只考虑由公司制企业发行的债券;私有制和合伙制企业不能通过发行债券融资。

[7] 对于金额较大的定期贷款,可以由20多个金融机构组成辛迪加来提供贷款。要注意的是,发行的债券可以出售给一个(或者几个)资金提供者。这样的发行方式称为"私募"。公司可以采取私募债券的方式来发行债券,其原因与采用定期贷款一样——便捷、灵活和低成本。

为次级抵押债券(junior mortgage bonds),因为这种债券的要求权位于高级抵押债券(senior mortgages bonds)或第一抵押债券(first mortgage bonds)之后。

4. 信用债券

信用债券(debenture)是无担保债券。这种债券没有特定资产的抵押权或要求权作为偿还债务的保证,所以信用债券持有人是一般债权人,其索偿权利只受没有抵押资产的保障。实际应用中,信用债券的使用取决于公司资产的性质和信用程度,像 IBM 这种信用良好的公司倾向于使用信用债券,它不需要提供财产作为债务的保障。有些产业的资产不适合作为抵押品,这类产业的公司就必须通过发行信用债券来筹集资金。例如,大型的邮购公司和商业银行持有的资产多数是库存或贷款的形式,这两种资产都不适合作为抵押债券的担保品。

5. 次级债券

次级债券(subordinated debenture)是对公司现金索偿权排序靠后或者是“劣等”的没有担保的债券。例如,公司一旦破产,在其他高级债券都获得清偿之后,次级债券才能够对剩余资产要求清偿。次级债券的索偿权的排序可在指定的应付票据(通常是银行贷款)或其他债务之后。

6. 其他债券

以下几种常见的公司债券值得我们注意:

收益债券(income bonds),当公司有足够的收入支付利息时,这种债券的持有人才会得到利息,因此即使无法支付债券利息也不会导致公司破产。从投资者的角度来看,这种债券的风险高于“常规”(regular)债券。

可赎回债券(putable bonds),债券持有人可选择时机要求把债券兑换成现金。通常,赎回时机指公司采取某项重大的活动时,例如被实力更弱的公司获得,或在现有债务之外又大量举债。

指数或购买力债券(indexed or purchasing power bonds),常见于高通货膨胀的国家。这种债券的利率根据物价指数(如消费者物价指数,CPI)调整,当通货膨胀率上升时,利率也自动调高,因而保护债券持有人免受通货膨胀的威胁。

浮动利率债券(floating-rate bonds),类似于指数债券,不同的是前者的票面利率随着市场利率而非通货膨胀率而变动,因此,当利率上升时,票面利率将会上升;反之亦然。通常,债券利率变动会设定最高和最低的范围(分别称为利率的上限和下限),这样的利率变动范围适用于每一期或债券年限内。

7. 新型债券

20 世纪 80 年代引入了一些有趣的新型债券,从中可以看出发行者的灵活性和创新性。初次发行折价债券(original issue discount bonds, OIDs),通常又被称为**零息债券**(zero coupon bonds),就产生于这一时期。由于这些债券仅支付低息或不支付票息,因而它们必须以相当大的折价销售。刚开始零息债券对许多个人投资者并不具有吸引力,主要原因是每年需要申报所得税的利息收入,包括实际的现金利息收入(零息债券的收入为 0)加上若持有到期的话每年按比例分配到的资本增值。也就是说,在收到资本增值前,投资者仍要纳税。因此,目前零息债券主要由养老金、共同基金等机构投资者而非个人投资者持有。[8]

20世纪80年代的另一个创新是**垃圾债券**(junk bond),这是为管理层并购(MBO)或出现财务问题的公司融资而发行的高风险、高收益的债券。在垃圾债券的交易中,发行公司通常有巨额的债务,所以债券持有人必须承担像股东一样高的风险,而高收益就是反映高风险这样的事实。例如,2010年年末,在北美经营多家超市的A&P公司陷入了财务困境,原因是该公司的运营成本太高,资金流动性太差。该公司在2010年被报告出已经经营亏损两年,所欠债务难以偿还,资不抵债。A&P公司有一种债券按面值的60.6%发行,这就意味着,投资者可以以606美元购买面值为1000美元的债券。该债券每6个月支付33.75美元的利息,到期日是2012年12月15日,如果持有到期,它的到期收益率将近35%。与此同时,2年到期的具有类似风险的公司债券的到期收益率大约为2%。垃圾债券作为一种重要的债务形式出现,是公司对金融市场新发展进行调整和观测的一个例子。[9]

2.3　债券合同的特点[10]

公司管理层关心的是债务的有效成本和债务合同的约束,这些约束会限制公司未来的行为。投资者同样关心这些因素,只不过他们是从公司的对立面来考虑的,即公司发行债务,投资者希望获得正的回报,这正是由发行债务的公司支付的。所以,公司债券的成本代表的是债券持有者(投资者)的回报率。通常,债券合同中的限制性条款是用来保护投资者的,防止公司采取一些不道德或欺诈行为,损害投资者的利益。本节讨论债券合同的特点,这些特点可能影响公司的债务成本和未来的财务灵活性。

2.3.1　债券合同

债券持有人担心,一旦他们借给公司的钱"锁定"在30年,公司将采取有利于股东但伤害债券持有人的举动。例如,20世纪80年代RJR Nabisco公司在其债券评级很高时,低利息发行了30年期债券,而因为低风险,投资者也愿意购买这些低收益率的债券。在债券发行后,RJR Nabisco公司宣布了发行更多债券的计划,从而在提高股东预期收益率的同时提高了公司债券的风险。在宣布这一计划的一周内,RJR Nabisco公司的债券市值下跌了20%。其他许多公司有相同的做法,也使它们的债权人遭受了严重的损失,原因是债券收益率上升造成债券价格下降。

---

[8]　在公司发行零息债券后不久,投资公司想到开发美国国债零息债券的办法,这种债券仅以票面形式发行。1982年,所罗门兄弟公司购买了10亿美元、年利率为12%的30年期国债。每份债券的面值为60美元,代表每6个月到期支付利息。所罗门兄弟公司实际上把面值放在一起,分为60份,最后一份包括被拆分的债券,代表在2012年承诺支付1000美元。这60份国债承诺存放在银行的信托中,作为零息票美国国债凭证,其本质就是零息债券。2010年一个需要资金的养老金可以购买由财政部2010年付息的28年期担保的凭证。零息国债当然要比零息公司债券安全得多,因而很受养老金管理者的欢迎。

[9]　垃圾债券融资的发展与其他因素一起重新塑造了美国金融景观。这些证券直接造成海湾石油公司和其他公司失去自主权,也动摇了其他一些公司,如CBS、Union Carbide和USX(以前的美国钢铁公司)。垃圾债券盛极一时的发展给人留下深刻的印象,但也引起了争议。重大风险和不择手段的交易给投资者造成重大的损失。例如,1990年垃圾债券大王Michael Milken就因为误导市场的罪名被判刑入狱。另外,高杠杆化出问题后会使问题恶化,就像Campeau公司的垃圾债券融资达到30亿美元,其在1990年年初请求破产,使得垃圾债券市场从繁盛走向衰退。但近来的趋势显示这一市场有所恢复。

[10]　本部分从公司的视角讨论债券的特点,其大多数特点适用于政府债务。

债券持有人设法利用合同限制条款来确保发行公司不会采取造成债券评级恶化的行为，以减少发生财务问题的机会。**债券合同**（indenture）是一项法律文件，详细规定了与债券有关的法律约束以及债券持有人（贷款人）和公司（债券发行者）的权利。**托管人**（trustee）通常是银行，代表债券持有人的利益，确保债券合同条款的履行。债券合同可能长达数百页，其中包括**限制性条款**（restrictive covenants）。例如，在什么情况下债券发行人可以在到期前提前赎回债券；公司想要发行更多的债券，要达到偿还债券的各项条件和各项财务指标（例如支付利息的能力）；如果公司盈利不能满足某些规定就不能支付股利。SEC 核定公开交易债券的合同，并且在核准公司对社会发行新证券之前，确认所有的合同条款是否已被满足。

托管人的责任是确保公司不能违反任何合同条款，如果发生违约行为，托管人必须采取适当的措施制止这种行为。所谓"适当的行为"根据不同的情况而定。也许坚持立即遵守合同条款会造成公司破产，从而造成债券投资者的巨额损失。在这种情况下，托管人可以给发债公司解决问题的机会而不是让它破产，这样做对债券持有人更为有利。

2.3.2　赎回条款

多数公司债券包括**赎回条款**（call provision），其赋予发行公司在到期前赎回债券的权利。根据赎回条款的规定，当发行公司赎回债券时，必须支付债券持有人比票面利息高的债券利率。超过的部分称为**赎回溢价**（call premium）。如果在第一年允许并赎回，赎回溢价通常等于一年的利息。之后赎回溢价以固定比率逐年下降。债券通常在发行若干年（通常是 5—10 年）后才能赎回，有这种延迟赎回（deferred calls）条款的债券称为赎回保护（call protection）。赎回条款使公司得以重新融通债务，如同个人重新安排其房屋抵押贷款的融资一样，当利率下降时，公司可以用较低成本的债务赎回（再融资）现有的债务。

2.3.3　偿债基金

偿债基金（sinking funds）是便于有序偿还债务的一项条款。基本上，偿债基金条款规定公司每年偿还一部分的债务。极少的情况下，公司被要求把资金交给托管人，托管人投资这些资金，并在期限内以累积的资金偿还债券。不能满足偿债基金的规定将造成债券违约，从而可能导致公司破产。显然，偿债基金可能使公司出现危险的现金流失。

多数的情况是，公司有权采取两种方式使用偿债基金：一是每年随时收回某一比例的债券并按面额赎回；二是在公开市场购买一定额度的债券。公司将选择成本较低的方式。如果利率上升导致债券价格下降，公司将在公开市场折价买入债券；如果利率下降导致债券价格上升，公司将以随时收回的方式赎回。值得注意的是，这里用于赎回债券的偿债基金目的与前面介绍的再融资的赎回不同。偿债基金的赎回并没有要求公司支付赎回溢价，而且通常每年只能赎回很小比例的债券。

2.3.4　转换特点

转换特点（conversion features）允许债券持有人（投资者）按一个固定价格把债券转换成普通股。持有可转换债券（convertible bonds）的投资者比持有直接债券（straight bonds）的投资者有更大的灵活性，因为前者能够选择持有债券或把债券转换成股票。本章稍后将更进一步讨论可转换证券。

2.4　债券评级

从 20 世纪初开始,债券已经接受评级,以反映违约的可能性。穆迪(Moody's Investors Service, Moody's)和标准普尔(Standard & Poor's, S&P)是两家主要的评级机构,表 2-3 列出了这两家公司的评级等级。[⑪]

表 2-3　Moody's 和 S&P 债券评级　　　　　　　　　　　　　　(单位:百万美元)

	高质量		投资级		垃圾债券			
					次级		投机级	
Moody's	Aaa	Aa	A	Baa	Ba	B	Caa	C
S&P	AAA	AA	A	BBB	BB	B	CCC	D

注:Moody's 和 S&P 对三个 A 级以下的债券都使用"调整符号",S&P 使用"+""–"号,即 A + 代表 A 级债券中最强的,A – 代表最弱的;Moody's 使用"1""2""3","1"指的是最强的,"3"指的是最弱的,所以在两个 A 等级中,Aa1 是最好的,Aa2 是一般的,Aa3 是最差的。

AAA 级和 AA 级债券具有很高的安全性。A 级和 BBB 级债券也强到足以被称为**投资级债券**(investment-grade bonds),它们是法律允许银行和其他机构投资者持有的最低级债券。BB 级或低于 BB 级的债券是投机级(speculative)或垃圾债券(junk bonds),它们有相当大的机会违约,许多金融机构都不允许购买这类债券。

2.4.1　债券评级标准

债券评级包括质量和数量两个因素。债券评级机构考虑的因素包括:用各项财务比率衡量的公司财务状况、担保条款、债务等级(优先性)、限制性合同、偿债基金或延迟赎回的规定、诉讼的可能性、监管等。评级机构一再强调没有精确的公式可以用来为公司债券评级,上述因素加上其他因素都会被考虑到,但并不像数学那样精确,统计研究也支持这样的结论。事实上,有些研究人员试图以数量资料为基础来预测债券评级,但预测结果并不成功,这表明评级机构对公司债券进行评级还会加上主观判断。[⑫]

2.4.2　债券评级的重要性

债券评级对发行者和投资者都很重要,原因是:首先,因为债券评级是违约风险的指标,所以评级的结果会对债券利率和公司成本产生直接、可衡量的影响。其次,多数债券由机构投资者而不是个人购买,许多机构只能购买投资级或高质量债券。如果某公司债券降到 BBB 级以下,它将很难出售新债券,因为许多潜在买者不允许购买这些债券。

由于高风险和市场限制,低级别的债券必须支付高利率,图 2-1 说明了这一点。在图中美国政府债券每年的收益率最低,AAA 级公司债券的利率次之,而 BBB 级公司债券的利率最

---

⑪　下面的内容在使用 S&P 标准的同时,也可以参照 Moody's 的标准。因此,三个 A 级债券同时指 BBB 级和 Baa 级债券,两个 B 级债券同时指 BB 级和 Ba 级债券,以此类推。

⑫　参见:Ahmed Belkaoui, Industrial Bonds and the Rating Process (London, Quorum Books, 1983)。

高。图 2-1 也显示了这三种债券收益率的差异随着时间而变化，可见成本差异或风险溢价在逐年变化。

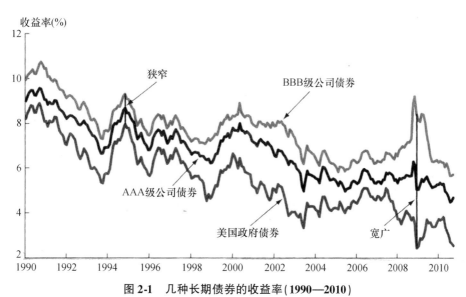

图 2-1　几种长期债券的收益率（1990—2010）

注：美国政府债券的收益率是基于 10 年期债券。

资料来源：Federal Reserve；http://www.federalreserve.gov。

2.4.3　评级的变化

公司债券评级的变化影响公司筹措长期资金的能力和成本。评级机构定期评估流通中的债券，然后根据发债人的经营状况调整债券的评级。例如，2011 年 1 月 S&P 将 AmerisourseBergen 公司债券的等级从 BBB + 提高到 A − 级，这次提高等级反映出该公司经营稳定，改善了公司的财务状况。同月，Del Monte 食品公司的债券评级从 BB 级降低到 B + 级，原因是该公司计划增加其资本结构中债务的比例，所以预期该公司的财务状况将会恶化。

2.5　股票（股权）

每一家公司至少发行一种被称为普通股（common stock）的股票或股权。有些公司发行两种或两种以上的普通股，有些公司除普通股外还发行优先股（preferred stock）。多数股权是普通股，而优先股股东在分配资金上要比普通股股东有优先权；在公司支付股利或分配破产清算的剩余给股东时，优先股股东较普通股股东有优先权。此外，无论公司的盈利或增长状况如何，优先股股东通常会获得固定的股利，而普通股股东的股利可能逐年变动，这通常取决于公司目前和过去的盈利水平及公司的增长计划。

公司发行股票的数量体现在资产负债表中的"所有者权益"（owner's equity）部分。从表 2-2 中，你可以看到 2011 年 Sydex 纺织公司所有者权益或净值总计 3.3 亿美元。表 2-2 还显示 Sydex 纺织公司仅发行普通股。

下面将分析优先股和普通股的基本特点。

2.5.1　优先股

优先股通常可被认为是一种混合型(hybrid)债券,因为它在某些方面像债券,在某些方面又像普通股。当我们根据债券或普通股的特点进行分类时,优先股的这种混合性质变得更加明显。与债券类似,优先股有面值;优先股股利与利息支付类似,因为它的金额是固定的,而且必须在支付普通股股利前支付。如果公司没有赚到优先股股利,董事会可以决定不支付,但不会造成公司破产。因而尽管优先股股利类似于债券的固定股利,但在公司无法支付时并不会让公司陷入破产的危机。

会计人员把优先股归类为股东股权,列在资产负债表股东股权部分"优先股"或"优先股权"项下。而金融分析师根据分析的种类有时把优先股作为债务,有时作为股东股权。如果从普通股股东的角度分析,主要考虑的事实是优先股股利是固定费用,它会减少分配给普通股股东的金额,因此优先股类似于债务。假设债券持有人分析公司由于销售和收入下降造成公司破产的可能性。如果公司收入下降,债券持有人对可运用的收入的要求权优于优先股股东;如果公司最后经营失败了,债券持有人对公司清算后的剩余资产有优先分配权,所以从债券持有人的立场看,优先股类似于普通股。

从管理层的角度来看,优先股介于债券和普通股之间。由于无法支付优先股股利不会造成公司破产,因而使用这种股票的安全性较债务高。同时,如果公司的经营非常成功,由于优先股股利是固定的,普通股股东不会让优先股股东分享成果。但是请记住,优先股股东的分配权优先于普通股股东。我们看到优先股某些特点像债务,某些特点像普通股,所以公司发行优先股的时机是发行债务或普通股两者都不合适的时候。例如,当一个公司需要融资却已经负担大量债务的时候,其可能发现优先股是理想的融资工具,因为在这种情况下,债权人可能不愿意借出更多的资金,而普通股股东可能不愿意自己的股权被稀释。

优先股有很多特点,将其中最重要的几点介绍如下。

对资产与盈利的优先要求权

优先股股东有优先于普通股股东的对盈利和资产进行分配的权利。在分配股利给普通股股东前,必须先分配股利给优先股股东;如果公司破产,在普通股股东分配剩余资产之前,优先股股东的要求权必须先得到满足。为增强这些特点,多数优先股有类似于债券的保证规定,这些规定限制了公司可以运用的优先股数量,以及在支付普通股股利之前公司必须持有的最低留存收益。

面值

多数优先股有面值或类似的其他名称,如清算价值。面值很重要,原因有两个:① 面值代表公司清算时优先股股东应收到的金额;② 优先股股利通常以面值的某一百分比表示。例如,2011 年,从事为邮件处理提供设施和服务的 Pitney Bowes 公司发行了面值为 50 美元、固定股息为 4% 的优先股。投资者持有这种优先股,每股每年收到 2 美元的股利。

累积股利

多数优先股提供**累积股利**(cumulative dividends),即前几期未支付的优先股股利,必须在分配普通股股利之前予以支付。这种累积的特点提供了一种保护机制。因为如果优先股股利不具有累积性,公司可能会长时间,如五年不支付优先股和普通股股利,把盈利全部再投资于公司,然后一次性支付巨额的普通股股利,但是只支付规定的股利给优先股股东。显然,这种做法会让优先股股东丧失其应该享有的优先地位,而累积性的特点恰恰可以避免滥用这种做法。[13]

公司控制权(投票权)

尽管优先股是非投票股,但是如果公司在一定时间内,如两年内没有支付优先股股利,优先股股东就有权投票选举董事会。例如,不久前,纽约州电气公司(NYSEG)(现在是 Iberdrola USA 的子公司)拥有累积优先股,该公司规定,如果公司连续四个季度不支付优先股股利,那么优先股股东可以参与选举董事会成员。这项规定激励公司管理层尽最大努力支付优先股股利。

可转换性

最近几年发行的优先股多数可转换成普通股。例如,2010 年 11 月,Flagstar Bancorp 公司发行了 1 420 万股可转化优先股,优先股持有人可以选择以每 1 股优先股转化成 20 股普通股。

其他条款

优先股有时会包含一些其他规定。

(1)参与权。一种少见的优先股是让优先股股东与普通股股东共同分享公司的盈利。参加优先股通常采取以下程序:① 支付合同规定的优先股股利,例如每股 5 美元;② 普通股股利享有高于优先股股利的权利;③ 如果普通股股利提升到比如说 5.50 美元,优先股股利也必须照此办理。

(2)偿债基金。过去(20 世纪 70 年代中期前)几乎没有优先股有偿债基金,然而今天,多数优先股的发行都有偿债基金的规定,即要求发行公司每年购回或赎回一定百分比的优先股。

(3)赎回条款。赋予发行公司赎回优先股的权利。与债券的规定类似,赎回条款通常要求公司必须支付高于优先股面值的金额,超过面值的部分称为赎回溢价。例如,前面提到的 Pitney Bowes 公司的优先股,公司可以以每股 50 美元加上累计的应付股利赎回优先股。

(4)期限。优先股没有特定的期限,但是今天多数新发行的优先股有偿债基金以及在有效的期限内赎回的规定。

---

[13]　多数累积计划不考虑复利,也就是说,未支付的优先股股利本身并不赚取收益,而且很多优先股的累积性是有限制的。例如,未支付的优先股股利只能在三年内累积。

2.5.2　普通股

我们通常将普通股股东视为公司所有者,因为普通股投资者通常拥有某些与财产所有权相关的权利和特权。普通股最常见的特点和权利包括以下几项。

对资产和盈利分配的顺序

只有在支付了债务利息和优先股股利之后,才能支付股利给普通股股东。公司在破产清算时,普通股股东是最后分配资金的人,因此在分配公司资金时,作为投资者的普通股股东总是"排在最后"。

股利

无论在合同上还是含义上,公司都没有义务支付股利给普通股股东。有些公司年复一年地支付相当稳定的股利,有些公司却不支付任何股利。普通股股东的收益来自股票市场价值的变动(资本利得)和公司支付的股利。有些投资者对目前收入的偏好胜过未来的资本利得,因此他们的收益主要来自持有股票获得的股利。传统上称这一类股票为收益股(income stocks),如公用事业公司的股票基本上被归为收益股。另一方面,有些投资者偏好资本利得超过目前的收益,他们投资于不付或支付少许股利的公司,因此他们的收益主要来自持有股票获得的资本利得,通常这类公司每年如果不保留全额,也是保留大多数的盈利作为增长的资金,这些股票被称为增长股(growth stocks)。微软就是一个增长股。直到 2003 年该公司都没有支付过股利,尽管从 1995 年到 1999 年,其净收益几乎以年均 50% 的速度在增长。到 2000 年许多公司处于衰退期,微软的净收益仍然比上一年增长 21%。即使微软开始支付股利,预计其增长率也将超过 12%。

期限

如同优先股,普通股没有特定的期限,它是永久性的。但有些时候公司会在金融市场购回普通股。公司可能在以下四个时机进行股票购回:① 公司现金过剩但却没有"好的"投资机会;② 公司股票的价值被低估;③ 公司想要增加资产中债务融资的比例;④ 管理层想要取得更多的公司控制权——通过购回其他投资者的股票,管理层的持股比例将上升。

公司控制权(投票权)

普通股股东有权选举公司董事,由董事任命公司的管理层;股东也投票表决持股方案、并购及公司章程的变动。小公司的主要股东通常担任公司总裁和董事会董事长的职务。大的公众公司的管理层通常持有一些股票,但其个人持有数仍不足以控制投票权。因此,如果管理团队被认为是非有效的,多数公众公司的股东可以更换管理层。

许多州和联邦法律规定如何行使股东控制权。公司必须定期举办选举,通常每年一次,并配合年度股东大会进行投票。许多公司每年改选的任期三年的董事人数达到 1/3。每股通常有一个投票权,所以持有 1 000 股股票的股东拥有 1 000 票投票权。像微软那样的大公司的股东,可以亲自参加年度股东大会并行使投票权,但通常他们会以**代理**(proxy)的方式将投票权转给另一方。大公司的管理层通常会索取并取得股东代理权。如果收益过少导致股东不满,外部股东可能会索取代理权,希望更换管理层并取得公司控制权。这种斗争被称为**代理权争夺战**(proxy fight)。

近年来公司控制权的问题已经成为金融学的核心议题。一个公司通过大量购买流通在外的股票来接管另一个公司的企图,进一步增加了对代理权的争夺,这种活动被称为收购(takeover)。著名的收购战包括:Kolhberg Kravis Roberts & Company(KKR)收购 RJR Nabisco、Chevron 收购海湾石油、AT&T 收购 NCR,以及众国银行(NationsBank)收购包内特银行(Barnett Banks)和美国银行(Bank America)。

没有掌握多数控制权(持股未超过半数)的管理层非常关心代理权争夺战和收购活动,并多方说服股东修改公司章程使收购变得更困难。例如,某些公司已经说服股东通过以下规定:① 每年只选举 1/3 的董事(而非每年选举全部董事)。② 并购议案要获得 75% 的股东(而非 50% 的股东)的同意。③ 通过"毒丸"(poison pill)条款,让被收购公司的股东以低价购买收购公司的股票。这一条款降低了并购的吸引力,从而打消了敌意收购(hostile takeover)的意图。试图作出这些变革的管理层通常担心公司被廉价收购,但是管理层关心自己的地位可能才是最重要的考虑。

优先购股权

有些普通股股东享有**优先购股权**(preemptive right)。股东优先购买公司新发行普通股的权利,是指公司发行新股并出售给其他投资者之前,必须先根据持股比例由现有股东认购。由于美国多数州政府并未规定把这项权利包括在公司章程中,所以多数普通股不具备优先购股权。

优先购股权的机制有双重目的:第一,保障现有股东的控制权。如果没有这一项权利,受股东批评的公司经营管理层可能会通过发行大量的新股并自己认购的方式来避免经营权发生变动的危机。第二,也是更重要的,如果新股以低价发行,优先购股权使现有股东免受价值被稀释的损害。

普通股种类

尽管多数公司只发行一种普通股,但是在某些情况下公司会使用分类股票(classified stock)来满足其特别的需求。公司通常对股票进行特别分类,例如 A 股、B 股等。从外部投资者筹措资金的小型新公司,经常使用不同种类的普通股。

例如,当 Genetic Concepts 公司公开上市时,对公众发行的是 A 股,A 股可以支付股利,但发行五年内没有投票权;B 股由公司发起人持有,在发行五年内享有完全投票权。但是章程规定,在 Genetic Concepts 公司累积留存收益到一定水平并表现其获利能力前,B 股不得分配股利。因此,分类股票使得公众在不牺牲收入的情况下,能够投资稳健融资的增长型公司,而公司的发起人在公司发展的初期得以维持绝对的控制权,同时保护外部股东免于被原始股东抽取过多的资金。在这种情况下,B 股被称为**发起人股**(founders' shares)。

值得注意的是,A 股或 B 股并不具有标准的意义。大多数公司没有分类股票,但一家公司可以将 B 股定义为发起人股、将 A 股定义为对大众发行的股票,而另一家公司的定义可能正好相反,还有其他公司可能因为完全不同的目的对股票进行分类。[14]

有些小公司的股票交易并不频繁,通常由包括管理层在内的一些人持有,这样的公司被称为**私有**(privately owned)或**非上市企业**(closely held corporations),其股票被称为非上市公司股票(closely held stock);相反,多数大公司的股票由众多投资者持有,其中多数人并未参与公司经营,这样的公司被称为**上市公司**(publicly owned corporations),其股票被称为上市公司股票(publicly held stock)。

自测题 2

(答案见本章末附录 2A)

Extractor Tractor 公司准备发行每股价格为 72 美元、固定利息为 5% 的可转换优先股。每 1 股优先股可以转换成 6 股普通股。那么:(a)该优先股每股利息是多少?(b)投资者应当何时将优先股转换成普通股?

2.6　衍生工具

在金融学中,**衍生工具**(derivatives)是指来自其他资产(股票或债券),或者基于其他资产得出价值的那些金融资产。如果没有其他资产,衍生工具就不具有价值。衍生工具的价值取决于其他资产的价值,所以它们是相当复杂的投资。对衍生工具作详细的讨论超出了本书的范围,在此我们只是简要地介绍期权、可转换证券、期货、互换和对冲基金,让读者初步了解衍生工具的本质。

2.6.1　期权

期权(option)是一个给予持有人在特定时间,以事先确定的价格买入或卖出一项资产的权利的合同。纯粹期权(pure options)是外部人(通常是投资公司)而非公司本身创造的工具,主要由投资者(或投机者)买入或卖出。

期权的基本类型有两个:一是买权(call),一是卖权(put)。**看涨期权**(call option)给予持有人在期权有效期内,以预先确定的价格买入某一股票的权利;相反,**看跌期权**(put option)给予持有人在期权有效期内,以预先确定的价格卖出某一股票的权利。在期权合同中,确定的价格(即买权的买入价格和卖权的卖出价格)被称为**敲定价格**(striking price)或者**执行价**

---

[14]　通用汽车公司在 1985 年以 50 亿美元收购 Hughes 飞机公司时,使用了一部分新 H 类普通股股票,即 GMH。该股票的投票权受到限制,股利与 Hughes 公司(作为 GM 公司的子公司)的业绩挂钩。GM 公司使用这一新股票的原因是:第一,GM 公司希望限制新分类股票的投票权,原因是管理层担心发生接管事件;第二,Hughes 公司的员工希望收入报酬直接与公司的业绩挂钩,而不是按 GM 公司普通股的水平获得报酬。GM 公司给纽约证券交易所(NYSE)出了一个难题。根据 NYSE 的规定,如果任何公司流通非投票权的普通股,NYSE 就不会让该公司的普通股上市。GM 公司则表明,如果 NYSE 不改变规则,那么 GM 公司将离开该市场。NYSE 认为 GM 公司的做法符合逻辑,未来其他公司也可以效仿,因而更改了规定以适应 GM 公司的做法。

格(exercise price)。执行价格是固定的,所以当基础股票的市场价值发生变化时,期权的价值也随之改变。

由于期权是由公司之外的一方创造的,例如投资公司或投资者,公司没有直接参与期权市场,所以公司并未在期权市场筹集资金。而期权持有人既没有收到股利,也没有选举公司董事(除非他们履约买入股票,但事实上很少有人这样做)。[15]

2.6.2 可转换证券

可转换证券(convertible securities)指那些持有人可以选择转换为普通股的债券或优先股。可转换证券并不能给公司带来更多的资金,只是以普通股代替债务或优先股。当然,减少债务或优先股将增加公司的资产负债表的稳健性,使得公司更容易筹集资金,但是这样的效果代表单独的活动(转换成普通股和筹集更多资金是不相关的两件事)。许多情况下,当目前股价低迷,但预期未来会更好时,可以发行可转换证券暂时代替普通股。如果公司希望一旦股价上涨,可转换证券就可以转换成普通股,那么原来发行的可转换证券将含有赎回条款。当普通股价格上涨到债券或优先股持有人愿意要求转换,而不愿意让公司赎回的某一点时,公司会赎回债券或优先股。若转换发生,实际上相当于公司发行了股票。一旦转换之后,投资者就不能再转换为债券或优先股。

可转换证券最重要的条款是转换率(conversion ratio)。转换率表示转换时可转换证券持有人收到的股数。与转换率有关的是转换价格(conversion price),它是转换时可转换证券持有人取得普通股支付的价格。例如,转换率为 20、面额为 1 000 美元的可转换债券可以转换 20 股普通股,所以转换价格为 50 美元 = 1 000 美元/20。如果每股价格涨到 50 美元以上,持有人把债券转换成股票是有利的(如果不考虑与转换有关的任何成本)。

2.6.3 期货

期货合同(futures contract)代表未来某一时间交割某项货物的合同,交割数量和价格等具体事项在签订期货合同时就已经确定。跨国企业在交易中通常使用外汇期货合同。

例如,一家美国公司要向英国制造商支付购买商品的货款。根据交易条款的要求,30 天后该公司需要支付 100 万英镑,如果该公司今天将美元换成英镑,它需要 162 万美元,因为当天的汇率是 1 美元兑换 0.6173 英镑(即 1 美元买入 0.6173 英镑或 1.62 美元买入 1 英镑)。然而,过了 30 天当公司准备付款时,汇率可能出现变化,也许会让公司支付高于 162 万美元的货款。为避免汇率向不利方向变动的风险,公司签订了一个期货合同,规定 30 天后公司以今天约定的价格,即 1 英镑兑换 1.64 美元,买入 100 万英镑。30 天后,无论汇率如何变动,公司都可以支付 164 万美元 = 1.64 美元×100 万,办理交割 100 万英镑。期货合同给公司提供了避免汇率出现不利变化的保险——公司已经对冲了其风险。现已经有关于黄金、农产品等项目的几种不同类型的期货合同,可用来对冲标的资产价格发生变化产生的风险。

---

[15] 公司有时发行被称为认股权证(warrants)的选择权。认股权证持有人可以以约定的价格购买一定数量的普通股。通常认股权证与债券一起发行,这样可以诱使投资者愿意在利率较低时购买公司的长期债券。在多数情况下,认股权证的权利在发行数年内不得行使,所以其有效期比那些纯粹期权长。当投资者要求认股权证履约时,因为投资者要从公司购买股票,所以发行公司实际上会收到资金,这一点也和纯粹期权不一样。

2.6.4 互换

互换(swap)是未来某一时间交换现金流或资产的协议,如公司可能同意交换现有债务的利息。一家公司现有债务的利率是固定的,它可能偏好浮动利率债务;而另一家公司现有债务的利率是浮动的,它可能偏好固定利率债务。每一家公司再融资或将现有债务转换成理想债务的成本都很高,此时两家公司同意互相交换利息,结果是固定利率债务的公司对浮动利率债务支付可变利息,反之亦然。只要两种债务的本金相同,互换协议就允许两家公司创造(对方)需要的利率支付。这种协议称为"普通"(plain vanilla)互换,因为它是非常单纯的策略。更复杂的策略包括涉及多个项目的组合互换(combination swaps),如包括利率互换和汇率互换的组合。

2.6.5 对冲基金

对冲基金是一种相对较新、具有创新性和复杂性的投资,它有多种不同的形式。对对冲基金进行深入研究超出了本书的范围,但本书还是会对它进行简单的介绍,因为近来对冲基金受到了人们的广泛关注,在过去的十年里,它也得到了迅速的发展。

简而言之,**对冲基金**(hedge fund)是为形成特定的收益范围而构造的一种私有的资金池,它不受一般股票市场的影响。为了构造对冲基金,对冲基金经理要遵循复杂的投资组合策略,借入大量资金投资于股票、债券、期权、互换和其他衍生工具。例如,对冲基金的策略之一可能就是收购陷入财务困境的公司,所以对冲基金的风险是很大的。由于对冲基金的复杂性和投资金额的巨大,一般对冲基金的投资者都是一些非常富有的人,他们对投资很有经验,也就是说,他们对这些投资的财务风险是十分清楚的。大部分对冲基金都是一种合伙人制,由投资专家进行管理。投资专家的报酬由按投资产生收益的20%(或者更多)再加上对冲基金资产价值的1%或2%的正常管理费用构成。不要把对冲基金当成共同基金,因为这两种投资截然不同。

由于对冲基金是"私有"的,它是为投资行家而设的,所以在过去,对冲基金不受包括共同基金在内的大部分其他投资工具的限制性条款、规则、注册要求的限制,因此人们很少知道关于对冲基金管理的一些特殊规定。但在最近几年,对冲基金受到立法者的中伤,他们认为这类投资放大了2007—2010年的市场低迷状况。所以,国会正在实施更加严格管制对冲基金的举动,以使对冲基金的运作更加透明。

(( ))) 自测题3

(答案见本章末附录2A)

假设你持有一份有效期为6个月的看涨期权,在有效期内,你可以以每股18美元的价格购买100股戴尔公司的普通股。(a) 如果戴尔公司的普通股当前每股售价为20美元,现在你执行期权,然后立即卖掉股票,那么你将收益(亏损)多少? (b) 当股票的市场售价为每股15美元时,你再执行期权,这时你将收益(亏损)多少?

2.7　发行不同种类证券的合理性

为什么金融市场同时存在许多不同种类的证券? 图 2-2 给出了这一问题的部分答案,该图反映了从投资者的角度来看,Taxton 公司发行的各种证券的风险和预期税后收益率之间的权衡关系。[16] 首先,用代表无风险收益率的美国国库券作为参照值,Taxton 公司发行的长期证券中风险最低的是浮动利率票据,这些证券没有与利率变动有关的风险(利率风险),但仍然承担违约风险或公司无法支付的风险。第一抵押债券比浮动利率票据的风险高,其税后收益率也略高,因为前者有利率风险。第二抵押债券的风险更高,所以也有更高的收益率。次级债券、收入债券和优先股的风险依次增加,预期收益率也相应提升。Taxton 公司的普通股风险最高,所以也有最高的收益率。

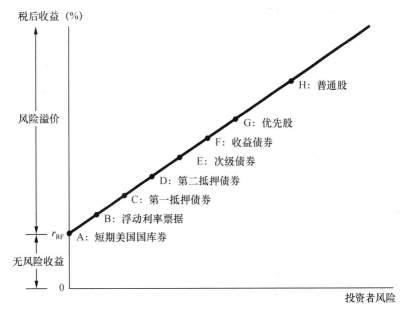

图 2-2　Taxton 公司发行的不同种类金融工具的风险和收益

Taxton 公司为什么要发行如此多种类的证券? 为什么不只发行一种债券加上普通股呢? 这些问题的答案在于,不同投资者对风险/收益有不同的偏好。因此,为扩大市场,Taxon 公司必须发行多样化的证券以吸引不同偏好的投资者;而且,不同证券在不同时间受投资者欢迎的程度也不同,公司往往在需要资金时尽量发行当时比较受欢迎的证券。因此,如果灵活运用,利用市场条件发行不同的证券可以降低公司的资金成本,至少比公司仅运用一种债券或股票筹集资金的成本要低。

---

[16]　图 2-2 给出的是税后收益率。如果是税前收益率,由于存在税收待遇的差别,那么优先股收益率肯定要低于债券收益率(见第 6 章)。实际上,约有 70% 的优先股股利是免税的,因而,对于一个税率等级为 34% 的公司来说,税前收益率为 10% 的优先股,其税后收益率高于收益率为 12% 的债券。

2.8　哪种金融工具最佳

本章已经介绍了公司用来筹集资金及投资者用来储蓄资金的多种金融工具,现在你可能想知道哪一种金融工具最优。简单地说,对某一个人或某一家公司最优的证券,对另一个人或另一家公司未必是最优的。复杂地说,在某些市场条件或环境下最适用于某一个人或某一家公司的证券,在其他市场条件或环境下可能就不适宜了。例如,你的投资决策会随着你年龄的增长而改变。换言之,当你作首次投资时,你可能愿意承受更大的风险,投资于高风险的金融资产;但是当你接近退休时,你可能不会这样做。同样,你对金融市场的信心必然会随着市场条件而变化,因而影响你所投资的金融工具的种类。通常,当你对市场信心上升时,你愿意接受更大的挑战,反之会趋于保守。

有了上述想法后,想一想在什么条件下公司偏好债务或股权作为筹集资金的渠道?在什么条件下投资者偏好哪种投资渠道?

2.8.1　发行人的观点

无论公司的经营利润如何,传统债券(和其他类型的债务)要支付固定利息,因此,发行债券的主要好处是公司有能力把财务成本控制在一定水平。当公司繁荣时,这种能力是有利的,因为超过利息的利润可分配给股东,或作为公司进一步发展的资金,债券持有人就不能分享公司繁荣的成果,只有股东的利益可以与公司一起增长。遗憾的是,当经济和金融条件恶化时,债务的缺点就会显现出来,因为即使公司的经营利润降到很低的水平,还是要支付利息。

使用债务融资的另一个好处是,债务不代表所有权,债权人没有投票权,因此,即使公司发行再多债券,也不会出现所有权稀释的问题。但许多债券合同或债务合同包括限制公司采取某些活动的条款,例如每年支付给普通股股利的数额;一旦公司违反任一合同条款,债权人都可能要求公司偿还债务。

优先股的许多特点和债务相同,包括支付固定股利和不具备投票权,因此,如果预期公司将进入发展时期,现有普通股股东不愿意与他人分享发展成果,公司可能考虑发行优先股。与债务不同的是,支付优先股的股利没有对公司形成法律约束,而且优先股没有到期日。

从发行人的观点来看,优先股的主要缺点在于其税后成本高于债务,造成这一问题的主要原因在于税收政策。优先股股利不能从税收中扣除,而利息支出是可以扣除的[17],这就造成优先股(税后)成本远高于债券。

普通股对公司而言有以下优点:

(1) 类似于优先股,公司对普通股股东支付股利并不具备法律约束,所以只有当公司有收益并且内部没有资金需求压力的时候,公司才会支付股利。

(2) 普通股没有特定的期限,它不像发行债券一样有"偿还"的义务。

---

⑰　你可能会认为从持有者的观点来看,优先股的风险更大,所以一个企业的优先股的票面利率比债券的要高。而实际上,公司所有者获得的70%的优先股股利免除所得税,这使得优先股对公司投资者更具有吸引力。如今,多数优先股由公司所有。近年来,评级较高的优先股出售时的收益通常比评级高的债券低,这是指税前,但税后,评级较高的优先股的收益通常比评级高的债券高。

(3) 发行普通股通常可以提高公司的信用度,因为普通股对债权人遭受损失起到缓冲作用。

(4) 如果公司前景明朗,普通股的销售条件就会优于债券。

股票吸引某些投资者的原因是股票的预期总收益(股利加资本利得)通常高于优先股或债券,它也可以让投资者规避意料之外的通货膨胀的不利影响,因为在通货膨胀期间普通股股利将随之上升。[18]

发行普通股有以下缺点:

(1) 普通股给予新股东投票权甚至是公司的控制权,因此要维持公司控制权的管理层常常避开普通股融资。

(2) 普通股给予新股东分享公司利润的权利,因此,如果利润高涨,新股东将分享这一财富。如果在相同的条件下采用债务融资,无论以后公司获利多少,投资者也只能收到固定的收益。[19]

(3) 如第 3 章所述,普通股的承销与分销成本高于债券和优先股。

(4) 类似于优先股,在现行税法的规定下,普通股股利不能作为费用享受税收免除。

可转换证券具有与债务和股权相同的某些优点。具有转换特点的债务提供给投资者选择转换为股东或保留作为债权人的机会,让投资者拥有较大的灵活性,因此这一特点通常让公司以较低的票面利率和较少制约的债务合同发行债券。尽管转换时可转换证券不能为公司带来更多的资金,但是它可以帮助公司实现"滞后股权融资"的目标。可转换证券通常排在抵押债券、银行贷款和其他高级债券之后,因而以这种工具融资能避免公司"正常"债务受到影响。

此外,可转换证券为公司提供了一个渠道:让公司以高于发行价的价格来"有效"发行普通股。事实上,许多公司要发行的是普通股而非债券,然而它们认为现行股价暂时被低估,这时为筹集一定的资金,公司必须发行"过多的"普通股。如果公司认为未来股价将上升到有利于转换的价格,可转换证券可能是这些公司的选择;未来发生转换时,公司取得"滞后股权融资"并消除原有债务。相反,如果未来股价没有涨到那么高,因而未实现转换,公司盈利较低,公司的债务可能造成严重的后果。

可转换证券很有用,不过它们也有缺点。实际上,可转换证券的使用可能给发行者提供以较高股价发行普通股的机会,但在未来股价急剧上升的情况下,公司目前发行直接债券(尽管要支付较高的利率)、未来再发行普通股偿还债务的方法比较有利。可转换证券通常利率较低,这一优点会因为进行转换而消失。

2.8.2 投资者的观点

在设计发行证券时,财务经理必须考虑投资者的观点,债券和优先股给投资者提供比普通股稳定的收入;另外,在公司清算时,债券持有人和优先股持有人的分配排序在普通股股东

---

[18] 一般对于普通股来说,股利的增长率从 1970 年以来略微超过通货膨胀的增长率。

[19] 这一点产生了一个重要的理论:如果公司大量发行债券,表明管理人员预期公司将获得较高的新资本融资收益,而且不希望与新股东分享这些利润;如果公司发行股票,则表明前景不乐观。

之前。从投资者的观点来看,债券的主要优点是,公司要按法律要求支付利息,如果无法支付利息,债权人有法定追索权,包括申请公司破产以保护债权(收回公司欠款)。

许多公司发现优先股是一个具有相当吸引力的投资,因为公司收到70%的优先股股利不需要纳税,因此公司持有多数优先股;相反,优先股又有不太吸引投资者的一方面,因为尽管优先股股东也承担某些所有者风险,但其收益却受到固定股利的限制。对个人投资者(相对于公司)而言,债券税后收益率通常高于优先股,即使优先股的风险较高。

从整个社会来看,普通股是企业融资的理想方式,因为它使得企业受销售和盈利下降的不利影响更小,普通股融资不用负担固定费用,从而避免了公司由于经营困难陷入破产的困境。从整个经济来看,如果过多的公司使用过多的债务融资,那么周期波动可能扩大,小幅度的衰退可能变为严重的萧条。不久前,当杠杆并购提高了企业的债务比率时,美联储和其他有关当局对这种情况可能造成危机表示忧虑,国会领导人争论社会是否应该对公司使用债务进行控制。像多数重要议题一样,这一议题引起了争论,而争论的核心在于谁能够确定公司适当的融资渠道——公司管理层还是政府官员。[20]

投资者用金融衍生工具来管理其投资组合风险,或投机于未来价格变动的方向。期权和期货基本上是由投资者创造的,而公司并不使用这些工具进行融资。这两种金融衍生工具涉及交易双方,如果交易的一方从价格变化中获利,另一方会遭受同样的损失,所以总体上金融市场中的金融衍生工具并不能创造财富。在投资者看来,金融衍生工具可能非常复杂,关于金融衍生工具和其他复杂的金融工具的具体情况,读者可以从投资学教程中学习。

2.9　国际市场上的金融工具

其他国家的公司和机构的金融证券大多与美国类似,但正如本部分讨论的,两者之间还存在一些差异。金融市场也创造了一些金融证券,使美国投资者易于参与国际投资,如美国存托凭证。

2.9.1　美国存托凭证

多数外国公司的股权可以通过存托凭证(depository receipts)在国际上交易,它代表的是所持外国公司的股票。在美国,多数外国公司的股权通过**美国存托凭证**(American depository receipts,ADRs)交易。ADRs不是外国股票,它是由银行这样的机构出具的凭证。这些凭证代表对外国股票的所有权,这些股票由作为托管人、位于股票交易国家的银行持有。ADRs为美国投资者提供了投资于外国公司的比以前更简便的方式。

每一种ADR代表某一个外国公司一定数额的股票,而且它使投资者收到用美元支付的股利。ADRs在美国股票市场进行交易,美国股市比外国股市有更高的流动性,包括价值在内的所有相关财务信息都用美元标价并用英语表达,因此消除了由于汇率和语言转换产生的潜在问题。

---

[20]　当公司执行官听到某人说"我来自华盛顿,我是来帮助你的"时,他们通常对来人说好话,而且讲得很有道理。此外,稳定国民经济离不开经营良好的公司,过多的债务将造成公司不稳定。

很多时候,投资者可以直接购买外国证券,但这样的投资可能因为法律、收到资金(如股利)、翻译成国内用语等问题而变得复杂。ADRs 让投资者得以参与国际金融市场,而不用承担比直接投资外国公司更大的风险。ADRs 的市值与作为信托的基本股票市值一起变化。

2.9.2　债务工具

与美国债券市场一样,国际债务市场提供许多不同种类的金融工具,这里介绍的是在国际市场交易中比较常见的债务工具。

任何在发行人所在国以外发行的债务被称为国际债务。外国债务和欧洲债务是两种重要的国际债务。

外国债务(foreign debt)是外国债务人发行的以发行债券所在国的货币标价的债务。例如,加拿大贝尔(Bell)集团可能需要美元为美国子公司提供经营资金,如果它决定在美国债券市场筹集资金,那么这笔债券要用美元标价,由美国投资银行组成的辛迪加承销,并根据美国 SEC 和州的规定对美国投资者发行。除了发行人是外国(加拿大)公司外,这种债券和美国公司发行的债券没有两样,但加拿大贝尔集团是外国公司,这种债券称为外国债券。外国债券通常以发行所在国命名,例如,在美国发行的外国债券称为 Yankee 债券,在日本发行的外国债券称为 Samurai 债券,而在英国发行的外国债券称为 Bulldog 债券。

欧洲债务(Eurodebt)是指不以发行所在国货币标价的债务。欧洲债券(Eurobonds)即为一例。英国公司在法国发行以英镑标价的债券,或福特汽车公司在德国发行以美元标价的债券都是欧洲债券的例子。欧洲债券的发行机制与多数其他债券不一样,最主要的区别在于,对欧洲债券的信息披露的要求远低于在国内市场发行的债券,政府对以外国货币标价的证券的监管通常不像对以本国货币标价的债券那样严格,因为前者的购买者通常是比较成熟的投资者。由于对欧洲债券的信息披露要求较低,欧洲债券的交易成本也较低。

欧洲债券吸引投资者的原因有几个。通常,欧洲债券是不记名债券,以持有人的形式发行,不必记录投资者的姓名和国籍。无论出于隐私还是避税的原因,那些喜欢匿名的投资者都会比较喜欢欧洲债券。同样,多数政府对欧洲债券的利息支付没有预扣税收的规定。

半数以上的欧洲债券以美元标价,其余以日元、欧元标价的债券占多数。虽然集中于欧洲,欧洲债券其实是国际性的金融工具,负责承销的辛迪加是来自世界各地的投资公司,这些投资公司不仅把债券出售给欧洲投资者,而且还出售给远在巴林和新加坡的投资者。原来欧洲债券仅由跨国公司、国际金融机构或各国政府发行,而如今,像电力公司等美国纯国内公司也开始参与欧洲债券市场,因为它们发现从海外筹集资金可降低债务成本。

除欧洲债券外,欧洲债务还包括以下几种:

(1) 欧洲信贷。欧洲信贷(Eurocredits)是不以贷款银行所在国的货币标价的短期贷款。这一类贷款的规模都很大,所以贷款银行组成贷款辛迪加(loan syndicate),帮助公司筹集资金,并分散部分贷款风险。

欧洲信贷和其他短期欧洲债务的利率与一种被称为 LIBOR 的标准利率联系在一起。LIBOR 是伦敦银行同业拆借利率(London InterBank Offer Rate),即伦敦最大的银行对信用等级最高的其他大银行的存款支付的利率。2011 年 1 月,LIBOR 较同期的美国国内银行定期存款利率高,以 3 个月定期存单为例,前者是 0.3%,后者是 0.28%。

（2）欧洲商业票据。欧洲商业票据(Euro-commercial paper，Euro-CP)类似于美国国内商业票据。这种短期债务工具由公司发行，期限基本上为1个月、3个月、6个月。欧洲商业票据和美国商业票据的主要差异在于，前者不太关注发行人的信用质量。

（3）欧洲票据。欧洲票据(Euronotes)代表中期债务，期限是1—10年。其特点类似于长期债务工具(如债券)，到期时一次偿还本金，利息是每半年支付一次。多数外国公司像利用信用额度(a line of credit)一样利用欧洲票据，它们持续发行这种债券来满足中期资金需求。

2.9.3 股权工具

外国公司的股权类似于美国公司的股权，两者主要的差别在于美国的监管比多数其他国家给投资者提供了更多的保护。在国际市场上，股权通常称为欧洲股票(Euro stock)或美国股票(Yankee stock)。

（1）欧洲股票是在发行公司本国以外的其他国家进行交易的股票，但其他国家不包括美国，因此，在德国交易的日本公司股票称为欧洲股票。

（2）美国股票是在美国交易的外国公司股票，因此在美国交易的日本公司股票在国际市场上被称为美国股票。

随着金融市场变得更加全球化和成熟，国内和国际市场的金融工具会有所变化。外国公司与外国政府发现美国金融市场能够提供更好的资金来源，因为美国有多样化的融资渠道。随着科技的进步和外国投资监管的放松，其他发达国家的金融市场将变得更为突出，新的金融产品也将出现。

道德困境
ETHICAL DILEMMA

Maria 应该参加 SIN 的巡航吗

Maria 最近升职为 PED 公司的高级副总裁兼 CFO 助理。在新职位上，Maria 的职责是为 PED 对外筹集资金。当公司需要对外筹资时，她的团队推荐需要发行的金融工具类型，完成适当的文书工作，与 PED 的投资银行签订协议，等等。在几天前的部门会议上，公司 CEO 说道，他认为 PED 的筹资成本太高，并希望以后所筹任何资金的成本都应该大幅度降低。尽管他是在责备 Maria 的前任，但实际上是对 Maria 及其部门的成员说的。所以，Maria认为她应该提出一些能够降低 PED 未来筹资成本的方法。

由于 Maria 对自己的工作很不熟悉，所以她认为去拜访一些对公司筹资很有经验的人倒是一个很好的主意。有一个叫 Roger 的人给 Maria 提供了一些意见，他是 Maria 的好朋友，在 PED 曾经合作过的 SIN 投资银行工作。Roger 建议 PED 可以考虑发行可转换债券，而不是传统的债券。他解释说，可转换债券可以比同等的不能转换的债券以更低的利率发行，因为"可转换"这个特点是对投资者有利而不是对发行方有利。他还解释说，可转换债券是一种稍微有点复杂的混合证券。而 Maria 除了 Roger 告诉她有关可转换债券的信息外，对可转换债券一无所知。但由于 Roger 是 Maria 的朋友，并且他对可转换债券的描述也很吸引人,所以 Maria 决定去调查 PED 是否适合使用可转换债券。

当 Maria 今天早晨去上班时,她被告知 PED 计划尽快筹集 4 亿美元来投资一个新项目,并且 CEO 希望在一年内完成该项目的购置。因此,很遗憾,Maria 没有机会去收集更多关于可转换债券的信息。尽管如此,她认为可转换债券此时可能是一种合适的投资工具,所以她给 Roger 打了一个电话,询问自己怎样才能够在很短的时间里知道更多关于可转换债券的知识。Roger 告诉她说,SIN 每年都会举行一个讨论会,主要是邀请参与者来讨论关于可转换债券的各个方面,讨论会的话题范围包括从可转换证券最基本的知识到更加复杂的话题。这个讨论会似乎正是 Maria 所需的,可以了解更多关于发行可转换债券的优点与缺点,所以她向 Roger 询问了关于讨论会的详细的信息,包括日期、费用、具体的会议主题等。

一小时前,Roger 询问了关于 SIN 讨论会的具体详情。讨论会一共七天,准备在去往地中海港湾的游轮上举行。讨论会的日程安排是在游轮由一个港口去往另一个港口的期间举行,一般是四五个小时。当游轮进港的时候,会务人员会安排参与者去参观、打高尔夫和网球、在海边休息、享受当地美景。对 Maria 来说,这个讨论会听起来挺不错的,因为她可以一边工作一边休息。然而,有一件困惑她的事是,所有的费用,包括娱乐消遣的费用,都由 SIN 支付。

Maria 相信自己可以从 SIN 的讨论会上获得她所需要的信息,但是她认为,参加这个讨论会可能会存在利益冲突。因为她知道,SIN 的代表肯定会试着说服她去接受他们公司发行可转换债券的服务。同时她也知道,如果 PED 通过 SIN 发行可转换债券,那么 Roger 将会获得可观的佣金。而且她也确信从讨论会上得到的资料信息只是单方面的(有偏见的)。

如果 Maria 准备去参加这个讨论会,那么她就得在接下来的几天时间里去注册。所以她得尽快作出决定。她会怎么做呢? 如果你是她,你会怎么做?

本章要点总结

本章重要概念

为了总结,我们把本章讨论的关键概念与本章开始的学习目标联系起来。

- 不同的投资者有不同的风险(收益)偏好,所以应当有不同的金融工具来吸引不同的投资者。在不同的时间点,有些投资类型非常受欢迎,所以公司往往在自己需要筹集资金的时候发行当时最受投资者偏好的金融工具。如果公司发行的证券类型正是投资者想要的投资类型,那么它就可以很容易地以最低的成本筹集资金。
- 简而言之,债务代表着一种贷款。债务协议也叫契约,它注明需要偿还的本金额、在特定日期支付利息的金额、债务的到期日。债务有许多不同的类型——短期债务,包括国库券、回购协议、联邦基金、商业票据等;长期债务,一般包括定期贷款和债券(公司债券、政府债券、地方债券)。多数债券包括赎回条款,该条款赋予发行人在债券到期前赎回债券的权利;偿债基金条款规定发行人每年偿还一部分的债务;可转换的特点则是允许债券持有人(投资者)按一个固定价格把债券转换成普通股。

- 债券评级是债券违约风险的一个指标,包括质量和数量两个因素。低级别债券的违约风险比高级别债券的高,所以,为了吸引投资者,低级别债券通常要比高级别债券提供更高的利率。有些组织,如养老金和保险公司(机构投资者)只能投资高级别的债券,这意味着债券评级对这些类型的投资者非常重要。

- 股权通常被定义为拥有的资产的价值减去负债后的余额。因此,如果一家公司的资产按账面价值出售,且所有的债务都已偿还,那么剩下的就是可以支付给股东的股权。有些公司发行两种股票(股权)——优先股和普通股。在公司支付股利或分配破产清算后的剩余给股东时,优先股股东较普通股股东有优先权。优先股和普通股都没有到期日,因此,两者都是无期限的。优先股股东通常会获得固定的股利。尽管有些普通股会支付稳定或相当稳定的股息,但许多普通股不支付股息或支付变动的股息。普通股股东有权选举公司董事,再由董事任命公司的管理层,但大部分的优先股股东没有投票权。通常,普通股股东被认为是公司的所有者,因为他们承担公司经营的大部分风险。当公司表现良好时,普通股股东获利最多,而当公司表现不佳时,普通股股东亏损最多。

- 衍生工具是指来自其他资产(股票或债券),或者基于其他资产得出价值的那些金融资产。也就是说,当基础资产的价值发生变化时,衍生工具的价值也会发生变化。衍生工具对很多投资者来说都很熟悉,它包括期权、期货、可转换证券以及互换。股票期权是一个给予持有人在特定时间,以事先确定的价格买入(或卖出)股票的权利的合同。期货合同代表未来某一时间以约定价格交割某项货物或其他资产的合同。可转换证券通常是指债券或优先股的持有人按合同规定的价格将其转换成普通股。互换是双方当事人交换或互换诸如债券、货币期货等金融资产支付的合同。例如,一家有浮动利率的公司与另一家有固定利率的公司互换利息支付。

个人理财相关知识

本章所介绍的知识应该能够使你了解在金融市场上可供选择的其他投资。投资的类型有很多种,包括从最基本的股票和债券投资到复杂的奇异期权组合及可转换证券投资。然而,当你在进行投资的时候,你必须十分小心。你不要去投资你所不熟悉的证券,否则,你就有可能只剩下对你为什么会失去你的资金的疑惑。

以下是本章的一些知识,你可以将其运用于个人理财。

- **怎样使用债券评级来帮助我作投资决策?**

债券评级是债券违约风险的一个指标。因此,如果你不介意拿你的资金去冒险,并以此来获得更高的收益,那么你可以投资低评级的债券,也就是说,你投资的债券的违约风险很大。但如果你不想冒更多的风险,你就应当投资高评级的债券。

- **怎样使用本书讨论的知识来帮助我作出有关借款的决策?**

与公司一样,个人也有信用评级。一个人的信用评级越高,他借款所要支付的利率就越低,如抵押贷款、汽车贷款。为了降低你所需支付的借款利率,你需要提高你的信用评级。

- **我是购买常规的优先股、可转换优先股、常规的股票、A 级普通股还是 B 级普通股?**

这个问题要根据你投资股票的目的来回答。如果你想每年都能收到股息(收入),那么你就投资收入型股票,如优先股、大型知名企业的普通股,因为这些股票每年都会支付相对稳定的股息。但是如果你想在日后获得资本利得,那么你应当去购买只支付很少股息或没有股息的普通股,因为这些公司会把当前的收益用于未来业务的增长。阅读完本章介绍的关于不同类型和不同级别股票的特点之后,当你在选择哪种股票适合你的投资需求的时候,你应当能作出明智的决策。

● 期权是为投资者提供保护、防止不良风险的,即期权可以用来减少投资的风险。例如,假设某投资者拥有 100 股 IBM 的股票,当前 IBM 股票的市价为每股 144 美元。该投资者认为,在接下来的几个月内,IBM 的股价可能会下跌。尽管她不想现在就将股票卖出,但是她还是计划在两个月内将股票卖出。为了防止股价大幅度下跌带来的风险,她可以购买一份 3 个月的 IBM 股票的看跌期权。购买 100 股的 IBM 股票的看跌期权成本为 200 美元,敲定价格为每股 145 美元。如果 IBM 股票的价格下降至每股 130 美元,那么该投资者将会在股票市场上损失 1 400 美元,即 −1 400 美元 = 100 ×(130 美元 − 144 美元),但她在期权市场上将会获得的净收益为 1 300 美元 = 100 ×(145 美元 − 130 美元)。所以,两个市场结合起来,该投资者的净损失为 100 美元,即 −100 美元 = 1 300 美元 − 1 400 美元,这比她在没有看跌期权的情况下亏损的要少得多。如果 IBM 的股价上升到每股 150 美元,那么该投资者将不会执行看跌期权,因为此时的看跌期权已经没有价值了。在这种情况下,该投资者的 200 美元有效成本保证了她所持有的 100 股 IBM 股票免受"跌价"风险。

思考题

2-1　优先股在哪方面与债券相似,又在哪方面与普通股相似?

2-2　解释以下说法:"债券含有支付利息的承诺,而普通股只给予一个支付股息的期望但没有承诺。"

2-3　优先股面值的意义是什么?普通股面值的意义是什么?

2-4　以下每项对公司新发行长期债务的利率有什么影响?指出每个因素对利率的影响是上升、下降还是不确定,并说明理由。

a. 公司使用债券而不是定期贷款。

b. 公司使用信用债券而不是第一房地产抵押债券。

c. 公司把债券转换成普通股。

d. 如果信用债券次于银行债务,对以下各项将产生什么样的影响?

(1) 信用债券的成本。

(2) 银行债务的成本。

(3) 总债务的平均成本。

e. 公司发行收益债券而不是信用债券。

f. 公司必须筹集 1 亿美元用于建造新厂房,目前在考虑是发行第一房地产抵押债券还是信用债券。如果它决定对两种债券各发行 5 000 万美元,而不是发行第一房地产抵押债券 7 500 万美元和信用债券 2 500 万美元,对以下各项将产生什么样的影响?

(1) 信用债券的成本。

(2) 第一房地产抵押债券的成本。

(3) 总债务的平均成本。

g. 公司对新发行的债券加入赎回条款。

h. 公司对新发行的债券加入偿债基金。

i. 公司债券从 A 级降到 BBB 级。

2-5　为投资者按照风险大小把下列证券从最低风险(1)排列到最高风险(8)。除国库券外,所有证券都由同一家公司发行。如果你认为两种或多种证券有同等风险,就以相同的数字表示。

a. 收益债券　　　　　　　_____

b. 次级债券——不可赎回　_____

c. 第一房地产抵押债券——没有偿债基金　　　　＿＿＿＿＿＿

d. 普通股　　　　　　　　　　　＿＿＿＿＿＿

e. 美国国库券　　　　　　　　　＿＿＿＿＿＿

f. 第一房地产抵押债券——有偿债基金　　　　＿＿＿＿＿＿

g. 次级债券——可赎回　　　　　＿＿＿＿＿＿

h. 定期贷款　　　　　　　　　　＿＿＿＿＿＿

2-6　偿债基金可以采取以下两种方式。

（1）公司每年给托管人付款，托管人把这一笔钱进行证券投资（通常是政府债券），到期时用投资的本金和利息偿还公司债券。

（2）每年托管人用公司的付款回收一部分债券，要考虑以下哪种方式的成本较低：用随机抽取的方法赎回一定比率的债券，或者用公司的付款在公开市场回购相同比率的债券。

从公司和债券持有人的观点分别讨论每种方式的优点及缺点。

2-7　研究表 2-2。假设 Sydex 纺织公司以每股 25 美元的净价格（扣除发行成本）发行普通股 200 万股，编制在这一次发行后的股权账户表。

2-8　一般常说优先购股权的目的是维持现有股东的持股和控制权比率。

a. 对于在 NYSE 交易股票的公司的大多数股东而言，你认为这样的考虑有多重要？

b. 优先购股权对哪种公司的股东更重要，上市公司还是非上市公司？请说明。

2-9　优先股应归类为债务还是普通股？如果分别由公司管理层、债权人、普通股股东进行分类，结果会不同吗？

2-10　评论以下说法：“发行可转换证券代表了公司能够以高于现行价格的股价出售普通股的一种方法。”

2-11　假设公司同时发行票面利率 9%、总额 5 000 万美元的可转换债券和票面利率 12%、总额 5 000 万美元的直接债券，两者有相同的期限。可转换债券利率低于直接债券利率，是否说明可转换券的风险较低？你认为可转换债券的资金成本低于直接债券的资金成本吗？请说明。（提示：虽然表面上可转换债券的成本较低，但事实上未必如此，因为可转换债券的利率低估了其成本，在回答本题前，请考虑这一点）

2-12　1936 年，加拿大政府通过发行年利率为 3% 的债券筹集了 5 500 万美元。这笔债务不像今天发行的多数债券有特定的期限，而是永久流通；实际上，它们是永久债券。

发行时加拿大政府在债券合同书中注明，1966 年 9 月或之后，可能按面额（100 美元）用现金赎回这批债券；换言之，1966 年 9 月后这批债券是可按面额赎回的。1965 年投资者由于相信 1966 年每张债券会以 100 美元的价格被赎回而购买这些债券。债券 1965 年的售价为 55 美元，投资者踊跃购买使债券价格到 1966 年上涨到接近 100 美元的水平，而当加拿大政府宣告这些永久债券真正是永久的而且不能回收后，债券价格就大幅下滑。1966 年 12 月债券的市场价格跌到 42 美元，投资者遭受巨大损失，因此许多债券持有人组成永久债券协会（Perpetual Bond Association）游说政府以面额赎回债券，认为是政府违背了赎回债券的隐含承诺。渥太华官员坚持认为以面额赎回的说法是没有根据的，因为这些债券开始就被清楚地定位为永久债券。一位渥太华的官员说：“我们的任务是保护纳税人，为什么我们要支付 5 500 万美元去买回价值不到 2 500 万美元的债券呢？”

下面几个关于加拿大债券的问题可以考察你对债券的理解程度。

a. 你认为企业发行像本题介绍的加拿大政府债券有意义吗？

b. 假设美国政府今天发行以下四种债券各 1 000 亿美元：5 年期债券、50 年期债券、正常的永久债券和加拿大式的永久债券。请按预期利率的高低给这四种债券排序，并说明理由。

c. 如果发行后利率下降而没有上升，你认为在赎回债券这件事上，加拿大政府会采取相同的做法吗？

d. 你认为加拿大政府的做法公平还是不公平？列举支持和反对这种决策的观点，并说出理由，说明哪一种看法更重要。如果这些债券出售给成熟的而不是单纯的投资者会有差别吗？

计算题

2-1　Swift 公司打算为扩张计划进行融资,公司高管同意像他们这样的产业公司应该发行普通股融资而不是借入更多的债务,然而他们认为目前 Swift 公司普通股的价格不能反映其价值,所以他们决定发行可转换债券,每张债券的面额是 1 000 美元,而且可以转换成 25 股普通股。

a.　如果不考虑税收和其他成本的影响,当股价最低为多少时,债券持有人将其债券转换成股票是有利的?

b.　如果包括赎回条款,这些债券会得到哪些优势?

2-2　四年前,Ideal Solutions 发行了一批可转换优先股,每股价格为 50 美元,8% 的固定股息率。投资者可以以每 1 股优先股转换成 4 股普通股。该优先股当时是按面值发行的,Ideal Solutions 筹集了 250 万美元的资金用来扩大经营。

a.　优先股每股每年的股息是多少?

b.　优先股的转换价格是多少? 投资者在什么时候应当考虑将优先股转换成普通股?(不考虑税收和其他涉及转换的成本)

c.　如果所有的投资者都将优先股转换成普通股,那么 Ideal Solutions 将会新增多少股的普通股?

2-3　Filkins 农场设备公司要筹集 450 万美元作为扩张的资金,预期面额 1 000 美元、5 年期零息债券每张售价 567.44 美元。

a.　Filkins 农场设备公司要发行多少这种面额 1 000 美元的零息债券,才能筹集到 450 万美元?

b.　这批债券将对 Filkins 农场设备公司未来的现金流带来什么样的负担? 这些债务每年将带来多少成本?

2-4　假设你有一份看涨期权,该期权允许你在接下来的三个月内的任何时间都可以以每股 15 美元的价格购买 100 股 Silicon Graphics 的股票。Silicon Graphics 的股票当前每股价格为 12 美元。

a.　当股票价格上升至每股 18 美元时,你应该行权购买股票吗? 如果你行权了,然后立即将股票卖出,你将收益(亏损)多少?

b.　当股票价格下降至每股 13 美元时,你应该行权购买股票吗? 如果你行权了,然后立即将股票卖出,你将收益(亏损)多少?

c.　如果你所拥有的是看跌期权而不是看涨期权,你会改变第 b 题的答案吗?(注:看跌期权是以预定的价格卖出股票)

2-5　假设你有一份看跌期权,该期权允许你在接下来的六个月内的任何时间都可以以每股 25 美元的价格向其他投资者卖出 200 股 MMM Construction 的股票。MMM Construction 的股票当前每股价格为 26 美元。

a.　如果股票的价格保持在每股 26 美元,你应该行权向期权卖方卖出股票吗?

b.　如果股票的价格上升至每股 30 美元,你应该行权吗? 如果你以每股 30 美元购买股票,然后立即行权,你将收益(亏损)多少?

c.　如果股票的价格下跌至每股 20 美元,你应该行权吗? 如果你以每股 20 美元购买股票,然后立即行权,你将收益(亏损)多少?

2-6　Meyer Manufacturing 和 Haugen Mills 两家纺织公司在开始经营时有相同的资产负债表,1 年后两家公司都要购买一部 200 000 美元的新机器,以扩大生产。为筹集资金,Meyer 发行 5 年期、票面利率 8%、面额 200 000 美元的债券;而 Haugen 决定发行普通股,并以每股 50 美元的价格筹集 200 000 美元的资金,本次发行使流通股或现有股票数比发行前增加了 20%。在资产增加前,两家公司的资产负债表如下表所示:

(单位:美元)

		债务	200 000
		股权	200 000
总资产	400 000	总债务和股权	400 000

a.　编制每家公司购买资产后的资产负债表。

b.　发行新股前,Haugen 有多少流通股? 发行新股之后呢?

c.　增加这部机器后,生产能力扩大,每家公司的经营利润(息税前利润)增加 100 000 美元。假设两家公司的税率是 40%,这笔金额中可以支付给每家公司股东的金额是多少?

d.　假设两家公司在购买新机器前流通股相同,

这笔资金(100 000 美元)中可能支付给每家公司每股的资金是多少？（即计算每股额外盈利）

2-7 过去五年 Cox 计算机公司快速增长，最近银行要求 Cox 考虑增加永久性资金，Cox 的银行贷款已经增加到 150 000 美元(利率 10%)，对供货商付款的时间也推迟了 30—60 天。

在与投资银行讨论后，Cox 决定筹集 250 000 美元，投资银行确保以下几个方案都是可行的(不考虑发行成本)。

- 方案 1：以每股 10 美元的价格发行普通股。
- 方案 2：以 1 000 美元的价格销售票面利率 10%、可转换为 80 股普通股(转换价格为每股 12.50美元)的可转换债券。
- 方案 3：发行面额 1 000 美元、票面利率 12%、期限 10 年的信用债券，并以面额销售。

公司总裁 Charles Cox 持有 80% 的普通股，希望保持公司的控制权，目前有 50 000 股流通在外。下面是 Cox 最近的财务报表：

（单位：美元）

资产负债表		利润表	
总资产	275 000	销售收入	550 000
短期债务(银行贷款等)	175 000	成本(利息除外)	(495 000)
债券	25 000	EBIT	55 000
普通股(面额 1)	50 000	利息	(15 000)
留存收益	25 000	EBT	40 000
总债务和股权	275 000	税收(税率40%)	(16 000)
		净收入	24 000
流通股	50 000		
每股收益	0.48		
每股价格	8.64		

a. 假设筹集到的资金中有 150 000 美元用来偿还银行贷款，剩下的用来增加总资产。编制每个方案的新资产负债表，方案 2 编制的是债券转换成股票后的资产负债表。

b. 假设 Charles Cox 没有额外购买任何股票，在每个方案下说明其控制权将如何变化。

c. 假设息税前利润是总资产的 20%，每个方案对每股盈利有什么影响？（提示：每股盈利 = 净收益/流通股股数）

d. 你会向 Charles Cox 建议采纳哪个方案？为什么？

2-8 下面是 Atlantic Coast Resources 公司 2011 年年末的资产负债表。

（单位：美元）

Atlantic Coast Resources 公司：2011 年 12 月 31 日资产负债表		
	应付账款	64 400
	应付票据	71 400
	长期债务	151 200
	普通股(注册 30 000 股，流通 20 000 股)	364 000
	留存收益	336 000
总资产 987 000	总债务和股权	987 000

Atlantic Coast Resources 公司关注它的每股账面价值，每股账面价值通过资产负债表上的总权益除以流通股股数计算得到。

a. 公司的普通股每股账面价值是多少？

b. 假设该公司卖掉留存的已注册的股票，每股净售价为 32.55 美元。那么新的每股账面价值是多少？

2-9 Fibertech 公司刚刚收到一份来自日本制造商的购货发票，发票注明 Fibertech 公司必须在 90 天内支付给日本公司 5 500 000 日元。如果 Fibertech 公司现在付款，它需要 500 000 美元，因为当前每 1 日元的成本为 0.091 美元(即 1 美元可以购买 11 日元)。Fibertech 公司正在考虑等到票据到期的时候再付款，因为如果现在付款，公司就要以一个很高的利率借入所需资金。在 90 天内，公司可以通过销售来筹集资金，这也能足够支付欠日本制造商的款项。

a. 给出一些 Fibertech 公司现在可能付款而不是等到 90 天后再付款的原因。再给出一些等到期再付款的原因。

b. 假设 Fibertech 公司能获得一份在 90 天内交付 5 500 000 日元的期货合同，但是每 1 日元的成本为 0.095 美元。Fibertech 公司通过该合同在 90 天内支付款项需要多少美元？

c. 假设 Fibertech 公司不选择行使 b 中的期货合同，用美元表示，如果 90 天后的汇率为每 1 日元兑换 0.10 美元，公司将会支付多少资金？如果汇率为每 1 日元兑换 0.085 美元，结果又会怎样？

d. Fibertech 公司能从期货合同中获得怎样的好处？

综合题

2-10 Gonzale 是一个家族连锁食品商店，总部设在 El Paso。现在该公司雇用你对以下两种情形的融资需求提出相关的建议。

I. 初创扩张　　Gonzale 是一个少数人持股公司,正考虑进行一次大的扩张。拟议的扩张要求公司筹集 1000 万美元的额外资金。由于 Gonzale 当前已经有 50% 的债务,家庭成员也已将他们所有的资金都投入业务中,公司的所有者不能再提供任何额外的股权资金,所以公司决定对外发售股票。家庭成员希望能确保他们对公司的控制权。这是 Gonzale 第一次对外发售股票,该公司的所有者不太清楚具体应该怎样操作。所以,他们要求你去研究操作过程,帮助他们决定如何筹集所需要的资金。在这种情况下,请回答以下问题。

a. Gonzale 以股权融资而不是债务融资的优点是什么? 使用股权融资的缺点是什么?

b. Gonzale 的股票当前是公众持有还是私人所有? 如果公司发售股票,这种情况会发生变化吗?

c. 什么是股票分类? Gonzale 是否发现标明创始人当前流通股数的一些优点? 为了使家庭成员仍能控制公司业务,Gonzale 应该向公众发售什么类型的普通股?

d. 如果 Gonzale 家庭的一些成员想要卖出他们所持有的部分股份,同时公司发售新的股份筹集扩展所需资金,这种方法可行吗?

II. 后续扩张　　在初创扩张几年后,Gonzale 想要建立一个车间,投资经营生产和销售遍及美国与墨西哥超级市场的自制沙拉及相关产品。Gonzale 先生是一家之主兼公司 CEO,尽管车间的建造是在完成当前的扩张及公司的财务状况稳定以后,可能需要几年,但 Gonzale 先生已经开始计划冒这个风险了。尽管如此,Gonzale 先生还是有一些想法希望你能审查一下。

项目的估计成本是 3 000 万美元,将会用于建造一个生产设备和必要的销售系统。Gonzale 暂时计划通过发售 10 年期的债券来筹集这 3 000 万美元资金,它的投资银行指出可以使用定期付息债券或零息债券。定期付息债券是按面值出售,每年支付 12% 的利息;零息债券也按每年 12% 的收益率定价。两种债券都可以在三年后的周年发行日赎回。

作为你分析的一部分,你需要回答以下问题。

a. 债券与定期贷款有什么不同? 定期贷款比债券有何优势?

b. 假设 Gonzale 发行债券,并以新建的生产设备作为抵押(土地和建筑物)。那么 Gonzale 发行的是什么债券? 如果 Gonzale 不发行上述有担保的债券,而是发行信用债券,那么 Gonzale 的这种选择将会如何影响其为 3 000 万美元的债务支付的利率?

c. 什么是债券契约? 债券持有人将会要求 Gonzale 的债券契约中包含哪些典型的条款?

d. Gonzale 的债券将会在三年后赎回。如果债券不能赎回,那么要求的利率是高于 12% 还是低于 12%? 如果债券立即被赎回,会对利率产生什么影响? Gonzale 使用可赎回债券有何优势?

e. 考虑以下:

(1) 假设 Gonzale 的债券契约中包含偿债基金条款,要求公司每年偿还 1/10 的债务,那么这个条款是提高还是降低了债券所要求的利率?

(2) 偿债基金如何操作?

(3) 为什么 Gonzale 的投资者可能要求使用偿债基金?

(4) 对于这次特殊的发行,包含偿债基金有意义吗?

f. 在债券发行时,Gonzale 是 A 级公司。假设公司的债券评级① 降低到 BBB 级;② 提高到 AA 级,那么是什么导致了这种改变? 这种改变意味着什么? 这些改变将如何影响 Gonzale 新的长期债务所要求的利率和未偿还债务的市场价值?

g. 当一家公司(如 Gonzale)在决定是否发行长期债务、短期债务或股权时,需要考虑哪些因素? 对于该项工程,为什么长期债务是公司最好的选择?

附录 2A

(本章自测题答案)

1. 发行总额 = 10 000 × 8 = 80 000(美元),分为:

普通股面值 = 10 000 × 3 = 30 000(美元)

增加的资本公积 = 10 000 × (8 - 3) = 50 000(美元) = 80 000 - 30 000

2. a. 每股股利 = 72 × 0.05 = 3.60(美元)

b. 转换价格 = 72/6 = 12(美元);因此,当普通股价格超过每股 12 美元时,投资者应当考虑转换。

3. a. 收益 = 100 × (20 - 18) = 200(美元)

b. 亏损 = 100 × (15 - 18) = -300(美元)

第3章
金融市场和投资银行业务

你喜欢乘坐过山车吗？看一下从2008年到2010年的股票市场的波动情况。在这段时间内，道·琼斯工业平均指数(DJIA)从2007年10月的远高于14 000点降到2008年11月的稍高于7 500点，把这转换为一个简单的年回报率大约等于 –50%。如果投资者持有的股票构成类似于道·琼斯工业平均指数的股票，从下表你就能看出投资者正乘坐在多么疯狂的过山车中。①

时期	交易天数	点数变化	单利百分比变动(%)②	
			每期	每年
2008.1.2—2008.12.31	253	– 4 488.4	– 33.8	– 33.8
2009.3.10—2009.12.30	206	+ 4 001.6	+ 61.1	+ 74.7
2010.4.27—2010.5.26	22	– 1 230.6	– 11.0	– 125.8
2010.8.27—2010.11.5	50	+ 1 458.2	+ 14.6	+ 73.6

正如你所看到的，市场的总体情况是既没有上升，也没有下降——从2008年年初到2010年，大幅度的上升和大幅度的下降都发生过。在这段时间里，股票市场是一头狮子还是一只羔羊？显然，道·琼斯工业平均指数的变化更像狮子(波动幅度大)，然而市场无法决定往哪个方向走，非常像迷途的羔羊。

---

① 道·琼斯工业平均指数包含美国30家最大产业公司的股票，第16章将详细叙述道·琼斯工业平均指数。
② 这个计算没有考虑复利因素，如果每日变动1%，年利率以1.0% ×一年中的交易天数 = 1.0% ×252 = 252.0%计算。2008年有253个交易日，2009年和2010年均有252个交易日。第9章讨论复利及复利计算的方法。

根据专家所述,2010 年股票市场的动荡有很多原因,包括投资者对其面临的 2010 年中期选举以后的经济前景的不确定,政府债务的增加,住房建筑业的持续衰退,以及极度不确定的世界经济舞台。

正如这里的数字显示的,股票市场——其实任何金融市场都是如此——把投资者(和借款人)送到一条崎岖不平的道路上,因此投资者和企业界都应该知道金融市场发生波动的原因。例如,企业因扩张的需要而筹集资金。那么,如果该企业处于一个市场波动很大的时期(与 2010 年的股票市场很相似),企业是通过发行股票还是债券来筹集资金? 抑或等到市场更加稳定之后再来筹集资金? 本章先介绍各种金融市场的特点,让读者对金融市场有所认识,然后简要地介绍公司如何利用金融市场筹集资金。当你阅读本章及本书稍后的相关章节时,请记住这个市场剧烈波动的例子,并试着解释市场时常经历这样大的波动的原因。

学习目标

在阅读完本章后,你应当能够:

(1) 解释什么是金融市场,以及经济中它们在提高生活水平上所扮演的角色。

(2) 解释为什么金融市场变得有效很重要。

(3) 解释为什么有许多不同类型的金融市场,以及各种不同类型金融市场的区别。

(4) 描述投资银行,以及在金融市场中投资银行帮助企业筹集资金时所扮演的角色。

(5) 解释美国的金融市场与世界上其他国家的金融市场有什么不同。

金融市场对美国的经济发展非常重要③,因此,投资者和财务经理有必要了解证券交易和企业经营的环境与市场。本章主要研究资金筹集、证券交易及决定股票和债券价格的市场。

3.1　什么是金融市场

企业、个人和政府经常要筹集资金,例如,假设佛罗里达电力和照明公司(Florida Power & Light,FP&L)预测佛罗里达州的电力需求将增加,决定建造一座新电厂。由于 FP&L 没有建造电厂的数亿美元资金,因而必须在金融市场筹集资金。类似地,如果你想购买价值 200 000 美元的住房,但手头只有 20 000 美元的储蓄,你将如何筹措另外的 180 000 美元?

虽然有些个人和公司的资金不足,但是也有些个人和公司的收入大于支出,他们拥有作为投资或储蓄的资金。例如,Alexandra Trottier 的年收入是 70 000 美元,但年支出只有 50 000 美元,因而她要把多余的 20 000 美元资金用于投资。

需要资金的个人和组织与拥有多余资金的个人和组织都在金融市场中进行交易。注意

---

③　本章以及以后几章中,我们所说的公司为股票和债券等金融资产的主要发行者与使用者。现实中,政府、政府机构和个人也发行债券。例如,个人在购买房屋融资的时候要"发行"抵押贷款。由于公司发行各种债券,也可以发行股票,因此相对于个人和政府,我们在例子中通常把公司作为主要的发行人。

一下,这里"市场"是复数。像美国这类的发达国家中存在许多金融市场,每一个市场包括许多机构和个人。与交易小麦、汽车、房地产、计算机和机器交易的实体资产市场(physical asset markets)不同,金融资产市场(financial asset markets)交易的是股票、债券、房地产抵押贷款及其他产生未来现金流的实物资产的要求权(claims on real assets)。金融工具已经在第 2 章介绍过。

通常,"金融市场"一词所指的是一个概念上的"机制",而不具有实物形态或特定类型的组织或结构。我们通常将**金融市场**(financial markets)定义为包括个人和机构、工具和程序的体系。这一体系把借款者和储蓄者联系起来,而与地点或位置无关。本章主要介绍金融市场的概念和程序。第 4 章将介绍在金融市场中参与借款和储蓄活动的机构。

3.2 金融市场的重要性

金融市场的主要作用是通过引导剩余资金流向资金需求者的方式,把借款人和储户(贷款人)联系起来。[④] 在发达国家中,金融市场有助于把过剩的资金,从个人和企业有效率地分配给需要资金进行投资或消费的个人和组织。就制造业和金融业而言,资金流动的过程越有效率,经济社会生产力越高。

3.2.1 资金流

通过把借款人和贷款人联系起来引导资金的机制,金融市场使我们的当前消费可以不同于目前收入。金融市场以这种方式使我们能够跨期转移收入。当我们借款时,我们用未来收入换取目前收入;当我们储蓄或投资时,我们用目前收入换取更多的未来收入。例如,年轻人借钱上大学或购买房屋和汽车,因而他们几乎没有储蓄。成年人事业稳定,收入达到高峰期,通常把更多的收入储蓄起来。最后,他们退休后,用过去储蓄累积的资金来支付退休后的生活开支。如果没有金融市场,人们不可能经历这三个阶段:

(1) 年轻人的消费大于收入,因而他们必须借款。

(2) 年长者的收入大于消费,因而他们储蓄。

(3) 退休人员使用过去积蓄的资金,至少部分弥补因退休而失去的收入。

如果没有金融市场,消费要根据每年的收入和过去积蓄的资金(或许放在存钱罐中)而定,结果造成我们的生活水平将远远低于目前的情况。

通过图 3-1 中的三个不同渠道,资金从盈余的一方(储蓄者)转移到需求一方(借款人):

(1) 货币和证券之间的直接转移如图 3-1 上方所示,这个渠道使企业不用经过任何中介机构或金融机构,直接对储蓄者发行股票或债券,企业把证券出售给储蓄者,储蓄者把资金交给企业。

---

④ 在本章中,我们通常把参与金融市场交易的双方称为借款人和贷款人,这意味着金融市场中交易的只有贷款。现实中,股票、期权和其他金融资产也在这个市场中进行交易,我们用"借款人"代表通过各种贷款融资的个人和政府,以及利用贷款和股票融资的公司。我们用"贷款人"代表那些以贷款或股票方式提供资金的一方。

1. 直接转移

2. 通过投资银行的间接转移

3. 通过金融中介的间接转移

图 3-1　资金形成过程图

（2）如图 3-1 中间所示，资金通过投资银行转移，投资银行作为中介提供发行证券的便利服务。其运作的方式是公司发行股票或债券给投资银行，后者把这些证券发行给储蓄者。企业的证券和储蓄者的资金仅仅"通过"投资银行。例如，当 IBM 再次筹集资金时，它也许会通过高盛、美林等投资银行在金融市场发行证券。本章稍后介绍投资银行业务。

（3）资金也可以通过银行、共同基金等金融中介（financial intermediary）转移。在这一渠道中，金融中介从储蓄者那里获得资金，然后把这些资金贷给企业或购买企业的股票。例如，你把钱存在本地银行的储蓄账户中，银行把这笔资金和其他存款者的资金用于房地产抵押贷款、企业贷款和汽车贷款。中介机构大大提高了金融市场的效率。本章将对金融中介的作用作更多介绍。

为简便起见，图 3-1 假设需求资金的主体是企业——主要是公司，当然也可以把资金的需求者视为购房者或政府部门。把资金从储蓄者直接转移到借款人手中是可行的，而且偶尔也会发生。然而，通常，公司和政府会通过投资银行的协助，在金融市场中筹集所需要的资金，个人储蓄者则利用银行、共同基金等中介机构贷出或借入资金。

3.2.2　市场效率

如果金融市场不能有效地配置资金，经济就不可能像现在这样有效运转。因为如果 FP&L 无法筹集到资金，迈阿密的居民就要支付更高昂的电费。同样，你将无法购买你想要的住房，Alexandra Trottier 也没有好的投资场所。显然，就业、生产力和生活水平都会降低。因此，金融市场运转有效是最根本的——不仅要快，成本也要低。当我们提到市场效率时，我们通常是指经济效率或信息效率。

经济效率

如果资金以最低成本运转实现最优配置，我们说金融市场具有**经济效率**（economic

efficiency)。换言之,在有效率的市场中,企业和家庭投资于收益最高的资产(其他条件相同),搜寻这些机会的成本低于其他缺乏效率的市场。通常,个人会雇用经纪人,在金融市场中帮其搜寻买进或卖出的投资机会,经纪人据此收取佣金。如果用于交易的佣金和其他成本(又称**交易成本**,transaction costs)很高,投资就没有低交易成本时那么吸引人了。

信息效率

在金融市场中进行投资的价格取决于可以获得的信息。如果价格反映现有信息,而且当新信息出现时价格能够作出及时调整,这样的金融市场具有**信息效率**(informational efficiency)。若金融市场中有许多市场参与者都在搜寻获利的投资机会,通常会存在信息效率。例如在美国,有上百万的个人投资者和十万多名专业人士参与金融市场,因此我们预期投资价格将随着新的信息即时调整。因为许多参与者都会对新信息作出及时评估,以发现更有利的投资机会。

信息效率通常划分为以下三种:

(1) **弱式**(weak-form)效率。指过去价格变化的所有信息,完全反映在目前的市场价格中,因此,当前或过去投资价格变化趋势的信息对投资的选择没有帮助。例如,投资价格连涨三天的信息,无助于回答今天或明天价格是否会上涨的问题。

(2) **半强式**(semistrong-form)效率。指目前市场价格反映所有公开可以获得(publicly available)的信息。在这种情况下,仔细研究像公司财务报表这样的公开资料毫无用处,因为只要信息披露出来,市场价格会立即对包括在这些报表中的好消息或坏消息作出调整。在半强式效率市场中,如公司总裁等内部人对公司投资(股票),有可能获得**非正常收益**(abnormal returns)。非正常收益是指超出与投资本身相关的风险的收益。

(3) **强式**(strong-form)效率。指目前市场价格反映所有相关信息,无论是公开获得的还是私人拥有的(未公开信息)。如果这种形式的效率成立,甚至内部人都不可能在金融市场获得非正常收益。[⑤]

金融市场的信息效率受到广泛的关注。多数关于市场效率的研究指出,在弱式效率下,金融市场具有高效率;在半强式效率下,金融市场具有适度效率;但强式效率似乎无法成立。

有信息效率的金融市场也具有经济效率,因为投资者预期价格反映适当的信息,因而对以最低成本提供最佳收益的投资作出明智的选择。

3.3　金融市场的类型

不同的金融市场中存在多样化的投资工具和市场参与者,通常我们根据投资工具的种类、投资期限、借款人和贷款人的种类、市场区位和交易类型来区分金融市场。金融市场的种类很多,在这里我们无法逐一讨论,仅介绍其中比较常见的类型,并提供每一类市场功能的一

---

⑤　过去,一些非法内部交易事例曾经成为头版头条的新闻。在一个著名的案例中,Ivan Boesky 承认曾经投资 5 000 万美元购买过自己熟悉的一个准备进行并购的公司的股票。1988 年 Boesky 因此入狱并支付大量罚款,但是他证明了强式效率不存在。2004 年,Martha Stewart 入狱,原因是她被证实在联邦调查官调查其是否利用内部信息出售自己所有的股票(ImClone System Inc.)时撒了谎,这有碍于司法公正。

些指征。

3.3.1　货币市场与资本市场

有些借款人需要短期资金,有些借款人需要长期资金。例如,为库存融资的公司通常需要使用 30—90 天的贷款,而个人购房则需要使用 15—30 年的贷款。同样,有些投资者想要短期投资,有些投资者想要长期投资。例如,一个大学生手中有一笔 6 个月后才会用到的资金(她要缴学费),她可能把这笔钱投资于 6 个月期的定期存单;一对夫妇为他们 3 岁的孩子规划大学教育基金,可能选择投资像 15 年期公司债券这样的长期债券。

短期金融工具的市场称为货币市场,长期金融工具的市场称为资本市场。具体而言,**货币市场**(money markets)包括期限等于或短于 1 年的金融工具,**资本市场**(capital market)包括期限长于 1 年的金融工具。从定义来看,货币市场仅包括债务工具,因为股权工具(股票)没有特定的期限;资本市场包括股权工具和房地产抵押债券、公司债券、政府债券等长期债务工具。[6]

货币市场的主要功能是对企业、政府和个人提供流动性以满足其对短期资金的需求,因为在多数情况下,现金流入与现金流出的时间并不完全一致。不同期限的货币市场工具,让我们把现金流入与现金流出进行很好的匹配。

例如,目前有一笔资金,6 个月后要用这些钱支付学费的大学生可以利用这笔资金投资并获得收益,而不是把它投资于低利率或根本没有利率的支票存款。如果投资 6 个月期定期存单,她能够把现金流入(定期存单到期)和现金流出(支付学费)的时间进行很好的匹配。

相反,如果公司要支付购买库存的款项,但 30 天后才会收到销售库存的现金,那么该公司可以通过 30 天期的贷款筹集所需要的资金,这样一来就实现了现金流出(偿还贷款的支出)和现金流入(销售库存的收入)的时间匹配。

无论是个人、公司还是政府都利用货币市场来调节短期资金流量,因此,当短期资金过剩时,他们进行短期投资;当短期资金不足时,他们需要短期贷款(债务工具)。

资本市场的主要功能是为我们提供把过剩或不足的资金转移到未来的机会,即跨期转移收入。例如,如果没有房地产抵押贷款,多数人在刚开始工作时都无法购房,因为他们几乎没有什么储蓄,收入也不足以购买价格高昂的房子。基于从未来的收入产生足够的资金偿还债务的能力,房地产抵押贷款和其他长期贷款使我们可以借到今天所需的资金。由于我们预期未来有更多的收入,因而目前的消费可以超过收入。同样,公司发行股票和债券筹措支持扩张所需的资金,公司承诺提供资金的投资者在未来某一时点将获得投资产生的现金流。从本质上看,个人、公司和政府利用资本市场使得支出超过当前能够获得的资金,并以未来产生的资金作为交换,或者利用资本市场把现在的收入用于投资以获得更多的未来消费。

3.3.2　债务市场与股权市场

简言之,**债务市场**(debt markets)是贷款交易的场所,**股权市场**(equity markets)是公司股票交易的场所。债务工具是一份合同,其中规定了借款人必须偿还贷款人的金额及时间;相

---

⑥　不同金融工具或者金融资产的特点已在第 2 章介绍。

反,股权代表公司的所有权,给予股东享有分配收入和清算后的剩余财产的权利。

债务市场使个人、公司、政府通过房地产抵押贷款、发行公司债券和政府债券,在本期得以消费未来的收入,这些贷款和利息都要用贷款期间产生的收入(现金流)来偿还。相反,股权市场通过发行所有者股权筹集资金,因而把企业经营的一些风险转移给个人和其他公司,股权投资者有权分配从未来收入产生的现金流。但与债务不同,股权并不是一个特定的合同,不保证这笔投资一定得到现金或获得偿还。债务有期限限制,可以作为暂时性融资;股权没有期限,这样的融资更为长久。

股权市场,也称股票市场,为很多人所熟知。事实上,大约有一半的美国人直接投资于股票市场或通过共同基金间接投资于股票市场。此外,有 10 000 多个养老金和保险公司这样的机构投资者投资于股票市场。显然,美国的股票市场很重要。因此,我们将在下节进一步讨论股票市场的特点。

通常根据交易的债务的特点来介绍债务市场。由于债务种类不同,也有不同种类的债务市场,例如,美国财政部发行的短期债务工具在货币市场进行交易,公司债券、房地产抵押债券等长期债务工具在资本市场进行交易。此外,可以根据参与者的类型——发行人(借款人)或投资者(贷款人)——对债务市场加以划分。债务市场中政府债券市场不同于公司债券市场,而消费者债务市场也不同于其他市场,因此,债务市场是根据债务工具的期限、发行人和投资者的不同加以划分的:

债务市场的最大部分是政府债券、公司债券和外国债券交易的债券市场。表 3-1 列出了2010 年美国各类债务市场的价值。当年美国债务市场的总值超过 50 万亿美元,如表中显示,房地产抵押债券、公司债券和政府债券大约占债务市场的 65% 以上。

3.3.3　初级市场与二级市场

初级市场是"新"证券交易的场所,二级市场是"旧"证券交易的场所。

初级市场(primary markets)是公司筹集新资本的市场。如果 IBM 想要发行普通股筹集股权资金,这样的活动是初级市场的交易。发行新股的公司从初级市场的交易中取得销售收入。

二级市场(secondary markets)是投资者买卖已经发行并流通的证券的市场。因此,如果Jessica Rogers 决定购买 1 000 股 IBM 股票,这样的交易活动将发生在二级市场。NYSE 是二级市场,因为在这个市场交易的是以前发行的、目前在流通的股票和债券,而不是新发行的股票和债券。房地产抵押贷款、其他类型的贷款和其他金融资产也都有二级市场。证券在二级市场交易的公司不参与这种交易,因而也不会从这样的交易中获得资金。

表 3-1　美国债务市场(2010 年 12 月 31 日)

债务种类	金额(十亿美元)	占总量的百分比(%)
房地产抵押贷款	13 832.8	26.3
公司债券	11 440.4	21.7
政府债券	9 361.5	17.8

（续表）

债务种类	金额（十亿美元）	占总量的百分比（%）
联邦机构债务	7 569.3	14.4
地方债券	2 925.3	5.6
消费者贷款	2 434.6	4.6
银行贷款	1 874.7	3.6
货币市场	1 057.5	2.0
其他贷款	2 140.2	4.1
合计	52 636.3	

资料来源：美联储公开的和历史统计数据，http://www.federalreserve.gov/。

3.3.4　金融衍生产品市场

期权、期货、互换等都是在**金融衍生产品市场**（derivatives markets）交易的证券，这些证券被称为金融衍生产品，因为这些产品的价值由其他资产决定，或直接由其他资产引申而来。例如，个人持有 IBM 股票的看涨期权，表示他有权利以期权合约中规定的价格买入若干 IBM 股票。因为合约规定了买入 IBM 股票的价格，这一看涨期权的价值随着 IBM 股票的市场价值变动而变化。

尽管许多投资者利用金融衍生产品，对金融资产价格或小麦、大豆等商品市场价格的变化进行投机，但是这些工具基本上是用来管理风险的，即个人、公司和政府利用金融衍生产品避险——规避未来价格变动的风险。（金融衍生产品在第 2 章介绍过）

3.3.5　股票市场

近几年个人投资者对股票表现出比以往更大的兴趣，主要原因是 20 世纪 90 年代股票市场投资收益破纪录，如 1995—1999 年，股票市场年收益率平均超过 20%，达到史无前例的水平。股票市场许多破纪录的上涨是由投资者的狂热购买带动的，这种超买来自个人投资者对股票市场表现出的更大的兴趣。虽然 2000—2010 年股票市场波动趋缓，甚至出现逆转，但是股票市场受欢迎的程度依然非常明显。本节将介绍股票市场的特点。

3.3.6　股票市场交易的种类

股票市场交易分为三类：

（1）买卖已经发行并在流通中的上市公司股票：二级市场。如果持有 100 股 IBM 股票的个人卖出这些股票，这笔交易发生在二级市场，发行公司没有从这笔交易中获得新资金。

（2）上市公司出售更多的股票：初级市场。如果 IBM 决定发行新股以筹集扩张计划所需的资金，则这样的交易发生在初级市场。当证券在初级市场交易时，公司收到新资金。

（3）非上市公司初次公开发行（initial public offering，IPO）：初级市场。在 2004 年，当 Google 决定发行股票来筹集发展新产品的资金时，它就把自己的股票公开上市。任何时候，只要非上市公司首次对公众发行股票,该公司就被称为**公开上市**(going public)。交易公开上市股票的市场被称为**初次公开发行市场**(IPO market)。

几乎所有的股票交易都是在二级市场进行的,不是在有组织的交易所就是在柜台交易市场,然而,初级市场交易对那些想要筹集资金的公司而言非常重要。本节介绍股票市场的一般特点,这些特点使得股票市场按二级市场的方式运作;下节将介绍如何在初级市场发行股票和债券。

美国股票市场有两种基本类型:① 证券交易所(physical stock exchanges),包括 NYSE 及几个地区性的交易所,如芝加哥证券交易所(CHX);② 不太正式的柜台(over-the-counter,OTC)交易市场,它由全国的交易商组成,其中包括著名的纳斯达克市场(NASDAQ)。由于激烈的竞争,股票市场近几年通过兼并及引进新型的、更有效的交易系统而发生了重大的变化,所以很难区分这两类股票市场。尽管如此,我们一般认为股票市场要么具有证券交易所的特征,要么具有 OTC 交易市场的特征。

3.3.7　证券交易所[7]

证券交易所(physical security exchanges)是有实体形态的主体。美国的有组织的交易所包括 NYSE 等全国性交易所,以及 CHX 等地区性交易所。[8] 证券交易所的股票价格由投资者(通过他们的经纪人)竞价股票的过程决定。

直到 20 世纪 90 年代,大部分证券交易所都是非营利组织,由在交易所持有"席位"的会员所有(尽管每一个人都是站着的)。这些席位是可以转让的,它给予席位持有者在交易所交易的权利。[9] 这类由他们的会员所有和经营的组织是共同所有权结构。尽管大部分证券交易所从它们刚开始建立起就一直维持着共同所有权结构,但最近有一个趋势是,非营利共同所有权组织正向由外部股东所有和上市交易的营利性组织转变。这个由共同所有权组织向股份所有权组织转变的过程被称为股份化。一些已经股份化的交易所包括 CHX 和 NYSE。国外的许多证券交易所也都已经股份化,如澳大利亚证券交易所、中国香港证券交易所、新加坡证券交易所和多伦多证券交易所等。全球超过80%的发达的证券交易所都已经股份化。

交易所会员

交易所会员承担的交易责任取决于其拥有席位的种类,例如,NYSE 的席位可分成三种:场内经纪人、指定做市商、补充流动性供应商。

(1)场内经纪人是作为想要买卖证券的投资者的代理人。房屋经纪人是由经济公司雇用的为公司客户执行订单的场内经纪人,如美国银行、摩根士丹利。独立经纪人是为自己或

---

⑦　这部分的统计数据和其他信息基于不同的股票市场报告的信息。更多的统计数据和信息可以在交易所网站中找到:http://www.nyse.com,http://www.chx.com。

⑧　NYSE 已存在两百多年,就股票交易总值来说,它是世界上最大的证券交易所。在过去,地区性证券交易所主要存在于费城、芝加哥、旧金山和波士顿。最近几年,由于竞争的加剧,大部分地区性交易所都被 NYSE 或 NASDAQ 市场收购。

⑨　直到 1871 年,NYSE 才进行股票的连续交易,此前是根据股票登记簿进行交易。会员有椅子或者席位,可以坐着进行股票交易。在 1868 年席位被固定为 1 366 个之前,椅子或席位随着会员数量的变化而调整。NYSE 的股份化标志着 NYSE 传统的会员席位的结束。现在,通过证券交易所拍卖系统(SEATS)拍卖,成功的竞价者获得交易许可。

者为向房屋经纪人提供交易服务的场内经纪人工作的。当经济公司的业务太多以至于其房屋经纪人无法处理而需要额外帮助的时候,独立经纪人可以向经济公司"外包"他们的服务。

(2)指定做市商,之前称为专家,是 NYSE 最重要的参与者,因为他们的责任是确保拍卖过程以公平有效的方式完成。为了完成任务,做市商将提高或降低价格以使供需平衡。在某些情况下,当卖方不足时,做市商需要卖出股票;当买方不足时,他们需要买入股票。换句话说,当需要买方或卖方时,做市商必须准备做市。

(3)补充流动性供应商(SLPs)处理大量的交易以确保获得最好的报价。补充流动性供应商通过维持他们被分配到的证券的持续最新报价,加强了大额交易的流动性。

挂牌规定

在交易所交易的股票必须先挂牌。每一个交易所都有**挂牌规定**(listing requirements),指出挂牌的公司必须具备一定的数量和质量的特点。表 3-2 列出了美国某些交易所的挂牌规定。如该表所示,即使是在 NYSE,公司也不一定要规模很大才具备挂牌资格。挂牌规定的目的是确保投资者对这些公司感兴趣,这样公司的股票在交易所的交易才会活跃。

表 3-2　证券交易所与 NASDAQ 的初次挂牌规定

	NYSE	AMEX 和地区性交易所[a]	NASDAQ
整股(100 股)股东	400	800	300
公众持股数(百万股)	1.1	0.5	1.1
公众持股市值(百万美元)	100	3	15
税前收入(百万美元)	2.00	0.75	1.00

注:a 这些数字表示在大型地区性交易所挂牌的要求;小规模地区性交易所挂牌规定一般不严格。

挂牌公司要支付小额的年费,以获得连续交易活动提供的市场化和在交易所挂牌的公信力及名誉的效益。许多人相信挂牌对公司产品的销售不仅有正面的帮助,而且有助于降低普通股投资者的必要报酬率,从而降低公司的筹资成本。投资者对挂牌公司增加信息和流动性给予正面的回应,而且他们相信挂牌公司的股价不会被操纵。

3.3.8　OTC 市场和 NASDAQ

如果证券不在有组织的交易所交易,通常就在 **OTC 市场**(over-the-counter market)交易。OTC 市场是由全国的经纪人和交易商组成的交易网络。传统上,OTC 市场被定义为:不在有组织的交易所,而在其他地方进行证券交易所需的一切设施。它包括三个要素:① 持有 OTC 证券库存的交易商(dealers),他们负责对这些证券做市;② 经纪人(brokers),他们把交易商与投资者撮合在一起;③ 联系交易商和经纪人的电子网络。不同于多数有组织的交易所,OTC 市场不是以拍卖市场的方式运作,而是交易商不断报出他们愿意购买股票的价格(买价,bid price)及他们愿意出售股票的价格(卖价,asked price)而形成某一特定股票的市场。每一个交易商的报价会随着供求条件的变化而变动,在全国的电脑屏幕上都可以看到这些报价,买价和卖价的差额代表交易商的加成或利润。

NASDAQ

许多参与OTC市场的经纪人和交易商都是全国交易商协会(National Association of Security Dealers,NASD)的会员,它给经纪人颁发许可证并监督交易活动。NASD使用的计算机交易网络称为NASD自动报价系统或NASDAQ。现在,NASDAQ是一个与OTC市场分离的成熟市场。与OTC市场不同的是,NASDAQ包括持续监督各种股票交易活动的做市商(market makers),以确保投资者随时买到股票或卖出股票。NASDAQ的做市商扮演的角色类似于NYSE的专家。同时,必须满足最低规定的公司才能在NASDAQ挂牌(见表3-2),而一般OTC市场没有这些规定。

电子通信网络

如今,多数证券可以利用**电子通信网络**(Electronic Communications Networks,ECNs)进行电子化交易。在SEC注册的ECNs,是一个传递证券交易信息的电子系统,它使交易指令的执行变得简便,并以最好的价格成交。ECNs自动撮合大量投资者的买卖。投资者通过使用在经纪公司的账户来利用ECNs,经纪公司提供在线交易服务且认购ECNs。这些经纪公司如Charles Schwab提供网上交易服务并在ECNs登记。当(买进或卖出)指令通过电子系统下达后,这个过程是无缝的,投资者不会感到在利用ECNs进行交易。ECNs还提供别的交易中介,这进一步增加了与证券交易所的竞争。实际上,由于竞争激烈以及为改善自己在竞争中的地位,2006年NYSE与Archipelago交易所(ArcaEx,在1997年创立的ECN)合并,成为NYSE集团。

从发行数量上看,多数股票在OTC市场交易。尽管OTC市场包括一些大公司,多数在OTC市场交易的仍是无法满足有组织的交易所挂牌规定的小公司的股票。[10] 但是,因为较大公司的股票通常在交易所挂牌,大约三分之二的股票交易总值发生在交易所,实际上,在NYSE挂牌的4 000多种股票每天的交易值大约占50%。

3.3.9　股票市场之间的竞争

近年来,主要股票市场之间的竞争变得越来越激烈。在美国,尤其是NYSE和NASDAQ等主要股票市场不断地探索新的方法来提高他们的竞争地位。有两个因素改变了股票市场的竞争舞台。第一,多年前,股票只能够在它上市的交易所交易,而现在许多股票都可以双重上市。双重上市的股票是指有资格在超过一个交易所交易的股票。由于一只股票通过多个市场上市比只在一个市场上市能够让更多的人知晓,因此双重上市可以增加流动性。不同的股票市场为交易活跃的挂牌股票而竞争,因为越活跃的交易就代表着越多的利润。

第二,2005年,SEC推出NMS(全美市场系统规则),规定了证券交易使用的交易规则。该交易规则规定股票的交易价格应当是所有股票市场上的最优价格。换言之,股票的交易订单须持续地"通过"不同的市场,直至达到最优价格。

随着股票市场的竞争日益激烈,NYSE和NASDAQ均采取行动来提高它们的竞争地位。

---

⑩　不强制要求满足条件的公司在交易所上市,上市是每个公司自己的选择。

例如,前面我们提到了 2006 年 NYSE 与 ArcaEx 合并形成 NYSE 集团。该"全新与进步的"NYSE 集团有效地由两个不同的股票(证券)交易所构成。但 NYSE 仍旧存在,它所提供的产品和服务与合并之前的很相似。此外,NYSE 集团通过 NYSE 高增长板提供全电子交易。2007 年,NYSE 与 Exronext(包括整个欧洲的主要股票市场)合并形成 NYSE Exronext。2008 年,NYSE Exronext 要求美国证券交易所(AMEX)(当时美国第二大的国家证券市场)扩大其提供的金融工具种类。很明显,NYSE Exronext 是将自己定位成全球金融市场的领导者。

在 2005 年 NYSE 和 ArcaEx 合并协议公布后不久,NASDAQ 要求极讯公司(Instinet)提高其在作为电子证券交易所方面与 NYSE 竞争的能力。极讯公司提供电子交易,这可以提高 NASDAQ 交易的技术和效率。此外,从 2005 年起,NASDAQ 收购了如费城证券交易所、波士顿证券交易所等地区性的证券交易所。为了提高在国际交易舞台上的地位,NASDAQ 在 2007 年收购了 OMX 证券交易所。OMX 证券交易所主要是在北欧从事开发金融交易系统活动和经营证券交易。

举一个近期的关于美国证券市场间激烈竞争的例子。2011 年年初,NASDAQ 愿意以 110 亿美元的出价接管 NYSE。然而,2011 年 5 月,美国司法部门阻止了该项敌意收购企图,原因是司法部门认为两个市场的合并将会使投资者遭受损失,只要两个证券市场仍然保持相互分离,那么公司将会有不止一个市场选择来上市它们的股票。因此,NYSE 与 NASDAQ 之间的竞争将会使交易成本保持比两者合并后要低。在你阅读这本书的时候,由于司法部门的管制,NYSE Exronext 可能与 Deutsche Börse(一个大型的德国金融交易组织)为了拓展国际市场而进行合并。同时,NASDAQ 也可能会因增强国际竞争力而收购其他国家的证券市场,如 NYSE、新加坡交易所。在未来,全球证券市场的不断竞争将会导致各交易所相似的联盟。显然,未来交易所之间的竞争领域将会与过去有很大的不同,很多人相信该竞争领域将会要求参与者有更高的水平。

3.4　投资银行业务

当企业需要在金融市场筹集资金时,它通常会寻求**投资银行**(investment banker)的服务(见图 3-1 的中间部分)。如美林银行、摩根士丹利和高盛都是提供投资银行业务的公司。这些公司完成三种类型的任务:① 在现有的市场条件下,协助公司设计具有最吸引投资者特点的证券;② 从公司购买这些证券;③ 将这些证券卖给投资者(储蓄者)。虽然在此期间证券被出售了两次,但实际上只是一次初级市场的交易,在资金从储蓄者转移到企业手中的过程中,投资银行扮演着中介(代理人)的角色。

投资银行与我们熟悉的传统银行业务无关,前者从事的是新证券发行,而非存款和贷款。大部分投资银行通常是从事多种活动(多元化经营)的金融服务公司的一个部门。例如,像美林银行经纪部门在全世界设有上千个办事处一样,投资银行部门帮助公司发行证券、接管其他公司等。公司的经纪人既出售已发行的股票,也通过投资银行部门发行新的股票。像美林银行这样的金融服务机构同时在初级市场和二级市场出售证券。

本节将讲述如何在金融市场发行证券以及投资银行在这个过程中的作用。

3.4.1　筹集资金:第一阶段决策

需要筹集资金的公司本身应先作一些初步决策,这些决策包括以下几项[11]:

(1) 所需筹集资金额。我们需要多少新资本?

(2) 发行证券的种类。应该发行股票、债券还是两者的结合? 如果发行股票,是向现有股东发行还是直接公开发行?

(3) 竞价还是议价。公司是把大宗证券卖给出价最高的投资银行,还是仅与一家投资银行协商确定价格并交易? 这两种程序分别称为竞价(competitive bids)和议价(negotiated deals)。只有少数在 NYSE 上市的大公司因其股票为投资银行业者所熟悉而采用竞价过程。在参与某一证券发行竞价之前,除非对发行股票的公司已经非常熟悉,否则投资银行必须进行大量的调研工作。所以,除非投资银行确定能够中标,否则所需成本太高不值得去竞标。因此,多数股票和债券的发行都采用议价方式。[12]

(4) 投资银行的选择。假定发行采用议价方式,我们应该选择哪家投资银行? 早就进入市场的老公司之前就已经和投资银行建立关系,尽管在其不满意时更换投资银行很容易。刚公开上市的公司不得不选择投资银行。不同的投资银行适用于不同的公司,像摩根士丹利这种大型老牌“著名投资银行”,主要和通用汽车、IBM、ExxonMobil 这种大公司打交道。而其他投资银行则擅长 IPO 那样的投机性(风险性)较高的业务。

3.4.2　筹集资金:第二阶段决策

由公司和其所选择的投资银行共同作第二阶段的决策,包括以下几项:

(1) 重新评估原来的决策。公司和投资银行将重新评估原来有关发行额度和使用的证券种类的决策。例如,公司原来可能决定利用发行普通股筹集 1 000 万美元的资金,然而就当前市场条件而言,投资银行可能试图说服公司管理层发行 600 万美元的股票,另外 400 万美元改为借债。

(2) 尽最大努力承销或包销。公司和投资银行必须确定有关这次发行投资银行应该采用承销方式还是包销方式。在**包销安排**(underwritten arrangement)中,投资银行通常要确保这次的发行会全部销售完,所以投资银行承担相当的风险。在这样的安排下,投资银行基本上从发行公司购买证券,然后在初级市场销售这些证券,试图赚取利润。在**最大努力承销安排**(best efforts arrangement)中,投资银行不能保证销售完证券,或者发行公司能够取得所需全部资金。在这样的安排下,投资银行并不从发行公司买入证券;相反,投资银行相机(contingency basis)处理证券,根据销售数量的多少赚取佣金。本质上,它会承诺尽最大努力来销售证券。在承销安排下,公司发行的证券有可能无法销售完,因而无法筹集到所需全部资金。

(3) 发行成本。投资银行费用必须事先协商,而公司必须估计与此次发行有关的其他费用,如律师费、会计师费、印刷费等。通常,投资银行以低于卖给公众的价格从发行公司买入证券,**承销价差**(underwriter's spread)包括投资银行的成本与利润。

---

[11]　本部分介绍的程序也适用于政府部门。但政府只发行债务,不发行股票。

[12]　另一方面,根据法律,多数政府部门要求对债券发行采取竞价方式。

表 3-3 给出了与债券和股票公开发行有关的**发行成本**(flotation costs)。该表显示,用成本占收入的百分比来衡量,股票成本高于债券成本,小规模发行高于大规模发行。发行规模与发行成本的关系主要在于固定成本;有些成本不论规模大小都会发生,因此对小规模发行来说,其发行成本的百分比相当高。

(4)设定发行价格。上市公司证券的**发行价格**(offering price)取决于公司现有股票的市场价格,或公司现有债券的收益率。就普通股而言,这样的安排基本上要求投资银行以低于登记最后一天收盘价的若干点买入证券,登记最后一天指的是 SEC 通过证券销售那一天。如果证券的发行价格定得比较低,投资银行的销售工作就比较容易,然而,证券发行人却希望价格越高越好,所以在价格方面投资银行和发行人之间存在利益冲突。如果发行人在财务上颇为精明,且对类似的证券发行加以比较,投资银行可能会被迫把证券价格定在接近市场价格的水平。

如果公司是 IPO,没有现行价格(需求曲线)可以参考,这时投资银行必须估计发行后销售股票的均衡价格。如果发行价格低于真正的均衡价格,发行后股价将急剧上涨,那么公司和原始股东为筹集必要的资金就放弃了过多的股份。如果发行价格高于真正的均衡价格,无论投资银行发行失败还是投资银行成功地售出股票,公司都将很不高兴地看到发行后股价跌到均衡水平。因此,尽可能准确地估计均衡价格是很重要的。

表 3-3 债务与股权的发行成本[a]

发行规模 (百万美元)	债券[b]		股权[c]	
	直接	可转换	再次发行	IPO
低于 10.0	4.4%	8.8%	13.3%	17.0%
10.0—19.9	2.8%	8.7%	8.7%	11.6%
20.0—39.9	2.4%	6.1%	6.9%	9.7%
40.0—59.9	1.3%	4.3%	5.9%	8.7%
60.0—79.9	2.3%	3.2%	5.2%	8.2%
80.0—99.9	2.2%	3.0%	4.7%	7.9%
100.0—199.9	2.3%	2.8%	4.2%	7.1%
200.0—499.9	2.2%	2.2%	3.5%	6.5%
500.0 或更高	1.6%	2.1%	3.2%	5.7%

注:a 本表表示的数据代表直接成本占发行规模的百分比,直接成本包括承销费、登记费、法律成本、审计成本及其他与这次发行直接有关的成本。本表的数据提供与发行债务和股权有关的成本的指标。当利率周期性上升时,这些成本随之上升;当货币供给紧缩时,投资银行在销售债券的过程中将遭遇很大的困难。因此,实际的发行成本随时间而变动。

b 直接债券是第 2 章所介绍的传统债券,定期支付利息(也许每六个月),到期支付本金;可转换债券类似于直接债券,但是持有人可以选择转变成普通股。

c 再次发行新股是上市公司所发行的股票,IPO 是非上市公司通过首次对社会大众发行股票,以达成公开化目标的股权发行。

资料来源:Lee,Inmoo,Scott Lochhead,and Jay Ritter,1996,"The Costs of Raising Capital,"*Journal of Financial Research* 21(Spring),59—74.

3.4.3　销售程序

一旦公司和投资银行决定筹集多少资金、发行何种证券及证券定价的基础,它们将准备并送交 SEC 登记表和公开说明书。**登记表**(registration statement)提供有关公司财务、法律和技术的信息,而**公开说明书**(prospectus)则简要归纳登记表中的信息,在证券销售时供潜在投资者使用。SEC 的律师、会计师审查登记表和公开说明书,如果公司提供的信息不当或容易令人产生误解,SEC 可以延后或终止公开发行。SEC 的审查时间通常为 20 天到 6 个月。股票的最后价格(或债券的利率)根据 SEC 批准当天的收盘价而定,第二天就对公众公开发行证券。

投资银行通常在公开发行后一两天内销售股票,然而,如果投资银行计算错误,将使发行价格定得太高而无法销售。类似的情况是发行期间遇到市场下跌,投资银行也不得不调低股价。在包销安排下,无论发生何种情况,公司仍可以得到事先协定的价格,而投资银行必须承担所有损失。

由于投资银行暴露在巨大损失的风险中,除非发行额很小,否则它们不会单独购买与销售证券。如果涉及的资金很大,且价格波动的风险很高,投资银行将组成**承销辛迪加**(underwriting syndicate),把发行证券的工作分摊给多家投资银行,以最小化每家银行承担的风险。主导证券发行的投资银行称为**主承销商**(lead or managing underwriter)。

除了承销辛迪加外,较大规模的证券发行也需要很多投资银行参与,组成**销售团**(selling group)。对个人投资者销售证券的销售团包括承销辛迪加的所有成员以及其他经纪商,经纪商从承销辛迪加成员那里取得一小部分证券进行销售,并收取佣金,它们不买入证券,所以不必承担像承销辛迪加一样的风险。因此,承销辛迪加成员作为批发商,承担与该次发行有关的风险,而销售团成员只作为零售商。在销售团中,投资银行的家数部分取决于发行规模。

暂搁注册

刚刚所述的销售程序包括 SEC 登记与发行销售之间最少 20 天的等待期,多数证券的销售都是如此。然而,有时经常发行证券的大型著名上市公司会先在 SEC 备案登记表(master registration statement),然后每次发行证券前再提出一份简要报表更新原来的材料。利用这种方式,公司可以在上午 10 时决定销售已登记的证券,并且在中午之前完成销售。这样的程序称为**暂搁注册**(shelf registration)。因为就像公司把新证券放在架子上,在市场条件合适时再把这些证券下架出售给投资者一样。

二级市场的维护

像通用这样的大公司,一旦投资银行处理完股票并将净收入交给公司,其工作也就完成了。但是,在 IPO 的公司的股票上市后,投资银行有责任维护股票的流通市场,这些股票基本上在 OTC 市场交易,主承销商通常承诺为该股票"做市",以维持适度的流动性。公司和股东都希望其股票能有一个好市场,因此,如果想要继续保持与公司的业务关系,让客户满意并且将来有更多的业务,投资银行必须持有一部分公司股票,为该股票维持一个活跃的二级市场。

自测题 1

（答案见本章末附录 3A）

　　Global Geotell 公司刚刚雇用当地的一家投资银行 InvestPro 为其发行普通股,筹集 15 000 万美元资金,发生的直接成本为 225 000 美元,InvestPro 因其提供的服务而索要发行总额的 7%。如果普通股以每股 25 美元发行,那么 Global Geotell 需要发行多少股才能筹集到其因研发实际需要的 15 000 万美元?

3.5　证券市场的监管

　　像股票、债券等新证券的发行和二级市场的运作,都受到 SEC 和 50 个州政府(相对较宽松)的监管。SEC 监管大多是确保投资者从上市公司获得公正的财务信息,并避免公司的投资者、所有者、员工以欺骗和误导行为来操纵股价。

　　SEC 监管的主要内容如下:

　　(1) SEC 对公众跨州发行的新证券拥有管辖权。如前面提到的,发行新股票的公司必须向 SEC 提交登记表和公开说明书。提交这些文件的主要目的在于披露发行公司的财务与非财务信息及筹集资金的计划。当 SEC 批准登记表和公开说明书时,它仅证实公司提供的信息有效。SEC 并不对发行证券的品质或价值作出评判,这有待于潜在的投资者去评估。

　　(2) SEC 监管全国所有的证券交易。证券在交易所挂牌的公司必须向 SEC 和交易所提出类似登记表的年度报告。

　　(3) SEC 控制公司**内部人**(insiders)的股票交易。高层管理者、董事和大股东每月必须报送持股变化的报告,从这些交易(内部交易)获得的短期利润必须交给公司。

　　(4) SEC 禁止通过资金聚集(聚集资金以影响股价)、洗售(wash sales,利用同一集团成员间买卖股票,形成人为的交易量和交易价格)等方法操纵股价。人为操纵证券价格是非法的。

3.6　国际金融市场

　　过去几十年中,金融市场已经更加全球化。随着东南亚国家和苏联的经济发展,金融市场迅速增长,更多的投资者把资金投入到这一地区。1970 年美国股票市场价值大约占世界股票市场价值的三分之二。而今天,如表 3-4 所示,美国股票市场占世界总值 31% 的水平。[13] 增长最快的地区是中国、俄罗斯和印度。虽然几年前遭遇了严重的经济危机,但东南亚的股票市场仍然表现出了显著增长。这一地区的问题源于对金融市场的监管与监督不足,让一些

---

[13]　这里给出的美国股票市场的价值是把 NYSE 和 NASDAQ 的股票价值加总得出的。

具有影响力的个人或团体在决定经济事件时具有巨大的控制力。尽管如此,许多专家预测未来东南亚国家的增长潜力将持续吸引全世界的投资者。在我们写作本书时,这些市场的增长由于全球经济衰退明显放缓,但是有迹象表明这些金融市场在不久的将来将会再一次增长到高于正常的水平。

表3-4　各国(地区)股票市场市值[a]

	2009 年年底		1999 年年底		
	市值 (十亿美元)	总值百分比 (%)	市值 (十亿美元)	总值百分比 (%)	10 年增长率 (%)
I. 发达经济体的股票市场					
美国	15 077.3	31.0	16 635.1	46.1	−9.40
日本	3 377.9	6.9	4 546.9	12.6	−25.7
英国	2 796.4	5.7	2 933.3	8.1	−4.7
中国香港	2 291.6	4.7	204.2	0.6	1 022.2
法国	1 972.0	4.0	1 475.5	4.1	33.7
其他发达经济体	9 392.0	19.3	7 338.9	20.3	28.0
发达经济体总值	34 907.2	71.7	33 133.9	91.8	5.4
II. 新兴经济体的股票市场					
中国内地	5 007.6	10.3	330.7	0.9	1 414.2
印度	1 179.2	2.4	184.6	0.5	538.8
巴西	1 167.3	2.4	228	0.6	412.1
俄罗斯	861.4	1.8	72.2	0.2	1 093.0
韩国	836.5	1.7	395.7	1.1	111.4
其他新兴经济体	4 754.6	9.8	1 763.1	4.9	169.7
新兴经济体总值	13 806.6	28.3	2 974.3	8.2	364.2
所有股票市场总值	48 713.7	100.0	36 108.1	100.0	34.9

注:a 所有市值以美元为单位,1999 年到 2009 年间有些市值的变动是由于美元相对于外国货币价值的变动(汇率的变动)。发达经济体的股票市场和新兴经济体的股票市场是依据 S&P 的分类方法进行分类的。只有列入 S&P 2010 年报告的经济体的数据才被用于表中。

资料来源: *Standard & Poor's Global Stock Markets Factbook*, 2010.

即使全球股票市场扩张,无论从交易量还是交易价值来看,美国的交易都继续保持世界第一。美国股票市场交易值是日本股票市场市值和英国股票市场市值的七倍多。实际上,美国股票市场交易大约占全球股票市场交易的50%。

国际债券市场的增长类似于国际股票市场的增长。表3-5 列出了 2010 年 6 月一些国家(地区)债券市场的市值。美国债券市场市值巨大,过去几年西班牙、荷兰和英国的债券市场也大幅增长,大大提高了这些债券市场在国际金融舞台上的重要性。

　　1999 年 1 月 1 日,欧洲货币联盟(European Monetary Union,EMU)开始生效。EMU 也被称作欧元区(Euroland),最开始时有 11 个成员国。成员国使用欧元(the Euro)作为共同货币,并把欧元计值的共同债务工具在一体化的金融市场——欧元市场(Euro market)中交易。[14] 欧元区出现的目的是在经济和贸易政策方面降低或消除国家壁垒。如表 3-5 所示,2010 年欧元区债券市场的规模超过全球债券市场规模的 25%,几乎相当于美国债券市场规模的 71%,EMU 成员国的债券市场从 1998 年到 2010 年增长了 200%。显然,未来几十年欧元区市场将快速发展。金融市场全球化使得影响亚洲和欧洲市场的事件也将影响到美国市场,反过来也一样。最近几年发生的经济事件显示出了这种关系的显著性。如从 2007 年至 2010 年发生在美国金融市场上的银行倒闭和经济衰退波及全球,导致世界经济发生相似的事件,没有发达国家能够避免经济下滑。

表 3-5　2010 年 9 月各国(地区)债券市值

	债券合计 (十亿美元)	总值百分比 (%)	外国地区债券 (十亿美元)	本国地区 债券(%)
I.　发达经济体				
美国	32 160.7	35.3	7 002.4	25 158.3
欧元区[a]	24 988.8	27.5	11 736.6	13 252.2
日本	13 689.5	15.0	414.4	13 275.1
英国	4 871.0	5.4	3 184.0	1 687.0
其他发达经济体[b]	6 353.7	7.0	2 456.8	3 896.9
发达经济体总值	82 063.7	90.2	24 794.2	57 269.5
II.　发展中(新兴)经济体和离岸地区				
亚洲[c]	5 993.5	6.6	470.4	5 523.1
拉美和南美[d]	2 097.4	2.3	331.9	1 765.5
南非[e]	210.9	0.2	44.0	166.9
欧洲	635.7	0.7	118.7	517.0
发展中经济体总值	8 937.5	9.8	965.0	7 972.5
债券总值	91 001.2	100.0	25 759.2	65 242.0

注:a 包括奥地利、比利时、芬兰、法国、德国、希腊、爱尔兰、意大利、卢森堡、荷兰、葡萄牙、西班牙。
　　b 包括澳大利亚、加拿大、丹麦、挪威、瑞典和瑞士。
　　c 包括中国内地、中国香港地区、印度、印度尼西亚、马来西亚、新加坡、韩国和泰国。
　　d 包括阿根廷、巴西和委内瑞拉。
　　e 包括捷克共和国、波兰和土耳其。
资料来源:Bank for International Settlements,*BIS Quarterly Review*,March 2011. Data are available on the BIS website at http://www.bis.org/publ/quarterly.htm.

---

[14]　欧元区的 11 个初始成员国为澳大利亚、比利时、芬兰、法国、德国、爱尔兰、意大利、卢森堡、荷兰、葡萄牙、西班牙。

　　虽然金融市场全球化的趋势愈演愈烈,国际市场给投资者提供了更大的机会,但各国设立的限制和障碍增加了海外投资的难度。在许多情况下,个人投资者发现直接投资外国股票并不容易或并不吸引人。许多国家禁止或严格限制外国人投资金融市场,或者他们想要获得股票市场中交易的公司的可靠信息非常困难。因此,很多有兴趣投资外国股票或债券的个人转而进行间接投资,包括购买代表外国股票和债券的金融工具及美国机构提供的其他金融工具。投资者通过购买美国存托凭证(ADRs)、国际股票的共同基金或以美元计值的外国证券凭证来参与国际投资。⑮

高难技术("歪曲真相"⑯还是真实数据)

　　Staci 是一家独立投资银行(IIBS)的分析师,IIBS 是一个大型的投资银行组织。Staci 刚刚为一家名为 ProTech 的技术公司的 IPO 进行估价,现在她已经完成了基础工作,正准备对下周即将发行的股票价格进行评估。根据她的评估,Staci 认为 ProTech 的财务状况良好,而且在未来很长时间还能继续保持这种优势。事实上,分析数据显示,在未来五年,ProTech 的增长将超过 30%。因此,Staci 考虑将 ProTech 的股票定价为每股 35 美元。

　　然而,Staci 对她评估所用到的财务数据的真实性有些怀疑。她相信 ProTech 的 CFO 向她提供了他认为"高质量的财务报表"。昨天,Staci 收到了一封朋友发给她的电子邮件,这位朋友以前是 ProTech 的一位高管,几个月以前被公司解雇了。信中说 ProTech 人为地夸大了公司的销售业绩,ProTech 向它的一个附属公司销售产品,几个月后又从该公司把同样的产品购回。同时,Staci 还收到了她的老板 Baker 先生的便条。Baker 先生明确表示,如果"处理得当",ProTech 的 IPO 对公司将会非常有利。在便条中,Baker 先生暗示 ProTech 的每股股票价格不能低于 34 美元。Staci 的一位同事告诉她,上个月她看到 Baker 先生夫妇和 ProTech 的 CEO 夫妇一起参加一个娱乐宴会,这使 Staci 更加为难。如果 ProTech 的销售数据被高估了,那么 Staci 评估的 ProTech 的股票价格就是错误的。但是,要用不同的数据完成再评估她至少需要两个星期。Staci 也知道,如果她坚持目前的分析但分析是错误的,那么结果将毁了 IIBS 的声誉,因为在当今的投资银行业中,声誉是特别重要的。如果你是 Staci,你将怎么做?

---

　　⑮ 对 ADRs 的详细介绍见第 2 章。

　　⑯ 马戏团的魔术师进行表演时,有时会放出一些烟雾来分散你的注意力,掩饰魔术的奥秘。而这种魔术本身可能靠的是烟雾的掩护或镜子奇妙的放置,给观众造成错觉。"smoke and mirrors"就表示"歪曲真相,欺骗性行为"。——译者注

■■ 本章要点总结

本章重要概念

为了总结,我们把本章讨论的关键概念与本章开始的学习目标联系起来。

- 金融市场是把借款者和储蓄者联系起来的机制。如果没有金融市场,拥有富余资金的个人(公司)将会自己去寻找需要资金的个人(公司),或者将资金持有至未来时期。如果储蓄者自己去寻找借款者,那么搜寻成本将会很高,投资的净收益也将会比有金融市场时低。

- 如果金融市场经济有效,那么金融资产投资者将以最低成本获得最高收益,借款者以最低成本借入资金。在这两种情况下,交易成本将比金融市场无效时小。因此,资金在经济中被有效分配。当金融市场信息有效时,金融证券的价格反映了可得的信息。根据反映证券价格的信息数量,金融市场可认为达到以下三种信息效率中的一种:弱势效率、半强式效率和强势效率。

- 因为储蓄者(投资者)和借款者有不同的需求,所以存在不同类型的金融市场。有些投资者(借款者)想进行短期投资(借款),而有些则想进行长期投资(借款)。金融市场根据交易的证券类型、到期时间、参与者类型、场所和交易类型进行分类。

- 投资银行是一个充当中间人或代理人的组织,它通过发行金融工具帮助公司和政府筹集资金。而且,它还对金融市场提出建议,帮助销售已发行的证券。如果没有投资银行,将会由公司和政府自己去发行证券,这往往会导致更高的成本。

- 美国拥有世界上最大和最活跃的金融市场。美国金融市场的参与者比其他国家金融市场的参与者要多。同时,大部分专家都认为美国金融市场通常比其他国家的金融市场更有效。美国金融市场和其他国家金融市场的主要区别就是金融机构(金融中介)的参与及其结构,这些因素将在第 4 章作进一步的介绍。美国比世界上任何其他国家拥有更多独立的金融机构。尽管美国金融中介机构的竞争地位正在不断提高,但它们在很大程度上是属于有竞争力的弱势群体,因为在能够加入商业协会的类型上它们比国外的机构面临更大的限制。而且,美国的监管机构通常要求金融资产的发行者比外国的机构公开更多的信息。

个人理财相关知识

本章所提到的概念应该能够帮助你了解哪些因素会影响金融市场、金融市场间的差异以及你应当将你的资金投资于哪个市场。如果你明白了这些基本的概念,那么你就可以作出更加明智的决策。

- **金融市场与个人理财有什么关系?**

当你借款购房(或其他任何东西)或者投资你的收入时,这些交易将在金融市场上发生。因为金融市场间存在差异,所以这些市场间的利率也有差异。当股票市场的收益率比债券市场的高时,投资者往往会购买股票而不是债券,反之亦然。当房屋抵押贷款比其他消费贷款的利率低时,个人往往会通过房屋抵押贷款借入资金。所以,如果你定期地监视金融市场,那么你对借款和投资所作的决策比你在不了解这些市场活动的情况下所作的决策要明智得多;

同时,当你借款或者为得到最高的利息而进行投资时,你应当计划好。我们将在第5章讨论影响利率的因素。

- **在进行投资决策时,如何使用不同金融市场的知识?**

不同的金融市场提供不同的金融工具,如股票、债券和衍生产品(第2章介绍过)。所以,个人在进行投资时有很多种选择。如果股票市场表现不佳,想进行长期投资的投资者可能会选择债券市场。而且,投资者可能会发现投资货币市场(短期)工具比投资资本市场(长期)工具更理想。由于金融市场如此多样化,所以投资者能够调整他们的投资策略以满足他们的任何财务需求。

思考题

3-1 什么是金融市场? 金融市场的作用是什么?

3-2 如果人们对金融市场失去信心,对美国人的生活水平有什么影响? 为什么?

3-3 具有成本效率的资本市场如何有助于降低商品与劳务的价格?

3-4 SEC 要求发行人对潜在投资者提供相关的财务信息,以保护购买新发行证券的投资者。SEC 并未提供有关证券真实价值的意见,所以不够精明的投资者可能以过高的价格买入某种股票,结果遭受惨重的损失。你认为 SEC 是否应该就每次发行的新股票或债券,对投资者提供有关证券的合理价值的意见? 请解释。

3-5 你认为以下事项将如何影响公司吸引新资金的能力及发行成本?

a. 公司股票挂牌的决策,该股票目前在 OTC 市场交易。

b. 私人公司的上市决定。

c. 在股票和债券市场中机构投资者的重要性提高。

d. 金融服务集团的发展趋势,而不是单一投资银行的趋势。

e. 暂搁注册的数量增加。

3-6 在签订正式协议前,投资银行会详细研究所承销证券所属的公司,特别是那些初次发行的公司。因为投资银行本身不想持有证券,而是希望尽快把证券卖给投资者,为什么它们对深入研究这么认真?

3-7 为什么管理层要扩大股票发行范围(销售给较多的投资者)?

3-8 有组织的交易所和 OTC 市场都是交易股票的场所,你认为为什么公司要在有组织的交易所挂牌,而不是在 OTC 市场?

3-9 微软和英特尔两家公司都有资格在 NYSE 挂牌,但两者都选择在 NASDAQ 交易,为什么? (提示:两家公司主要生产与电子/电脑有关的产品)

3-10 哪种类型的公司参与 IPO 市场? 为什么公司选择公开上市? 为什么公司不继续保持非上市?

计算题

3-1 Security Brokers 公司专门承销小公司新发行的证券,其最近承销的 Barenbaum 公司的证券,发行条件如下:

对公众售价	每股 7.50 美元
股数	300 万
Barenbaum 公司的收入	21 000 000 美元

对此次发行,Security Brokers 公司的设计和销售费用合计 450 000 美元,如果此次发行的证券按以下平均价格出售给公众,Security Brokers 公司的利润或损失是多少?

a. 每股 7.50 美元

b. 每股 9.00 美元

c. 每股 6.00 美元

3-2 Eagle Sports Products(ESP)正考虑发行债务为未来几年的发展融通资金,债务发行额度在 3 500 万到 4 000 万美元之间。ESP 已经安排当地一家投资银行代理债务的发行,发行成本为此次发行市值的 7%。

a. 若债务发行的市值为 3 900 万美元,ESP 必须支付多少发行成本?

b. 若债务发行的市值为 3 900 万美元,ESP 此次融资的可运用资金是多少?即从此次发行中 ESP 的净收入是多少?假设与此次发行有关的成本仅是付给投资银行的发行成本。

c. 若公司实际上需要为未来发展融资 3 900 万美元,ESP 必须发行多少债务?

3-3 Taussig 公司当前股价是 28 美元每股,准备通过发行普通股筹集资金 1 500 万美元。承销商告诉 Taussig 的管理层,为了确保所有的股票都售出去,需要以新的发行价格即每股 27.53 美元向投资者发行。承销商的报酬是发行价格的 7%,所以 Taussig 发行的股票每股净收入是 26.04 美元。公司也将发生费用 360 000 美元。在扣除承销费用和发行费用后,Taussig 筹集 1 500 万美元的资金需发行多少股股票?

3-4 Anderson Anchor 公司需要筹集 5 400 万美元的资金支持其扩张计划。Anderson 的投资银行通常要价市值的 10% 作为酬劳来进行股票的发行。如果 Anderson 的股价预期是每股 12 美元,那么 Anderson 应该发行多少股才能够使得公司筹集到所需的 5 400 万美元?

3-5 WonderWorld Widgets(WWW)需要以债务筹集 7 500 万美元的资金。为了发行债务,WWW 需按发行总额的 3% 支付承销商费用。公司估计其他涉及发行的费用总额为 450 000 美元。如果每张债券的面值是 1 000 美元,那么应该发行多少张债券才能满足所需的 7 500 万美元?假设公司不能发行一张债券的一部分(即半张债券)——只能发行"整张债券"。

3-6 Global Gum Company(GGC)决定发行 1.5 亿美元的普通股筹集资金来为公司未来的增长融资。GGC 的股票当前售价是每股 25 美元。

a. GGC 计划发行多少股股票?

b. 如果发行成本是 8%,那么 1.5 亿美元中有多少 GGC 将会用来投资于公司未来的增长?

3-7 投资银行协会(IBA)与北方航空协议承销市值为 1 100 万美元的股票发行。

a. 若 IBA 的承销费用是 5%,且 IBA 与此次发行有关的费用是 125 000 美元(未列入预算的费用),那么在与北方航空签订的这个协议下,IBA 收到的净额是多少?

b. 假设第 a 问的数据不变,北方航空必须支付印刷、法律服务等费用,合计为 240 000 美元,则从此次发行中该公司的净收入是多少?

3-8 Sprite 玩具公司要筹集资金作为扩大制造营运的投资,Sprite 决定筹集 1 亿美元的资金,但还没有决定是使用债务还是股权融资。公司是公开交易的。

a. 若 Sprite 发行股权筹集所需资金,根据表 3-3 的数据计算该公司应该支付多少发行成本。

b. 若 Sprite 发行直接债券筹集所需资金,根据表 3-3 的数据计算该公司应该支付多少发行成本。

c. 若 Sprite 想要降低发行成本,它应该采用哪种方式融资?除发行成本外,请思考一下该公司还要考虑哪些因素。

3-9 Bluesky.com 目前是非上市公司,正在制定未来发展规划。公司财务经理建议 Bluesky 通过采取发行普通股筹集所需资金的方式公开上市,现在的股东也是公司的发起人,他们担心这一策略将稀释对公司的控制权。若 Bluesky 进行 IPO,估计每股售价 5 美元,投资银行收取的费用为发行市值的 15%,律师服务费、股票凭证印刷费、SEC 登记费等合计约为市值的 1%。

a. 若股票发行的市值为 4 200 万美元,Bluesky 将获得多少用于发展的资金?

b. 若 Bluesky 必须取得 4 200 万美元的增长资金,它应该发行多少股?

c. 目前公司的发起人持有全部的股票——1 000 万股,若公司发行的股数如第 b 问的计算,IPO 后发起人的持股比例为多少?

　　d. 若发起人必须发行股票来筹集公司的发展资金,在 IPO 后若干年为维护发起人对公司的控制权,你提出什么样的建议?（注:参阅第 2 章关于不同类型普通股的讨论）

综合题

　　3-10　Kampfire 公司是一家成功的野营器材制造商,正考虑通过下个月上市来筹集资金以投资公司未来的增长。Kampfire 的财务经理通过你所工作的投资银行来帮助其作决策。你的老板要求你向该财务经理解释美国金融市场的特征和发行股票的程序。为了完成这个任务,你的老板要求你回答该财务经理提出的以下问题。

　　a. 什么是金融市场? 金融市场与实物资产市场的区别有哪些?

　　b. 货币市场与资本市场的区别有哪些?

　　c. 一级市场与二级市场之间的区别是什么? 如果微软决定增发普通股,正好有一个投资者从承销商美林银行那里购买了 1 000 股这种股票,那么这项交易属于一级市场交易还是二级市场交易? 如果该投资者在 NASDAQ 市场购买之前流通的微软股票,这会有什么不同?

　　d. 描述资本在储蓄者和借款者之间转移的三种主要方式。

　　e. 证券可以在交易所交易,也可以在 OTC 市场交易。定义这两种市场并描述股票是如何在这两种市场上交易的。

　　f. 描述涉及 IPO 的投资银行业务流程。

　　g. Kampfire 估计其需要 2 500 万美元的资金支持未来的增长。你所工作的投资银行要求的承销费用由表 3-3 给出。另外,估计 Kampfire 将发生 245 000 美元涉及 IPO 的其他费用。如果你的分析表明 Kampfire 的股票能够以每股 8.20 美元出售,那么该公司应当发行多少股股票才能满足公司所需的 2 500 万美元的资金需求?

附录 3A

(本章自测题答案)

　　1. 资金需求 = 150 000 000 = 发行总额 - 0.07 × (发行总额) - 22 500

　　　= 发行总额 × (1 - 0.07) - 225 000

　　150 000 000 + 225 000 = 0.93 × (发行总额)

　　发行总额 = 150 225 000/0.93 = 161 532 258.10 (美元)

　　股票数量 = 161 532 258.10/25 = 6 461 290.3 ≈

6 461 291(股)

　　这是正确的股票发行数量,如果 6 461 291 股股票以每股 25 美元发行,计算该公司的集资净额。

　　集资净额 = (6 461 291 × 25) - 0.07 × (6 461 291 × 25) - 225 000 = 161 532 275 - 11 532 259.25 = 150 000 015.80(美元)

　　额外的 15.80 美元是由于该公司发行一整股而不是 0.3 股。

第4章
金融中介与银行体系

对美国人而言,银行变得越来越不重要了吗?也许。最近20年,由于金融服务自由化,银行业的面貌已经显著改变,银行不再像20世纪70年代中期以前那样在支票存款业务方面占有垄断地位,如今,共同基金、经纪公司等非银行机构都可以提供支票服务和传统上由银行提供的其他服务。1975年个人持有金融资产的36%放在银行,目前这一比率降到仅有15%。

如何解释银行持有个人资产的比率相对下降这一个现象?简单的答案是"非银行"能够提供更多像银行一样的产品,而且它们善于创造与银行提供的产品相同质量的其他产品。例如,许多人无法区分货币市场共同基金和银行储蓄账户之间的本质差异——两者都提供安全的投资渠道,而且资金也易于筹集。

为了重新赢得客户的资金,银行采取扩张业务领域的方法,而过去这些领域被视为银行的"禁地"。例如,1998年美国最大的银行之一——花旗集团(Citicorp),同意与经营大型保险和投资的旅行者集团(Travelers Group)合并成为当时世界上最大的金融服务公司,新公司合并资产超过7 000亿美元。由花旗集团和旅行者集团合并创立的新公司如今称为Citigroup(花旗集团),它提供满足个人和其他企业需求的一系列产品与服务。

1998年发生的大的银行并购还包括国民银行公司(NationsBank Corporation)和美洲银行公司合并为美国银行(Bank of America),以及Norwest公司与Wells Fargo公司合并为Wells Fargo银行。2000年年底,大通曼哈顿(Chase Manhattan)公司与J. P. 摩根(J. P. Morgan)公司合并成立摩根大通(J. P. Morgan Chase)公司。

金融服务业合并的趋势显示出目前许多金融中介认为"大就好"。美国银行、摩根大通、和花旗集团一直追求创建大型金融机构的神话。预计未来几十年银行和金融服务业将发生重大变动,因为金融机构未来的成功取决于是否有能力提供多样化的产品和服务。今天的金融中介明天将会有完全不同的面貌,巨型银行(mega banks)的形成和金融服务业的监管前景

(更严格或更自由化)两个因素有助于促进金融机构的特点与经营朝着期望的方向发展。

下表是发生在过去十年中最大的五起金融机构的并购。你可以看出,大型银行机构变得更大。

年份	并购方/被并购方	并购后的名字	总价(10亿美元)
2009	美国银行/美林证券公司	美国银行	50.0
2007	美联银行/世界储蓄银行	美联银行	25.0
2005	美国银行/MBNA公司	美国银行	35.0
2004	摩根大通/第一银行	摩根大通	58.0
2004	美国银行/富利波士顿金融公司	美国银行	47.0

很有意思的是,我们注意到美联银行在2007年并购了世界储蓄银行,形成了价值为250亿美元的银行公司,而该银行公司在2008年又被富国银行收购,形成了价值只有151亿美元的组织。在并购时,美联银行的财务状况特别差,因为它的抵押贷款组合的价值远低于面值(由于涉及贷款的违约风险很高)。

当你阅读本章时,想一想,为什么会发展出某种特定形态的金融机构? 这样的金融机构未来将如何转变? 2020年的银行和保险公司与现在会有什么不同?

学习目标

在阅读完本章后,你应当能够:

(1) 解释金融中介是什么,为什么存在许多不同类型的金融中介。
(2) 描述金融中介的功能。
(3) 描述部分准备金制度。
(4) 描述美国银行体系的主要特征。
(5) 描述美联储的功能。
(6) 解释美国的银行与其他国家的银行有何不同。

在第3章,我们注意到多数人并没有直接对公司、政府、个人等筹资者(即借款人)提供资金,而是通过金融中介转移资金。本章详细介绍金融中介和银行体系的功能与种类,以及美联储如何发挥美国中央银行的作用,最后指出美国银行体系和其他国家的银行体系的不同。

4.1　金融中介的作用

金融中介包括商业银行、储蓄和贷款协会、养老金、保险公司等金融服务机构。简而言之,**金融中介**(financial intermediaries)使资金从资金拥有者(储蓄者)转移到资金需求者(借款人)。事实上,金融中介所做的远不止简单地转移货币和证券,它们还创造多样化的金融产品,包括房地产抵押贷款、汽车贷款、NOW 账户、货币市场共同基金和养老金。这些产品使储蓄者能够使用自己最喜爱的方法(产品)间接地提供资金给借款人。同时,借款人通过中介机构创造的债务工具筹集资金,这些债务工具的期限、面额和付款结构等特点都符合借款人的需要。

中介机构从储蓄者那里获得资金后,它们以储蓄存款、货币市场基金、养老金等名义发行证券,这些证券代表对中介机构的权益或债权。通过汽车贷款、房地产抵押贷款、商业贷款等中介机构创造的债务工具,中介机构再把收到的资金转借给企业和个人。金融中介机构把储蓄者提供的资金转换为借款人使用的资金的过程称为**金融中介**(financial intermediation)。图4-1 说明了金融中介的过程,方块下方的箭头(指向左方)显示通过中介机构资金从储蓄者流向借款人;方块上方的箭头(指向右方)显示中介过程造成储蓄者、借款人和中介机构资产负债表的变化。本质上,储蓄者利用中介机构把资金转换为权益或债权,包括银行存款、养老金计划存款或货币市场共同基金存款,然后中介机构再把储蓄者的资金交换为对借款人的权益或债权,如债务或中介机构创造的其他金融工具,包括房地产抵押贷款、商业贷款和其他贷款。

图 4-1　金融中介过程

金融中介通过创造多样化产品使个人和企业的储蓄与借款过程更加便利。还来考虑之前的例子,Alexandra Trottier 目前每年收入为 70 000 美元,每年支出(消费)为 50 000 美元,因为储蓄工具众多,Alexandra 可以选择最适合自己的储蓄工具。如果她决定将钱存在 Darby State 银行的储蓄账户,银行将对这笔资金支付利息。要支付利息给 Alexandra,银行必须把资金贷给企业或个人以收取利息,银行用来创造贷款的资金来自 Alexandra 的存款及其他个人和企业的存款。因此,通过在 Darby State 银行的存款,Alexandra 和其他存款人间接地把资金借给个人和企业。如果不存在像 Darby State 银行这样的金融中介,储蓄者就必须直接对借款人提供资金,这对于不具备这方面专长的储蓄者而言,是非常艰难的任务;那么,房地产抵押贷款和汽车融资的成本都会增加,金融市场也因此而缺乏效率。显然,金融中介的出现增进了经济福利。事实上,金融中介是为满足储蓄者和借款人的特殊需求、提高金融市场的效率而存在的。否则的话,资金使用者只能直接向储蓄者借款。

增进经济福利仅仅是金融中介带来的收益之一,其他的收益包括:

(1)降低成本。如果没有金融中介,借款净成本会比较高,而储蓄者的净收益会变得比较低,原因是拥有资金的个人必须自己去寻找适当的借款人;反之亦然。金融中介基于以下两个原因比个人更有成本效率:它们创造金融产品组合,这些组合使储蓄者提供的资金更能符合借款人的需求;它们把这些活动的成本分摊到诸多交易上。例如,金融中介在搜集、确认和评估借款人信息方面比个人更专业,原因是金融中介持续地发挥这些功能,因此中介机构能以较低的成本评估每个借款人的吸引力。与此类似,由于中介机构具备专业知识,而且能够实现个人无法达到的规模经济,因而把储蓄转换为贷款的相关成本较低。想一想,如果你要把自己的储蓄用于投资,但要亲自寻找潜在的借款人,这会有什么样的结果? 要确保你的资金投资安全,你可能花费许多时间和力气,造成相当高的成本,与潜在收益相比较,你可能宁愿把钱搁置在床垫下面。

(2) 风险/分散。中介机构的贷款组合通常相当分散,因为它们通过不同种类的贷款把资金提供给众多的借款人。如同投资者购买多样化的金融证券一样,中介机构通过"不把所有的鸡蛋放在同一个篮子里"来分散风险。

(3) 资金多样化/集聚。中介机构能够集聚个人的资金,用于提供不同额度的贷款或投资其他金融产品给借款人,即中介机构能够集聚许多小储蓄者的资金,把这笔资金转移给单一借款人;反之亦然。本质上,中介机构使"小朋友"(little guys)成为大笔贷款的一部分,而"大家伙"(big guys)不必寻找有钱人就可获得大笔资金。

(4) 金融弹性。由于中介机构提供多样化的金融产品,储蓄者和借款人都比直接转移资金有更多的选择或金融弹性。例如,银行给储蓄者提供储蓄存折、定期存单、货币市场账户等产品,给借款人提供商业贷款、房地产抵押贷款、信用额度等产品,其他中介机构提供其他金融产品。通常,根据面值、期限和其他特点的不同,中介机构提供的金融产品有很大的差异,因此中介机构可以吸引不同种类的储蓄者和借款人。

(5) 相关服务。专业中介机构体系提供的服务远不止把资金从储蓄者转移到借款人这种"机制"。许多中介机构在比个人更有相对优势的领域提供服务,比如专业化和规模经济。例如,银行通过支票账户给个人提供更便利的支付方式,寿险公司对个人保户提供财务保证。

如果我们不能使用支票支付账单或不能贷款买车或购房,想一想我们将面临怎样的困难。通常,金融中介提高社会的生活水平,金融中介提供的金融产品有助于个人和企业实现投资机会,而没有中介机构就无法实现这些。例如,如果储蓄和贷款协会没有提供房地产抵押贷款,个人买房就会变得相当困难。可能存在其他来源的资金,但是要花费许多时间、力气和成本去寻找愿意以适当的利率借出资金的个人或一群人。同样,金融中介贷款给企业能够增进产能,从而增强制造能力和增加就业。简言之,中介机构对经济有相当的益处。

4.2　金融中介的种类

在美国,许多专业化及高效率的金融中介在不断演进。竞争和政府政策已经创造了一个多变的"竞技场",以至于不同种类的机构如今创造的金融产品及提供的服务都是以前其他机构特有的业务,未来这一趋势注定会继续发展,从而使得各类中介机构之间的界限日益模糊,但机构在某种程度上仍具有独特性。本节主要讨论这些差异。

每种中介机构的发展都源于满足金融市场的特定需求,正因为如此,传统上根据这些中介机构的资产和债务的特点很容易区分其不同种类。尽管这些机构变得越来越相似,它们之间仍存在特定资产/债务结构的差异。因此,当介绍每种中介机构时,我们不仅会指出其资产与债务的组合,也会发现不同种类的中介机构提供不同类型的贷款、存款及其他金融产品。

值得注意的是,金融机构的资产与债务组合不同于个人和非金融企业的资产与债务组合。金融机构的资产主要包括贷款和其他金融工具,这类似于企业的应收账款。在资产负债表另一方,金融机构的债务主要来自储蓄者以存款或股票的形式提供的资金,这类似于企业用来筹集资金的应付账款或应付票据。

4.2.1 商业银行

商业银行(commercial banks)通常简称为银行,它是传统的"金融百货公司",即它们给各种客户提供多样化的产品和服务。传统上,银行是处理支票存款并提供支票清算的机构,它们也是货币供给扩张或紧缩的中介。今天,其他一些机构也提供支票和支票清算服务,因而对货币供给产生显著影响。因此,银行提供比以前更多的服务,包括信托业务、股票经纪业务和保险。

银行原来是为了满足商业或企业的需要而设立的,因此称为"商业银行"。今天,商业银行是存款中介机构中最大的团体,其业务直接或间接地影响到每个人。多数人在商业银行至少有一个支票账户或储蓄账户,许多人向银行贷款买车或使用银行发行的信用卡,即使那些不使用这些服务的人也免不了受到银行贷款活动的影响——这些活动支持了企业经营。例如,银行为企业发展提供资金,从而提高工资、增加就业。

表 4-1 列出了参加联邦存款保险(FDIC)的商业银行的资产和负债组合。如资产负债表所示,商业银行的资产中超过 50% 是贷款,贷款中约 75% 为商业贷款和房地产融资(多数是商业用地),而不到 20% 的贷款为消费者或个人贷款。银行贷款主要由以存款为主的债务资金构成,如表 4-1 所示,企业和个人的存款占到银行负债的 70% 以上。

表 4-1 参加 FDIC 的商业银行:资产与负债(2010 年 12 月 31 日)

	金额(十亿美元)	占总资产的百分比(%)
资产		
现金/有息账户余额	1 661.1	13.8
证券/投资		
美国政府债券	1 486.0	12.3
市政证券	171.1	1.4
其他投资	694.5	5.8
总投资	2 351.6	19.5
贷款与租赁		
房地产	3 650.4	30.2
企业(商业)贷款	1 123.1	9.3
消费者贷款	1 228.1	10.2
其他贷款	376.1	3.1

（续表）

	金额(十亿美元)	占总资产的百分比(%)
总贷款	6 377.8	52.9
其他资产	1 677.1	13.9
总资产	12 067.6	100.0
负债与股权		
存款		
无息	1 721.6	13.5
付息	6 792.7	55.6
总存款	8 514.3	69.0
借入资金	1 880.5	16.9
其他负债	306.6	2.7
总负债	10 701.4	88.6
股权资本	1 366.2	11.4
总负债与股权	12 067.6	100.0
参加 FDIC 的银行数	6 529	

注:由于四舍五入,总金额可能不等于各项金额的加总数。

资料来源:Federal Deposit Insurance Corporation,*Bank Data & Statistics*,http://fdic.gov/.

4.2.2　信贷协会

信贷协会(credit unions)是存款人拥有的存款机构,这些存款者是同一组织或协会的会员,例如来自同一职业、同一宗教团体或同一社区。信贷协会以非营利组织的方式经营,管理信贷协会的理事会由社员投票选出。

第一家信贷协会可追溯到两百多年前在英格兰设立的金融互助组织(financial pools)或合作社,这些金融团体原来的目的是把集聚的储蓄资金借给由于庄稼歉收或其他灾难而暂时遭受损失的周边农民,社员之间的共同关系在聚集储蓄资金的范围内形成了"帮助邻居"的态度。随着信贷协会的发展,它们成为服务"共同工作者"(common worker)的金融机构,因为许多信贷协会成立的目的是服务军人、铁路员工等特殊职业的社员。

如今的信贷协会与其最早期的形态有很大的区别:它们的规模很大、个人色彩很淡。但信贷协会服务存款社员的精神没变。社员的储蓄贷给其他社员,但如今这些贷款主要用于买车、修缮房舍等用途。由于社员之间有共同联系,信贷协会的贷款常常是个人借款最便宜的资金来源。

表 4-2 显示了参加 FDIC 的信贷协会的资产与负债组合。你可以看到 62% 的资产是贷款,而且多数是个人贷款,在资产负债表上表现为信用卡未还款余额(个人贷款)、住房贷款(房地产)或汽车贷款。事实上,40% 的贷款是个人贷款或汽车贷款。贷款的资金主要来自社

员存款,包括称为股金提款(share drafts)的支票存款、称为股金提款账户(share accounts)的一般储蓄存款、其他类储蓄存款(如定期存单)和 IRA 账户。

表 4-2　参加 FDIC 的信贷协会:资产与负债(2010 年 12 月 31 日)

	金额(十亿美元)	占总资产的百分比(%)
资产		
现金	74.5	8.1
证券/投资		
美国政府证券和市政证券	154.1	16.9
机构存款	60.7	6.6
其他投资	24.1	2.6
总投资	238.9	26.1
贷款和租赁		
个人贷款	61.4	6.7
汽车贷款	164.4	18.0
房地产贷款	309.6	33.9
其他贷款	29.4	3.2
总贷款	564.8	61.8
其他资产	36.3	4.0
总资产	914.5	100.0
负债与股权		
股金提款(支票存款)	90.1	9.9
股金提款账户	220.4	24.1
货币市场和储蓄存款	465.6	50.9
其他储蓄	10.4	1.1
总存款	786.5	86.0
借款	36.8	4.0
总负债	823.3	90.0
股权	91.2	10.0
总负债与股权	914.5	100.0
参加 FDIC 的信贷协会数	7 339	

注:由于四舍五入,总金额可能不等于各项金额的加总数。

资料来源:National Credit Union Administration,http://ncua.gov/.

4.2.3　储蓄机构

储蓄机构(thrift institutions)是为储蓄者提供服务的金融机构,特别是那些持有小额储蓄或需要长期贷款购买房屋的个人。因为商业银行是对企业而非个人提供服务,个人的需求与企业需求有很大的不同,所以储蓄机构应运而生。储蓄机构包括储蓄和贷款协会(savings and loan associations,S&Ls)和共同储蓄银行(mutual savings banks)两种基本组织。

历史上,S&Ls 一般作为获得房地产抵押贷款的机构。事实上,这些机构设立之初的目的是把存款者聚集的储蓄资金用于贷款,协助其他存款者在特定地区建造住房。当实现建房目标并偿还所有贷款后,S&Ls 解体并清算。

今天,S&Ls 取得许多小储蓄者的资金,然后把这些钱借给购房者和其他借款者。如果没有 S&Ls 这样的储蓄机构,储蓄者就无法投资于房地产,除非他愿意直接借给购房者,而购房者要长期冻结(tied up)资金。储蓄账户给储蓄者很大的灵活性,因为它不用长期冻结资金,在多数情况下,储蓄账户的资金几乎没有任何限制地流动(提取)。S&Ls 最重要的经济功能也许是"创造流动性",如果没有 S&Ls 就没有这些流动性。

类似 S&Ls 的共同储蓄银行主要在东北部各州经营,但共同储蓄银行由存款人拥有并经营,因而共同储蓄银行的经营类似于信贷协会。

大约 70% 的储蓄机构属于 S&Ls,而 S&Ls 的存款占全部储蓄机构存款的 90% 以上。表 4-3 给出了参加 FDIC 的储蓄机构的资产与负债组合,表中显示超过 60% 的资产是贷款,其中 87% 的贷款属于抵押贷款和其他房地产贷款。因此,储蓄机构一直被视为房地产贷款机构。其 73% 的负债和权益资金是存款,其中 94% 的存款属于生息存款,这种存款代表某种形式的储蓄账户或其他储蓄工具。

表 4-3　参加 FDIC 的储蓄机构:资产与负债(2010 年 12 月 31 日)

	金额(十亿美元)	占总资产的百分比(%)
资产		
现金	125.2	10.0
投资		
美国政府证券	226.6	18.1
市政证券	11.0	0.9
其他投资	78.5	6.3
总投资	316.1	25.2
贷款		
家庭房地产抵押贷款	616.2	49.1
商业贷款	63.3	5.0
个人贷款	89.8	7.2
其他贷款	11.4	0.9
总贷款	780.6	62.3
其他资产	31.9	2.5
总资产	1 253.8	100.0

（续表）

	金额（十亿美元）	占总资产的百分比（%）
负债与股权		
存款		
非生息存款	52.0	4.1
生息存款	856.7	68.3
总存款	908.7	72.5
借款	180.2	14.4
其他负债	17.4	1.5
总负债	1 106.3	88.2
股权	147.5	11.8
总负债与股权	1 253.8	100.0
参加 FDIC 的储蓄机构数	1 128	

注：由于四舍五入，总金额可能不等于各项金额的加总数。

资料来源：Federal Deposit Insurance Corporation，*Bank Data & Statistics*，http://fdic. gov/.

4.2.4　共同基金

共同基金（mutual funds）是从储蓄者那里吸收资金，并把这些资金用于购买各种金融资产的投资公司（investment companies）。它投资的金融资产包括股票、长期债券、短期债务工具等。这些机构筹集资金并通过分散投资来降低风险，同时也利用规模经济来降低证券分析、管理投资组合及买卖证券的成本。

共同基金的种类有上百种，以满足不同种类的储蓄者的需求。例如，偏好获得眼前收入的投资者可以投资收益型基金（income funds），这类基金主要投资于每年产生稳定收入的金融工具，包括支付固定利息的债券和支付股利的股票（即优先股）；而愿意承担高风险获取高收益的投资者可以投资增长型基金（growth funds），这类基金包括每年没有或很少获得收益但具有高增长潜力，使得未来价值大幅提升（即资本利得）的投资。

货币市场共同基金（money market mutual fund）在经济放缓或下滑时是一种较受欢迎的储蓄工具，如 2007—2010 年，因为投资者在此时会不愿投资于长期金融工具。货币市场共同基金包括短期、低风险的证券，通常让投资者用开支票的方式提取投资资金。从 20 世纪 70 年代中期起，货币市场共同基金出现了前所未有的增长，1975 年货币市场共同基金总值不到 1 000 万美元，但到 2011 年其总值将近 3 万亿美元，其他共同基金则保持稍缓的增长态势。2010 年年末，共同基金投资公司以 12 万亿美元的资产规模成为美国第二大金融机构，而商业银行以更多的资产（稍高于 30 亿万美元）位居第一。今天，投资公司提供大约 7 569 种个人投资基金。根据跟踪共同基金业绩的投资公司研究所（Investment Company Institute，ICI）的研究，90% 的共同基金被超过 8 000 万个人投资者拥有，个人投资共同基金的主要原因是为了退休养老。实际上，50% 的个人退休账户（IRAs）是由共同基金组成的。

　　投资公司持有的资产与负债组合相当明显——资产主要包括股票、债券和其他类似的金融工具,主要负债是投资者(储蓄者)的持股,投资公司利用这些资金购买金融资产。共同基金实际持有的投资组合随着经济和金融市场条件的变化而变化。表4-4给出了2010年年末股票基金、债券基金(长期债务)、货币市场基金(短期债务)等三类共同基金的价值的细目表。如你所见,股票基金大约占基金总值的60%,债券基金占25%,货币市场基金占9%。而在1970年——货币市场基金出现以前,几乎95%的共同基金是股票基金,剩下的5%是债券基金;1980年美国经济进入衰退期,共同基金的组合是33%的股票基金、10%的债券基金及57%的货币市场基金;1990年共同基金的组合变为23%的股票基金、30%的债券基金及47%的货币市场基金。通常,当经济表现好、股市上涨时,共同基金倾向于大量投资于股票;当经济停滞、股市走势不明朗或出现下滑趋势时,共同基金倾向于投资短期流动性资产(货币市场工具)。

表4-4　共同基金:资产净值(2010年12月31日)

	金额(十亿美元)	占总资产的百分比(%)	基金数量	占总资产的百分比(%)
股票基金	5 666.2	48.0	4 578	60.5
混合基金	741.4	6.3	475	6.3
纳税债券基金	2 131.5	18.0	1 283	17.0
地方债券基金	473.3	4.0	581	7.7
货币市场基金——纳税	2 475.7	21.0	443	5.9
货币市场基金——免税	328.7	2.8	209	2.8
总值	11 816.7	100.0	7 569	100.0

　　注:由于四舍五入,总金额可能不等于各项金额的加总数。
　　资料来源:Investment Company Institute,Research & Statistics,http://www.ici.org/reseach#statistics.

4.2.5　人寿保险公司[①]

　　人寿保险公司(whole life insurance companies)不同于其他金融机构之处在于,前者对个人提供两项服务:保险和储蓄。最近几年,许多人寿保险公司推出递延纳税储蓄计划,这样就可以为参与者提供退休保障。

　　广义而言,保险的目的是为配偶、家庭等受益人提供保障,以避免家庭经济支柱早逝而使家庭陷入困境。通常,人寿保险可以分为定期寿险和终生寿险。定期寿险(term life insurance)是非常短期的合同,提供短期保障(1年或5年),且每次到期都要续约才能继续提供保障;终生寿险是提供终生保障的长期合同。

　　定期保险的成本称为保费(premium),通常随着每次续约而增加,因为投保人的死亡风险随着年龄增长而上升。与终生寿险保单有关的保费是固定付款,其金额等于投保人预期寿命

---

　　①　保险的目的是通过把经济后果转移到其他机构,即保险公司(它更具有吸收这些风险的能力),来降低风险。保险公司通过聚集或分散个人、公司和政府的风险来实现降低风险。

期间保费的平均值,因而早年的保费超过投保人支出所需金额,而晚年的保费则低于投保人支出所需金额,早年多出的金额利用投资生息来弥补晚年的不足。这些投资金额具有储蓄特点,并创造终生寿险保单的现金价值,而定期寿险保单不具备储蓄特点,原因是保费固定期限短(通常是 5 年或更短),而且是根据当前的风险确定的,当续约风险改变时,保费会跟着调整。因此,终身寿险保单同时具有保险和储蓄功能,而定期寿险保单只有保险功能。[②]

人寿保险公司根据精算表计算为满足保险理赔其每年所需的现金金额。根据年龄、生活方式等风险因素与人寿保险业过去的理赔经验编制的精算表(生命表),为人寿保险公司提供相当准确的对将来理赔金额和时间的预测,因而提供终生寿险保单的公司可以精确地预测其现金需求。因为这些保单都是长期合同,所以公司把大部分资金投资于长期资产,如公司债券、股票和政府债券。表 4-5 显示了人寿保险公司持有的资产与负债结构,如你所见,这些公司主要投资于长期金融工具,而主要的资金来源是与终生寿险保单有关的准备金和保险公司发行的养老金计划。标有"准备金"的负债代表与现有保单的未来承诺相关的公司债务。

表 4-5　人寿保险公司:资产与负债(2009 年 12 月 31 日)

	金额(十亿美元)	占总资产的百分比(%)
资产		
现金及等价物	52.4	1.1
投资		
政府证券	331.2	6.7
公司债券	1 592.7	32.1
公司股票	1 385.9	27.9
房地产抵押贷款	994.0	20.0
房地产投资	27.7	0.6
总投资	4 331.5	87.4
其他资产	574.7	11.6
总资产	4 958.6	100.0
负债与股权		
准备金	4 336.9	87.5
其他负债	320.6	6.5
总负债	4 657.5	93.9
盈余和净值	301.2	6.1
总负债与股权	4 958.7	100.0
人寿保险公司数	946	

注:由于四舍五入,总金额可能不等于各项金额的加总数。

资料来源:*Life Insurance Fact Book*,2010, American Council on Life Insurance, http://www. acli. com/ACLI/ Tools/Industry + Facts/Life + Insurers + Fact + Book/Default. htm.

---

②　像健康险、财险和意外险等其他保险公司的保费是根据现有风险而定,并随着风险变动而调整。也就是说,这些保费反映支付保费时投保人的风险成本。因为个人仅为公司所提供的保险服务支付费用,所以不具备储蓄特征,这些保险公司不像人寿保险公司那样,具有金融中介功能。

人寿保险公司可以投资股票和公司债券,因此是公司取得长期资金的重要来源,表 4-5 显示对股票和公司债券的投资大约占其总资产的 60% 及总投资的 69%。在某种程度上,人寿保险公司与商业银行在为公司提供资金方面相互竞争,但两者在不同的市场运作,银行的重点放在满足公司短期资金需求上,而精算表的准确性使得人寿保险公司可以满足公司的长期资金需求。

4.2.6　养老金

养老金(pensions)是由公司或政府机构为其员工出资设立的退休计划,主要由商业银行信托部门或人寿保险公司管理。最著名的养老金或许是社会保障(Social Security),这是由政府发起并由税收提供融资的计划。多数州和地方政府及大公司对其员工提供养老金,资金来自员工和雇主的缴费,在提取资产前,养老金的生息通常是免税的。

美国最早的养老金是铁路公司在一百多年前创立的,随着工业化的进程,养老金计划迅速发展。伴随养老金计划普及而来的是管理这些计划的新问题,许多养老金无法在 20 世纪 20 年代和 30 年代的金融危机中存活,因为这些养老金都是现收现付(pay-as-you-go),即以现有员工的缴费来支付养老金给付。现收现付计划又称为未融通养老金(unfunded pensions)。1935 年为弥补私人养老金建立的社会保障体系,是美国最大的未融通养老金。

第二次世界大战以来,相对于政府养老金,私人养老金已经大幅增长。今天,私人养老金大约占养老金计划持有总资产的 56%。表 4-6 上半部分显示,社会保障计划的资产占美国养老金计划总额的 14%。

表 4-6　养老金与退休计划(2010 年 10 月 31 日)

I. 主要养老金与退休计划的价值

计划种类	金额(十亿美元)	占总资产的百分比(%)
私人计划		
人寿保险公司	2 472.7	14.5
共同基金	2 131.9	12.5
个人退休账户(IRAs)	4 034.0	23.7
其他私人计划	1 511.5	8.9
私人计划合计	10 150.1	59.7
公共(政府)计划		
联邦公民员工	1 415.4	9.3
州与地方政府	3 020.6	17.8
社会保障	2 429.0	14.3
公共计划合计	6 865.0	40.3
私人和公共计划合计	17 015.1	100.0

（续表）

II. 养老金计划的资产结构

资产种类	金额（十亿美元）	占总资产的百分比（%）
私人计划（IRAs）		
政府证券	657.6	10.8
债券	497.6	8.1
股票（股权）	1 983.3	32.4
共同基金	2 131.9	34.9
其他	845.7	13.8
私人计划合计	6 116.1	100.0
公共计划（不包括社会保障）		
政府证券	608.4	13.7
债券	324.3	7.3
股票（股权）	1 912.6	43.1
共同基金	261.7	5.9
其他	1 329.0	30.0
公共计划合计	4 436.0	100.0

注：由于四舍五入，总金额可能不等于各项金额的加总数。

资料来源：Federal Reserve Board, *Flow of Funds Accounts of the United States*, http://www. federalreserve. gov；and "A Summary of the 2011 Annual Reports：Status of the Social Security and Medicare Program," http://www. ssa. gov/OACT/TRSUM/index. html.

　　类似于人寿保险公司提供的工具，养老金也提供长期合同，而这些合同的未来付款具有一定的可预测性。不必惊讶，养老金的资产结构类似于人寿保险公司，如表 4-6 下半部分所示，养老金主要投资于股票、共同基金、政府证券等长期资产。

4.3　金融机构的安全性（风险）

　　如前面讨论的，金融中介提供的服务有助于提高经济社会的运作效率以及居民的生活水平。设立每种金融机构的目的是满足一定的需求或校正金融市场中的某种无效率问题。由于金融中介在经济社会中具有如此重要的作用，因而应对金融服务业进行严格监管，以确保金融市场的稳定性和安全性。支持监管的人认为，金融市场的参与者——储蓄者、借款人和中介机构——不具有相同的专长或无法掌握相同的信息，因而要通过法律来提供公平的竞赛场（even playing field），维持公众对金融体系的信心。过去美国经历过多次金融恐慌都可以归因为金融中介的行为，包括参与不道德的行为或承担太多风险，因而造成公众对金融体系失去信心。举一个最近的例子，"正式"开始于 2007 年 10 月并结束于 2009 年 6 月的金融市场危机导致了严重的经济衰退。在我们写这本书的时候（2011 年 5 月）仍能感到这种影响还在继续。许多人认为美国在这一时期产生经济困境是由于抵押贷款放款人致力于增加业务所导致的一些值得怀疑的,并且在某种情况下具有欺诈性的业务。一些大的金融机构想要通过冒更大的风险批准大量的房地产贷款,而这些贷款在最好的情况下通常被认为是处于边缘地带的。由于房地产市场是从 2007 年开始崩溃的,因此当有证据表明那些借款者不能还款时,许多边缘贷款都"中枪"了。随着经济的剧烈波动,人们都指责引发经济衰退的金融机构,呼吁采取立法行动。现在一些立法已经通过,显然,未来会有更多的立法。在本章后面我们会讨论美国金融市场上的一些重要法律法规。

对金融机构实行监管的主要原因是,保证公众避免因金融环境恶化而遭受经济灾难的冲击,而经济灾难可能是由金融中介倒闭产生的多米诺骨牌效应(domino effect)引起的。当公众对金融体系失去信心时,个人竞相从中介机构挤兑,由此造成信贷大量萎缩,经济也遭受损害,正如 2007—2010 年经济下滑时出现的情况。因此,当前许多监管的目的在于限制金融机构的活动,通过确保金融市场保持一定程度的安全性以维护公众信心,另外,监管也要求中介机构定期披露信息。正是监管的态度塑造了当今美国的银行体系。

下节介绍美国银行体系,并刻画了过去监管如何塑造金融体系的基本结构。本节说明对各种金融机构的整体风险(存款人资金的安全性)产生影响的主要监管措施。

个人和企业愿意通过中介机构提供资金给借款人的原因是他们对储蓄的安全性有信心。如果公众对中介机构的安全性失去信心,那么很少有人愿意通过这样的机构提供资金给借款人。为维护公众的信心,多数金融机构的储蓄资金通过根据联邦或州法律设立的机构来提供保险,这种保险的主要目的是保证存款人即使在金融机构倒闭的情况下,他们的资金也是安全的。本节主要介绍为金融中介提供保险的机构。

4.3.1　银行、储蓄机构和信贷协会

大家最熟悉的存款保险机构是 FDIC,它为多数银行和储蓄机构提供存款保险。从 1933 年成立以来,尽管 FDIC 经历了相当大的变化,但是其主要目的并没有改变——通过把存款资金损失的风险从储蓄者/存款者转移到 FDIC,以维护存款的安全和存款人的信心。通过全国信贷协会共同保险基金(National Credit Union Share Insurance Funds,NCUSIF),信贷协会也可以获得联邦存款保险服务。FDIC 和 NCUSIF 对每个存款人提供存款保险的上限为 250 000 美元。由联邦政府批准设立的银行、储蓄机构和信贷协会必须使用联邦保险基金。由州政府批准设立的机构若符合条件也可以使用联邦保险基金,否则它们必须由所在州提供的资金获得保险。

下节介绍的美联储,是传统上商业银行的监管机构,只要金融机构是从存款人那里吸收存款或为借款人提供贷款,美联储就有权对这些金融机构(货币机构)进行监管(如通过法定准备金)。尽管美联储的监管影响到储蓄机构和信贷协会,但联邦政府批准设立的储蓄机构还要接受储蓄监管办公室(Office of Thrift Supervision,OTS)的监管/监督,而联邦政府批准设立的信贷协会还要接受全国信贷协会管理局(National Credit Union Administration,NCUA)的监管/监督。

4.3.2 保险公司

保险公司主要由它们经营业务所在的州来监管。监管保险业的目的主要是确保保险公司的财务稳定性,保险公司要求投保人对未来的保单预付款项(保费),因而维护保险公司的财务安全性对于确保保单持有人未来得到保险非常重要。全国保险监督官协会(National Association of Insurance Commissioners,NAIC)是由各州保险监督官组成的团体,定期集会讨论保险业关心的问题,并协调各州法律以形成全国统一的监管规定。

4.3.3 养老金

影响养老金的主要法律是 1974 年通过的《员工退休收入保障法》(Employee Retirement Income Security Act,ERISA),虽然这一法律并没有要求公司建立养老金,但却对养老金适用优惠(如延迟纳税)的一些条件作出了规定。ERISA 及其修正案有助于改革对养老金的管理,进而提高员工养老金的安全性。ERISA 的条款包括养老金必须披露信息及在雇主违约或中止计划的情况下提供给付保障。养老金所得保证公司(Pension Benefit Guarantee Corporation,PBGC)是根据 ERISA 设立的联邦保险机构,在 2011 年保证养老金所得每月最多 4 500 美元(每年 54 000 美元),而这一金额将随着未来的通货膨胀而调整。每年养老金都必须向美国劳工部提出有关基金经营和财务状况的报表。

4.3.4 共同基金

除了在少数情况下由州政府监管外,共同基金的监管机构是 SEC。具体而言,1940 年的《投资公司法》(Investment Company Act of 1940)及其修正案适用于监管共同基金。这些监管要求包括:对投资者披露某些信息,基金必须分散化投资,基金经理和员工避免发生与基金投资有关的利益冲突;此外,销售基金及对销售的酬劳(即佣金)不得采取不道德行为或侵占投资者利益。

由于共同基金的投资组合包括股票、债券、期权等风险资产,因而没有联邦保险机构能够保障储蓄者的资金安全,但每只基金按要求必须向投资者通告投资目标(如收益或增长)及追求这一目标的风险。愿意承担多少风险是个人的选择。不同的基金有不同的风险,所以投资者可以在从极低风险到极高风险的基金中进行选择。

4.4 银行体系

本节介绍美国银行体系的结构,并研究它在企业和公众生活中的作用。对银行体系的基本认识能够让你了解美国如何执行货币政策及金融中介在这一过程中的作用。

4.4.1 银行体系的演进

在人类文明演进史中,像贷款这样的银行活动最早可以追溯到古巴比伦(Babylon)时期,而我们今天见到的银行业或许到中世纪才出现,当时频繁的动乱和战争造成无政府状态,有钱人感到有必要把值钱的东西存放在商人那里,以确保其财产安全。这些商人通常是金属匠

(如金匠或银匠),他们有储存贵重物品的安全设施。当有人寄存贵重物品时,商人发给他一张收据,证明其对寄存物品和财产的所有权;当个人想要购买商品和劳务时,需持存单收据兑换他所要的黄金和白银。

经过一段时间,人们意识到可以把知名和有信誉的金属匠的存单进行交易,实际上不一定要提取金属存款,这么做比提取存单更简单安全。不久,由于任何时候只有部分存单要求兑付,金属匠发现手头总是有一些黄金和白银存货,进而这些保管人(safekeepers)意识到可以把一部分闲置的黄金和白银借给资金暂时短缺的商人或个人而谋利。随着这种做法变得更普遍,金属匠开始发行标准化的存单,使购买商品和劳务的交易进行得更顺畅。有时存单会存放在发行收据的金属匠那里,使得金属匠拥有更多的贷款来源,因此,金属匠发现流通的存单多于自己所保管的黄金与白银的数量。只要所有储存人不同时要求支付,金属匠持有的黄金和白银就不必等于所有存单的总额,因而保管人要保留的金属储备只是总储备额的一部分。

随着对这一制度的认识和信心的增加,用存单作为交易工具变得更普遍。当这样的交易变得更高级、更专业化,变得更有利可图时,经营存款和贷款的银行就出现了。[③]

中世纪的金属匠开创了相当简单的银行业务,最后演进为今天我们看到的更复杂的银行体系。金属匠发现的一个重要概念是,仅当不需要100%的存款来满足存款者的提取需要时,可以通过贷出一部分存款来创造货币。因此,金属匠开创了部分准备金体系,这种制度构成了目前银行体系的基础。接着,我们将说明部分准备金如何让银行"创造"货币。

4.4.2　部分准备金体系

如前面提到的,在**部分准备金体系**(fractional reserve system)中,用来满足提取存款的准备金低于总存款的100%。如中世纪的金属匠所发现的,部分准备金体系实际上会增加或创造经济中的货币。

我们通过一个例子来观察货币是如何被创造出来的。假设有一银行体系仅包括一家银行,该银行最初的总存款为100美元,如果银行要持有100%的存款作为准备金,那么它必须保留这100美元作为准备金以支持存款,这时它无法把存款资金贷出任何一分钱,因而100美元存款恰好代表100美元货币。

假设银行要保留的准备金只是总存款的一部分,例如10%,那么,在原来100美元存款中,90美元代表**超额准备金**(excess reserves),由于银行仅需要保留10美元来支撑100美元存款,超额准备金就可以贷给个人或公司。如果个人借入90美元超额准备金并把借款再存入银行,将发生什么样的变化?这时银行将收到90美元的新存款,由于只保留每笔存款的10%作为准备金,新存款创造了81美元[$=90$美元$\times(1-0.10)$]的超额准备金,银行再贷给其他借款人。如果这一过程持续下去直到超额准备金完全消失,想一想将出现什么样的结果?原来100美元存款产生的90美元超额准备金将扩大,以货币的形式产生更多的存款或资金。

---

③　从历史上看,"银行"一词源自"bancos",意大利语为"benches"。通常,商人在中心会议所在地的板凳上进行交易,没有完成交易的商人的板凳被毁坏以阻止他们进入新交易,"破产"一词就源于此。

存款会产生多少额外的货币取决于准备金占总存款的比例,如果准备金要求是100%,那么将没有任何扩张效果。如果没有任何准备金要求,那么扩张效果将无限大。通常,在部分准备金体系下,货币供给的最大变动量计算如下:

$$货币供给的最大变动量 = \frac{超额准备金}{准备金要求} \tag{4-1}$$

因此,如果所有超额准备金都贷给个人,之后个人再存入银行,通过更多的存款,原来的100美元存款将创造900美元[=(100美元–10美元)/0.10]的新货币。同时,银行体系创造的贷款或信贷也是900美元,因为额外的货币是通过银行贷款创造出来的。

表4-7指出与这一例子(部分准备金体系)有关的存款和贷款的变化。值得注意的是,在准备金要求为10%的基础上,银行信贷已经达到最大额度,没有任何超额准备金,因为银行体系的总存款额是1 000美元,而总准备金要求是100美元,等于原来的存款额。

表 4-7　部分准备金体系 （单位:美元）

	新存款	总存款	总准备金要求	总贷款
初始存款人	100.00	100.00	10.00	0.00
第二存款人	90.00	190.00	19.00	90.00
第三存款人	81.00	271.00	27.10	171.00
第四存款人	72.90	343.90	34.39	243.90
⋮	⋮	⋮	⋮	⋮
最后存款人	0.01	1 000.00	100.00	900.00

这个简单的例子显示了在仅有一家银行的体系中,部分准备金体系如何通过存款实现货币扩张。只要将用来创造贷款的超额准备金再存入中介机构,在包括多家银行或中介机构的银行体系中也会发生同样的变化。如果从银行提出存款,这一扩张过程将呈相反方向变化,货币供给会按等式(4-1)减少。

4.4.3　美国银行体系(结构)

美国银行体系实行部分准备金体系制度,包括由联邦政府批准或由所在地州政府批准的存款机构,如银行和储蓄机构。名称中有国家(national)或联邦(federal)的机构要获得联邦批准,而名称中有州(state)的机构要获得州批准。由于美国银行体系包括联邦批准和州批准,因此它是**双重银行体系**(dual banking system)。[④] 如今的银行结构可追溯到美国历史中早期的金融发展。

美国经济早期以农业为主,人口居住在分散的农业社区。银行结构和金融市场与之类似,也是分隔的或本质上具有地域性。这一时期,大社区设立自给自足的银行体系,发行本地区的银行券作为货币,供当地企业和居民交易用。只有最让人信任的银行的货币才能在其他

---

④　银行监管同时在联邦和州的层次上执行。当联邦和州的法律发生冲突时,通常适用更严格的法律。

银行社区流通。过了一段时间,联邦政府通过设立中央银行或国家银行的方式,试图建立统一的银行体系,而直到 1913 年设立美联储之前,这种尝试并未成功。

尽管随着美国经济的工业化进程,银行业发生了相当大的变化,但是早期银行体系的影响仍显著存在于现代银行体系中。今天的银行体系包括超过 7 000 家单个或单位银行组织,大大少于 20 世纪初的 12 500 家及 1920 年的 31 000 家。当交通和通信不足以支撑一个统一有效的银行体系时,社会需要更多的银行。

如果 1900—1930 年间联邦和州的法律没有对银行经营多个营业机构或分行,尤其是跨州经营进行限制,如今银行会更少。当时银行业支持这样的(限制)法律,是因为人们相信更多的银行有利于促进竞争,从而增进银行体系的效率。许多银行家担心不限制分行制最后将导致金融力量掌握在少数大银行手中,而且这样的银行结构将以农业和个人利益的牺牲为代价,使得工业和商业获利,最终造成整个国家的金融体系的毁灭。

尽管 1930 年通过的法律已经对设立分行的一些限制有所放松,美国银行体系仍由许多单个银行所主导,这些银行可以在所在州内设立分行(intrastate branching),但如果要跨州设立分行(interstate branching),还是有一些限制。但在最近几十年,对取消限制分行的要求大大增加。国会对此作出的反应是最近通过了取消目前对跨州银行业的限制的法律,且这一做法未来将继续下去。

即使跨州分行制存在障碍,20 世纪 50 年代仍有些银行利用银行控股公司的形式,实现了准分行银行(quasi-branch)的目标。**银行控股公司**(bank holding company)是拥有并控制单一银行(single bank)或多家银行(multiple bank)的股权的公司。这种公司通常可以拥有同一个州的多家银行,而且在某些情况下还拥有其他州的银行。因此,尽管某个银行不能跨州设立分行,银行控股公司还是可以通过对不同州不同银行的经营实现跨州分行制的目标。许多情况下,同一银行控股公司拥有的所有银行都叫同一个名字。

银行面临的另一个限制是对银行经营活动的监管。自从 1933 年银行法也就是著名的《格拉斯–斯蒂格尔法案》通过以来,银行不得从事与银行业务无关的活动。例如,银行不得拥有过多的公司股权,银行不得协助公司发行股票和债券等。显然,法律有效地禁止了银行把商业活动和银行活动结合起来。最近的法律已经解除了一些限制,稍后我们将更详细地讨论。现在银行可以设立非银行子公司,从事与金融有关的活动。此外,经营良好的银行控股公司,在整合银行业务与非银行活动时所受的限制更少了。

4.4.4　银行规模

表 4-8 列出了 2010 年年底美国最大的十家商业银行。最近几年,大银行的合并和并购受到人们相当大的关注。例如,1997 年第五大银行 NationsBank 收购当时第二十五大的Barnett银行后,成为全国第三大银行。1998 年它又收购了当时第四大银行 BankAmerica,成立美国银行(Bank of America, BOA),成为美国最大的银行。2004 年 BOA 收购 FleetBoston Financial后规模进一步扩大。银行专家预测合并和并购活动将持续下去,未来几年表 4-8 的银行排名很可能还会变动,趋势是向更少数但更大型的银行发展。

表 4-8　美国十大银行(2010 年 12 月 31 日)

名次	名称	所在地	注册地	总资产(十亿美元)	分支机构数
1	JPMorgan Chase Bank	哥伦比亚	国家	1 631 621	5 248
2	Bank of America	北卡罗来纳	国家	1 482 278	5 968
3	Citibank	拉斯维加斯	国家	1 154 293	1 024
4	Wells Fargo Bank	苏福尔斯	国家	1 102 278	6 421
5	U. S. Bank	辛辛那提	国家	302 260	3 076
6	PNC Bank	威明顿	国家	256 639	2 596
7	FIA Card Service	威明顿	国家	196 749	0
8	Bank of NY Mellon	纽约	州	181 855	4
9	HSBS Bank USA	麦克莱恩	国家	181 118	481
10	TD Bank	威明顿	国家	168 749	1 285

资料来源:Federal Reserve Bank,*Banking Data*,http://www.federalreserve.gov/.

4.4.5　中央银行——美联储

1913 年成立的美联储是管理美国货币政策的中央银行。美联储是根据《联邦储备法》(Federal Reserve Act)设立的,其目的为改革 1907 年华尔街恐慌(Wall Street Panic of 1907)之后的美国银行体系,那次事件对金融市场造成了毁灭性打击。在 1907 年危机前,美国银行体系已经有几次受到金融恐慌的困扰,而且在经济衰退期间银行常常大量倒闭。因此,设立美联储的主要目的是监督银行,以确保银行经营的稳定性及经济波动不会造成银行业大规模倒闭。虽然维护银行的稳定性仍然是一个重要目标,但美联储承担的责任在与日俱增。

美联储的结构

为确保中央银行体系的控制权不落入少数人手中,美国中央银行建立成由地区银行组成的分支网络。美联储包括位于全国主要城市的 12 个独立的地区银行,它们在各自联邦储备地区的较大城市另设分行,为银行和其他金融机构(但非个人)提供存、贷款服务,因此,美联储常被称为银行的银行(banker's bank)。美联储也为美国政府提供银行服务,财政部在美联储有支票存款账户,这个账户用来存放我们所支付的税款,并支付政府员工的工资和其他费用。

美联储的中央管理机构是**理事会**(Board of Governors),理事会的七位理事由美国总统提名并经参议院通过任命,每位任期 14 年。尽管理事的到期时间被交叉排开(每两年会有一位理事任期届满),但许多理事任期未满就辞职了,因而有时现任总统能够任命理事会的多数成员。

除了地区银行和理事会,美联储的其他重要组成(成员)包括:作为美联储会员的商业银行和其他金融机构、向理事会和地区银行提建议的顾问委员会、监督公开市场操作的联邦公开市场委员会(Federal Open Market Committee)等。公开市场操作是美联储管理货币政策的主要工具。

美联储的职能

美联储的职能如下：

(1) 根据《联邦储备法》,美联储制定和执行美国的**货币政策**(monetary policy),"有效实现充分就业、稳定物价和合适的长期利率的目标",而美联储达成这些目标的主要手段是,通过银行和其他金融机构准备金的变化来调整货币供给。例如,如果要增加货币供给,美联储将对银行体系提供超额准备金,通过对个人和企业贷款,这些超额准备金将被引导到经济中,因为美国银行体系的特点是部分准备金体系,增加1美元的准备金将创造超过1美元的新贷款或货币,紧缩将引起相反的变化。美联储通过使用(对银行和其他金融机构的)贷款政策、调整准备金要求、买卖美国政府证券(公开市场操作)等方法影响银行体系的准备金。

美联储用来管理货币供给的最重要工具是**公开市场操作**(open market operations),其做法是通过买卖美国政府证券来影响银行准备金(见图4-2)。当美联储想增加货币供给时,就从与美联储建立关系的**初级交易商**(primary dealers)那里买入政府证券,美联储将购买证券的资金存入初级交易商的银行账户,这一行为增加了初级交易商的存款余额,进而增加了整个银行体系的准备金,此时银行有更多资金用于放款,因而货币供给增加。美联储持续地执行"正常的"公开市场操作,使经济活动保持在一定范围内,通过把公开市场操作策略转向超过正常的证券买卖以作出较大幅度的调整。

Ⅰ.增加货币供给——**美联储购买政府证券**

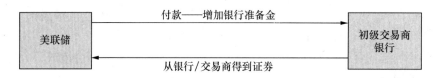

Ⅱ.减少货币供给——**美联储卖出政府证券**

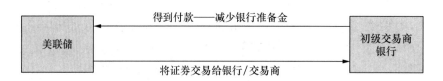

图4-2　美联储公开市场操作图示

货币供给变动取决于准备金要求,目前准备金要求的规定只适用于支票(交易)存款——准备金要求是10%。[⑤] 因此,通过公开市场操作每买入1美元政府证券,会增加货币供给9美元[=1美元×(1-0.10)/0.10,见等式(4-1)]。若美联储要紧缩货币供给,其过程恰好相反——把政府证券卖给初级交易商,交易商的银行账户余额随之减少。

---

⑤　实际上,第一笔存款1070万美元不用缴纳准备金,交易存款在5880万美元以下的要缴纳3%的准备金,超过这一额度的存款要缴纳10%的准备金。

美联储也能通过调整准备金要求影响货币供给,若准备金要求由 10% 增加到 20%,想一想会发生什么样的结果? 调整后,存款的 80%(而不是前面提到的 90%)可以贷给个人和企业,这样的变动将如何影响货币供给? 为回答以上问题,我们回到前面用来说明部分准备金体系的例子,那个例子假设准备金要求是 10%。因为银行只需要持有存款的一部分作为准备金,我们发现 100 美元的原始存款通过信贷过程,使得货币供给呈现数倍的扩张(900 美元),这使得本例的单一银行体系的资金达到 1 000 美元。如果准备金要求是 20% 而非 10%,可贷资金将减少为 500 美元,同样 100 美元的原始存款能够创造 400 美元[=(100 美元 – 20 美元)/ 0.2]的货币。

如同前例所示,美联储调整准备金要求对银行的信贷能力立即产生效果,原因是它改变了银行体系的超额准备金。不像公开市场操作,美联储不会时刻调整准备金要求来管理货币供给,实际上,准备金要求不经常变动。

美联储执行货币政策的另一个工具是**贴现率**(discount rate),这是银行和其他金融机构为弥补准备金临时短缺而向美联储地区分行借款的利率。调整贴现率影响银行借钱的额度,进而影响货币供给。例如,若美联储降低贴现率,银行将更依赖于从美联储贷款来弥补临时的准备金短缺,因而银行能对个人和企业发放更多的贷款(相比贴现率高的时候)。

实际上,贴现率与其他类型债务的市场利率有关,例如国库券和商业银行短期贷款,因此贴现率常常是其他利率变动的结果而非原因。利用这一工具管理货币政策既不像公开市场操作那样有效,也不像公开市场操作那样明显。

(2)美联储负责监管和监督美国存款金融机构,通过审计与银行检查(bank examinations)来监督这些机构,以确保美国银行体系持续稳健。此外,美联储还审核银行合并和银行控股公司的非银行业活动。

(3)美联储的另一个重要服务是由它的支付系统所提供的票据清算业务(check-clearing operations),其每天处理数以百万计的支票和电子付款。美联储的付款系统有助于支票和其他付款机制代表的资金在各类金融机构间有效转移。

美联储的重要性及其对金融市场的影响非常重要(无论如何强调都不为过),美联储的决策通常会造成金融市场的巨大变动。例如,当美联储决定提高利率时,金融市场常常会大幅下跌。

4.4.6　美国银行业的近期立法

近几十年美国金融服务业出现大规模的自由化。20 世纪 70 年代末期到 80 年代初期自由化开始以来,金融产业的趋势已经发生显著的变化。90 年代银行自由化步伐加快。

然而,在 2007 年和 2008 年期间,全球金融市场遇到了巨大的麻烦,几乎达到崩溃的地步。例如,从 2007 年 11 月至 2009 年 2 月,美国股票市场的损失超过其总价值的 50%。追根究底,美国的金融危机是由前几年的金融机构自由化所导致的,特别是关于贷款的实践。因此,政府实施了新的立法来控制金融机构的权利,对金融体系实施问责制。自 1980 年以来,银行业最具影响的立法如下:

1980 年《存款机构自由化和货币控制法案》

制定《存款机构自由化和货币控制法案》(Depository Institutions Deregulatory and Monetary Control Act of 1980,DIDMCA)时,人们认为这是 20 世纪 30 年代中期——这一时期通过了很

多限制银行活动的法律——以来银行业最重要的一个法律。这一法律的主要目的是增强金融机构的竞争以提升客户的效益,并扩大美联储对货币供给的监管。为了促进竞争,银行业开始了自由化的过程,这一过程包括让商业银行、储蓄机构和信贷协会提供更为多样化的存款与贷款产品,例如,储蓄机构可以提供前面只限于银行提供的服务,反之亦然;同时,利率的上限逐步取消,存款保险的上限也由 40 000 美元增加到 100 000 美元。DIDMCA 规定所有银行和储蓄机构——无论是否为美联储的会员——都必须持有美联储规定的准备金,以强化美联储控制货币政策的力量。

DIDMCA 制定时,观察家相信跨州分行制等设立分行的障碍会很快解除。事实上,多数州至少在一定范围内允许设立分行,有些州已经与其他州签订或计划签订跨州银行业协议(称为相互银行制)。

1982 年国会通过《加恩-圣杰曼法案》(Garn-St. Germain Act),这一法律允许银行和储蓄机构提供货币市场账户及更多相似的产品。这一法律的附带结果是使一些金融机构能够跨州经营,因为这些扩张的业务可以避开法律的限制(跨州分行制),即某些情况下商业银行不再被认为只是银行。

1994 年《瑞格尼尔跨州银行和分行效率法案》

《瑞格尼尔跨州银行和分行效率法案》(Reigle-Neal Interstate Banking and Branching Efficiency Act of 1994)有效地解除了银行和其他金融服务机构在地域上的限制。根据这一法律,1997 年起银行控股公司可以收购任何州的银行,即进入其他州设立分行,除非这些州通过了禁止这样做的新法律。

1999 年《金融现代化服务法案》

实际上,1999 年的《金融现代化服务法案》(Gramm-Leach-Bliley Act of 1999)取消了 1933 年的《格拉斯-斯蒂格尔法案》对银行活动的许多限制,后者限制银行只能从事传统的银行业务。《格拉斯-斯蒂格尔法案》的特点是,它明确了银行的经营范围,也就是哪些业务可以做和哪些业务不能做,银行被禁止从事投资、投资银行、保险及其他与存款和贷款功能无关的金融业务。这样的限制源自当时许多政治家和监管者相信,20 世纪 20 年代末期到 30 年代初期的大萧条(Great Depression)是由银行活动引起的,或由于银行活动而更加严重。在 1933 年以前,银行可以提供许多业务(包括投资银行业务),有些人认为这样做会产生严重的利益冲突。

《金融现代化服务法案》通过消除《格拉斯-斯蒂格尔法案》的限制来扩大银行的力量,让合格的银行参与:① 投资银行业务及相关活动;② 销售保险和承销证券;③ 不会明显增加银行风险的非金融活动。

《2008 年紧急经济稳定法案》

2008 年的《紧急经济稳定法案》(Emergency Economic Stabilization Act of 2008)包括以下条款:① 允许美国政府购买最高为 7 000 亿美元的陷入困境的抵押贷款,以试图提高金融市场的流动性(被称为问题资产救助计划,或 TARP)。② 扩大一定的税收优惠,以鼓励资本支出。③ 加大对一些房屋价值低于抵押贷款的户主的保护。④ 限制接受 TARP 资金的公司管理层的薪酬。

2010 年《多德-弗兰克华尔街改革和消费者保护法案》

《多德-弗兰克华尔街改革和消费者保护法案》(Dodd-Frank Wall Street Reform and Consumer Protection Act of 2010)在 2010 年夏季通过,它展示了美国自 20 世纪 30 年代以来在金融监管方面的大部分重要的修正。设立该法案是为了重建人们对金融市场的信心,因为在 2007 年至 2009 年的经济衰退时期,政府要求所有市场参与者承担责任并限制他们的活动,最终导致了人们对金融市场失去信心。其主要条款如下。

- 创建新的组织:① a. 为客户提供关于信贷方面的清晰而准确的信息,使他们能够作出明智的决策;b. 保护客户免受不合理的信贷费用的影响。② 制定关于资本、流动性和机构风险的监管规则,以帮助大型金融机构避免未来破产。
- 限制美国政府使用纳税人的资金"营救"大型金融机构。
- 奇异型证券交易要求更高的透明度,如衍生产品和对冲基金。现在几乎所有复杂、有风险的证券交易都受到监控。
- 允许股东在公司治理方面有发言权(通过无约束力的投票),包括管理层的薪酬。
- 加强对银行、S&Ls(中小金融联合会)和银行控股公司的监控。

2010 年的《巴塞尔协议 III》

来自 27 个国家的代表同意提高他们的银行的资本要求,目的是尽力降低未来因大型银行倒闭而引起金融危机的风险。

其他立法行动

在 2001 年通过的立法中,有一些强调保护银行资产免受不道德行为和恐怖行动的影响。例如,2002 年的《萨班斯-奥克斯利法案》要求企业(包括金融机构)维持一定的公司治理水平和财务能力。尽管这不是特别的银行立法,但是这一法案很明显地影响了金融机构该如何运营。我们将在第 6 章详细地讨论《萨班斯-奥克斯利法案》。

随着 1970 年通过的《银行保密法案》(Bank Secrecy Act),在 2001 年又通过了《美国爱国者法案》(USA Patriot Act),要求金融机构向有关当局报告可疑的金融活动。颁布这两部法案的目的是为了遏制洗钱活动和防止恐怖主义威胁到美国的资金。

4.4.7　美国银行业的未来

最近几十年美国银行业出现较大变化,未来还会出现更多的变化。银行业一直受到很严格的监管,主要的原因是要确保金融机构安全并保护存款者,但许多监管组织阻碍了资金自由流动,因而降低了金融市场的效率。如上一节提到的,最近的法律已经消除了早期的监管产生的竞争障碍,未来还会出现更多的变化。

过去几十年,存款机构自由化消除了金融机构之间的差异,1980 年以后实行的自由化通过消除对商业银行、储蓄机构等机构提供产品的限制和对机构营业地点的限制,来促进各类金融中介的竞争。金融服务业自由化的趋势产生了两个主要的变化：① 中介机构在业务经营上更相似；② 由于法律便利了合并和收购以及分行制的许可，机构的数目减少。表4-9 的资料显示自由化的效果非常明显，美国商业银行的数目从 1920 年的大约 31 000 家减少到 2009 年的不到 7 000 家，同时分行的数目从不到 2 000 家增加到超过 83 000 家。

表 4-9　1900—2009 年美国银行及分行数

年份	银行	分行	年份	银行	分行
2009	6 839	83 320	1 960	13 126	10 556
2007	7 283	79 115	1 950	13 446	4 832
2005	7 526	73 507	1 940	13 442	3 489
2000	8 315	64 901	1 930	22 500	4 000
1990	12 347	50 885	1 920[a]	31 000	1 200
1980	14 434	38 738	1 910[a]	25 000	<1 000
1970	13 511	21 839	1 990[a]	12 500	<1 000

注：a 这些数字是根据图表估计出来的。

资料来源：*FDIC Historical Statistics on Banking*, Federal Deposit Insurance Corporation, http://www2. fdic. gov/hsob/hsobRpt. asp, and *Federal Reserve Chart Book on Financial and Business Statistics*, *Historical Supplement*.

　　如今美国的趋势是向大型金融服务公司发展，这些公司有银行、S&Ls、投资银行、保险公司、养老金和共同基金，而且在全国甚至全世界拥有许多分支机构。有趣的是，Sears Roebuck（美国最大的零售机构之一）曾经拥有一家大型保险公司（Allstate Insurance）、一家领先的经纪和投资银行（当时的名称是 Dean Witter）、最大的房地产经纪公司（Coldwell Banker）、一家房地产抵押贷款公司（Sears Mortgage）、一家大型信用卡公司及其他相关业务，但到 1994 年年底 Sears Roebuck 出售了大部分金融服务业务以精简企业。多数金融服务公司都是从某一业务开始的，如今已把业务扩展到各种金融业务，如 Transamerica、美林银行、美国运通以及花旗集团等都是如此。将来我们会看到更多的金融服务公司，传统上它们从事保险、房地产等单一业务，之后扩展到许多相关业务。最近，国会同意金融服务机构在提供产品方面有更大的空间，而且这样的支持态度会持续下去，只要立法者确信新增的权限不会引发像 2007—2010 年那样的金融灾难。

　　除了金融机构和相关的公司合并为巨型金融组织，很多专家认为金融服务机构会进入与其他产业相关的业务，包括制造业和其他非金融产业。这种结合使得美国的金融服务机构能够更好地与国际金融机构竞争（见下一节的讨论）。同时，为了确保客户的信心和金融服务组织的稳健，美国政府当然会对银行组织进入其他产业进行严密监督。由于近来的丑闻牵涉公司管理层（例如安然和世通），以及金融市场 2007—2010 年的持续低迷，金融服务机构的管理层在作出有关增长和扩张进入非金融领域的决定时，可能也处于"显微镜的观察之下"。银行（金融服务业）未来将更具有动态性。

自测题 1

（答案见本章末附录 4A）

假设在美国金融机构办理存款业务，机构的法定准备金是所有存款金额的 10%。这些机构不存在超额准备金——只要准备金超额，它们就会被贷出。

1. 如果美联储想要增加货币供应 1 100 亿美元，那么应当买入还是卖出国库券？买入或卖出的数量是多少？

2. 如果美联储想要减少货币供应 500 亿美元，那么应当买入还是卖出国库券？买入或卖出的数量是多少？

4.5　国际银行业

美国的银行体系区别于其他国家的银行结构的两个明显因素，可以追溯到历史上存在的美国的监管环境。一般来说，相对于外国金融业，美国金融业受到较严格的监管，在银行活动与非银行业的关系上受到较多的限制，这些监管已经塑造了一个特别的组织结构和竞争环境，长期以来制约了美国个别银行组织的规模增长。

第一，美国的银行体系传统上由规模大小不一的银行（不是少数几家大银行）构成，如果设立分行没有限制，就可能只存在少数几家大银行，因此，美国有超过 17 000 家的单个银行、信贷协会和储蓄机构。而其他国家几乎都允许银行设立分行，即使有限制，也是很少的。因此这些国家的银行体系比美国包括更少数的单个银行或单位银行。例如，日本只有不到 160 家银行，澳大利亚有 20 家（其中四家是大型商业银行），加拿大有 70 家（其中七家是全国性和国际性银行），至于人口大约是美国四倍多的印度只有不到 300 家银行（大约是美国银行总数的 4%）。印度和其他国家的银行通常有许多分行，例如，印度的印度国家银行（State Bank of India）拥有 13 000 个办事处（分行）。

第二，多数外国银行可以参与非银行业务的经营，而美国的银行参与非银行业务受到严格的限制，直到最近几年才放松。像英国、法国、德国、瑞士等发达国家对银行和其他公司之间相互参与并不限制，银行可以拥有其他公司，反之亦然。加拿大、日本、西班牙等其他国家对银行和其他公司的结合有一些限制。总体而言，允许银行和商业结合的国家的银行资产大约占世界银行总资产的 70%。对银行参与非银行活动进行限制的监管使得美国的银行在国际竞争上处于不利地位，如国会最近的趋势是解除对竞争的限制，以使美国的银行在国际金融市场上更具竞争力。

由于外国银行受到的监管较少，商业经营受到的限制也比美国的银行少，因而常常参与更多的金融交易。例如，外国银行利用其投资银行部门为公司发行新股筹集资金，即使这家银行是该公司的所有者和最大的债权人。作为公司债权人、所有者、投资银行和发行者，外国银行能够提供美国的银行无法提供的金融产品。此外，由于单一银行可以将这些金融产品打包提供,从而能够降低金融服务的总成本。

　　外国银行没有受到类似美国的银行的监管和银行业活动的限制,因而发展成大型一站式的金融服务机构。表4-10给出了2010年年末世界最大的十家银行,如表所示,在2010年年末,美国最大的银行摩根大通在世界最大银行的排名中位列第九名。美国银行、花旗银行分别是美国的第二大和第三大银行,它们在世界最大银行的排名中分别排名第12位和第22位。[⑥] 尽管这些银行在美国是很大的银行,但与外国银行相比,它们明显不占优势。

表4-10　世界最大的十家银行(2010年12月31)

名次	银行名称	国家	总资产(十亿美元)
1	法国巴黎银行	法国	2 952
2	苏格兰皇家银行	英国	2 740
3	法国农业信贷集团	法国	2 234
4	巴克莱银行	英国	2 227
5	德意志银行	德国	2 153
6	中国工商银行	中国	1 726
7	劳埃德银行集团	英国	1 659
8	东京三菱银行	日本	1 638
9	摩根大通	美国	1 628
10	西班牙国际银行(桑坦德银行)	西班牙	1 593

资料来源:*Top Banks in the World by Bankersalmanac.com*,http://www.bankersalmanac.com/.

　　外国银行主导国际银行业并不足为奇,当然监管较少有助于外国银行占主导地位是一个原因,但另一个原因是外国银行参与国际银行业务的时间远早于美国的银行。国际银行业务的出现可追溯到12世纪,当时意大利的银行主导国际贸易——早在美国诞生之前。事实上,在1913年美联储成立之前,美国的银行不允许在海外经营。直到40年前,都几乎没有美国的银行在海外经营。

　　《联邦储备法案》原来允许具有某些资质的银行参与海外银行业务,1919年通过的《埃奇法案》(Edge Act)允许美国的银行在其他国家设立分支机构,提供超出美国银行业业务的金融服务,包括投资外国公司股票。1981年,为帮助美国的银行竞争国际资金,美联储进一步允许银行设立国际银行业务机构(International Banking Facilities,IBFs),IBFs可以接受外国存款,但不受国内存款相同的限制,例如准备金要求和存款保险。IBFs不是独立的银行机构,而是国际存款和国内存款在会计上分开处理的一种方法。实际上,其运作包括一系列国际存款的财务报表,与银行的其他财务报表分开,并受到不同的限制。

　　无论美国的银行是设立《埃奇法案》下的分支机构还是设立IBFs吸收国际存款,其国际银行业务仍受到美联储的限制。尽管美国的银行在海外经营受到的限制比在国内经营少,但

---

　　⑥　资料来源:*Top Banks in the World by Bankersalmanac.com*,http://www.bankersalmanac.com/.

其海外分支机构通常不能从事当地银行经营的所有业务,而这些银行正是美国的银行的主要竞争对手。

最近几十年美国境内的外国银行快速增长,为确保外国银行与美国的银行处于公平竞争的地位,美国国会已经制定适用于在美国经营的外国银行的监管规则,包括 1978 年通过的《国际银行业法》(International Banking Act,IBA),要求外国银行必须遵守美国银行执行的相同规定,以及 1991 年通过的《外国银行加强监管法》(Foreign Bank Supervision Enhancement Act,FBSEA),规定外国银行必须取得美联储的批准才能在美国设立办事处。

尽管对美国海外银行业务进行了限制,但最近几年美国的银行的国际银行业务仍增长迅速,同时,美国对外国银行经营的限制也没有阻止外国银行进入美国金融市场,尤其在加利福尼亚州,大型日本银行已经拥有相当的市场占有率。在全球化的推动下,银行业将更加国际化——美国的银行在国际市场中日益重要,而更多的外国银行也会进入美国市场。

道德困境
ETHICAL DILEMMA

BUC

Bank of Universal City(BUC)是一家设在路易斯安那州的中等规模的州银行。这家银行提供多种金融产品和服务,包括支票和储蓄账户、票据支付服务、信用卡、商业咨询、保险和投资服务。BUC 的 CEO Chuck Charles,在公开的场合提出他打算在未来五年使银行资产保持年 15% 的增长率。尽管 15% 是一个相当高的增长率,但对 BUC 来说不是不可能实现的目标。实际上,去年是执行计划的第一年,银行的资产增长了 20%。但由于 18 个月前一个大型的制造企业搬到这个城市使得城市人口剧增,才促进了 BUC 的业务增长。

本年度还剩下三周,Charles 对本年的实际增长远远低于实现计划增长所需的水平表示担心。因此,他建议副总裁负责管理 Univest,也就是这家银行的投资管理部,想办法实现银行所需要的投资资金增长。

作为 Univest 的副经理,你负责销售并得到管理本部门资金的费用。你的老板与 BUC 的 CEO 给了你他们认为具有潜力的机构和个人。经过与这些潜在的客户联系后,你发现对此感兴趣的唯一一个人是 Rudolph Radcliff——本市的一个激进宗教组织的负责人。据说这家名为正义自由选择(Righteous Freedom Choice,RFC)的组织给美国的敌对国的组织提供资金,并怀疑它资助的一些机构为在全球活动的恐怖组织提供资助。几天前,一个同事告诉你 RFC 正打算把资金转移到一个新投资机构,原因是管理资金的公司拒绝继续为这家公司当投资顾问,也发现非法组织向这家机构捐款。上周末你的同事是在一个慈善晚会上与两个著名的商人的交谈中获得这一信息的。但你的同事在谈话中注意到这两个商人与 Radcliff 先生的关系并不融洽。

> 当你的同事把这一信息透露给你时,你没有问任何如商人的名字这样的问题,因为你不希望牵涉进RFC。现在,你要对是否获得RFC的资金以帮助Univest和BUC实现增长计划作出决策。遗憾的是,告知你信息的同事下周将度假,无法回答你的问题。今年Univest的业务停滞。因此,如果未来几周销售不能大幅度增加的话,你的业务奖金将比以往少很多。如果你的业务奖金不增加,你和你的妻子将考虑从五年前购买的豪宅中搬出来。你该怎么办?

▦ 本章要点总结

本章重要概念

为了总结,我们把本章讨论的关键概念与本章开始的学习目标联系起来。

● 金融中介是一种办理存款业务并通过贷款或其他类型的投资产生收益的组织。由于个人有不同的需求,所以存在不同类型的金融中介,不同类型的金融中介为个人提供不同的服务。因为金融中介使得借款者和贷款者(投资者)集中在一起,所以它们能够降低成本,并向借款者和贷款者提供最优的利率。因此,存在金融中介的生活水平比不存在金融中介时要高。

● 金融中介的主要功能是促进资金由储蓄者(投资者或贷款者)向借款者转移。金融中介(无论是叫银行、信贷协会、养老金还是其他的名字)帮助借款者和贷款者集中在一起。金融中介也会提供其他的服务,如票据清算、信托业务、保险箱,等等。

今天之所以存在许多种不同类型的金融中介,是由于在二百多年前美国是一个农业社会,当时的长途运输非常困难。所以,金融中介最初是为了满足不同地方、不同人群的特殊需求产生的。例如,商业银行最初是为城市商业服务的,储蓄和贷款协会是为帮助农民建立房屋与储存设施而成立的,等等。然而,今天大部分的金融中介的客户是多样化的,在金融市场中没有特殊的群体被排除在商业之外。

● 根据部分准备金体系,银行和其他金融机构不需要保留客户存款的全部数额。由于只需一部分的数额作为准备金储备,所以当金融中介存在超额准备金时,可将超出的部分用于抵押贷款、汽车消费贷款等对外贷款,以扩大货币供给。

● 美国的银行是建立在前面提到的部分准备金体系之上的。由于美国的银行体系包括国家批准和州批准,因此它是双重银行体系。直到最近,银行活动一直受到法律的限制,因为美国的单个银行比其他国家要多得多。尽管现在的限制不像过去那么严格,但跨州设立分行和提供的金融服务类型仍旧面临一些限制。美国当前形成大型银行的一个趋势是通过兼并和收购,如美林银行、摩根大通和花旗集团,它们发展成大型的银行,能够更好地在国际上竞争。

● 美联储是美国的中央银行。它的主要职能是管理美国的货币政策,通过买入或卖出美国政府证券(公开市场操作)影响货币的供给。当美联储想要降低利率时,它可以从投资者手中买入证券,向经济中投入更多的货币,反之亦然。

美联储的其他职能包括调整金融机构的准备金要求。当需要影响货币供给时,美联储可以改变对准备金的要求。美联储也可以通过设置贴现率来调整美国的货币供给,贴现率是金融机构可以从美联储地区分行借款的利率。除了管理货币供给,美联储还负责监管和监督美国金融中介的运作。

- 美国大部分银行的规模都很小,提供的服务类型比外国银行要少。过去的规则限制了银行和其他金融机构该如何以及在哪里经营,所以才导致了美国银行体系当前的结构。

个人理财相关知识

本章所提到的概念应该能够帮助你更好地理解金融中介以及为什么存在不同类型的金融机构。如果你理解了本章所介绍的知识,那么当你在需要为贷款或储蓄选择金融中介时,你就可以作出明智的决策。

- **金融中介的知识(甚至一点点)如何帮助我作出关于个人理财方面明智的决策?**

不同的金融中介从事不同类型的金融产品服务。例如,商业银行主要为商业服务,而信贷协会主要为消费者服务。通常,你会发现专门从事于你所需要的产品和服务的金融中介会有更好的利率及更多的产品与服务。例如,储蓄和贷款协会通常比商业银行有更好的按揭利率,信贷协会在汽车抵押贷款上比其他任何机构提供的利率都要高。而且,专门从事于特殊金融产品的金融中介能够更好地服务于这些产品,因为它们会雇用最熟悉这些产品各方面的人员。

- **美联储怎样进行运作的一般知识如何帮助我作出关于个人理财方面明智的决策?**

美联储通过改变利率影响美国的经济状况。所以,消费者(和企业)在作出贷款与投资的决策之前,通常尝试去估计美联储会在什么时候改变利率,以及往哪个方向改变。例如,假设你想在未来的 12 个月内买房子,并且你认为美联储会在这段时间内降低利率,那么你该如何做呢?你是现在通过抵押贷款来买房子,还是等到美联储降低了利率再去买呢?公开市场操作直接影响美国国库券的利率,当美联储改变利率时,整个金融市场会有一个“连锁反应”。所以,如果美联储采取措施降低美国国库券的利率,那么其他贷款的利率(包括抵押贷款)也将会降低。因此,你应当等到美联储降低利率后再进行贷款。不过另一方面,如果你想在这种情况下进行投资,你就应当现在投资,这样你就会比等到美联储降低利率时“锁定”更高的利率。掌握好你借款的时机,你就可以得到低的贷款利率;掌握好你投资的时机,你就可以获得高的投资收益。

▎ 思考题

4-1　什么是金融中介?它们执行哪些经济功能?

4-2　金融中介如何提高经济社会中的生活水平?

4-3　如果人们对金融机构的安全性失去信心,对美国的生活水平会有什么样的影响?请解释。

4-4　联邦政府① 鼓励 S&Ls 业的发展;② 实际上迫使 S&L 业从事长期、固定利率的房地产抵押贷款;③ 迫使 S&Ls 获得的资金大多来自随时可以提取的存款。

a. 预期未来利率将上升或下降,哪种情况对 S&Ls 业有利?

b. 个别机构向联邦机构出售房地产抵押贷款，从中收取服务费，或者个别机构持有其原来的房地产抵押贷款，哪种情况对 S&L 业有利？

4-5　写出本章介绍的几种金融中介的名称，指出成立每种机构的主要理由。

4-6　金融服务业自由化如何影响金融中介的结构？你认为未来中介机构的特点将如何变化？

4-7　美国的银行与外国银行有什么不同？为什么它们有这样的差异？

4-8　在部分存款准备金的银行体系中如何创造货币？

4-9　描述美联储实行的公开市场操作。如果美联储想提高利率，应该进行哪些交易？

4-10　如果美联储提高对准备金的要求，那么美国的货币供给会受到怎样的影响？请举一个例子。

计算题

4-1　金融机构的存款为 2 万亿美元，这些机构持有的总准备金为 2 400 亿美元，其中 1 000 亿美元是超额准备金。

a. 准备金要求是多少？

b. 为保持现有准备金的金额（2 400 亿美元）但不存在超额准备金，准备金要求是多少？

c. 若消除所有现有超额准备金，全部金融机构的存款将如何变化？假设取消超额准备金只对存款产生影响。

4-2　美联储最近通过公开市场操作增加在金融机构的存款金额 900 亿美元。如果准备金要求是所有存款的 8%，那么美联储的行为对存款总额的最大影响是什么？

4-3　如果金融机构的存款突然增加了 1 200 亿美元，计算在存款总额发生最大改变的情况下，适用于所有存款的准备金要求是多少。

a. 5%　　b. 10%　　c. 50%　　d. 100%

4-4　如果金融机构的存款突然减少了 1 200 亿美元，计算在存款总额发生最大改变的情况下，适用于所有存款的准备金要求是多少。

a. 5%　　b. 10%　　c. 50%　　d. 100%

4-5　美联储已经决定通过提高利率来维持经济中相对较低的通货膨胀。为了实现这个目标，美联储认为货币供给需减少 1 880 亿美元。所以美联储想通过改变金融机构的准备金来减少货币供给。假设当前的准备金要求是 6%，适用于所有的存款。那么准备金需减少多少美联储才能达到它的目标？

4-6　假设对交易存款的准备金要求是 15%，对非交易存款的准备金要求是 4%。计算交易账户有 3 400 亿美元存款、非交易账户有 1 200 亿美元存款的银行的准备金要求是多少。

4-7　持有存款账户的全体金融机构目前有超额准备金 30 亿美元，即准备金比现有存款所需准备金要求多出 30 亿美元，适用于所有存款的准备金要求为 15%。假设金融机构持有的准备金变化仅影响存款，即贷款再存回金融机构。

a. 其他条件不变，如果金融机构立即取消所有的超额准备金，对存款有什么影响？

b. 其他条件不变，如果金融机构把超额准备金降到 12 亿美元的水平，对存款有什么影响？

c. 说明以上每个活动对金融市场的利率有什么影响。

4-8　根据美联储公布的统计资料，商业银行目前的总准备金为 454 亿美元，准备金要求为 451 亿美元，因此超额准备金约为 3 亿美元，交易存款（包括无限制以支票提取的存款）的准备金要求为 10%，定期存款的准备金要求为 0，目前非交易存款合计为 6 000 亿美元。假设银行持有准备金的变动仅对交易存款产生影响。

a. 根据本题提供的信息，计算商业银行持有多少交易存款。

b. 商业银行持有多少总存款（包括交易存款和非交易存款）？

c. 如果美联储强制商业银行不得保留超额准备金，对存款有什么影响？

d. 如果总存款维持在第 b 题计算的水平，但美联储要求非交易存款缴纳 2% 的准备金，并维持交易存款 10% 的准备金要求，总准备金要求是多少？

e. 若美联储要求交易存款和现有非交易存款均缴纳 2% 的准备金，现有的准备金是否能够满足准备金要求？

4-9 最近几年美联储有降低准备金要求的倾向,假设银行和其他金融机构的交易存款合计 9 000 亿美元,这些存款的准备金要求为 10%;再假设金融机构没有持有超额准备金,其贷款都存在交易账户,即不持有现金或存在非交易账户。

a. 若美联储把准备金要求降低到 8%,交易存款将增加多少钱？

b. 若美联储把准备金要求降低到 8%,交易存款将增加多少百分比？

c. 若美联储把准备金要求提高到 12%,交易存款将如何变动？

综合题

4-10 假设你刚刚获得金融学学士学位,并且刚到 Balik & Kiefe 公司报到作为一名投资顾问。你的第一个任务就是向 Michelle Delatorre 解释金融中介在美国银行体系中所扮演的角色。Michelle Delatorre 是一位专业的网球运动员,刚刚从智利来到美国,希望通过 Balik & Kiefe 公司帮忙投资自己拥有的大量资金。她是一个很明智的人,因此想大致了解她的资金将会发生怎样的变化。你的老板给出了以下一些问题,这些问题能够帮助你向 Michelle Delatorre 解释金融中介的特征和美国的银行体系。

a. 金融中介是什么？它是怎样发展的？

b. 金融中介担任什么角色？它是如何帮助提高生活水平和金融市场的有效性的？

c. 金融中介有哪些不同的类型？列举一些区别不同类型金融中介的特征。

d. 描述美国的银行体系。美联储在美国银行体系中扮演什么角色？

e. 美国银行体系与外国银行体系有什么不同？

f. 美国银行体系近几年来发生了怎样的变化？对于这种改变存在怎样的争论？未来还将发生怎样的变化？

g. Delatorre 女士该如何利用金融中介提供的服务？

附录 4A

(本章自测题答案)

1. a. 如果美联储想要提高货币供给,它应当购买国库券,因为它需要为国库券付款,从而提高金融机构的准备金。美联储应当购买的国库券数量计算如下:

$$货币供给的最大变化 = \frac{\Delta 超额准备金}{准备金要求}$$

$$= 1\,100(亿美元)$$

$$\Delta 超额准备金 = 1\,100 亿美元 \times 0.10$$

$$= 110 亿美元$$

$$= \Delta 准备金(1 - 准备金要求)$$

$$\Delta 准备金 = \frac{\Delta 超额准备金}{1 - 准备金要求} = \frac{110 亿美元}{1 - 0.10}$$

$$= 122 亿美元$$

因此,美联储应当购买 122.2 亿美元的国库券。它的这一行为将会创造直接超额准备金 110 亿美元,这就会产生 110 亿美元/(0.10) = 1 100 亿美元的额外货币供应。

b. 解答本题的方法如上,除了将 1 100 亿美元换成 500 亿美元。本题的答案是 55.6 亿美元,这意味着美联储需要购买 55.6 亿美元的国库券才能减少 500 亿美元的货币供应。

第5章
货币成本(利率)

从 2000 年到 2004 年年初,也就是 21 世纪初,大多数时间里利率的走势是向下的。例如,2000 年年初,3 个月的国库券、20 年的国债的利率分别为 5.4% 和 6.7%。然而在 2002 年年初,这两个利率分别下降到 1.7% 和 5.8%。2004 年年初这两个利率进一步下跌到 0.9% 和 5.0%。这一期间利率下降的原因之一在于 2001 年美国的经济衰退。衰退之后的几年,企业和个人的投资信心相当低落,因而对业务扩张和折旧资产更新的融资需求也不多。由于 2004 年年初利率过低,美联储决定提高利率。从 2004 年 7 月到 12 月,美联储 6 次提高利率,使得 3 个月国库券的利率上升到 2.4%。为了防止经济的过分增长并控制通货膨胀率,在 2005 年全年及 2006 年的上半年美联储持续提高利率,使得 3 个月的国库券、20 年的国债的利率分别上升到 5.0% 和 5.3%。2007 年年初,美国经济发展开始放缓,因此美联储试图在 2007 年年末及 2008 年全年通过降低利率刺激经济。遗憾的是,这一刺激方案并未起作用,经济正式进入了长达 18 个月的衰退期(2007 年 11 月到 2009 年 6 月)。从 2009 年 6 月直到 2011 年年初我们写本书时,经济仍然停滞不前,这促使政府采取措施以维持期望的低利率,从而使企业和个人愿意借入资金来增加对产品和服务的需求。事实上,当前的利率水平正处于历史低位,在 2011 年 1 月末,3 个月的国库券利率为 0.16%,而 20 年的国债的利率为 4.33%。

从 2007 年到 2009 年,经济陷入衰退,企业扩张放缓,借款也开始减少,这导致了金融市场的低迷。为了促进这一趋势的逆转并支撑下滑的经济,美联储开始降低利率。尽管低利率对投资者并没有吸引力,借款人却觉得它们非常吸引人。因此,在此期间,很多借款人,包括企业和个人,都通过对他们的贷款余额再融资来降低利息成本。然而,很多潜在的借款人在"旁观",因为他们对未来的经济并不确定,同时他们对于之前的经济衰退困难仍然记忆犹新。随着企业越来越有信心,它们将借入额外的贷款对几年前就应该替代的折旧资产进行更新。

显然,金融市场的参与者,无论是个人还是企业,其行为都是基于对未来利率的预期。当利率很低时,投资者购买股票和债券的动机不足,而借款人对贷款的需求旺盛;反之亦然。

无论是企业还是个人,当我们借款时我们都希望利率降低。当利率像 2004 年和 2011 年那样低时,很多企业和个人用低利率债务替代高利率债务。而低利率同时也使那些靠投资收入生活的人遭受损失。因此,利率变动影响着每一个人。当你阅读本章时,想一想以下两个问题:① 美联储变动利率之前应该考虑的因素;② 利率变动对通货膨胀、金融市场、个人(学生)及整体经济的影响。

学习目标

在阅读本章后,你应当能够:

(1) 解释货币成本的含义并描述影响货币成本(利率)的因素。

(2) 描述利率是怎样确定的。

(3) 描述收益曲线并讨论怎样用收益曲线来确定未来的利率。

(4) 讨论政府行为和一般企业活动是怎样影响利率的。

(5) 描述利率(回报率)的变动对股票和债券价值的影响。

第 3 章介绍了金融市场的主要作用是通过把资金从有多余资金的人(投资者)手中转移到需要的资金超过他们当前收入的人(借款者)手中,使两者聚集在一起。① 在像美国这样的市场经济国家,金融市场中贷款者的多余资金通过以资金供给和需求为基础的价格机制配置给借款者。利率或货币成本(cost of money)作为这个体系的代表,使得那些愿意以现行利率水平借款的人使用其他人提供的资金。本章介绍与利率有关的基本概念,包括那些影响利率的因素及预测利率的方法。

5.1 实现收益

投资者通过他们在金融市场的买入卖出活动来确定收益率。无论投资工具是债务还是股权,投资者获得的货币收益都分成两部分:① 金融资产(股票或债券)发行者支付的收益;② 一定时期后,金融市场中金融资产价值的变化(资本利得)。② 为了确定投资的收益率,我们以初始投资金额的百分比表示货币收益。因此,金融资产的货币收益或收益率用下面的等式表示:

---

① 回想一下第 3 章,储蓄者(投资者)和借款者(金融资产的发行者)可以是个人、企业、政府。

② 第 2 章介绍了各种金融资产。

$$收益率(用百分比表示回报率) = \frac{总货币收益}{初始值} = \frac{货币收益 + 资本利得}{初始值}$$

$$= \frac{货币收益 + (期末值 - 初始值)}{初始值} \tag{5-1}$$

在这里,初始值表示投资在期初的市场价值,期末值表示投资在期末的市场价值。

如果金融资产是债务,这项投资的收入是借款者支付的利息。如果金融资产是股票,这项投资的收入是公司支付的股利。尽管货币收益必须是零或正数,值得注意的是,如果在持有金融资产期间金融资产的价值下跌,资本利得将是负数。

现在举例说明收益率的概念。假设你在 2012 年 1 月 1 日以 980 美元买入公司债券,并在 1 年后以 990.25 美元卖出。想一想从这项投资中你将获得多少收益。如果在 2012 年 12 月 31 日支付债券利息 100 美元,1 年投资的收益率或用百分比表示的收益如下:

$$收益率(用百分比表示的回报率) = \frac{100 美元 + (990.25 美元 - 980 美元)}{980 美元}$$

$$= \frac{110.25 美元}{980 美元}$$

$$= 0.1125 = 11.25\%$$

在本例中,2012 年年初买入并于同年年底卖出债券的投资者持有 1 年期的收益率为 11.25%。如果我们假定它与投资者在年初买入债券期望的收益率相同,那么这一收益率代表投资者提供资金给发行相似债券的公司 1 年要求的平均收益率。也就是说,2012 年公司的货币成本其实也是 11.25%。[③] 本章其余部分将讨论决定货币成本的因素,并研究那些引起货币成本变动的因素。

(◦)》 自测题1

(答案见本章末附录 5A)

2012 年 1 月 1 日,Garrity Jones 以每股 80 美元购入 100 股 Anchor Concrete 公司的普通股。2012 年 12 月 31 日,股票价格下降到每股 78 美元。在这一年中,Garrity Jones 共获得了 5.12 美元的每股股利。那么 Garrity Jones 在 2012 年通过对 Anchor Concrete 公司的股票投资获得的货币收益和收益率分别是多少?

5.2   影响货币成本的因素

影响货币成本的基本因素有四个:① 生产机会(production opportunities);② 消费时间偏好(time preferences for consumption);③ 风险(risk);④ 通货膨胀(inflation)。这些因素如何

---

③   如果我们考察同一公司的股票,我们会预期收益率或者成本将是不同的,原因是股票和债券的风险是不同的。第 11 章将详细讨论风险对收益的影响。

影响货币成本? 假设有一个孤岛,岛上居民以捕鱼为生。他们有一套捕鱼工具让日子过得还算不错,但是他们想要更多的鱼。现在 Crusoe 有一个好点子,即制造一种新型渔网,这个渔网能极大地提高他每天的捕鱼量。但问题是 Crusoe 要花一年时间去设计、编织渔网及学习有效地使用渔网,在他使用新渔网之前,他可能已经饿死了。认识到这个问题,Crusoe 提议 Robinson 小姐、Friday 先生及其他人是否可以在这一年每天送他一条鱼,下一年他愿意每天还给他们两条鱼。如果 Robinson 小姐接受这样的建议,那么她每天给 Crusoe 的一条鱼就是她的储蓄,这些储蓄作为制作渔网的投资,利用渔网捕获的更多的鱼就是投资收益。显然,Crusoe 认为新渔网的产量越高,生产机会就会越大——他预期的投资收益率越高,回报潜在投资者的能力就越强。在本例中,我们假设 Crusoe 自认为有能力偿还,因此他提供 100% 的收益率——他愿意每借一条鱼还两条鱼;其实,他也可以用较少的收益吸引储蓄,例如今年每借一条鱼,明年还一条半鱼,即提供 50% 的收益率。

Crusoe 提出的建议对潜在储蓄者究竟有多大吸引力取决于储蓄者的**消费时间偏好**(time preference for consumption)。例如,Robinson 小姐想要退休,她可能愿意以 1∶1 的比例用今天的鱼交换明年的鱼;Friday 先生要养活太太和几个小孩,如果要他借出今天的一条鱼,他要求明年每天至少要换回三条鱼。我们称 Friday 先生具有高消费时间偏好,而 Robinson 小姐具有低消费时间偏好。需要注意的是,如果所有人的生活都处于温饱水平,对当前消费的时间偏好必然很高,总储蓄就会很少,利率会很高,因此资本形成困难。

渔网投资计划也就是 Crusoe 还贷款能力的风险,也会影响投资者要求的收益,即预期的风险越高,要求的收益率也越大。例如,如果过去 Crusoe 的想法并没有总是成功,那些对 Crusoe 新渔网感兴趣的人可能会认为这项投资是相当具有风险的,因此只有明年每天至少能换回四条鱼,他们才可能在今年每天借给 Crusoe 一条鱼。复杂的社会包括许多像 Crusoe 这样的企业,生产许多产品而不仅是鱼,也有许多像 Robinson 小姐和 Friday 先生这样的储蓄者。在这样的社会中,人们使用货币作为交易媒介,而不是进行以鱼易鱼的物物交换。一旦社会使用货币,其价值就会受到通货膨胀的影响,即预期通货膨胀率越高,投资者要求补偿他们因通货膨胀导致购买力下降的损失的收益率也越大。

这个简单的例子显示,支付给储蓄者的利率基本上取决于:① 生产者的预期投资收益率;② 储蓄者对当前消费和未来消费的时间偏好;③ 贷款的风险;④ 预期未来通货膨胀率。借款者的预期投资收益构成支付给储蓄者的利率上限。在不同的利率水平下,消费者的时间偏好决定了储蓄者愿意节约的消费,这是他们愿意提供的储蓄;高风险和高通货膨胀率会导致高利率。

5.3　利率水平

利率决定资金在借款者之间的配置,投资机会(或产品)获利高的公司愿意且能够为资金支付高利率,因而比无效率的公司或产品不那么受欢迎的公司对资金更有吸引力。当然,经济社会并非自由到仅仅受市场力量的影响。因此,联邦政府赞助的机构会帮助有些个人和团体以优惠条件获得信贷,有资格获得这种帮助的包括小企业、少数民族及愿意在高失业地区建厂的公司。尽管政府进行干预,美国经济中的资金多数还是通过价格体系配置的。

　　图 5-1 显示了在两个资本市场中,供给和需求如何相互作用从而决定利率。市场 A 和市场 B 代表示许多资本市场中的两个。在市场 A 交易的是低风险证券,现行利率是 6%,即信用优良的借款者可以以 6% 的成本在这一市场获得资金,而不愿意承担太高风险的投资者可以获得 6% 的收益。高风险的借款者必须在市场 B 获得较高成本的资金,愿意承担更高风险的投资者可投资这一市场,预期获得 9% 的收益,但实际上他们获得的收益可能更低也可能更高。

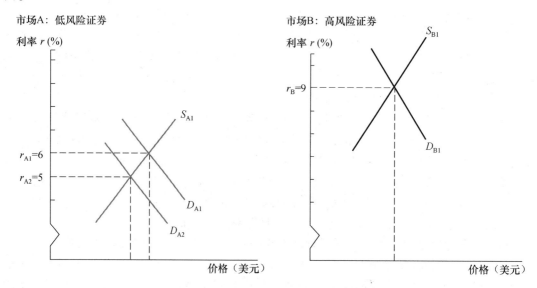

图 5-1　利率作为资金供求关系的函数

　　如果资金需求下降,如经济衰退期间经常发生的一样,市场 A 的需求曲线 D_{A1} 将向左移动到 D_{A2},本例中市场出清或均衡利率将降到 5%。类似地,你可以看到如果资金供给减少,利率会如何变动:供给曲线 S_{A1} 左移,利率将上升并缩减整个社会的信贷规模。

　　金融市场是相互依存的。例如,如果在市场 A 的需求曲线左移到 D_{A2} 之前,两个市场都是均衡的,这说明投资者愿意以 3% =9% -6% 的风险溢价承担市场 B 更高的风险。在需求曲线左移到 D_{A2} 后,风险溢价会上升到 4% =9% -5%。很可能,更高的溢价将吸引市场 A 的资金流向市场 B,这又会引起市场 A 的供给曲线左移(即供给减少),市场 B 的供给曲线右移(即供给增加),两个市场之间资金的转移将导致市场 A 的利率上升、市场 B 的利率下降,因而使风险溢价接近原来 3% 的水平。例如,当政府债券利率上升时,公司债和房地产抵押债券的利率通常会随之上升。

　　正如在第 3 章讨论的,美国和全世界有许多金融市场,包括短期债券市场、长期债券市场、房地产贷款市场、助学贷款市场、企业贷款市场、政府贷款市场等。每种资金都有价格(利率),一旦供求条件发生变化,这些价格也随之变化。图 5-2 显示了自 1980 年以来企业借款人长期利率和短期利率的变化。要注意的是,短期利率在繁荣期呈上升趋势,在衰退期呈下降趋势(图中阴影部分代表衰退期)。当经济扩张时,公司对资金的需求导致利率上升。此外,繁荣期通货膨胀的压力很大,迫使利率进一步上升。当经济衰退时,所有情况发生逆转,例如 2001 年和 2007—2009 年的衰退期,企业活动放缓,降低了对资金的需求,因而通货膨胀率和利率双双下挫。

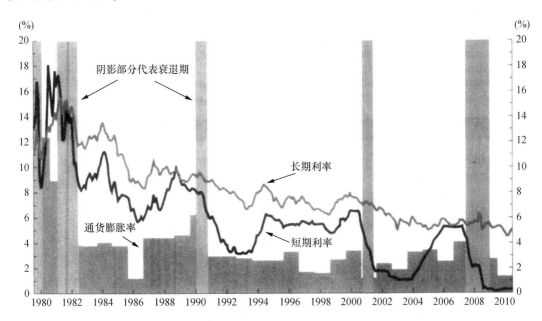

图 5-2　1980—2010 年间的长期利率和短期利率

注：① 短期利率是大型且财务状况良好的公司的 3 个月贷款利率，长期利率是 AAA 级公司的债券利率。

② 横轴刻度代表年中，也就是 7 月 1 日。

资料来源：Interest rates are found at the Federal Reserve website at http://www.federalreserve.gov; information about recessions can be found at the National Bureau of Economic Research website at http://www.nber.org/cycles.html/,and CPI data are found at the website of the U.S. Department of Labor,Bureau of Labor at http://www.bls.gov.

这些趋势并不一定如此——1984 年之后的一个时期就是一例。1985 年和 1986 年油价大跌，降低了通货膨胀的压力并消除了人们对长期严重的通货膨胀的担心。之前几年，人们对通货膨胀的担忧把利率推到历史新高。从 1984 年到 1987 年，经济表现得相当强劲，然而对通货膨胀担心的减弱多少冲销了经济繁荣期利率上升的趋势，最后我们反而看到利率下降。④

图 5-2 把通货膨胀率(图形下面的阴影部分)画在同一个图中，同时也反映了通货膨胀率和长期利率的关系。在之后的部分我们将讨论，高的通货膨胀率预期会导致高利率，反之亦然。另外，我们将发现，通货膨胀率预期的变化对短期利率的影响相对于长期利率来说更大，因为长期利率表示的是投资者每年预期利率的平均水平。同样值得注意的是，通常来说，通货膨胀率在衰退期即将开始之前高于在衰退期结束之后。

---

④ 短期利率反映了当前的经济状况，而长期利率则主要反映长期预期的通货膨胀。因此，短期利率围绕长期利率上下波动。长短期利率之间的关系被称为利率期限结构。在本章后面部分将讨论这个问题。

5.4　市场利率的决定因素

通常,金融市场上交易的证券的报价(quoted)或名义(nominal)利率(r),包括实际无风险利率加上反映证券风险性的溢价,这一关系可表示如下:

$$收益率 = r = 无风险利率 + 风险溢价 \qquad (5\text{-}2)$$

图 5-3 说明了这一关系,显示投资者对高风险证券要求更高的收益。我们将在第 11 章详细讨论风险和收益,本部分只讨论影响债券利率的因素。

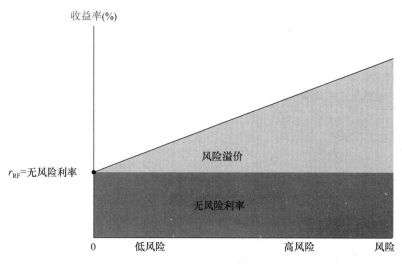

图 5-3　收益率(利率)

债券收益率(利率)表述如下:

$$收益率 = r = r_{RF} + RP = r_{RF} + (DRP + LP + MRP) \qquad (5\text{-}3)$$

等式(5-3)中的变量如下:

r = 某证券的报价或名义利率。[5] 金融市场上有多种证券,因而有多种报价或名义利率。

r_{RF} = 报价或名义无风险收益率。理论上这一利率是有担保的投资收益,也就是没有风险。

RP = 风险溢价,也就是超过无风险收益率(r_{RF})的收益,代表对一项投资风险的收益。RP = DRP + LP + MRP。

DRP = 违约风险溢价,反映借款人,也就是证券发行人无法按时支付利息或偿还本金的概率。

LP = 流动性或市场性溢价,说明有些证券比其他证券易于以"合理"价格在短期内变现。

MRP = 到期风险溢价,说明长期债券对利率变动的价格反应大于短期债券。

下面我们将讨论某一证券报价或名义利率的构成要素。[6]

---

[5]　这里名义利率是相对实际利率而言的票面利率,名义利率不包含通货膨胀的影响。如果你在 2011 年 1 月购买了 10 年期的国库券,报价或名义利率是 3.4%,未来 10 年通货膨胀率预期为 2.1%,因此实际利率为 1.3% = 3.4% − 2.1%。

[6]　在我们总结的等式(5-4)中,各组成部分之间存在明显的关系,然而这并不意味着它们是严格可加的。为了便于举例说明我们的讨论,我们现在假设这些因素是可加的。

5.4.1 报价或名义无风险利率

报价或名义无风险利率(r_{RF})是完全没有任何风险的证券的利率——不管市场条件如何,保证未来的收益。在真实的世界里找不到这样的证券,因此也看不到真正的无风险利率。但有一种证券可以避免大部分的风险,那就是美国政府发行的短期证券——国库券。

名义无风险利率由两部分构成:实际无风险利率 r^* 加上债券持有期内的预期平均通货膨胀溢价 IP,因此,等式(5-3)中的 $r_{RF} = r^* + IP$。

实际无风险利率(real risk-free rate of interest,r^*)定义为保证收益的证券(无风险证券)的利率(通货膨胀率为零)。在无通货膨胀的世界里,实际无风险利率是短期美国政府证券的利率。实际无风险利率随着经济条件而变化,尤其是:① 公司和其他借款人愿意对借入资金支付的投资收益率;② 储蓄者对目前与未来的消费时间偏好。准确衡量实际无风险利率是不容易的,但多数专家认为最近几年美国的实际无风险利率在2%—4%的范围内波动。

无论投资者如何投资,都会受到通货膨胀的影响。基于此,不管证券的风险如何,证券的最低收益必须包括由于在投资期内通货膨胀侵蚀预期购买力的补偿,因此,名义无风险利率包括投资者未来预期的平均通货膨胀率或者购买力损失。

5.4.2 通货膨胀溢价

由于通货膨胀侵蚀了货币的购买力,并降低了投资的实际收益率,因而通货膨胀对利率的影响很大。我们举例说明,假设你储蓄了1 000 美元并投资于利率为4.5%的1 年期定期存单,年底时你将收到1 045 美元——1 000 美元本金加上45 美元利息。假设在这1 年通货膨胀率是10%,且通货膨胀对所有商品的影响是同样的。如果年初每块比萨售价1 美元,年底其售价将涨到1.10 美元,年初你的1 000 美元可以买到1 000 美元/1 美元 =1 000 块比萨,但是到年底只能买到1 045 美元/1.10 美元 =950 块比萨,所以用实际条件(real terms)衡量,你变穷了——你收到的利息45 美元不足以冲销通货膨胀的不利影响。在这种情况下,你最好在年初购买1 000块冷冻比萨(或土地、木材、公寓、小麦、黄金等可以储备的资产),而不是投资于定期存单。

投资者都注意到了通货膨胀的影响,当他们借出钱时会考虑**通货膨胀溢价**(inflation premium,IP),这个溢价等于证券持有期内的预期平均通货膨胀率。因此,如果实际无风险利率 r^* 是3%,第2 年的预期通货膨胀是2%(IP =2%),那么1 年期国库券的名义利率是3% + 2% =5%。[7]

值得注意的是,加上利率的通货膨胀率是未来预期通货膨胀率,而不是过去经历的通货膨胀率。另外要注意的是,一项投资的名义利率所含的通货膨胀率,是该项投资投资期内的平均预期通货膨胀率。因而,加上1 年期债券的通货膨胀率,是未来1 年的平均预期通货膨胀率;加上30 年期债券的通货膨胀率,是未来30 年间的平均预期通货膨胀率。

---

[7] 在现实中,我们应该认识到实际无风险利率的购买力也受到通货膨胀的影响。因此,这样计算名义无风险利率更合适,即 $r_{RF} = (1 + r^*)(1 + IP) - 1$,这表示在我们的例题中正确的 $r_{RF} = (1.03) \times (1.02) - 1 = 0.050\,6 = 5.06\%$。额外的0.06%表示与实际无风险利率相关的名义利率的增加,这是为了保证投资者的财富实际增加3%。

通常,对未来通货膨胀率的预期与过去经历的通货膨胀率有密切的关系,因此,如果本月政府公布通货膨胀率上涨的消息,人们将调高他们对未来通货膨胀的预期,预期的变化会进一步推动利率上升。

5.4.3   违约风险溢价

借款人违反对其借款所作的约定(即不支付利息或不偿还本金)的风险,也会影响证券的市场利率,而且违约风险越大,资金供应者要求(需求)的利率越高。国库券没有违约风险,因为每个人都相信美国政府会按时偿还债务,所以在美国所有的应税证券中它们的利率通常是最低的。就公司债券而言,评级越高的债券(最高级别的债券是 AAA 级),违约风险越小,因此利率也越低。[⑧] 下表是 2011 年 1 月一些有代表性的 10 年期债券的利率。[⑨]

债务类型	风险大小	名义利率(r)	违约风险溢价($DRP = r - r_{T\text{-bond}}$)
国库券,$r_{T\text{-bond}}$	无违约风险	3.4%	—
AAA 级公司债券	违约风险高于国库券	5.1%	1.7%
BBB 级公司债券	违约风险高于 AAA 级公司债券	6.1%	2.7%
CCC 级公司债券	违约风险高于 BBB 级公司债券	14.4%	11.0%

假定这些债券的其他条款完全相同,那么它们利率不同的唯一原因就是它们的违约风险不同。相同期限、流动性和类似其他特点的国债与公司债券之间的利差就是**违约风险溢价**(default risk premium, DRP),因此,如果列在表中的债券的其他条件相同,违约风险溢价即 $DRP = r_{corporate\ bond} - r_{T\text{-bond}}$。违约风险溢价随着时间的推移而变化。表中的数据比正常水平稍高,这表明 2011 年年初投资者对金融市场的信心不足。

5.4.4   流动性溢价

流动性通常被定义为一项资产在短时间内变现的能力,且变现金额可以合理回收原来投资的金额。资产越容易以原来投资额的价格变现,其流动性越高。显然,不同的资产有不同程度的流动性,这取决于它们进行交易的市场的特点。例如,政府债券等金融资产在活跃的、有效率的二级市场中交易,而房地产市场就受到很大的制约(流动性较差)。此外,越接近到期日的资产也越容易以"好"价格变现。因此,金融资产通常比房地产的流动性高,而短期金融资产通常较长期金融资产的流动性高。

由于流动性很重要,投资者在确定证券的市场利率时要评估流动性并把**流动性溢价**(liquidity premium, LP)包括在内。虽然很难准确地衡量流动性溢价,但是如果其他条件相同(相同的违约风险和期限),流动性最低的资产和流动性最高的资产之间至少有 2 个或者 4—5 个百分点的利差。

---

⑧   第 2 章对债券评级和债券风险进行了详细介绍。这里只需知道 AAA 级债券的违约风险低于 BBB 级,而 BBB 级又低于 CCC 级。

⑨   资料来源:http://www.federalreserve.gov/releases/h15/data.htm 和 http://www.bloomberg.com。

5.4.5　到期风险溢价

当利率上升时,长期债券的价格大幅下跌。因为利率有时确实会上升,所有的长期债券——包括国债——都有利率风险(interest rate risk)。通常,任何组织发行的债券的利率风险都随着期限变长而变高。因此,计算利率必然包括**到期风险溢价**(maturity risk premium, MRP),而且到期期限越长,这一溢价越高。[⑩] 同其他溢价一样,这种溢价很难计算。但是很清楚的是:① 到期风险溢价随着时间的推移而变化,当利率变化加大或更不确定时,到期风险溢价上升;当利率更稳定时,到期风险溢价下降。② 20 年至 30 年长期债券的到期风险溢价在 1—2 个百分点的范围内波动。[⑪]

举例说明到期期限对债券价格的影响,考虑除了到期期限不同外其他方面完全相同的两项投资。它们都不必支付利息,只需要在到期时支付 1 000 美元。A 投资在 2 年内到期,B 投资在 10 年内到期。为了简化本例,我们假设到期风险溢价为 0,所以两项投资的回报率相同。下表反映了在利率分别为 10% 和 12% 时,两只债券的价格。[⑫]

投资项目	到期期限	利率为 10%	利率为 12%	价格变动	价格变动百分比
A	2 年	826.45 美元	797.19 美元	29.26 美元	3.5%
B	10 年	385.54 美元	321.97 美元	63.57 美元	16.5%

我们注意到,到期期限更长的项目,即投资项目 B 的价格变动和变动百分比都更大。这个简单的例子阐明了到期风险的一般概念,表明了投资者们为什么对到期期限长的投资要求更高的到期风险溢价。

虽然长期债券高度暴露在利率风险中,短期投资却更易受到**再投资风险**(reinvestment rate risk)的影响。当短期投资到期并将收益再投资或滚动投资时,利率下降必然造成再投资的利息收益下降。例如,假设你投资 100 000 美元于 1 年期国库券,并且每年年初都将你的钱进行再投资,你用这一投资产生的利息维持生活。1981 年的短期利率大约为 15%,所以你的投资大约产生 15 000 美元的利息收入。每年你都会根据当时的利率再投资这 100 000 美元,但 1983 年你的利息收入减到 9 000 美元;到 2003 年,大约有 1 300 美元,到 2011 年更低,大概只有 280 美元。如果当时(1981 年)你投资的是 30 年期债券,每年你将收到稳定的利息收入大约 13 000 美元。[⑬] 因此,虽然投资于短期可以保本,但是短期投资的利息收入却是逐年变动

[⑩]　例如,你在 1972 年购买了 1 000 美元的 30 年期国债,一直到 1981 年长期利率都保持 7%。如果 1981 年长期国债的利率为 14.5%,债券的价格就应该下跌到 514 美元,损失了近一半的投资。这说明任何长期债券,甚至是美国国债也有风险。但是,如果投资者在 1972 年购买了短期国债并在到期后每次都把本金重复投资,那么还会有 1 000 美元,关于这一点,将在第 10 章详细介绍。

[⑪]　在过去 65—70 年中,政府长期债券的到期风险溢价平均值是 1.5%—2.0%,所以到期风险溢价每年增加的平均值是 0.5—0.7。见 *Ibbotson SBBI Classic Yearbook*；*Market Result for Stock*，*Bonds*，*Bills*，*and Inflation 1926—2009*（Chicago：Morningstar，2010）。

[⑫]　价值通过货币时间价值方法(现值)计算,我们会在第 9 章对此进行讨论。

[⑬]　长期债券也有再投资风险。要真正获得长期债券的票面利率,就必须把利息收入以票面利率进行再投资。但如果利率下降,再投资收益必然下降,因而实现的收益就会低于票面利率。注意,长期债券的再投资风险低于短期债券,因为只有长期债券的利息收入(而不是利息加本金)才会有再投资风险。只有零息债券(第 2 章介绍过)才没有再投资风险。

的,取决于再投资时的收益率或利率。

自测题2

(答案见本章末附录5A)

假设 10 天期的短期国债收益率为 2.5%,5 年期的长期国债收益率为 3.5%,而 AME 发行的 6 年期债券的收益率为 5.5%。现在美联储宣布年度通货膨胀率在未来长时间内为 1%。到期期限长于 6 个月的所有债券都会产生相关的到期风险溢价。(a) 每年的到期风险溢价是多少?(b) 与 AME 债券相关的违约风险溢价是多少?(c) 实际无风险回报率是多少?假定以上提到的所有债券都是完全流动的,即没有流动性溢价。

5.5　利率期限结构

图 5-2 显示了在特定时期,如 2002—2004 年以及 2008—2009 年,短期利率低于长期利率,而其他时期,如 1980 年、1981 年和 2006 年,短期利率又高于长期利率。长短期利率的关系称为**利率期限结构**(term structure of interest rates),这对于公司的财务经理很重要,因为他必须决定发行长期债务还是短期债务;对投资者也很重要,因为他必须决定购买长期债券还是短期债券。因此,我们有必要了解:① 长短期利率的关系;② 是什么因素引起两者相对位置发生变化。

长短期利率的关系不断变化,通常取决于这些债券在特定时期的供求关系。例如,图 5-4 下端的表列出了三个不同日期的利率。根据某一给定日期的一组利率数据画出的图形(见图 5-4)称为那一时期的**收益曲线**(yield curve)。收益曲线反映了长短期利率在特定日期的简单关系,它的位置和斜率随着时间的推移而变动。例如,2006 年 11 月的长期利率稍低于短期利率,因此这一阶段的收益曲线是向下倾斜的(尽管并不十分明显)。而几个月之后的 2007 年 1 月,所有利率都略高一点,长期利率和短期利率大致相同,因而收益曲线基本上是一条水平线。2011 年 1 月,短期利率远低于长期利率,所以那一时期的收益曲线是向上倾斜的。[14]

历史上长期利率通常高于短期利率,因而收益曲线是正斜率,因此,人们通常将正斜率的收益曲线称为**正常收益曲线**(normal yield curve)。而负斜率的收益曲线不常见,人们称这种收益曲线为倒置的或**非正常收益曲线**(inverted, or abnormal yield curve)。所以,图 5-4 中 2006 年 11 月的收益曲线是倒置的,或不正常的,而 2011 年 1 月的收益曲线是正常的。下节将解释收益曲线形状的三种理论,并说明正斜率的收益曲线被认为是正常的原因。

---

[14]　在短期利率超过 16% 而长期利率大约是 12% 时,收益曲线在 1980 年 3 月呈现出相当显著的下降。在这次经济衰退期间,利率在几个月里保持在历史高位。

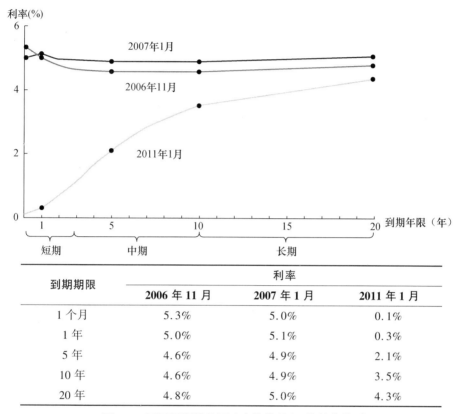

到期期限	利率		
	2006 年 11 月	**2007 年 1 月**	**2011 年 1 月**
1 个月	5.3%	5.0%	0.1%
1 年	5.0%	5.1%	0.3%
5 年	4.6%	4.9%	2.1%
10 年	4.6%	4.9%	3.5%
20 年	4.8%	5.0%	4.3%

图 5-4　不同日期的美国政府债券利率(收益曲线)

资料来源:Federal Reserve,http://www.federalreserve.gov.

5.6　收益曲线不同的原因

　　图 5-4 显示某一时点的收益曲线明显不同于另一时点的收益曲线。例如,2006 年的收益曲线是向下倾斜的,而 2011 年是向上倾斜的。前文提到利率包括无风险收益(实际无风险利率 r^* 和预期调整后的通货膨胀 IP)以及对投资者各种风险收益的风险溢价(违约风险溢价 DRP、流动性溢价 LP、到期风险溢价 MRP)。虽然实际无风险利率 r^* 会发生变化,但多数时候相对平稳。因而,是投资者对未来通货膨胀的预期或者对风险的态度变化使利率变动到不同的水平。由于投资者对风险的态度通常经过多年才有可能变化,通货膨胀预期就成为决定当前利率水平的一个重要因素,进而影响到收益曲线的形状。

　　为了说明通货膨胀对收益曲线的影响,我们研究美国政府债券的利率。首先,这些债券的收益率如下:

$$r_{\text{Treasury}} = r_{\text{RF}} + \text{MRP} = (r^* + \text{IP}) + \text{MRP} \tag{5-4}$$

除了没有包括违约风险溢价 DRP 和流动性溢价 LP,这个等式与等式(5-3)一样,原因是我们通常把政府债券视为具有流动性、不会违约的投资。因此,DRP = 0,LP = 0。由于政府债券的期限从几天到 30 年不等,因而包括到期风险溢价 MRP。给定其他条件不变,投资者通常偏好持有短期债券是由于短期债券相对于长期债券对利率变化反应不敏感,同时又提供更大的投资弹性,因而投资者通常愿意接受有较低收益率的短期债券,这样的偏好就导致较低的短期利率。而借款人通常偏好长期债务,因为短期债务让他们在不利条件下再融资的风险升高(如利率较高时),因此,借款人想要"锁定"长期资金,这就意味着在其他条件相同的情况下,借款人愿意对长期资金支付较高的利率,这样的偏好也导致较低的短期利率。因此,投资者和借款人双方面的偏好造成短期利率低于长期利率。综合考虑这两种偏好意味着,在正常条件下,存在正的到期风险溢价,且到期风险溢价随着到期年限的增加而增加,因而形成一条正斜率的收益曲线。经济学中支持这一结论的一般理论称为**流动性偏好理论**(liquidity preference theory)。这一理论认为,其他条件不变,由于 MRP > 0,且 MRP 随着到期期限的增加而增加,所以长期债券的收益比短期债券的高。

过去几十年,我们观察到政府债券的三种基本形态。图 5-4 显示了收益曲线的三种形态,即正常的、向上倾斜的和倒置的或向下倾斜的收益曲线。因此,尽管 MRP > 0 支持流动性偏好理论,但这一理论并没有完全解释收益曲线的形状。记住名义无风险收益率 r_{RF} 由两部分构成:通常被认为保持相对稳定的实际无风险利率 r^* 和调整后的投资者预期通货膨胀 IP。换句话说,$r_{RF} = r^* + IP$。对通货膨胀的预期随时间的推移而变化。但是包括在利率中的 IP 是可以预测的,原因在于 IP 等于投资期内(本例中的国库券)的预期通货膨胀的平均值。实际上,在预测未来的利率时,通常把收益曲线作为参考,原因是投资者和借款人根据未来利率的走势进行当前的决策。例如,在 2003 年和 2004 年利率处于如此之低的水平(45 年来的最低),大多数人认为利率未来会上升,而不会继续下降了。在此期间,很多房屋贷款人利用低利率对房屋贷款进行再融资而"锁定"低利率。而多数购买短期证券的投资者则希望未来利率上升,届时他们将"锁定"高利率。在 2008 年和 2009 年,利率再次低于正常水平时,投资者采取了相似的措施。然而,房价暴跌以及对金融市场的不确定性使投资者避免长期投资,造成了抵押贷款市场在这一时期的低迷。显然,金融市场的参与者——投资者和借款人——的预期对利率产生巨大影响。**预期理论**(expectations theory)主张收益曲线的形状取决于对未来通货膨胀的预期。更具体地说,当投资者预期会发生通货膨胀,进而利率上升时,收益曲线应向上倾斜,反之亦然。我们在下节说明如何利用预期理论来预测利率。

我们用两个简单的例子来考虑一下通货膨胀预期对利率的影响:① 预期未来通货膨胀率将上升;② 预期未来通货膨胀率将下降。假设实际无风险利率 r^* 为 2%,投资者要求 1 年期以上的债券在剩余期限内每年的溢价为 0.1%,最大价值为 1%。例如,如果国债的期限为 1 年,则 MRP = 0。但是,如果国债的期限为 5 年,则 MRP = 0.5% = 5 × 0.1%,10 年期或更长期的国债的 MRP = 1.0%,达到最大值。假设两种情形的通货膨胀预期如下表所示。

年份	通货膨胀率上升	通货膨胀率下降
1	1.0%	5.0%
2	1.8%	4.2%
3	2.0%	4.0%
4	2.4%	3.4%
5	2.8%	3.2%
5 年后	3.0%	2.4%

可以看出这两种情形并不相关,这是因为我们没有假设两种情况下的预期通货膨胀率可以同时存在,而不是由于它们相互排斥。

利用这一信息,我们可以计算任何期限的国债的利率。为了说明,考虑期限为 5 年的债券。对于通货膨胀预期上升的例子,债券的利率或者收益为 $4.5\% = 2\% + 2\% + 0.5\%$,因为 $r^* = 2\%$,$IP = 2\% = (1.0\% + 1.8\% + 2.0\% + 2.4\% + 2.8\%)/5$,$MRP = 0.5\% = 0.1\% \times 5$。应注意的是 IP 是在债券期限内预期通货膨胀 5 年的平均值。如果我们估计 10 年期债券,IP 就是在债券期限内预期通货膨胀 10 年的平均值($IP = 2.5\%$),而债券的 $MRP = 1\%$($= 0.1\% \times 10$);所以 $r = 2\% + 2.5\% + 1\% = 5.5\%$。

图 5-5 上方显示了两种通货膨胀下的收益曲线,下方的表是给出的收益。如图 5-5 所示,在通货膨胀预期上升时,收益曲线向上倾斜,反之亦然。不论在哪种情况下,经济学家通常都用收益曲线形成对未来经济的预期。例如,当通货膨胀处于高位、预期将下降的时候,如图 5-5 的 b 所示,收益曲线通常向下倾斜。多数情况下,向下倾斜的收益曲线预示未来经济将放缓。由于消费者预期未来价格下跌,他们将推迟消费;借款人认为未来利率下降,他们将等待借款;投资者为了获得当前的高利率,会对金融市场提供更多的资金。所有这些活动都导致当前时期的长期利率走低。

由于供求关系在某一特定期限与在其他期限内显著不同,故收益曲线在到期的某一特定时期内有时凸起有时下沉。在这种情况下,在影响期限范围内的债券利率有时高于期限风险,有时低于期限风险,致使收益曲线不平滑或不均匀。如果利率高,收益曲线就会凸起;如果利率低,收益曲线就会下沉。收益曲线的凸起和下沉是因为投资者与借款人在特定的时期里都有各自的期限偏好。例如,借钱购买长期资产如房屋的人或借钱建造发电厂的电力公司想要借入长期资金,而 9 月借钱进货准备圣诞节假期的零售商则偏好短期贷款。同样的差异也存在于不同的储蓄者。例如,存钱准备明年夏季度假的人想要投资(储蓄)于短期市场,而存钱准备 20 年后退休的人则偏好长期证券。

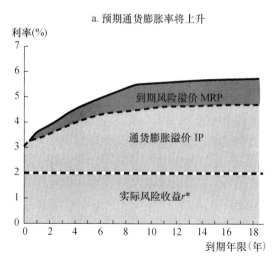

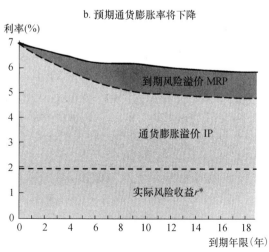

到期年限	预期通货膨胀率将上升			
	r^*	IP	MRP	收益
1 年	2.0%	1.0%	0.0%	3.0%
5 年	2.0%	2.0%	0.5%	4.5%
10 年	2.0%	2.5%	1.0%	5.5%
20 年	2.0%	2.8%	1.0%	5.8%

到期年限	预期通货膨胀率将下降			
	r^*	IP	MRP	收益
1 年	2.0%	5.0%	0.0%	7.0%
5 年	2.0%	4.0%	0.5%	6.5%
10 年	2.0%	3.2%	1.0%	6.2%
20 年	2.0%	2.8%	1.0%	5.8%

图 5-5　国债的收益曲线图示

注:通胀溢价是证券寿命期内预期通货膨胀率的平均值,因此,如果预期通货膨胀率将上升,那么 IP_{10} 可以通过如下等式计算:

$$IP_{10} = \frac{1.0\% + 1.8\% + 2.0\% + 2.4\% + 2.8\% + 3.0\% + 3.0\% + 3.0\% + 3.0\% + 3.0\%}{10} = 2.5\%$$

根据经济学家发展的**市场分割理论**(market segmentation theory),收益曲线的斜率取决于长期市场和短期市场的供求关系。因而,在任何特定时间,收益曲线可能是水平线的、向上倾斜的或向下倾斜的,因此看起来就会凸起或下沉。当一个市场的资金供给小于需求时,这个市场的利率与其他市场相比将更高,反之亦然。图 5-4 中,1 年期的债券在 2007 年 1 月的收益曲线轻微凸起,表明 1 年期贷款的供给小于需求,即相对而言,比起更长期限的贷款,借款人需要更多的 1 年期贷款,或者仅有较少的投资者进行 1 年期投资,所以短期资金的供给相对较少,或者同时存在这两种情形。

在本节,我们举了国债的例子来说明与收益曲线形状相关的概念。这些概念同样适用于公司债券。在公司债券的分析中,我们要确定违约风险溢价 DRP 和流动性溢价 LP。也就是说,公司债券的利率风险可以通过等式(5-5)来求出:

$$收益率 = r = r_{RF} + RP = (r^* + IP) + (DRP + LP + MRP) \tag{5-5}$$

对于公司债券来说,$DRP > 0$,$LP > 0$,这意味着公司债券的利率大于国债的利率,因为对于国债来说,$DRP = 0$,$LP = 0$。两种债券的名义无风险利率相等,即 $r_{RF} = r^* + IP$。但是,公司债券有违约风险、流动性风险和到期风险,因而公司债券风险溢价(MRP + DRP + LP)大于国债风险溢价(MRP),即 $RP_{Corporate} > RP_{Treasury}$。因此,如果我们画出某一公司(如沃尔玛或通用汽车)的收益曲线,那么这条曲线将高于国债的收益曲线,而且风险越大的公司其收益曲线越高。例如,沃尔玛的收益曲线将低于通用汽车的收益曲线,这是因为在写本书时通用汽车正面临财务危机,其风险被认为高于沃尔玛的风险。沃尔玛的股票被评级为投资级,这就是说其违约风险较低,而通用汽车的股票会被认为是"垃圾"债券,也就是意味着其拥有较高的违约风险。需要注意的是,尽管在写本书时通用汽车的股票会被认为是"垃圾"债券,但在你阅读本书时,情况可能就不同了。

图 5-6 表明国债、AAA 级公司债券和 BBB 级公司债券于 2011 年 1 月的收益率曲线。该图阐述了不同风险债券收益率的关系。切记,BBB 级公司债券的风险要比 AAA 级公司债券的风险高,同时它们的风险比国债都要高。图 5-6 证明在图 5-3 中显示的风险/收益的关系在金融市场中是确实存在的,即投资者购买风险更高的投资时要求更高的回报,比如 $r_{BBB} > r_{AAA} > r_{Treasury}$。在图 5-6 中,BBB 级公司债券和 AAA 级公司债券收益率之间的差距比正常情况下更大,由于在 2011 年年初投资者的信息不足,这导致许多投资者避免高风险的债券投资。

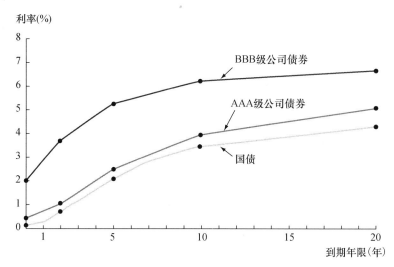

到期年限	2011 年 1 月的利率		
	国债	AAA 级公司债券	BBB 级公司债券
1 个月	0.1%	0.4%	1.9%
2 年	0.7%	1.0%	3.6%
5 年	2.1%	2.5%	5.2%
10 年	3.5%	4.0%	6.2%
20 年	4.3%	5.1%	6.7%

图 5-6　国债的收益曲线图示

资料来源:Federal Reserve, http://www. federalreserve. gov; Yahoo! Finance, http://finance. yahoo. com/bonds/composite_bond_rates;and Zions Direct, http://www. zionsbank. com/.

⟨⟨⟩⟩ 自测题 3

(答案见本章末附录 5A)

　　假设现在是 2012 年 1 月 1 日,2012 年的预期通货膨胀率为 2%。投资者预期 2013 年的通货膨胀率为 3%,2014 年为 5%,2015 年为 6%。当前的实际无风险利率 r^* 为 3%。假定 5 年期或到期期限低于 5 年的债券不存在到期风险溢价。当前 5 年期的国债利率为 8%。(a)4 年期国债的现行利率是多少? (b)给定债券在 2015 年的收益率为 8%,那么 2016 年隐含的预期通货膨胀率是多少? 2015 年的呢?

5.7　收益曲线预示未来的利率走势了吗

前面提到,预期理论认为收益曲线的形状取决于对未来通货膨胀率的预期,还提及利率变化的主要原因是金融市场的参与者对未来通货膨胀的预期发生变化。如果确实如此的话,我们能用收益曲线来预测未来的利率吗? 本节我们通过研究政府债券来说明如何利用收益曲线进行利率预测。由于在现实世界中有很多因素影响利率,用来预测利率的模型非常复杂并且不准确,因此,本部分的讨论相当简练:侧重于分析而不是验证收益曲线对于预测利率很重要。

尽管我们知道政府债券有到期风险,但是为了简便起见,我们假设这些债券没有到期风险。如果 MRP = 0,那么不论期限如何,所有政府债券的风险都是一样的,无论投资者还是借款人对特定期限的债券有没有偏好,因为所有债券是可以互换的。换句话说,如果一个人想进行 5 年的投资,那么他就不会考虑是投资于一个 5 年期的国债还是连续 5 年投资于 1 年期的国债。不同政府债券之间应该是完全可替代的,这样投资者在投资一个 5 年期国债和 5 个1 年期国债时获得的收益是相同的。这么做的原因是 5 年期国债是 5 个 1 年期国债收益的平均值。[15]

现在举例说明,假设 2012 年 1 月 3 日实际无风险利率 r^* 为 3%,而未来 3 年的预期通货膨胀率如下表所示。[16]

年份	预期年通货膨胀率(1 年)	从 2012 年 1 月 3 日到指定年份的 12 月 31 日平均预期通货膨胀率
2012	2.0%	$IP_1 = 2\%/1 = 2.0\%$
2013	4.0%	$IP_2 = (2\% + 4\%)/2 = 3.0\%$
2014	6.0%	$IP_3 = (2\% + 4\% + 6\%)/3 = 4.0\%$

给定预期,存在下表的利率模式:

债券种类	实际无风险利率(r^*)		通货膨胀溢价:平均预期通货膨胀率(IP_t)		债券名义利率(r_{RF})
1 年期债券	3.0%	+	2.0%	=	5.0%
2 年期债券	3.0%	+	3.0%	=	6.0%
3 年期债券	3.0%	+	4.0%	=	7.0%

如果利用上表这些假设的债券的利率画出收益曲线,这条曲线应该是正斜率,类似于图

---

[15]　在讨论中,我们不考虑税收和交易成本,如购买投资相关的佣金和其他费用。
[16]　本例中我们计算的是数学平均值,从技术上讲,应该使用几何平均值,但是在本例中它们的差异甚微。本书后面将讨论计算问题。

5-4 中 2011 年 1 月的收益曲线。如果预期通货膨胀率的形态反过来,即未来 3 年的预期通货膨胀率从 6% 降到 2% ,就会出现下表所示的情况。

年份	预期年通货膨胀率(1 年)	从 2012 年 1 月 3 日到指定年份的 12 月 31 日平均预期通货膨胀率
2012	6.0%	$IP_1 = 6\%/1 = 6.0\%$
2013	4.0%	$IP_2 = (6\% + 4\%)/2 = 5.0\%$
2014	2.0%	$IP_3 = (2\% + 4\% + 6\%)/3 = 4.0\%$

给定预期,存在下表的利率模式:

债券种类	实际无风险利率(r^*)		通货膨胀溢价:平均 预期通货膨胀率(IP_t)		债券名义利率(r_{RF})
1 年期债券	3.0%	+	6.0%	=	9.0%
2 年期债券	3.0%	+	5.0%	=	8.0%
3 年期债券	3.0%	+	4.0%	=	7.0%

在这种情况下,利率模式产生倒置的收益曲线,就像图 5-4 中 2006 年 11 月的收益曲线那样。如同你看到的,任何时候当预期未来几年的通货膨胀率逐年下降时,根据预期理论,收益曲线必然是负斜率(倒置形状);反之则为正斜率。

我们可以通过研究不同期限的债券的收益来预测每年的利率。例如,如果《华尔街日报》报道 1 年期国债的收益率为 5% ,2 年期国债的收益率为 6% ,由于任何债券的收益为期限内的年利率的平均值,我们知道在这种情况下存在等式(5-6)所示的关系。

$$2 \text{ 年期债券的收益率} = \frac{\text{第 1 年的利率} + \text{第 2 年的利率}}{2} = \frac{\hat{R}_1 + \hat{R}_2}{2} \qquad (5\text{-}6)$$

这里,$\hat{R}_1$ 是第 1 年的预期利率,$\hat{R}_2$ 是第 2 年的预期利率。代入已知信息,得

$$6\% = \frac{5\% + \hat{R}_2}{2}$$

解 $\hat{R}_2$,得到

$$5\% + \hat{R}_2 = 6\% \times 2 = 12\% \text{ ,因而 } \hat{R}_2 = 12\% - 5\% = 7\%$$

因此,如果今天是 2012 年 1 月 3 日,根据这个例子,投资者将预期 2012 年的利率为 5% ,2013 年为 7% 。如果确实如此,那么未来两年的平均收益为 6% = (5% + 7%)/2。你会看到,当未来利率预期上升时,收益曲线向上倾斜,原因是在计算时包括了以后年份的高利率,平均收益率增加。

这一信息还可以用来确定预期通货膨胀率。在本例中,利率包括不变的实际无风险利率 r^* 和调整过的通货膨胀率 IP。因此,要确定每年的预期通货膨胀率,我们需从当年预期的名义利率中减去 r^* 。记住,我们假设实际无风险利率 r^* 为 3% 。因此,在本例中,2012 年投资

者预期通货膨胀率为 2% =5% -3% ,2013 年为 4% =7% -3%。结果与以前给出的预期通货膨胀率一样。

5.8　影响利率水平的其他因素

除了前面讨论的因素外,还有四个重要的因素也会影响利率水平和收益曲线的形状,包括美联储政策、联邦赤字、国际贸易(对外贸易平衡)和商业活动。

5.8.1　美联储政策

你在经济学课程里可能学过两个重要的观点:① 货币供给对经济活动和通货膨胀有重大影响;② 在美国,美联储控制货币供给。如果美联储想要控制过快的经济增长,它将放缓货币供给,这样做的目的是抬高利率,稳定通货膨胀率;如果美联储放松货币供给,将产生相反的效果。

美联储用来管理货币供给的最重要的工具是**公开市场操作**(open market operations),包括通过买入卖出国库券来改变银行储备金。当美联储准备增加货币供给时,它会向与美联储建立了交易关系的一级交易商(primary dealer)购买政府债券,美联储向一级交易商的银行账户支付证券款项,这样可以增加一级交易商的银行存款余额,这反过来又增加了整个银行系统的余额。银行出借结余资金,从而增加了货币供给。在限定的范围内,美联储通过持续不断的“正常的”的公开市场操作来维持经济活动,其公开市场战略通过向比正常情况下更频繁的买入卖出转变来更充分地适应市场的变化。

在美联储积极干预市场期间,收益曲线将被扭曲。如果美联储放松信用,短期利率将被暂时调得过低;如果美联储收紧信用,短期利率将被暂时调得过高。美联储的干预对长期利率的影响就不像短期利率那么大。

5.8.2　联邦赤字

如果联邦政府的支出大于税收收入,就会出现预算赤字,而要弥补赤字则必须借款或印刷钞票。如果政府借款,增加的资金需求将推动利率上升;如果政府印刷钞票,就会增加人们对通货膨胀的预期,同样会导致利率上升。因此,其他条件不变,联邦赤字越大,利率也就越高。究竟是长期利率还是短期利率受到的影响较大,主要取决于赤字的融资方式。因此,我们无法对赤字如何影响收益曲线斜率的问题给出一般的结论。

5.8.3　国际贸易(对外贸易平衡)

美国企业和个人从国外购买产品,同时也将产品卖到国外。如果美国人购入的产品价值大于他们卖出的产品价值(即美国的进口额大于出口额),美国就会产生贸易赤字。出现贸易赤字时,必须通过融资加以解决,而为赤字融资的主要来源是债务[17],因而贸易赤字越大,美国

---

⑰　通过出售资产,包括黄金、公司股票、整个公司和房地产等,也能弥补赤字。美国政府曾采取过所有这些方法为其巨额贸易赤字融资,但主要的方法还是借款。

的债务也就越多。一个国家的借款增加,推动利率上升,而且只有在债务的利率与其他国家的利率相比具有竞争力时,其他国家才愿意持有美国的债务。因此,如果美联储想要降低美国利率,使美国利率低于其他国家的水平,其他国家就会出售美国债券,导致债券价格下跌,引起美国利率上升。因此,贸易赤字的存在阻碍美联储通过降息对抗经济衰退。

　　从 20 世纪 70 年代中期以来,美国一直存在贸易赤字,这些赤字的累积使美国成为世界上债务最多的国家,美国利率受其他国家利率走势的影响很大(国外高利率导致美国高利率),因此,美国公司的财务经理和每个受到利率影响的人都必须密切关注世界经济的发展。

　　我们更早地意识到,当利率在一个市场上上升时,投资者倾向于从其他市场抽出资金投向利率上升的市场以追逐更高的利率,从这种意义上来说,美国的金融市场是相互影响的。例如,当债券市场的利率增长很快时,投资者通常会卖出他们的股票来投资债券获得收益。当然,借款人和其他资金使用者会表现得不同,因为他们希望使用更低成本的资金,例如上述的股票。很明显,这种行为会同时影响到这两个市场:多余的资金投入,更少的资金需求,会使债券市场降低债券的利率,而股票市场资金的减少又会导致股票利率的上升。国际金融市场也同样是这样相互依存的,即如果一个国家的利率比其他国家的高,在寻求借款时,企业会避开高利率国家,而投资者则会转向高利率国家。因此,无论是国内市场还是国际市场,当利率没有"合理分布"时,投资者和借款人就会采取行动重新调整利率。

5.8.4　经济活动

　　经济状况对利率的影响非常明显,我们可以通过图 5-2 来观察经济活动如何影响利率。

　　(1) 在通货膨胀率上升阶段,利率的一般趋势是持续上升。

　　(2) 在经济衰退期间,货币需求和通货膨胀率都呈现下滑的趋势,同时美联储增加货币供给刺激经济,因此,在衰退期间利率通常下降。

　　(3) 当美国经济呈现扩张的迹象时,美联储主要是提高利率以抑制经济过度扩张,并控制未来增长以避免高通货膨胀。

　　(4) 衰退时期,短期利率比长期利率下降得快,原因有两个:一是美联储主要在短期市场操作,所以其干预在短期市场效果最明显。二是长期利率反映未来 20—30 年的平均预期通货膨胀率,尽管目前通货膨胀率因衰退而下降,但是这种长期预期通常不会有很大的改变。

5.9　利率水平和股价

　　利率对公司利润有两个方面的影响:一是因为利息是公司的资金成本,其他条件不变,利率越高,公司利润越低;二是利率影响经济活动,经济活动又影响公司利润。利率通过对公司利润的影响显然会影响股价。更重要的是,利率通过股票市场和债券市场的竞争影响股价。如果利率大幅上升,投资者在债券市场可以获得更高的收益,就会抛出股票,并把资金从股票市场转移到债券市场,由于利率上升而大量抛售股票的行为将造成股价下挫。当然,利率下滑就会产生相反的效果。实际上,2002 年 10 月道·琼斯工业平均指数大涨 11%,完全是由于在之前几个月长期利率大幅下跌引起的。而 2000 年的股市表现不佳,股价下挫,至少在一定程度上是由利率上涨引起的。

不过,当利率下降时,股票市场通常是"火爆"投资。20世纪90年代,债券市场的利率维持在相当低或中等的水平,而股票市场却屡创历史新高。2004年,为了防止经济增长过快和通货膨胀率的大幅上升,美联储开始提高利率;2006年7月,为了抑制通货膨胀的压力,美联储继续提高利率。遗憾的是,从2007年年底到2009年中期,美国经济跌入了长达18个月的衰退期。在2011年我们写这本书时,无论是消费者还是投资者都对未来经济持不确定态度。有些因素,如零售额和制造业的出口增加,表明了经济的复苏,但是其他因素,如高失业率和低利率却显示经济仍然停滞不前。股票市场在这一阶段表现不稳定,时而上涨时而下跌。

5.10　作为价值决定因素的货币成本

本章讨论了决定货币成本的一些因素。在大多数情况下,这些因素也同样影响其他收益率,包括股票收益和其他投资收益。在第1章我们注意到,一项资产的价值是该资产未来产生的现金流和投资者愿意提供资金购买该项投资要求收益率的函数。我们知道,很多因素,包括经济和金融市场的条件,会影响到期望现金流的确定以及人们在投资时要求的利率;因此,确定资产价值的过程相当复杂。通常来说,当货币成本上升时,资产的价值就会下降。让我们用一个简单的例子来说明这一结论。假设一项投资可以持续每年为你带来100美元的现金流。如果你想从该项投资中获得10%的收益率,那么你将愿意支付1 000美元(= 100美元/0.10)购买它。如果你觉得12.5%的收益率比10%更合适,那么你会愿意为这项投资支付多少?因为每年从该投资中获得的收益没有变化,为了获得12.5%的收益率,那么为每年得到100美元你愿意支付的肯定低于1 000美元。为了得到更高的收益率,你将只愿意支付800美元,因为100美元是800美元的12.5%,即100美元 = 0.125 × 800美元。

就像你看到的,货币成本,即利率(收益率),影响投资的价格。事实上,利率的变化对股票和债券的价格有很大的影响。一般来说,当金融市场的利率上升时,金融资产的价格(价值)就会下降。在本书之后的部分,我们还会讨论股票和债券的估值,这会让你对这一基本估值概念有更好的理解。

道德困境
ETHICAL DILEMMA

不公布利率:是骗子吗

Skip刚刚毕业于一所大学的工商管理专业。在上大学时,Skip欠下了包括助学贷款、信用卡借款、银行贷款等在内的大笔债务。由于他现在有一份报酬很不错的工作,因此他希望能清偿债务以提高自己的信誉,这样当他在几年后准备购买房子时可以申请住房贷款。

因此,在与理财规划师谈过之后,Skip决定将自己的债务合并为一项单一债务。合并可以帮助他更好地管理自己的还款活动,同时,还可以降低他的还款利率。这产生了一些效果,但是Skip还可以找到愿意为他提供这种类型贷款的金融机构。Syndicated是为风险较高的借款人提供贷款的专业性新型公司,它似乎正适合 Skip。Syndicated 的很多业务是通过网络完成的。尽管公司在自己的网站上给出了 Syndicated 提供贷款的相关信息,但是网站上并没有很多关于利率、申请费用以及其他为获取贷款需要支付费用的信息。当 Skip 在 Syndicated 的网站上点击"利率"时,就会出来"直接与公司联系"的提示。在几次尝试后,Skip 才与 Syndicated 的一位"真人"对话。在他问到为什么无法在网站上获得更多信息时,公司员工回答说,公司决定不公布利率是因为经理们认为公布低利率会诱使顾客相信很多借款者没有申请贷款的资格,而这是不公平的。换句话说,经理们认为像其竞争对手那样使用"偷梁换柱"的策略是不道德的。公司员工大致说明了 Syndicated 申请贷款的基本信息,但她不会告诉 Skip 利率,因为公司规定直到全面的信用检查完成时才能告知其利率。因此,若想知道利率报价,Skip 必须填写并提交贷款申请表,而且他必须支付 100 美元的申请费和信用检查费。

Skip 认为在决定申请贷款前,他必须了解更多关于 Syndicated 的信息,所以他向周围的人咨询,又在网络上搜索论坛和顾客意见等。虽然收集到的信息大部分是积极的,但也有很多人抱怨 Syndicated 在没有通知的情况下改变利率,是一个"阴险"的机构,而且不是一个对顾客友好的公司。与 Skip 之前讨论过的一些人认为 Syndicated 是一个不道德的"放高利贷者",因为公司知道顾客不能从当地其他任何金融机构借到资金,因此它在贷款协议中突然加息或作出其他变化。现在 Skip 正在犹豫从 Syndicated 申请一笔合并贷款是不是明智的,尽管这似乎可以提高他的信用评级并降低还款利率。Skip 会怎么做呢？Syndicated 是不是不道德的贷款行为？Syndicated 指控的其他机构使用的"偷梁换柱"的行为是不是不道德的？[18] 利率是否应该在公司网站上公布？

▦ 本章要点总结

本章重要概念

为了总结,我们把本章讨论的关键概念与本章开始的学习目标联系起来。

● 货币成本由利率表示,它取决于:① 借款人在投资时期望获得的收益率;② 储蓄者更愿意在当前消费而不是延迟到未来某一时期;③ 与投资和贷款相关的风险;④ 预期通货膨胀率。

● 一般来说,一项投资的收益率或一笔贷款的利率,包括延迟到未来某一时期消费的最低还款额(称为无风险收益率 r_{RF}),以及与投资或贷款相关的风险补偿 RP(称为风险溢价)。风险包括违约风险、流动性风险等。

投资者获得的收益率(回报率)由两部分组成:① 金融资产发行者支付的收益;② 金融市场中金融资产价值的变化。

---

⑱　公司在广告商品时不打算实现其价格承诺,会使用"偷梁换柱"的手段,而不是打算以更高的价格出售相同的产品或其他东西。

- 在很多情况下,长期利率都高于短期利率,表明债券收益率随到期期限变化而变化,收益曲线是向上倾斜的。然而在少数情况下,当长期利率低于短期利率时,收益曲线也会反转,即向下倾斜。倒置的收益曲线通常在经济衰退期出现。

根据不同到期期限的债券之间的利率关系可以预测未来利率。例如,一个向上倾斜的收益曲线可能预示着未来利率上升,反之亦然。

- 任何情况下,当政府需要高于正常的资金来应对支出赤字、贸易逆差或其他活动时,利率一般就会上升。类似地,当企业为支撑运营或财务增长而增加对资金的需求时,利率也会上升;反之亦然。

- 任何情况下,当利率(收益率)上升时,投资的价格(价值)就会下降。换句话说,投资者希望获得的回报越高,他们愿意为该投资支付的价格就越低。

个人理财相关知识

相对于其他人没有一点专业知识,如果你对利率有基本的了解而且能很好地规划,那么你可能会:① 以较低的借款成本购买房子、汽车或其他通常需要贷款购买的高价物品;② 在投资时提高平均回报率。如果你对利率在金融市场中的角色有基本的了解,考虑一下在投资和借款时如何作出更好的决策。例如,如果你预测或感觉到利率在将来会变化的方向,你就能对什么时候投资长期(短期)债券和什么时候借入长期(短期)贷款作出明智的决定。

假设你认为在未来的 12—18 个月内,利率会上升。你的投资策略或借款策略是怎样的?本章提出的一些概念将如何帮助你在个人理财中作出决策?

- 如果你考虑在最近购买房子,而且你认为利率会大幅上涨,那么现在购买要比利率上升后再买更好。如果你现在购买,抵押贷款利率会比你等到利率更高时更低。换句话说,如果你需要一笔超过 12—18 个月的贷款,你应该借入长期贷款来"锁定"今天的低利率。

- 同样的情况下,如果你现在想投资,那么你不会想通过投资长期证券来"锁定"今天的低利率。相反,你应该投资短期证券,直到等到利率上升,"锁定"更高的利率。

- 通过对利率的简单讨论,你应该意识到如果你投资"高风险"的证券,会比投资"安全"证券获得更高的收益率;同样,当你承担更大的风险时,你也会损失更多。另外,你可以通过采取措施降低个人信用风险来降低贷款利率。投资者、借款机构在投资或借款给信用风险高的人时收取更高的利率。我们在第 11 章会更详细地讨论风险和收益。

思考题

5-1 为什么投资收益包括发行者支付的收益和投资价值的变动?

5-2 假设相同风险的房地产抵押贷款的利率在加州是 8%,在纽约是 10%。

a. 两者之间的差距能持续下去吗?什么因素可能让两地的利率趋于相同?

b. 加州和纽约两地相同风险的企业借款成本存在差异的可能性是大于还是小于住房抵押贷款利率的差异?如果加州和纽约用于比较的企业是很大或很小的企业,那么企业借款成本的差异是否更有可能存在?

c. 金融机构成为巨型银行并在全国设立分行的

趋势有何意义?

5-3　哪种利率波动性较大,长期还是短期? 为什么?

5-4　假设用海水制造石油的新技术被开发出来。这种设备非常昂贵,但是很快会造成汽油、电力和其他能源价格下跌。这项新技术的开发对利率有什么影响?

5-5　假设人民选出高度自由主义的新国会和新政府。它们的第一项举措是取消美国联邦储备体系的独立性,并要求美联储大幅扩大货币供给。这种调整对收益曲线的水平和斜率在以下情况下各有什么影响?

a. 这项决定立刻宣布时。

b. 未来两三年内。

5-6　假设欧洲利率上扬引起美国长期国债的利率由5%上升到10%,这种调整对公司的股价有什么影响?

5-7　美联储在美国怎样改变货币供给? 美联储会采取什么措施提高利率? 又怎么降低利率?

5-8　利率的变化是怎么影响金融资产的价值的?

5-9　如果投资者预期利率在未来会上升,他是会选择短期投资还是长期投资? 为什么?

5-10　对持有短期投资的人而言,他们更关心利率价格风险还是再投资利率风险? 为什么?

计算题

5-1　假设2012年1月1日,你刚刚卖出了一项投资并取得了12 500美元的收入。这项投资是4年前以10 500美元取得的,在持有期间你每年获得1 000美元的收益。那么你从这项投资上获得的4年的持有期收益率是多少?

5-2　1年前,Melissa以每股20美元的价格购买了50股普通股,在这1年里,股票价格下降到每股18美元。如果本年未支付股息,Melissa的这项投资的收益率是多少?

5-3　昨天Sanjay以每股45美元的价格卖出了1 000股股票,这些股票是2年前他以每股50美元的价格购买的。在Sanjay持有股票期间,每3个月他获得每股0.5美元的季度股息。总共获得了8个季度股息。

a. 在Sanjay持有股票的2年期间,他获得的收益率是多少?

b. 如果1年前每股股价为45美元,Sanjay持有该股票期间,每年获得的收益率是多少?

5-4　假设2年期国债的年收益率为7.5%,1年期债券的收益率为5%,r^*为3%,到期风险溢价为0。

a. 根据预期理论,预测1年期债券在第2年的利率。

b. 第1年的预期通货膨胀率是多少? 第2年呢?

5-5　假设实际无风险利率为4%,到期风险溢

价为0。如果1年期名义利率为11%,在相同条件下的2年期债券的利率为13%,那么1年期债券在第2年的利率是多少? 第2年的预期通货膨胀率是多少? 为什么2年内的平均利率不同于1年期债券在第2年的预期利率?

5-6　未来1年的通货膨胀率预期为3%,在第2年及之后通货膨胀率将超过3%并在一定程度上保持不变。假设对于所有期限的债券,实际的无风险利率r^*为2%且预期理论充分解释了收益曲线,所以不存在到期风险溢价。如果3年期国债的收益率比1年期债券高2%,第1年后的通货膨胀率预期为多少?

5-7　目前,1年期国债的利率为2.2%,2年期国债的利率为3.0%,3年期国债的利率为3.6%。这些债券被认为是无风险的,所以这里给出的利率为无风险利率(r_{RF})。1年期债券从今天开始1年后到期,2年期债券从今天开始2年后到期,以此类推。3年里所有的实际无风险利率都为2%。根据预期理论,计算出下一年的预期通货膨胀率,即第2年的。

5-8　假设经济学家已经确定了实际的无风险利率为3%,在未来很长时间内预期的平均通货膨胀率为2.5%。1年期国债提供的收益率为5.6%。你正在评估两家公司的债券:① 债券A的收益率r_A为8%;② 债券B的收益率r_B为7.5%。除了到期

期限——债券 A 10 年内到期,债券 B 5 年内到期,它们的其他条件都是相同的。你确定这两只债券都是流动的,即它们都没有流动性溢价。假设对于 1 年期或更长期限的债券存在相同的到期风险溢价,计算出到期风险溢价。与公司债券相关的违约风险溢价又是多少?

5-9 今天是 2012 年 1 月 1 日,根据最近的调查结果,投资者预期 2015—2017 年的年利率为:

年份	年利率
2015	5.0%
2016	4.0%
2017	3.0%

这里给出的利率包括无风险利率 r_{RF} 和适当的风险溢价。今天,一个 3 年期债券,即一个 2014 年 12 月 31 日到期的债券,利率为 6%,那么在 2015 年、2016 年和 2017 年年底到期的债券的到期收益率是多少?

5-10 假设今天是 2012 年 1 月 3 日,投资者预期 2016 年、2017 年每年的无风险利率为:

年份	年利率
2016	4.5%
2017	2.3%

目前,于 2015 年 12 月 31 日到期的 4 年期国债的利率为 2.5%。那么于 2016 年年底到期的 5 年期国债和于 2017 年年底到期的 6 年期国债的到期收益率是多少? 假定所有的债券都是无风险的。

5-11 假设国债目前的利率如下:

到期期限	收益率
1 年	5.0%
2 年	5.5%
3 年	6.0%
4 年	6.5%

根据预期理论,计算出从现在起各 1 年期证券的利率(收益率)。从今天起,2 年后和 3 年后的利率各是多少?

5-12 下面是部分国债的利率:

到期期限	利率
5 年	3.1%
6 年	2.9%
7 年	2.6%

根据预期理论,计算出:(a) 第 6 年的年利率;(b) 第 7 年的年利率。也就是计算出第 6 年的预期利率和第 7 年的预期利率。

5-13 假设你和多数投资者预期明年的通货膨胀率是 7%,后年通货膨胀率下降到 5%,然后就保持 3% 不变。假设实际无风险利率 r^* 是 2%,而且政府债券的期限风险溢价从短期债券(那些在几天内到期的债券)的 0 逐年增加 0.2 个百分点,但最高增加到 1.0 个百分点,即 5 年期或更长期限债券的期限风险溢价都是 1.0%。

a. 计算 1 年、2 年、3 年、4 年、5 年、10 年、20 年期政府债券的利率,并画出收益曲线的图形。

b. 假设 IBM 是 AAA 级公司,发行与国债相同期限的债券,在债券收益曲线的图形中画出 IBM 的收益曲线。(提示:想一想 IBM 长期债券和短期债券的违约风险溢价。)

c. 画出高风险的核能电厂——长岛照明公司的收益曲线。

5-14 假设实际无风险利率 r^* 为 3%,而且在未来很长一段时间内保持不变。同样也假设政府债券的到期风险溢价从短期债券(1 年内到期)的 0 逐年增加 0.2 个百分点,但最高增加到 2.0 个百分点,即 2 年期债券的到期风险溢价为 0.2%,3 年期债券为 0.4%,以此类推。下面是未来 5 年的预期通货膨胀率:

年份	通货膨胀率
2012	3.0%
2013	5.0%
2014	4.0%
2015	8.0%
2016	3.0%

a. 1 年、2 年、3 年、4 年、5 年期债券的预期平均通货膨胀率各是多少?

b. 1 年、2 年、3 年、4 年、5 年期债券的到期风险溢价各是多少?

c. 计算 1 年、2 年、3 年、4 年、5 年期债券的利率。

d. 如果 2016 年以后的预期通货膨胀率为 2%，那么 10 年期和 20 年期的债券利率分别是多少？

e. 根据第 c、d 题计算的利率画出收益曲线。

5-15 假设今天《华尔街日报》公布 30 天到期的政府债券收益率为 3.5%，10 年期政府债券的收益率为 6.5%，Nextel 通信发行的 6 年期债券的收益率为 7.5%。同时，今天美联储公布未来 12 个月的通货膨胀率为 2.0%，到期期限为 1 年或更长时间的所有债券都存在到期风险溢价。

a. 假设到期风险溢价每年以相同的比率增长，总到期风险溢价与 10 年或更长期限的债券相等，也就是说，到期风险溢价最高增加到 10 年或更长期限债券的水平。那么每年的到期风险溢价是多少？

b. 与 Nextel 债券相关的违约风险溢价是多少？

c. 实际的无风险收益率是多少？

5-16 Zephyr Ballons 公司的债券目前市价为 1 080 美元，这种债券每年支付利息 120 美元。

a. 如果你买入这种债券且其价格一年未变，当你在年底把债券卖掉时，你投资的总货币收益为多少？计算这一年的收益率。

b. 如果一年间债券价格上涨到 1 100 美元，当你在年底把债券卖掉时，你投资的总货币收益为多少？计算这一年的收益率。

c. 如果一年间债券价格下跌到 1 000 美元，当你在年底把债券卖掉时，你投资的总货币收益为多少？计算这一年的收益率。

5-17 下表是刊登在 2011 年 1 月 28 日《华尔街日报》上的政府债券的收益率：

期间	利率
6 个月	0.17%
1 年	0.26%
2 年	0.60%
3 年	1.01%
5 年	1.98%
7 年	2.72%
10 年	3.40%
20 年	4.29%
30 年	4.57%

根据这些数据画出收益曲线，并讨论每种期限结构理论是如何解释你画出的收益曲线的斜率的。

5-18 假设通货膨胀率为 2%，去年美联储采取了政策维持这一水平的通货膨胀。现在经济增长太快，专家预期未来 5 年的通货膨胀率将上升，假设下一年(第 1 年)的预期通货膨胀率是 4%，再下一年(第 2 年)是 5%，第 3 年是 7%，以后各年是 4%。

a. 第 1 年到第 5 年这五年的年平均预期通货膨胀率是多少？

b. 如果 5 年期债券的实际无风险收益率为 2%，那么这 5 年间名义利率的平均值是多少？

c. 假设实际无风险利率是 2%，到期风险溢价从 0.1% 开始，然后每年增加 0.1%，估算 1 年、2 年、5 年、10 年、20 年后到期的债券现在的利率是多少，并利用这些数据画出收益曲线。

d. 产生正斜率收益曲线的一般经济条件是什么？

e. 若投资者一致认为未来每年的通货膨胀率都为 5%(即通货膨胀率$_{第1年}$ = 通货膨胀率$_{第2年}$ = 5% = ⋯ = 通货膨胀率$_\infty$)，你认为收益曲线是什么形状？考虑影响这一曲线的所有因素。本题的答案是否让你对 c 部分中所画的收益曲线产生怀疑？

综合题

5-19 为了更好地理解市场因素如何影响她的投资，职业网球运动员 Michelle 在了解了第 4 章的综合性问题后提出了关于收益率和利率的问题，并希望得到解答。你的老板让你为 Michelle 回答以下问题：

a. 一项投资的货币收益与收益百分比或收益率的区别是什么？请演示收益率是如何计算出来的。

b. Michelle 提到她在一年前以每股 250 美元购买了一只股票，这只股票的现价为 240 美元。她知道她每股获得了 25 美元的股息，但不知道她这项投资的收益率是多少？请帮助 Michelle 计算出她投资的收益率。

c. 借款人必须支付的债务成本的价格是什么？股权成本的价格是什么？影响货币成本，也即一般利率水平的四个基本因素是什么？

d. 实际无风险利率 r^* 是多少？名义无风险利率 r_{RF} 是多少？这两个利率是怎么计算的？

e. 定义通货膨胀溢价 IP、违约风险溢价 DRP、流动性溢价 LP 以及到期风险溢价 MRP。在确定以下这些利率时,应包括哪些溢价:① 短期美国国债; ② 长期美国国债;③ 短期公司债券;④ 长期公司债券? 解释溢价是怎么随着时间和不同类型的债券变化而变化的。

f. 利率的期限结构是什么? 什么是收益曲线? 在任何给定的时间,与美国国债的收益曲线相比,对于给定的公司,如 IBM 或微软的收益曲线是什么样的? 画图来说明你的结论。

g. 一些理论已经解释了收益曲线的形状。其中主要的三种理论是:市场分割理论、流动性偏好理论、预期理论。请简单地描述每一种理论。经济学家认为哪一种是正确的?

h. 假设大部分投资者预期明年的通货膨胀率为 1%,接下来的一年为 3%,之后为 4%。实际无风险利率为 3%。1 年或 1 年内到期债券的到期风险溢价为 0,2 年债券的到期风险溢价为 0.1%;在此后的 20 年债券的到期风险溢价每年提高 0.1 个百分点,然后趋于稳定。1 年、10 年、20 年期政府债券的利率是多少? 根据这些数据画出收益曲线。你的收益曲线与三种利率期限理论一致吗?

计算机相关问题

利用电子表格,回答本部分的问题。

5-20 本题需要使用电子表格中的 C05 文件夹

a. 假设今天是 2012 年 1 月 1 日,未来 5 年的预期通货膨胀率如下:

年份	通货膨胀率
2012	8.0%
2013	6.0%
2014	4.0%
2015	3.0%
2016	5.0%

在 2017 年及之后,通货膨胀率预计为 3%。到期期限超过 6 个月的债券的到期风险溢价为每年 0.1%,最高不超过 2%。目前的实际无风险收益率

为 2.5%,且这一水平在未来长时间内保持不变。计算 1 年、2 年、3 年、4 年、5 年、10 年、20 年、30 年期政府债券的利率。(初始电子表格答案见计算题 5-13)

b. 讨论由 a 部分的答案得出的收益曲线。

c. 假设 1 年后,即现在是 2013 年 1 月 1 日,其他条件与第 a 题相同,再计算 1 年、2 年、3 年、4 年、5 年、10 年、20 年、30 年期政府债券的利率。2 年、3 年、4 年、5 年后呢?

d. 假设之前所给信息都不变,AAA 级公司债券的违约风险溢价为 1.5%,B 级公司债券的违约风险溢价为 4%。计算 AAA 级和 B 级 1 年、2 年、3 年、4 年、5 年、10 年、20 年、30 年期公司债券的利率。

附录 5A

(本章自测题答案)

1. 货币收益 = $100 \times (78 - 80) + 100 \times 5.12 = 312$(美元)

收益率(收益百分比) = $312/(100 \times 80) = 312/8\,000 = 3.9\%$

2. a. $r_{RF} = 2.5\%$;$r_{RF} + 5$ 年期的到期风险溢价 = 3.5%

5 年期的到期风险溢价 = $3.5\% - 2.5\% = 1.0\%$;每年的到期风险溢价 = $1.0\%/5 = 0.2\%$

b. $5.5\% = r_{RF} + MRP + DRP = 2.5\% + 0.2\% \times 6 + DRP$

$DRP = 5.5\% - 2.5\% - 1.2\% = 1.8\%$

c. $r_{RF} = 2.5\% = r^* + IP = r^* + 1.0\%$;$r^* = 2.5\% - 1.0\% = 1.5\%$

3. $IP_4 = (2\% + 3\% + 5\% + 6\%)/4 = 4\%$

a. 4 年期国债:$r_{RF} = r^* + IP_4 + MRP = 3\% + 4\% + 0\% = 7\%$

b. 5 年期国债:$r_{RF} = 8\% = 3\% + IP_5$

$IP_5 = 8\% - 3\% = 5\% = (2\% + 3\% + 5\% + 6\% + Infl_5)/5$

$Infl_5 = 5\% \times 5 - (2\% + 3\% + 5\% + 6\%) = 25\% - 16\% = 9\%$

第2部分

一般企业概念

第6章
企业组织与税收环境

当你投资一家公司的普通股时,你期望获得哪些收益? 理性的投资者的答案只有两个字——财富。如你在本章所见,当公司采取增加价值或财富的活动,也即增加公司股票价值时,它就是在追求股东利益最大化。

通过高管薪酬方案,奖励"适当的行为",即增加公司价值的行为,来鼓励大公司的经理们追求股东利益最大化。当股东认为管理层在追求私利而投资者的价值没有实现最大化时,这些高管将被从报酬丰厚的职位上解雇。这听上去是一个很好的打算,不是吗?

对那些将股东(所有者)利益最大化放在心中经营公司的经理们进行奖励看上去是个很好的主意,但是近些年来股东们却已经开始抱怨高管薪酬方案了——很多大公司为那些只关心自己财富增加和地位提升的高管们提供了过多的奖励。例如,2001—2005 年间,辉瑞的 CEO 的薪酬为 7 900 万美元,家得宝、威瑞森的 CEO 在 2004—2005 年的薪酬分别为 2 700 万美元和 5 000 万美元,而此时,这些公司的股东回报率却为负。[①] Corporate Library 高级研究助理 Paul Hodgson 认为,这是"在很多公司,长期价值增长和长期激励之间的联系被破坏——如果它在最初不是伪造的"的证据。[②]

近些年来,投资者说"适可而止"。随着经济的下滑,金融机构由政府救助,股东现在都要求更高的工资和奖金,且越来越多的董事会已经实施关于薪酬方案更严格的规定,这使高管获得高薪更加困难。例如,2007 年,一家大型瑞士金融机构——瑞银集团——颁布了一项新政策,政策规定向自己的投资银行和证券交易商的现金支付限定在 75 万美元以内;其他任何

[①] Alan Murray, "CEOs of the World, Unite? When Executive Pay Can Be Truly Excessive," *The Wall Street Journal*, April 26, 2006 ,A2.

[②] "Pay for Failure," The Corporate Library, http://thecorporatelibrary.com/. Corporate Library 提供关于公司治理和高管薪酬的文章与信息。其他关于 CEO 薪酬的报告可以在 http://money.cnn.com/搜索关键字"CEO pay"获得。

额外的薪酬只能通过股票支付。尽管这种改变的原因部分是由于信贷市场的混乱,限制现金薪酬的决定仍可以看作向正确的方向上迈进了一步。③ 最近,美国政府对从问题资产救助计划(TARP)获取资金的金融机构 CEO 的现金支付进行了限制,这项规定是 2008 年 10 月颁布的,旨在强化美国的金融市场。尽管如此,2009 年一些银行高管的薪酬仍超过了 1 000 万美元,虽然其中大部分是以股票或股票期权的形式发放的。例如,美国美林证券公司银行的全球银行市场总裁 Thomas Montag 在 2009 年挣了近 3 000 万美元,但其中只有 60 万美元是以现金的形式发放的,其余的都是"股票奖励"。④

　　这些年来,在高管离开公司时,向高管提供大笔离职金的"金色降落伞"计划的薪酬方案引起了极大的关注。过去,"金色降落伞"得名于无论离职的原因是什么,高管都可以得到一笔巨额安置补偿费用,这可以使高管在离职后更易于"安然地摆脱财务困境",除非高管实施了犯罪行为。然而,最近,对"金色降落伞"的质疑也限制了高管可以得到的安置补偿费用的数额。另外,很多大企业,包括免疫系统克隆公司 NCR 和沃尔特·迪士尼,为了更容易地解聘高管而无需支付巨额离职金都修改了它们的政策。很多董事会都重新定义了因"正当理由"解雇的含义,包括了更多的做什么或不做什么,这使很多高管得不到安置补偿费用就被解聘了。这看起来是股东们说说,而很多董事会只是听听而已。⑤

　　当你阅读本章时,想一想这里提出的一些问题:作为公司股东,你想要公司追求什么目标? 高管让个人目标影响公司经营决策到什么样的程度? 如果高管持有大量的公司股票,作为一位外部股东,你是否觉得你的利益比较有保障? 在努力提高公司股票价值时,管理层应该考虑哪些因素?

学习目标

在阅读本章后,你应当能够:

(1) 描述不同类型的组织形态,并说明它们各自的优缺点。

(2) 讨论公司的目标,以及公司追求的目标是否总是合适的。

(3) 讨论道德在成功企业中发挥的作用。

(4) 解释为什么清晰的公司治理政策对企业而言那么重要。

(5) 解释外国公司怎么不同于美国公司。

(6) 解释为什么在制定财务决策时考虑税收非常重要。

---

③　Anita Raghavan and Dana Cimilluca, "A Salary Cap for Bankers: $750,000 Max," *The wall Street Journal*, November 10,2007,B1 + .

④　AFL-CIO 开设的网站,网址为 http://www.afcio.org/corporatewatch/paywatch/,网站追踪了很多投资者认为过高的薪酬和工资。

⑤　Joann Lublin, "Just Cause: Some Firms Cut Golden Parachute,," *The Wall Street Journal*, March 13,2006,B3; "Getting Active," *The Wall Street Journal Online*, May 4,2006.

在前面几章介绍了金融市场和金融工具,如当时我们了解到的,企业发行多种金融工具来筹集目前经营所需的资金,更新旧设备,促进未来的发展。只有投资者相信企业会合理地使用资金,他们才愿意提供资金给企业。然而,问题是投资者怎么知道他们的资金被合理地使用或何时企业表现良好。要回答这一问题,我们要了解公司的目标及财务经理有助于实现这些目标的方法。本章简要介绍企业组织,考察财务经理应该追求的目标,并探讨财务如何配合公司的组织结构。此外,由于税收影响个人和公司的每项财务决策,本章最后也会讨论美国税法的一些重要特点。

6.1　企业组织形态

企业组织形态主要包括私有制、合伙制和公司制三种。就数目来说,目前美国企业中大约有72%是私有制,10%是合伙制,18%是公司制;从销售收入看,公司制约占全体企业收入的82%,其余18%源自私有制(5%)和合伙制(13%)。⑥ 由于多数大企业采取公司制,本书的重点放在公司制上面,但我们有必要了解这三种企业组织的差异以及目前流行的这些企业形式的混合。

6.1.1　私有制

私有制(proprietorship)是由一个人拥有的无法人地位的组织,设立私有制企业相当容易——开始营业就行了。但在多数情况下,即使最小的企业也要获得所在地政府(市、县或州)的批准才能营业。

私有制有以下三个优点:

(1) 设立简单且费用低。

(2) 受到的政府监管少。存在潜在竞争威胁的大企业通常比小“家庭经营”企业受到更多的监管。

(3) 以个人形式而非公司形式纳税,因此只需要纳税一次。如后面将讲到的,美国税法包括两个部分:个人部分和公司部分。公司部分只适用于合法公司,其他形式的企业只根据个人部分征税。

私有制也有以下四个重要的缺点:

(1) 私有制业主对企业债务承担无限责任(unlimited personal liability),无限责任可能使所有者丧失所有私人资产,尽管这些资产可能没有投入企业,因而损失额可能超过私有制业主投资在企业里的资金。

(2) 私有制企业的存续期受到私有制业主寿命的限制。当一个新的业主接管企业时,从法律上说,这已经变成了一个新的私有制企业(尽管企业的名称没有改变)。

(3) 所有权转移困难。转让企业如同卖房子一样,私有制业主必须寻找潜在的买家并与之协商,这通常需要花费很多时间。

---

⑥　本部分的数据主要出自国税局(IRS)提供的2007年的营业税文件,是目前能够获得的最新数据。在IRS的网站http://www.irs.gov/taxstats index.html可以获得其他数据。

（4）由于企业的财务实力取决于私有制业主个人的财务实力，私有制业主难以获得大笔资金(长期资金)。

由于上述几点，私有制主要用于小企业的经营。事实上，只有不到1%的私有制企业拥有100万美元或超过100万美元的资产，而几乎90%的私有制企业都只拥有10万美元或不到10万美元的资产。当然，许多企业开始的时候是私有制，随着其发展，当私有制的缺点超过优点时，这些企业便转制为公司形态。

6.1.2   合伙制

合伙制(partnership)类似于私有制，区别在于合伙制有两个或两个以上的所有者。合伙制可以采取不同程度的形式经营，从非正式的口头知会到向州政府提出申请的正式协议。多数法律专家建议合伙协议应该采取正式文字协议。

合伙制的优点与私有制相似：

（1）设立容易且费用低。

（2）受到的政府监管少。

（3）缴纳个人税而非公司税。

合伙制的缺点也与私有制类似：

（1）合伙者承担无限责任。现在举例说明这一点，假设你投资10 000美元成为企业的合伙人，后来该企业破产欠下100万美元债务，由于合伙人对企业债务负连带责任，你要负责偿还一部分债务，如果其他合伙人无力偿还他们各自的债务，那么你可能要承担全部100万美元的债务；合伙制法律规定每位合伙人对企业债务负有无限责任，因此，当合伙企业破产时，如果任一合伙人无法偿还其应负责的债务，其他合伙人必须代偿不足部分，必要时要变卖个人资产。因此，合伙人与企业有关的不当活动都可能损害其他合伙人，即使这些合伙人未直接介入活动。这就是无限责任的危险之处。

（2）企业的存续期有限。当合伙关系的构成发生变化或企业被出售时，最初的合伙关系就不再存在了。

（3）转移所有权困难。除了需要更多的所有者同意售价外，出售合伙企业与出售私有制企业相似。

4．难以筹集大量资金。在其他条件都一样时，由于有更多的所有者，合伙企业比私有制企业更容易筹集资金。

正是前三个缺点——无限责任、企业的存续期有限和转移所有权困难——造成合伙制的第四个缺点，即难以吸引大量资金。对于发展缓慢的企业而言这并不是个大问题，而如果企业的产品受欢迎且需要筹集大量资金去把握这样的新机会，吸引资金的困难就变成真正的问题了。因此，像微软、戴尔等增长迅速的公司，通常从私有制或合伙制开始，但是发展到一定时期就有必要转制为公司制。

6.1.3   公司制

公司制(corporation)是国家设立的法人。公司的所有者(股东)和管理层是分离的，这使一家公司像个人一样开展业务，订立法律协议。正是这种分离的特点使得公司具备四个主要优点：

（1）在原始所有者及管理层与公司脱离关系后，公司仍可以继续存在，因而具有无限存续期。

（2）所有者的股权可以分割为股份，因而比私有制或合伙制的股权更容易转移。

（3）公司所有者承担有限债务责任（limited liability）。无限连带责任给所有者带来的损失之前已经描述过。公司制的所有者承担的是有限责任，投资者只需对他在公司中投资的股票份额承担责任。例如，如果你投资了 10 000 美元购买一家公司的股票，后来该公司破产了，那么你的投资损失最多是原来的投资 10 000 美元。[7]

（4）上述三个因素——无限存续期、所有权容易转移和有限债务责任——使得公司制比私有制或合伙制更容易在金融市场上筹集资金。公司还可以通过发行股票或债券筹集资金，而私有制和合伙制则不能。

尽管企业的公司形态有着比私有制和合伙制更显著的优点，它仍然有两个主要缺点：

（1）州和联邦政府对设立公司的申请文件要求比私有制或合伙制更复杂且耗费时间。**公司章程**（corporate charter）提供公司的一般信息，包括拟设立的公司名称、营业范围、资本金数量等，在向拟注册所在州秘书处提出章程、经批准后，公司才合法成立。公司创始人还必须制定一套指导公司内部管理的规章制度，即**管理细则**（bylaws）。

（2）公司盈利要重复纳税——在公司层面上要缴纳公司所得税，股东获得的股利还要再征收个人所得税。[8]

6.1.4 混合企业形式

混合企业形式随着时间的推移而演化，包含了三种主要企业形态各自的优点，同时也避免了它们之间的一些缺点。这些新的企业形式将私有制、合伙制的特点和公司制的特点综合起来。在本部分，我们将简单说明现在流行的三种混合企业形式。

有限责任合伙制

之前我们讨论合伙制时，涉及的企业形式是一般合伙制，每个合伙人对企业债务承担个人责任。我们可以通过建立有限合伙制（limited partnership）来限制某些合伙人债务责任的可能性。在**有限合伙制**（limited liability partnership，LLP）下，一位或多位合伙人被指定为一般合伙人（general partner），其余是有限合伙人（limited partners），前者如同正常合伙制的合伙人那样承担无限债务责任，后者的债务责任通常仅限于其投资金额。只有一般合伙人可以参与企业管理。如果有限合伙人参与到企业日常管理中来，他就不再受有限个人责任的保护。有限合伙制可以使人们在投资合伙企业时免于一般合伙人面临的个人财务责任。目前有 17% 的合伙企业是有限责任合伙制。

---

[7] 对小公司来说，有限责任通常只是一个幻想，因为银行家和信贷经理通常要求弱小企业的股东提供个人担保。

[8] 国会在 2003 年曾推动消除双重纳税，将公司的股利支付视同利息的支付，即把股利作为免税费用，或允许股东的股利不纳税。国会的这两项提案均未获得通过；最终决定对投资者获得的股利从普通税率减少为征收资本利得税。我们会在本章后面简单地进行讨论。

有限责任公司

有限责任公司(limited liability company, LLC)是所有者和管理者分离的企业法人。有限责任公司承担有限的个人责任,但是,公司所得的纳税是像合伙企业那样向个人征税,因此只需纳税一次。有限责任公司的结构相当灵活——所有者可以自行划分义务、管理责任、股权,也可以以自己愿意的方式经营企业。公司文件必须在设立所在州备案,有限责任公司成立以后需要相关的财务报告。但是,在很多情况下,有限责任公司需要的正式文件和财务报告没有股份公司那么烦琐——例如,很多州都不需要有限责任公司每年组织股东大会。

有限责任公司的所有者的成员及其数量不受限制,也就是说,一家有限责任公司可以有一个所有者,也可以有几百万个所有者,所有者或成员可以是个人,也可以是企业,包括其他有限责任公司或外国公司,或者是这些的组合。大部分允许设立有限责任公司的州会限制采用有限责任公司形式的企业类型。例如,一般的专业性服务公司,如由医生或律师开设的,可以使用有限责任公司形式,而金融服务公司或其他相关组织不可以采用有限责任公司形式。

有限责任公司的两个主要优点是所有权结构灵活和所有者在保留有限责任的同时只需纳税一次。

S 型股份有限公司

S 型股份有限公司(S corporation)是股东不多于100人、只能发行一种股票、可以避免双重纳税的国内公司。如果一个公司是 S 型股份有限公司,那么它的收入与私有制和合伙制企业一样纳税,也就是说,收入"穿过"公司直接到所有者手中,所以只需要纳一次税。S 型股份有限公司和有限责任公司最主要的不同点是,有限责任公司可以有超过100个的股东,而且不止发行一种股票类型。另外,S 型股份有限公司的所有者必须是美国公民或永久居民。在纳税登记时,将近68%的股份公司选择 S 型股份有限公司形式,但在所有股份制公司的收入中该类型只占25%。

由于以下原因,企业以公司的形式组建,其价值(除很小的企业外)将最大化:

(1) 有限责任降低股东承担的风险,因而其他条件不变,较低的风险意味着较高的市场价值。

(2) 公司目前的价值与其未来的发展机会相关,因此,公司比非法人企业更容易吸引资金,而这些资金可以为公司带来增长机会。

(3) 公司制所有权比私有制或合伙制更容易转移,因而其他条件相同时,投资者愿意对公司制支付比私有制或合伙制更高的价格,因此,公司制可以提高企业价值。

(4) 公司纳税不同于私有制或合伙制,有些征税差异对公司制有利。[9]

多数企业以价值最大化为经营目标,这就导致多数大企业以公司制形式存在。

---

⑨　这一条为译者补充。

6.2 财务在企业组织结构中的地位

不同的企业有不同的组织结构,但图 6-1 是一个相当典型的图形,显示了财务在公司中的作用。首席财务官(chief financial officer,CFO)——有可能是公司的财务副总裁——直接对总裁负责。其下属是财务主管和审计官。多数公司的财务主管直接负责管理现金和可交易债券、制订公司融资计划、发行股票和债券融资、监督公司的养老金等。财务主管也监督信贷经理、库存经理和资本预算部主任(负责固定资产投资的决策分析)。审计官负责会计和税收部门。

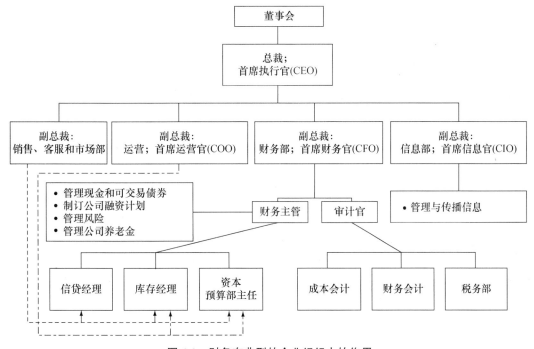

图 6-1 财务在典型的企业组织中的作用

6.3 公司的目标

公司的主要目标取决于公司的组织形式,因此,公司的组织形式不同,其目标也有所不同。但是一般来说,每个企业的所有者都希望他在公司里的投资能不断增长。一方面,私有制企业的所有者自己经营企业,他可以直接控制自己在企业里的投资。因此,只要企业仍然成功,他对自己目前的生活方式感到满意,业主就可以选择一周工作三天,其余的时间都打高尔夫或钓鱼。另一方面,大公司的所有者(股东)因为不经营企业,对自己的投资控制权很小。由于不参与日常决策,这些股东希望经理们在经营公司时能考虑到他们的最大利益。

投资者购买公司的股票是因为他们预期从投资中可以获得可观的收益。由于我们知道在其他条件不变的情况下,投资者希望尽可能地增加自己的财富,因而管理层的行为应与增加企业价值的目标一致。因此,本书从始至终都是在管理层的主要目标是**股东财富最大化**(stockholder wealth maximization)这一假设下进行分析的,股东财富最大化可引申为公司价值最大化,后者用公司普通股的价格来衡量。当然,公司也有其他目标,尤其是真正作决策的管理层对自身的满足、对员工福利及对社区和社会利益有所追求等。尽管如此,股价最大化仍是多数公司最主要的目标。

企业追求股价最大化,这样的活动对社会好不好? 通常,这是一件好事。除了一些类似垄断、违反安全法、没有达到污染控制的规定等非法活动,股价最大化也对社会有利,理由如下:第一,股价最大化要求以最低的成本提供最高质量的产品与服务;第二,股价最大化要求企业开发消费者需要的产品,因而利润动机带来新技术、新产品和新工作机会;第三,股价最大化要求高效优质的服务、充足的商品存货和位置优越的业务区位——这些都是用来维护顾客基础从而实现销售与利润的必要因素。此处,为了保持可持续性,企业行为还必须兼顾其所有利益相关者,包括所有者、员工、顾客、当地居民、政府以及周围的环境。因此,对企业提高股价有利的活动从整体上有利于社会。由于财务管理学在成功企业的经营中扮演重要的角色,而成功的企业对健康高效的经济是绝对必要的,因此从社会角度来看金融学非常重要。[10]

6.4　股东财富最大化的管理行为

我们如何评估价值? 为了实现公司的股价最大化,管理层应该采取哪些行动? 虽然我们在本书后面会详细讨论估值,这里我们会先介绍估值的概念,以加深对管理影响公司股价的理解。首先,任何投资的价值,例如股票,都是基于资产在生命周期内的预期现金流的数量。其次,投资者通常愿意更提前得到特定的现金流而不是延迟。最后,投资者通常是风险厌恶型的,也就是说,其他条件相同,投资者对未来现金流确定性大的投资支付的钱比不确定性大、风险高的投资要多。因此,我们知道管理者可以通过如下一些决策来提高企业价值,包括增加企业的预期未来现金流、尽快产生预期现金流、增加预期现金流的确定性或这些方法兼而有之。

财务经理对企业未来预期现金流作出决策,这些决策包括企业融资要发行多少及发行哪类债务工具和股权工具(**资本结构决策**,capital structure decisions),购买哪类资产可以产生预期现金流(**资本预算决策**, capital budgeting decisions),如何运用企业产生的净现金流——对企业进行再投资还是支付股利(**股利决策**, dividend policy decisions)等。本书稍后会对这些决策进行详细讨论。但是,这里要清楚的是,财务经理影响企业产生现金流的数量、时间、风险,因此他们的决策对企业的价值会产生重大影响。

虽然管理行为对公司的股票价值产生影响,但外部因素也会影响股价。这些因素包括法

---

⑩　有人认为公司在提高利润和股价的过程中会提高产品价格,扩大社会贫富差距。在一个合理竞争的经济体系中,如美国,价格受到竞争和消费者需求的制约,如果一个企业把价格提高到一个不合理的水平,将会失去市场份额,即使像通用汽车这样的公司,如果把价格定得高于生产成本和"正常"的利润,也会在竞争中输给日本和德国的汽车公司,以及本国的福特和克莱斯勒。当然,为了获得更多的利润,企业会不断削减成本、开发新产品等,从而获得超额利润。如果企业成功地做到这一点,这一行业会吸引更多的竞争者参与,从而最终降低价格,消费者再一次成为长期的受益者。

律约束、经济活动的一般水平、税法、股票市场的状况等。在这些外部约束条件下,管理层作出一系列引领企业未来的战略决策。这些决策与一般经济活动和政府监管规则(如税收)一起,影响到企业的未来预期现金流、产生预期现金流的时间、这些现金流最终以股利形式分给股东以及预期现金流的内在风险程度。

图 6-2 显示了估值过程中的一般关系。如你所见,以及贯穿本书深入讨论的,估值最终还是企业未来预期产生的现金流与投资者愿意为企业经营和发展提供资金的收益率的函数。很多因素决定预期未来现金流和投资者对资金要求的收益,这些因素包括经济和金融市场的状况、竞争环境以及企业的日常经营等。随着我们对本书学习的深入,我们将讨论影响企业投资价值的其他因素。然而,从现在开始,要明确的一点是,我们在提到估值时,指的是预期未来现金流目前的货币价值——也就是说,是未来现金流现在或目前的价值。

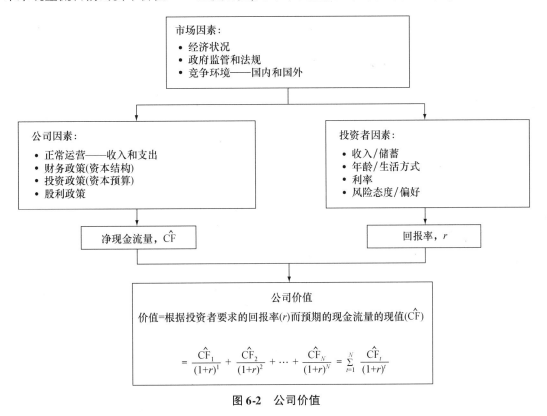

图 6-2 公司价值

6.5 每股收益是否应该最大化

利润最大化(profit maximization)是否一定带来股价最大化呢? 为了回答这一问题,我们介绍**每股收益**(earnings per share,EPS)的概念。每股收益等于净收入(NI)除以流通的普通股股数,即 EPS = NI/股数。很多投资者用每股收益来估计股票的价值。每股收益之所以受到关注,是因为净收益,进而每股收益是用来评估企业产生未来现金流的潜力的一个指标。就像我们之前提到的,虽然当前盈利和现金流通常高度相关,但是一个企业的价值是由预期未来现金流和与之相关的风险来决定的。因此,财务经理试图使盈利最大并不一定达到价值最大,原因是盈利最大化是一个短期目标。多数关注盈利的管理者通常并不考虑当前盈利最大化对未来盈利或者企业未来风险的影响。

首先,考虑盈利的时间。假设 Xerox 有一个计划是未来 5 年使每股收益每年增加 0.2 美元或 5 年共增加 1 美元,另一个计划是在前 4 年对每股收益没有影响,但第 5 年每股收益将增加 1.25 美元,哪个计划好一些? 换言之,连续 5 年每股收益每年增加 0.2 美元好还是第 5 年增加 1.25 美元好? 这个问题的答案取决于哪个计划带来较大的企业价值,而这与投资者的货币时间价值有关。因此,时间是我们把重点放在财富(用股价衡量)上而非单纯考虑盈利的一个重要理由。

其次,考虑风险。假设一个计划预期增加每股收益 1 美元,另一个计划预期增加每股收益 1.2 美元。前者风险很小,如果执行,每股收益差不多能确定增加 1 美元。后者风险很大,虽然我们的最佳估计是每股收益增加 1.2 美元,但是也有可能分文未得,甚至发生亏损。根据股东对风险的厌恶程度,第一个计划可能比第二个计划好。

在很多情况下,尽管企业采取了增加每股收益的行为,但股价还是下跌,原因就在于投资者认为未来高盈利不可持续,或者未来企业的风险将显著增加。当然,也会观察到相反的效应。我们看到企业的股价,乃至价值,都有赖于:① 预期未来企业提供的现金流;② 何时产生预期现金流;③ 这些现金流的风险。随着我们对本书分析的深入,你会发现,其他条件不变,如果企业预期提供的现金流增加、提前获得、风险下降或者上述因素兼而有之,企业(投资)的价值将随之增加。任何重要的企业决策都应该分析其对企业价值的影响,进而对股价的影响。

6.6　管理层——股东的代理者

大多数大公司的所有者,也就是股东,并不参与日常经营。因此,股东允许管理者对公司经营作出决策。当然,股东希望管理者作出的决策与其财富最大化的目标相一致。然而,管理者与股东的利益可能会发生冲突。

代理关系存在于被称为委托人的一人或多人雇用另外一人,即代理人,进行服务并向代理人授予决策权时。**代理问题**(agency problem)存在于代理人在决策时不能代表委托人的最大利益。

如果企业所有者管理的是私有制企业,那么这个所有者-管理层的目标是增进自身福利,这些福利包括增加个人财富、更多休闲时间或更多津贴。[11] 如果所有者-管理层采用公司制并发行一些公司股票给外部股东,那么可能会立即发生一场利益冲突。例如,所有者-管理层可能不那么努力工作以实现股东财富最大化,因为这些努力的成果并非全部由他自己享有;所有者-管理层可能想领取高薪或享有更多津贴,因为这些成本中有一部分由外部股东负担。委托人(外部股东)和代理人(管理层)之间的潜在冲突形成了代理问题。

代理问题一般在大公司(如 IBM、通用汽车)表现得更加明显,这是因为大公司的股权更

---

⑪　津贴是高级经理享有的福利,如豪华办公室、使用公司的飞机和游艇、个人助理、为个人目的使用企业资产。

加分散,独立股东的股份只占公司股份的一小部分,而管理者几乎没有,即使有,他们的财富还是与公司的经营息息相关。因此,管理者可能更加关心他们自己的利益,例如保证工作更加稳定安全、高薪或有更多的权利,这些目标远远大于其关心股东财富的最大化。

如何确保管理层在实现财富最大化的同时公平地对待外部股东?通常采取以下几个机制来引导管理层能以股东的最大利益为原则,这些机制包括:

(1)管理者补偿(激励)

管理者补偿是激励管理层的经营方式与股价最大化保持一致的一个常用方法,它把管理层的收益与公司绩效联系起来。这种薪酬方案使管理层的收益取决于公司未来很长一段时间的业绩表现,而不是任何一个特定的年份。

许多公司使用的一个重要的激励方法是**业绩股**(performance shares)——根据公司的表现(以每股盈利、资产收益率、股权收益率等来衡量)以及管理层在公司的任期,给予高层管理人员一定的股份。例如,戴尔公司使用相对于行业标准的销售增长和利润率等绩效指标,以及客户满意度和产品领先等非财务指标来衡量管理层的绩效。如果公司达到每股收益增长的目标值,管理层将获得 100% 的业绩股;如果公司绩效超过目标值,管理层将获得更多的股票;如果没有达到目标,管理层获得的业绩股将低于 100%。

很多大公司还提供管理层**股票期权**(executive stock options),让管理层在未来某一时间以既定价格购买股票。由于期权价值直接与股价相关,一般认为给予期权可以促使管理层采取股价最大化行为。但如果股市下跌,则股价不能反映公司的盈利增长,20 世纪 70 年代这种管理激励方法失去了吸引力。激励方法应该建立在那些管理层能够控制的因素的基础上。由于管理层无法控制股市的表现,所以不顾经济状况盲目奖励股价上涨的股票期权不是良好的激励机制。如今,这些计划是基于企业的股价相对于一些标准的表现,如具有可比性的同一行业的其他股票或者整个市场的表现。

近来出现了一个用相当新颖的称为**有限制股票赠与**(restricted stock grants)的补偿计划来替代管理层股票期权的趋势。企业用赠与员工有限制的股票作为实现一定的财务和非财务目标的激励措施,从股票不是员工既得的意义上讲,也就是员工在一段时间内(如 5 年内)并不拥有这些股票的所有权,这些赠与企业员工的股票是有限制的。一旦拥有所有权,员工就可以以现行市场价格交易这些股票。一些公司,特别是科技企业愿意采取有限制的股票赠与,原因是除非公司股票的价格跌到面值为零,否则授予员工的股票就是有价值的。另一方面,如果股票的市场价值低于行权价(在行使购买股票的权利时股票的价格),那么股票期权就一文不值了。

所有的激励补偿计划都用来实现两个目标:首先,这些补偿计划在一定意义上向管理层提供激励,使管理层在它们的控制下采取股价最大化行为;其次,这些补偿计划有助于吸引并留住一流的管理层。设计完美的计划可以实现这两个目标。

(2)股东介入

如今在美国大约有 25% 的个人直接投资于股票市场。个人投资者正在与包括养老金和共同基金在内的机构投资者一起全力以赴,确保企业追求的目标与股东(而不是容易产生冲突的管理者)的利益保持一致。很多机构投资者特别是养老金,如 TIAA-CREF 和北美国际劳动者联盟(Labors International Union of North America),都在监督顶级企业确保其管理者追求财富最大化目标。投资者在确定采取把管理决策与投资者的利益"再结合"起来的行动后,通过提供管理补救措施或者在年度会议上提出必须要表决的建议来施加影响,股东发起的建议虽然不具有约束力,但是投票结果必然会受到公司管理层的关注。

大公司的多数股票掌握在少数大机构(如养老金和共同基金)手中,因此,机构管理层有足够的力量影响公司经营,并拥有足够的投票权推翻不以股东利益最大化为目标的管理团队。管理层出局的大公司包括可口可乐、迪士尼、GM、IBM、朗讯科技、联合航空、Xerox 等。

(3) 收购的威胁

敌意收购(hostile takeovers)是指管理层不想被收购的情况,经常发生在由管理不善而导致公司的股价被低估时。在敌意收购中,被收购公司的管理层通常遭遇解雇的命运,即使留下来也失去公司被收购前其所拥有的权利。因此,管理层有强烈的动机来采取股价最大化的活动。用某个公司总裁的话说:"如果你还想继续掌控公司,就不要低价出售公司的股票。"

财富最大化是一个长期目标而非短期目标。因此,当管理层因实现公司股价最大化得到奖励时,这种奖励应建立在股票的长期绩效上。由于财富最大化的目标随着时间的推移得到实现,管理层必须能向股东传达他们正在追求的利益最大化。随着我们对本书分析的深入,你将发现有很多因素在影响着股票的价值,这使得准确确定管理层是否代表股东利益变得非常困难。而且,管理层会发现"愚弄"投资者是很困难的事,不管是在一般情况下还是从长期来看,股东都能意识到管理层在作重大决定时能否提高公司价值,反之亦然。

6.7　股东——债权人的代理者

另一个代理问题是股东和债权人(借款人)之间的冲突。债务资金利息取决于以下因素: ① 企业现有资产的风险程度;② 未来资产增量的预期风险;③ 企业现有资本结构(使用债务融资的金额);④ 未来资本结构变化的预期。这些因素决定了企业债务的风险,债权人根据对这些因素的预期确定利率。

假设股东通过管理层的活动,使企业实施高于债权人预期风险的新投资。风险的增加造成现有债务的价值下跌,因为新债务投资者需要一个更高的收益率。如果这一风险投资获得成功,由于债权人只能收取固定收益,因而所有的利益都将归股东所有。而一旦失败,债权人将分担损失。在股东看来,这样的活动近似于"赚钱归我,赔钱你付"的赌博,显然对债权人是不公的。

同样,如果企业为增加股东的收益而大量举债,旧债务的价值将下降,因为债务增加将给所有债权人带来更大的风险,同样会出现"赚钱归我,赔钱你付"的情况。

股东是否能够或应该通过管理层(代理人)剥削债权人的财富?通常,答案是否定的,理由有两个:一是因为过去确实发生过这种事情,今天债权人已学会利用债务合同的限制(称为条款),保护自己不受股东活动的负面影响;二是如果潜在债权人察觉到企业以不道德的方式侵占他们的利益,他们会拒绝与企业交易或要求远高于正常水平的利率,以补偿这种"卑鄙的"活动的风险。结果就是,试图以不公正的方式与债权人进行交易的企业不是无法利用债务市场,就是必须支付较高的利率,两者均会降低股票的长期价值。

从这些限制来看,股东财富最大化的目标离不开与债权人之间的公平交易。股东财富取决于持续利用资本市场,而这又有赖于公平交易和遵守债务合同。管理层作为股东和债权人的代理人必须平衡这两种证券持有人的利益。同样,由于其他限制和制裁,管理层剥削员工、顾客、供应商等**利益相关方**(stakeholders)的任何活动,最终会导致股东利益受损。股东财富最大化需要公平对待所有利益相关方。

6.8 商业道德

道德一词可以定义为"行为或道德行为的标准"。**商业道德**(business ethics)可视为一家公司对待其员工、顾客、社区和股东的态度与行为。高标准的道德行为要求公司以公平和诚实的态度对待每一方。一个公司的道德标准可以用公司和员工遵守有关商业道德因素的规定来衡量,这些因素包括产品安全和质量、公平的就业机会、公平的营销和销售惯例、个人收入信息保密、社区参与度、贿赂、为获得商业机会对外国政府支付非法款项等。

尽管大部分公司都有实行商业道德的政策,我们仍可以举出许多大公司参与非道德行为的例子。例如,一些著名的公司如安达信、安然和 WorldCom MCI 由于不道德甚至是非法的行为而倒闭或者出现重大调整。其中有些公司的员工(一般是高管)由于不道德或者非法活动而被判刑入狱。近年来,由于一些发生在大公司中的不道德的商业欺诈引起了公众的注意,公众一致要求出台法律来解决发生在公司中的明显的商业欺诈浪潮。几年前一些大公司发生的几起大的欺诈案迫使国会在 2002 年颁布实施了《萨班斯-奥克斯利法案》。立法的主要原因是会计欺诈使公众开始怀疑美国大公司披露的财务信息的真实性。简而言之,公众已经不再轻易相信管理者所说的话了。投资者认为管理者们正在追逐自己的利益,而让股东们造成重大的损失。

2002 年颁布实施的《萨班斯-奥克斯利法案》中的 11 项议题规定了主要公司的财务信息披露责任。法案规定公司必须:① 成立外部董事对公司账务进行监督;② 雇用外部审计机构对公司的财务报表发表公正的意见;③ 提供建立和报告财务报表的程序的其他信息。此外,公司的 CEO 和 CFO 必须向 SEC 会保证财务报告的真实性。法案还规定了会计欺诈的一些惩罚措施,并成立监管部门来监督法案的执行。

尽管最近投资者对公司财务报告的信任度下降,但是最近的研究结果指出,美国多数大公司的管理层认为其公司在企业领域各层面都应该而且一定要维系高道德标准。进一步地,多数管理层认为道德和长期获利具有正相关性,因为道德行为可以:① 避免罚款和法律费用;② 营造公众信任;③ 吸引认同并支持公司政策的顾客;④ 吸引并留住最有才干的员工;⑤ 支撑企业经营所在社区的经济活力。

今天,多数企业都制定有强有力的道德行为法则,并通过教育确保所有员工了解其在不同商业情况下的正当行为。公司高管——董事长、总裁和副总裁——有必要公开承诺信守道德行为,并通过个人活动、公司政策、指令和奖惩体系,将高管的这些信念传播到公司的每一个角落。显然,投资者希望的不外乎如此。

6.9　公司治理

近些年来,**公司治理**(corporate governance)已经成为商业词汇的重要组成部分。安达信、安然、WorldCom MCI 和很多其他公司的丑闻曝光,使股东、管理者、国会更加关心公司的运营。公司治理是在运营企业时企业所遵循的一系列规则。这些规则共同提供了管理层在追求各种公司目标包括股价最大化时应遵循的"线路图"。对于公司而言,明确公司的治理结构是非常重要的,它使个人和实体对他们的利益怎么被实现有了更好的理解。一个良好的公司治理结构应该向相关的各方——利益相关者——提供能理解高管如何经营公司、谁对公司的重要决策负责的信息。由于 2002 年颁布实施的《萨班斯–奥克斯利法案》和与日俱增的股东压力,近几年来,为了使所有利益相关者——经理、股东、债权人、顾客、供应商和雇员——更好地理解他们的权利和责任,大部分公司重新修订了它们的公司治理政策。[12] 从我们之前的讨论来看,应该明确的是,要想实现股东财富最大化,需要公平地对待所有的利益相关者。

研究表明,那些公司治理良好的公司能给股东带来更高的回报。良好的公司治理包括独立于公司管理层的董事会成员。一个独立的董事会充当了一个监管重大管理决策的"制衡"机制,包括高管薪酬方案。这也表明了公司治理结构的发展使识别和纠正会计舞弊更加容易,潜在的不道德或欺诈行为也比那些公司治理政策(内部控制)欠缺的公司更少。[13]

6.10　其他国家的企业组织

美国的大公司可以称为"公开的"(open)公司,因为它们都是上市公司,大部分相互之间独立且不受政府干预,正如我们以前讨论的,这些公司的股东承担有限债务责任,通常不参与日常经营,且在资本市场中很容易通过股票交易来转让所有权。尽管实行自由经济体制的发达国家,其企业组织结构类似于美国公司,但在所有权结构和经营管理方面还是存在一些差异。对其他国家的企业组织结构的详细讨论超出本书的范围,本节仅就美国公司与其他国家公司的差异作一些说明。

多数发达国家的企业如美国公司对股东发行承担有限债务责任的股权,这些股权可在国内金融市场交易,但并非所有这些企业都称为公司。例如,英国企业称为"大众有限公司"(public limited company, PLC);德国企业称为股份公司(Aktiengesellschaft, AG);墨西哥、西班牙和拉丁美洲的企业称为股份有限公司(Sociedad Anónima, SA)。这些公司中有些是公开交易,有些是私人持有。

同美国公司一样,多数英国和加拿大的大公司是"公开的",而且其股票广泛分散在不同的投资者手中,但比较特别的是英国公司 2/3 的股票交易来自机构投资者而非个人。另外,

---

[12]　一般来说,利益相关者应该包括我们居住和经营所处的环境。很明显,除非公司公平地对待人类利益相关者和环境利益相关者,否则它就无法生存或持续发展下去。一个破坏了员工、顾客和股东的信任或其经营环境的公司最终会自取灭亡。

[13]　Reshma Kapadia , "Stocks Reward Firms·Good Behavior," *The Wall Street Journal Online*, March 18, 2006; and David Reilly, "Checks on Internal Controls Pay Off," *The Wall Street Journal*, May 8, 2006, C3.

在多数欧洲国家,股票所有权更集中,主要投资者包括家庭、银行和公司,例如,在德国和法国公司代表主要是家庭,其次是其他公司。虽然银行并未持有大量股票,但由于许多股东把"代理权"交给银行,银行对公司还是有很大的影响力的。在发达国家,家庭股权很集中,所以对许多大公司也有强大的影响力。许多外国大公司的所有权结构常常集中于少数投资者或投资集团手中,由于股票未公开交易,掌握股权的少数个人或集团常常参与公司的日常经营,因而这类公司被视为"封闭的"。

其他国家的公司比美国公司更"封闭"、股权也更为集中的主要原因是其他国家存在的"全能"(universal)银行关系。相对于美国的金融机构,其他国家的金融机构通常所受的监管比较少,例如,其他国家的银行可以提供更多样化的业务,包括短期贷款、长期融资,甚至持有公司股票,全国各地的许多分支机构也可以提供这些业务,因此,其他国家的公司和银行之间保持紧密的关系,银行也可能成为公司的股东。像德国的银行可以满足银行家族企业的所有金融需求,甚至大型企业也是如此。因此,这些企业不需要公开上市,它们不需要放弃部分控制权来获得发展资金。法国和德国的国内生产总值(gross domestic product, GDP)中几乎有75%来自非上市公司,而在美国这一数字恰好相反。由于美国的大企业没有这种"一站式"的融资渠道,企业发展基本上依赖外部股东融通,因而股权比较分散。

有些国家的企业是**产业集团**(industrial groups)的一个组成部分,产业集团包括具有共同所有权的不同产业的公司,在某些情况下这些公司还实行共同管理。集团内企业与主要贷款者(通常是银行)联系在一起,银行通常持有集团内其他企业的大部分股权。产业集团的目的是把提供原料和服务的企业包括在内,而这些原料和服务是制造与销售产品的必要投入,即建立一个把从生产到销售所有功能贯穿在一起的组织。因此,产业集团内部包括产品制造、融资、营销、物流等各个环节的企业,例如原料供应商、生产工厂、零售商店和贷款人(金融机构)。产业集团内部公司的一部分股票可以公开交易,而作为主要贷款人的"主导"公司控制整个集团的管理。产业集团在亚洲国家最为显著,日本的产业集团称为系列或系列会社(keiretsu),韩国则称为财阀(chaebol),著名的系列会社包括三菱(Mitsubishi)、东芝(Toshiba)、丰田(Toyota)等,著名的财阀有现代(Hyundai)。产业集团在日本和韩国的成功使得拉丁美洲、非洲及亚洲其他发展中国家效仿建立类似的组织。

其他国家公司与美国公司股权集中度的差异,可能引起管理层的行为及他们追求的目标不同。例如,有人认为许多其他国家公司股权集中的特点,使得管理层能够专注于实现长期目标(尤其是财富最大化目标),而不是短期盈利,原因是公司在财务困难时比较容易获得银行的融资,也就是作为公司股东的贷款人通常更愿意提供资金维持公司长期生存。还有观点认为,其他国家的公司股权结构造成更换管理层困难,特别是这些管理层也是主要的持股者,如果现有的管理层缺乏效率,这样的"壁垒"对公司极为不利。例如,日本公司非常不愿意开除员工,因为在日本丢掉工作是相当没有面子的事。非美国公司的股权结构比较有利还是不利?这是一个没有定论的议题。但我们可以确定的是,相对于股权分散的美国公司,非美国公司的股权集中使得个人或集团拥有更大的控制权,也意味着这些企业的代理问题更少。

6.11　跨国公司

大公司(包括美国和其他国家)很少局限在一个国家经营,相反,它们在全球各地做生意。事实上,当今世界上大公司基本上都是跨国公司而不是只在国内经营。跨国公司的管理层面临很多国内企业碰不到的问题。本节强调跨国公司和国内公司的主要差异,以及这些差异对美国企业的财务管理的影响。

跨国公司(multinational corporations)一词是指在两国或两个以上国家经营的企业。如今,跨国公司不仅从国外购买资源,而且全面参与全球经营的直接投资,其遍布全球的机构控制全部生产过程——从全球性的原料开采、制造到货物分销至消费者的每一个环节。今天,跨国公司网络控制着世界大部分技术、营销和生产资源。

公司"走向国际"的主要原因如下:

(1)进入新市场。在国内市场已经饱和的状态下,国外市场可能提供给公司更好的增长机会,这说明了为什么可口可乐和麦当劳等美国公司积极进军海外市场,以及索尼和东芝等其他国家的公司在美国消费电子市场成为主要竞争者。

(2)获得原材料。ExxonMobil 等美国石油公司为维持主要业务在世界各地拥有子公司,以确保其持续取得基本资源(原油)的供应。

(3)发现新技术。任何一个国家不可能在所有技术领域都拥有领先优势,所以公司会在全球寻找科学和设计的构思。例如,Xerox 在美国引进的办公室复印机就超过 80 种,这些复印机都是 Xerox 在日本的合资企业 Fuji Xerox 设计并制造的。

(4)提高生产效率。高生产成本国家的公司通常把生产活动转移到低生产成本的国家,例如,GM 在墨西哥与巴西设立生产和组装工厂,日本企业也把部分生产活动转移到太平洋地区生产成本较低的国家。生产活动从一个国家转移到另一个国家的能力对所有国家的劳动力成本有着重大的意义,例如,很多年前当 Xerox 威胁将复印机再建工厂转移到墨西哥时,纽约州罗切斯特的工会同意接受工作规章和提高生产力,以保留 Xerox 在美国的生产。

(5)规避政治和监管障碍。很多年前,为规避美国的进口配额,日本汽车公司把部分生产转移到美国。今天,宏达、尼桑和丰田都在美国设有汽车或卡车生产线。同样,1989 年促使美国药厂 SmithKline 和英国药厂 Beecham 合并的原因,就是为避开它们的最大市场——西欧和美国——因注册与监管造成的药品上市迟滞,今天,这家称为 GlaxoSmithKline 的公司,把自己定位为欧洲和美国市场的内部参与者。

从 20 世纪 80 年代起,其他国家的公司在美国的投资大幅增加,这种"逆向"投资引起了美国政府的关注,因为这可能有悖于长期以来美国政策所秉持的独立和自给自足的信念。正如美国公司的海外扩张被视为利用经济力量企图对其他国家产生政治和经济影响一样,美国也担心同样的情况会发生在自己身上。但发展的事实证明,企业和国家间的相互影响与相互依存程度会进一步加深,即使美国也不例外。经济和社会的发展必然会影响世界经济,以及影响美国的企业和金融市场。

6.12 国际和国内财务管理

理论上,本书讨论的概念和内容适用于国内及跨国经营,但与国际环境相关的特定问题增加了跨国公司管理层管理的复杂性,使得管理层对评估和比较行动方法作出修改。下面是区分国内公司财务管理和国际公司财务管理的六个主要因素。

(1) 币种差异。跨国公司在不同国家的现金流量通常以不同的货币计价。一个国家的货币以什么样的价格在任何时刻及时变换为另一个国家的货币对企业在投资其他运营活动中可获得的现金数量有重要意义。因此,在财务分析中必须考虑**汇率**(exchange rates)和货币价值变动的影响。

(2) 经济和法律的差异。每个国家有其独特的政治和经济制度,不同国家间的这种制度差异可能给跨国公司在协调并控制不同国家的子公司经营时带来重大障碍。例如,各国税法的差异可能给发生在不同国家的同一交易带来巨大的税后差异。同样,东道国的法律制度差异也会使许多问题复杂化,包括从最单纯的商业交易记录到司法机构在处理冲突时的作用。这些差异对跨国公司利用资源的灵活性有所制约,甚至会发生这样的事情:某个国家规定的必要程序在另一国家却是非法的。另外,这些差异使得在一个国家培训出来的高管在另一个国家可能很难有效地工作。

(3) 语言差异。沟通能力是商业交易中至关重要的,在美国出生并接受教育的人可能处于劣势,因为他们只能说一口流利的英语,而欧洲和日本企业界人士通常会说包括英语在内的好几种语言,这使得跨国公司进入美国市场比美国公司渗透国际市场容易得多。

(4) 文化差异。即使在长期被视为同化的同一地理区域内,不同国家仍有其独特的文化风俗,从而塑造各自的价值观并影响商业在社会中的作用。跨国公司可能发现像企业目标、对风险的态度、与员工相处、削减非盈利部门的运营能力这样的问题都因文化不同而有相当大的差异。

(5) 政府作用。传统的财务模型假设存在竞争市场,交易条件(价格)由市场参与者共同决定,政府通过制定基本竞赛规则参与这一过程,但其介入程度最低。因此,市场提供衡量成功的主要指标及为保持竞争力所要采取的活动指标。这种观点在美国和其他主要工业国家是合理的,但并没有代表其他多数国家的真实情况。通常,公司的竞争条件、必须采取或避免的活动、交易条件等不是由市场决定的,而是通过东道国政府和跨国公司直接谈判决定的,这种协商本质上是政治过程,是不得不遵守的规则。

(6) 政治风险。国内企业和跨国公司的主要差别是,国家对其领土内的人和财产行使处置权,因此,国家可以对公司资源转移任意施加限制,甚至剥夺企业的资产不予补偿(收归公众使用)。政治风险是既定的,无法通过协商加以解决。每个国家的政治风险各不相同,这一点在任何财务分析中都必须明确指出。政治风险的另一个方面是公司或高管面临恐怖主义的威胁,例如,在南美和中东国家发生过美国公司的高管被绑架并要求赎金的事件。

这六个因素使得跨国公司的财务管理变得更为复杂,同时增加了跨国公司的风险。即便如此,对高利润的预期常常使得公司愿意接受这些风险,并努力学会把风险降至最低或者至少与之共存。

6.13　联邦所得税制

股票、债券、房地产抵押贷款等金融资产的价值,以及厂房甚至整个公司等多数实物资产的价值,取决于这些资产产生的净现金流。净现金流是指"可投资"或者税后现金流。本部分简要介绍美国的税收体系。当你阅读本章时,税率和其他因素与这里介绍的内容可能不同。即便如此,这里的讨论将让你理解税收如何影响"可投资"现金流和价值。

美国联邦税制(U. S. Federal Tax Code)分为两部分:

(1) 适用于个人的税法。

(2) 适用于公司的税法。[14]

个人税制适用于个人和家庭,公司税制适用于公司制企业,非公司制企业不适用公司税制,因此,私有制和合伙制企业的收入由个人以个人收入的形式申报纳税。

6.14　个人所得税

个人的税基包括工资和薪金、投资收入(股利、利息和资本利得)及私有制和合伙制的利润。美国的税率采用**累进制**(progressive),即收入越高,应税部分占收入的百分比越大。本章附录中表 6A-1 为 2011 年联邦个人所得税税率。这里我们讨论受个人税制影响比较大的群体的一些基本概念。

(1) **应税收入**(taxable income)是总收入减去纳税申报表中的各项扣除和减免额。当 2012 年申报 2011 年所得税时,包括每个纳税人在内的每个相关人享有 3 700 美元的税收减免。有些费用如抵押贷款利息、地方政府所得税、慈善捐款等费用可以从应税收入中扣除。个人可选择列支费用或减免标准额(单身纳税人的标准减免额为 5 800 美元,与配偶合并申报的已婚纳税人的标准减免额为 11 600 美元)。

(2) **边际税率**(marginal tax rate)是最后一单位收入的税负,用你所在的税级表示。例如,如果你是单身,应税收入为 50 000 美元,那么你的边际税率是 25%。如表 6A-1 所示,边际税率从 10% 上升到 15%,然后是 25%,以此类推。

(3) **平均税率**(average tax rates)等于纳税额占应税收入的百分比。例如,Jill Smith 是单身,应税收入为 50 000 美元,纳税额为 4 750 美元 + (50 000 美元 − 34 500 美元) × 0.25 = 8 625 美元,其平均税率为 8 625 美元/50 000 美元 = 17.25%,而边际税率是 25%。如果 Jill Smith 的收入增加 1 000 美元,使她的收入达到 51 000 美元,她的额外收入将要多交税费 250 美元,所以她的税后净增加额为 750 美元。除了正常的所得税,她的社会保险和医疗保险也将增加。

利息税

个人投资产生的利息收入并入其他收入,按表 6A-1 所示的税率纳税。值得注意的是,根

---

[14]　在美国邮局和税务局的网站上可以查到税收信息,网址为 http://www.irs.ustreas.gov。

据美国税法的规定,多数州和地方政府债券的利息免联邦所得税,因此,投资者可以保留大部分地方债券的利息收入和部分公司债券及美国政府债券的利息收入。这意味着低收益率的地方债券可以提供与高收益率的公司债券相等的税后收益。例如,适用边际税率 25% 的纳税人购买收益率为 6% 的地方债券,相当于购买税前收益率为 8% 的公司债券或美国政府债券,因为后者的税后收益率也是 6% 。

$$\text{应纳税投资的等价税前收益率} = \frac{\text{免税投资的收益率}}{1 - \text{边际税率}} \quad (6\text{-}1)$$

$$= \frac{6\%}{1 - 0.25} = 8.0\%$$

如果我们知道应税证券(投资)的收益率,就可以用下面的等式计算地方债券或其他免税投资的等价收益率(equivalent yield)。

$$\text{免税投资的收益率} = \text{应税投资的税后收益率} = \text{应税收入的税前收益率} \times (1 - \text{边际税率}) \quad (6\text{-}2)$$

$$= 8.0\% \times (1 - 0.25) = 8.0\% \times 0.75 = 6.0\%$$

地方债券免除联邦税缘于联邦和州政府的权力分离,其主要目的在于使得州和地方政府能以较低的成本借钱。

个人支付的利息

在多数情况下个人贷款利息不能免税,只有个人购买住房的抵押贷款的利息支付是免税的,免税的目的是降低纳税人房地产抵押贷款的实际利息负担。例如,如果 Staci Jones 适用 26% 的平均税率,其房地产抵押贷款利率为 7% ,则这笔贷款的税后成本计算如下:

$$\text{税后利率} = 7\% \times (1 - 0.26) = 5.18\%$$

股利税

2003 年以前,从公司获得的股利同利息收入一样要纳税。但是国会在 2003 年降低了股利税率,这有助于缓解公司所得重复征税问题,即公司从税后企业所得中支付股利,个人获得股利时还要纳税。现在,边际税率在 25% 以下的纳税人缴纳 5% 的股利税,在此之上的纳税人缴纳 15% 的股利税。要想享受低税率,纳税人还必须持有发放股利的股票至少 60 天。

资本利得和普通收入

股票、债券、房地产等资产被定义为资本资产(capital assets)。如果你购买资本资产,之后以高于购买价格的价格出售,所得的利润称为**资本利得**(capital gain)。如果你遭遇损失,这样的损失称为**资本损失**(capital loss)。资产的持有期间不到一年,产生短期利得或损失;资产的持有期间超过一年,产生长期利得或损失。

关于资本利得适当税率的问题引起了许多争论。有些人认为对资本利得征收较低的税率,一方面可以刺激资金流向新企业,这些企业通常提供资本利得而非股利收入;另一方面可以促使公司保留较高比例的盈利作为再投资,以给股东提供低税率的资本利得,而不是税负较重的股利收入。1986 年赞成低资本利得税率的主张没有得到国会的支持,但是 1990 年、1998 年和 2003 年赞成低资本利得税率的主张成功地把资本利得的最高税率降到低于最高边际税率的水平。2007 年,长期资本利得税率为 15%(边际税率低于 25% 的话,按 5% 征收),短期资本利得税率与纳税人的边际税率(纳税等级)相同。2008 年,边际税率低于 25% 的纳税人,资本利得税率降到 0。

企业和个人费用

个人就其拥有的私有制和合伙制企业获得的收入缴纳所得税——收入转移到这些企业的所有者手中。因而我们需要区分可减免的企业费用与不可减免的个人费用。通常,企业费用是产生企业收入的必要成本,因个人利益(因个人使用)而发生的费用属于个人费用。

假设 Loretta 直到上个月才从自己的房子里搬出,把房子出租给一群大学生。三个月前 Loretta 的厨房水管爆裂,她找人修理,花费了 1 000 美元,这是可减免的费用吗? 由于当时房子还是 Loretta 个人使用的住宅,因此当然不能减免。但是昨晚 Loretta 又请人来修水管,花费了 1 200 美元,这是可以减免的费用吗? 由于房子已经出租给学生,维修费因经营而发生,现在房子是作为经营出租的房地产,因而 1 200 美元的修理费可以减免。

个人所得税计算的例子

为了阐明个人所得税的计算,我们假设 Ron 拥有并经营私有制企业。2011 年销售收入为 180 000 美元,包括雇用除他自己之外的员工的工资在内的一般营业费用为 80 000 美元,企业付给银行的利息为 10 000 美元,同时也获得投资利息 2 000 美元。Ron 的个人收入包括从企业营业收入中付给自己的工资 50 000 美元,投资定期存单赚到的利息 1 500 美元;其他收入包括以每股 15 美元出售 100 股普通股,这些股票是在 2002 年以每股 10 美元的价格买入的,持有期间没有支付股利。Ron 为汽车贷款支付 2 150 美元的利息(企业不需要使用这部汽车)。Ron 目前是单身汉,住在向友人租借的房子里,租金每月 1 200 美元。请问 Ron 的应纳税额是多少?

首先,企业是私有制企业,因而计算 Ron 的应纳税额时,所有与企业有关的收入和费用都必须包括进来,尽管有些收入被保留起来供企业再投资用——企业的收入和费用都要"转嫁"到企业主身上。因此,即使这些收入不全归 Ron 所有,Ron 个人仍必须负责私有制企业的应税收入。另外,Ron 还必须申报所有其他个人收入,但他只能就免税额和扣除额的部分调整其应税收入,例如,他不能扣除汽车贷款的利息支出 2 150 美元,也不能扣除付给友人的租金,因为这是个人费用而非企业费用。

Ron 的税负计算如下(单位:美元):

企业收入

营业收入	180 000
利息收入	2 000

企业费用

营业费用	(80 000)
利息费用	(10 000)

企业利润	92 000
个人收入	
来自私有制企业的收入	92 000
来自 CD 的收入	1 500
个人免税额	(3 700)
个人标准扣除额	(5 800)
个人应税收入	84 000
税负	
个人所得税	$17\,137 = 17\,025 + 0.28 \times (84\,000 - 83\,600)$
资本利得税	$75 = [(15 - 10) \times 100] \times 0.15$
总税负	17 212

要注意的是,即使企业主没有从企业账户"提取"(付给他自己)全部的收入,企业收入也必须转嫁给 Ron(即企业主)。除企业所得根据合伙合同的规定分配给合伙人外,这一原则同样适用于合伙制的情况。例如,一个合伙人负责企业的 60%,那么企业收入的 60% 将转嫁给他。

6.15 公司所得税

虽然公司税制与个人税制在许多方面存在差异,但是公司税收结构与个人税收结构类似,与个人纳税者一样,公司税率也是累进的。本节重点讨论公司税制。

公司收到的利息和股利

公司的利息收入作为经常收入按正常公司税率纳税,而公司从其他公司收到的股利中有 70% 免税,其余 30% 按照正常公司税率纳税。[15] 因此,假设公司适用 35% 的边际税率,获得股利 2 000 万美元,其股利所得税率为 $0.30 \times 0.35 = 0.105 = 10.5\%$,即该公司收到其他公司支付股利的有效税率是 10.5%,所以,如果这个公司从其他公司获得了 10 000 美元的股利,那么股利的税后收入为 8 950 美元。

$$
\begin{aligned}
税后收入 &= 税前收入 - 税额 \\
&= 10\,000 - 10\,000 \times (0.30 \times 0.35) \\
&= 10\,000 - 1\,050 \\
&= 10\,000 \times (1 - 0.105) = 10\,000 \times 0.895 = 8\,950(美元)
\end{aligned}
$$

如果收到股利的公司把自己的税后收入以股利的形式分配给股东,则这一收入会遭受三重征税:① 原来的公司被征收第一次税;② 第二家公司对其收到的股利缴纳第二次税;③ 收到股利的个人被征收第三次税。为减轻三重纳税问题,公司间的股利给予 70% 的免税额度。

---

[15] 股利的免税实际上取决于所有权的程度。如果公司持有另一家公司的股权不超过 20%,那么公司获得的股利免税比例为 70%;如果持股比例为 20%—80%,那么公司的免税比例为 80%;如果持股比例超过 80%,那么减免公司全部股利税。由于多数公司拥有其他公司的股权不到 20%,我们假设免税比例为 70%。

公司支付的利息和股利

公司可以利用债务或股权资本融资,如果公司选择债务融资,它必须对银行或债权人支付利息;如果公司采取股权融资,它必须对股权投资者(股东)支付股利。公司支付的利息在纳税时可从营业收入中减免,而股利支付无法免税,因此,公司需要 1 美元的税前利润支付 1 美元的利息,如果其适用 35% 的边际税率,则需要 1.54 美元的税前利润支付 1 美元的股利。

$$\text{支付 1 美元的股利需要的税前利润} = \frac{1 \text{ 美元}}{1 - \text{税率}} = \frac{1 \text{ 美元}}{1 - 0.35} = 1.54 \text{ 美元}$$

当然,公司不可能完全使用债务融资,这样做的风险会抵消它所带来的税收减免的好处。即便如此,利息在税前列支免税对企业融资的方式有重大影响——美国税制更支持债务融资而非股权融资,第 14 章将更详细地讨论这一点。

公司资本利得

1987 年以前,公司的长期资本利得适用的税率比一般收入低,个人也如此;然而在目前税制下,公司的资本利得税率和营业税率相同。

公司亏损的前转和后转扣除

一般公司的营业损失可**前转**(carryback)到以前两年及**后转**(carried forward,carryover)20 年,以冲销这些年的应税收入。例如,2011 年的营业损失可前转到 2009 年和 2010 年,以减少这两年的应税收入;如果有必要,还可以向后递延到 2012 年、2013 年,一直到 2031 年。损失先适用于最早一年,然后是下一年,直到完全冲销损失或递延到 20 年期限为止。

为了说明,请看表 6-1。2009 年和 2010 年 Apex 的应税收入为正,这两年都以适用税率纳税(合计 1.54 亿美元),然而 2011 年 Apex 的应税损失高达 8.4 亿美元,根据前转规定,Apex 的应税损失可以冲销从 2009 年起的应税收入。要注意的是,这笔损失太大,以至于该公司 2009 年和 2010 年调整后的应税收入变成零。Apex 调整其 2009 年和 2010 年提出的所得税申报书,收到那两年缴纳的税款 1.54 亿美元。调整前两年的所得税申报书后,2011 年 Apex 还有 4 亿美元未冲销损失,若有必要,可后转至 2031 年。用这种方式处理损失的目的是避免公司收入逐年大幅波动。

表 6-1　Apex 2009—2011 年部分利润表　　　　　　　　　　　　(单位:百万美元)

	2009	2010	2011
原始报表			
应税收入	260	180	(840)
税金(35%)	(91)	(63)	294
净收入	169	117	(546)

（续表）

	2009	2010	2011
			前转总效果
调整后报表			
原始应税收入	260	180	
前转金额	(260)	(180)	440
调整后应税收入	0	0	
税金（35%）	0	0	
调整后净收入	0	0	
原来纳税额	91	63	154

退税 = 154

2012—2031 年可向后结转的损失 = 840 – 440 = 400

折旧

折旧对所得税的计算非常重要,出于征税的目的,税法(国内税收规则)明确规定了资产的折旧年限和折旧的计算方法,由于这些因素会对某一年份企业的折旧金额和应税收入产生重大影响,因而折旧对应税额的计算和营业现金流量有很大的影响。在第 13 章讨论资本预算时,我们将讨论折旧的计算及其对收入和现金流量的影响。

公司所得税计算的例子

2011 年 Ibis International 公司的应税收入为 2 500 000 美元,支付现有债务(包括银行贷款和债券)的利息 600 000 美元,支付普通股股利 220 000 美元,投资其他公司的债券收取利息 180 000 美元,投资其他公司的普通股收取股利 80 000 美元,该公司的税负及税后收入分别为多少(单位:美元)?

营业收入	2 500 000
利息收入	180 000
股利收入	24 000 = 80 000 × (1 − 0.7)
利息费用(支出)	(600 000)
应税收入	2 104 000
税负	(715 360) = 113 900 + 0.34 × (2 104 000 − 335 000)
税后收入	1 388 640

小企业的税收:S 型股份有限公司

根据美国税法的规定,满足某些条件的小企业(股东在 100 人以下)可以以公司形式设立,并享受公司制的好处——特别是有限债务责任——但仍然按照私有制或合伙制的方式纳税。这些公司被称为 S 型股份有限公司。当公司选择 S 型股份有限公司形式报税时,全部企业收入即为个人所得,以适用于个人的税率征税。这种方式受到许多小企业股东的欢迎,这些企业把每年的全部或大部分收入以股利形式分配给股东,因为这些收入只在个人层次纳税一次。

自测题 1

(答案见本章末附录 6B)

John Thompson 计划创立一个名为 JT Enterprises 的新企业,他必须考虑采取公司制还是私有制。无论采取哪种企业形态,刚开始 John 都是唯一的所有者,税收对他很重要。他计划用以下方式为企业的发展融资:提取工资 50 000 美元作为家庭生活开销,并将其他收入留在企业。假设 John 已婚并有一子,其所得税免税额为 3×3 700 美元 = 11 100 美元,他预计三年每年的扣除额为 12 000 美元。John 预期 JT Enterprises 在未来三年(2013年、2014 年、2015 年)的收入分别为 70 000 美元、100 000 美元和 120 000 美元。哪种形式的企业组织可以让 John 在 2013—2015 年间纳税更少(保留最多的收入)?假设附录 6A 中所列的税率适用于未来几年(John 还需要缴纳社会保障税,但在这里暂不考虑)。

6.16　其他国家的公司税率

本章前面介绍了美国企业和其他国家的企业在组织结构上的主要差异,我们发现造成这些差异的原因是其他国家的监管环境:大体而言,外国企业所受的监管比美国企业要少;另外,其他国家的企业面对的税法不像美国那样复杂。尽管讨论国外的税收结构超过了本章的范围,但我们可以给出跨国公司适用的税率。表 6-2 是 KPMG 国际年度税率调查报告中几个国家适用的公司盈利(收入)的税率。[16] 作为对比,表中给出了 2000 年和 2010 年的税率。

在不同的国家,公司税率也各不相同。例如,根据 KPMG 国际的调查,在巴哈马、巴林岛、开曼群岛的公司税在世界上最低,为 0,保加利亚、塞浦路斯、巴拉圭的公司税为 10%。然而,很多实行低公司税的国家,包括以上这些国家,都对进口商品收取高额关税。另一端是日本、美国大约 40% 的公司税,阿联酋为 55%,是调查报告中最高的公司税。平均而言,发达国家的税率较新兴市场国家的税率高出 5 个百分点。较低的公司税率有助于吸引跨国公司的经营,从而支撑这一地区的经济发展。

表 6-2　2000 年和 2010 年几个国家的公司税率[a]

	税率(%)			税率(%)	
	2000	2010		2000	2010
I. 发达市场			II. 新兴市场		
澳大利亚	36.0	30.0	巴西	37.0	34.0
加拿大	44.6	31.0	智利	15.0	17.0
法国	36.7	33.3	中国	33.0	25.0
德国	51.6	29.4	印度	38.5	34.0

---

[16]　*KPMG Corporate and Indirect Tax Rate Survey*, 2010, October 14, 2010. http://www.kpmg.com/Global/en/IssuesAndInsights/ArticlesPublications/Pages/2010-Global-Corporate-and-Indirect-Tax-Survey.aspx.

（续表）

	税率（%）			税率（%）	
	2000	**2010**		**2000**	**2010**
意大利	41.3	31.4	印度尼西亚	30.0	25.0
日本	42.0	40.7	韩国	30.8	24.2
荷兰	35.0	25.5	马来西亚	28.0	25.0
瑞士	25.1	21.2	墨西哥	35.0	30.0
英国	30.0	28.0	菲律宾	32.0	30.0
美国	40.0	40.0	泰国	30.0	30.0

注：a 公司税征收的基础是地区税和附加税等。

资料来源：*KPMG Corporate and Indirect Tax Rate Survey*，2010，October 14，2010. http://www.kpmg.com/Global/en/IssuesAndInsights/ArticlesPublications/Pages/2010-Global-Corporate-and-Indirect-Tax-Survey.aspx.

值得注意的有趣的一点是，在过去的十年，公司税在世界范围内显著下降，从 2000 年的平均 32% 降到 2010 年的平均 25%。很明显，公司税是国家用来吸引和留住外国公司的主要因素，各国之间的竞争也促使税率在近些年来不断下降。尽管很多国家降低了公司税，但是为了保证税收收入，这些国家对销售和存货也增加了"特殊"税。

道德困境

ETHICAL DILEMMA

客户不了解事实就不会受到伤害

Futuristic Electronic Technologies（FET）最近开发了一个先进的微电子系统，这一系统适用于金融机构、大公司和政府处理并储存包括税收、自动工资支付等在内的财务资料。尽管用来创造这项新产品的技术是由 FET 开发的，但是大家预期 FET 的竞争者将很快掌握相同的技术。为打败市场竞争者，FET 较原先的计划更早地推出了这一新系统。事实上，在产品推向市场之前，实验室的测试尚未全部完成。现在完成测试并发现这一套微电子系统在某些资料的回复和处理方面可能存在错误。然而测试还没有结论，根据 FET 的说法，尽管更多的测试证实确实出现了这样的错误，但是这一错误发生的概率只有亿分之一，所以不是那么重要。与这一错误相关的财务问题扩大化此时还不明确。

假设你是 FET 的高管，你的工资取决于公司普通股的表现。你知道如果公司召回有缺陷的微电子系统，股价将下跌，你的工资也会比预期的要少；更麻烦的是，你根据未来几年对工资的预期刚刚购买了一座豪宅——除非这一套微电子系统能够成功推出，否则将无法实现预期的工资收入。作为高管，你将决定有关这一套新系统 FET 应该遵守的行动程序，你该怎么办？你是否应该鼓励 FET 召回这套微电子系统直到完成进一步的测试？是否有其他的行动程序可供建议？

▦ 本章要点总结

本章重要概念

为了总结,我们把本章讨论的关键概念与本章开始的学习目标联系起来。

- 通常,企业组织的三种主要形式是私有制、合伙制和公司制。尽管私有制和合伙制企业设立简单,但这些类型的企业的最大缺点是所有者要对企业的债务承担无限责任。此外,公司制企业比其他形式的企业设立更加困难,但所有者承担有限债务责任。很多企业采取公司制形式经营,因为这种类型的企业能实现公司价值的最大化。

- 管理层的主要目标应该是股东财富最大化,也就是公司股价最大化。股价最大化的活动也会增加社会福利。公司股价取决于公司项目的现金流、获得现金流的时间和风险。

有时管理者追求自身利益最大化而不是股东财富最大化,这种潜在的代理问题或利益冲突可以通过向管理者提供刺激或激励从而实现股东最大利益来减轻。

- 大多数企业建立了管理人员要严格遵守的行为准则,以确保企业与利益相关者遵守道德规范。高管们相信商业道德和公司的长期成功存在正相关的关系——也就是说,道德的公司更成功,不道德的公司则不然。

- 一个公司的治理政策是经理们在运营公司时遵循的"规则"。公司应该制定明确的治理结构,这样可以让那些对公司的良好表现感兴趣的人——利益相关者——对高管如何经营公司和谁对公司的重大决策负责有更好的理解。公司治理结构的发展使识别和纠正会计舞弊更加容易,潜在的不道德或欺诈行为也比那些公司治理政策(内部控制)欠缺的公司更少。

- 非美国公司的股权通常比美国公司集中。对个别企业和国家经济而言,国际化经营变得越来越重要。公司国际化的主要原因包括:① 进入新市场;② 取得原材料;③ 发现新技术;④ 提高生产效率;⑤ 避开贸易壁垒。

造成国内企业和国际企业在财务管理上的差异的六个主要因素包括:① 币种差异;② 经济和法律的差异;③ 语言差异;④ 文化差异;⑤ 政府作用;⑥ 政治风险。

- 简单来说,税金必须使用现金支付,我们知道,估值的关键因素是现金流也即资产在使用期限内产生的现金流。因此,在制定财务决策时必须考虑税收对现金流的影响。然而,税金虽然能减少可以用于公司再投资的经营现金流,也同样可以降低公司的借款成本。

在本书中你学习到的基本知识将有助于你理解:① 怎样评价公司或行业未来发展的前景及它们保证你投资安全性的能力;② 确定在投资时你愿意承担的风险大小;③ 评估你的投资项目的表现,从而保证你正确地投资你的资金。

个人理财相关知识

- **估值**——在本书中,我们将发现估值的概念相当容易掌握,即估值建立在资产预计未来产生的现金流(无论是数量还是时间)以及与这些现金流相关的风险的基础上。如果你掌握了这个概念,你应该就可以估计项目的价值,并根据它们目前的市价作出明智的投资决定。

- **投资目标**——当你把钱投资于一家公司的股票时,你希望股票的价值能迅速增加,也即你希望股价最大化。因此,你希望公司的经理们能作出使公司价值最大化的决策。当经理在作决策时追求的是个人利益而不是股东的最大利益,即代理问题产生时,你可能会卖出这家公司的股票,转而去投资那些经理能"做正确的事"的公司。

- **道德**——在投资时,你应该表现出符合伦理道德的行为,即你和其他投资者交往应该公正而诚实。同时,你也会倾向于投资那些具有道德的公司,投资这些有良好公司治理政策的公司被证明比投资那些缺乏公司治理政策的公司更好。

- **税金**——不要忘记税金!当投资或借款时,在作决定之前你应该考虑税金的影响。除了免税项目,税金都会减少投资项目的收益。例如,假设你处于 25% 的纳税等级,你投资了 1 000 美元购买了一只股票,6 个月后卖出得到 1 100 美元。由于支付税金,必须把 100 美元纳入应税收入,这意味着你的投资收入要支付 25 美元的税金。因此,你的税后投资收入为 75 美元,税后收益率为 7.5%,这低于税前 10% 的收益率。在作出投资决策时,你应该比较投资项目的税后收益率。在贷款决策中适用同样的逻辑。

思考题

6-1 企业组织的三种主要形式是什么?每种的优点和缺点是什么?

6-2 公司价值最大化的含义是什么?

6-3 股东财富最大化应该是长期还是短期目标?例如,如果一个活动能使公司股价从目前的 20 美元提高到 6 个月后的 25 美元,5 年后达到 30 美元;另一个活动可能使股价停留在 20 美元的水平好几年,5 年后提高到 40 美元,哪项活动较好?公司的哪些活动可能使股价出现这样的走势?

6-4 哪种产业的企业更可能采取社会意识(socially conscious)的活动,垄断产业还是竞争产业?请解释。

6-5 股价最大化和利润最大化的差异是什么?哪种情况可能促使利润最大化而不是股价最大化?

6-6 如果你是一家大型上市公司的总裁,你会追求股东财富最大化还是自身利益最大化?股东可能采取哪些活动以确保管理层的利益和股东利益保持一致?哪些因素会影响管理层的行为?

6-7 United Semiconductor 公司的总裁在年度报告中声称:"公司的主要目标是逐渐增加普通股股东的股权价值。"在报告的后半部分,我们看到以下声明:

a. 公司捐助 150 万美元给总部设在旧金山的交响乐团。

b. 公司正投入 5 亿美元在墨西哥建造新工厂,前 4 年这个工厂将没有任何收入,因而这段期间的利润比没有建造新工厂的时候要低。

c. 公司的债务增加,在此之前的债务为 35%,股权为 65%,之后的融资组合中债务和股权各占 50%。

d. 在生产过程中电力消耗多,公司自行发电解决了大部分用电需求,未来公司计划使用核电而不是煤炭发电。

e. 公司以往将盈利的一半支付股利而保留另外的一半,今后将只支付 30% 的股利。

讨论公司的股东、顾客和员工对公司上述活动会如何反应,并说明每个活动如何影响公司的股价。

6-8 为什么美国公司在国外而不是在国内建造厂房进行生产?

6-9 相对于美国"公开的"公司股权结构,许多"封闭的"非美国公司的股权结构有哪些优点?你能想到有哪些缺点吗?

6-10 一般来说,怎样评估公司价值?影响企业价值的三个因素是什么?说明每个因素的影响效果。

6-11 什么是公司治理?公司的治理政策与公司是否以符合道德的方式经营相关吗?请解释。

6-12 公司能不能牺牲其他利益相关者的利益来实现股东的最大利益以维持公司的运营？

6-13 与单纯的国内公司相比，哪些因素使得跨国公司财务管理更加复杂化？

6-14 假设你持有通用汽车的股票100股，在上期报告中公司每股盈利6美元，再假设GM把盈利全部用于支付股利(你将收到600美元股利)或将盈利全部留存用于购买更多资产，因而每股股价将上涨6美元(你的股票将增值600美元)。

a. 税法对作为股东的你要求公司的作为有什么影响？

b. 你的选择会受到你有多少其他收入的影响吗？为什么一位35岁的医生对公司股利政策的需求可能不同于以小额收入维生的退休者的需求？

c. 公司有关支付股利的决策如何影响股价？

6-15 公司收入重复征税有什么含义？

6-16 如果你想要创业，哪种税收会让你偏好私有制或合伙制而不是公司制？你认为在决策时哪种税率影响更大，平均税率还是边际税率？

6-17 说明联邦所得税结构如何影响美国企业的融资选择(使用债务融资和股权融资的决策)。

计算题

注意:在本书出版的时候，国会肯定已经修改了税率及税法的其他条款。如本章提及，这种变化经常发生。在本章提供的信息和在表6A-1、表6A-2提供的税率下答题。

6-1 Ramjah公司今年产生了200 000美元的应税收入。

a. 今年要缴纳的联邦所得税是多少？

b. 假设公司从它拥有的债券中获得了40 000美元的额外收入，这笔利息收入应纳税多少？

c. 假设Ramjah没有收到这笔利息收入，但是从它所持的股票上获得了额外40 000美元的股利，这笔利息收入要纳税多少？

6-2 Zocco公司在扣除所有经营成本之后的应税收入为365 000美元，但没有包括：① 利息费用50 000美元；② 股利收入15 000美元；③ 股利支出25 000美元；④ 所得税。

a. 公司的应交所得税和税后收入分别是多少？

b. 公司应纳税所得额的边际税率和平均税率是多少？

6-3 几天前，Deanna以每股35美元的价格购买了100股微软公司的普通股。Deanna是单身，她的应税收入(扣除和减免之后)为75 000美元。计算在以下情况下资本利得的应纳税额：

a. Deanna持有股票5个月后以每股40美元的价格卖出。

b. Deanna在购买股票13个月后以每股45美元的价格卖出。

c. Deanna直到4年后的今天，以每股105美元的价格卖出股票。

6-4 计算在以下情况下资本利得的应纳税额：

a. 一个人在2年前以950美元购入的地方债券，现在以1 150美元的价格出售。

b. 一个人以每股10美元的价格购入100股其他公司的股票，2年后以每股12美元的价格出售。

c. 一家公司以每股55美元的价格买入100股其他公司的股票，2年后以每股57美元的价格出售。

6-5 过去15年每年Angell公司的税前收入为150 000美元，预期未来也是如此，但今年公司遭受650 000美元的损失，在申报今年所得税的同时，它提出税收减免的申请，并将收到美国财政部的退税支票。列出Angell公司有关税收减免的计算，并列出未来5年每年的公司应纳税额。假设全部收入都适用30%的税率。

6-6 Glasgo公司于2012年成立，其未来几年的预期纳税收入如下表所示(损失以括号中的数字表示)。利用本章附录中的税率计算每年的公司所得税。

(单位:美元)

年份	应税收入
2012	(95 000)
2013	70 000
2014	55 000
2015	80 000
2016	(150 000)

6-7 Kate 几年来以私有制形式经营修理店,但企业收入的预期变化使她不得不考虑改为公司制的问题。Kate 已婚并育有两个小孩,家庭唯一的收入来自经营企业的工资 55 000 美元(实际上企业的收入不只这些,但 Kate 把其他的盈利再投资于企业),她的税收减免额为 19 500 美元,这些减免额加上一家四口的免税额 14 800(= 3 700 ×4) 美元,使得她的应税收入为 20 700(= 55 000 – 19 500 – 14 800) 美元。当然,如果不实行公司制,其实际收入还要加上那些作为再投资的盈利。Kate 估计 2013—2015 年工资及纳税前的企业盈利如下表所示:

(单位:美元)

年份	工资和纳税前盈利
2013	90 000
2014	120 000
2015	150 000

a. 在以下两种企业组织形式下,每年 Brown 的总纳税额(公司加个人税收)分别为多少?

(1) 公司制(2013 年纳税额 = 7 505 美元);

(2) 私有制(2013 年纳税额 = 7 505 美元)。

b. Brown 是否应该实行公司制?请讨论。

6-8 Margaret 在 2012 年的情况如下:工资 60 000美元,股利收入 10 000 美元,IBM 债券利息 5 000美元,佛罗里达州地方债券利息 10 000 美元,卖出 IBM 股票收入 22 000 美元(在 2001 年以 9 000 美元买入这些股票),2012 年 11 月卖出 IBM 股票收入 22 000 美元(2012 年 10 月以 21 000 美元买入这些股票)。Margaret 本人享受的个税减免额为 3 700 美元,可抵免额为 6 500 美元,这些金额将从其总收入中扣除后再计算应税收入。

a. 2012 年 Margaret 的联邦所得税为多少?

b. Margaret 的平均税率和边际税率分别是多少?

c. 如果她有一笔钱想要投资,她应该选择收益率为 9% 的佛罗里达州地方债还是收益率为 11% 的 IBM 债券? 为什么?

d. 边际税率为多少时这两种债券对 Margaret 来说效果相同?

6-9 Lexy 与 4 岁的儿子住在 Lexy 父母拥有的公寓中,父母以每月 200 美元的租金很便宜地把这个豪华连体公寓租给她。Lexy 在当地一家医院工作,职务是医师助理,工资为每年 45 200 美元。

a. Lexy 的纳税额是多少?

b. 如果 Lexy 有汽车贷款 15 000 美元,每月分期付款 484 美元,今年支付利息的部分是 1 300 美元,这种情况对其纳税额有什么影响?

6-10 Donald 与妻子 Maryanne 住在洛杉矶郊区的一栋公寓里。Donald 在 Pittsford Cast lron 工作,年薪 50 000 美元;另外,他和 Maryanne 从 10 年前购买的债券中获得利息 2 500 美元。为增加收入,Donald 在几年前购买了用于出租的房产,每月租金总和为 3 500 美元,Maryanne 负责出租房屋管理工作,年薪 15 000 美元。2012 年 Donald 对出租房屋和自住房屋的水管进行维修,前者花费 1 250 美元,后者花费 550 美元。2012 年 Donald 支付房地产抵押贷款利息和房地产税合计 18 000 美元,其中出租房屋的部分是 12 650 美元,自住房屋的部分是 5 350 美元。这对夫妻的三个孩子都已经从医学院毕业,且全都在外地当医生。

a. 2012 年 Jefferson 的应纳税额是多少?

b. 如果 Jefferson 没有出租房屋,其应纳税额是多少(如果 Jefferson 不出租房屋,Maryanne 将没有工作)?

c. 出租房屋的水管修理费可以从应税收入中扣除,而自住房屋的修理费却不能这样做,为什么?

综合题

6-11 Kimble 先生在很多年前中了巨额彩票头奖之后就“退休”了,现在他想开设一家体育纪念品公司。他打算以职业运动员纪念品(Pro Athlete Remembrances) 为公司命名,或简称 PAR。Kimble 先生仍然在计划阶段,因此对于 PAR 怎么组织、什么时候开业以及未来公司成功后应如何做有一些疑问。Kimble 先生对财务概念的了解很少。为了回答以上问题并对财务有更多的了解,Kimble 先生雇用了阳光商业咨询公司(SBC)。假设你是 SBC 的新员工,你的老板让你为 Kimble 先生解答以下问题:

a. 企业的组织形式有哪些? 它们各自有哪些优缺点?

b. 在设立 PAR 时,你推荐 Kimble 先生采用哪种企业组织形式? 为什么?

c. 假设 PAR 在设立时采用私有制的组织形式。如果 PAR 取得成功并迅速增长,你会推荐 Kimble 先生将公司变为合伙制还是公司制?为什么?

d. 在经营 PAR 时,Kimble 先生追求的目标是什么?

e. 假设 PAR 在设立时采用私有制,Kimble 先生计划在未来某个时候将 PAR 转变为公司制。作为所有者之一的 Kimble 先生在 PAR 转变为公司制后将面临哪些潜在的问题?讨论这些潜在问题的解决办法。

f. Kimble 先生希望企业得到发展,并在未来某个时候在国外开展业务。为什么公司要"走向全球"?

g. 讨论 Kimble 先生在国外市场经营企业时会遇到的差异和问题。

6-12　为了解决第 4 章和第 5 章中职业网球运动员 Michelle 提出的综合性问题,你需要大量地加班,因此你没有什么时间来处理你的个人财务问题。现在是 4 月 1 日,你只剩下两周的时间申报你的个人所得税。你设法将计算收入时所需的所有信息进行汇总。

a. 你所在的公司——Balik and Kiefer 公司付给你的工资为 50 000 美元,你从持有的债券中获得的利息收入为 3 000 美元。你单身并计划使用标准扣除而不是逐条列支。

(1) 在以上问题所给的信息和表 6A-1 个人所得税税率的基础上,你的纳税额为多少?

(2) 你的边际税率和平均税率是多少?

b. 你还要计算你父母拥有的公司的纳税额。这家公司经营产生的应税收入为 100 000 美元,加上 5 000 美元的利息收入和 100 000 美元的股利收入。公司在上年支付了 8 000 美元的股利。公司的应纳税额为多少?

c. 假设在第 a 题下,支付完你的个人所得税后,你还有资金进行投资。你将你的投资范围缩至收益率为 7% 的加利福尼亚州地方债券和收益率为 10% 的 AT&T 债券。你会选择哪种投资?为什么?边际税率为多少时选择加利福尼亚州地方债券和 IBM 债券效果相同?

计算机相关问题

利用电子表格,回答本部分的问题。

6-13　本题需要你根据以下信息重新解答计算题 6-7,使用电子表格中的 C06 文件夹。

a. 假设 Kate 决定支出企业税后收入的 ① 50%;② 100% 作为股利。这样的股利政策会怎样影响她将企业转为公司制的决定?

b. 假设随着企业的发展,企业在扣除工资和税金之前的实际收益为当初预计的 2 倍。假设 Kate 选择实行公司制,她的工资仍然为 55 000 美元,并将剩余的钱再投资于公司(不支付股利)。这种增长会怎样影响她将企业转为公司制的决定?

附录 6A

2011 年税率表

表 6A-1 列出了 2011 年的个人税率,表 6A-2 列出了 2011 年的公司税率,尽管这些税率仅适用于 2011 年,但你还是要利用它们来计算本章所有问题的纳税额。

表 6A-1　2011 年个税税率表

单身纳税人

应税收入档次			税基		加一定百分比的税基		平均税率
1 美元	–	8 500 美元	0.0 美元	+	10.0%	0 美元	10.0%
8 501 美元	–	34 500 美元	850.0 美元	+	15.0%	8 500 美元	13.8%
34 501 美元	–	83 600 美元	4 750.0 美元	+	25.0%	34 500 美元	20.4%
83 601 美元	–	174 400 美元	17 025.0 美元	+	28.0%	83 600 美元	24.3%
174 401 美元	–	379 150 美元	42 449.0 美元	+	33.0%	174 000 美元	29.0%
379 151 美元	–		110 016.5 美元	+	35.0%	379 150 美元	35.0%

已婚纳税人合并申报

应税收入档次			税基		加一定百分比的税基		平均税率
1 美元	–	17 000 美元	0.0 美元	+	10.0%	0 美元	10.0%
17 001 美元	–	69 000 美元	1 700.0 美元	+	15.0%	17 000 美元	13.8%
69 001 美元	–	139 350 美元	9 500.0 美元	+	25.0%	69 000 美元	19.4%
139 351 美元	–	212 300 美元	27 087.5 美元	+	28.0%	139 350 美元	22.4%
212 301 美元	–	379 150 美元	47 513.5 美元	+	33.0%	212 300 美元	27.1%
379 151 美元	–		102 574.0 美元	+	35.0%	379 150 美元	35.0%

注:(1) 2011 年每人的免税额为 3 700 美元。总免税额可以从收入中扣除以计算应税收入。例如,对于四口之家,总免税额为 14 800(= 4 × 3 700)美元。

(2) 如果纳税人不想列支扣除额(如不动产抵押贷款的利息支付、慈善捐款等),他可以采用标准扣除额。2011 年,单身纳税人的标准扣除额为 5 800 美元,已婚采用合并申报的纳税人的标准扣除额为 11 600 美元。

(3) 个人免税额和标准扣除额都是从高收入纳税人逐步推广的。

(4) 持有资产少于 12 个月(短期)的资本利得的税率适用纳税人的边际税率,持有资产 12 个月或更长(长期)的适用 15% 的税率(边际税率为 10% 或 15% 的纳税人为零)。

表 6A-2　2011 年公司税率表

应税收入档次			税基		加一定百分比的税基		平均税率
0 美元	–	50 000 美元	0 美元	+	15%	0 美元	15.0%
50 001 美元	–	75 000 美元	7 500 美元	+	25%	50 000 美元	18.3%
75 001 美元	–	100 000 美元	13 750 美元	+	34%	75 000 美元	22.3%
100 001 美元	–	335 000 美元	22 250 美元	+	39%	100 000 美元	34.0%
335 001 美元	–	10 000 000 美元	113 900 美元	+	34%	335 000 美元	34.0%
10 000 001 美元	–	15 000 000 美元	3 400 000 美元	+	35%	10 000 000 美元	34.3%
15 000 001 美元	–	18 333 333 美元	5 150 000 美元	+	38%	15 000 000 美元	35.0%
18 333 334 美元	–		6 416 667 美元	+	35%	18 333 333 美元	35.0%

注:资本利得和一般收入适用相同的税率。

附录 6B

(本章自测题答案)

(单位:美元)

	2013	**2014**	**2015**
Tpsonhom 公司制的税金			
支付工资和纳税前的收入	70 000.0	100 000.0	120 000.0
减:工资	(50 000.0)	(50 000.0)	(50 000.0)
公司应税收入	20 000.0	50 000.0	70 000.0
公司所得税	(3 000.0)ᵃ	(7 500.0)	(12 500.0)
工资	50 000.0	50 000.0	50 000.0
减:减免和扣除额	(23 100.0)	(23 100.0)	(23 100.0)
应税个人收入	26 900.0	26 900.0	26 900.0
个人所得税	(3 185.0)ᵇ	(3 185.0)	(3 185.0)
公司和个人税额合计	6 185.0	10 685.0	15 685.0
Tpsonhom 私有制的税金			
总收入	70 000.0	100 000.0	120 000.0
减:减免和扣除额	(23 100.0)	(23 100.0)	(23 100.0)
应税个人收入	46 900.0	76 900.0	96 900.0
私有制企业纳税额	6 185.0	11 475.0ᶜ	16 475.0
公司制的好处	0	790.0	790.0

注:a 2011 年公司税 = 0.15 × 20 000 = 3 000(美元)

b 2011 年个人税(如果 Tpsonhom 采用公司制) = 1 700 + (26 900 − 17 000) × 0.15 = 3 185(美元)。

c 2011 年私有制所得税 = 9 500 + 0.25 × (76 900 − 69 000) = 11 475(美元)。

公司制可以让企业在 2014 年和 2015 年缴税最少;因此,在 3 年税收的基础上,Tpsonhom 应把企业转为公司制。然而,应该注意的是,要想从公司获得供自己花费的钱,Tpsonhom 必须分配股利,而这会使他必须缴纳个人所得税。因此,未来公司分配股利时,必须支付额外的个人所得税。

第7章
财务报表分析

根据美国 SEC、财务会计准则委员会(FASB)、美国会计师协会(AICPA)的要求,美国企业通过公布各种财务报表和其他报告,对公司的经营情况加以"全面、公正"的披露。公司公布的其中一种报告是年度报告(年报),年报传递的信息通常不仅限于财务信息,例如,一些公司把年报视为展示高管及对公司未来前景进行促销的机会,而与财务信息无关。公司常常在公布年报前 6 个月就开始操作,许多公司雇用专家来设计和撰写年报,以确保最后的报告看起来清晰易读。一些公司为自己年报独特的包装设计而自豪。例如,从 1977 年起,McCormick & Company 把自己生产的一种香料加入印制年报的纸张中,2010 年的是豆蔻的味道——一种主要在亚洲尤其是印度使用的香料,中东更喜欢肉香或咖啡的气味。

在很多情况下,年报中有很多溢美之词会转移报告提供有关公司客观的财务信息的真实目的。当然,一些公司仍然维持年报的原来目的——传递公司的财务信息。Berkshire Hathaway 就是这样的公司,这家公司的传奇董事长沃伦·巴菲特说:"我假设我有一个很聪明的合伙人,他已经离开一年,想要知道这一年来发生的事情。"因此,他在致股东的信中常常承认错误,并强调负面影响。在信中,他还教育股东,帮助他们了解报告其余部分提供的数据。Berkshire Hathaway 的年度报告几乎没有溢美之词,让股东自由地把重点放在公司的财务报告和巴菲特的解释上。有些公司的 CEO 可能认为这种露骨的做法对一般股东来说太乏味,使其被迫接受过多的信息。而巴菲特提供财务信息的方法似乎有效,因为 Berkshire Hathaway 的股东比一般股东更精明。如果你想了解巴菲特的一些说明,可以登录 Berkshire Hathaway 的网站(http://berkshirehathaway.com)。

越来越多的公司认识到表面光鲜的年报已经使那些严肃追求财务信息的投资者失去信心,而且印刷成本越来越高。随着电子信息的发展,最近几年的趋势是在公司网站上公布年报,并且提供股东的地址,这样的年报已经没有原来的华丽了。

当你阅读本章时,想一想公司提供给股东的信息种类。你认为基本的财务报表能否为投资决策提供足够的数据？还有哪些信息有帮助？思考一下对巴菲特在公司年报中附一封诚恳且自我批评的信的支持和反对意见。你建议其他公司效仿这种做法吗？

学习目标

在阅读完本章后,你应当能够：

(1) 描述公司公布的财务报表,并讨论每一种报表提供的信息。

(2) 讨论投资者应如何使用财务报表。

(3) 描述财务比率并讨论为什么这种分析结论对经理和投资者都非常重要。

(4) 描述与财务报表分析相关的潜在问题。

(5) 解释财务报表分析中最重要的因素。

在第6章,我们已经表明经理应该努力实现公司股票价值最大化。我们还注意到,股票的价值取决于公司在未来可能产生的现金流。因此,为了评估公司价值,经理和投资者都必须能评估公司未来的现金流。在本章,我们给出一些如何通过公司公布的财务报表完成这些任务的指示。

财务报表分析包确定公司目前的财务状况,以确定优势和劣势,并提出公司采取行动的建议,以扬长避短。在本章,我们将讨论怎样使用公司的财务报表来评估公司当前的财务状况。在后面的章节中,我们可以看一下公司可以利用哪些方法来提高其未来的财务状况,进而提升其股票价格。

7.1　记录公司活动——财务报表

对会计的历史和发展以及财务报表的产生进行简单的讨论,能够为为什么需要这样记录以及怎样使用它们提供指标。[①] 很多人认为会计产生于四千多年前古美索不达米亚的《汉谟拉比法典》,它要求商人以书面的形式提供商品和服务的价格,这样销售协议就被记录下来。商人为了确保解决有争议的交易也将交易历史记录下来;如果没有这些事项的书面证据,交易通常是无效的。因此,对商人而言,保证交易记录的准确性非常重要,包括所售商品的价格、数量、质量等。

随着社会发展得越来越复杂,政府为公民提供了更多的服务,税收作为政府服务资金的重要来源,"会计"成为确定税收和征税的重要组成部分。簿记员在这一时期保存税收记录。对"会计违规行为"的制裁包括罚款、判刑甚至死亡。因此,簿记员被要求必须提供真实、准确的记录。

---

① 本节大部分的信息可以在 ACAUS 网站上的会计历史页面中找到,网址为:http://www.acaus.org。关于会计历史的更多信息请访问该网站。

根据已有的记录,现代会计直到 15 世纪 Benedetto Cotrugli 引入复式记账法才出现,几十年后,Luca Pacioli 将这一方法发展得更为完善,Pacioli 认为,为了企业的成功,商人必须获得资金(现金或贷款)以维持日常运营,并且需要一种可以让商人更容易确定自己财务状况的方法。他建议商人在设立企业之前,记录个人和企业的所有资产与负债,还指出这些记录应该时时更新。

从对会计发展历史的简单学习可以看出,"财务账簿"在历史上提供了企业财务状况的重要信息。今天,财务报表也提供相似的信息,这对公司的利益相关者而言非常重要。经理们可以用财务报表中包括的信息使公司的价值最大化;投资者(股东或债权人)可以在制定投资决策时据此评估公司状况。

财务报告

在公司对投资者发布的各种报告中,**年报**(annual report)是最重要的一种。年报披露两类信息。首先是文字部分,通常是公司董事会主席的一封公开信。信中首先对公司过去一年的营运状况作一个描述,然后讨论一下有可能对未来营运产生影响的发展计划。其次是四种基本的年度财务报表:资产负债表、利润表、现金流量表和留存收益变动表。这四种表合起来就提供了一个完整的关于公司营运和财务状况的信息,包括最近两年的详细数据和过去五年或者十年内主要统计数据的历史摘要。②

包含在年报中的数字和文字信息同等重要。财务报表显示过去几年公司的财务状况、盈利和股利如何变动,而文字信息则对情况变化的原因作出说明。为了说明年报的用处,我们利用来自 Argile 纺织公司的数据。Argile 纺织公司是 1990 年在北卡罗来纳州成立的一家纺织品制造商和经销商。Argile 纺织公司的业务稳定增长,并以出售高质量的产品赢得了良好的声誉。

在最近的年报中,管理层指出棉花歉收的损失、三个月的罢工和更新设备的成本导致盈利下降了 6.25%。接下来,管理层描绘了未来乐观的前景,包括恢复全面运营、裁减无利可图的部门等,他们预期下一年的利润会有大幅的提升。当然盈利也可能不会大幅提升,分析师通过把管理层过去的声明与后来的结果进行比较,来确定这种乐观的观点是否会实现。无论如何,投资者利用包含在年报中的信息,形成对未来的盈利和股利的预期。显然,投资者会对年报相当感兴趣。

本书旨在对金融进行简单的介绍,Argile 纺织公司的财务报表构建得较为简单直接。此时,公司资产的资金来源只有债务和普通股,即 Argile 纺织公司没有优先股、可转换金融工具或衍生金融工具。公司只有经营所需的基本资产,包括现金和有价证券、应收账款、存货和一般固定资产。因此,Argile 纺织公司没有需要复杂会计应用的资产。

---

② 公司也提供季报,但季报不像年报那样全面。另外,大公司还提交给 SEC 更为详尽的各部门或子公司的报表,这些报表称为 10-K 报告,根据股东的要求随时供其查阅。很多大公司把这些报告放到本公司的网站上。最后,很多大公司还发行统计补充资料,提供过去 10—20 年的财务报表数据和重要的财务比率。

7.2　财务报表

在分析 Argile 纺织公司与其他公司相比的财务状况之前,让我们首先来看看公司公布的财务报表。[③] 投资者可以使用财务报表中包括的信息来估计公司未来可能产生的现金流。

7.2.1　资产负债表

资产负债表(balance sheet)显示某一特定时点公司的财务状况。它显示公司的资产以及为这些资产融资的渠道(债务还是股权)。图 7-1 表明了简单资产负债表的一般设置。表 7-1 详细列出了 Argile 纺织公司 2011 年 12 月 31 日和 2012 年 12 月 31 日的资产负债表。12 月 31 日是会计年度的最后一天,在这一天 Argile 纺织公司要"抢拍"它的现有资产、负债和所有者权益构建资产负债表。在本节,我们将关注最新的资产负债表——2012 年 12 月 31 日的资产负债表。

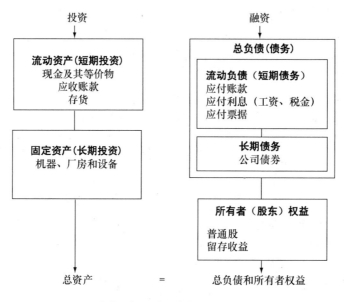

净营运资本=流动资产-流动负债
所有者权益=总资产-总负债

图 7-1　简单资产负债表的设置

---

③　我们应该注意到,美国公司未来公布的财务报表可能与我们在本节描述的不同,因为现在有一个趋势,要求世界各地的公司,尤其是跨国公司遵循共同的准则,即国际财务报告准则(IFRS)。IFRS 由 IASB 开发,致力于使公司发布的财务报告标准化,其目的在于使跨国公司在编制财务报表时更加容易。过去由于所处国家的不同,跨国公司的财务报告方式存在巨大的差异。此外,IFRS 也使在世界各地经营的企业的财务报表更容易进行比较。目前,很多国家要求或推进公司在其境内遵循 IFRS。IFRS 的支持者认为无论公司的母国是哪里,使用一套会计标准就能推进全球性的财务报告以及提高监控公司的能力。目前 SEC 正在检验美国公司使用 IFRS 的可行性。因此,似乎在不远的将来存在美国采用 IFRS 的一个不错的时机。以下几节的具体信息可能在采用 IFRS 后会有所不同。然而,IFRS 规则和用来评估公司财务状况的技术不会有太大的变化。

资产表现为公司的投资,分为短期(流动)资产和长期资产(见图7-1)。流动资产包括在一年内清算或可变现的项目,而长期或固定资产包括在长时间内产生现金流的投资。如表7-1所示,Argile纺织公司在2012年年底的流动资产共23 500万美元,包括现金及其等价物、应收账款(应收客户款项)、存货;长期资产净值共19 000万美元,包括建筑物和用于生产纺织产品的设备;因此,公司总资产为42 500万美元。表7-2表明Argile纺织公司资产由55%的短期资(流动)产和45%的厂房和设备(长期资产)构成。

为给资产筹集资金,公司"发行"债务、股权(普通股),或同时使用两种融资形式。债务表示公司的未偿贷款,通常分为两类——短期债务和长期债务(见图7-1)。短期债务通常称为流动负债,包括应付账款(应付供应商款项)、应计项目(应付员工、州和联邦政府款项)和应付票据(应付银行款项)。流动负债指在一年内到期的债务,即这些债务预计在12个月内清偿。如表7-1所示,Argile纺织公司的短期债务共6 500万美元。长期债务包括债券和公司在以前年度发行的其他偿还期限长于一年的债务工具。2012年年底,Argile纺织公司的未偿债务为15 200万美元。Argile纺织公司为资产融资所发行的债务合计为21 700万美元。因此,根据表7-1可知,公司资产的资金来源中51%由债务构成,其中大部分为长期债券(占总负债的70%)。

股权指股东所有权,它不像债务那样必须"偿还"。权益总额是指如果公司资产按资产负债表上报告的价值出售,公司债务按资产负债表上报告的价值清偿后属于公司股东的款项。因此,公司的**普通股股东权益**(common stockholders' equity)或**净资产**(net worth),等于总资产减去总负债。表7-1表明,Argile纺织公司在2012年年底的净资产为20 800万美元。然而,这并不意味着如果Argile纺织公司清算资产并偿还所有负债后,公司的普通股股东能得到20 800万美元。假设不是所有的应收账款都能收回,或一些存货必须以低于资产负债表上的价值出售。如果公司债务保持不变,公司债权人(债务持有者)希望在股东获利之前,自己持有的债务能得到全部偿还,所以股东权益价值会降低。例如,如果Argile纺织公司清算现在的所有资产后只能收回40 000万美元,在偿还债务后,这笔款项会剩下并可以分配给股东的金额为18 300万美元(40 000万美元清算所得减去21 700万美元需要偿还的债务),而不是资产负债表中权益部分所显示的20 800万美元。这个简单的例子说明了股东要承担的资产价值波动。然而,应注意的是,如果资产价值上升,这些增加的收益将由股东独享。公司净资产的变化通过留存收益账户反映;例如,如果资产负债表中资产部分的坏账被注销,那么留存收益表中的权益部分就会减少。

应注意到表7-1中,普通权益部分由两个账户组成——普通股和留存收益。普通股账户表示Argile纺织公司在发行股票筹集资金时股东支付的款项。Argile纺织公司只发行了一次股票——在其成立的1990年——所以普通股账户金额仍然为6 600万美元。**留存收益**(retained earnings)账户金额实际上表示Argile纺织公司成立以来资产留存和再投资获得的总收入。认识到资产负债表中留存收益账户金额表示的是公司在过去几年里储蓄而不是作为股利发放的累积收入是非常重要的。根据表7-1可知,Argile纺织公司保留了1990年以来的所有收入14 200万美元。这笔金额在过去这几年可以作为股利发放给股东,但Argile纺织公司却决定把这些资金用在其投资项目上。

表 7-1　Argile 纺织公司的比较资产负债表(12 月 31 日)

(除每股数据外,金额数据单位为百万美元)

	2012		2011	
	金额	占总资产百分比(%)	金额	占总资产百分比(%)
资产				
现金和可交易证券	10.0	2.4	20.0	5.3
应收账款	90.0	21.2	80.0	21.3
存货	135.0	31.7	101.0	26.9
流动资产合计	235.0	55.3	201.0	53.5
厂房和设备	345.0		300.0	
减:累计折旧	(155.0)		(125.0)	
厂房和设备净值	190.0	44.7	175.0	46.5
总资产	425.0	100.0	376.0	100.0
负债和权益				
应付账款	15.0	3.5%	8.0	2.1
应计项目	30.0	7.1	27.0	7.2
应付票据	20.0	4.7	18.0	4.8
流动负债合计	65.0	15.3	53.0	14.1
长期债券	152.0	35.8	128.0	34.0
总负债	217.0	51.1	181.0	48.1
普通股(发行在外 11 000 000 股)	66.0	15.5	66.0	17.6
留存收益	142.0	33.4	129.0	34.3
所有者权益	208.0	48.9	195.0	51.9
负债和权益合计	425.0	100.0	376.0	100.0
每股账面价值	18.91		17.73	
=普通股面值/股数				
每股市价(股票价格)	20.00		20.00	
其他信息				
净营运资本	170.0		148.0	
=流动资产-流动负债				
净资产=总资产-总负债	208.0		195.0	

注:Argile 纺织公司没有优先股,所以所有者权益只包括普通股权益。

表 7-1 中,资产按照流动性或转换成现金所需要的时间进行排序。要求权(负债和所有者权益)按照付款顺序排序。应付账款一般要在 30—45 天内支付,应付利息在 60—90 天内支付,以此类推,一直排列到股东权益账户,这一账户代表了不需要偿还的所有权。资产和负债按照这种顺序排序开始于 15 世纪,Luca Pacioli 认为项目应该按流动性列示,这样现金和其他更容易转换为现金的资产应该首先列示在财务账簿上。[④]

---

④　来自美国特许会计师协会网站 http://www.acaus.org/content.aspx?page_id=22&club_id=825456&module_id=39138 发布的 John R. Alexander,"History of Accounting"。

资产、负债和所有者权益在表 7-1 中同时以金额和在总资产中所占的百分比列示。当项目在资产负债表中以百分比列示时,资产负债表就成为**统一度量式资产负债表**(common size balance sheet)。这种合成比例报表可以更容易地与更大或更小的公司以及相同公司的不同时期进行比较。例如,我们注意到 2012 年 Argile 纺织公司的资产中债务比例为 51%,我们可以将这一百分比与其他纺织公司进行比较,以确定 Argile 纺织公司是否有太多或太少的债务。我们会在本章后面作这种比较。

资产负债表中的以下几点值得关注:

(1) 现金及其等价物与其他资产

虽然所有的资产都以美元表示,但只有现金及其等价物才是真正可以花的"钱"。应收账款表示其他方欠 Argile 纺织公司的账款;存货表示公司投资在原材料、半成品和待售成品上的资产;固定资产净值表示公司购置厂房或设备时所支付的款项减去累计折旧后的资产净值。非现金资产逐年变现,但它目前不代表现金,可变现量可能高于也可能低于其账面所记载的价值(账面价值)。2012 年年底,Argile 纺织公司有 1 000 万美元可以用来支付账款的现金及其等价物。当然,2013 年,大部分欠 Argile 纺织公司的客户会在 2012 年年底付款,Argile 纺织公司会卖出一些存货获得现金,也会偿还自己的大部分欠款。因此,现金及其等价物的金额在全年都会不断变化。对 Argile 纺织公司而言,在票据即将到期时拥有足够的可用现金非常重要。但是 Argile 纺织公司也不愿意保留太多现金,因为从某种意义上而言,现金是一种闲置资产,它不能为公司带来更多收益。

(2) 可选择的会计方法

不同的公司会采用不同的会计方法确定资产负债表上的账户余额。例如,Argile 纺织公司在计算存货价值时用的是 FIFO 法(先进先出法,first-in, first-out)。它也可以采用 LIFO 法(后进先出法,last-in,first-out)。在价格上涨期,与 LIFO 相比,FIFO 可以提高资产负债表中存货资产的价值,而降低商品销售成本,从而提高账面收入净额。

有时公司在编制股东使用的财务报表时使用的是一种方法,而在纳税或者出具内部报告时使用的又是另一种方法。例如,加速折旧法可以降低应税收入,因此,报税时,有些公司会尽量使用加速折旧法,而在提供给股东的报表中,可能又会使用直线折旧法,从而提高公司的收入净额。这种做法并不涉及法律或者道德问题,但是,在利用财务报表评估公司价值的时候,必须清楚地认识到编制财务报表时可以选择使用多种会计方法。

(3) 普通权益账户的细分

Argile 纺织公司资产负债表中普通权益部分由两个账户组成:普通股和留存收益。一些公司的普通权益可以分为三个账户:普通股面值、实收资本和留存收益。之前我们提到留存收益账户是公司逐年累积的"储蓄"或者再投资,公司把一部分收益而不是把所有的收益都作为股利分给股东。其他两个普通股权益账户则是为筹措资金(资本)而发行股票设立的。当公司为投资资产发行普通股筹集资金时,投资者为股票支付的金额必须在资产负债表中的权益部分披露。例如,Argile 纺织公司在公司成立时以每股 6 美元的价格发行了 1 100 万股股票,筹集到了 6 600 万美元。因此,Argile 纺织公司的股东为公司投资提供了 6 600 万美元的资金。因为 Argile 纺织公司的普通股没有面值,所以发行的全部款项记入"普通股"账户。

如果 Argile 纺织公司的普通股每股面值为 2 美元,股票发行筹集到的资金要记入两个账

户:普通股面值和实收资本。记入"普通股面值"账户的金额等于发行的股票面值的总价值,计算如下:

普通股面值 = 总发行股数 × 每股面值 = 1 100 万股 × 2 美元 = 2 200 万美元

股东支付的高于(超过)面值的金额记入"实收资本"账户。在本例中,因为发行的总价值为6 600 万美元,剩下的 4 400 万美元将记入"实收资本"账户。这一金额还可以通过每股市价超过股票面值的部分乘以发行股数计算得到。如果 Argile 纺织公司股票的面值为 2 美元,每股发行价为 6 美元,额外的 4 美元被看作实收资本。因此,记入实收资本的金额为 4 400 万美元 =(6 美元 – 2 美元)×1 100 万股。

对普通股账户进行分解是为了证实公司是否真正有权益账户上显示的盈利,或者资金是否从出售(发行)股票得来。这些信息对债权人和股东都非常重要。例如,潜在的债权人想知道公司需要筹措的资金量,而股东则对公司的这些资金的构成更感兴趣。

(4)账面价值与市场价值

在资产负债表上披露的价值,或会计数据,被称为账面价值,它们根据通用会计准则(GAAP)形成。在很多情况下,这些账面价值和资产在市场中的售价都不相同,即**账面价值**(book value)经常不等于市场价值。例如,在 Argile 纺织公司 1990 年建立其初始配送中心时,建筑物价值为 4 500 万美元,这也是其当时的市场价值。因为在过去的这些年对建筑物计提折旧,2012 年,建筑物的账面价值为 1 500 万美元。然而,建筑物的评估(市场)价值为 2 500万美元。因此,建筑物的市场价值(2 500 万美元)要高于其账面价值(1 500 万美元)。

资产的账面价值不等于其市场价值,然而,公司债务的账面价值通常等于或接近其市场价值。因为大部分债务代表在特定的时期支付一定金额的合同义务,资产负债上披露的金额通常是公司实际上欠债权人的金额。

资产负债表权益部分必须等于资产的账面价值减去负债的账面价值(见图 7-1)。如我们之前提到的,资产的账面价值不同于其市场价值,但负债的账面价值接近其市场价值。因此,权益账面价值和市场价值之间的差异主要取决于公司资产账面价值和市场价值的差异。如果公司资产的合计账面价值远低于其市场总价值,那么权益的账面价值也会低于公司股票的市场价值,反之亦然。

(5)时间维度问题

资产负债表是对某公司在某一时点财务状况的"快照"。随着存货的增加和减少、固定资产的增加和撤换、负债的增加和减少,公司的资产负债表每天都在变化。业务呈明显季节性变化的公司的资产负债表在同一年内的变化尤其明显。例如,很多零售商在圣诞节前夕通常会有较多的存货,而在圣诞节之后则存货减少、应收账款增加。因此,资产负债表随编制日期的不同而变化。

7.2.2 利润表

利润表(income statement),通常也称为损益表,它对公司在特定会计期(如一个季度或者一年)内的营运状况进行总结。利润表对会计期内公司所发生的收入和支出项目进行汇总。表 7-2 为 Argile 纺织公司 2011 年和 2012 年的利润表。第一行的销售净值减去包括所得税在内的各项成本,得到普通股股东的净利润。每股收益和每股股利写在表格的最下方。在财务管理中,每股收益(EPS)被称为"底线",表示在利润表的各项数据中,每股收益是最重要的。Argile 纺织公司的每股收益虽然从 2011 年的 2.62 美元跌至 2012 年的 2.45 美元,但是其每股股利仍然有所增加:从每股 1.18 美元增加到每股 1.27 美元。

表 7-2　Argile 纺织公司的利润表(截止到 12 月 31 日)

(除每股数据外,金额数据单位为百万美元)

	2012		2011	
	金额	占销售净值 百分比(%)	金额	占销售净值 百分比(%)
销售净值	750.0	100.0	700.0	100.0
产品销售成本	(600.0)	80.0	(560.0)	80.0
毛利	150.0	20.0	140.0	20.0
固定营业费用(折旧除外)	(55.0)[a]	7.3	(50.0)	7.1
息税折旧摊销前利润(EBITDA)	95.0	12.7	90.0	12.9
折旧	(30.0)	4.0	(24.0)	3.4
净营业利润(NOI) = 息税前利润(EBIT)	65.0	8.7	66.0	9.4
利息	(20.0)	2.7	(18.0)	2.6
税前利润(EBT)	45.0	6.0	48.0	6.9
所得税(40%)	(18.0)	2.4	(19.2)	2.7
净利润	27.0	3.6	28.8	4.1
优先股股利[b]	0.0		0.0	
普通股收益	27.0		28.8	
普通股股利	(14.0)		(13.0)	
留存收益增加	13.0		15.8	
每股数据(1 100 万股)				
每股收益(EPS) = 净利润/流通股数	2.45		2.62	
每股股利(DPS) = 普通股股利/流通股数	1.27		1.18	

注:a 本书所有章节中,括号内的数值均为负数。

b Argile 纺织公司没有优先股。这里显示的优先股股利 0 美元表示优先股股利已经在普通股之前支付了。

完全相同的公司披露的利润相同吗

答案明显是肯定的。然而,即便是两个公司的经营结构完全相同,即设备员工和生产方式完全相同,它们的融资方式仍可能不同。例如,一个公司可能采用大量的债务融资,而另一个公司可能只通过发行股票融资。对债权人的利息支付是税前扣除的,但是股利支付却不能。使用债务融资的公司因为利息支出会有更多免税费用,因此与只使用股权融资的公司相比,其披露的净利润更低。正因为如此,在比较这两个公司的运营时,分析师通常考察它们的净营业利润(NOI),也即息税前利润(EBIT),因为这个数据代表了在考虑公司财务结构影响之前的正常经营成果。Argile 纺织公司 2012 年的 EBIT 为 6 500 万美元。一个和 Argile 纺织公司有着相同经营结构(且遵循相同的会计核算程序)的公司披露的 EBIT 应该等于 6 500 万美元,即使它使用的债务数量不同于 Argile 纺织公司。

净利润决定价值吗

投资者在确定公司在特定时期的业绩表现时通常关注公司产生的净利润。但是,当投资者关心管理层是否追求公司股票价值最大化时,净利润或许不再是适当的检验方式。

回想一下你学过的会计知识,对于大多数公司来说,利润表是按照权责发生制原则编制的,即一笔收入业务发生但现金尚未收到、费用已经确认但尚未发生的时候,利润表中即已将该项计入。因此,利润表中的数值并不完全代表现金流量。然而,要记住,一项投资的价值,如公司的股票价格,是通过其产生的现金流确定的。因此,公司的净利润固然重要,现金流则更加重要,因为维持诸如应收账款的偿还、资产购入和股利支付等正常的商业运作,都缺少不了现金。因此,在财务中我们更关注现金流而不是净利润。

我们知道 Argile 纺织公司利润表上的一个非现金科目是折旧。资产,如建筑物的购买现金支出发生在购买当日,但当一个公司购买长期资产时,其目的在于能在未来的多年内产生收入。折旧就是一种使资产减少的价值与其创造的价值相匹配的方法。例如,表 7-2 显示 Argile 纺织公司 2012 年的净利润是 2 700 万美元,当年的折旧费用是 3 000 万美元。因为折旧费用不需要现金支出,所以 Argile 纺织公司的现金流至少比披露的净利润 2 700 万美元多 3 000 万美元。如果利润表上的非现金项目只有折旧这一个科目,Argile 纺织公司 2012 年产生的净现金流为 5 700 万美元。

当公司出售产品获得现金,并为利润表上的所有费用(扣除折旧和摊销)支付现金时,其净现金流可以通过这个简单的等式计算得到:

$$净现金流 = 净利润 + 折旧和摊销 \tag{7-1}$$
$$= 2\,700\,万美元 + 3\,000\,万美元 = 5\,700\,万美元$$

经理和分析师通常使用这个等式估计公司产生的净现金流,即使在一些客户没有支付货款或公司没有向供应商、员工支付所有应付账款的情况下,等式(7-1)也可以用来估计公司产生的净现金流。为了更好地估计净现金流,也为了更详细地反映公司哪些活动提供现金、哪些活动使用现金,应该编制现金流量表。我们会在下一节讨论现金流量表。

为了更好地达到目的,我们将现金流量分为两类:① 经营现金流量;② 其他现金流量。**经营现金流量**(operating cash flows)是在日常经营中产生的,其本质为生产和销售存货产生的现金收入与支出之差。其他现金流量从诸如借款、固定资产出售或者普通股回购等活动中产生。我们的重点放在经营现金流量上。

出于以下两个原因,经营现金流量可能会与**会计利润**(accounting profits 或营业利润)存在差异:① 销售可能是赊销;② 经营支出也可能并非现金成本。例如,我们知道折旧和摊销支出是非现金支出,因此,分析师在评估公司的经营时通常计算公司的息、税、折旧、摊销前利润(EBITDA)。因为无论是被确认为有形资产价值减少的折旧还是被确认为无形资产(专利、商标等)价值减少的摊销都是非现金支出,EBITDA 提供了公司正常经营预计产生的现金流。Argile 纺织公司 2012 年的 EBITDA 是 9 500 万美元(见表 7-2)。由于公司的折旧费用为 3 000 万美元,所以 EBITDA 比披露的 6 500 万美元的 EBIT 更高。Argile 纺织公司没有摊销费用。

7.2.3 现金流量表

通过考察投资决策(现金的运用)及融资决策(现金的来源),**现金流量表**(statement of cash flows)显示公司的营运如何影响其现金流量状况。现金流量表中所包含的信息有助于回答下面的问题:① 公司现在及未来产生的现金是否足以用于添置固定资产? ② 公司是否拥有超额现金以偿还贷款或进行新的投资? 这些信息对财务经理和投资者都非常重要,因而,现金流量表是年报中非常重要的一个组成部分。

现金流量表的编制并不十分困难。首先,就某种程度而言,公司现金流量的影响已在利润表上有所体现。例如,Argile 纺织公司 2012 年度的净利润为 2 700 万美元,其中包括 3 000 万美元的非现金营业成本——折旧;将折旧加回 2 700 万美元的净利润中,我们估计正常营运产生的现金流量大致应为 5 700 万美元。但大多数公司在编制利润表的时候,都有尚未偿还或收回的应付或应收账款。因而,为调整用利润表中的数据估计的现金流量并解释利润表中没有反映的现金流量的影响,我们需要考察一下资产负债表在讨论期间(Argile 纺织公司 2012 年会计年度)的变动。通过研究从年初到年末资产负债表的变动,我们想知道在这一年中哪些科目是现金的来源、哪些科目是现金的运用。为了确定资产负债表某一账户的变动是现金的来源还是现金的运用,我们可以利用以下简单原则:

现金的来源	现金的运用
负债或权益账户增加	负债或权益账户减少
借款或出售股票,产生现金	偿还贷款或回购股票,支出现金
资产账户减少	资产账户增加
出售存货或收回应收账款,产生现金	购置固定资产或更多的存货,支出现金

运用以上原则,可以确认 Argile 纺织公司 2012 年度资产负债表中哪些账目的变动造成了现金流量的变动。表7-3 是确认结果。另外,该表还显示了 Argile 纺织公司 2012 年度利润表中的现金流量信息。这一信息可以用来建立如表 7-4 所示的现金流量表。[5]

在表7-4 中,对资产负债表账目变动作了以下分类:① 经营活动;② 长期投资活动;③ 融资活动。经营现金流量与商品和服务的生产及销售相关。净利润加折旧是主要的经营现金流量,但由于应收及应付账款、存货和应付利息的变动也影响公司的日常营运,因此,我们把这部分也列为经营现金流量。投资现金流量与厂房、不动产和设备的购置相关。发行债券或新股时,即发生融资现金流入;而支付股利、偿还借款或回购股票时,即发生融资现金支出。我们将这三部分现金流量加总,以确定公司的资产流动性,这主要是用现金和可交易证券变动来衡量的。

---

⑤ 编制现金流量表有两种形式。这里采用的是间接法:通过加总净利润和非现金费用,减去未产生现金流入的收入,从而计算出现金流量。而直接法是通过加总所有现金收入,减去用现金支付的费用后得出现金数额。两种方法计算出来的结果相同,并都为 FASB 所接受。

表7-3　Argile 纺织公司:2012 年度现金来源与运用　　　　　　　(单位:百万美元)

	账户余额		变动	
	2012 年 12 月 31 日	2011 年 12 月 31 日	来源	运用
资产负债表变动				
现金和可交易证券	10.0	20.0	10.0	
应收账款	90.0	80.0		(10.0)
存货	135.0	101.0		(34.0)
厂房和设备	345.0	300.0		(45.0)
应付账款	15.0	8.0	7.0	
应付利息	30.0	27.0	3.0	
应付票据	20.0	18.0	2.0	
长期债券	152.0	128.0	24.0	
普通股(共 1 100 万股)	66.0	66.0	–	–
利润表信息				
净利润	27.0			
加:折旧	30.0			
经营活动产生的现金流量	57.0		57.0	
股利支付	14.0			(14.0)
总计			103.0	103.0

表7-4　Argile 纺织公司的现金流量表(截止到 2012 年 12 月 31 日)　(单位:百万美元)

经营活动产生的现金流量		
净利润	27.0	
净利润加上		
折旧[a]	30.0	
应付账款增加	7.0	
应付利息增加	3.0	
净利润减去		
应收账款增加	(10.0)	
存货增加	(34.0)	
经营活动产生的净现金流量		23.0
长期投资活动产生的现金流量		
购置固定资产		
	(45.0)	
融资活动产生的现金流量		
应付票据增加	2.0	
长期债券增加	24.0	
应付股利	(14.0)	
融资活动产生的净现金流量		12.0
现金净变动款额		(10.0)
年初现金余额		20.0
年末现金余额		10.0

注:a 折旧是一项非现金支出,计算净利润时要扣除,因而计算经营活动产生的净现金流量时要加回。

表 7-4 最上面的部分是经营活动产生和使用的现金流量,Argile 纺织公司的该项数据是 2 300 万美元。经营现金流量主要产生于公司的日常运营,该数额主要来自净利润,并以非现金项目加以调整。Argile 纺织公司 2012 年度经营活动产生的现金为 5 700 万美元(净利润 2 700 万美元加 3 000 万美元的折旧),而存货和应收账款的增加导致的现金流出为 4 400 万美元,除了运营(短期)资金,应付账款和应付利息只增加了 1 000 万美元。表 7-4 的中间部分是长期投资活动。Argile 纺织公司购置了 4 500 万美元的固定资产,这也是 2012 年度唯一的投资项目。表 7-4 最下面的部分是 Argile 纺织公司的融资活动,包括银行借款(应付票据)、发行新债券、支付普通股股利。Argile 纺织公司的借款金额为 2 600 万美元,支付股利 1 400 万美元,因而其融资活动产生的净现金流量为 1 200 万美元。

将以上三部分加总,可以发现,Argile 纺织公司 2012 年度的现金缺口为 1 000 万美元,即 Argile 纺织公司的现金流出比现金流入多 1 000 万美元。如表 7-1(公司资产负债表)所示,该公司通过减少 1 000 万美元的现金及其等价物解决了这部分资金缺口。

财务经理和外部分析师应该对 Argile 纺织公司的情况加以关注,因为该公司的经营现金净流量为 2 300 万美元,而其用于添置设备的现金流出为 4 500 万美元,而且还支付了 1 400 万美元的股利,并且通过大量的借款、提取银行存款和出售可交易证券(现金等价物)来弥补现金缺口。显然这种情况不可持续,必须采取补救措施。我们将考虑在本章之后的内容中介绍财务经理可能采取的措施。

7.2.4 留存收益变动表

不同日期的资产负债表之间普通股权益账户的变化可以在**留存收益变动表**(statement of retained earnings)上得到体现。表 7-5 是 Argile 纺织公司的留存收益变动表。在公司净利润的 2 700 万美元中,公司决定用于商业再投资的资金是 1 300 万美元。因此,资产负债表上的留存收益科目从 2011 年年底的 1.29 亿美元增加到 2012 年年底的 1.42 亿美元。

表 7-5　Argile 纺织公司:2012 年留存收益变动表(截止到 12 月 31 日)(单位:百万美元)

2011 年 12 月 31 日留存收益余额	129.0
加:2012 年净利润	27.0
减:2012 年派发给股东的股利	(14.0)
2012 年 12 月 31 日留存收益余额	142.0

认识到留存收益是对资产的要求权而不是资产本身非常重要。公司持有留存收益的主要目的是对厂房、设备、存货等扩大再投资,而不一定是将款项存入银行。留存收益的变动表示公司在该年度内实现的净利润是被用于再投资,而非作为股利分发给股东。因此,资产负债表上的留存收益不代表现金,也不能用于股利发放或者其他任何目的。[6]

---

⑥　留存收益的多少仅仅代表过去。根据 GAAP,留存收益为正,表示该公司在过去的会计年度内累计利润为正,但是分发的股利小于公司收益。即使公司账上有留存收益甚至有所增长,该公司仍然有可能缺少现金流量。对个人来说亦是如此。一个拥有一辆新的宝马轿车(没有贷款)和很多名贵衣物、珠宝的人,其净资产可能很高,但如果他口袋里只有 25 美分现金、支票账户仅有 5 美元的话,仍然可以说是现金不足。

7.2.5　投资者怎样使用财务报表

在之前的部分我们学习了如何编制财务报表以及在解释公司公布的报表中所包含的数据时应注意的问题。在本部分我们将告诉你,投资者在试图评估公司价值时如何利用财务报表提供有用的信息。尽管这些讨论不是非常详尽,但它还是可以在投资者从财务报表收集到的信息方面给你一些启示。

7.2.6　营运(经营)资本

营运资本是指公司的流动资产,因为对这些资产的投资是保持公司日常经营"运行"的必要条件。例如,没有存货,公司就没有产品可供出售;公司如果不允许客户赊销——赊销会产生应收账款,它可能就无法卖出产成品。这些"经营资产"通常被定义为自然资产,因为它们的价值每天都发生变化的原因是公司的正常经营而不是正式决策的影响。尽管公司部分的营运资本来源于外部投资者,如股东,但这些短期资产的资金来源大部分是由供应商、员工和政府提供的"贷款"。供应商通过允许公司赊购原材料来提供资金;员工通过允许公司每周(月)支付一次(两次)工资而不是每天支付来提供资金;政府通过允许公司定期交税而不是在每次销售或支付工资时就交税来提供资金。这些资金来源在一定意义上是"免费"的,公司无需为此支付利息。另外,这些负债通常被定义为自发形成的资金或自发负债,因为其随着公司正常经营的变动自发地变化,而不是因为公司有意识的努力或订立合约以改变短期融资。此外,更多的正式融资策略,如银行贷款,则需要公司具体的、有意识的措施,并且必须为这些资金支付利息。

投资者关注公司营运资本主要有两个原因:① 短期融资安排必须在短期内支付;② 短期投资的收益率一般低于长期投资。有两种方式可以用来评估公司的营运资金状况,包括净营运资本和净营运流动资金。我们简单地讨论这两种方式,并说明 2012 年 Argile 纺织公司的计算结果。

净营运资本(net working capital)被定义为:

$$净营运资本 = NWC = 流动资产 - 流动负债 \tag{7-2}$$
$$= 23\,500\ 万美元 - 6\,500\ 万美元 = 17\,000\ 万美元$$

这个计算公式表明在 23 500 万美元的流动资产中,有 6 500 万美元是由短期债务筹集的;因此,剩下的 17 000 亿美元是由长期资金,包括债券和普通股提供的。

净营运流动资本被定义为:

$$净营运流动资本 = NOWC = 经营所需的流动资产 - 不负担利息的流动负债 \tag{7-3}$$
$$= 23\,500\ 万美元 - (1\,500\ 万美元 + 3\,000\ 万美元)$$
$$= 19\,000\ 万美元$$

Argile 纺织公司的流动资产包括现金及其等价物、应收账款和存货。所有这些资产都是公司正常运营的一部分。因为 2 000 万美元应付票据表示从银行获得的需要负担利息的短期负债,不负担利息的自发流动负债只包括应付账款 1 500 万美元和应计利息 3 000 万美元。

2011 年,Argile 纺织公司的 NOWC 为 16 600 万美元,所以它的 NOWC 在 2012 年增加了 2 400 万美元。来看一看 Argile 纺织公司这两年的资产负债表,我们发现营运资本资产增加了 3 400 万美元(主要因为存货增加了 3 400 万美元),而不负担利息的负债只增加了 1 000 万美元(从 2011 年的 3 500 万美元增加到 2012 年的 4 500 万美元)。我们会在本章的之后部分使用比率分析评价 Argile 纺织公司财务状况时讨论这一趋势的影响。

7.2.7 经营现金流

之前我们注意到,在公司出售产品获得现金以及为除折旧摊销以外的费用支付现金时,我们可以通过利润表上的净利润金额加上折旧和摊销费用来计算现金流。因此,Argile 纺织公司 2012 年的净现金流为 5 700 万美元。经理和投资者的另一个推测方法是公司产生的经营现金流。经营现金流被定义为:

$$经营现金流 = [NOI \times (1 - 税率)] + 折旧和摊销费用 = 税后净营业利润 + 折旧和摊销费用$$

$$(7\text{-}4)$$

$$= 6 500 \text{万美元} \times (1 - 0.4) + 3 000 \text{万美元} = 6 900 \text{万美元}$$

经营现金流表示如果没有负债,公司可用于投资资产的现金流。换句话说,如果 Argile 纺织公司的所有资产都通过发行普通股筹资,并且资金只用来投资经营资产,包括用于公司正常经营的流动资产和固定资产,公司会产生 6 900 万美元的现金流。但是来看一看 Argile 纺织公司的资产负债表,我们会发现公司有 51% 的债务。利润表表明 Argile 纺织公司在 2012 年支付的利息为 2 000 万美元。因为利息为免税费用,它减少了公司必须支付的所得税金额,所以事实上,Argile 纺织公司并没有为其债务付出 2 000 万美元。与债务相关的净现金流为 1 200 万美元 = 2 000 万美元 × (1 - 0.4)。因此,Argile 纺织公司为其债务支付了 1 200 万美元的"净利息",这意味着如果 2012 年所有的销售收入都以现金形式收回,且除折旧和摊销以外的所有费用都以现金形式支付,则净现金流为 5 700 万美元 = 6 900 万美元 - 1 200 万美元。很明显,情况并非像表 7-4 所给的现金流量表那样。

7.2.8 自由现金流

之前我们提到当资产的使用期限超过一年时,随着时间的推移,折旧用来逐步减少资产的价值。因为需要这类资产来维持正常的经营活动,所以企业在未来一段时间内必须对旧资产进行更新。如果随着时间的推移,这些长期资产的成本没有发生很大的变化,公司就可以保留每年折旧费用的现金金额,这样在这些资产老化时就有充足的资金对它们进行更新。即使公司没有每年保留现金,经理也应意识到,如果公司要继续经营下去,在某个时间点上就必须制订更新"耗尽"资产的计划。如果公司将每年产生的净现金流都支付给投资者,可能就无法更新必要的资产。因此,投资者关心的是公司产生的自由现金流。

自由现金流(free cash flow)衡量的是公司在考虑了持续经营所需的现金投资之后,能够自由支付给投资者(债权人和股东)的现金流,包括生产产品所需的固定资产投资、持续经营所需的营运资本以及能够提高股票价格的新的投资机会。我们通过经营现金流减去本年需要资本投资的金额来计算自由现金流:

$$自由现金流 = 经营现金流 - 投资 = 经营现金流 - (\triangle 固定资产 + \triangle NOWC) \quad (7-5)$$
$$= 6\,900\ 万美元 - (4\,500\ 万美元 + 2\,400\ 万美元) = 0\ 美元$$

我们确定了 Argile 纺织公司 2012 年的经营现金流为 6 900 万美元,为 $\triangle$ NOWC 2 400 万美元(从 2011 年的 16 600 万美元增加到 2012 年的 19 000 万美元)。表 7-1 表明公司在 2012 年又购买了 4 500 万美元的固定资产。因此,Argile 纺织公司 2012 年产生的自由现金流为 0 美元。根据 Argile 纺织公司的利润表,公司在 2012 年支付了 2 000 万美元的利息和 1 400 万美元的普通股股利,这些金额远远高于公司当年产生的自由现金流。尽管 Argile 纺织公司支付的股利远高于自由现金流,这种行为仍被认为是适当的,其实只要公司在运营中能够稳健发展,盈利不断增长,投资者尤其是债权人或许就不会抱怨。本章稍后还会评估 Argile 纺织公司的发展和财务状况。

7.2.9　经济附加值

经济附加值(economic value added,EVA)方法是基于这样的理念:通过公司采取措施所获得的收益必须足以补偿资金提供者(债权人和股东)的资本成本。[⑦]

为了确定一个公司的 EVA,我们通过调整利润表上披露的营业利润来说明与债务和公司股东权益相关的资本成本。回想净利润的计算公式,其中包括反映债务成本的利息支出,但是反映股东权益成本的支付给股东的股利却是在净利润之后确认的。EVA 潜在的一般概念就是来确定公司通过制定决策能够增加多少"经济"价值。因此,基本 EVA 的计算公式如下所示:

$$EVA = NOI \times (1 - 税率) - (投资资本 \times 税后资本成本率) \quad (7-6)$$

这里,投资资本是投资者(包括债权人和股东)提供的资金额,资本成本是与公司用来为其资产筹集的资金相关的平均收益率。

EVA 方法估计公司产生的真正的经济利润。如果 EVA 是正的,表示公司的行为增加了公司的价值;反之,如果 EVA 是负的,则表明公司的行为减少了公司的价值。

如果我们假设 Argile 纺织公司的总资产(包括债券和普通股)的平均成本为 10%,那么 Argile 纺织公司的 EVA 等于:

$$EVA = 6\,500\ 万美元 \times (1 - 0.4) - [42\,500\ 万美元 - (1\,500\ 万美元 + 3\,000\ 万美元)] \times 0.1$$
$$= 3\,900\ 万美元 - 3\,800\ 万美元 = 100\ 万美元$$

为了计算这个价值,我们将由自发流动负债提供的"免费"融资额从总负债和普通股权益中扣除,进而确定 Argile 纺织公司要支付利息或股利的"代价高的"融资金额。我们将在本书的之后部分详细讨论资本融资和资本成本的概念。此时,根据 EVA 的计算公式,我们可以说,2012 年 Argile 纺织公司产生了 3 900 万美元的税后净营业利润,与其融资结构相关的货币成本为 3 800 万美元。因此,2012 年 Argile 纺织公司产生的经济利润为 100 万美元,这表明

---

⑦　基本 EVA 指标是由 Stern Stewart 咨询公司开发的。Stern Stewart 咨询公司开发的另一指标是市场附加值(MVA),它表示的是公司权益的市场价值与账面价值的差异。

2012 年公司价值增加了 100 万美元。因为在评估公司的未来现金流时还要考虑其他因素,所以我们将在学习下一部分之后再判断 Argile 纺织公司的财务状况。

自测题 1

(答案见本章末附录 7A)

Refreshing Pool 公司今年披露的净营业利润为 120 000 美元。对公司的资产负债表和利润表的考察表明,其税率为 40%,本年的折旧费用为 25 000 美元,资产投资为 150 000 美元,投入资本为 500 000 美元。公司的税后平均资本成本为 12%。求公司的:① 经营现金流;② 自由现金流;③ EVA。

7.3 比率分析

正如我们在之前的部分中提到的,财务报表可以提供一个公司在某段时期或时点的财务状况信息。不过,它的真正价值在于有助于预测公司未来的财务状况,以确定预期收益和股利。从投资者的角度来看,预测未来是财务报表分析的关键所在;而从管理层的角度来看,财务报表分析可以预测未来,更为重要的是,财务报表分析是制订新的发展计划的出发点,这会对公司的未来发展趋势产生影响。

而比率分析则通常是财务分析的第一步。财务比率可用于显示同一公司或不同公司间财务报表账目之间的关系。将财务数据转化为比率,我们就可以对两家公司进行对比,即使这两家公司在规模上相差很多。

本节我们来计算 Argile 纺织公司 2012 年度的财务比率,并将其与行业平均值进行比较。要注意的是,除了每股价值外,所有数据的单位均为百万美元。同时还要注意到,管理层、债权人和股东用来评估公司的比率有上百种。当然,本书中我们只介绍一些常用的比率。

7.3.1 流动性比率

流动资产(liquid asset)指在其原有价值不遭受较大损失的前提下容易变现的资产。资产变现,尤其是将像存货和应收账款之类的流动资产变现,是公司用以获取偿还当前负债所需资金的主要方法。因此,公司的"流动性状况"关系到公司的偿债能力。短期资产或者说流动资产比长期资产更容易变现。因此,一般而言,一个公司的流动资产所占比例越高,公司的流动性也就越强。

根据资产负债表,Argile 纺织公司下一年度要偿还的贷款总计 6 500 万美元,即流动负债为 6 500 万美元。它是否有能力偿还这些债务?一个完整的流动性分析需要用到现金预算表(第 15 章将介绍)。但是,通过计算现金和其他流动资产与负债的比率,财务比率能提供一种更快捷的衡量流动性的方法。本节将讨论两个常用的**流动性比率**(liquidity ratios):流动比率和速动比率(酸性测试比率)。

流动比率

流动比率(current ratio)可以通过以下公式计算得出:

$$流动比率 = \frac{流动资产}{流动负债} = \frac{23\,500\,万美元}{6\,500\,万美元} = 3.6\,倍$$

$$行业平均值 = 4.1\,倍$$

流动资产通常包括现金及其等价物、应收账款和存货。流动负债包括应付账款、应付短期票据、一年内将到期的长期债务(长期债务的当期到期部分)、应交所得税和其他应付款(主要是工资)。

如果公司陷入财务困境,其应付账款的支付速度将变缓,借款也将增加。如果流动负债的增加速度超过流动资产的增加速度,流动比率就会降低,这就会引发问题。因为流动比率是公司的流动资产是否能迅速变现、偿还流动负债的最佳指标,所以它通常是短期变现能力的最佳衡量指标。当然,其他流动性指标同样值得关注,而不能只考虑流动比率。例如,即使一个公司的流动比率很低,也不代表该公司无法偿还其流动负债。假设某公司的流动比率为0.9,这表明如果该公司所有的流动资产以账面价值变成现金,则只有90%的流动负债可以全部偿还。如果公司制造并销售绝大多数的存货,在支付供应商、员工和短期债权人之前收回多数应收账款,那么该公司就不会遇到流动性问题。

Argile 纺织公司的流动比率为3.6,低于行业平均值4.1,所以其流动状况不佳。另外,由于流动资产可以在不远的将来变现,因而其变现数额与其账面金额会比较接近。Argile 纺织公司的流动比率是3.6,公司只要将其流动资产按账面价值的28%进行变现,就可以偿清所有的流动负债。[8]

我们将在下文详细叙述行业平均值。这里需要指出的是,是否与行业平均值保持严格的接近并不代表一个公司的营运好坏,实际上,有些管理好的公司可能高于平均值,有些好的公司也可能低于平均值。如果公司的比率过度地偏离行业平均值,分析师就应该分析为什么会这样。显著地偏离行业平均值,即使是向好的方向偏离,财务分析师也要进一步关注。例如,Argile 纺织公司的现有流动比率低于行业平均值,但即使其流动比率能达到行业平均值的2倍,即流动比率为8,也未必是好事。由于流动资产的回报率通常要低于长期资产,因此流动资产过多的公司或许并不值得投资。

速动比率

速动比率(quick ratio)或**酸性测试比率**(acid test ratio)的计算如下:

$$速动(酸性测试)比率 = \frac{流动资产 - 存货}{流动负债}$$

$$= \frac{23\,500\,万美元 - 13\,500\,万美元}{6\,500\,万美元} = 1.5\,倍$$

$$行业平均值 = 2.1\,倍$$

---

⑧　如果计算的结果精确到两位数,Argile 纺织公司的流动比率为3.6154,而1/3.6154 = 0.2766或约为28%。注意,0.2766×23 500 万美元 = 6 500 万美元,这是流动负债总额。

存货是变现能力最差的流动资产;当流动性出现问题时,存货最容易产生损失。因而有必要衡量除去存货后的流动资产的偿债能力。

纺织产业的速动比率的行业平均值是2.1,Argile 纺织公司的速动比率为1.5,要比同行业其他公司稍低。这表明 Argile 纺织公司的存货水平相对较高。尽管如此,如果能够顺利收回应收账款,Argile 纺织公司同样能够在不变现存货的情况下偿清流动负债。

速动比率的计算显示 Argile 纺织公司的流动性状况较差,要知道原因何在,就有必要了解其资产管理比率。

7.3.2 资产管理比率

资产管理比率(asset management ratios)用来衡量资产管理效率。这些比率可以回答如下问题:从当前和目标销售额度来看,资产负债表上的每种资产数量是否合理? 是否太高或太低?

公司同时投资于流动资产和长期资产来获取收入,且需通过借款或其他方式来获取资产购置的资金。如果资产数量太多,则支付的利息必然过高,从而降低利润。此外,因为资产的产能影响产品,所以如果资产数量过少的话,则可能因为公司没有足够的资产生产足够的产品而造成销售利润的降低。

存货周转率

存货周转率(inventory turnover ratio)的定义如下[9]:

$$存货周转率 = \frac{销售成本}{存货} = \frac{可变经营成本}{存货}$$

$$= \frac{60\,000\ 万美元}{13\,500\ 万美元} = 4.4\ 倍$$

$$行业平均值 = 7.4\ 倍$$

大致来看,Argile 纺织公司的每件存货产品都被售出,且库存得到了补充,年周转率达4.4 倍(每82 天),比行业平均值7.4 倍(每49 天)低很多。[10] 这就说明 Argile 纺织公司持有过多的存货,而过量的存货是非生产性的,其投资回报率接近于零。如此低的存货周转率让人不得不怀疑公司是否储存了已不再具有账面价值的次品或者过时商品(如过时的类别、款式和样式)。

计算存货周转率时,必须注意存货的购买也就是产品销售成本是在全年发生的,而存货

---

⑨ 周转率一词源自美国小贩的故事。他们将货物装在自己的四轮马车上,然后沿街叫卖,货物其实就是他们的运营资本,因为经过货物的销售或周转产生利润,而周转率是其每年外出销售的次数。年销售额除以存货等于周转率。如果小贩每年外出叫卖10 次,每次储存100 只平底锅,每一只平底锅的毛利为5 美元,其全年的总利润为100 × 5 × 10 = 5 000(美元)。如果小贩走得快,一年外出叫卖20 次,在其他条件不变的情况下,其利润将翻倍。

⑩ 有些财务比率统计数据,像 Dun & Bradstreet,利用销售额和存货之比来替代存货周转率。由于计算销售时是用市场价格计算产品单价,而存货是按成本计价,这样做会高估存货周转率。

数据是某个时点的数据(例如 12 月 31 日)。因此,最好用平均法来计算存货。[11] 如果公司业务呈高度季节性变化,或者在年度内有较强的上升或下降趋势,就有必要作类似的调整。然而,为维持与行业平均值的可比性,本书中的计算不采用平均值法。

销售流通天数

销售流通天数(days sales outstanding,DSO)也称为"平均回收周期"(ACP),用来表示公司收回赊销账款能力的强弱。其计算如下[12]:

$$DSO = \frac{应收账款}{平均日销售额} = \frac{应收账款}{\left(\dfrac{年销售额}{360}\right)}$$

$$= \frac{9\,000\ 万美元}{\left(\dfrac{75\,000\ 万美元}{360}\right)} = \frac{9\,000\ 万美元}{20\,800\ 万美元} = 43.2\ 天$$

$$行业平均值 = 32.1\ 天$$

DSO 表示公司从销售产品到收回现金之间的平均时间,即它的平均回收周期。Argile 纺织公司的 DSO 是 43.2 天,大大高于行业平均值(32.1 天)。同样可通过比较公司的销售条件来估计 DSO。例如,Argile 纺织公司的赊销政策是销货后 30 天内付款,因而其 DSO(43 天)表示客户未能按时付款。如果授信政策没有改变,DSO 数据在过去几年内一直在增长,则说明公司有必要对其销售政策作出调整,缩短其应收账款收回时间。Argile 纺织公司 2011 年度的 DSO 是 41 天,看来似乎正是属于这样的情况。

固定资产周转率

固定资产周转率(fixed assets turnover ratio)用来衡量一个公司利用厂房、设备获得销售收入的效率。其计算如下:

$$固定资产周转率 = \frac{销售额}{固定资产净值}$$

$$= \frac{75\,000\ 万美元}{19\,000\ 万美元} = 3.9\ 倍$$

$$行业平均值 = 4.0\ 倍$$

Argile 纺织公司的固定资产周转率基本接近行业平均值,表明与同行业其他公司相比,Argile 纺织公司利用固定资产是有效的,其固定资产数量与类似的公司相比不多也不少。

使用该比率比较不同的公司时要注意,会计上记录固定资产时都采用历史成本法,而通

---

[11]　严格说来,平均存货法应该加总每月的数量然后除以 12。如果无法得到月度数据,就加总年初和年末数据,然后除以 2,这样计算虽然可以调整增长效果但无法考虑季节因素。利用这一方法,Argile 纺织公司 2012 年的平均存货为 11 800 万美元 =(10 100 万美元 + 13 500 美元)/2。存货周转率为 5.1 = 60 000 万美元/11 800 美元,这一数字仍然远低于行业平均值。

[12]　用该公式计算 DSO 时,我们假设公司所有的产品都采用赊销方式。由于通常很难获得赊销的信息,因此我们习惯于用总的销售金额来替代计算。但由于不同的公司赊销比例不同,DSO 可能具有误导性。另外,要注意的是金融界一般习惯于用 360 天而不是 365 天计算。

货膨胀有可能导致过去购买的固定资产的价值被低估,因此,如果对几年前以低价购置固定资产的老公司和近期才购置固定资产的新公司进行对比,我们会发现,老公司的固定资产周转率要高得多。由于财务分析师通常没有足够的数据对特殊的资产作出通货膨胀调整,因此,他们必须意识到这个问题的存在,并在处理时作相应的调整。不过 Argile 纺织公司的这一情况并不严重,因为该行业中的大多数公司保持着相近的扩张速度,因而其资产负债表数据的可比性也较强。

总资产周转率

总资产周转率(total assets turnover ratio)衡量一个公司所有资产的周转情况。其计算如下:

$$总资产周转率 = \frac{销售额}{总资产}$$

$$= \frac{75\,000\ 万美元}{42\,500\ 万美元} = 1.8\ 倍$$

$$行业平均值 = 2.1\ 倍$$

Argile 纺织公司的该比率值偏低,说明从其总资产的投资额来看,该公司并没有能够开足马力运行。而要想更有效地利用全部资产,就有必要提高销售额或者处理掉一部分资产,或者两种方法并用。

从上面的分析可以看出,Argile 纺织公司的固定资产周转率与行业平均值接近,而总资产周转率要低于行业平均值,因为前者不包含流动资产,而后者要求计入流动资产。因此,这一比较更证明了我们在对 Argile 纺织公司的流动比率进行分析时得出的结论——该公司的资产流动性存在问题。公司的存货周转和应收账款回收期均低于行业平均值,这说明流动性问题至少部分是由存货和应收账款管理不善而引起的,因而与同行业其他公司相比,Argile 纺织公司会更多地依赖于外部资金(如贷款)。下面考察的负债管理比率会有助于我们判断真实情况是否确实如此。

7.3.3 负债管理比率

债务融资有以下三个重要的含义:

(1)债务融资不会稀释现有股东的股权。

(2)债权人希望通过权益资金或者所有者资金来提供资金的安全保障;而如果股东只向公司提供其所需的小部分资金,那么公司的大部分风险就由债权人承担。

(3)如果利用债务资金获得的投资回报率高于利息成本,所有者的投资回报率就被放大了,或者被"杠杆化"了。

财务杠杆(financial leverage),或者借款,之所以能对股东预期回报率产生影响,是由于以下两种原因:首先,债务利息在税前扣除,而股利则不然,因此,在同等条件下,债务融资降低了公司的应税额。其次,通常公司的投资回报率不同于其资金的使用成本,即利率。如果公司运作正常,前者通常高于后者,结合债务相对于股权的税收优势,更高的投资回报率能够给股东回报率带来正的放大效应。这种情况下,债务融资对公司和股东都有利。

遗憾的是,财务杠杆是把"双刃剑"。如果公司营运情况不佳,尤其是销售额下降和成本高出预期时,公司仍然必须支付借款成本。由于借款成本(利息支付)有合同约束,且不随销售额变化,因此必须如约支付才能防止破产。这种情况下,利息对于存在流动性问题的公司来说是一个很大的负担。实际上,如果利息支付过高,即使营运收入为正,股东回报率仍有可能为负。此时的债务融资杠杆将对公司和股东有百害而无一利。

第8章和第14章将会对财务杠杆作详细介绍。为便于进行比率分析,我们首先要了解在公司运作正常或者比较好的时候,负债比例高能够带来高回报;而在公司经营不善的情况下,负债比例高也会带来风险或损失。因此,负债比例低的公司风险较低,但其同样有可能错失放大权益资本回报率的良机。投资者对高回报率趋之若鹜,但同样要规避风险。因此,决策时要在高风险和高回报之间找一个恰当的平衡点。确定最优债务融资规模的确是一个非常复杂的过程,这一点我们将在第14章中详细叙述,在此只简单介绍财务分析师在利用财务报表进行债务分析时常用的两个步骤:① 检查资产负债表的财务比率,确定借贷资金的使用情况;② 检查利润表的财务比率,确定营业利润是否足以支付债务成本,如利息。上述两组比率值相辅相成,因此常被分析人员同时使用。

负债率

负债率(debt ratio)用以衡量通过负债融资的资产比例,其计算如下:

$$负债率(资产负债率) = \frac{总负债}{总资产}$$

$$= \frac{21\,700\ 万美元}{42\,500\ 万美元} = 0.511 = 51.1\%$$

$$行业平均值 = 42\%$$

总负债包括流动负债(6 500 万美元)和长期负债(15 200 万美元)。债权人更偏好低负债率的公司,因为该比值越低,出现流动性问题时,债权人借贷资金的安全保障越大。而公司股东则更喜欢高负债率的公司,原因是高负债率会产生收益的放大效应。但是,过高的债务通常会带来财务危机,甚至最终导致破产。

Argile 纺织公司的负债率为51%,说明其接近一半的总资产都来自债务资金。而同时由于行业平均值仅为42%,因而,如果不先通过发行股票进行股权融资,Argile 纺织公司很难再获得更多的资金。债权人不再愿意向其贷款,而公司的管理层如果继续通过增加借款来融资的话,则有可能使公司面临破产的危险。[13]

利息保障倍数

利息保障倍数[times-interest-earned(TIE) ratio]的计算公式如下:

---

[13]　财务分析中也用到债务与权益资本的比率。债务-资产(D/A)比率与债务-权益资本(D/E)比率可以互相转换,因为负债加权益之和就等于资产总值:$D/E = \dfrac{D/A}{1 - D/A}$,而 $D/A = \dfrac{D/E}{1 - D/E}$。

$$\text{TIE} = \frac{\text{息税前利润}}{\text{利息费用}}$$

$$= \frac{\text{EBIT}}{\text{利息费用}} = \frac{6\,500\ \text{万美元}}{2\,000\ \text{万美元}} = 3.3\ \text{倍}$$

$$\text{行业平均值} = 6.5\ \text{倍}$$

TIE 用来衡量一个公司无法偿还其年度利息成本之前,其息税前利润(EBIT),也称为净营业利润(NOI)所能支付这部分利息的程度。如果 EBIT 无法满足偿还利息的需要,公司的债权人很可能将其诉诸法律,并最终导致公司破产。注意,EBIT(而非净利润)是分子。由于利息在税前支付,因此公司的当前偿债能力不因税收的变化而变化。

Argile 纺织公司的 TIE 值为 3.3 倍,而行业平均值为 6.5 倍。与同行业其他公司相比,Argile 纺织公司的债务资金安全保障低,而这也证明了前文中我们对 Argile 纺织公司的判断——如果该公司继续引入更多的借贷资金,必将造成财务问题。

固定费用偿付比率

固定费用偿付比率(fixed charge coverage ratio)与 TIE 相似,只是范围扩大了,考虑了租赁资产和沉没资金支付。[⑭] 近些年,租赁在某些行业中已经变得越来越普遍,因此,固定费用偿付比率比 TIE 更有参考价值。Argile 纺织公司的年度长期租赁费用是 500 万美元,年度沉没资金支付是 400 万美元。由于沉没资金支付在税后支出,而利息和租赁费用支出是在税前,因此,沉没成本要除以(1 − 税率)才能得到支付税金和沉没成本所必需的税前收入。在本例中,400 万美元/(1 − 0.4) = 667 万美元。如果公司有 667 万美元的税前收入,它就能够按照40% 的税率支付税金,此外还有 400 万美元用于支付沉没成本。

固定费用包括利息、年度长期租赁费用支出和沉没资金支付。固定费用偿付比率的计算如下:

$$\text{固定费用偿付比率} = \frac{\text{EBIT} + \text{租赁费用}}{\text{利息费用} + \text{租赁费用} + \left[\dfrac{\text{沉没资金支付}}{(1 - \text{税率})}\right]}$$

$$= \frac{6\,500\ \text{万美元} + 500\ \text{万美元}}{2\,000\ \text{万美元} + 500\ \text{万美元} + \dfrac{400\ \text{万美元}}{(1 - 0.4)}} = \frac{7\,000\ \text{万美元}}{3\,167\ \text{万美元}} = 2.2\ \text{倍}$$

$$\text{行业平均值} = 5.8\ \text{倍}$$

为了确定固定费用支付之前公司用其营业收入支付其固定费用的能力,我们在分子中加上了租赁费用。EBIT 代表支付租赁费用后的营业收入,因而必须加回租赁费用。

Argile 纺织公司的固定费用偿付比率是 2.2 倍,大大低于行业平均值(5.8 倍),表明与行业平均水平相比,Argile 纺织公司的实力较弱。这一比率同样显示了 Argile 纺织公司存在的问题:如果继续借贷,将导致财务问题。

---

⑭　通常一年以上的租赁被称为长期租赁。因此,半年以内的租金不包含在固定费用偿付比率中,而一年以上或更长时间的费用支出则包含在内。沉没成本是每年用来赎回一部分债权或优先股的资金。

通过对 Argile 纺织公司债务管理比率的考察,我们发现,该公司的负债率高于行业平均值,而费用偿付比率则大大低于行业平均值。这说明 Argile 纺织公司在财务杠杆上处于比较危险的边缘。事实上,如果不改善债务状况,Argile 纺织公司很难再继续借贷。而它一旦无法支付流动负债,将会被迫破产。下面我们继续分析盈利比率,考察 Argile 纺织公司债务状况对其盈利能力的影响。

7.3.4　盈利比率

盈利能力是公司一系列政策和决策产生的结果。我们前面讨论的比率反映了公司的一些营运状况,而**盈利比率**(profitability ratios)则综合反映了公司的流动性管理、资产管理和负债管理对营运结果的影响。

销售净利润率

销售净利润率(net profit margin)指每销售一美元的利润,其计算如下:

$$销售净利润率 = \frac{净利润}{销售收入}$$

$$= \frac{2\,700\ 万美元}{75\,000\ 万美元} = 0.036 = 3.6\%$$

$$行业平均值 = 4.9\%$$

Argile 纺织公司的销售净利润率低于 4.9% 的行业平均值,说明其或者销售额太低,或者成本太高,或者两者兼而有之。考察负债比率时我们发现,Argile 纺织公司的债务水平高于行业平均值,而从利息保障倍数来看,Argile 纺织公司的利息保障情况也不如行业其他公司。这也是 Argile 纺织公司利润率低的原因之一。为此,我们可以考察该公司的 EBIT(营业利润)与销售额的比值,即经营利润率。Argile 纺织公司的经营利润率为 8.7%,与行业平均值一样,因此,销售净利润率低主要是由公司高负债形成的高利息引起的。

总资产收益率

总资产收益率(return on total assets, ROA)的计算如下:

$$ROA = \frac{净利润}{总资产}$$

$$= \frac{2\,700\ 万美元}{42\,500\ 万美元} = 0.064 = 6.4\%$$

$$行业平均值 = 11.5\%$$

Argile 纺织公司的总资产收益率 6.4% 大大低于行业平均值(11.5%),这一低收益率也是因为其过高的债务。

普通股收益率

普通股收益率(return on common equity, ROE),或者说普通股股东投资回报率的计算如下[15]:

$$ROE = \frac{可分配给普通股股东的净利润}{普通股权益}$$

$$= \frac{2\,700\ 万美元}{20\,800\ 万美元} = 0.13 = 13\%$$

$$行业平均值 = 17.7\%$$

Argile 纺织公司的该比率值为13%,低于行业平均值17.7%,这同样是由其高负债引起的,这一点我们将在本章后面继续讨论。

从对 Argile 纺织公司盈利比率的考察中我们发现,其盈利能力主要受其较差的流动状况、较差的资产管理状况和高债务杠杆比率的影响。我们要考察的最后一组财务比率是Argile纺织公司的市场价值比率,从该组比率的考察中我们可以发现投资者最终如何对公司当前的财务状况进行判断。

7.3.5 市场价值比率

市场价值比率(market value ratios)是将公司的股票价格与其收益及每股账面价值相联系的一组比率值。这些比率传达了投资者基于公司过去的表现对公司未来的前景作何判断。如果公司的流动性比率、资产管理比率、负债管理比率和盈利比率良好,其市场价值比率将很高,股票价格也必然如预期的那样高;反之亦然。

市盈率

市盈率[price/earnings (P/E) ratio]表示投资者为获得每一美元的报告利润所愿意投资的数额。为计算市盈率,我们首先要知道每股收益(EPS):

$$EPS = \frac{可分配给普通股股东的净利润}{流通股股数}$$

$$= \frac{2\,700\ 万美元}{1\,100\ 万股} = 2.45\ 美元／股$$

Argile 纺织公司的股票价格为20美元,每股收益为2.45美元,因此其市盈率为8.2:

$$市盈率 = \frac{每股市价}{每股收益}$$

$$= \frac{20\ 美元}{2.45\ 美元} = 8.2\ 倍$$

$$行业平均值 = 15\ 倍$$

---

[15] 可分配给普通股股东的净利润等于净利润减去优先股股利,由于 Argile 纺织公司没有发行优先股,公司净利润与可分配给普通股股东的净利润相等。

当其他条件相同时,高成长前景公司的市盈率较高,而高风险公司的市盈率较低。Argile纺织公司的市盈率低于行业其他公司,说明该公司与其竞争对手相比成长前景不佳,或者风险很高,或者两者兼而有之。从债务管理比率的分析来看,Argile纺织公司的高财务杠杆带来了高风险,但我们不知道其成长前景是否较差。

市值/账面价值比率

股票的市值与账面价值之比为投资者提供了另一个重要信息。权益资本回报率高的公司,其股票的市值与账面价值的比率通常要更高。首先,我们来看一下Argile公司的每股账面价值:

$$每股账面价值 = \frac{普通股权益}{流通股股数}$$

$$= \frac{20\,800\ 万美元}{1\,100\ 万股} = 18.91\ 美元$$

接下来,我们用每股市值除以每股账面价值即可得到**市值/账面价值比率**[market/book(M/B) ratio]。Argile纺织公司的该比率为1.1,其计算如下:

$$市值/账面价值比率 = \frac{每股市值}{每股账面价值}$$

$$= \frac{20.00\ 美元}{18.91\ 美元} = 1.1\ 倍$$

$$行业平均值 = 2.5\ 倍$$

与同行业其他公司相比,投资者对Argile纺织公司股票的账面价值所愿意付出的投资额要小得多。这并不奇怪,因为从前文中我们就已经得知,Argile纺织公司的ROA和ROE都较低。通常,高投资回报率的公司,其股票能以高出账面价值数倍的价格出售。业绩特别突出的公司的市盈率甚至能够达到10—15倍。

从Argile纺织公司的市场价值比率来看,投资者对投资于该公司普通股的前景并不乐观。或许他们认为,如果Argile纺织公司再不采取措施改善其目前的流动性、资产管理状况以及财务杠杆,该公司极有可能走向破产的边缘。下面对该公司过去几年的比率趋势的评估将有助于我们回答下面这个问题:公司的状况是在改善还是在继续恶化?

7.3.6　趋势分析

对Argile纺织公司的财务比率的分析显示,与同行业其他公司相比,Argile公司的财务状况比较差。但这并不能告诉我们Argile纺织公司目前的状况与前些年相比是恶化了还是好转了。为确定Argile纺织公司的发展趋势,有必要对其比率趋势进行考察。通过考察其发展历程,利用趋势分析(trend analysis)可看出公司未来财务状况的发展趋势。

趋势分析最简单的方法就是画一张曲线图,同时包括过去五年内各项财务指标的行业平均值与Argile纺织公司比率的具体数据。通过这张图,我们可以看出比率的走向,对公司比率与行业均值的关系进行对比。

从图 7-2 中可见,2008 年以来 Argile 纺织公司的 ROE 急转直下,而行业平均值一直保持着平稳的发展趋势。当然,对其他财务指标也可以作类似的分析。若将 Argile 纺织公司 2012 年与 2011 年的财务状况作比较,我们可以发现,Argile 纺织公司的财务状况的确在恶化,前景不容乐观。

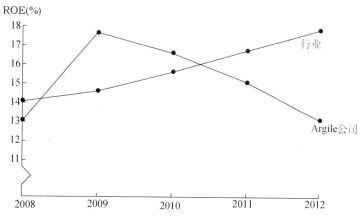

图 7-2　**Argile 纺织公司的 ROE(2008—2012)**

自测题 2

(答案见本章末附录 7A)

　　K. Billingsworth 公司去年的每股收益为 4 美元,每股发放股利 2 美元。留存收益总额在过去一年增加了 1 200 万美元,年末每股账面价值为 40 美元。K. Billingsworth 公司没有优先股,在过去一年也没有发行新股。如果年终公司的债务(等于公司总负债)为 1.2 亿美元,那么年终负债率是多少?

7.4　比率分析综述:杜邦财务分析

　　由于是杜邦公司的管理人员设计并首次使用了这种方法,因此称之为杜邦财务分析法(DuPont approach)。管理层和财务分析师经常使用杜邦财务分析法来评估比率。这种方法通过将一个比率分解为两个或更多的相关比率来获得更详细的信息。使用这一基本方法,我们可以用销售净利率乘以总资产周转率来计算 ROA。这一公式被称为杜邦等式:

$$ROA = 销售净利率 \times 总资产周转率$$

$$= \frac{净利润}{销售额} \times \frac{销售额}{总资产} \tag{7-7}$$

　　2012 年,Argile 纺织公司的利润率为 3.6%,换言之,每销售 1 美元的收益为 3.6 美分,资产每年"周转"1.8 次。因此,其资产收益率为 6.4%。

$$\text{ROA} = \frac{2\,700\ \text{万美元}}{75\,000\ \text{万美元}} \times \frac{75\,000\ \text{万美元}}{42\,500\ \text{万美元}} = 0.036 \times 1.765 = 0.0635 = 6.4\%$$

Argile 纺织公司如果仅通过发行普通股融资而不举债的话,那么 ROA 等于 ROE,因为总资产等于普通股权益。而本例中,该公司的长短期负债占资本的比例为51%,因此,正如前面计算得出的,ROA 不等于 ROE。ROA 被定义为分配给普通股股东的净利润除以总资产。这6.4%的 ROA 全部是普通股股东所得,即在确定净利润的时候,支付给债权人的利息被扣除了。因为普通股占该公司的总资本不足 100%,ROA 可以用来确定 ROE。把 ROA 转换为 ROE,ROA 要乘以股权乘数,后者是资产对普通股的比率或倍数(也是股权占总资产百分比的倒数)。采用这一方法,得出 ROE 的公式如下:

$$\begin{aligned}
\text{ROE} &= \text{ROA} \times \text{股权乘数} \\
&= \frac{\text{净利润}}{\text{总资产}} \times \frac{\text{总资产}}{\text{普通股权益}} \\
&= 6.353\% \times \frac{42\,500\ \text{万美元}}{20\,800\ \text{万美元}} = 13\%
\end{aligned} \tag{7-8}$$

我们将等式(7-7)与等式(7-8)结合可以得到扩展的杜邦等式,如下所示:

$$\begin{aligned}
\text{ROE} &= (\text{销售利润率} \times \text{总资产周转率}) \times \text{股权乘数} \\
&= \frac{\text{净利润}}{\text{销售额}} \times \frac{\text{销售额}}{\text{总资产}} \times \frac{\text{总资产}}{\text{普通股权益}}
\end{aligned} \tag{7-9}$$

$$\text{ROE}_{\text{Argile}} = 3.6\% \times 1.765 \times 2.043 = 13\%$$
$$\text{ROE}_{\text{行业}} = 4.9\% \times 2.100 \times 1/(1-0.42) = 17.7\%$$

行业的股权乘数可以通过股权占总资产百分比的倒数计算,即 $1/(1-\text{负债率})$。因此,行业的股权乘数为 $1/(1-0.42) = 1.72$。

杜邦等式的计算结果表明,Argile 纺织公司的 ROE 低于行业标准,主要原因在于 Argile 纺织公司的销售利润率和总资产周转率(效率)都低于行业平均值。Argile 纺织公司可以利用杜邦财务分析体系来寻找提高公司业绩的方法。如果重点放在销售净利率上,营销部门可以考虑提高产品价格(或者降价以提高销售量),或将重点转移到高利润的产品或市场上等来提高公司的整体业绩。公司成本会计人员应当研究各项费用支出,并与工程人员、销售代表和其他操作人员共同协商,努力降低成本支出。而在"周转率"方面,财务分析人员应当与生产和销售人员一起寻找减少资产投入量的方法。同时,如果仍要使用财务杠杆来提高 RDE,财务人员要分析不同财务战略的效果,以降低利息支出和债务风险。

在进行一系列的分析后,Argile 纺织公司的总裁 Sally Anderson 最近宣布公司将采取一系列行动以努力使营业成本每年至少削减20%。他同时指出,该公司将资本集中在利润较高的市场,如果某些产品市场(如低价纺织品市场)竞争增加,公司将适时地逐步退出。Argile 纺织公司目前正努力提高其 ROE,但是如果某些产品竞争太过激烈而将利润压得太低,想要在这块市场获得高回报几乎是不可能的。因此,要获得高 ROE,就必须开发新项目,进入新的产品领域。公司的未来或多或少有赖于正确的财务分析,如果有一天它能够成功,杜邦财务分析体系将功不可没。

自测题3

(答案见本章末附录7A)

下面为 Kaiser 公司的相关数据：

现金及其等价物	100.00 百万美元	速动比率	2.0 ×
固定资产	283.50 百万美元	流动比率	3.0 ×
销售额	1 000.00 百万美元	DSO	40.0 天
净利润	50.00 百万美元	ROE	12.0%

Kaiser 公司没有优先股，只有普通股权益、流动负债和长期负债。

a. 计算 Kaiser 公司的：① 应收账款(A/R)；② 流动负债；③ 流动资产；④ 总资产；⑤ ROA；⑥ 普通股权益；⑦ 长期负债。

b. 假设 Kaiser 公司可以将其 DSO 从 40 天降到 30 天，同时其他项目产生的现金流不变。如果这些现金用来回购普通股(以账面价值)，其他条件不变，这一举动对公司 ROE、ROA、负债率的影响如何？

7.5 比较比率(基准)

在前文对 Argile 纺织公司的分析中都包括比较比率分析，即将 Argile 纺织公司与相同行业的其他企业相比较。表 7-6 总结了我们之前的分析结果。与表中给出的类似，很多行业的比较比率有很多来源，如 Dun & Bradstreet(D&B)、风险管理协会和美国商业部。各贸易协会和公司的信贷部门也会编制行业财务比率；大量的上市公司也会公布其财务状况；因为券商、银行和其他金融机构需要这些数据，证券分析师也会对各项比较比率进行特定分析。

由于目的不同，提供这种数据分析的机构采用的方法也不尽相同。例如，D&B 主要分析小公司(大多数为私有制企业)，并将报告卖给银行和类似机构。因此，D&B 主要是从债权人的角度出发，主要分析流动资产和负债，而不是市场价值比率。因此，当我们选择使用这些数据资料时，要有选择性和针对性。另外，不同的数据库关于一些比率的定义也不尽相同，使用前首先要确保该比率的定义和你日常工作所用的相同。

表 7-6　2012 年 Argile 纺织公司的杜邦财务分析图　　　　　　　　　(单位：百万美元)

比率	计算公式	计算比率	比率	行业平均值	评价
流动性					
流动比率	$\dfrac{流动资产}{流动负债}$	$\dfrac{235}{65}$	=3.6 ×	4.1 ×	低

（续表）

比率	计算公式	计算比率	比率	行业平均值	评价
速动比率	$\dfrac{流动资产 - 存货}{流动负债}$	$\dfrac{100}{65}$	$= 1.5 \times$	$2.1 \times$	低
资产管理					
存货周转率	$\dfrac{销售成本}{存货}$	$\dfrac{600}{135}$	$= 4.4 \times$	$7.4 \times$	低
销售流通天数(DSO)	$\dfrac{应收账款}{\left(\dfrac{年销售额}{360}\right)}$	$\dfrac{90}{2.08}$	$= 43.2$ 天	32.1 天	差
固定资产周转率	$\dfrac{销售额}{固定资产净值}$	$\dfrac{750}{190}$	$= 3.9 \times$	$4.0 \times$	好
总资产周转率	$\dfrac{销售额}{总资产}$	$\dfrac{750}{425}$	$= 1.8 \times$	$2.1 \times$	低
负债管理					
资产负债率	$\dfrac{总负债}{总资产}$	$\dfrac{217}{425}$	$= 51.1\%$	42.0%	差
利息保障倍数(TIE)	$\dfrac{EBIT}{利息费用}$	$\dfrac{65}{20}$	$= 3.3 \times$	$6.5 \times$	低
固定费用偿付比率	$\dfrac{EBIT + 租赁费用}{利息费用 + 租赁费用 + \left[\dfrac{沉没资金支付}{(1 - 税率)}\right]}$	$\dfrac{70}{31.7}$	$= 2.2 \times$	$5.8 \times$	低
盈利比率					
销售利润率	$\dfrac{净利润}{销售额}$	$\dfrac{27}{750}$	$= 3.6\%$	4.9%	差
总资产收益率(ROA)	$\dfrac{净利润}{总资产}$	$\dfrac{27}{425}$	$= 6.4\%$	11.5%	差
普通股收益率(ROE)	$\dfrac{可分配给普通股股东的净利润}{普通股权益}$	$\dfrac{27}{208}$	$= 13.0\%$	17.7%	差
市场价值					
市盈率(P/E)	$\dfrac{每股市价}{每股收益}$	$\dfrac{20}{2.45}$	$= 8.2 \times$	$15.0 \times$	低
市场价值/账面价值(M/B)	$\dfrac{每股市值}{每股账面价值}$	$\dfrac{20.00}{18.91}$	$= 1.1 \times$	$2.5 \times$	低

7.6 比率分析的作用与局限性

如前所述,主要有三个群体使用比率分析:

(1) 管理人员。管理人员利用比率来分析、控制并改善公司的营运状况。

(2) 授信分析师,如银行的信贷员或债务评级师。他们主要借此分析一个公司的偿债能力。

(3) 证券分析师(或投资者),包括关注公司效率和成长前景的股票分析师,以及关注公司支付债券利息的能力和公司破产情况下资产的清算价值的债券分析师。

虽然比率分析能够为分析公司的营运状况和财务状况提供有用的信息,但在具体应用时同样要注意其潜在的问题和局限性。一些潜在的问题如下:

(1) 很多多元化经营的公司行业分布较广,在这种情况下,很难进行行业比较分析。因此,比率分析对行业比较集中的小公司比事业部制的大公司更为适用。

(2) 大多数公司都希望自己能够超出行业平均水平,因此,进行行业平均值的比较分析意义不大,如果以高水平表现为目标,最好能与行业内的领军者作比较分析。

(3) 通货膨胀会严重歪曲公司的资产负债表。如果是按历史成本记录资产价值的话,会造成其账面价值和"真实"价值相差甚远。另外,由于通货膨胀对折旧费用和存货成本都有影响,对利润也会造成影响,因此,在对一个公司的不同时期和年龄不同的公司进行分析时要注意这一点。

(4) 季节因素同样影响比率分析。例如,一家纺织公司的两张分别在秋季前后编制的财务报表,其存货周转率可能大相径庭。因此,在计算诸如存货(应收账款)周转次数这类指标的时候,用月度数据可以有效地消除这种隐患。

(5) 通常公司可以利用**"窗饰"技巧**("window dressing" techniques)来粉饰其财务报表。例如,芝加哥的一个建筑商 2011 年 12 月 28 日借了一笔两年期的贷款,在以现金方式持有由贷款资金所产生的收益一段时间后,于 2012 年 1 月 3 日提前偿还了贷款。这提高了其 2011 年年末资产负债表的流动比率和速动比率,而一个星期后,所有数据又恢复了本来面貌。

(6) 使用不同的会计方法计算出的财务指标数据可能会大不相同。如前文所述,不同的折旧方法和存货计价会影响财务报表数据,从而增加不同公司间比较分析的难度。

(7) 很难判断一个特定指标的好坏。例如,流动比率高说明公司的流动性状况不错,这是好的;但是也可能说明公司存在盈余现金,这又是不好的(盈余现金是一种不产生收益的资产)。同样,固定资产周转速度高可能说明公司的资产使用率比较高,也可能说明公司资金不足,从而无法购买足够的固定资产设备。

(8) 一个公司的财务指标可能有些看起来不错,而另一些则看起来很糟糕,因而很难判断该公司的情况是好还是坏。不过,可以利用统计程序来分析这些比率的影响,从而确定其状况。很多银行和其他贷款机构用统计程序来分析公司的财务比率,并在分析的基础上,根据其出现财务问题的概率,对这些公司进行归类。[16]

---

[16] 这里用的统计方法被称为判别分析。对这一方法的讨论见 Edward I. Altman, "Financial Ratios, Discriminant Analysis, and the Prediction of Corporate Bankruptcy," *Journal of Finance*, September 1968, 589—609, or Eugene F. Brigham and Philip R. Daves, *Intermediate Financial Management*, 10th ed. (Cincinnati, OH: South-Western College Publishing, 2010), Chapter 24.

比率分析非常有用,但在分析过程中上述问题不可忽视,必要时需对比率进行调整。机械而不加思考地进行比率分析是危险的,但若能巧妙睿智地去判断、分析这些指标,同样能够为公司的长远发展提供很好的参考。最重要也最困难的可能就是,如何利用这些数据来对公司的财务状况作一个全面的判断。

道德困境 // ETHICAL DILEMMA //

掩人耳目的骗局——看,销售额上涨了

Dynamic Energy Wares(DEW)是一家生产并分销节能和大气环保产品的公司,这种产品有助于降低大气污染源对环境的破坏。DEW 的营销网络比较复杂——一部分大公司直接从 DEW 进货,这部分销售额大约占 30%;而小公司和零售商则要从 50 家独立且独家代理 DEW 产品的分销商处进货。

三周前,DEW 的会计师刚刚完成了本会计年度的第三季度财务报表。结果很糟糕。由于销售额下滑,与去年同期相比,利润下降了 30%,而这主要是由于两年前开业的一家竞争公司夺走了相当一部分市场。

公司高级管理层当即决定要提高销售量,使第四季度的财务报表更容易为投资者所接受。首先,DEW 将取消直销渠道,也就是说,大公司也要像小公司和零售商一样从其分销商处进货;其次,要求分销商大幅提高最低存货量;最后,成立特别小组以研究如何夺回失去的市场。

财务经理,也就是你的顶头上司要求你立即参加一个仓促召集 DEW 分销商的会议,以执行公司的最新决议。会议上,分销商的选择只有两个:要么在本会计年度前提高存货量,要么失去分销权。你的上司表示这是执行公司新决策的需要,因为现在大公司要从分销商处进货,因而提高存货量是正常的。但销售部门则指出,据预测,下一年度,分销商的销售额将平均下降 10%,因而提高存货量对分销商而言将不堪重负。而当你把这一切向你的上司汇报时,她却告诉你说:"告诉那些分销商,让他们不要担心。六个月内我们不要求付款,而且增加的存货九个月后还没有售完的话,可以退货。但这两个月他们必须增加存货。"

这种做法看起来的确能对 DEW 的年末财务报表产生有利影响。但你是否同意 DEW 高级管理层的决议呢?向分销商宣布这一决议时,你会不会觉得芒刺在背?如果分销商向你抱怨:"DEW 不顾我们的死活,只想把报表做得好看,而不管是否有人会因此而受累,这不道德。"你将作何反应?你怎么跟你的上司讲?你到底会不会参加这个会议?

本章要点总结

本章重要概念

为了总结,我们把本章讨论的关键概念与本章开始的学习目标联系起来。

● 公司公布几种财务报表,包括资产负债表、利润表、现金流量表和留存收益表,为管理层和投资者提供关于公司经营的信息。资产负债表表示公司在某一时点资产的"快照"以及这些资产的资金来源(负债、权益或二者兼而有之)。利润表披露了公司在一定会计期间的经营成果;获得的收入扣除发生的费用可以得到底线净利润图。现金流量表表示在会计期间内产生现金的活动和使用现金的活动——它表明了公司在会计期间内的现金情况如何以及为什么发生变动。留存收益表表示在会计期间内什么引起了公司普通股权益的变动,也就是说,它表明是否发行新股或回购已发行的股票以及是否支付股利。

● 财务报表中包含的信息可以帮助投资者(债权人和股东)估计公司未来产生的现金流,明确公司的财务状况。债务持有者希望通过估计公司的未来现金流确定债务合同能否得到充分履行;股东通过估计未来现金流来确定公司普通股的价值。

● 比率分析用来评估一家公司目前的财务状况以及这种状况在未来的发展方面。通过确定公司的财务状况,投资者对公司的未来状况和他们投资的安全性形成意见。管理者利用比率分析提供的信息采取措施,扬长避短。

● 财务报表分析的局限性包括以下几个方面:将一家大的综合性企业归于一个特定的行业或寻找能使用比较比率分析的公司比较困难;通货膨胀会严重歪曲公司的财务状况;季节因素同样影响经营状况;公司可以使用不同的会计方法"操纵"财务指标数据;一个特定指标的好坏很难得到一致的结论。

● 为了对一家公司的财务状况形成整体印象,在解释财务比率时必须进行判断。因为分析与判断有关,所以不同的分析师可能会得到不同的结论,而这些结论并不一定都正确。

个人理财相关知识

本章的概念会帮助你理解如何评价你自己的财务状况,从而确定你的"经营现金流""自由现金流",以及在给定收入下,你的债务水平是否合适。

● **可支配收入(经营现金流)**——个人的税后收入称为可支配收入,因为它可以偿还目前债务、应付日常开销、为未来储蓄(投资)资金等。可支配收入是你有效的"实得"收入(在所有收入来源中),因为它可以以你选择的任何方式"处置"。对你而言,确定有多少收入是可支配的非常重要,这样你就可以确定你可以负担起多少住房支出、食物和交通支出。你必须"量入为出",即你不可以在没有收入支撑的情况下买房或买车。在编制财务预算时,可支配收入是关键的资金来源,它可以用来指导支出和投资。

● **可自由支配收入(自由现金流)**——你必须为必需品支付账单,包括住房、公共服务、食品和交通,你不能以自己的喜好花费所有的可支配收入。可自由支配收入就是可支配收入中你可以用来购买你想购买而不是你需要购买的东西的收入。如果你知道可支配收入中有多少是可以自由支配的,通过确定有多少收入可投入到每年的退休基金中,你可以更好地制订退休计划。如果你制定了个人财务预算,你会发现储蓄计划后剩余的任何可自由支配收入都代表了你可以用来支付娱乐活动、购买不必要商品等的资金。

● 债务状况(比率)——在决定是否发放贷款(尤其是住房抵押贷款)给个人时,借款人会考虑很多因素。借款人也会评估一些重要的比率,包括债务-收入比率、住房费用比率和贷款-价值比率。债务-收入比率可以通过每月债务支出(住房抵押贷款、汽车贷款、信用卡和其他贷款)除以可支配收入计算得到。很多借款人抵押贷款机构要求这一比率不得高于35%。住房抵押贷款机构更希望你每月的总房款(本金、利息、财产税和保险)占每月总收入的比例低于25%—30%,即你的住房费用比率应当不超过30%。贷款-价值比率(loan-to-value,LTV)可以通过所欠的住房抵押贷款金额除以房屋或其他财产的市场价值计算得到。LTV为70%表明借款者对财产拥有30%的所有权。很多住房抵押贷款机构希望LTV能低于80%—85%。

就像管理者、投资者使用财务报表和比率分析来评估一家公司的财务状况一样,你应该使用个人财务比率来评估你个人的财务状况。你还应该在个人财务中应用我们在本章讨论的概念,即你应该确定你目前的财务状况是什么样的,并预测未来你预期的财务状况是什么样的。在生活中使用金融工具并制订你的未来财务计划是保证幸福成功金融生活的重要组成部分。

思考题

7-1 年报中一般有哪四种报表?

7-2 如果一个"典型"的公司资产负债表中有2 000万美元的留存收益,是否可以宣布它有2 000万美元的现金股利?为什么?

7-3 资产负债表中哪些科目的变动会使资金增加?哪些会使资金减少?

7-4 以下四个群体——管理人员、权益投资者、长期债权人和短期债权人使用财务比率分析的重点各自是什么?

7-5 应用财务比率分析时需要注意什么?比率分析中最重要的方面是什么?

7-6 不同行业的边际利润率和周转率都有所不同。你认为零售连锁店,如喜互惠和钢铁公司在这方面有何不同?注意周转率、边际利润率和杜邦等式的影响。

7-7 如果一个公司的ROE过低,而公司的管理层有意提高ROE,那么如何有效利用债务融资做到这一点?过多的债务会不会带来危害?

7-8 季节因素和不同的公司成长速度如何影响比较比率分析?试举例说明,并解释如何消除这种影响。

7-9 解释净利润或会计利润与净现金流的不同之处。为什么这些数据会有所不同?

7-10 解释净现金流和经营现金流的不同之处。是什么原因导致了它们的不同?

7-11 什么是自由现金流?一个公司的自由现金流为负还能被认为是成功的吗?

7-12 下表是Batelan公司2011年、2012年的资产负债表。在表的最右面一栏中列出其相对应的科目变动是否引起现金的增加或减少。用(+)表示现金的来源,(-)表示现金的使用,(0)表示对现金流量没有影响。

Batelan 公司 2011 年和 2012 年的资产负债表 （单位：百万美元）

	2011	2012	来源（＋）或使用（－）
现金	400	500	
应收账款	250	300	
存货	450	400	
流动资产合计	1 100	1 200	
厂房和设备净值	1 000	950	
总资产	2 100	2 150	
应付账款	200	400	
应计项目	300	250	
应付票据	400	200	
流动负债合计	900	850	
长期负债	800	900	
总负债	1 700	1 750	
普通股	250	300	
留存收益	150	100	
权益合计	400	400	
负债和权益合计	2 100	2 150	

从上面的资产负债表中，你能否判断 Batelan 公司 2012 年的净现金流量是正还是负？该公司是否支付了股利？为什么？

7-13 指出下表中所列交易项对总流动资产、流动比率和净利润的影响。用（＋）表示增加，（－）表示减少，（0）表示没有变化。列出必要的假设，并假设初始流动比率大于 1.0。（注意，回答其中的一些问题需要具备较强的会计背景知识。请根据自己的能力适当挑选题目。）

	总流动资产	流动比率	对净利润的影响
a. 增发普通股，获得现金			
b. 出售产品，获得现金			
c. 支付到期的联邦所得税			
d. 折价出售固定资产			
e. 溢价出售固定资产			
f. 赊销产品			
g. 支付赊购产品价款			
h. 宣布并支付现金股利			
i. 向银行申请短期贷款，获得现金			
j. 以低于成本的价格出售可交易证券			
k. 预付员工工资			
l. 支付当前营业费用			
m. 发行短期承兑票据以支付到期应付账款			
n. 发行长期票据以支付应付账款			
o. 收回应收账款			
p. 用短期票据购买设备			
q. 赊购产品			

计算题

7-1　Hindelang 公司有 1 312 500 美元的流动资产、525 000 美元的流动负债。其初始存货水平为 375 000 美元，公司将通过额外的应付票据筹集资金，并用这些资金增加存货。在不降低其 2.0 的流动比率的情况下，公司能增加多少短期债务(应付票据)？在 Hindelang 公司最大限度地增加短期资金后，其速动比率为多少？

7-2　W. F. Bailey 公司 2012 年的速动比率为 1.4，流动比率为 3.0，存货周转率为 5.0，总流动资产为 810 000 美元，其中，现金及其等价物为 120 000 美元。如果销售成本是销售额的 86%，那么公司的年销售额和 DSO 是多少？

7-3　Wolken 公司有 500 000 美元的未偿债务，且年利率为 10%。Wolken 公司的年销售额为 200 万美元；平均税率为 20%；公司净利润率为 5%。如果公司不能维持不低于 5.0 倍的 TIE，银行就会拒绝再提供贷款，公司最终将会破产。Wolken 公司的 TIE 是多少？

7-4　Coastal Packaging 去年的 ROE 仅有 3%，但是公司管理层制订了新的经营计划来改善这一状况。新的计划会使总资产负债率达到 60%，这样每年会产生 300 美元的利息。管理层计划销售额达到 10 000 美元时的 EBIT 为 1 000 美元，预期的总资产周转率为 2.0。在这些条件下，平均税率为 30%。如果这些变化确实发生，Coastal 的 ROE 是多少？ROA 呢？

7-5　Barbell 公司的利润表披露了去年公司的"底线"为 180 000 美元。报表还表明公司的折旧与摊销费用为 50 000 美元，所得税为 120 000 美元。Barbell 公司的净现金流是多少？

7-6　去年 Z&B 涂料公司披露的净利润为 650 000 美元。对其利润表的回顾表明，Z&B 公司不

包括折旧与摊销的经营费用(包括固定费用和可变费用)为 1 500 000 美元；折旧与摊销费用为 300 000 美元；公司税率为 35%，Z&B 公司没有债务，即公司为全权益公司。

a. Z&B 公司去年的销售额是多少？

b. Z&B 公司去年的净现金流是多少？

c. Z&B 公司去年的经营现金流是多少？

7-7　Psyre 公司今年的 NOI 为 150 000 美元。公司的资产负债表和利润表表明公司税率为 40%，折旧费用为 40 000 美元。今年的资产投资为 120 000 美元，投入资本目前为 1 100 000 美元。如果 Psyre 公司的平均税后资本成本为 10%，那么公司的 EVA 是多少？

7-8　假设以下是所给的 Zumwalt 公司的信息：

销售额/总资产	1.5 ×
ROA	3.0%
ROE	5.0%

计算 Zumwalt 公司的净利润率和负债率。

7-9　Earth's Best 公司的销售额为 200 000 美元，净利润为 15 000 美元，资产负债表如下所示：

a. 公司新的股东认为存货过多，可以在不影响销售和净利润的情况下降低存货，使公司的流动比率等于行业平均值 2.5。如果通过出售并且不补充新的存货来使流动比率降到 2.5，获得的资金用于减少普通股权益(以账面价值回购股票)，其他条件不变，ROE 会变化多少？

b. 假设现在我们打算对这个问题进行修改并将其应用到考试中，提出一个你之前没有见过的新问题来测试你是否了解这一类型的问题。在下列情况下，你的答案会发生怎样的变化：

(单位：美元)

现金	10 000	应付账款	30 000
应收账款	50 000	其他流动负债	20 000
存货	150 000	长期负债	50 000
固定资产净值	90 000	普通股权益	200 000
总资产	300 000	负债和权益合计	300 000

（1）所有的金额都增长 1 倍。

（2）规定的目标流动比率为 3.0。

（3）公司有 10 000 股流通在外的股票，在第 a 题中的变化会使 EPS 增加多少？

（4）如果我们将最初的问题变为股票以账面价值的 2 倍出售，你在第（3）问中的答案会是多少？是不是就不能在同等金额的基础上减少普通股权益？

c. 解释你在关注应收账款、固定资产的变化或使用积累的资金偿还债务（我们会给你未偿还债务的利率）时可以如何设置问题，或当公司需要更多存货，并且公司只能通过发行新的普通股或新的债务筹集资金时，最初的问题 a 要怎么解答。

7-10 以下是 Lloyd Lumber 公司 2012 年年初和年末的合并资产负债表。公司购买了价值 5 000 万美元的固定资产，且 2012 年的折旧额为 1 000 万美元。净利润为 3 300 万美元，公司支付了 500 万美元的股利。

a. 在适当列填入来源或使用金额。

b. 编制现金流量表。

c. 简单地总结你的结论。

Lloyd Lumber 公司：2012 年年初和年末的资产负债表 （单位：百万美元）

	1 月 1 日	12 月 31 日	变动	
			来源	使用
现金	7	5	——	——
有价证券	0	11	——	——
应收账款净额	30	22	——	——
存货	53	75	——	——
流动资产合计	90	23		
固定资产总值	75	125		
减：累计折旧	(25)	(235)	——	——
固定资产净值	50	90		
总资产	140	213		
应付账款	18	15	——	——
应付票据	3	15	——	——
其他流动负债	15	7	——	——
长期负债	8	24	——	——
总负债	44	61		
普通股	29	57		
留存收益	67	95		
负债和权益合计	140	213		

注：来源总额必须等于使用总额。

7-11 Montejo 公司预计 2012 年的销售额为 1 200 万美元。除了折旧之外的经营成本预计占销售额的 75%，2012 年的折旧额预计为 150 万美元。所有的销售额都以现金形式收回，除了折旧以外的经营成本必须在当年支付。Montejo 公司的利息支出预计为 100 万美元，税率为 40%。

a. 为 Montejo 公司编制利润表和现金流量表（在同一页面上使用两栏）。预期经营现金流是多少？

b. 假设国会修改了税收法案，使 Montejo 公司 2012 年的折旧额增加了 1 倍，其他条件没有变化。2012 年预期的净利润和经营现金流会发生什么变化？

c. 假设国会法案没有增加 Montejo 公司 2012 年的折旧额，反而使其降低了 50%。这会对利润和现金流产生什么影响？

d. 如果这个公司属于你，你会希望国会增加还是减少你公司的折旧额？解释一下原因。

7-12 利用表 7-1 和表 7-2 中 Argile 纺织公司 2011 年的财务报表中的数据回答下列问题：

a. 计算 2011 年以下比率的数值。

比率	2011 年数据	
	Argile 纺织公司	行业平均值
流动比率	_____	3.9 ×
DSO	_____	33.5 天
存货周转率	_____	7.2 ×
固定资产周转率	_____	4.1 ×
负债比率	_____	43.0%
净利润率	_____	4.6%
ROA	_____	9.9%

b. 对 Argile 纺织公司 2011 年的财务状况作一简单评价。你能否从中窥出端倪?

c. 将 Argile 纺织公司 2011 年和 2012 年的财务比率(见表 7-6)作一分析比较。你觉得该公司 2012年的财务状况是改善了还是恶化了?

d. 还有哪些信息有助于对 Argile 纺织公司未来的财务状况进行预测?

7-13 Campsey 计算机公司及其行业平均数据如下表所示:

a. 计算该公司的财务比率。

b. 构造该公司及其所在行业的杜邦等式。

c. 根据你的分析,指出 Campsey 计算机公司的优势和劣势。

d. 假设 2012 年的存货、销售额、普通股权益和应收账款都翻一番。这会不会影响你对公司财务比率分析的判断?(提示:如果不用平均值,考虑均值和比率快速增长的影响,不需要具体计算)

Campsey 计算机公司:资产负债表(2012 年 12 月 31 日)　　　　　(单位:美元)

现金	77 500	应付账款	129 000
应收账款	336 000	应付票据	84 000
存货	241 500	其他流动负债	117 000
流动资产合计	655 000	流动负债合计	330 000
固定资产净值	292 500	长期负债	256 500
		普通股	361 000
总资产	947 500	负债和权益合计	947 500

Campsey 计算机公司:2012 年利润表 (截止到 12 月 31 日)

	(单位:美元)
销售额	1 607 500
商品销售成本	(1 353 000)
毛利	254 500
不含折旧的固定营业费用	(143 000)
息税折旧摊销前利润(EBITDA)	111 500
折旧	(41 500)
息税前利润(EBIT)	70 000
利息	(24 500)
税前利润(EBT)	45 500
所得税(40%)	(18 200)
净利润	27 300

比率	Campsey 计算机公司	行业平均值
流动比率	_____	2.0 ×
DSO	_____	35.0 天
存货周转率	_____	5.6 ×
总资产周转率	_____	3.0 ×
净利润率	_____	1.2%
ROA	_____	3.6%
ROE	_____	9.0%
负债率	_____	60.6%

7-14 利用给出的财务数据完成下面 Isberg Industries 的资产负债表和销售信息。

负债率:50%

速动比率:0.8 ×

总资产周转率:1.5 ×

DSO:36.5 天

销售利润率:(销售额 - 商品销售成本)/销售额 = 25%

存货周转率:5.0×

资产负债表 （单位:美元）

现金	_____	应付账款	_____
应收账款	_____	长期负债	60 000
存货	_____	普通股	_____
固定资产	_____	留存收益	97 500
总资产	300 000	负债和权益合计	=====
销售额	_____	产品销售成本	

7-15 Finnerty 是一家生产并销售高档家具的公司,近些年来,其利润不够理想。为此,董事会换了新总裁 Elizabeth Brannigan,他请你使用杜邦图对公司的财务状况进行分析。最近的行业平均值和公司的财务数据如下:

行业平均值比率

流动比率	2.0×	固定资产周转率	6.0×
负债比率	30.0%	总资产周转率	3.0×
TIE	7.0×	销售利润率	3.0%
存货周转率	8.5×	ROA	9.0%
DSO	24.0 天	ROE	12.9%

Finnerty 家具公司 2012 年 12 月 31 日资产负债表 （单位:百万美元）

现金	45	应付账款	45
可交易证券	33	应付票据	45
应收账款净值	66	其他流动负债	21
存货	159	流动负债合计	111
流动资产合计	303	长期负债	24
		总负债	135
固定资产总值	225	普通股	114
减:折旧	(78)	留存收益	201
固定资产净值	147	股东权益合计	315
总资产	450	负债和权益合计	450

Finnerty 家具公司 2012 年 12 月 31 日利润表

（单位:百万美元）

销售净额	795.0
产品销售成本	(660.0)
毛利	135.0
销售费用	(73.5)
折旧费用	(12.0)
息税前利润(EBIT)	49.5
利息费用	(4.5)
税前利润(EBT)	45.0
所得税(40%)	(18.0)
净利润	27.0

a. 计算你认为有价值的财务比率。

b. 写出 Finnerty 的杜邦等式,并将其与行业平均值进行比较。

c. 资产负债表和利润表中的哪个数据是低利润的主要原因?

d. 与同行业其他公司相比,哪些账目显得尤为特别?

e. 如果 Finnerty 有季节性销售模式或者在本年度经历了一个迅速发展时期,这将对你的财务分析有何影响? 如何消除这种影响?

7-16 Cary 公司 2013 年财务指标预测数据和行业平均值如下:

a. 计算 Cary 公司 2013 年的各项财务比率,并将其与行业平均值进行比较,简述其优势和劣势所在。

b. 如果公司采取成本削减措施并降低存货,因而大大降低了产品销售成本,其财务比率会发生什么变化? 考虑这两个科目的变化对财务比率的影响,不需要计算。

预测的 Cary 公司 2013 年 12 月 31 日资产负债表 （单位:美元)

现金	72 000	应付账款和应付票据	432 000
应收账款	439 000	应计利息	170 000
存货	894 000	流动负债合计	602 000
流动资产合计	1 405 000	长期负债	404 290
土地及建筑物	238 000	普通股	575 000
机器	132 000	留存收益	254 710
其他固定资产	61 000		
总资产	1 836 000	负债和权益合计	1 836 000

预测的 Cary 公司 2013 年利润表

	（单位:美元)
销售额	4 290 000
产品销售成本	(3 580 000)
营业毛利	710 000
管理和销售总费用	(236 320)
折旧	(159 000)
杂费	(134 000)
税前利润(EBT)	180 680
所得税(40%)	(72 272)
净利润	108 408
发行在外普通股股数	23 000
每股数据	
EPS	4.71
每股现金股利	0.95
市盈率	5.0 ×
市场价格(平均)	23.57

2013 年行业比率均值[a]

速动比率	1.0 ×
流动比率	2.7 ×
存货周转率[b]	5.8 ×
DSO	32 天
固定资产周转率[b]	13.0 ×
总资产周转率[b]	2.6 ×
ROA	9.1%
ROE	18.2%
负债率	50.0%
销售利润率	3.5%
市盈率	6.0 ×

注:a 过去四年行业平均比率没有发生变动。
b 根据年底资产负债表的数字计算。

综合题

7-17 Donna Jamison 最近被 Computron 公司——一个电子元件制造商聘为财务分析师。她的第一个任务就是对公司过去两年的财务状况进行分析。为了开始工作,她收集了以下财务报表和其他数据:

		（单位:美元)
资产负债表	2012	2011
资产		
现金	52 000	57 600
应收账款	402 000	351 200
存货	836 000	715 200
流动资产合计	1 290 000	1 124 000
固定资产总值	527 000	491 000
减:累计折旧	(166 200)	(146 200)
固定资产净值	360 800	344 800
总资产	1 650 800	1 468 800
负债和所有者权益		
应付账款	175 200	145 600
应付票据	225 000	200 000
应付利息	140 000	136 000
流动负债合计	540 200	481 600
长期负债	424 612	323 432
普通股(100 000 股)	460 000	460 000
留存收益	225 988	203 768
权益总额	685 988	663 768
负债和权益合计	1 650 800	1 468 800

（单位：美元）

利润表	2012	2011
销售额	3 850 000	3 432 000
产品销售成本	（3 250 000）	（2 864 000）
其他费用	（430 300）	（340 000）
折旧	（20 000）	（18 900）
总经营成本	3 700 300	3 222 900
EBIT	149 700	209 100
利息费用	（76 000）	（62 500）
EBT	73 700	146 600
所得税（40%）	（29 480）	（58 640）
净利润	44 220	87 960
EPS	0.442	0.880

现金流量表（2012） （单位：美元）

经营活动	
净利润	44 220
加（现金来源）	
折旧	20 000
应付账款的增加	29 600
应付利息的增加	4 000
减（现金的使用）	
应收账款的增加	（50 800）
存货的增加	（120 800）
经营活动的净现金流	（73 780）
长期投资和融资活动	
固定资产投资	（36 000）
应付票据的增加	25 000
长期债务的增加	101 180
现金股利的支付	（22 000）
投资和筹资活动的净现金流	104 180
现金账户的净减少额	（5 600）
年初现金额	57 600
年末现金额	52 000

（单位：美元）

其他数据	2012	2011
12 月 31 日的股票价格	6.00	8.50
股票数量	100 000	100 000
每股股利	0.22	0.22
租赁付款	40 000	40 000

2012 年行业比率平均值

比率	行业平均值
流动比率	2.7 ×
速动比率	1.0 ×
存货周转率	6.0 ×
DSO	32.0 天
固定资产周转率	10.7 ×
总资产周转率	2.6 ×
负债率	50.0%
TIE	2.5 ×
固定费用偿付比率	2.1 ×
净利润率	3.5%
ROA	9.1%
ROE	18.2%
市盈率	14.2 ×
市值/账面价值比率	1.4 ×

假设你是 Donna Jamison 的助手，她让你帮她准备一份评估公司财务状况的报告。

a. 从公司的现金流量表中你可以得出关于公司财务状况的什么结论？

b. 财务比率分析的目的是什么？比率有哪五个主要种类？

c. Computron 公司的流动比率和速动比率是多少？它们告诉你公司的流动性如何？

d. Computron 公司的存货周转率、DSO、固定资产周转率和总资产周转率是多少？与行业相比公司资产的利用率如何？

e. 公司的负债率、TIE、固定费用比率是多少？关于财务杠杆，Computron 公司与行业相比如何？从这些比率中你能得出什么结论？

f. 计算并讨论公司的盈利比率，即净利润率、ROA 和 ROE。

g. 计算 Computron 公司的市场价值比率，即市盈率和市值/账面价值比率。这些比率告诉你投资者对公司有什么样的看法？

h. 用杜邦等式对公司的财务状况提供一个总体、全面的评价，公司主要的优势和劣势是什么？

i. 根据下面 2012 年简化的资产负债表回答问题：一般而言，比率的改善——假定 DSO——会怎样影响股票价格？例如，如果公司可以改进其收款过程，从而使 DSO 从 38.1 天降到 27.8 天，这种变化会   如何"波及"以下财务报表及如何影响股票价格？

（单位：千美元）

应收账款	402	负债	965
其他流动资产	888		
固定资产净值	361	权益	686
总资产	1 651	负债和权益合计	1 651

j. 尽管财务报表分析可以为公司的经营和财务状况提供有用的信息，这种分析形式也有潜在的问题和局限性，在使用时必须谨慎判断。这些问题和局限性表现在哪些方面？

计算机相关问题

利用电子表格，回答本部分的问题。

7-18 使用电子表格中的 C07 文件夹解答本题。

a. 关于计算题 7-16，假设 Cary 公司正在考虑安装一个能够对存货、应收账款、应付账款进行更严密控制的新计算机系统。如果安装了新的系统，预测的资产负债表和利润表中的数据如下（而不是计算题 7-16 中给出的数据）：

应收账款	395 000 美元
存货	700 000 美元
其他固定资产	150 000 美元
应付账款和应付票据	275 000 美元
应计利息	120 000 美元
产品销售成本	3 450 000 美元
管理和销售费用	248 775 美元
市盈率	6.0 ×

这些变动怎样影响预计的比率？它们跟行业平均值相比如何？（注意，利润表的任何变动都会对留存收益产生影响；因此，建立模型来计算 2013 年的留存收益，使之等于 2012 年的留存收益加上净利润减去股利支付。这个模型还可以调整现金余额进而调整资产负债表余额。）

b. 如果新的计算机系统比 Cary 公司的管理层预计的更有效率，使公司的产品销售成本比第 a 题中降低了 125 000 美元，这会对公司的财务状况产生什么影响？

c. 如果新的计算机系统没有 Cary 公司的管理层预计的那样有效率，从而导致公司的产品销售成本与第 a 题相比增加了 125 000 美元，这会对公司的财务状况产生什么影响？

d. 以此类推，逐一改变第 a 题中的其他项目，看看会对财务比率分析产生什么样的影响。然后思考并总结，应用像这样的计算机系统如何能够在购买类似于新计算机系统这样的项目中作出更好的决策。

附录 7A

（本章自测题答案）

1. （1）经营现金流 = NOI × （1 − 税率） + 折旧 = 120 000 美元 × （1 − 0.4） + 25 000 美元 = 97 000 美元

（2）自由现金流 = 经营现金流 − 投资额 = 97 000 美元 − 150 000 美元 = − 53 000 美元

（3）EVA = NOI × （1 − 税率） − （投资资本 × 税后资本成本率） = 120 000 美元 × （1 − 0.4） − （500 000 美元 × 0.12） = 72 000 美元 − 60 000 美元 = 12 000 美元

2. EPS = 4 美元/股；DPS = 2 美元/股；因此，今年的每股留存收益为 2 美元

△RE = 12 000 000 美元；因此，流通股股数 =

6 000 000 = 12 000 000 美元/2 美元

CE = $40 × 6 000 000 = 240 000 000 美元

总资产 = 总负债 + CE = 120 000 000 美元 + 240 000 000 美元 = 360 000 000 美元

负债率 = 120 000 000 美元/360 000 000 美元 = 0.3333 = 33.33%

3. a. 在回答这类问题时，通常在开始时写下相关定义等式，然后填入数据。应注意，金额以百万美元为单位，额外的零在下面的计算中被消除了，因此最终的结果才是正确的。

（1）$DSO = \dfrac{应收账款}{\dfrac{年销售额}{360}} = \dfrac{应收账款}{\dfrac{1\,000\,美元}{360}} = 40$ 天

应收账款 = 40 天 × 2.778 美元 = 111.1 美元

（2）$速动比率 = \dfrac{流动资产 - 存货}{流动负债}$

$= \dfrac{现金 + 有价证券 + 应收账款}{流动负债} = 2.0$ 倍

$2.0 = \dfrac{100\,美元 + 111.1\,美元}{流动负债}$

流动负债 = （100 美元 + 111.1 美元）/2 = 105.55 美元

（3）$流动比率 = \dfrac{流动资产}{流动负债} = \dfrac{CA}{105.55\,美元} = 3.0$

流动资产 = 3.0 × 105.55 美元 = 316.65 美元

（4）总资产 = 流动资产 + 固定资产 = 316.7 美元 + 283.5 美元 = 600.2 美元

（5）$ROA = \dfrac{净利润}{总资产} = \dfrac{50\,美元}{600.2\,美元} = 0.0833 = 8.33\%$

（6）$ROE = \dfrac{净利润}{普通股权益} = 12.0\% = 0.12 = \dfrac{50\,美元}{普通股权益}$

普通股权益 = 50 美元/0.12 = 416.67 美元

（7）总资产 = 总要求权 = 600.2 美元

流动负债 + 长期负债 + 普通股权益 = 600.2 美元

105.6 美元 + 长期负债 + 416.7 美元 = 600.2 美元

长期负债 = 600.2 美元 - 105.6 美元 - 416.7 美元 = 77.9 美元

b. 日销售额 = 1 000 美元/360 = 2.778 美元

应收账款$_旧$ = 40 天 × 2.778 美元 = 111.1 美元

△应收账款 = 111.1 美元 - 83.3 美元 = 27.8 美元

应收账款$_新$ = 30 天 × 2.778 美元 = 83.3 美元

（1）普通股权益$_新$ = 普通股权益$_旧$ - 回购股票 = 416.7 美元 - 27.8 美元 = 388.9 美元

因此，$ROE_新 = \dfrac{净利润}{普通股权益_新} = \dfrac{50\,美元}{388.9\,美元} = 0.1286 = 12.86\%$

（2）$ROA_新 = \dfrac{净利润}{总资产 - \Delta\,应收账款} = \dfrac{50\,美元}{600.2\,美元 - 27.8\,美元} = \dfrac{50\,美元}{572.4\,美元} = 0.0874 = 8.74\%$

（3）债务$_旧$和债务$_新$相同：

总负债 = 总要求权 - 普通股权益 = 600.2 美元 - 416.7 美元 = 183.5 美元

总资产$_新$ = 总资产$_旧$ - △应收账款 = 600.2 美元 - 27.8 美元 = 572.4 美元

$负债率_旧 = \dfrac{负债_旧}{总资产_旧} = \dfrac{\$183.5}{\$600.2} = 0.306 = 30.6\%$

$负债率_新 = \dfrac{负债_新}{总资产_新} = \dfrac{\$183.5}{\$572.4} = 0.321 = 32.1\%$

第8章
财务计划和控制

Benjamin Mays 是 Martin Luther King, Jr. 的顾问,他曾经说过:"失败并不在于没有达到目标,而是没有目标。"随着时间的变化,这句话不断被修改。现在这句话变为:"人们没有因为计划失败,而失败在于没有计划。"联系到商界,这句格言变为:"企业没有因为计划失败,而失败在于没有计划。"

实际上,计划是企业获得成功的关键要素。不合适的财务计划是企业失败的一个主要原因。统计数据显示,近80%的企业破产的原因与财务计划不完善有关。在所有本年度要开始运营的公司中,其中只有10%在五年后还会存在。有超过3/4的新企业在第一年会倒闭。为什么会如此?原因就在于企业要么没有正式的商业计划,要么商业计划不完善。

如果你读过有关"如何获得企业成功"的文章,你将会发现一个共同的箴言:"为要做的事情建立一个可以列表的财务计划,来引导未来企业的发展。"企业的财务计划相当于旅游者的路线图,设计这样一个计划有助于企业在实现财富最大化的过程中坚持到底。很多企业从倒闭或经历严重的财务困境中学到了这个教训——好的财务计划对企业的生存至关重要。

在阅读本章时,想一下你所熟悉的遭遇过财务困境的企业(也许你在企业杂志或报纸上曾见过很多它们的信息)。你会发现,几乎在每种情况下,这些问题都可以避免,只要企业有一个正确的财务计划和控制系统。这一计划对企业的未来经营提供指引,而控制系统确保计划能根据企业面临的动态环境执行和调整。如果你考虑开始自己创业,一定要确定自己有一个计划,这样对企业的发展方向有一个线索——你的企业就有了成功的机会。

在第 7 章中,我们主要分析了如何利用财务报表分析来衡量公司当前的财务状况。本章将说明财务经理如何运用财务报表中的信息,从而为公司未来的运营制订财务计划和控制方案。

运营良好的公司的经营计划通常建立在预测财务报表的基础上。**财务计划**(financial planning)首先从未来几年的销售预测开始;其次是计划为达到这个销售目标所需的资产,以及计划融资方案;最后就可以预测利润表和资产负债表,并对盈利、每股股利和其他一些关键的财务指标进行预测。

一旦基础预测工作完成,高级财务经理就开始思考三件事:① 实际结果会怎样? ② 如何达到预期目标? ③ 变化会对预测产生何种影响? 这就进入了**财务控制**(financial control)阶段。公司关心的是如何实施前述财务计划或预测,如何对计划执行过程中的反馈和变化作出必要的调整,以达到预期目标。

本章的第一部分讨论如何利用预测财务报表制订财务计划,第二部分着重于利用预算和杠杆分析进行财务控制,以了解经营状况的改变如何影响财务预测。

8.1　销售预测

预测是财务计划必不可少的组成部分,而**销售预测**(sales forecast)是其中最重要的环节。首先对过去 5—10 年的销售情况作一个回顾(见图 8-1)。图 8-1 的第一部分显示的是 Argile 纺织公司过去 5 年的销售情况。当然,也可以做成 10 年的。但 Argile 纺织公司的经验分析表明,其未来的销售情况与最近的历史关系较密切,而与 5 年前的销售情况并无多大关系。

2008—2012 年间,Argile 纺织公司的销售有升有降。2010 年,由于美国的棉花歉收和澳大利亚发生绵羊疾病,Argile 纺织公司的棉纺织品销量低于 2009 年的水平。2011 年由于棉花和羊毛供应大量增加,公司销量上涨了 16%。根据回归分析,Argile 纺织公司过去 5 年的年均增长率为近 10%。

要预测 2013 年的销售增长量,Argile 纺织公司必须考虑其当前市场及目标市场的预期经济活动、竞争状况、产品开发和销售情况。一般来说,公司在预测未来销量时通常建立数学模型如回归模型来考虑这些因素。根据历史销售趋势、新产品和市场导入计划以及 Argile 纺织公司对经济形势的预测,公司的计划委员会决定将2013年的销售增长率定为10%。也就是2013年的目标销售额是8.25亿美元,比2012年的7.5亿美元高出10%。

如果预测错误,后果将是非常严重的。一方面,如果市场扩张速度超过Argile纺织公司的预计,它的目标产量就可能无法满足市场需求,客户就会转向竞争者的产品,Argile纺织公司亦将失去这部分很难收回的市场份额。另一方面,如果预测过于乐观,Argile纺织公司的厂房、设备和存货将出现过剩。这将导致存货周转率下降,折旧和储存成本上升,甚至是过时或没用的存货的报废。所有这些都将导致ROE的降低,从而造成Argile纺织公司股票价格的下跌。如果Argile纺织公司利用债务进行了不必要的财务扩张,问题可能更为严重。因为在第7章中,我们的分析发现,Argile纺织公司2012年的财务状况并不那么令人满意。因此,一个准确的销售预测对公司的成长至关重要。[①]

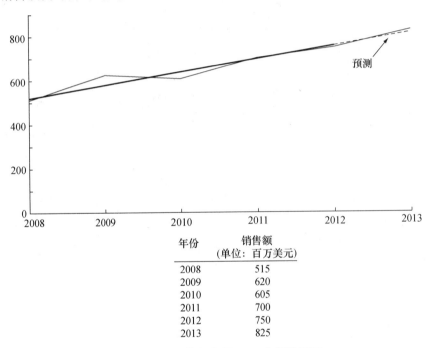

年份	销售额 (单位:百万美元)
2008	515
2009	620
2010	605
2011	700
2012	750
2013	825

图8-1 Argile纺织公司:2013年销售预测

表8-1 Argile纺织公司:2012年实际利润表和2013年预测利润表
(除每股数据外,单位均为百万美元)

	2012年 实际结果	预测 基础[a]	2013年 初步预测
销售净额	750.0	×1.10	825.0
产品销售成本	(600.0)	×1.10	(660.0)
毛利润	150.0		165.0

① 销售预测实际上是不同分配概率下的销售额加权平均。因为销售预测或多或少带有不确定性,所以我们感兴趣的是包含在销售预测中这一项不确定性的程度。第11章将对公司财务应用的概率分布方法进行详细介绍。

（续表）

	2012 年 实际结果	预测 基础ᵃ	2013 年 初步预测
不含折旧的固定经营成本	(55.0)	×1.10	(60.5)
折旧	(30.0)	×1.10	(33.0)
息税前利润(EBIT)	65.0		71.5
减:利息	(20.0)	⟶	(20.0)ᵇ
税前利润(EBT)	45.0		51.5
所得税(40%)	(18.0)		(20.6)
净利润	27.0		30.9
普通股股利	14.0		(15.4)ᶜ
留存收益增量	13.0		15.5
每股收益	2.45		2.81
每股股利	1.27		1.40
普通股股数(百万股)	11.00		11.00

注:a "×1.10"表示"×(1+g)",用于与销售额同比增长的科目。

b 表示用于初步预测的 2012 年的结余数字,见解释部分的讨论。

c 表示预测数字,见解释部分的讨论。

(◦)) 自测题 1

(答案见本章末附录 8B)

　　如果 Argile 纺织公司决定不增加来年的每股股利,即保持 2012 年的每股股利 1.27 美元,那么步骤 1 中 2013 年预计留存收益增加额是多少? 假设 2013 年的所有其他预测数据如表 8-11 所示。

8.2　预测(模拟)财务报表

　　任何财务预测都需要包括:① 确定公司在一给定时期内所需要的资金量;② 确定同一时期内,公司可自行解决的资金量;③ 需要从外部融资的资金量——通过举债或发行新股,或者两者兼有。另外一种方法就是本节即将讨论的预测(模拟)资产负债表法。

　　预测资产负债表法直截了当,公司必须:

　　(1) 预测下一期对资产的需求。

　　(2) 预测在正常运营情况下的负债和股权——也就是说,没有额外的外部融资。

　　(3) 预测支持预测运营水平的增量资金需求(additional funds needed,AFN)。从需要的资产中减去预测负债和股权就可以得到 AFN。

　　下面就对这一步骤进行介绍。

8.2.1　步骤1　2013年预测利润表

预测资产负债表法(projected balance sheet method)首先预测销售额;其次预测来年的利润表,以预测留存收益。当然,这首先需要对营运成本比率、税率和利息支出及股利作出假设。最简单的方法就是假设成本和销售额保持同步增长;复杂一点的方法就是单独预测成本支出。无论哪种情况,这部分分析的主要目标都是确定公司预测年度的收益和留存用于投资的收益。

表8-1是2012年Argile纺织公司的利润表,以及在上述条件下对2013年利润表的最初预测。为了对2013年的利润进行预测,我们假设Argile纺织公司销售额和可变营运成本都比2012年的水平高10%。另外,我们假设其目前正开足马力运营,这就意味着公司必须扩张其生产能力以应对2013年额外的经营需求。因此,为了适应营运水平的提高,公司必须扩张产能10%,因为现存的厂房和设备并不能满足增加的产品生产需要。有了这个假设,我们就可以简化预测过程。在本章后面部分,我们会讨论公司未全负荷运转情况下需要的调整。

因为Argile纺织公司目前处于满负荷运转状态,如表8-1所示,2013年Argile纺织公司预测销售额、所有的营运成本(包括固定营运成本和折旧)都比2012年的水平高10%。结果其2013年的EBIT估计达到7150万美元,比2012年高出10%。

为了完成对2013年利润的最初预测,我们假设现有的融资情况没有变化,因为在这一时刻,我们还不清楚是否需要进一步融资,如果需要借款来支持营运水平的提高的话,很明显2013年的利息费用会增加。为预测2013年的股利,我们假设2013年每股股利(DPS)以相同的预期增长率增加,如果股利增加10%,那么$DPS_{2012} = 1.27$美元$\times 1.10 = 1.40$美元。由于目前有1 100万普通股流通,因此如果公司不发行新普通股,2013年总股利的预测值为1 540万美元=1 100万股$\times 1.40$美元/股。然而,如同利息费用,如果Argile纺织公司决定发行新股票来筹集新营运水平所需要的资金,那么总股利的估计值会有变动。

从表8-1对2013年利润的最初预测中,我们看到2013年Argile纺织公司预期留存收益会增加1 550万美元。这一数字代表Argile纺织公司预期投资于企业本身(内部产生的资金)以支持2013年营运水平提升所需要的资金。下一步将决定这一内部投资水平会如何影响2013年Argile纺织公司的预测资产负债表。

8.2.2　步骤2　2013年预测资产负债表

若假设2012年年底的资产水平刚好足以支持2012年的营运,那么为了增加销售额,2008年的资产总量必须有所增加。由于2012年公司已满负荷运转,因此,要提高销售额,各个资产科目都必须相应增加:更多的现金用于交易,更高的销售额导致更多的应收账款,需要的存货增加,新添厂房、设备以增产。

进一步,随着资产的增加,负债和权益也要相应增加。有些负债会因为正常的商业关系而自发增加。例如,随着销售额的增加,Argile纺织公司的原料采购增加进而自发引起应付账款的增加。同样,更高的营运水平需要更多的劳动力,而销售额增加也会带来应税收入的增加。因此,应付工资和应交税金都将增加。通常,与销售额的变化一起自发地变化的负债会产生**自发性资金**(spontaneously generated funds),增长速度与销售额同步。

　　应付票据、长期负债和普通股不会随着销售额的增加而增加,而是取决于以后的融资决策,即管理层必须确定需要多少外部资金以支持预测的经营水平。因此,进行初步预测时,要假设这些科目保持 2012 年的水平不变。此时,管理层并不清楚是否以及需要多少额外外部(非自发)资金以满足 2013 年的预计销售额。

　　表 8-2 包含 2012 年 Argile 纺织公司实际的资产负债表和 2013 年预测的资产负债表。资产负债表的预测方法类似于预测利润表的方法。首先,与销售额同步增长的那些资产负债表账户乘以 1.10,求出 2013 年的最初预测值。例如,2013 年的现金预测值为 1 000 万美元 × 1.10 = 1 100 万美元,应收账款的预测值为 9 000 万美元 × 1.10 = 9 900 万美元。在本例中,所有资产都与销售额呈正比例增长,一旦预测完每一项资产,并进行全部加总,就可以得出预测资产负债表的总资产。

表 8-2　Argile 纺织公司:2012 年实际和 2013 年预测资产负债表　　(单位:百万美元)

	2012 年 实际余额	预测 基础[a]	2013 年 初步预测	变化值
现金	10.0	×1.10	11.0	1.0
应收账款	90.0	×1.10	99.0	9.0
存货	135.0	×1.10	148.5	13.5
流动资产合计	235.0		258.5	
厂房和设备净值	190.0	×1.10	209.0	19.0
总资产	425.0		467.5	42.5
应付账款	15.0	×1.10	16.5	1.5
应计利息	30.0	×1.10	33.0	3.0
应付票据	20.0	→	20.0[b]	0.0
流动负债合计	65.0		69.5	
长期债券	152.0	→	152.0[b]	0.0
总负债	217.0		221.5	
普通股	66.0	→	66.0[b]	0.0
留存收益	142.0	+15.5[c]	157.5	15.5
所有者权益合计	208.0		223.5	
负债和权益合计	425.2		445.0	20.0
增量资金需求(AFN)			22.5[d]	22.5

　　注:a "×1.10"表示"×(1+g)",用于与销售额同比增长的科目。

　　b 表示与 2012 年数值相同。

　　c 1 550 万美元代表表 8-1 中 2013 年预测利润表中的留存收益增量。

　　d 总资产减去负债和权益合计即可得出 AFN。

　　接下来我们预测自发增加的负债(应付账款和应付费用)。反映管理层决策的负债和股权账户——应付票据、长期债券和普通股——以 2012 年的水平为初始预测值。非自发资金在初始预测时不发生改变,是因为在此阶段预测过程中,管理层并不知道是否需要以及需要额外增加多少资金以满足增加的资产投资需求。公司一旦确定需要通过向银行借款、发行长期债券、发行普通股,或者三者兼而有之的方式额外增加资金,在下阶段的预测过程中,非自发资金就会随之增加。因此,2013 年的应付票据初步定为 2 000 万美元,长期债券定为 15 200 万美元,等等。2013 年留存收益的预测值等于 2012 年的水平加上预测增加的留存收益。在步骤 1 中我们计算得出的数字为 1 550 万美元(见表 8-1)。留存收益的初始预测值是 15 750 万美元(2012 年年底的余额 14 200 万美元加上 2013 年增加的 1 550 万美元留存收益)。

表 8-2 显示总资产的预测值为 46 750 万美元,说明与 2012 年的 42 500 万美元相比,增加了 4 250 万美元,这也是为了保持 2013 年较高的销售水平。然而,根据 2013 年资产负债表的初始预测,总负债和股权总额为 44 500 万美元,仅比 2012 年的 42 500 万美元增加了 2 000 万美元。因此,总资产超过总负债和股权的金额为 2 250 万美元 = 46 750 万美元 – 44 500 万美元,这一部分总资产的预测增加值不是用自发增加的负债(应付账款和应付费用)来融通的,也没有用增加的留存收益(内部产生的资金)来融通,称为 AFN。Argile 纺织公司可以通过向银行借款、发行长期债券、发行普通股,或者三者兼而有之的方式额外增加这 2 250 万美元的资金。

Argile 纺织公司财务报表的初步预测告诉我们三个情况:① 更大的销售额必须由更多的资产来支持;② 部分资产增加可以通过自发增加的应付账款和应付费用及增加的留存收益来融通;③ 如果出现短缺,就要通过借款或发行股票等外部资金融通的方式来解决。

8.2.3　步骤 3　增量资金需求融资

Argile 纺织公司的财务经理在制订 2 250 万美元增量资金需求的筹措方案时,会考虑以下几个因素:公司对新增债务的控制能力、金融市场状况和现有债务协议的约束。我们将在第 14 章详细讨论如何进行最佳融资决策。目前需要注意的是,不管 Argile 纺织公司如何筹措这部分资金,其利润表和资产负债表的初步预测都要受到影响:如果 Argile 纺织公司增加贷款则会增加其总利息支出;若发行新股并支出相同的每股股利,则其总股利支出将会增加。每一科目的变动,也就是通常所说的融资反馈,都将影响初步预测的新增留存收益的数值,而后者又将反过来影响 AFN。

前第 7 章对比率分析进行了讨论,我们从中得出这样一个结论:Argile 纺织公司的债务状况要比行业平均状况差。因此,Argile 纺织公司决定以后将主要通过发行普通股的方法来筹措资金,采取这种方法对改善 Argile 纺织公司的债务状况和提高盈利能力都有好处。

8.2.4　步骤 4　根据融资反馈调整预测

前面我们曾提到,财务预测中的复杂性来自**融资反馈**(financing feedbacks)。从外部筹措资金以购置新的资产必然会使利润表中的费用增加,从而降低预期新增留存收益,因此,外部资金来源又必须增加,以弥补降低的新增留存收益。也就是说,如果 Argile 纺织公司通过举债和发行普通股来筹集 2 250 万美元的 AFN,其利息和股利费用必然增加,高于表 8-1 所示的利润表中的初步预测数据。因此,调整利息和股利支出后,留存收益增加额要比初步预测的 1 550 万美元低,这样在新旧留存收益增加额中就会产生一个资金缺口。实际上,Argile 纺织公司必须筹措多于 2 250 万美元的外部资金,以弥补由融资反馈而引起的内部资金缺口。为确定实际需要的外部资金额,我们必须对利润表(步骤 1)和资产负债表(步骤 2)的初步预测进行重新调整,以反映外部融资的影响。这一调整要逐步重复进行,直到表 8-2 中的 AFN =0,也就是说,要重复步骤 1 和步骤 2 以反映融资反馈的影响。

表 8-3 是考虑了融资反馈影响且进行了调整的预测利润表和预测资产负债表。为了调整初步预测,我们假设 65% 的外部资金是通过以每股 20 美元的价格发行新股获得的,15% 的外部资金是以 7% 的利率通过银行贷款获得的,另外 20% 的资金是通过发行票面利率为 10% 的长期债券获得的。在这些假设前提下,Argile 纺织公司实际需要 2 390 万美元的外部融资,而非初始预测中的 2 250 万美元。新增的 140 万美元是由外部融资所需要支付的利息和股利引起的,这将使留存收益减少 140 万美元。[②]

表 8-3　Argile 纺织公司调整后的预测 2013 年财务报表　　　　　　　　　（单位:百万美元）

	初步预测	调整后的预测	融资调整项	
利润表[a]				
息税前利润(EBIT)	71.5	71.5		
减:利息	(20.0)	(20.7)	(0.7)	
税前利润(EBT)	51.5	50.8	(0.7)	
所得税(40%)	(20.6)	(20.3)	0.3	
净利润	30.9	30.5	(0.4)	
普通股股利	(15.4)	(16.6)	(1.1)	
留存收益增量	15.5	14.1	(1.4)[b]	
每股收益	2.81	2.61		
每股股利	1.40	1.40		
普通股股数(百万股)	11.00	11.67		
资产负债表[a]				
总资产	467.5	467.5		
应付账款	16.5	16.5		
应计利息	33.0	33.0		
应付票据	20.0	23.6	3.6	
流动负债合计	69.5	73.1		
长期债券	152.0	156.8	4.8	AFN =23.9
总负债	221.5	229.9		
普通股	66.0	81.5	15.5	
留存收益	157.5	156.1	(1.4)[b]	
所有者权益合计	223.5	237.6		
负债和权益合计	445.0	467.5		
增量资金需求(AFN)	22.5	0.0	22.5[c]	

注:a 因为利润表中的营运部分和资产负债表中的资产部分不受融资反馈的影响,所以没有在本表中体现。
b 利润表中的留存收益增量融资调整项与资产负债表中的留存收益融资调整项相同。
c AFN 总值,即外部融资需求等于 2 250 万美元加上初步预测中留存收益降低的 140 万美元;因此,总融资需求为 2 390 美元,其中 360 万美元来自新的银行票据,480 万美元来自新发行的债券,1 550 万美元来自新发行的普通股。

---

② 本章末附录 8A 给出了得到最终的预测所必需的详细迭代过程。

8.2.5　预测分析

到目前为止我们只进行了整个预测过程的第一步,因为上述2013年的预测财务报表只是**初步**的预测。下面将对预测财务报表进行分析,以确定其能否达到公司的预期财务目标。如果不能,则需要进行修改。

表8-4是表7-6中出现的Argile纺织公司2012年各项财务指标,以及2013年各项财务指标的初步预测和行业平均值。正如我们在第7章中所述,该公司2012年年底的许多财务指标值都低于行业平均值,情况不够理想。而在假设保持其经营风格不变的情况下,Argile纺织公司2013年财务报表初步预测(考虑融资反馈之后)结果表明其债务状况有所改进。但总体情况仍不尽如人意,除非管理层将采取一定的措施以改善当前的状况。

表8-4　Argile纺织公司:关键财务指标

	2012年	2013年调整后的初步预测	行业平均值
流动比率	3.6×	3.5×	4.1×
存货周转率	4.4×	5.6×	7.4×
销售流通天数(DSO)	43.2天	43.2天	32.1天
总资产周转率	1.8×	1.8×	2.2×
负债率	51.1%	49.2%	45.5%
利息支付保障倍数(TIE)	3.3×	3.5×	6.5×
净利润率	3.6%	3.7%	4.7%
资产收益率(ROA)	6.4%	6.5%	12.6%
权益收益率(ROE)	13.0%	12.8%	17.2%

Argile纺织公司的管理层实际上决定采取以下措施来改善其财务状况:

(1)关闭某些经营部门;

(2)调整赊销政策以缩短应收账款回收期;

(3)加强存货管理以缩短产品流转周期。

这些调整都会对利润表和资产负债表产生影响,进而需要对初步预测进行修改。完成这项工作后,才算真正得出最终预测。简单起见,本书中我们假设初步预测和最终预测差别不大,因而用前者代替后者作为对Argile纺织公司2013年经营情况的最终预测。

可见,预测是个交互过程,这一点在财务报表的产生和财务计划的制订中都有体现。为制订财务计划,首先,假设公司的经营政策和趋势保持不变,从而对财务报表进行初步预测,这就给决策层提供了一个起点,或者说"稻草人"预测。其次,对模型进行修改以观察其他经营计划有可能对公司盈利和财务状况产生的影响,这就是修改后的预测。

> **⊙⊙ 自测题2**
>
> **(答案见本章末附录8B)**
>
> 　　假设 Argile 纺织公司未达到满负荷运转，现有厂房和设备能够充分满足2013年预测10%的销售增长，其他条件与初始预测相同。这种情况下，Argile 纺织公司的 AFN 是多少？

8.3　预测中需要考虑的其他因素

　　前面我们讲述了一种非常简单的财务预测方法——预测财务报表法，但这种方法的限制性较强。本节将探讨预测中需要考虑的一些其他因素。

8.3.1　生产能力过剩

　　前面讲述的 Argile 纺织公司2013年的预测有一个假设前提，即该公司在2012年是满负荷运转的。因此，要增加产量就要相应增加资产，尤其是厂房和设备。否则，只有预测资产增加额超过2013年的过剩资产时才需要新增资产。例如，如果 Argile 纺织公司2012年实现的7.5亿美元的销售额只消耗了其固定资产满负荷生产能力的75%，那么，

$$7.5 \text{ 亿美元} = 7.5 \text{ 亿美元} \times \text{厂房生产能力}$$

$$\text{厂房生产能力} = \frac{7.5 \text{ 亿美元}}{0.75} = 10 \text{ 亿美元}$$

　　这种情况下，在增加其厂房和设备的生产能力前，现有销售额可以达到10亿美元，或者说比2012年的销售额提高了1/3。一般而言，知道现有资产的使用率，就可以用以下公式计算出公司满负荷运转下的销售额：

$$\text{满负荷运转销售额} = \frac{\text{销售水平}}{\text{该销售水平下的生产能力使用率}} \tag{8-1}$$

　　如果 Argile 纺织公司不需要增加厂房和设备，固定资产净值就会保持在2012年的水平1.9亿美元，那么计算得出的 AFN 为370万美元，这就意味着需要较少的外部资金就能满足预计10%的销售增长。公司的负债率也会有稍微的下降，低于原来的50%，接近行业平均水平。

　　除了固定资产的剩余生产能力外，其他资产可能也存在剩余生产能力。例如，在第7章中我们提过，Argile 纺织公司2012年年底的存货水平可能过高，那么2013年的预测销售额就可以为这部分高过正常水平的存货所消化；在存货降到正常水平之前，不需要额外融资。

　　总之，生产能力过剩通常意味着公司可以比在满负荷运转下需要更少的外部融资。

8.3.2　规模经济

很多资产的运用都具有规模效应,此时,随着公司规模(扩大或缩小)的变化,公司的变动成本比率也会发生相应的变化。目前,Argile 纺织公司的变动成本占其销售额的 80%,但如果公司经营规模扩大,该比率可能下降到 78%。如果其他情况不变,变动成本比率的变化会影响留存收益增量的变化,进而引起 AFN 的变化。

8.3.3　块状资产

很多行业中,出于技术原因的考虑,如果一个公司想要富有竞争力,就必须以大件非连续的形式购置一些固定资产,这就是通常所说的**块状资产**(lumpy assets)。例如,造纸工业中,一些基础的造纸设备存在很强的规模效应,因此,如果要扩充其生产能力,就必须进行大规模的资产添置。块状资产主要影响固定资产周转,从而影响由营业扩张引起的融资需求。例如,如果 Argile 纺织公司需要额外增加 2 500 万美元而非 1 900 万美元的固定资产来提高 10% 的销售,那么 AFN 势必更大。块状资产的存在可能使得一个很小的销售额预期都需要进行相当规模的厂房和设备添置,进而引起更大的融资需求。

(•))) 自测题3

(答案见本章末附录8B)

a. 若 Argile 纺织公司 2012 年的产能利用率为 95%,则在不增加厂房和设备的前提下,公司 2013 年的销售量能增长多少?

b. 如果 Argile 纺织公司有足以满足 10% 销售增长的过剩产能,那么 Argile 纺织公司应该在产能利用率为多少的情况下运转?

8.4　财务控制——预算和杠杆

在前面的章节中,我们集中讨论了财务预测,并重点介绍了销售增长如何引起新的资产投资需求,进而需要公司进行新的外部融资。下面,我们讨论财务经理在实施这些预测时所用的计划和控制系统。首先,我们考察不同经营环境下销售额和盈利能力的关系。这些关系有助于财务经理针对经营水平、融资需求和盈利能力的变化制订计划。其次,我们考虑计划控制和控制程序的实施。一个好的控制体系必不可少,原因在于:① 它能够保证计划顺利执行;② 在初步计划的假设条件与现实不符时能够及时修改。

无论是从营业利润的角度还是从考虑融资效应后的盈利能力的角度出发,考虑经营环境变化对盈利能力的影响都有助于计划的制订。

8.5 盈亏平衡点分析

我们可以通过成本–销量–利润计划或**盈亏平衡点分析**（breakeven analysis）来考察销量和盈利能力之间的关系。盈亏平衡点分析主要用于确定公司达到损益平衡时的销售水平，同样也可用于分析销售额高于或低于这一平衡点时的利润和亏损状况。

在计划和控制过程中，盈亏平衡点分析很重要，因为成本–销量–利润之间的关系受企业固定资产投资的影响很大，只有当销售额达到一定水平时，才能弥补固定和变动成本支出；否则，就会发生亏损。也就是说，公司要避免账面亏损，其销售额必须能够足以应付所有与产量直接相关的变动成本和不随产量变化而变化的固定成本。**变动营业成本**（variable operating costs）通常包括劳动力和原料成本，而**固定营业成本**（fixed operating cost）一般包括折旧、租赁和保险费用。

盈亏平衡点分析只涉及利润表中上半部分的项目：从销售额到净经营利润（NOI），也称为 EBIT，即息税前利润。由于只涉及与正常生产及销售相关的收入和支出，因此，又称这部分项目为经营项目。经营项目包括那些与公司的正常营运相关的收入和费用，因为此时我们关心的是公司的营运计划及销售的变化如何影响正常的营运结果。

表 8-5 为 Argile 纺织公司 2013 年预测利润表（见表 8-3）的经营项目部分。为下文讨论方便，我们假设 Argile 纺织公司的产品单价为 27.5 美元，每单位产品销售的变动营业成本是 22 美元，占售价的 80%。

表 8-5　Argile 纺织公司：2013 年预测利润表　　　　　　　　（单位：百万美元）

销售额（S）	825.0
变动成本（VC）	(660.0)
毛利润（GP）	165.0
固定成本（F）	(93.5)
净经营利润（NOI = EBIT）	71.5

注：单价 = 27.5 美元；

销售量 = 82 500 万美元/27.5 美元 = 3 000 万件；

单位变动成本 = 66 000 万美元/3 000 万件 = 22 美元；

固定营业成本 = 9 350 万美元，包括 3 300 万美元的折旧和 6 050 万美元的其他固定成本，如租赁、保险费用和一般办公费用。

8.5.1 盈亏平衡图

表 8-5 中显示了 Argile 纺织公司在当年生产并销售 3 000 万件产品的净经营利润。但如果 Argile 纺织公司的产品销售量未达到 3 000 万件呢？当然，该公司的净经营利润可能就不是 7 150 万美元了。

图 8-2 给出了 Argile 纺织公司不同销售水平下的总营业成本（A 部分）和总收入（B 部分）。根据表 8-5，Argile 纺织公司的固定营业成本为 9 350 万美元，包括折旧、租金和保险费用等。即使不生产和销售任何产品，这部分费用仍要支付，因此用图 8-2A 部分中的水平直线

表示这部分成本。

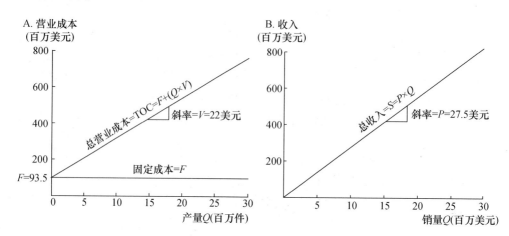

图8-2　Argile 纺织公司营业成本和销售收入

除了固定营业成本外,Argile 纺织公司每单位产品的销售成本为 22 美元,即单位变动成本为 22 美元。因此,每销售一单位产品,总营业成本增加 22 美元。这就是说,在任何销售水平下总营业成本可以采取如下的计算公式:

$$总营业成本 = 总固定营业成本 + 总可变营业成本$$
$$TOC = F + VC$$
$$= F + (V \times Q)$$

这里,F = 总固定营业成本,VC = 总变动营业成本,V = 单位变动成本,Q = 销量。如果我们假定固定营业成本(F)和单位变动成本(V)保持不变,则总营业成本(TOC)只有在销量发生变化时才随之改变。公司每多销售一单位产品,总营业成本就增加 22 美元,即单位变动成本为 22 美元。

从上述讨论中,我们知道 Argile 纺织公司的固定营业成本为 9 350 万美元,这是营业产生的固定成本。我们知道总营业成本会随着 Argile 纺织公司销量的增加而增加相应的变动成本(每单位增加 22 美元),因此图 8-2A 部分给出了 Argile 纺织公司总营业成本与纵轴相交于 9 350 万美元,这代表固定营业成本,斜率为 22 美元,表示每生产一单位产品时总营业成本增加的数额(单位变动成本 V)。

图 8-2B 部分显示 Argile 纺织公司在各种销售水平情况下的收入。如果 Argile 纺织公司不出售任何产品,该公司的销售收入为 0;公司每销售一单位产品,收入增加 27.5 美元,也就是单位产品的售价。因此,图 8-2B 部分与纵轴相交于 0,代表该公司在没有任何产品销售情况下的收入;斜率为 27.5 美元,表示每销售一单位产品收入增加的数额(单位产品售价 P)。

图 8-3 显示了把图 8-2 中的 A 部分和 B 部分结合起来的结果,即不同水平的营业成本和销售收入显示在同一图形中。总成本线与收入线的交点就是**盈亏平衡点**(breakeven point),因此,在该处销售收入刚好和总营业成本相抵。注意,在盈亏平衡点之前,总成本线在收入线的上方,表示销售收入还不足以支付成本,公司是亏损的;而在该点之后,收入线在成本线的

上方,表示销售收入已经超过总营业成本,因而此时,Argile 纺织公司也就实现了盈利。③

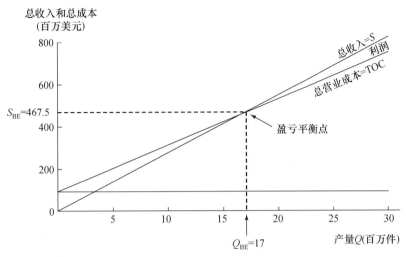

图 8-3　Argile 纺织公司盈亏平衡图

8.5.2　盈亏平衡点的计算

从图 8-2 中可以看出,Argile 纺织公司必须达到 1 700 万件产品的销售量才能达到盈亏平衡。如果公司销售 1 700 万件产品,它将产生 46 750 万美元(= 1 700 万件 ×27.50 美元/件)的销售收入,正好能够抵付 46 750 万美元的总营业成本:9 350 万美元的固定营业成本和37 400 万美元的变动营业成本(1 700 万件 ×22.0 美元/件)。如果没有图 8-2,我们该如何计算盈亏平衡点呢? 其实很简单。只要记住达到盈亏平衡点时销售收入与总营业成本相等,后者包括与产量直接相关的成本和与产量无关并且保持不变的成本。只要单位售价(总收入线的斜率)高于单位变动成本(总营业成本的斜率),每一单位产品的销售收入都可以用来抵补固定营业成本支出。Argile 纺织公司的这一抵补额(边际贡献)是 5.5 美元,也就是单位产品的售价 27.5 美元和变动营业成本 22 美元之差。要计算 Argile 纺织公司的盈亏平衡点,我们必须清楚,如果单位产品的边际贡献为 5.5 美元,那么 Argile 纺织公司需要达到多大产量才能支付 9 350 万美元的固定营业成本支出。用 9 350 万美元除以 5.5 美元就可以得到盈亏平衡点的产量水平,即平衡点为 1 700 万件,相当于销售收入为 46 750 万美元。

更正式地,可以通过设定总销售收入和总营业成本相等,即净经营利润(NOI)为 0,来计算盈亏平衡点。

$$销售收入 = 总营业成本 = 总可变营业成本 + 总固定营业成本$$
$$(P \times Q) = TOC = (V \times Q) + F$$

式中,P 为每单位产品的销售价格,Q 为生产并销售的产品数量,V 为单位变动成本,F 为

---

③　在图 8-2 中,我们假设总营业成本分为两个独立的部分——固定营业成本和变动营业成本,实际上有些成本应该看作半变动或者半固定的。这些成本在经营的某一阶段保持不变,而随着经营水平超过或低于这一水平,成本就会发生变化。以后的分析中,我们假设不存在半变动成本,因此可以把成本分为固定成本和变动成本两个部分。

总固定营业成本。将已知数据代入方程并解方程,就可以得到盈亏平衡点的产量水平 Q。

$$Q_{\text{OpBE}} = \frac{F}{\text{边际贡献}} = \frac{F}{P - V} \tag{8-2}$$

因此,Argile 纺织公司的盈亏平衡点是:

$$Q_{\text{OpBE}} = \frac{9\,350\ \text{万美元}}{27.5\ \text{美元} - 22.00\ \text{美元}} = \frac{9\,350\ \text{万美元}}{5.50\ \text{美元}} = 1\,700\ \text{万件}$$

从等式(8-2)中可见,如果分子低(或高)或分母高(或低),盈亏平衡点就低(或高)。因此,当其他情况相同时,相对于其他公司,如果一个公司的固定营业成本更低,产品售价更高,单位变动成本更低,那么其盈亏平衡点也将更低。例如,如果 Argile 纺织公司在不改变固定营业成本(9 350 万美元)和单位变动成本(22 美元)的情况下,将单位产品售价从 27.5 美元提高到 28.25 美元,其盈亏平衡点将下降至 1 500 万件。

盈亏平衡点也可以表示成这样的概念:为支付总营业成本所需要达到的销售收入。这样,我们只需要用单价乘以等式(8-2)计算出的盈亏平衡点,就可以得到要实现的销售收入为 46 750 万美元。或者,可以将边际贡献(称为边际利润)视作单位售价的一个百分比,然后再利用等式(8-3)进行计算。

$$S_{\text{OpBE}} = \frac{F}{\text{边际利润}} = \frac{F}{1 - \left(\dfrac{V}{P}\right)} \tag{8-3}$$

解等式(8-3),以美元计的盈亏平衡点为:

$$S_{\text{OpBE}} = \frac{9\,350\ \text{万美元}}{1 - (22.0\ \text{美元}/27.5\ \text{美元})} = \frac{9\,350\ \text{万美元}}{1 - 0.8} = \frac{9\,350\ \text{万美元}}{0.2} = 46\,750\ \text{万美元}$$

从等式(8-3)中可见,每 1 美元销售收中有 20 美分可用以抵补固定营业成本支出,因此,必须达到 46 750 万美元的销售收入才能达到盈亏平衡。

以货币计量而不是以单位产出计量的盈亏平衡点分析对以不同价格销售多种产品的公司更为有用。这种分析只需要知道给定经营水平下的总销售额、总固定营业成本和总变动营业成本。

8.5.3　盈亏平衡点分析的应用

盈亏平衡点分析对以下四种商业决策有很重要的作用:

(1) 在作新产品决策时,可据以计算要达到盈利所需要完成的销售额。

(2) 可用来研究在现行经营水平上的扩张效应。扩张会引起固定营业成本和变动营业成本的增加,也会带来预期销售收入的增加。

(3) 在进行现代化和自动化改造时,为降低变动营业成本,特别是降低劳动力成本,要进行大量的固定资产投资,盈亏平衡点分析能够帮助决策层对这种固定资产购置效应进行分析。

(4) 有助于帮助企业确定经营风险。刚好在盈亏平衡点之上经营的企业要比大大高于这一点的企业风险大得多,接近(大大高于)盈亏平衡点经营的企业在销售低于正常水平时用作对固定营业成本的缓冲更少(更多)。

但同样要注意,利用盈亏平衡点进行分析时,要求单位产品售价、单位变动成本、固定营业成本不随产量和销量的变化而变化。产量和销量波动幅度不大时,这个假设没有太大的问题。但是如果公司要大规模扩产或大幅削减厂房和设备呢? 这些数值会不会改变? 答案是肯定的。

基于这些事实,利用如图 8-3 所示的单一盈亏平衡图并不具有实际价值。这种图确实能够提供一些有用的信息,但是无法处理产品售价和单位变动成本或固定营业成本发生变化的一些情况。而这些变化恰恰说明我们需要一种更为灵活的分析方法。现在通常可用计算机来进行模拟分析。将类似等式(8-2)和等式(8-3)的等式(或者更复杂的等式)输入计算机,而让像单位售价、单位变动成本、固定营业成本这样的因素发生变化。计算机模型可以立即给出类似图 8-3 的曲线,或者是一组曲线,以显示在不同的产量和价格-成本环境下,盈亏平衡点将如何变化。

((•)) 自测题 4

(答案见本章末附录 8B)

a. 假设 Argile 纺织公司将产品单位售价从 27.5 美元降到 26 美元,其他所有营业成本保持不变,重新计算 Argile 纺织公司的盈亏平衡点。

b. 若 Argile 纺织公司的可变营业成本降低9%,其他条件保持不变,则新的盈亏平衡点是多少? 假设其他所有价格和成本与原例相同,即单位产品的价格仍为 27.5 美元。

8.6　杠杆

如果一家公司的固定营业成本较高,销售额的小幅下降可能造成利润和 ROE 的大幅下降。因此,其他条件不变,销售额如果低于预测值,较高的固定营业成本就意味着较大的风险,企业将无法实现预期利润。基于这样的原因,财务管理人员必须了解固定营业成本将对企业的预期利润产生怎样的影响。我们通常用企业的杠杆度来评估固定营业成本对预期利润的影响,原因就在于固定营业成本决定杠杆的高低。

物理上,杠杆作用使得一个人用很小的力就可以举起重物。政治上,拥有杠杆的人能够用最少的语言或行动来处理最多的事务。商业术语中,杠杆意味着在其他条件不变的情况下,销售额上一个相对很小的变化可以使预期利润发生很大的变化。在本节,我们将讨论企业中存在的两类杠杆——与固定营业成本相关的杠杆(经营杠杆)和与固定财务成本相关的杠杆(财务杠杆)。

8.6.1　经营杠杆

如果企业的总营业成本是固定的,并且较高,那么这个企业的**经营杠杆**(operating leverage)度可以说是较高的。固定营业成本的存在是经营杠杆出现的主要原因,因为无论销量为多少,固定营业成本都需要抵补。而杠杆的实际影响则要看公司的实际经营水平。

例如,Argile 纺织公司的固定营业成本是 9 350 万美元,预期销售量是 3 000 万件;该销售量远远高于盈亏平衡点要求的 1 700 万件。但是,如果 Argile 纺织公司的销售量高于或低于预期值呢? 这就需要首先根据 Argile 纺织公司 2013 年的经营预测确定**经营杠杆度**(degree of operating leverage, DOL)。

用一定百分比的销量变化对 NOI 变化额的影响这个概念能更清晰地阐述 DOL。为了衡量销量变化对 NOI 的影响,我们需要计算 DOL,这个值被定义为一定百分比的销售额变化引起的净经营利润的变化百分比,它可以用下列等式计算(有关变量前面已经定义)[④]:

$$DOL = \frac{毛利润}{NOI} = \frac{(Q \times P) - (Q \times V)}{(Q \times P) - (Q \times V) - F} = \frac{S - VC}{S - VC - F} \qquad (8\text{-}4)$$

实际上,DOL 是衡量销售额变动对营业收入影响的指数。

利用表 8-5 中的信息,可以计算出 Argile 纺织公司销量为 3 000 万件时的经营杠杆度:

$$DOL_{Q=30} = \frac{825.0\ 百万美元 - 660.0\ 百万美元}{825.0\ 百万美元 - 660.0\ 百万美元 - 93.5\ 百万美元}$$

$$= \frac{165\ 百万美元}{71.5\ 百万美元} = 2.31\ 倍$$

从字面上讲,Argile 纺织公司的 DOL 为 2.31 就是说 NOI 的变化率是销售额变化率的 2.31 倍。如果产销量从当前的 3 000 万件增加到 3 300 万件,即增长 10%,则 Argile 纺织公司的 NOI 与预测值 7 150 万美元相差多少?

因为 DOL = 2.31,Argile 纺织公司的 NOI 应该增长 $2.31 \times 10\% = 23.1\%$,即在销量为 3 240 万件时,NOI 应该比销量为 3 000 万件时的 7 150 万美元上涨 23.1%,因此,新的 NOI 应该为 $1.231 \times 7\ 150$ 万美元 = 8 801 万美元。表 8-6 是 Argile 纺织公司不同销量下的 NOI 对比。

表 8-6　Argile 纺织公司:3 000 万件和 3 300 万件产品销售量下的 NOI

(单位:百万美元)

	2013 年预测	销售增长(10%)	数量变化	变化百分比
销售量(百万件)(Q)	30.0	33.0	3.0	+10.0%
销售收入($Q \times 27.50$)	825.0	907.5	82.5	+10.0%
已售产品变动成本($Q \times 22$)	(660.0)	(726.0)	(66.0)	+10.0%
毛利润	165.0	181.5	16.5	+10.0%
固定营业成本(F)	(93.5)	(93.5)	(0.0)	0.0%
NOI(EBIT)	71.5	88.0	16.5	+23.1%

从表 8-6 中可见,固定营业成本保持 9 350 万美元不变,销售增长 10%,导致 NOI 增加 23.1%,这表明经营杠杆具有放大收益的效应。

经营杠杆的作用就在于经营水平的变化会导致营业收入的变化,不论这种变化是上升还是下降。因此,如果 Argile 纺织公司的销售额比预测低 10%,那么 NOI 就会比初始预测值低 23.1%。很明显,DOL 越大,经营变化对 EBIT 的影响也就越大,而不论这种变化是上升还是下降。虽然本书在后面的章节中会详细讨论风险的概念,但在这里,需要注意风险就是变化

---

④　NOI = EBIT。

的同义词。DOL 越高,预示着 NOI 的变化性越大,所以,一般我们认为高经营杠杆公司要比低经营杠杆公司的风险更高。

利用等式(8-4)计算得出的 DOL 值是在某一特定销售水平下的经营杠杆度。在销量为3 000 万件(销售额为 82 500 万美元)时,Argile 纺织公司的 DOL 为 2.31 倍。DOL 会随经营水平的变化而变化。例如,若 Argile 纺织公司的营业成本结构不变,但预测销量下降到 2 000 万件,那么,Argile 纺织公司的 DOL 就会比 2.31 更高:

$$DOL_{Q=20} = \frac{2\,000\,万件 \times (27.5\,美元 - 22.0\,美元)}{2\,000\,万件 \times (27.5\,美元 - 22.0\,美元) - 93\,500\,万美元}$$

$$= \frac{110\,美元}{16.5\,美元} = 6.67\,倍$$

产销量为 2 000 万件时的 DOL 值几乎达到产销量为 3 000 万件时的 3 倍。因此,以 2 000万件为基础产销量,产销量下降 10%,即从 2 000 万件下降到 1 800 万件,营业收入将下降$6.67 \times 10\% = 66.7\%$,即从 1 650 万美元下降到 550 万美元。显然,产销量越接近盈亏平衡点(1 700 万件),其 DOL 值越大。因此,可以得出这样的结论:公司的经营水平越接近盈亏平衡点,公司的经营风险越大。

通常,在相同的营业成本结构下,一个公司的经营水平降低,则 DOL 增加;反之亦然。原因可以从图 8-3 中看出:一个公司越接近盈亏平衡点,就越容易因为销售额的下降而发生经营亏损,因为在此时,营业收入没有足够的缓冲力量来同时化解固定营业成本和销售额下降带来的损失。同样,边际利润越低,单位产品对抵补固定营业成本的贡献就越小,因而越接近盈亏平衡点。一般而言,DOL 值越大的公司,越接近盈亏平衡点,营业收入对产销额的变化也就越敏感。敏感度越高,风险越大。因此,高 DOL 值的公司的风险比低 DOL 值的公司大。

8.6.2 财务杠杆

经营杠杆考虑的是销售量如何影响营业收入,而**财务杠杆**(financial leverage)考虑的是营业收入(EBIT)变化对每股收益(EPS)的影响。财务杠杆继承了经营杠杆对利润表的影响,进一步放大了 EPS 对销售额的影响。固定成本的存在是经营杠杆和财务杠杆存在的共同原因。这里,固定成本和公司的融资方式之间存在联系。**财务杠杆度**(degree of financial leverage,DFL)在此被定义为一定比例 EBIT 变化引起的 EPS 变化程度。其计算如下[⑤]:

$$DFL = \frac{EBIT}{EBIT - I} \tag{8-5}$$

这里,I 表示利息支出,其他变量如之前的定义。

用等式(8-5)可计算出 Argile 纺织公司销量为 3 000 万件时的 DFL:

---

⑤ 如果 Argile 纺织公司有优先股,可以用下列等式计算 DFL:

$$DFL = \frac{EBIT}{EBIT - (财务\ BEP)} = \frac{EBIT}{EBIT - \left(I + \dfrac{D_{ps}}{1-T}\right)}$$

$D_{ps}/(1-T)$ 代表为支付税后优先股股利公司需要的税前金额。因为大多数公司没有优先股,所以为了简化分析,在这里我们不用这个公式。

$$DFL_{Q=300万} = \frac{7\,150\,万美元}{7\,150\,万美元 - 2\,070\,万美元} = \frac{7\,150\,万美元}{5\,080\,万美元} = 1.407 \approx 1.41\,倍$$

衡量财务杠杆的出发点是营业收入或EBIT,结束点是EPS,除此之外,DFL的含义和DOL类似。Argile纺织公司的DFL是1.41,因此EBIT每变化1个百分点,EPS变化1.41个百分点;EBIT增长18.5%,可分配普通股收益增长32.5%(= 23.1% × 1.407),EPS也以同样的百分比增长(发行在外的普通股总数不变)。反之亦然。如果Argile纺织公司2013年的EBIT比预期值低23.1%,则EPS为2.61美元 × (1 - 0.325) = 1.76美元,要比预期的每股2.61美元低32.5%。为证实这一点,我们来看Argile纺织公司预测利润表的融资部分以及预计NOI增长23.1%时的影响(见表8-7)。

表8-7　Argile纺织公司:销售水平为3 000万件和3 300万件时的EPS[a]

(除每股数据处,单位为百万美元)

	2013年预测	销售额增加	数量变化	变化百分比
销售量(百万件)	30.0	33.0		
息税前利润(EBIT)	71.5	88.0	16.5	+23.1%
利息(I)	(20.7)	(20.7)	(0.0)	+ 0.0%
税前利润(EBT)	50.8	67.3	16.5	+32.5%
所得税(40%)	(20.3)	(26.9)	(6.6)	+32.5%
净利润	30.5	40.4	9.9	+32.5%
EPS(1 167万股)	2.61	3.46	0.85	+32.5%

注:a 本表的计算使用了电子表格,只有最后的结果是四舍五入的约数,因此会有一些误差。

一般而言,企业用营业收入来支付固定融资成本的困难越大,DFL越高。一个企业的DFL越高,利息支付保障倍数越低,EPS对营业收入变化的敏感度就越高。高敏感度意味着高风险;因此,高DFL值的公司的财务风险要高于低DFL值的公司。

8.6.3　合并经营杠杆和财务杠杆

从对经营杠杆和财务杠杆的分析中可以看出:

(1)经营杠杆越大,或一定经营水平下的固定营业成本越高,EBIT对销售量的变化越敏感,经营风险越大。

(2)财务杠杆越大,或一定经营水平下的固定融资成本越高,EPS对EBIT的变化越敏感,财务风险越大。

合并经营杠杆和财务杠杆能够看出公司的总风险。因此,如果一个公司兼有高经营杠杆和高财务杠杆,那么销量很小的变化都会引起EPS很大的变化。让我们分析一下杠杆对Argile纺织公司2013年经营预测值的影响。如果销售量增长10%,Argile纺织公司的EBIT将增长23.1%(见表8-6);如果EBIT增长23.1%,EPS将增长32.5%(见表8-7)。因此,销售量增长10%,将使EPS增长32.5%。这就是与Argile纺织公司经营预测值相关的经营杠杆和财务杠杆的联合效应。

总杠杆度(degree of total leverage, DTL)指一定比例的销售量变动所引起的EPS变动的比例。其关系式表示如下:

$$DTL = DOL \times DFL$$

$$= \frac{毛利润}{EBIT} \times \frac{EBIT}{EBIT - I}$$

$$= \frac{毛利润}{EBIT - I} = \frac{S - VC}{EBIT - I} = \frac{Q(P - V)}{[Q(P - V) - F] - I} \tag{8-6}$$

用等式(8-6),可计算 Argile 纺织公司的 DTL 为:

$$DTL_{Q=3\,000万} = \frac{3\,000\,万 \times (27.5\,美元 - 22.0\,美元)}{[3\,000\,万 \times (27.5\,美元 - 22.0\,美元) - 93\,500\,万美元] - 2\,070\,万美元}$$

$$= \frac{16\,500\,万美元}{7\,150\,万美元 - 2\,070\,万美元} = \frac{16\,500\,万美元}{5\,080\,万美元} = 3.25\,倍$$

根据等式(8-6),将 DFL 和 DOL 相乘也可以得到相同的结果:$2.31 \times 1.41 = 3.25$(四舍五入后)。也就是说,销量每变化 1 个百分点,EPS 将变化 3.25 个百分点。所以,销量增加 10% 使 EPS 增加 32.5%,这和我们的预测结果相同(见表8-6、表8-7)。

DTL 的概念对研究经营杠杆和财务杠杆对 EPS 产生的联合效应比较有用。该概念同样可以用来检测管理的好坏,例如,用债务融资解决工厂自动化和设备更新的决策可能会使销量下降 10%,进而使 EPS 降低 50%,而另外一个经营和融资决策可能会使销量下降 10%,但 EPS 只因此下降 15%。按照这种方式列举出各种备选的方法可以使决策制定者在考虑到企业目前的经营水平以及如何为这些经营活动进行融资这些因素之后,对这些备选方法可能产生的结果有一个比较清醒的认识。

自测题5

(答案见本章末附录 8B)

假设 Argile 纺织公司的正常销售额增长到 93 500 万美元,其他条件保持不变,计算这一经营水平下的 DOL、DFL、DTL 分别为多少。

8.7 利用杠杆和预测进行控制

从前面章节的分析中可以知道,如果 Argile 纺织公司 2013 年的销售量与期望值不同,会对收入产生什么影响。如果实际值高于预测值,经营杠杆和财务杠杆都会放大 EPS 的"底线"效应(DTL = 3.25);反之亦然。因此,如果 Argile 纺织公司没有达到预期销售额,杠杆效应会导致比预期更大的收入损失,其原因有可能是过度扩张生产设备、过量囤积存货等,而最终结果就是严重的经营亏损。而这一损失则会带来比预期更低的留存收益增量,原先预计的支持公司运行的外部资金需求增量就会不足。同样,如果销售预期过低,公司就无法满足市场的增量需求,甚至可能永远地失去销售机会。

前面的章节中,我们只说明了经营变化(2013 年预测)如何影响利润,而没有继续说明这一影响给资产负债表和融资需求带来的变化。财务经理可以重复本章第一部分中的步骤来确定经营变化对财务报表的影响。此时,财务经理需要考虑预测和预算程序的反馈效应。实际上,预测(计划)和控制是一个持续的过程,它对任何公司的长期存亡都至关重要。

本章所介绍的财务预测和控制都非常重要,原因如下:第一,如果预测经营状况不尽如人意,那么管理层就可以重新修改计划,制定更为合理的财务目标。第二,有时很可能会出现无法获得达到目标销售额所需要的资金;显然,提前预测到这种状况要比在经营过程中因为缺少资金而忽然中断要有利得多。第三,即使融资不成问题,未雨绸缪还是更为安全。第四,为了确保实现公司的长期目标,并沿着这条道路走下去,在实施过程中所产生的与目标值的偏差也要及时认真地处理。

8.8 现金预算

预算和控制最重要的一个环节就是编制现金预算表。现金预算有助于管理层规划投资和融资战略⑥,也能提供反馈和控制,以增进未来财务管理的效率。

企业估计对现金的一般需求量,作为整体预算或预测程序的一部分。首先,企业对经营活动(如对该期间的收入和费用)作出预测;其次,企业对要达到一定的经营水平所需的投资和融资活动进行预测。这类预测需要编制模拟财务报表,本章已经对此作过讨论。将模拟资产负债表和模拟利润表提供的信息结合起来,能对延迟应收账款回收、延迟向供货商和员工付款、纳税时间、股息和利息支付时间等进行预测,所有这些信息都归纳在**现金预算**(cash budget)表里。现金预算表显示未来某一特定时间的现金流入和流出。企业一般使用未来一年按月编制的现金预算表,加上未来一个月按周或按日编制的现金预算表。按月编制的现金预算表用于规划,按日或按周编制的现金预算表用于实际的现金控制。

相对于预测财务报表来说,现金预算表提供了有关未来现金流更详细的信息。考察 Argile 纺织公司的预测财务报表,我们发现,2013 年净利润的预期值为 3 050 万美元。结合 2012 年的余额以及表 8-3 的预测,我们可以看出,2013 年经营产生的净现金流预计为 4 550 万美元,如下所示:

(单位:百万美元)

净利润	30.5
加:非现金支出(折旧)	33.0
经营的总现金流	63.5
调整总现金流:	
应收账款增加额	(9.0)
存货增加额	(13.5)
应付账款增加额	1.5
应计利息增加额	3.0
现金流的总调整	(18.0)
经营的净现金流	45.5

---

⑥ 这部分的内容到第 15 章再详细阐述,并不会破坏本书的连贯性。

2013 年,Argile 纺织公司预计将从正常的生产和销售活动中产生 4 550 万美元的现金流。多数现金流被用来支持该公司的投资和融资活动,即使考虑到这些活动后,2013 年 Argile 纺织公司的现金账户仍然增加 100 万美元。这样的增长幅度是否意味着 Argile 纺织公司不必担心本年度会出现现金短缺?要回答这一问题,我们需要编制 Argile 纺织公司 2013 年的现金预算表。

为了简化 Argile 纺织公司编制现金预算表的过程,我们只考虑 2013 年下半年(7 月到 12 月);并且,我们不列出要发生的每笔现金流,而是把重点放在经营现金流上。

Argile 纺织公司的销售在 9 月达到高峰。所有销售条款都规定,客户在购买 10 天内支付现金,享受 2% 的现金折扣;如果放弃折扣,则必须在 30 天内支付全部款项。和许多公司一样,Argile 纺织公司发现一些客户延迟支付的时间超过 90 天,经验显示,20% 会在售货后 10 天内付款,这些交易享受折扣;70% 会在售货后的下个月付款;余下的 10% 则在售货后的两个月或更长的时间内付款。为了简化编制程序,我们假设最后的 10% 都在售货两个月后付款。

Argile 纺织公司购买棉花和羊毛及其他相关原料的成本平均为制成品售价的 60%。这些原料的采购通常在公司预计售完制成品的一个月前发生,但 Argile 纺织公司的原料供货商同意,原料款可以在采购后 30 天支付。因此,如果 7 月的销售预期值为 7 500 万美元,那么 6 月的购货款为 4 500 万美元(0.6 × 7 500 万美元),实际支付时间为 7 月。

像工资(占 20%)和租金等其他现金费用也要列入现金预算表。另外,Argile 纺织公司估计 9 月、12 月分别需要缴纳 800 万美元和 500 万美元税款,并且 10 月要发生一笔 1 000 万美元的厂房工程款。Argile 纺织公司的**目标**或**最低现金余额**(minimum cash balance)为 200 万美元,预计 2013 年 7 月 1 日公司将有现金 400 万美元,请问公司从 7 月到 12 月每月的现金会过剩还是短缺?

表 8-8 显示了 Argile 纺织公司 2013 年从 7 月到 12 月的现金预算。编制这个现金预算表的方法通常被称为**支出和收入法**(disbursements and receipts method),也称为**定制法**(scheduling),因为是通过估计现金支出和现金收入来确定每月产生的净现金流。表 8-8 所用的格式非常简单,如同计入支票账户一样,也就是把现金收入放在一边,把现金支出放在另一边,来决定每个月产生的现金流对公司现金头寸的影响。是否进行更为详细的分析,取决于公司想要提供的现金预算信息的详尽程度。

表 8-8 的第一行给出了 5 月到 12 月的销售预测,用这些估计值来确定 7 月到 12 月的收款情况。类似地,根据销售预测,第二行给出每个月赊购的预测值,确定每个月要支付赊购的现金。

现金收入栏显示,应收账款取决于三个月的赊销——本月和前两个月。看一下 7 月的应收账款情况,记住 Argile 纺织公司销售额的 20% 在本月收款,并享有 2% 的现金折扣;销售额的 70% 在销售一个月后收款;销售额的 10% 在销售两个月后收款(假设不产生坏账)。例如,Argile 纺织公司在 7 月将收到的销售款为 1 470 万美元[= 0.20 × (1 − 0.02) × 7 500 万美元],6 月的销售款为 4 200 万美元(= 0.70 × 6 000 万美元),5 月的销售款为 500 万美元(= 0.10 × 5 000 万美元),因此,7 月的总应收账款为当月销售额的 20%(减现金折扣)、6 月销售额的 70% 及 5 月销售额的 10%,合计 6 170 万美元。

表 8-8　Argile 纺织公司 2013 年现金预算表　　　　　　（单位：百万美元）

	5 月	6 月	7 月	8 月	9 月	10 月	11 月	12 月
赊销	50.0	60.0	75.0	100.0	125.0	90.0	65.0	50.0
赊购								
＝下个月销售货款的60%		45.0	60.0	75.0	54.0	39.0	30.0	
现金收入								
当月销售货款								
＝0.2×0.98×当月销售货款			14.7	19.6	24.5	17.6	12.7	9.8
前一个月销售货款								
＝0.7×前一个月销售货款			42.0	52.5	70.0	87.5	63.0	45.5
前两个月销售货款								
＝0.1×前两个月销售货款			5.0	6.0	7.5	10.0	12.5	9.0
总现金收入			61.7	78.1	102.0	115.1	88.2	64.3
现金支出								
赊购付款(延迟一个月)			45.0	60.0	75.0	54.0	39.0	30.0
工资和薪金(月销售额的20%)			15.0	20.0	25.0	18.0	13.0	10.0
租金			4.5	4.5	4.5	4.5	4.5	4.5
其他费用			3.5	4.0	5.5	5.0	2.5	2.0
所得税					8.0			5.0
新建厂房款项						10.0		
总现金支出			68.0	88.5	118.0	91.5	59.0	51.5
净现金流(收入－支出)			(6.3)	(10.4)	(16.0)	23.6	29.2	12.8
月初现金余额			4.0	(2.3)	(12.7)	(28.7)	(5.1)	24.2
月末现金余额			(2.3)	(12.7)	(28.7)	(5.1)	24.2	37.0
目标(最低)现金余额			(2.0)	(2.0)	(2.0)	(2.0)	(2.0)	(2.0)
现金盈余(短缺)			(4.3)	(14.7)	(30.7)	(7.1)	22.2	35.0

现金支出栏包括原料、工资、租金等款项的支付。原料在制成品销售前一个月以赊账的方式购入,但在一个月后才付款(也就是销售制成品的同一个月)。原料的成本为销售额的60%,7月的销售额预测值为 7 500 万美元,因而 Argile 纺织公司在 6 月购买原料 4 500 万美元,在 7 月支付货款。另外,每月的现金支出包括工资(占销售额的20%)、租金(保持不变)和其他营业成本(随着生产能力的不同而有所变化)。有些现金支出则不是每个月都发生,包

括税费(9月和12月)和建造新厂房的工程款(10月)。

标有"净现金流"的一行显示 Argile 纺织公司每个月经营预期将产生的正的或者负的现金流,而这些信息只是整个故事的开始。根据每个月的现金余额和持有的目标或最低现金余额,我们考察 Argile 纺织公司的现金头寸。表的最底部一行提供的信息使 Argile 纺织公司能够掌握哪几个月预期产生的现金盈余可以用来投资于短期金融资产(货币市场工具),以及哪几个月会出现资金短缺需要通过外部融资来解决。

7月初 Argile 纺织公司有400万美元的现金,当月该公司预期产生 −630万美元的净现金流;换句话说,7月的现金支出预计要比现金收入多630万美元。由于该公司7月初仅持有400万美元的现金,因此如果不考虑融资需求,公司现金账户预期余额将为 −230万美元。实际上,如果 Argile 纺织公司无法融通更多的资金,公司支票账户将透支230万美元;更严重的是,公司的目标现金余额为200万美元,如果没有额外的融资来源的话,该公司的现金余额比预期低430万美元。因此,7月公司必须安排430万美元的借款,使现金账户达到200万美元的目标余额。假设公司确定安排了相应规模的借款,为维持公司当月的经营需要,公司借款余额将达到430万美元。

表8-8最底部的一行显示的是每个月的现金余额或必要贷款额(短缺),正值显示现金盈余,负值显示贷款需求。要注意的是,现金盈余或贷款需求是用累计数字表示的。7月 Argile 纺织公司要借款430万美元,而且在净现金流一栏显示,8月预期现金短缺为1040万美元,因此7月和8月的借款需求为1470万美元。这一金额包括用来维持7月经营的430万美元和8月的1040万美元。Argile 纺织公司与银行之间的融资安排使公司能够逐日增加贷款,直到达到预先安排的最大信用额度,就如同你用信用卡透支有一定的额度一样。Argile 纺织公司用产生的剩余资金来偿还贷款。如果该公司在偿还短期贷款后还有剩余资金(表的最底部一行为正值),就可以把这些资金投资到短期金融资产上。

用同样的方法计算后几个月的现金头寸。9月的销售额将达到高峰,随之而来的是购货、工资和其他项目的支出增加,从售货收取的现金也在增加,但9月公司仍有1600万美元的净现金流出,这个月总贷款需求将达到3070万美元的峰值。

10月的销售、购买和支付货款将大幅下降,而由于上个月的销售额高企使现金收入达到最高值,Argile 纺织公司在这个月的现金流入为2360万美元。公司将用这部分资金来偿还贷款,贷款余额将减少2360万美元,下降到710万美元。

11月 Argile 纺织公司将产生更多的现金盈余,这使得该公司能够还清所有的贷款。实际上,该公司预计月底将产生2220万美元的现金盈余,到12月另一笔资金进账后,公司的超额现金将达到3500万美元。持有如此大规模的资金,公司的财务经理当然想投资生息证券资产或以其他方式运用资金。第2章讨论过 Argile 纺织公司运用超额资金的各种渠道。

在结束现金预算的讨论之前,我们再强调其他几点:

(1)简便起见,对 Argile 纺织公司的例子略去了2013年预计产生的很多重要的现金流入,如股息以及出售股票和债券的收入。这些现金流中有的预计在上半年产生,但是我们很容易就可以把这些资金加到本例7月到12月预计发生的现金流中。最终的现金预算表应包含所有预期的现金流入和流出。

（2）我们所举的现金预算的例子没有考虑贷款利息和剩余资金投资的收入，随时可以把这部分包含进来。

（3）如果一个月内的现金流入和流出不一致，我们可能严重低估了企业的融资需求高峰。表 8-8 显示了每月月底的预计情况，而在当月的任何一天，企业的头寸都可能发生变化，例如，如果所有的付款都发生在每月的第五天，而收款的时间却均匀地分布在整个月，企业需要的借款将远远大于表 8-8 所示的数字。在这种情况下，我们将准备以逐日为基础编制现金预算表。

（4）由于折旧不是现金费用，因此除了通过所得税对税收产生影响外，就不出现在现金预算表中了。

（5）由于现金预算表的数字是预测值，表中所有的数值都是预测值，因此如果实际销售额、购货及其他项目有别于预期水平，那么现金短缺或盈余也不同于预测值。

（6）电子表格特别适用于现金预算表的编制和分析，尤其是进行销售水平、收款期等变化对现金流量的影响的分析时。我们可以改变假设，如每月的销售水平或客户的付款时间，电脑会很快自动重新计算现金预算，这样的做法让企业知道发生的各种情况会引起贷款需求发生怎样的变化。

（7）目标现金余额会随着时间的推移而调整，会因季节性变化而升降，也会因经营规模的扩大而出现长期上升的趋势。例如，Argile 纺织公司想在 8 月和 9 月维持较高的现金余额，现金余额随着公司的增长而增加。如果持有的有价证券随时可以转换为现金，或者随时可以从银行按日借入现金，那么，Argile 纺织公司也可能将目标现金余额定为 0。要注意的是，多数企业发现在银行账户余额为 0 的情况下很难维持经营，此时的营业成本超过现金余额为正的条件下的营业成本，因此，多数企业都设定正的目标现金余额。本书稍后将讨论影响目标现金余额的因素(第 15 章)。

((•)) 自测题 6

(答案见本章末附录 8B)

其他条件不变，若 Argile 纺织公司的目标现金余额为 0 而不是 200 万美元，那么表 8-8 中每月的预测现金盈余或短缺是多少？

道德困境
ETHICAL DILEMMA

基于竞争的计划——升职还是奖赏

几个月前，公共通信公司(RCC)的财务经理 Kim 向你提供了该公司财务计划部的一个空缺职位。RCC 是一家提供长途通话业务、经营良好的公司，已经在美国经营了三十多年。但近来通信行业监管的放松确实给 RCC 带来了不少烦恼：竞争越来越激烈，相比于五年前,提供长途通话业务的公司增加了很多。事实上,自从放松管制开始,RCC 的利润和市场份额都下降了很多。Kim 表示,RCC 正努力通过提高公司的计划能力来使长途通话业务费用更具吸引力并留住客户,从而扭转公司目前的局面,这也是她希望你能来 RCC 工作的主要原因。

Kim 第一次给你打电话时表示,RCC 之所以希望聘用你是因为你是电信行业的翘楚。四年前大学毕业后,你就在 RCC 的一个激烈竞争对手——国家电信公司(NTI)工作,并协助该公司开发"计费程序"。该程序曾被公认为是行业内最棒的。

如果接受 RCC 的工作,你的年薪可提高 3 万美元,而且比在 NTI 有更多的发展机会。在与 RCC 面谈并与家人和朋友商量后,几天前你正式接受了 RCC 的工作。当然,你还没有将你的决定告知 NIT。

今天早晨,Kim 致电问你是否可以在几个礼拜内就开始你的新工作。因为 RCC 希望尽快启动"计费程序"项目以挽回失去的市场份额。谈话中,Kim 暗示你可以把你已经做的"计费程序"项目的相关资料带过来,这样有助于 RCC 的项目开发。为了避免你有后顾之忧,Kim 表示 NTI 向很多公司出售其软件,因此你带来的相关资料实际上已经是公开的。而且,据 Kim 的说法,RCC 并不会抄袭 NTI 的东西;她的看法是:"如果不抄袭,而只是看一下又有什么错?"如果你能向 RCC 提供 NTI 的"计费程序"软件资料,这有助于 RCC 将该项目做得更好,从而赢得更多的市场份额,并抬高其股票价格。一个成功的"计费程序"软件每年可以给 RCC 带来 2 亿美元的净收入,而 RCC 对于帮助公司提高市场份额的员工一向是非常慷慨的。而如果你不能提供这套软件,则很可能在刚开始从事这份新工作时就处于比较尴尬的境地。你该怎么办才好?

■ 本章要点总结

本章重要概念

为了总结,我们把本章讨论的关键概念与本章开始的学习目标联系起来。

● 财务计划要求公司预测未来的经营状况。公司应该预测其财务报表(又叫模拟财务报表)以便适应预期的生产变化、未来的资金需求等。财务计划为公司实现未来目标提供了路线图。即使财务预测已经完成,这一过程仍会继续下去,因为在财务计划执行过程中,公司需要监控其运营情况以发现财务计划中是否存在要修正的内容。

● 在构建模拟财务报表时,管理层应考虑的因素包括:

(1) 过剩的生产能力,生产能力过剩将减少支持公司未来经营成长所需的固定资产的数量;

(2) 规模经济,当公司订购大量的原材料时就会出现规模经济效应;

(3) 块状资产,块状资产是指不能小增量获取的资产,因为在购买时它必须作为一个大的整体。

● 公司需要评估其盈亏平衡点及杠杆度以评价自身面临的与预测相关的风险。我们一般认为,高杠杆度公司的风险要高于低杠杆度公司的风险。公司利用杠杆的概念估计固定成本——包括固定营业成本和固定财务成本——如何影响"底线"净利润。在其他条件保持不变的情况下,公司可以通过降低相关的固定成本、增加销售收入,或者二者兼而用之达到降低风险的目的。在后面的章节中我们将讨论到,在其他条件相同的情况下,公司降低风险,其资金成本将会降低,而其价值将会增加。

- 不充分的财务计划是公司经营失败的首要原因。因此,运行良好的公司都会根据一套精心设计的预测财务报表制订其经营计划。简单来说,预测(计划)是成功企业至关重要的一部分。

- 构建现金预算表是预算和控制最重要的一方面,因为:① 它能帮助管理层制定投资和融资战略;② 它为提高公司财务管理效率提供反馈和控制。因为现金预算表一般需要预先安排贷款及其他资金来源,所以公司清楚地知道何时需要这些外部资金是非常重要的。公司的融资计划明确了公司何时需要外部资金以及需要多少外部资金,而现金预算表为公司制订融资计划提供所需信息。简而言之,公司应将当期经营不需要的资金进行投资,而现金预算表为何时将这些资金用于投资提供了信息。为了进行现金预算,管理层必须构建用于预测的财务报表。

个人理财相关知识

本章提出的概念能够帮助你理解财务计划的重要性,如果理解本章提出的概念,你应该可以制订一个能够帮助自己作出明智财务决策的财务计划。

- **如何使用"销售"预测作出更好的个人财务决策?** 如同公司一样,为自己制定"销售"预测以便计划自己的财务前景也是很重要的。但是,针对你的情况,"销售"预测是你未来收入的预测。这种预测对你的财务可持续性非常重要。例如,如果你想买房子,你必须确定你能买得起多大的房子,这取决于你未来可获得的预期收入。即使只是制订一个不精细的财务计划,对于规划自己的财务前景也是很重要的;否则,你就会陷入财务困境。你的财务计划不仅仅包括买房子和车子这类昂贵的商品,还包括养老计划、子女的教育计划、亲属的财务安全计划等。随着你职业生涯的发展以及建立家庭时间的增长,你的收入来源会变得更复杂,你的财务计划也会越来越复杂。

如果我们稍微改变一下本章开头"管理的视角"中的那句话,我们可以这么说:"人们没有计划会在财务上失败,失败在于没有财务计划。"

- **如何利用盈亏平衡分析的概念更好地管理个人财务?** 正如我们在本章所发现的那样,公司需要确定其盈亏平衡点,以便确定自己在什么样的水平下经营才能获利。你同样需要确定自己的盈亏平衡点,以便自己了解何时有资金用于投资养老基金、买汽车,或者一次理想的度假。确定自己的盈亏平衡点应该是你财务计划的主要组成部分之一。

- **杠杆能够放大我的投资回报吗?** 本章我们讨论杠杆如何影响公司的收入。考虑一下使用杠杆的优势,以及对你财务状况的危害。只要杠杆存在,就会放大收益。因此,当一个人使用杠杆时,他的收益就会被放大;当收益为正时,就会产生"好"的放大效应,当收益为负时,就会产生"坏"的放大效应。例如,假定你以10%的利率借入1 000美元,并将借入的1 000美元与自有的1 000美元一起投资一只股票。如果这2 000美元获得15%的收益率,那么这项投资的总收益就是 300 美元。因为必须偿还给债权人 100 美元的利息,你将获得 200 美元的收益。因此,你自有的 1 000 美元的投资回报率就是 20%(200 美元/1 000 美元)。自有 1 000 美元 20% 的投资回报率高于共有的 2 000 美元 15% 的投资回报率,因为你不必与债权人分享额外的收益,即你有一项 100 美元的固定财务成本。但是,如果这项 2 000 美元的投资仅有 6% 的回报率,那么总收益将为 120 美元。你仍需要支付给债权人 100 美元的利息,因此你仅获得 20 美元的收益。那么,自有 1 000 美元的投资回报率就是 2%(20 美元/1 000 美元),低于共有的 2 000 美元的投资回报率 6%。这是因为无论你的总收益为多少,你都要支付给债权人 100 美元的利息,也就是说,你有一项 100 美元的固定财务成本。正如你看到的,无论你获得"好"的收益还是"坏"的收益,固定财务成本即 100 美元的利息支出都会放大你的收益。

● **为什么编制现金预算表对我很重要?** 现金预算表是你进行财务预测的关键要素。你很有可能已经进行了现金预算,尽管可能是以一种非常简单的方式。比如,你如何确定你的钱包里应该有多少现金? 一般,人们都会估计出一天中要买的东西然后确定钱包里应该放多少现金。这一估计过程就代表着一种初步的现金预算。但是,为了有效地管理你的现金状况,你还应该制定一个正式的现金预算表。现金预算表会告诉你你的钱花在哪里了,以及你预期何时会出现现金短缺而必须补充资金,何时会出现现金盈余而可以进行短期投资。

思考题

8-1　有些负债和净值科目会随着销售额的增长而自发增长。在下列可自发增长的科目旁的横线上打"√"。

　　应付账款　　_____
　　应付银行票据_____
　　应付工资　　_____
　　应交税金　　_____
　　抵押债券　　_____
　　普通股　　　_____
　　留存收益　　_____

8-2　假设一个公司作了如下的政策变动。如果该变动涉及外部资金,即非自发产生的资金需求变动(AFN),用(+)表示增加,(-)表示减少,(0)表示没有影响。从对资金的即期、短期需求角度考虑。

　　a. 股利分发比例增加。　　　_____
　　b. 公司签订购买合同,而非自己生产产品的某些部件。　　　_____
　　c. 为获得折让优惠,公司决定对所有的原料购买采用即期付款而非原先的购买后 30 天再付款方式。　　　_____

　　d. 公司开始采取赊销措施(原先都为现金交易)。　　　_____
　　e. 由于竞争加强,公司的利润率下降,销售额保持稳定。　　　_____
　　f. 广告费用增加。　　　_____
　　g. 用长期抵押债券代替短期银行贷款。
　　　　　　　　　　　　　_____
　　h. 公司决定每周发放工资(原先是按月发放)。
　　　　　　　　　　　　　_____

8-3　盈亏平衡点分析有什么优点? 它又会产生什么问题?

8-4　构造盈亏平衡点分析图需要哪些数据?

8-5　与低经营杠杆公司相比,高经营杠杆公司如何放大利润或损失?

8-6　与低财务杠杆公司相比,高财务杠杆公司如何放大利润或损失?

8-7　公司的 DTL 与观察到的风险的关系如何?

8-8　以下各项会对公司的盈亏平衡点产生什么影响? 用(+)表示增加,(-)表示减少,(0)表示没有影响。假设其他项保持不变。

　　a. 产品售价增加。　　　_____

b. 变动劳动成本降低。　_____

c. 固定营业成本降低。　_____

d. 发行新债券。　_____

8-9　假设一公司正在制订其长期财务计划。该计划应该涵盖多长的时间段(1 个月、6 个月、1

年、3 年、5 年还是其他)？为什么？

8-10　何谓现金预算表？编制现金预算表的目的是什么？

8-11　即使企业在银行有很多现金，为什么现金预算仍然重要？

计算题

8-1　以下是 Super Shoe Store (SSS)的信息：

单位售价	50 美元
单位变动成本	30 美元
固定营业成本	120 000 美元

a. 当销量是 10 000 双时，SSS 的 NOI 是多少？

b. SSS 要销售多少双鞋才能达到盈亏平衡？

c. 如果该公司的正常销量是 10 000 双鞋，那么 SSS 的 DOL 是多少？

8-2　Premier Primer Pumps(PPP)销售排水泵的单价为每台 2 500 美元，每台水泵的变动制造成本是 1 750 美元，每年的固定营业成本是 150 000 美元，PPP 每年的正常销量是 300 台，利息支出是 30 000 美元，适用的边际税率为 40%。根据以上给出的信息，求 PPP 的经营盈亏平衡点是多少。

8-3　分析师评估了 Slivar Sliver 公司，发现若公司的销售额为 800 000 美元，那么将会有以下情况出现：

经营杠杆程度(DOL)	4.0 ×
财务杠杆程度(DFL)	2.0 ×
息税前利润(EBIT)	50 000 美元
每股收益(EPS)	4.0 美元

根据以上信息，如果实际销售额是 720 000 美元而不是 800 000 美元，Sliver Slivar 的 EBIT 将是多少？EPS 呢？

8-4　Gordon's Plants 公司 2012 年的部分利润表如下：

息税前利润	4 500 美元
利息	(2 000)美元
税前利润	2 500 美元
所得税(40%)	(1 000)美元
净利润	1 500 美元
普通股股数	1 000

Gordon's Plants 公司的 DFL 是多少？这个数值有什么意义？

8-5　Niendorf 公司是一个茶壶生产公司，产品单位售价为 15 美元，产出不超过 400 000 件时固定成本为 700 000 美元，每件茶壶的变动成本是 10 美元。

a. 当销量为 125 000 件时，公司的收益或损失是多少？销量为 175 000 件时呢？

b. 盈亏平衡点是多少？用图来说明你的答案。

c. 当销量为 125 000 件、150 000 件、175 000 件时，Niendorf 公司的 DOL 分别是多少？

8-6　Shome 股份有限公司 2012 年年末的总资产为 1 200 000 美元，应付账款为 375 000 美元。2012 年销售额总计 2 500 000 美元，预计 2013 年销售额增长 25%。总资产、应付账款与销售额成比例关系，且这种关系在未来继续保持。除了应付账款，Shome 股份有限公司通常没有其他的流动负债。2012 年普通股价值总量为 425 000 美元，留存收益为 295 000 美元。Shome 股份有限公司计划发行 75 000 美元的新股。公司的销售利润率为 6%，股利支付率为 40%。

a. Shome 股份有限公司 2012 年的总负债是多少？

b. 2012 年公司需要多少新的长期债务？（提示 AFN – 新股 = 新的长期债务）不考虑任何融资反馈效应。

8-7　Straight Arrow 公司生产高尔夫球，以下是 Straight Arrow 公司 2013 年的部分利润表信息：

每筒球销售价格(P)	5.00 美元
单位变动成本占单价百分比(V)	75%
固定营业成本(F)	50 000 美元
利息支出(I)	10 000 美元
优先股股息(D_{ps})	0 美元
边际税率(T)	40%
普通股股数	20 000

a. 2013 年 Straight Arrow 公司销售水平要达到多少才能实现盈亏平衡？

b. 在盈亏平衡点，Straight Arrow 公司的 EPS 是多少？

c. 如果 Straight Arrow 公司 2013 年的销售额达到 300 000 美元，其 DOL、DFL、DTL 分别是多少？基于 DTL，计算出 2013 年实际销售额为 270 000 美元时的 EPS？

8-8 McGill 公司 2012 年的销售额为 1 000 美元，预计 2013 年将增长到 2 000 美元。其 2012 年 12 月 31 日的资产负债表如下表所示：

（单位：美元）

现金	100	应付账款	50
应收账款	200	应付票据	150
存货	200	应付利息	50
流动资产	500	流动负债	250
固定资产净值	500	长期负债	400
		普通股	100
		留存收益	250
总资产	1 000	负债与权益合计	1 000

2012 年，McGill 公司的固定资产使用率只达到 50%，但流动资产使用率刚好合适。除了固定资产，其余所有的资产都和销售额保持同步增长。如果固定资产使用率达到 100%，它也和销售额同步增长。预计 McGill 公司的税后利润率为 5%，派息率为 60%。那么，McGill 公司来年的 AFN 是多少？不考虑融资反馈因素。

8-9 Craig 计算机公司（以下简称 "Craig 公司"）批发购入小型计算机，并将其储存在简易库房中，然后再将这些部件配送到其连锁零售店中。Craig 公司 2012 年 12 月 31 日的资产负债表如下：

（单位：百万美元）

现金	3.5	应付账款	9.0
应收账款	26.0	应付票据	18.0
存货	58.0	应付利息	8.5
流动资产	87.5	流动负债	35.5
固定资产净值	35.0	长期债券	6.0
		普通股	15.0
		留存收益	66.0
总资产	122.5	负债与权益合计	122.5

Craig 公司 2012 年的销售额为 35 000 万美元，而当年的净利润为 1 050 万美元，派发普通股股利为 420 万美元。预计其 2013 年的销售额能增长 7 000 万美元，即增长 20%。公司满负荷运行。

a. 编制 Craig 公司 2013 年 12 月 31 日的预测资产负债表。假设所有的外部资金都通过银行贷款获得，表现为应付票据。不需要考虑融资反馈效应。

b. 根据 2013 年 12 月 31 日的预测资产负债表计算下列比率。Craig 公司 2012 年的财务比率和行业平均值如下表所示：

	Craig 公司		行业平均值
	2013 年 12 月 31 日	**2012 年 12 月 31 日**	**2012 年 12 月 31 日**
流动比率	——	2.5 ×	3.0 ×
负债率	——	33.9%	30.0%
ROE	——	13.0%	12.0%

c. 假设 Craig 公司的销售额在五年内增长 7 000 万美元,即每年增长 1 400 万美元。不需要考虑融资反馈效应。

(1) 用应付票据作为平衡科目,编制 Craig 公司 2015 年 12 月 31 日的预测资产负债表。

(2) 计算流动比率、负债率和 2015 年 12 月 31 日的 ROE。(提示:根据总销售额为 19.6 亿美元计算留存收益,但根据 2015 年的利润计算 ROE,即 ROE = 2015 年利润/2015 年 12 月 31 日的权益资产)

d. 第 a 题和第 c 题中的计划是否合理? 也就是说,Craig 公司是否能借到所需要的资金? 这样做是否会增加它在意外情况下破产的概率?

8-10　Noso 纺织公司 2012 年的财务报表如下:

Noso 纺织公司:2012 年 12 月 31 日资产负债表 　　　　（单位:千美元）

现金	1 080	应付账款	4 320
应收账款	6 480	应付利息	2 880
存货	9 000	应付票据	2 100
流动资产	16 560	流动负债	9 300
固定资产净值	12 600	长期债券	3 500
		普通股	3 500
		留存收益	12 860
总资产	29 160	负债和权益合计	29 160

Noso 纺织公司:2012 年 12 月 31 日利润表 （单位:千美元）

销售额	36 000
营业成本	(32 440)
息税前利润(EBIT)	3 560
利息	(560)
税前利润(EBT)	3 000
所得税(40%)	(1 200)
净利润	1 800
股利(45%)	810
留存收益增量	990

a. 假设 Noso 纺织公司 2013 年的销售额比 2012 年增长 15%,计算 AFN。假设公司 2012 年满负荷运行,而且不出售任何固定资产,任何融资需求都通过签发应付票据获得。同时,假设资产、自发性负债和营业成本与销售额同步增长。编制 Noso 纺织公司 2013 年 12 月 31 日的预测资产负债表和利润表(不需要考虑任何融资反馈效应,并利用预测利润表确定留存收益增量)。

b. 利用第 a 题中的财务报表,在其中加入由应付票据带来的融资反馈效应。假设应付票据的利率为 10%。计算这种交互作用下的 AFN。

8-11　Van Auken 木材公司 2012 年的利润表如下:

Van Auken 木材公司:2012 年 12 月 31 日利润表 （单位:千美元）

销售额	36 000
产品销售成本	(25 200)
毛利	10 800
固定营业成本	(6 480)
息税前利润(EBIT)	4 320
利息	(2 880)
税前利润(EBT)	1 440
所得税(40%)	(576)
净利润	864
股利(50%)	432

a. 计算 Van Auken 木材公司的 DOL、DFL 和 DTL。

b. 阐述第 a 题中各数值的意义。

简述几种 Van Auken 木材公司可以降低 DTL 的方法。

8-12 Woods 公司 2012 年的资产负债表和利润表如下所示:

Woods 公司:2012 年月 12 月 31 日资产负债表　　　（单位:千美元）

现金	80	应付账款	160
应收账款	240	应付利息	40
存货	720	应付票据	252
流动资产	1 040	流动负债	452
固定资产	3 200	长期负债	1 244
		普通股	1 605
总资产	4 240	负债与权益合计	4 240

Woods 公司:2012 年 12 月 31 日利润表
（除每股数据外,单位为千美元）

销售额	8 000
营业成本	(7 450)
息税前利润(EBIT)	550
利息	(150)
税前利润(EBT)	400
所得税(40%)	(160)
净利润	240
每股数据	
普通股股票价格	16.96
每股收益(EPS)	1.60
每股股利(DPS)	1.04

a. 公司 2012 年满负荷运行。预计其 2013 年的销售额将增长 20%,每股股利增至 1.10 美元。用预测资产负债表法确定公司所需要的外部资金。编制预测资产负债表和利润表,把 AFN 视为平衡科目。

b. 如果公司要将流动比率、负债率分别保持在 2.3 和 40%,第一轮后,通过应付票据、长期负债和普通股融得的资金为多少?

c. 考虑融资反馈效应,利用第 b 题中的比率,编制第二轮的财务报表。假设债务融资的平均成本为 10%。

8-13 Weaver 手表公司通过折扣店销售其生产的女士系列手表。每只手表售价 25 美元;3 万只或 3 万只以下手表的固定生产成本为 14 万美元;每只手表的单位变动成本为 15 美元。

a. 销售量为 8 000 只或以下时公司的盈亏状况如何? 18 000 只呢?

b. 盈亏平衡点是多少? 用图来说明。

c. 销售量为 8 000 只时的 DOL 是多少? 18 000 只时呢?

d. 如果单位产品售价上升为 31 美元,经营盈亏平衡点会发生什么变化? 这对财务经理有什么影响?

e. 如果单位产品售价上升为 31 美元,而单位变动成本增至 23 美元,经营盈亏平衡点会发生什么变化?

8-14 Dellva 公司是一家电子元件制造商,其单位产品售价为 45 美元;固定成本为 17.5 万美元,其中 11 万美元为年度折旧费用;单位变动成本为 20 美元。

a. 销量为 5 000 件时公司的盈亏状况如何? 12 000 件时呢?

b. 经营盈亏平衡点是多少?

c. 假设 Dellva 公司目前的产销量为 4 000 件。如果该公司延迟支付其票据,债权人会不会怀疑该公司的流动状况?

8-15 Patricia Smith 最近在南部商业街租到空地,开了一间名为 Smith's Coin 的店。商店一直都经营得很好,但 Smith 最近现金短缺。如果无法及时支付订货款,会影响与供货商的关系。Smith 计划从银行借款,但她首先要预测需要多少钱。因此,她让你准备圣诞节期间的现金预算,因为圣诞节期间的商品需求量很大。

销售是建立在现金收体制为基础。Smith 的购原料款应该在购买后的下一个月付款。Smith 每个月给自己支付 4 800 美元的薪水,商店每月的租金是 2 000 美元。此外,Smith 必须在 12 月支付 12 000 美元的税金。现在(12 月 1 日)手里的现金是 400 美元,但是 Smith 同意维持 6 000 美元的平均银行账户余额,这一数额也是她的目标现金余额(不考虑备用现金,因为 Smith 为了减少被盗的损失仅持有少量现金)。

公司预计了 12 月、1 月、2 月的销售和购买情况,如下表所示。11 月发生的购买总计 140 000 美元。

(单位:美元)

	销售	购买
12 月	160 000	40 000
1 月	40 000	40 000
2 月	60 000	40 000

a. 准备 12 月、1 月和 2 月的现金预算表。

b. 假设 Smith 在 12 月 1 日开始赊购,允许客户 30 天后付款。所有的客户都接受了赊销条件(购买后 30 天付款),其他条件不变。本例中 2 月末公司的贷款需求是多少?(提示:回答此问题需要的计算是最少的。)

8-16 Olinde 电子股份有限公司(以下简称"Olinde 公司")生产音响设备,单价为 100 美元。Olinde 公司的固定成本为 200 000 美元;公司每年产销 5 000 件音响;息税前利润为 50 000 美元;公司资产总额(全部为股权融资)为 500 000 美元。公司预测能够改进现有生产流程,需要增加 400 000 美元的投资成本和 50 000 美元的固定营业成本。这一改进能够使产品的单位变动成本减少 10 美元,产出增加 2 000 件,但为了使额外增加的产出实现销售,生产的所有音响设备的销售价格需要降至 95 美元/件。Olinde 公司存在亏损抵减税收,导致其税率为 0。公司没有债务,资金的平均使用成本为 10%。

a. Olinde 公司应该改进生产流程吗?

b. 如果 Olinde 公司改进生产流程,其 DOL 是升高了还是降低了?其经营盈亏平衡点呢?

c. 假设 Olinde 公司不能额外增加股权融资,而必须以 8% 的利率借款 400 000 美元满足投资需求。利用杜邦等式(第 7 章)求出该投资的预期资产回报率(ROA)。如果必须使用债务融资,Olinde 公司应该改进生产流程吗?

d. 如果 Olinde 公司以 8% 的利率借入 400 000 美元,其 DFL 将是多少?

8-17 Carol's 时尚设计公司的所有者 Carol Moerdyk 计划从银行申请信贷。她预计 2013 年和 2014 年的部分销售预期如下:

(单位:美元)

5 月	2013	180 000
6 月		180 000
7 月		360 000
8 月		540 000
9 月		720 000
10 月		360 000
11 月		360 000
12 月		90 000
1 月	2014	180 000

赊销部门对赊销取得的应收账款估算如下:销售当月收回的应收账款占 10%;销售下月收回的应收账款占 75%;销售后两个月收回的应收账款占 15%。工人的工资和原材料在这些成本发生的一个月后付款。每个月预计的总工资和原材料款如下表所示:

(单位:美元)

5 月	2013	90 000
6 月		90 000
7 月		126 000
8 月		882 000
9 月		306 000
10 月		234 000
11 月		162 000
12 月		90 000

一般员工和管理者的工资大约每月总计 27 000 美元;长期租赁合同下的租金是每月 9 000 美元;折旧费用是每月 36 000 美元;各种支出每月总计 2 700 美元;所得税 63 000 美元的支出发生在 9 月和 11 月;新设计工作室的分期付款 180 000 美元在 10 月支付。7 月 1 日库存现金总计 132 000 美元,在现

金预算期内,公司要保持的最低现金余额是 90 000 美元。

a. 准备 2013 年最后 6 个月的月现金预算表。

b. 预估这段时间每个月必要的融资量(或多余资金),或者说,Carol Moerdyk 需要借入的货币量(或是可用于投资的钱)。

c. 假设销售得到的收入在每个月均匀地收回(也就是说,每天收到现金的比率是 1/30),但是所有的现金支出都发生在每月的 5 号。这种模式会影响现金预算表吗? 也就是说,你准备的现金预算表在这些假设下可行吗? 如果不行,你能拿出一个可行的高峰融资需求的预期吗? 不需要计算,尽管计算可以说明影响。

d. Carol's 时尚设计公司的销售是季节性的。不需要计算,假设年度所有的融资需求都采用短期银行贷款,考虑公司的流动比率和负债率的变动。

这些比率的变动会影响公司获得银行贷款的能力吗?

综合题

8-18 Northwest Chemical(NWC)公司是俄勒冈州的一家化工企业,产品主要销售给果农。Sue 是 NWC 公司新上任的财务经理,负责进行公司的财务预测和估计新产品的财务可行性。

第一部分:财务预测

Sue 必须编制 NWC 公司 2013 年的财务预测。NWC 公司 2012 年的销售额总计 20 亿美元,销售部门预测 2013 年销售额将会增加 25%。Sue 认为公司在 2012 年满负荷运转,但对于这一假定她并不十分确定。表 IP8-1 给出了该公司 2012 年的财务报表以及其他一些财务数据。

表 IP8-1 NWC 公司财务报表及其他数据

(单位:百万美元)

A. 2012 年资产负债表

现金和有价证券	20	应付账款和利息	100
应收账款	240	应付票据	100
存货	240	流动负债合计	200
流动资产合计	500	长期债务	100
		普通股	500
固定资产净值	500	留存收益	200
总资产	1 000	负债和权益合计	1 000

B. 2012 年利润表

销售额	2 000.00
减:变动成本	(1 200.00)
固定成本	(700.00)
息税前利润	100.00
利息	(16.00)
税前利润	84.00
所得税(40%)	(33.60)
净利润	50.40
股利(30%)	(15.12)
留存收益增量	35.28

（续表）

C. 主要比率	NWC 公司	行业平均值	评价
净利润率	2.52	4.00	
权益资本回报率	7.20	15.60	
应收账款周转天数（360 天）	43.20 天	34.00 天	
存货周转率	5.00×	8.00×	
固定资产周转率	4.00×	5.00×	
总资产周转率	2.00×	2.50×	
总负债率	30.00%	36.00%	
利息保障倍数	6.25×	9.40×	
流动比率	2.50×	3.00×	
股利支付率（股利/净利润）	30.00%	30.00%	

假设你最近被任命为 Sue 的助手，你的首要工作就是帮助她完成公司的财务预测。一开始，Sue 就向你提出了以下问题：

a. 假定 2012 年公司所有的资产都处于满负荷运转状态。利用预测财务报表的方法，估算 2013 年公司的融资需求，作出第二轮的初步财务预测以确定融资反馈因素的影响。以下是假设条件：① 所有的资产以及应付账款、应付利息、固定成本、变动成本随销售额同比例增长；② 股利支付率保持 30% 恒定不变；③ 需要的外部资金 50% 通过应付票据取得，50% 通过长期债务取得（不发行新的普通股）；④ 所有债务的利率都为 8%。

b. 计算 NWC 公司 2013 年的预测财务比率，并与 2012 年相应的财务比率及行业平均值作比较。NWC 公司与行业平均水平相比怎么样？预期公司的业绩来年还会提高吗？

c. 假设你现在了解到鉴于公司的赊销和存货政策，NWC 公司 2012 年的应收账款、存货处于所要求的水平，但是固定资产存在过剩产能，其使用率仅达到全部产能的 75%。

（1）基于固定资产可使用的产能，2012 年的销售本可以达到什么水平？如果公司达到满负荷运转，固定资产/周转率可以达到多少？

（2）固定资产产能过剩是如何影响 2013 年 AFN 的？

d. 不实际计算出数值，预期在固定资产存在过剩产能的情况下，财务比率有什么变化？并说明你的理由。

e. 将 NWC 公司的应收账款周转天数、存货周转率与行业平均值比较，就应收账款、存货来说，公司的运营是有效的吗？如果 NWC 公司将这两个比率调整到行业平均水平，这一变化对公司的 AFN 以及其他财务比率有什么影响？

f. 下列项目的改变如何影响公司的 AFN：① 股利支付率；② 利润率；③ 生产规模；④ NWC 公司从供应商购买货物后，付款期限从 30 天变为 60 天？（分别考虑各个项目，并保持其他条件不变。）

第二部分：盈亏平衡分析和杠杆分析

最近，NWC 公司的一名员工建议扩展公司经营，并在像 Home Deopt、Lowe's Home Improvement 这样的零售店销售公司的产品。为了确定该建议的可行性，Sue 需要进行盈亏平衡分析。供给零售店产品的生产、销售固定成本为 6 000 万美元，销售单价预期为 10 美元，变动成本比率保持不变。

a. 对于该员工的建议，公司的盈亏平衡点是多少？分别用金额和数量表示。

b. 根据该建议画出盈亏平衡图。如果 NWC 公司能够生产和销售 2 000 万件产品，该员工的建议应该被采纳吗？

c. 如果 NWC 公司能够生产和销售 2 000 万件产品给零售店，那么它的 DOL 将是多少？如果实际销售额比预期的高 10%，那么公司的经营利润增加的比例是多少？

d. 假定 NWC 公司存在过剩产能，因此采纳该员工的建议不需要额外筹集任何外部资金，即 2013 年的利息支付与 2012 年相同。那么公司的 DFL 和 DTL 分别是多少？如果实际销售额比预期高 10%，那么 EPS 将比预期高出多少（百分比）？

e. 解释 Sue 如何利用盈亏平衡分析和杠杆分析实施该建议。

计算机相关问题

利用电子表格,回答本部分的问题。

8-19 用文件 C08 中的模型解决下列问题。

Stendari Industries 公司 2012 年的财务报表如下表所示:

Stendari Industries 公司 2012 年 12 月 31 日资产负债表

（单位：百万美元）

现金	4.0	应付账款	8.0
应收账款	12.0	应付票据	5.0
存货	16.0	流动负债	13.0
流动资产	32.0	长期债务	12.0
固定资产净值	40.0	普通股	20.0
		留存收益	27.0
总资产	72.0	负债与权益合计	72.0

Stendari Industries 公司 2012 年 12 月 31 日利润表

（单位：百万美元）

销售额	80.0
营业成本	(71.3)
息税前利润	8.7
利息	(2.0)
税前利润	6.7
所得税(40%)	(2.7)
净利润	4.0
股利(40%)	1.60
留存收益增量	2.40

假定该公司的固定资产不存在过剩产能,债务的平均利率是 12%,预期未来五年销售额的年增长率为 15%。

a. 公司计划以 50% 的短期债务、50% 的长期债务来满足 AFN。利用预测资产负债表的方法,编制该公司 2012 年至 2015 年的预计财务报表。并确定：① AFN；② 流动比率；③ 负债率；④ 权益资本回报率。

b. 销售额增长率比预测的 15% 高或低 5 个百分点,确定这一变化对 AFN 及主要财务比率的影响。

c. 假定销售额以 15% 的速度持续增长,分析 2015 年股利支付率发生以下变化时,AFN 和主要比率的敏感度。如果股利支付率：① 从 40% 提高到 70%；② 从 40% 降低到 20%。公司的 AFN 会有什么变化?

附录8A 财务报表预测——考虑融资反馈效应

本章我们讨论了编制预测财务报表的程序。第一步,估计公司的经营水平。第二步,预测该经营水平对公司财务报表的影响。在我们的讨论中,我们发现当公司需要额外的外部融资时,其现有的利息和股利支付会发生改变,进而财务报表的初始预测值也会发生变化。为了认识融资反馈效应,我们必须使用一个迭代过程来编制预测财务报表。

附录部分给出了编制 Argile 纺织公司预测财务报表的迭代过程。表 8A-1 包含表 8-1、表 8-2 所示的初始预测报表,然后使用迭代调整给定的预测报表。

在本章前面的讨论中,我们假定只用留存收益和自发融资满足预测的经营水平,编制出了第一轮的预测报表。第一轮的预测报表显示 Argile 纺织公司需要2 251万美元的AFN。如果Argile纺织公司通过从银行借款、发行债券、发行新的普通股融得所需资金，那么其利息和股利支付就会增加。我们可以通过检验第二轮的预测利润表看到这一效果，它反映了融得2 251万美元的AFN的效应。因为Argile纺织公司承担了额外的债务，它必须多支付69万美元的利息。同样，因为公司的普通股股数增加了，Argile纺织公司必须多支付89万美元的股利。结果，正如第二轮的预计资产负债表中所显示的，因为留存收益增量比预期的少，Argile纺织公司只按照初始计算的AFN融资2 251万美元是不够的。由于税后利息支付增加了41万美元 = [69万美元×(1−0.4)]，股利支付增加了89万美元，Argile纺织公司至少需要再多融得130万美元的资金。实际上，Argile纺织公司需要融资2 390万美元来满足预测的2013年的经营水平——应付票据360万美元，发行债券收入480万美元，发行新股收入1 550万美元。

表 8A-1　Argile 纺织公司 2013 年预测财务报表　(单位:百万美元)[a]

	第一轮	反馈效应	第二轮	反馈效应	第三轮
利润表[b]					
息税前利润(EBIT)	71.50		71.50		71.50
减:利息	(20.00)	+0.69	(20.69)	+0.04	(20.73)
税前利润(EBT)	51.50		50.81		50.77
所得税(40%)	(20.60)	−0.27	(20.33)	−0.02	(20.31)
净利润	30.90		30.49		30.46
普通股股利	(15.40)	+0.89	(16.29)	+0.06	(16.35)
留存收益增量	15.50	−1.31	14.19	−0.08	14.11
每股收益	2.81		2.62		2.61
每股股利	1.40		1.40		1.40
普通股股数(百万股)	11.00		11.64		11.68
资产负债比表					
总资产	467.50		467.50		467.50
应付账款	16.50		16.50		16.50
应付利息	33.00		33.00		33.00
应付票据	20.00	+3.38	23.38	+0.20	23.58
流动负债合计	69.50		72.88		73.08
长期债券	152.00	+4.50	156.50	+0.28	156.78
总负债	221.50		229.38		229.86
普通股	66.00	+14.63	80.63	+0.90	81.53
留存收益	157.49	−1.30	156.19	−0.08	156.11
所有者权益合计	223.49		236.82		237.64
负债与权益合计	444.99	+21.21	466.20	+1.30	467.50
增量资金需求(AFN)	22.51		1.30		0.00

注:a 表中数据是使用电子表格计算所得,为了更精确地反映数据的变化,计算结果保留两位小数。反馈效应加总存在四舍五入差异。

b 因为利润表中营业部分和资产负债表中资产部分不受融资反馈效应的影响,所以表中没有列出。

附录 8B

（本章自测题答案）

1. 2013 年预计净利润为 3 090 万美元，普通股股数为 1 100 万股。因此，

2013 年净利润初始预测：3 030 万美元

股利 = 1 100 万股 × 1.27 美元 = 1 400 万美元

留存收益增量：1 690 万美元 = 3 090 万美元 – 1 400 万美元

2. 如果 Argile 纺织公司不必增加厂房和设备就能使销售额增加 10%，2013 年总资产初始预测值将为 44 850（= 1 100 + 9 900 + 14 850 + 19 000）万美元。因为负债和权益合计初始预测值为 44 500 万美元，则 AFN 为 350（= 44 850 – 44 500）万美元。

3. a. 利用等式（8-1），我们可以发现在不需要额外增加厂房和设备的情况下，Argile 纺织公司的销售额可以增加 4 950 万美元。

$$满负荷运转销售额 = \frac{75\,000 \text{ 万美元}}{0.95} = 78\,950 \text{ 万美元}$$

b. 为解答本题，将所有的已知信息带入等式（8-1），解出未知数值。注意，若 2013 年销售增长 10%，销售水平将为 82 500 万美元。若将满负荷运转销售额设定为该值，那么存在以下关系：

$$8\,250 \text{ 万美元} = \frac{75\,000 \text{ 万美元}}{产能利用率}$$

$$产能利用率 = \frac{75\,000 \text{ 万美元}}{8\,250 \text{ 万}} = 0.909 = 90.9\%$$

4. a. 如果销售价格是 26 美元/件，Argile 纺织公司的盈亏平衡点为：

$$Q_{\text{OpBE}} = \frac{9\,350 \text{ 万美元}}{26 \text{ 美元} - 22 \text{ 美元}} = \frac{9\,350 \text{ 万美元}}{4 \text{ 美元}}$$

= 23 375 000 件

如果 Argile 纺织公司将变动营业成本降低 9%，盈亏平衡点将为：

$$Q_{\text{OpBE}} = \frac{9\,350 \text{ 万美元}}{27.50 \text{ 美元} - 22.00 \text{ 美元} \times (1 - 0.09)}$$

$$= \frac{9\,350 \text{ 万美元}}{27.50 \text{ 美元} - 20.02 \text{ 美元}} = \frac{9\,350 \text{ 万美元}}{7.48 \text{ 美元}}$$

= 1 250 万件

5. 如果 Argile 纺织公司正常销售水平是 93 500 万美元，销售量为 3 400 万件 = （93 500 万美元）/ 27.50 美元，DOL、DFL、DTL 分别是（除单价外，单位为百万美元）：

$$DOL_{Q=34} = \frac{34 \times (27.50 - 22.00)}{34 \times (27.50 - 22.00) - 93.5}$$

$$= \frac{187.0}{93.5} = 2 \text{ 倍}$$

$$DFL_{Q=34}$$

$$= \frac{34 \times (27.50 - 22.00) - 93.5}{[34 \times (27.50 - 22.00) - 93.5] - 20.7}$$

$$= \frac{93.5}{72.8} = 1.284 \text{ 倍}$$

$$DFL_{Q=34}$$

$$= \frac{34 \times (27.50 - 22.00)}{[34 \times (27.50 - 22.00) - 93.5] - 20.7}$$

$$= \frac{187.0}{72.8} = 2.57 \text{ 倍} = 2.0 \times 1.284 = 2.57 \text{ 倍}$$

6. 所有的数值都比表 8-8 最底部一行即"现金盈余（短缺）"一行显示的数值大 200 万美元。

第3部分

估值的基本原理

第9章
货币的时间价值

管理的视角

即使你是一个学生,你现在也应该开始考虑退休问题了。最好从你刚刚开始职业生涯时起,就要为退休作一些规划,否则,你将不得不为实现退休后设定的目标多工作几年,或者不得不降低退休后的生活标准。专家指出,越早规划越好。遗憾的是,大多数美国人一谈到为退休进行储蓄和投资就变得特别拖延。美国的储蓄率是发达国家中最低的。根据美国经济分析局的调查,20世纪80年代,人均储蓄率大约占总收入的11%,90年代,人均储蓄率降至6.5%,2000年人均储蓄率仅为2.5%,在2000—2002年、2005年、2006年,人均储蓄率竟为0,这意味着在这些年中人们几乎不储蓄。但是,最近这些年储蓄率有提高的趋势。2006—2010年,人均储蓄率略高于4.5%。一些专家认为,最近储蓄率的提高是暂时的,因为他们猜测个人进行储蓄只是因为在经济不确定时期他不确定该如何处置自己的钱。

很多人不愿意储蓄的原因之一是他们希望社会保障体系能为他们退休后的生活提供保障。可是千万不要过于指望它。1950年,社会保障体系覆盖的人群占人口的比重为16.5%,而2009年下降为3%,预计到2035年这一比重就会下降到2.1%。

所有这些都意味着什么?按照现在的规划,政府的退休保障体系在未来的25—30年后就将崩溃。引起对未来社会保障体系忧虑的原因主要有以下几个因素:首先,自1935年实行社会保障以来,美国人的平均寿命预期将由67岁增加到80多岁,预期增加15年以上,而且还会继续增加。其次,美国人口中,老年人所占的比重大大增加。预期到2040年,65岁以上人口占总人口的比重将会增加到25%,是现在所占比重的将近两倍。最后,出生在1946—1964年间大约7700万的"婴儿潮"一代开始退休,这无疑是社会保障体系的沉重负担。在不久的将来,社会保障体系覆盖的人群越来越少,而要求得到保障的人却越来越多,这是因为,自20世纪60年代中期以来,美国的出生率大幅下降。1946—1964年,美国家庭平均有3个孩子,而90年代中期以来,孩子的平均数量减少到2个。

"婴儿潮"一代(以及他们的孩子)为摆脱退休后的困境应该如何正确使用货币的时间价值?事实上,需要做的事情很多。雇员福利研究院(EBRI)的一项调查显示,很多美国人都不确信有足够的资金过上舒适的退休生活。尽管大部分人表示他们已经为退休进行了储蓄,但对于他们需要储蓄多少来满足退休后的目标,很少有人有清晰的概念。为了能在退休后过上舒适的生活,每年你需要将收入的10%—20%储存起来。例如,一个35岁、年薪55 000美元的人为了(30年后)退休后依然保持现在的生活水平需要储蓄至少100万美元。为了实现这个目标,这个人需要每年储蓄约10 600美元(利率为7%),相当于他年收入的20%。如果他从25岁就开始为退休进行储蓄,那么他每天的储蓄额将少一半。

很多专家使用本章的方法和技术来预测"婴儿潮"一代的退休需求,以及他们退休后可能的财富或者负债。如果你认真学习本章,你就可以避免这个多数人都容易犯的错误——今天有钱今天花,不考虑为明天储蓄。

资料来源:"The 2010 Annual Report of the Board of Trustees of the Federal Old-Age and Survivors Insurance and Disability Insurance Trust Funds"和社会保障部网站上的其他报告,网址为 http://www.ssa.gov;雇员福利研究院网站,网址为 http://www.ebri.org;储蓄数据来自美国经济分析局,网址为 http://ww.bea.gov。

学习目标

在阅读完本章后,你应当能够:
(1) 区分商业活动中各种类型的现金流。
(2) 计算不同现金流的现值与终值并解释结果。
(3) 计算:① 一项投资(贷款)的回报率(利息率);② 需要多长时间实现财务目标。
(4) 解释年度百分比利率与有效年利率的区别,并解释什么时候用哪个利率更合适。
(5) 描述一个分期偿还贷款,并计算:① 分期付款额;② 在偿还期内某一特定时点分期偿还贷款的余额(欠款金额)。

理财的一项基本原则是,在其他条件相同的前提下,越早收回的现金,其价值越大。道理很简单,因为一美元得到的越早,它就可以越快地进行再投资获得收益。这意味着今天得到的700美元比三年后得到的935美元更有价值吗? 不一定,因为三年期的投资收益率通常高于当期的投资收益率。为了确定哪项投资更有价值,我们需要比较同一时点上两项投资的报酬率。例如,我们可以重新估价未来得到的935美元就当期而言的价值,然后将结果与今天的700美元进行比较。如本例中,将一项收益从一个时间点转换到另一个时间点重新估计的概念叫作**货币的时间价值**(time value of money, TVM)。财务管理人员和投资者有必要清晰地理解货币的时间价值及其对资产价值的影响。本章将讨论货币的时间价值的概念,并且展示现金流量的时间分布如何影响资产的价值和收益率。

时间价值分析的原理运用得很广泛,从建立一个偿还贷款的时间表到是否购买新设备的决策等。实际上,在财务管理的所有概念中,货币的时间价值最为重要。为了作出合理的财务决策,必须理解本章货币的时间价值的基本原理。首先,货币的时间价值概念规定必须将不同时间点的美元转换到同一时间点,即必须是同一时间点的美元,才能进行比较。我们通过计算当前美元的终值或未来美元的现值将美元重估或转换到同一时间点。为了将价值从一个时期"移动"到另一个时期,我们使用货币时间价值技术调整利息或回报,以及在整个投资期内获得的收益额。

9.1 现金流的时间序列

货币时间价值分析的第一步是画出现金流的时间序列图,它就像一个路线图,可以使分析的情景形象化。为了说明时间序列的概念,看下图,它提供了前面所提出问题的解决方法:

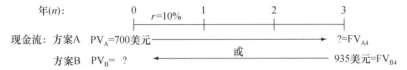

以下是现金流时间序列中各个变量的定义:

PV:可以用来投资的现值或初始量。PV(present value)也代表未来数量的当前价值。在我们的例子中,方案 A 的现值就是 700 美元,因为这是当前就可以获得的收益量。在这个时点上,我们不知道方案 B 的现值。

FV_n:n 时期的终值,是在考虑投资期内获得的利息的情况下,当期投资在 n 时期(本例中是第 n 年)期末可增长到的价值。在我们的例子中,方案 B 第三年年末的终值为 935 美元。在这一时点,我们不知道方案 A 在第三年年末的终值。

r:每期支付的回报率或利率。每期获得的利息取决于本期期初的投资余额。我们假定利息在每期期末获得。在我们的例子中,假定所有的投资者都可以获得 10% 的年利率,即投资的**机会成本**(opportunity cost rate)是 10% ,因此,$r = 10\%$,或用小数表示,$r = 0.10$ 。

n:获得利息的期数。本例中,$n = 3$ 年。

现金流时间序列图,如我们上面所展示的,是分析货币时间价值的一个基本工具,它可以使分析的问题形象化。在时间序列图中,横线的上面列示时间,时间 0 代表当前,时间 1 是距离当前的一段时间,可能是一年、一个月,或者其他一些时间段,等等。[①] 现金流列示在刻度线的下面并与它们流入的时间相对应。利率或回报率直接列示在刻度线的上面。根据我们这里列示的现金流时间序列图回答前面所提出的问题,我们必须计算出方案 A 中当前收到的 700 美元在第三年的终值,并与方案 B 中第三年收到的 935 美元进行比较。或者计算方案 B 第三年收到的 935 美元的现值,并与方案 A 中的 700 美元现值进行比较。我们在本章下面的部分展示这些计算过程。

---

① 对于我们的讨论,一期期末与下一期期初的差别就像前一天的结束与第二天的开始的差别一样,它发生在不到一秒钟的时间内。

> ### ((●)) 自测题 1
>
> **(答案见本章末附录 9B)**
>
> 　　Debra 正考虑在当地银行开立一个账户以便于为一次美好的度假存一些钱。她计划在接下来的 5 年里每年存款 250 美元。储蓄账户每年将支付 4% 的利息。画出描述这一理财情境的现金流量时间序列图。

9.2　现金流模式

　　首先,我们来区分一下企业中经常见到的三种现金流模式。

　　(1) **一次性付款**(lump-sum amount)——在当前或未来某个日期仅有一次付款。前面的例子中给出的现金流以及前面现金流量时间序列图中展示的现金流都是一次性付款。

　　(2) **年金**(annuity)——在相等的时间段内多次支付相同数目的款项。例如,未来三年每年投入 400 美元的一项投资就是年金。如果支付发生在每年年末,这项年金就叫作**普通年金**(ordinary annuity),因为这是商业中最常用的一种方式。但是,如果一项年金在每期期初支付,就叫作**预付年金**(annuity due),因为在这种情况下企业已经支付了款项而应该收到特定的商品或服务。

　　(3) **不均衡现金流**(uneven cash flow)——在一段时间内多次支付不等的款项。例如,今年投资 400 美元,明年投资 300 美元,后年投资 250 美元,这就是一项不均衡的现金流。

> ### ((●)) 自测题 2
>
> **(答案见本章末附录 9B)**
>
> 　　举出一个不均衡现金流模式的例子,并画出所举例子的现金流量时间序列图。

9.3　终值

　　为了计算当前投资额的**终值**(future value, FV),我们将当前投资额加上未来每期获得的利息向前"推进"。下面给出的现金流时间序列展示了我们将例中方案 A 当期获得的 700 美元加上每年的利息(年利率 10%)向前"推进"的过程,以确定它在第三年年末的价值。

$$
\begin{array}{ccccccc}
0 & & 1 & & 2 & & 3 \\
& r{=}10\% & & & & & \\
\hline
\text{PV}{=}700.00\text{美元} & \xrightarrow{\times 1.10} & 770.00\text{美元} & \xrightarrow{\times 1.10} & 847.00\text{美元} & \xrightarrow{\times 1.10} & 931.70\text{美元}{=}\text{FV}_3
\end{array}
$$

为了计算 700 美元在每年年末增加到多少,我们假定每年年末的钱可以放到一个投资账户中,该账户每年可获得 10% 的利息。在特定的某一年年末,账户中资金的价值就等于该年年初账户余额 $\times (1 + r) = 1.10$,表示每年支付利息导致账户余额增加了 10% 。正如你所看到的,如果当前你以 10% 的年回报率(利率)投资 700 美元,一年后你的钱将增加到770 美元,两年后将增加到 847 美元,三年后将增加到 931.70 美元。时间序列图还能显示你总共获得的利息为 231.70 美元,比每年获得 70 美元(三年 210 美元)即你初始投资 700美元的 10% 要多。这是因为每年获得的利息也被留在账户中以便在下一年获得额外的利息。与将每年获得的利息收回相比,获得了额外的 21.70($= 231.70 - 210.00$)美元。当利息留存在本金中以赚取更多的利息时,就像我们例子中的那样,我们称该投资获得了**复利**(compound interest)。

利用现金流时间序列图中给出的信息,我们就可以回答前面所提出的问题了。答案是,假定未来所有的收益都是有保证的,那么你宁愿三年后获得 935 美元而不是今天的 700 美元。道理很简单,如果你当前取得 700 美元,并将这 700 美元以 10% 的机会成本投资,三年后这笔资金将增长到 931.70 美元,比同一时间点(例子中是第三年年末)收到的 935 美元少3.30 美元。

9.3.1 复利计算的图形表示:增长率

图 9-1 显示了 1 美元(或任何一次性支付的金额)如何在不同的利率水平上随着时间的变化而增长。绘出该图形所用的数据,可通过等式(9-1)设置不同的变量 r 和 n 的值来求解,我们利用电子表格求解并绘出如图 9-1 所示的图形。

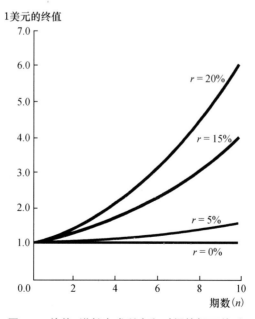

图9-1 终值、增长率或利率和时间的相互关系

　　图9-1显示:① 利率为正的当前投资,投资时间越长,终值越高;② 利率越高,当前投资的增长率越大。换言之,利率越高、投资时间越长,或两种情况同时发生,复利效应就越强。利率实际上就是增长率:若存入一笔金额,每年获得10%的利息,则存款金额将以每年10%的利率增长。

9.3.2　一次性付款的终值——FV_n

　　现金流时间序列图的方法说明我们可以将未来三年每年期初的投资价值 $\times(1+r)$ = 1.10 从而计算当前投资700美元的终值。因此,在我们的例子中,如果将初始投资的 700美元 $\times 1.10^3$($=1.10 \times 1.10 \times 1.10$),我们会得到同样的期末余额931.70美元,即:

$$FV_3 = 700 \times 1.10^3 = 700 \times 1.33100 = 931.70(美元)$$

　　将这个概念概括一下,可以用这个公式计算当前投资的终值:

$$FV_n = PV(1+r)^n \tag{9-1}$$

　　等式(9-1)表明当前投资(PV)的终值取决于初始投资未来增长的乘数。正如你所看到的,这个乘数的大小取决于利率 r 和投资期限 n,即 $(1+r)^n$。当利率 r 越高、投资期限 n 越长,或者二者同时发生时,当前投资(PV)获得的利息越多,其终值就越大。

　　等式(9-1)提供了一种解决货币时间价值问题的方法——公式求解。货币时间价值问题也可用财务计算器或者电子表格求解。对一个特定问题,每种求解方式都可以得到相同的结果,因为每种方法都执行相同的计算过程。本章,我们展示了如何利用三种方法求解货币时间价值问题。

一次性付款的终值——公式求解

　　用等式(9-1)求解本章前面部分我们描述的情形,即 $FV = 700 \times 1.10^3 = 700 \times 1.33100 = 931.70(美元)$。

一次性付款的终值——财务计算器求解

　　等式(9-1)和其他大量的TVM等式都直接被编成程序置于财务计算器中,可用这些计算器来求解终值。这些计算器有五个键,分别对应货币时间价值最常用的五个变量。整本书中我们使用的都是德州仪器BAII PLUS财务计算器,TVM键的定义如下:

　　N :期数

　　I/Y :每期的利率

　　PV :现值

　　PMT :年金支付(如果问题中现金流模式是年金)

　　FV :终值

下面是利用财务计算器求解例子中问题的说明②：

整本书中，我们都将必须输入计算器的变量列示在 TVM 键的上面，而计算出的结果列示在 TVM 键的下面。注意，计算器要求输入现金流量时必须指明是流入还是流出，因为计算过程默认：如果是支出，就是**现金流出**（cash outflow），现金流为负数；如果是获得收益，就是**现金流入**（cash inflow），现金流为正数。当把现金流输入计算器时，现金流出必须用负号标记。在我们的例子中，因为初始的 700 美元是当前的投资，投资是现金流出，因此，输入的 PV 就是 −700。如果你忘记了负号而输入 700，计算器就默认为你当前收到了 700 美元，未来就必须支付利息偿还，因此，FV 的输出结果就是 −931.70，是现金流出。

一次性付款的终值——电子表格求解

你可能会选择使用财务计算器解决课堂上指定的货币时间价值问题，但是，因为大部分企业都使用电子表格解决此类问题，所以你还必须熟悉电子表格中的 TVM 函数。因此，本章我们将展示如何建立和使用电子表格 TVM 函数来解决所讨论的问题。即使没有用过电子表格，你也应该能够理解下面的讨论。③

为了获取 Excel 2010 中的 TVM 函数，首先必须点击位于公式工具栏左边的"插入函数"选项，该选项被设计成"f_x"，然后在弹出的对话框中选择"财务"类。④ 每个事先编好的函数都是标准化的，数据必须按特定顺序输入从而正确地解决问题。图 9-2 展示了财务函数的设置，以及使用 FV 函数计算当前以 10% 的利率投资的 700 美元三年后的终值的结果。因为在求解货币时间价值问题时，电子表格和财务计算器有相似的函数，所以图 9-2 A 列 1—6 行中给出的标签分别对应于财务计算器的 TVM 键。注意，当前投资的 700 美元输入到电子表格中应为负值，就像使用财务计算器求解问题时一样。除了利率，其他的数值输入到电子表格中时与输入到财务计算器中时相同。输入到财务计算器中的利率是百分数，在我们的例子中为 10，而输入到电子表格中的利率是小数，例子中为 0.10。

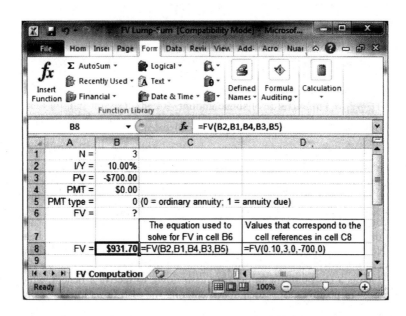

图 9-2　利用 Excel 中的 FV 函数计算终值

注:根据单元格 C8 中的公式,输入数值时必须按一定的顺序:I/Y、N、PMT、PV 和 PMT 模式(本题中未用到)。当你使用 FV 函数时,建立一个包含求解问题必需的数据的表格,然后参照数字所在单元格的位置,会是一个不错的主意。如果采用这种方法,你可以任意改变表格中的一个数据,运行公式后,结果也会随之变动。例如,如果当前的问题改变了,存入银行账户中的钱是 500 美元而不是 700 美元,你可以将单元格 B3 中的数值改为 – 500 美元,而出现在单元格 B8 中的结果将是 665.50 美元。

9.3.3　普通年金的终值——FVA_n

假如 Alice 决定未来三年每年存款 400 美元到一个储蓄账户中,存款年利率为 5%。如果 Alice 从今天起一年后存入第一笔存款,在第三年年末存入最后一笔存款后,账户中的余额立即会变为多少?因为第一笔存款在一年后存入,这一系列存款就代表着一项普通年金。我们将年金的终值设定为 FVA_n,确定这项年金的一种方法就是利用等式(9-1)计算每笔存款的终值,然后将计算结果加总求和。用这种方法计算的结果 $FVA_3 = 1\,261$ 美元。

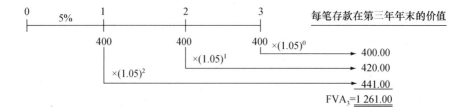

FVA$_n$——公式求解

现金流时间序列图表明我们可以按照下面的步骤计算这项 400 美元的普通年金的终值：

$$FVA_3 = 400 \times (1.05)^2 + 400 \times (1.05)^1 + 400 \times (1.05)^0$$

$$= 400 \times [(1.05)^2 + (1.05)^1 + (1.05)^0]$$

$$= 400 \times (1.1025 + 1.0500 + 1.0000)$$

$$= 400 \times (3.1525) = 1\,261.00(美元)$$

因为年金是一系列的等额支付，所以我们可以将以上的计算过程归纳为下面求解普通年金终值的公式[⑤]：

$$FVA_n = PMT[(1 + r)^{n-1} + (1 + r)^{n-2} + \cdots + (1 + r)^0]$$

$$= PMT \sum_{t=0}^{n-1} (1 + r)^t = PMT\left[\frac{(1 + r)^n - 1}{r}\right] \quad (9\text{-}2)$$

将例子中给出的信息代入等式(9-2)，我们可以得到相同的结果：

$$FVA_3 = 400 \times \left[\frac{(1.05)^3 - 1}{0.05}\right] = 400 \times 3.15250 = 1\,261.00(美元)$$

FVA$_n$——财务计算器求解

使用财务计算器求解 FVA$_n$，我们可以使用 PMT(年金)键。在我们的例子中，输入 PMT = −400，因为 Alice 每年在银行账户中存入 400 美元，所以我们认为这是一项现金流出。因此，数值输入和输出结果如下：

输入：	3	5	0	−400	?
	N	I/Y	PV	PMT	FV
结果：					= 1 261.00

FVA$_n$——电子表格求解

图 9-3 展示了如何使用 Excel 电子表格设置并计算普通年金的终值。注意，我们使用的函数与求解一次性付款终值的函数相同，如图 9-2 所示。但是，为了求解 FVA$_n$，我们必须输入 PMT 值，在单元格 B4 中 PTM 值为 −400 美元。单元格 B5 输入的数值必须是 0 或 1；数值 0 代表普通年金，数值 1 代表预付年金。因此，求解普通年金的终值时，单元格 B5 的数值应设置为 0 或空格。结果显示，在单元格 B8 中——1 261.00 美元，与之前计算的结果相同。

---

⑤　等式(9-2)的第二行是对第一行求几何级数的结果。

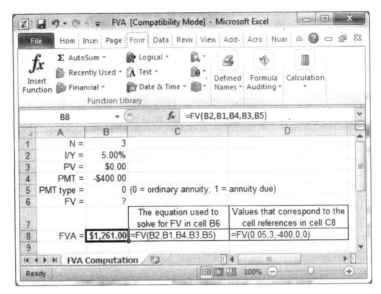

图 9-3　利用 Excel 中的 FV 函数计算普通年金的终值

注:根据单元格 C8 中的公式,输入数值时必须按一定的顺序:I/Y、N、PMT、PV、PMT 模式(本题中未用到)。

9.3.4　预付年金的终值——FVA(DUE)$_n$

现在假设 Alice 的双胞胎弟弟 Alvin 觉得他姐姐的储蓄计划是个不错的主意,因此,他决定效仿姐姐,未来三年每年存款 400 美元到一个储蓄账户中,存款年利率也是 5%。但是 Alvin 计划今天就存入第一笔存款而不是一年之后。这就意味着他的一系列存款就是一项预付年金。我们将预付年金终值设定为 FVA(DUE)$_n$,利用等式(9-1)计算每笔存款的终值并将结果加总,可以发现:

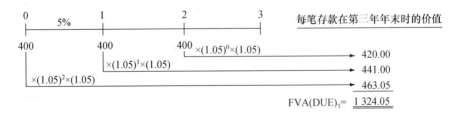

FVA(DUE)$_n$——公式求解

正如你在现金流时间序列图中所看到的,Alvin 存款的终值 FVA(DUE)$_3$ = 1 324.05 美元,比 Alice 存款的终值 1 261.00 美元要大。尽管两种年金在三年内的存款总额(现金流)相同,都是 1 200(=400×3)美元,Alvin 在每年年初存入存款(预付年金)而 Alice 在每年年末存入存款(普通年金)。因此,Alvin 的每笔存款都比 Alice 的多获得一年的利息,这些额外的复利利息的总量为 63.05 美元(1 324.05 − 1 261.00)。

正如现金流时间序列图所示,必须调整等式(9-2)以计算预付年金的终值。需要注意的

是,因为每笔支付都在年初,所以每笔年金我们必须多算一年的利息——$(1+r)$,如此等式便可以表述为:

$$FVA(DUE)_n = PMT\{[(1+r)^{n-1} \times (1+r)] + \cdots + [(1+r)^0 \times (1+r)]\}$$

$$= PMT\sum_1^n (1+r)^t = PMT\left\{\left[\frac{(1+r)^{n-1}}{r}\right] \times (1+r)\right\} \quad (9\text{-}3)$$

等式(9-2)调整后就成为等式(9-3),调整的部分用粗体突出显示。利用等式(9-3),我们可以发现:

$$FVA(DUE)_3 = 400\left\{\left[\frac{(1.05)^3-1}{0.05}\right] \times (1.05)\right\} = 400 \times (3.310125) = 1\,324.05(美元)$$

FVA(DUE)$_n$——财务计算器求解

财务计算器有一个转换键,标记为 DUE 或 BGN,可以使期末支付(普通年金)转换为期初支付(预付年金)。点击 BGN 键,计算器就会使用等式(9-3)而不是等式(9-2)求解年金终值。当德州仪器 BAII PLUS 财务计算器"期初"模式被激活时,字母 BGN 就会出现在屏幕的右上角。因此,计算预付年金时,需要将计算器切换至 BGN 状态,计算过程如前所述[⑥]:

输入:	3	5	0	-400	?
	N	I/Y	PV	PMT	FV

结果:　　　　　　　　　　　　　　　　　= 1 324.05

因为大多数年金都指定为期末现金流,即普通年金,所以在求解完预付年金的问题后,你应该总是把计算器切换到"期末"模式。

FVN(DUE)$_n$——电子表格求解

我们使用与求解普通年金终值同样的电子表格函数来求解预付年金的终值 FVN(DUE)$_n$。唯一的不同之处就是在求解预付年金问题时,图9-3 中单元格 B5 的值设为 1。单元格 B5 中的值就像一个开关切换键,辨别电子表格中 FV 函数求解的年金代表的是普通年金还是预付年金。因此,为了求解 Alvin 的年金的终值,只需要在单元格 B5 中输入 1,你就会看到单元格 B8 中的结果变成了 1 324.05 美元,该结果就是当前情形预付年金的终值。

9.3.5　不均衡现金流的终值——FVCF$_n$

年金的定义包含了"固定支付"(constant amount)这一单词,也就是说,年金的支付是在每期中等额地发生的。但是,不少财务决策都涉及不均衡(或不固定)的现金流,所以有必要将我们的时间价值讨论扩展到不均衡现金流(uneven cash flow streams)的范围。

---

⑥　参照你所使用的财务计算器的操作说明来确定如何将计算器转换至"期初"模式。

在整本书中,我们都用"支付"(payment,PMT)这一术语来表示现金流是固定不变的情形,比如年金,而使用"现金流"(cash flow,CF)这一术语表示一般的系列现金流,既包括不均衡现金流又包括年金。当序列中所有的现金流都是非固定的时,即 $CF_1 \neq CF_2 \neq CF_3 \neq \cdots \neq CF_n$,这就代表不均衡的现金流。当序列中的所有现金流都相等时,即 $CF_1 = CF_2 = CF_3 = \cdots = CF_n = PMT$,就代表年金。

不均衡现金流的未来价值有时又叫终值(terminal value),是通过将每次支付的现金流计算复利,然后加总计算出终值得到的。例如,假定 Alice 不是每年存款 400 美元,而是第一年年末存款 400 美元,第二年年末存款 300 美元,第三年年末存款 250 美元。如果储蓄账户获得的年利率是 5%,该不均衡现金流的终值(这里我们设为 $FVCF_n$)就是:

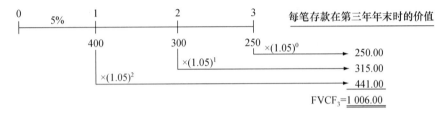

$FVCF_n$——公式求解

你会发现,任何现金流的终值都可以通过加总现金流时间序列中每一次现金流的终值得到。任何现金流的终值都可以用下面的等式表示:

$$FVCF_n = CF_1(1+r)^{n-1} + CF_2(1+r)^{n-2} + \cdots + CF_n(1+r)^0 = \sum_{t=o}^{n-1} CF_t(1+r)^t$$

$$(9\text{-}4)$$

等式(9-2)和等式(9-3)只能用来计算年金模式的现金流的终值,即每一期的现金流都是相等的,而等式(9-4)可以用来计算任何模式的现金流(年金或不均衡现金流)。因为上一个现金流时间序列显示的现金流是不相等的,等式(9-4)不能进一步简化成等式(9-2)、等式(9-3)那样的简化形式。因此,为了计算不均衡现金流的终值,你必须计算出每次现金支付的终值,然后将结果加总。在我们的例子中,计算过程是:

$$FVCF_3 = 400 \times (1.05)^2 + 300 \times (1.05)^1 + 250 \times (1.05)^0$$
$$= 400 \times (1.1025) + 300 \times (1.0500) + 250 \times (1.0000) = 1\ 006.00(美元)$$

$FVCF_n$——财务计算器求解和电子表格求解

如果现金流覆盖很多年,求解不均衡现金流的终值就会很乏味。值得庆幸的是,涉及不均衡现金流的问题,利用财务计算器和电子表格一步就能解决。下一节末,我们讨论如何使用财务计算器和电子表格计算不均衡现金流的终值。

自测题 3

a. 假定当前存款 1 000 美元到一个账户中，年利率为 8%。四年后你的账户中将有多少钱？

b. 假定从今天开始，在未来的四年里你每年存款 250 美元到一个账户里。如果该账户可获得的年利率为 8%，当你最后一笔存款 250 美元存入后，你的账户中会有多少钱？

9.4　现值

我们通过计算未来金额的**现值**（present value）将其重估或折回到当期。为了计算现值，我们从未来总金额中取出未来每期可获得的利息，即从未来金额中减除利息。下面的时间序列展示了如果投资者以 10% 的回报率投资，我们如何从方案 B（前面讨论的）的 935 美元中减除未来三年收到的利息。

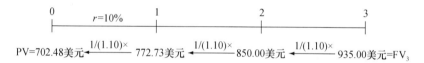

注意，我们通过将未来金额除以（1 + r），从而取出或减除每年可获得的利息。这个过程就叫作**折现**（discounting），它与复利终值的计算正好相反。

一般 n 年后到期的现金流的现值是这样一个金额：如果你现在持有它，在特定的收益率下它会增长到与未来的金额相同。因此，这个例子表明，如果每年可获得 10% 的回报，你想在三年后获得 935 美元，那么今天你需要投资 702.48 美元。所以，如果现在你有两个选择：方案 A——现在收到 700 美元，方案 B——三年后收到 935 美元，可获得的年回报率是 10%（本章开头我们描述的情形），其他条件相同。你应该选择三年后收到 935 美元，因为它当前的价值大于 700 美元。另外一种解释是将现值看作未来金额当前的成本或售价。在我们的例子中，如果投资能获得 10% 的年回报，三年后获得 935 美元的成本就是 702.48 美元；因此，任何拥有三年后获得 935 美元（方案 B）权力的人都能够以 702.48 美元的价格将它卖出，比今天收到 700 美元多了 2.48 美元。

9.4.1　折现计算的图形

图 9-4 显示了未来收到的 1 美元（或其他金额）的现值如何随着时间和利息的增加而减小。我们再一次利用电子表格来生成数据并进行绘图（见图 9-4）。该图显示：① 随着未来支付日期的不断后延，在未来某时收到一笔金额的现值将会不断下降并接近于 0；② 利（折现）

率越高,现值越小。在一个相对较高的利率水平下,未来的金额现在的价值很小。即便在一个相对较低的利率水平下,如果这笔金额是在非常遥远的未来,其现值也是十分小的。例如,在利率为20%时,100年后的500万美元现在只相当于6美分;反之,6美分在20%的利率水平下,经过100年会增至500万美元。

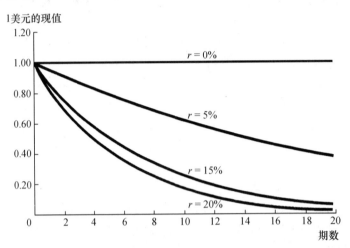

图9-4　现值、增长率或利率和时间的相互关系

9.4.2　一次性付款的现值——PV

时间序列求解过程表明,我们可以将未来三年每年年末的值除以$(1 + r) = 1.10$,计算出三年后的935美元的现值。因此,如果我们将三年后收到的935美元除以$(1.10)^3$——未来三年935美元以10%的利率扣减的扣减额(即取出的利息),就可以得到相同的现值702.48美元。因此,时间序列中所展示的计算过程就是:

$$PV = \frac{935}{(1.10)^3} = 935 \times \left[\frac{1}{(1.10)^3}\right] = 935 \times 0.751315 = 702.48(美元)$$

一次性付款的现值——公式求解

归纳上面的计算过程以及现金流时间序列中的计算过程,可使用下面的公式来计算未来一次性付款的现值:

$$PV = \frac{FV_n}{(1 + r)^n} = FV_n\left[\frac{1}{(1 + r)^n}\right] \tag{9-5}$$

根据等式(9-5),为了计算未来金额(FV)的现值(PV),我们必须将未来金额以它从当期到未来期间可获得的利率进行折现。折现因子$1/(1 + r)^n$取决于利率r和获得利息的期限n;利率r越高,期限n越长,或者两种情形同时存在,折现因子的值越小。

应用等式(9-5),我们当前的问题解答如下:

$$PV = 935 \times \left[\frac{1}{(1.10)^3}\right] = 935 \times 0.751315 = 702.48(美元)$$

一次性付款的现值——财务计算器求解

使用财务计算器解决此类问题,需要输入已知信息,求解过程如下:

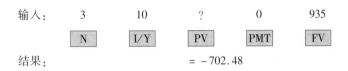

输入: 3   10   ?   0   935

| N | I/Y | PV | PMT | FV |

结果: = -702.48

一次性付款的现值——电子表格求解

图 9-5 展示了利率是 10% 的情况下,使用电子表格中的 PV 函数求解三年后收到的 935 美元的现值的设置与结果。注意,这里我们需要输入 FV = 935 美元并求解 PV,而不是像求解 FV 那样输入 PV = -700 美元。除此之外,其他设置与图 9-2 相同。

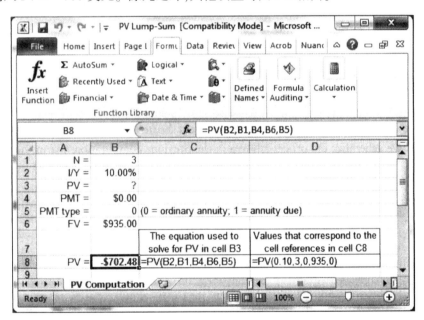

图 9-5 使用 Excel 中的 PV 函数计算现值

注:根据单元格 C8 中的公式,输入数值时必须按一定的顺序:I/Y、N、PMT、FV、PMT 模式(本题中未用到)。

9.4.3 普通年金的现值——PVA_n

假如 Alice 决定,她要在未来的三年中每年支付给自己 400 美元而不是将这些钱存入储蓄账户。如果她能够一次性投资到一个账户中(该账户每年支付给她 5% 的利息),为了实现目标,她当前需要存款多少到账户中? Alice 在第一年年末从该储蓄账户中第一次提款 400 美元,这意味着这一系列现金流代表一项普通年金。利用等式(9-5),我们可以计算出 Alice 每次提款额的现值,将结果加总就可得到该项年金的现值。这里我们设为 PVA_n:

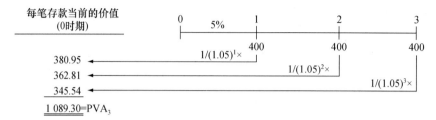

这一结果表明,如果 Alice 当前存入 1 089.30 美元到年利率为 5% 的储蓄账户中,在未来三年的每年年末,她就可以收到 400 美元。

PVA$_n$——公式求解

根据时间序列求解方法,我们可以计算这项 400 美元的普通年金的现值:

$$\text{PVA}_3 = 400 \times \left[\frac{1}{(1.05)^1}\right] + 400 \times \left[\frac{1}{(1.05)^2}\right] + 400 \times \left[\frac{1}{(1.05)^3}\right]$$

$$= 400 \times \left[\frac{1}{(1.05)^1} + \frac{1}{(1.05)^2} + \frac{1}{(1.05)^3}\right]$$

$$= 400 \times (0.95238 + 0.90703 + 0.86384) = 400 \times 2.72325 = 1089.30(\text{美元})$$

有了这个概念,就可以使用下列公式计算普通年金的现值:

$$\text{PVA}_n = \text{PMT}\left[\frac{1}{(1+r)^1} + \frac{1}{(1+r)^2} + \cdots + \frac{1}{(1+r)^n}\right] = \text{PMT}\left[\sum_{t=1}^{n} \frac{1}{(1+r)^t}\right]$$

$$= \text{PMT}\left[\frac{1 - \dfrac{1}{(1+r)^n}}{r}\right] \tag{9-6}$$

将我们例子中的信息代入等式(9-6),我们发现:

$$\text{PVF}_3 = 400 \times \left[\frac{1 - \dfrac{1}{(1.05)^3}}{0.05}\right] = 400 \times 2.72325 = 1089.30(\text{美元})$$

PVA$_n$——财务计算器求解

使用财务计算器求解例子中的 FVA$_3$,输入变量及结果如下:

输入:	3	5	?	400	0
	N	I/Y	PV	PMT	FV
结果:			= −1 089.30		

PVA$_n$——电子表格求解

图 9-6 展示了如何使用 Excel 电子表格设置和求解当前情形。注意,我们在求解年金的现值时,除了在单元格 B4 中输入的 PMT 值是 −400 美元外,使用的财务函数与图 9-5 展示的求解一次性支付现值使用的函数相同。因为我们正在估计的现金流代表一项普通年金,单元

格 B5 中应该输入 0（或空格）。

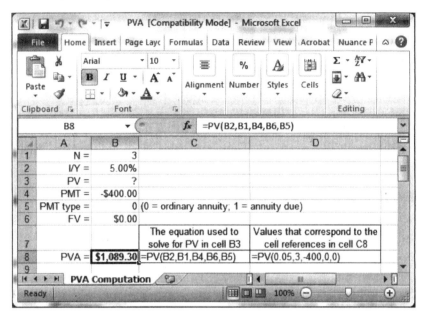

图 9-6　利用 Excel 中的 PV 函数计算普通年金的现值

注：根据单元格 C8 中的公式，输入数值时必须按一定的顺序：I/Y、N、PMT、FV、PMT 模式（本题中未用到）。

9.4.4　预付年金的现值——PVA(DUE)$_n$

假设 Alice 的双胞胎弟弟 Alvin 又想效仿他姐姐。但是，Alivn 打算一开立储蓄账户就从中第一次提款 400 美元，而不是在年末提款。这一系列的存款就代表一项预付年金。利用等式(9-5)求解每次提款的现值，这里我们设为 PVA(DUE)$_n$，我们发现：

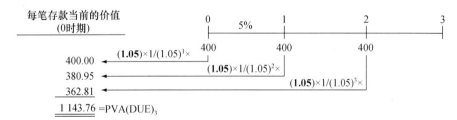

注意，Alvin 的年金现值（1 143.76 美元）比 Alice 的年金现值（1 089.30 美元）大。你应该能预料到这个结果，因为如果 Alivn 想每次比 Alice 提前一年提款 400 美元，他当前需要存入更多的钱。换言之，因为比 Alice 投资的期限短，Alivn 的钱获得的利息少，这意味着为了在以后提取和姐姐一样多的钱，他一开始就要存入更多的钱。

PVA(DUE)$_n$——公式求解

因为预付年金的支付发生在年初，所以为了计算预付年金的现值，我们需要调整等式(9-6)，以反映与普通年金相比预付年金必须多"归还"一年利息的事实。换句话说，预付年

金每次的支付要比普通年金少折现一年。因此,调整后的公式应该表示为:

$$PVA(DUE)_n = PMT\left\{\left[\frac{1}{(1+r)^1}\right] \times (1+r) + \cdots + \left[\frac{1}{(1+r)^n}\right] \times (1+r)\right\}$$

$$= PMT\sum_{t=0}^{n-1}\frac{1}{(1+r)^t} = PMT\left\{\left[\frac{1-\frac{1}{(1+r)^n}}{r}\right] \times (1+r)\right\} \tag{9-7}$$

使等式(9-6)形成等式(9-7)的调整部分用粗体突出显示。利用等式(9-7),我们发现:

$$PVA(DUE)_3 = 400 \times \left\{\left[\frac{1-\frac{1}{(1.05)^3}}{0.05}\right] \times (1.05)\right\} = 400 \times 2.85941 = 1\ 143.76(美元)$$

PVA(DUE)$_n$——财务计算器求解

如前所述,为了处理预付年金问题,你必须将计算器切换到 BGN 模式。当前情形应输入的变量和结果如下:

				BGN
输入: 3	5	?	–400	0
N	I/Y	PV	PMT	FV
结果:		= –1 143.76		

PVA(DUE)$_n$——电子表格求解

为了求解预付年金现值,除了输入单元格 B5 的值改为 1 表明现金流代表的是预付年金外,我们使用与图9-6 中同样的设置和财务函数。

9.4.5　永续年金

尽管大部分年金都需要在限定的期限内支付,但一些年金却是无期限的或永久支付下去的。这些永久的年金就叫作**永续年金**(perpetuities)。永续年金的现值可以用下列等式计算,它是等式 (9-6) 在 $n = \infty$ 时的简化式:

$$PVP = PMT\left[\frac{1}{r}\right] = \frac{PMT}{r} \tag{9-8}$$

永续年金的例子可用拿破仑战争时期发行的英国债券来说明。1815 年,英国政府大量发行债券,并用发行收入偿还早些年为支持战争而发行的小额债券。因为发行债券的目的是巩固以往的债务,所以这样的债券被称为**统一公债**(consols)。统一公债支付固定的利息,但没有到期日,即统一公债是永续年金。假设统一公债承诺永久地每年支付利息 100 美元(实际上,利息单位应为英镑)。

假定一项投资承诺永久地每年支付 100 美元。如果该投资的机会成本或折现率为 5%,那么该投资值多少钱? 答案是 2 000 美元:

$$PVP = \frac{100}{0.05} = 2\,000(美元)$$

假定利率上升到 10%,这项投资的价值会发生什么变化? 价值会降低到 1 000 美元:

$$PVP = \frac{100}{0.10} = 1\,000(美元)$$

我们看到,当利率加倍时,永续年金的价值发生了显著的变化。这个例子证明了一个重要的财务理念:其他条件不变,当利率改变时,投资的价值会向相反的方向变化。在本书剩余的章节中,我们将更详细地讨论这个理念。

9.4.6 不均衡现金流量的现值——$PVCF_n$

我们前面提到,不均衡的或非固定的现金流的支付是不相等的;因此,我们不能使用年金公式[等式(9-6)、等式(9-7)]确定它们的现值。让我们回到前面的例子中,Alice 未来三年每年年末分别存款 400 美元、300 美元、250 美元。这一不均衡现金流的现值如下所示:

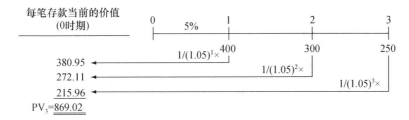

$PVCF_n$——公式求解

你可以通过加总现金流时间序列中每次的现金流的现值,求出任何现金流的现值。任何现金流的现值都可以用下面的公式求出:

$$PVCF_n = CF_1\left[\frac{1}{(1+r)^1}\right] + CF_2\left[\frac{1}{(1+r)^2}\right] + \cdots + CF_n\left[\frac{1}{(1+r)^n}\right]$$

$$= \sum_{t=1}^{n} CF_t\left[\frac{1}{(1+r)^t}\right] \tag{9-9}$$

因为前面现金流时间序列图中列示的现金流都是不等的,所以等式(9-9)就不能进一步简化了。因此,为了计算不均衡现金流的现值,你必须计算出每一次现金支付的现值,然后像现金流时间序列中展示的那样将结果加总。换句话说,Alice 的存款的现值就是:

$$PVCF_n = \frac{400}{(1.05)^1} + \frac{300}{(1.05)^2} + \frac{250}{(1.05)^3} = 400 \times 0.95238 + 300 \times 0.90703 + 250 \times 0.86384$$

$$= 380.952 + 272.109 + 215.960 = 869.02(美元)$$

$PVCF_n$——财务计算器求解和电子表格求解

财务计算器中有"现金流寄存器",可以使不均衡现金流的计算过程更容易。首先,在现金流寄存器中,按时间顺序输入单个的现金流,现金流通常表示为 CF_0(当前的现金流)、CF_1、CF_2、CF_3 等。其次,输入利率 I。这时你已输入了等式(9-9)中所有的已知值,所以只需按 NPV 键,即可算出现金流的现值。计算器的程序就是先计算单个现金流的现值,包括 CF_0,然后将它们加总算出整个现金流的现值,即 NPV,又叫净现值。在本例中,输入现金流寄存器的现金流为 0(由于 $CF_0 = 0$)、400、300、250,再输入 $I = 5$,按 NPV 键,得出的结果为 869.02 美元。

使用电子表格求解,设置电子表格时遵从相似的程序以便现金流按顺序输入。然后使用 NPV 函数,求解不均衡现金流的现值。因为在第 13 章我们会更详细地讨论 NPV 函数的应用,所以我们将等到第 13 章时再详细介绍使用财务计算器和电子表格求解 NPV 的过程。

计算出不均衡现金流的现值之后,我们就可以利用等式(9-1)或财务计算器确定它的终值了。在当前的例子中,$FV_3 = 869.02 \times (1.05)^3 = 1\,006$(美元),与前面我们用等式(9-4)计算的结果相同。[7]

自测题 4

(答案见本章末附录 9B)

a. 假定你有一项投资承诺四年后支付给你 1 360 美元。如果机会成本是每年 8%,你的这项投资今天值多少钱(即当前价值是多少)?

b. 假定从今天开始,在未来的四年里你想每年支付给自己 250 美元,如果你能以 8% 的年利率投资,那么你现在必须要有多少钱才能达到目的?

9.5　终值与现值的比较

前面的部分,我们展示了如果从第一年开始,Alice 每年存款 400 美元到一个年利率为 5% 的储蓄账户中,第三年年末她账户中的余额将为 1 261 美元。我们还讨论了如果 Alice 想在未来三年每年支付给自己 400 美元,她现在需要存 1 089.30 美元到一个年利率为 5% 的储蓄账户中,假定她一年后第一次从账户中提款 400 美元。

假如你赢得了一次竞赛,允许你选择下列三种奖项中的一种:

奖项	报酬
A	当前一次性支付 1 089.30 美元
B	三年后一次性支付 1 261.00 美元
C	未来三年每年年末支付 400 美元

如果上述奖项都没有任何风险,且你的机会成本率为 5%,那么你应该(愿意)选择哪个奖项?

信不信由你,你应该抛硬币决定,因为每一个奖项都是同样可取的。你选择的任何一种奖项都可以转换成其他两种奖项。例如,我们假定你没有选择而得到当前支付给你 1 089.30

---

[7]　有些财务计算器能够同时计算 NPV 和 NFV(净终值)。NFV 是从 0 期到第 n 期的现金流的终值,NFV = NPV $(1+r)^n$。

美元的奖项。如果你现在不需要钱,你可以将 1 089.30 美元以 5% 的年利率投资,三年后,它就会增长到 1 261.00 美元,即 $FV_3 = 1 089.30$ 美元 $\times (1.05)^3$。相反,如果你得到三年后支付给你 1 261.00 美元的奖项,你当前可以按该奖项的现值 1 089.30 美元 = 1 261.00 美元/$(1.05)^3$ 将它卖出。如果你需要钱支付你未来的租金会怎样呢? 你不应该要当前支付给你 1 089.30 美元的奖项吗? 答案和前面一样——你选择任何一个奖项都没有关系,因为你可以将一种奖项的支付转换成另外两种奖项中的任何一种。换句话说,即使你得到的奖项是在未来支付,你仍可以今天卖出它从而使其转化成现金。如果你喜欢年金支付的形式,如上面所讨论的,你可以以 5% 的年利率投资 1 089.30 美元,并在未来三年每年年末支付给自己 400 美元。表 9-1 证实了这种说法确实是正确的。

表 9-1　建立一个 400 美元的年金支付　　（单位:美元）

时间(第 n 年)	年初余额	年利息(利率 5%)[a]	年末余额	年末提取金额
1	1 089.30	54.47	1143.77	400.00
2	743.77	37.19	780.96	400.00
3	380.96	19.05	400.01[b]	400.00

注:a 年利息通过年初余额列中的数值乘以 0.05 得到。例如,第一年获得的利息为 54.47 美元 = 1 089.30 美元 ×0.05。

b 由于四舍五入导致 0.01 的差异。

这个简单的例子说明在我们解决货币时间价值问题时,只需将美元价值从一个时期转换成另一个时期的等价价值。确定本期金额的终值时,我们加上投资期的利息;确定未来金额的现值时,我们减除投资期内可以获得的利息。

自测题 5

(答案见本章末附录 9B)

　　假如你姑姑打算送你一份毕业礼物,但她不知道是在你毕业时给你 1 000 美元现金还是给你一份八年后到期时价值为 1 655 美元的储蓄债券。你姑姑让你选择两者中的一个,如果你的机会成本率为 6.5%,你应该选择哪一个?

9.6　求解利率 r、时间 n、年金支付 PMT

　　前面部分我们给出的公式中包括的变量有 PV、FV、r、n 和 PMT。如果我们知道这五个变量中的四个,就可以求出另外一个未知变量的值。到目前为止,我们已经求解了现值和终值。但是,在很多情形中我们需要求解 r、n 或者 PMT。本节我们给出了一些求解这些变量的情形。因为代数求解这些变量非常复杂,我们只展示了财务计算器求解的方法。电子表格求解方法在本书末附录 A 中展示。

9.6.1 求解 r

假设你能以 78.35 美元的价格买入一种证券,该证券五年后支付给你 100 美元,如果你购买这项投资,那么你可获得的年回报率是多少? 这里已知 PV、FV 和 n,但是不知道 r——该项投资可获得的利率。时间序列图如下:

使用财务计算器,将已知值输入到恰当的位置,即 N = 5、PV = − 78.35、PMT = 0、FV = 100,然后求出未知值:

输入:	5	?	− 78.35	0	100
	N	I/Y	PV	PMT	FV
结果:		= 5.00			

9.6.2 求解 n

假设你了解到一种证券支付 10% 的年回报率,现在的价格是 68.30 美元,你想保留这项投资直到它的价值增长到 100 美元。你需要保留这项投资多长时间以使它的价值增长到 100 美元? 在这个例子中,我们知道 PV、FV 和 r,但不知道投资期限 n。时间序列图如下:

使用财务计算器,输入 I/Y = 10、PV = − 68.30、PMT = 0 和 FV = 100,可求出 $n=4$。

输入:	?	10	− 68.30	0	100.00
	N	I/Y	PV	PMT	FV
结果:	= 4				

同样的步骤可以用来求解年金中的 r 和 n。本书中我们也将讨论如何确定不均衡现金流的 r 值。

9.6.3 求解 PMT

假定你想要在十年后开办自己的企业,你打算每年存入一笔钱到一个储蓄账户中,以便将来有足够的资金开办这家企业。你已确定十年后需要 100 000 美元,并决定今年年末就存入第一笔存款。如果该账户支付的年利率为 5%,为了达到 100 000 美元的目标,你必须每年存入多少钱到该账户中? 这个问题的时间序列图如下:

使用财务计算器,输入 N = 10、I/Y = 5、PV = 0、FV = 100 000。求解 PMT,我们发现为了十年后获得 100 000 美元,你必须每年年末存款 7 950.46 美元。

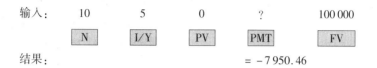

如果你决定今天就存入第一笔存款而不是一年后存入,答案会是多少? 将你的计算器切换到 BGN 模式,你会发现答案是 7 571.86 美元。因为每笔存款都提前了一年,即我们现在拥有的是一项预付年金,每笔存款都获得了更多的利息。因此,为了十年后达到 100 000 美元的目标,每年需要的存款数额就会比普通年金的少。

((•)) 自测题6

(答案见本章末附录 9B)

　　假定你正在评估两项投资,每一项都需要你现在投入 5 500 美元。投资 A 五年后将支付给你 7 020 美元,而投资 B 八年后将支付给你 8 126 美元。仅根据你将从每项投资中获得的回报来说,哪一个更好?

9.7 半年或其他复利计算期间

迄今在所有的例子中,我们都假定利息是每年进行一次复利计算,这叫作**每年复利计算**(annual compounding)。但是假定你每年收到利息的次数大于一次,如一年两次(半年复利计算)、一年四次(季度复利计算)或每天一次(每日复利计算)。

为了说明半年复利计算,让我们回到本章开头引入的例子:假定 700 美元以 10% 的利率投资三年。前面我们展示了每年复利计算时发生的情况——利息的累加会使三年后投资总额增加到 931.70 美元。

如果每年支付两次利息,即半年复利,该项投资的终值会发生什么变化? 这里给出了现金流时间序列:

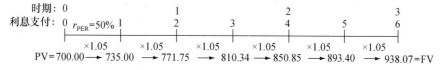

为了求出终值,我们利用等式(9-1),但是要像现金流时间序列展示的那样作出两个调整后才能使用:① 将年利率转换成每期利率,即期间利率,我们设为 r_{PER};② 将整个投资期内,投资期限年数转换成利息支付期数(复利期间),我们设为 n_{PER}。这些转换如下:

$$期间利率 = r_{\text{PER}} = \frac{给定的年利率}{每年利息支付次数} = \frac{r_{\text{SIMPLE}}}{m} \tag{9-10}$$

$$利息支付期数 = n_{\text{PER}} = 年数 \times 每年支付利息次数 = n_{\text{YPS}} \times m \tag{9-11}$$

这里,m 是每年支付利息的次数,r_{SIMPLE} 是单式或非复利利率,即年利率,r_{PER} 是每一复利期间的利率,n_{YPS} 是获得利息的年数,n_{PER} 是在 n_{YPS} 年内利息支付的总次数。注意,只有利息是每年复利一次时,才有 $r_{\text{PER}} = r_{\text{SIMPLE}}$,$n_{\text{PER}} = n_{\text{YPS}}$;当利息每年复利次数大于一次时,$r_{\text{PER}} < r_{\text{SIMPLE}}$,$n_{\text{PER}} > n_{\text{YPS}}$。

在我们的例子中,如果利息是每半年复利一次,则在整个投资期内有 $n_{\text{PER}} = 2 \times 3 = 6$ 次利息支付,每 6 个月支付的利率 $r_{\text{PER}} = r_{\text{SIMPLE}}/m = 10\%/2 = 5\%$。如果我们作出这些调整并使用等式(9-1),会发现:

$$PV_3 = 700 \times \left(1 + \frac{0.10}{2}\right)^{3 \times 2} = 700 \times (1.05)^6 = 700 \times 1.34010 = 938.07(美元)$$

使用财务计算器求解是:

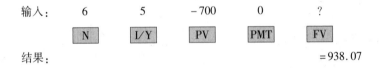

输入:	6	5	−700	0	?
	N	I/Y	PV	PMT	FV
结果:					=938.07

⌇)) 自测题7

(答案见本章末附录9B)

　　假定 700 美元以 10% 的年利率投资,每季度复利。三年后这项投资的价值是多少?

9.8　各种利率的比较

在前面的部分,我们展示了当一项投资每年计算利息超过一次时,获得的利息会更多。简而言之,这意味着当每年利息支付的次数超过一次时,从该项投资中获得的有效回报率就比名义回报率(r_{SIMPLE})高。例如,在前面的部分,我们发现当每年复利一次时,700 美元以 10% 的利率投资三年后就会增加到 931.70 美元,而当利息每半年复利一次时,同样的 700 美元会增加到 938.07 美元。因为每半年复利时获得的利息总额更大,半年复利计算的有效回报率就比每年复利计算的回报率要高。

因为不同的复利期间用于不同类型的投资,我们必须在可比的基础上规定回报率以作出合理的财务决策。这就需要我们区分一项投资获得的名义利率和有效年利率(EAR)。

（1）在我们的例子中，**名义利率**（simple, or quoted, interest rate）利率是 10%，我们设为 r_{SIMPLE}。通常，名义利率都以单式年利率并指明该年内利息支付期间的方式报出。比如，在我们的例子中，每 6 个月付息一次，名义利率就表述为 10%、半年复利。名义利率又叫作**年度百分比利率**（annual percentage rate, APR），它一般是借款时出借人报出的利率。APR 是非复利利率，因为它不考虑每年利息支付次数超过一次时的复利效应。

（2）为了比较一年内利息支付期间不同的贷款（或投资），我们必须比较贷款（或投资）的有效年利率而不是它们的 APR。**有效年利率**（effective or equivalent annual rate, EAR）被定义为如果用每年复利计算会产生相同的未来价值的利率，这里我们设为 r_{EAR}。为了求出 r_{EAR}，我们需要将 APR 转换成基于利息支付次数的等价年利率，即我们将 APR 调整为包含复利效应的利率。

（3）如果利息一年计算一次，即每年复利，那么 $r_{EAR} = r_{SIMPLE} = APR$。但是，如果每年复利次数超过一次，有效年利率就比名义利率要大，即 $r_{EAR} > r_{SIMPLE}$。

在每半年支付一次利息的情况下，r_{EAR} 就是如果每年支付一次而不是两次利息，能够使 700 美元的投资在三年后增加到 938.07 美元的利率。因此，我们可以得出以下情形：

时期：
```
0        r_EAR=?      1            2            3
|-----------|-----------|-----------|
700.00                              938.07
```

使用财务计算器求解，输入 N = 3、PV = −700、PMT = 0、FV = 938.07，然后就可得出 I/Y = 10.25 = r_{EAR}。

给定名义利率 r_{SIMPLE}、每年的复利期间数 m，我们就可以用下列公式计算出有效年利率：

$$有效年利率（EAR） = r_{EAR} = \left(1 + \frac{r_{SIMPLE}}{m}\right)^m - 1.0 = (1 + r_{PER})^m - 1.0 \qquad (9\text{-}12)$$

如果名义利率是 10%、每半年支付一次利息，利用等式（9-12）求解 r_{EAR}：

$$r_{EAR} = \left(1 + \frac{0.10}{2}\right)^2 - 1.0 = (1.05)^2 - 1.0 = 1.1025 - 1.0 = 0.1025 = 10.25\%$$

使用财务计算器计算这一情形下的 r_{EAR}，输入 N = 2（每年支付利息的次数）、I/Y = 5.0（每次利息支付的利率）、PV = −1（假定今天投资一美元）、PMT = 0，然后求出 FV = 1.1025。该结果是指一美元的投资一年后会增长到多少。将该结果减去 1.0 并转换成百分比，就可计算出本年获得的回报率，即 $r_{EAR} = 1.1025 - 1.0 = 0.1025 = 10.25\%$。

现在，我们来确定这项 700 美元的投资以 10.25% 的年复利投资三年后，其总额会达到多少。

$$FV_3 = 700 \times (1.1025)^3 = 700 \times 1.34010 = 938.07（美元）$$

使用财务计算器求解，输入 N = 3、I/Y = 10.25、PV = −700、PMT = 0，然后求出 FV = 938.07。

注意，将 700 美元以 10.25% 的年复利投资三年得到的终值与将 700 美元以 10% 的半年复利的利率投资三年得到的终值相同。所以，我们可以得出结论：支付 10% 的半年复利的投资和支付 10.25% 的每年复利的投资获得了同样的回报率。这意味着两种投资有相同的有效或实际回报率——10.25%，即 $r_{EAR} = 10.25\%$。我们也注意到，如果每年复利次数超过一次，本章开头提出的问题的答案也就有所不同了。前面我们发现，你应该选择三年后获得 935 美元而不是当前获得 700 美元，因为如果投资三年 700 美元将会增长到 931.70 美元。但是当前的例子表明,如果每半年复利一次,同样的700美元三年后将增长到938.07美元,比方案B承诺的935美元要多。因此,当利息每半年复利一次时,方案A当前支付700美元优于方案B。

自测题8

(答案见本章末附录9B)

一项投资可获得的利率是12%、每月复利,该项投资的APR、r_{EAR}是多少?

9.9 分期偿还贷款

复利利息计算最重要的应用之一就是分期偿付贷款,包括汽车贷款、住房抵押贷款、助学贷款和一些商业贷款。如果某项贷款是定期偿付(每月、每季或每年),我们就把它叫作**分期偿还贷款**(amortized loan)。[8]

为了说明分期偿还的方法,假设你为自己的企业借入15 000美元,该贷款需在接下来的三年里,于每年年底以等额偿付完毕。贷款人要求对每年年初未付清的贷款余额收取8%的利息。我们首先要确定你每年需偿还的金额或固定的年支付额。要计算出这个金额,我们应认识到这15 000美元代表折现率为8%时,三年中每年支付金额的年金现值。

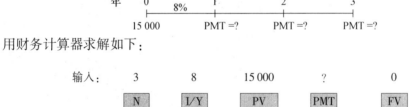

用财务计算器求解如下:

输入:

3	8	15 000	?	0
N	I/Y	PV	PMT	FV

结果: = −5 820.50

输入N=3、I/Y=8、PV=15 000(公司收到现金)和FV=0,可求得PMT=−5 820.50。这些支付代表一项普通年金,因为支付都发生在每年年末。

根据计算结果,公司必须在接下来的三年里每年年底支付5 820.50美元,这时公司的成本率或贷款人的报酬率为8%,每次支付的金额包含一部分利息和一部分本金,这种贷款的分解反映在表9-2的**分期偿还计划表**(amortization schedule)里。第一年支付的利息最多,随着未付清贷款余额的减少,需要支付的利息也逐渐下降。在税收方面,商业借款人上报(3)的利息部分作为每年的可扣除成本,而贷款人上报同样的金额作为应纳税收入。表9-2也可用来制作住房抵押贷款、汽车贷款以及其他分期偿还贷款的偿还计划表。

---

⑧ "分期偿还"一词来源于拉丁语"mors",意思是"死亡"。分期偿还贷款是指贷款随着时间的推移逐渐被偿还付清。

表 9-2　利率为 8% 时的贷款分期偿还计划表　　　　　（单位：美元）

年份	年初余额(1)	支付(2)	利息[a] (3) = (1) × 0.08	支付的本金[b] (4) = (2) − (3)	余额[c] (5) = (1) − (4)
1	15 000.00	5 820.50	1 200.00	4 620.50	10 379.50
2	10 379.50	5 820.50	830.36	4 990.14	5 389.36
3	5 389.36	5 820.50	431.15	5 389.35	0.01

注：a 利息通过利率(8%)乘以年初的贷款余额[(1)]计算求得。例如，第二年的利息是 10 379.50 美元 ×
0.08 = 830.36 美元。

b 本金的偿付等于 5 820.50 美元[(2)]的支付金额减去每年的利息[(3)]。例如，第二年偿还的本金是
5 820.50 美元 – 830.36 美元 = 4 990.14 美元。

c 第三年年底的 0.01 美元的余额是因为计算时四舍五入产生的。

表 9-2 中的(5)是每年年底未偿还的贷款余额。如果没有分期偿还计划表，通过计算贷款余额的现值，同样可以计算出每年需要偿还的款项。例如，第一年年底支付完第一笔贷款 5 820.50 美元后，贷款合同要求你还要支付两次 5 820.50 美元（未偿还贷款）。记住，每次支付的 5 820.50 美元都包含未偿还贷款余额的利息；5 820.50 美元除去利息后的剩余部分代表贷款本金的偿还。因此，要确定这些支付中偿还的本金总量，你必须分离出每次支付中的利息部分。我们可以通过计算剩余两次支付的现值将未来的支付"去利息"。用财务计算器求解，输入 N = 2、I/Y = 8、PMT = – 5 820.50 和 FV = 0，可求得 PV = 10 379.50 = PVA_3，就是表 9-2 (5)显示的第一年年底的余额。

财务计算器和电子表格中也有计算分期偿还计划表的程序——你只需输入相关数据并使用恰当的内置函数。若你有一个财务计算器，就有必要去阅读计算器手册的相关部分并学会如何使用分期偿还功能。同样，花费一些时间去学习如何使用电子表格建立分期偿还计划表也是很有必要的。简洁起见，我们在本章末附录 9A 中展示了利用财务计算器和电子表格建立表 9-2 中分期偿还计划表的必要步骤。

自测题 9

(答案见本章末附录 9B)

a. Savannah 是一名刚毕业的大学生，她想为过去四年借的 37 500 美元助学贷款制订一个偿还计划。助学贷款要求的利率是 5.4%，如果从下个月开始按月偿还贷款，且必须在 15 年内还清，则 Savannah 每月必须还款多少？

b. 假定 Savannah 打算按月还款五年后还清剩余贷款。五年后她还欠多少贷款？

困难的抉择

Terry 当前正在考虑如何投资她最近继承的一笔钱(48 000 美元)。

基于她对各种类型投资的了解以及朋友们的建议,Terry 认为她应该把这笔钱投资于美国长期国库券,该国库券承诺在未来十年里每六个月支付给她 3 690 美元的利息。但是,今天中午,Terry 问她最好的朋友 Mike 应如何投资这笔钱。Mike 认为她应该将这笔钱投资到其他能获得更高回报率的地方而不是买长期国库券。他告诉 Terry,几天前他在一个公司应酬晚宴上偶尔听到一些人在谈论一家美国汽车制造企业正与某国政府合作建立一个生产基地。该企业的名字叫作 Universal Autos(UA),它将拥有在该国制造美国汽车的专利权。参与这次交谈的一位男士说他认为这次合作为 UA 公司未来十年利润的持续增长提供了很好的机会,进而会使公司的股价显著上升。参与讨论的其他人也都同意这一观点。

这又引起了 Terry 的兴趣,她认为调查一下 UA 公司将其作为潜在的投资对象也是个不错的主意。因此,她征求了一下朋友和亲戚们的意见。一个朋友反对 Terry 投资 UA 公司的股票,因为她从一个朋友那里听说 UA 公司并不遵守与美国公司同样的劳工惯例。另外一位朋友也反对 Terry 投资 UA 公司,因为这些工人像为位于其他国家的洗车制造商工作的工人一样没有工会代表。Terry 的叔叔在美国政府部门工作,他说他听说 UA 公司在签订协议前给了该国政府一大笔钱,他称之为"行贿"。她叔叔认为 UA 公司支付给该国政府的这笔钱在美国是不合法的。但是,Terry 的男朋友正好是个该国人,他认为 Terry 应该将钱投到 UA 公司。根据他的家人和朋友提供的信息,UA 公司与该国签订的这份协议是政府意欲大力支持的具有重大意义的商业协议,因此,投资 UA 公司的风险很小。事实上,根据她男朋友的意见,如果 Terry 将这 48 000 美元投到 UA 公司,十年后将会增长到112 500 美元。如果你是 Terry,你会怎么做?你应该将钱投到一个故意使用未成年劳动力、忽视工人的权利或向外国政府行贿的企业吗?

▓ 本章要点总结

本章重要概念

为了总结,我们把本章讨论的关键概念与本章开始的学习目标联系起来。

● 三种基本的现金流模式为:① 一次性付款,即在当前时期或未来某一时期仅有一次支付(或收回)款项;② 年金,在相等的时间间隔段多次支付等量的资金;③ 不均衡现金流,多次支付数量不等的资金,或每次支付的时间间隔不等,或者同时具备这些特点。

● 在作出财务决策之前,不同时期的美元必须设定为相同的时间价值,即在比较之前,所有的美元必须转化到相同的时期。因此,为了比较不同时期的支付额,例如不同的年份,我们必须将所有的美元转换到相同的时期。我们通过计算所有支付的现值或终值将美元从一个时期转换到另一个时期,以使所有的美元价值都在同一时点上。

• 一笔资金以较高的利率投资,或投资时间较长,或者二者同时具备,该项资金的未来数额(终值)就会更大,因为能获得更多的利息。投资时间越长,或利率越高,或者二者同时俱备,未来资金的现值越小,也就是说,为了获得一定量的未来资金当前需要投入的资金越少。根据货币时间价值规则,我们知道,其他条件相同的情况下,一项投资未来获得的利率越高,它的现值越小。

• 年度百分比利率——APR 是单式的或非复利的回报率,用 r_{SIMPLE} 表示,因为它的价值不包含利息复利计算的效应。有效年利率—— r_{EAR} 是复利回报率,因为它反映了利息复利计算效应。其他条件相同的情况下,每年的复利次数越大,一项投资获得的有效年利率就越高。也就是说,一年内利息复利越频繁,一项投资获得的利息总量就越大。只有当利息每年复利一次时,才有 $r_{EAR} = r_{SIMPLE}$;其他情况下, $r_{EAR} > r_{SIMPLE}$。

• 当个人为买房子、汽车这样的商品借款时,他们都会选择分期偿还贷款。这些贷款的定期付款额通常是不变的,而且既包括借入资金产生的利息,又包括借入资金本身即本金。要计算在贷款期内任一时点还要偿还多少贷款,我们只需要计算出该时点剩余贷款的现值,即取出剩余支付的利息即可。

个人理财相关知识

以下是本章中与个人财务决策相关的一些概念。

• **我该如何利用本章中给出的价值概念作出更明智的个人财务决策?** 正如第 1 章所提到的,一项资产的价值取决于它生命周期内预期产生的未来现金流(包括数量和时间)。本章我们介绍了用于确定价值的基本方法,它们都以货币时间价值为基础。现在你应该能够确定一系列的现金流的价值,无论该现金流是年金还是不均衡现金流。例如,考虑一下,一个投资项目承诺未来四年每年支付给投资者 500 美元。如果投资者要求 6% 的年回报率,该项投资的价值是多少? (答案:1 732.55 美元)

本书后面我们还会应用此方法计算其他类型投资的价值。

• **货币时间价值概念能够帮我评估个人贷款吗?** 学习完本章之后,你应该能够确定与你未来贷款相关的一些特征,也就是说,当给予有关一项贷款的足够的信息时,你应该能够计算出月(或者任何期间)支付额、需要借入的资金总量或者利息。例如,假定你的预算表明你每月只付得起 400 美元的汽车贷款,而且你想在四年内还清买车的贷款。如果汽车贷款的年利率是 6.96% ,你能买得起多贵的车,即你可以付得起的最高的净购买价格是多少? (答案:N = 4 × 12 = 48,I/Y = 6.96/12 = 0.58,PMT = −400,FV = 0,可得 PV = 16 717 美元)

如果三年后你决定提前还清汽车贷款,你需要多少钱? (答案:N = 1 × 12 = 12,I/Y = 0.58,PMT = −400,FV = 0,可得 PV = 4 624 美元)

• **我该如何使用本章介绍的方法为自己制订一个退休计划?** 你现在应该明白从今天开始就为退休制订计划对你来说是非常重要的。假定你已将确定 40 年后退休时需要 200 万美元,以便能够按自己理想的生活方式度过退休生活。如果你的机会成本是 8% (每年复利),从一年后开始,为了实现你的目标,你每年需要往养老基金中投入多少钱? (答案:N = 40,

I/Y = 8.0, PV = 0, FV = 2 000 000, 可得 PMT = 7 720 美元)

如果你等到 20 年后才开始投资养老基金,为了达到同样的退休目标,你每年必须投入多少钱?(答案:N = 20, I/Y = 8.0, PV = 0, FV = 2 000 000, 可得 PMT = 43 704 美元)

如你所看到的,根据你开始为养老计划投资的时间不同,为了实现同样的退休目标每年需要投入的资金也不同。这个小例子告诉我们,你越早开始为退休生活投资,你就越早开始获得利息,因此,为了达到特定的退休目标需要投入的资金就越少。

思考题

9-1 何谓机会成本率?它如何被运用在时间价值分析中?它显示在现金流时间序列图的哪里?它是任何情况下唯一运用的数字吗?

9-2 年金的定义是在特定的一段时间内一系列的等额支付。所以,在十年里每年支付 100 美元为年金,而第一年支付 100 美元、第二年支付 200 美元,第三年到第十年每年支付 400 美元并不构成年金。但在第二种现金流中包括年金。这种说法是对还是错?请解释。

9-3 若某公司在十年里每股收益从 1 美元增至 2 美元,则增长率为 100%,但年增长率却小于 10%。这种说法是对还是错?请解释。在什么情况下,年增长率恰好等于 10%?

9-4 你更想要利率为 5%、每半年计算复利的存款账户,还是利率为 5%、每日计算复利的存款账户?请解释。

9-5 给现值下一个文字定义,并根据你构建的例子用带有数据的现金流时间序列说明它。作为你答案的一部分,解释为什么现值依赖于利率。

9-6 要计算不均衡现金流的现值,需要先算出每一笔单个现金流的现值,然后将它们加总。年金计算方法根本无用,即使部分现金流构成年金(例如,第三年、第四年、第五年、第六年每年发生现金流 100 美元),因为整个现金流不是年金。这种说法是对还是错?请解释。

9-7 永续年金的现值等于年金的支付(PMT)除以利率(r):PVP = PMT/r。每年支付的金额总和或永续年金的终值为多少?(提示:答案是无穷大,但请解释原因。)

9-8 当金融机构如银行、信用社宣传它们贷款的利率时,它们报出 APR。如果你想比较不同金融机构的贷款利率,应该比较 APR 吗?请解释。

9-9 在什么情况下,名义利率或 APR(r_{SIMPLE} = APR)正好等于有效年利率(r_{EAR})?

9-10 什么是分期偿还贷款?什么是分期偿还计划表?该怎样使用它?

计算题

9-1 若你在银行账户里存入 500 美元,利率为 6%,每年进行复利计算,两年后你的账户里有多少钱?

9-2 五年后能付给你 1 000 美元的投资的现值为多少?假定你每年进行复利计算,可获得 6% 的利率。

9-3 十年后 1 552.90 美元的现值是多少?

(1)利率为 12%。

(2)利率为 6%。

9-4 今天投资的 200 美元需要多长时间在利率为 7% 的时候能够翻一番?如果利率为 18% 呢?

9-5 利率为 14% 时,哪一个价值更大:当前拥有的 1 000 美元还是六年后收到的 2 000 美元?

9-6 Martell 公司 2012 年的销售额是 1 200 万美元,五年前的销售额是 600 万美元,销售额的增长率是多少(以最接近的百分点)?

9-7 计算下列普通年金的终值:

a. 十年里每年支付 400 美元,利率为 10%。

b. 五年里每年支付 200 美元,利率为 5%。

9-8　计算下列预付年金的终值:

a. 十年里每年支付 400 美元,利率为 10%。

b. 五年里每年支付 200 美元,利率为 5%。

9-9　计算下列普通年金的现值:

a. 十年里每年支付 400 美元,利率为 10%。

b. 五年里每年支付 200 美元,利率为 5%。

9-10　计算下列预付年金的现值:

a. 十年里每年支付 400 美元,利率为 10%。

b. 五年里每年支付 200 美元,利率为 5%。

9-11　如果一项永续年金每年支付 100 美元,使用的折现率为 7%,它的现值是多少?一般来说,如果利率翻倍,适用的折现率也上升至 14%,永续年金的现值会发生什么变化?

9-12　计算下列情况下现金流的现值。

a. 适用的利率为 8%。

b. 适用的利率为 0。

（单位:美元）

年份	现金流 A	现金流 B
1	100	300
2	400	400
3	400	400
4	300	100

9-13　计算在下列每种情况下,五年后 500 美元会增至多少。

a. 名义利率为 12%,每年进行复利计算。

b. 名义利率为 12%,每半年进行复利计算。

c. 名义利率为 12%,每季进行复利计算。

d. 名义利率为 12%,每月进行复利计算。

9-14　计算在下列每种情况下,五年后应付的 500 美元的现值。

a. 名义利率为 12%,每年进行复利计算。

b. 名义利率为 12%,每半年进行复利计算。

c. 名义利率为 12%,每季进行复利计算。

d. 名义利率为 12%,每月进行复利计算。

9-15　计算下列普通年金的终值。

a. 名义利率为 12%,每半年进行复利计算,五年里每六个月支付 400 美元。

b. 名义利率为 12%,每季进行复利计算,五年里每三个月支付 200 美元。

c. 在前两题中,五年里支付的年金总和相等,获得的名义利率也相同,但第 b 题的年金在五年里

比第 a 题多获得 101.75 美元的收益。为什么会发生这种情况?

9-16　计算下列普通年金的现值。

a. 名义利率为 12%,每半年进行复利计算,五年里每六个月支付 400 美元。

b. 名义利率为 12%,每季进行复利计算,五年里每三个月支付 200 美元。

c. 在前两题中,五年里支付的年金总和相等,获得的名义利率也相同,但第 b 问的年金现值比第 a 题多 31.46 美元。为什么会发生这种情况?

9-17　为了完成商学院最后一年的学业然后进入法学院,从下一年开始,未来四年里你每年需要 30 000 美元(也就是说,一年后的今天你需要提取第一笔 30 000 美元)。你的一位有钱的叔叔提出帮助你完成学业,他将在一个银行中存入一笔钱,年利率是 7%,这笔钱足够你四年里每年提取 30 000 美元,并且他打算今天就把钱存入账户。

a. 这笔存款的数额是多大?

b. 你第一次取款后账户中的余额是多少?最后一次取款后呢?

9-18　Sue 想买一辆汽车,需要花费 10 200 美元,她打算购买这辆汽车的所有钱都从信用社借款,贷款的名义利率是 12%。该项贷款要求未来三年里每季度偿还一次。如果买入汽车三个月(一个季度)后第一次还款,Sue 每季度需要还款多少?

9-19　Steve 是佛罗里达大学的一名学生,他借了 12 000 美元的助学贷款,年利率是 9%。如果 Steve 每年偿还 1 500 美元,他至少需要多长时间才能还清这笔贷款?

9-20　你需要攒 10 000 美元,为了达到该目标,你计划每年存款 1 750 美元到一个储蓄账户中,一年后存入第一笔钱,该账户的年利率是 6%。如果需要更多的钱来圆满完成 10 000 美元的目标,你的最后一笔存款会超过 1 750 美元。需要多少年才能达到 10 000 美元的目标?最后一笔存款的数额是多大?

9-21　Jack 刚刚发现他在密苏里州中了 8 700 万美元的彩票。现在他需要决定选择哪一个:① 当前一次性支付 4 400 万美元;② 未来 30 年里每年支付 290 万美元,第一笔支付就在今天。如果 Jack 的机会成本是 5%,他应该选择哪一个?

9-22　考虑一下如果你中了价值 10 500 万美元的彩票你会如何作决定:① 一次性支付 5 400 万美元;② 未来 30 年里每年支付 350 万美元。你应该

选择哪一个？

a. 如果你的机会成本是 6%，你该选择哪一个？

b. 机会成本是多少时选择两个中的任何一个对你来说都是无关紧要的？

9-23 假定你存 1 000 美元到一个储蓄账户中，该账户的利率是 8%。

a. 如果银行利息每年计算复利，四年后你的账户中将有多少钱？

b. 如果银行每季度计算复利而不是每年计算复利，四年后你的账户余额是多少？

c. 假如从一年后开始，你以每年存款 250 美元、分四次存入的方式存款 1 000 美元。当你存入最后一笔存款之后，你的账户中有多少钱？利率是 8%，每年计算复利。

d. 假定从一年后开始，你每次存入相等金额的存款到你的账户中，分四次存入。如果你可以把钱以 8% 的利率投资，为了获得与第 a 题中相等金额的钱，你每次应该存入多少钱？

9-24 假定你四年后需要 1 000 美元，银行的每年复利利率是 8%。

a. 一年后你必须存多少钱以便四年后你的账户中有 1 000 美元的余额？

b. 如果你想每年存入相等金额的钱，一年后存入第一笔存款，你每次需要存多少钱到账户中？

c. 如果你父亲提出帮你支付第 b 题中计算的钱（221.92 美元）或者一年后一次性给你 750 美元，你会选择哪一个？

d. 如果一年后你仅有 750 美元，为了获得四年后你需要的 1 000 美元，每年复利的利率必须是多少？

e. 假定从一年后开始，未来四年里你每年只能存款 186.29 美元，但是四年后你仍需要 1 000 美元。你必须以多少的每年复利利率投资才能实现目标？

f. 为了帮你实现目标，你父亲提出一年后给你 400 美元。从那以后，你将得到一份兼职，每六个月支付一次相等数额的工资，共支付六次。如果所有的钱都存到银行，利率是 8%，每半年计算复利，每次支付的工资应该是多少？

g. 第 f 题中银行支付的有效年利率是多少？

9-25 计算下列每一项的利率或收益率。

a. 你借入 700 美元，许诺在年底支付 749 美元。

b. 你借出 700 美元，并接受别人在年底支付 749 美元的许诺。

c. 你借入 85 000 美元，许诺在第十年年底支付 201 229 美元。

d. 你借入 9 000 美元，许诺在五年里每年支付 2 684.80 美元。

9-26 第一城市银行（The First City Bank）对定期存款支付的利率为 7%，每年计算一次复利；第二城市银行（The Second City Bank）支付的利率为 6.5%，每季计算一次复利。

a. 从有效利率来看，你愿意将钱存入哪家银行？

b. 你想在年中而不是年底提款这一情况是否会影响你选择在哪个银行进行存款？在回答这个问题时，假定在整个复利计算期内，存款都在账户里以便你获取利息。

9-27 Krystal 18 个月前投资了 150 000 美元。该项投资当前的价值为 168 925 美元。Krystal 知道这项投资每三个月（即按季度）支付一次利息，但她不知道这项投资的收益，请帮 Krystal 计算出该投资的年度百分比利率 APR、r_{SIMPLE} 及有效年利率 r_{EAR}。

9-28 你的经纪人提出以 13 250 美元的价格卖给你一种票据，该票据将在未来十年里每年支付给你 2 345.05 美元。如果你买了这种票据，你将获得的利率是多少（最接近的百分比）？

9-29 一个抵押贷款公司向你提供 85 000 美元的贷款。该项贷款要求在未来 30 年内每年还款 8 273.59 美元。该抵押贷款公司向你收取的有效年利率 r_{EAR} 是多少？

9-30 A 银行对它的货币市场账户支付 8% 的每季度复利。B 银行的经理想使自己货币市场账户的利率等于 A 银行的有效年利率，但利息每月计算复利。那么 B 银行必须将名义利率设为多少？

9-31 假定你看中一套房子想买下它，但是你必须决定采用什么样的按揭方式。得克萨斯中部银行提供一种 30 年的固定按揭贷款，要求你支付 6.9% 的利率，每月计算复利。如果你接受这种贷款，必须支付 3.5 个点数，这意味着你必须在签订按揭协议时支付数额等于借款总额 3.5% 的一笔钱。阿拉斯加南部银行提供另外一种 30 年的固定按揭贷款，没有点数，但利率是 7.2%，每月计算复利。两种按揭贷款的第一次支付都是在签订按揭协议一个月后。这套房子的购买价格是 250 000 美元，你打算首付 40 000 美元。

a. 如果你首付 40 000 美元，剩余的钱从得克萨斯中部银行贷款,当你签订按揭协议时,必须为 3.5% 支付多少钱?

b. 假定得克萨斯中部银行收取的点数加到按揭总额上,以便从银行借款的总量既包括签订按揭协议时必须支付的点数,又包括房子的净购买价格(购买价格减去首付)。例如,100 000 美元按揭贷款对应的点数就是 3 500 美元,因此按揭总额就是 103 500 美元。哪一个银行提供的贷款月供较低?

c. 得克萨斯中部银行收取的点数为多少时两种按揭贷款对你来说没有差别?

9-32 假定你的姑姑去年 1 月 1 号把她的房子卖了,并接受买房者金额为 10 000 美元的抵押贷款作为部分支付。该项抵押贷款的名义利率是 10%,但需要每六个月支付一次,从 6 月 30 号开始,该项抵押贷款按十年分期付款。从现在开始,一年后,你姑姑必须分别向国税局和购房者发出一份 1099 号表格,告诉他们一年内两次支付中包含的利息。(这些利息对你姑姑来说是收入,而对于购房者来说就是一项扣减额)。第一年内支付的利息额是多少?

9-33 Lorkay Seidens 公司借了 25 000 美元,这笔贷款需要在接下来的五年里每年年底等额偿付。假设利率为 10%。

a. 建立贷款分期偿还计划表。

b. 如果贷款为 50 000 美元,每次支付为多少?假定利率为 10%,贷款在五年内还清。

c. 如果贷款为 50 000 美元,每次支付为多少?假定利率还是 10%,但贷款在接下来的十年里每年年底等额偿付。该贷款与 b 问中的贷款金额相同,但支付期间多出一倍,可这些支付金额为什么不是第 b 题中支付金额的一半?

9-34 假定 AT&T 公司的养老金经理正考虑投资于两种证券:① 证券 Z(年中的现金流量为 0),现在的成本为 422.41 美元,前十年不支付,第十年年底支付 1 000 美元;② 证券 B,现在的成本为 500 美元,接下来的十年里每年年底支付 74.5 美元。

a. 每种证券的收益率为多少?

b. 假定该经理刚购买完证券,从基金获得的每年复利计算的年利率就下跌至 6%,并预计在未来的十年内保持在该水平。那么每种证券的价格变为多少?

c. 现在假定刚购买证券利率就增至 12% 而不是降至 6%,那么利率变化后每种证券的价格是多少?解释这一结果。

9-35 为了存钱上大学,Jason 在青少年时期从事过很多工作。现在他 20 岁了,准备在南佛罗里达大学(USF)开始他的大学生活。几个月前,Jason 获得了奖学金,这项奖学金将涵盖他所有的大学学费,期限不超过五年。他存下的钱可以作为他大学期间的生活费;实际上,Jason 希望读大学期间将他所有的积蓄都派上用场。于是他最近将他在青少年时期攒的总共 10 000 美元以 12% 的利率投资到一种金融资产上,该金融资产每月支付一次利息。因为 Jason 将成为一名全职学生,他预期四年后也就是 24 岁时能够毕业。

a. 如果第一次提取利息发生在今天,Jason 在大学期间每月可提取多少利息?

b. 如果等到这月末第一次提取利息,Jason 在大学期间每月可提取多少利息?

9-36 Sue 是 Oaks 珠宝商场的经理,她想采取赊销方式销售商品,给予顾客三个月的付款期。但是,Sue 将不得不从银行借款来支付应付账款。银行收取 15% 的名义利率,但是每月计算复利。Sue 想向她的顾客报出正好能够涵盖融资成本的名义利率,她应该向赊销的顾客报出的名义利率是多少?

9-37 Brandi 刚刚收到她的信用卡账单,显示欠款余额 3 310 美元。在评估了自己的财务状况之后,Brandi 认为她无法全额偿还欠款余额,但可以在一段时间内多次偿还信用卡账单。思考之后,Brandi 决定停用她的信用卡。现在她想确定需要多长时间才能还清欠款余额。该信用卡收取的名义利率是 18%,每月复利。Brandi 每月最少必须支付 25 美元。假定 Brandi 每月必须支付当月剩余余额产生的利息。

a. 如果 Brandi 每月支付 150 美元,还清信用卡账单需要多长时间?

b. 如果 Brandi 每月支付 220 美元,还清信用卡账单需要多长时间?

c. 如果 Brandi 每月支付 360 美元,还清信用卡账单需要多长时间?

9-38 Brandon 刚大学毕业。遗憾的是,Brandon 的大学学费相当昂贵;他在大学里承担了 95 000 美元的助学贷款。助学贷款规定 Brandon 必须支付 8% 的基本利率外加 1% 的边际利率,也就是说,这项贷款的利率是 9%。货款按月偿还,且必须在 20 年内还清。Brandon 想确定怎么偿还他的助学贷款。

a. 如果 Brandon 决定按最长期限还款,也就是 20 年还清,他每月必须还多少钱?

b. 如果 Brandon 想十年还清贷款,他每月必须还多少钱?

c. 如果 Brandon 每月还款 985 美元,他需要花多长时间才能还清贷款?

9-39 假定你正打算买一辆新车,并向当地信用社申请了汽车贷款,且贷款已经批准了。贷款总额可达 25 000 美元,根据你选的车的最终价格而定。贷款的名义利率是 6%,偿还期限为四年,按月偿还。选中想买的车之后,你同销售代表协商并达成一致的价格是 24 000 美元,不包含任何折扣或奖励。你选中的车的折扣是 3 000 美元。经销商提供"零利率贷款",但是如果你接受了零利率贷款,就丧失了 3 000 美元的折扣。

a. 如果你接受零利率贷款,每个月要支付多少钱?(提示:因为没有利息,还款总额就是 24 000 美元,也等于所有支付的总和。)

b. 如果你使用信用社贷款为汽车融资,每月的支付额是多少?

c. 你应该使用零利率贷款还是信用社贷款为汽车融资?

d. 假定过了两年之后,你决定还清你所欠的汽车贷款,如果你选择了零利率贷款,你必须偿还多少钱?如果选择的是信用社贷款呢?

9-40 父亲正在计划为自己的女儿上大学作储蓄准备。女儿现在 13 岁,她计划五年后升入大学,并花四年时间完成学业。目前,每年的成本(包括饮食、服装、学费、书籍、交通等一切费用)是 12 500 美元,但估计年通货膨胀率为 5%。女儿最近从祖父的遗产中得到 7 500 美元,这些钱投资基金有助于支付部分教育成本,年利率为 8%,每年计算复利。剩余的成本通过父亲的存款来弥补。他将在账户中等额存款六次,从现在起每年存一次,直到女儿进入大学。这些存款同样获得 8% 的利率,每年计算复利。

a. 当女儿到了 18 岁时,四年教育成本的现值为多少?[提示:计算每年教育成本的终值(用 5% 的通货膨胀率),然后将这三个成本往回折现(用 8%)到她 18 岁那年,最后加总四个成本,包括大学第一年的成本。]

b. 当女儿 18 岁进入大学时,她从其祖父那里收到的遗产 7 500 美元的价值为多少?(提示:用

8% 的年利率复利计算五年。)

c. 如果父亲现在就计划进行第一次存款,那么为了让女儿完成大学学业,他每次必须存入多少钱?(提示:在画现金流时间序列时,要描述出现金流的时间。)

9-41 Kay 从大学毕业以后就开始为退休作打算。她计划毕业后直到退休前每半年在 IRA(退休基金)中存入 500 美元,她预计 30 年后退休。今天是 Kay 的退休日。她将最后一笔 500 美元存入 IRA,同时她想知道其退休金的总额现在是多少了。基金收益率为 10%,每半年计息一次。

a. 假定 Kay 每次都准时支付,计算 Kay 的退休基金账户中的余额。

b. 虽然 Kay 存入了计划中所有的 500 美元,但在十年前她从基金账户中提取了 10 000 美元支付母亲的医药费。计算此时 Kay 退休基金账户中的余额。

9-42 Sarah 正准备去当地的雪佛兰汽车经销店买一辆新车。经销商的报价为 13 000 美元。Sarah 的存款账户中有 3 000 美元,可用作购买该车的首付款。Sarah 仔细考虑了其财务状况,决定以每年偿还 2 400 美元的贷款方式购买该车。她可以借助经销商提供的贷款利率为 4.0% 的"特殊金融服务"贷款购车,也可以从地方银行借款,其中汽车贷款的利率为 12%。两种贷款的贷款期均为五年、每季度(每三个月)支付一次。Sarah 知道,如果接受经销商的"特殊金融服务",就要全额支付经销商的报价。但是,如果通过银行融资,她就可以要求经销商降价。假定 Sarah 每次支付 600 美元,无论选择哪种贷款方式,剩余部分分期支付,刚好可用其存款账户中的 3 000 美元来满足。不考虑税收、报价和转账费用,Sarah 应该要求经销商降价多少才能使银行融资比经销商的"特殊金融服务"更具有吸引力?

9-43 Janet 刚从密西西比州的女子大学毕业,她所学的专业是工商管理,她打算在佛罗里达州坦帕市的大型财务公司找工作。由于在大学期间就阅读了大量的商业刊物,Janet 决定现在就开始为退休作准备。尽管 Janet 只有 22 岁而且刚开始工作,但是她认为在自己退休时社会保障无法满足她的要求。幸运的是,聘用她的公司设立了一项退休/投资计划,她可以每年进行投资。所以,Janet 现在正在计算为了满足其退休要求每年应投资的金额。她决定在退休时去旅游(作为对她辛勤工作的奖励),包

括食宿、购买纪念品在内的预计旅游费用为 120 000 美元,旅游时间为一年(在退休的第一年不需要花费其他资金)。旅游回来之后,Janet 决定享受退休时光。她估计每年需要 70 000 美元才能舒适地度过"晚年"。Janet 准备投资的员工退休/投资计划的年利率为 7%,每年计息一次,只要公司提供这项基金,该投资的利率就会一直保持这个水平。在退休时,Janet 必须将其"退休储蓄"转移至另外一项投资,这样,她要花钱时就可以随时提取。她计划将钱转入一项基金,在每年年初可以提取资金;基金的利率为 5%,每年计息一次。Janet 打算在 40 年后退休。在作了网上的"预期寿命"测试之后,她认为在"退休旅游"之后还可以活 20 年。如果 Janet 的预期是正确的,同时她计划从明年开始投资基金,投资结束时刻为退休日,那么为了达到其退休计划,她每年要存入多少钱?

综合题

9-44　假定你即将毕业,已经向当地银行申请了一份工作。作为银行考核的一部分,你必须参加一场涉及几种财务分析方法的考试。测试的第一部分就是货币时间价值分析。你需要回答下列问题:

a. 画出下列现金流的时间序列:

(1)第三年年末 100 美元一次性现金流;

(2)每年支付 100 美元的三年期普通年金;

(3)第 0 年年末至第三年年末不均衡现金流 −50 美元、100 美元、75 美元、50 美元。

b. (1)如果将初始的 100 美元投资到一个年利率为 10% 的账户中,三年后它的终值是多少?

(2)如果适用的利率是 10%,三年后收到的 100 美元的现值是多少?

c. 我们有时需要求出一笔钱(或其他东西)增长到特定的数额需要多长时间。如果一个公司的销售额每年以 20% 的利率增长,那么销售额增长到原来的三倍大约需要多长时间?

d. 普通年金与预付年金的区别是什么?下列现金流时间序列展示的是哪一种类型的年金?怎么把它变成另一种类型的年金?

e. (1)如果适用的年利率为 10%,每次支付额为 100 美元的三年期普通年金的终值是多少?

(2)该年金的现值是多少?

(3)如果上述年金是预付年金,终值和现值分别又是多少?

f. 下列不均衡现金流的现值是多少?适用的利率是 10%,每年复利。

g. 年利率是多少时 100 美元三年后会增长到 125.97 美元?

h. (1)如果名义利率保持不变,每年复利超过一次,例如,每六个月计算复利或者说每半年计算复利,初始投资的终值会更大或者更小吗?为什么?

(2)定义名义利率(r_{SIMPLE})、年度百分比利率(APR)、期间利率(r_{PER})、有效年利率(r_{EAR})。

(3)名义利率为 10%,每半年计算复利,有效年利率是多少?每季度计算复利呢?每天计算复利呢?

(4)在利率为 10%、每半年计算复利的情况下,三年后 100 美元的终值是多少?每季度计算复利呢?

i. 有效年利率和名义利率会相等吗?说明理由。

j. (1)如果名义利率是 10%,每半年计算复利,下列现金流第三年年末的价值是多少?

(2)同样的现金流,其现值是多少?

(3)该现金流是年金吗?

(4)一个重要的规律就是不要在现金流时间序列上显示名义利率或使用名义利率进行计算,但在满足什么样的条件时是可以的?(提示:当每年计算复利时,$r_{SIMPLE} = r_{EAR} = r_{PER}$)如果在第(1)题和第(2)题中使用了名义利率 10% 而不是期间利率 $r_{SIMPLE}/2 = 10\%/2 = 5\%$,你得到的答案会有什么错误?

k. (1)为 1 000 美元的贷款构建一个分期偿还计划表,贷款年利率是 10%,分三期等额偿还。

(2)对于借款人来说,第二年的年利息支出是多少?对于放贷人来说,第二年的年利息收入是多少?

l. 假设你 1 月 1 日存款 100 美元到一个账户中,该账户支付的名义利率是 11.33463%,每日计算复利。10 月 1 日时或九个月后,你的账户中会有多少钱?

m. 现在假定你将钱存入银行 21 个月。因此,你在 1 月 1 日存款 100 美元到一个账户中,利率为 11.33463%,每日计算复利。到下一年的 10 月 1 日,你的账户中会有多少钱?

n. 假如有人提出卖给你一种票据,价格是 850 美元。该票据 15 个月后能支付给你 1 000 美元。你在银行中有一笔 850 美元的定期存款(储蓄工具),名义利率是 6.76649%,每天计算复利。有效年利率是 7%。如果不买这种票据,你打算将钱继续留在银行。该票据是无风险的,也就是说,你确信它能按期支付。你应该买这种票据吗? 用三种方法检验你的决策:① 如果买入票据,比较票据的终值与银行投资的终值;② 比较票据的现值与当前银行投资;③ 比较票据的 r_{EAR} 与银行投资的 r_{EAR}。

o. 假设第 n 题中讨论的票据花费 850 美元,但是以后分五个季度每次支付 190 美元,第一笔应付款在三个月后而不是在第 15 个月末一次性支付 1 000 美元,它会是一项好的投资吗?

计算机相关问题

利用电子表格,回答本部分的问题。

9-45　利用 C09 文件中的计算机模型,求解下列问题。

a. 为 30 000 美元的贷款建立一个分期偿还计划表,该贷款的期限是 20 年,每年年末等额偿还,年利率为 10%。每年的偿还额是多少?

b. 为 60 000 美元的贷款建立一个分期偿还计划表,该贷款的期限是 20 年,每年的年末等额偿还,年利率为 10%。每年的偿还额是多少?

c. 为 60 000 美元的贷款建立一个分期偿还计划表,该贷款的期限是 20 年,每年年末等额偿还,年利率为 20%。每年的偿还额是多少?

附录 9A

(建立分期偿还计划表——财务计算器求解和电子表格求解)

表 9-2 中展示的分期偿还计划表是用普通的计算器计算出的值。尽管采用这种方法没有什么错误,但是当分期付款很多时,这种计算就会很乏味而且很费时。因此,在这一部分,我们向你展示怎样利用财务计算器和电子表格建立分期偿还计划表。

本章中我们假定一个公司借款 15 000 美元,在未来三年里每年年末等额偿还贷款。贷款的利率是 8%。要建立这种情形下的分期偿还计划表,我们首先要确定公司每年必须偿还的额度是多少。使用财务计算器或者电子表格中的任意一种,我们可以求出每年必须偿还的额度是 5 820.50 美元。

财务计算器求解

下列步骤展示了如何使用德州仪器 BAII PLUS 建立分期偿还计划表。如果想知道更多的详情或如果你使用的是不同类型的计算器,请参考计算器的使用手册。

1. 将分期偿还贷款的已知信息输入到本章描述的 TVM 寄存器中:

输入:	3	8	15 000	?		0
	N	I/Y	PV	PMT		FV
结果:				= −5 820.50		

2. 按 2nd PV 键,输入分期偿还贷款函数,函数的上面写有"AMORT"(第二个函数)。显示 P1 =1,是指分期偿还计划表的起点是第一期。按 ↓ 键,显示 P2 =1,指第一组计算的终点是第一期。

3. a. 按 ↓ 键,显示 BAL = 10 379.49729。这个结果表示在第一年年末剩余贷款余额是 10 379.50 美元。

b. 按 ↓ 键,显示 PRN = −4 620.502711,表示第一年偿还的本金是 4 620.502711 美元。

c. 按 ↓ 键,显示 INT = −1 200,表示第一年偿还的利息是 1 200 美元。

4. 按 ↓ CPT 键,显示 P1 =2。接下来,按 ↓ 键,显示 P2 =2,这一信息表示下一组计算是关于第二次支付的。按照上面的步骤 3 给出的程序：

　　a. 按 ↓ 键，显示 BAL = 5 389.354362。

　　b. 按 ↓ 键，显示 PRN = –4 990.142928。

　　c. 按 ↓ 键，显示 INT = –830.3597831。

这些数值分别代表第二年年末剩余贷款余额、第二年偿还的本金、第二年偿还的利息。

5. 按 ↓ CPT 键，显示 P1 = 3；然后按 ↓ 键，显示 P2 = 3。这一信息表示下一组计算是关于第三次支付的。按照步骤 3 给出的程序：

　　a. 按 ↓ 键，显示 BAL = –0.000000。

　　b. 按 ↓ 键，显示 PRN = –5 389.354362。

　　c. 按 ↓ 键，显示 INT = –431.1483489。

这些数值分别代表第三年也就是最后一年年末剩余贷款余额、第三年偿还的本金、第三年偿还的利息。

如果你将步骤 3 至步骤 5 中得到的结果填入一张表中，你会发现它包含表 9-2 给出的所有结果。如果用财务计算器构建一个完整的分期偿还计划

表，你必须在贷款偿还期内重复步骤 3 中的过程，也就是说，对于一个 10 年期的贷款，步骤 3 必须重复 10 次。如果你想知道特定某一年的贷款余额、偿还的本金额或者利息，你只需要设置 P1、P2 的值等于该年，便可得到想要的结果。

电子表格求解

为了使用 Excel 表格建立分期偿还计划表，我们使用两种财务函数：IPMT 和 PPMT。给定借款数额和利率，IPMT 可以求出某一特定时期偿还的利息。给定借款数额和利率，PPMT 可以求出某一特定时期偿还的本金。下列电子表格每个单元格中的内容都是为所分析的贷款构建分期偿还计划表所必需的。

注意，当涉及公式中的单元格时才用到"$"符号，目的是固定一些单元格的位置，这些单元格包含每个计算都需要的公共值。固定单元格位置，你就可以使用复制命令把第 9 行中的关系复制到第 10 行和第 11 行。

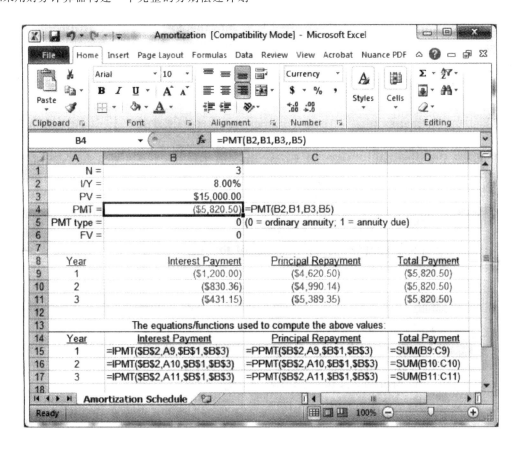

附录9B

(本章自测题答案)

1.

2. 下面给出了一个不均衡现金流的例子:

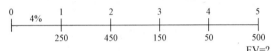

3. a. $FV_4 = 1\,000$ 美元 $\times (1.08)^4 = 1\,000$ 美元 $\times 1.36049 = 1\,360.49$ 美元

财务计算器求解: $N = 4$、$I/Y = 8.0$、$PV = -1\,000$、$PMT = 0$,可求得 $FV = 1\,360.49$。

b. 因为第一次存款发生在今天,所以该现金流代表一项预付年金。

$$FVA(DUE)_4 = 250 \text{ 美元} \times \left\{ \left[\frac{(1.08)^4 - 1}{0.08} \right] \times 1.08 \right\}$$
$$= 250 \text{ 美元} \times 4.86660 = 1\,216.65 \text{ 美元}$$

财务计算器求解:将计算器切换至 BGN 模式,$N = 4$、$I/Y = 8.0$、$PV = 0$、$PMT = -250$,可求得 $FV = 1\,216.65$。

4. a. $PV = 1\,360$ 美元 $\times \left[\frac{1}{(1.08)^4} \right] = 1\,360$ 美元 $\times 0.73503 = 999.64$ 美元

财务计算器求解: $N = 4$、$I/Y = 8.0$、$PMT = 0$、$FV = 1\,360$,可求得 $PV = -999.64$。

b. 因为第一次存款发生在今天,所以该现金流代表一项预付年金。

$$PVA(DUE)_4 = 250 \text{ 美元} \times \left\{ \left[\frac{1 - \frac{1}{(1.08)^4}}{0.08} \right] \times (1.08) \right\}$$
$$= 250 \text{ 美元} \times 3.57710 = 894.27 \text{ 美元}$$

财务计算器求解:将计算器切换至 BGN 模式,$N = 4$、$I/Y = 8.0$、$PMT = 250$、$FV = 0$,可求得 $PV = 894.27$。

5. 两种选择是一样的,计算过程如下:
$$FV_8 = 1\,000 \text{ 美元} \times (1.065)^8 = 1\,000 \text{ 美元} \times 1.65410$$
$$= 1\,655 \text{ 美元}$$

财务计算器求解: $N = 8$、$I/Y = 6.5$、$PV = -1\,000$、$PMT = 0$,可求得 $FV = 1\,655$。

或者: $PV = 1\,655$ 美元 $\times \left[\frac{1}{(1.065)^8} \right] = 1\,655$ 美元 $\times 0.604231 = 1\,000.00$ 美元

财务计算器求解: $N = 8$、$I/Y = 6.5$、$PMT = 0$、$FV = 1\,655$,可求得 $PV = -1\,000$。

6. 投资 A:

```
0   r=?  1     2     3     4     5
├────┼────┼────┼────┼────┼
5 500美元                      7 020美元
```

财务计算器求解: $N = 5$、$PV = -5\,500$、$PMT = 0$、$FV = 7\,020$,可求得 $I/Y = 5.0\%$。

投资 B:

```
0  r=?  1    2    3    4    5    6    7    8
├───┼───┼───┼───┼───┼───┼───┼───┼
5 500美元                                8 126美元
```

财务计算器求解: $N = 8$、$PV = -5\,500$、$PMT = 0$、$FV = 8\,126$,可求得 $I/Y = 5.0\%$。

根据它们的回报率,两种选择是同样值得投资的。

7. $FV = 700$ 美元 $\times [1 + (0.10/4)] = 700$ 美元 $\times 1.34489 = 941.42$ 美元

8. $r_{EAR} = (1 + 0.12/12)^{12} - 1.0 = (1.01)^{12} - 1.0 = 0.1268 = 12.68\%$;$APR = 12\%$

9. a. $PVA_n = PMT \left[\dfrac{1 - \dfrac{1}{(1+r)^n}}{r} \right]$

$$37\,500 \text{ 美元} = PMT \left[\frac{1 - \dfrac{1}{\left(1 + \dfrac{0.054}{12}\right)^{15 \times 12}}}{\dfrac{0.054}{12}} \right]$$

$$= PMT \times 123.185082$$

$$PMT = \frac{37\,500 \text{ 美元}}{123.185082} = 304.42 \text{ 美元}$$

财务计算器求解: $N = 15 \times 12 = 180$、$I/Y = 5.4/12 = 0.45$、$PV = 37\,500$、$FV = 0$,可求得 $PMT = -304.42$。

b. 五年以后,还有剩余 10 年的支付。我们需要将剩余的支付"去利息"。为了达到这一目的,我们必须计算出剩余支付的现值。

$$PVA_n = 304.42 \text{ 美元} \times \left[\frac{1 - \dfrac{1}{(1.0045)^{120}}}{0.0045}\right]$$

$$= 304.42 \text{ 美元} \times 92.56564 = 28\,178.83 \text{ 美元}$$

财务计算器求解:$N = 10 \times 12 = 120$、$I/Y = 5.4/12 = 0.45$、$PMT = 304.42$、$FV = 0$,可求得 $PV = -28\,178.83$。

第 10 章
估值

2003 年 5 月 1 日,10 年期政府债券以许诺投资者的平均收益率等于 3.9% 的价格出售。结果,10 年期每六个月支付 195 美元利息的政府债券面值为 10 000 美元,2003 年 5 月的市场价值为 10 000 美元。一年以后,2004 年 5 月 2 日,同样债券的市场价值是 9 560 美元,因为同样风险投资的市场利率增加到 4.5%。因此,如果你一年前购买债券,你的账面资本损失为 440 美元。但是,如果持有到 2005 年,你的账面损失就会减少,因为同样风险投资的利率降到 4.2%,所以债券的市场价值为 9 798 美元。遗憾的是,如果你在接下来的几年继续持有该债券,并期望它的价格会上升,你会很失望。因为 2007 年 5 月 1 日,当这种债券的利率是 4.6% 时,它的价格会降至 9 637 美元。但是到 2008 年 5 月 2 日时,债券的价格又会上升,这时的价格要稍微高于它的面值 10 000 美元,因为利率降至 3.8%,仅比 2003 年债券发行时的利率低 0.1%。如果你继续持有债券到 2011 年 5 月 2 日,你将会获得正的资本收益,因为类似的债券利率已经降至 3.3%,债券的市场价格上升至 10 115 美元。除了在 2003—2011 年间获得 115 美元的账面收益,你还会收到 3 120 美元的利息(每六个月 195 美元,共八年)。

为什么政府债券的市场价值会变化? 就像其他债务工具一样,投资市场价值变动的主要原因是 2003—2011 年间市场利率出现了几次变化。投资者在 2003 年 5 月利率处于历史低水平时购入 10 年期的政府债券,然后在 2006 年 5 月利率上升到 5.1% 时将债券卖掉,就会得到大约 1.6% 的平均年收益率(非复利计算)。收益由资本损失 699 美元(=9 301 美元 – 10 000 美元)和利息支付总计 1 170 美元构成(三年内每年 390 美元),得到净收益 471 美元。另外,如果你等到 2011 年才卖出债券,你的年平均收益率将会是 4.0%(总收益 =3 335 美元 = 115 美元 +3 120 美元;资本收益 =115 美元 =10 115 美元 – 10 000 美元,利息 =3 120 美元 = 16 次利息支付 × 每次 195 美元)。如果 2011 年后你继续持有债券,就会发现每当利率变化时,债券的价值也会变化。债券是增值还是减值直接依据利率的变化而定。

当你阅读这一章时,思考一下为什么在 2003—2011 年间政府债券的市场价值先下降后又上升了,其特点是利率先上升再降低。如果投资者要求的收益率变化了,即利率变化了,债券的价值会怎样? 债券和股票受到的影响会一样吗? 回答这些问题有助于你对金融市场股票和债券估值有一个基本的理解。这种理解有助于你作出投资决策,包括制订退休计划。

学习目标

在阅读完本章后,你应当能够:

(1) 解释在不同的增长模式假设下,债券价格以及股票价格(价值)是如何确定的。

(2) 解释债券和股票的收益率(市场利率)是如何确定的。

(3) 描述股票、债券的价格与市场回报率的关系。

(4) 识别影响股票和债券价格的因素。

在第 9 章中我们已经进行了货币时间价值分析(TVM)。本章我们将展示如何利用货币时间价值概念通过检测资产(投资)未来产生的现金流来确定资产的价值。估值的知识对投资者和财务经理来说是非常重要的。因为对于所有重要的财务决策都要分析它们会如何影响公司的价值,无论决策涉及的是实物资产(如厂房、设备)还是金融资产(如股票、债券)。在第 6 章中我们就提到过,财务管理的目标是实现公司价值的最大化。因此,理解资产估值过程很关键,它可以帮助我们找出影响公司价值的因素。

10.1　基础估价方法

在学习了货币时间价值概念后,你应当知道任何资产,无论是股票、债券等金融资产,还是建筑物、机器设备等不动产,其价值决定的基础都是该资产在将来所产生现金流的现值。在现金流时间序列上,价值可以表示成如下形式:

因此,任何资产的价值都可以用以下一般形式表示:

$$资产价值 = V = \frac{\widehat{CF_1}}{(1+r)^1} + \frac{\widehat{CF_2}}{(1+r)^2} + \cdots + \frac{\widehat{CF}}{(1+r)^{n-1}} + \frac{\widehat{CF_n}}{(1+r)^n} \tag{10-1}$$

这里,$\widehat{CF_t}$ = 资产在第 t 期内期望产生的现金流。读作"CF_t 帽"。"^"代表 CF 是一个期望值。

r = 投资者认为持有该类资产应当得到的回报率。该回报率通常被称为必要报酬率。在第 11 章,我们将讨论风险/收益的概念。

根据等式(10-1),一项资产的价值是由其未来产生的现金流($\widehat{CF}_t$)和投资者要求的报酬率(r)决定的。从等式中我们可以看出:① 未来预期现金流越大,资产的价值就越大;② 必要报酬率越低,资产的价值就越大。在本章的剩余部分,我们将探讨如何利用等式 (10-1) 确定金融资产(债券和股票)的价值。在第 13 章中我们应用相同的过程为实物资产定价(机器和建筑物)。

> ((●)) **自测题 1**
>
> **(答案见本章末附录 10A)**
>
>   Dean 正在考虑一项五年期的投资,每年可获得 2 500 美元,该项投资的年收益率是 6%,画出现金流时间序列说明该投资的价值。

10.2　金融资产估值——债券

回忆第 2 章我们所讨论的,**债券**(bond)是企业和政府发行的长期承诺票据,债券条件都按合同约定,所以投资者知道本金金额(面值)、票面利率、到期日和债券的其他特点。例如,假设 2012 年 1 月 2 日,Genesco 制造公司发行 25 000 张面值 1 000 美元的债券,以借入 2 500 万美元并承诺每年支付持有人债券利息 100 美元和 10 年后偿还本金 2 500 万美元。① 债权人为获得 10% 的投资收益,愿意借给 Genesco 制造公司 2 500 万美元,因此债券在发行日当天的价值为 2 500 万美元。但是投资者如何确定这批债券的价值为 2 500 万美元呢? 债券价值是否会因不同的必要报酬率(如 12%)而不同呢?

债券的市场价格主要取决于预期未来产生的现金流,也就是支付的利息(根据票面利率而定)。其他情况不变,票面利息越高,债券市场价值越高。在发行债券时,票息利率通常设定在使市场价值等于债券面值的水平,如果票息利率较低,那么投资者不愿意支付 1 000 美元;如果票息利率较高,通过投资者竞价,债券的市场价值将高于 1 000 美元。投资银行家可以判断票息利率为多少时债券恰好按照面值 1 000 美元出售。所以,新发行的债券一般以等于面值或者接近面值的价格出售。另外,因为利息支付是固定的,所以当债券发行后经济环境改变时,未清偿债券的价格就会显著异于它的面值。下面的部分,我们介绍如何为债券估值以及债券的价值如何随着经济环境的变化而变化。

---

① 实际上,Genesco 制造公司收到的资金少于 2 500 万美元,因为要支付相关的发行成本,如法律咨询、投资银行费用等,为了便于讨论,我们不考虑这些成本。第 3 章具体说明发行成本和投资银行过程。

基本债券估值模型

就债券来说,现金流包括债券到期前支付的利息以及到期时归还的本金(通常为债券面值)。[2] 用现金流时间序列图描述,就是:

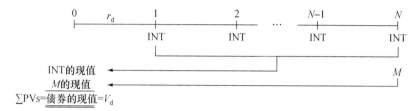

这里,r_d = 投资者对债券投资要求的平均收益率。所以对 Genesco 制造公司发行的债券来说,r_d = 10%。[3] 使用财务计算器计算时,r_d = I/Y = 10。

N = 债券到期前的年数。对于 Genesco 制造公司的债券,N = 10。注意,在债券发行后,N 的数值每年都会减少,所以一个发行时还有 10 年到期的债券(初始到期时间 = 10)在一年后 N = 9,两年后 N = 8,以此类推。还应注意的是,此时我们假定债券每年付息一次,所以 N 是以年计算的。在后面我们会遇到每半年支付的债券,这种债券每六个月支付一次利息。[4] 使用财务计算器计算时,N = 10。

INT = 每期支付的利息值 = 票息利率 × 面值。在我们的例子中,Genesco 制造公司发行的债券每年支付的利息为 100 美元,票息利率为 10%,因为 100 美元 = 0.10 × 1 000 美元。使用财务计算器计算时,INT = PMT = 100。

M = 债券的平价或面值,即 1 000 美元。该金额必须在债券到期时支付。使用财务计算器计算时,M = FV = 1 000。

如果我们重新画出现金流时间序列来表示如果投资者购买了 Genesco 制造公司 2012 年 1 月 2 日发行的债券他们期望收到的现金流,可以得到:

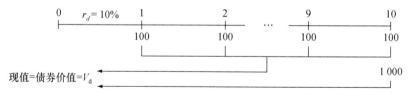

确定该债券的现金流之后,调整等式(10-1)就可以得到等式用于确定任何债券的价值:

---

② 在财务金融中,模型指的是代表变量之间因果关系的一个等式或一组等式,债券估值模型显示债券价格和决定债券价格的一组变量的关系。

③ 在第 5 章讨论过债券的利率。债券的风险、流动性、到期时间以及资本市场中的供求关系都会对债券的利率产生影响。

④ 有些债券在存续期内不支付利息(零息债券)或支付极低的利息,这样的债券以低于面值的价格折价出售,被称为初次发行折价债券。零息债券在债券到期时才会获得"利息",即公司支付的债券面值(1 000 美元)和原来的购买价格(如 321.97 美元)之间的差额,折价 678.03 美元(= 1 000 美元 − 321.97 美元)就相当于利息。

$$债券价值 = V_d = \left[\frac{INT}{(1+r_d)^1} + \frac{INT}{(1+r_d)^2} + \cdots + \frac{INT}{(1+r_d)^N}\right] + \frac{M}{(1+r_d)^N} \qquad (10\text{-}2)$$

$$= INT\left[\frac{1 - \frac{1}{(1+r_d)^N}}{r_d}\right] + M\left[\frac{1}{(1+r_d)^N}\right]$$

注意,利息支付实际上是一种年金,而在到期时支付本金是一次性的支付行为。

将 Genesco 制造公司的例子代入等式(10-2),可得:

$$V_d = \left[\frac{100}{(1.10)^1} + \frac{100}{(1.10)^2} + \cdots + \frac{100}{(1.10)^{10}}\right] + \frac{1\,000}{(1.10)^{10}}$$

$$= 100 \times \left[\frac{1 - \frac{1}{(1.10)^{10}}}{0.10}\right] + 1\,000 \times \left[\frac{1}{(1.10)^{10}}\right]$$

$$= 100 \times 6.14457 + 1\,000 \times 0.38554$$

$$= 614.46 + 385.54$$

$$= 1\,000.00(美元)$$

在继续我们的讨论之前,我们用第9章中讨论的几种不同的方法来确定债券的价值:时间序列求解、公式求解、财务计算器求解、电子表格求解。

时间序列求解

图 10-1 展示了如何使用现金流时间序列确定 Genesco 制造公司的债券的价值。正如你所看到的,将每次产生的现金流折成现值,再将这些现值加总就可以得到债券价值。这种方法并不十分有效,尤其在债券到期时间较长时更是如此。

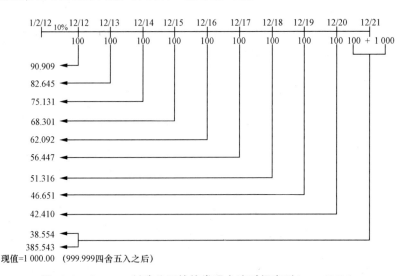

图 10-1　Genesco 制造公司的债券现金流时间序列($r_d = 10\%$)

公式求解(数解)

计算利息支付固定的债券的价值,可以通过将相应的未来价值带入到等式(10-2)中,并完成数学计算得到。与我们前面用等式(10-2)计算的结果一样,Genesco 制造公司的债券价值是 10 000 美元。

$$V_d = 100 \times \left[\frac{1 - \dfrac{1}{(1.10)^{10}}}{0.10} \right] + 100 \times \left[\frac{1}{(1.10)^{10}} \right] = 614.46 + 385.54 = 10\,00.00(\text{美元})$$

财务计算器求解

在第 9 章中,我们遇到的问题只需使用五个 TVM 键中的四个,但在计算债券问题时要使用所有的键。过程如下:

输入:　　10　　　　10　　　　?　　　100　　　1 000

　　　　[N]　　[I/Y]　　[PV]　　[PMT]　　[FV]

结果:　　　　　　　　　= −1 000

输入 N = 10、I/Y = 10、PMT = 100、FV = 1 000,可得 PV = −1 000。因为现值对投资者来说是现金流出,所以它前面有个负号。

电子表格求解

图 10-2 展示了电子表格中的 PV 函数的设置及使用 PV 函数计算 Genesco 制造公司债券

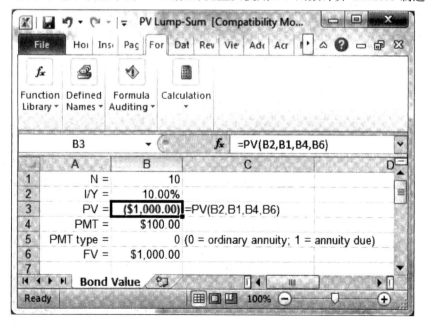

图 10-2　利用 Excel 中的 PV 函数计算债券价值

注:输入数据时必须按一定的顺序:I/Y、N、PMT、PV、PMT 模式(在本例中等于 0)。

价值的结果。注意,除了我们要输入四个变量(N、I/Y、PMT、FV)来求解第五个变量 PV(这里是债券的价值)外,函数的设置与第9章中相同。[⑤]

简单起见,在后面的章节中我们只采用财务计算器求解的方法。尽管我们没有展示电子表格求解,你也可以像图 10-2 中展示的那样建立一个电子表格,只需要改变相应的数值便可得到答案。同样,如果你想用公式求解(数值)方法,你也可以建立一个像等式(10-2)那样的公式,代入相应的数值便可得到要求的债券的价值。

((•)) 自测题2

(答案见本章末附录 10A)

Exsweed 公司债券距到期日还有五年。债券的面值等于 1 000 美元,票面利率为 12%。利息按年支付。如果投资者对投资同样风险的债券要求的回报率是 9%,Exsweed 公司债券的当前价格(价值)是多少?

10.3 债券的投资收益率(市场利率)

假如有人向你提供一种 19 年期、票面利率为 7%、面值 1 000 美元的债券,价格是 821 美元。如果你买了这种债券,你获得的利率或投资收益率是多少? 本节我们将介绍如何计算具有这些特征的债券的投资收益率或回报率。在开始讨论之前,需要提醒你的是,债券的面值、票面利率都是合同中设定的。记住这一点很重要,因为当市场利率变化时,债券的市场价值也一定发生变化,以使它们的回报率与其他具有相同风险的债券提供给新的投资者的新的市场利率相等。

10.3.1 到期收益率

如果你购买一种债券并持有至到期,你每年所能赚取的平均回报率被称作**债券的到期收益率**(yield to maturity, YTM)。为了得到 YTM,我们需要求出等式(10-2)中的 r_d。对于我们当前的例子来说,投资者期望收到的回报包括未来 19 年每年获得 70(1 000 × 0.07)美元的利息和债券 19 年后到期时的面值 1 000 美元。投资者已经确定债券当前的价值是 821 美元。将这些信息代入等式(10-2)中,可得:

$$V_d = \frac{70}{(1 + r_d)^1} + \frac{70}{(1 + r_d)^2} + \cdots + \frac{70 + 1\,000}{(1 + r_d)^{19}} = 821$$

$$= \frac{70}{(1 + YTM)^1} + \frac{70}{(1 + YTM)^2} + \cdots + \frac{70 + 1\,000}{(1 + YTM)^{19}} = 821$$

使用财务计算器求解 YTM = r_d 非常容易。输入 N = 19、PV = −821(这是买入债券时的一

---

⑤　关于如何运用电子表格求解货币时间价值问题更详细的介绍,参照第 9 章以及本书末附录 A。

项现金流出)、PMT = 70、FV = 1 000;然后计算出 I/Y = 9.0 = YTM = r_d。[⑥]

输入:	19	?	− 821	70	1 000
	N	I/Y	PV	PMT	FV
结果:		=9.0			

对于这种债券,当前的到期收益率是9%。因此,投资者今天买入这种债券并一直持有至到期将每年获得9%的平均收益率。[⑦]

注意,YTM = 9% > 票面利率7%。债券发行时,也许已经是5—10 年前了,当时类似的债券的投资收益率是7%。我们知道这是因为公司直到发行债券前才将票面利率加到债券上,以便使债券的发行价格等于其面值。但是,由于市场环境的变化,债券的到期收益率也会改变以反映市场利率的变化,这就会导致债券的市场价值发生变化。在我们的例子中,债券发行后,市场利率升高了,因此,债券价格(价值)降低了,低于其面值。事实上,市场环境的频繁变化,会使计算的未到期债券的 YTM、价格发生频繁的变化。在后面的章节中我们会更详细地讨论 YTM 变化与价格变化之间的关系。

10.3.2 赎回收益率

包含提前赎回条款的债券通常在到期前就被企业赎回。在这种情况下发行的债券,投资者没有机会持有至到期,因为在到期日之前债券就被赎回了。因此,对于可赎回债券,我们一般计算**赎回收益率**(yield to call, YTC)而不是 YTM。计算 YTC 时,除了将到期价格替换为**赎回价格**(call price)、将债券到期年数替换成赎回年数外,其他程序与计算 YTM 相同。为了计算 YTC,我们对等式(10-2)进行调整,得到等式(10-3),并用它计算出 r_d:

$$
V_d = \frac{INT}{(1 + r_d)^1} + \frac{INT}{(1 + r_d)^2} + \cdots + \frac{INT + 赎回价格}{(1 + r_d)^{N_c}}
$$
$$
= \frac{INT}{(1 + YTC)^1} + \frac{INT}{(1 + YTC)^2} + \cdots + \frac{INT + 赎回价格}{(1 + YTC)^{N_c}} \quad (10\text{-}3)
$$

这里,N_c 是从债券发行至公司第一次可赎回的年数;赎回价格是公司在第一个可赎回日赎回债券时必须支付的价格(它通常等于面值加上一年的利息);r_d 在这里是 YTC。

为了求解 YTC,我们只需按照求解债券 YTM 的程序便可得到。例如,我们之前例子中的债券包含一个赎回条款的债券,赎回条款9 年后生效,也就是说,该债券可在到期前10 年赎回。如

---

⑥ 如果你没有财务计算器,也可用下列等式计算近似 YTM:

$$
近似\ YTM = \frac{年利率 + 累计资本收益}{债券期限内平均价值} = \frac{INT + \left(\dfrac{M - V_d}{N} \right)}{\dfrac{2V_d + M}{3}}
$$

例中,$YTM = \dfrac{70 + \left(\dfrac{1\,000 - 821}{19} \right)}{\left[\dfrac{2 \times (821 + 1\,000)}{3} \right]} = \dfrac{79.42}{880.67} = 0.0902 = 9.0\%$

⑦ 实际上,只有在债券流通期限内利率不变且将收到的所有利息都进行再投资时,投资者才能获得9% 的收益率,同样的逻辑也适用于求解债券的赎回收益率(债券的赎回收益率将在接下来的部分讨论)。

果债券在第一个可赎回日赎回,公司必须支付的赎回价格是1 070美元。计算债券的YTC如下:

$$V_{\mathrm{d}} = \frac{70}{(1 + r_{\mathrm{d}})^1} + \frac{70}{(1 + r_{\mathrm{d}})^2} + \cdots + \frac{70 + 1\ 070}{(1 + r_{\mathrm{d}})^9} = 821$$

$$= \frac{70}{(1 + \mathrm{YTC})^1} + \frac{70}{(1 + \mathrm{YTC})^2} + \cdots + \frac{70 + 1\ 070}{(1 + \mathrm{YTC})^9} = 821$$

使用财务计算器求解,可得YTC=10.7%:

输入:	9	?	-821	70	1 070
	N	**I/Y**	**PV**	**PMT**	**FV**
结果:		=10.7			

输入N=9(第一个赎回日的年数)、PV = -821(买债券时是一项现金流出)、PMT=70、FV=1 070(赎回价格);然后计算出I/Y=10.7=YTC。因此,投资者今天买入债券,如果债券9年后赎回,投资者可以获得10.7%的平均年收益率。

自测题3

(答案见本章末附录10A)

a. Prizor公司有一种未清偿的债券,面值等于1 000美元,票面利率是10%。该债券6年后到期,当前的价格是1 143美元。如果利息按年支付,该种债券的YTM是多少?

b. Prizor公司有另外一种债券,面值等于1 000美元,票面利率是8%。该债券15年后到期,8年后可以按1 080美元的价格赎回。如果该债券当前的价格是1 044美元,其YTC是多少?

10.4　利率与债券价值

尽管无论金融市场环境是否变化,债券的利息支付、到期价值、到期日都不发生变化,但是债券的市场价值会随市场环境的变化持续波动。为了理解债券价值会发生变化的原因,我们再次分析一下Genesco制造公司的债券,看一下当市场利率变化时会发生什么。

首先,我们假定你在Genesco制造公司发行债券的当天即2012年1月2日买入债券。在发行日,债券还有10年到期,票面利率是10%,发行日的市场利率也是10%。如我们前面所展示的,在这些条件下,你必须支付1 000美元才能购买这种债券。假设你刚买入债券,类似债券的利率就从10%上升到12%。这对你持有的债券的价值会有怎样的影响?

因为有关该债券的现金流——利息和面值保持不变,所以当利率上升时,债券的价值会下降。在等式(10-2)中,分子保持不变,但分母的值增大,这导致计算出的债券价值较低。以现值计算,价值的降低是有道理的。如果你想模仿Genesco制造公司的债券,即未来10年每年支付给自己 100 美元,然后在第 10 年年末支付给自己 1 000 美元,你必须存款 1 000 美元到一个年利率为 10% 的储蓄账户中。但是,如果你发现一种存款账户支付 12% 的年利率,你就可以存入少于 1 000 美元数额的存款,而在以后获得相同的现金流,因为你的存款获得了更多的利息。同样的道理也适用于解释利率变化如何影响 Genesco 制造公司债券或者其他任何债券的价值。如我们下面所展示的,以 12% 的利率存款时,为提供像 Genesco 制造公司债券那样的现金流,你需要存款 887 美元。

如果你刚买入 Genesco 制造公司的债券,市场利率就从 10% 上升到 12%,债券的价值就会降至 887 美元:

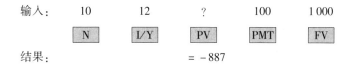

输入 N = 10、I/Y = 12、PMT = 100、FV = 1 000,然后计算可得 PV = -887。

如果刚买入 Genesco 制造公司的债券,利率就从 10% 降至 8%,Genesco 制造公司债券的价值会有什么变化?

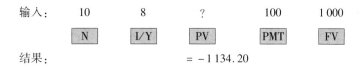

输入 N = 10、I/Y = 8、PMT = 100、FV = 1 000,然后计算可得 PV = -1 134.20。

债券价值增加的算法很清晰,但是它背后的逻辑是什么呢? r_d 降至 8% 实际上意味着如果你有 1 000 美元用于投资,可以买新债券(如 Genesco 制造公司的新债券),这些新债券每年会支付 80 美元的利息,而不是向 Genesco 制造公司支付 100 美元的利息。很自然地,与 80 美元相比你更喜欢 100 美元。因此,为了获得 Genesco 制造公司支付的高利息,你愿意支付大于 1 000 美元的金额购买 Genesco 制造公司的债券。因为所有的投资者都意识到这一点,Genesco 制造公司的债券的买价就会上升至 1 134.20 美元。此时,他们支付给潜在投资者的回报率就与新债券相同,也就是说,都是 8%。

下表总结了 Genesco 制造公司债券的价值与到期收益率之间的关系。

市场利率 r_d = YMT 与票面利率 C 之间的关系	债券价值 V_d:N = 10、PMT = 100、FV = 1 000、I/Y = r_d = YTM	市场价格 V_d 与到期价值 M = 1 000 美元之间的关系
r_d = 10% = C = 10%	1 000.00 美元	V_d = M;平价发行
r_d = 12% > C = 10%	887.00 美元	V_d < M;折价发行
r_d = 8% < C = 10%	1 134.20 美元	V_d > M;溢价发行

对于所有的债券,都存在这样的关系,即 YTM 与票面利率相等时,债券以面值发行,即平价发行;当 YTM 高于票面利率时,债券以低于面值的价格发行,即折价发行;当 YTM 低于票面利率时,债券以高于面值的价格发行,即溢价发行。以低于面值的价格发行的债券叫**折价**

债券（discount bond），而以高于面值的价格发行的债券叫**溢价债券**（premium bond）。这种关系说明了前面提到过的一个重要的基本财务概念：当利率改变时，债券的价值会朝着相反的方向变化，即当利率升高时，债券价格降低，反之亦然。

◉)) 自测题4

（答案见本章末附录10A）

Terry's Towel 公司有一种未清偿的债券，面值等于 1 000 美元，每年支付利息 90 美元。现在的市场利率是 11%，债券 8 年后到期，该债券当前的价值是多少？如果同类债券的利率明天降至 10%，该债券的价值会发生什么变化？

10.5　债券价值随着时间的推移而变化

我们再次假定 Genesco 制造公司的债券刚刚发行之后，市场利率就从 10% 降至 8%。在前面的部分，我们说明了债券的价格会提高到 1 134.20 美元。假设利率在接下来的 10 年中保持 8% 不变，Genesco 制造公司的债券价格会如何变化呢？它将会逐渐从现在的 1 134.20 美元降至到期时的 1 000 美元，到那时 Genesco 制造公司将会以每张 1 000 美元的价格赎回债券。这一点可以通过计算 1 年后债券的价格加以验证。此时离到期还有 9 年。

输入：	9	8	?	100	1 000
	N	I/Y	PV	PMT	FV
结果：			= −1 124.94		

如你所见，债券的价值将从 1 134.20 美元跌至 1 124.94 美元，或者说下跌了 9.26 美元。如果你继续按 $r_d = 8\%$ 计算未来债券的价值，你会发现价值会随着到期日的不断临近继续下跌——当 N = 8 时，$V_d = 1\ 114.93$ 美元；当 N = 7 时，$V_d = 1\ 104.13$ 美元，等等。在到期日，债券的价值将等于 1 000 美元（只要公司不破产）。

假设 Sherman 在利率刚降到 8% 时购买了一张 Genesco 制造公司发行的 10 年期的债券，因此他支付了 1 134.20 美元。如果他一年之后以 1 124.94 美元的价格卖掉这张债券，就会产生 9.26 美元的资本损失，而获得总收益 90.74（= 100 − 9.26）美元。Sherman 的收益百分比由两部分构成，**利息收益**（也叫**当前收益**）和**资本利得收益**。当前收益和资本利得收益的计算如下：

$$债券收益 = 当前收益 + 资本利得收益$$

$$= \frac{INT}{V_{d,Begin}} + \frac{V_{d,End} - V_{d,Begin}}{V_{d,Begin}} \qquad (10\text{-}4)$$

这里，$V_{d,Begin}$ 是债券在年（期）初的价值，$V_{d,End}$ 是债券在年（期）末的价值。

在当前的例子中, Sherman 在持有债券期间获得的收益计算过程如下:

当前收益率　　　　= 100.00/1 134.20 = 0.0882　　= 8.82%
资本利得收益率　　= −9.26/1 134.20 = −0.0082　= −8.82%
总收益率　　　　　= 90.74/1 134.20 = 0.0800　　= 8.00% = r_d

如果债券发行后利率立即从 10% 上升到 12% 而不是立即下降, 债券的价值会立即降至 887 美元。如果利率保持在 12% 的水平, 债券年末的价值将会是 893.44 美元。

输入:　　　9　　　12　　　?　　　100　　　1 000
　　　　　[N]　　[I/Y]　　[PV]　　[PMT]　　[FV]
结果:　　　　　　　　　= −893.44

债券的预期未来总收益也由当前收益和资本利得收益两部分构成, 但是, 现在的资本利得收益为正。债券的总收益率 r_d 为 12%。第一年的资本利得是 6.44(= 893.44 − 887.00) 美元。当前收益、资本利得收益、总收益的计算如下:

当前收益率　　　　= 100.00/887 = 0.1127　　= 11.27%
资本利得收益率　　= −6.44/887 = 0.0073　　= 0.73%
总收益率　　　　　= 106.44/887 = 0.1200　　= 12.00% = r_d

如果市场利率保持 12% 直到债券到期, 债券的价值会发生什么变化? 只要公司不破产, 债券到期时的价值都等于其面值。因此, 债券的价值会从 887 美元逐渐升高到其到期价值 1 000 美元。例如, 在 N = 9 时, 债券的价值会升高到 893.44 美元, N = 8 时, 升高到 900.65 美元, N = 7 时, 升高到 908.72 美元, 等等。表 10-1 展示了假定市场利率 r_d 保持 12%, 随着债券到期日的临近, Genesco 制造公司债券在每年年末的价值。

表 10-1　Genesco 制造公司债券: 票面利率 = 10%, r_d = 12%

距到期日 时间(年)	期末价值 (美元)	资本利得 (美元)	利息 (美元)	资本利得 收益率(%)	+	当前收益率 (%)	=	总收益率 (%)
10	887.00							
9	893.44	6.44	100	0.73		11.27		12.00
8	900.65	7.21	100	0.81		11.19		12.00
7	908.72	8.08	100	0.90		11.10		12.00
6	917.77	9.05	100	1.00		11.00		12.00
5	927.90	10.13	100	1.10		10.90		12.00
4	939.25	11.35	100	1.22		10.78		12.00
3	951.96	12.71	100	1.35		10.65		12.00
2	966.20	14.24	100	1.50		10.50		12.00
1	982.14	15.94	100	1.65		10.35		12.00
0	1 000.00	17.86	100	1.82		10.18		12.00

图 10-3 描绘了 Genesco 制造公司债券价值随时间的变化, 在图中我们分别假设市场利率 (债券发行时为 10%) 维持在 10%、降至 8% 后保持不变、升至 12% 后保持不变。当然, 如果

利率变动,债券价格也会上下波动。但是,无论未来的利率如何变动,临近到期时债券的价格仍将接近1 000美元(如果公司破产,债券价值则为0)。

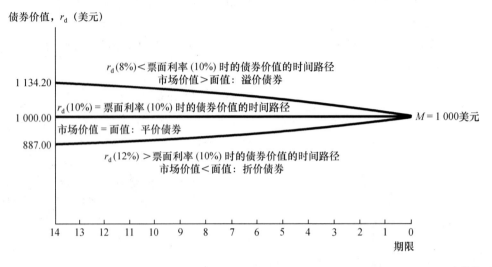

（单位:美元）

期限	$r_d = 8\%$	$r_d = 10\%$	$r_d = 12\%$
10	1 134.20	1 000.00	887.00
9	1 124.94	1 000.00	893.44
8	1 114.93	1 000.00	900.65
⋮	⋮	⋮	⋮
0	1 000.00	1 000.00	1 000.00

图10-3　利率为8%、10%、12%时,票息利率为10%、面值为1 000美元的债券价值的时间路径图

图10-3证明了如下重要结论:

(1) 当市场利率(r_d)等于票息利率时,债券将以其面值出售。

(2) 市场利率会随时间的推移而不断变化,但票息利率在债券发行后就保持不变了。当市场利率高于票息利率时,债券的市场价格将低于其面值(**折价债券**)。当市场利率低于票息利率时,债券的市场价格将高于其面值(**溢价债券**)。

(3) 利率的上升会引起已发行债券价值的下降,而利率的下降则会使债券价值上升。

(4) 只要公司没有破产,当债券临近到期时其市场价值总会接近其面值。

以上结论非常重要,因为它说明随着债券发行后市场利率的上升或下降,债券持有者会相应遭受资本损失或赚取资本利得。并且,根据我们在第5章中得到的结论,利率确实会随着时间的推移而变动。

> **自测题 5**
>
> **(答案见本章末附录 10A)**
>
> 假设你购买了一张 10 年期的债券,当前的市场价格是 929.76 美元。该债券的面值等于 1 000 美元,每年支付利息 60 美元。假定现行利率保持在当前的利率水平 7% 不变,本年年末债券的价值会是多少?本年债券的当前收益率和资本利得收益率分别是多少?

10.6 半年复利计息的债券价值

尽管一些债券是每年支付利息的,但实际上大部分债券的利息是每半年支付一次的。为了给半年付息的债券估值,我们必须修改估值等式,就像我们在第 9 章中所做的一样,这样我们才可以考虑一年内多次复利的情况。所以,等式(10-2)变成了:

$$V_d = \frac{INT}{2}\left[\frac{1 - \dfrac{1}{\left(1 + \dfrac{r_d}{2}\right)^{2N}}}{\dfrac{r_d}{2}}\right] + \frac{M}{\left(1 + \dfrac{r_d}{2}\right)^{2N}} \tag{10-5}$$

为了说明上面的等式,假设 Genesco 制造公司的债券每六个月支付 50 美元的利息而不是每年年底支付 100 美元的利息。因此,每次支付的利息只有原来的 1/2,但支付的次数却是原来的 2 倍。当市场利率是 8%、每半年复利计息,债券还有 9 年到期时的价值过程如下:

$$V_d = \left[\frac{1 - \dfrac{1}{\left(1 + \dfrac{0.08}{2}\right)^{2\times9}}}{\dfrac{0.08}{2}}\right] + \frac{1\,000}{\left(1 + \dfrac{0.08}{2}\right)^{2\times9}}$$

$$= 50 \times \left[\frac{1 - \dfrac{1}{(1 + 0.04)^{18}}}{0.04}\right] + 1\,000 \times \left[\frac{1}{(1.04)^{18}}\right]$$

$$= 50 \times 12.65930 + 1\,000 \times 0.49363$$

$$= 632.96 + 493.63 = 1\,126.59(美元)$$

使用财务计算器求解:

输入:	18	4	?	50	1 000
	N	I/Y	PV	PMT	FV
结果:			= −1 126.59		

输入 N = 18 = 2×9、I/Y = 4 = 8/2、PMT = 50 = 100/2、FV = 1 000;然后可得 PV = −1 126.59 美元。

每半年支付一次利息的债券价值(1 126.59 美元)高于每年支付一次利息的债券价值

（1 124.29 美元）。价值较高的原因在于所支付的利息收到后可以进行再投资，这个速度在每半年复利计息时更快。[8]

学生们有时在对到期价值（面值）折现时喜欢用九年、每年 8% 而不是用 18 个半年、每半年 4%。这是不正确的。从逻辑上讲，在一段时间内所有的现金流都应该以相同的期间利率折现，在这里半年利率是 4%，因为这是投资者的机会成本。

注意，当确定每半年支付一次利息的债券的 YTM 时，你必须像本节所讨论的那样调整每次支付的利息额和支付利息的次数。因此，你计算的收益将是每个利息支付期间的收益，这就意味着在大多数情况下都是六个月的收益。按年计算 YTM 时，只需计算债券的年度百分比利率 APR，而不考虑利息复利计算。例如，假定 Ralph 刚刚以 905 美元的价格买入一种债券，债券的面值为 1 000 美元，每六个月支付 40 美元的利息，九年后到期。因为每半年支付一次利息，用财务计算器计算的债券的 YTM 如下：

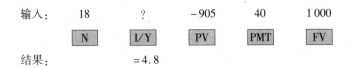

输入 N = 18 = 2 × 9、PV = -905、PMT = 40、FV = 1 000；然后可得 I/Y = 4.8%，即为债券六个月的收益率。所以，债券的 YTM 是 9.6% = 4.8% × 2。

(( ))) 自测题 6

（答案见本章末附录 10A）

a. 假设你正在考虑投资一种 20 年期、票面利率为 11%、面值 1 000 美元的债券。该债券每六个月支付一次利息。如果市场利率是 8%，则这种债券的市场价值是多少？

b. 如果债券当前的市场价格是 1 184 美元，其到期收益率为多少？

10.7　债券利率风险

当市场利率变化时，债券持有者以两种方式受到影响。首先，利率上升会导致已发行债券价值降低。例如，$r_d = 10\%$ 时，Genesco 制造公司的 10 年期债券的价值是 1 000 美元；而 $r_d = 12\%$ 时，$V_d = 887$ 美元（假定利息每年支付一次）。因为利率有可能上升，所以债券持有者面临其投资组合价值下降的风险。这种风险被称作**利率的价格风险**（interest rate price risk）。其次，许多债券持有者，包括诸如养老基金、人寿保险公司这样的机构债券持有者，购买债券的目的是为将来使用时储备资金。这些债券持有者将所得到的现金流再投资，这些现金流包

---

⑧　我们也可以假设有效年利率的变化，从 8% 变为 $r_{EAR} = (1.04)^2 - 1.0 = 0.0816 = 8.16\%$。大部分债券每半年支付一次利息，每半年复利计息。因此，大部分债券的有效年利率要高于名义利率，实际上其代表了债券的 APR。

括收到的利息和债券到期或被赎回时收到的本金。如果利率下降（如从 10% 降到 8%），债券持有者在将现金流再投资时赚取的收益就会下降，这将会使其投资组合的价值低于利率未下降时资产组合的价值。这种风险被称作**利率的再投资风险**（interest reinvestment rate risk）。

接着我们就会看到，对于任何给定的利率变化，都会有两种独立的方式影响债券持有者：它会改变投资组合的现有价值（价格风险），还会改变投资组合所获现金流的再投资收益率（再投资风险）。注意，这两种风险会相互抵消。例如，利率的上升会使债券组合的现值下降，但因为债券组合所产生的未来现金流可以以较高的利率投资，组合的未来价值会上升。

对那些还有较长时间才到期的债券来说，暴露于利率的价格风险下的影响要大于那些将于近期到期的债券。我们可以计算出 r_d 变化时引起票息利率为 10% 的 1 年期债券价格的变动，再将该变动与前面计算的 10 年期债券价格的变动加以比较就可以证明以上结论。在不同市场利率 r_d 下，1 年期债券和 10 年期债券的价格对比如图 10-4 所示。在计算债券价格时，我们假定了债券的票面利息每年支付一次。我们可以看出，长期债券价格对利率变动的敏感程度要大得多。当利率为 10% 时，长期债券与短期债券的价格均为 1 000 美元。当利率升至 12% 时，长期债券的价格降至 887 美元，下降了 11.3%，而短期债券的价格仅降至 982.14 美元，下降了 1.8%。[9]

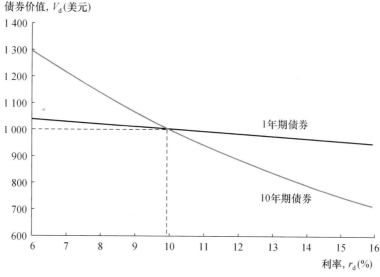

当前市场利率（r_d）	价值	
	1 年期债券	**10 年期债券**
6%	1 037.34 美元	1 294.40 美元
8%	1 018.52 美元	1 134.20 美元
10%	1 000.00 美元	1 000.00 美元
12%	982.14 美元	887.00 美元
14%	964.91 美元	791.36 美元
16%	948.28 美元	710.01 美元

图 10-4　在不同市场利率下，票面年利率为 10% 的长期债券和短期债券的价格对比

⑨　如果在图 10-4 中绘出 5 年期债券的时间-价值线，它将位于 10 年期和 1 年期债券的中间。1 月期的债券的线几乎是水平的，说明利率变化时它的价格仅发生很小的变化。永续年金的时间-价值线会非常陡峭。

对于票息利率相似的债券,这种对利率变动的不同的敏感性总是存在的——债券的到期时间越长,相对于利率变动而言其价格变动越大。因此,即使两种债券的违约风险完全相同,到期时间较长的债券暴露在利率变动产生的价格风险下的概率也要更大一些。

因期限长短而造成不同利率价格风险的这种差别在逻辑上解释起来很简单。假定你买了一种 10 年期、每年产生 10% 或 100 美元收益的债券。现在假设相似风险的债券利率上升至 12%。你在未来 10 年内每年仍将只获得 100 美元。而另一方面,如果你买了 1 年期债券,你只会有 1 年较低的收入。在这年年末,你将得到 1 000 美元,你可以将其再投资,从而在未来 9 年中每年获得 12% 或 120 美元的收益。因此,利率的价格风险反映了一个投资者进行某项给定投资的时间长度。正如我们在第 5 章中所描述的,债券的到期时间越长,它的到期风险溢价就越高,从而导致利率风险越高。

尽管 1 年期债券比 10 年期债券的利率价格风险更小,但是 1 年期债券会使投资者处于更大的利率再投资风险之下。假定你买了一种票息利率为 10% 的 1 年期债券,然后相似风险的债券利率降至 8%,这类新发行的债券现在只支付 80 美元的利息。1 年后,当你拿到 1 000 美元时,你只能以 8% 的利率进行再投资,所以你每年会损失利息 20 美元(=100 美元 – 80 美元)。如果你购买了 10 年期的债券,即使在利率下降时你每年仍将获得 100 美元的利息。当然,如果你将这些利息再投资的话,你将不得不面对比较低的收益率,但你仍比持有 1 年期债券时的情况好得多。

自测题 7

（答案见本章末附录 10A）

Pennington 公司在 2007 年 1 月 2 日新发行了一种 30 年期的债券。债券都以面值 1 000 美元出售,票面利率是 12%（每半年支付一次利息）,到期日是 2036 年 12 月 31 日。2012 年 1 月 2 日（发行 5 年后）债券的价值是多少（假定利率已经降到 10%）？

10.8 近年来的债券价格

从第 5 章的学习中我们已经知道利率会不断变动,刚才我们也看到了已发行债券的价格与利率呈反向变动。当利率下降时,许多公司通过发行新的、成本较低的债券进行"再融资",并用发行所得来偿还成本较高的债务。2003 年,利率降至 45 年来最低的水平。不出所料,很多公司在那些年发行了较高成本的债券进行再融资。2010 年利率降至更低的水平,这促使公司再一次对债务进行再融资。[10]

假设一家公司在 1998 年 5 月 1 日发行的 20 年期的债券,当时 AAA 级债券的市场平均利率

---

⑩ 在一些情况下,由于债务合约的限制或公司财务不稳健,无法以更低的利率为公司债券进行再融资。

为 6.7% 。再假设在 2011 年 5 月 2 日这一债券仍然存在。图 10-5 显示了自 1998 年发行以来债券价格的变化情况,以及如果利率保持不变,从 2011 年 5 月 1 日到到期日 2018 年 4 月 30 日之间价格的变化情况。公司在 1998 年最初发行债券时,类似风险的债券利率为 6.7% ,债券的票息利率为 6.7% ,所以债券的发行价格为 1 000 美元。但是,随着市场利率的变化,债券的价值也变化了。注意,图 10-5 显示市场利率在 1999—2001 年超过了票面利率,所以债券的市场价格低于面值 1 000 美元。2002 年,债券以面值出售,这意味着类似债券的市场利率是 6.7% ,1998 年发行的债券与 2002 年新发行的 AAA 级债券有相同的票息利率。因为在 2003 年 5 月 1 日至 2011 年 5 月 2 日期间市场利率低于 6.7% 的票面利率,所以债券的市场价格高于其面值。

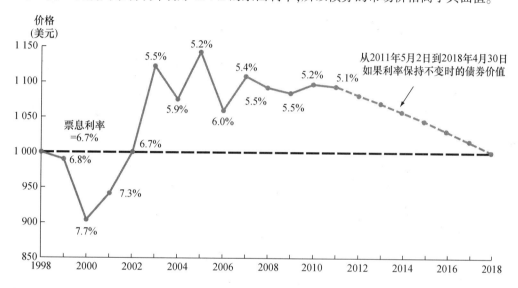

图 10-5 1998 年 5 月 1 日发行、2018 年 4 月 30 日到期的面值 1 000 美元的债券价值变化情况
注:利率是每年 5 月第一个交易日的利率,从美联储网站 www.federalreserve.gov/ 得到。

正如图 10-5 所展示的:① 当市场利率低于债券票息利率($r_d < 6.7\%$)时,债券的价格线高于 1 000 美元的水平虚线,这意味着债券溢价出售($V_d > M$);② 当市场利率高于债券票息利率($r_d > 6.7\%$)时,债券的价格线低于 1 000 美元的水平虚线,这意味着债券折价出售($V_d < M$);③ 当市场利率大约等于债券利率($r_d = 6.7\%$)时,债券的价格线与 1 000 美元的水平虚线重合,这意味着债券平价出售($V_d = M$)。

当你读这本书时,利率可能高于也可能低于 2011 年 5 月的水平。但是,图 10-5 表明,1998 年发行的债券价值在到期日时逐渐接近票面价值 1 000 美元,到那时债券的价格应该也为 1 000 美元。只要发行公司财务实力雄厚,能够支付债券的到期利率和面值,公司债券的例子大多是如此。从 1998 年到 2011 年的其他债券与本例中讨论的债券价格变动类似。

(((自测题 8

(答案见本章末附录 10A)

    a. 举一个债券发行后溢价出售的例子。

    b. 举一个债券发行后折价出售的例子。

10.9 股权(股票)估值

股票估值过程与其他资产相同,即计算出未来预期现金流的现值。股票提供的期望现金流由两部分组成:未来预期支付的股利和投资者卖掉股票时预期收到的价格。

在本节中我们利用一般的估值过程估计股票的价值。我们先介绍一个一般性的股票估值模型,然后将模型应用于三种情况中:① 当股利保持不变,每年支付的股利相同时(就像优先股股利);② 当股利每年以一定比例增加时;③ 当股利以不同比例增加时。

10.9.1 股票估值模型中的术语

在开始研究股票估值模型的一般性等式之前,我们有必要先介绍本章中将要使用的一些术语和定义的含义。

$\hat{D}_t$ = 股票持有者期望在第 t 年年末获得的股利(读作"D 帽 t");D_0 是最近一期的股利,它已经被支付给股票持有者;$\hat{D}_1$ 是下一期期望获得的股利,它将在第 1 年年末支付;$\hat{D}_2$ 是在第 2 年年末将要支付的股利;以此类推。$\hat{D}_1$ 代表了一个新的股票购买者将获得的第一期现金流。注意,D_0 表示刚刚支付的股利,是我们已知的(因此在 D 上没有"帽子")。然而,所有未来的股利都是期望值,所以不同的投资者对一些股票的估计值有所不同。[11]

$P_0 = V_s$ = 股票现在的实际**市场价格**(market price)。

$\hat{P}_t$ = 在第 t 年年末股票的期望价格。在从事分析的一些特殊投资者看来,$\hat{P}_0$ 是股票现在的**内在价值**(intrinsic value)或理论价值;$\hat{P}_1$ 是第 1 年年末的期望价格;以此类推。注意,$\hat{P}_0$ 之所以是现在股票的内在价值,是因为它是以单个投资者对未来股票股利的估计值以及该现金流的风险性为基础的。而 P_0 对所有投资者来说都是固定的、相同的,因为它代表了现在在股票市场上购买股票时所支付的实际价格。但是,$\hat{P}_0$ 在不同投资者看来是不同的,它依赖于投资者认为公司实际值多少钱。只有当投资者心中的估计值 $\hat{P}_0$ 等于或高于 P_0 时,他才会去买这只股票。

因为市场上有很多投资者,所以 $\hat{P}_0$ 的值就会有很多。但是我们可以考虑一群"平均"或

---

[11] 通常每季度支付股票股利,因而从理论上说我们必须按季度评估价值。然而多数分析人员以年度为评估基础,因为他们不能获得保证用于季度模型的精确数据。

"边际"投资者,他们的行为决定了市场价格。对这些平均投资者来说,P_0 必须等于 $\hat{P}_0$;否则,不均衡将会存在,在市场上买卖股票会改变 P_0,直至 $P_0 = \hat{P}_0$。

g = 平均投资者预期的股利的期望**增长率**(growth rate)。如果我们假定股票将以固定比例增长,那么 g 也等于股票价格的期望增长率。不同的投资者也许会使用不同的增长率来评估某个公司股票的价格,但市场价格 P_0 建立的基础是平均投资者估计的 g。

$\dfrac{\hat{D}_1}{P_0}$ = 在下一年中股票的期望**股利收益率**(dividend yield)。如果股票预期会在下一年支付 1 美元股利,并且现价是 10 美元,那么期望股利收益率是 1 美元/10 美元 = 0.10 = 10%。

$\dfrac{\hat{P}_1 - P_0}{P_0}$ = 在下一年中股票的期望**资本利得收益率**(capital gains yield),它是股票价格预期变化的百分比。如果股票现在卖 10 美元,且预计其在 1 年后升至 10.50 美元,预期的资本利得 $\hat{P}_1 - P_0$ = 10.50 美元 – 10.00 美元 = 0.50 美元,期望资本利得收益率是 0.50 美元/10 美元 = 0.05 = 5%。

r_s = 股票可以接受的最低或**必要报酬率**(required rate of return)。它考虑了股票的风险以及其他投资可能获得的收益。在通常情况下,这个术语也与平均投资者有关。r_s 的决定因素在第 11 章中将进行详细讨论。

$\hat{r}_s$ = 购买股票的投资者预期或希望获得的**期望收益率**(expected rate of return)。可能高于也可能低于 r_s,但投资者只有在等于或大于 r_s 时才会购买股票,因为只有在 $\hat{r}_s \geqslant r_s$ 时股票才被认为是值得投资的。$\hat{r}_s$ = 期望股利收益率加上期望资本利得收益率;或者说,

$$\hat{r}_s = \frac{\hat{D}_1}{P_0} + \frac{\hat{P}_1 - P_0}{P_0}$$

在我们的例子里,总期望收益率 = $\hat{r}_s$ = 10% + 5% = 15%。

$\ddot{r}_s$ = **实际的**(actual rate of return)或**已实现的**(realized rate of return)事后**收益率**。如果今天你购买了一只股票,你也许希望获得 15% 的收益率。但是如果市场不景气,在下一年你实际获得的收益率可能要低得多,甚至可能是负值。比如,如果实际收益率变为 8%,那么 $\ddot{r}_s$ = 8% < $\hat{r}_s$ = 15%,投资这种股票的投资者就会很失望,因为他们实际获得的收益率比期望收益率低。

自测题9

(答案见本章末附录 10A)

昨天 Terrence 以 27.50 美元的价格卖出了他去年以 25 美元的价格买入的一只股票。在这一年中 Terrence 收到每股 1.75 美元的股利,这一年中 Terrence 获得的资本利得收益率和股利收益率分别是多少?

10.10　股票价值基础——预期股利

在对债券价值的讨论中,我们已经知道债券的价值等于在债券有效期内支付的利息现值与债券到期值(或面值)的现值之和。与之类似,股票价值是由一系列现金流的现值决定的,基本的股票估值等式与债券估值等式[等式(10-2)]很相似。

公司提供给股票持有者的现金流是什么呢?首先,假设你自己是一个投资者,你购买股票的目的是(在你的家庭中)永远持有它。在这种情况下,你(和你的后代)获得的所有现金流就是股利,即使有些年份可能会不支付股利。股票现在的价值可以通过计算无限期股利的现值获得,其过程可以用下面的现金流时间序列表示:

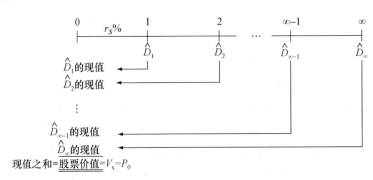

因此,为了计算股票的价值,我们必须解出下列等式:

$$\text{股票价值} = V_s = \hat{P}_0 = \frac{\hat{D}_1}{(1+r_s)^1} + \frac{\hat{D}_2}{(1+r_s)^2} + \cdots + \frac{\hat{D}_{\infty-1}}{(1+r_s)^{\infty-1}} + \frac{\hat{D}_{\infty}}{(1+r_s)^{\infty}}$$

$$(10\text{-}6)$$

你打算先持有股票一段时间,然后再将其卖掉——在这种情况下,$\hat{P}_0$ 的值如何确定呢?哪一个是投资者会采取的典型举措呢?除非公司有可能被清算并最终消失,否则股票的价值仍然由等式(10-6)确定。为了证明这一点,我们应该想到,对一个投资者来说,期望现金流是由期望股利和股票出售时的期望价格构成的。但是,现在的投资者获得的销售价格又依赖于下一个投资者期望得到的股利。因此,对所有现在和将来的投资者来说,期望现金流必须是以所有的未来期望股利为基础的。换个角度看,除非一家公司破产或者被卖给另一家公司,否则,其提供给股票持有者的现金流仅由一系列的股利构成;因此,每只股票的价值必须等于期望股利的现值,这些股利贯穿公司的整个生命期。

通过回答下列问题也可以验证等式(10-6)的有效性:假设你购买了一只股票并希望持有1年。你将会得到该年度支付的股利以及你在1年后出售股票所获得的价值。但 $\hat{P}_1$ 由什么因素决定呢?答案是,它由第2年所支付股利的现值与该年年末股票价格之和所决定。第2年年末股票的价格由以后的股利现值和股票价格决定。这个过程将永远继续下去,最终的结果就是等式(10-6)。

等式(10-6)是股票估值模型的一般形式,这是因为随着时间的变化, $\hat{D}_t$ 可以取任何值:它可以上升、下降、保持不变,甚至可以随机波动。然而不管怎样,等式(10-6)却总是适用。但是,通常情况下我们预期的股利发放是有规律的,这时我们就可以使用简化(或者说更便于应用)的股票估值模型来替代等式(10-6)。在下面的章节中我们将研究零增长、固定增长和非固定增长模型。

10.10.1　零增长型股票的估值

假设股利不增长,也就是说,股利的发放在每一年都维持在同一水平,这时我们就有了**零增长股票**(zero growth stock)。我们预期这种股票的股利在将来一直等于某个固定数额——当期股利。也就是说, $\hat{D}_1 = \hat{D}_2 = \cdots = \hat{D}_\infty = D_0$ 。因此,我们可以去掉 D 的下标和“帽子”,因为我们能够确定未来股利的价值,并将等式(10-6)重写成下列形式:

$$\hat{P}_0 = \frac{D}{(1 + r_s)^1} + \frac{D}{(1 + r_s)^2} + \cdots + \frac{D}{(1 + r_s)^{\infty - 1}} + \frac{D}{(1 + r_s)^\infty}$$

$$= \frac{D}{r_s} = 零增长型股票价值 \tag{10-7}$$

这正如我们在第9章中探讨过的英国统一公债。一种每年支付固定数额现金、永远保持下去的证券被称作永续年金。因此,零增长股票是一种永续年金。我们应该记得,任何永续年金的价值都是用每年支付的金额除以折现率,也即等式(10-7)中的分母。

如果我们有一种股票,它每年总是支付相等数额的股利1.60美元,该投资的必要报酬率是20%,则股票的价值是[12]:

$$\hat{P}_0 = \frac{1.6}{0.20} = 8.00(美元)$$

10.10.2　零增长型股票的期望收益率

通常来说,我们可以从诸如《华尔街日报》等财经类报纸或者网站上查到一种股票的价格和其最近支付给股票持有者的股利。因此,如果我们持有一种支付固定股利的股票,我们可以通过变换等式(10-7)的形式解出期望收益率[13]:

$$\hat{r}_s = \frac{D}{P_0} \tag{10-8}$$

因为我们求出的是期望收益率,所以要在 r 上加一个“帽子”。因此,如果我们买了一只价值8美元的股票,该股票预期支付固定股利1.60美元,我们的期望收益率是:

$$\hat{r}_s = \frac{1.60}{8.00} = 0.20 = 20\%$$

---

[12]　如果你认为股票永远支付股息是不实际的,那么想一想只持续50年。例如,你持有每年支付1.60美元、期限为50年的年金。如果机会成本为20%,那么每年支付1.60美元、期限为50年的年金的现值为1.60美元×4.9995=7.999美元,这与我们计算的永续年金的价值接近。因此,从第51年开始的股利对股票价值的影响微乎其微。

[13]　等式(10-7)中, r_s 是必要报酬率,当变换该等式得到等式(10-8)时,我们可以得到期望回报率。显然,变换过程要求 $r_s = \hat{r}_s$ 。当股票市场处于均衡状态时,这一等式才成立,我们将在第11章中讨论这种情况。

到现在你可能已经意识到,等式(10-7)也可以用于优先股的估值。你应该记得我们在第 2 章中讨论的优先股持有者会得到固定的股利。而且如果股利支付永远继续下去的话,它就变成了等式(10-7)所能解决的永续年金问题了。一般来说,我们可以使用等式(10-7)来为包括普通股在内的任何资产估值,只要这种资产的未来现金流具备与永续年金相同的特征——永远固定的现金流。

10.10.3　固定(正常)增长型股票的估值

投资者通常会预期大多数公司的收益和普通股股利每年都会增加。即使对不同公司的增长预期有所不同,投资者也常常预期股利增长的速度在可以预见的未来保持不变——与名义 GNP(真实 GNP 加通货膨胀率)相同。基于这一点,我们可以预期一家平均或"正常"的公司的股利每年增长 3% —5% 。因此,如果一家**正常**(normal)或**固定增长**(constant growth)的公司上一次支付的股利(已经支付的股利)是 D_0,其在未来 t 年的股利支付的期望值为 $\hat{D}_t = (1 + g)^t$,这里的 g 代表固定增长率。例如,假定一家公司刚支付了每股 1.60 美元的股利(也就是说,$D_0 = 1.60$ 美元),投资者期望的增长率为 5% ,预计年股利支付 $\hat{D}_1 = 1.60 \times 1.05 = 1.68$(美元)、$\hat{D}_2 = 1.60 \times (1.05)^2 = 1.764$(美元),等等。

用该方法估计未来的股利支付,我们可以用等式(10-6)来确定股票现值 $\hat{P}_0$。换句话说,可以计算未来现金流(股利)的期望值,然后计算每一次股利支付的现值,最后加总得到股票现值。因此,股票的价值等于其预期未来股利的现值。但因为 g 保持不变,可以将等式(10-7)改写为[14]:

$$\hat{P}_0 = \frac{D_0(1 + g)^1}{(1 + r_s)^1} + \frac{D_0(1 + g)^2}{(1 + r_s)^2} + \cdots + \frac{D_0(1 + g)^{\infty-1}}{(1 + r_s)^{\infty-1}} + \frac{D_0(1 + g)^{\infty}}{(1 + r_s)^{\infty}} \qquad (10\text{-}9)$$

$$= \frac{D_0(1 + g)}{r_s - g} = \frac{\hat{D}_1}{r_s - g} = 固定增长型股票价值$$

将该值代入等式(10-9)的最终形式,若投资者要求的必要报酬率为 20% ,求得上述例子的股票价值为 11.20 美元:

$$\hat{P}_0 = \frac{1.60 \times (1.05)}{0.20 - 0.05} = \frac{1.68}{0.15} = 11.20(美元)$$

等式(10-9)第二行描述的固定增长模型足以概括前面所描述的零增长情况。[15] 当 $g = 0$ 时,等式(10-9)就可以简化为等式(10-7)。还必须注意,推导等式(10-9)的必要条件是 $r_s > g$。若当 $r_s < g$ 时应用该等式,结果就没有意义了。例如,当 $r_s < g$ 时,等式(10-9)中的分母是负数,$\hat{P}_0$ 的值就为负。$\hat{P}_0 < 0$ 在财务中没有意义。

固定增长型股票的估值过程中隐含的概念请见图 10-6。股利的增长率 $g = 5\%$,但是由

---

[14]　事实上,等式(10-9)的完整写法是等比级数求和,最后一项是级数的求解值。

[15]　等式(10-9)的最终形式通常叫作戈登模型,因为迈伦·J. 戈登(Myron J. Gordon)对这一模型的发展和推广作出了很多贡献。

于 $r_s = 20\% > g$，未来股利的现值是不断减少的。例如，第 1 年的股利 $= D_0(1+g)^1 = 1.60$ 美元 $\times 1.05 = 1.68$ 美元。但是，该股利按照 20% 的折现率得到的现值为 $PV(\hat{D}_1) = 1.68$ 美元/$(1.20)^1 = 1.40$ 美元。预计第 2 年的股利增长为 1.68 美元 $\times 1.05 = 1.764$ 美元，但是该股利的现值下降至 1.225 美元。同理，$\hat{D}_3 = 1.8522$ 美元，$PV(\hat{D}_3) = 1.0719$ 美元，以此类推。正如你所看到的，期望股利不断增加，而其现值是减少的，因为股利增长率 5% 小于股利的折现率 20%。

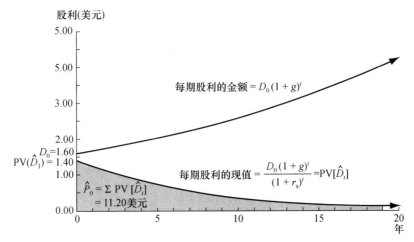

图 10-6　固定增长股票股利的现值：$D_0 = 1.60$ 美元，$g = 5\%$，$r_s = 20\%$

若将未来每个股利的现值相加，就能得到股票价值 $\hat{P}_0$。当 g 固定不变时，总值等于等式(10-9)中的 $\hat{D}_1/(r_s - g)$。所以，我们如果将图 10-6 下半部分的曲线无限延伸，将所有未来股利的现值求和，就能得到与用等式(10-9)计算相同的结果，即 11.20 美元。

股利增加主要是由于每股收益(EPS)的增长。导致收益增长有很多因素，包括通货膨胀、公司的留存收益和再投资收益、权益报酬率(ROE)。考虑通货膨胀的情况，若产出(量)保持稳定，售价和投入成本按通货膨胀率增长，则每股收益也按通货膨胀率增长。同样，收益再投资也会使得每股收益增长。若公司收益不完全作为股利支付(也就是有一部分作为留存收益)，则每股投资额将上涨，使得未来收益和股利也将增长。

10.10.4　固定增长型股票的期望收益率

我们可以解得等式(10-9)中的 r_s，然后用给它加上帽子的形式表示期望收益率：

$$\hat{r}_s = \frac{\hat{D}_1}{P_0} + g \tag{10-10}$$

期望收益率 = 期望股利收益率 + 期望增长率(资本利得收益率)

例如，假如你以 $P_0 = 11.20$ 美元购买股票，第 1 年的期望股利 = 1.68 美元，且以后按照 $g = 5\%$ 的固定比例增长，则期望收益率为 20%：

$$\hat{r}_s = \frac{1.68}{11.20} + 0.05 = 0.15 + 0.05 = 0.20 = 20\%$$

式中, $\hat{r}_s$ 表示总期望收益率, 包括期望股利收益率($\hat{D}_1/P_0 = 15\%$)和期望增长率或资本利得收益率($g = 5\%$)之和。

假定目前是 2012 年 1 月 2 日, 因此 $P_0 = 11.20$ 美元是 2012 年 1 月 2 日的股票价格, $\hat{D}_1 = 1.68$ 美元为 2012 年年末(12 月 31 日)的期望股利。2012 年年末(或 2013 年年初)的期望股票价格是多少呢? 利用等式(10-9), 此时 2013 年的期望股利 $\hat{D}_2 = \hat{D}_1(1 + g) = \hat{D}_{2013} = \hat{D}_{2012}(1 + g) = 1.68$ 美元 × 1.05 = 1.764 美元, 解出 $\hat{P}_1$ 如下:

$$\hat{P}_1 = \hat{P}_{1/2/13} = \frac{\hat{D}_{12/31/13}}{r_s - g} = \frac{1.764}{0.20 - 0.05} = 11.76 (美元)$$

注意, 11.76 美元比 2012 年 1 月 2 日的价格 11.20 美元高出 5%, 即 $\hat{P}_{1/2/13} = 11.20$ 美元 × 1.05, 在这种情况下, 本年的期望资本利得收益为 11.76 美元 - 11.20 美元 = 0.56 美元, 即 5% 的资本利得收益率:

$$资本利得收益率 = \frac{资本利得}{初始价格} = \frac{\hat{P}_1 - P_0}{P_0}$$

$$= \frac{11.76 - 11.20}{11.20} = \frac{0.56}{11.20} = 0.05 = 5.0\%$$

这里, P_0 是期初的实际股票价格, $\hat{P}_1$ 是一期(本例中是一年)期末的期望股票价格。

我们可以进一步分析, 得出未来每年的期望资本利得收益率为 $g = 5\%$, 即期望股利增长率为 5%。同理, 2012 年的股利收益率如下:

$$股利收益率_{2012} = \frac{\hat{D}_1}{P_0} = \frac{\hat{D}_{12/31/12}}{P_{1/2/12}} = \frac{1.68}{11.20} = 0.15 = 15.0\%$$

我们也可以计算出 2013 年的股利收益率为 15%。因此, 固定增长型股票必须满足下述条件:

(1) 期望股利以固定增长率 g 增长。股票价格以同样的比例 g 增长。因此, 期望资本利得收益率保持不变, 等于 g (例子中 $g = 5\%$)。

(2) 期望股利收益率 $\hat{D}_1/P_0$ 保持不变(例子中股利收益率 = 15%)。

(3) 总期望收益率等于期望股利收益率加上期望增长率: $\hat{r}_s = $ 股利收益率 $\hat{D}_1/P_0 + g$ (例子中 $\hat{r}_s = 20\% = 15\% + 5\%$)。

在这里必须对期望这一术语进行说明。它指的是概率上的含义, 即统计上的期望结果。因此, 若我们说期望增长率保持在 5%, 意思是未来每年增长率的最佳预测为 5%, 而不是每年的增长率一定准确地等于 5%。从这个意义上说, 固定增长率假设对于许多成熟的大公司都是合理的。

10.10.5　非固定增长型股票的估值

公司通常有其生命周期。在其生命周期的前半期,增长率远高于经济增长速度;之后,和经济增长保持一致;最后,公司的增长率要低于经济增长速度。[16] 20 世纪 20 年代的汽车制造商和 90 年代的计算机软件公司如微软以及 21 世纪的 WI-FI 行业等都是处于企业生命周期初期企业的例子。如今,其他一些公司,如烟草或煤炭公司正处于生命周期的衰退期,因此其增长率和经济增长没有保持一致(有时增长率甚至为负)。与经济增长不一致的这些公司被称作**非固定增长率**(nonconstant growth)公司。图 10-7 描述了非固定增长率,并将其与固定增长率(正增长和负增长)及零增长率进行了比较。[17]

图 10-7 中股利超常增长(增长率远高于经济增长)的公司前三年的增长率预计为 30%,之后每年的期望增长率降到 5%,即经济增长率的平均值。该公司的价值,与其他公司的价值一样,可用等式(10-7)的期望未来股利的现值计算。此时 $\hat{D}_t$ 以固定比例增长,我们将等式(10-6)简化为 $\hat{P}_0 = \hat{D}_1/(r_s - g)$。但是在超常增长的例子中,期望增长率不是固定的——在超常增长期结束后才固定增长。为了计算股票价值或任何增长率最终会稳定的非固定增长率的股票价值,我们可以按照以下步骤进行:

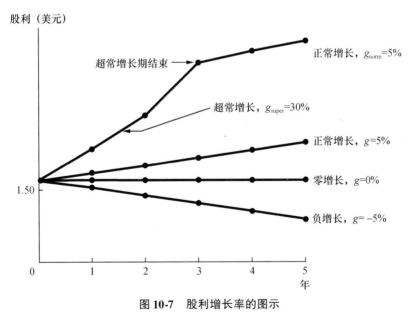

图 10-7　股利增长率的图示

---

[16] 生命周期的概念可以扩展到产品周期,包括小公司、创业公司和像 IBM 这样的大公司,这些公司周期性地引入新产品,促进销售额和收益的增加。我们也应该提到商业周期的概念,即销售额与收益交替上涨和下跌。当引入一种新产品后,或者公司从低谷中走出后,增长率可能高于用于项目评估的"期望长期平均增长率"。

[17] 负增长意味着公司处于衰退期,如采矿公司由于矿石产量下降而造成利润减少。购买这类公司股票的投资者预期收益、股利和股价每年都会下跌,造成资本损失而不是利得。显然,处于衰退期的公司的股价较低,而股利支出必须满足预期资本损失,才能产生具有竞争力的总收益。学生们有时认为不要购买价格下跌的股票,然而如果股利支付大到足以抵消股价下跌,该股票仍然可以提供很好的收益。

步骤1 计算非固定增长的股利的价值,然后计算这些股利的现值。

步骤2 计算非固定增长期末股票的价格,此后的股票是固定增长型股票。此时我们在可以用等式(10-9)修改后的模式计算 $\hat{P}_t$,因为未来的股利以固定比率 g_{norm} 增长。在这种情况下,第7年年末股票的价格 $\hat{P}_t$ 的计算如下:

$$\hat{P}_t = \frac{\hat{D}_t(1 + g_{norm})}{r_s - g_{norm}} = \frac{\hat{D}_{t+1}}{r_s - g_{norm}}$$

这里, g_{norm} 是当股利实现固定或正常增长(非固定增长结束)时的增长率。 $\hat{P}_t$ 是预期第 $t+1$ 年及以后各年支付的股利在第 t 年的价值。换句话说, $\hat{P}_t = PV[\hat{D}_{t+1}] + PV[\hat{D}_{t+2}] + \cdots + PV[\hat{D}_\infty]$, $PV[\hat{D}_{t+1}]$ 是预期股利在第 $t+1$ 年的现值。在我们的例子中,非固定增长在第3年年末结束,因此在第3年股利支付以后,也就是第4年年初,股利立即以固定增长率(g_{norm} = 5%)开始增长。非固定增长阶段一结束,就可以利用固定股利支付模型了。因此,由于第一次以5%的固定增长率增长的股利是第4年的股利,即 $\hat{D}_4$,故我们可以在第3年年末利用固定股利增长模型计算 $\hat{P}_3$ 。计算出 $\hat{P}_t$ (例子中是 $\hat{P}_3$)后,将其折现到当前时期,也就是第0年。 $PV[\hat{P}_t] = \hat{P}_t/(1 + r_s)^t$ 。

步骤3 将步骤1和步骤2计算出的两项值相加,得到股票的内在价值 $\hat{P}_0$ 。因此, $\hat{P}_0$ = (非固定增长股利的现值) + ($\hat{P}_t$ 的现值)。

为了确定例子中股票的价值,我们首先假定存在以下条件:

r_s = 股东必要报酬率 = 20%,可用其作为现金流的折现率。

n_{super} = 超常增长年数 = 3。

g_{super} = 超常增长期内收益和股利的增长率 = 30%。(注:超常增长期内的增长率可以每年都不一样)

g_{norm} = 超常增长期之后的正常的、固定的增长率 = 5%。

D_0 = 公司最后一次(最近)支付的股利 = 1.60 美元。

开始估值过程前,我们先看一下该例的现金流时间序列:

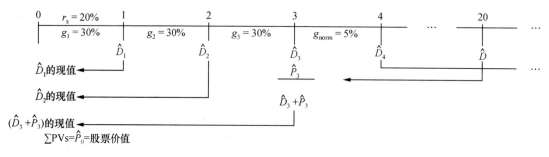

我们用本节所列的步骤计算股票价值:

步骤 1 计算非固定增长期内每年的股利:

$$\hat{D}_1 = D_0(1 + g_{super})^1 = 1.600 \times (1.30)^1 = 2.0800(美元)$$

$$\hat{D}_2 = (1 + g_{super})^2 = 1.600 \times (1.30)^2 = \hat{D}_1(1 + g_{super}) = 2.0800 \times 1.30 = 2.7040(美元)$$

$$\hat{D}_3 = (1 + g_{super})^3 = 1.600 \times (1.30)^2 = \hat{D}_2(1 + g_{super}) = 2.7040 \times 1.30 = 3.5152(美元)$$

在现金流时间序列上标明第 1 年到第 3 年的价值。计算出这些非固定股利的现值:

（单位:美元）

年	股利 $\hat{D}_t$	$\mathbf{PV}(r_s = 20\%)$
1	2.0800	$1.7333 = 2.0800/(1.20)^1$
2	2.7040	$1.8778 = 2.7040/(1.20)^2$
3	3.5152	$\underline{2.0343 = 3.5152/(1.20)^3}$
		PV = <u>5.6454</u>

步骤 2 股票价格为从第 1 年开始的无限期股利的现值。理论上,当第 3 年后开始以 5% 的增长率固定增长时,我们可以依次计算每一年的股利。换句话说,用 $g_{norm} = 5\%$ 计算 $\hat{D}_4$、$\hat{D}_5$ 等,以 $\hat{D}_3 = 3.5152$ 美元作为正常增长的基础股利:

$$\hat{D}_4 = D_3(1 + g_{norm})^1 = 3.5152 \times (1.05)^1 = 3.6910(美元)$$

$$\hat{D}_5 = D_3(1 + g_{norm})^2 = 3.5152 \times (1.05)^2 = 3.8755(美元)$$

$$\vdots \qquad\qquad \vdots$$

$$\hat{D}_{20} = D_3(1 + g_{norm})^{17} = 3.5152 \times (1.05)^{17} = 8.0569(美元)$$

重复该过程,直到获得所有股利现金流的现值。但是,我们知道在第 3 年支付了 $\hat{D}_3$ 之后,该股票就成为固定增长型股票,所以可用固定增长率等式计算 $\hat{P}_3$,即计算从第 4 年开始的股利的现值。自第 3 年支付股利之后,所有的未来股利都以 5% 的固定增长率增长,即

$$\hat{P}_3 = \frac{\hat{D}_4}{r_s - g_{norm}} = \frac{3.6910}{0.20 - 0.05} = 24.6067(美元)$$

我们在现金流时间序列上标注的第 3 年的第 2 个现金流为 24.6067 美元,表示第 3 年的现金流 24.6067 美元为股票所有者可以在第 3 年年末以该价格出售股票,24.6067 美元等于自第 4 年开始到无穷远(∞)的股利现金流的现值。

计算第 3 年时股票价格的现值:

$$PV(\hat{P}_3) = 24.6067/(1.20)^3 = 14.2400(美元)$$

步骤 3 图 10-8 是标有步骤 1 和步骤 2 中确定的实际现金流的现金流时间序列。将以上两步计算的现值加总,就可得到股票的价格 $\hat{P}_0$:

$$\hat{P}_0 = 非固定股利的现值 + \hat{P}_3 的现值$$

$$= 5.6454 + 14.2400 = 19.8854 \approx 19.89(美元)$$

也就是图 10-8 中现金流时间序列左下方显示的结果。

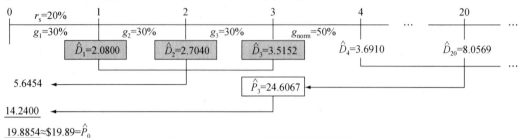

图 10-8　确定非固定增长股票的价值

注:$\hat{P}_3 = \dfrac{\hat{D}_4}{r_s - g_{norm}} = \dfrac{3.6910}{0.20 - 0.05} = 24.6067(美元)$

　　为了从不同的角度理解步骤 1—3 呈现的估值过程,我们假定当前要估值的股票与上例中的股票存在相同的情形,除了投资者预期公司未来支付 50 年的股利然后破产,而不是像上例中继续支付股利直到永远。表 10-2 展示了每年支付的股利和未来 50 年内支付的所有股利的现值。注意,所有股利的现值之和等于 19.8584 美元,比前面我们计算的结果(图 10-8 中所示)少 0.03 美元。因为表 10-2 中的结果与图 10-8 中的结果的唯一不同之处就在于,表 10-2 中去除了 50 年以后获得的股利,0.03 美元是从第 51 年到∞ 年的股利的现值。这部分的价值非常小。

　　显然,如果我们知道了年增长率,使用电子表格就能很容易地计算出 50 年的股利及其现值。但是,计算出非固定增长阶段的股利,利用修正后的等式(10-9)计算出在非固定增长结束时点的股票价格,然后将这些未来现金流的现值相加求出 $\hat{P}_0$ 显然更容易一些。

表 10-2　从 50 年期的股票投资中收到的股利现值

信息:最近一次支付股利 $D_0 = 1.60$ 美元
　　　股利增长率:$g_{super} = g_1 = g_2 = g_3 = 30\%$;$g_{norm} = g_4 = \cdots = g_{50} = 5\%$
　　　必要报酬率 $r_s = 20\%$

年份	增长率 g_t (%)	股利 $\hat{D}_t$ $=\hat{D}_{t-1}(1+g_t)$ (美元)	股利现值 $=\hat{D}_t/(1.20)^t$ (美元)	年份	增长率 g_t (%)	股利 $\hat{D}_t=$ $\hat{D}_{t-1}(1+g_t)$ (美元)	股利现值 $=\hat{D}_t/(1.20)^t$ (美元)
1	30	2.0800	1.7333	26	5	10.7970	0.0943
2	30	2.7040	1.8778	27	5	11.3369	0.0825
3	30	3.5152	2.0343	28	5	11.9037	0.0722
4	5	3.6910	1.7800	29	5	12.4989	0.0632
5	5	3.8755	1.5575	30	5	13.1238	0.0553
6	5	4.0693	1.3628	31	5	13.7800	0.0484

（续表）

年份	增长率 g_t （%）	股利 $\hat{D}_t$ $= \hat{D}_{t-1}(1+g_t)$ （美元）	股利现值 $= \hat{D}_t/(1.20)^t$ （美元）	年份	增长率 g_t （%）	股利 $\hat{D}_t =$ $\hat{D}_{t-1}(1+g_t)$ （美元）	股利现值 $= \hat{D}_t/(1.20)^t$ （美元）
7	5	4.2727	1.1924	32	5	14.4690	0.0423
8	5	4.4864	1.0434	33	5	15.1925	0.0370
9	5	4.7107	0.9130	34	5	15.9521	0.0324
10	5	4.9462	0.7988	35	5	16.7497	0.0284
11	5	5.1936	0.6990	36	5	17.5872	0.0248
12	5	5.4532	0.6116	37	5	18.4666	0.0217
13	5	5.7259	0.5352	38	5	19.3899	0.0190
14	5	6.0122	0.4683	39	5	20.3594	0.0166
15	5	6.3128	0.4097	40	5	21.3774	0.0145
16	5	6.6284	0.3585	41	5	22.4462	0.0127
17	5	6.9599	0.3137	42	5	23.5685	0.0111
18	5	7.3078	0.2745	43	5	24.7470	0.0097
19	5	7.6732	0.2402	44	5	25.9843	0.0085
20	5	8.0569	0.2102	45	5	27.2835	0.0075
21	5	8.4597	0.1839	46	5	28.6477	0.0065
22	5	8.8827	0.1609	47	5	30.0801	0.0057
23	5	9.3269	0.1408	48	5	31.5841	0.0050
24	5	9.7932	0.1232	49	5	33.1633	0.0044
25	5	10.2829	0.1078	50	5	34.8215	0.0038

$\sum$ 股利现值 $= \underline{19.8584}$

自测题 10

（答案见本章末附录 10A）

a. 假设公司最近一次支付的股利是 3 美元，预期股利会以 3% 的固定增长率永远增长下去，股东对相似类型投资要求的回报率是 13%。该公司股票的价值是多少？

b. 假定 Winding Road Map 公司刚刚支付了 5 美元的股利。过去的几年中，公司以 20% 的增长率增长。预期这一增长率还会继续 2 年，从那之后预期公司每年的增长率为 5%。如果投资者对于 Winding Road Map 公司的投资要求 15% 的回报率，那么公司的股票价值是多少？

10.11　近几年股票的实际价格和收益

到目前为止,我们的讨论都集中于股票的期望价格和期望收益率。任何曾经投资过股票市场的人都知道,通常期望价格和期望收益率与实际价格和实际收益率之间是有很大差别的。

图10-9展示了近几年股票平均价格的变化,以及总的实际收益率的变化。总体趋势是向上的,但市场在有些年中是上升的,有些年中却是下降的。同样,个别企业的股票也是上下起伏的。从理论上来说,我们知道边际投资人估计的期望收益率总是正的。但是,在有些年份中,实际的回报率却是负的。当然,也有个别企业即使在很坏的年份仍表现良好,因此,证券分析的实质就是选出赢家。财务经理试图采取行动使他们的公司跻身赢家的行列,但并不总是成功的。在随后的章节中,我们将检查经理采取的行动,这些行动旨在提升使公司在市场中表现相对较好的可能性。

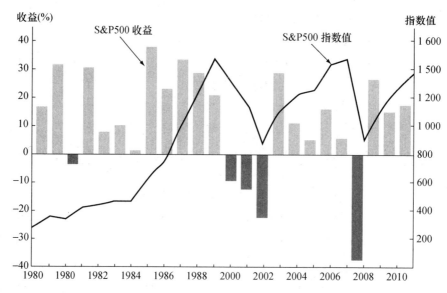

图10-9　S&P指数:价值和总收益(资本利得加股利收益),1980—2011
资料来源:S&P公司网站,http://www.standardandpoors.com/home/en/us。

道德困境

ETHICAL DILEMMA

你应选择哪种浮动利率贷款(ARMs)——左边还是右边

Alan最近成了Friendly Investment and Financing Options(FIFO)公司的一名信贷员。FIFO是一家全国性抵押贷款公司。Alan的工作任务之一就是增加FIFO发放的抵押贷款量。在昨天的会议上,公司CEO告诉Alan,FIFO打算向市场上投放一种新的抵押贷款,叫作房主选择浮动抵押贷款,或简称为 OptARMs。这种贷款最吸引人的特点就是,房主可以选择在抵押贷款初期支付相对较低的偿还额,但在抵押贷款后期支付额会显著增加。实际上,根据借款人选择的在抵押贷款初期的支付额,在抵押贷款后期的支付额会相当大,可能是初始支付额的4—5倍。很多情况下,当借款人选择最低还款额或者他可支付得起的数额时,抵押贷款会变成"倒挂"的,在这种情况下,应偿还的抵押贷款额大于房子的价值。

OptARMs 对借款人的主要益处就是这种贷款能够使这些没有能力支付普通抵押贷款月供的人也有机会买房。收入低于普通抵押贷款标准的借款人可以使用 OptARMs 借入资金,在抵押贷款的早期选择一个可以支付得起的偿还额(低于普通贷款的偿还额),然后在收入可能提高的贷款后期支付较高的偿还额。选择性 ARMs 允许这些现在支付不起普通贷款买房的人利用这种贷款方式。

像 FIFO 这样的放贷人喜欢销售选择性 ARMs,因为它们可以将贷款为普通贷款时所要求的月还款额确认为当期收入,而不管借款人是否会支付这些款项。换句话说,公司可以把几年后不能收回的贷款登记为收入。

不像大多数人(包括一些专家),Alan 理解 OptARMs 的复杂性。他知道很多选择这种贷款的人在买房3—5年后将会失去他们的房子,因为低偿还额期过后,每期的偿还额会显著增加,借款人支付不起新的偿还额。尽管他们想要通过普通抵押贷款再融资,但是往往因为没有足够好的信誉而不能实现。这一情况深深困扰着 Alan,他想向客户解释清楚 OptARMs 可能是一个陷阱,但 FIFO 的 CEO 命令他要遵守公司的规定,只准向客户提供法律要求的信息,并且声称信贷员只准向客户提供基本的打印材料,给出一些简单的建议,只有在被问到时才有必要回答提供负面消息的问题。

Alan 对于 OptARMs 的感觉很糟糕。他知道一旦试图使用这些贷款,它们会是重要的借贷工具。但是,他很担心 FIFO 更关心账面公司的收入而不是客户(借款人)的财务状况。Alan 应该怎么做? 如果你是 Alan,你会如何处理这种情况? OptARMs 应该叫作 HARMs 吗?

■ 本章要点总结

本章重要概念

为了总结,我们把本章讨论的关键概念与本章开始的学习目标联系起来。

● 任何资产的价值都可以通过计算资产预期产生的现金流的现值来获得。因此,债券的价值取决于利息的支付和本金的偿还。股票的价值取决于预期的股利支付。

a. 下面是有关债券价值的重要概念:

- 其他条件保持不变,票面利率越高,债券的市场价格就越高。

- 当利率变化时,债券价值朝相反的方向变化,即利率上升时,债券价格下降,反之亦然。

- 随着到期日的临近,债券的市场价格将总是逐渐接近其面值。

b. 下面是有关股票价值的重要概念:

- 如果公司的股利以固定比率增长,可用简化等式 $P_0 = [D_0(1+g)]/(r_s-g)$ 估算股票的价值。

- 当一个人卖出他持有的股票时,购买该股票的投资者支付的价款就等于预期股票在剩余期限内产生的股利。

- 其他条件相同,如果预期支付的股利增加,股票的价值也会增加。

- 股票和债券的当前市场价值都取决于:① 投资有效期内预期产生的现金流;② 投资者购买该项投资要求的回报率。任何投资的回报率都由两部分组成:① 投资者从投资项目中收到的收入的收益率(当前收益率=利息/P_0,股利收益率=股利/P_0);② 资本利得收益率,即从年初到年末投资的市场价格变化。

- 当现行利率 r_d 等于票面利率时,债券就会以面值出售;当现行利率高于票面利率时,债券就会以低于面值的价格出售(折价债券);当现行利率低于票面利率时,债券就会以高于面值的价格出售(溢价债券)。

其他条件相同,当投资者要求更高的回报率,即市场利率上升时,股票的价格下跌。换句话说,为了获得更高的回报率,投资者降低了他们愿意为投资(这里是股票)支付的价格。

- 本章展示了金融资产如股票或债券的价格(价值)由两个基本因素决定:① 资产未来预期产生的现金流;② 投资者投资该项资产要求的回报率。其他条件相同,如果预期现金流增加,资产的价值增加;如果投资者降低必要报酬率,资产的价值也会增加。正如我们整本书所发现的,预期现金流与必要报酬率受很多因素的影响,因此资产的价值也受很多因素的影响。

个人理财相关知识

本章中,我们首先介绍了如何估计债券或具有类似特征投资的价值。我们也展示了利率变化如何影响债券的价值。基于这些讨论,你应该能够回答下列问题——你的答案将会帮你作出更好的个人财务决策。

- **我该如何利用利率变化的知识或预期的利率变化作出投资决策?** 我们知道,当利率上升(下降)时债券价格下降(上升)。因此,如果预期利率上升,投资者一般会等到利率达到峰值时才会投资(锁定)长期债券。如果利率正在上升,但投资者仍想"让他们的钱继续运转",那么他们一般会投资短期债券(债务)直到利率停止上升。

- **债券估值知识如何帮我作出投资决策?** 如果你理解债券价格变化的原因,你就理解了投资债券获得的收益率变化的原因,反之亦然。

- **我该如何利用债券估值的知识作出有关是尽早还清贷款还是为债务进行再融资的决策?** 你应该运用与企业决定是否为债务进行再融资时相同的逻辑。换句话说,你应该将现有债务的成本与新借入的贷款的成本进行比较。如果新借入的贷款的利率低于现有债务的利率,你应该为你的债务进行再融资,即承担新的低利率贷款,用借入的钱还清现有的高利率贷款。还要记得,大部分消费债务都以分期付款方式偿还的,因此每次的支付中都包含应付的利息和偿还的部分本金额(余额)。对于这类贷款,利用贷款利率 r_d 计算出所有剩余支付的现值,你就可以确定所欠的本金,也就是清偿债务必须支付的金额。正如我们在第9章中所展示的,你必须"剥离"出剩余支付中的利息,即将支付额"去利息"。

我们讨论的股票估值过程应该能够帮助你理解影响股票价格的因素,以及为什么股票价格会随投资者预期的变化而变化。如果你理解了我们讨论的基本概念,你应该能够粗略估算出意欲购买(或已经拥有)的股票的价值,从而作出更明智的投资决策。

● **本章所展示的基本概念如何帮我确定一只股票的市场价值是否合理?** 没有用于估计股票价值的科学过程。但是,我们知道股票的市场价值取决于它未来可支付给投资者的预期现金流。我们还知道,理论上可以通过计算这些预期现金流的现值确定股票的内在价值。尽管预测股票未来产生的现金流不是件容易的事,但你可以通过多种渠道收集信息,例如投资网站、专家分析、具有相关知识的朋友等,来形成自己关于股票未来现金流的观点。利用这些信息,你可以运用本章介绍的方法大略估计出股票的价值。

● **我怎样才能知道所投资的股票表现如何?** 正如我们本章所提到的,从投资的股票中获得的收益率由公司支付的股利及股票市场价值的变化所决定。因此,要确定你所投资的股票表现如何,你应该计算出股票提供的总回报率,即股利收益率与资本利得收益率的综合。一些股票产生的股利收益率较高但资本利得收益率较低,而另外一些股票提供的股利收益率较低但产生的资本利得收益率较高。根据你的个人所得税情况,选择投资股利收益率较高的股票或者资本利得收益率较高的股票,但不能是二者都高。

● **预期如何影响股票价格?** 正如我们所提到的,股票的价值取决于其预期产生的现金流。如果投资者对股票未来产生的现金流的预期发生了变化,股票的市场价格也会发生变化。例如,如果Pfizer公司宣布其研究出了一种能够治疗所有类型癌症的药物,投资者将这一事件视为一个好消息,预期公司的未来收益会比新药物研制以前更大,因此支付给股东的收益也会更大。因此,Pfizer公司的股票市场价格应该会上升;因为预期的未来现金流会比新药物研制以前高,其现值也会更高。要关注公司发出的公告,并确定这些公告会对公司的股票价格产生什么影响。一般而言,如果公告被视为"好消息",股票的市场价格就会上升,反之亦然。为了得出结论,要考虑公告暗含的公司未来产生的现金流是否会上升或者是否会下降。

思考题

10-1 请描述如何确定资产的价值。

10-2 若你购买了一种债券,而且持有至到期日,这种债券的收益率被称作债券的到期收益率(YTM)。若在债券发行以后利率上涨,债券价格和YTM会发生什么变化?距离到期日的时间是否会影响给定利率变化对债券价格的影响?

10-3 支付永久利息且没有到期日的债券被称作永久债券。如何确定这种债券的YTM?

10-4 假定一种债券的赎回收益率(YTC)等于6.5%,YTM等于6.3%。解释这些数字对投资者来说有什么意义。

10-5 两位投资者正在考虑购买IBM公司的股票。他们对期望值和未来期望股利增长率的看法一致。而且,他们对股票风险的看法也一致。但是,其中一位投资者通常持有股票2年,而另外一位则持有10年。根据本章的分析,他们愿意支付相同的价格购买IBM公司的股票吗?为什么?

10-6 若你购买的是普通股,通常你希望得到股利和资本利得。若公司支付更多的股利而不是将收益留存于公司内部进行再投资,这样就会对股利和资本利得的分配产生影响。你是否希望公司这样做?

10-7 若投资者期望其购买的 AT&T 公司的股票能够获得更高的收益,则该公司股票的价格将如何变化? 假设所有其他情况都不变,若 CEO 宣布由于该公司从事不公平交易,不得不支付一项 10 年期的罚金 100 亿美元,则该公司的股票价格会如何变动? 请解释。

10-8 投资者的税收情况如何影响他们是否投资处于生命初期的公司股票? 与处于成熟期的公司股票相比,这类股票的成长速度很快但支付很少或不支付股利,而成熟期的公司股票提供的资本利得相对较低。

10-9 普通股的面值如何与其市场价值相关?

10-10 其他条件相同,下列情况如何影响股票的市场价值? 分别用正号(+)、负号(–)或零(0)表示相关因素的增加、减少或影响不确定。并证明你的答案的合理性。

a. 投资者买股票要求更高的回报率。 _____

b. 公司增加股利。 _____

c. 公司的增长率增加。 _____

d. 投资者风险厌恶程度增加。 _____

10-11 你认为实物资产如建筑物的估值过程与金融资产如股票或债券的估值过程有什么不同?

计算题

10-1 Buner 公司的未清偿债券有以下特点:

到期时间(年)	6.0
票面利率	8.0%
面值	1 000 美元

如果投资者对类似风险的债券要求的回报率是 12%,利息每半年支付一次,Buner 公司债券的市场价格是多少?

10-2 Rick 买了一张 Macroflex 公司 14 年前发行的债券,面值为 1 000 美元,票面利率等于 10%,6 年后到期。利息每半年支付一次;下一次的利息计划在 6 个月后发放。如果类似风险的债券的投资收益率是 14%,该债券的当前市场价格是多少?

10-3 假定福特汽车公司以 1 000 美元平价发行 10 年期、票息利率为 10% 的债券,每半年付息一次。

a. 债券发行 2 年以后,利率将下降至 6%。请问债券的售价是多少?

b. 假定未来 8 年内利率保持 6% 不变,请问福特汽车公司的债券价格在这段时期内将有什么变动?

10-4 假定思科公司 5 年前发行了一种 15 年期的债券,面值为 1 000 美元,票面利率为 7%。利息每半年支付一次。

a. 如果现行利率上升到 10%,债券应该以什么样的价格销售?

b. 假定未来 10 年的利率保持 10% 不变,随着时间的推移,思科公司的债券价格会怎样?

10-5 很多年前,Minnow 公司发行了优先股。每年支付股利 6.80 美元,如果类似风险投资的必要报酬率是 8%,Minnow 公司优先股的市场价值应该是多少?

10-6 Ape Copy 公司的优先股每年支付股利 16.50 美元。如果投资者购买 Ape Copy 公司优先股要求的回报率是 11%,该优先股的市场价值是多少?

10-7 Jones 兄弟服饰公司刚刚发行了优先股,面值等于 80 美元,每年支付 10% 的股利。如果优先股的当前收益率为 8%,其市场价值是多少?

10-8 在过去的几年中,Advanced 公司的增长放缓,达到固定比率增长状态。因此,公司预期在公司剩余生命期内,普通股股利以 4% 的固定增长率增长。几天前,Advanced 公司支付给普通股股东每股 5 美元的股利,如果该公司股票的必要报酬率是 12%,今天股票的市场价值是多少?

10-9 Ms. Manners Catering(MMC)公司在过去 25 年中每年支付给普通股股东每股 1.5 美元的固定股利。从下一年开始,MMC 公司希望以每年 2% 的固定增长率增加股利直到永远。投资者购买

MMC 公司普通股要求的回报率是 12% ,MMC 公司普通股的市场价值是多少?

10-10　Ewald 公司当前的股票价格是 36 美元,上一次支付的股利是 2.40 美元。鉴于公司良好的财务状况以及因此带来的低风险,它的必要报酬率仅为 12%。如果未来股利以固定比率 g 增长,r_s 保持 12% 不变,预期 Ewald 公司 5 年后的股票价格是多少?

10-11　McCue Mining 公司的矿石储量正在枯竭,公司的销售额也因此逐渐下降。而且矿井每年也在加深,成本也因此不断上升。因此,公司的收益和股利每年都以 5% 的固定比率下降。如果 $D_0 = 5$ 美元,$r_s = 15\%$,McCue Mining 公司股票的价值是多少?

10-12　Union Jack Flags 公司刚刚以每股 26 美元的价格发行了普通股。公司股票过去一直保持 4% 的固定年增长率,预期这种增长会一直保持下去直到永远。投资该股票要求的回报率是 11%。如果你今天买入股票,下一次你将收到的股利是多少?

10-13　Desreumaux 公司现有两种流通在外的债券。两种债券都是每年支付 100 美元的利息并在到期日支付 1 000 美元。债券 L 还有 15 年到期,债券 S 还有 1 年到期。

　　a. 如果现行利率是 ① 5% ;② 7% ;③ 11%。这两种债券的价值将是多少? 假定债券 S 仅剩一次利息支付。

　　b. 当利率变动时,为什么长期债券(15 年)的价值比短期债券(1 年)的价值波动更大?

10-14　经纪人向你出售 Wingler 公司的普通股,该公司昨天刚支付股利 2 美元。你预期未来该公司股利的年增长率永远保持在 5%。该股票适用的回报率是 12%。

　　a. 若你购买了该股票并打算持有 3 年再出售。你每年收到的现金流是多少?

　　b. Wingler 公司股票的市场价值是多少?

10-15　如果你的公司所处行业的预期平均固定增长率是 6% ,股利收益率是 7%。你公司的风险预期与行业平均风险相同,但是你的公司刚刚成功完成了一项研发工作,这将导致公司的预期收益和股利今年增长 50% $\left[\hat{D}_1 = D_0(1 + g_{super}) = D_0 \times 1.50\right]$,明年增长 25%。之后,增长率为行业平均水

平 6%。上次支付的股利(D_0)是 1 美元。你公司股票的每股价值是多少?

10-16　Microtech 公司正在快速扩张。因为要留存所有的收益,所以当前不支付任何股利。投资者预期 Microtech 公司 3 年后开始支付股利,第 1 次支付 1 美元股利。第 4 年、第 5 年股利以 50% 的增长率快速增长。第 5 年以后,公司将以每年 8% 的固定增长率增长。如果该股票的必要报酬率是 15% ,今天股票的价值是多少?

10-17　预计 Bayboro Sails 公司在今后 3 年内将分别支付股利 2.50 美元、3.00 美元和 4.00 美元,也就是 $\hat{D}_1 = 2.50$ 美元、$\hat{D}_2 = 3.00$ 美元和 $\hat{D}_3 = 4.00$ 美元。3 年后,预计股利每年按照 4% 的固定比率增长。股东要求 Bayboro Sails 公司的普通股投资回报率为 14%。计算 Bayboro Sails 公司普通股今天的价值。

10-18　Snyder 计算机芯片公司正处于快速增长时期。其未来 2 年内预期股利和收益的增长率为 15% ,在第 3 年的增长率为 13% ,以后以固定的 6% 的水平增长。Snyder 公司最近一次支付的股利为每股 1.15 美元,而且股票的必要报酬率为 12%。

　　a. 计算今天股票的价值。

　　b. 计算 $\hat{P}_1$ 和 $\hat{P}_2$。

　　c. 计算第 1 年、第 2 年、第 3 年的股利收益率和资本利得收益率。

10-19　IBM 公司现有一种未清偿债券 10 年后到期。该债券每半年支付 25 美元(每年 50 美元)的利息,当前的销售价格是 598.55 美元。债券的 YTM 是多少?

10-20　Filkins 农用设备公司需要融资 450 万美元用于业务扩张,预期发行 5 年期、零票面利率、面值 1 000 美元的债券的销售价格是 567.44 美元,该债券的 YTM 是多少?

10-21　一家公司现有一种未清偿债券,特征如下:

票面利率	6.0%
利息支付	每半年
面值	1 000.00 美元
到期时间	8 年
当前市场价值	902.81 美元

这种债券的 YTM 是多少?

10-22 现在是 1 月 1 日,你正考虑购买 Puckett 公司 2 年前发行的债券。Puckett 公司债券的票面利率是 9.5%,最初期限是 30 年。自从债券发行后,利率就降低了,该债券的当前销售价格是面值的 116.575%(或 1 165.75 美元)。今天 Puckett 公司债券的 YTM 是多少?

10-23 Severn 公司的债券还有 4 年到期。利息每年支付,债券面值为 1 000 美元,票面利率为 9%。

a. 如果债券的当前市场价值是① 829 美元;② 1 104 美元。计算其 YTM。

b. 如果你认为使用的利率是 12% 即 $r_d = 12\%$,你愿意支付 829 美元买入这种债券吗?说明理由。

10-24 Robert 买入了一种新发行的 10 年期债券,票面利率为 8%。如果 Robert 在年末市场价格为 925 美元时卖出该债券,他将获得多少收益?这些收益中哪些是资本利得收益?哪些是当前收益?

10-25 面值为 1 000 美元,票面利率为 8%,当前市场价格是① 600 美元;② 800 美元;③ 1 000 美元;④ 1 500 美元的永久债券的回报率是多少?假定利息每年支付。

10-26 作为 Pasco Electric 公司养老金计划(免税)的投资经理,你必须在 IBM 公司债券和 AT&T 公司优先股之间作出投资选择。债券的面值是 100 美元,20 年后到期,每半年支付 40 美元的利息,当期销售价格是每张 897.40 美元。优先股是永久性的,每季度支付 2 美元股利,当前售价为每股 95 美元。收益率较高的证券的有效年回报率(r_{EAR})是多少?

10-27 Taple 公司的债券票面利率为 14%,半年支付一次利息,面值 1 000 美元,30 年后到期。债券售价为 1 353.54 美元,且其收益曲线是水平的。假设利率一直保持在当前的水平,Taple 公司新发行债券的简单收益是多少?

10-28 Nancy 以每股 15 美元的价格买入了 NuTalk 公司的股票,从 NuTalk 公司收到每股 0.90 美元的现金股利之后,Nancy 立即以每股 21 美元的价格卖出了该股票。Nancy 获得的总收益率是多少?股利收益率和资本利得收益率分别是多少?

10-29 Ralph 在 1 月初以每股 25 美元的价格买入了 Gold Depot 公司的股票。12 月末 Ralph 从 Gold Depot 公司收到 1.25 美元的股利。此时,他又以每股 27.50 美元的价格卖出股票。本年 Ralph 从这项投资中获得的收益率是多少?总收益中股利收益率、资本利得收益率分别是多少?

10-30 Sanger Music 公司的优先股当前售价是每股 105 美元,每年支付股利 12.60 美元。Sanger Music 公司的优先股股东获得的收益率是多少?

10-31 Tando 航空公司流通在外的优先股面值是 100 美元,优先股股利等于面值的 8%。如果 Tando 航空公司优先股的当前售价是每股 160 美元,优先股股东获得的收益率是多少?这些收益中股利收益率、资本利得收益率分别是多少?(提示:考虑一下优先股的增长率。)

10-32 你准备以 21.40 美元的价格购买 Damanpour 公司的股票。你预期该公司在第 1 年、第 2 年、第 3 年将分别支付 1.07 美元、1.1449 美元和 1.2250 美元股利,在第 3 年年末你将以 26.22 美元的价格出售该股票。

a. 计算股利的增长率。

b. 计算期望股利收益率。

c. 假定计算所得的增长率水平保持不变,将股利收益率加上期望增长率就得到总期望收益率。该股票的总期望收益率是多少?

10-33 2012 年 1 月 2 日,Sunny 通信公司面值 1 000 美元、6 年期的债券的售价是 889 美元。购买这种债券的投资者每半年获得 40 美元的利息。市场利率保持不变直到 2012 年 12 月 31 日,2012 年 12 月 31 日后利率显著下降。2013 年 1 月 2 日,该债券的价格是 1 042 美元。

a. 该债券在 2012 年 1 月 2 日的 YTM 为多少?

b. 该债券在 2013 年 1 月 2 日的 YTM 为多少?

c. 如果在 2012 年 1 月 2 日买入该债券的投资者 1 年后将债券卖出,他可获得的收益是多少?该债券 2012 年的资本利得收益率和当前收益率分别是多少?

10-34 利用 10-33 提供的信息,计算债券在 2013 年 1 月 2 日的价值,假定利率不变。投资者在 2012 年获得的收益率是多少?资本利得收益率和当前收益率分别是多少?

10-35 你正在考虑购买同行业两家公司的股票。除了股利支付政策之外,两家公司在其他方面都很相似。今年两家公司的每股期望收益均为 6 美元。但是,预计 D 公司(针对"股利"而言)会将所有收益都作为股利支付,而预计 G 公司(针对"增长率"而言)只会将收益的 1/3 作为股利支付,即每股股利支付为 2 美元。D 公司股票价格为 40 美元。G 公司和 D 公司风险相同。请问下面哪个论述正确?

a. G 公司比 D 公司增长更快。因此,G 公司股票价格应高于 40 美元。

b. 虽然 G 公司的增长率超过 D 公司,但是 D 公司当前股利支付超过 G 公司,所以 D 公司股票价格应高于 G 公司。

c. 因为 D 公司将更多的收益作为股利支付,所以 D 公司股票的投资者预期能更快收回投资。因此,从某种角度而言,D 公司股票类似于短期债券,而 G 公司股票类似于长期债券。如果经济转向 r_d 和 r_s 增加,同时如果 D 公司和 G 公司的期望股利现金流保持恒定,则 D 公司股票和 G 公司股票的价格将下跌,而且 D 公司股票价格下跌得更多。

d. D 公司股票的期望收益率和必要报酬率相等,即 $\hat{r}_s = r_s = 15\%$。由于 G 公司的期望增长率更高,因此其期望收益也更高。

e. 根据可获得的信息,G 公司增长率的最佳估计值为 10%。

10-36 Lange 公司的债券属于永久债券,票面利率为 10%。该债券的当前收益率为 8%,面值为 1 000 美元。

a. Lange 公司债券的价格是多少?

b. 假定利率上涨,并使债券的当前收益率变为 12%,Lange 公司债券的价格是多少?

c. 若债券收益率为 10%,Lange 公司债券的售价是多少?

d. 若该债券不是永久债券,而是 20 年后到期,则上述三问的结果会发生什么变化?

10-37 2011 年 1 月,AAA 级公司债券的平均收益率为 5%;1 年之后,由于美联储提高了利率,相同债券的收益率升到了 6%。假定 IBM 于 2011 年 1 月 2 日发行了 10 年期、票面利率为 5% 的债券。同日,微软公司也发行了 20 年期、票面利率为 5% 的债券。两种债券均为每年支付利息。另外,假定相同风险的债券在当时的市场利率为 5%。

a. 计算发行日每种债券的市场价值。

b. 若 2012 年 1 月 1 日相同风险债券的市场收益为 6%,计算发行 1 年后每种债券的市场价值。

c. 计算 2011 年每种债券的资本利得收益率。

d. 计算 2011 年每种债券的当前收益率。

e. 计算 2011 年每种债券的总投资收益率。

f. 若你于 2011 年年初投资债券,则投资长期债券的收益高还是短期债券的收益高? 为什么?

g. 假定 2011 年 1 月的利率为 6%,且一直保持在该水平。6 年后即 2017 年 1 月 1 日每种债券的价格是多少? 请描述临近到期日时债券价格的变化。

10-38 投资者投资 Goulet 公司股票要求获得 15% 的收益率($r_s = 15\%$)。

a. 若以前的股利支付 $D_0 = 2$ 美元,而且投资者预期股利将以下面的固定年利率增长,请分别计算 Goulet 公司的股票价值:① −5%;② 0%;③ 5%;④ 10%。

b. 用第 a 题的数据,若必要报酬率为 15%,期望增长率分别为 15% 和 20%,Goulet 公司的股票价值分别为多少? 这是合理的结果吗? 请解释。

c. 是否有理由预计固定增长型股票的 $g > r_s$?

10-39 Gerlunice 公司的股票收益率为 15.5%。

a. 若最近支付的股利 $D_0 = 2.25$ 美元,$g = 5\%$ 且保持恒定,Gerlunice 公司股票的售价是多少?

b. 假定美联储增加了货币供给,导致无风险利率下降,Gerlunice 公司的期望收益率下降至 13.5%,此时股票价格将怎样变化?

c. 除了第 b 题的变化之外,假定投资者的风险厌恶程度变小;加上 r_{RF} 的减小,导致 r_s 下降至 12%,此时股票价格将怎样变化?

d. 假定 Gerlunice 公司管理层发生变动。新的公司政策希望将增长率固定在 6% 的水平。另外,新的管理层将销售额和利润目标定为保持稳定,这造成投资者要求的收益下降为 11.6%。经过这些变化后,Gerlunice 公司新的均衡价格是多少?

10-40 Swink 电气公司开发了一种比目前市场上最好的太阳能电池板的发电量还高 200% 的太阳能电池板。预计未来 5 年内 Swink 公司的年增长率为 15%。第 5 年年末,其他公司也会开发相同的技术,Swink 公司的年增长率将降到 5%,并且将一直保持在该水平。股东要求 Swink 公司股票的回报率为 12%。最近支付的年度股利(D_0)的时间是昨天,支付的每股股利为 1.75 美元。

a. 计算未来 5 年 Swink 公司的期望股利。

b. 计算股票今天的价值。先分别计算未来 5 年每年年末公司的期望股利现值,然后加上第 5 年年末股票价格的现值。用固定增长率等式[等式(10-9)]可以计算第 5 年年末的股票价格。注意,为了计算第 5 年年末的股票价格,你可以计算第 6 年的期望股利,它比第 5 年的股利高 5% 。

c. 计算本年的期望股利收益率 $\hat{D}_1/P_0$ 、期望资本利得收益率和总期望收益率(股利收益率加上资本利得收益率)。假定 $\hat{P}_0 = P_0$,资本利得收益率等于总收益率减去股利收益率。另外,计算第 5 年的这三个值。

d. 假定你的老板告诉你,在未来 5 年内 Swink 公司的年增长率只有 12% ,而且公司的正常增长率只有 4% 。无需计算,请说明增长率的变化对 Swink 公司股票会产生什么影响。

e. 假定你的老板告诉你,她认为投资 Swink 公司的风险很大,而且其必要报酬率应该为 14% ,而不是 12% 。同样无需计算,请说明更高的必要报酬率如何影响股票价格、资本利得收益率和股利收益率?

10-41 Tanner 技术公司(TTC)最近几年的年增长率为 20% 。预计未来 2 年将一直保持该增长率。

a. 若 $D_0 = 1.60$ 美元,$r_s = 10\%$,$g_{norm} = 6\%$。计算 TTC 公司股票今天的价值。该公司的预期股利收益率和资本利得收益率为多少?

b. 假定 TTC 公司的超常增长率将维持 5 年而不是 2 年,这是否影响该公司股票价格、股利收益率和资本利得收益率? 不用计算,用文字表述回答。

c. 一旦超常增长期结束,TTC 公司的股利收益率和资本利得收益率将是什么? (提示:无论超常增长期是 2 年还是 5 年,答案都是一样的;计算非常简单)

d. 股利收益率和资本利得收益率之间随着时间而变化的关系给投资者带来什么好处?

综合题

10-42 Robert Compbell 和 Carol Morris 是芝加哥保险公司的高级副总裁。他们是公司养老基金管理部门的主任,Compbell 负责固定收益证券投资(主要是债券),Morris 负责股权投资。一个重要的新客户——加利福尼亚城市联盟要求芝加哥保险公司为代表城市的市长们举办一次投资研讨会。Compbell 和 Morris 也将出席这次会议,他们请你帮忙回答下列问题:

a. 债券的主要特点是什么?

b. 价值取决于未来预期现金流的资产的价值如何确定?

c. 如何确定债券的价值? 必要报酬率是 10% 、1 年期、面值为 1 000 美元、票面年利率为 10% 的债券的价值是多少? 类似的 10 年期债券的价值是多少?

d.(1)如果债券刚发行后,预期的通货膨胀率上升了 3 个百分点,导致投资者要求的回报率上升至 13% ,那么第 c 题中 10 年期债券的价值是多少? 该债券现在是折价债券还是溢价债券?

(2)如果通货膨胀率降低,r_d 降至 7% ,债券的价值会发生什么变化? 此时该债券是溢价债券还是折价债券?

(3)如果必要报酬率保持在 13% 或保持在 7% ,随着时间的推移,10 年期债券的价值会发生什么变化?

e.(1)面值 1 000 美元、票面利率为 9% 的 10 年期债券当前的销售价格是 887.00 美元,该债券的 YTM 是多少? 销售价格为 1 134.20 美元呢? 债券折价销售或溢价销售的事实说明了 r_d 和票面利率之间有什么关系?

(2)前面所述问题中的当前收益率、资本利得收益率以及总收益率分别是多少?

f. 假定第 e 题中描述的债券是 5 年后可赎回债券,赎回价格是 1 090 美元。如果债券的市场价格是 887 美元,其 YTC 是多少? 同样的债券如果当前市场价格是 1 134.20 美元,那么其 YTC 是多少?

g. 什么是利率价格风险? 第 c 题中哪一种债券的利率价格风险较大,1 年期的还是 10 年期的?

h. 什么是利息再投资风险? 第 c 题中哪一种债券的利息再投资风险较大? 假设投资时限为 10 年。

i. 假定票面利息每半年支付一次而不是一年支付一次,重新回答第 c 题和第 d 题中的问题。

j. 假如你能够买下列两种债券,一种是面值 1 000 美元、票面利率 10% 、利息每年支付、10 年期的债券;另一种是面值 1 000 美元、票面利率 10%、利息每半年支付、10 年期的债券。两种债券拥有相同的风险。你愿意买哪种债券? 如果每半年付息的债券的价格刚好等于 1 000 美元,那么每年付息债券的价格是多少?

k. 如果必要报酬率是 10%,则票面年利息为 100 美元的永久债券的价值是多少? 必要报酬率为 13% 呢? 7% 呢? 评价下面的陈述:"因为永久债券的投资期限无穷大,所以它们的利率价格风险很小。"

10-43　一个重要的新客户要求芝加哥保险公司举办一场投资研讨会解释股票估值过程。因此,Compbell 和 Morris 请你分析一下 Bon Temp 公司——一家为具有暂时性繁重工作量的企业提供文字处理操作员和计算机程序员的职业介绍所。你需要回答以下问题:

a. 普通股和优先股之间有什么区别? 这两类股票分别具有哪些特征?

b. 上市公司和私人持股公司有什么区别? 怎样辨别这两类公司?

c. 什么是分类股票? 当一家小公司上市时,为什么要将一部分股票指定为"发起人股票"?

d. (1) 写出一个可以用以对所有股票进行估值的公式,不考虑股利模式。

(2) 什么是固定增长股票? 如何估算固定增长股票的价值?

(3) 如果固定增长率 $g > r_s$,会发生什么? 很多股票都是 $g > r_s$ 吗?

e. Bon Temp 公司发行了一种优先股,每年支付给股东的股利是 10 美元,如果该股票适用的必要报酬率是 8%,其市场价值是多少?

f. 假定 Bon Temp 公司是一家固定增长的公司,上一次支付的股利(D_0,昨天支付)是 2 美元,预期股利会以 6% 的比率无限增长。Bon Temp 公司股票适用的必要报酬率是 16%。

(1) 未来 3 年公司的预期股利是多少?

(2) 公司当前的股票价格是多少?

(3) 1 年后股票的预期价值是多少?

(4) 第 1 年的期望股利收益率、资本利得收益率及总收益率分别是多少?

g. 假定 Bon Temp 公司当前的销售价格是 21.20 美元。该公司股票的期望收益率是多少?

h. 如果预期股利零增长,该股票的价格将是多少?

i. 假定 Bon Temp 公司预期在接下来的 3 年里其会以 30% 的增长率超常增长,之后回到长期固定增长率 6%。在这些条件下,公司的股票价格是多少? 第 1 年的期望股利收益率和资本利得收益率分别是多少? 第 4 年呢?

j. 假如 Bon Temp 公司预期前 3 年其会经历零增长,然后在第 4 年重新开始以 6% 的固定增长率增长。现在的股票价格是多少? 第 1 年的期望股利收益率和资本利得收益率分别是多少? 第 4 年呢?

k. 假定 Bon Temp 公司的收益和股利预期会以 6% 的固定比率持续下降,即 $g = -6\%$。为什么还会有人愿意买这只股票? 该股票应该以什么价格出售? 每年的股利收益率和资本利得收益率分别是多少?

计算机相关问题

利用电子表格,回答本部分的问题。

10-44　使用文件 C10 中的模型求解下列问题。

a. 参照计算题 10-40,用计算机模型重新计算第 d 题中的问题,确定在给定条件下 Swink 公司的期望股利收益率及股票价格。

b. 假如你的老板认为 Swink 公司的风险较大,并且相信必要报酬率应该比原来的 12% 要高。除了必要报酬率变为① 13%,② 15%,③ 20% 外,其他条件不变,重新计算第 d 题中的问题,确定更高的必要报酬率对 Swink 公司股票价格的影响。

附录 10A

（本章自测题答案）

1.

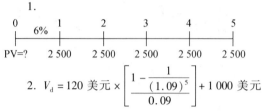

2. $V_d = 120$ 美元 $\times \left[\dfrac{1 - \dfrac{1}{(1.09)^5}}{0.09} \right] + 1\,000$ 美元

$\times \left[\dfrac{1}{(1.09)^5} \right] = 120$ 美元 $\times 3.88965 + 1\,000$ 美元 $\times$

$0.649931 = 446.785$ 美元 $+ 649.931$ 美元 $= 1\,116.69$ 美元

财务计算器求解：输入 $N = 5$, $I/Y = 9.0$, $PMT = 0.12 \times 1\,000 = 120$, $FV = 1\,000$; 可得 $PV = -1\,116.69$。

3. a. 财务计算器求解：输入 $N = 6$, $PV = -1\,143$, $PMT = 0.10 \times 1\,000 = 100$, $FV = 1\,000$, 可得 $I/Y = 7.0\% = $ YTM。

b. 财务计算器求解：输入 $N = 8 = $ 第一次赎回日, $PV = -1\,044$, $PMT = 0.08 \times 1\,000 = 80$, $FV = 1\,080 = $ 赎回价格; 可得 $I/Y = 8.0\% = $ YTC。

4. 财务计算器求解：输入 $N = 8$, $I/Y = 11.0$, $PMT = 90$, $FV = 1\,000$; 可得 $PV = -897.08$。

如果市场利率降至 10%, 债券的价值将增加到 946.65 美元。

财务计算器求解：输入 $N = 8$, $I/Y = 10.0$, $PMT = 90$, $FV = 1\,000$; 可得 $PV = -946.65$。

5. 在年末，债券还有 9 年到期，其价值将是 934.85 美元：

财务计算器求解：输入 $N = 9$, $I/Y = 7.0$, $PMT = 60$, $FV = 1\,000$; 可得 $PV = -934.85$。

当前收益率 $= 60$ 美元$/929.76$ 美元 $= 0.0645 = 6.45\%$

资本利得收益率 $= (934.85$ 美元 $- 929.76$ 美元$)/\ 929.76$ 美元 $= 5.09$ 美元$/929.76$ 美元 $= 0.0055 = 0.55\%$

求解资本利得收益率的另一种方法：

YTM $= 7.0\% = $ 当前收益率 $+$ 资本利得收益率 $= 6.45\% + $ 资本利得收益率

资本利得收益率 $= 7.0\% - 6.45\% = 0.55\%$

6. a. 财务计算器求解：输入 $N = 20 \times 2 = 40$, $I/Y = 8.0/2 = 4.0$, $PMT = (0.11 \times 1\,000)/2 = 55$, $FV = 1\,000$; 可得 $PV = -1\,296.89$。

b. 财务计算器求解：输入 $N = 40$, $PV = -1\,184$, $PMT = 55$, $FV = 1\,000$, 可得 $I/Y = 4.5 = 6$ 个月投资收益率; YTM $= 4.5\% \times 2 = 9.0\%$。

7. 财务计算器求解：输入 $N = 25 \times 2 = 50$, $I/Y = 10/2 = 5$, $PMT = (0.12 \times 1\,000)/2 = 60$, $FV = 1\,000$; 可得 $PV = -1\,182.56$。

8. a. 当市场收益率或 YTM 低于票面利率时，债券将溢价销售。例如，当市场利率低于 9% , 如 7% 时，票面利率为 9% 的债券将溢价销售。

b. 当市场收益率或 YTM 高于票面利率时，债券将折价销售。例如，当市场利率高于 9% , 如 11% 时，票面利率为 9% 的债券将折价销售。

9. 股利收益率 $= 1.75$ 美元$/25$ 美元 $= 0.07 = 7\%$;

资本利得收益率 $= [(27.50$ 美元 $- 25.00$ 美元$)/\ 25.00$ 美元$] = 2.50$ 美元$/25.00$ 美元 $= 0.10 = 10.0\%$。

总收益率 $= 7.0\% + 10.0\% = 17.0\%$

10. a. $\hat{P}_0 = (3$ 美元 $\times 1.03)/(0.13 - 0.03) = 3.09$ 美元$/0.10 = 30.90$ 美元

b. $\hat{D}_1 = 5$ 美元 $\times 1.20 = 6.00$ 美元; $\hat{D}_2 = 6$ 美元 $\times 1.20 = 7.20$ 美元; $\hat{D}_3 = 7.20$ 美元 $\times 1.05 = 7.56$ 美元

$\hat{P}_2 = 7.56$ 美元$/(0.15 - 0.05) = 75.60$ 美元

$\hat{P}_0 = \dfrac{6.00 \text{ 美元}}{(1.15)^1} + \dfrac{7.20 \text{ 美元} + 75.60 \text{ 美元}}{(1.15)^2} = 5.2174$ 美元 $+ 62.6087$ 美元 $= 67.83$ 美元

第11章
风险和收益率

1995—1998年主要股票市场的表现是值得关注的,投资者都希望这样的时机能够不断重复。在四年时间里,从美国股票市场交易的股票赚取的年平均收益率超过20%。1998年,微软和MCI WorldCom的市值都翻了一番。一些网络公司的股票,如AOL、亚马逊和雅虎的市值增长超过500%。如果你在1998年年初以30.13美元的价格购入亚马逊公司的股票,年末以321.25美元的价格出售,你的年收益率是966%。然而,如果你在2000年1月购买亚马逊公司的股票,持有到年末你的投资可能会缩水80%,因为其股价在2000年大幅下跌。事实上,2000年大多数网络公司的股票都大幅下跌,很多公司都没能在当年的"互联网怀疑论"中生存下来。相比之下,假如你在2000年年初购入安然公司的股票,若持有到年末,你的投资可能会翻一番,但若持有到2003年年中,你的投资会跌到每股0.05美元,因为安然公司申请了破产。最近的一个例子,如果在2010年你持有Netflix公司或者Las Vegas Sands公司(拥有世界各地的赌场)的股票,那么你的投资收益会超过200%。但是如果你持有BP公司的股票,你的投资会缩水26%(由于墨西哥海湾的石油泄漏事件)。

如果你将所有的资金都购买同一个公司的股票,你就把"所有的鸡蛋都放在一个篮子里",你将面临很大的风险。例如,如果你在1998年或2002年投资亚马逊公司,你会获得很大的收益,但如果你在2000年投资亚马逊公司,你就会蒙受很大的损失。投资者通过将资金分散于不同的股票(如通过投资共同基金),获得的收益介于1998年和2002年投资亚马逊公司获得的超高收益与2000年投资亚马逊公司和其他网络公司获得的超低收益之间。这种分散投资的"大篮子"获得的投资收益接近于市场平均收益。

投资是有风险的!尽管股票市场在1995—1998年间表现得很好,但它也有下跌或得到负收益的时候。如在1990年、1994年和2000年,纽约证券交易所交易的股票平均贬值7.5%、3.1%和5.9%。最近,在2008年,股票平均贬值33%,但在2009年和2010年又恢复为正数,大约分别为16%和10%。在我们于2011年5月初写这本书的时候,市场收益率达到了9%,将其转化为年收益率的话,超过25%。实际上,在过去几年里,股票市场就像过山车一样剧烈震荡,风险很大。

在2011年5月我们写这本书的时候,我们还不能预测金融市场将会发生什么。此时,许多所谓的市场专家对市场的走势不能达成一致的意见,因为当前的经济指标是不清晰的,加上即将进行的2012年的总统竞选。但是,我们知道股票价格将会发生改变,因为投资股票是有风险的。在你阅读本书的时候,股票市场也许是一个上升市场(牛市),也许是一个下跌市场(熊市)。无论如何,随着时间的变化,你需要调整投资策略和投资组合来适应新的情况。为此,你需要了解风险和收益的基本概念,以及多样化如何影响投资决策。你会逐渐发现,投资者建立证券投资组合是为了在不减少投资的平均收益的同时降低风险。在阅读本章后,你应该更进一步了解风险如何影响投资收益,以及如何在选择投资时评估风险。

学习目标

在阅读完本章后,你应当能够:

(1) 解释投资时承担风险是什么意思。

(2) 计算一项投资的风险和收益,并解释投资中风险和收益的关系。

(3) 识别相关风险和非相关风险,并解释如何减少非相关风险。

(4) 描述如何确定投资者购买风险投资应当获得的风险溢价。

(5) 描述当投资者对投资要求的收益与他们期望投资产生的收益不同时,他们会采取什么行动。

(6) 识别不同的风险类型并将其归类为相关风险或非相关风险,以确定投资者的必要报酬率。

本章我们将深入探讨如何衡量投资风险,以及投资风险如何影响资产价值和收益率。回顾一下第5章的内容,当我们检验利率的决定因素时,将实际无风险利率(r^*)定义为在没有通货膨胀情况下无风险证券的实际利率。特定债券的实际利率等于实际无风险利率加上反映通货膨胀和该证券风险的溢价。本章我们将更加精确地定义投资风险概念,考察衡量风险的程序,讨论风险和收益之间的关系。对投资者和财务管理者而言,无论这些决策是涉及金融资产还是实物资产,理解这些概念并在考虑投资决策时灵活运用都是非常重要的。

在本章我们将指出,每一项投资——每种股票、债券和实物资产——都有两种不同的风险:① 可分散化风险;② 不可分散化风险。这两部分的总和就是投资的总风险。可分散化风险对于理性的投资者而言是不重要的,因为他们可以通过"多样化"来消除这种风险。实际上,真正重要的风险是不可分散化风险。这种风险是很可怕的,因为它不能被消除,而且只要你不是投资于诸如短期国债等无风险的资产,你就将处于风险之中。本章我们将描述这些风险的概念以及考虑风险如何进入投资决策程序。

11.1　风险的定义和测量

许多词典将风险定义为"危险""遭受损失或伤害""损失的可能性"或者这些解释的结合。① 因此,我们通常用风险指代不利事件发生的可能性。如果你去跳伞,你就在拿自己的生命冒险——跳伞是有风险的。如果你在赌马,你就有损失金钱的风险。如果你投资投机性股票(或者说任何一种投票),你满怀希望获得可观收益,也是有风险的。

大多数人照我们所描述的方式看待风险——损失的可能性。但是实际上,风险的发生是由于我们无法确定特定事件的结果,因为不知道将来会发生什么。总之,风险是由于诸如投资等活动在将来产生的多个结果所导致的。因此,结果也可能是多样的。我们把有的结果叫"好的",有的结果叫"坏的"。

让我们举例说明金融资产的风险性。假定你有钱进行一年期投资。你可以购买预期收益率为5%的国库券。由于政府对国库券违约的可能性几乎为零,所以该投资的预期收益率可以完全确定:该投资结果基本上是有保证的,也就是说,这是一项无风险投资。

你也可以购买一家新成立公司的普通股,该公司准备开发开采南美洲的石油而又不损伤地形和环境的技术。该技术在经济上是否可行仍有待验证,所以无法确定该公司普通股股东将来的回报。专家在分析该公司普通股之后认为,该投资的预期收益率或长期平均收益率为30%,投资者每年将得到900%的回报率。但是公司也有可能无法生存。在这种情况下,全部投资都将损失且收益是 –100%。由于可能发生不止一种结果,所以投资者无法精确估计每年得到的回报——这是一项有风险的投资。因为投资者得到的实际回报有可能大大低于预期收益,投资者认为股票的投资风险很大。但与此同时,也可能有机会使得投资者的实际收益远远超过预期收益,当然这是我们大家都希望得到的结果。但是如果股票没有风险,这种可能性就不会存在。

当我们在考虑投资风险时,不仅应该想到实际收益低于预期的机会,还应该考虑实际收益高于预期的机会。如果我们从这样一个角度考虑投资风险,我们就会将**风险**(risk)定义为实际收益不同于预期收益的可能性,简单地说就是投资所产生收益的不确定性。因此,投资风险可以用投资收益的变动来衡量,可以是"好的"也可以是"不好的"。

投资风险与获得实际收益而不是预期收益的可能性相关。可能产生的结果变动越大,投资的风险就越大。我们可以对风险进行更准确的定义,这样做非常有意义。

概率分布

一件事情的概率被定义为该事情发生的可能性。例如,天气预报也许会这样报道:"今天降雨的概率为40%,不降雨的概率为60%。"如果将所有可能发生的事件或结果都列出来,并给每个事件都分配一个概率,那么我们就得到了**概率分布**(probability distribution)。就上面提到的天气预报来说,我们可以建立起如下概率分布:

---

① 例如,看第十版《韦氏词典》,(Merriam-Webster, Incorporated, 1996),第 1011 页。

结果	概率
降雨	0.40 = 40%
不降雨	0.60 = 60%
	1.00 100%

可能发生的结果在左列中列出,这些结果发生的概率在右列用小数及百分数表示。注意,在计算所有可能发生的结果时,概率之和肯定等于 1 或 100%。

你也可以计算一项投资的不同结果(或收益)发生的概率。如果你购买了一种债券,你就会得到债券的利息,这些债券利息使你的投资产生了一定比率的回报。这项投资可能产生的两个结果是:① 债券发行人能够支付利息;② 债券发行人无法支付利息。无法支付利息的概率越高,这种债券就越有风险;风险越大,你投资于这种债券所要求的收益率就越高。如果你买的不是债券而是股票的话,你也会因为投资而获取收益,正如第 10 章中讨论的,这种收益来自于股票的分红和资本利得。同样,股票越有风险——这意味着收益变动的可能性更大,股票的预期收益率就必须越高,这样才会促使你对其进行投资。

记住这一点,让我们来考虑你将 1 万美元投资于 Martin 制造公司或美国 Electric 公司时第 2 年将带来的收益(股利加资本利得或损失)。Martin 制造公司为数据传输行业生产并销售计算机终端设备。由于其销售具有周期性,利润会随着经济周期的变动而上升或下降。而且其市场竞争相当激烈,一些新成立的公司可能会生产出更好的产品从而使 Martin 制造公司破产。与之不同,美国 Electric 公司的主营业务是提供电力(必需服务)。由于其拥有特权,因而市场中几乎没有竞争者。该公司的销售及利润是相对稳定的,而且是可以预测的。

两家公司的收益率概率分布如表 11-1 所示。从中我们可以看到:有 20% 的概率经济发展处于繁荣状态,在这种情况下两家公司都会赚取较高的收益、支付较高的股利,使投资者享受较高的资本利得;有 50% 的概率经济发展速度保持正常,两家公司能够赚取适度的收益;另有 30% 的概率经济处于衰退状态,这意味着两家公司将赚取较低的收益,以及潜在的资本损失。然而,我们应当注意的是,Martin 制造公司收益率的波动范围远大于美国 Electric 公司。Martin 制造公司股票价值大幅波动的可能性相当大,结果会导致 60% 的损失或 110% 的收益,而美国 Electric 公司的股票则不会亏损,但其最大收益为 20%。[②]

表 11-1   Martin 制造公司和美国 Electric 公司收益率的概率分布

经济状况	该状况发生的概率	该状况发生时股票的收益率	
		Martin 制造公司	美国 Electric 公司
繁荣	0.2	110%	20%
正常	0.5	22%	16%
衰退	0.3	-60%	10%
	1.0		

---

② 当然,认为哪种股票没有损失机会是完全不切实际的,只有在假设的情况下才存在这一状态。

11.2　预期收益率

表 11-1 提供的概率分布显示了投资于 Martin 制造公司与美国 Electric 公司可能得到的结果。我们可以看出,经济状况最可能处于的状态是正常发展。在这种情况下,Martin 制造公司将有 22% 的收益率,美国 Electric 公司的收益率是 16%。但是其他的结果也是有可能发生的,所以我们需要将概率分布所提供的信息综合成一个单一的指标,这项指标包含所有可能发生的结果。这项指标就是投资的预期值,或者叫预期收益率。

简单地说,**预期值(收益率)**[expected value(return)] 就是结果的加权平均值,权数就是结果发生的概率。表 11-2 显示了 Martin 制造公司和美国 Electric 公司预期收益率的计算过程。我们将每种可能的结果乘以其发生的概率再求和。我们用 $\hat{r}$ 来表示预期收益率。③ 在 r 上加"帽子"符号是说明投资具有不确定性,因为我们不知道未来可能发生的结果,例如,Martin制造公司在经济繁荣时会给股东带来 110% 的回报,可是我们并不知道经济何时会繁荣。

表 11-2　预期收益率的计算:Martin 制造公司和美国 Electric 公司

经济状态 (1)	该状态下发生的概率 (2)	Martin 制造公司		美国 Electric 公司	
		该状态下的收益率(%) (3)	结果(%) (2)×(3)=(4)	该状态下的收益率(%) (5)	结果(%) (2)×(5)=(6)
繁荣	0.2	110	22	20	4
正常	0.5	22	11	16	8
衰退	0.3	−60	−18	10	3
	1.0		$\hat{r}_{Martin}=15\%$		$\hat{r}_{US}=15\%$

预期收益率可以用下面的等式进行计算:

$$\text{预期收益率} = \hat{r} = Pr_1 r_1 + Pr_2 r_2 + \cdots + Pr_n r_n = \sum_{i=1}^{n} Pr_i r_i \tag{11-1}$$

这里的 r_i 指第 i 种可能的结果,Pr_i 指第 i 种结果发生的概率,n 指可能发生结果的种类。因此,$\hat{r}$ 是可能结果数值(r_i)的加权平均值,每个结果的权重就是其发生的概率。使用 Martin 制造公司的数据,我们可以计算出该公司股票的预期收益率:

$$\begin{aligned}\hat{r}_{Martin} &= Pr_1(r_1) + Pr_2(r_2) + Pr_3(r_3)\\&= 0.2 \times (110\%) + 0.5 \times (22\%) + 0.3 \times (-60\%)\\&= 15.0\%\end{aligned}$$

值得注意的是,Martin 制造公司的预期收益率并不等于表 11-1 中给出的可能结果数值。简单地说,预期收益率代表了表 11-1 给出的概率分布在较长一段时间内发生变化时,投资者

---

③　在第 10 章中,我们用 r_d 作为债务工具回报的符号,用 r_s 作为股票回报的符号。本节我们只讨论股票回报,不用下脚标"s",所以我们使用 $\hat{r}$ 而不是 $\hat{r}_s$ 来代表股票的预期收益。

从 Martin 制造公司的股票中获取的平均收益。打个比方,如果 Martin 制造公司的概率分布正确的话,那么未来将有 20% 的时间经济处于繁荣时期,此时投资者将获得 110% 的收益;有50% 的时间经济处于正常发展时期,投资者将获得 22% 的收益;有 30% 的时间经济处于衰退时期,投资者将遭受 60% 的损失。平均来说,Martin 制造公司的投资者在长期(如 10 年)将赚取 15% 的收益。

我们可以画出收益率曲线,从而得到结果的变动情况图,如图 11-1 的柱形图所示。每个柱子的高度代表某一特定结果发生的概率。Martin 制造公司收益率的波动范围是 +110% 到 −60% ,预期收益率是 15% 。美国 Electric 公司的预期收益率也是 15% ,但其波动幅度要小得多。

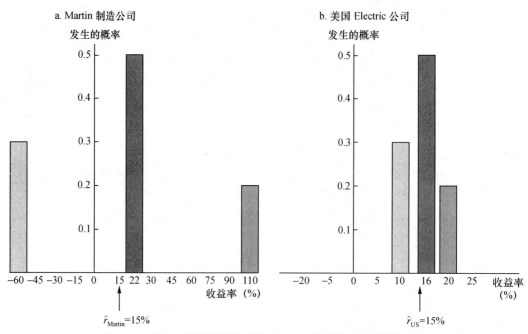

图 11-1　**Martin** 制造公司和美国 **Electric** 公司收益率的概率分布

11.2.1　连续概率分布和离散概率分布

至此,我们一直假设经济社会中只可能存在三种状态:衰退、正常和繁荣。所以我们称表11-1 中的概率分布为**离散**(discrete)的,因为其结果的个数是有限的。事实上,经济状态可以从巨大衰退变化成无法想象的繁荣,在这两种状态之间存在着无限种可能性。假定我们有时间和耐心等待每一种可能的经济状态的发生(其概率之和仍旧为 1),同时将每一种收益率赋予每一种经济状态的股票。我们将得到类似表 11-1 的表,只不过表中的每一列将有更多条目。用该表可以计算前文所示的预期收益率。另外,可以用图 11-2 中的连续曲线近似表示概率和结果。这里我们改变了假设条件,因此 Martin 制造公司的收益率将低于 −60% 或高于110% 的可能性,或者说美国 Electric 公司的收益率将低于 10% 或高于 20% 的可能性几乎为零,但是在限定范围内的任何一种收益情况都是可能出现的。这种概率分布被称为**连续的**(continuous),因为在此情况下可能出现的结果的个数是无限的。例如,美国 Electric 公司的收益可能为 10.01% 、10.001% ,等等。

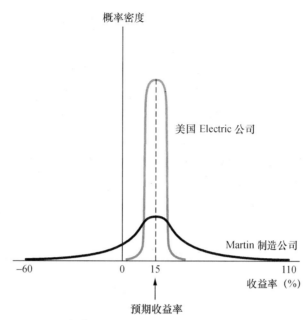

图 11-2　Martin 制造公司和美国 Electric 公司收益率的连续概率分布

注:本图有关各种结构的假设与图 11-1 是不同的。图 11-1 中美国 Electric 公司获得 16% 收益率的概率是 50%;本图中此概率要小得多,因为存在三种以上可能的结果。在连续概率情况下,询问获得大于等于某一特定概率的概率要比询问获得该概率要恰当得多。统计学中会对这一主题进行深入阐述。

　　概率分布越紧密,可变性就越小,实际结果就越接近于预期值;在这种情况下,实际结果与预期值就不会有太大的差别。因此,概率分布越紧密,股票风险就越小。由于美国 Electric 公司的概率分布相对比较紧密,其真实收益有可能比 Martin 制造公司更接近于 15% 的预期收益率,这就意味着美国 Electric 公司比 Martin 制造公司的风险小。

11.2.2　总(独立)风险衡量:标准差

　　因为我们已经将风险定义为收益的可变性,所以可以用可能结果的概率分布的紧密程度来衡量风险。通常,概率分布图的宽度表示可能结果的分散程度或可变性。为便于应用,风险的衡量必须要有确定值,我们需要测量概率分布的紧密度。我们通常使用**标准差**(standard deviation)来衡量,其符号是 σ(希腊字母"sigma")。标准差越小,概率分布越紧密,其投资风险就越小。为了计算标准差,我们按表 11-3 的步骤进行演算:

表 11-3　计算 Martin 制造公司的标准差

收益率 $r_i(1)$	预期收益率 $\hat{r}$ (2)		偏差 $r_j - \hat{r} = (3)$	$(r_j - \hat{r})^2 = (4)$	概率 (5)	$(r_j - \hat{r})^2 \mathbf{Pr}_i$ $(4) \times (5) = (6)$
110%	−	15%	= 95%	9 025	0.2	$9\,025 \times 0.2 = 1\,805.0$
22%	−	15%	= 7%	49	0.5	$49 \times 0.5 = 24.5$
−60%	−	15%	= −75%	5 625	0.3	$5\,625 \times 0.3 = \underline{1\,687.5}$
						方差 = $\underline{3\,517.0}$
						标准差 = $\sigma = \sqrt{\sigma^2} = \sqrt{3\,517} = 59.3\%$

（1）用等式（11-1）计算预期收益率。以 Martin 制造公司为例，我们之前已发现 $\hat{r}_{Martin}$ = 15%。

（2）从每个可能的结果 r_i 中减去预期收益率 $\hat{r}$，就可以从中获得一组偏差：

$$偏差_i = r_i - \hat{r}$$

偏差见表 11-3 的第 3 列。

（3）将每个偏差的平方（见第 4 列），乘以相关结果发生的概率（见第 5 列），然后将乘积加总得到概率分布的**方差**（variance）（见第 6 列），即 σ^2。

这三个步骤可以归纳为如下等式：

$$
\begin{aligned}
方差 = \sigma^2 &= (r_1 - \hat{r})^2 Pr_1 + (r_2 - \hat{r})^2 Pr_2 + \cdots + (r_n - \hat{r})^2 Pr_n \\
&= \sum_{i=1}^{n} (r_i - \hat{r})^2 Pr_i
\end{aligned}
\tag{11-2}
$$

（4）将方差开方得到第 6 列最下面一行所示的标准差：

$$
\begin{aligned}
标准差 = \sigma &= \sqrt{(r_1 - \hat{r})^2 Pr_1 + (r_2 - \hat{r})^2 Pr_2 + \cdots + (r_n - \hat{r})^2 Pr_n} \\
&= \sqrt{\sum_{i=1}^{n} (r_i - \hat{r})^2 Pr_i}
\end{aligned}
\tag{11-3}
$$

可见，标准差就是与预期值的偏差的加权平均值，它表明了真实值可能偏离预期值的程度。从表 11-3 可以看出，Martin 制造公司的标准差为 59.3%。用相同的这些步骤，我们可以计算出美国 Electric 公司的标准差为 3.6%。Martin 制造公司较大的标准差表明其收益的波动性更大，因此无法获得预期收益的可能性更大。所以，根据这种风险测量方法，与美国 Electric 公司相比，Martin 制造公司的投资风险更大。

这个用来计算预期回报和标准差的例子是基于已知的概率分布资料，也就是说，我们知道或者已经估计出所有可能发生的情况及其发生的概率。但是在很多情况下，我们只有过去一段时间的信息，例如我们观察到的某一普通股票的回报信息如下：

年份	$\ddot{r}$
2009	15%
2010	-5%
2011	20%
2012	22%

我们可以利用这一信息来估计该股票的标准差，从而估计该股票的投资风险。估计标准差的计算公式如下：

$$估计\ \sigma = s = \sqrt{\frac{\sum_{t=1}^{n} (\ddot{r}_t - \bar{r})^2}{n-1}} \tag{11-4}$$

这里 $\ddot{r}_t$ 代表在第 t 期实现的回报,$\bar{r}$("$r\ bar$")表示过去 n 年回报的算术平均值。$\bar{r}$ 的计算如下:

$$\bar{r} = \frac{\ddot{r}_1 + \ddot{r}_2 + \cdots + \ddot{r}_n}{n} = \frac{\sum_{t=1}^{n} \ddot{r}_t}{n} \tag{11-5}$$

继续我们的例子,计算 $\bar{r}$ 和估计 σ 的值:[④]

$$\bar{r} = \frac{15\% + (-5\%) + 20\% + 22\%}{4} = 13.0\%$$

$$估计 \ \sigma = s = \sqrt{\frac{(15\% - 13\%)^2 + (-5\% - 13\%)^2 + (20\% - 13\%)^2 + (22\% - 13\%)^2}{4-1}}$$

$$= \sqrt{\frac{458}{3}} = 12.4\%$$

历史数据计算的标准差通常用来估计未来的标准差。用过去某一段时间的 $\bar{r}$ 作为预期回报的估计值 $\hat{r}$ 通常是不正确的。由于过去的变化可能重复发生,s 可能是未来风险的较好的估计值,但是那种把过去的回报水平(可能有 100% 那么高或者 -50% 那么低)作为对投资者对未来的最好预期是不合理的。

11.2.3　变异系数(风险/收益率)

另外一种评估风险投资的方法是求**变异系数**(coefficient of variation,CV),可用标准差除以预期收益得出:

$$变异系数 = CV = \frac{风险}{收益} = \frac{\sigma}{\hat{r}} \tag{11-6}$$

变异系数表明了每单位收益的风险。当两种投资的预期收益率和风险不同时利用变异系数更加有利于比较。因为美国 Electric 公司和 Martin 制造公司拥有相同的预期收益率,所以没有必要通过计算变异系数来比较这两种投资。在这种情况下,人们倾向于投资美国 Electric 公司,因为它在提供相同预期收益率的同时风险更小。Martin 制造公司的标准差更大,必定有更大的变异系数,因为两家公司股票的预期收益率相同,而等式(11-6)的分子中,Martin 制造公司的更大。事实上,Martin 制造公司的变异系数为 59.3%/15% = 3.95,美国 Electric 公司的变异系数为 3.6%/15% = 0.24。因此,根据这项标准,Martin 制造公司的风险是美国 Electric 公司的 16 倍多。

当投资的预期收益率和风险水平不同时,使用变异系数更有利。比如,Biobotics 公司是一家生物研究和开发公司,根据股票分析家的分析,该公司将给予投资者 35% 的预期收益率,其标准差为 7.5%。Biobotics 公司的预期收益率要高于美国 Electric 公司,但是风险也更大。同时考虑风险和收益,哪个公司才是更好的投资对象呢?如果我们计算一下 Bio-

---

④　你应该从统计课程中知道仅包括四个观测值的样本无法作出良好的估计,这里使用小样本是为了简化这一例子。

botics 公司的变异系数,发现它为 7.5%/35% = 0.21。因此,尽管 Biobotics 公司的标准差较高,但是低于美国 Electric 公司 0.24 的变异系数,因而其每单位收益的风险要低于美国 Electric 公司。这样,投资 Biobotics 公司所获得的额外预期收益足够用于补偿其额外风险。

图 11-3 给出了美国 Electric 公司和 Biobotics 公司的概率分布。美国 Electric 公司的标准差比较小,因此拥有比较陡峭的概率分布。但是从图中可清楚地看出,Biobotics 公司实际产生高收益的概率要高于美国 Electric 公司,因为 Biobotics 公司的预期收益率更高。由于变异系数囊括了风险和收益两者的效应,所以在总风险和总预期收益率不同的投资中,变异系数是一个比标准差更好的评估风险的标准。

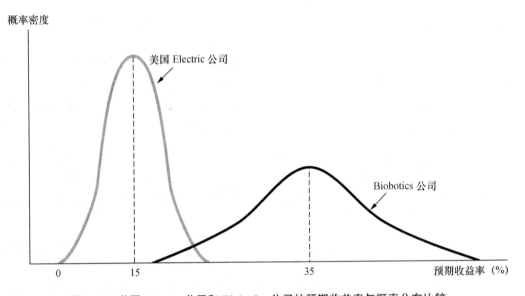

图 11-3 美国 Electric 公司和 Biobotics 公司的预期收益率与概率分布比较

11.2.4 风险厌恶和必要报酬率

假设你努力工作并积蓄了 1 000 000 美元,现在你打算进行投资。你可以购买收益率为 10% 的美国国债,在第 1 年年末肯定将得到 1 100 000 美元,即初始投资加上利息 100 000 美元。或者,你可以购买 R&D 公司的股票。若 R&D 公司的研究项目成功,股票价值将上涨至 2 200 000 美元;但是若项目失败,股票价值将下跌至 0,你将血本无归。R&D 公司成功和失败的概率分别为 50 对 50,所以股票投资的预期值为 0.5 × (0 美元) + 0.5 × (2 200 000 美元) = 1 100 000 美元。减去 1 000 000 美元的股票成本之后,将剩下 100 000 美元的预期利润或 10% 的预期收益率(但有风险):

$$预期收益率 = \frac{预期值 - 股票成本}{股票成本} = \frac{1\,100\,000 - 1\,000\,000}{1\,000\,000}$$

$$= 0.10 = 10.0\%$$

在本例中,你可以在 100 000 美元利润(代表 10% 的预期收益率)的国债和 100 000 美元有风险的预期利润(也代表 10% 的预期收益率)的 R&D 公司的股票之间进行选择。你将选择哪一个呢?如果你选择风险较小的投资,你就是风险厌恶型的,即风险越大,你要求的收益越高。事实上,大部分投资者都属于风险厌恶型,至少对他的重要资金来说如此。因为这是一个已有详细记载的事实,我们将在本书的以下各章假定投资者都是**风险厌恶**(risk aversion)的。

对于证券价格和收益率,风险厌恶的含义是什么?在其他条件不变的前提下,证券的风险越高,投资者要求得到的收益也越高,因此他们更加不愿意支付投资。为了表明风险厌恶如何影响证券价格,我们来分析一下美国 Electric 公司和 Martin 制造公司的股票情况。假定每种股票以每股 100 美元出售,且预期收益率都是 15%。风险厌恶的投资者将偏好美国 Electric 公司,因为其收益的波动性较小(不确定性小)。有钱投资的人将投资美国 Electric 公司而不是 Martin 制造公司,Martin 制造公司的股东将开始抛售他们的股票并购买美国 Electric 公司的股票。购买压力将抬高美国 Electric 公司的股票价格,与此同时出售压力将使 Martin 制造公司的股票价格下跌。反过来,这次价格的变动将改变两种股票的预期收益率。例如,事先假定美国 Electric 公司的股票价格从 100 美元上涨到 125 美元,相反,Martin 制造公司的股票价格从 100 美元下跌至 75 美元。这将导致美国 Electric 公司股票的预期收益率下降至 12%,而 Martin 制造公司股票的预期收益率上升至 20%。两者的差异为 20% – 12% = 8%,被称为**风险溢价**(risk premium, RP),它补偿了投资者购买 Martin 制造公司股票承受的额外风险。

这个例子说明了一个非常重要的原理:在风险厌恶投资者占绝大多数的市场中,根据大多数投资者估计,证券的风险越高,投资者要求的预期收益率越高。如果这种情况不存在,投资者将买卖投资且价格持续波动,直到高风险的投资比低风险的投资有更高的预期收益率。图 11-4 说明了这个关系。风险证券的收益要高多少?这个问题将在我们理解了多样化如何影响风险衡量方法之后讲解。

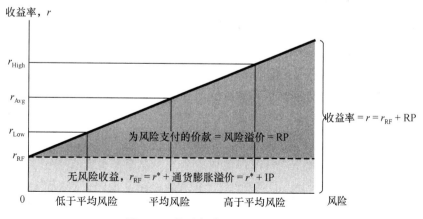

图 11-4 风险与收益之间的关系

自测题 1

(答案见本章末附录 11A)

a. 一项投资收益率的概率分布如下,计算它的预期收益率、标准差、变异系数。

概率	收益率
0.20	−5.0%
0.30	10.0%
0.50	12.0%

b. 假设你有一只股票,在过去四年它的收益率分别为 5%、8%、−4% 和 15%,那么这只股票的平均年收益率和标准差是多少?

11.3 证券组合风险——持有组合资产

在上一部分,我们孤立地看待投资风险,也就是投资风险全部来自于投资本身。这里我们将分析持有证券组合的风险。[5] 通常,作为证券组合的一部分持有的一项投资,无论是股票、债券还是其他资产,都将比持有单独的同一项投资的风险要小得多。在实际操作中,大部分金融资产都不是单独持有的;相反,它们都是证券组合中的一部分。法律要求银行、退休基金、保险公司、共同基金或其他金融机构必须持有多样化的证券组合。即使是个人投资者——至少那些所持证券占其总财富的绝大部分的投资者——也通常持有证券组合,而不是单一一家公司的股票。从投资者的立场出发,特定股票价格的上涨或下跌并不重要,重要的是投资者持有的证券组合的收益以及与整个组合相关的风险。逻辑上讲,不能单独衡量一项投资的风险和收益;相反,应用该证券如何影响组合的风险和收益来分析单个证券的风险和收益。

为了说明这个道理,我们以美国 Payco 公司为例。这是一家在全国有多个分支机构的收藏公司。该公司不太出名,其股票不容易变现,且过去收益波动性很大,甚至没有支付过股利。所有这些都表明 Payco 公司的风险较高,其必要报酬率 r 必然相对较高。但是与多数其他风险相似的公司相比,Payco 公司的 r 值还是很小的。这说明尽管其利润不稳定,也没有支付股利,但是投资者仍将 Payco 公司视作低风险公司。从多样化和多样化对风险的影响来看,这一事实有点违反直觉。Payco 公司的股票价格在经济衰退期上涨,而其他股票在经济衰

---

⑤　投资组合是投资证券或资产的组合。如果你拥有一部分通用汽车公司、一部分 Exxon 公司及一部分 IBM 公司的股票,就等于拥有一个由三只股票组成的证券组合。本章中的大部分股票都是证券组合的一部分。

退时均下跌。所以在"正常"股票的证券组合中持有 Payco 公司的股票可以稳定整个证券组合的收益。

11.3.1　证券组合的收益

证券组合的预期收益 $\hat{r}_P$（expected return on a portfolio），是证券组合中单只股票的预期收益的简单加权平均。每只股票的权重等于其在证券组合中所占的比例：

$$证券组合的收益 = \hat{r}_P = w_1\hat{r}_1 + w_2\hat{r}_2 + \cdots + w_N\hat{r}_N = \sum_{j=1}^{N} w_j\hat{r}_j \tag{11-7}$$

这里的 $\hat{r}_j$ 指单只股票的预期收益率，w_j 指权重，证券组合中共有 N 种股票。注意：① w_j 指组合中投资于股票 j 的比例（也就是投资于股票 j 的价值除以组合的总投资价值）；② w_j 的总和必须等于 1。

假设一位证券分析师预测的四家大公司的预期收益如下：

公司	预期收益率（$\hat{r}$）
AT&T	8%
花旗集团	13%
通用电气	19%
微软	16%

如果你有一项总值为 100 000 美元的证券组合，每一只股票投资 25 000 美元，预期收益率为 14.0%：

$$\hat{r}_P = W_{ATT}\hat{r}_{ATT} + W_{Citi}\hat{r}_{Citi} + W_{GE}\hat{r}_{GE} + W_{Micro}\hat{r}_{Micro}$$
$$= 0.25 \times 8\% + 0.25 \times 13\% + 0.25 \times 19\% + 0.25 \times 16\% = 14.0\%$$

当然，一年以后实际**已实现的收益率**（realized rates of return，$\ddot{r}$），与预期收益率必将不同，所以 $\ddot{r}$ 不同于 $\hat{r}_P = 14\%$。例如，微软的股票价格翻倍，其收益率为 100%，而通用电气的股票经历了可怕的一年，股票价格急剧下滑，只有 −75% 的收益率。但是我们必须注意这两个事件可以相互抵消，所以证券组合的收益仍然接近于其预期收益，尽管单只股票的真实收益远离其预期收益。

11.3.2　证券组合的风险

如前所述，证券组合的预期收益是证券组合中单只股票预期收益的简单加权平均。但是，与收益不同，证券组合的风险（σ_P）通常不是组合中单只证券标准差的加权平均；证券组合的风险通常要小于单只股票风险的加权平均。从理论上说，用标准差衡量风险较大的两种股票的组合,可以获得完全无风险即 $\sigma_P = 0$ 的证券组合。

为了说明证券组合的效应,请看图 11-5 的情况。该图的底部描绘了单只股票 W 和 M 的收益率,以及各投资 50% 的资金于每只股票的证券组合。图 a 中的三个图表明了 2008—2012 年每种投资的真实历史收益,图 b 中的三个图描绘了收益的概率分布,假设预期将来和过去一样。如果分别持有这两种股票则风险很高,但是当股票 W 和 M 组成证券组合 WM 之后几乎是无风险的。(注:称这些股票为 W 和 M 是因为在图 11-5 中它们的收益率曲线酷似字母 W 和 M。)

把股票 W 和 M 组合称为无风险证券组合的理由在于,它们各自的收益呈反向变动——当股票 W 的收益下滑时,股票 M 的收益上涨;反之亦然。两个变量之间的这种关系被称为相关性。通常用**相关系数 ρ**(correlation coefficient)来测量两个变量之间的相关方向和相关程度。[6] 用统计术语表示,我们称股票 W 和 M 是完全负相关的,且 $\rho = -1.0$。[7]

完全负相关即 $\rho = -1.0$ 的相反情况是完全正相关即 $\rho = 1.0$。两个完全正相关的股票的收益同时上涨和下跌,由这两只股票组成的证券组合具有和单只股票一样的风险。这一点在图 11-6 中一目了然,证券组合的标准差等于单只股票的标准差。因此,如果证券组合中包含完全正相关的股票,那么多样化对于减少风险是无济于事的。

图 11-5 和图 11-6 表明,当股票是完全负相关($\rho = -1.0$)时,所有风险可以通过多样化来消除,但是当股票是完全正相关($\rho = 1.0$)时,多样化无任何效用。事实上,大部分股票都是正相关的,但是不是完全正相关。一般而言,两个随机选择的股票的收益率的相关系数接近于 0.4。对于大部分的两只股票组合而言,相关系数处于 0.3 至 0.6 之间。在这种情况下,将股票进行组合能够减少风险但是不能完全消除风险。图 11-7 描绘了相关系数 $\rho = 0.67$ 的两只股票。股票 W 和股票 Y 有相同的平均收益率和标准差,即 $\bar{r} = 15\%$ 和 $s = 22.6\%$。假设一个组合中股票 W 和股票 Y 分别占 50%,那么该组合的平均收益率为 15.0%,等于这两只股票的平均收益率,但是其标准差为 20.6%,要小于任何一只股票的标准差。因此,证券组合的风险并不是单只股票风险的平均——多样化将减少但不能消除风险。

---

⑥　相关系数 ρ 从 1.0 变化到 -1.0。1.0 表示两个变量在任何事件发生时同时同程度朝同一方向变化,-1.0 表示两个变量同程度但朝不同方向变化。相关系数为 0 表示两个变量彼此不相关,也就是说,任何一个变量的变化独立于另一个变量的变化。

⑦　以下是对图 11-5 中股票 W 和股票 M 之间相关系数的计算,两只股票的平均收益率和标准差是一样的,$\bar{r} = 15\%$,$s = 22.6\%$。

$$协方差 = \frac{(40-15)(-10-15) + (-10-15)(40-15) + (35-15)(-5-15) + (-5-15)(35-15) + (15-15)(15-15)}{5-1}$$

$$= -512.5$$

$$相关系数 = \rho = 协方差/(s_W s_M) = -512.5/[(22.6)(22.6)] = -1.0$$

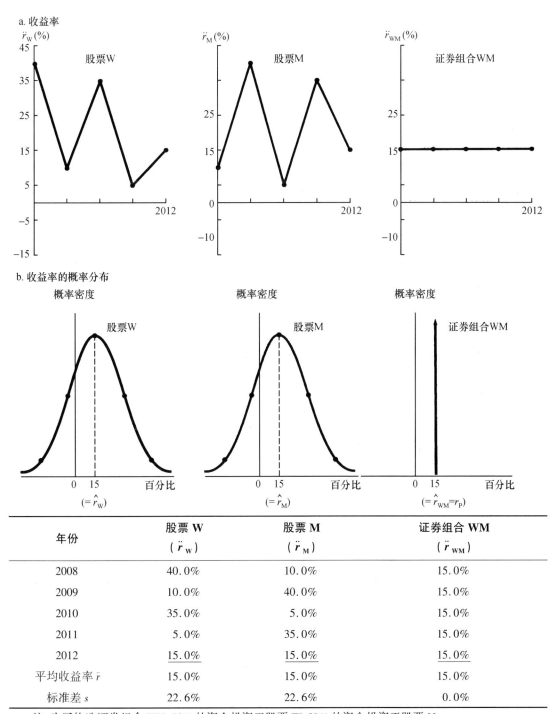

年份	股票 W ($\ddot{r}_W$)	股票 M ($\ddot{r}_M$)	证券组合 WM ($\ddot{r}_{WM}$)
2008	40.0%	10.0%	15.0%
2009	10.0%	40.0%	15.0%
2010	35.0%	5.0%	15.0%
2011	5.0%	35.0%	15.0%
2012	15.0%	15.0%	15.0%
平均收益率 $\bar{r}$	15.0%	15.0%	15.0%
标准差 s	22.6%	22.6%	0.0%

注：为了构造证券组合 WM，50% 的资金投资于股票 W，50% 的资金投资于股票 M。

图 11-5　两只完全负相关($\rho = -1.0$)的股票和证券组合 WM 的收益率分布

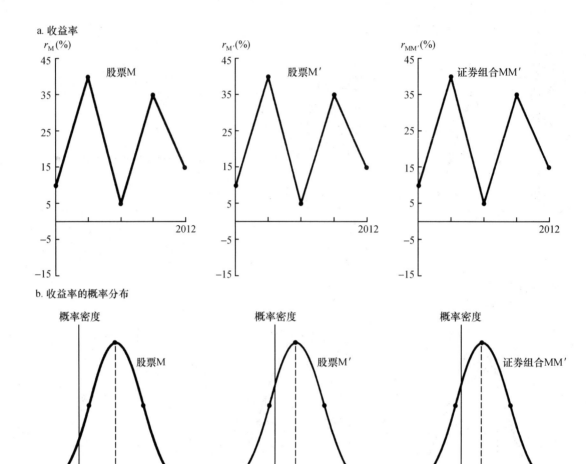

年份	股票 W ($\ddot{r}_W$)	股票 M' ($\ddot{r}_{M'}$)	证券组合 WM' ($\ddot{r}_{WM'}$)
2008	10.0%	10.0%	10.0%
2009	40.0%	40.0%	40.0%
2010	5.0%	5.0%	5.0%
2011	35.0%	35.0%	35.0%
2012	15.0%	15.0%	15.0%
平均收益率 $\bar{r}$	15.0%	15.0%	15.0%
标准差 s	22.6%	22.6%	22.6%

注:为了构造证券组合 MM',50% 的资金投资于股票 M,50% 的资金投资于股票 M'。

图 11-6　两只完全正相关($\rho = 1.0$)的股票和证券组合 MM' 的收益率分布

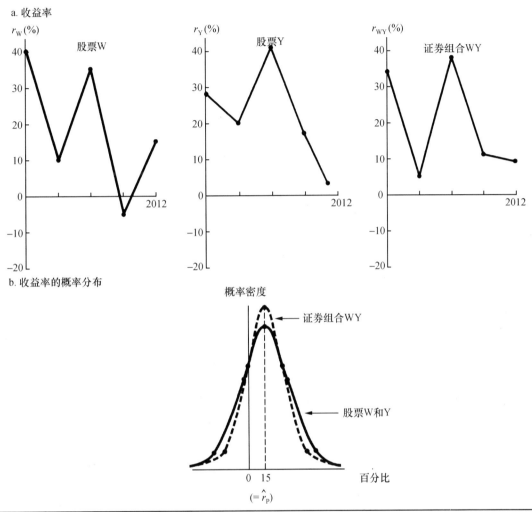

年份	股票 W ($\ddot{r}_W$)	股票 Y ($\ddot{r}_Y$)	证券组合 WY ($\ddot{r}_{WY}$)
2008	40.0%	28.0%	34.0%
2009	10.0%	20.0%	5.0%
2010	35.0%	41.0%	38.0%
2011	−5.0%	17.0%	11.0%
2012	15.0%	3.0%	9.0%
平均收益率 $\bar{r}$	15.0%	15.0%	15.0%
标准差 s	22.6%	22.6%	20.6%

注:为了构造证券组合 WY,50% 的资金投资于股票 W,50% 的资金投资于股票 Y。

图 11-7　两只部分相关($\rho = 0.67$)的股票和证券组合 WY 的收益率分布

　　从两只股票的证券组合中,我们看到了一种极端情况($\rho = -1.0$):风险可以完全消除。而在另一种极端情况($\rho = 1.0$)下,多样化无济于事。在这两种极端情况之间,两只股票组成的证券组合将减少但不能消除单只股票所固有的风险。

如果证券组合包含两只以上的股票将会怎样? 通常,证券组合的风险将随着组合中股票数目的增加而减少。如果包含足够多的股票,是否可以完全消除风险呢? 答案一般是否定的,但是股票加入到组合中风险减少的程度取决于这些股票的相关程度:正相关系数越小,证券组合的风险越低。如果我们能找到一组负相关的股票,就可以消除所有的风险。在典型情况下,单只股票之间是正相关的,但相关系数小于 1.0,所以可以消除一部分而不是全部的风险。

来检验一下你的理解程度。考虑以下问题:你能在相同或不同的行业中找出两家公司的股票收益是高度相关的吗? 例如,福特(Fort)和通用汽车股票之间的收益相关度高,还是福特或通用汽车和宝洁(P&G)之间的相关度高? 这些相关度如何影响相应的证券组合风险?

回答:福特和通用汽车股票收益的相关系数约为 0.9,因为两者都从事汽车销售,影响因素相同。但是各自和宝洁组合时的相关系数只有 0.4。

启示:与包含福特和宝洁或通用汽车和宝洁的两只股票证券组合相比,包含福特和通用汽车两只股票的证券组合风险更高。因此,为了最小化风险,证券组合应实行跨行业的多样化。

11.3.3　公司特定风险和市场风险

如前所述,尽管不是不可能,但是很难找到预期收益不是正相关的股票——大部分股票在经济繁荣时表现良好,在经济衰退时表现不佳。[8] 因此,甚至非常大的证券组合最终还是存在大量风险,但是与全部资金投资于单只股票相比,通常风险还是要小得多。

为了更加精确地理解证券组合的规模如何影响其风险,请看图 11-8,作者从 NYSE 随机选取大量的股票来说明规模越来越大的证券组合如何影响组合的风险。用标准差来划分单只股票的证券组合、两只股票的证券组合等,直到包含了绘图日所有在纽约证券交易所上市的普通股的证券组合。该图表明,一般而言,包含大部分纽约证券交易所股票的证券,组合风险随着组合规模的增大而减少,直至接近于某一最小值。图中数据显示,单只股票的证券组合的标准差 σ_1 约为 28%。包括市场上所有股票的投资组合被称作市场组合,其标准差 σ_M 约为 15.0%,如图 11-8 水平线所示。

图 11-8 表明,如果采用合理的多样化证券组合,一般包含大约 40 只或更多的股票,就可以消除大部分单只股票中几乎一半的风险。然而,有些风险总是存在,不可能通过多样化消除几乎影响所有股票的市场活动。

其中可以被消除的一部分风险被称作可分散风险、公司特定风险或非系统风险;不可消除的那部分风险被称作不可分散风险、市场风险或系统风险。名称并不重要,关键在于任何单只股票的绝大部分风险均可通过证券组合的多样化加以消除,这一点很重要。

公司特定风险(firm-specific)或**可分散风险**(diversifiable risk)是由诸如诉讼、罢工、成功或失败的市场项目、赢得或丢失重大合同以及其他特定公司所独有的事件引起的。因为这些

---

⑧　不难发现,在其他大部分股票都下跌时,有个别的几只股票会因为某种特定情况而上涨,但很难找到当其他股票都在下跌时有股票是逻辑上上涨的,前面提到的 Payco 公司就是其中之一。

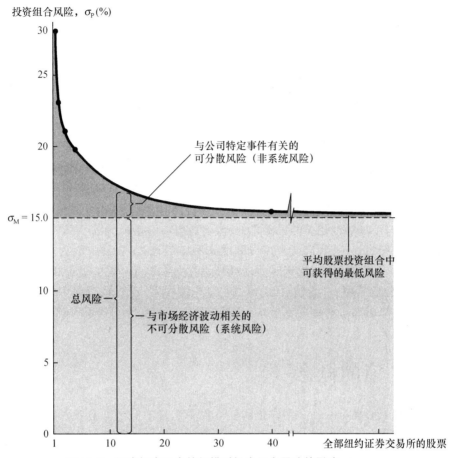

图 11-8 证券投资组合的规模对投资组合风险的影响

事件的真实结果基本上是随机的（不可预测），它们对证券组合的影响可以通过多样化来消除——一个公司中的不幸事件总可以由另一个幸运事件所弥补。另一方面，**市场风险**（market risk）或**不可分散风险**（nondiversifiable risk）来源于影响大部分公司的系统因素，如战争、通货膨胀、经济衰退和高利率。因为大部分股票均受到这些市场条件的正面（负面）影响，所以系统风险无法通过证券组合的多样化来消除。

  我们知道投资者要求获得承担风险的补偿，也就是说，一种证券的风险越高，吸引投资者购买（或持有）的预期收益率就越高。但是，若投资者主要关注证券组合的风险，而不是组合中单只证券的风险，那么单只股票的风险如何测量？答案是：单只股票的相关风险即其为多样化证券所贡献的风险。换言之，通用电气的股票对于一个持有 40 只股票的证券组合的医生，或对于管理 150 只股票的证券组合的信托人员而言，其风险就是通用电气股票在证券组合风险中的贡献。单独持有该股票可能风险很大，但是如果通过多样化能消除大部分单个风险，那么它的**相关风险**（relevant risk）要比总风险或单个风险要小得多，其中相关风险就是其对证券组合风险的贡献。

  举一个简单的例子有助于我们清楚地理解这一点。你抛一次硬币，假定如果正面朝上，你将得到 20 000 美元，但是如果正面朝下，你将损失 16 000 美元。这是一项好的赌博——预

期收益是 $0.5 \times 20\,000$ 美元 $+0.5 \times (-16\,000$ 美元$) = 2\,000$ 美元。但是,由于你损失 16 000 美元的概率为 50%,这属于高风险,因此你最好拒绝这项赌博。另外一种情况,假定你可以抛 100 次硬币,每次正面朝上你将赢得 200 美元,每次正面朝下你将损失 160 美元。可能你每次抛硬币都正面朝上,这样将赢得 20 000 美元,也有可能每次都正面朝下,这样将损失 16 000 美元。[9] 但是实际上更大的可能性是 50 次正面朝上、50 次正面朝下,赢得净收入 2 000 美元。尽管每次抛硬币都是有风险的赌博,但是总体来讲属于低风险活动,因为大部分风险已经被分散了。这就是持有股票的证券组合而不是持有单一股票的隐含意义。但是不是所有的风险都可以通过多样化消除,那些与股票市场的大盘、系统变化相关的风险将一直存在。

是否所有股票都是等风险的?也就是说,将它们加入合理多样化的证券组合之后是否会对组合风险产生相同的效果?[10] 回答是否定的。不同的股票对证券组合的影响是不同的,所以不同的证券有不同程度的相关风险。那么如何测量单只股票的相关风险呢?正如我们所知道的,除了与市场活动相关的风险之外,假定所有风险都可分散。然而,为什么要接受容易消除的风险?经过讨论,我们认为可分散风险不应当被过多关注,因为在我们决定合理多样化的证券组合应该包括哪些投资时,可分散风险(公司特定风险)是不相关的。然而,由于市场风险(不可分散风险)不能被消除,所以它是相关风险,在对投资组合作决策时应当重点关注。经过多样化后剩余的都是市场风险(市场所固有的风险),而且可通过评估给定股票随市场上下波动的程度来测量该风险。

11.4 β 值的概念

将任意一只股票加入一个多样化的证券投资组合中对于证券投资组合风险的影响是一样的吗?答案是:不是。因为,如利率水平和消费者价格这类的经济因素对于公司的影响并不相同,所以不同股票会以不同的方式影响证券投资组合,也就是说,不同证券会有不同程度的相关(系统)风险。在多样化后仍然存在的风险被称为市场风险,因为这个风险仍然存在于包括金融市场和房地产市场全部可能进行投资的证券投资组合中。这样的证券投资组合可能被认为被完美的多样化了。

假设你可以购买金融市场中现存的任何一种投资产品。由于你拥有合理多样化的证券组合,所以你从投资组合中得到的总收益取决于能够影响所有公司的一般经济因素的变动(如通货膨胀和利率),而不取决于只影响特定公司的因素的变动(如公司劳工问题、欠佳的营销)。因此,这类投资组合只受系统风险或市场风险影响,而不受非系统风险或公司特定风险影响。所以,我们可以通过观察与市场波动一致的单个股票,或与市场有相同特征的平均风险股票的波动来衡量系统风险或市场风险。股票对市场波动的敏感度被称作 β **系数**(beta coefficient),通常用希腊字母 β 来表示。

平均风险股是指其价格与市场同步上升或下降的股票,其风险可通过道·琼斯工业指数、S&P 500 指数等来测量。根据定义,这种股票的 β 值等于 1,通常表示若市场上涨 10%,该股票同样上涨 10%;若市场下跌 10%,该股票同样下跌 10%。由 $\beta = 1$ 的股票组成的证券组

---

⑨ 正面朝下(朝上)100 次的概率为 $(0.5)^{100}$,当保留 20 位小数时,结果大约为 0。
⑩ 尽管本章我们将 β 系数用来测量股票的系统风险,但是 β 系数一般运用于包括债券在内的各种投资。

合将与市场平均水平保持同步涨跌,具有平均风险水平。若 $\beta=0.5$,则股票只有市场一半的波动性,即上涨或下跌幅度只有市场变化的一半。与 $\beta=1$ 的股票组成的证券组合相比,由这些股票组成的证券组合风险减半。另一方面,若 $\beta=2$,其不稳定性是大部分股票的两倍,所以由该股票组成的证券组合比大部分证券组合的风险高一倍。

β 系数可以衡量股票相对于平均风险股票(或市场)的波动性,后者的 $\beta=1$。我们可以通过比较一段时间内的股票收益与市场收益来计算股票的 β 系数,这种比较可以通过类似图 11-9 的画线方法来计算。直线的斜率代表了每一只股票相对于市场变动的情况。事实上,"回归直线"的斜率系数被定义为 β 系数。[11] 很多公司的 β 系数是由美林银行、价值线(Value Line)和其他许多机构计算并公布的。例如,在 2011 年 5 月 7 日,S&P 股票报告显示,提供网上投资服务的 E* TRADE 的 β 系数为 2.06,经营赌场的 Las Vegas Sands 的 β 系数为 3.86,它们的 β 系数都大于 1;Cracker Barrel、Hewlett Packard 和 JetBlue Airway 的 β 系数大约等于 1,是所有股票的平均 β 系数;Campbell Soup($\beta=0.25$)、General Mills($\beta=0.22$)和 PepsiCo,Inc. ($\beta=0.52$)的 β 系数都小于 1。[12]

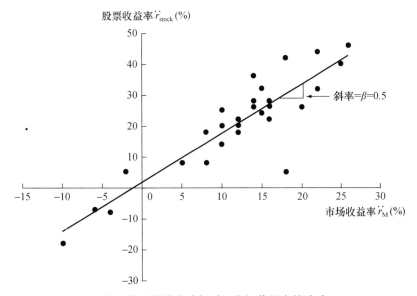

图 11-9　股票收益率的波动相对于市场收益率的波动(β)

如果把高于平均 β 系数($\beta>1$)的股票加入一个平均风险 ($\beta=1$)的证券组合中去,那么该组合的 β 系数和风险都将增加。相反,如果把低于平均 β 系数($\beta<1$)的股票加入一个平均风险的证券组合中去,那么该组合的 β 系数和风险都将下降。由于股票的 β 系数可以测量其对证券组合的贡献,因此理论上 β 系数可以精确地测量股票的风险。

我们将以上讨论的所有内容总结如下:

(1) 股票风险包括两个部分:市场风险和公司特定风险。

---

[11]　股票的 β 系数通常通过简单的回归分析计算,其中,股票收益是因变量,市场收益是自变量。

[12]　理论上,β 可以为负数。例如,当其他股票的收益下降时,有一只股票的收益上升;反之亦然。那么,图 11-9 中的回归直线将会向下倾斜,此时的 β 为负数。但是要注意,很少有股票的 β 为负数。Payco 公司可能有一个负的 β 系数。

（2）公司特定风险可以通过多样化来消除，而大部分投资者确实采取了多样化，或者通过持有大规模的证券组合，或者通过购买共同基金的股份。剩下的就是市场风险，通常是由股票市场的活动引起的。对于理智的、可多样化的投资者而言，市场风险是唯一的相关风险，因为他已经消除了公司特定风险。

（3）投资者必须因承担风险而获得补偿，也就是说，股票的风险越高，其必要报酬率也越高。但是补偿只是针对无法被多样化消除的风险而言。如果风险溢价存在于那些具有高度可分散风险的股票中，那么采取合理多样化措施的投资者将开始购买这些证券，同时抬高价格，最终（均衡）的预期收益只反映非多样化的市场风险。

举一个例子就可以使你明白这一点。假定股票 A 的一半风险属于市场风险（因为股票 A 随着市场而上涨或下跌），另一半风险却是可通过多样化分散的。你只能持有股票 A，所以你承担了所有的风险。作为对承担所有风险的补偿，你想要得到比 5% 的国债利率高 8% 的风险溢价。所以从该投资中你得到的收益是 13% = 5% + 8%。但是假定其他投资者（包括你的教授）都是多样化高手，他们也将持有股票 A，但是他们可以消除可分散风险，于是承担了一半的风险，他们在投资该股票时要求的收益只有 9% = 5% + 4%。

如果在市场中股票的实际收益超过 9%，包括你的教授在内的其他投资者将购买这一股票。如果收益正是你所要求的 13%，那么你愿意购买这一股票，但是采取多样化的投资者可能与你竞争，抬高了股价，从而降低了收益，使你无法得到你所预期的收益，你预期因承担了所有风险而获得补偿的希望将落空。最后，你将不得不接受 9% 的收益或者将钱存在银行里。因此，在理性投资者组成的市场中，风险溢价只反映市场风险。

（4）一只股票的市场风险可以通过 β 系数来衡量。β 系数是股票相对于市场的波动性的指数。β 系数的一些基准值如下：

$\beta = 0.5$，该股票只具有平均风险股票波动率或风险的一半。

$\beta = 1.0$，该股票具有平均风险。

$\beta = 2.0$，该股票风险是平均风险股票的两倍。

（5）由于股票的 β 系数决定了股票如何影响多样化证券组合的风险，因此比起标准差（σ）能有效地衡量总风险或独立风险，β 系数是衡量一只股票相关风险最有效的方法。

证券组合的 β 系数

包括低 β 系数证券的组合本身的 β 系数比较低，因为任何证券组合的 β 系数都是单个证券 β 系数的加权平均：

$$证券组合的 \beta 系数 = \beta_P = W_1\beta_1 + W_2\beta_2 + \cdots + W_N\beta_N = \sum_{j=1}^{N} w_j\beta_j \qquad (11\text{-}8)$$

这里的 β_P 代表证券组合的 β 系数，它反映了证券组合相对于市场波动的情况；w_j 是投资于第 j 只股票的比例；β_j 是第 j 只股票的 β 系数。例如，投资者持有价值 105 000 美元的证券组合，投资于三种股票，每种股票各投资 35 000 美元，且每种股票的 β 系数均为 0.7，则投资组合的 β 系数 $\beta_{P1} = 0.7$：

$$\beta_{P1} = (1/3)(0.7) + (1/3)(0.7) + (1/3)(0.7) = 0.7$$

该证券组合的风险要低于市场风险：它的价格波动范围相对较窄，且收益率的波动也相对较小。若画成类似图 11-9 中回归直线那样的一条线，其斜率为 0.7，要小于平均风险股票证券组合的斜率。

现在假定其中一种股票已经售出，并有另一种 $\beta_j = 2.5$ 的股票进来代替。这一变动将增大证券组合的风险，$\beta_{P1} = 0.7$ 将增加至 $\beta_{P2} = 1.3$：

$$\beta_{P2} = (1/3)(0.7) + (1/3)(0.7) + (1/3)(2.5) = 1.3$$

若加入一个 $\beta_j = 0.4$ 的股票，该投资组合的 β 系数将从 0.7 下降至 0.6。可见，加入低 β 系数的股票将减少投资组合的风险。

自测题 2

（答案见本章末附录 11A）

a. 假设你有一个包含两只股票的证券组合。你将投资总额的 60% 投资于预期收益率为 10% 的股票，剩下的投资于预期收益率为 15% 的股票，那么该证券组合的预期收益率是多少？

b. 假设你将投资总额的 60% 投资于 β 系数为 3.0 的股票，剩下的 40% 投资于 β 系数为 0.5 的股票，那么证券组合的 β 系数是多少？

11.5 风险和收益率之间的关系
——资本资产定价模型

我们在上一节讲过，可以用 β 来衡量股票的相对风险。现在我们详细叙述风险和收益之间的关系：对于给定的 β 水平，为了补偿假定的风险，投资者应该对股票要求多高的收益率？为了确定投资者的必要报酬率，我们运用**资本资产定价模型**（capital asset pricing model，CAPM）。CAPM 表示了一项投资通过它的 β 系数测量的相对风险如何被用来确定投资的必要报酬率。

首先，我们定义以下符号：

$\hat{r}_j$ = 第 j 只股票的预期收益率，基于股票收益的概率分布而得出。$\hat{r}_j$ 是如果投资者购买这只股票预期获得的报酬率。

r_j = 第 j 只股票的必要报酬率，是投资者投资 j 股票要求的报酬率。注意：若 $\hat{r}_j < r_j$，你将不会购买该股票，或者你有该股票也将出售它；若 $\hat{r}_j > r_j$，你可以购买该股票；若 $\hat{r}_j = r_j$，你是否买卖该股票无关紧要。

r_{RF} = 无风险收益率。在本节中，r_{RF} 通常用长期的美国国库券收益率来确定。

β_j = 第 j 只股票的 β 系数。平均风险股票的 β 值，即 $\beta_A = 1$。

r_M = 包括所有股票的投资组合（市场投资组合）的必要报酬率。r_M 也是平均风险股票的必要报酬率（$\beta_A = 1$）。

$\text{RP}_\text{M} = (r_\text{M} - r_\text{RF}) = $ 市场风险溢价。这是超过无风险收益率的额外收益率,用来补偿平均投资者额外的风险($\beta_\text{A} = 1$)。

$\text{RP}_j = (r_\text{M} - r_\text{RF})\beta_j = $ 第 j 只股票的风险溢价。股票的风险溢价小于、等于或大于平均风险股票溢价,这取决于其 β 系数是小于、等于还是大于1。若 $\beta_j = \beta_\text{A} = 1$,则 $\text{RP}_j = \text{RP}_\text{M}$;若 $\beta_j > 1$,则 $\text{RP}_j > \text{RP}_\text{M}$;若 $\beta_j < 1$,则 $\text{RP}_j < \text{RP}_\text{M}$。

市场风险溢价(market risk premium,RP_M)取决于大部分的投资者对风险的厌恶程度。[13]首先假定当前国债收益率 $r_\text{RF} = 5\%$,平均风险股票的必要报酬率 $r_\text{M} = 11\%$。因此,市场风险的溢价是6%:

$$\text{RP}_\text{M} = r_\text{M} - r_\text{RF} = 11\% - 5\% = 6\%$$

如果一只股票的风险是另一只股票风险的两倍,其风险溢价也是另一只股票的两倍。相反,若风险只有其他股票风险的一半,则其风险溢价也是其他股票的一半。进一步说,我们可以用 β 系数来衡量股票的相对风险。所以,如果已知市场风险溢价(RP_M)和用 β 系数衡量的股票风险(β_j),我们可以确定其风险溢价为 $\text{RP}_\text{M} \times \beta_j$。例如,若 $\beta_j = 0.5$,$\text{RP}_\text{M} = 6\%$,则 $\text{RP}_j = 3\%$。

$$\text{股票 } j \text{ 的风险溢价} = \text{RP}_\text{M} \times \beta_j$$
$$= 6.0\% \times 0.5 = 3.0\% \tag{11-9}$$

正如图11-4中所述,任何投资的必要报酬率都可以用下面的等式表示:

$$必要报酬率 = 无风险收益率 + 风险溢价$$
$$r_j \qquad\qquad = \qquad r_\text{RF} \qquad + \qquad \text{RP}_j \tag{11-10}$$

根据前面的讨论,等式(11-10)也可以表示为:

$$r_j = r_\text{RF} + (\text{RP}_\text{M})\beta_j = r_\text{RF} + (r_\text{M} - r_\text{RF})\beta_j$$
$$= 5\% + (11\% - 5\%)(0.5) = 5\% + 6\% \times 0.5 = 8\% \tag{11-11}$$

等式(11-11)是CAPM均衡定价等式。等式(11-11)的图形如图11-10所示,通常被称作**证券市场线**(Security Market Line,SML)。

若其他股票比股票 j 风险更高,且 $\beta_{j2} = 2$,则其必要报酬率为17%:

$$r_{j2} = 5\% + 6\% \times 2 = 17\%$$

$\beta = 1$ 的平均风险股票的必要报酬率为11%,和市场收益率一样:

$$r_\text{A} = 5\% + 6\% \times 1 = 11\% = r_\text{M}$$

前面已经提到等式(11-10)被称作证券市场线等式,通常用图11-10表示,图中证券市场线的 $r_\text{RF} = 5\%$、$r_\text{M} = 11\%$。请注意以下几点:

(1)必要报酬率由纵轴表示,而用 β 系数衡量的风险由横轴表示。图11-10与图11-9不同。图11-9中股票的收益率用纵轴上的点表示,而市场指数的收益率用横轴表示。图11-9中直线的斜率代表股票的 β 值,这个 β 值在图11-10中用横轴上的点表示。

---

[13]　和CAPM概念的其他方面一样,这一概念在 Eugene F. Brigham 和 Phillip R. Daves 所著的 *Intermediate Financial Management*(第10版)(Cincinnati,OH:South-Western College Publishing,2010)的第3章有更为详细的讨论。请注意,无法精确衡量平均风险股票的风险溢价 $\text{RP}_\text{M} = (r_\text{M} - r_\text{RF})$ 的值,原因是我们无法获得精确的市场预期收益率 r_M。但是,实证研究显示可以用长期美国国债来衡量 r_RF,r_M 可以用 S&P 500 股票的预期收益率的估计值,市场风险溢价逐年波动,过去20年通常在4%到8%之间。*Intermediate Financial Management* 的第3章讨论了CAPM理论的假设条件。CAPM理论中的某些假设不现实,因而在实践中也无法获得支持。

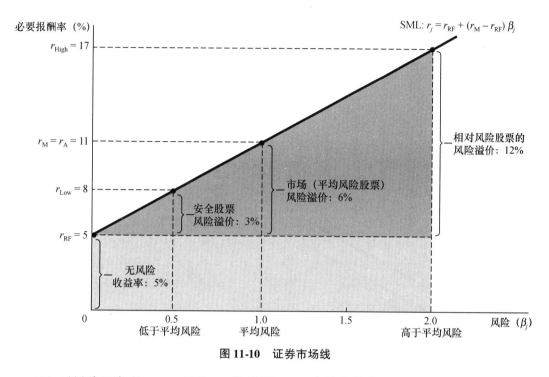

图 11-10 证券市场线

（2）无风险证券有 $\beta_j = 0$；因此，r_{RF} 就是图 11-10 中的纵轴截距。

（3）证券市场线的斜率反映了经济生活中的风险厌恶程度。投资者的平均风险厌恶程度越高，① 直线越陡峭；② 股票的风险溢价越大；③ 股票的必要报酬率越高。[14] 这些内容将在后面部分讨论。

（4）我们计算的 $\beta_j = 0.5$、$\beta_{jA} = 1$ 和 $\beta_{j2} = 2$ 的股票价值和图中所示的值 r_{Low}、r_A 和 r_{High} 相对应。

随着利率、投资者的风险厌恶程度和单个公司的 β 值的变化，证券市场线和公司在其中的地位都将随之改变。这些变化请见下面章节的。

11.5.1 通货膨胀冲击

在第 5 章中我们已经知道，利率是所借货币的租金，或者说是货币的价格；r_{RF} 其实就是对无风险借贷者的货币价格。我们还知道，用美国国债表示的无风险利率被称作名义利率或报价利率，它包括两个部分：① 实际的无通胀收益率（r^*）；② 通胀溢价（IP），它等于预期通胀率。[15] 所以，$r_{RF} = r^* + IP$。

如果预期通胀率增加 2%，将导致 r_{RF} 也增加 2%。图 11-11 显示了这一变化的影响。请

---

[14] 学生有时会将 β 系数和 SML 的斜率相混淆，这是个错误。任何线的斜率都等于上升除以移动，或者 $(Y_1 - Y_0)/(X_1 - X_0)$，在图 11-10 中，假设 $Y = r$，$X = \beta$，从原点到 $\beta = 1$，我们看到斜率 $= (r_M - r_{RF})/(\beta_M - \beta_{RF}) = (11\% - 5\%)/(1 - 0) = 6\%$，因此，SML 的斜率 $= r_M - r_{RF}$，即市场风险溢价。在图 11-10 中，$r_j = 5\% + (6\%)\beta_j$，这样 β 系数成倍增加（例如，从 1 增至 2）将使 r_j 增加 6 个百分点。

[15] 长期债券也包括到期风险溢价（MRP）。这里为简化讨论，我们把 MRP 包括在 r^* 中。

注意,在 CAPM 模型中,由于通胀溢价包含在无风险资产和有风险资产的收益率当中,因此 r_{RF} 的增加还将导致所有风险资产的收益率发生同样的增加。[16] 例如,无风险收益率从 5% 增加到 7%,同时平均风险股票收益率 r_M 从 11% 增加到 13%。因此,所有的证券收益率都增加了 2 个百分点。

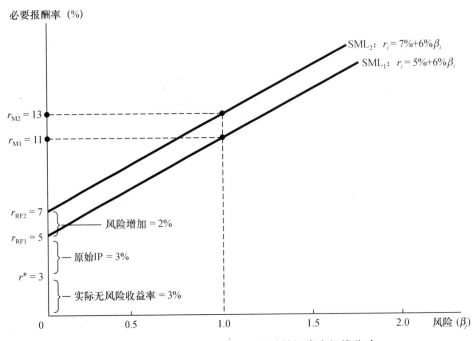

图 11-11　通货膨胀率上升 2% 导致的证券市场线移动

11.5.2　风险厌恶程度的变化

证券市场线的斜率反映了投资者对风险的厌恶程度——直线越陡峭,投资者的风险厌恶程度越高。如果投资者认为风险无关紧要,且 r_{RF} 为 5%,则有风险资产将提供 5% 的预期收益。如果不存在风险厌恶,则没有风险溢价,证券市场线将会是水平的。随着风险厌恶的增加,风险溢价也将增加,因此证券市场线的斜率也随之发生变化。

图 11-12 显示了风险厌恶程度的增加。市场风险厌恶程度从 6% 增加到 8%。r_M 从 $r_{M1} = 11\%$ 增加到 $r_{M2} = 13\%$。其他有风险资产的收益同样增加,风险厌恶的变化效应在风险越高的证券中表现得越明显。例如,$\beta_j = 0.5$ 的股票必要报酬率只增加 1 个百分点,即从 7% 增加到 8%,相比之下,$\beta_j = 2$ 的股票必要报酬率却增加 4 个百分点,即从 17% 增加到 21%。因 $\triangle DRP_j = \triangle RP_M(\beta_j) = (13\% - 11\%)\beta_j = (2\%)\beta_j$,所以这些风险溢价计算如下:

---

　⑯　回想一下任何资产的通胀溢价都等于该资产年限内的平均预期通货膨胀率。因而在分析中必须假设画在证券市场线图上的所有证券都有相同年限或预期通货膨胀率不变。

　同时也要注意,在 CAPM 分析中,无风险收益可以用国债长期利率和国库券的短期利率表示,习惯上使用的是国库券利率,但是近年来更多使用的是国债利率,因为国债与股票的相关性较高。请参考 *Stocks, Bonds, Bills, and Inflation*,2010 Yearbook(Chicago:Ibbotson & Associates,2010)进行讨论。

（1）如果 $\beta_j = 0.5$，则 $\triangle RP_j = 2\% \times 0.5 = 1\%$

（2）如果 $\beta_j = 2$，则 $\triangle RP_j = 2\% \times 2.0 = 4\%$

因此，当一般投资者对风险的厌恶程度发生变化时，高 β 系数的投资比低 β 系数的投资要求的必要报酬率变化更大。

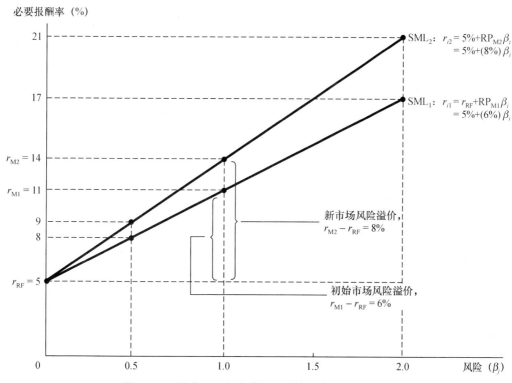

图 11-12　风险厌恶程度增加导致的证券市场线移动

11.5.3　股票 β 系数的变化

我们将在下文提到，公司通过改变资产的组合比例以及改变债务融资的方式来影响 β 系数。公司的 β 值也可以因外部因素发生变化而变化，如行业内的激烈竞争或母公司的倒闭。当这些变化产生时，必要报酬率也随之变化，正如我们在第 10 章中看到的，这些变化还将影响公司股票的价格。以 Genesco 制造公司为例，该公司的 $\beta = 1$。现在假定某些变化导致 Genesco 制造公司的 β 值从 1 增加到 1.5。如果按照图 11-10 所示的条件，Genesco 制造公司的必要报酬率将从

$$r_1 = r_{RF} + (r_M - r_{RF})\beta_j$$
$$= 5\% + (11\% - 5\%) \times 1$$
$$= 11\%$$

增加到

$$r_2 = 5\% + (11\% - 5\%) \times 1.5$$
$$= 14\%$$

任何影响证券必要报酬率的变化,如 β 系数的变化或预期通胀率的变化,都将对证券价格产生影响(相反的方向)。

11.5.4   注意事项

β 系数和 CAPM 值得引起注意。尽管这些概念合乎逻辑,但是整个理论都是基于事先或预期条件,而我们所有的也只是过去的数据。所以我们计算的 β 值表明了股票过去的波动情况,但是条件会发生变化,投资者所关注的股票未来的波动情况不同于过去。尽管 CAPM 在证券定价理论中作出了重大贡献,但在实践中仍然存在严重的缺陷,通过证券市场线得到的 r_j 估计值有很大误差。基于这个原因,许多投资者和分析师同时采用 CAPM 和 β 为将来的分析提供大致正确的数据。投资者因只承担相对风险而要求回报的观点很合乎情理,CAPM 为粗略估计一项投资的相对风险和适当的必要报酬率提供了一种简便的方法。

(●)) 自测题3

(答案见本章末附录 11A)

股票 E 的 β 系数为 1.2。如果无风险收益率为 4%,预期市场收益率为 10%,那么股票 E 的必要报酬率是多少?

11.6   股票市场均衡

从前面的讨论中我们知道可以使用 CAPM 来计算投资的必要报酬率(如股票 Q),我们用 r_Q 来表示。假设无风险收益率为 5%,市场风险溢价为 6%,股票 Q 的 β 系数为 1.5($\beta_Q = 1.5$)。在这种情况下,边际或者平均投资者对股票要求的收益率为 14%。

$$r_Q = 5\% + 6\% \times (1.5) = 14\%$$

图 11-13 中证券市场线上的 Q 点显示了这 14% 的收益。

如果预期收益率超过 14%,一般投资者将购买股票 Q;如果预期收益率低于 14%,投资者将抛售股票;如果预期收益率等于 14%,对投资者不产生影响(投资者会持有,但不会购买也不会抛出股票 Q)。现在假设投资组合包括股票 Q,投资者对股票前景进行分析,得出结论认为该股票的盈利、股息和价格预计保持每年 4% 的固定增长率,因为上期支付的股利 $D_0 = 3$ 美元,下一期的预期股利为:$\hat{D} = 3.00 \times (1.04) = 3.12$(美元)。假设我们的平均投资者观察到当前股票的价格 P_0 为 34.67 美元,他应该购买更多的股票 Q、卖出现有股票还是维持目前的头寸呢?

回想第 10 章,我们可以计算股票 Q 的预期收益率如下(等式 10-10):

$$\hat{r}_Q = \frac{\hat{D}_1}{P} + g = \frac{3.12}{34.67} + 0.04 = 0.09 + 0.04 = 0.13 = 13\%$$

这个值画在图 11-13 的低于证券市场线的点 Q' 上,因为预期收益率低于必要报酬率,$\hat{r}_Q = 13\%$,$r_Q = 14\%$。与其他投资者一样,这个边际投资者想要卖出股票。因为投资者很少愿意以 34.67 美元的价格买入股票,当前的持有者除非降价,否则无法找到购买者。股票价格将持续下跌到 31.20 美元,使证券市场实现**均衡**(equilibrium),原因是预期收益率必须等于必要报酬率:

$$\hat{r}_Q = \frac{3.12}{31.20} + 0.04 = 0.10 + 0.04 = 0.14 = 14\%$$

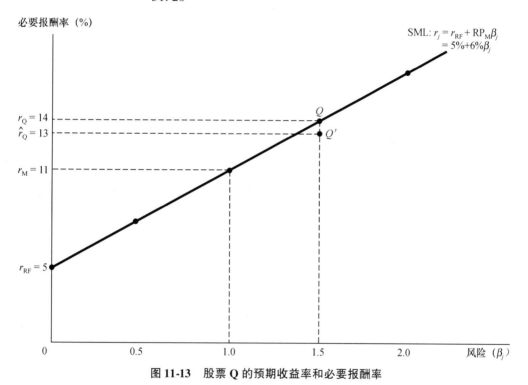

图 11-13　股票 Q 的预期收益率和必要报酬率

如果股票最初的卖出价低于 31.20 美元,如 28.36 美元,则情况正好相反,此时投资者愿意购买该股票,因为预期收益率($\hat{r} = 15\%$)高于必要报酬率,股价会持续上涨到 31.20 美元。

总之,在均衡的条件下:

(1)边际投资者的预期收益率必须等于必要报酬率:$\hat{r}_j = r_j$。

(2)实际市场价格必须等于边际投资者估计的内在价值:$P_0 = \hat{P}_0$。

当然,某些投资者可能认为 $\hat{r}_j > r_j$ 和 $\hat{P}_0 > P_0$,因而他们会把大多数资金用于购买该股票,而另一些投资者可能持有相反的观点,会卖出所有的股票。然而,正是边际投资者决定了实际市场价格,此时 $\hat{r}_j = r_j$ 和 $P_0 = \hat{P}_0$,如果这些条件出现变化,交易将持续到恢复到该条件为止。

自测题 4

(答案见本章末附录 11A)

　　假设 Porter Pottery 公司的股票的当前售价是 26.00 美元。该公司以固定的速率增长,最近公司刚刚支付 2.50 美元的股息。专家分析认为该股票当前的市场价格达到均衡状态,投资者购买该股票所要求的必要报酬率是 14%。如果在明天 Porter Pottery 的年末财务报表对外公布之后,股票价格增加到 28.89 美元。那么股票的预期收益率是多少?假设公司的增长率仍旧保持固定。

11.7　股票均衡价格的变化

　　股票市场经常经历剧烈的波动变化。例如,1987 年 10 月 19 日,道·琼斯工业指数下跌了 508 点,平均股票价值在一天就下跌了 23%,一些股票市值则下跌了一半多。最近发生的例子是,在 2011 年 3 月,道·琼斯工业平均指数在月中五天的交易时间里下降了 600 点,这相当于 −260% 的年回报率。

　　想要了解为何发生这样的变化,我们再看一下股票 Q。在前面的情况下,这只股票的卖出价为 31.20 美元,现在考虑一下如果计算当前价格变化的任何变量出现变化的话,对股票回报率和股票价格会产生何种影响。例如,如果投资者要求更高的投资回报率,比如说 16% 而不是 14%,股票价格会受何种影响?如果在上面的计算中我们改变 r_s 值,将其设定为 16%,我们发现股票 Q 的价值为:

$$\hat{P}_0 = \frac{\hat{D}_1}{r_s - g} = \frac{3.00 \times (1.04)}{0.16 - 0.04} = \frac{3.12}{0.12} = 26.00(美元)$$

　　新的股价很低,原因是投资者要求更高的回报,即在获得相同的未来现金流的情况下要求 16% 而不是 14% 的回报。

　　如果预期现金流不同而要求回报相同,即 $r_s = 14\%$,那么股票价格会如何变化?考虑公司的增长率是 3% 而不是 4% 的影响:

$$\hat{P}_0 = \frac{3.00 \times (1.03)}{0.14 - 0.03} = \frac{3.09}{0.11} = 28.09(美元)$$

　　新的股票价格仍然很低。在这种情况下,股票价格低是因为投资者对股票的需求与以前一样,但股票的现金流(股息)预计比以前的要低($\hat{D}_1$ 是 3.09 美元而不是 3.12 美元)。

　　从这个简单的例子中,你可以得出股票价格变化的原因在于:① 投资者对自己投资的股票要求的回报改变;② 投资者对与股票变化相关的现金流的预期改变。更特别的是,例子显示:股票价格与回报率呈反方向变化,但与预期股票未来的现金流呈同方向变化。因而,如果投资者要求从股票投资中获得更高(更低)的回报,股票的价格或价值应当下跌(上涨);如果投资者预期他们的投资将产生更低(更高)的未来现金流,股票的价格也应当下跌(上涨)。

这说明股票,特别是在纽约证券交易所上市的公司股票会很快调整不均衡状况。因此,一般来说,任何股票的均衡价格都是存在的,其预期回报率等于必要报酬率。虽然股票价格确实会发生变化,且有时很剧烈和迅速,但这些波动只是反映不同的情况和预期,当然有时股票会持续几个月向有利或不利的方向变化,但这并不是长期调整的信号,而是说明市场反映了有关该股票的信息在不断更新。

自测题5

(答案见本章末附录 11A)

a. 假设 Howard Manufacturing 公司的股东要求投资该公司普通股的收益率为 13%。上星期 Howard 公司向普通股股东支付每股 2 美元的股息,预期公司股息将以 3% 的增长率增长。如果 Howard 公司股票的市场价值为 19 美元,那么该价格是合理的股票价格吗?

b. 根据 a 中的信息,计算 Howard 公司股票的预期收益率。

11.8 实物资产和证券

本章中很多内容都与金融资产特别是股票的风险有关。但是财务经理应该更为关注诸如厂房和设备等商业或实物资产的风险。为什么不解释实物资产的风险呢?理由是,对于以股票价格最大化为目标的财务经理而言,应最先考虑公司股票的风险,而任何实物资产的相关风险都以其对股票风险的影响来衡量。例如,Goodyear 轮胎公司正在考虑投资一个新产品——翻新轮胎。经营翻新轮胎所获得的收益是不确定的,所以新产品是有风险的。但是假设翻新轮胎的收益和 Goodyear 轮胎公司的日常经营呈负相关——在经济繁荣且人们有足够的钱时,他们将会购买新轮胎;反之,人们更倾向于购买翻新轮胎。因此,在经济繁荣时日常经营的收益高,而翻新轮胎的收益低;而在经济衰退时就会发生相反的情形。可以参见前文图 11-5 中的股票 W 和股票 M。所以,通常单个来看有风险的投资若从整个公司角度来看,其风险可能并不高。

该分析同样适用于公司所有者即股东。由于 Goodyear 轮胎公司股票为分散的股东所持有,他们在每次公司作出重大的资产投资决策时都关心该投资对股东会产生什么影响。而且,单个项目的风险可能很高,但是从项目对股东风险的影响来看,风险可能并不是很大。我们将在第 13 章讨论这一问题,即讨论资本预算对公司 β 系数和股东风险的影响。

11.9 不同类型的风险

我们在第 5 章讨论利率和货币成本时引入了风险的概念。我们所说的名义回报率(r),可以用如下的公式表示:

$$回报率(利率) = r = 无风险利率 + 风险溢价$$
$$= r_{RF} + RP = [r^* + IP] + [DRP + LP + MRP]$$

在这里:

r = 给定证券的名义利率。因为有很多种证券,所以存在多种名义利率。

r_{RF} = 名义无风险报酬率。

r^* = 实际无风险利率,即投资期内通货膨胀率为0时有担保证券的利率。

IP = 通货膨胀溢价,等于证券存续期内预期的平均通货膨胀率。

DRP = 违约风险溢价,表示借款人到期不支付债务利息和本金的概率。

LP = 流动性或可市场化溢价,表明相对于其他证券,在短期内更容易以合理的价格转化为现金。

MRP = 到期风险溢价,表明长期证券比短期证券受利率影响要大。

第5章中的讨论给出了有关利率的总体看法和影响利率的一般因素,但并没有详细讨论利率估价,而是讨论了一些与决定债务总风险有关的因素,如违约风险、流动性风险、到期风险。实际上,这些风险也影响其他投资,包括权益。权益不是你与公司之间订立的法律合同,你无权要求公司在特定时期支付固定的股利或做一些具体事情。但是,由于股利支付和公司未来增长产生的资本利得会带来现金分配,这些都将产生获得正收益的预期。投资者也会预期公司采取适当的行为,如果不能满足预期,投资者会认为公司没有达到他们的期望,但由于公司没有违反任何法律,不像债券违约一样,投资者行使法律追索权,所以投资者惩罚公司的方式就是卖掉股票,让公司的股价下跌。

在本章中,我们通过介绍如何确定与投资有关的风险溢价(至少是理论上的),进一步说明第5章中介绍的一般概念。我们把等式(5-2)扩展如下:

$$r_j = 无风险利率 + 风险溢价 = r_{RF} + (r_M - r_{RF})\beta_j = CAPM$$

根据CAPM,投资者不能期望与投资有关的所有风险(总的或单一的风险)都能获得回报,因为有些风险可以通过多样化来化解。而相关风险,即投资者应当得到补偿的风险是总风险中无法通过多样化来化解的风险。因此:

$$总风险 = \sigma = 系统风险 + 非系统风险$$
$$= 市场(经济)风险 + 公司特定风险$$
$$= 不可分散风险 + 可分散风险$$
$$= 不可消除风险 + 可消除风险$$
$$相关风险 = 不可分散风险 + \cancel{可分散风险}(消除)$$
$$= 系统风险$$

在等式(11-11)中,系统风险用投资者的β系数表示。

公司和个人投资者要面对的不同类型与不同来源的风险有很多,并且随着情况的变化而改变。关于不同类型风险差异的讨论和衡量风险的方法不在本书的讨论范围内。但是,你应该认识到风险是确定必要报酬率的重要因素,根据下面的等式,风险是我们用于确定资产价值的变量之一。

$$价值 = \frac{\widehat{CF_1}}{(1+r)^1} + \frac{\widehat{CF_1}}{(1+r)^2} + \cdots + \frac{\widehat{CF_n}}{(1+r)^n} = \sum_{t=1}^{n} \frac{\widehat{CF_t}}{(1+r)^t}$$

　　价值的概念我们在第 1 章中就介绍过,并在第 10 章中作过讨论。这里我们需要知道的是,资产的价值,无论是股票还是债券,取决于资产存续期间预计产生的现金流和投资者购买投资的必要报酬率。本章我们介绍必要报酬率是如何确定的,并且我们会知道,投资者承担较高的相关风险也需要较高的必要报酬率来补偿。

　　由于风险是一个重要的概念并且对价值有直接影响,本书中我们仍会继续讨论风险。尽管也讨论了投资者面对的风险,但大多数的讨论都集中于影响公司的风险。因为本书介绍了不同类型的风险,以简短的语言综合和描述这些风险是很有帮助的。表 11-4 显示了本书中讨论的风险以及不同风险之间的关系,无论这些风险是系统风险(不可分散风险)还是非系统风险(可分散风险)。注意:① 这个表简化了风险分析,因为有些风险不容易区分是系统风险还是非系统风险;② 表中所列示的一些风险在本书的后面有讨论。尽管如此,表11-4 还是显示了本书中所讨论的不同风险之间的关系。

表 11-4　风险的不同类型(来源)

	风险类型	简单描述
Ⅰ. 系统风险 (非多样化风险,市场风险,相关风险)	利率风险	当利率发生变化时:① 投资价值发生变化(反向);② 基金再投资率发生变化(正向)。
	通货膨胀风险	利率发生变化的主要原因是投资者改变了他们对未来通货膨胀的预期。
	到期风险	长期投资比短期投资对利率变化更敏感。
	流动性风险	一些投资比其他债券更容易以"合理的价格"变现。
	汇率风险	跨国企业有多国货币业务,当市场环境发生变化时,各国货币间的汇率会发生改变。
	政治风险	任何降低投资价值的政府行为都是政治风险。
Ⅱ. 非系统风险 (多样化风险,企业风险)	商业风险	在未使用债务的情况下与公司经营有关的风险包括企业的劳动力情况、产品安全、质量管理、竞争环境等影响企业特定风险有关的因素。
	财务风险	与企业如何融资相关的风险,即信用风险。
	违约风险	财务风险的一部分,指企业无法偿还现有债务的风险。
Ⅲ. 综合风险 (包括系统风险和非系统风险)	总风险	是系统风险和非系统风险的综合,也指投资者只投资一个项目,相当于"把所有的鸡蛋都放在一个篮子里"。
	公司风险	不考虑股东多样化影响的企业风险;基于企业资产组合(存货、应收账款、厂房和设备等)风险;多样化的存在是因为企业的实物资产包括多种投资组合。

RIP——颐养天年

退休投资项目(Retirement Investment Products, RIP)提供了全面的退休计划服务和多样化的适用于不同风险程度的退休投资。对于 RIP 中可获得的投资项目,投资者可以设立从无风险至高风险的不同风险偏好的退休基金。RIP 在投资领域中的名声是无可挑别的,因为它要求服务代理者向客户提供全面的风险信息,无论这是代理者所推荐的还是客户主动要求的。自 1950 年以来,RIP 的退休投资组合基金达到 600 亿美元,是美国退休基金中最大的提供商之一。

假设你是 RIP 的投资分析师。你的责任之一就是在制定投资决策时向退休基金管理者提供评估建议。最近,在一家大型经纪公司——SunCoast 投资公司工作的大学好友Howard 告诉你,有一项新的投资,其未来几年的预期收益很高。该投资被称作"骑在背肩上的资产投资策略",缩写为 PAID。Howard 告诉你,实际上他并不知道字母缩写的含义以及如何组合投资,但是所有他阅读过的报告均表明,PAID 是未来的投资热点;所以若现在进行投资,未来收益相当可观。他向你提供的信息之一就是 PAID 是一项包括多个证券组合的复杂投资,这些证券的价值取决于政府机构发行的多种债券工具,这些机构包括联邦抵押协会、联邦家庭贷款银行等。Howard 清楚地表示,他希望你能考虑一下有关从 Sun-Coast 投资公司购买 RIP 的建议。这一委托代理将保证他和他的家人免受金融危机的影响,因为其在金融市场的投资带给他们的是厄运。Howard 表示,如果 RIP 通过 SunCoast 公司投资 PAID,他将给你一定的报酬。用他的话说:"你将挽救我的生命。"你说你会考虑他的决定并打电话给他。

除了 Howard 给你的信息之外,没有任何有关投资 PAID 的信息。和类似投资相比,其预期收益非常高,因此该投资很有挑战性。早上,你打电话给 Howard,询问更多有关预期收益的问题,以此来确定 PAID 的风险。但是 Howard 无法完全解释该投资的风险问题,尽管他提醒你 PAID 包括美国政府机构债券。他说:"政府机构的风险有多大?"

PAID 极具吸引力,因为如果 RIP 能提高投资收益则将吸引更多的客户。若你建议新的投资且能成功获得更高收益,你将获得相当多的佣金。同时,你也将帮助 Howard 摆脱金融困境,因为通过 SunCoast 投资公司购买 PAID,Howard 的佣金也很可观。你会建议投资 PAID 吗?

本章要点总结

本章重要概念

为了总结,我们把本章讨论的关键概念与本章开始的学习目标联系起来。

- 在金融学中,我们将风险定义为"不能达到预期收益的可能性,无论实际的结果是比预期的好,还是比预期的差"。
- 高风险投资比低风险投资要求更高的预期收益,否则,人们将不会购买高风险投资。
- 任何投资的总风险都可以分为两部分:可分散风险和不可分散风险。可分散风险对于消息灵通的投资者而言不重要,因为投资者可以通过多样化投资将它的影响消除。因此,相关风险是不可分散风险,因为它不能被消除,即使在合理多样化的证券组合中。
- 不可分散风险(又叫系统风险、市场风险)的影响通过计算投资的 β 系数加以确定。β 系数衡量一项投资对市场波动的敏感性,市场波动通常被认为是最接近合理的多样化组合,因此它只受系统风险影响。

根据 CAPM,投资的必要报酬率可计算如下: $r_i = r_{RF} + (r_{RF} - r_M)\beta_i = r_{RF} + (RP_M)\beta_i$。

- 当投资者预期的收益率 $\hat{r}$ 低于他们对具有相似风险的投资所要求的收益率时($\hat{r} < r$),他们将不会购买该项投资。这就会使得该项投资的价格下降,预期收益率上升,直至 $\hat{r} = r$。当 $\hat{r} > r$ 时,投资者会购买该项投资,使得价格上涨,直至 $\hat{r} = r$。
- 相关风险包括与经济因素有关的那些风险,如利率风险、通货膨胀风险,等等。非相关风险由于能够被分散,它包括与特定公司或行业有关的那些风险类型,如商业风险、违约风险,等等。

个人理财相关知识

本章介绍的概念应该能够帮助你更好地理解投资的风险与收益之间的关系,这种关系在金融学中属于很重要的内容。如果你明白了我们所介绍的基础知识,你就应该能够构造出你所能接受的风险水平的投资组合。

- **我们在投资时应当记住本章中的哪些重要原则?**

首先,记住风险和收益是正相关的。所以,在大多数情况下,当你面临一项承诺支付高收益的投资时,你应当知道该投资有很高的风险。在进行投资决策时,不要将风险与收益分开——不考虑投资风险时,也不考虑投资收益。其次,记住你可以通过多样化投资来减少一些投资风险,多样化投资可以通过购买非高度正相关的不同的投资实现。在许多情况下,你可以不减少投资组合的预期收益率就能降低风险。

- **如果我没有足够的资金购买 40 种不同类型的证券,我该如何实现多样化?**

我们在第 2 章介绍过共同基金,它为投资者提供了可进行多样化投资的机会。这些不同的投资由一个大的投资组合组成,通常包括 50—100 种证券,因此形成多样化投资。许多类型的共同基金有着不同的投资目标。大多数共同基金的份额可以只用 500 美元购买到。因此,你不必很富有就可以实现多样化投资。个人进行投资时建议遵循一句老话:"不要把鸡蛋放在同一个篮子里。"

- **如何使用本章介绍的知识来构造一个风险水平是我可以接受的投资组合?**

记住:① 股票(投资)的 β 系数是对其相关风险的衡量;② 投资组合的 β 系数等于组合中所有投资的 β 系数的加权平均。因此,如果你可以确定各项投资的 β 系数,你就可以选择你所喜欢的风险水平的投资,从而形成投资组合。如果你喜欢低风险而不是高风险,你就应当

购买低 β 系数的投资,反之亦然。另外,你可以通过增加或删去具有特别风险的股票调整你的投资组合的风险,也就是说,为了减少投资组合的风险,你可以增加低 β 系数的证券,也可以从组合中删去(出售)高 β 系数的证券。大部分大公司股票的 β 系数是很容易找到的,如在很多网站上发布、在公共图书馆中的各种金融出版物上发布、由投资机构公布,等等。

- **我如何确定一项投资的必要报酬率和预期收益率?**

许多投资者通过观察一项投资过去的表现来确定它的预期收益。使用这种方法时一定要注意,因为过去的收益通常不能代表未来的收益。但即便如此,通过观察股票过去的增长,你也可以预期它在未来的长期增长如何,特别是如果公司相当稳定时,这一方法较为可靠。同时,投资者也会根据专家们提供的信息对预期收益形成意见。

为了确定一项投资的必要报酬率,投资者通常估计具有相似风险投资的收益。此外,我们在本章介绍过,有些投资者使用 CAPM 对投资的必要报酬率进行粗略估计。大部分大公司的 β 系数都可以通过多种渠道获得(包括从网上);无风险利率可以使用当前的国库券利率进行估计;预期市场收益可以通过近几年的市场收益、市场当前的趋势以及经济学家与投资分析专家的预测进行估计。

当你进行投资时,请记住:"如果你因为你的投资而睡不着觉,或者相比你的工作你更加关注你的投资组合的收益,那么你的投资状况十分危险。"如果你发现自己正处于这种情况下,那么就使用本章介绍的知识调整你的投资组合的风险吧!

思考题

11-1 "风险小的预期收益的概率分布比风险大的预期收益的概率分布更陡峭。"这种说法正确吗?解释理由。

11-2 (a)完全确定的收益的概率分布图形是怎样的?(b)完全不确定的收益的概率分布图形又是怎样的?

11-3 列举一些因非系统风险而影响股票价格的事件。又有哪些事件是由系统风险导致的呢?解释理由。

11-4 为什么系统风险是投资的相关风险?为什么投资者只因这类风险而受到补偿?

11-5 解释以下的说法:"作为证券组合中的一只股票通常比该股票单独持有时的风险小。"

11-6 证券 A 的预期收益率为 7%,预期收益率的标准差为 35%,与市场的相关系数为 -0.3,β 系数为 -0.5。证券 B 的预期收益率为 12%,预期收益率的标准差为 10%,与市场的相关系数为 0.7,β 系数为 1.0。哪个证券的风险更高?为什么?

11-7 假定你拥有价值 250 000 美元的长期美国政府债券组成的投资组合。

a. 你的投资组合是无风险的吗?

b. 假定你拥有的投资组合包括 250 000 美元的 30 天期国债。每 30 天你的债券将到期,你可以再投资新的债券。如果你的投资收入来自于投资组合,你打算保持固定的生活标准。你的投资组合是不是真的没有风险?

c. 你能找到完全没有风险的资产吗?有人能开发这样的资产吗?解释理由。

11-8 寿险保单属于金融资产,保费代表投资成本。

a. 你如何计算寿险保单的预期收益率?

b. 假定寿险保单所有者没有其他金融资产,仅有的其他资产是"人力资本"或生活能力。保单的收益和保单持有者的人力资本收益之间的相关系数是多少?

c. 寿险公司不得不支付管理成本和销售代表的佣金;因此,保费的预期收益率通常很低,甚至可能为负。请使用投资组合的概念来解释:尽管预期收益为负,为什么人们仍旧购买寿险?

11-9　如果投资者对风险的厌恶增加,高 β 系数的股票风险溢价大于还是小于低 β 系数的股票风险溢价? 解释理由。

11-10　你认为可以构造一种股票投资组合,使得组合的预期收益率等于无风险收益率吗?

11-11　假设一只股票的 β 系数有两个, $\beta_1 = 1$, $\beta_2 = 2$,从逻辑上来说该只股票的必要报酬率也应当有两个。这种逻辑正确吗? 解释理由。

计算题

11-1　根据以下的概率分布,计算证券的预期收益。

状态	概率	$r(\%)$
1	0.2	−5.0
2	0.3	10.0
3	0.5	30.0

11-2　以下投资的预期收益是多少?

概率	收益率(%)
0.3	30.0
0.2	10.0
0.5	−2.0

11-3　Susan 的投资组合当前包含三只股票,总价值为 100 000 美元。该组合的 β 等于 1.5。Susan 正考虑将额外的 50 000 美元投资于 β 等于 3.0 的一只股票。那么在她加入这只股票后,投资组合新的 β 是多少?

11-4　将 10 000 美元投资于包含两只股票的组合,30% 投资于股票 A,70% 投资于股票 B。如果股票 A 的 β 为 2.0,组合的 β 为 0.95,那么股票 B 的 β 是多少?

11-5　假设 $r_{RF} = 5\%$, $r_M = 12\%$,那么 β 等于 1.5 的股票合适的必要报酬率是多少?

11-6　当前的无风险收益率 $r_{RF} = 4\%$,市场风险溢价 $RP_M = 5\%$。如果一家公司股票的 β 为 2.0,那么该股票的必要报酬率是多少?

11-7　如果无风险收益率 $r_{RF} = 4\%$,预期市场收益为 $r_M = 12\%$,那么 β 等于 2.5 的一只股票的必要报酬率是多少?

11-8　以下是关于两只股票的信息:

投资	预期收益 $\hat{r}(\%)$	标准差 $\sigma(\%)$
股票 D	10.0	8.0
股票 E	36.0	24.0

哪种投资的相关风险最大?

11-9　ZR 公司股票的 β 等于 1.8,必要报酬率等于 16%。如果预期市场收益率为 10%,那么无风险收益率是多少?

11-10　当前无风险收益率为 3%,预期市场收益率为 10%。以下包含三只股票的投资组合的预期收益率是多少?

投资金额(美元)	β
400 000	1.5
500 000	2.0
100 000	4.0

11-11　市场和股票 S 的概率分布如下:

概率	$r_M(\%)$	$r_S(\%)$
0.3	15	20
0.4	9	5
0.3	18	12

a. 计算市场和股票 S 的预期收益率。
b. 计算市场和股票 S 的标准差。
c. 计算市场和股票 S 的变异系数。

11-12　Marvin 的投资组合具有以下特点:

预期投资	收益 $\hat{r}(\%)$	投资金额(美元)
ABC	30	10 000
EFG	16	50 000
QRP	20	40 000

Marvin 的投资组合 $\hat{r}_P$ 的预期收益率是多少?

11-13 股票 X 和股票 Y 的预期收益率的概率分布如下:

概率	r_x(%)	r_Y(%)
0.1	-10	-35
0.2	2	0
0.4	12	20
0.2	20	25
0.1	38	45

a. 计算股票 Y 的预期收益率 $\hat{r}_Y$($\hat{r}_X = 12\%$)。

b. 计算股票 X 的预期收益的标准差($\sigma_Y = 20.35\%$)和股票 Y 的变异系数。大部分投资者是否会认为股票 Y 的风险比股票 X 的风险小? 解释理由。

11-14 股票 R 和股票 S 的收益的概率分布如下:

概率	收益(%)	
	股票 R	股票 S
0.5	-2	20
0.1	10	12
0.4	15	2

a. 计算每只股票的预期收益。

b. 计算这两只股票各占 50% 的投资组合的预期收益。

c. 计算每只股票和上述投资组合的收益的标准差。相对于总风险,哪只股票的风险更大?

d. 计算每只股票的变异系数。根据变异系数,哪只股票的风险更高?

e. 如果随机地向投资组合中加入更多的股票,以下哪种说法更能准确地描述组合的标准差发生了怎样的变化?

(1) 组合的标准差将会保持不变。

(2) 组合的标准差将会降至 15% 左右。

(3) 如果包含足够多的股票,组合的标准差将会降低至 0。

11-15 昨天,Susan 确定无风险收益率 $r_{RF} = 3\%$,市场组合的必要报酬率 $r_M = 10\%$,股票 K 的必要报酬率 $r_K = 17\%$。今天,Susan 得到新的消息,投资者的风险厌恶程度比她想的要高。因此,市场风险溢价 RP_M 实际上比她昨天估计的要高 1%。当 Susan 考虑这个改变对风险溢价的影响时,新的 r_K 将会是多少?

11-16 Terry 最近等额投资五只股票形成一个投资组合,该组合的 β 为 1.2,即 $\beta_P = 1.2$。他正考虑卖出组合中风险最高的股票($\beta = 2.0$),用另一只股票代替。如果 Terry 用 $\beta = 1$ 的一只股票替换掉了 $\beta = 2$ 的股票,那么他的投资组合新的 β 是多少? 假设投资组合中每只股票等额投资。

11-17 Thomas 持有一个包含五只股票的投资组合,该组合的市场价值等于 400 000 美元,β 为 1.5。现在 Thomas 正考虑卖掉一只股票以帮助他支付一些大学费用,该股票的价值为 100 000 美元。如果他卖了那只股票,投资组合的 β 会增加到 1.8。Thomas 正考虑要卖掉的那只股票的 β 是多少?

11-18 假设你持有一个由 20 种不同股票组成的多样化证券组合,每只股票等额投资 7 500 美元。该组合的 β 等于 1.12。现在你要卖掉组合中 β 为 1 的一只股票,并以取得的收益为组合购买另一只股票。假设新股票的 β 等于 1.75。计算你的投资组合的新的 β。

11-19 假设 $r_{RF} = 8\%$,$r_M = 11\%$,$r_B = 14\%$。

a. 计算股票 B 的 β。

b. 如果股票 B 的 β 等于 1.5,那么它的必要报酬率是多少?

11-20 假设 $r_{RF} = 9\%$,$r_M = 14\%$,$\beta_X = 1.3$。

a. 股票 X 的必要报酬率 r_X 是多少?

b. 假设 r_{RF}:① 增加到 10%;② 降低至 8%。SML 的斜率保持不变。这两种变化如何影响 r_M 和 r_X?

c. 假设 r_{RF} 保持为 9%,但是 r_M:① 增加到 16%;② 降低至 13%。SML 的斜率发生变化。这两种变化如何影响 r_M?

11-21 股票 R 的 β 为 1.5,股票 S 的 β 为 0.75,每只股票的预期收益率均为 15%,无风险利率为 9%。风险较高的股票的必要报酬率比风险较低的股票高多少?

11-22 假设你是 400 万美元投资基金的投资经理,该基金由以下四只股票组成:

股票	投资（美元）	β
A	400 000	1.5
B	600 000	−0.50
C	1 000 000	1.25
D	2 000 000	0.75

如果市场的必要报酬率为 14%，无风险利率为 6%，那么该基金的必要报酬率是多少？

11-23　以下是关于投资 A、投资 B、投资 C 的信息：

经济状况	概率	投资收益（%）		
		A	B	C
繁荣	0.5	25.0	40.0	5.0
正常	0.4	15.0	20.0	10.0
萧条	0.1	−5.0	−40.0	15.0
$\hat{r}$		18.0	24.0	
σ			23.3	3.3

a. 计算投资 C 的预期收益 $\hat{r}$。

b. 计算投资 A 的标准差 σ。

c. 根据总风险和收益，风险厌恶投资者更喜欢哪种投资？

11-24　假如你赢得了佛罗里达州的彩票，两个奖项任你挑选：① 获得 500 000 美元；② 参加赌博，赌博规则为抛硬币时头像朝上赢得 1 000 000 美元，否则为零。

a. 该赌博的预期值是多少？

b. 你选择 500 000 美元还是参加赌博？

c. 若你选择 500 000 美元，你属于风险厌恶者还是风险追求者？

d. 假定你确实得到了 500 000 美元。你可以投资于美国国债，年末将得到 537 500 美元；或者投资于普通股，在年末得到 1 150 000 美元或 0 的概率为 50 对 50。

（1）股票投资的预期利润是多少？（国债投资的预期利润为 37 500 美元）

（2）股票投资的预期收益率是多少？（国债投资的预期收益率为 7.5%）

（3）你选择投资股票还是债券？

（4）假定债券的收益率为 7.5%，你选择投资股票的条件是股票投资的预期利润（或者预期收益率）必须达到多少？

（5）除了将 500 000 美元投资于一种股票之外，如果你构造的投资组合包括 100 种股票，每种股票投资 5 000 美元，有什么能影响你的决策？这些股票的收益率都相同，也就是说，在年末股票价值为 0 或 11 500 美元的概率为 50 对 50。这些股票之间的相关性会有影响吗？

11-25　McAlhany 投资基金的总资本为 5 亿美元，投资于五种股票：

股票	投资（美元）	股票的 β
A	1.6 亿	0.5
B	1.2 亿	2.0
C	8 000 万	4.0
D	8 000 万	1.0
E	6 000 万	3.0

目前无风险收益率为 8%，下一期市场收益率的预计概率分布如下：

概率	市场收益率（%）
0.1	10
0.2	12
0.4	13
0.2	16
0.1	17

a. 计算市场的预期收益率。

b. 计算投资基金的 β。（切记这是投资组合）

c. 计算 SML 的估计方程式。

d. 计算下一期基金的必要报酬率。

e. 假定公司主席 John McAlhany 收到一个投资新股的建议。投资该股票要求 5 000 万美元，预期收益率为 18%，β 的估计值为 2.0。是否应购买该新股？预期收益为多大时，McAlhany 不必介意是否购买新股？

11-26　股票 A 和股票 B 的历史收益率如下：

年份	股票 A 的收益率（$\ddot{r}_A$）（%）	股票 B 的收益率（$\ddot{r}_B$）（%）
2008	−10.00	−3.00
2009	18.50	21.29
2010	38.67	44.25
2011	14.33	3.67
2012	33.00	28.30

a. 计算 2008—2012 年间每种股票的平均预期收益率。假定某人的投资组合包括 50% 的股票 A 和 50% 的股票 B,2008—2012 年间每年投资组合已实现的收益率各是多少?该期间内投资组合的平均收益率是多少?

b. 用等式(11-4)计算每种股票收益和投资组合收益的标准差。

c. 观察两种股票的年收益数据,你认为两种股票收益率的相关系数更接近 0.9 还是 -0.9?请解释。

11-27 股票 A 和股票 B 的历史收益率如下:

年份	股票 A 的收益率 $(\ddot{r}_A)(\%)$	股票 B 的收益率 $(\ddot{r}_B)(\%)$
2008	-18.00	-14.50
2009	33.00	21.80
2010	15.00	30.50
2011	-0.50	-7.6
2012	27.00	26.30

a. 计算 2008—2012 年间每只股票的平均收益率。

b. 假设某人的投资组合包括 50% 的股票 A 和 50% 的股票 B。2008—2012 年间投资组合各年已实现的收益率是多少?该期间内投资组合的平均收益率是多少?

c. 用等式(11-4)计算每种股票收益率和组合收益率的标准差。

d. 计算每种股票和投资组合的变异系数。

e. 若你属于风险厌恶型,你愿意投资股票 A、股票 B 还是投资组合?为什么?

综合题

11-28 假设你最近刚刚毕业于金融专业,并找到一份一个大型地方银行的信托部门的工作。你的第一个任务是向本银行作为受托人的房地产投资 100 000 美元。由于房地产预期将在一年之内分配给继承人,所以你只有一年的持有期间。而且,你的老板在投资选择、概率和收益方面对你作出了以下的限制(首先不用考虑未填数据,在后面你将会填补空白的地方):

经济状况	概率	可供选择投资的估计收益率(%)					
		国债	**High Tech**	**Collections**	**U. S. Rubber**	市场组合	两股票组合
衰退	0.1	8.0	-22.0	28.0	10.0	-13.0	_____
正常以下	0.2	8.0	-2.0	14.7	-10.0	1.0	_____
正常	0.4	8.0	20.0	0.0	7.0	15.0	_____
正常以上	0.2	8.0	35.0	-10.0	45.0	29.0	_____
繁荣	0.1	8.0	50.0	-20.0	30.0	43.0	_____
$\hat{r}$		_____	_____	_____	_____	_____	_____
σ		_____	_____	_____	_____	_____	_____
CV		_____	_____	_____	_____	_____	_____

银行的经济预测人员已经对经济状况进行了概率估计,并且该信托部门有一个尖端的计算机程序,专门用来估计在每种经济状况下各项可供选择投资的收益率。High Tech 是一个电子公司;Collections 是帮忙收回过期债务的公司;U. S. Rubber 是制造轮胎和各种其他橡胶、塑料产品的公司。银行还拥有一个"指数基金",包括对所有上市公司市场加权的部分。通过投资这种基金,你可以获得平均股票市场收益率。根据给定的条件,回答以下问题:

a. ① 为什么无风险收益率独立于经济状况?国债能承诺一个完全无风险的回报吗?② 为什么 High Tech 的预期收益率会随着经济同向变动,而 Collections 的却随着经济反向变动?

b. 计算每项可供选择投资的预期收益率 $\hat{r}$,并填入表格的 $\hat{r}$ 行中。

c. 你应当意识到,只根据预期收益率来作决策只适合于风险中立者。由于信托的受益人(像我们每个人一样)不愿意冒险,所以每项投资的风险都是事关决策的重要方面。风险的一项可行的测量方法就是收益率的标准差。① 计算每项可供选择投资的标准差并填入表中的 σ 行。② 什么类型的风险用标准差测量? ③ 画出 High Tech、U. S. Rubber 和国债的概率分布的大致图形。

d. 假设你突然记起,当各项可供选择投资的预期收益率差别很大时,变异系数通常被认为比标准差更适合于用来测量总风险。计算不同证券的标准差并填入表中的 CV 行。通过变异系数测量得到的风险排序与标准差的一样吗?

e. 假设你通过各投资 50 000 美元于 High Tech 股票和 Collections 股票构造一个含有两只股票的投资组合。① 计算该投资组合的预期收益率、标准差和变异系数,并填入表中的适当位置。② 该投资组合与分别持有的个股相比,风险如何?

f. 假设一位投资者要构造投资组合,首先随机选择一只股票。当向组合中加入更多随机选择的股票时会对组合的风险和预期收益率产生怎样的影响? 这对投资者有怎样的启示? 画两个图说明你的答案。

g. ① 组合效应影响投资者考虑个股风险的方法吗? ② 如果你选择只投资一只股票,最终你的风险比多样化投资的投资者的风险大,那么你希望你所有的风险都能得到补偿吗? 也就是说,你的部分风险(可以通过多样化投资消除)能得到一个风险溢价吗?

h. 各项可供选择投资的预期收益率和 β 由银行的计算机程序给出,如下:

证券	收益率($\hat{r}$)(%)	风险(β)
High Tech	17.4	1.29
Market	15.0	1.00

（续表）

证券	收益率($\hat{r}$)(%)	风险(β)
U. S. Rubber	13.8	0.68
国债	8.0	0.00
Collections	1.7	−0.86

① 什么是 β? β 在风险分析中是如何运用的? ② 预期收益率与每项可供选择投资的市场风险相关吗? ③ 到目前为止,可以以如今发达的信息为基础从可供选择的投资中选择投资吗? ④ 使用本题开始给出的数据,画图表示国债、High Tech 和 Collections 的 β 是如何得出的。讨论 β 是测量什么的并解释它在风险分析中是如何运用的。

i. ① 写出 SML 方程,并使用它计算每项可供选择投资的必要报酬率,然后用图表示预期收益率和必要报酬率之间的关系。② 预期收益率和必要报酬率相比如何? ③ Collections 的 β 为负数没什么意义吗? 负的 β 意味着什么? ④ 50% 的 High Tech 股票和 50% 的 Collections 股票构成的组合,它的市场风险和必要报酬率分别是多少? 如果是 50% 的 High Tech 股票和 50% 的 U. S. Rubber 股票,它的市场风险和必要报酬率又分别是多少?

j. ① 假设投资者根据当前的估计将通货膨胀预期提高了 3 个百分点,反映在 8% 的国债利率中。高通货膨胀对 SML 及高风险和低风险证券要求的收益率有何影响? ② 假设投资者的风险厌恶程度增加,使得市场风险溢价增加 3 个百分点(通货膨胀保持不变)。这种改变对 SML 及高风险和低风险证券的收益率有何影响?

计算机相关问题

利用电子表格,回答本部分的问题。

11-29 使用 File C11 中的模型,重新解答计算题 11-27,假设组合中包括第三只股票 C。股票 C 的历史收益率如下:

年份	股票 C 的收益率 $\ddot{r}_C$(%)
2008	32.00
2009	−11.75
2010	10.75

（续表）

年份	股票 C 的收益率 $\ddot{r}_C$(%)
2011	32.25
2012	−6.75

a. 计算(或从电脑屏幕上读取)股票 C 的平均收益率、标准差和变异系数。

b. 假设投资组合现在由 33.33% 的股票 A、33.33% 的股票 B、33.33% 的股票 C 组成。与分别投资50%的股票 A 和50%的股票 B 相比,这种构成如何影响组合的收益率、标准差和变异系数?

c. 对你的投资组合作一些其他的改变,确保各投资的百分比之和等于100%。例如,投资25%于股票 A,投资25%于股票 B,投资50%于股票 C。(注意:对股票 C 的投资不能为0。)你会发现 $\hat{r}_P$ 保持不变而 σ_P 发生改变,为什么会出现这种情况?

d. 在计算题11-27中,因为股票 A 和股票 B 之间高度正相关,所以投资组合的标准差仅略有降低。而在本题中,加入股票 C 使得投资组合的标准差大幅度下降,即使 $\sigma_C = \sigma_A = \sigma_B$。那么这种改变表明股票 C 与股票 A 和股票 B 之间是什么样的关系?

e. 你是更喜欢计算题11-27中描述的只含有股票 A 和股票 B 的投资组合,还是更喜欢包含股票 C 的投资组合? 如果其他人和你的反应一样,这将如何影响股票的价格和收益率?

附录 11A

(本章自测题答案)

1. a. $\hat{r} = 0.2 \times (-5\%) + 0.3 \times 10\% + 0.5 \times 12\% = 8.0\%$

$\sigma = \sqrt{0.2 \times (-5\% - 8\%)^2 + 0.3 \times (10\% - 8\%)^2 + 0.5 \times (12\% - 8\%)^2}$
$= \sqrt{43} = 6.56\%$

CV $= 6.56\% / 8.0\% = 0.82$

b. $\bar{r} = [5\% + 8\% + (-4\%) + 15\%] / 4 = 6.0\%$

$s = \sqrt{\dfrac{(5\% - 6\%)^2 + (8\% - 6\%)^2 + (-4\% - 6\%)^2 + (15\% - 6\%)^2}{4 - 1}}$
$= \sqrt{62} = 7.87\%$

2. a. $\hat{r}_P = 0.6 \times 10\% + 0.4 \times 15\% = 12.0\%$

b. $\beta_P = 0.6 \times 3.0 + 0.4 \times 0.5 = 2.0$

3. $r_E = 4\% + (10\% - 4\%) \times 1.2 = 11.2\%$

4. $26.00\ 美元 = \dfrac{2.50\ 美元 \times (1 + g)}{0.14 - g}$; $26.00\ 美元 \times (0.14 - g) = 2.50\ 美元 \times (1 + g)$; $28.50 \times g = 1.14$;

$g = 0.04 = 4\%$

$\hat{r} = \dfrac{2.50\ 美元 \times 1.04}{28.89\ 美元} + 0.04 = 0.13 = 13.0\%$

5. a. $\hat{P}_0 = \dfrac{2\ 美元 \times 1.03}{0.13 - 0.03} = 20.06\ 美元$; 股票以低于内在价值出售,因此这是一个很好的购买。

b. $\hat{r} = \dfrac{2\ 美元 \times 1.03}{19\ 美元} + 0.03 = 0.138 = 13.8\%$

第4部分

公司决策

第 12 章
资本成本

公司在金融市场进行融资,而金融市场的利率和收益一直处于不断变化之中。利率变动时,各种资本的成本也随之变化。例如,2000 年和 2001 年,公司债务利率大幅上涨,而股票价格则一直处于下跌状态,这说明公司使用投资者资本的成本加大。因此,许多公司减少了在长期项目上扩张或投资资金的计划,这是由于这种投资所需的资本成本上涨的幅度非常高。例如,Burlington Northern Santa Fe Corporation(BNSF,一家铁路公司)估计如果 2001 年举借新债,那么公司的资本成本将达到 12%,而这些资本再投资所得的收益却不到 10%。很显然,公司将为此遭受损失。如果 BNSF 的股东得知公司将冒着 12% 的资本成本风险而投资收益不到 10% 的项目会不会感到失望? 当然! 也是基于这个原因,2001 年 BNSF 推迟了这个项目的主要部分,直到资本成本降下来。当 2002 年和 2003 年公司贷款利率降下来以后,BNSF 的资本成本下降到不到 7%。2003 年上半年,利率降低到近五十年的最低点,尽管 2003 年年末和 2004 年年初利率有小幅回升,但是利率还是保持了历史的低点。因此,BNSF 不仅重新开始了它的投资项目,还为一些老的、资本成本高的项目进行了再融资(就像很多房屋主人重修自己的房子)。BNSF 的高管认为为了保持公司的可持续发展,公司必须赚取足够的资金用于支付投资的资本成本。

由于 2005 年、2006 年以及 2007 年的大部分时间利率有小幅回升,因此为债务进行再融资的公司和个人变少了。尽管如此,许多公司运用其他方法来降低他们的资本成本。例如,2006 年福特汽车公司和它的竞争者 GM 公司为了改善它们不好的财务状况,都计划努力出售它们的一些业务单元。这两家公司都感觉到,如果剥离了自身的亏损业务,则它们的资本成本将会下降。福特和 GM 都希望通过出售公司部分业务来改善公司的财务状况,这样会降低投资者通过投资股票和债券而向公司提供资金所要求的未来投资回报率。

2007 年年末和 2008 年年初,因为投资者和公司担心经济正在迅速进入衰退期,美联储开始降低利率。尽管是较低的利率,但是公司公布的 2007 年的业绩却低于预期,这表明公司不能赚取足够的资金来支付投资于资产的资本成本。2008 年出现的经济状况与我们了解到的 1999 年的经济状况相似。1999 年,美国的油田服务公司贝克休斯(Baker Hughes),制订了将高管的奖金与公司的资本成本联系在一起的计划。当时公司的股票价格跌到了 10 年来的最低点。此外,尽管财务报表上显示的收入有数十亿美元,但是高额的营运成本却导致了一般的利润。因此,为了确保贝克休斯能够产生足够多的利润来弥补资本成本,新的高管奖金计划要鼓励高管大幅度地降低资本成本。2008 年,许多公司发现它们赚取的利润不能弥补公司的成本,当年它们就采用了贝克休斯的计划。当我们在 2011 年写这本书的时候,经济是有些萧条——此时的经济指标表明经济正在缓慢地恢复,然而在其他时期这些经济指标表明的结果是相反的。这表明近几年的经济活动将是萧条的,并且具有某些不确定性,这可能意味着更多的公司努力用短期利润来弥补它们的资本成本。

阅读本章的时候,请记住,如果要抓住可接受的投资机会,公司就需要利用投资者提供的资金。而正是由千千万万个投资者组成的金融市场决定了资本的价格。要知道一个公司是否合理地利用资本,我们就必须了解如何计算资本成本。

学习目标

在阅读完本章后,你应当能够:

(1) 计算各要素的资本成本:(a)债务;(b)优先股;(c)留存收益;(d) 新发行的普通股。

(2) 描述加权平均资本成本(weighted average cost of capital,WACC)并讨论运用 WACC 来作出正确的融资决策的逻辑。

(3) 描述如何运用资本边际成本(marginal cost of capital,MCC)来作出投资决策。

(4) 描述公司的 WACC 和投资者的必要报酬率之间的关系。

对于一个公司来说,知道其购买资产所用资本的成本至关重要。公司投资者所要求的平均收益率决定了必须支付多少钱才能吸引资金。这种必要报酬率代表了公司资本的平均成本,通常称其为**资本成本**(cost of capital)。由于资本成本代表了为了确保公司不贬值投资(如购买新设备)所要求的最低收益率,因而十分重要。换句话说,资本成本就是**公司必要报酬率**(required rate of return)。例如,如果投资者提供资本的平均成本是 15%,那么如果投资报酬率低于 15%,公司价值降低;如果等于 15%,公司价值保持不变;如果高于 15%,公司价值上升。

在本章我们将讨论资本成本的概念、如何决定资本的平均成本以及如何利用资本成本进行财务决策。本章中用到的大多数模型和等式都与第 10 章中的相同,第 10 章中我们用其来描述投资者如何评估股票和债券的价值。公司的资本成本取决于投资者所要求的收益率——如果公司提供的收益不够高,投资者就不会提供足够的资本。也就是说,投资者所投资的公司证券收益率就是公司的资本成本。因此,投资者和公司可以使用同样的模型计算所要求的资本收益率。

本章讨论的第一个问题是 WACC 的逻辑;然后,我们考虑主要类型资本的成本;接着,我们考察如何利用资本结构中各部分的资本成本加总计算公司的 WACC。

12.1 WACC 的逻辑

资产负债表的负债与权益部分——各种债务、优先股和普通股——都被称为**资本要素**(capital component)。任何总资产的增加都要通过增加一项或几项资本要素来筹资。资本成本代表了企业运用投资者各种形式的资本所支付的报酬率。

一个企业有可能全部利用普通股进行筹资。在这种情况下,被用于资本预算决策分析的资本成本是公司权益所有者要求的收益率。然而,大多数企业以长期债务作为其资本的一部分,也有一些企业使用优先股。这些企业的必要报酬率(资本成本)受到各种来源资本的平均成本的影响,而不仅仅是权益资本成本。

为了说明使用加权平均资本成本作为公司必要报酬率的逻辑,假设 Daflex 公司的债务资本成本为 10% ,权益资本成本为 14% 。进一步假设它决定只通过债务来筹集下一年度投资项目所需要的资本。有时争论在于这些项目的资本成本为 10% ,因为它们的资本只是利用债务筹集的。然而,这种情况是不妥当的。如果 Daflex 公司利用债务为一系列特定的项目筹资,公司未来通过债务筹资的能力会被削弱。在接下来几年的扩展中,Daflex 公司将发现它有必要提高其权益资本比例以防止其负债率过高。

例如,假设 Daflex 公司在 2012 年以 10% 的利率借款,在这个过程中用完了它的借款能力,而融资项目产生的收益率预计为 11% 。在 2013 年,它有一个新的项目可以提供 13% 的收益率,超过了 2012 年的项目收益率,但 Daflex 公司却不能接受这个项目,因为它要以 14% 的权益资本成本进行筹资。为了避免这种情况的发生,Daflex 公司将考虑持续经营的问题。做资本预算运用的资本成本通过企业所使用的各种不同来源资本的加权平均或综合计算得出,而不考虑特定项目的特定筹资。

12.2 基本定义

资本是生产的必备要素之一。和其他要素一样,资本也有成本。每一个资本要素的成本都被称为该特定资本类型的要素成本。例如,如果 Daflex 公司可以以 10% 的利率借款,那么它的要素成本就是 10% 。[①] 本章中,我们集中讨论以下四个资本要素:债务、优先股、留存收益和新发行的普通股,它们是主要的资本要素。下列符号代表各种资本要素成本:

r_d = 企业债务的利率 = 债务的税前要素成本。r_d 是指债务的税前要素成本。对 Daflex 公司来说,r_d = 10.0% 。

$r_{dT} = r_d(1 - T)$ = 债务的税后要素成本,T 是企业的边际税率。因此,r_{dT} 是用以计算

---

①   不久我们将会看到债务的资本成本有税前和税后两种。现在已经充分了解到 10% 指的是税前债务资本成本。

WACC 的债务资本成本。对 Daflex 公司来说,$T = 40\%$,因此 $r_{dT} = r_d(1 - T) = 10.0\% \times (1 - 0.4) = 10.0\% \times (0.6) = 6.0\%$。

$r_{ps} =$ 优先股的要素成本。例如,Daflex 公司当时还没有发行优先股,但是随着新投资的增加,公司计划发行优先股。优先股的要素成本预期为 $r_{ps} = 11\%$。

$r_s =$ 留存收益(内部权益资金)的要素成本。它与第 10 章和第 11 章中被定义为投资者投资一个企业普通股所要求的收益率所使用的 r_s 是一样的。正如我们马上看到的,对于 Daflex 公司,$r_s = 14\%$。

$r_e =$ 通过发行新股而不是留存收益获得的外部权益资本的要素成本。注意,必须区分可以通过留存收益满足的内部权益融资和出售新股获得的外部权益融资。因此,我们用 r_s 和 r_e 分别代表内部权益和外部权益。另外,r_e 总是大于 r_s。例如,Daflex 公司的 $r_e = 15\%$。

WACC = 加权平均资本成本。如果 Daflex 公司未来要筹集新的资本进行资产扩张,那么就要利用一部分债务、一部分优先股和一部分普通股进行筹资(普通股权益可以来自留存收益或发行新的普通股)。[②] 我们马上来计算 Daflex 公司的 WACC。

这些定义和概念将在本章余下部分进行详细的解释,我们用 MCC 来进行资本概预算。之后,在第 14 章,我们将进一步分析如何确定**资本结构**(capital structure)以使企业资本成本最小化,从而使企业价值最大化。

12.3　债务资本成本(r_{dT})

税后债务资本成本(after-tax cost of debt)r_{dT},是税前债务的利率 r_d 减去税收节约额,税收节约额是由于利息是税收的抵扣项目而产生的。当 T 是企业边际税率时,r_{dT} 与税前债务的利率 r_d 乘以 $(1 - T)$ 是相同的。

税后债务资本成本 = r_{dT} = 债券的必要报酬率 – 税收节约额 = $r_d - r_d T = r_d(1 - T)$

$$(12\text{-}1)$$

由于利息是税收的抵扣项目,政府实际上支付了部分的债务资本成本。因此,如果 Daflex 公司可以以 10% 的利率借款,并且边际税率为 40%,那么它的税后债务资本成本是 6%。

$$r_{dT} = r_d(1 - T) = 10.0\% \times (1.0 - 0.4) = 10.0\% \times (0.6) = 6.0\%$$

我们使用税后债务资本成本是因为企业股票的价值,即我们希望最大化的那部分,是通过税后现金流计算的。因为利息是可抵扣的费用,它产生了税收节约从而减少了债务的净成本,使得税后债务资本成本少于税前债务资本成本。我们关注的是税后现金流,因此税后收益率是恰当的。[③]

值得注意的是,新债务而不是未偿还的旧债务的资本成本等于利率。换句话说,我们关

---

② 企业试图保持其债务、优先股和普通股的最优比例,我们将在第 14 章学习如何确定这些目标比例。注意,在资产负债表中,公司不会保持普通股和留存收益的固定比例关系。从资本结构考虑,"普通股权益就是普通股权益",无论它是来自销售普通股还是来自留存收益。

③ 当企业亏损时税率为 0。因此,企业不用纳税,债务资本成本没有减少。如等式(12-1),税率为 0,因此,税后债务资本成本等于税前债务利率。

注的是债务的边际成本。我们首要关注的是用于进行资本预算决策的资本成本,例如,关于是否获取资本的决定,该资本用于购买一个新的设备或建设一个新的配送中心。企业过去借款的利率是沉没成本,沉没成本与目标资本成本无关。

在第 10 章中,我们用下列等式计算某一债券的收益率(r_d)或者某一债券的到期收益率(YTM):

$$债券价值 = V_d = \frac{INT}{(1 + r_d)^1} + \frac{INT}{(1 + r_d)^2} + \cdots + \frac{INT + M}{(1 + r_d)^N} \tag{12-2}$$

INT 表示每一时期的票面利率,M 表示到期支付的面值,N 表示到期前支付利息的次数。r_d 表示债券的 YTM,它是投资者购买公司债券期望获得的收益率(假设利息每年支付)。

假设 Daflex 公司几年前发行了一种新的债券,这种债券的面值为 1 000 美元,20 年期,每年支付 90 美元的利息。该公司计划几天后发行一种与上面这只债券相同的新债券。如果相同风险债券的市场价格是 915 美元,那么 Daflex 公司发行的新债券的 r_d 为多少?我们希望投资者购买新债券所要求的回报近似等于对流通债券所要求的回报,因为这两种债券具有相同的特征。则,求 r_d 的解法如下:

$$915\ 美元 = \frac{90\ 美元}{(1 + r_d)^1} + \frac{90\ 美元}{(1 + r_d)^2} + \cdots + \frac{90\ 美元 + 1\ 000\ 美元}{(1 + r_d)^{20}}$$

不管用试错法,还是计算器上的货币时间价值计算功能,你会发现该债券的税前债务成本 r_d 都为 10%。[④] 因此,如果 Daflex 公司想发行票面面值为 1 000 美元的新债券,那么新债券的票面利率一定为 10%。在这种情况下,由于 Daflex 公司的边际税率是 40%,因此其税后债务成本 $r_{dT} = 6.0\% = 10\% \times (1 - 0.4)$。

((•)) 自测题 1

(答案见本章末附录 12A)

a. 目前 Payment American 公司流通在外的债券具有以下特征:到期价值(M) = 1 000 美元,票面利率(C) = 6%,到期年限(N) = 5 年,并且每年年末支付利息。如果债券的市场价值为 959 美元,则这些债券的税前要素资本成本(即 YTM)为多少?

b. 如果 Payment American 公司的边际税率为 36%,则税后债务资本成本 r_{dT} 为多少?

---

④　由于几乎所有的中小型公司和许多大型公司的债券都是私募发行,因此,我们这里忽略了债务的发行成本(新发行成本)。但是,如果债券公开发行,而且确实有发行成本,那么税前债务成本 r_d 的计算如下:

$$V_d(1 - F) = \sum_{t=1}^{N} \frac{INT}{(1 + r_d)^t} + \frac{M}{(1 + r_d)^N}$$

F 表示债券的发行成本;N 表示到期前的付息次数;INT 表示每期的利息额;M 表示债券的到期价值;r_d 是经过发行成本调整的债务成本。假设此处的债券每年付息一次,20 年后到期,$F = 2\%$,那么经过发行成本调整后的税前债务成本为 10.23%,而未考虑发行成本的税前债务成本为 10%:

$$915\ 美元 \times (1 - 0.02) = \frac{90\ 美元}{(1 + r_d)^1} + \cdots + \frac{1\ 090\ 美元}{(1 + r_d)^{20}}$$

12.4   优先股资本成本(r_{ps})

在第10章,我们发现优先股股利 D_{ps} 是固定的,而且没有明确的到期期限。因此,优先股股利 D_{ps} 代表一种永久性权利,**优先股资本成本**(cost of preferred stock)r_{ps} 是优先股股利 D_{ps} 除以优先股的净发行价格 NP,或者公司接受的价格减去股票的发行成本,也叫发行成本(flotation costs):

$$\text{优先股资本成本} = r_{ps} = \frac{D_{ps}}{\text{NP}_0} = \frac{D_{ps}}{P_0 - \text{发行成本}} = \frac{D_{ps}}{P_0(1-F)} \tag{12-3}$$

此处,F 是指优先股的发行成本(小数形式),P_0 是指优先股的市场价格。

例如,Daflex 公司准备发行每股支付 12.8 美元的股利,而每股的公开市场价格为 120 美元的优先股。新优先股的发行成本为 3%,即每股 3.60 美元。因此,Daflex 公司的每股净价格为 116.40 美元,优先股资本成本为 11%:

$$r_{ps} = \frac{12.80\ \text{美元}}{120.00\ \text{美元} \times (1-0.03)} = \frac{12.80\ \text{美元}}{116.40\ \text{美元}} = 0.11 = 11.0\%$$

由于优先股股利不能像利息那样进行税收减免,因此,计算 r_{ps} 时不需要作税收调整。因此,优先股没有税收节约额。

))) 自测题2

(答案见本章末附录12A)

Payment American 公司准备发行每股支付 6.84 美元、公开市场价格为 80 美元的优先股。如果新优先股的发行成本为 5%,则该公司的优先股资本成本是多少?

12.5   留存收益(内部权益)资本成本(r_s)

负债和优先股的资本成本以投资者对这些证券要求的收益率作为计算基础。同样地,用符号 r_s 表示的**留存收益资本成本**(cost of retained earnings)也取决于股东对未来可以作为股利发放的留存收益要求的投资收益率。[5]

之所以要计算留存收益成本,是因为其中涉及机会成本的概念。企业税后盈余属于股东。债权人有利息作为补偿,优先股有优先股股利作为补偿。而在支付利息和优先股股利后的所有剩余盈余都属于普通股股东,这些盈余用于补偿企业对他们资本的使用。管理层既可

---

[5]   留存收益可以解释为资产负债表的"留存收益"项目,包括企业整个经营期间所有的留存收益,或者利润表中的"留存收益的增加"项目。本章使用的是利润表项目的含义;基于我们的目的,留存收益是指未当作股利支付给股东的那部分盈余,在当年可以用来进行再投资。

能以股利的形式将这些盈余支付给股东,也可能留下这些盈余并将它们再投资于企业经营之中。如果管理层决定保留盈余,就会产生机会成本,即股东可以以股利形式收到收益并将这些资本投资到其他的股票、债券、房地产或任何其他资产之中。因此,企业必须利用留存收益赚取至少与股东自己在其他投资中所能赚取的相同的盈余并且风险相当。否则,投资者将要求企业把盈余作为股利发放给自己然后自己投资。

在同等风险的投资项目中股东期望的收益率是多少?首先,回顾第 11 章,股票预期的和要求的收益率通常是均衡的,即 $\hat{r}_s = r_s$。因此,我们可以假设 Daflex 公司的股东期望从他们的投资中获得的收益率为 r_s。如果公司将留存收益进行投资不能获得至少 r_s 的收益率,它就应将资本支付给股东让他们直接投资到其他资产以获得这样的收益率。

债务和优先股是一种契约责任,因此,容易确定其资本成本,但 r_s 却难以计量。然而,我们可以利用第 10 章和第 11 章的原理去得出一个合理的权益资本成本预测值。回顾前面的论述,如果股票处于均衡状态,股票要求的收益率 r_s 必定等于股票期望的收益率 $\hat{r}_s$。进一步说,就是它要求的收益率等于无风险利率 r_{RF} 加上一个风险溢价 RP,而持续增长股票的期望收益率等于股票的股利收益率 $\hat{D}_1/P_0$ 加上它的期望增长率 g。因此,我们期望达到以下的平衡状态:

$$必要报酬率 = 期望收益率$$

$$r_s = \hat{r}_s$$

$$r_{RF} + RP_S = \frac{\hat{D}_1}{P_0} + g \tag{12-4}$$

由于两边相等,我们可以通过等式(12-4)的左边或者右边来估计 r_s。其实,三种通用的留存收益成本计算方法分别是:

(1) CAPM 法[等式(12-4)的左边]。

(2) 贴现现金流量(DCF)法[等式(12-4)的右边]。

(3) 债券收益率加风险溢价法。

接下来的部分我们将讨论这三种方法。

12.5.1　CAPM 法(要求收益率,r_s)

在第 11 章出现的 CAPM 如下:

$$r_s = r_{RF} + RP_S = r_{RF} + (r_M - r_{RF})\beta_s \tag{12-5}$$

等式(12-5)显示出用 CAPM 估算 r_s 首先要利用无风险利率 r_{RF} 加上反映股票与市场关系的风险溢价与市场风险溢价的乘积。股票的风险溢价由特定股票的贝塔系数 β_s 来衡量,市场的风险溢价(RP_m)是指市场利率 r_M 和无风险利率 r_s 之间的差异。

为了说明 CAPM 法,我们假设 Daflex 公司普通股的 $r_{RF} = 6\%$,$r_M = 11\%$,$\beta_s = 1.5$。运用 CAPM 法,计算 Daflex 公司的留存收益成本 r_s 的方法如下:

$$r_s = 6.0\% + (11.0\% - 6.0\%) \times (1.5) = 6.0\% + 7.5\% = 13.5\%$$

尽管使用 CAPM 法看起来能得出一个对于 r_s 较准确和精确的估计值,但它的使用仍存在着一些问题。首先,如我们在第 11 章看到的,如果一个企业的股东没有很好地分散其投资,那么,他们可能关注公司的独立性风险多于关注整体市场风险。在这种情况下,企业真正的投资风险不能用 β 来衡量,而使用 CAPM 法可能会低估 r_s 的合理数值。其次,即使 CAPM 法是有效的,但是很难准确估计出所需要的变量。这是因为:① 对于使用长期还是短期国债的收益率作为无风险利率 r_{RF} 仍存在着争议;② 应该估计 β_s 和 r_M 的值,β_s 和 r_M 的估计值往往也是难以获得的。

12.5.2　DCF 法(预期收益率,$\hat{r}_s$)

第 10 章讲过,普通股的价格及其预期收益率最终都取决于股票的预期股利。股票价值的计算等式如下所示:

$$P_0 = \frac{\hat{D}_1}{(1 + r_s)^1} + \frac{\hat{D}_2}{(1 + r_s)^2} + \frac{\hat{D}_3}{(1 + r_s)^3} + \cdots + \frac{\hat{D}_\infty}{(1 + r_s)^\infty} \tag{12-6}$$

这里,P_0 为股票的当前价格;$\hat{D}_t$ 为 t 年年末的预期股利;r_s 为必要报酬率。如果股利为固定增长模型,正如第 10 章看到的那样,等式(12-6)可以简化为:

$$P_0 = \frac{D_0(1 + g)}{r_s - g} = \frac{\hat{D}_1}{r_s - g} \tag{12-6a}$$

我们也可以从等式(12-6a)中得到普通股的必要报酬率,对平均投资者来说也等于他的预期报酬率 $\hat{r}_s$:

$$\hat{r}_s = \frac{\hat{D}_1}{P_0} + g = r_s \tag{12-7}$$

因此,投资者的预期报酬率 $\hat{r}_s$ 等于股利收益率 $\hat{D}_1/P_0$ 加资本利得 g。在市场均衡状态下,该预期报酬率等于必要报酬率 r_s。从现在开始,我们假设市场一直处于均衡状态,r_s 和 $\hat{r}_s$ 可以互换使用,因而我们将在 r_s 上加个 "^"。

相对来讲,股利收益率比较容易确定,但其增长率很难确定。如果公司过去的收益和股利的增长率一直比较稳定,且投资者倾向于一直延续过去的趋势,则可以用历史数据作为替代来调整预期增长率 g。但如果由于公司自身或者宏观经济环境的原因,增长率异常——过高或过低,则不能再用历史数据来替代。证券分析师通常根据销售预测、利润率、竞争因素等对收益和股利增长进行预测。例如,大多数图书馆中都可以查到价值线上有大约 1 700 家公司的增长率预测,同时,美林证券、所罗门美邦等其他机构也会进行类似的预测。因而,有些成本预测人员通常会取几个分析师预测数据的平均值作为其预测增长率 g 的数据。[⑥]

为了说明 DCF 法,假设 Daflex 公司的股票价格为 50 美元,每年的每股股利为 4.75 美元,预期长期增长率为 5%。Daflex 公司的预期报酬率和必要报酬率,进而留存收益成本为 14.5%:

$$r_s = \frac{4.75\ \text{美元}}{50.00\ \text{美元}} + 0.05 = 0.095 + 0.05 = 0.145 = 14.5\%$$

---

⑥　分析师通常对未来五年进行预测,而且其得出的增长率预测通常是未来五年的平均增长率。实证研究显示,分析师的预测数据是进行 DCF 资本成本预测的最好的数据来源。参见:Robert Harris, "Using Analysts' Growth Rate Forecasts to Estimate Shareholder Required Rates of Return", *Financial Management*, Spring 1986, 58—67。

这里的 14.5% 是管理层为了保存留存收益并把它再投资于经营业务中去而不是作为股利支付给股东的最小预期回报率。

12.5.3 债券收益率加风险溢价法($r_s = r_d + RP$)

分析师由于对资本资产定价模型没有信心而通常以一个专门的方法作为替代品,来估计企业普通股权益的资本成本,即他们简单地在企业长期负债的税前利率上加上一个 3%—5% 的估计风险溢价。他们认为有风险的企业,利率较低,相应的高利率债务具有风险和高成本权益都是符合逻辑的。而上述方法中以可观察到的债务资本成本作为计算权益资本成本的基础就利用了这种逻辑。例如,Daflex 公司的权益资本成本的计算如下:

$$r_s = 债券收益率 + 风险溢价$$
$$= r_d + RP$$
$$= 10.0\% + 4.0\% = 14.0\%$$

由于 4% 的风险溢价是一个估计值,因此计算得出的 r_s 也是一个估计值。经验研究认为,风险溢价一般应比公司所持有债券利率高 3—5 个百分点,因此,这种方法不能得出一个精确的权益资本成本,它将"使我们进入一个合理的循环之中"。

前面已经介绍了三种计算留存收益的方法,这三种方法计算得出的数值应该是一致的。用 CAPM 法计算的 Daflex 公司的普通股权益资本成本 $r_s = 13.5\%$,用 DCF 法计算出 $r_s = 14.5\%$,用债券收益率加风险溢价法计算出 $r_s = 14\%$。因为每种方法的假设是不一样的,因此得出的结果经常是不同的。CAPM 法假设投资者是多样化的,DCF 法假设在未来很长一段时间内公司的股利和收益都会以固定速度增长,债券收益率加风险溢价法假设公司的权益资本成本与公司的债务资本成本基本相等。你会用哪种方法?也许三种都会用。很多分析师将三个结果加总再除以 3,得出一个平均值。例如,Daflex 公司的 $r_s = 14\% = (13.5\% + 14\% + 14.5\%) \div 3$。

有经验的分析师发现,计算权益资本成本不仅需要细致的分析,还要有明智的判断。如果有一种简单方法,不需要判断就能算出权益资本成本的精确值就好了,但这是不可能的。从更广的意义来说,财务本身就需要人们的主观判断,这是无法改变的,我们必须面对现实。

自测题 3

(答案见本章末附录 12A)

Payment American 公司普通股的现行市价为每股 35 美元,预计公司下一年的普通股每股股利 $\hat{D}_1$ 为 2.45 美元,此外公司的股票股利是以 4% 的固定增长率增长的。则该公司的留存收益资本成本是多少?

12.6 发行新普通股或外部权益的资本成本(r_e)

新普通股资本成本(cost of new common stock)r_e或外部权益资本成本与留存收益成本r_s相似,但是r_e更高,因为其包括了新普通股权益的发行费用。由于在出售新证券(权益或债务)时有费用支出,即发生**发行成本**(flotation costs)。在支付发行成本后公司收到的剩余资金的净额是可以用于投资的。因此,发行新股(外部筹资)的成本要高于留存收益的成本,因为留存收益(内部)筹资不需要支付发行成本。

通常,新普通股资本成本r_e可以通过修改后的DCF[等式(12-7)]计算得出,我们过去也是通过修改后的DCF等式计算得出留存收益资本成本r_s,计算等式如下所示:

$$\hat{r}_e = \frac{\hat{D}_1}{NP_0} + g = \frac{\hat{D}_1}{P_0(1-F)} + g \tag{12-8}$$

此处,F是销售新发行股票需要的发行成本的百分比,因此,$P_0(1-F)$是公司收到的每股价格净额(NP_0)。注意,如果$F=0$,那么等式(12-8)就简化成等式(12-7),相当于用DCF法求解留存收益资本成本(内部股权)r_s。

假设 Daflex 公司新普通股的发行成本为5%,其r_e计算如下:

$$\hat{r}_e = \frac{4.75 \text{ 美元}}{50.00 \text{ 美元} \times (1-0.05)} + 0.05$$

$$= \frac{4.75 \text{ 美元}}{47.50 \text{ 美元}} + 0.05 = 0.15 = 15.0\%$$

使用DCF法计算留存收益资本成本时,投资者对股票的要求收益率r_s为14%。然而,因为发行成本的存在,公司必须从出售股票所获得的资本净额中赚取高于14%的盈余,才能给予股东14%的收益率。尤其是当企业从发行新股所筹集到的资本中获得15%的盈余时,那么,每股收益将不会低于原先预计的水平,企业预期股利可以保持原水平,因此每股股价也不会下降。如果企业的盈余低于15%,那么盈余、股利和增长将下降到预期水平之下,并引起股票价格的下跌。如果企业的盈余高于15%,那么股价将上升。

我们用一个简单的例子来说明发行成本调整的必要性。假设 Coastal Realty 公司的总资产为100 000美元,没有负债,资产收益率为18%(即收益为18 000美元),所有盈利都以股利形式发放给股东,因此增长率为0。公司发行在外的股票为1 000股,所以 EPS = DPS = 18美元 = 18 000美元/1 000,P_0 = 100美元 = 100 000美元/1 000。Coastal Realty 公司的权益资本成本为r_s = 18美元/100美元 + 0 = 18%。现假设公司的新资产收益率为18%。那么,公司是否应当发行新股购买新资产?如果以每股100美元的价格向公众出售1 000股新股,发行成本为4%,那么每股净值为100美元 - 4% × 100美元 = 96美元,总值为96 000美元。将这96 000美元投资于新资产可以获得18%的收益率,即17 280美元的收益。那么,新的总收益为35 280美元,包括18 000美元的旧资产收益和17 280美元的新资产收益。但这35 280美元要平摊在现有的2 000股股票上。因此,Coastal Realty 公司的 EPS 和 DPS 从18美元下降到17.64美元(35 280美元/2 000),股票价格从$P_{旧}$ = 100美元下跌到$P_{新}$ = 17.64美元/0.18 = 98美元。这是因为投资者支付的是每股100美元,而公司实际接收到的资金只有每股96美元。因此,投资者要获得18%的报酬率,公司的报酬率就必须高于18%。

我们运用等式(12-8)来计算 Coastal Realty 公司发行新普通股权益筹得资金的必要报酬率:

$$r_e = \frac{18 \text{ 美元}}{100 \text{ 美元} \times (1 - 0.04)} + 0 = 0.1875 = 18.75\%$$

如果 Coastal Realty 公司发行新普通股权益资金的报酬率为18.75%,那么:

$$新的总收益 = 旧资产收益 + 新资产收益$$
$$= 18\,000 \text{ 美元} + 96\,000 \text{ 美元} \times (0.1875) = 36\,000 \text{ 美元}$$
$$新的 EPS 和 DPS = 36\,000 \text{ 美元} / 2\,000 = 18 \text{ 美元}$$
$$P_{新} = 新的股票价格 = 18 \text{ 美元} / 0.18 = 100 \text{ 美元} = 以前的股票价格 = P_{旧}$$

因此,如果通过等式(12-8)计算得出新资产收益率等于 r_e,那么 EPS、DPS 和股票价格都保持不变;如果新资产收益率超过 r_e,那么 EPS、DPS 和股票价格都将增长。由于发行成本的存在,外部权益成本高于从留存收益中获得的内部收益成本,即 $r_e > r_s$。如果 $F=0$,则 $r_e = r_s$。

自测题4

(答案见本章末附录 12A)

　　Payment American 公司普通股的现行市价为每股 35 美元,公司预计下一年的普通股每股股利 $\hat{D}_1$ 为 2.45 美元,此外公司的股票股利是以 4% 的固定增长率增长的。如果公司计划发行新的普通股,而新普通股的发行成本为 12.5%,则该公司发行新普通股的资本成本是多少?

12.7 加权平均资本成本(WACC)

　　每家企业都有一个最优的资本结构,它由债务、优先股和普通股组成,目的是使股票价格最大化。因此,一家追求价值最大化的理性企业将建立它的**目标资本结构**(target/optimal capital structure),在筹集新资本时,以保持目标资本结构最优为导向设计筹资方案。本章我们假设企业已确定了最优资本结构,并以这个最优资本结构作为目标进行筹资活动。目标资本结构的建立将在第14章讨论。⑦

　　债务、优先股和普通股的目标比例和这些组成要素的资本成本将被用于计算企业的**加权平均资本成本**(WACC)。WACC 代表每1美元资本的平均成本,不考虑资本来源,只要公司用其购买资产。也就是说,它代表用已有的资产保持现有的财富水平时,公司需要获得的最低收益。它是公司要求的收益率。

---

　　⑦　资本结构中只包括长期债务。Daflex 公司资本预算中的资本成本就包括长期资产,这些长期资产的融资即为长期资本。因此,计算中不包括流动负债。第14章将对此进行详细讨论。

例如,假设 Daflex 公司决定未来筹集新资本的目标资本结构是债务占 40%、优先股占 10% 和普通股权益(留存收益加新普通股)占 50%。根据上述条件得出税前债务资本成本 r_d 为 10%,则它的税后债务资本成本 r_{dT} 为 6%;优先股本成本 r_{ps} 是 11%;普通股资本成本 r_s 为 14%(假设权益融资全部来自留存收益);边际税率为 15%(假设它所有新的权益资本全部来自发行新股)。我们计算 Daflex 公司的加权平均资本成本如下:

$$\text{WACC} = (\text{债务比例} \times \text{税后债务资本成本}) + (\text{优先股比例} \times \text{优先股资本成本})$$
$$+ (\text{普通股权益比例} \times \text{普通股资本成本}) \tag{12-9}$$
$$= (w_d \times r_{dT}) + (w_{ps} \times r_{ps}) + (w_s \times r_s \text{ 或 } r_e)$$

这里 w_d、w_{ps} 和 w_c 分别是公司融资时债务、优先股和普通股的权数。

如果 Daflex 公司不需要发行新股而进行新的融资,那么每 1 美元的新资本中包含税后成本为 6% 的 40 美分的债务资本、成本为 11% 的 10 美分的优先股和成本为 14% 的 50 美分的普通股权益(全部来自留存收益增加额)。那么,它的 WACC 计算如下:

$$\text{WACC} = 0.4 \times 6.0\% + 0.1 \times 11.0\% + 0.5 \times 14\% = 10.5\%$$

Daflex 公司每 1 美元的 WACC 为 10.5%。如果未来增加投资时资本结构发生变化,那么 WACC 也将变化。关于这一点,我们将在下一节的资本成本组成中进行讨论。

计算企业的 WACC 远比单纯计算等式(12-9)复杂得多。大多数的大型公司有很多类型的负债(有时普通股也有不同种类),每种都包含不同的成本,因此,债务成本(权益成本)不是唯一的。实际中,用来计算企业 WACC 的债务资本成本 r_d,就是企业发行的不同种类的债务加权平均资本成本。相似地,当一家企业通过发行新的普通股来融资的时候,权益资本总额通常包括当年的留存收益资本和发行新股的成本。也就是说,普通股权益成本等于 r_s 和 r_e 的加权平均数。为了使接下来的讨论和计算变得简单,我们假设企业只有一种债务,当发行新普通股时,尽管留存收益能够提供一些普通股权益资本,但企业用于融资的新投资项目所发行的普通股权益资本成本就是新发行的普通股资本成本 r_e。

自测题5

(答案见本章末附录12A)

　　Payment American 公司的资本结构是由 30% 的债务、15% 的优先股和 45% 的普通股权益组成的。该公司各要素的资本成本分别为 $r_{dT} = 4.5\%$,$r_{ps} = 9\%$,$r_e = 12\%$。则 Payment American 公司的 WACC 是多少?

12.8　边际资本成本(MCC)

一切资产的边际成本都是指最后一单位该资产的成本,如劳动力的边际成本即为最后一个新增劳动力的成本。10 个工人的边际劳动力成本可能为 25 美元,而 100 个工人的边际劳动力成本则有可能为 35 美元,因为需要的劳动力数量越大,寻找的困难程度也就越大。这个概念同样适用于资本。当公司想要筹集更多资金,且超过一定程度时,资金成本就会上升。因此,**资本边际成本**(MCC)即为公司筹集的最后 1 美元新资本的成本。在一定时期内,边际成本随着新筹集资本的数量增长而增长。

前面我们计算得到 Daflex 公司的 WACC 为 10.5%。只要 Daflex 公司保持目标资本结构,税后债务资本成本为 6%,优先股资本成本为 11%,普通股权益资本成本为 14%(由于不发行新股),那么 Daflex 公司的 WACC 为 10.5%。每 1 美元的新筹集资本中包括长期债务、优先股和普通股权益,1 美元的资本成本为 10.5%,也就是 MCC 为 10.5%。

12.8.1 资本边际成本曲线

我们可以从**资本边际成本曲线**(marginal cost of capital schedule)中了解 WACC 随新筹集资本数量增长而变化的轨迹。图 12-1 是假设 Daflex 公司的债务资本成本、优先股资本成本和普通股权益资本成本不变的 MCC 曲线。图中的圆点表示筹集的资本数量,因为每新增 1 美元的平均资本成本是 10.5%,所以在我们的假设下,Daflex 公司的 MCC 保持 10.5% 不变。

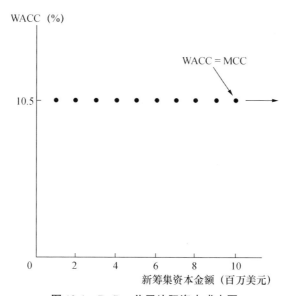

图 12-1   Daflex 公司边际资本成本图

你认为 Daflex 公司会筹集一个 10.5%资本成本的没有限制的新资本吗? 不可能。实际情况是,当在一个给定的期间内,如果公司筹集越来越多的资金,这些资金的成本开始提高,而且当这种情况发生后,新的每 1 美元的加权平均成本也会增加。因此,公司不可能在一个不变的成本下筹集没有限额的资金。在某种情况下,无论资金来源如何(负债、优先股或者普通股),每增加 1 美元,它的成本也会增加。

为什么当公司筹集更多资金时,资本成本会上升? 在第 11 章,我们学到投资者购买金融资产(公司债券或者股票)时的收益率取决于金融工具的风险。特别是投资相关的风险越高,投资者要求的收益率也就越高。现在,让我们考虑一家公司继续发行债券,也就是向投资者借钱。一般来说,当公司负债比例增加时,公司无法偿还债务的概率也在增加,甚至最终可能导致公司破产。因此,其他情况不变,随着公司债务数量的增加,公司的财务风险也在增加。投资者可能要求更高的收益率才愿意提供资金给公司,这也就意味着公司的 WACC 会更高。

那么在其资本成本上升之前,Daflex 公司可以筹集多少资金? 首先,确定 MCC 开始增长的点,假设公司当年资产负债表上的 8 亿美元长期资本都是在过去筹集的,并投资于正在使用中的资产。如果 Daflex 公司希望筹集新(边际)资本,其中负债占 40%、优先股占 10%、普通股权益占 50%,那么当其筹集新资本 1 000 万美元时,就必须新发行 400 万美元的债券、100 万美元的优先股和 500 万美元的普通股权益。新的普通股权益有两种来源:① 留存收益,即当年利润中管理层决定留存再投资而不是作为股利发放给股东的留存收益(但不是过去留存的收益,过去留存的收益已经投资于当前使用的资产);② 出售新发行股票的收益。

我们知道,当 Daflex 公司的税后债务资本成本为 6%,优先股资本成本为 11%,普通股权益资本成本为 14%(如果所有新权益融资来自留存收益)时,其 WACC 也将保持在 10.5%。但如果 Daflex 公司扩张速度过快,使得当年的留存收益已经无法满足普通股权益资本的需求,那么会不会迫使公司发行新股呢? 前面,我们已经知道由于新普通股的发行成本为 5%,则发行新普通股的资本成本 r_e 为 15%。由于发行新普通股时普通股权益资本成本上升,因而 WACC 也随之上升。

那么,Daflex 公司在耗尽留存收益之前能够筹集多少资本呢? Daflex 公司必须发行多少新普通股? 即在 MCC 曲线的何处,边际成本上升?

我们假设 Daflex 公司当年的净利润为 1.25 亿美元,其中 7 500 万美元将作为股利发放,另外 5 000 万美元作为留存收益(股利支付比率为 60%,留存收益比率为 40%)。因此,在发行新股前,Daflex 公司的普通股权益资本投资可以达到 5 000 万美元。但是,需要记住公司需要资金时,在 Daflex 公司的目标资本结构中,普通股权益资本的比例为 50%,其余部分来自债券(40%)和优先股(10%)。因此,我们知道:

$$普通股权益 = 0.50 × 新筹集的资本总额$$

我们可以用这个关系来计算耗尽 5 000 万美元留存收益、必须发行新股票之前,Daflex 公司能够筹集的新总资本(债务、优先股和留存收益的组合)。假设所需要的普通股权益等于留存收益,则新筹集的资本总额为:

$$留存收益 = 5 000 万美元 = 0.50 × 新筹集的资本总额$$

$$新筹集的资本总额 = \frac{5 000 万美元}{0.50} = 1 亿美元$$

只要 Daflex 公司为新投资融资的数额小于或者等于 1 亿美元,留存收益(内部融资)就可以满足普通股权益融资(50% 的新资金)需求。但是,如果公司的资金需求超过 1 亿美元,那么就要发行新普通股来满足新投资的需求,而且普通股权益资本成本会增加。

举例说明,假设 Daflex 公司新投资的资金需求恰好为 1 亿美元,每个资金来源的筹资额以及 WACC 的计算具体如下:

资本来源	权重(1)	数额(2) = 100 000 000 × (1)	税后要素资本成本(3)	WACC (1) × (3) = (4)
债务	0.40	40 000 000 美元	6.0%	2.4%
优先股	0.10	10 000 000 美元	11.0%	1.1%
普通股权益	0.50	50 000 000 美元	14.0%	7.0%
	1.00	100 000 000 美元		10.5% = WACC₁

因此,如果 Daflex 公司今年需要正好 1 亿美元的新增资本,那么其留存收益足以满足普通股权益资本的需要,公司也就不需要发行新股,其 WACC 也将保持在 10.5%。但如果 Daflex 公司今年所需的新增资本超过 1 亿美元,如 1.1 亿美元,此时 5 000 万美元的留存收益不能满足 5 500 万美元的普通股权益融资需求(总资金的 50%),因此需要发行新股。

由于发行新普通股的资本成本 r_e 大于留存收益的资本成本 r_s,则其 WACC 将会增加。如果 Daflex 公司新投资的资金需求为 1.1 亿美元,每个资金来源的筹资额以及 WACC 的计算具体如下:

资本来源	权重(1)	数额(2) = 110 000 000 × (1)	税后要素资本成本(3)	WACC (1) × (3) = (4)
债务	0.40	44 000 000 美元	6.0%	2.4%
优先股	0.10	11 000 000 美元	11.0%	1.1%
普通股权益	0.50	55 000 000 美元	15.0%	7.5%
	1.00	110 000 000 美元		11.0% = WACC₂

由于新发行普通股成本高于留存收益($r_e = 15\%$,$r_s = 14\%$),那么公司新发行普通股时,它的 WACC 将会增加。[⑧] 因此,如果 Daflex 公司新投资的资金需求大于 1 亿美元,那么公司将需要发行新股,并且它的 WACC 将会增加。这里的新筹集总资本 1 亿美元就是留存收益断点,因为在该点以上,Daflex 公司的 MCC 曲线发生了一个跳跃。一般来说,**断点**(brear point,BP)即公司的 WACC 上升前所能筹集的资本总量。如果公司增加超过 1 亿美元的新资金,那么 WACC 会跳升到更高水平。

图 12-2 是 Daflex 公司的资本边际成本图以及留存收益断点。在新筹集的资本总额达到 1 亿美元之前,每 1 美元的加权边际成本为 10.5%。如果 Daflex 公司新筹集的资本总额恰好为 1 亿美元,这 1 亿美元包括税后资本成本为 6% 的 4 000 万美元的新债务、资本成本为 11% 的 1 000 万美元的优先股和资本成本为 14% 的 5 000 万美元的留存收益。但是如果 Daflex 公司新筹集的资本总额超过 1 亿美元,那么每 1 美元的新资金中含有发行成本为 15% 的新普通股权益 50 美分。如表 12-1 所示,WACC 就从 10.5% 上升为 11%。

当然,超过 1 亿美元后每增加 1 美元的资金,其成本并非精确地上升 0.5%。因此,图 12-2 只是一个粗略的估计图,并不是真实情况的精确反映。我们将在本章的后面部分解释说明。

---

⑧　为了简化我们的决策,当公司发行新的普通股时,假设投资于新投资项目的所有普通权益(留存收益和新普通股)的平均资本成本就是新普通股的资本成本,r_e。

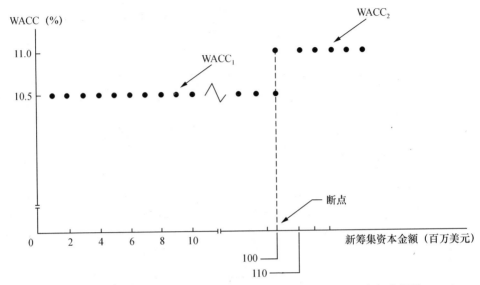

图 12-2 **Daflex** 公司的资本边际成本图(同时使用留存收益和新发行普通股)

表 12-1 **Daflex** 公司的资本边际成本图以及断点

I. 断点

1. $BP_{留存收益} = 50\,000\,000$ 美元$/0.50$ = $100\,000\,000$ 美元
2. $BP_{债务} = 60\,000\,000$ 美元$/0.40$ = $150\,000\,000$ 美元

II. WACC

1. 如果公司需要的资金为 1—$100\,000\,000$ 美元

资本来源	假设公司需要的资金为 100 000 000 美元，各种要素的筹资数额	权重	×	税后要素资本成本	=	WACC
债务 r_{dT1}	40 000 000 美元	0.40	×	6.0%	=	2.4%
优先股 r_{ps}	10 000 000 美元	0.10	×	11.0%	=	1.1%
普通股权益 r_s	50 000 000 美元	0.50	×	14.0%	=	7.0%
	100 000 000 美元	1.00				10.5% = WACC₁

2. 如果公司需要的资金为 100 000 001—150 000 000 美元

资本来源	假设公司需要的资金为 150 000 000 美元，各种要素的筹资数额	权重	×	税后要素资本成本	=	WACC
债务 r_{dT1}	60 000 000 美元	0.40	×	6.0%	=	2.4%
优先股 r_{ps}	15 000 000 美元	0.10	×	11.0%	=	1.1%
普通股权益 r_s	75 000 000 美元	0.50	×	15.0%	=	7.5%
	150 000 000 美元	1.00				11.0% = WACC₂

（续表）

3. 如果公司需要的资金大于 150 000 000 美元

资本来源	假设公司需要的资金为 **160 000 000 美元**，各种要素的筹资数额	权重	×	税后要素资本成本	=	WACC
债务 r_{dT2}	64 000 000 美元	0.40	×	7.2%	=	2.9%
优先股 r_{ps}	16 000 000 美元	0.10	×	11.0%	=	1.1%
普通股权益 r_s	80 000 000 美元	0.50	×	15.0%	=	7.5%
	160 000 000 美元	1.00				11.5% = WACC$_3$

注：表中的数字显示，资金范围不同，所计算的成本也是不同的。例如，如果 Daflex 公司需要的资金是 100 000 001—150 000 000 美元，那么就必须发行新的普通股，因此权益成本为 15%，比需要的资金是 100 000 000 美元或以下所需的权益成本（r_s = 14%）大。注意，与留存收益对应的断点是 100 000 000 美元，在这个点上，留存收益"用光"了。

12.8.2 资本边际成本曲线上的其他断点

如前所述，由于在资本需求超过 1 亿美元时需要新的普通股权益，因而在 Daflex 公司的 MCC 曲线上有一个断点（或跃点），原因是公司必须发行新普通股。MCC 曲线上是否还可能出现其他断点？答案是肯定的。例如，假设 Daflex 公司只能以 10% 的税前债务成本（税后债务成本为 6%）融资 6 000 万美元，超过部分成本为 12%（税后债务成本为 7.2%），那么此时在 MCC 曲线上将出现第二个断点，在这一点成本为 10% 的 6 000 万美元债务刚好用完。在总融资为多少时税前债务成本为 10% 的债务刚好用完？我们知道总融资额等于 6 000 万美元与优先股和普通股权益的和。如果用 BP$_{债务}$ 表示第二个断点处的总融资额，其中 40% 为债务融资，那么，

$$0.4 \times BP_{债务} = 6\,000 \text{ 万美元}$$

解出 BP$_{债务}$，可以得到

$$BP_{断点} = \frac{6\,000 \text{ 万美元}}{0.4} = 1.5 \text{ 亿美元}$$

$$= \frac{10\% \text{债务的最大融资额}}{\text{债务比例}}$$

可以看到，Daflex 公司在融资总额超过 1.5 亿美元之后，会出现第二个断点，该断点的出现是因为超过一定额度后债务成本上升。税后债务成本提高（从 6.0% 上升到 7.2%）又会导致 WACC 上升。如果 Daflex 公司所需的融资总额为 1.6 亿美元，那么 WACC 将为 11.5%。

资本来源	权重 (1)	数额 (2) = 160 000 000 × (1)	税后要素资本成本 (3)	WACC (1) × (3) = (4)
债务	0.40	64 000 000 美元	7.2%	2.9%
优先股	0.10	16 000 000 美元	11.0%	1.1%
普通股权益	0.50	80 000 000 美元	15.0%	7.5%
	1.00	160 000 000 美元		11.5% = WACC$_3$

换句话说,公司融资超过 1.5 亿美元时,每 1 美元的新资本中,包含资本成本为12%的 40 美分的债务成本(税后成本为7.2%)、资本成本为11%的 10 美分的优先股和资本成本为 15%的 50 美分的新普通股权益(留存收益已经用尽),这 1 美元的成本为 $WACC_3 = 11.5\%$。

WACC 第二次增长的效果如图 12-3 所示。现在有两个断点,一个出现的原因是留存收益已经用尽,另一个是 10% 的债务融资已经用尽。由于存在两个断点,因此有三个不同的 WACC:对于新资本中的第一个 1 亿美元,$WACC_1 = 10.5\%$;新资本中的 1 亿—1.5 亿美元之间,$WACC_2 = 11.0\%$;新资本中超过 1.5 亿美元的部分,$WACC_3 = 11.5\%$。[9]

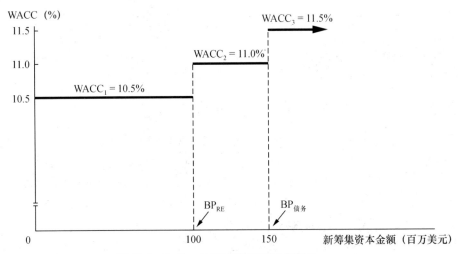

图 12-3 Daflex 公司的资本边际成本图

当然,还可能存在更多的断点:只要债务资本成本随着债务数量的增加而上升,或者优先股资本成本在某一水平时上升,或者当发行更多普通股时普通股权益成本上升,这都会产生断点。[10] 通常,只要某一项资本要素成本上升时,就会产生一个断点。断点的计算等式如下:

$$断点 = \frac{某种资本要素在较低资本成本下的最大融资额}{这种资本在资本结构中的比例} \tag{12-10}$$

可见,实际上可以有无数个断点。这种情况下,我们甚至可以想象,MCC 曲线有如此多

---

⑨ 我们使用的 WACC,就是筹集包括债务、优先股和股权的 1 美元新资本的成本。我们也可以计算公司在某一年内筹集所有资本的平均成本。例如,Daflex 公司的总融资需求为 1.6 亿美元,新资金需求为 1 亿美元时资金成本为10.5%,下面 5 000 万美元的新资本需求的资金成本为11%,最后的 1 000 万美元的资金成本为11.5%。总融资 1.6 亿美元的资金成本为:

$$\left(\frac{100 \text{ 美元}}{160 \text{ 美元}}\right) \times 10.5\% + \left(\frac{50 \text{ 美元}}{160 \text{ 美元}}\right) \times 11.0\% + \left(\frac{10 \text{ 美元}}{160 \text{ 美元}}\right) \times 11.5\% = 10.72\%$$

一般来说,该成本在财务决策中不予考虑,因为没有任何实际财务意义。唯一的例外是在公司考虑是否接受一大笔资产时,这笔资产中包括不同的 WACC。例如,如果 Daflex 公司考虑成本为 1.6 亿美元的一个项目,那么其资金成本为 10.72%。

⑩ 第一个断点不一定发生在留存利润耗尽时。实际上低成本债务可能在留存利润用完之前就已经用尽。例如,如果 Daflex 公司 10% 的成本的债务只有 3 000 万美元,那么债务断点将发生在 7 500 万美元时:

$$BP_{债务} = \frac{3\,000 \text{ 万美元}}{0.40} = 7\,500 \text{ 万美元}$$

因此,债务断点发生在留存利润用完之前(即 1 亿美元)。

的断点,以至于其连续上升,甚至超出新的融资水平,如图 12-4 所示。

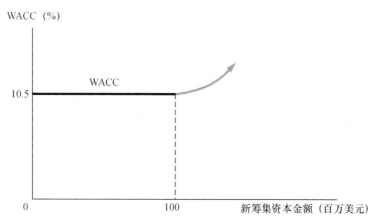

图 12-4　平滑(连续)的资本边际成本图

MCC 曲线最简单的绘制程序如下:

第一步,用等式(12-10)确定每个断点的发生点。任一资本要素成本的上升都会导致一个断点的产生(当然,也有可能在同一断点同时有两种类型的资本成本上升)。确定这些准确的断点后,填入表中。

第二步,确定断点之间每种资本成分的成本。

第三步,计算这些要素资本成本的加权平均值,来确定各断点之间的 WACC,计算方法同表 12-1。每个间隔中 WACC 保持不变,但在断点处会上升。

注意,若有 n 个单独断点,即有 $n+1$ 个不同的 WACC。例如,图 12-3 中有 2 个断点和 3 个不同的 WACC。同时,不同的资本结构(债务和权益的比例)也会产生不同的 MCC 曲线。

12.8.3　建立 MCC 曲线的示例

为了进一步说明如何建立 MCC 曲线,我们假设如下的公司资本结构信息、债务和权益的当前市场价值和融资机会:

资本来源	资本结构	每股市价	每股股利/每股利息支付
债务	35.0%	1 067.10 美元	90.00 美元
优先股	5.0%	75.00 美元	7.2 美元
普通股权益	60%	35.00 美元	3.00 美元

债务的面值为 1 000 美元,每年支付利息。公司预期未来保持 5% 的固定增长率,而且下一个年度留存收益预期达到 1.2 亿美元。虽然发行新债务的成本可以忽略不计,但是发行少于 1 500 万美元新优先股的成本为 2%,超过 1 500 万美元的发行成本为 4%;发行少于 9 000 万美元新普通股的成本为 6%,超过 9 000 万美元的发行成本为 8%。投资银行家估计公司最多可以发行与现行债务具有相同特点的 10 年期新债务 1.05 亿美元,超过这一额度除了发行价格必须与面值相同外,需要与现行债务具有相同的特点。优先股和普通股可以按市价发

行,公司的边际税率为40%。

根据上述信息,我们建立如下的 MCC 曲线:

第一步,计算断点。在该情况下,至多可能有 4 个断点:① 如果普通股融资需求超过1.2 亿美元,必须发行新普通股,新股权益比留存收益的成本高;② 如果债务融资需求超过1.05 亿美元,发行价格要与面值(1 000 美元)保持一致,小于目前的债务市值(1 067.10 美元);③ 如果优先股融资需求超过 1 500 万美元,额外的优先股将产生更高的发行价格;④ 如果需要发行新普通股超过 9 000 万美元,额度大的普通股比额度低的将产生更高的发行成本。如果公司发行新普通股,那么普通股权益融资包括增加的留存收益 1.2 亿美元和任何新发行的普通股。

利用等式(12-10),我们能够计算 4 个断点:

$$BP_{债务} = \frac{1.05 \ 亿美元}{0.35} = 3 \ 亿美元$$

$$BP_{优先股} = \frac{1 500 \ 万美元}{0.05} = 3 \ 亿美元$$

$$BP_{留存收益} = \frac{1 200 \ 万美元}{0.60} = 2 \ 亿美元$$

$$BP_{新普通权益} = \frac{1.2 \ 亿美元 + 9 000 \ 万美元}{0.60} = 3.5 \ 亿美元$$

在这个例子中有 3 个不同的断点。债务和优先股的成本在同一断点增加,在总融资额度超过 3 亿美元时产生普通股权益断点。

第二步,计算断点之间每个要素的资本成本。

(1) 债务——面值 1 000 美元;INT = 90 美元,每年支付;N = 10 年;无发行成本。

① 债务融资需求在 100 万美元到 1.05 亿美元之间,债券市值为 1 067.10 美元。因此 r_d 为

$$1 067.10 \ 美元 = \frac{90 \ 美元}{(1 + r_d)^1} + \frac{90 \ 美元}{(1 + r_d)^2} + \cdots + \frac{1090 \ 美元}{(1 + r_d)^{10}}$$

利用财务计算器求得 $r_d = 8\%(r_{dT} = 4.8\%)$:

输入:	10	?	−1 067.10	90	1 000
	N	I/Y	PV	PMT	FV
结果:		=8.0			

② 负债融资需求超过 1.05 亿美元,债券的市场价值为 1 000 美元。因此 r_d 为:

$$1 000 \ 美元 = \frac{90 \ 美元}{(1 + r_d)^1} + \frac{90 \ 美元}{(1 + r_d)^2} + \cdots + \frac{1090 \ 美元}{(1 + r_d)^{10}}$$

利用财务计算器求得 $r_d = 9\%(r_{dT} = 5.4\%)$:

输入:	10	?	−1 000	90	1 000
	N	I/Y	PV	PMT	FV
结果:		=9.0			

（2）优先股——$P_0 = 75$ 美元；$D_{ps} = 7.20$ 美元。

① 优先股融资需求在 1 美元到 1 500 万美元之间，发行成本为 2%，使用等式（12-3），我们得出 $r_{ps} = 9.8\%$：

$$r_{ps} = \frac{D_{ps}}{P_0(1-F)} = \frac{7.20 \text{ 美元}}{75.00 \text{ 美元} \times (1-0.02)} = \frac{7.20 \text{ 美元}}{73.50 \text{ 美元}} = 0.098 = 9.8\%$$

② 优先股融资需求超过 1 500 万美元，发行成本为 4%。因此，$r_{ps} = 10.0\%$：

$$r_{ps} = \frac{7.20 \text{ 美元}}{75.00 \text{ 美元} \times (1-0.04)} = \frac{7.20 \text{ 美元}}{72.00 \text{ 美元}} = 0.10 = 10.0\%$$

（3）普通股权益——$P_0 = 35$ 美元；$D_0 = 3$ 美元；$g = 5\%$。

① 今年的留存收益增加预期将达到 1.2 亿美元，这代表可以使用内部融资来进行新投资的数额。利用等式（12-7），留存收益资本成本 r_s 为

$$r_s = \frac{\hat{D}_1}{P_0} + g = \frac{D_0(1+g)}{P_0} + g = \frac{3.00 \text{ 美元} \times (1.05)}{35.00 \text{ 美元}} + 0.05 = \frac{3.15 \text{ 美元}}{35.00 \text{ 美元}} + 0.05$$
$$= 0.09 + 0.05 = 0.14 = 14.0\%$$

② 普通股权益融资需求大于留存收益——大于 1.2 亿美元——则公司必须发行普通股进行额外融资。发行新普通股 100 万美元到 9 000 万美元的成本为 6%。利用等式（12-8），新股权的成本 r_e 为

$$r_e = \frac{\hat{D}_1}{P_0(1-F)} + g = \frac{3.00 \text{ 美元} \times (1.05)}{35.00 \text{ 美元} \times (1-0.06)} + 0.05 = \frac{3.15 \text{ 美元}}{32.90 \text{ 美元}} + 0.05$$
$$= 0.096 + 0.05 = 0.146 = 14.6\%$$

如果普通股权益融资需求大于留存收益的 1.2 亿美元，但是小于或者等于 2.1 亿美元（留存收益 1.2 亿美元加上发行新普通股 9 000 万美元），那么普通股权益的资本成本为 14.6%。

③ 新普通股融资需求超过 9 000 万美元，发行成本为 8%。普通股权益融资总需求大于 2.1 亿美元，股权资本成本为

$$r_e = \frac{\hat{D}_1}{P_0(1-F)} + g = \frac{3.00 \text{ 美元} \times (1.05)}{35.00 \text{ 美元} \times (1-0.08)} + 0.05 = \frac{3.15 \text{ 美元}}{32.20 \text{ 美元}} + 0.05$$
$$= 0.098 + 0.05 = 0.148 = 14.8\%$$

第三步，计算要素资本成本的加权平均来确定各断点之间的 WACC。注意，有 3 个断点：

（1）2 亿美元——第一个断点出现在内部融资（留存收益）用尽，产生较高的普通股权益成本时。

（2）3 亿美元——第二个断点出现在成本较低的债务和优先股用尽时。

（3）3.5 亿美元——第三个断点出现在对成本较高的普通股权益有更大需求时。

　　这些断点表示融资需求在 1 美元到 2 亿美元之间,WACC 将保持稳定。融资需求在 2 亿美元到 3 亿美元之间时,由于公司留存收益耗尽,必须发行成本较高的新普通股,WACC 增加。融资需求在 3 亿美元到 3.5 亿美元之间时,由于债务融资和优先股融资的成本较高,WACC 增加到新水平并保持下去。最后,当融资需求超过 3.5 亿美元时,就要发行较高成本的新普通股权益。

　　表 12-2 显示新融资的每个区间的 WACC。如果你比较每个区间的“税后要素资本成本”,你会发现哪类资金造成 WACC 从一个区间增加到另一个区间。

表 12-2　MCC 曲线

(1) 需要的新资本:1 美元—200 000 000 美元

资本来源	筹资额为 2 亿美元时,各种要素的筹资额	权重(2)		税后要素资本成本(3)		WACC(1)×(2)=(3)
债务 r_{dT1}	70 000 000 美元	0.35	×	4.8%	=	1.68%
优先股 r_{ps1}	10 000 000 美元	0.05	×	9.8%	=	0.49%
普通股权益 r_s	120 000 000 美元	0.60	×	14.0%	=	8.40%
	200 000 000 美元	1.00				10.57% ≈ 10.6%

(2) 需要的新资本:200 000 001 美元—300 000 000 美元

资本来源	筹资额为 3 亿美元时,各种要素的筹资额	权重(2)		税后要素资本成本(3)		WACC(1)×(2)=(3)
债务 r_{dT1}	105 000 000 美元	0.35	×	4.8%	=	1.68%
优先股 r_{ps1}	15 000 000 美元	0.05	×	9.8%	=	0.49%
普通股权益 r_{e1}	180 000 000 美元	0.60	×	14.6%	=	8.76%
	300 000 000 美元	1.00				10.93% ≈ 10.9%

(3) 需要的新资本:300 000 001 美元—350 000 000 美元

资本来源	筹资额为 3.5 亿美元时,各种要素的筹资额	权重(2)		税后要素资本成本(3)		WACC(1)×(2)=(3)
债务 r_{dT2}	122 500 000 美元	0.35	×	5.4%	=	1.89%
优先股 r_{ps2}	17 500 000 美元	0.05	×	10.0%	=	0.50%
普通股权益 r_{e1}	210 000 000 美元	0.60	×	14.6%	=	8.76%
	350 000 000 美元	1.00				11.15% ≈ 11.2%

(4) 需要的新资本:超过 350 000 000 美元

资本来源	筹资额为 3.6 亿美元时,各种要素的筹资额	权重(2)		税后要素资本成本(3)		WACC(1)×(2)=(3)
债务 r_{dT2}	126 000 000 美元	0.35	×	5.4%	=	1.89%

（续表）

资本来源	筹资额为 3.6 亿美元时，各种要素的筹资额	权重(2)		税后要素资本成本(3)		WACC(1) × (2) = (3)
优先股 r_{ps2}	18 000 000 美元	0.05	×	10.0%	=	0.50%
普通股权益 r_{e2}	216 000 000 美元	0.60	×	15.0%	=	9.00%
	360 000 000 美元	1.00				11.39% ≈ 11.4%

自测题 6

（答案见本章末附录 12A）

（1）Payment American 公司债务融资的资本成本：120 000 美元及以下的债务资本成本（税后）为 5%，超过 120 000 美元的债务资本成本（税后）为 7%。如果 Payment American 公司的资本结构中含有 40% 的债务，则在该公司的债务资本成本增长到 7% 之前，公司可以筹集的资本总额是多少？

（2）Payment American 公司将每年的收益全部作为股利支付给股东。如果公司没有优先股，则无论发行多少新普通股，公司的新权益资本成本都为 11%。利用第（1）题的信息来确定 WACC：如果公司需要筹资 250 000 美元，则公司的 WACC 是多少？如果公司需要筹资 400 000 美元，则公司的 WACC 是多少？

12.9　结合资本边际成本曲线和投资机会曲线分析

现在，我们已经知道如何计算 MCC 曲线，因此我们可以用其决定投资决策过程中的适当收益率。也就是说，我们可以用 MCC 曲线确定适当的投资成本，再用这一成本或者必要报酬率与投资机会产生的收益率进行比较，来确定如何进行投资。只有在预期收益率大于资金成本（WACC）时，才与购买该投资的融资水平有关。

为了理解 MCC 曲线如何评估投资机会，假设 Daflex 公司有三位财务主管——财务副总裁（VP）、会计和投资分析部主任（DIA），参与 Daflex 公司的投资分析与决策过程。财务副总裁要求会计计算公司的 MCC 曲线，该会计给出的 MCC 曲线如前面的图 12-3 所示。财务副总裁同时要求投资分析部主任列出有可能接受的项目清单。该清单列出每个项目的成本、预期年度净现金流、期限以及内部收益率（IRR）。这些数据详见图 12-5 的下半部分。例如，项目 A 的成本为 2 600 万美元，预期未来 5 年内每年可产生 700 万美元的现金流入，因此预期收益率为 10.8%。项目 C 的成本为 3 700 万美元，预期未来 6 年内每年将产生 900 万美元的现金流入，因此预期收益率为 12%。为了简便起见，我们假设可以购买各种投资计划组合，也就是说，Daflex 公司可以投资任何一种计划、两种计划组合、三种计划组合、四种计划组合或五种计划组合。在本例中，每种投资计划的风险等于公司现有资产的平均风险。

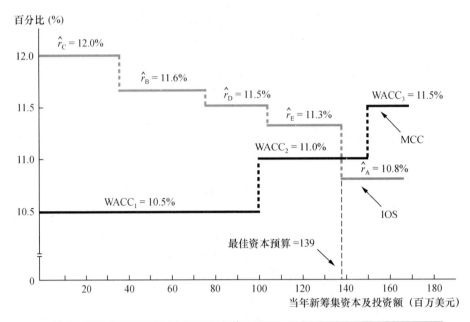

项目	初始成本 (百万美元)	年净现金流量 (百万美元)	期限 (年)	预期收益 $\hat{r}$ (%)
A	26	7	5	10.8
B	40	11	5	11.6
C	37	9	6	12.0
D	25	6	6	11.5
E	37	12	4	11.3

图 12-5 结合 MCC 和 IOS 决定最优投资

投资分析部主任画出公司的预期收益率曲线,显示在图 12-5 上半部分,形成**投资机会曲线**(investment opportunity schedule,IOS)。投资机会曲线显示按照顺序在不同的预期收益率($\hat{r}$)下 Daflex 公司可以投资的金额。图 12-5 还显示会计在图 12-3 中绘制的 Daflex 公司的 MCC 曲线。现在我们来看项目 C:其预期收益率是 12%,以 10.5% 的成本进行资本融资,因而可以接受。如果一个项目的预期收益率超过资本成本,那么这就是一个好的投资项目,因为公司获得的预期收益高于资本成本,进而增加了公司的价值。根据这一逻辑,由于项目 B、D 和 E 的预期收益大于购买项目所需要的融资水平的 WACC,也应该可以接受。而项目 A 则由于在需要的融资水平(1.65 亿美元)上预期收益小于 WACC,因而应该被否决。

人们可能会问:"如果我们先考虑项目 A,由于其收益为 10.8%,大于项目成本 10.5%,为什么不能接受它呢?"问题在于我们希望使收益成本差(return over costs)最大化,即位于 WACC 之上、ISO 之下的区域。为了实现这一目标应该先考虑最有利的项目。

另一个问题是:如果 MCC 与某个项目相交呢?例如,假设 MCC 的第二个断点在 1.2 亿美元而非 1.5 亿美元处,从而导致 MCC 曲线与项目 E 相交。是否应当接受项目 E?如果项目 E 可以部分地接受,那么我们只能接受可以接受的部分,即产生的收益率大于 WACC 的那部分。[11]

从图 12-5 作出的总结中我们可以发现一个重要观点:在投资决策中资本成本的确定实际上取决于 IOS(边际收益)和 MCC(边际成本)曲线的交点。如果使用交点的资本成本($\text{WACC}_2 = 11\%$,见图 12-5),那么公司就能够作出正确的投资决策,其融资和投资水平也能达到最佳状态。否则,投资决策就不能实现最优结果。

考虑到项目风险与公司现有资产的风险大致相等,公司应该使用图 12-5 中的 WACC 交点作为投资决策点。但如果公司现有资产的风险程度与项目风险不一致,公司的资本成本就要进行调整。

自测题 7

(答案见本章末附录 12A)

Julie's Jewels 的 CFO 正在评估下列各种投资:

项目	成本	预期收益 $\hat{r}$
Q	100 000 美元	16.0%
R	150 000 美元	13.0%
S	125 000 美元	11.0%

公司的 CFO 认为最优的决策为:公司不发行优先股,进行 30% 的债务融资。如果公司不发行新的普通股权益资本,则它的 WACC 为 10.5%;如果公司需要筹资新的普通股权益资本,则它的 WACC 为 14%。假设 Julie's 期望今年产生 210 000 美元的留存收益,则公司应该投资于哪个项目?

12.10 项目风险与 WACC

我们从上节了解到,如何利用 WACC 对与公司现有资产风险程度相同的投资机会作出投资决策。而当项目风险不同于公司现有资产的平均风险时,是否应当利用同样的 WACC 来评估所有的投资计划? 答案是否定的。正如第 11 章所述,投资者对具有更大风险的投资必然会要求较高的收益,同样的逻辑适用于公司评估投资计划。然而把风险纳入投资分析而不是金融资产的难题,而是与开发项目的风险的特定衡量指标的难题有关。尽管如此,你可能会争辩,一般来说,评估一个项目的风险是否比另一个项目大并不难。

---

[11] 实际上,答案是通过两个步骤来确定的:① 求出投资项目 E 所需资本的平均成本(一部分资本的成本为 11.0%,另一部分资本的成本为 11.5%);② 将所求的平均资本成本与项目的必要报酬率 11.3% 作比较。如果项目的收益超过了 3 700 万美元的平均投资支出,则我们应该接受该项目。然而,为了简化决策,假设所有新增资本的成本等于题目中 MCC 曲线上某一特定的点的数值。

事实上,大多数公司通过调整WACC来评估显著偏离公司平均风险的项目,把项目风险纳入投资决策。平均风险的项目使用"平均"必要报酬率,也就是公司的WACC。高于平均风险的项目使用"高于平均"的必要报酬率,也就是公司的WACC要调高;相反,低于平均风险的项目使用"低于平均"的必要报酬率,也就是公司的WACC要调低。不幸的是,因为我们无法正确评估风险,因而没有正确方法来确定WACC到底要调整多少,因此,有时候风险调整需要判断,甚至有些是武断的。

虽然这个过程并不科学,但仍有很多公司使用两个步骤确定风险调整后的WACC来作投资决策。首先,确定WACC(如前所述),也就是投资项目风险与公司现有资产的风险程度相同时的必要报酬率;其次,将所有投资项目分为三类:高风险、平均风险和低风险,公司或部门使用平均必要报酬率来评估项目的平均风险,把平均风险必要报酬率调减1%或2%来评估低风险项目,把平均必要报酬率调增几个百分点来评估高风险项目。

例如,假设公司已经确定WACC为15%,并决定使用这一收益率来评估平均风险项目。接着,假设公司已经决定使用20%来评估高风险项目,使用12%来评估低风险项目。

表12-3显示使用风险调整后的WACC来评估四个投资项目。四个投资项目的期限都是5年,在项目期间每个投资项目都有固定现金流量。分析显示,当考虑到风险时,只有项目A和项目C可以接受。然而使用平均必要报酬率来估计所有项目时,项目C和项目D也可以考虑接受,因为它们的预期收益率都超过了15%。因此,如果不考虑项目风险,企业可能会作出不正确的决策。

表 12-3　使用风险调整后的 WACC 来进行投资决策

项目	项目风险	必要报酬率	预期期限	初始成本	年净现金流量	预期报酬率	决策
A	低	12%	5	10 000 美元	2 850 美元	13.1%	接受
B	平均	15%	5	11 000 美元	3 210 美元	14.1%	拒绝
C	平均	15%	5	9 000 美元	2 750 美元	16.0%	接受
D	高	20%	5	12 000 美元	3 825 美元	17.9%	拒绝

项目风险分类	必要报酬率
低	12%
平均	15%
高	20%

虽然对WACC进行风险调整的方法并不准确,但是它识别出不同投资项目有不同的风险,而且它包含这样的理念:不同的必要报酬率应该用来评估不同的风险。

自测题 8

（答案见本章末附录 12A）

Golf Greenery（GG）的资本预算经理向首席财务执行官递交了下面的报告：

项目	预期收益率	风险
A	9.0%	低
B	13.0%	高
C	11.0%	平均

GG 一般通过调整它的平均必要报酬率（r）来考虑风险，平均必要报酬率等于 10%。当计算有风险的项目的必要报酬率时，它的必要报酬率既不能大幅度低于也不能高于平均必要报酬率。平均必要报酬率调增 4% 就是高风险项目的必要报酬率，平均必要报酬率调减 2% 就是低风险项目的必要报酬率。如果上述项目都是独立的，则 GG 应该选择哪个项目？

12.11 WACC 与投资者的必要收益率

在第 10 章中，我们介绍了如何用货币时间价值方法来确定金融资产，如股票和债券的价值。当时我们简要介绍了投资者必要收益率的概念。在本章，我们介绍了风险的概念，讨论了风险对必要收益率的影响。在这些章中，我们发现投资者对高风险要求高收益。我们还发现其他条件不变，资产的价值与投资该资产的投资者要求的收益率呈反向关系。下面的等式如今你已经非常熟悉，它显示了这一关系：

$$\text{价值} = \frac{\widehat{CF_1}}{(1+r)^1} + \frac{\widehat{CF_2}}{(1+r)^2} + \cdots + \frac{\widehat{CF_n}}{(1+r)^n}$$

在第 1 章中介绍的这一等式显示任何资产的价值（无论是实物的还是金融的）都是基于：① 在这一期间资产预期将产生的现金流 $\widehat{CF_t}$；② 投资者用自己的资金进行投资所要求的收益率 r。因此，只有投资者认为他们的投资收益能够弥补他们的投资风险，才会购买公司的股票和证券——对公司提供资金。因此，购买公司股票和证券的投资者决定必要报酬率或投资成本，公司在为投资项目筹集资金时必须支付这一成本。

在第 10 章，我们从投资者的角度讨论了估值。例如，我们这样定义投资者的必要报酬率 r_s，即投资者购买公司普通股股票所要求的报酬率。在本章，我们这样描述 r_s，即内部普通股权益，也就是公司为满足投资者需要而必须赚得的收益。哪个定义更准确？它们都正确。我们可以用简单的类推法进行说明。例如，假设 Randy 从信用合作社借款来购买普通股股票。贷款合同要求 Randy 每年以 10% 的利率还款。那么，10% 的利率既代表 Randy 的借款成本，也就是债务成本，同时也是他投资的必要报酬率。如果他投资的股票不能给他带来至少 10% 的投资收益，那么 Randy 的财富将减少，因为他还要支付信用合作社的利息。10% 的利率还代表信用合作社借款给 Randy 所要求的信用风险报酬——10% 的利率是信用合作社的必要报酬率,或者是借款给 Randy 所要求的投资收益。尽管投资者提供资金给公司的情形要复杂得多,但是道理是相同的。投资者给公司提供资金,所以类似于信用合作社;而公司使用投资者提供的资金,因此类似于 Randy,并且它还需支付足够的回报以吸引资金。就像信用合作社决定 Randy 进行贷款必须支付的利率一样,投资者决定借给公司的资金的报酬率。

我们是在第 10 章第一次介绍必要报酬率,在第 11 章又进一步进行了讨论。这两章介绍的必要报酬率都是从投资者的角度来介绍的。在本章,我们通过前面介绍的内容来介绍资本成本概念,也就是从公司的角度来进行讨论。你可能发现本章介绍的基本概念与前面章节介绍的很相似,也就是说,都讲的是必要报酬率的决定和对价值的影响。事实上,这几章只是介绍的角度不同——投资者的角度(第 10 章和第 11 章)和公司的角度(本章)。本章介绍的报酬率和资本要素成本与第 10 章和第 11 章介绍的相同。因此,我们认为在这里比较适合对这些利率进行总结。表 12-4 列出了第 10 章和第 11 章介绍的报酬率及其与本章资本要素成本的比较。注意,"投资者收益"一栏中的等式与"公司成本"栏是一样的,不过公司成本受税收调整和发行成本的影响。

表 12-4　WACC 与必要报酬率

投资者的必要报酬率/公司资本成本:投资者的必要报酬率 = $r = r_{RF}$ + 风险溢价 = r_d,r_{ps} 或 r_s = 公司资本要素成本

金融资产	金融资产市值	投资者收益	公司成本
债务 r_d	$P_0 = \dfrac{INT}{(1+YTM)^1} + \cdots + \dfrac{INT+M}{(1+YTM)^N}$	$YTM = r_d =$ 投资者购买公司债券的必要报酬率	$r_d = YTM =$ 税前债务资本成本 $r_{dT} = r_d(1-T) =$ 税后债务资本成本
优先股 r_{ps}	$P_0 = \dfrac{D_{ps}}{r_{ps}}$	$r_{ps} = \dfrac{D_{ps}}{P_0} =$ 投资者购买公司优先股的必要报酬率	$r_{ps} = \dfrac{D_{ps}}{P_0(1-F)} =$ 优先股资本成本
普通股权益 r_s(内部)或 r_e(外部)	$P_0 = \dfrac{\hat{D}_1}{r_s - g}$(持续增长公司)	$r_s = \dfrac{\hat{D}_1}{P_0} + g =$ 投资者购买公司普通股的必要报酬率	$r_s = \dfrac{\hat{D}_1}{P_0} + g =$ 留存收益资本成本(内部) $r_e = \dfrac{\hat{D}_1}{P_0(1-F)} + g =$ 新普通股权益资本成本(外部)

变量定义:

$r_{RF} =$ 名义无风险收益率 　　$YTM =$ 到期收益

$P_0 =$ 金融资产的市值 　　$T =$ 公司边际税率

$INT =$ 利息支付 　　$D_{ps} =$ 优先股股利

$M =$ 到期(账面)价值 　　$\hat{D}_1 =$ 下一期间股利

$N =$ 留存收益支付的期数 　　$F =$ 发行新股的成本(小数形式)

$g =$ 公司固定增长率

道德困境

ETHICAL DILEMMA

你支付多少钱才是"绿色"的？

　　Tracey 在 Sustainable Solution(SS)的投资部门工作,该公司是一家生产与保护及保持地球环境有关的产品并从事此类咨询公司。Tracey 的主要工作就是评估公司的资本成本,它是用来作出最终投资决策的最低预期回报率。

　　Tracey 在 SS 工作的 10 年里,她对于该公司提供给其他公司和环保人士的服务感到满意。Tracey 比较关心环保问题,她试图参与到环保活动中去,并且尽量做有利于净化和保护环境的事情。

　　Manual 是 Tracey 的同事,并且他是投资部门的项目分析师。上周,他告诉 Tracey 一些有关他当前正在评估的项目的信息。尽管 Manual 没有完全理解这一技术,但是他告诉 Tracey:接受的项目能够使公司大幅度提高它在"绿色"行业的知名度,并且能够激励公司在净化和保护环境的问题上扮演领先者的角色。

　　Tracey 和 Manual 交流之后很高兴,但是这种高兴是短暂的,这是因为她的另一个同事(小组成员)正在评估一个新的项目,该项目表明分析师已经分析完的数据显示该项目不可能被接受,原因是该项目的期望收益率明显低于公司的必要报酬率。该投资分析彻底完成还需要几周的时间。

　　因为 Tracey 感觉项目提供的环保福利远远大于它可能的融资缺点,因此,Tracey 正在努力寻找推动该项目的最终投资决策为接受的方法。幸运的是,Tracey 将要完成对该公司调整后的资本成本的估计。她知道估计的结果将有助于决定新项目的接受与否。由于Tracey 不断地验证了自己的估计值,因此她明白如果利用不同的方法来确定用于计算公司WACC 的债务和权益的比例,则债务的权重越大,公司的资本要素成本就越小。公司的政策规定,利用公司的债务和权益的市场价值来计算资本要素的权重。然而,Tracey 在她的前期分析中发现,如果采用账面价值,则其资本成本显著低于权益资本成本的债务将被分配为一个较高的权重。如果利用给定的较高权重的债务来计算公司的 WACC,为了确保能够接受被评估的新项目,则新项目的必要报酬率要足够低才可行。Tracey 认为变更公司WACC 的计算方法并不是舞弊行为。原因就是她认为不应该利用市场价值来确定资本要素的权重,账面价值会更合适。如果她的老板询问她为什么用账面价值来确定资本要素的权重,相信 Tracey 能够证明来自政策的偏差。你认为 Tracey 计算 SS 的 WACC 的方法可行吗？如果你是 Tracey 的话,你将怎么做？

■ 本章要点总结

本章重要概念

为了总结,我们把本章讨论的关键概念与本章开始的学习目标联系起来。

- 当提到公司的资本,我们通常认为是指用于购买厂房和设备(长期投资)的长期资本的资源。通常情况下,资本由长期债务资本和权益资本构成。长期债务资本是指公司发行的债券,权益资本是指公司发行的股票。资本要素成本——债务的要素资本成本、优先股的要素资本成本和普通股权益的资本成本——通过确定公司为了吸引投资而必须支付给股东的回报来计算得到的。例如,债务的资本成本是以应付利息为基础,即公司支付给它的债券持有者的利息。每种资本要素成本的区别——税后债务资本成本 r_{dT} 低于优先股的资本成本 r_{ps},而优先股资本成本 r_{ps} 低于普通股资本成本 r_s。

- 为了作出合适的投资决策,公司必须知道它的必要报酬率,必要报酬率是指公司为了能够吸引投资者投资而支付的平均收益率。由于公司向投资者支付平均收益率,公司的必要报酬率也称为它的资本成本。为了确定公司的必要报酬率,公司必须计算投资者提供的每种来源的资金或资本的成本——即公司必须计算债务的资本成本、优先股的资本成本、留存收益的资本成本和新普通股权益的资本成本。然后按照每种要素的比例或权重(占公司总资本的份额),对这些资本要素成本进行加权平均,所得出的结果就是加权平均资本成本或WACC,也就是公司必要报酬率。换句话说,如果 WACC = 10%,则投资者每投资 1 美元,公司需要支付的平均资本成本为 10%。因此,当公司用股东提供的资金进行投资时,公司必须赚取高于 10% 的报酬率。

- 当进行投资决策时,公司应该遵循经济学家的观点,这一观点就是指美国的这些州应该持续地生产产品,直到产品的边际成本等于边际收益。也就是说,公司应该持续投资,直到最后一次投资的资本边际成本(边际成本)等于投资的必要报酬率(边际收益)。只要投资项目的期望收益率高于公司的 WACC,则该项投资就应该被采纳。

- 一家公司的资本成本就是指投资者为提供资金所要求的回报率,而公司把投资者提供的资金投资于公司的各项资产中。只有当投资者的期望收益率很高时,也就是指它足够补偿投资风险时,投资者才会把资金投资于公司。正是投资者参与了金融市场并决定了公司的WACC。如果投资者所要求的收益率为 10%,则公司必须至少赚取 10% 的收益率,这样才能支付投资者的资金使用费;否则,投资者将不会向该公司投资。

个人理财相关知识

本章提出的概念有助于你更好地理解如何确定收益率,即当你投资时所应该要求的收益率。如果能够运用本章提出的概念,那么你应该能够作出更多的信贷和投资决策。

- **我的 WACC 是什么?** 你可以利用本章提出的技巧来确定平均利率,即支付给所有流通在外的借款的利率。像大多数人一样,你有抵押贷款、车贷,也许有小额的债务。通常情况下,若抵押借款占总借款的比例为 75%—80%,则你当前所支付的平均借款利率和你的抵押借款是密切相关的,流通债务的平均利率就是你的必要报酬率。

- **WACC 的有关知识怎样帮助我作出更好的投资决策?** 如果你借款投资——可能购买股票——你应该选择期望收益率大于支付给债务的平均利率的投资。如果投资的期望收益率低于债务的平均利率,差额的部分会从你的口袋流出,则你的财富会减少,减少额就是投资的收益率与债务的平均利率之间的差。然而,如果投资的期望收益率高于债务的平均利率,高出的部分进入你的口袋,则你的财富会增加。

- **发行成本如何影响借款的资本成本?** 利用本章讨论的工具,你应该能够计算出债务"真正"的资本成本。当你从银行、信用合作社或其他地方借款时,它就相当于一家公司发行股票或债券。你作为借款者正在向借贷机构发行债务,则出借人就相当于购买公司股票或债券的投资者。就像公司发行股票和债券时产生的发行成本一样,你也会产生发行成本,可能为服务费等。例如,许多抵押贷款要求债务人在借款发生时支付一定比例的费用。必须支付的借款费用金额仅仅代表了一些利息的预付款。如果贷款要求支付 1 个百分点,则借入者在取得借款时需要支付贷款总额的 1%。通常情况下,你必须从借款总额中拿出一定比例的借款支付给出借人,以至于债务人可利用的借款数额会变少。这一影响与发行新权益产生的发行成本的影响是一样的,即当新权益的发行成本比较高时,新权益的资本成本也比较高。此外,当债务人借款时,通常被要求支付其他的费用,并且这些费用会增加债务的资本成本。例如,假设你想从你的开户行借入 100 000 美元,则你需要向银行支付借款总额的 2%,即 2 000 美元的费用,并且借款的固定利率为 6%。贷款协议要求你每年年末支付利息;年初至年末期间不支付利息或本金。借款的资本成本为多少? 根据本章所学的方法,借款的资本成本的计算方法如下:

$$借款的资本成本 = 利息/借款净额 = [100\,000 \times (0.06) + 2\,000]/(100\,000 - 2\,000)$$
$$= 8\,000/98\,000 = 0.082 = 8.2\%$$

这里支付给银行 2 000 美元的费用包括借款时发生的费用,它实际上是附加的借款利息或租金。由于这 2 000 美元是从借款总额中拿出的,你只能使用 100 000 美元借款中的 98 000 美元。因此,正如此例所示,利息越高,在其他条件不变的情况下,则借款净额就越少,或者当它们同时发生时,借款的资本成本就比较高。

思考题

12-1　为什么说 MCC 曲线代表一系列平均成本?

12-2　一位大型国有企业的财务经理发表了这样一个言论:"在进行资本概预算时,我们会尽量多地使用留存收益,因为此类资金没有外在成本,这样即使是一些无法利用新发行普通股融资的相对低收益的项目,也可以利用留存收益资本实现。我们甚至可以将留存收益投资于一些收益率低于公司债券票面利率的项目。"请对上述言论作出评价。

12-3　下列哪一个因素会影响一家企业的税后债务资本成本 r_{dT}、权益资本成本 r_s 和加权平均资本成本 WACC? 如果引起问题中的项目上升、下降或无影响,请分别用" + "" - "或"0"表示。假设其他情况不变。为你的答案作出解释,但要知道许多问题可能不止一个正确答案,这些问题是为了引发思考和讨论的。

	对下列项目的影响		
	r_{dT}	r_s	WACC
a. 企业税率的降低			
b. 联邦储备委员会收紧信贷			
c. 企业使用了更多的债务,使企业的资产负债率上升			
d. 企业的股利支付率上升			
e. 企业今年的资本增加了一倍			
f. 企业扩展到风险更大的新地区			
g. 企业合并了一家与其自身及股票市场盈利周期相反的企业			
h. 股票市场暴跌,企业的股票与其他企业一起下跌			
i. 投资者变得更加厌恶风险			
j. 电业设施公司投资一个大型核电站,有些国家关于建造核电站都有禁令			

12-4 假设一家公司预测其下一年的 MCC 和 IOS 曲线将在 10 000 000 美元和 10% 处相交。请问用于衡量平均风险、高风险和低风险项目的资本成本分别应该是多少?

12-5 Clear Glass 公司的投资银行已经决定,如果公司通过发行新的债务来筹集资金,公司将运用以下利率表:

新债务	资本成本 r_d
1 – 250 000 美元	8.0%
250 001 – 1 000 000 美元	10.0%
1 000 001 – 5 000 000 美元	14.0%
超过 5 000 000 美元	20.0%

对于 Clear Glass 公司,当计算 WACC 时,与债务有关的断点有几个?

12-6 投资者预期的通货膨胀对公司的债务资本成本会造成什么样的影响? 企业的权益资本成本受到影响了吗? 并解释说明。

12-7 请解释说明一下,为什么企业的留存收益资本成本 r_s 总是小于新权益资本成本 r_e。

12-8 假设企业计划投资一个新的项目,该项目的风险高于平均投资风险。那么你认为该企业的加权平均资本成本会受到影响吗? 并解释说明。

12-9 你认为企业的 WACC 也是企业投资的收益率,即企业投资应该赚取的报酬率吗?

12-10 为什么将企业的留存收益进行投资,还具有资本成本?

计算题

12-1 Neotech 公司债券,债券面值为 1 000 美元,票面利率为 14%,每半年付息一次,到期还本,30 年期;债券的发行价格为 1 353.54 美元。如果公司的边际税率为 40%,则公司的税后债务资本成本为多少?

12-2 The McDaniel 公司下一年度的财务计划为发行长期债券,票面利率为 10%。公司相信自己能够以 12% 的到期收益率的价格出售债券。如果公司的边际税率为 34%,则 McDaniel 公司的税后债务资本成本为多少?

12-3 公司发行在外的债券具有以下的特点:票面利率为 6.0%,每半年付息一次,到期还本;债券面值为 1 000 美元,8 年期;债券的现行市价为 902.81 美元。则该债券的到期收益率(YTM = r_d)为

多少?

12-4 Maness Industries 计划发行一些优先股,股票面值为 100 美元,股利支付率为 11%。股票的发行价格为 97 美元,并且 Maness Industries 的发行成本为发行价格的 5%。则 Maness Industries 的优先股资本成本为多少?

12-5 Hybrid Hydro 有限公司的边际税率为 34%,优先股的固定股利为每股 15 美元,该股票的现行市价为 125 美元。如果公司发行优先股的发行成本为 3%,则发行优先股的资本成本为多少?

12-6 Omega 公司的普通股的现行市价为每股 50 美元,预计今年的每股股利为 5 美元。此外,分析师预测公司以后每年以 3% 的增长率增长,并且该增长率是固定的,则 Omega 公司的留存收益的资

本成本为多少?

12-7 ICM 公司的分析师已经预测到公司预计以后每年以 5% 的增长率增长。ICM 公司股票的现行市价为每股 70 美元,公司最近一次支付的股利为每股 5.60 美元。如果公司发行新的普通股,股票的发行成本为 7%,边际税率为 35%,则 ICM 公司留存收益(内部权益)的资本成本是多少? 新权益的资本成本为多少?

12-8 Choi 公司预计下一年的股利为:$\hat{D}_1 =$ 3.18 美元;公司的股利增长率为 6%;股票的现行市价为每股 36 美元。公司出售新股票的净价为每股 32.40 美元。

a. Choi 公司新股票的发行成本 F 为多少?

b. Choi 公司新股票的资本成本 r_e 为多少?

12-9 Funtastic 家具公司的普通权益具有以下特点:现行市价为每股 68.00 美元,股票股利的固定增长率为 8.0%,最近一次支付的股利 D_0 为每股 3.50 美元,股票的发行成本为 10.0%,边际税率为 40.0%。

a. Funtastic 家具公司留存收益的资本成本为多少?

b. Funtastic 家具公司新普通股的资本成本为多少?

12-10 某公司债券,债券面值为 1 000 美元,票面利率为 6%,每半年付息一次,到期还本,30 年期;债券的发行价格为 515.16 美元。公司的边际税率为 40%,则用于计算公司 WACC 的债务要素资本成本为多少?(提示:用单利而不是有效年利率 EAR 回答问题。)

12-11 Chicago Paints 公司的目标资本结构由 40% 的债务和 60% 的普通股权益组成。公司期望下一年有 600 美元的税后收益,并计划将收益的 30% 作为留存收益。普通股的现行市价 P_0 为每股 30 美元,最近一次支付的股利 D_0 为每股 2.00 美元,股票股利的预期固定增长率为 7.0%。新股票的发行成本 F 为 25%,如果 Chicago Paints 公司的新融资总额为 500 美元,则它的权益资本边际成本为多少?

12-12 Magnifcent Metal Mining(MMM)预期今年将产生 60 000 美元的收益,并且企业计划把今年所有的收益用于再投资。如果 MMM 的资本结构由 25% 的债务和 75% 的普通股权益组成,则与留存收

益相关的 WACC 断点有哪些?

12-13 Roberson Fashion 的资本结构由 30% 的债务和 70% 的普通股权益组成。Roberson 正在考虑把新筹集的资本用于扩建计划。公司的投资银行家已经收集了关于公司发行债务的资本成本的以下信息:

债务数额	税后债务资本成本
1 – 150 000 美元	6.5%
150 001 – 450 000 美元	7.8%
450 001 – 840 000 美元	9.0%
840 000 美元以上	11.0%

Roberson 期望下一年能够产生 350 000 美元的留存收益,Roberson 发行新普通股的成本为 6%。则当计算资本边际成本时,Roberson 会面临哪几个断点?

12-14 有关企业的资料如下:

资本类型	税后资本成本	资本结构的比例
债务	5.0%	20.0%
普通权益——留存收益	11.0%	80.0%
普通权益——新普通股	14.0%	

企业期望今年保留 160 000 美元的收益用于投资项目,如果企业的资本预算预计为 180 000 美元,则用于评估投资项目的必要报酬率和资本边际成本为多少?

12-15 Mega Munchies 的 CFO 最近收到一个报告,报告中包括以下信息:

项目	成本	期望收益率
E	200 000 美元	19.0%
F	300 000 美元	17.0%
G	200 000 美元	14.0%

资本结构	
资本类型	比例
债务	40.0%
优先股	0.0%
普通股权益	60.0%

如果企业没有发行新普通股权益,则它的WACC为12%;如果企业需要发行新普通股权益,则它的WACC为15%。如果Mega Munchies期望今年能够产生240 000美元的留存收益,假定每个项目都是独立的,那么应该选择哪个项目?

12-16　Sam's Orthodontic Services(SOS)期望保留300 000美元的净收益用于再投资。最近,公司的CFO确定了公司的税后债务资本成本r_{dT}为5%;内部权益(留存收益)的资本成本r_s为10%;外部权益(新普通股)的资本成本r_e为13%。SOS下一年为了保持目前的资本结构,期望进行金融投资项目。其资本中包括60%的债务,没有优先股。如果下一年公司的投资总需求为700 000美元,则公司的资本边际成本为多少?

12-17　Gupta公司的权益资本成本为16%,税前债务资本成本为13%,边际税率为40%。公司以账面价值出售股票。利用下面的资产负债表,计算Gupta公司的税后加权平均资本成本。

(单位:美元)

资产	金额	负债及所有者权益	金额
现金	120	长期债务	1 152
应收账款	240	权益	1 728
存货	360		
厂房和设备的净值	2 160		
总资产	2 880	总负债及股东权益	2 880

12-18　Mason公司目前的资本结构也是公司的目标资本结构,即50%的债务和50%的普通股权益。该公司只有一个潜在的项目——扩建工程,该项目的期望收益率为10.2%,投资成本为2 000万美元,Mason能够筹集2 000万美元。公司期望下一年能够保留300万美元的收益进行再投资,公司能够以8%的税前债务资本成本筹集500万美元的新债务,并且债务超过500万美元后的税前债务资本成本为10%。公司的留存收益资本成本为12%。公司能够发行任意数量的新普通股,它的资本成本都保持为15%,边际税率为40%,则公司最优的资本预算是什么?

12-19　Ferri Phosphate Indutries(FPI)的管理者正在制定下一年的资本预算。FPI计划下一年的净收益为7 500美元,股利支付率为30%。公司的收益和股利都是以5%的固定增长率增长。公司最近一次的股利D_0为每股0.90美元,股票的现行市价为每股8.59美元。FPI的新债务的资本成本为14%,如果公司发行新的普通股,则发行成本为20%。FPI正处于它的最优资本结构,即40%的债务和60%的权益,公司的边际税率为40%。FPI有以下几种投资机会,这几种投资机会相互独立并且投资风险相同。

项目	成本	期望收益率
A	15 000美元	17%
B	20 000美元	14%
C	15 000美元	16%
D	12 000美元	15%

FPI的最优资本预算是什么?

12-20　承计算题12-19。现在管理者决定将项目风险差异考虑进来。新政策规定:如果项目的风险显著高于平均项目风险,则这些项目的资本成本将调增2%;如果项目的风险显著低于平均项目风险,则这些项目的资本成本将调减2%。管理者认为项目A是高风险项目,项目C和项目D是平均风险项目,项目B是低风险项目。每个项目是不可分割的。调整项目风险之后的最优资本预算项目是什么?

12-21　Florida Electric公司(FEC)只运用债务和权益。只要公司按照它的目标资本结构融资,公司就可以以10%的利率无限地借入债务。目标资本结构由45%的债务和55%的普通股权益组成。公司最近一次支付的股利为每股2美元,公司的股利是以4%的固定增长率增长,股票的现行市价为每股25美元,扣除发行成本后的新股市价为每股20美元。FEC的边际税率为40%,并且公司期望今年能够保留1亿美元的留存收益。现在公司有两个项目:项目A的成本为2亿美元,预期收益率为13%;项目B的成本为1.25亿美元,预期收益率为10%。公司所有潜在项目的风险是相同的。

a. FEC的新普通股权益的资本成本为多少?

b. FEC的资本边际成本——这就是WACC,它可以用于评估投资项目(这两个项目加上今年可能出现的任何一个项目,提供的资本成本曲线与当前的一样)——是多少?

12-22 人们预期 Talukdar 技术公司的留存收益、股利和股票价格以每年 7% 的速度增长。该公司当前股票价格为每股 23 美元,最后一次支付的股利为每股 2.00 美元,预期今年年底能支付每股 2.14 美元的股利。

a. 用 DCF 方法计算该公司的留存收益成本。

b. 如果公司的 β 值为 1.6,无风险利率为 9%,市场平均收益率为 13%,那么用 CAPM 方法计算,公司的权益资本成本为多少?

c. 如果公司的债券收益率为 12%,那么用债券收益率加风险溢价法计算,公司的 r_s 为多少?(提示:用本章中讨论的风险溢价范围的中点计算。)

d. 根据前三问的计算结果,你预期 Talukdar 公司的留存收益成本为多少?

12-23 Shrieves 公司五年前的 EPS 为 6.5 美元当年为 4.42 美元。公司的股利支付比例为 40%,当前股票价格为每股 36 美元。

a. 计算过去的收益增长率。(提示:增长周期为 5 年。)

b. 计算下一次的预期每股股利。$D_0 = 0.4 \times 6.5$ 美元 $= 2.6$ 美元。假设增长率保持不变。

c. 公司的留存收益成本 r_s 为多少?

12-24 Simmons 公司下一年的预期收入为 30 000 000 美元,股利支付比例为 40%,资产负债率为 55%,没有优先股。

a. 公司下一年的预期留存收益为多少?

b. 融资额达到多少时,MCC 曲线上产生第一个断点?

c. 如果公司借到的第一个 12 000 000 美元的利率为 11%,第二个 12 000 000 美元的利率为 12%,此后即为 13%。请问不断上升的债务成本会导致 MCC 曲线在哪一点出现断点?

12-25 Rowell 产品公司的当前股票价格为每股 60 美元。预期公司本年度每股盈利 5.4 美元,年底每股发放 3.6 美元的股利。

a. 如果投资者要求的收益率为 9%,那么 Rowell 公司的增长率必须达到多少?

b. 如果 Rowell 公司将留存收益投资于与公司股票预期收益率相等的项目,那么其下一年度的EPS 为多少?

12-26 Dexter 公司的资产总额为 270 000 000 美元。公司当前,也即最佳资本结构如下所示。假设公司没有短期负债。

长期负债	135 000 000 美元
普通股权益	135 000 000 美元
负债和权益总额	270 000 000 美元

新债券票面利率为 10%,平价出售。普通股的当前股票价格为每股 60 美元,公司每股可净得 54 美元。预期股东要求的投资收益率为 12%,即 4% 的股利收益加 8% 的预期增长率(预期下次发放的股利为每股 2.4 美元,因此 2.4/60 = 4%)。预期留存收益 13 500 000 美元。边际税率为 40%。Dexter 决定可接受的投资机会总额为 70 000 000 美元。

a. 为保持当前的资本结构,公司的资本预算中必须包含多少权益融资?

b. 内部权益融资额和外部权益融资额分别应当为多少?

c. 计算每个权益要素成本。

d. 资本费用达到多少时,MCC 曲线上会出现断点?

e. 分别计算 MCC 曲线断点上下的 WACC。

f. 绘出 MCC 曲线。同时绘出与 MCC 曲线和预期资本预算相一致的 IOS 曲线(任一适用的 IOS 曲线)。

12-27 下表中是 Brueggeman 公司 10 年来的每股盈利数据。公司现在流通在外的普通股为 7 800 000 股,当前(2012 年 1 月 1 日)股票价格为每股 65 美元,预期 2012 年年底的每股股利为 2012 年 EPS 的 55%。投资者预期 Brueggeman 公司的发展态势保持不变,因此 g 即为现行的盈利增长率。(注意:9 年来的盈利增长率已经在表格中反映出来。)

年份	EPS	年份	EPS
2002	3.90 美元	2007	5.73 美元
2003	4.21 美元	2008	6.19 美元
2004	4.55 美元	2009	6.68 美元
2005	4.91 美元	2010	7.22 美元
2006	5.31 美元	2011	7.80 美元

当前债务的税前利率为 9%。公司的边际税率为 40%。最佳资本结构,即现行资本结构如下所示:

债务	104 000 000 美元
普通股权益	156 000 000 美元
负债和权益总额	260 000 000 美元

a. 计算 Brueggeman 的税后债务成本和普通股权益成本。假设新的权益资本全部来自留存收益,因而权益资本成本为 $r_s = \hat{D}_1/P_0 + g$。

b. 计算 Brueggeman 的 WACC,假设不发行新股,债务成本为 9%。

c. 在必须进行外部权益融资之前,公司的资本投资量可以达到多少?(假设 2012 年可用的留存收益为 2012 年盈利的 45%。2012 年的盈利总额等于每股盈利乘以发行在外总股数。)

d. 如果以每股 65 美元的价格发行新股,公司所得净值为每股 58.5 美元,那么 Brueggeman 的 WACC 为多少?债务资本成本保持不变。

12-28 Lancaster 工程公司(LEI)的现行即最佳资本结构如下:

负债	25%
优先股	15%
普通股权益	60%
	100%

LEI 本年度的预期净收入为 34 285.72 美元;现有的股利支付比例是 30%;边际税率是 40%;投资者预期其盈利和股利能以 9% 的固定速度增长。LEI 去年支付的股利为每股 3.6 美元,当前股票价格为每股 60 美元。

LEI 可用以下方法获得新资本:

普通股权益:低于 12 000 美元的新普通股的发行成本为 10%,超过 12 000 美元的那部分新普通股的发行成本为 20%。

优先股:每股股利为 11 美元的新发售优先股公开交易的市场价格为每股 100 美元。7 500 美元以下的优先股发行成本为每股 5 美元,超过 7 500 美元的部分的成本将上升至每股 10 美元或 10%。

债务:5 000 美元及以下的债务成本为 12%;5 001—10 000 美元之间的债务成本为 14%;超过 10 000 美元的债务成本为 16%。

LEI 现有如下相互独立的投资机会:

项目	成本 ($t=0$)	年度净现金流量	项目期限	预期收益率
A	10 000 美元	2 191.20 美元	7 年	12.0%
B	10 000 美元	3 125.64 美元	5 年	17.0%
C	10 000 美元	2 155.70 美元	8 年	14.0%
D	20 000 美元	3 759.74 美元	10 年	13.5%
E	20 000 美元	5 427.84 美元	6 年	

a. 计算 MCC 曲线上的断点。

b. 确定每个资本要素的成本。

c. 计算 MCC 曲线上每两个断点之间的加权平均资本成本。

d. 计算项目 E 的预期收益率。(提示:利用第 9 章所讨论的方法步骤。)

e. 将 MCC 和 IOS 曲线绘在同一张图上。

f. LEI 应该接受哪个项目?

12-29 Ezzell 公司的现行即最佳资本结构如下所示:

债务(只有长期)	45%
普通股权益	55%
负债和权益总额	100%

管理层预期下一年度的税后盈利为 2 500 000 美元。Ezzell 将继续保持 60% 的股利支付比例。银行同意 Ezzell 按下列利率借款:

贷款金额	利率(债务增加部分)
1—500 000 美元	9%
500 001 美元—900 000 美元	11%
900 001 美元及以上	13%

公司的边际税率为 40%,当前股票价格为每股 22 美元,最后一次支付的股利为每股 2.2 美元,预期增长率为 5%,外部权益资本(新普通股)融资的发行成本为 10%。

Ezzell 下一年度的投资机会如下表所示:

项目	成本	年度 现金流量	项目 期限	预期 收益率
1	675 000 美元	155 401 美元	8 年	?
2	900 000 美元	268 484 美元	5 年	15.0%
3	375 000 美元	161 524 美元	3 年	?
4	562 500 美元	185 194 美元	4 年	12.0%
5	750 000 美元	127 351 美元	10 年	11.0%

现在管理层请你帮助决定应该实施哪些项目。你可以根据以下按逻辑顺序排列的问题进行分析。

a. MCC 曲线上有几个断点？分别发生在多少美元处？为什么？

b. 每两个断点之间的 WACC 分别为多少？

c. 项目 1 和项目 3 的预期收益率分别为多少？

d. 绘出 IOS 和 MCC 曲线。

e. Ezzell 的管理层应该接受哪个/些项目？

f. 该题中的隐含项目风险假设是什么？如果你得知项目 1、项目 2 和项目 3 的风险高于平均水平，而 Ezzell 仍然选择了你在第 e 题中所选择的项目，这会对结果有什么影响？

g. Ezzell 的股利支付比例为 60%。如果股利支付比例发生变化（在 0—100% 之间变动），这将对你的决策有何影响？（无须计算。）

综合题

12-30 假设 Coleman Technologies 的财务副总裁 Jerry Lehman 聘用你作为他的助理。你的首要工作就是根据 Lehman 提供的下列信息来估计 Coleman 的资本成本，Lehman 认为他提供的信息与你的工作有关，信息如下：

1. 公司的边际税率为 40%。

2. Coleman 公司债券的现行市价为 1 153.72 美元，票面利率为 12%，每半年付息一次，到期还本，还有 15 年到期，该债券属于不可赎回的债券。Coleman 公司不长期使用短期债务，发行新债券时不存在发行成本。

3. Coleman 公司优先股的现行市价为 113.10 美元，优先股的面值为每股 100 美元，股利支付率为 10%，每季度分配一次股利。此外，Coleman 公司新发行股票的发行成本为每股 2 美元。

4. Coleman 公司普通股的现行市价为每股 50 美元。最近一次支付的股利（D_0）为每股 4.19 美元，预计公司未来的股利是以 5% 的固定增长率增长。Coleman 公司的 β 为 1.2，国债的收益率为 7%，并且市场风险溢价估计为 6%。根据债券收益率加风险溢价法，该公司使用 4% 的风险溢价。

5. Coleman 公司发行新普通股时，低于 300 000 美元的新普通股的发行成本为 15%，超过 300 000 美元部分的新普通股的发行成本为 25%。

6. Coleman 公司的目标资本结构由 30% 的长期债务、10% 的优先股和 60% 的普通权益组成。

7. Coleman 公司预计下一年的留存收益为 300 000美元。为了完成某些工作，Lehman 要求你回答以下问题：

a.（1）当你估计 Coleman 公司的 WACC 时，应该考虑哪几种来源的资本？

（2）应该以税前还是税后为基础来计算要素资本成本？并说明原因。

（3）资本成本是历史成本还是边际成本？并说明原因。

b. Coleman 公司债务的市场利率是什么？它的债务要素资本成本是多少？

c.（1）Coleman 公司优先股的资本成本是多少？

（2）对于投资者来说，Coleman 公司优先股的风险高于债务的风险，但是优先股的收益率低于债务的到期收益率。你认为这句话正确吗？（提示：考虑税收的问题。）

d.（1）为什么使用留存收益还伴随着成本的发生？

（2）利用资本资产定价模型法（CAPM），估计 Coleman 公司的留存收益的资本成本是多少。

e. 利用贴现现金流量法（DCF），估计 Coleman 公司的留存收益的资本成本是多少。

f. 利用债券收益加风险溢价，估计 Coleman 公司的留存收益的资本成本是多少。

g. 你最终估计的 r_s 是多少？

h. 如果 Coleman 公司发行的新普通股超过 300 000美元，则该公司新普通股的资本成本 r_{e1} 是多少？如果 Coleman 公司发行的新普通股低于 300 000 美元，则该公司新普通股的资本成本是多少？

i. 解释说明为什么新普通股的资本成本高于留存收益的资本成本。

j. (1) 当公司的留存收益被用于权益要素资本时,则 Coleman 公司的 WACC 是多少?

(2) 当公司的留存收益全部用完,发行的新普通股低于 300 000 美元,并且发行成本为 15%,则 Coleman 公司的 WACC 是多少?

(3) 如果公司发行的新普通股超过 300 000 美元,则 Coleman 公司的 WACC 是多少?

k. (1) 当新投资总额为多少时,Coleman 公司必须发行新普通股? 换句话说,当 Coleman 公司在不发行新普通股的前提下,公司能够承担的最大资本预算总额是多少? 假定 Coleman 公司的目标资本结构(由 30% 的长期债务、10% 的优先股和 60% 的普通权益组成)保持不变。

(2) 当新投资总额为多少时,Coleman 公司必须发行新普通股并且新普通股的发行成本为 25%?

(3) 什么是 MCC 曲线? 请绘出 Coleman 公司的 MCC 曲线。

l. Coleman 公司的投资分析主管已经评估了下面的潜在项目:

项目	成本	年限	现金流量	期望收益率
A	700 000 美元	5 年	218 795 美元	17.0%
B	500 000 美元	5 年	152 705 美元	16.0%
B*	500 000 美元	20 年	79 881 美元	15.0%
C	800 000 美元	5 年	219 185 美元	11.5%

项目 B 和 B* 是相互排斥的,然而其他的项目是相互独立的。所有项目的风险都是相同的。

(1) 在已包括 MCC 曲线的图上绘出 IOS 曲线。符合公司投资目标的资本边际成本(MCC)是多少?

(2) Coleman 公司满足最优资本预算的项目是哪个? 其投资规模为多大? 并详细说明。

(3) 当资本需求总额超过 200 000 美元时,不管 Coleman 公司的资本需求总额为多少,Coleman 公司的 MCC 曲线仍然保持 12.8% 不变吗?

(4) 如果 $WACC_3$ 是 18.5% 而不是 12.8%,但是 $WACC_2$ 的断点仍然发生在 1 000 000 美元,那么这将如何影响分析?

m. 假设你了解到 Coleman 公司以 10% 的利率只能筹集 200 000 美元的新债务,如果新债务总额超过 200 000 美元,那么债权人要求的到期收益率将为 12%。追溯你的工作过程并解释这种新的条件如何改变这种结果。

计算机相关问题

利用电子表格,回答本部分的问题。

12-31 运用 C12 文件中的模型来回答以下问题。

a. 回顾计算题 12-29。现在假设公司的债务比率上升到 65%,这使得所有利率均提高 1%,即分别为 10%、12% 和 14%,此外公司的股利期望增长率 g 也由 5% 增长到 6%,则公司的 MCC 曲线和最优投资总额将发生怎样的变化?

b. 假设条件与第 a 题一致,但是 Ezzell 公司的边际税率下降为 20% 或下降为 0,则这些变化是如何影响公司的 MCC 曲线和最优投资总额的?

c. Ezzell 公司的管理者现在希望知道:如果公司的留存收益为 325 万美元或 100 万美元时,公司的最优投资分别是多少? 假设公司的边际税率为 40%。

d. 你认为在只有股利支付率这一个变量的条件下,利用该模型来分析对投资的影响是否合理?

附录 12A

（本章自测题的答案）

1. a. 财务计算器求解：$N = 5$，$PV = -959$，$PMT = 0.06 \times 1000 = 60$，$FV = 1000$。结果是 $I/Y = 7.0\% = r_d$

b. $r_{dT} = 7\% \times (1 - 0.36) = 4.5\%$

2. $r_{ps} = 6.84$ 美元$/[80$ 美元 $\times (1 - 0.05)] = 6.84$ 美元$/76$ 美元 $= 0.09 = 9.0\%$

3. $r_s = 2.45$ 美元$/35$ 美元 $+ 0.04 = 0.07 + 0.04 = 0.11 = 11\%$

4. $r_e = 2.45$ 美元$/[35$ 美元 $\times (1 - 0.125)] + 0.04 = 2.45$ 美元$/30.625$ 美元 $+ 0.04 = 0.08 + 0.04 = 0.12 = 12\%$

5. $WACC = 0.30 \times (4.5\%) + 0.15 \times (9.0\%) + 0.45 \times (12.0\%) = 8.1\%$

6. a. $BP_{Debt} = 120\,000$ 美元$/0.40 = \$300\,000$

b. （1）筹集 250 000 美元的资金，通过债务融资总额为：$0.4 \times 250\,000$ 美元 $= 100\,000$ 美元，税后债务资本成本 $r_{dT} = 5\%$；$WACC_1 = 0.4 \times (5\%) + 0.6 \times (11\%) = 8.6\%$

（2）筹集 400 000 美元的资金，通过债务融资总额为：$0.4 \times 400\,000$ 美元 $= 160\,000$ 美元，税后债务资本成本 $r_{dT} = 7\%$；$WACC_1 = 0.4 \times (7\%) + 0.6 \times (11\%) = 9.4\%$

7. $BP_{RE} = 210\,000$ 美元$/0.70 = 300\,000$ 美元

资本总额：1——300 000 美元

$WACC_1 = 10.5\%$

300 001 美元及以上

$WACC_2 = 14.0\%$

项目 Q 和项目 R 应该被接受；总成本 $= 250\,000$ 美元 $= 100\,000$ 美元 $+ 150\,000$ 美元；$r = WACC_1 = 10.5\%$；如果项目 S 也被接受，则 $r = WACC_2 = 14.0\%$；这是由于所需要的总投资资本将为 375 000 美元。

8.

项目	收益率	风险	风险调整后的 WACC	接受
A	9.00%	低风险	8% = 10% - 2%	是
B	13.00%	高风险	14% = 10% + 4%	否
C	11.00%	平均风险	10%	是

第13章
资本预算基础

1989年，当RJR Nabisco（现在的雷诺兹烟草公司）撤销了公司的无烟香烟项目Premier时，《华尔街日报》称这一举措为"在最近的历史上最令人惊叹的新产品灾难之一"。仅仅在两年前RJR公司为了引进该项目，在这个超级品牌上投资的资金就超过了3亿美元。公司为了大量生产无烟香烟，甚至新建了一个工厂。然而，无烟香烟有两个致命的缺点——无烟香烟必须用特殊的打火机才能点燃并且甚至很难被点燃，还有许多但不是大多数的吸烟者不喜欢无烟香烟的味道。进一步说，吸烟者真的不喜欢这一事实，即无烟香烟是加热烟丝而不是点燃烟丝，所以吸烟者都不吹熄或弹灰。当引进这一品牌时，这些问题都已经众所周知了，但是RJR公司仍然在该项目上投入了大量的资金。

是什么导致了RJR公司的高层管理者不重视这些缺点，并且还在一个差的项目上投资的资金超过了3亿美元？根据业界人士的观察，由于管理者不希望冒犯高层管理者，所以当他们考虑是否要表达出自己对超级品牌的担心时犹豫不决。高管们如此满意他们的"新项目"以至于即使项目有明显的缺点，他们仍假设顾客将会接受无烟香烟。有趣的是，大多数的高层管理者都是吸烟者，但是没有一个会吸这种品牌的无烟香烟！

为了拯救投资失败的Premier品牌，1996年RJR公司又引进了一项名为Eclipse的无烟香烟项目。尽管在Eclipse品牌上又投资了1.5亿美元，但是也失败了。为了复活它的无烟香烟，2001年RJR公司曾经再次评估了Eclipse的潜在市场。然而，在这个时期，无烟香烟作为有烟香烟的替代品，吸烟者吹捧无烟香烟能够降低感染疾病的概率，而这些疾病是伴随着传统的烟草产品产生的。RJR公司把Eclipse作为"比较安全"的香烟来销售，这一事实表明公司对于复活它的无烟香烟项目仍抱有希望。

2003年，RJR公司开始扩大其分布在全国范围内便利店的销售渠道，当时的Eclipse牌香烟仍然在市场上销售。同时，公司继续检验了作为一种比较安全的替代传统香烟的Eclipse

的优点。RJR 公司认为当人们变得更具有健康意识时,也许会发现关于 Eclipse 品牌的有利可图的市场并且最后开始给 RJR 公司带来回报。不幸的是,经过独立研究人员的检验,发现 Eclipse 牌香烟中含有的致癌成分要比一般香烟中更多。因此,2005 年佛蒙特州的首席检察官起诉 RJR 公司的宣传具有误导性的广告。尽管 2008 年 RJR 公司停止在佛蒙特州销售 Eclipse 牌香烟,但是该案件的判决规则——RJR 公司关于烟草所作的一些声明不能够被科学地证实,因此这些声明具有误导性。

然而,RJR 公司在尽力支持公司的一些老品牌的同时,也在不断地研发新型的香烟。目前,公司正在对一种"无烟、无痰"的烟草产品进行市场测试,该产品被称为"骆驼鼻烟"。公司希望这种新研发的烟草产品,将来能够发展成一类新型的产品。2011 年,RJR 公司策划了一场广告宣传活动,为了鼓励那些想戒烟的烟民使用鼻烟产品来戒掉吸烟的习惯。这场广告宣传活动促使鼻烟成为一种可供选择的"无烟、无痰"产品,鼻烟能够允许那些想戒烟的烟民,可以在没有来自其他烟草产品的社会歧视下吸烟。

如果 RJR 公司的高层管理人员运用了本章接下来提出的方法步骤,或许他们不会在无烟香烟项目上投资那么多。相反,他们会认为由于无烟香烟项目预计不能产生足够多的现金流量,因此它不是可行的投资项目,从而高管们一开始就应该拒绝该项目。如果 RJR 公司能够更加认真地评估骆驼鼻烟,则在引进新产品方面,也许公司能够作出一个更加合理的决策。本章提出的准则能够对如何进行资本预算决策(例如,无烟香烟项目)提供见解。学习完本章,思考分析 RJR 公司在作出是否应该在"无烟、无痰"香烟产品上投资亿万美元的决策之前,你认为公司是否应该投资该项目?

资料来源:Various articles are available on Dow Jones Interactive® Publications Library located at http://www.wsj.com,and the website of Reynolds American,which is the parent company of R. J. Reynolds Tobacco Company(http://www.reynoldsamerican.com/).

学习目标

在阅读完本章后,你应当能够:

(1) 描述项目的相关现金流量,相关现金流量必须是可预测的并且为资本预算决策提供有用信息。

(2) 描述资本预算决策的重要性,并说明投资(资本预算)决策所采用的一般程序。

(3) 如何运用(a)净现值(net present value,NPV)法和(b)内含报酬率(internal rate of return,IRR)法来作出投资(资本预算)决策。

(4) 比较分析 NPV 法和 IRR 法,并讨论对于同一投资决策,为什么采用两种方法不能够总是得出一致的决策。

(5) 如何评估资本预算项目的风险,并解释说明在资本预算决策时如何考虑项目的评估风险。

(6) 与仅在国内经营的公司相比,跨国经营的公司在资本预算决策时存在怎样的差异。

在前几章,我们讨论了如何评价资产与决定必要报酬率,本章转向讨论固定资产投资决策,也就是资本预算。这里,资本一词指生产中使用的长期资产,而预算指未来一段时间内现金流入量和流出量的详细规划。因此,资本预算就是固定资产投资的计划草案,而**资本预算**(capital budgeting)工作就是一个包括项目分析以及确定在资本预算中应包括哪些项目的完整过程。

我们将资本预算分为两个方面:首先,我们考虑现金流量如何被用来评估资本预算;其次,我们叙述资本预算编制过程中所需要的基本技术和如何作投资决策。

13.1　资本预算的重要性

许多因素的综合作用使资本预算成为财务经理最重要的职责。

(1) 资本预算决策的影响持续许多年,公司的财务决策弹性也会因此下降。比如,购买使用寿命为15年的资产将对公司未来15年的经营产生影响。公司被资本预算决策锁住了。[1] 而且,资产扩张建立在未来销售预测的基础上,因此,在公司决定购买使用寿命为15年的资产前,首先要作未来15年的销售预测。错误的资产需求预测会产生许多严重的后果。也就是说,在资产方面投资太多,将会发生许多不必要的高费用。反之,如果投资不足,就会使得公司的生产缺乏效率和生产能力不足而导致销售损失。

(2) 资本预算的时机选择非常重要。资本性资产必须随时准备"上线"以满足公司的需要,否则会丧失机会。如果公司能事先做好资本性资产的需求预测,那么它可以在实际需要之前购入并装配好资产。然而,许多公司都是在现有资产达到满负荷运行或必须替换破旧设备时才会考虑购买资本性资产。这样,购置时间可能太长,特别是当竞争者的资本性资产可能已经准备好以吸引公司消费者时。

(3) 资本预算之所以重要是因为取得固定资产需要庞大的财务支出。在公司花掉大笔资金之前,它们必须准备好——这些资金不会自动出现。因此,当公司想要作重大的资本投资时,必须预先进行融资规划,以确保资金可用。

公司能否不断开发新产品、完善现有产品并降低经营成本,决定了公司的竞争能力、生存能力与发展前景。所以,一家管理完善的公司总是竭尽全力作好资本预算议案。因为有些资本投资构想不错,有些构想则不然,所以公司必须建立一套程序来评估这些计划。接下来本章的重点在于如何评估是否接受资本计划。

13.2　项目分类

资本预算决策通常被称为重置决策或扩张决策。**重置决策**(replacement decision)决定资本计划是否应该购买资产以淘汰破旧或报废的资产,重置计划必须能维持或改善公司目前的

---

① 实际上,对于使用寿命已到的项目,公司可以在出售之前考虑是否"放弃"。这种决策被称为"放弃决策",通常情况下,对于是否放弃这种项目的分析和本章将要讨论的其他决策分析是相同的。高级金融管理教材中详细地讨论了放弃决策。

营运水平。另一方面,如果公司考虑是否增加资本计划以扩充既有产品或开发新产品,这就是**扩张决策**(expansion decisions)。

有些资本预算决策是独立计划,反之另一些则是互斥计划。**独立计划**(independent projects)是指计划与计划间的现金流量彼此互不影响,所以接受某一计划不影响接受另一计划,结果是如果所有独立计划都可以接受,那么它们都可以购买。例如,出版本书的 Cengage Learning 决定购买 ABC 电视网络,它仍然可以出版新教材。相反,如果这个资本预算决策是**互斥计划**(mutually exclusive projects),那么接受某一计划则另一计划就必须放弃,即使所有计划都可以接受也只可以实行某一计划。例如,Alldome Sports 公司有一块土地准备建设一座儿童娱乐公园或棒球场,这块土地无法同时容纳这两个计划,因此,如果建设儿童娱乐公园,就得放弃棒球场;反之亦然。

13.3 估价过程的步骤

资本预算决策涉及资产或项目的评估。因此,资本预算评估与第 10 章和第 11 章中用到的一般资产评估过程相同。这些步骤汇总如下:

(1) 决定资产的成本或购买价格;

(2) 估算资产未来将产生的预期现金流量;

(3) 评估预期现金流量的风险,以适当收益率来计算预期现金流量的现值;

(4) 计算预期现金流量的现值,也就是解下面的等式:

$$现金流量的现值 = \frac{\widehat{CF_1}}{(1+r)^1} + \frac{\widehat{CF_2}}{(1+r)^2} + \cdots + \frac{\widehat{CF_n}}{(1+r)^n}$$

(5) 将预期现金流量的现值与原始投资或取得资产的必要成本作比较。或者,也可以计算项目的预期收益率并与公司的必要报酬率(WACC)作比较。

如果投资项目的现值大于成本,公司价值将会增加。因此,资本预算和股价之间有很直接的关系:资本预算编制过程越有效,公司的股价就会越高。接下来本章将讨论资本预算编制过程的应用。

13.4 项目现金流量的估计

在计算项目价值前,我们应该先估计其目前与未来的现金流量,所以我们从讨论现金流量的估计开始,这是资本项目分析步骤中最重要或许也是最困难的工作。现金流量估计的过程是有问题的,因为很难准确预测影响公司长期营运最大且最复杂的项目的成本与收益。例如,Alaska Pipeline 原来估计其成本大约为 7 亿美元,但是最后成本却接近 70 亿美元。然而,资本预算项目现金流量的估计是必要的,负责人员必须使用他们所认为的执行该任务最妥当的方法来得到可靠的相关现金流量估计。本节提供有关资本项目现金流量估计的内容。

13.4.1 相关现金流量

现金流量的估计涉及许多变量,许多个人和部门参与了这个过程。例如,营销部门主要对单位销售额和售价进行预测,与新产品有关的资本支出通常从工程和产品开发小组中获得,而经营成本则由成本会计师、产品专家和其他人进行预测。当所有项目信息都筹集完毕时,财务经理使用这些资料来估算**现金流量**(cash flows)——项目购买后的投资支出和预期净现金流量。

分析师经常在估算现金流量时犯错误,但两个基本的规则可以帮助其避免犯错误:

(1) 资本预算决策必须以税后现金流量为基础,而不是会计收益;

(2) 只有增量现金流量是相关的。

现金流量与会计收益

资本预算分析依据的是税后现金流量而不是会计收益,毕竟我们是以现金(而非利润)支付账单和投资资本项目。现金流量与会计收益的差异可能相当大,为了说明,我们以 Argile 公司的现金流量与会计收益为例进行说明,如表 13-1 所示。我们假设 Argile 计划在 2013 年年底设立一个新部门,除了折旧之外,销售收入和所有成本(除折旧外)代表实际现金流量而且预期都将保持不变,新部门将使用加速折旧法,因此导致折旧费用持续下降。[②]

表 13-1   会计收益与净现金流量   (单位:千美元)

	会计收益	净现金流量
I.2014 年		
销售收入	25 000	25 000
成本(除折旧外)	(12 500)	(12 500)
折旧	(7 500)	—
净营业利润或现金流量	5 000	12 500
营业税(30%)	(1 500)	(1 500)
净利润或净现金流量	3 500	11 000
净现金流量 = 净利润 + 折旧 = 3 500 + 7 500 = 11 000		
II.2019 年		
销售收入	25 000	25 000
成本(除折旧外)	(12 500)	(12 500)
折旧	(2 500)	—
净营业利润或现金流量	10 000	12 500
营业税(30%)	(3 000)	(3 000)
净利润或净现金流量	7 000	9 500
净现金流量 = 净利润 + 折旧 = 7 000 + 2 500 = 9 500		

表 13-1 的上半部分显示第一年(2014 年)的营运状况,会计收益为 350 万美元,但是部门

---

② 折旧法在会计课程中有详细讨论,在本章附录中有简单的总结和回顾。附录中的表格以本章例子计算折旧费用。有时我们简化折旧假设让计算更简单。因为美国国会对折旧法的规定经常改变,所以在计算资本预算现金流量前应该先了解一下税法的规定。

净现金流量(Argile 的可用资金)为 1 100 万美元。350 万美元的利润为原始投资的资金收益,750 万美元的折旧为部分原始投资的资金收益,因此 1 100 万美元包括了原始投资的资金收益与部分资金收益。

表 13-1 的下半部分显示 2019 年的预期营运状况。在这一年,因为折旧下降导致利润翻了一番,但是因为税收也成倍增长,因此现金流量大幅下降,公司所收到的资金是现金流量数字而不是净收入数字。正如我们在第 10 章提到的,虽然会计收益对某些目的很重要,但现金流量对资产价值的评估更加重要,因为现金流量可以再投资以创造价值,利润则不能。③

增量现金流量

评估资本项目时,我们关注那些在我们接受项目后直接发生的现金流量。为了辨别某一现金流量是否相关,我们必须判定这个现金流量是否受到购买项目的影响。由于购买项目而变化的现金流量是**增量现金流量**(increment cash flow),则企业的现金流量总额会发生变化,而增量现金流量应该包含在资本预算评估中。不受购买项目影响的现金流量则与该资本预算决策无关。

但是,要确定一个项目的相关现金流量不像看起来那么简单,下面讨论确定增量现金流量存在的几个特殊问题:

(1)沉没成本。**沉没成本**(sunk cost)是指已经承担或已经发生的支出,它不会影响相关的决策。由于在决定投资决策时,沉没成本不会影响相关的决策,因此在分析现金流量的过程中不应该包括它。例如,Argile 公司 2011 年考虑在新英格兰地区建立一个分支办事处。为了评估它的可行性,Argile 公司雇用了一家咨询公司进行分析工作,成本为 10 万美元,并且为了税收目的计入了 2011 年的费用。这笔支出不能作为 2011 年资本预算决策应考虑的一个相关成本,因为它是沉没成本,无论新的分支机构是否建立,它都不会影响 Argile 的未来现金流量。

(2)机会成本。第二个潜在的问题与**机会成本**(opportunity cost)有关。机会成本是指如果企业所拥有的某项资产不为讨论中的项目所使用,该项资产所产生的现金流量。例如,Argile 公司已经在新英格兰地区拥有一块土地可供建立一个分支办事处,该土地销售后可以获得税后收益 150 万美元。利用这块土地建立分支办事处需要放弃这部分现金流入,所以150 万美元必须作为项目的机会成本。注意,不管 Argile 原来支付了多少美元购买这项资产,在这个例子中恰当的土地成本都为市场确定的 150 万美元。

(3)外部性:对企业其他部门的影响。第三个潜在的问题涉及项目对企业其他部门的影响,经济学家称之为**外部性**(externalities)。例如,Argile 公司在现在的位于北卡罗来纳州的总部的一些顾客会利用 Argile 在新英格兰地区的新的分支办事处,因为新的办事处更便利。因此,这些顾客所产生的利润对整个 Argile 来说不是新增的,它们只是从主要的营业部转移到

---

③ 表 13-1 中的净现金流量等于净收入加折旧费用,实际上净现金流量应该反映非现金费用,而不只是折旧费用。然而,对于大多数项目来说,最大的非现金费用是折旧费用。而且,注意表 13-1 不考虑使用负债的利息费用,所以问题出现了,即在资本预算现金流量分析时是否考虑利息费用。一致性的看法是利息费用在资本预算中不应该以明显的方式处理,相反,负债融资的效果反映在用来折现现金流量的债务成本上。如果减掉利息而现金流量又加以折现,债务成本将被重复计算。

了新的分支办事处。因此,这些顾客所带来的净现金流量不应包括在资本预算决策中。尽管这些净现金流量不容易被量化,但是必须估计它的外部性,以免错误地包括在资本预算分析的(增量)现金流量中。

(4) 运输与安装成本。当公司取得固定资产时,通常会产生数目不小的运输与安装成本。这些成本之所以重要是因为它需要用现金来支付。此外,对折旧资产而言,资产是以总额作为折旧基础,包括买价和任何让资产运作所需要的额外费用,包括运输与安装成本。虽然折旧是非现金费用(折旧费用不需要每年支付现金),但是折旧影响公司的应税收入。同样,折旧也影响公司的应交税费,支付的税金属于现金流量。

(5) 通货膨胀。通货膨胀是我们现实生活的一部分,它应该包括在资本预算决策中。如果在预期现金流量决策中不考虑预期通货膨胀的影响,那么资产的计算价值和预期收益率将会不正确,也就是这些价值将会降低。我们很容易避免通货膨胀偏差:只要将通货膨胀的因素包括在资本预算分析的现金流量中即可,公司不必调整必要报酬率以反映预期通货膨胀,因为投资人已将预期通货膨胀包括在使用资金的利率中。换句话说,当投资人决定公司在金融市场募集资金的利率时,该利率已经包括了通货膨胀溢价的影响。

13.4.2　辨别增量(相关)现金流量

一般而言,当我们确认与资本项目有关的增量现金流量时,可以根据在项目年限内发生的时间,将增量现金流量加以分类。大多数情况下,我们可以将增量现金流量分为三类:

(1) 项目的初始投资支出——第 0 期——代表了项目的初始投资金额。

(2) 项目的增量营运现金流量——第 1 期至第 n 期——代表了该公司与投资项目有关的营业现金流量。

(3) 项目的终期现金流量——第 n 期——代表了该项目在终结点上的回收金额。

我们首先讨论这三类增量现金流量,其次确认一些相关的现金流量。

初始投资支出

初始投资支出(initial investment outlay)是发生在项目期间开始的增量现金流量 CF_0,它包括新项目的购买价格和运输与安装成本的现金流量。如果资本预算决策是重置决策,初始投资也必须考虑与旧的或重置资产的处理相关的现金流量,包括任何旧资产处理和与税收相关的现金支出或收入的数额。

在很多情况下,资产的增加或重置也影响到公司的短期资产与负债,也就是营运资本账户。例如,支援新营运必须增加必要的存货,而增加存货购买又会增加应付账款。流动资产与流动负债的差异就是净营运资本的改变,如果是正的(通常是扩张项目)改变,就需要超过上述项目成本的额外融资,所以需要增加资金。④ 因此,在资本预算分析中必须考虑因为接受项目所产生的净营运资本的改变这一现金流增量。因为净营运资本的改变需求发生在项目期间开始的时候,所以增量现金流量必须包括在初始投资支出中。

---

④ 在某些情况下,与重置项目有关的净营运资本变动实际上减少了市场上的融资需求,因而公司拿一部分现金作为投资用。通常这一情况发生在考虑中的项目比现有资产效率更高时。

增量营运现金流量

增量营运现金流量(supplemental operation cash flows)持续发生在项目期间。因为购买资本项目而每日营运产生的现金流量发生在整个项目期间,持续影响公司现金流量直到资产被处置。

在大多数情况下,我们可以使用下列等式计算每年项目存续期的营运现金流量:

$$第\ t\ 年增量营运现金流量 = \Delta\ 现金收入_t - \Delta\ 付现成本_t - \Delta\ 支付的税金_t$$
$$= \Delta NOI_t \times (1 - T) + \Delta Depr_t$$
$$= (\Delta S_t - \Delta OC_t - \Delta Depr_t) \times (1 - T) + \Delta Depr_t$$
$$= (\Delta S_t - \Delta OC_t) \times (1 - T) + T\Delta Depr_t \qquad (13\text{-}1)$$

等式(13-1)中的字母解释如下:

Δ 为希腊字母,表示变化量。

$\Delta NOI_t = NOI_{t,接受} - NOI_{t,拒绝} =$ 在第 t 期接受资本项目所产生的净经营利润变化。接受表示接受项目时的公司经营水平,拒绝表示拒绝项目时的公司经营水平,也就是没有项目前的公司经营水平。

$\Delta Depr_t = Depr_{t,接受} - Depr_{t,拒绝} =$ 在第 t 期接受资本项目所产生的折旧费用变化。

$\Delta S_t = S_{t,接受} - S_{t,拒绝} =$ 在第 t 期接受资本项目所产生的销售收入变化。

$\Delta OC_t = OC_{t,接受} - OC_{t,拒绝} =$ 在第 t 期接受资本项目所产生的营业成本变化(包括折旧费用)。

$T =$ 边际税率。

关于等式(13-1)的应用有几个重点:首先,我们强调过折旧是非现金成本。在存续期内,折旧被加入现金流量,因为它是非现金支出,折旧费用变化时应税收入和所得税支出都会变化——所得税支出是一种现金流量。其次,明确了相关现金流量后,新项目的融资成本也就不计算了。融资成本(如利息费用)不包括在内,因为它们在贴现过程中已经计算在内。例如,在比较资产收益率和公司必要报酬率(这里的公司必要报酬率是指在第12章讨论的公司的WACC)时,将利息费用包括在分析中会使债务成本被重复计算。

项目的终期现金流量

项目的终期现金流量(terminal cash flow)发生在项目期间结束时。它与下面两个因素有关:① 项目的最后处置;② 接受项目前公司的营业收益率。因此,项目结束的现金流量包括固定资产的残值[它可能是正的(出售资产)或负的(移除费用)]和项目处置的税收效应。

因为我们假设接受项目前公司经营的收益率,所以任何发生在项目期间开始的净营运资本的改变在项目期间结束时都会颠倒过来(增加变为减少或减少变为增加)。例如,在扩张项目结束时,我们假设存货将被出清而无法重置,因此公司在项目结束时收到的现金流量等于发生在项目期间开始的净营运资本的需求或现金流出量。

自测题 1

(答案见本章末附录 13C)

a. Progressive Products 四年前花费 25 000 美元购买了一台机器设备。现在的账面价值为 6 000 美元,目前可以以 4 000 美元的价格出售。该公司的边际税率为 35%,请计算出售该机器设备所产生的净现金流量。

b. 公司正在考虑用新的机器设备来代替旧的机器设备。旧机器设备的折旧为每年 20 000 美元,而新机器设备的折旧为每年 18 000 美元,其他条件相同。该公司的边际税率为 30%,如果购买了新的机器设备来代替旧的,则折旧的变化将对公司的存续期的营运现金流量产生多大的影响?

13.5　现金流量估计——扩张项目与重置项目举例

在上一节我们讨论了现金流量分析的主要部分,现在我们通过两个例子(扩张项目和重置项目)来说明现金流量的估计。

13.5.1　扩张项目

扩张项目(expansion project)是指公司投资新资产以增加销量。在此,我们以 Household Energy Products(HEP,一家以达拉斯州为基地的科技公司)为例,说明扩张项目分析。HEP 要决定其是否应该进行由研发部门开发的家用全面电脑化控制设备,电脑设备通过同步控制增加所有家电设备的家庭能源效率。

营销副总裁估计如果产品价格为 2 000 美元,那么年销售量将达到 15 000 件,年销售收入为 3 000 万美元。工程部门认为公司不需要增加制造和储存空间,而只需要购买新设备用于生产。必要的设备将于 2013 年年末购买并安装,成本为 950 万美元,不包括 HEP 必须支付的 50 万美元的运输与安装成本。虽然该设备经济实用,但是使用期限只有 4 年。它使用 MACRS 5 年期计算设备折旧(见本章末附录 13A)。该设备使用期限过后,它的市场价值与账面价值分别为 200 万美元和 170 万美元。

预期项目需要增加 400 万美元净营运资本,主要是因为生产设备安装后 HEP 需要购买新原料生产新产品,从而增加了存货需求。生产部门估计变动生产成本为销售收入的 60%,固定成本不包括每年 500 万美元的折旧费用。由于设备折旧使用 MACRS 比率,所以折旧费用逐年不同。

HEP 的边际税率为 40%,在作资本预算时,公司政策假设营运现金流量发生在每年年底。因为新产品从 2014 年 1 月 1 日开始生产,所以第一笔增量营运现金流量发生在 2014 年 12 月 31 日。

现金流量分析

分析的第一步是将项目的原始投资支出汇总,如表 13-2 中的 2014 年栏。HEP 的设备控制项目的现金流出量,包括购买价格、运输与安装成本和净营运资本投资,注意这些现金流量在 2014—2017 年不会结转——它们只发生在项目开始时,因此项目的原始投资支出为 1 400万美元。

在估计项目的原始投资需要后,接下来估计一旦生产开始时的现金流量,如表 13-2 中的2014 年到 2017 年栏。营运现金流量估计反映 HEP 各部门所提供的信息,我们使用 MACRS(显示在表的脚注中)乘折旧基础(包括购买价格和运输与安装成本共 1 000 万美元)来估计折旧费用。正如你所看到的,在表 13-2 中增量营运现金流量每年不同,只是因为折旧费用(折旧的税收效应)每年不同。

表 13-2　HEP 扩张项目的净现金流量(2010—2014 年)　　(单位:千美元)

	2013 年	2014 年	2015 年	2016 年	2017 年
Ⅰ. 原始投资支出汇总					
新设备成本	(9 500)				
运输与安装成本	(500)				
净营运资本投资	(4 000)				
原始投资	(14 000)				
Ⅱ. 增量营运现金流量[a]					
销售收入		30 000	30 000	30 000	30 000
变动成本(占收入的60%)		(18 000)	(18 000)	(18 000)	(18 000)
固定成本		(5 000)	(5 000)	(5 000)	(5 000)
新设备折旧[b]		(2 000)	(3 200)	(1 900)	(1 200)
息税前利润		5 000	3 800	5 100	5 800
税费(40%)		(2 000)	(1 520)	(2 040)	(2 320)
净利润		3 000	2 280	3 060	3 480
折旧加回		2 000	3 200	1 900	1 200
增量营运现金流量		5 000	5 480	4 960	4 680
Ⅲ. 终期现金流量					
净营运资本收益					4 000
净残值(见表 13-3)					1 800
终期现金流量					5 880
Ⅳ. 增量净现金流量					
每年净现金流量总值	(14 000)	5 000	5 480	4 960	10 560

注:a 根据等式(13-1),增量营运现金流量的计算如下所示:

年份	增量营运现金流量的计算
2014	$5\,000 = (30\,000 - 18\,000 - 5\,000) \times (1 - 0.40) + 2\,000 \times 0.40$
2015	$5\,480 = (30\,000 - 18\,000 - 5\,000) \times (1 - 0.40) + 3\,200 \times 0.40$
2016	$4\,960 = (30\,000 - 18\,000 - 5\,000) \times (1 - 0.40) + 1\,900 \times 0.40$
2017	$4\,680 = (30\,000 - 18\,000 - 5\,000) \times (1 - 0.40) + 1\,200 \times 0.40$

b 根据加速成本回收法修正系统(MACRS)计算新设备的折旧(见本章末附录13A):

	2014年	2015年	2016年	2017年
折旧百分比	20%	32%	19%	12%

用折旧百分比乘以 10 000 美元的折旧得到每年的折旧费用。例如,2006 年的折旧费用为:32 000 = 10 000 × 0.32。

最后来看终期现金流量。在本例中,净营运资本投资的 400 万美元必须加回到 2017 年,在 2017 年我们也必须估计设备处置所产生的净现金流量。表 13-3 计算了设备的净残值。预期设备销售价格会高于账面价值,意味着公司在获利的基础上还要支付税收。实际上,2014—2017 年,由于设备折旧太快,使得 HEP 的税负减少了更多。残值净现金流量只是把残值和销售设备所产生的税收影响加总,合计为 188 万美元。因此,终期现金流量为 588 万美元(400 + 188)。

表 13-3 HEP 扩张项目的净残值(2017 年) (单位:千美元)

Ⅰ.2017 年 HEP 的账面价值	
2013 年新设备成本	9 500
运输与安装成本	500
设备成本	10 000
2014—2017 年折旧	
= (0.20 + 0.32 + 0.19 + 0.12) × 10 000	(8 300)
2017 年账面价值	1 700
Ⅱ.2017 年 HEP 的税收影响	
2017 年设备的销售价格	2 000
2017 年设备的账面价值	(1 700)
设备销售收入(损失)	300
税费(40%)	120
Ⅲ.2017 年净残值	
来自收入的现金流量	2 000
税收影响	(120)
净残值现金流量	1 880

注意表 13-2 中的 2017 年的总净现金流量是当年的增量现金流量和终期现金流量的加总,因此发生在项目结束那年的现金流量有两种:当年项目存续期的增量营运现金流量和项目结束的终期现金流量。对 HEP 的设备控制项目而言,2017 年的总预期净现金流量为 1 056 万美元。

以下的现金流量时间序列将 HEP 的扩张项目数据加总。与表 13-2 中的数字一样以千美元为单位。公司的目标收益率为 15%。

	2013年 0		2014年 1	2015年 2	2016年 3	2017年 4
		15%				
净现金流量	(14 000)		5 000	5 480	4 960	10 560

本章稍后将对这些现金流量进行评价。

13.5.2　重置分析

从某种角度来说，所有公司都需要对已有资产作重置决策。重置项目增量现金流量比扩张项目更复杂，因为新资产和旧资产的现金流量都应该被考虑进去。新和旧的现金流量的净差异之所以被考虑，是因为重置项目涉及比较两个互斥项目：保留旧资产或购买新资产。如果用新资产替代旧资产，那么新的现金流量就会替代旧的现金流量，在此我们以 HEP 的例子来说明。

10 年前，HEP 以 7 500 美元购买了制造塑料模型的车床，车床的预计使用年限为 15 年。管理人员最初估计（现在也相信）残值为 0（从现在起 5 年后）。机器以直线法计提折旧，所以年折旧费用为 500 美元，现在的账面价值为 2 500 美元（7 500 – 10 × 500）。

目前，HEP 正在考虑购买一台特殊用途的机器来替代车床。新机器价格为 12 000 美元（包括运输与安装成本），它将使人员和原料使用成本每年降低 3 500 美元，而销售收入保持不变。新机器的使用年限为 5 年，残值为 2 000 美元。按照美国国税局规定，新机器使用 MACRS 3 年期计算折旧。旧机器目前市价为 1 000 美元。如果 HEP 以新机器替代车床，需要增加净营运资本 1 000 美元（发生在重置时）。

表 13-4 是 HEP 用来分析重置项目的计算表。为了决定重置决策的相关现金流量，我们必须考虑新资产有关的现金流量将代替旧资产有关的现金流量，因此必须计算新资产替代旧资产所产生的增加或减少的现金流量。

现金流量分析

项目的初始投资支出为 11 400 美元，包括新资产的现金流量和净营运资本的变化，这些都显示在表 13-2 扩张决策的初始投资计算中。然而当重置项目计算新资产的初始投资支出时，必须考虑与旧资产处置有关的现金流量，因为被重置的资产必须从营运中移除。例如，虽然旧资产的账面价值为 2 500 美元，但是只能卖出 1 000 美元，因此 HEP 以新机器替代车床将产生资本损失 1 500 美元（1 000 – 2 500），这个损失将使其少缴税费 600 美元（损失 × T = 1 500 × 0.4）。这说明 HEP 并没有适当折旧旧资产以反映其真实市场价值。所以，旧资产的处置将产生正的现金流量 1 600 美元（1 000 美元的卖出价格 + 600 美元的税收节约额），有效降低了新机器购买和初始投资支出的现金需要。[5]

下面我们计算每年项目持续期的增量营运现金流量，表 13-4 的第 Ⅱ 部分显示了这些计算。其过程如前：如果 HEP 购买新机器替代车床，决定现金流量将如何变化。新机器将使营运利润提高 3 500 美元，因为用于经营的费用将减少。如果重置也会使销售收入和每年节省的费用发生变化，那么在分析中也应该将它们考虑进去。

我们应该计算折旧费用的变化，以判断这种变化对公司纳税的影响。如果 HEP 购买新机器，那么与车床（旧资产）相关的 500 美元的折旧费用将与税收无关。事实上，新机器的折旧费用将被使用。例如，根据附录 13A 中（本章末）给出的 MACRS 三年期比率，到 2014 年，

---

[5]　如果你认为重置项目的初始投资支出类似以新汽车替换旧汽车，假设新车的购买价格为 20 000 美元，而车商愿意以 5 000 美元购买旧车，那么你只需要支付 15 000 美元。然而，如果你打算请人将旧车从车库移走，之后再购入新车，那么购买新车的实际支出将超过 20 000 美元。

新机器的折旧费用将为3 960美元。旧车床的500美元折旧费用将被新机器的3 960美元的折旧费用取代。这样,折旧费用将提高3 460美元(3 960 – 500)。以后几年的计算类似。注意,2018年的折旧变化为负,新机器将在2017年年底折旧完毕,因此,2018年将没有折旧费用——旧机器500美元的折旧费用被0美元的新机器的折旧费用替代,结果为 – 500美元。

表13-4　HEP重置项目的净现金流量(2013—2018年) （单位:千美元）

	2013年	2014年	2015年	2016年	2017年	2018年
Ⅰ.原始投资支出						
新设备成本	(12 000)					
净营运资本变化	(1 000)					
销售旧设备的现金流量	1 600					
原始投资	(11 400)					
Ⅱ.增量营运现金流量						
Δ营业成本		3 500	3 500	3 500	3 500	3 500
Δ折旧[b]		(3 460)	(4 900)	(1 300)	(340)	500
Δ税前利润(EBT)		40	(1 400)	2 200	3 160	4 000
Δ税费(40%)		(16)	560	(880)	(1 264)	(1 600)
Δ净营业收入		24	(840)	1 320	1 896	2 400
加回的折旧		3 460	900	300	340	(500)
增量营运现金流量		3 484	4 060	2 620	2 236	1 900
Ⅲ.终期现金流量						
净营运资本收益						1 000
新设备净残值[c]						1 200
终期现金流量						2 200
Ⅳ.增量净现金流量						
每年净现金流量总值	(11 400)	3 484	4 060	2 620	2 236	4 100

注:a 销售旧设备(或重置资产)的净现金流量计算如下(单位:美元):

销售价格(市场价值)	1 000
减去账面价值	(2 500)
销售设备收入(损失)	(1 500)
税收影响	600

销售设备的净现金流量 = 1 000 + 600 = 1 600(美元)

b 折旧费用的变化是通过比较新设备的折旧和假设旧设备没有被替代时的折旧来计算的。旧设备以直线法计提折旧,期限为5年,年折旧费用为500美元。新设备使用MACRS三年期计算折旧(见本章末附录13A),折旧变化可以用新设备折旧减去旧设备折旧得到。年折旧变化计算如下(单位:美元):

年份	新设备折旧		旧设备折旧		折旧变化
2014	12 000 × 0.33 = 3 960	–	500	=	3 460
2015	12 000 × 0.45 = 5 400	–	500	=	4 900
2016	12 000 × 0.15 = 1 800	–	500	=	1 300
2017	12 000 × 0.07 = 840	–	500	=	340
2018	= 0	–	500	=	(500)
累计折旧	= 12 000				

c 到 2018 年新设备的账面价值为 0,因为 12 000 美元的价值已折旧完毕。2018 年新设备的净残值计算如下(单位:美元):

销售价格(市场价值)	2 000
减去账面价值	(0)
销售设备收入(损失)	2 000
税收影响	(800)

2018 年新设备的净残值 = 2 000 − 800 = 1 200(美元)

终期现金流量包括初始投资的净营运资本 1 000 美元和新机器的净残值 1 200 美元。虽然新设备在 2018 年将以 2 000 美元卖出,但是必须支付 800 美元的税费,因为新设备在销售时折旧完毕。[6] 因此,终期现金流量为 2 200 美元(1 000 + 1 200)。

下面的时间序列汇总了 HEP 重置项目的现金流量。

	2013年	2014年	2015年	2016年	2017年	2018年
	0 15%	1	2	3	4	5
净现金流量	(11 400)	3 484	4 060	2 620	2 236	4 100

现在我们已经指出扩张项目和重置项目的现金流量,我们将分析这些现金流量来决定公司是否购买项目。下面我们将介绍现金流量的分析。

自测题2

(答案见本章末附录 13C)

公司要求你评估新型挖土机的项目,挖土机的购买价格为 50 000 美元。为了公司的特殊用途,还需要另外支付 10 000 美元来调整挖土机。新型挖土机采用 MACRS 3 年期计算折旧(见本章末的表 13A-2 MACRS 回收的百分比),3 年后它将以 2 000 美元的价格出售,购买了新型挖土机将增加 2 000 美元的净营运资本。虽然购买新型挖土机不会对收入产生影响,但是预计公司将节约 20 000 美元的税前营业成本(主要是人工成本)。公司的边际税率为 40%。计算购买新型挖土机的初始投资支出、增量营运现金流量以及终期现金流量。

13.6 资本预算的评估方法

在预估一个项目所产生的现金流量后,我们必须决定是否购买该项目,也就是我们必须评估购买该项目如何影响公司价值。本节介绍财务经理作资本预算决策时用来评估投资项目的主要方法。

---

[6] 在这个分析中,旧设备的残值为零。如果旧设备 5 年后净残值是正数,此时替换旧设备将减掉这个现金流量。在这种状况下,旧设备税后残值被视为公司的机会成本,而且包含在工作表中第 5 年的终期现金流量项下的现金流出里。

在评估资本预算项目的过程中,通常使用以下三种方法:① 净现值(NPV)法;② 内含报酬率(IRR)法;③ 投资回收期(payback period,PB)法。[7] 本章将解释每种评价指标的计算,并讨论每种方法在识别有利于公司股价最大化的项目时所起的作用。

我们利用图 13-1 中 S 项目和 L 项目的表格和现金流量时间序列数据来解释各种方法,并且我们假定两个项目的风险相同。注意,这里的数据是现金流量(CF_t)的预期值,在图 13-1 中代表最低现金流量。假定所有现金流量都发生在年末。S 项目产生现金流入量的速度比 L 项目快,因此,S 项目是一个短期项目,而 L 项目是一个长期项目。为简化问题,在本例中只有 S 和 L 两个项目。

| 年度(t) | 预期税后净现金流量($\widehat{CF_t}$) | |
	S 项目(美元)	L 项目(美元)
0[a]	(3 000)	(3 000)
1	1 500	400
2	1 200	900
3	800	1 300
4	300	1 500

S项目:
| 0 | 1 | 2 | 3 | 4 |
净现金流量 −3 000　1 500　1 200　800　300

L项目:
| 0 | 1 | 2 | 3 | 4 |
净现金流量 −3 000　400　900　1 300　1 500

注:a 代表项目的净投资支出或初始成本。

图 13-1　S 项目和 L 项目的净现金流量

13.6.1　净现值法

根据前面章节介绍的步骤,我们可以计算出资本预算项目的价值,并把计算结果与购买价格作比较来决定是否接受该资本预算项目。根据前面的讨论,我们知道一项资产的价值可

---

[7]　有关公司使用资本预算决策的方法的信息,参见 John R. Graham and Campbell R. Harvey, "The Theory and Practice of Corporate Finance:Evidence from the Field," *Journal of Financial Economics* 60,187—243,2001。另外一种被广泛使用的资本预算评估方法就是会计收益率(accounting rate of return,ARR)法,它检验项目对公司净利润所作的贡献。Graham 和 Harvey 的研究发现,只有 20% 的公司还在使用会计收益率法来评估资本预算项目。

由于会计收益率法没有被广泛地使用,并且它依靠净利润而不是现金流量,所以在这里我们不讨论会计收益率法。运用会计收益率法的公司,用项目使用年限里产生的年平均净利润除以投资的平均账面价值,就得出了 ARR。也就是说,ARR 的计算等式如下所示:

$$ARR = \frac{年平均净利润}{投资平均账面价值}$$

如果项目的 ARR 高于一个确定的报酬率——可能是公司的必要报酬率,则会考虑接受该项目。关于 ARR 的讨论,参见 Eugene E. Brigham and Phillip R. Daves, *Intermediate Financial Management*, 10th ed. (Cincinnati,OH:Cengage Learning, 2010)的第 12 章。

以通过计算现金流量的现值来决定,这里的现金流量指的是资产在使用年限内产生的现金流量。我们从资产的期望未来现金流量的现值中减去(或加上负的现金流量)该项资产的购买价格,其结果就是净价值或净收益。这个净收益被称为资产的净现值(NPV)。如果公司接受了资本预算项目,则净现值表示公司的价值和股东财富增加了多少。如果计算的净收益的现值(也就是NPV)为正,则应该考虑接受该项投资。换句话说,在运用NPV法来决定是否接受一个项目时,我们应该依据下面的决策准则:

净现值决策准则:如果项目的 NPV > 0,则应该接受该项目。

计算净现值的等式如下:

$$NPV = \widehat{CF}_0 + \frac{\widehat{CF}_1}{(1+r)^1} + \frac{\widehat{CF}_2}{(1+r)^2} + \cdots + \frac{\widehat{CF}_n}{(1+r)^n} \tag{13-2}$$

等式(13-2)中,$\widehat{CF}_t$ 表示第 t 期的预计净现金流量;r 表示项目的必要报酬率,即加权平均资本成本;n 是项目的使用年限。[8] 现金流出量(比如购买设备或工厂的成本支出)是负的现金流量。

按10%的必要报酬率计算,S 项目的 NPV 是 161.33 美元。[9]

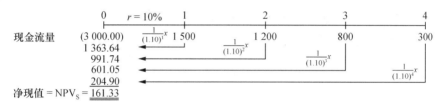

现金流量时间序列的下半部分显示,为了算出 NPV,我们先计算每一年的现金流量,包括 $\widehat{CF}_0$,然后再加总。应用等式(13-2),就能够计算出 S 项目的 NPV。如同时间序列一样,通过等式(13-2)和一般计算器不难算出 NPV,然而最有效率的计算 NPV 的方式是使用财务计算器(或电子表格)。虽然不同计算器的设定有些不同,但是都有一部分记忆区称为"现金流量表",可以用来计算如 S 项目和 L 项目等不均匀现金流量(相对于年金现金流量)。如第 9 章,使用财务计算器来计算等式(13-2)的过程,你只需要输入现金流量即可(要注意正负号),再按 $r = I/Y$。例如 S 项目,你输入 $CF_0 = -3\,000$,$CF_1 = 1\,500$,$CF_2 = 1\,200$,$CF_3 = 800$,$CF_4 = 300$ 和 $I/Y = r = 10\%$。此时,你已经输入了 S 项目的现金流量时间序列上显示的现金流量和折现率。由此可以看出,等式只有一个未知量——NPV,你现在通过等式(13-2)和计算器就能得出适当的数值,答案 161.33 就会出现在屏幕上。[10] 利用同样的程序可以求得 L 项目的 NPV 为 108.67 美元。[11] 根据这个结果,如果这两个项目是独立项目,那么它们都是可以接受的;如果这两个项目是互斥项目,那么就会选择 S 项目,原因是 161.33 美元 = NPV_S > NPV_L =

---

[8] 公司的必要报酬率通常为公司的资本成本,这是由于该成本就是公司必须为投资于新项目的资本支付的平均成本。资本成本的概念在第 12 章进行了讨论。

[9] 为了减少混乱,在现金流量时间分布列和等式中省略了美元符号。

[10] 计算器使用手册上说明了如何使用该计算功能。

[11] 本章末附录 13B 说明了如何运用电子表格计算 S 项目的净现值,也说明了如何运用电子表格计算项目的内含报酬率,内含报酬率是本章接下来要讨论的问题。

108.67 美元。

　　NPV 法的基本原理很简单。NPV 为零表示项目的现金流量刚好够偿还投入的资本和支付必要的报酬率 r(或 WACC)。当 NPV 为正时,表示在偿还债务和支付必要的报酬率后,该项目还有多余的现金,这部分收益归公司股东所有。因此,如果公司接受 NPV 为正的项目,股东的利益就会提高,原因是公司的价值提高了。[12] 在我们的例子里,如果公司采纳 S 项目,股东财富就会增加 161.33 美元;如果采纳 L 项目,股东的财富只增加 108.67 美元。从这一点可以清楚地看出为什么优先考虑 S 项目,这也就是 NPV 法的逻辑。如果两个项目是独立的,那么这两个项目都是可以接受的,因为它们会使股东的价值增加 270 美元(161.33 + 108.67)。通常情况下,如果一个项目的 NPV 为正,那么这个项目是可以接受的;如果 NPV 为负,那么就会被拒绝。[13]

13.6.2　内含报酬率法

　　在第 10 章,我们讨论了计算债券到期收益率(YTM)或平均回报率的程序。如果投资者将购买的债券持有至到期日,并收到全部的预计现金流量,那么他投入的货币所能获得的平均报酬率就是到期收益率。在运用**内含报酬率(IRR)法**进行资本预算时,也要用到相同的概念。IRR 是指能够使项目预计现金流入量现值等于项目成本现值的贴现率。**内含报酬率**是使项目的预期增量营运现金流量等于项目的初始投资成本的贴现率。如果 IRR 大于公司必要报酬率(WACC),该投资项目就是可以接受的。换句话说,在运用 IRR 法决定是否接受一个项目时,我们应该依据下面的决策准则:

　　IRR 决策准则:如果 IRR > r,则应该接受该项目。

　　这里的 r 是指公司的必要报酬率或 WACC。

　　我们用下面的等式计算项目的内含报酬率:

$$\text{NPV} = \widehat{CF}_0 + \frac{\widehat{CF}_1}{(1 + \text{IRR})^1} + \frac{\widehat{CF}_2}{(1 + \text{IRR})^2} + \cdots + \frac{\widehat{CF}_n}{(1 + \text{IRR})^n} = 0$$

$$\widehat{CF}_0 = \frac{\widehat{CF}_1}{(1 + \text{IRR})^1} + \frac{\widehat{CF}_2}{(1 + \text{IRR})^2} + \cdots + \frac{\widehat{CF}_n}{(1 + \text{IRR})^n} \tag{13-3}$$

---

[12]　获利指数法(profitability index, PI)类似于 NPV 法,其计算是用折现现金流量之和除以初始投资:

$$\text{获利指数} = \text{PI} = \frac{\text{折现现金流量之和}}{\text{初始投资}}$$

　　PI_S = 3161.33 美元/3000 美元 = 1.05。如果一个项目有正的 NPV = DCF − 初始投资,那么它就是可以接受的。因此,逻辑上 PI 必须大于 1。因为很少有公司(约 12%)使用这种方法,所以我们在此并不讨论 PI。对资本预算决策评估方法的讨论参见:John R. Graham and Campbell R. Harvey, "The Theory and Practice of Corporate Finance: Evidence from the Field," *Journal of Financial Economics* 60, 187—243, 2001。

[13]　这个过程的描述有点过于简单化。由于分析师和投资者预测公司将会分析并接受 NPV 为正的项目,股票的市场价值会反映这些预测。因此,股价会对新资本项目的公告作出反应,只是在某种程度下没有反映出这些项目的预测。在这种情况下,我们可以认为公司的价值包含两部分:① 现有资产的价值;② 公司"成长机会"的价值或 NPV 为正的项目。

S 项目的 IRR 的现金流量时间序列如下:

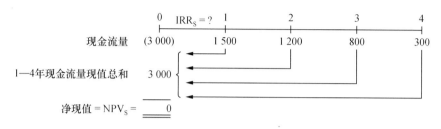

下面利用等式(13-3)计算 IRRs:

$$(3\,000) + \frac{1500}{(1+\text{IRR})^1} + \frac{1200}{(1+\text{IRR})^2} + \frac{800}{(1+\text{IRR})^3} + \frac{300}{(1+\text{IRR})^4} = 0$$

尽管没有财务计算器也可以方便地计算 NPV,但是在计算 IRR 时却很麻烦。如果没有计算器,只能采用试错法求解等式(13-3),即将一些贴现率代入,直至等式成立的那个贴现率就是 IRR。

幸运的是,用财务计算器求解 IRR 很简单,步骤同求解 NPV。首先,将现金流量按时间顺序输入计算器中的现金流量寄存器。例如,对 S 项目,输入 $CF_0 = -3\,000$,$CF_1 = 1\,500$,$CF_2 = 1\,200$,$CF_3 = 800$ 和 $CF_4 = 300$。实际上就是把现金流量输入等式(13-3)中。我们只有一个未知数,就是使 NPV 为零的贴现率——IRR。在计算器中有求 IRR 的程序,只要点击"IRR"键就能激活它。我们可以用财务计算器分别算出 S 项目和 L 项目的 IRR:

$$\text{IRR}_S = 13.1\%$$
$$\text{IRR}_L = 11.4\%$$

这两个项目的 IRR 都高于它们的**必要报酬率**(required rate of return)或**障碍收益率**(hurdle rates),因此这两个项目都是可以接受的投资项目。如果这两个项目的资本成本都是 10% ,那么根据 IRR 法,当这两个项目是独立项目时,这两个项目都可以接受,因为它们的预期收益率都超过了项目的资本成本;当这两个项目是互斥项目时,由于 S 项目的 IRR 更高,应采纳 S 项目而放弃 L 项目。

从等式(13-3)可知,你不必知道公司的必要报酬率(r)就可以计算出它的 IRR。不过,一旦计算出项目的 IRR,你就可以利用公司的必要报酬率来决定是否接受该项目。还要注意:① IRR 是指任何购买该项目的人都可获得的报酬率;② IRR 取决于项目现金流量的特征——现金流量的数额和时间分布——而不是公司的必要报酬率。[14] 因此,不管公司的必要报酬率为多少,个别项目的 IRR 与所有公司的 IRR 是一样的。某项目可能被一家公司(必要报酬率等于 10% 的公司将会接受 S 项目)接受,但是不会被另一家公司(必要报酬率等于 15% 的公司将不会接受 S 项目)接受。

为什么一个项目的 IRR 大于必要报酬率时,这个项目就可以被接受? 因为 IRR 代表一个项目的预期投资收益率,如果该收益率大于项目的资本成本,公司股东财富就会相应增加。因此,采纳 IRR 大于必要报酬率或资本成本的项目,能够提升股东财富。反之,如果该收益率

---

[14]　实际上,只有把每年产生的现金流量再投资于该项目时,投资才能获得 IRR。换句话说,现金流量的再投资利率为 IRR。

小于项目的资本成本,接受该项目会使得公司股东财富相应减少。

如果你以10%的利率借入资金,那么10%就是你的资金成本,也就是你实现投资收益平衡所必需的投资收益率。如果投资收益率小于10%,你就会赔钱;如果大于10%,你就会赚钱。正是这个"盈亏平衡"的特点才使得IRR法在资本项目衡量上尤为重要。

13.6.3　投资回收期法

许多管理人员希望知道由投资引起的未来现金流入累计到与初始投资额相等所需要的时间。因此,许多公司计算项目的**投资回收期**(traditional payback period,PB)。投资回收期法是评价资本预算项目最简单、最古老的正规方法。为了计算投资回收期,只要把每年增量现金流量加总直到等于初始投资的金额为止。所需的时间包括适当的年百分比(the fraction of a year),也就是初始投资金额还本所需的时间。其计算如图13-2所示。下面我们以S项目和L项目为例进行解释。

用以下方程求解精确的回收期:

$$投资回收期 = 初始投资足额回收前的年数 + \frac{足额收回年年初尚未收回额}{足额收回年的现金净流入量} \quad (13\text{-}4)$$

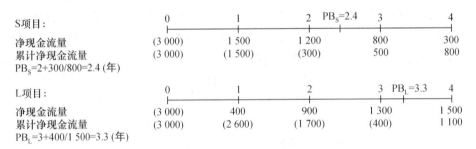

图13-2　S项目和L项目的投资回收期

如图13-2所示,项目S的投资回收期为2—3年,应用等式(13-4)可以精确求出项目S的投资回收期,计算如下:

$$PB_s = 2 + \frac{300}{800} = 2.4(年)$$

用同样的方法可以计算出L项目的投资回收期是3.3年。

使用投资回收期法制定资本预算决策是基于初始投资金额收回所需的时间越短越好,因此,S项目优于L项目,因为S项目投资回收期较短。一般接受准则是回收期间小于公司所设定的最大成本收回时间。换句话说,在运用普通投资回收期法决定是否接受一个项目时,我们应该依据下面的决策准则:

普通投资回收期的决策准则:如果项目的普通投资回收期PB < n^*,则应该接受该项目。这里的n^*是指公司所设定的成本收回时间。

例如,如果公司要求的投资回收期等于或小于3年,那么我们将会接受S项目而拒绝L项目。

一方面,投资回收期法运算简单,所以是评估资本预算最常使用的方法之一;另一方面,投资回收期法忽略了货币的时间价值,如果只使用投资回收期法可能会导致错误的决策,至少从价值最大化目标而言是这样的。如果回收期等于 3 年,我们知道了现金流量中收回初始投资金额所需的时间,但是该项目的收益是否足以覆盖资金成本则不明确。此外,投资回收期法忽略了回收后的现金流量。例如,即使 L 项目在第 5 年有 50 000 美元的现金流入,回收期仍为 3.3 年,大于 S 项目的 2.4 年。很显然,这 50 000 美元的额外现金流量可能使 L 项目好于 S 项目。

为了纠正普通投资回收期法没有考虑货币的时间价值这一问题,我们可以计算**贴现投资回收期**(discount payback period,DPB)。贴现投资回收期等于项目的贴现现金流量收回初始投资的期间。运用普通投资回收期的概念,我们会很容易计算出 S 项目的 3 000 美元的初始投资要用多长时间收回,并且运用的是项目现金流量的现值。图 13-3 显示了 S 项目和 L 项目的贴现投资回收期的计算。S 项目前 3 年的现金流量的现值总计为 2 956.43 美元 = (1 363.64 + 991.74 + 601.05),所以直到 3.2 年{3 + [(3 000 - 2 956.43) ÷ 204.90]}以后才能完全收回 3 000 美元的初始投资。因此,以现值计算,收回 S 项目的初始投资所需的时间是 3.2 年。而 L 项目的贴现投资回收期为 3.9 年,所以 S 项目更合理。

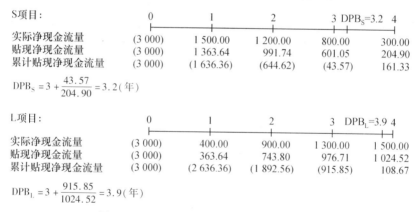

图 13-3　S 项目和 L 项目的贴现投资回收期

与普通投资回收期不同的是,贴现投资回收期要考虑货币的时间价值。如果你观察了计算 S 项目 NPV 的现金流量时间分布,你就会明白 S 项目的 NPV 为正的原因,即以现值为基础,在项目结束前就可以收回 3 000 美元的初始投资。因此,运用贴现投资回收期法,当项目的贴现投资回收期小于项目的预期年限时,那么该项目应该被接受。

贴现投资回收期(DPB)决策准则:如果项目的 DPB < 项目的年限,则应该接受该项目。

如图 13-3 所示,当项目的贴现投资回收期小于项目的年限时,则该项目未来产生的现金流量的现值大于资产的初始投资成本——也就是 NPV > 0。

自测题 3

(答案见本章末附录 13C)

Whole Wheat Bakery 正在考虑购买一台新的机器,其购买价格为 75 000 美元。在未来 3 年里,该机器产生的期望税后现金流量分别是 30 000 美元、38 000 美元和 28 000 美元。Whole Wheat Bakery 要求该项投资的报酬率至少为 12%,则该机器的 NPV、IRR、PB 和 DPB 分别是多少? Whole Wheat Bakery 应该购买这台机器吗?

13.7   净现值法与内含报酬率法的比较

我们发现 S 项目的 NPV 是 161.33 美元,也就是说,如果购买该项目,公司价值将增加 161.33 美元。其 IRR 为 13.1%,即如果公司购买 S 项目,那么在该项投资上可以获得 13.1% 的投资回报率。我们通常用货币值来衡量财富,因此 NPV 法可以用来实现股东财富最大化的目标。在现实中,用 IRR 法可能会带来投资决策数量的增加,但不一定能实现财富最大化。之所以将 IRR 法和 NPV 法比较,是因为很多公司的管理者对 IRR 法比较熟悉,它在公司实践中比较受欢迎,而且的确有可取之处。因此,我们必须了解 IRR 法,并能解释在某些时候为什么高 IRR 值的项目反而不如低 IRR 值的项目受欢迎。

13.7.1   NPV 曲线

体现项目 NPV 与资本成本(必要报酬率)关系的曲线被称为 **NPV 曲线**(net present value profile)。图 13-4 是 S 项目和 L 项目的 NPV 曲线。画净现值曲线时,首先分别计算资本成本为 0、5%、10% 和 15% 时两个项目的 NPV,并把这些点在图上标出。⑮

因为 IRR 是项目 NPV 等于零时的贴现率,所以横轴与净现值曲线相交的点对应的数值就是项目的 IRR。具有不同必要报酬率的公司可以运用 NPV 曲线来决定是否接受项目。利用 NPV 曲线确定项目的 NPV,把合适的必要报酬率在图上简单地标出,并确定该必要报酬率相对应的 NPV。

---

⑮   注意,NPV 曲线不是直线,而是曲线。而且 $t=0$ 时的现金流量(项目成本)的 NPV 值随着贴现率的增加无限增大。因为贴现率无限高的时候,现金流入的现值为 0,因此在本例中,$r=\infty$ 的 NPV 值 $=-3\ 000$ 美元。

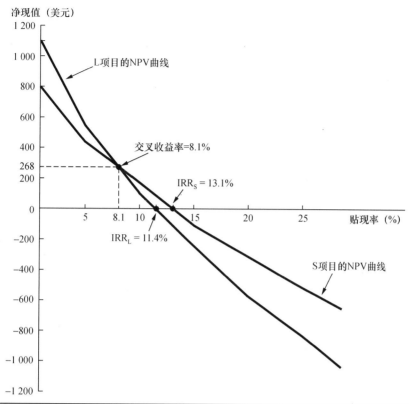

贴现率（%）	NPV$_S$（美元）	NPV$_L$（美元）
0	800.00	1 100.00
5	454.89	554.32
10	161.33	108.67
15	(90.74)	(259.24)
20	(309.03)	(565.97)

图 13-4　S 项目和 L 项目的 NPV 曲线

13.7.2　净现值和必要报酬率

从图 13-4 可以看出，S 项目和 L 项目的 NPV 曲线都随着贴现率（必要报酬率）的上升而下降。然而，L 项目在较低贴现率时拥有较高的 NPV，而 S 项目在较高贴现率时拥有较低的 NPV。从图中可见，贴现率 $r = 8.1\%$ 时，$NPV_S = NPV_L = 268$ 美元。我们称该点为**交叉收益率点**（crossover rate）。该点以下，$NPV_S < NPV_L$；该点以上，$NPV_S > NPV_L$，也就是两条 NPV 曲线在 8.1% 处相交。[16]

---

[16]　交叉收益率点的计算很方便。再看图 13-1 的两个项目的现金流量时间序列。首先，计算 S 项目和 L 项目每年的现金流量差。差额的计算为 $\widehat{CF_S} - \widehat{CF_L}$。因此，S 项目和 L 项目每年的现金流量差额为：$CF_0 = 0$ 美元，$CF_1 = +1\,100$ 美元，$CF_2 = +300$ 美元，$CF_3 = -500$ 美元，$CF_4 = -1\,200$ 美元。然后，将这些差额输入财务计算器的寄存器，按下"IRR"键，就会出现 8.10988，即交叉收益率的值。

从图13-4可以看出,L项目的NPV值比S项目的NPV值对贴现率的变化更为敏感。因为L项目的NPV曲线更为陡峭,可见一个相同的r值变化对L项目的影响大于对S项目的影响,因为S项目的现金流入速度大于L项目。根据一般准则,贴现率的增长对长期现金流量的影响要大于对短期现金流量的影响。[⑰] 因此,如果一个项目的大部分现金流量发生在早期,如果必要报酬率上升的话,其NPV不会下降很多;但如果其现金流量多发生在后期,那么成本上升对其的影响就比较严重。也就是说,在后期有最大现金流量的L项目,受必要报酬率增加的影响很大;而在前期有较大现金流量的S项目,则受影响较小。

13.7.3　独立项目

注意,IRR的计算等式(等式13-3)就是NPV的计算等式(等式13-2)的变形,即求解一个使NPV=0的特定贴现率。两者的基本计算等式相同。因此,从数学计算的角度来说,对于独立项目,NPV法和IRR法能够得出相同的决策:如果一个项目的NPV值是正的,那么其IRR值必然大于r值;如果NPV值是负的,那么其r值必然大于IRR值。从图13-4中可以看出,对L项目而言:

(1) 只要其必要报酬率低于IRR(11.4%),就可以接受;

(2) 当其必要报酬率低于IRR(11.4%)时,项目的NPV必然是正值。

因此,当必要报酬率低于11.4%时,不管是根据NPV法还是根据IRR法,L项目都是可以接受的;反之,当必要报酬率高于11.4%时,两种方法得出的结果都是拒绝该项目。S项目——所有其他独立项目——可以采用相同的方法进行分析,并且在任何情况下,如果根据IRR法得出接受项目的决策,则采用NPV法也会得出接受项目的决策。

13.7.4　互斥项目

现在我们假定S项目和L项目是互斥的而非独立的,也就是只能选择其中一个项目。如果你运用IRR法来决定选择哪个项目,那么你将选择S项目,这是因为13.1% = IRR$_S$ > IRR$_L$ =11.4%。如果你运用NPV法来决定选择哪个项目,那么你可能会得出一个不同的结论,这个结论主要取决于公司的必要报酬率。从图13-4中可以看出,如果必要报酬率低于交叉收益率(8.1%),那么L项目的NPV大于S项目的NPV。但是如果必要报酬率高于交叉收益率(8.1%),那么S项目的NPV大于L项目的NPV。因此,利用NPV法进行决策时,如果公司的必要报酬率低于交叉收益率(8.1%),则L项目是较优项目。但是如果必要报酬率高于交叉收益率(8.1%),则S项目是较优项目。

---

⑰ 举例说明,考虑一年后收到100美元的现值和10年后收到100美元的现值。分别以10%和15%的贴现率计算100美元的现值,如下所示:

终值	到期年限	现值(10%)	现值(15%)	差额比例
100美元	1年	90.01美元	86.96美元	−4.3%
100美元	10年	38.55美元	24.72美元	−35.9%

从表中可以看出,时间越长,现金流量对贴现率的敏感度越大。

只要公司的必要报酬率高于 8.1%,运用 NPV 法或 IRR 法得出的结果是相同的——即都是选择 S 项目——这是因为 $NPV_S > NPV_L$ 和 $IRR_S > IRR_L$。反之,当公司的必要报酬率低于 8.1% 时,运用 NPV 法和 IRR 法得出的评价结果将会产生矛盾。运用 NPV 法则选择 L 项目,因为 $NPV_L > NPV_S$,而运用 IRR 法则选择 S 项目,因为 $IRR_S > IRR_L$。因此,在必要报酬率低于 8.1% 的情况下,两种方法评价的结果将会产生矛盾。应该选择哪种资本预算的评估方法进行项目决策? 一般来说,NPV 法比较好,因为运用它选择的项目能最大限度地增加股东财富。

有两种条件能够引起 NPV 曲线相交,进而使得运用 NPV 法和 IRR 法得出的评价结果产生矛盾:① 两个项目的规模不同,即其中一个项目的投资成本高于另一个项目;② 两个项目现金流量的时间分布不同,就像 S 项目和 L 项目,一个现金流入量集中在前期,而另一个现金流入量集中在后期。[18]

当两个项目的规模或者现金流量的时间分布不同时,公司未来几年需要投资的资本数额,取决于选择了哪个互斥项目。例如,如果一个项目的成本高于其他项目的成本,则公司在 $t=0$ 时需投资更多的资金,除非公司选择了规模较小的项目。同样,如果项目的规模相同,一个项目的现金流入量集中在前几年。在这种条件下,投资不同现金流量时的报酬率是一个值得思考的问题。

要解决互斥项目之间的矛盾,关键是弄清楚现金流入量较快的重要性。早期现金流入量的价值取决于利用那些现金进行再投资可以获得的报酬率。NPV 法隐含着现金流量以资本成本为报酬率再投资这一假设,而 IRR 法则假定以项目的 IRR 再投资。这些假设内含于贴现的计算过程。虽然现金流量最终会以股利和分红的形式发放给股东,但是 NPV 法依然假设现金流量是以资本成本为报酬率再投资,而 IRR 法则假定以项目的 IRR 再投资。

这两个假设哪一个更好呢——即现金流量是以资本成本为报酬率再投资,还是以项目的 IRR 再投资? 以项目的 IRR 再投资,公司必须能够以相同的 IRR 再投资另一个项目的现金流。通常这种项目是不存在的,或者很难有能力再投资,因为激烈竞争的投资市场会驱使它们的价格上升以及 IRR 下降。此外,公司至少可以再购买已经发行的股票来筹集资本预算资金和回报投资者,这就相当于以必要报酬率进行再投资。因此,更现实的**再投资收益率假设**(reinvestment rate assumption)是指公司的机会成本就是它的必要报酬率,也就是与 NPV 法一致的假设。正是这一点使我们更倾向于 NPV 法。至少,公司希望并且能够以合理的资本成本来筹集新的资本,这一资本成本与当前的资本成本相近。

再次强调,在独立项目决策中,NPV 法与 IRR 法将得出相同的接受或拒绝决策。而在互斥项目决策中,特别是项目的规模或现金流量的时间分布不同时,应该采用 NPV 法。

---

[18]　当然,互斥项目在规模和时间上可能存在差异。另外,如果互斥项目的生命周期不同(相对于相同生命周期下的不同现金流量模式),情况就更加复杂了。为了使比较有意义,互斥项目的生命周期要相同。关于不同生命周期的比较请参见 Eugene E. Brigham and Philip R. Daves,*Intermediate Financial Management*,10th ed. (Cincinnati, OH:South-Western College Publishing,2010)的第 12 章。

●))) 自测题 4

(答案见本章末附录 13C)

公司正在评估的两个项目是互斥的,这两个项目的信息如下:

年	X 项目(美元)	Y 项目(美元)
0	(2 000)	(2 200)
1	300	1 400
2	700	800
3	1 700	500

如果公司的必要报酬率(WACC)是 10%,那么公司应该选择哪个(些)项目?

13.8 现金流量模型和多重内含报酬率

如果一个项目初期有一个或多个现金流出量(各种成本),之后伴随着一系列的现金流入量,那么这个项目的现金流量就是常规现金流量。反之,如果一个项目不仅在初期有大量的现金流出量,而且在其期限内或期末时常需要大量的现金流出量,这个项目的现金流量就是非常规现金流量。对具有非常规现金流量项目使用 IRR 法进行评价时,最常见的问题就是存在**多重内含报酬率**(multiple IRRs)。[19] 下面就是常规和非常规现金流量的例子:

常规现金流量模型:(1) – + + + + +   (2) – – – + + +

非常规现金流量模型:(1) – + – + + +   (2) – – + + – –

一个项目的现金流量方向每发生一次变动(由现金流入变成现金流出,或者相反),就会存在一个 IRR。例如,在常规现金流量模型中,项目的现金流出方向只发生一次变动(由负到正,由流出变为流入),所以只有一个 IRR 解。反之,在非常规现金流量模型中,项目的现金流量方向发生了两次变动,所以会有两个 IRR 解。

图 13-5 是一个耗资 160 万美元的露天采矿项目的多重 IRR 问题的显示图。这个项目在第一年年末将带来 1 000 万美元的现金流入量,但在第二年年末,需要支出 1 000 万美元将它恢复到原来的状况。从图 13-5 可以看出,这项投资的 IRR 有两个:25% 和 400%。如果这个矿的必要报酬率介于 25% 与 400% 之间,那么其 NPV 曲线显示,它有一个正的 NPV,则该项目是可以接受的。

---

[19] 多重 IRRs 的出现是由计算项目 IRR 的等式(13-3)引起的。这里我们不讨论多重 IRRs 解法的数学原因和解决方法。我们只要知道多重 IRRs 的存在会导致使用 IRR 法进行资本预算评估的复杂性。

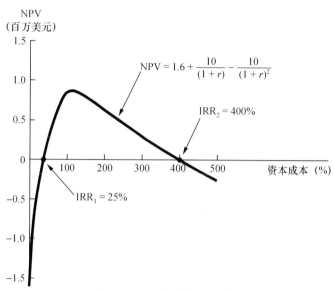

图 13-5　M 项目的 NPV 曲线

13.9　修正的内含报酬率

尽管在理论上明显倾向于 NPV 法，但是调查显示许多企业的高管喜欢用 IRR 法胜过 NPV 法。似乎许多企业的管理者感觉用 IRR 法分析投资要比用 NPV 法更合适。但是要注意前面讨论的内容，IRR 法假设项目现金流量的再投资利率等于项目本身的 IRR，我们通常认为这是不现实的。鉴于这个事实，我们能够找出优于普通 IRR 的报酬率测量方法吗？答案是可以的——我们可以修正 IRR，使得它更好地衡量相对盈利能力，因此它能够更好地运用于资本预算中。这种"修正的"报酬被称为修正的 IRR 或者 MIRR，它的定义如下：

$$现金流出量的现值 = \frac{现金流入量的终值}{(1 + MIRR)^n} = \frac{TV}{(1 + MIRR)^n}$$

$$\sum_{t=0}^{n} \frac{COF_t}{(1 + r)^t} = \frac{\sum_{t=0}^{n} CIF_t (1 + r)^{n-t}}{(1 + MIRR)^n} \tag{13-5}$$

这里的 COF 指的是项目的现金流出量（所有负数），CIF 指的是项目的现金流入量（所有正数）。假设项目的现金流入量的再投资利率等于项目的必要报酬率时，等式左边是简单地以项目的必要报酬率 r 作为贴现率的投资支出（现金流出量）的现值（PV），右边的分子是现金流出量的终值。现金流量的未来价值也被称为终值或者 TV。使现金流入量终值的现值等于投资支出的现值的贴现率被定义为 MIRR。[20]

---

[20]　关于 MIRR 的定义，有几种不同的说法。它们的主要差异有：是否应该计算在现金流入量发生之后的现金流出量并且将它作为 TV 或者扣除的一部分，以及是否把那部分现金流出量当作投资成本。我们的定义通常是最合适的，即把所有现金流出量都看作投资成本，因此要扣除。详细的讨论，参见 William R. McDaniel，Daniel E. McCarty，and Kenneth A. Jessell，"Discounted Cash Flow with Explicit Reinvestment Rates：Tutorial and Extension，"*The Financial Review*（August 1988），365—385。

我们可以通过 S 项目来说明 MIRR 的计算：

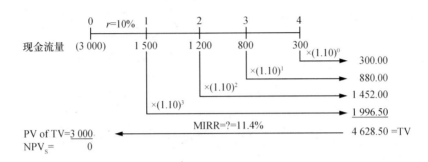

运用现金流量时间序列上的现金流量,首先要计算现金流量的终值,它的每一项现金流入量的终值都是以 10% 的必要报酬率计算得出的。然后,在你的财务计算器上输入:PV = -3 000,FV = 4 628.50,N = 4,计算出 I/Y = 11.4% = $MIRR_S$。用同样的方法,我们得出 $MIRR_L$ = 11.0%。

与普通的 IRR 法相比,修正的 IRR 有一个重要的优势。修正的 IRR 假设现金流量的再投资利率等于必要报酬率,而普通的 IRR 假设现金流量的再投资利率等于项目本身的 IRR。因为通常把必要报酬率作为再投资利率更加合适,因此 MIRR 能更准确地衡量项目的盈利能力,MIRR 也能解决多重 IRR_S 的问题。例如,在本章描述的露天采矿项目中,它的 MIRR 为 5.6%,由于必要报酬率为 10%,因此应该拒绝该项目。这与 NPV 法的决策基础是一致的,因为在必要报酬率等于 10% 时的 NPV 为 -770 000 美元。

在互斥项目中作出决策时,MIRR 法与 NPV 法一样好用吗？ 如果两个项目的投资规模和使用年限相同,则使用 NPV 法和 MIRR 法总是得出相同的项目决策。因此,对于任何项目,就像 S 项目和 L 项目,如果 $NPV_S > NPV_L$,则 $MIRR_S > MIRR_L$,并且 NPV 法与普通 IRR 法之间的排序矛盾将不会发生。此外,对于投资规模相同但使用年限不同的两个项目,如果它们的 MIRR 都是通过运用使用年限较长的项目的年限计算得来的(对于使用年限较短的项目,不存在的现金流量就意味着现金流量等于零),则使用 MIRR 法和 NPV 法总是得出相同的项目决策。然而,如果项目的投资规模不同,则排序矛盾仍可能会出现。例如,如果我们在大项目和小项目之间作出选择,并且这两个项目是互斥的,我们可能会发现 $NPV_{Large} > NPV_{Small}$,$MIRR_{Large} < MIRR_{Small}$。

我们的结论就是在衡量一个项目的"真正"报酬率或者"期望长期报酬率"时,MIRR 优于普通的 IRR。但是在投资规模不同的两个竞争项目中作出选择时,NPV 法仍然是一种较好的方法,因为 NPV 法能够更好地衡量哪个项目将会增加公司的价值。因此 NPV 法仍然是值得推荐的方法。

自测题 5

(答案见本章末附录 13C)

计算下列项目的 MIRR，公司的必要报酬率等于 11%。

年度	现金流量（美元）
0	(5 000)
1	3 400
2	2 800
3	(200)

公司应该接受该项目吗?

13.10　资本预算决策方法的总结

本章的前面部分我们对 NPV 法和 IRR 法进行了比较，指出了每种方法的相对优点和缺点。我们的讨论好像造成了一种印象，那就是成熟公司在决策过程中应只使用 NPV 法。实际上，所有资本预算决策都用计算机进行分析，很容易计算出所有的决策指标（如普通投资回收期、贴现投资回收期、NPV、IRR 和 MIRR）。因为每一种指标都能为决策者提供不同的相关信息，所以在作出接受/拒绝决策时，多数大公司都会计算并考虑所有的指标。事实上，最近的一项调查显示，约 75% 的被调查公司"总是或基本上"使用 NPV 法，约 75% 的公司使用 IRR 法，将近 57% 的公司使用回收期法来评估资本预算。这些结果显示，多数公司不只使用一种方法来作资本预算决策。[21]

普通投资回收期和贴现投资回收期揭示了一个项目的风险和流动性。投资回收期长意味着：① 投入的资金将被占用很久，因此项目的流动性较差；② 期限越长，现金流量预测的不确定性越大，因此项目的风险也越大。[22] 债券的估价过程就是一个恰当的例子。投资者在没有考虑两个债券的到期期限时，不应该比较它们的到期收益，这是因为债券的风险要受它的到期期限的影响。

NPV 非常重要，它直接体现了项目为股东带来的收益额（以现值为基础），所以我们将 NPV 作为衡量项目获利能力的最佳指标。IRR 也衡量项目的获利能力，而且被表达成报酬率这种百分比的形式，这是决策者尤其是非财务经理比较喜欢的。IRR 还提供了 NPV 不能提供的有关项目"安全边际"的信息。考虑以下两个项目：假设 T 项目是一个小型项目，投资成本为 10 000 美元，预期一年后可收回 16 500 美元，而 B 项目的投资成本为 100 000 美元，预期一

---

[21]　John R. Graham and Campbell R. Harvey，"The Theory and Practice of Corporate Finance：Evidence from the Field，" *Journal of Financial Economics* 60，187—243，2001.

[22]　我们通常把流动性定义为：在保持初始投资的前提下，将资产快速转变成现金的能力。因此，在大多情况下，短期资产的流动性强于长期资产的流动性。我们会在本书后面章节详细讨论流动性。

年后可收回 115 500 美元。当必要报酬率为 10% 时,两个项目的净现值都是 5 000 美元,根据 NPV 法,我们无法定夺。但是,T 项目的安全边际较高,即使它实现的现金流入量比预测值 16 500 美元低 40%,公司仍然可以收回投资成本 10 000 美元。而 B 项目的实际现金流入量 只要比预测值 115 500 美元低 13.5%,项目的投资成本就无法全部收回。如果项目根本没有 产生现金流入量,那么采用 T 项目,公司只损失 10 000 美元,而如果采用 B 项目,公司将损失 100 000 美元。

NPV 无法提供现金流量预测中的安全边际信息,也无法告诉决策者承担风险的资本金额。而 IRR 能提供安全边际信息——T 项目的 IRR 是 65.0%,远远高于 B 项目的 IRR 15.5%。因此,就 T 项目而言,即使实现的报酬率大幅度下降,也能够盈利。另外,IRR 包含 不太合理的再投资报酬率假设,而且很多项目都存在多重 IRR_s。这些问题都可以利用计算 MIRR 来解决。

总之,不同的指标为决策者提供了不同类型的信息。这些指标的计算比较简单,因此在 决策时所有的指标都应该考虑到。在绝大多数项目决策中,应参考不同的方法,决不应该忽 视任何一种方法提供的信息。

最后,我们观察到所有考虑货币时间价值的资本预算评估方法——NPV、IRR、MIRR 和贴 现投资回收期——提供了相同的接受/拒绝决策,但是当项目是互斥的,在决策接受哪个项目 时,采用不同的资本预算评估方法可能会产排序矛盾的问题,这有可能会导致作出不同的 决策。

13.11   在资本预算分析中的公司风险

到现在为止,我们一直假设所讨论的项目风险与公司现有的平均风险水平相同,因为这 些项目是运用公司的平均必要报酬率(公司的 WACC)来评估的。事实上,要确定项目的必要 报酬率是否应该与公司的 WACC 相同,首先应该考虑三种不同类型的项目风险。这三种风险 分别是:

(1) 项目自身的**独立风险**(stand-alone risk),或者说不将其作为公司资产组合的一部分 进行单独考察时所具有的风险。

(2) **公司(内部)风险**(corporate, or within-firm, risk),指项目对公司总体风险的 影响。

(3) **贝塔(市场)风险**(beta, or market, risk),即从持有一个多样化资产组合的股东角度 出发衡量该项目的风险。

衡量一个资本预算项目的相关风险和衡量如股票之类的金融资产风险的过程相似,如第 11 章所介绍的,如果用标准差来衡量一项资产,可能会有很高的独立风险,但是如果将资产 的所有风险联合起来进行分析,可能风险没有那么大,这主要是因为投资组合或投资多样化 降低了风险。

本节我们简要说明公司在资本预算项目评估过程中如何考虑风险问题,更详细的讨论请 参见高级财务管理教材。

13.11.1 独立风险

当我们计算项目的 NPV 时,我们使用管理者所预测的现金流量。除非管理者完全了解,包含在资本预算分析中的现金流量估计(如销售量)是概率分布的预测值,管理者认为是可信的。当然,概率分布可以比较"陡峭",说明标准差和风险都很小;也可以比较"平坦",说明变量的不确定性很高或高风险。因此,独立现金流量分布决定了项目的独立风险。

一个用来评估项目本身的独立风险的方法是**情景分析**(scenario analysis),它是一种帮助决策者取得项目各种可能结果的风险分析技巧。在情景分析中,财务分析人员通常会请运营经理设定一个"最差"情景(低销售量、低销售价格、高成本等)和"最佳"情景,然后再计算这两种情况下的 NPV 值,并分别将其与预期或者基础状况下的 NPV 值进行比较。

为了理解分析人员如何分析,仍以前面的 HEP 公司的设备控制计算机项目为例。假设除了价格和销售量,HEP 的经理们对所有项目现金流量的估计都非常有信心。另外,他们认为销售量将在 10 000 件至 20 000 件之间、销售单价将在 1 500 美元至 2 500 美元之间波动。因此,单价为 1 500 美元和销售量为 10 000 件是底线,或者说是**最差情景**(worst case scenario),而单价为 2 500 美元和销售量为 20 000 件则是上限,即**最佳情景**(best case scenario)。而基础状况就是销售量为 15 000 件,单价为 2 000 美元。表 13-5 显示了与 HEP 项目有关的每种情景下的 NPV。[23]

表 13-5 情景分析

(除单价外,其余各变量的单位为千美元)

情景	销售量(单位)	销售单价	NPV	收入的概率 Pr_i	$NPV \times Pr_i$
最佳情景	20 000	2 500	17 494	0.20	3 499
一般情景	15 000	2 000	3 790	0.60	2 274
最差情景	10 000	1 500	(6 487)	0.20	(1 297)
				1.00	期望 NPV 4 475
					$\sigma_{NPV} =$ 7 630
					$CV_{NPV} = 1.7$

$$期望 NPV = \sum_{i=1}^{n} Pr_i(NPV_i) = 0.2 \times 17\,494 + 0.6 \times 3\,790 + 0.2 \times (-6\,487) = 4\,475$$

$$\sigma_{NPV} = \sqrt{\sum_{i=1}^{n} Pr_i(NPV_i - 期望 NPV)^2}$$

$$= \sqrt{0.2 \times (17\,494 - 4\,475)^2 + 0.6 \times (3\,790 - 4\,475)^2 + 0.2 \times (-6\,487 - 4\,475)^2} = 7\,630$$

$$CV_{NPV} = \frac{\sigma_{NPV}}{期望 NPV} = \frac{7\,639}{4\,475} = 1.7$$

利用情景分析的结果确定 NPV 的预期值、标准差及变异系数。表 13-5 显示了这些计算的结果,假设最差情景出现的概率是 20%,基础状况是 60%,最佳情景是 20%,则预期 NPV 值为

---

[23] 我们也可以将固定成本和变动成本、所得税税率和残值等的最佳情景和最差情景包括进来。为了说明,我们只限制两个变量的改变,而且我们将销售单价和销售量作为独立变量,也就是低销售量和低价格可能同时发生,而高销售量和高价格也可能同时发生;反之亦然。如果情况不同时,这些假设很容易改变。

4 475 000 美元,变异系数是 1.7。[24] 现在我们将该项目以及公司整体的平均变异系数进行比较,就可以衡量该设备控制计算机项目的相对风险。HEP 公司现有项目的平均变异系数为 1.0,因此,HEP 的管理者认为这个以独立风险为基础测量的项目风险高于公司的平均水平。

13.11.2　公司(内部)风险

要衡量公司(内部)风险,我们需要确定资本预算项目与公司现有资产之间的联系。在第 11 章,我们曾提到过,如果两个资产的盈利变动方向相反——也就是一种资产的盈利下降,另一种资产的盈利上升——那么这两个资产的组合就可以降低风险。然而在现实中,很难有盈利变动方向刚好相反的资产。但在第 11 章,我们也曾提到过,只要资产之间不完全正相关($r = +1$),仍然可以达到一定的风险分散化和风险降低的效果。很多公司都用这种方法降低经营风险,也就是说,增加与现有资产不相关的新项目可以有效降低公司的风险。例如,微软公司收购了一家食品加工公司或者一个设备制造企业,那么它的风险会分散化并且整个(公司内部)风险将降低。

13.11.3　贝塔(市场)风险

在第 11 章,我们用贝塔(β)来衡量单只股票的风险。我们认为,由于非系统的或者特定的公司风险可以通过多样化来有效降低或者消除,因此,系统风险就是股票的相关风险。同样的概念也可以用于资本预算项目,因为公司可以被视为一系列已实施项目的组合。因此,一个项目的相关风险就可以视为其对公司系统风险的影响。从这种推理来看,如果项目的贝塔系数(β_{proj})可以确定,那么就可以根据下列 CPMP 等式来计算项目的**必要投资报酬率**(project required rate of return,r_{proj}):

$$R_{proj} = r_{RF} + (r_M - r_{RF})\beta_{proj}$$

为了说明 CAPM 在 HEP 设备控制项目中的应用,我们假设 HEP 公司全部是权益融资,因而资本预算项目所需要的平均必要报酬率只取决于股东所要求的投资报酬率(没有债务,债权人可能要求不同的报酬率)。HEP 公司现有的系数 $=\beta_{HEP}=1.5$,$r_{RF}=5\%$,$r_M=11\%$。因此,HEP 的权益成本为 14% $=r_s=5\%+(11\%-5\%)\times1.5$,这说明如果能够得到不低于 14% 的报酬率,投资者就愿意投资于具有平均风险水平的项目。[25]

然而,假设设备控制项目的贝塔系数大于 HEP 公司的平均贝塔系数(1.5)——项目的 $\beta_{proj}=2.0$。因为公司本身可以被视为一个资产组合,就像是贝塔系数的任意组合。因而 HEP 公司的贝塔系数应该是各项资产的贝塔系数的加权平均。因此,HEP 公司如果接受这个项目,那么其总资产的 80% 将被用于基础设施建设,20% 将被用于与设备控制项目有关的运营。接受项目会使公司的贝塔系数将上升到 1.6 $=0.8\times1.5+0.2\times2.0$。除非上升的贝塔系数能为更高的预期报酬率至少 14.6% [$=5\%+(6\%)1.6$]所抵消,否则该项目的接受将会导致公司股票价格下降。只有新项目所产生的报酬率高于现有资产的报酬率时才能实现更

㉔　预期 NPV 不等于基础状况下的 NPV(379 万美元)。两个不确定变量(销售量和销售单价)相乘得到销售收入,使 NPV 分布右偏。当两个数字都大时,将产生一个非常大的数字,致使平均值或预期值增加。

㉕　为简便起见,我们假设公司只使用权益资本。如果同时还有债务资本,那么资本成本就应该是债务和权益成本的加权平均。这一点我们已在第 12 章中进行了介绍。

高的必要投资报酬率。当然,如果公司的贝塔系数低于 1.5(HEP 的平均水平),那么这个项目还是可以接受的。

如果贝塔系数为 2.0,那么新设备控制项目的必要报酬率必须达到 17%:

$$r_{proj} = 5\% + 6\% \times 2.0 = 17\%$$

通过计算新设备控制项目的 IRR,我们可以得出 IRR = 26.3%。因此,尽管必要报酬率为 17%,这个项目仍然是可以接受的。

估计贝塔风险的主要困难是很难对资本预算项目的贝塔系数进行预测。其中一种方法就是找到与该项产品相同的单一产品公司,然后求出这些公司的贝塔系数的平均值,从而确定该项目的必要投资报酬率。这种方法被称为**纯游戏法**(pure play method),被用于比较的单一产品公司被称为纯游戏公司。不过纯游戏法只适用于主要的项目,如整个部门。但即便如此,由于很难找到纯游戏公司,因此通常很难用这种方法衡量贝塔风险。

自测题 6

(答案见本章末附录 13C)

Crazy Computers 公司(CC)正在考虑是否应该增加一个新部门,该部门负责一条新的生产线。该生产线的贝塔系数等于 2.3。如果无风险利率是 3%,市场风险溢价为 6%。当评估新部门时,公司运用的必要报酬率应该是多少?

13.12 如何在资本预算决策中考虑项目风险

财务经理认为在资本预算分析中很难对风险进行量化,因为很难找到一个好的衡量风险的尺度。但是,一般来说,他们觉得很容易评价一个项目的风险是否比另一个项目的风险大。因此,如我们在第 12 章所讨论的,大多数公司会在资本预算决策中利用**风险调整贴现率**(risk-adjusted discount rate)方法来评估项目风险。在这种方法下,如果项目的风险和公司平均水平有明显不同,那么就应该对评估项目的必要报酬率进行调整。也就是说,平均风险的项目要求一个"平均"的报酬率(公司的 WACC),高于平均风险的项目对应于一个高的报酬率,低于平均风险的项目对应于一个低的报酬率。

13.13 跨国公司的资本预算

虽然国内外进行资本预算分析的基本原则一致,但是有些重要的差异还是值得重视的。

(1)海外投资的现金流量估计一般更为复杂。大多数跨国公司在其开展经营的国家或地区都设立一家独立的子公司,其相关现金流量包括独立的子公司返回母公司的股利和其他应付费用。外国政府可能限制返回母国的现金金额,主要是为了强制跨国公司将这部分资金再投资于东道国,或者为了防止资本外流。母公司无法利用子公司的利润来发放股利,或者将这部分利润再投资于世界其他国家或地区。因此,从母公司的角度来看,外国投资的相关现金流量是国外子公司能够合法返回母公司的这部分现金流量。

(2)这些现金必须转换为母公司所在国的货币,因此面临汇率变动风险。例如,通用汽车公司德国分公司这个月的利润为1.5亿欧元,然而,对GM而言,这部分利润的价值取决于美元/欧元当时的汇率。

(3)这部分股利和收益通常要遭受外国和母国政府的双重征税。

(4)除此之外,对于同等的国内外项目,其必要报酬率也有可能因为国内外风险程度的不同而有所差异。更高的风险可能来自汇率风险和政治风险。国际多样化可能产生低风险。

① **汇率风险**(exchange rate risk)反映了现金流量返回母国并转换为母国货币过程中所隐含的不确定性。也就是说,国外项目因为面临一个现金流量用母国货币表示的不确定的风险(因为实际汇率和预期可能有很大差别),而使项目本身的风险增加了。

② **政治风险**(political risk)指任何有可能降低公司投资价值的东道国政府的行为,或者发生这种行为的可能性。这种行为的一个极端情况是:对子公司资产不加以任何赔偿地没收;也可能是通过高税收、更严格的现金控制以及价格限制等降低母公司在国外子公司的投资价值。例如,在英国和瑞士等传统友好、稳定国家的海外资产被没收的风险较低,而在拉丁美洲和非洲的海外资产被没收的风险可能会很高。通常,在决定必要报酬率的时候没有考虑到政治风险溢价,因为如果公司的管理层认为某一国家会没收外资,那他们就绝对不会在那个国家大量投资。没收外资被认为是最严重甚至是毁灭性的事件,当管理层面对毁灭性损失时,就非常厌恶风险。公司可以采取如下三种主要措施来降低潜在的没收风险:

(1)用当地资本对分公司融资;

(2)调整公司运营,使分公司的价值只是整个公司系统的一部分;

(3)通过如海外私人投资公司(OPIC)等保险公司投保防止没收,降低经济损失。

如果采取第三种措施,那么政治风险的费用就要加到项目成本中。

道德困境
ETHICAL DILEMMA

这是一个好项目——拿出数字证据来

Oliver Greene是Cybercomp公司的财务经理助理,Cybercomp是一家生产PC机网络通信驱动软件的公司。Oliver三年前从大学毕业后就加入了该公司。他的主要任务就是评估资本预算项目并向董事会作出投资建议。Oliver很喜欢他的工作,他觉得这个工作非常有挑战性,当然报酬也颇丰。

上个星期,Oliver开始对一个计划在年内进行的资本项目进行评估。这个计划就是收购NetWare Products公司,这是一个生产网卡电路板的公司,PC机间相互连接时需要用到这种产品。Cybercomp打包出售网卡及软件,但是现在其所购买的电路板由另外一个制造商供应。Cybercomp公司CEO Nadine Wilson认为,自己生产网卡可以降低成本,提高利润空间。

在被叫进 Wilson 女士的办公室前，Oliver 几乎还没来得及浏览一下这个方案。会晤很短且有针对性。Wilson 女士告诉他："要把 NetWare Products 公司的数字弄得好看点，因为我们想收购这家公司。"同时，她还给了 Oliver 两年前一个独立审计人对 NetWare Products 公司的评价报告，该报告显示 NetWare Products 公司可能不值 Cybercomp 公司给出的报价。因此，Wilson 女士示意 Oliver 想办法反驳这份报告。

跟 Wilson 女士的会晤让 Oliver 困惑不已。Oliver 的直觉告诉他事情有些不对。但他还没有时间详细看这份计划，他的评估到目前为止还很粗略，远远不够作出是否接受该资本预算项目的决定。因此他觉得在作出最终投资建议前需要更多的信息。

Oliver 花了一整天的时间看 Wilson 女士的这份计划报告并试图收集更多的相关信息。这份报告中有一些关于 NetWare Products 公司经营的背景材料，但缺乏关键的财务数据。进一步调查也没有什么新发现。Oliver 发现 NetWare Products 公司的股权集中在小部分投资者手中，这些投资者拥有自己的企业，并且经常向一所当地大学捐款，而该大学恰好是 Wilson 女士的母校。另外，据 Oliver 的秘书说，有谣传 Wilson 女士和 NetWare Products 公司的老板是关系非常好的老校友，而且她甚至可能拥有 NetWare Products 公司的股份。

今天早晨，Wilson 女士打电话给 Oliver 并重申了她关于该收购计划的意见。这次语气有所不同："我们的确想收购 NetWare Products 公司。有些人可能并不相信这是一桩好买卖，公司花那么大的代价雇你，相信你应该知道怎么样让数字显得好看点。"Oliver 预感如果他不作出"正确"的决策的话，很可能饭碗不保。他现在压力更大了。

Oliver 应该怎么办？如果你是他的话你会怎么做？如果你得知 Wilson 女士最近出售了很多其持有的 Cybercomp 公司的股票，你的答案是否会有所改变？

▦ 本章要点总结

本章重要概念

为了总结，我们把本章讨论的关键概念与本章开始的学习目标联系起来。

- 在资本预算分析时，相关现金流量仅仅包括那些受接受项目决策影响的现金流量。如果接受了项目，而现金流量没有发生变化，则这些现金流量不属于相关现金流量。相关或增量现金流量被分成三类：① 初始投资支出，它是指仅发生在项目期间开始时的现金流量。② 增量营运现金流量，它是指每日营运产生的、持续发生在整个项目期间的现金流量。③ 终期现金流量，它是指仅发生在项目期间结束时的现金流量。重置项目的相关现金流量分析要比扩张项目的相关现金流量分析复杂，因为分析重置项目的相关现金流量时，要同时考虑购买新资产（替代资产）产生的现金流量和旧资产（被替代资产）产生的现金流量。

- 资本预算决策很重要，因为资本预算涉及了长期资产；因此当公司购买此类资产时，就会减少融资弹性。评估资本预算项目（投资）的过程就是决策是否购买该项目的过程，这一过程与评估金融资产（如股票和债券）的过程是相同的：① 计算资产在使用年限里产生的期望现金流量的现值；② 将资产的现值和购买价格（成本）作比较，如果资产的现值大于它的成本,则应该购买此项资产。

● 在进行资本预算决策时,我们通常要计算资产的 NPV,资产的 NPV 等于资产在使用年限里产生的现金流量的现值减去资产的成本。因此,NPV 表示在公司接受了资本预算项目后,公司的价值发生了多少变化。如果项目的 NPV 为正,则应该接受该项目。项目的 IRR 表示公司接受项目并且将其持有至使用年限末所获得的平均收益率。对于所有的公司来说,特定项目的 IRR 都是一样的。如果项目的 IRR 大于公司的必要报酬率,则应该接受该项目。

● 如果项目的 NPV 为正(NPV > 0),则项目的 IRR 一定大于公司的必要报酬率(IRR > r)。但是当运用 NPV 法和 IRR 法来评估两个互斥项目时,可能会产生排序矛盾的问题。也就是说,NPV 法可能支持一个项目,而 IRR 法可能会支持另一个项目。这种排序矛盾是因每种资本预算评估方法的再投资假设不同而产生的,通常可以运用 MIRR 法而不是普通的 IRR 法来解决这种排序矛盾。所有考虑货币时间价值的资本预算评估方法将会作出相同的接受/拒绝决策。也就是说,对于一个特定的项目,如果它的 NPV 大于 0,则它的 IRR 大于公司的必要报酬率,MIRR 也大于公司的必要报酬率,贴现投资回收期小于项目的使用年限,所有的这些信息都表明该项目是可接受的。然而,被评估的互斥项目是否存在排序矛盾问题主要取决于采用哪种资本预算评估方法。当评估相互独立的项目时不用担心会出现排序矛盾的问题,因为所有可接受的项目不管它们的排序是什么都应该被接受。

● 如果资本预算项目的风险与公司现有资产的平均风险之间存在明显的差异,那么当评估资本预算项目时需要调整公司的必要报酬率。如果项目具有明显较高的风险,则资本预算评估时应采用高于平均必要报酬率的必要报酬率。如果项目的风险低于平均风险,则资本预算评估时应采用较低的必要报酬率。

● 跨国机构在进行资本预算分析时,虽然采用相同的基本准则,但是这些基本准则的运用会更加复杂。

个人理财相关知识

本章介绍的概念将有助于你更好地理解如何作出投资决策。在理解了本章描述的基本概念后,你就能够作出接受或拒绝一项投资的决策。下面运用本章所讨论的概念思考一些问题。

● **如何把 NPV 准则和 IRR 准则运用到我的投资决策中?** 确定每年支付租金和年金这一类投资的 NPV。如果你知道或者能够估计出特定投资项目期望产生的未来现金流量,那么你应该能够运用投资项目的期望报酬率计算出项目的 NPV。你在投资决策时所采用的决策准则应该与商业活动所采用的决策准则一样,也就是说,接受 NPV 大于 0 的投资项目。同样地,你可以计算投资项目的 IRR,并把你计算的 IRR 与你期望的报酬率作比较。

当检查投资项目时,验证你所估计的税后期望报酬率。记住,必须以税收形式支付给政府的钱不可能再用来花费或者投资。

● **我可以运用与评估相关现金流量相关的概念来帮助我作出更好的投资决策吗?** 当评估购买汽车或者房产的投资项目时,你应该能够更好地估计出相关现金流量,尤其是初始投资支出和增量营运现金流量。例如,当考虑是否应该购买一辆新汽车来代替旧汽车的时候,你应该考虑两点:① 是否将旧汽车置换或卖出去;② 购买新汽车在使用年限里会对保险费、燃油费用等的影响。当购买新汽车来代替旧汽车时,如果选择把旧汽车置换或者卖出去,则新汽车的购买价格(初始投资支出)将会降低。例如,如果旧汽车的可抵扣价值为 5 000 美元,新汽车的购买价格为 25 000 美元,那么你只需要支付 20 000 美元就可以购买一辆新汽车。根据购买的新汽车的类型与旧汽车的已使用年限,保险费用可能会上升,这会增加新汽车的增量营运现金流量。反之,如果新汽车的燃料效率更高,则与旧汽车相比这会降低增量营运现金流量。

你应该运用相同的逻辑来评估购买房产的投资决策。如果新房产的购买价格是 250 000 美元,这是你需要支付的全部资金吗?一般来说答案是否定的,因为你需要前期资金(现金)用于存款、购买必要的设备和其他家具,以及在购买房子时必须支付的其他附带费用。

● **当我评估投资项目时,如何确定适用于投资项目的风险调整贴现率?** 依照我们在前面章节所讨论的内容,并且将会在后面章节继续讨论,当评估投资项目时,你应该一直考虑到风险的影响。本章所提出的一种分析公司风险的简单方法,就是运用风险调整贴现率法。你可以把项目的风险分成"平均""高于平均"或者"低于平均",并对项目的必要报酬率作出适当的调整,也就是说,用高必要报酬率来评估高风险的项目,用低必要报酬率来评估低风险的项目。

思考题

13-1 表 13-2 中列出的是现金流量而非会计利润。强调现金流量而不是会计利润的依据是什么?

13-2 根据表 13-4,回答下列问题:

a. 为什么计算纳税额时要扣除第Ⅲ部分的净残值?

b. 如何计算折旧费用的变化?

c. 在何种情况下,新机器会带来净营运资本的降低?

d. 为什么成本节约值是正的?

13-3 为什么资本预算分析中要考虑机会成本和外部效应,而不需要考虑沉没成本?

13-4 如何在项目终期补偿净营运资本?资本预算中为什么要对此进行分析?

13-5 Generosity 高尔夫球具公司正在考虑是否在佛罗里达州的 Jacksonville 建造一个新的生产工厂,目的是增加高尔夫球具在东南地区的销售量。如果公司打算建造这个工厂,则 Generosity 公司不需要购买新的土地,因为 Generosity 公司在 Jacksonville 地区已经拥有足够的土地,并且地理位置较好。打算用于建造工厂的土地 5 年前的售价为 100 000 美元,当前的价值为 800 000 美元。在公司决定用这块土地建造新的工厂之前,Generosity 公司雇用了一家

公司来提供 Jacksonville 地区的人口统计资料,并支付了 200 000 美元的费用。预计新工厂的销售总额为 750 000 美元,由于 Jacksonville 的地理位置距离当前客户较近,所以当前客户将他们的业务活动从其他工厂转移到新的工厂。当 Generosity 公司进行资本预算分析时,公司应该考虑上面提到的哪些数额?

13-6 解释下面每种资本预算评估方法的决策准则。也就是说,在什么条件下,项目是可接受的?

a. 净现值(NPV)

b. 内含报酬率(IRR)

c. 修正的内含报酬率(MIRR)

d. 普通投资回收期(PB)

e. 贴现投资回收期(DPB)

13-7 Susan 在评估了一个资本预算项目之后,发现该项目的 NPV 大于 0。根据这些资料,我们能够得到关于项目的 IRR 和 DPB 的什么信息?项目的 PB 信息也可以推测出吗?

13-8 为什么用 NPV 法比较两个互斥项目时,如果必要报酬率较高,那么在前期发生大部分现金流量的项目排序靠前?反之,为什么如果必要报酬率较低,则在后期发生大部分现金流量的项目排序

靠前？如果对这两个项目用 IRR 法进行分析,那么必要报酬率的改变是否会引起项目排序的变化?

13-9 "如果公司没有互斥项目,只有独立项目,而且公司的必要报酬率保持不变,各项目的现金流量都是常规现金流量,那么利用 NPV 法和 IRR 法会得出相同的资本预算决策。"请讨论这句话。这里包含着对 IRR 法代替 NPV 法的何种观点?如果逐个改变这里的每个假设,那么答案又会发生什么变化呢?

13-10 为什么说在 NPV 法、IRR 法中都存在再投资报酬率的假设?每种方法中的再投资报酬率假设分别是什么?

13-11 是否可能在某种条件下,选择投资回收期较短的机器比选择 NPV 较大的机器对公司更有利?

13-12 Universal Fire Systems(UFS)的 CFO 正在评估三个互斥项目的资本预算。三个互斥项目的信息如下:

项目	IRR	NPV	DPB
K	21.0%	5 500 美元	3.5 年
L	14.0%	4 750 美元	3.1 年
M	10.0%	6 000 美元	4.3 年

a. 哪些项目应该被购买(接受)?

b. 根据给定的资料,推测出 UFS 的必要报酬率 r 为多少?

13-13 "两家公司对同一项目进行资本预算评估,该项目的 IRR 等于 19%。一家公司接受了该项目,但是另一家公司却拒绝了该项目。一定有一家公司作出了错误的决策。"讨论这句话的真实性。

13-14 Alice 列出了不同折现率下项目 K 的 NPV 值:

贴现率(r)	NPV
5%	13 609 美元
10%	5 723 美元
15%	94 美元
20%	(4 038)美元
25%	(7 147)美元

根据这些资料,下面的哪些选项是错误的?并说明原因。

a. 如果公司的必要报酬率等于 12%,那么 K 项目应该被购买。

b. 为了决定是否接受 K 项目,应该计算项目的 IRR。

c. K 项目的 IRR 介于 15% 和 20% 之间。

d. 如果公司的必要报酬率等于 20%,那么 K 项目应该被拒绝。

e. 如果一家公司作出的决策是购买 K 项目,而另一家公司可能会作出拒绝 K 项目的决策。

13-15 区分资本预算分析中的贝塔(市场)风险、内部(公司)风险和独立风险。你认为在资本预算分析中哪一个更重要?为什么?

13-16 假设 Reading Engine 公司的贝塔风险和公司风险都很高。最近该公司与 Simplicity Patterns 公司合并。由于人们在经济衰退期通常会自制衣服,因而 Simplicity Patterns 公司的销售额在衰退期有所增长。该公司的贝塔风险为负值,而公司风险则相对较高。该合并事项会对作为新公司的两个部门 Engine 部和 Patterns 部的必要报酬率产生什么影响?

13-17 假设公司下一年的必要报酬率为 10%。对于正在评估的平均风险项目、高风险项目和低风险项目,它们合理的必要报酬率分别是多少?

计算题

13-1 公司正在评估一项潜在的投资——购买新机器。公司已经收集的信息如下:

购买价格	340 000 美元
第 3 年年末的残值	15 000 美元
运输费和安装费	50 000 美元
第 3 年年末的账面价值	5 000 美元
边际税率	40%

a. 新机器的折旧基础是多少,也就是说,机器在寿命期内的折旧总额是多少?

b. 3年后,处置该机器将产生的现金净流量为多少?

13-2 Gehr公司正在考虑购买一台新的机器工具来代替旧的机器工具。旧的机器用于经营业务,它的账面价值和市场价值都为0美元。它现在仍处于良好的运转状态,而且机器剩余的使用寿命至少有10年。而新的机器会更有效率地运转,以至于Gehr公司的工程师评估该机器每年将会产生9 000美元的税后现金流量,也是成本节约额。新机器的价格(包括运输费和安装费)为40 000美元,它的预计使用年限为10年,残值的期望值为0美元。公司的必要报酬率为10%,边际税率为40%。Gehr公司应该购买新机器吗?

13-3 Galveston Shipyards正在考虑购买新的铆钉机来代替已经使用了8年的旧柳钉机。使用新的柳钉机之后,每年的折旧前收益将由27 000美元增长到54 000美元。新的柳钉机的成本为82 500美元,它的预计使用年限为8年,并且没有残值。新的柳钉机使用MACRS 5年期计算折旧(见本章末附录表13A-2 MACRS回收的百分比)。公司的边际税率为40%,必要报酬率为12%。旧的柳钉机能够充分地计提折旧,并且没有残值。旧的柳钉机应该被新的柳钉机所替代吗?

13-4 公司正在评估一项可能会被接受的投资项目。该项目的投资成本为90 000美元,在以后的6年里,预计该项目每年产生的现金流量为20 000美元。如果公司的必要报酬率为10%,则该项目的NPV为多少? 是否应该接受该项目?

13-5 某项目的成本为45 000美元,如果该项目在未来的5年里,预计每年产生的现金流量为15 047美元,则该项目的IRR是多少?

13-6 Exit公司正在评估一个项目的资本预算。该项目的成本为320 000美元,并且在以后的7年里,该项目每年将产生67 910美元的现金流量。如果Exit公司的必要报酬率为12%,则公司是否应该投资该项目?

13-7 如果公司的必要报酬率为14%,则下列项目的NPV为多少?

年度	现金流量
0	(75 000)美元
1	50 000 美元
2	40 000 美元

13-8 计算下列资本预算项目的IRR。

年度	G项目	P项目	V项目
0	(23 000)美元	(48 000)美元	(36 000)美元
1	7 900 美元	0 美元	(10 000)美元
2	7 900 美元	0 美元	0 美元
3	7 900 美元	0 美元	0 美元
4	7 900 美元	81 000 美元	75 000 美元

根据所计算的IRR,每个项目在什么条件下将会被接受?

13-9 Plasma血液服务机构正在决策是否购买一台新的血液净化机。该机器产生的期望现金流量如下,则该机器的IRR是多少?

年度	现金流量
0	(140 000)美元
1	60 000 美元
2	60 000 美元
3	60 000 美元

13-10 QQQ集团正在评估一台可能会购买的机器。下表显示了该机器的期望现金流量。每年的期望现金流量($\widehat{CF}$)和期望现金流量的现值(PV)都显示在表格里。

年度	期望现金流量	运用公司的必要报酬率r求期望现金流量的现值
0	(10 000)美元	(10 000)美元
1	6 000 美元	5 455 美元
2	3 000 美元	2 475 美元
3	1 000 美元	751 美元
4	5 000 美元	3 415 美元

计算该机器的普通投资回收期和贴现投资回收期。

13-11 如果公司的必要报酬率为12%,则下面项目的MIRR是多少?

年度	现金流量
0	(105 000)美元
1	70 000 美元
2	50 000 美元

13-12 假定公司的必要报酬率为14%。计算下面每个资本预算项目的 IRR 和 MIRR。

年度	G 项目	L 项目	K 项目
0	(180 000)美元	(240 000)美元	(200 000)美元
1	80 100 美元	0 美元	(100 000)美元
2	80 100 美元	0 美元	205 000 美元
3	80 100 美元	375 000 美元	205 000 美元

如果这些项目是相互独立的,则应该投资哪些项目? 如果这些项目是互斥的,则应该投资哪个项目?

13-13 P 项目的成本为 15 000 美元,预期 5 年中每年产生的收益(现金流量)为 4 500 美元。Q 项目的成本为 37 500 美元,预期 5 年中每年产生的现金流量为 11 100 美元。

a. 假设必要报酬率为 14%,计算每个项目的 NPV、IRR、MIRR、贴现投资回收期和普通投资回收期。

b. 如果这两个项目是相互独立的,则应该选择哪些项目? 如果这两个项目是互斥的,则应该选择哪个项目?

13-14 假设你的公司正在考虑两个互斥项目——C 项目和 R 项目——它们的成本和现金流量显示在下面的表格里。

	期望净现金流量	
年度	C 项目	R 项目
0	(14 000)美元	(22 840)美元
1	8 000 美元	8 000 美元
2	6 000 美元	8 000 美元
3	2 000 美元	8 000 美元
4	3 000 美元	8 000 美元

这两个项目的风险是相同的,它们的必要报酬率都为 12%。你必须给出选择哪个项目的建议。为了决定哪个项目更合适,计算每个项目的 NPV 和 IRR。

13-15 已估计出两个互斥项目的税后现金流量,其信息如下:

	期望净现金流量	
年度	机器 D	机器 Q
0	(2 500)美元	(2 500)美元
1	2 000 美元	0 美元
2	900 美元	1 800 美元
3	100 美元	1 000 美元
4	100 美元	900 美元

公司的必要报酬率为14%,而且公司可以 14% 的资本成本无限制地筹集资本。则较优项目的 IRR 是多少? (提示:注意这里的较优项目可能不是具有较高 IRR 的项目。)

13-16 Diamond Hill Jewelers 正在决策下面的相互独立的项目。

	期望净现金流量	
年度	Y 项目	Z 项目
0	(25 000)美元	(25 000)美元
1	10 000 美元	0 美元
2	9 000 美元	0 美元
3	7 000 美元	0 美元
4	6 000 美元	36 000 美元

如果项目的必要报酬率为 10%,则应该接受哪些项目? 计算这两个项目的 NPV 和 IRR。

13-17 K 项目的成本是 52 125 美元,预期 8 年中每年的净现金流量为 12 000 美元。

a. 项目的投资回收期是多少?

b. 假设项目的必要报酬率为 12%,则其 NPV 为多少?

c. 项目的 IRR 为多少?

d. 假设必要报酬率为 12%,则项目的贴现投资回收期为多少?

13-18 目前的无风险利率为 5%,市场风险溢价为 4%。分析师估计该项目的贝塔系数为 1.4,预期 5 年中每年产生的净现金流量为 1 500 美元。该项目的必要投资为 4 500 美元。

a. 该项目要求的风险调整收益率是多少?

b. 应该投资该项目吗?

13-19　Companioni Computer Corporation（CCC）是一家主要生产办公设备的公司。公司目前拥有 1 500 万美元的资产,公司的贝塔系数为 1.4。无风险利率为 8%,市场风险溢价为 5%。CCC 希望将业务扩张到有风险的家用计算机市场。如果公司正在进行扩张,则它将创建一个新的部门,该部门拥有 375 万美元的资产,新部门的贝塔系数为 2.4。

a. CCC 当前的必要报酬率是多少?

b. 如果公司正在进行扩张,则公司新的贝塔系数将为多少?公司新的总体必要报酬率为多少?在新的总体必要报酬率不发生变化的条件下,新部门必须产生多少报酬率?

13-20　Conscientious Production Company（CPC）的资本预算经理向公司的 CFO 递交了下面的报告:

项目	IRR	风险等级
A	9.0%	低风险
B	10.0%	平均风险
C	12.0%	高风险

CPC 通常通过调整公司的平均必要报酬率(r)来把风险考虑进去。公司的平均必要报酬率等于 8%,当被评估项目的风险低于或高于平均风险时,高风险项目的必要报酬率要在平均必要报酬率的基础上调增 5%,低风险项目的必要报酬率要在平均必要报酬率的基础上调减 2%。如果这些项目是相互独立的,则 CPC 应该投资哪些项目?

13-21　在 Anderson Paints 实习的一名大学,运用公司的平均必要报酬率(r)来评估潜在的投资,他向公司的资本预算经理递交了下面的报告:

项目	NPV	IRR	风险等级
LOM	1 500 美元	12.5%	高风险
QUE	0 美元	11.0%	低风险
YUP	800 美元	10.0%	平均风险
DOG	(150) 美元	9.5%	低风险

资本预算经理通常在对资本预算项目作出最终决策之前,要考虑资本预算项目的风险。如果项目的风险不是平均风险,她应在平均必要报酬率的基础上调增或调减 2% 来得出项目的必要报酬率。如果这四个项目是相互独立的,则资本预算经理应该推荐哪些项目?

13-22　Olsen Engineering 在今年的资本预算中正在考虑两台设备——一辆卡车和一个先进的滑轮系统。这两个项目是相互独立的。卡车的现金支出为 22 430 美元,滑轮系统的现金支出为 17 100 美元。每台设备的预计寿命都为 5 年。预计卡车期望每年产生的税后现金流量为 7 500 美元,滑轮系统期望每年产生的税后现金流量为 5 100 美元。公司的必要报酬率等于 14%。计算每个项目的 NPV、IRR、MIRR、普通投资回收期和贴现投资回收期,并说明应该接受哪些项目。

13-23　Horrigan Industries 必须在燃油动力叉车和电力动力叉车之间作出选择,叉车是用来为它的工厂运输原材料的。虽然这两种叉车具有相同的功能,但是公司只能选择一种。电力动力叉车的购买成本较高,但它的运营成本较低。电力动力叉车的购买成本为 22 000 美元,燃油动力叉车的购买成本为 17 500 美元。这两种投资的必要报酬率都为 12%。另外,这两种叉车的预计使用年限都为 6 年,在运营期间,电力动力叉车每年产生的净现金流量为 6 290 美元,而燃油动力叉车每年产生的净现金流量为 5 000 美元。计算每种叉车的 NPV 和 IRR,并决定应该选择哪种类型的叉车。

13-24　假设你所在公司的总经理要求你对研发部门计划购买一个光谱仪的项目进行评估。设备的基本价格是 14 万美元,另外还需要 3 万美元的成本对其进行改装,以适应公司的需要。光谱仪按 MACRS 3 年期计提折旧,并将在 3 年后以 6 万美元的价格出售(见本章末附录表 13A-2 MACRS 回收的百分比)。使用该设备需要额外增加 8 000 美元的净营运资本(存货储备)。虽然光谱仪对收益没有影响,但它预期每年可以节省 5 万美元的税前经营成本,其中主要是人工成本。公司的边际税率为 40%。

a. 这个项目在第 0 年的初始投资支出是多少?

b. 第 1 年、第 2 年、第 3 年的增量营运现金流量是多少?

c. 第 3 年的终期现金流量是多少?

d. 如果公司的必要报酬率是 12%,那么应该购买光谱仪吗?

13-25 Ewert 公司正在评估购买新铣床的提案。机器的基本价格为 108 000 美元,另外还需要 12 500 美元的成本对其进行改装,以适应公司的需要。该机器以 MACRS 3 年期来计提折旧,3 年后以 65 000 美元卖出(见本章末附录表 13A-2 MACRS 回收的百分比)。使用该机器需要额外增加 5 500 美元的净营运资本(存货)。虽然它对收益没有影响,但是公司预期每年可以节省 44 000 美元的税前经营成本,其中主要是人工成本。Ewert 公司的边际税率为 34%。

a. 这台机器在第 0 年的初始投资支出是多少?

b. 第 1 年、第 2 年、第 3 年的增量营运现金流量是多少?

c. 第 3 年的终期现金流量为多少?

d. 假如公司的必要报酬率为 12%,Ewert 公司应该购买新铣床吗?

13-26 Dauten 玩具公司现在使用的一台注塑机是两年前购买的。这台机器以直线法计提折旧,残值为 500 美元,并且还剩 6 年的使用年限。现在的账面价值为 2 600 美元,目前可以以 3 000 美元的价格出售,每年的折旧费用为 350 美元[(2 600-500)/6]。

Dauten 公司现在要重置一台机器,成本为 8 000 美元,估计的使用年限为 6 年,残值为 800 美元,采用 MACRS 5 年期计提折旧(见本章末附录表 13A-2 MACRS 回收的百分比)。重置的机器将会增加产出,所以公司的销售将会每年增加 1 000 美元。此外,因为新机器的效率高,所以会使每年的经营成本减少 1 500 美元。新机器会导致净营运资本增加 1 500 美元。

Dauten 公司的边际税率是 40%,必要报酬率是 15%,应该用新机器替换旧机器吗?

13-27 Atlantic Control Company(ACC)在 2 年前购买一台机器,成本为 70 000 美元。当时机器预计可使用年限为 6 年,预期残值为 10 000 美元。机器使用直线法计提折旧,所以它在第 6 年的账面价值为 10 000 美元。但是,4 年后,该机器的市场价值为 0 美元。

一部新机器的购买价格为 80 000 美元,包括运输和安装成本,估计有 4 年的使用年限。使用 MACRS 折旧法计提折旧,而且将会以 3 年的使用年限计提折旧,而不是 4 年(见本章末附录表 13A-2 MACRS 回收的百分比)。在 4 年的使用年限中,新机器将会每年减少营运现金支出 20 000 美元。销售收入预计将不会改变,但是新机器将需要额外增加 4 000 美元的净营运资本。在第 4 年年底,机器的市场价值估计为 2 500 美元。

旧机器现在可以以 20 000 美元出售。ACC 的边际税率为 40%,必要报酬率为 10%。

a. 假如购买新机器,那么它在第 0 年的初始投资支出是多少?

b. 当重置旧机器时,第 1 年年底到第 4 年年底将会发生的增量营运现金流量是多少?

c. 假如购买新机器,则第 4 年年底的终期现金流量是多少?

d. 该项目的 NPV 是多少?ACC 应该重置旧机器吗?

13-28 Boyd 制瓶公司正考虑将制瓶的旧机器换成较有效率的新机器。旧机器的账面价值为 600 000 美元,剩余可使用年限为 5 年。公司预期 5 年后丢弃旧机器时将没有任何的收益,但是它目前可以 265 000 美元的价格卖给另一家公司。旧机器以直线法计提折旧,每年计提的折旧为 120 000 美元,残值为 0 美元。

一台新机器的购买价格为 1 175 000 美元。该机器以 MACRS 5 年期来计提折旧,5 年后估计市价为 145 000 美元(见本章末附录表 13A-2 MACRS 回收的百分比)。公司预期将减少电力使用、人工成本和修理成本,每年可节省 230 000 美元。此外,新机器可以减少有缺陷的瓶子的数量,公司预期此项费用每年可节省 25 000 美元。

公司的边际税率为 40%,必要报酬率为 12%。

a. 新机器的初始投资支出是多少?

b. 计算两台机器每年的折旧费用。假如 Boyd 公司重置机器,计算每年折旧费用的变化。

c. 第 1 年至第 5 年的增量营运现金流量是多少?

d. 第 5 年的终期现金流量是多少?

e. Boyd 公司是否应该购买新机器?提出你的建议。

f. 通常情况下,下面的每个因素是怎样影响投资决策的?你应该怎样分析下面的每个影响因素?

(1)旧机器的预期使用年限减少。

(2)Boyd 公司的必要报酬率不是固定不变的。当资本预算中增加更多项目时,它的必要报酬率是增加的。

13-29　Goodtread 橡胶公司有两个部门:轮胎部门专为新车制造轮胎,而翻新部门专门生产翻新轮胎用的材料并销售到全美国独立的翻新轮胎店。因为自动化的生产具有一般的经济效益,轮胎部门的盈余和 Googtread 的股价高度相关。假如轮胎部门作为一个独立的公司营运,它的贝塔系数大约为1.5。另一方面,翻新部门的销售及利润呈现反景气周期的变动,也就是当人们无法购买新轮胎时,翻新轮胎的销售会很好,翻新部门的贝塔系数估计为0.5。Goodtread 公司大约 75% 的资产投资在轮胎部门,25% 投资在翻新部门。

目前的公债利率为 6% ,Goodtread 公司股票的平均预期报酬率为 10% 。Goodtread 公司只有普通股权益资本,没有发行在外的债务。

a. Goodtread 公司股票的必要报酬率为多少?

b. 在评估每个部门的资本预算项目时,运用的贴现率应该是多少?请详细解释,并以成本为160 000美元、10 年期和每年提供的预期税后净现金流量为 30 000 美元的项目为例进行说明。

13-30　你所在的公司——Agrico Products 正在考虑购买一辆拖拉机。拖拉机的净成本为 72 000 美元,购买此拖拉机后,公司将每年增加 24 000 美元的税前经营现金流量(没有考虑折旧效应)。拖拉机以直线法计提折旧,每年计提的折旧为 14 400 美元,从第 1 年开始计提 5 年,残值为零。(每年的现金流量将为税前的 24 000 美元加上由于 14 400 美元的折旧所引起的税收节约。)董事会关于拖拉机能否持续使用 5 年展开了激烈的讨论。尤其是 Joan Lamn 坚持认为她所了解的一些拖拉机只能使用 4 年。虽然 Alan Grunewald 同意 Lamn 的观点,但是他认为大多数的拖拉机能够提供 5 年的服务。Judy Maese 说自己了解到有些拖拉机可以使用 8 年。

根据以上的讨论,董事会要求你做一个情景分析,该分析主要讨论拖拉机寿命不确定的重要性。假定公司的边际税率为 40% ,拖拉机的残值为 0 美元,必要报酬率为 10% 。(提示:这里的直线法计提折旧是以 MACRS 使用的年限为基础,它不受实际使用年限的影响。还有,不要考虑半年的情况。)

13-31　Derek's Donuts 正在考虑两个互斥的投资项目。这两个项目的预期净现金流量如下表所示:

预期净现金流量		
年度	A 项目	B 项目
0	(300) 美元	(405) 美元
1	(387) 美元	134 美元
2	(193) 美元	134 美元
3	(100) 美元	134 美元
4	500 美元	134 美元
5	500 美元	134 美元
6	850 美元	134 美元
7	100 美元	0 美元

a. 绘制 A 项目和 B 项目的 NPV 曲线。

b. 每个项目的 IRR 是多少?

c. 假如你被告知每个项目的必要报酬率为12% ,你应该会选择哪一个项目?假如必要报酬率为 15% ,则哪一个项目是适当的选择?

d. 依据第 a 题所构建的 NPV 曲线,交叉收益率的近似值是多少?有何重要性?

13-32　假设你是 Damon 电子公司的财务分析人员。资本预算经理让你分析两个可选的投资项目:X 项目和 Y 项目。每个项目的投资成本都是10 000美元,必要报酬率都是 12% 。项目预期净现金流量如下表所示:

预期净现金流量		
年度	X 项目	Y 项目
0	(10 000) 美元	(10 000) 美元
1	6 500 美元	3 500 美元
2	3 000 美元	3 500 美元
3	3 000 美元	3 500 美元
4	1 000 美元	3 500 美元

a. 分别计算两个项目的普通投资回收期、NPV、IRR、MIRR 和贴现投资回收期。

b. 如果两个项目是独立项目,哪些项目是可以接受的?

c. 如果两个项目是互斥项目,应选择哪个项目?

d. 必要报酬率的改变如何影响 NPV 法和 IRR 法对两个项目的排序?如果必要报酬率为 5% ,两种方法的排序是否还不同?(提示:利用 NPV 曲线。)

e. 为什么两种方法的排序会有所不同?

13-33 西南石油勘探公司正考虑在它拥有采矿权的地方开采石油。目前有两个互斥的备选方案,两个方案都要支付 12 000 000 美元用于钻井。如果采用 A 方案,在一年内就能将所有石油都开采出来,且到第 1 年年底有 14 400 000 美元的现金流入。如果采用 B 方案,其期限为 20 年,每年的现金流量为 2 100 000 美元。

a. 绘制 A 方案和 B 方案的 NPV 曲线,确定两个方案各自的 IRR,并指出交叉收益率的近似值。(计算交叉点利率时,参考本章的脚注 16。)

b. 假设公司的必要报酬率为 12%,并且公司可以以 12%资本成本无限制地筹集资本。假设公司所有相互独立的可行项目(平均风险)的报酬率都高于 12%,这一假设符合逻辑吗? 或者说,假设公司投资了报酬率高于 12%的全部可行项目,这是不是意味着由过去投资产生的现金流量的机会成本仅仅为 12%,因为所有的公司都可以用这些现金流量来弥补成本为 12%的投资? 最后,这是不是暗示着必要报酬率就是假设项目产生的现金流量用于再投资的恰当报酬率?

c. 计算每个项目的 MIRR。西南石油勘探公司应该投资哪个项目? 为什么?

13-34 Chaplinsky 出版公司正在考虑两个互斥的扩张项目。A 项目需要投资 4 000 万美元,建一个大规模的综合工厂,预期未来 20 年内每年创造现金流量 640 万美元。B 项目需要投资 1 200 万美元,建一个效率较低的劳动密集型工厂,预期未来 20 年内每年创造现金流量 272 万美元。Chaplinsky 公司的必要报酬率为 10%。

a. 计算每个项目的 NPV、IRR 以及 MIRR。

b. 分别绘制两个项目的 NPV 曲线,并估计交叉收益率。

c. 根据再投资报酬率和机会成本,解释为什么说当必要报酬率保持不变(如 10%)时,NPV 法优于 IRR 法?

综合题

13-35 Argile Textiles 公司正在评估一种新产品(丝绸/毛线的混合织物)。假定公司雇用你作为资本预算经理的助理,并且你必须评估一些项目。

公司打算在位于 Argile 公司南部的北卡罗来纳州的一个废弃的建筑大楼里生产混合织物。这是一座已经计提完折旧的建筑大楼。生产设备的购买价格为 200 000 美元,另外还需支付 40 000 美元的运输费和安装费。投资新项目后,公司的存货增加了 25 000 美元,应付账款增加了 5 000 美元,这些成本都发生在 $t=0$ 这一时点上。经过专门的评估,该设备使用 MACRS 折旧法提折旧,而且将会以 3 年的使用年限计提折旧(见附录 13A)。

项目预计的经营年限为 4 年,随后将会终止该项目。假设从投资了该项目的第 1 年直到第 4 年($t=0$ 到 $t=4$)都会产生现金流量,在 $t=4$ 时,设备的预计残值为 25 000 美元。

每年的期望销售量为 100 000 捆(5 码一捆),预计售价为每捆 2 美元。该项目的经营付现成本(总营业成本 - 折旧)为销售收入总额的 60%。Argile 公司的边际税率为 40%,必要报酬率为 10%。暂时假设丝绸/毛线混合织物的项目风险等于 Argile 公司其他资产的风险。

公司要求你评估该项目,并作出接受/拒绝该项目的建议。为了引导你进行项目分析,老板要求你回答下面的一系列问题。

a. 什么是资本预算? 公司的资本预算决策和个人的投资决策之间有相似之处吗?

b. 独立项目和互斥项目之间有什么区别? 具有常规现金流量的项目与具有非常规现金流量的项目之间有什么区别? 重置项目的分析与扩张项目的分析之间有什么区别?

c. 绘制 Argile 公司所推荐项目的现金流量流入和流出的时间序列,并解释时间序列如何被用于分析。

d. Argile 公司按照它的标准形式进行资本预算评估,公司的标准如表 IP13-1 所示。已经计算得出表中的部分数额,其余的空格将按照下面的步骤计算求解:

(1)计算销售量、销售价格、总收入以及营业成本(不包括折旧)。

(2)计算折旧。

(3)计算表中的净利润和净经营现金流量。

(4)分别填写表中第 0 年的初始投资成本和第 4 年的终结现金流量的空格。进一步计算现金流量时间序列(净现金流量)。讨论营运资本的作用。如果机器的售价低于账面价值,将会怎样?

表 IP13-1　Argile 公司的丝绸/毛线混合织物项目　　　（金额单位：千美元）

年度末	0	1	2	3	4
销售量(千)			100		
销售单价		2.00	2.00		
总收入				200.0	
不含折旧的营业成本			(120.0)		
折旧				(36.0)	(16.8)
营业成本总额		(199.2)	(228.0)		
税前利润总额(EBT)				44.0	
税费(40%)		(0.3)			(25.3)
净利润				26.4	
折旧		79.2		36.0	
增量营运现金流量		79.7			54.7
设备成本					
安装费用					
存货的增加					
应付账款增加					
残值					
对残值征税					
回收营运资本					
现金流量时间序列(净现金流量)	(260.0)	79.7			89.7
累计现金流量的回收期	(260.0)	(180.3)			63.0
NPV =					
IRR =					
回收期 =					

e.（1）Argile 公司的资本结构中包括债务,因此用于项目融资的一些资金将含有债务。根据这一情况,为了估计预计利息费用,应该调整预期现金流量吗? 请解释原因。

（2）假如你了解到 Argile 公司去年花费了 50 000 美元翻新建筑物,则分析时应该考虑这 50 000 美元吗? 请解释原因。

（3）假如你了解到 Argile 公司能够把建筑物以每年 25 000 美元的租金租赁出去,则分析时是否应该考虑这一事实? 如果考虑,则怎样考虑?

（4）假设 Argile 公司的丝绸/毛线混合织物项目将减少该公司的棉线/毛线混合织物项目的销售利润,则分析时是否应该考虑这一事实? 如果考虑,则怎样考虑?

对于下面的问题都不用考虑第 e 题中所作的所有假设,并且假设在以后的 4 年里,不改变建筑物的使用用途。

f.（1）该项目的普通投资回收期和贴现投资回收期是多少?

（2）投资回收期的基本准则是什么? 根据投资

回收期准则,如果 Argile 公司可接受的最长投资回收期是两年,则公司应该接受该项目吗?

(3) 解释说明普通投资回收期和贴现投资回收期之间的主要区别。

(4) 普通投资回收期法主要有哪些缺点? 用于资本预算决策的投资回收期法具有实际意义吗?

g. (1) 描述 NPV 的定义。并说明丝绸/毛线混合织物项目的 NPV 是多少?

(2) NPV 法的基本准则是什么? 根据 NPV 分析的结果,则 Argile 公司应该接受该项目吗?

(3) 如果必要报酬率(WACC)发生变化,则项目的 NPV 会改变吗? 请解释原因。

h. (1) 描述 IRR 的定义。并说明丝绸/毛线混合织物项目的 IRR 是多少?

(2) 项目的 IRR 与债券的到期收益率之间存在怎样的关系?

(3) IRR 法的准则是什么? 根据 IRR 分析的结果,则 Argile 公司应该接受该项目吗?

(4) 如果 IRR 发生变化,则项目的 IRR 会改变吗? 请解释原因。

i. (1) 描述 MIRR 的定义。每个项目的 MIRR 是多少?

(2) MIRR 法的基本准则是什么? 根据 MIRR 准则,如果项目是相互独立的,则应该接受哪些项目? 如果项目是互斥的,则应该接受哪个项目?

(3) 如果必要报酬率发生变化,则项目的 MIRR 会改变吗?

j. 绘制丝绸/毛线混合织物项目的 NPV 曲线。并说明 NPV 曲线提供了哪些信息。

k. 如果该项目是重置分析而不是扩张分析,则分析会发生怎样的变化? 在回答该问题时,思考一下现金流量表中发生的变化,但是不用进行任何计算。

l. 假设以后 4 年的期望通货膨胀率平均为 5%,必要报酬率已经考虑了期望通货膨胀率,通货膨胀会使得变动成本和收入增加相同的比例。该分析是否已经合理考虑了通货膨胀因素? 如果没有,

你将怎样做? 所作的调整如何影响决策?

13-36 第 13-35 题包括了 Argile 公司正在评估的一个新项目的资本预算的详细信息。虽然在最初的分析中已经考虑了通货膨胀因素,但是没有考虑项目的风险。Argile 公司的必要报酬率为 10%,要求你回答下面的问题:

a. 假设你能够估计出除销售量之外的所有影响项目现金流量的变量。产品销量在最差情景下,每年的销售量只有 75 000 单位;而在最佳情景下,每年的销售量将为 125 000 单位。在这两种情况下,付现成本都是销售收入总额的 60%。你认为最差情景发生的概率为 25%,最佳情景发生的概率为 25%,基础情景发生的概率为 50%。

(1) 在最差情景下,项目的 NPV 是多少? 在最佳情景下,项目的 NPV 是多少?

(2) 运用项目在最差情景、基础情景、最佳情景下的 NPV 以及它们发生的概率来确定项目的期望 NPV、标准差(σ_{NPV})以及变量之间的系数(CV_{NPV})。

b. (1) 假设 Argile 公司平均风险项目的变量之间的系数(CV_{NPV})处于 1.23 和 1.75 之间。则丝绸/毛线混合织物的项目属于高风险项目、平均风险项目还是低风险项目? 这里测量的风险属于哪种类型?

(2) 根据常识,你认为公司将选择怎样高度相关的项目作为它的其他资产? (根据你的判断,得出一个相关系数或相关系数的范围。)

(3) 相关系数和标准差(上一问题中计算出的)结合在一起是如何影响项目对公司(内部)风险所作的贡献的? 请解释原因。

c. (1) Argile 公司通常在公司整体必要报酬率的基础上增加或减少 3% 来调整风险。基于这一事实,Argile 公司应该接受该项目吗?

(2) 在作出最终决策之前,应该考虑什么样的主观风险因素?

d. 假设无风险利率为 10%,市场风险溢价为 6%,新项目的贝塔系数为 1.2。根据 CAPM 模型,项目的必要报酬率是多少?

计算机相关问题

使用电子表格,回答本部分的问题。

13-37 运用 C09 文件中的模型来回答这个问题。西海岸化学公司(WCCC)正在考虑两个互斥项目。项目的期望净现金流量如下所示:

期望净现金流量		
年度	A 项目	B 项目
0	(45 000) 美元	(50 000) 美元
1	20 000 美元	15 000 美元
2	11 000 美元	15 000 美元
3	20 000 美元	15 000 美元
4	30 000 美元	15 000 美元
5	45 000 美元	15 000 美元

a. 绘制 A 项目和 B 项目的 NPV 曲线。

b. 计算每个项目的 IRR。

c. 如果每个项目的必要报酬率为 13%,则西海岸化学公司应该选择哪个项目? 如果每个项目的必要报酬率为 9%,则应该选择哪个项目? 如果每个项目的必要报酬率为 15%,则应该选择哪个项目?

d. 在两个项目的 NPV 曲线上,交叉收益率是多少?

e. A 项目在第 5 年终结时会产生大量的现金流量。西海岸化学公司的管理人员能够估计出 A 项目在第 0 年到第 4 年的现金流量,但是不能够确定第 5 年的现金流量为多少。(不能够确定 B 项目的现金流量。)在最差情景下,A 项目第 5 年的现金流量预计为 40 000 美元,而在最佳情景下,现金流量预计为 50 000 美元。假设必要报酬率为 13%,重新回答在每种情景下的第 a、b 和 d 题。如果每个项目的必要报酬率为 13%,则在每种情景下西海岸化学公司应该选择哪个项目?

13-38 运用 C13 文件中的计算机模型来解答这个问题。Golden State Bakers 集团(GSB)有一个投资新面团机器的机会。由于 GSB 需要更多的生产能力,因此新机器不可能代替现有的机器。新机器的购买价格为 260 000 美元,另外需要支付 15 000 美元的调试费用。新机器的期望使用年限为 10 年,第 10 年年末的残值预计为 12 500 美元,采用 MACRS 5 年期计提折旧(见本章章末附录表 13A-2 MACRS 回收的百分比)。该机器需要投资 22 500 美元的净营运资本,每年新增的销售收入预计为 125 000 美元,每年新增的现金营运成本为 55 000 美元。GSB 的必要报酬率为 10%,边际税率为 40%。该机器在第 10 年年末的账面价值为 0 美元,因此 GSB 必须对 12 500 美元的残值支付税金。

a. 这个扩张项目的 NPV 为多少? GSB 应该购买这台新机器吗?

b. 如果新机器仅仅使用 5 年,然后以 31 250 美元的价格出售,则 GSB 应该购买这台新机器吗?(提示:模型设定的使用年限为 5 年,你需要输入新的使用年限和残值。)

c. 假设项目的使用年限为 10 年,残值为 12 500 美元。如果每年销售收入仅仅增加了 105 000 美元,则该机器是否具有盈利性?

d. 假设每年的销售收入增加了 125 000 美元,但是营运成本也增加了 65 000 美元,项目的使用年限为 10 年,残值为 12 500 美元。在这些条件下,GSB 应该购买新机器吗?

附录 13A　折旧

假设一家企业花费 100 000 美元购买了一台铣床,该设备在报废之前可以使用 5 年。这台设备每年生产的产品成本中包含了使用该设备的费用并且减少了它的价值,这就是折旧。下面,我们回顾一下在会计学课程中提到的一些折旧概念。

公司通常在计算税收时使用一种折旧计算方法,而在向投资者报告收益时使用另一种折旧计算方法:许多公司在股东报告(或"账面"目的)中使用直线法,但基于纳税目的,则使用法律允许的加速折旧法。

在直线法下,通常用资产成本减去预期残值,然后用净值除以资产可以使用经济年限。如果一项资产有5年的经济寿命期,成本为100 000美元,残值为12 500美元,则按直线法计提的该项资产每年的折旧费用为(100 000美元 – 12 500美元)/5 = 17 500美元。注意,如我们将随后所讨论的,基于税收目的的计提折旧时不考虑残值。

出于税收的目的,美国国会不时地改变在计算税费时允许使用的折旧方法。在1954年之前,基于税收目的,要求使用直线法,但在1954年则允许使用加速折旧法(即双倍余额递减法和年限总和法)。此后,在1981年,旧的加速折旧法被一个更简单的方法所代替,这种方法被称为加速成本回收制度(ACRS)。加速成本回收制度作为《税收改革法》的一部分,在1986年再次被修改,即现在我们所知道的修正的加速成本回收制度(MACRS)。

基于税收目的的折旧年限

出于税收的目的,一项资产的全部成本在它的折旧年限内全部费用化。过去,一项资产的折旧年限应由估算的使用经济寿命所决定,在资产达到其使用经济寿命的同时将其全部折旧完毕。然而,MACRS完全放弃了这个惯例并设定一个简单准则,将不同资产进行分类,每一种资产有一个或多少、有些随意规定的寿命期被称为回收期或分类寿命期。MACRS的分类寿命期只是大致反映了其与预期使用经济寿命期的关系。

MACRS一个主要的影响就是缩短了资产折旧的期限,因此,使企业有更大的税收抵扣并增加了企业可用于投资的现金流量。表13A-1描述了不同分类寿命期的资产类型,而表13A-2则指出了这些具有代表性的投资分类MACRS回收的百分比(折旧率)。

首先考虑表13A-1。第一列给出了MACRS的分类寿命期,第二列描述了每一寿命分类资产的类型。寿命期为27.5年或更长时间的资产(不动产)必须按直线法计提折旧,其他类型的资产(专用资产)则可以使用加速折旧法。(按表13A-2所列示的比率计提折旧)或按直线法计提折旧。

表13A-1　MACRS下主要的分类和资产寿命

分类	资产类型
3年	某些特殊的制造工具
5年	汽车、轻型卡车、计算机和某些特殊的制造设备
7年	大多数的工业设备、办公家具和设备
10年	某些使用期较长的设备和一些装水的容器
15年	某些土地的改善,如修整灌木丛、栅栏和道路;服务站
20年	农场建筑
25年	水处理设备;市政下水道
27.5年	用于居住而租用的不动产资产,如公寓式建筑
39年	所有非居住用的不动产,包括商业和工业建筑

表13A-2　MACRS回收的百分比

投资类别	持有年限			
	3年	5年	7年	10年
1	33%	20%	14%	10%
2	45%	32%	25%	18%
3	15%	19%	17%	14%
4	7%	12%	13%	12%
5		11%	9%	9%
6		6%	9%	7%
7			9%	7%
8			4%	7%
9				7%
10				6%
11				3%
	100%	100%	100%	100%

注:这些折旧率引自美国国税局的网站,http://www.irs.ustreas.gov。这些折旧率首先根据MARCS的双倍余额递减法列示,然后在资产达到一定年限的时候转为使用直线折旧法。以5年期的折旧率为例。根据直线法,每年折旧20%,而根据双倍余额递减法则是2.0×20% = 40%。但由于存在半年惯例,因此第1年依然折旧20%,第2年折旧剩余价值的32%(0.40×80%),以此类推。折旧率表中将每年的折旧百分比精确到小数点后面两位,我们这里为简便起见,只保留整数。

如本章前面所述,较高的折旧费用导致较低的税费和较高的现金流量。因此,当一家企业可以选择使用直线法或按表 13A-2 的加速折旧法计提折旧时,大多数企业会选择使用加速折旧法。使用 MACRS,年度回收额或折旧费用由每一种资产的折旧基础乘以表 13A-2 中适当的回收百分比来确定。计算方法将在下面介绍。

半年惯例

在 MACRS 下,通常假设资产在第 1 年的年中开始使用。因此,3 年类寿命期的资产,回收期从资产开始投入使用年度的中期开始计算直到 3 年之后。半年惯例使回收期延长了一年,因此,3 年类寿命期的资产在 4 个日历年度内计提折旧,而 5 年类寿命期的资产要在 6 个日历年度内计提折旧。这个惯例被并入表 13A-2 中的回收百分比中。[26]

折旧基础

折旧基础是 MACRS 的一个重要的部分,因为每一年准许计提的折旧(折旧费用)取决于资产折旧基础和 MACRS 的分类寿命期。在 MACRS 下,折旧基础等于资产的购买价格加上所有运输和安装费用。无论采用加速折旧法还是直线法,这个基础不用因残值而调整。

出售已计提折旧的资产

如果出售一项已计提折旧的资产,则售价(残值)扣除含有尚未计提完的折旧的账面价值后的余额将计入营业利润,并且以公司的边际税率对其征税。例如,公司的一项资产的购买价格为 100 000 美元,使用年限为 5 年,在第 4 年年末的售价为 25 000 美元。此时资产的账面价值等于 17 000 美元 [100 000 × (0. 11 + 0. 06)]。因此,8 000 美元(25 000 – 17 000)将计入公司的营业利润并对其征税。如果售价减去账面价值后的差额为负值,则公司将会产生抵税效应,这被认为是一项现金流入。

折旧实例

假设 Argile 公司购买了一台价值为 150 000 美元的设备,该设备属于 MACRS 5 年类寿命期的资产。这台设备于 2012 年 3 月 15 日投入使用。Argile 公司必须支付额外的运输和安装费用 30 000 美元。不考虑残值,因此,设备的折旧基础为 180 000 美元(折旧基础包括运输和安装费用,而不是在发生当年予以费用化)。每一年的回收(可抵税折旧费用)数额由折旧基础乘以适用的回收百分比确定。因此,2012 年的折旧费用为 36 000 美元(0. 20 × 180 000),2013 年的折旧费用为 57 600 美元(0. 32 × 180 000)。同样,2014 年的折旧费用为 34 200 美元,2015 年的折旧费用为 21 600 美元,2016 年的折旧费用为 19 800 美元,2017 年的折旧费用为 10 800 美元。在 6 年回收期内,折旧费用总额为 180 000 美元,与设备的折旧基础相等。

如前所述,大多数企业基于股东报告目的而使用直线法,但出于税收目的却使用 MACRS。这些企业的资本预算也应该使用 MACRS。因为资本预算我们关注的是现金流量,而不是报告收益,因此也应当使用 MACRS。

计算题

13A-1 Christina Manning,她既是 Manning 瓷砖产品的创始人的曾孙女,又是公司的现任总裁,她相信简单、稳健的会计。她规定公司所有新购买的资产要根据 MACRS 的寿命期分类,采用直线法计提折旧。你的老板、财务副总裁以及非家族式的管理人员,要求你编制一份报表,该报告要显示出用市场价值计算的公司的这种政策成本为多少。Manning 女士很重视公司股票价值的增长,这是由于她担心家族股东的反对,而家族股东的反对有可能使她被撤职。在编制报表时,假设公司每年投资新项目的

---

[26] 如果使用直线法同样适用半年惯例,第 1 年的折旧是每年折旧的一半,在资产分类寿命期的每一个剩余年度按一整年计提折旧,最后剩余的半年折旧在资产分类寿命终期的随后一年计提。你应该知道实际上所有的公司都有计算机化的折旧系统。每一项资产的折旧模式在其购买时已经在折旧系统中被设定了,当会计师编制财务报告和税收收益报告时,计算机会将所有资产的折旧合计报告。

资金为100 000 000美元,项目的平均使用年限为10年,公司的必要报酬率为9%,边际税率为34%。(提示:如果Manning采用标准的MACRS回收百分比,请说明项目在平均使用年限内,增加的总的NPV为多少。)

附录13B　运用电子表格计算NPV和IRR

如果你理解了电子表格在实际操作中的功能,则运用电子表格就能够简单地计算出资本预算项目的NPV。为了采用Excel来计算S项目(本章涉及的)的NPV,你建立的电子表格如下所示:

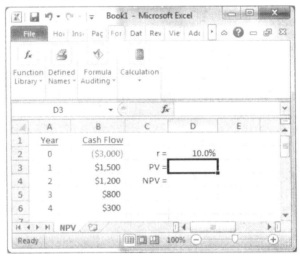

建立好电子表格之后,把光标定位于单元格D3上并单击菜单栏顶端的公式选项卡。单击插入功能选项卡(标有f_x),然后单击菜单栏低端的"Financial"功能分类的选项卡,该选项卡标有"Or select a category:";在"Select a Function:"的菜单里下拉滚动条,选择NPV功能,然后单击"OK"。将会出现下面的表格:

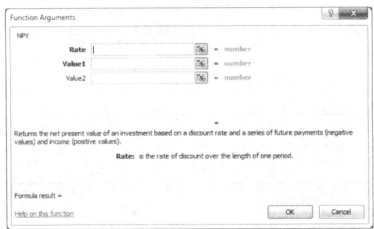

对于NPV功能的描述说明了计算的结果就是投资项目产生的所有未来现金流量(包括现金流入量和现金流出量)的现值。在Excel中的"NPV"功能并不像本书所描述的那样计算NPV,而是指计算

所有未来现金流量的现值。因此，当你输入现金流量或者定位现金流量时，电子表格会假设第一次的现金流量为 $\widehat{CF}_1$，第二次的现金流量为 $\widehat{CF}_2$，等等。NPV 功能实际上就是计算 DCF，本章所描述的 NPV 的确定方法就是在计算的 DCF 的基础上减去（或加上负的）初始投资成本。

单击标有"Rate"所在行的右侧的红色箭头，把

光标定位在含有 r 值的单元格（单元格 D2），然后按 return 键。再单击标有"Value1"所在行的右侧的红色箭头，用光标定位于 B3:B6 只是为了突出未来现金流量——也就是说，第 1 年至第 4 年的现金流量，然后按 return 键。当你单击菜单中的 NPV 功能选项卡时，最先弹出的表如下所示：

你可以在表的左下方看到计算结果，计算结果为 3 161.327778。如果你单击了"OK"键，则计算结果将出现在电子表格的单元格 D3 中。现在将光标定位在单元格 D4 中，输入下面的关系式，再按 return 键：

$$= D3 + B2$$

单元格 D3 中显示了该计算结果加上初始投资的和，这里的初始投资为负数。现在的电子表格应该如下所示：

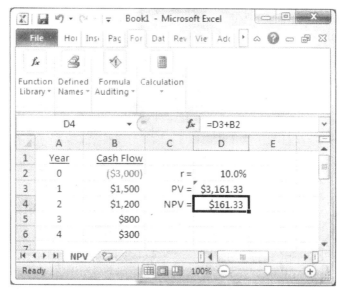

单元格 D4 中显示了计算结果,该结果与我们用本章所学方法计算的 NPV 相同。

为了运用电子表格来计算项目的 IRR,则与以前一样提出问题,但是在单元格 C5 中输入"IRR

="。把光标定位在单元格 D5 中,单击 f_x(插入功能),然后在财务功能分类中选择 IRR 功能。出现的表如下所示:

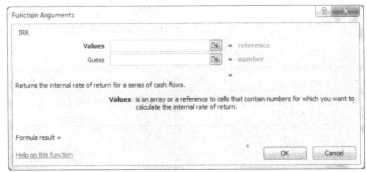

单击标有"Value"所在行的右侧的红色箭头,把光标定位在 B 列只是为了突出所有的现金流量(包

含 CF_0)——也就是从单元格 B2 到 B6,然后按 return 键。现在 IRR 表如下所示:

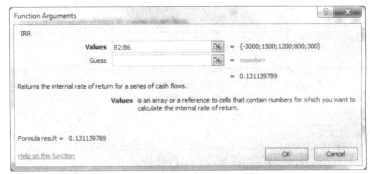

你可以在表的左下方看到计算结果,计算结果为 0.131139789。如果你单击了"OK"键,则这个计

算结果将显示在你的电子表格的单元格 D5 中,现在的电子表格如下所示:

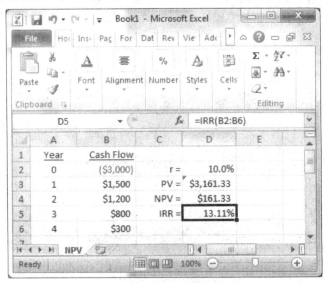

该计算结果与运用本章所学方法计算的 IRR 相同。

现在,运用相同的电子表格计算 L 项目的 NPV 和 IRR。你需要做的只是改变 B 列的现金流量。

PV、NPV 以及 IRR 的值会随着单元格 B2 至 B6 的改变而改变。运用这种方法计算的结果应该与运用本章所学方法计算的结果相同。

附录 13C

(本章自测题答案)

1. a. 出售机器获得的收益 = 4 000 美元 – 6 000 美元 = – 2 000 美元

对该收益征收的税费 = – 2 000 美元 × 0.35 = – 700 美元,这具有抵税作用。

出售该机器的净现金流量 = 4 000 美元 + 700 美元 = 4 700 美元

b. 税收效应 = 边际税率 × (Δ 折旧) = 0.3 × (18 000 美元 – 20 000 美元) = – 600 美元;由于折旧变化,公司的营运现金流量将减少 600 美元。

2. 评估初始投资支出:

购买价格	(50 000 美元)
试调费用	(10 000 美元)
净营运资本的变化	(2 000 美元)
初始投资支出总计	(62 000 美元)

增量营运现金流量:

	第 1 年	第 2 年	第 3 年
1. 折旧[a]	19 800 美元	27 000 美元	9 000 美元
2. 折旧抵税[b]	7 920 美元	10 800 美元	3 600 美元
3. 节约的税后成本[c]	12 000 美元	12 000 美元	12 000 美元
净现金流量(1 + 3)	19 920 美元	22 800 美元	15 600 美元

[a] 折旧基础 = 60 000 美元;利用表 13A-2 MACRS 回收的百分比;第 1 年的折旧 = 0.33 × (60 000 美元) = 19 800 美元,其他略。

[b] 折旧抵税 = 边际税率 × 折旧,第 1 年的折旧抵税 = 0.4 × (19 800 美元) = 7 920 美元,其他略。

[c] 节约的税后成本 = 20 000 美元 × (1 – T)

终期现金流量:

残值	20 000 美元
残值净损益对税费的影响	(6 320 美元)
回收营运资本	2 000 美元
终期现金流量	15 680 美元

[a]售价	20 000 美元
减去账面价值	(4 200 美元)
税前利润	15 800 美元
税费(40%)	6 320 美元

账面价值 = 折旧基础 – 累计折旧
= 60 000 美元 – (19 800 美元 + 27 000 美元 + 9 000 美元)
= 4 200 美元

3. $NPV = -75\,000 \text{ 美元} + \dfrac{30\,000 \text{ 美元}}{(1.12)^1} + \dfrac{38\,000 \text{ 美元}}{(1.12)^2} + \dfrac{28\,000}{(1.12)^3} = 2\,009 \text{ 美元}$

$75\,000 = \dfrac{30\,000 \text{ 美元}}{(1 + IRR)^1} + \dfrac{38\,000 \text{ 美元}}{(1 + IRR)^2} + \dfrac{28\,000 \text{ 美元}}{(1 + IRR)^3}; IRR = 13.56\%$

回收期:

单位:美元

年度	现金流量	累计现金流量	现金流量的现值	累计的现金流量现值
0	(75 000)	(75 000)	(75 000.00)	(75 000.00)
1	30 000	(45 000)	26 785.71	(48 214.29)
2	38 000	(7 000)	30 293.36	(17 920.93)
3	28 000	21 000	19 929.85	2 008.92 = NPV

普通投资回收期 = 2 + (7 000 美元/28 000 美元) = 2.25 年

贴现投资回收期 = 2 + (17 920.93 美元/19 929.85 美元)
= 2.9 年

由于 NPV > 0,所以应该购买该机器。

4. $NPV_X = -2\,000 \text{ 美元} + \dfrac{300 \text{ 美元}}{(1.10)^1} + \dfrac{700 \text{ 美元}}{(1.10)^2} + \dfrac{1\,700 \text{ 美元}}{(1.10)^3} = 128.47 \text{ 美元}$

$$NPV_Y = -2\,200\ 美元 + \frac{1\,400\ 美元}{(1.10)^1} + \frac{800\ 美元}{(1.10)^2}$$

$$+ \frac{500\ 美元}{(1.10)^3} = 109.54\ 美元$$

因为 $NPV_X > NPV_Y$,所以应该接受 X 项目。如果你计算了项目的 IRR,你就会发现 $12.8\% = IRR_X < IRR_Y = 13.4\%$。

5. $5\,000\ 美元 + \dfrac{200\ 美元}{(1.11)^3}$

$$= \frac{3\,400\ 美元 \times (1.11)^2 + 2\,800\ 美元 \times (1.11)^1}{(1 + MIRR)^3}$$

$$5\,146.24\ 美元 = \frac{7\,297.14\ 美元}{(1 + MIRR)^3}$$

用财务计算器求得:$N = 3$,$PV = -5\,146.24$,$PMT = 0$ 以及 $FV = 7\,297.14$;解得,$I/Y = 12.35\% = MIRR$。因为 $MIRR > 11\%$,则应该接受该项目。

6. $r_{\text{division}} = 3\% + 6\% \times 2.3 = 16.8\%$

第 14 章
资本结构和股利政策决策

2008 年 1 月 9 日,United Parcel Service(UPS)公司发布新闻稿,声称为了提高 UPS 股东的财富,董事会决定调整公司的资本结构。这个提议要求公司增加债务用来购买资产,因而公司的资产负债率从 50% 上升到 60%。高管们相信稳定的公司经营允许其大大超过当时资本结构中的债务水平。在 2007 年的年度报告中,新上任的 CEO——D. Scott Davis 写道:"经过一段时间的研究,我们决定显著地增加资产负债表中的债务,通过降低公司的资本成本来提高股东的价值。"

通过增加债务比例来购买资产,公司可以降低资本成本从而提高公司的价值,这似乎违反直觉。我们一般将债务和风险联系起来,在第 12 章中,资本成本随着公司风险的提高而提高。但是要记住,大多数与债务相关的风险是与支付给债权人的固定利率相关的。也要记住,当他们确信公司能够支付固定的利息费用时,公司就可以从债务融资中获益,因为利用借款获得的任何超出利息费用的收益归属于公司的所有者。因此,只要 UPS 的经营保持稳定以至于经营活动现金流量具有可预见性,就可以通过使用资本结构中大量的债务使公司获利。2008 年,UPS 的资产负债率接近于 70%。为了进一步提高资产负债率,公司计划在 2008 年和 2009 年回购高达 100 亿美元的公司普通股。2010 年末,公司的资产负债率为 75%,这个比率在 UPS 公司的目标范围内。

显然,UPS 相信调整资本结构使其债务比例更高,能够提高公司的价值,将对股东有利。因此,1 月 9 日的新闻稿发布后,投资者的反应如何? 1 月 10 日 UPS 股票的每股价格上升了 3 美元,或者说上升了 4.5%;在 2008 年的前三个月中,股票价格上升了 11.5%,达到了 74.50 美元。因此,2008 年年初,投资者似乎赞同 UPS 高管关于资本结构的调整将增加公司价值的看法。不幸的是,高燃料价格和经济衰退导致利润率在 2008 年年末和 2009 年年初大幅下跌,以至于在 2009 年 2 月末 UPS 股票的价格下跌至 41 美元。从 2009 年年初开始,稍微改善的经济环境和削减成本的措施帮助 UPS 提高了利润率,这也促使股票价格增长了接近80%。2011 年 5 月,UPS 的股票价格为 74 美元。

2011 年 2 月 3 日的一次公告中,UPS 宣布公司计划提高季度股利,每股股利从 0.04 美元提高到 0.52 美元。这对于股东来说并不惊讶,因为 40 年以来年度股利要么保持不变要么增加。因此,公告宣布的这一天,由于没能给投资者提供新的信息,股票的价格没有发生波动。

阅读本章时,思考一下 2008 年和 2009 年 UPS 决定提高资本结构中债务比例的原因。同样也思考一下,投资者对计划进行资本结构调整的公告和 2011 年股利支付的反应,即思考特定的资本结构或股利支付政策对公司价值的影响。

资料来源:新闻稿和 UPS 2007 年度报告。新闻稿来源于 UPS 网站:http://www.pressroom.ups.com/pressreleases/archives/archive/0,1363,4969,00.html,年度报告的网址:http:/investor.shareholder.com/ups/。

学习目标

在阅读完本章后,你应当能够:

(1) 描述商业风险和财务风险怎样影响公司的资本结构。

(2) 描述公司怎样确定其最佳资本结构。

(3) 讨论两个一般理论——平衡理论和信号理论,它们解释了公司的最佳资本结构问题以及公司为什么会有不同的资本结构的问题。

(4) 讨论现实中股利支付的种类和支付程序,并讨论制定股利政策决策时公司考虑的因素。

(5) 描述股票股利和股票拆分,并讨论股票股利和股票拆分如何影响股票价格。

(6) 描述美国和世界各国公司的资本结构如何不同以及为什么不同。

在第 12 章中,当我们为制定公司的投资决策而计算加权平均资本成本(WACC)时,我们将公司的资本结构权重——公司用来进行资产融资的混合证券——视为既定值。当然,如果各类资本权重发生变化,那么资本成本的计算,继而各个项目的接受与否也必然要发生变化。另外,资本结构的变化也会影响公司普通股的风险,从而改变投资者对公司股票回报率(r_s)的要求,进而影响公司普通股价格(P_0)。因此,资本结构决策非常重要。此外,公司的股利支付决策会影响到内部股权融资(留存收益),反过来又会影响资本结构决策。本章我们将对有关资本结构和股利政策决策的有关概念进行讨论。

14.1 目标资本结构

只要投资者愿意提供资金,公司可以任意安排其资本结构。同时,我们也可以看到,确实存在着债务和权益资本的不同组合,即不同的**资本结构**(capital structure)。有些公司(如福特汽车公司)2011 年的资产负债率高达 100%;而有些公司(如微软)债务很少甚至没有。后面几节中,我们将讨论影响公司资本结构的一些因素,而且,我们将看到,公司应当确定其最佳资本结构(optimal capital structure)。当然,最佳资本结构的确定不是一门科学,所以分析大量因素后,一个公司可以确定其所认为是最佳的资本结构,并以此进行融资。这一目标资本结构会随时间和情况的变化而变化,但在某一特定期间内,公司会有一特定的**目标资本结构**(target capital structure),在此期间的任一融资决策都应遵从这一目标进行。如果实际债务比率低于目标值,那么进行新融资时则要发行债务(或回购股票);反之,则可通过发行股票,以实现目标资本结构水平。

资本结构政策其实也是风险和收益之间的权衡。提高债务比率必然会增加公司盈利现金流量的风险,但同时也会增加预期回报率;从第 11 章讨论的概念中我们还得知,高债务比率伴随的高风险必然会带来公司股票价格的下降。但同时,高预期回报率对投资者的吸引程度高,必然也会推动股票价格上涨。因此,最佳资本结构其实是为了达到公司股票价格最大化而在风险和收益之间进行的一种权衡。

影响资本结构决策的主要因素有以下四个:

(1)商业风险(business risk),即公司不使用债务资本而开展经营时的固有风险。公司的商业风险越大,最佳资本结构中的债务比率越低。

(2)纳税状况(tax position)。利用债务融资的一个主要原因就是因为债务融资利息可以享受税收抵免,从而降低债务的实际成本。但如果公司的大部分收入已经通过固定资产的加速折旧或者税收递延而无须纳税,此时债务融资的优势则不如高实际税率时明显。

(3)财务灵活性(financial flexibility)。公司在紧急状况下越能以合理的条件及时融资,财务灵活性越大。稳定的资本供给对顺利经营至关重要,而后者则是公司长期价值最大化的关键因素。另外,金融市场银根紧缩或者公司经营发生困难时,一个合理健康的资产负债表对资本的取得也相当重要。从这点来看,公司应当更多地进行权益融资以加强公司的资本基础和财务稳定性。

(4)公司对于借款的管理风格(managerial attitude),即保守型还是激进型。有些经理的风格激进,为了提高利润他们会更多地利用债务融资。这些因素虽然不影响最佳或价值最大化的资本结构,但对公司的实际目标资本结构却会产生重要的影响。

上述四个因素很大程度上决定着公司的目标资本结构,但很快我们会发现,实际经营状况会导致实际资本结构在某特定期间内与目标资本结构产生一定的偏差。例如,2008 年年初,UPS 资本结构中的负债率明显低于其目标值,但是公司计划采取矫正措施来调整其财务状况(见本章开始部分的"管理的视角"专栏)。

14.2 商业风险和财务风险

在第 11 章中我们讨论了两种风险:用公司贝塔系数衡量的市场风险(market risk),以及包括市场(贝塔)风险和能够通过多样化消除的公司特定风险(firm-specific risk)在内的总风险(total risk)。在第 13 章中我们讨论了资本预算决策如何影响公司的风险,还区分了贝塔风险(项目对公司贝塔的影响)和公司风险(项目对公司总风险的影响)。

首先,我们介绍两种新的风险概念:

（1）**商业风险**(business risk)是在公司没有使用负债和类似负债融资(包括优先股)时，预期未来报酬(资产报酬率 ROA 或权益报酬率 ROE)的不确定程度。因此，商业风险是与公司营运相关的风险，而忽略了资产是怎样融资的(财务作用)。

（2）**财务风险**(financial risk)是在商业风险之上的附加风险，是由固定周期支付的融资(如债券和优先股)产生，强加给普通股股东的风险。因此，财务风险与使用债务、优先股或者同时使用这两种融资有关。

就概念而言，公司在其生产和销售经营中蕴涵的风险即为商业风险。而利用债务融资时，这种商业风险大部分都转嫁到了普通股股东身上，这就是财务风险。[①] 商业风险和财务风险都能影响公司的资本结构。

14.2.1　商业风险

商业风险是资本结构决策最重要的决定因素，因为它基于公司未来经营状况的不确定性。一些公司有相当稳定和一定程度可预见的经营——即生产和销售部分——然而其他公司的经营没有可预见性。经营较稳定的公司更容易承担与债务相关的固定利息的支付，因而与经营不稳定的公司相较而言可以使用更多的债务。换句话说，在其他条件都相同的情况下，经营较稳定的公司比经营较不稳定的公司有较低的商业风险，有较低商业风险的公司可以比有较高商业风险的公司承担更多的债务(固定财务支付)。[②]

商业风险的影响因素有很多，比较重要的有以下几点：

（1）销售(销售量和价格)变化(sales variability)。在其他因素保持不变的情况下，公司产品的销售量和价格越稳定，其商业风险越小。

（2）投入要素价格变化(input price variability)。公司投入要素(劳动力和产品成本等)的价格越不稳定，其商业风险越大。

（3）根据要素投入价格调整产品售价的能力(ability to adjust output prices for changes in input prices)。有些公司在投入要素价格上升时，轻易就能相应提高产品售价。这种能力越强，公司的商业风险越小。这种能力在通货膨胀期间尤为重要。

（4）成本的固定程度：经营杠杆(the extent to which costs are fixed:operating leverage)。如果公司的固定经营成本比率很高，不能够随时根据需求的变化调整经营成本，此时公司的商业风险就很高。这个因素被称为经营杠杆，这个概念在第8章进行过深入阐述。那时我们得出这样的结论：有较高经营杠杆的公司比有较低经营杠杆的公司商业风险更高，因为当销售状况改变时其盈余状况的变化更剧烈。

上述因素都取决于每家公司所在的行业特征，但是从某种程度上来讲，也存在一定的管理可控性。例如，大多数公司可以借助营销策略来稳定其销售量和销售价格。但是这种稳定性是以大量的广告费用或者为使顾客愿意在将来以固定价格购买固定数量的产品而进行的

---

① 使用优先股也有财务风险。为了简化起见，本章假设公司只用债务和普通股权益融资。

② 在本章中我们避免讨论市场风险与公司特定风险。我们注意到：① 任何增加商业风险的行为通常都会增加公司的贝塔系数；② 但是，我们定义的部分商业风险一般是公司特有的，因此公司股东很容易使其通过多样化得到消除。

大规模价格让利为代价的。当然,一些公司也可以通过协商长期的劳动力和原料供应合同来稳定其未来投入要素成本的价格。但要得到这种合同,它们可能事先要以高于当前市场价的价格先行购买劳动力和原材料。

14.2.2 财务风险

财务风险(financial risk)是在商业风险之上的附加风险,是由固定周期支付的融资(如债券和优先股)产生,强加给普通股股东的风险。因此,财务风险就源自**财务杠杆**(financial leverage),当公司利用固定收益证券(如债券和优先股)进行融资的时候,就会产生财务杠杆,并以此来增加资本。当存在财务杠杆时,公司普通股股东所承担的商业风险就更大了。③ 为了阐明这一点,假设有 10 个人准备组建一家生产个人电脑操作系统的公司。公司在经营中存在一定程度的商业风险。如果公司仅以普通股权益融资,且每个人拥有相同数量(10%)的公司股票,那么每个人将承担相同程度的商业风险。但如果公司 50% 的资产为权益融资,50% 的资产为债务融资,即 5 个人投资于债券资产,5 个人投资于普通股权益资产,那么,债券持有者所能获得的收益根据合同协议是固定的,而权益资本持有者无疑要承担全部的商业风险,这些权益资本持有者承担的风险程度相当于公司全部以权益资本融资时的两倍。因此,债务资本的使用会加大普通股股东所承担的商业风险。

下面,我们将讨论财务杠杆如何影响公司的预期每股盈利、盈利风险以及股票价格。我们分析的目的在于确定能使公司价值最大化的资本结构,其被称为目标资本结构。④

14.3 确定最佳资本结构

我们可以用表 14-1 中的虚拟公司——OptiCap 公司的案例来说明财务杠杆对公司的影响。从该表的上半部分可以看出,该公司没有债务资本。那么,该公司是应当继续保持当前的资本结构,还是应当开始利用财务杠杆? 如果决定用债务资本代替权益资本,应该改变到何种程度? 解决这些问题需要确定一个能使公司股票价格最大化的最佳资本结构,即债务和权益的组合。

为了回答这个问题,我们将研究如果其他因素(如总资产和营运水平)不变而只改变 OptiCap 公司资本结构的效果。为了让其他因素不变,我们假设使用债券替代权益来改变 OptiCap 公司的资本结构,也就是用新发行债券的收入购回等值流通在外的股票。

---

③ 我们在第 8 章中详细讨论过财务杠杆。

④ 本章以账面价值(或资产负债表)为基础讨论资本结构,另一个方法是计算债券、优先股和普通股权益的市价,然后以市价为基础重新编制资产负债表。虽然市价法与财务理论更一致,但是债券评级机构和大多数财务总监更倾向于账面价值。再者,将账面价值转化为市价是一个复杂的过程,因为市价资本结构随着股票市场变动而变动,许多人认为它们太不稳定而无法作为有用的营运目标。最后,从账面价值和市价分析能得到相同的见解。因此,资本结构的市价分析适合高级财务课程。

表 14-1　2012 年 OptiCap 公司的财务信息　(单位:千美元,每股价值除外)

I. 2012 年 12 月 31 日的资产负债表

流动资产	100	负债	0
固定资产净值	100	普通股权益(10 000 股)	200
资产合计	200	负债与权益合计	200

II. 2012 年的利润表

销售收入	200
可变经营成本(60%)	(120)
固定经营成本	(41)
息税前利润(EBIT)	39
利息	0
税前利润(EBT)	39
税费(40%)	(15.6)
净收入	23.4
普通股股利	23.4
留存收益余额	0.0

III. 其他财务信息

每股收益(EPS) = (23 400/10 000 股) =	2.34
每股股利(DPS) = (23 400/10 000 股) =	2.34
每股市场价格(P_0)	20.00

14.3.1　财务杠杆效果的 EPS 分析

如果公司改变使用的负债比率以融通现有资产,我们预期其每股收益(EPS)和股价将会改变。不管公司的销售水平是什么,要记得负债需要定期支付利息! 为了了解财务杠杆和 EPS 的关系,我们首先观察当改变 OptiCap 公司的资本结构(包含相对更多的负债)时如何影响 EPS。

首先,为了简化本例,我们假设当 OptiCap 公司的资本结构改变时,公司营运水平,也就是生产与销售不变。[⑤] 表 14-1 显示公司 2012 年净营业收入(NOI)或息税前利润(EBIT)为 39 000 美元,我们预期当经济情况"正常"时,EBIT 维持不变;当经济情况"繁荣"时,EBIT 上升为65 000美元;当经济情况"衰退"时,EBIT 下降为 5 000 美元。这三种情况发生的概率分别为 0.5、0.3 和 0.2。我们将探讨不同的经济情况下资本结构变动对 OptiCap 公司财务风险的影响。

OptiCap 公司要求投资银行帮忙决定不同负债水平的负债成本(r_d),结果显示在表

---

⑤　在现实中,资本结构有时候会影响 EBIT。首先,如果负债太多,当利率高而盈余低时,公司可能无法进行融资,导致在初始阶段停滞或研发项目减少,也有可能错失很好的投资机会。其次,负债太多可能导致公司不能正常销售,如 Eastern 航空公司的巨额债务使很多乘客不敢购买它们的机票,因为人们怕公司破产导致机票无效。再次,如果公司财务状况良好,可以和工会与供应商协调,而财务状况不好的公司就很容易妥协。最后,负债高而有破产威胁的公司除非愿意支付高薪,否则就不能吸引和留住经理和员工。因此,公司财务政策对营业收入没有影响的说法并非完全正确。

14-2。很自然地,当我们预期负债比率提高时,公司的风险也将增加,因为发生财务困境的概率提高了。因此,当负债比率提高时,债权人将同时提高利率,所以表中利率的变化并不让人感到意外。

表 14-2 在不同资本结构下 OptiCap 公司的负债成本(r_d)和流通在外普通股股数

(单位:千美元)

总资产	资产负债率(%)	借款金额[a]	普通股	流通在外股数[b]	负债成本(r_d)(%)
200	0	0	200	10 000	—
200	10	20	180	9 000	8.0
200	20	40	160	8 000	8.5
200	30	60	140	7 000	9.0
200	40	80	120	6 000	10.0
200	50	100	100	5 000	12.0
200	60	120	80	4 000	15.0

注:a. 我们假设 OptiCap 公司必须增加借款 20 000 美元,我们也假设该公司因受到公司章程的限制,总借款不得超过 120 000 美元或资产的 60%。

b. 我们假设 OptiCap 公司用这一笔(发行债券)借款,以现行每股 20 美元的市价买回流通在外的普通股,假设购买股票时没有佣金或其他交易成本。例如,如果 OptiCap 公司的资本结构包含 40% 的负债,则 200 000 美元的总资产中有 80 000 美元是以负债融资的。如果 OptiCap 公司借入 80 000 美元,它将购回 4 000 股 = 80 000 美元/20 美元在外流通的普通股,所以剩下 6 000 股 = 10 000 股 − 4 000 股。

我们假设 OptiCap 公司并没有将盈余保留作为再投资,也就是说,所有盈余都支付给股东(当前只包括股东)。此外,我们假设公司规模并没有改变。只要所有盈余都支付给股东,又没有募集额外资金,成长率将等于 0($g = 0$),未来生产与销售也持续不变。因此,任何因为负债比例改变而产生的 EPS 改变,都是因为公司资本结构改变而不是营运水平改变。

表 14-3 比较了 OptiCap 公司在两种财务杠杆下的预期 EPS:① 零负债,也就是目前的资本结构;② 50% 的负债。如果 OptiCap 公司没有改变目前的资本结构,所有 200 000 美元的资产都将由股票融资,所以利息费用为 0 美元,因为没有债务。表 14-3 的第 II 部分显示,该资本结构的预期 EPS 为 2.40 美元,EPS 最高为 3.90 美元,最低为 0.30 美元,平均为 2.40 美元。该资本结构下 EPS 的标准差和作为公司风险指标的变异系数分别为:σ_{EPS} = 1.25 美元和 CV_{EPS} = 0.52。[6]

表 14-3 OptiCap 在不同资本结构下的 EPS (单位:千美元,每股价值除外)

I. 经济状况			
经济形态	衰退	正常	景气
发生概率	0.20	0.50	0.30
II. 资产负债率 = 0%(目前资本结构)			
息税前利润(EBIT)	5.0	39.0	65.0

⑥ 参考第 11 章的标准差和变异系数的计算过程。变异系数的优点是当预期 EPS 不同时可以作比较,如同我们在这里所作的两个资本结构的比较。

（续表）

利息	(0.0)	(0.0)	(0.0)
税前利润（EBT）	5.0	39.0	65.0
税费（40%）	(2.0)	(15.6)	(26.0)
净利润	3.0	23.4	39.0
EPS——10 000 股	0.30	2.34	3.90
预期 EPS		2.40	
EPS 的标准差（σ_{EPS}）		1.25	
EPS 的变异系数（CV_{EPS}）		0.52	
Ⅲ. 资产负债率 = 50%			
EBIT	5.0	39.0	65.0
利息 = 0.12×100	(12.0)	(12.0)	(12.0)
EBT	(7.0)	27.0	53.0
税费（40%）	2.8	(10.8)	(21.2)
净利润	(4.2)	16.2	31.8
EPS——5 000 股	(0.84)	3.24	6.36
预期 EPS		3.36	
EPS 的标准差（σ_{EPS}）		2.50	
EPS 的变异系数（CV_{EPS}）		0.74	

表 14-3 的第Ⅲ部分显示了 OptiCap 公司的资本结构改变对 EPS 的影响，也就是融资组合为 50% 的负债和 50% 的权益，即 200 000 美元资产中 100 000 美元由负债融资，而 100 000 美元由股票融资。为了形成该资本结构，OptiCap 公司发行 100 000 美元的债券来购买 100 000 美元的权益。如果股票能以目前股价购回而无交易成本，那么使用表 14-1 的数据算出，可以购回 OptiCap 公司股票 5 000 股 = 100 000 美元/20 美元/股。[7] 因此，流通在外的股票从 10 000 股降为 5 000 股。同时，因为现在公司有负债，所以必须支付利息，按照表 14-2 的计算等于每年 12 000 美元 = 100 000 美元×0.12。这 12 000 美元的利息费用是固定成本——不论销售收入是多少都维持不变。当资产负债率为 50% 时，预期 EPS 为 3.36 美元，高于零负债时的 0.96 美元。表 14-3 的第Ⅲ部分显示，EPS 的变异性也比较大，衰退时 EPS 为 −0.84 美元，繁荣时 EPS 为 6.36 美元。于是，当资本结构为 50% 的负债和 60% 的权益时，EPS 的变异性更大。这种资本结构的风险大于 100% 权益融资的资本结构。50% 负债的 EPS 的标准差 σ_{EPS} =2.50 美元，变异系数 CV_{EPS} =0.74。你将会发现，该计算支持我们对该资本结构的风险高于表 14-3 第Ⅱ部分资本结构的风险的怀疑。

图 14-1 描述了 OptiCap 公司在 100% 权益融资和表 14-2 中不同资本结构下的预期 EPS、风险与财务杠杆之间的关系。图下方的数据是根据表 14-3 的计算结果得出的。这里我们了

---

⑦　在本例中，假设可以目前股价（20 美元/股）购回公司股票，而无需交易成本，以改变公司的资本结构。如果公司试图购买大量股票，需求压力可能导致市价上涨，此时，OptiCap 公司无法通过 100 000 美元的负债来购回 5 000 股股票。此外，我们假定负债没有发行成本，所以 OptiCap 公司能以全部的 100 000 美元购买股票。很显然，发行成本使 OptiCap 公司只能以少于 100 000 美元的资金购回股票。这些假设都不影响整体概念——只是数字的改变。

解到预期 EPS 一直增加到公司负债融资达到 50% 为止。虽然利息费用增加,但是这个效果被以负债替代权益所降低的流通在外股数抵消了。资产负债率为 50% 时,预期 EPS 最高;超过这个数字,利息增加太快,以至于尽管流通在外股数减少,EPS 反而下降。图 14-1 中的右图显示,风险和 EPS 的变异系数是正相关的,随着资产负债率的增加,风险也随之增加。

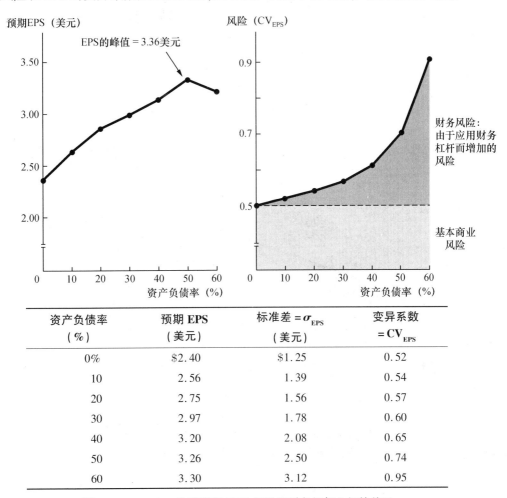

资产负债率 （%）	预期 EPS （美元）	标准差 $= \sigma_{\text{EPS}}$ （美元）	变异系数 $= \text{CV}_{\text{EPS}}$
0%	$2.40	$1.25	0.52
10	2.56	1.39	0.54
20	2.75	1.56	0.57
30	2.97	1.78	0.60
40	3.20	2.08	0.65
50	3.26	2.50	0.74
60	3.30	3.12	0.95

图 14-1　OptiCap 公司预期 EPS、风险和财务杠杆之间的关系

我们了解到使用杠杆有好处,也有坏处,虽然高杠杆可以增加预期 EPS(在此例中,直到公司负债融资达到 50%),但是它也增加公司风险。很明显,OptiCap 公司的资产负债率不应该超过 50%,但是我们应将资产负债率设定在 0—50% 区间的什么地方?这个问题留待下一节讨论。

14.3.2　财务杠杆的 EBIT/EPS 检验

在上一节,我们假设 OptiCap 公司的 EBIT 必须是以下三个价值之一:5 000 美元、39 000 美元或 65 000 美元。另一个评估融资方法的途径就是画出不同 EBIT 下每一个资本结构的 EPS。图 14-2 呈现了表 14-3 中 OptiCap 公司的两个资本结构图:① 100% 权益融资;② 50%

的权益和50%的负债融资。注意,如果 OptiCap 公司的资本结构为100%权益融资,那么 EBIT 和销售收入水平较低时,则 EPS 较高;如果公司的资本结构包括负债融资,那么 EBIT 较高时,则 EPS 也较高。还要注意在公司使用负债融资时,负债线较陡,则 EPS 的增加速度快于 EBIT 和销售收入的增加速度。这种关系之所以存在,是因为在50%负债融资的资本结构下公司有较高程度的财务杠杆。在该例子中,销售增加的利益不必与债权人分享,因为负债支出是固定的,而任何支付债权人后的剩余利润归股东所有。

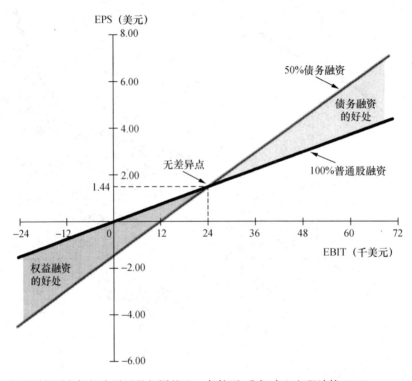

在 EPS 在不同的财务杠杆水平下是相同的这一条件下,我们建立方程计算 EBIT:

$$EPS_1 = \frac{(EBIT - I_1)(1 - T)}{Shares_1} = \frac{(EBIT - I_2)(1 - T)}{Shares_2} = EPS_2$$

$$EBIT = \frac{(Shares_2)(I_1) - (Shares_1)(I_2)}{Shares_2 - Shares_1}$$

其中,EPS_1 和 EPS_2 是在两种债务水平下的每股收益;EBIT 是在无差异点 $EPS_1 = EPS_2$ 条件下的息税前利润;I_1 和 I_2 是两种债务水平下的利息费用;$Shares_1$ 和 $Shares_2$ 是两种债务水平下的流通在外股数;T 是公司的边际税率。在我们的例子中,

$$EBIT = \frac{5\,000 \times 0 - 10\,000 \times 12\,000\ 美元}{5\,000 - 10\,000} = \frac{-120\,000\,000\ 美元}{-5\,000} = 24\,000\ 美元$$

图 14-2　100%权益融资和50%负债融资时 OptiCap 的 EPS

图中两条线的交点称为 **EPS 无差异点**(EPS indifference point);在此点,不论 OptiCap 公司使用何种资本结构,其 EPS 都相同。在图14-2 中,两条线的交点对应的 EBIT 等于24 000美元,此时销售收入为160 000美元;当销售收入小于160 000美元时,公司只使用权益融资时 EPS 较高;当销售收入大于160 000美元时,公司使用更多的负债融资时 EPS 较高。如果我们

确定销售收入不会小于 160 000 美元,那么对于任何的资产增加,公司都会偏好使用负债融资。只是我们无法确定销售收入会保持在这个水平之上。

14.3.3 资本结构对股票价格和资本成本的影响

从图 14-1 中可见,OptiCap 公司的预期 EPS 在资产负债率为 50% 时达到最大。那么,这是否意味着 Opticap 公司的最佳资本结构中即应该包含 50% 的债务资本? 显然不是。最佳资本结构的目标是使公司的股票价格最大化,此时的资产负债率必然低于预期 EPS 最大化时的资产负债率。我们很快就会发现,之所以存在这种关系,主要是因为 P_0 反映的是资本结构变化而引起的风险的变化以及对未来现金流量的影响,而 EPS 通常只反映近期预期。当前的 EPS 值并不能反映未来的风险,而 P_0 则可以反映所有的未来预期。因此,我们分析的结论是 OptiCap 公司的最佳资本结构中应包含的债务资本不到 50%。这可以用表 14-4 来表示。表 14-4 中列出了 OptiCap 公司在不同资产负债率下的预期股票价格和加权平均资本成本。第(2)栏和第(3)栏中的债务成本和 EPS 数据分别来自表 14-2 和图 14-1。第(4)栏中的贝塔值为预测值。在第 11 章中我们曾提到,某只股票的预测贝塔值衡量的是其与一只平均股票的相对波动性。理论和实证研究都证明,公司的贝塔值随其财务杠杆的提高而增加。两者之间的精确关系虽然难以确定,但从第(4)栏的预测值中多少还是能窥出些端倪。

表 14-4　在不同资本结构下 OptiCap 公司的股票价格和预期资本成本

资产负债率 (1)	税后债务 成本(r_{dT}^a) (2)	预期 EPS (和 DPS[b]) (3)	预期贝塔值 (β_s) (4)	权益成本[c] $r_s = 4\% + 5\%(\beta_s)$ (5)	预期股票价格[d] (6)	WACC[e] (7)
0%	—	2.40 美元	1.60	12.20%	20.00 美元	12.20%
10%	4.8%	2.56 美元	1.70	12.50%	20.48 美元	11.73%
20%	5.1%	2.75 美元	1.80	13.00%	21.12 美元	11.42%
30%	5.4%	2.97 美元	1.95	13.75%	21.57 美元	11.25%
40%	6.0%	3.20 美元	2.10	14.50%	22.07 美元	11.10%
50%	7.2%	3.36 美元	2.30	15.50%	21.68 美元	11.35%
60%	9.0%	3.30 美元	2.60	17.00%	19.14 美元	12.20%

注:a 税后债务成本是 r_{dT} 是表 14-2 的税前债务成本经过税率调整得到的: $r_{dT} = r_d(1-T)$。例如,40% 债务的资本结构下: $r_{dT} = 10.0\% \times (1-0.4) = 6.0\%$。

b OptiCap 公司的股利支付比率为 100%,所以 DPS = EPS。

c 我们假设 $r_{RF} = 4\%$, $r_M = 9\%$,因此, $RP_M = 9\% - 4\% = 5\%$。资产负债率等于 40% 时, $r_s = 4\% + (5\% \times 2.10) = 14.5\%$。其他 r_s 值的计算方法与此类似。

d 由于股利支付比率为 100%,因此,留存收益为零,所以 EPS 和 DPS 的增长率为零。因此,可以利用第 10 章中的零增长股票价格模型计算 OptiCap 公司的股票价格。例如,当资产负债率为 40% 时,

$$\hat{P}_0 = \frac{\overbrace{DPS}}{r_s} = \frac{3.20 \text{ 美元}}{0.1450} = 22.07 \text{ 美元}$$

其他股票价格的计算方法与此类似。

e WACC 可以利用第 12 章中的等式进行计算。在负债占 40% 的资本结构中,WACC 的计算如下所示:

$$WACC = w_d[r_d(1-T)] + w_s r_s$$
$$= (\text{资产负债率})r_{dT} + (1 - \text{资产负债率})r_s = 0.40 \times 6.00\% + (1-0.40) \times 14.50\% = 11.10\%$$

其他资本结构下的 WACC 的计算方法与此类似。

假设无风险利率 r_{RF} 为 4% ,平均股票的必要报酬率 r_M 为 9% ,那么我们就可以用 CAPM 等式预测 OptiCap 公司股票的必要报酬率 r_s ,如表 14-4 第(5)栏所示。这里我们可以看到,如果不利用财务杠杆,必要报酬率为 12%;而当资产负债率上升为 60% 时,即达到公司章程所允许的最高资产负债率,必要报酬率就会上升到 17% 。

图 14-3 显示的是 OptiCap 公司不同债务水平下的权益资产的必要报酬率 r_s 的情况。图 14-3 还显示出 OptiCap 公司必要报酬率的组成状况:4% 的无风险利率加上商业风险和财务风险溢价,我们在前面的章节中已经对此进行过讨论。从图中可以看出,商业风险溢价始终保持为 8% ,不随债务水平的变化而变化,这是公司有 100% 的权益融资(0% 的债务融资)时 12% 的 WACC 和 4%(8% = 12% − 4%)的无风险利率之差。但财务风险溢价则随财务杠杆的提高而增加。

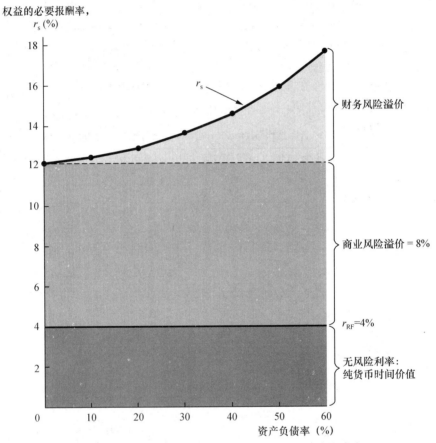

图 14-3　在不同资本结构下 OptiCap 公司的权益资本成本 r_s

表 14-4 第(6)栏中的股票价格预测是利用第 10 章的零增长股票价格预测模型和第(3)栏中的 DPS 预测值以及第(5)栏中的 r_s 求得的。OptiCap 公司将所有盈利作为股利,所以 DPS = EPS ,而且增长率等于 0(g = 0) ,所以 P_0 = DPS/r_s。我们看到,预期股票价格随财务杠杆的上升首先也是一个上涨的过程,当资产负债率达到 40% ,预期股票价格到达一个峰值 22.07 美元,然后开始下降。因此,OptiCap 公司的最佳资本结构中债务资本应该占 40% 。

最后,在不同的资本结构的下,我们用第 12 章中讨论的加权平均资本成本模型来计算表 14-4 第(7)栏中 OptiCap 公司的 WACC。如果公司的负债为零,那么所有的资本都是权益资本,因此 WACC $= r_s = 12\%$。当开始使用低成本债务时,WACC 开始下降。但随着资产负债率的增加,权益和债务的成本都开始上升。这两种资本成本的上升开始慢慢抵消低成本债务资本所带来的好处。当资产负债率达到 40% 时,WACC 达到最小值 11.1%,此后则随资产负债率的增加而上升。

我们用图 14-4 描绘了表 14-4 中的 EPS、资本成本和股票价格数据。从图中可以看出,最佳资本结构中包含 40% 的债务资本和 60% 的权益资本。管理层应将此设立为目标资本结构。如果当前资本结构偏离最佳资本结构,那么在以后的融资中,应该尽量朝着这个方向靠近。

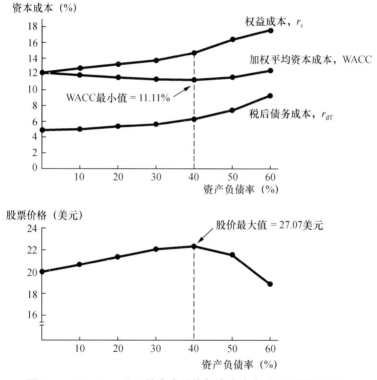

图 14-4 OptiCap 公司的资本结构与资本成本、股票价格的关系

14.4 流动性和资本结构

上一节中所介绍的分析在实际应用中存在如下困难:

(1)要确定不同的财务杠杆水平对市盈率或权益成本 r_s 的影响是非常困难的。

(2)管理层在保守程度上多少与一般股东不一致,因此其设定的目标资本结构不一定与股票价格最大化的资本结构相同。但一个公开交易的公司的管理层是绝对不会承认这点的,除非他们能控制投票,否则这些管理人员将很快失去工作。但从价值最大化资本结构组成的不确定上来看,由于无法证明真伪,管理层可以宣称其现有的资本结构就是价值最大化的资本结构。另外,当管理层的经营业绩太过偏离目标值(当然,通常是太差)时,别的公司或者管理层团队就会收购该公司,提高其杠杆水平,从而提升公司价值。

(3) 大公司,特别是诸如提供水电、通信这种关键性服务的公司的管理者,其有义务提供连续性的服务。因此,其所设定的杠杆水平不应该达到使公司的长期生存面临危险的程度。而长期生存很可能与短期的股票价格最大化和资本成本最小化存在矛盾。⑧

出于以上原因,公司管理层通常比较关心财务杠杆对破产风险的影响,因而这些因素的分析在所有的资本结构决策中都非常重要。相应地,很多经理们会比较多地考虑诸如**利息支付保障**(time-interest-earned,TIE)比率等能够显示财务状况的指标。TIE 等于 EBIT 除以利息费用,它显示公司是否有足够的能力支付利息费用。该比值越低,公司债务的违约风险越大,被迫宣告破产的概率也就越大。

表 14-5 显示了在之前所说的三种经济情况下 OptiCap 公司的 EBIT 和销售收入,以及在不同资产负债率(见表 14-2)下的预期 TIE 值。如果资产负债率只有 10%,那么在正常的经济情况下 TIE 可高达 25 倍,但随着资产负债率的提高,TIE 则会迅速下降。注意,这里只是不同资产负债率下的预期 TIE;如果 EBIT 超过 40 000 美元(=0.2×5 000 美元 +0.5×39 000 美元 +0.3×65 000 美元),实际 TIE 值将更高;反之,则更低。

表 14-5   在不同资产结构下 OptiCap 公司的预期 TIE 比率　　　　　(单位:千美元)

			经济状况		
			衰退	正常	繁荣
EBIT			5.0	39.0	65.0
发生概率			0.2	0.5	0.3
预期 EBIT = 0.2×5.0+0.5×39.0+0.3×65.0 =				40.0	

资产负债率	债务额	债务成本(r_d)	利息支出	各种经济情况下的 TIE 比率 = EBIT/利息支出			期望 TIE
10%	20.0	8.0%	1.60	3.1×	24.4×	40.6×	25.0×
20%	40.0	8.5%	3.40	1.5	11.5	19.1	11.8
30%	60.0	9.0%	5.40	0.9	7.2	12.0	7.4
40%	80.0	10.0%	8.00	0.6	4.9	8.1	5.0
50%	100.0	12.0%	12.00	0.4	3.3	5.4	3.3
60%	120.0	15.0%	18.00	0.3	2.2	3.6	2.2

一般而言,债务相当低时,TIE 小于 1 的可能性很低。TIE 为 1 时,公司的 EBIT 不足以支付利息费用,从而使公司面临非常严重的破产威胁。⑨

---

⑧　出于这一点的考虑,大部分公共服务委员会要求机构在发行长期证券以前首先得到委员会的批准,同时,国会还授权 SEC 对公共设施持股公司的资本结构进行监督。但除了安全性(低债务比率)之外,管理者和监管者都意识到必须将所有的成本都降低,包括资本成本。由于一家公司的资本结构能严重影响资本成本,因而监管委员会和公司的管理层在不影响公司财务流动性的前提下,应选择一个使资本成本最小化的基本结构。

⑨　即使在 TIE 小于 1 的情况下,现金流量也有可能足以支付利息费用。因此,即使在经营收入小于利息费用的情况下,公司仍有避免破产的可能性。但很多债务合同都会设立 TIE 的最低标准,如 2 或 2.5,只要低于该值,债权人就有权拒绝继续借出资金,这将严重影响公司的正常经营。这些潜在限制和破产风险都严重限制了债务资金的使用。

自测题 1

(答案见本章末附录 14A)

Gentry Motor Inc. 是涡轮发电机的生产者,公司状况如下:

EBIT = 400 万美元;税率 = T = 35%;未偿还的债务 = 200 万美元;r_d = 10%;r_s = 15%;流通在外的股数 = 500 000;每股账面价值 = 14 美元。收益全部作为股利发放,债务包含永久性债券。Gentry 可以将它的债务增加到 800 万美元,总共达到 1 000 万美元,并使用新债务以当前的价格回购普通股股票。公司的债务利率将变为 12%(它将偿还旧的债务),权益成本将从 15% 上升到 17%,EBIT 保持不变。哪种资本结构有较高的 EPS 和较高的股票价格? Gentry 是否应该改变它的资本结构?

14.5　资本结构理论

几年来,研究者曾就公司的最佳资本结构问题以及公司为什么会有不同的资本结构问题提出过很多理论。一般资本结构理论的发展主线有两条:① 税收利益/破产成本平衡理论;② 信号理论。本节就讨论这两个理论。

14.5.1　平衡理论

现代资本结构理论始于 1958 年,当时佛朗哥·莫迪利安尼(Franco Modigliani)教授和默顿·米勒(Merton Miller)教授(此后称 MM)发表了一篇被视为最具影响力的财务方面的论文。[10] MM 证明,在一些极其严格的假设条件下(包括假设不存在个人所得税、没有经纪成本和破产成本),由于存在公司债务利息的税收减免,因此公司价值会随负债率的增加而上升,直至几乎全部采用债务融资时,公司价值最大化。

MM 之前和现在提出的许多假设显而易见是不现实的,所以 MM 的地位仅限于资本结构研究之初。而接下来的研究者,包括 MM 他们自己,都在不断放松这些假设,从而不断地扩展该理论。[11] 而另外一些学者则尝试用实际数据去验证理论模型,观察资本结构到底能对股票价格和资本成本产生何种影响。图 14-5 中是迄今为止的一些理论和实证研究的总结。

---

⑩　Franco Modigliani and Merton H. Miller, "The Cost of Capital, Corporation Finance, and the Theory of Investment," *American Economic Review*, June 1958, 261—297. 莫迪利安尼和米勒共同获得了诺贝尔奖。

⑪　Franco Modigliani and Merton H. Miller, "Corporate Income Taxes and the Cost of Capital," *American Economic Review*, June 1963, 433—443.

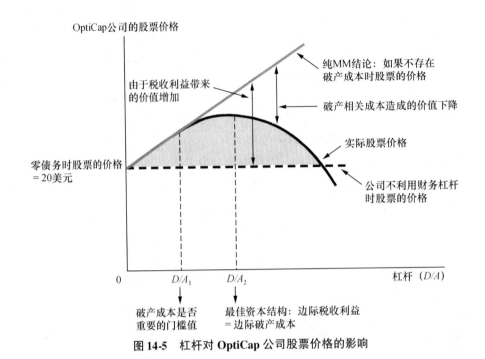

图14-5　杠杆对 OptiCap 公司股票价格的影响

下面是图 14-5 中的一些关键点：

（1）债务利息可享受税收减免，因此债务的成本低于普通股或优先股。事实上是政府支付或者补贴了部分债务成本，因此债务的使用能使经营收入（EBIT）流向投资者。因此，公司的债务越高，其价值越大。从 MM 所设定的假设来看，公司负债达到 100% 时，公司股票价格最大化。图 14-5 中的"纯 MM 结论"线即显示了股票价格和债务之间的关系。

（2）MM 假设在现实中并不存在。第一，利率随资产负债率的提高而上升。第二，高债务水平时，预期税率下降，这也将减少债务税收减免的预期价值。第三，破产概率及其引起的律师费和其他成本也随资产负债率的提高而增加。

（3）负债水平上还存在一些门槛。图 14-5 中，在 D/A_1 以下，上一点所提及的限制就不太重要。但在 D/A_1 以上，破产成本，尤其是新债务的更高的利息成本越来越重要，它以递增的速度减少债务税收减免所带来的好处。从 D/A_1 到 D/A_2 之间，破产相关成本降低但不能完全抵消债务的税收利益，因此，公司股票价格以递减的速度随资产负债率的上升而增加。但在 D/A_2 以上，破产相关成本则完全超过了税收利益，因而从该点起，公司股票价格随资产负债率的上升而下降。因此，D/A_2 是最佳资本结构点。

（4）理论和实证结果都证实了上述讨论。但研究者迄今尚未能精确确定 D/A_1 和 D/A_2。因此，图 14-4 和图 14-5 只是近似描述，而非精确值。

（5）图 14-5 描述的资本结构理论中的另一个例外就是，事实上很多成功的大公司，如微软的债务水平通常比理论值低许多，也正是这个缺陷导致了我们即将讨论的信号理论的出现。

14.5.2　信号理论

MM 假设投资者拥有与公司管理者同样的关于公司前景的信息,这一状况被称为**信息对称**(symmetric information),指公司的内部人员(管理者和雇员)和外部人员(投资者)拥有完全相同的、对称的信息。但是,实际上公司管理者通常要比投资者拥有更多的公司信息,这一状况被称为**信息不对称**(asymmetric information),而它对使用债务还是权益资本融资有很大的影响。可以考虑两种极端情况,即公司管理者对 F 公司的前景非常乐观和公司管理者对 U 公司的前景非常不乐观。

例如,假设 F 公司的研发部门刚刚研制出一种医治普通感冒的新药,但该产品无法注册专利。F 公司的管理层希望尽量保密,以延迟竞争者进入该产品市场的时间。为开拓这一新产品,必须建造新厂房以及配送设备,因此需要融资。那么 F 公司的管理层该如何筹措所需资金? 如果出售股票,那么当新产品开始盈利时,股票价格就会上升,购买者亦将大量涌入,现有股东(包括管理者)亦将受益。但如果公司没有在股票价格上涨之前就出售股票,那么就不会有新股东与原有股东分享产品收益,此时,原有股东获得的利益将更大。因此,如果预期公司前景很好,就应该尽量避免采用股票融资,而采取其他方法融资,包括超出正常目标资本结构的债务融资。[12]

再看 U 公司。假设其管理层得知由于竞争者的产品新增了一项功能从而提高了产品质量,所以公司的订单将大幅下降。仅为了维持现有的销售水平,U 公司就必须以高成本更新其设施。因此,其投资回报率将降低(但如果不采取行动,破产将会导致 100% 的损失)。U 公司该如何筹措所需资金? 此处的情况刚好与 F 公司相反,F 公司为避免与新股东分享新项目的收益而不希望出售股票。一家前景不乐观的公司则希望出售股票,这意味着有更多的投资者与其共担亏损。[13]

可见,前景良好的公司不希望发行新股融资,而前景较差的公司则希望进行外部融资。那么,作为一个投资者,你该怎么办呢? 你应该说:"因为通常前景良好时,公司管理层不希望发行新股,只有当前景黯淡时,才会倾向发行新股。那么,如果一家公司发行新股,这必然不是一个好兆头。此时,如其他情况不变,就应当降低对该公司股票价格的预期。"当然,由于大型的成熟公司,如 GE、IBM 等,比小公司有更多的可供选择的融资渠道,因此,如果是大公司发行新股,这种负面反应会更强烈。而对 USR 这种小公司来讲,发行新股可能意味着一个不通过发行新股不足以融资的绝好的投资机会。

如果你的回答如上述所言,那么你的观点就与很多机构(如摩根担保信托)的资深投资组合经理不谋而合了。简单而言,成熟公司似乎有多种可供选择的融资渠道,其宣布发行新股就是这样一个**信号**(signal),即管理层对公司的发展前景不看好。因此,其发行新股必然将导致其股票价格下降。实证研究也证明了这一点。

那么这些对资本结构决策又有何影响呢? 答案是,公司应当在正常时期保持一定的**储备**

---

[12]　如果 F 公司的管理者利用内部消息私下购买更多的股票,这种做法是非法的,将会受到法律的制裁。

[13]　当然,U 公司在发行新股时必须作出一定的披露,但这种披露只要达到法律要求即可,而不需要将管理层的最坏预期公之于众。

借款能力(reserve borrowing capacity),以确保在出现特别有价值的投资机会时,能够顺利筹集所需债务资金。这就意味着公司的债务资金比例必须小于最佳资本结构中的债务资本比例,如图14-5所示。

当然,很多人都会觉得本书关于资本结构理论的介绍还不够详尽。事实上,没有人知道该如何确认某公司的最佳资本结构,同样也无人能衡量资本结构对公司股票价格和资本成本的确切影响。现实中,资本结构决策更多地建立在主观判断的基础上,而非纯数学的计算。当然,要作出一个合理的资本结构决策,对本章所讨论的一些基本理论知识的理解必不可少。

14.6　公司间资本结构的差异

显然,不同行业的公司,甚至是同一行业的不同公司,其财务杠杆的运用必然存在很大的差异。表14-6列出了某些行业的这种差异,并且按照普通股权益比率递减的顺序排列,如第(1)栏所示。

表14-6　2005年资本结构比例:根据普通股权益比率排列的5个行业

行业	普通权益(1)	总债务(2)	TIE 比率(3)	权益资本回报率(4)
制药	75%	25%	9.5×	9.0%
生物工程	65%	35%	9.0×	10.0%
纺织	55%	45%	5.0×	6.0%
旅馆	50%	50%	4.5×	6.0%
公用事业	30%	70%	2.5×	3.5%
综合	45%	55%	5.0×	5.0%

注:1. 表中的一般估计比率是在正常的经济时期根据一些数据资源得来的,包括标准普尔指数;*RMA Annual Statement Studies*:*Financial Ratio Benchmarks*,*2010—2011*(Philadelphia,PA:The Risk Management Association,2010);*Almanac of Business and Industrial Financial Ratios*,*2011 Edition*(Chicago,IL:CCH,2010)。

2. 综合比率包括除金融和专业性服务行业、以上列示的行业以外的所有行业。

制药和生物工程公司的债务比率不高(普通股权益比率较高)。周期性、致力于研究的,或者产品产量比较稳定的行业中所蕴藏的不确定性,通常会导致非理性的债务滥用。相反,公用事业行业的债务比率较高,特别是长期债务——其安全稳固的固定资产是抵押债券的有力保障,而其相对稳定的销售收入又使其比其他商业风险较大的行业能筹得更多的债务资本。

另外,由于TIE比率可以衡量公司债务资金的安全性以及公司遭受财务危机的可能性,因此我们对TIE比率给予特别关注。通常,杠杆水平最低的公司,如制药和生物工程行业,其偿付率最高,而像公用事业行业等债务比率较高的行业的偿付率则很低。表14-6表明了制药和生物工程行业有较高的平均TIE比率,而公用事业行业的TIE比率很低。

当然,同一行业不同公司的资本结构也存在很大的差异。例如,2011年制药行业资本结构中的平均债务比率大约为25%,Pfizer公司资本结构中的债务比率大约为50%,而Glaxo-SmithKline公司则达到75%。正如你所看到的,每家公司的独特因素,包括管理层的态度等,都在设定目标资本结构中起着重要作用。

14.7　股利政策

股利(dividends)是将公司盈余以现金支付或分配给股东,而不考虑这些盈余是在本期还是前期产生的,因此,公司股利政策是公司支付盈余还是保留盈余作为再投资的决策。因此,股利政策直接影响到公司的以下两个方面:① 资本结构——其他条件不变,保留盈余而非发放股利会提高普通股权益相对于负债的比率;② 资本成本——留存收益或内部权益融资的成本低于发行新普通股权益的成本。

在这一节,我们讨论股利政策怎样影响公司的价值。

股利政策和股票价值

股利政策对公司股票价格会产生什么影响?学术界对这个问题的研究已经进行了很多年,迄今尚未得出结论。有些学者认为股利政策不相关,因为公司价值取决于基本的盈利能力和商业风险,而公司股票价格只取决于所产生的收入(现金),不是收入如何在股利和留存收益(即成长机会)间进行分配。**股利不相关理论**(dividend irrelevance theory)的支持者认为投资者只需要关心他们所能收到的回报总值,而不需要关心到底是以股利还是以资本利得的方式获得收益。因此,如果股利不相关理论是正确的,也就不存在**最佳股利政策**(optimal dividend policy),因为股利政策对公司价值没有影响。[14]

但是,投资者很可能对不同的股利政策有所偏好。在这种情况下,公司股利政策就是相关的。例如,由于当期股利比未来资本利得的确定性更大,投资者很可能更偏好前者。因此,如果股利支付率上升,r_s 就会下降。[15]

导致投资者对某一股利政策有所偏好的另一个因素可能与股利收入的税收问题有关。投资者在获得股利收入和资本利得时,都必须纳税。因为每个人的纳税状况有所不同,可能有人偏好当期纳税的当期股利收入,也有人希望在将来出售股票时才缴纳资本利得税,当然,这可能会是一个很长的时间,甚至税率都已发生变化。因此,希望能够延迟纳税的投资者可能更偏好股利支付率低的公司;反之亦然。

相信股利政策能够通过投资者偏好影响公司价值的理论即为**股利相关理论**(dividend relevance theory)。

14.8　投资者和股利政策

研究者暂时还无法确定公司的股利政策究竟对股票价格和资本成本有何影响。从研究

---

[14] 股利不相关理论的主要支持者是米勒和莫迪利安尼(MM),关于他们提出的理论,参见"Dividend Policy, Growth, and the Valuation of Shares," *Journal of Business*, October 1961, 411—433。MM 的股利不相关理论的假设前提类似本章前面介绍的资本结构理论。这些假设使他们能够构建一个可管理的理论。

[15] Myron J. Gordon, "Optimal Investment and Financing Policy," *Journal of Finance*, May 1963, 264—272; and John Lintner, "Dividends, Earnings, Leverage, Stock Prices and the Supply of Capital Corporations," *Review of Economics and Statistics*, August 1962, 243—269.

者的角度看,他们对投资者对于股利政策变化的反应以及为什么公司会采取某一特定的股利政策还是有所发现的。下面我们讨论三种主要的观点。

14.8.1 信息内容(信号)

就像我们在第10章所讨论的,股票的价值基于未来现金流量现值或未来股利的现值,它们是投资者期望在公司的整个生命周期获得的。如果投资者预期公司股利每年增长5%,而事实也恰好如此,那么通常在宣布股利增长的当天,公司股票价格不会有明显变化。用华尔街的术语来说,这种股利增长已经被市场事先"预期"到了。但如果投资者预期股利增长5%,而实际增长了25%,这种未预期的事件("好消息")通常会伴随着股票价格的上涨。相反,如果实际增长低于预期或者减少("坏消息"),则通常会导致股票价格下跌。

众所周知,没有公司愿意削减股利,因此,除非管理层预期未来有一个能够支撑更高股利支出、更高的至少是稳定的收益,否则,管理层不会轻易提高股利。由于这个原因,投资者视高出预期的股利支付为管理层预期公司未来盈利增长的一个信号,而视低于预期的股利支付为管理层预期公司盈利下降的一个信号。因此,可以说投资者对股利政策变化的反应并不能说明其对股利或资本利得的偏好;股票价格的变化只是说明在股利政策中包含了一些重要信息,而这些信息在宣布股利政策以前只有管理层才知晓。这个理论被称为**信息内容假说**(information content hypothesis)或**信号假说**(signaling hypothesis)。

14.8.2 客户群效应

同样,公司也有可能设置一个特定的股利支付政策,而这一股利政策会吸引一个喜欢这种股利政策的客户群。有些股东,如退休人士,就更偏好当期股利收入,因此,这些人群喜欢高股利支付率的公司。而有些投资者则没有现行投资收入的需求,因此这部分群体就偏好低股利支付率的公司。本质上,如果投资者是因为特殊的股利政策而投资于某个公司时,此时就可能存在**客户群效应**(clientele effect)。也就是说,偏好当期投资收入的投资者可以购买高股利支付率公司的股票,而没有现金收入需求的投资者则可以选择一些低股利支付率公司的股票。可见,当公司改变股利政策时,投资者就会根据其不同的需求调整投资组合,此时,公司的股票价格自然也会发生变化。

14.8.3 自由现金流量假说

如果财务经理的目的在于使公司价值最大化,那么投资者只有在年初公司价值已恢复其价值(如恶化的资产已经恢复)和不存在可接受的资本预算项目时,才会更偏好股利收入。我们知道,可接受的资本预算项目能提升公司价值。同时,由于发行新股时有发行成本支出,因此发行新股筹资的成本高于使用留存收益。因此,为了使公司价值最大化,只要有可能,公司就应当利用留存收益为资本预算项目融资,而不是发行新股。因此,只有存在超过资本预算项目需求的自由现金流量时,公司才会支付股利。否则,公司股票价格就无法实现最大化。根据**自由现金流量假说**(free cash flow hypothesis),只要收益的再投资回报率低于投资者的必要报酬率(r_s),就应当将其作为股利发放给投资者。

自由现金流量假说对解释为什么投资者对相似公司的同种股利政策变化有不同的反应

可能有所帮助。例如,如果公司为了投资于 NPV 大于零的资本项目而减少股利的支付,那么股票价格就不会下降。相反,如果减少股利支付只是增加了自由现金流量,其股票价格就应当大幅下降,因为股利支付的降低不符合股东的最佳利益。因此,自由现金流量假说认为股利政策能提供有关股东财富最大化的行为信息。

14.9　现实中的股利政策

尚未有哪家公司能够得出一个公式,该公式能精确给出某一特定股利政策对公司股票价格的影响。但即便如此,管理层制定股利政策仍然是不可避免的事情。下面我们就介绍几种现实中常用的股利政策及其制定程序。

14.9.1　股利支付类型

公司支付股利的方式不尽相同,通常有以下四种:

剩余股利政策　剩余股利政策(residual dividend policy)认为只有当收益大于最佳资本结构所需要的资金量时,才支付股东股利。这里,"剩余"一词即表示"剩下的",剩余股利政策即意味着股利只能从"剩下的"收益中支取。剩余股利政策的基础是如果公司留存收益再投资的回报率高于投资者在同等风险下进行投资所能得到的平均回报率,此时投资者更偏好公司将收益留存,而不是作为股利支付给股东。根据剩余股利政策,公司必须发行新普通股来融通资本预算需求时已经没有剩余收益,股利为零。而且,因为每年的收益和公司资本预算需求的水平不同,严格执行剩余股利政策会导致股利变化。只有股利变化不会对投资人造成很大影响时,剩余股利政策才最适宜。

平稳的可预测股利　过去,很多公司在股利支付上都设定一个具体数值并维持这一数值不变,而且只有确信未来收益足以保证更高股利的支付时,才会提高每股股利的数额。当然,还有一条规则:永不降低年度股利额。

图 14-6 中是 UPS 公司的股利支付状况,它非常典型。就像你所看到的,1996—2011 年 UPS 公司的 EPS 波动相当明显,但是在相同的期间它的股利支付数额稳定增长。UPS 公司实行平稳的可预测股利政策;从 1970 年以来,它的年度股利额每年保持不变或增加。

实行**平稳的可预测股利**(stable, predictable dividends)政策,而不是剩余股利政策的原因有两个:第一,如果存在信息内容或者信号现象,那么变动的股利支付政策将比稳定的股利政策导致更大的不确定性,从而使得 r_s 更高,股票价格下跌;第二,很多股东都要用股利收入进行当前消费,如果他们投资的公司削减股利支付,股东将不得不出售部分股票以获得现金,那么这种情况给股东带来的麻烦将更多,费用也将更高。

因此,平稳的可预测股利政策与可变股利政策相比意味着更高的确定性,因而就会引起更低的 r_s 和更高的股票价格。因此,大多数公司都比较偏爱这一政策,因为它们想让投资者知道有平稳的股利支付。

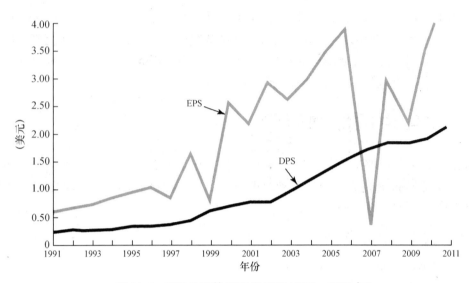

图 14-6　UPS 公司的 EPS 和 DPS(1991—2011 年)

资料来源:Standard & Poor's Compustat Database; 2011 年的数字是估计值。

　　固定股利支付率　当然,公司也有可能每年都将盈利的一个固定比例部分作为股利发放给股东,但由于盈利一直处于不断变化之中,因此,这一政策意味着公司每年实际支付的股利数额还是不断变化的。例如,假设 UPS 公司遵循 EPS 的固定股利支付率政策(40%),那么自1991 年以来,股利支付的变化波动与图 14-6 中的盈利波动应该相同,这意味着在有些年份里,公司会削减股利支出。因此,如果实施**固定股利支付率**(constant payout ratio)政策,当收益波动时,投资者的预期股利收入的不确定性将更大,r_s就有可能上升,因此股票价格有可能下跌。

　　低固定股利加额外股利　这一股利政策是指支付一个低固定股利加上在效益好的年份的额外股利支付,它是平稳的可预测股利政策和固定股利支付率政策的一个折中。它能使公司有更大的灵活性,同时投资者也能保证有一个最低程度的股利收入。因此,如果公司的盈利和现金流量波动很大,那么较低的固定股利加额外股利政策则不失为一个最佳选择。董事们可以设定一个最低的固定股利——要保证即使在利润很低的年份或需要大量留存收益进行再投资时公司仍有能力进行支付,然后在有资金剩余的年份用**额外股利**(extra dividend)加以补充。

14.9.2　股利支付程序

　　股利通常是每半年或每季度支付一次,并且在支付之前要发布一个宣告或声明。例如,2011 年 2 月 3 日,UPS 公司董事会宣布每一个季度的普通股股利为每股 52 美分。早些时候,UPS 公司董事会曾预期当年的年度股利为每股 2.08 美元,比 2010 年股利支付额高 0.20 美元。当 52 美分的季度股利宣布时,UPS 公司的股东并没有感到惊讶。但是,如果股利支付额降低,股东无疑会感到震惊,因为在近 40 年中,UPS 公司的股利支付额没有降低过,而且在大多数年份里,股利支付额是上升的。

当 UPS 在 2011 年 3 月 2 日宣布发放季度股利时,发表了以下声明⑩:

UPS 公司董事会把股利提高了 11%,达到每股 52 美分

亚特兰大,2011 年 2 月 3 日

UPS(NYSE:UPS)公司董事会今天把定期季度股利提高了 11%,对所有流通在外的 A 类和 B 类股票支付的季度股利从 47 美分上升到 52 美分。派息日是 2011 年 3 月 3 日,截止过户日期是 2011 年 2 月 14 日。

上面提及的三个日期对现有股东来说非常重要。现逐个解释这三个日期及除权日。

(1) 股利宣告日。**股利宣告日**(declaration date)(在 UPS 公司的案例中是 2011 年 2 月 3 日),公司董事会开会讨论并宣布发放固定股利。从会计上来讲,股利宣告日也就是实际负债的发生日,在 UPS 公司的资产负债表上,(25 美分 × 发行在外总股数)应当是流动负债,而且要在留存收益中减去相同金额。

(2) 截止过户日。在**截止过户或登记日**(holder-of-record date, or date of record)营业结束时,公司停止其股票过户登记,并列出当日的股东名单,他们就是获得下次股利支付的股东。因此,如果在 2011 年 2 月 14 日星期一下午 5 点之前买卖和过户了 UPS 公司股票,就由新股东获得这部分股利收入。但如果通知在 2 月 14 日之后才发出,则股利将由原股东获得,因为在股东登记簿上所列的仍是原股东的名字。

(3) 除权日。证券业的惯例是直至截止过户日两个营业日之前,拥有股票即拥有获得股利收入的权利。这是为了确保公司能够及时被通知过户,做新股东登记,进而支付股利。因此,拥有股票并不代表拥有获得股利收入权利的这一日被称为**除权日**(ex-dividend date),即新购买股票的股东不能获得接下来发放的股利。UPS 公司的除权日是 2011 年 2 月 10 日星期四,因此,任何在除权日或除权日以后购买股票的投资者都不能获得接下来发放的第一季度的股利。如其他条件不变,在除权日,公司股价应当刚好下跌与支付股利近似的幅度。即假设没有其他价格波动,UPS 公司 2011 年 2 月 10 日星期四的开盘价应该比前一个交易日(2 月 9 日星期三)低 52 美分。

(4) 派息日。UPS 公司于 2011 年 3 月 2 日支付股利,这就是**派息日**(payment date)。近年来,很多公司已经开始采取电子方式派息。

14.9.3　股利再投资计划

如今,大部分大公司都提供**股利再投资计划**(dividend reinvestment plans, DRIPs),在该计划下,股东可以自动将其所获得的股利收入重新投资于派息公司的股票。正如你所看到的,一些 DRIPs 直接影响公司的资本结构。

DRIPs 有两种:

(1) 与已经流通在外的旧股票有关的计划。在旧股票计划下,作为托管人的银行将所有可用于再投资的资金用于在公开市场上购买公司股票,并按比例将所购买的股票记录到所有参与该计划的投资者的账户上。由于公司从股东手里购买了已经流通的股票,因此,DRIP 并不影响资本结构。此外,由于交易数量的问题,这种方式购买股票的交易成本较低(经纪成

---

⑩　UPS 公司将这个声明登在了公司的网站上,网址是:http://pressroom.ups.com/Press + Releases。

本),因此,该计划对暂时不需要用现金股利消费的小投资者比较有利。

(2)与新发行股票有关的计划。新股票类型的再投资计划可以帮助投资者投资于新发行股票。因此,在这种计划下,公司可以获得新资本。很多公司近年来都曾利用这种方式获得大量的新权益资本。这种 DRIPs 影响公司资本结构,因为普通股被有效发行,且其获得的资金可用于再投资。股东不需要支付费用,而且很多公司都提供低于市场价的折扣优惠。这部分成本刚好可以抵消通过投资银行发行新股所需要支付的发行成本。[17]

在其他情况下,即使投资者将现金股利再投资于股票,仍然要按股利数额缴纳所得税。

((•)) 自测题2

(答案见本章末附录 14A)

　　CMC 公司(Components Manufacturing Corporation)是一家全权益资本结构的公司。公司拥有 200 000 股流通在外的普通股且每股价值 2 美元。在去年公司创始人突然退休后,CMC 公司决定不再以往年平均年增长率 12% 成长。未来年增长率为 5% 被认为是现实的。较低的增长率意味着公司需要改变股利支付政策,股利支付额为每年盈余的 20%。现在新投资项目的回报率高于 CMC 公司 14% 的必要报酬率,新投资项目下一年只需要 800 000 美元的资金,预期可获得 2 000 000 美元的净收益。

　　a. 如果 CMC 公司使用剩余股利政策,那么今年公司的每股股利和股利支付率是多少?

　　b. 如果 CMC 公司继续使用以盈余的 20% 作为股利支付的股利政策,那么今年公司的每股股利是多少? 如果 CMC 公司使用这种股利政策,公司将发行多少股票以满足今年资本预算的需要?

14.10　影响股利政策的因素

除了管理层关于哪种股利理论最适合公司的观点以外,影响股利政策选择的因素还有很多。这些因素可以分为四大类:

股利支付的限制

某公司可以支付的股利数额可能受以下三个因素的限制:

(1)债务合同限制。债务合同通常规定,如果某些财务指标(如 TIE 比率)达不到指定值就不能派发股利。

(2)股利派发金额不能超过资产负债表中的留存收益金额(这就是资本减损规定,用于

---

[17]　DRIPs 还能促使公司重新审视其股利政策。如果 DRIPs 的参与比例很高,就说明如果降低现金股利,股东可能因为个人所得税支出减少而更为受益。

防止公司在清偿债权人债务之前将公司资产转移给股东,从而保护债权人的利益)。

(3)现金可用性,因为股利只能以现金的形式派发。[18]

投资机会

可接受的资本预算项目较多的公司,股利支付率通常都很低;反之亦然。但如果公司能够推迟或者加速项目的进程,其所能遵循的目标股利政策也能更为稳定。

其他资本来源

当公司需要为一定水平的投资融资时,如果发行成本很高,以致发行新股成本 r_e 远高于留存收益成本 r_s 时,可以适当降低股利支付率,用留存收益而不是发行新股融资。同样,如果公司能够在不大幅度增加资本成本的前提下调整资产负债率,那么即使收益变动,通过改变资产负债率,还是可以保持稳定的股利支付。

管理层进行融资决策时所考虑的另一个问题就是股权稀释问题。如果管理层希望维持对公司的控制力,那么很可能就不愿意发行新股,此时,公司的留存收益将更多。

股利政策对 r_s 的影响

股利政策对 r_s 的影响可以通过以下四个因素发挥作用:

(1)股东对当前收入和未来收入的偏好;

(2)可感知的股利风险相对于资本利得;

(3)资本利得的税收效应相对于股利(比率和时间);

(4)股利的信息内容(信号)。

这些因素我们在前面都已经作过详细讨论,这里我们要特别注意的是,这些因素对 r_s 的影响程度随每家公司新老股东组成的变化而不同。

显然,从我们的讨论可见,股利政策是一种主观判断而不是精确的数量计算。即便如此,要作出一项合理的股利决策,财务经理也必须考虑我们前面谈及的所有要点。

14.11 股票股利和股票拆分

本节我们讨论股票股利和股票拆分,以及它们对资本结构和股利政策的影响。这两种行为被用来调整股票的市场价格,虽然迄今为止尚无任何实证分析证明这一点,但是金融界人士普遍认为存在一个最佳的或者心理股票价格范围。

14.11.1 股票拆分

如果一家公司的管理层都相信股票的最佳价格范围为每股 30—80 美元,那么,如果该公司的股票价格超过每股 80 美元,管理层就有可能进行二对一的**股票拆分**(stock split),也就是

---

[18] 有些管理者可能考虑的另一个因素是美国国税局对不当累计留存收益的限制。如果国税局能够证明公司股利支付率太低以帮助股东避税,那么公司可能被罚以重税。这一因素通常发生在私有公司。

将现有的 1 只股票变成 2 只新股票。在这种方式下,发行在外的股数翻倍,每股收益和每股股利及市值折半,从而降低股票价格。即其他条件不变,每个股东所持有的股数将增加,但每股价值将降低。如果拆分后的股票价格恰好为每股 40 美元,那么股东的财富将维持不变,因为其持有股数翻倍,但每股价值减半。但如果拆分后股票价格稳定在每股 40 美元以上,那么股东将更加富有。

当然,股票拆分的规格也有多种,可以是二对一拆分,也可以是三对一拆分或其他方式拆分。[19]

14.11.2　股票股利

股票股利(stock dividends)和股票拆分都是在不影响现有股东基本状况的前提下"将蛋糕切成更多的小块"。就这点而言,两者颇有相似之处。如果股票股利为 5%,那么每持有 100 股股票就可以获得 5 股(5%)的股票股利;如果股票股利为 20%,那么就可以获得 20 股股票股利,等等。当然,由于总股数增加,每股收益、每股股利和股票价格都有所下降,但是股票的总体价值没有改变。

如果公司想要降低股票价格,它应该采取哪种方式? 股票拆分还是股票股利? 股票拆分通常用于股票价格急速上升后的股票价格降低,而股票股利则是为了将股票价格限制在一定的范围之内而采取的比较有规律的措施。例如,如果公司盈利和股利以每年 10% 的速度增长,其股票价格也将以相近的速度增长,那么很快其股票价格就会超出最佳股票价格范围。如果每年都能派发 10% 的股票股利,就有可能将股票价格维持在最佳范围之内。

14.11.3　股票拆分和股票股利的影响

股票拆分和股票股利都不会影响公司的资本结构,也就是债务融资和权益融资的比例不会有变化。更进一步讲,股票拆分和股票股利的经济效应相似。

曾有学者对股票拆分和股票股利对股票价格的影响做过实证研究。[20] 这些研究发现投资者对股票拆分和股票股利并没有过多的外延理解,认为它们不过是纸质票据数量的增加而已。如果股票拆分和股票股利伴随着更高的收益和现金股利,投资者就会推动股票价格上涨。但如果收益和现金股利没有变化,每股收益和每股股利的稀释只会引起与股利相同比例的股票价格下降。因此,股票价格的基本决定因素是内在的每股收益和每股股利,股票拆分和股票股利不过是将蛋糕切成更多的小块而已。

---

[19]　也可以通过逆向拆分来减少流通股股数。例如,如果公司的股票价格只有 5 美元,那么可以采取一对五的逆向拆分,即 1 股新股可以换取 5 股旧股,从而将股票价格提高至 25 美元,在最佳范围内。例如,Priceline.com 在 2003 年 6 月 16 日为了避免被 NASDAQ 交易所摘牌,就实行了 1 股新股换 6 股旧股的逆向拆分。

[20]　参见 C. A. Barker,"Evaluation of Stock Dividends,"*Harvard Business Review*,July-August 1958,99—114。Barker 的研究在最近几年不断被引证,其结论经得起时间的考验了。另一个很重要的研究采用完全不同的方法,但得到了几乎相同的结论。参见 Eugene F. Fama,Lawrence Fisher,Michael C. Jensen,and Richard Roll,"The Adjustment of Stock Prices to New Information,"*International Economic Review*,February 1969,1—21。

自测题 3

(答案见本章末附录 14A)

Nuhat 公司考虑进行三对一的股票拆分，Nuhat 公司当前的股票价格是每股 138 美元。

a. 进行股票拆分后股票的价格立即变为多少?

b. Nuhat 公司计划在股票拆分后支付 1.65 美元的每股股利。如果在股票拆分前这个股利代表了比上一年里股利增长 10% ,那么上一年 Nuhat 公司的每股股利是多少?

14.12　全球资本结构和股利政策

正如我们所料,世界各国公司的资本结构差别很大。表 14-7 显示了部分国家的资本结构比率,按照各国普通股权益比率从大到小的顺序排列(见第二栏)。从表中可以看出,意大利与日本公司的负债比率比美国和加拿大公司高很多,而英国是表中使用负债比率最低的国家。当然,不同国家使用不同的会计惯例,使得比较起来有困难;然而,在调整会计差异后,研究者仍然发现意大利与日本公司使用的财务杠杆高于美国和加拿大公司。注意,在过去几十年,国际差异已经缩小。20 世纪 70 年代初,美国和加拿大公司的资产负债率大约为 40% ,而日本与意大利公司的资产负债率超过 75% (日本公司的平均财务杠杆约为 85%)。

表 14-7　1995 年部分国家的资本结构比例(按普通股权益比率从大到小的顺序排列) (单位:%)

国家	普通股权益	总负债	长期负债	短期负债
英国	68.3	31.7	N/A	N/A
美国	48.4	51.6	26.8	24.8
加拿大	47.5	52.5	30.2	22.7
德国	39.7	60.3	15.6	44.7
西班牙	39.7	60.3	22.1	38.2
法国	38.8	61.2	23.5	37.7
日本	33.7	66.3	33.3	43.0
意大利	23.5	76.5	24.2	52.3

注:这些百分比数据是以各国国内货币计价的财务资料计算得出的,如法国公司的总资产金额是以当时的法郎价格表示。

资料来源:*OECD Financial Statistics*,*Part 3*:*Non-financial Enterprises Financial Statements*,1996.

世界各个国家和地区公司的股利政策的差异也很大,公司股利支付率从菲律宾的 10.5% 到中国台湾地区的 70%[21],即使是表 14-7 中的国家之间也有很大差异。例如,加拿大、法国、意大利和美国的股利支付率为 20%—25% ,西班牙和英国为 30%—40% ,德国大约为

---

[21]　Rafael La Porta,Florencio Lopez-de-Silanes,Andrei Shleifer,and Robert W. Vishny,"Agency Problems and Dividend Policies Around the World," *Journal of Finance*,February 2000,1—33.

43%,而日本则超过了50%。

为什么会存在财务杠杆和股利政策的国际差异呢?将这种差异存在的原因归结为税收结构的差异似乎合乎逻辑。虽然在每一个国家,公司债务的利息都可以抵税,个人必须为利息收入交税,但是世界各国的股利和资本利得征税方法各不相同。在某些国家,股利、资本利得或者两者不是不征税就是部分征税,因此,我们可以预期公司倾向于向投资者提供最高税后报酬的资本融资。事实上,大多数情况下我们观察到的实际资本结构恰恰与之相反。但研究结果表明,税法的差异并不能解释不同国家之间资本结构和股利支付比率的差异。

如果税率无法说明资本结构或股利政策差异,那应如何解释呢?另一个可能的解释与风险有关,特别是破产成本。破产(甚至潜在破产的威胁)是因为公司大量负债所带来的沉重负担,但要注意破产成本取决于破产发生的可能性。在美国,权益监控成本相当低,因为公司编制季度报表,支付季度股利,而且必须严格遵循审计法规。这种情况在其他国家并不普遍。另一方面,债务监控成本在德国和日本等国低于美国,因为大多数公司的债务是银行债务而不是公开发行债券。更重要的是,很多欧洲和亚洲发达国家的银行与借款公司有很紧密的关系,通常控制主要权益,因此其对借款公司管理层有重要影响。在这种紧密关系下,银行对借款公司的事务会更直接地介入。因此,它们比美国公司债券持有人对公司财务困境的掌握能力更强。这一事实致使在负债额度相同且商业风险相同时,这类公司破产的风险可能低于美国公司。因此,分析破产成本和权益监控成本让我们得到如下结论:美国公司比德国和日本公司应该使用更多的权益、更少的债务,这也是我们观察到的实际情况。

在比较世界各国公司股利政策的差异时发现,在其他条件不变的情况下,小股东利益保护措施比较完善的国家股利支付率通常较低。[22] 在这种国家,成长机会比较多的公司支付的股利比例可能稍低,因为其需要资金来支持公司的未来发展,而投资者也愿意为了追求更大的未来收益而放弃当前股利。不过,在股东利益保护措施不足的国家,投资者对管理层是否能为公司价值最大化而进行收益分配的信心不大,因而更偏好股利收入。

从造成一国的公司比另一国的公司更有效率而言,我们无法说明哪一个财务制度比较好。在美国公司更多参与世界经济的同时,它们必须更能了解世界的状况。在不同国家做生意,它们必须不断进行调整。

道德困境

ETHICAL DILEMMA

债券是一种债券……一种股票……还是一种债券股

最近,ORT(Ohio Rubber & Tire)公司发行了30年期低票面利率的债券,为其扩张计划融资。即使票面利率低,投资者也愿意购买债券,因为在过去10年里,ORT公司的债务一直被评为AAA级,这意味着债务评级机构认为公司违约的风险非常低。

㉒　Rafael La Porta, Florencio Lopez-de-Silanes, Andrei Shleifer, and Robert W. Vishny, "Agency Problems and Dividend Policies Around the World," *Journal of Finance*, February 2000, 1—33.

目前 ORT 公司考虑通过发行新债务增加额外的资金,公司计划使用新的资金来进行额外的融资扩张。然而,与之前扩张的方式不同,ORT 公司现在计划通过购买刚上市的年轻公司发展该公司,而不是购买轮胎和橡胶行业的公司。

Wally 与 ORT 公司的投资银行紧密合作,他已经被分配好了任务,就是确定如何最好地筹集所需资金。在同投资银行、一些在其他公司工作的朋友和 ORT 国际子公司的同事交谈后,Wally 正在认真考虑给管理者这样一个建议:发行一种具有债务和股权特点的新证券。最近美国金融市场刚刚推出该证券,该证券被划分为债券,因为每年都要支付固定的利息且利息能够减免税收。然而,与传统债券不同,人们称这种混合债券为债券股,它有 50—60 年的期限。另外,当公司的信用评级降到 B + 时,公司如果错过利息支付不被视为违约。大多数专家认为债券股是一种相当复杂的金融工具。

通过他的调查,Wally 发现,债券股已经在美国之外使用了很长一段时间。与传统债务相比,使用债券股的公司能够明显提高它们的每股收益。每股收益提高的主要原因是债券股的成本一般比股权成本低,但是该金融工具和股权融资的年限和违约风险相同。例如,Wally 发现 ORT 公司可以发行税后成本 5% 的债券股,只略微高于发行传统债券的税后成本,且大约为发行新股的股权成本的 1/3。人们虽然认为债券股有风险,但不知道它实际的风险程度。Wally 咨询的朋友和合作者认为,当公司经营很差时投资者(包括股东和债权人)获得比传统债务更低的回报的可能性低;当公司经营很好时会发生相反的情况。

发行债券股的主要缺点是它们将大幅度提高 ORT 公司的财务杠杆,因此最近发行的债券的价值将显著下降。另一方面,Wally 认为发行债券股对 ORT 公司和普通股股东是一个双赢的策略。如果公司扩张计划成功,股东将获得很好的回报;但是,如果公司扩张计划不成功,债券和股权的市场价值将下降,因此在金融市场上回购这些金融工具对公司来说是有吸引力的。如果这种想法正确,发行债券股将以债权人的利益为代价,从而使股东获益。ORT 公司的高管是主要的股东,他们的奖金和激励计划是用公司的股票支付的。Wally 应该怎样做? 如果你是 Wally,你应该怎样做?

▓ 本章要点总结

本章重要概念

为了总结,我们把本章讨论的关键概念与本章开始的学习目标联系起来。

● 如果公司没有债务,其经营中蕴藏的风险即商业风险,公司的商业风险越高,债务越低才是最优的。同样地,公司的财务风险越高,偿还债务就越困难,这意味着公司不能像财务风险较低的公司那样承担较多的债务。

● 公司的资本结构由公司使用的债务、优先股和普通股组成。公司的最佳资本结构指能使公司股票价值最大化的债务、优先股和普通股的组合,其发生在公司 WACC 最低时。通过比较不同债务资本和股权资本组合下的公司价值,公司决定它们的最佳资本结构。

- 根据平衡理论,当公司使用债务融资时其面临着权衡。一方面,债务利息的税收减免使债务融资成为一种具有吸引力的融资方法;另一方面,使用较多的债务提高了公司破产的可能性。没有债务的公司没有在最佳资本结构下经营,因为它们没有利用债务利息的税收减免。因此,公司一般更愿意利用债务进行融资。

根据信号理论,公司通过自身的行动传信号给股东。通过债务筹集资金的公司传达了它们对前景乐观这一信号,因为股东不愿意和新股东共享财富。当公司发行股票时,说明前景可能不乐观,因为股东不介意分享不幸,如财务困境。

- 因为公司的目标是股东财富最大化,最佳股利政策就是能够使公司价值最大化的政策。当公司支付股利时盈余就会降低,盈余可以投资于可接受的资本预算项目,也就是说盈余可以用来促使财务增长。因此,有许多可接受的资本预算项目的公司一般不发放股利,因为盈余被保留用来再投资。另一方面,没有可接受的资本预算项目的公司通常把大部分盈余作为股利发放,因为内部融资不需要很多。

现实中的四种股利政策包括:① 剩余股利政策;② 平稳的可预测股利政策;③ 固定股利支付率政策;④ 低固定股利加额外股利政策。剩余股利政策认为,只有当收益大于最佳资本结构所需要的资金量时,才支付股东股利。平稳的可预测股利政策要求公司每年支付稳定的股利而不用考虑盈余。如果公司使用了固定股利支付率政策,每年都将盈利的一个固定比例部分作为股利发放给股东。低固定股利加额外股利政策认为,公司应该每年支付一个低的固定股利,在效益好的年份进行额外股利支付。

- 股票拆分和股票股利都增加了流通在外的股票数量。如果公司进行二对一的股票拆分,那么现有的 1 只股票变成 2 只新股票。如果公司宣布发放 10% 的股票股利,那么它以股票(而不是现金)的形式支付股利,股票股利占公司流通在外的股票的 10%。两种方式都不需要股东再投资额外的资金。因此,虽然两种方式都降低了股票的每股价值,但它们本身没有改变股票的总体市场价值。

- 销售越稳定的公司比销售越不容易预测的公司可以承担更大比例的债务。通常,我们发现可预测盈余的公司比不确定盈余的公司有更高比例的债务。世界各国资本结构的差异可以用公司与借款人之间的关系来解释。在许多国家,银行掌握很大比例的股票和债券。在一些情况下,① 债务的特性很容易改变;② 一些国家的银行更倾向于借额外的资金给由它掌控、试图改善财务状况、处于困境的公司,而在美国则是大量的投资者拥有公司的债券。

个人理财相关知识

本章的内容能够帮助你更好地理解投资时如何确定投资的必要报酬率,以及当管理者调整公司的股利政策或拆分股票时为什么股票价格会改变。如果你应用本章讲到的内容,就可以做出更明智的决策。

- **我如何确定资本结构?** 你的资本结构可以定义为各种流通在外的债务的组合。你的资本结构决定你的总体 WACC,WACC 影响你的财富。例如,如果你使用费用较高的一种债务(如信用卡)作为筹集资金的主要来源,那么你的 WACC 高于使用较低债务费用的人。和公司的情况类似,下面的几步可以降低你的 WACC:你改变你的资本结构或债务的组合,以便更多地使用较低费用的债务。你也可以调整资本结构来改变你的信用风险,信用风险是金融机构使用的最重要的一个变量,金融机构利用信用风险决定你借款的利率。如果你有许多信用卡,停止使用一部分;如果你有较晚支付账单的习惯,开始准时支付账单;每周节省一部分工资;不要借太多钱。如果你提高了你的信誉,那么就能以较低的利率借债。

- **我有没有最佳资本结构?** 不同的贷款有不同的利率。当你需要贷款时,你应该货比三家,然后选择利率最低的。同样地,因为利息率不断变化,你应该观察你的贷款组合并决定在市场利率下降时以更低的利率对现有的贷款再融资是否值得。考虑现有的各种贷款选择,你是否认为使用信用卡借款是明智的?

- **为什么我应该对公司的股利政策有一个基本的理解?** 基于本章的讨论,你应该明白公司由于不同的原因使用不同的股利政策。当决定是否购买一家公司的股票时,你应该去了解它的股利政策。记住购买股票获得的全部回报取决于股利支付率和公司的增长率。通常支付高股利的公司没有好的成长机会,因此它们有很高的股利支付率和相当低的资本利得收益率。因此,你应该在购买股票之前知道公司的股利政策。

- **股票拆分和股票股利如何影响我的投资?** 当你看见股票价格第二天暴跌,这有可能是股票拆分和股票股利的结果。记住行动本身没有改变流通股的总体市场价值。因此,当你的股票拆分时,你的财富地位没有变化;股票的每股价值下降,但股数增加使得其对经济没有影响,财富没有变化。

- **我应该使用 DRIPs 吗?** 你应该对 DRIPs 有一个基本的了解。你应该记住两个特点:① 大部分公司提供 DRIPs,在该计划下,股东可以自动将其所获得的股利收入重新投资于派息公司的股票;② 即使投资者把股利再投资于股票,仍然需要根据股利额来缴纳所得税。

- **为什么我要关心我的股票的除权日?** 作为投资者,你应该去了解公司股票的除权日。在除权日,公司股价应当刚好下跌与支付股利近似的幅度。价格下降是因为除权日意味着股票售价中不包含接下来发放的股利。也就是说,在除权日或除权日后购买股票的投资者不能获得接下来发放的股利,因为在生成谁将获得接下来发放的股利的名单之前,没有足够的时间作新股东登记。

思考题

14-1 "其他情况相同,销售收入相对稳定的公司可适当增加资产负债率。"为什么说这句话是正确的?

14-2 如果某公司成功地从零债务过渡到高债务水平,你为什么会认为该公司的股票价格经历了一个上升,到达峰值,随后下降的过程?

14-3 为什么公司预期 EPS 最大化时的债务水平通常高于股票价格最大化时的债务水平?

14-4 为什么通常认为 EBIT 独立于财务杠杆?

为什么在高债务水平下,EBIT 实际上可能受财务杠杆的影响?

14-5 解释公司资本结构的改变如何引起 WACC 的改变,以及对公司价值产生什么影响。

14-6 Absolute 公司目前有 50 000 000 美元的资产,包括债务和普通股权益。公司没有优先股。经过仔细的评估后,CFO 构建了如下的表格来向 CEO 显示公司资本结构改变的影响:

（单位：美元）

资本结构中债务额	每股收益（EPS）	每股市价（P_0）
10 000 000	5.00	125.50
20 000 000	5.50	130.75
30 000 000	5.70	130.00
40 000 000	5.60	128.05

根据这些信息，Absolute 公司的最佳资本结构是什么？请解释理由。

14-7   Bell 系统被拆分后，原 AT&T 公司拆分成了新的 AT&T 和另外几个地区性的电话公司。Bell 被拆分的具体原因是提高电话业的竞争。AT&T 垄断了市话、长话和电话公司所用的所有设备，而此次 Bell 被拆分则有可能开放大部分市场从而引入竞争。在此次拆分的法院命令中，规定了拆分后留存公司的具体资本结构，而且对电话业未来的竞争给予了较多的关注。那么，你认为拆分后的最佳资本结构是否与拆分前相同？请说出你的理由。

14-8   你所在公司的研发部门最近开发了一种新程序，在该程序下，能以每桶 25 美元的成本从煤中提取石油，而现行的市场价格为每桶 60 美元。为完成这项研究，公司需要 1 000 万美元的外部资金。而该研究结果要在一年后才能揭晓，成功的概率为 50%。如果研究成功，公司需要大量融资以投产。而据经济学家预测，虽然明年的经济不太景气，但由于国际货币问题，利率将居高不下。那么，你认为现在需要的 1 000 万美元应该采用何种方式融资，债务还是权益？你的预期对你的决定有何影响？

14-9   作为投资者，你更愿意投资于下列哪一种公司的股票支付政策：① 固定股利支付率；② 平稳的可预测股利，而且有一个目标股利增长率；③ 有一个固定的常规股利，而且在公司盈利很高或者投资机会很少时，还有额外股利。请解释你的答案，并解释这些股利政策对你的必要报酬率（r_s）有

何影响。同时，如果你是一个学生，或者是一个 50 岁的高收入专业人士，或者是一个退休老人，那么你的选择会有何变化？

14-10   其他情况不变，下列变化对公司的平均股利支付率有何影响？请解释你的答案。

a. 股利的个人所得税税率提高。

b. 利率上升。

c. 公司的投资机会减少。

d. 同利率一样，允许公司股利从应税所得中减免。

e. 税率变动，已经实现以及尚未实现的资本利得都以与股利相同的税率征税。

14-11   "留存收益成本低于新的外部权益成本。因此，公司在同一年增发新股和派发股利完全不明智。"请评价该论断。

14-12   公司通过借款来支付股利是否明智？为什么？

14-13   有关财务的文献中有一种说法：公司将股利视为扣除满足新投资需求的留存收益后的剩余部分。

a. 解释什么是剩余股利政策。

b. 剩余股利政策是否与下列股利政策相一致？① 稳定的可预测股利政策；② 固定股利支付率；③ 低固定股利加额外股利政策。分别从短期和长期效应两个方面进行分析。

14-14   股票股利和股票拆分有什么不同？作为股东，你是喜欢看到公司宣布 100% 的股票股利还是二对一的股票拆分？假设每一个行动都是可行的。

14-15   如果投资者与公司管理者、高管拥有相同的信息（信息的对称性），本章中的哪种股利政策可以实现公司价值最大化？请解释你的理由。

14-16   假设在金融市场中信息不对称。如果公司的盈余每年都存在波动性，在其他条件不变的情况下，本章讨论的哪种股利政策可以使投资者的风险最小？请解释你的理由。

计算题

14-1 HL 公司和 LL 公司除了资产负债率和债务的利率不同外,其他的都相同。每家公司的资产都是 2 000 万美元,息税前利润是 400 万美元,边际税率是 40%。HL 公司的资产负债率(D/TA)是 50%,债务利率是 12%,而 LL 公司的资产负债率是 30%,债务利率是 10%。

a. 计算每家公司的权益收益率(净利润/权益)。

b. 我们可以观察到,HL 公司有很高的权益收益率,LL 公司的财务主管决定把资产负债率从 30% 提高到 60%,这使所有债务的利率提高到 15%。计算 LL 公司新的净资产收益率(ROE)。ROE = 净利润/普通股权益。

14-2 Open Door Manufacturer 每年有 100 000 美元的收入,当发放股利时,公司使用剩余股利政策。Open Door 今年需要 120 000 美元投资于资本预算项目。如果公司的资产负债率是 50%,今年公司的股利支付率是多少?

14-3 去年 BBB(Bulls Business Bureau)公司的净利润是 100 万美元,保留了 40 万美元。今年 BBB公司产生了 120 万美元的净利润,如果 BBB 公司使用固定股利支付率政策,今年公司应发放多少股利?

14-4 去年 BNC(Breaking News Company)挣了 1 500 万美元,发放了 600 万美元的股利。公司使用固定股利支付率政策,如果公司想明年发放 800 万美元的股利,那么公司必须挣多少钱?

14-5 HQ 公司计划实施一对三的逆向股票拆分政策,HQ 公司股票的目前售价为 3 美元/股。

a. 股票拆分后,股票的价格是多少?

b. HQ 公司计划在股票拆分后支付每股 0.3 美元的股利,即使没有实施股票拆分,公司也想支付相同的每股股利。如果 HQ 公司没有拆分股票,那么每股股利是多少?

14-6 在五对一的股票拆分后,Sewenson 公司给新股票发放每股 0.75 美元的股利,这个股利代表了股票拆分前股利以 9% 的速度增长后的数额。去年公司的每股股利是多少?

14-7 北部加州供热和制冷有限公司接受了 6 个月的订单,生产具有专利权的太阳能加热系统。

为了满足这个要求,管理者计划投资 1 000 万美元于厂房和设备以扩大公司的生产能力。公司想保持资产负债率为 40% 的资本结构,也想保持过去的股利政策,即净利润的 45% 用来发放股利。去年的净利润是 500 万美元。为了扩大生产,今年年初北部加州必须进行多少外部股权融资?

14-8 Garlington 公司预期下一年的净利润为 1 500 万美元。目前公司的资产负债率为 40%。Garlington 公司有 1 200 万美元有利可图的投资机会,它希望现有的资产负债率保持不变。根据剩余股利政策,Garlington 公司下一年的股利支付率是多少?

14-9 Scanlon 公司的最佳资本结构是有 50% 的债务。其债务的利率是 10%,来自留存收益融资的普通股权益成本是 14%,来自新股票融资的权益成本是 16%,公司的边际税率是 40%。Scanlon 公司有下面的投资机会:

项目 A:成本 = 500 万美元;IRR = 20%

项目 B:成本 = 500 万美元;IRR = 12%

项目 C:成本 = 500 万美元;IRR = 9%

Scanlon 公司预期净利润为 7 287 500 美元。如果 Scanlon 公司采用剩余股利政策,股利支付率将为多少?

14-10 Damon 公司想计算在不同杠杆比率下公司下一年的 ROE。Damon 公司的总资产是 1 400 万美元,其边际税率是 40%,公司估计下一年的 EBIT 有三种可能:420 万美元的概率为 0.2,280 万美元的概率为 0.5,70 万美元的概率为 0.3。计算 Damon 公司在每一个资产负债率下的期望 ROE、标准差和变异系数。资产负债率如下表所示:

杠杆(负债/资产)	利率
0%	–
10%	9%
50%	11%
60%	14%

14-11 a. 根据下列信息,计算 C 公司的预期 EPS。E(EPS$_A$) = 5.10 美元,σ_A = 3.61 美元;E(EPS$_B$) = 4.20 美元,σ_B = 2.96 美元;σ_C = 4.11 美元。

（单位:美元）

	概率				
	0.1	**0.2**	**0.4**	**0.2**	**0.1**
A 公司:EPS$_A$	(1.50)	1.80	5.10	8.40	11.70
B 公司:EPS$_B$	(1.20)	1.50	4.20	6.90	9.60
C 公司:EPS$_C$	(2.40)	1.35	5.10	8.85	12.60

b. 讨论上述三家公司(A、B 和 C)盈利的相对风险。

14-12 Wired Communications Corporation (WCC)生产供飞机上用的影视立体声耳机。该耳机每套售价 288 美元,预期本年的销量可以达到 45 000 套。WCC 当前预期销售量下的可变生产成本为 10 200 000 美元,固定成本为 1 560 000 美元;当前未偿还债务为 4 800 000 美元,利率为 8%;发行在外的普通股为 240 000 股,没有优先股;股利支付比率为 70%,边际税率为 40%。

公司现计划再投资一个 7 200 000 美元的新设备。销售收入不会上升,但单位变动成本将下降 20%。同时,固定成本也将从 1 560 000 美元上涨为 1 800 000 美元。WCC 现在有两种可供选择的融资方式:以 10%的利率发行 7 200 000 美元的债券,或者以每股 30 美元的价格发行 240 000 股新股。

a. WCC 在以下三种情况下的 EPS 分别为多少:① 在旧生产程序下;② 利用债务融资建成的新生产程序下;③ 利用股权融资建成的新生产程序下?

b. 在何种销售水平下,采取两种融资方式所产生的 EPS 相同?(提示:V = 单位变动成本 = 8 160 000 美元/45 000,EPS = $[(P \times Q - V \times Q - F - I) \times (1 - T)]$/股数。设 EPS$_{股票}$ = EPS$_{债务}$,然后解出 Q 即可。)

c. 销售收入为多少时,上述三种情况下的 EPS 都等于 0?也就是说,在旧计划下、利用债务融资的新计划和利用股权融资的新计划。(提示:注意,$V_{旧}$ = 10 200 000 美元/45 000,设第 b 题中的 EPS 等于 0。)

d. 根据第 a 题至第 c 题的分析,哪种方式的风险最大?哪种方式的预期 EPS 最高?你建议采取哪种方式?假设销售量低于 25 000 套产品的概率很高,可以通过确定该销售水平下的 EPS$_{股票}$ 和 EPS$_{债务}$ 来评价两种融资方式的风险。

14-13 Strasburg 公司计划于下一年年初为一个新设备和营运资本融资 270 000 000 美元。有两种可供选择的方法:① 以每股 60 美元发售新普通股;② 以 12%的票面利率发售债券。公司融资前的资产负债表和利润表如下:

Strasburg 公司资产负债表(12 月 31 日)

（单位:百万美元）

流动资产	900.00	应付账款	172.50
固定资产净值	450.00	应付银行票据	255.00
		其他流动负债	255.00
		流动负债总值	652.50
		长期负债(10%)	300.00
		普通股(每股 3 美元)	60.00
总资产	1 350.00	留存收益	337.50
		负债和权益总值	1 350.00

Strasburg 公司利润表(截至 12 月 31 日)

（单位:百万美元）

销售收入	2 475.00
经营成本	(2 227.50)
EBIT(10%)	247.50
短期负债利息	(15.00)
长期负债利息	(30.00)
税前利润	202.50
税费(40%)	(81.00)
净利润	121.50

年销售收入的概率分布如下:

（单位:百万美元）

概率	年销售额
0.30	2 250
0.40	2 700
0.30	3 150

假设 EBIT 为销售收入的 10%，分别计算不同销售收入水平下，两种融资方式的 EPS 值。然后分别计算两种融资方式下的预期 EPS 和 σ_{EPS}。同时，计算预期销售收入水平下，两种融资方式下的资产负债率和 TIE 比率。原有债务仍然存在。你认为应当选择哪种融资方式？

14-14 2012 年 Sirmans 公司的净利润为 10 800 000 美元，股利支出为 3 600 000 美元。过去 10 年中，Sirmans 公司一直保持 10% 的年收益增长率。其 2012 年的收益正常增长。预计 2013 年其收益可上升到 14 400 000 美元，并预期公司将有一个价值 8 400 000 美元的投资项目。但预期 2013 年的收益增长率并不能持续下去，2013 年的高收入水平归因于这一年引入了非常有利可图的新生产线，2013 年过后，公司的收益增长率将恢复到 10% 的水平。公司的目标资产负债率为 40%。

a. 计算下列股利政策下 Sirmans 公司 2013 年的股利总支出。

（1）2013 年股利政策的目标是使股利与收益保持相同的长期增长率。

（2）保持 2012 年的股利支付率。

（3）采用剩余股利政策（8 400 000 美元的新投资中，40% 来自债务融资）。

（4）采用低固定股利加额外股利政策。固定股利与长期增长率相同，额外股利则完全采用剩余股利政策。

b. 你认为上述哪种股利政策更好？为什么？

c. 假设投资者预期公司 2013 年的股利总支出为 9 000 000 美元，2013 年以后，公司股利的增长率可达到 10%。股票的市场价值总额为 180 000 000 美元。公司的权益成本为多少？

14-15 Ybor City 烟草公司多年来的销售收入和盈利都呈平稳、适中的增长状态。但最近几年，由于吸烟有害健康的理念为相当一部分人所接受，所以雪茄的消费量有所下降，Ybor City 公司的销售收入也随之下降。出于长期目标的考虑，Ybor City 公司的管理层认为烟草行业必将走向衰落，因此他们决定将公司完全转型，开发多元化的产品，投身于增长型的行业。由于在烟雾过滤方面，Ybor City 公司已经进行了很长时间的研究，因此，公司对污染净化设备尤其感兴趣。现在，公司预期要将这种新产品投产，至少需要 15 000 000 美元的投资以购买新设备，不过短期内就可以获得高达 18% 的收益。另外一个投资项目则需要 6 000 000 美元的投资，预期回报率为 10.4%。

Ybor City 公司预期今年能够派发每股 3.00 美元的股利（和去年一样），总股数为 3 000 000 股。但如果需要的话，董事会很可能会变动股利支付额。预期当年的税后收入为 14 250 000 美元；现行股票价格为每股 56.25 美元；公司的目标资产负债率为 45%，边际税率为 40%。各种形式的融资成本如下：

新债券的 $r_d = 11\%$（税前利率）；

以每股 56.25 美元的价格发行新股将获得每股 51.25 美元的资金；

留存收益的必要报酬率 $r_s = 14\%$。

a. 计算 Ybor City 公司的预期股利支付率、边际资本成本上升的断点，以及在目前支付下边际成本高于和低于留存收益用尽时的点。（提示：给定留存收益的必要报酬率 r_s，就可以求出 $\hat{D}_1/P_0$。知道了这两个要素，就可以确定增长率 g。）

b. Ybor City 公司当年的资本预算总额为多少？

c. Ybor City 公司应该选择哪种股利政策？采用何种方式为资本预算融资？

d. 风险因素如何影响 Ybor City 公司的资本成本、资本结构和股利政策？

e. 你在得出上述问题的答案时，对投资者关于股利和资本收益的偏好作了何种假设？换言之，投资者对 g 和 $\hat{D}_1/P_0$ 的偏好如何？

综合题

14-16 假设你刚刚被 Adams，Garitty，and Evans（AGE）公司雇用，AGE 公司是专门分析公司资本结构和股利政策的咨询公司。你的老板让你研究 Campus Deli and Sub Shop（CDSS）公司的资本结构，其位于大学的旁边。由所有者可知，去年的销售收入为 1 350 000 美元，可变成本是销售收入的 60%，固定成本为 40 000 美元，因此 EBIT 为 500 000 美元。因为临近的大学的招生受到限制，因此随着时间的推移 EBIT 将保持不变。由于它不需要任何扩张的资本，CDSS 公司把所有的收益都作为股利支付。管理团队拥有大约 50% 的股票，可在场外市场进行交易。

目前 CDSS 公司没有债务，它是一个全权益公司，其发行在外的总股数为 100 000 股，每股面值为 20 美元。公司的边际税率为 40%。根据金融课本上的基本陈述，你相信如果公司使用部分债务融资，CDSS 公司的股东将变得更富有。当你向你的新老板提出这个建议时，她鼓励你追求这个想法，但是必须找到依据。

从当地的投资银行处，你获得了不同债务水平下债务和权益成本的如下估计值：

借款总额（千美元）	r_d	r_s
0	—	15.0%
250	10.0%	15.5%
500	11.0%	16.5%
750	13.0%	18.0%
1 000	16.0%	20.0%

如果公司进行资本调整，发行新债券，并利用新债务回购股票。反过来，股东将利用回购股票获取的资金去买与 CDSS 公司相似的其他快餐公司的股票。为完成你的报告，请回答下面问题。

a.（1）什么是商业风险？什么因素影响公司的商业风险？

（2）什么是经营杠杆？它如何影响公司的商业风险？

b.（1）财务杠杆和财务风险是什么意思？

（2）怎样区别财务风险和商业风险？

c. 构造一个可以代表 CDSS 公司管理的例子，考虑假设的两家公司：U 公司没有债务融资；L 公司有 12% 的债务且债务金额为 100 000 美元。两家公司的总资产都是 20 000 美元，边际税率都为 40%，下一年它们的 EBIT 的概率分布如下所示：

概率	息税前利润
0.25	2 000 美元
0.50	3 000 美元
0.25	4 000 美元

（1）完成下面部分利润表和 L 公司的比率。

（单位：千美元）

	U 公司			L 公司		
资产	20 000	20 000	20 000	20 000	20 000	20 000
权益	20 000	20 000	20 000	10 000	10 000	10 000
概率	0.25	0.50	0.25	0.25	0.50	0.25
销售收入	6 000	9 000	12 000	6 000	9 000	12 000
经营成本	（4 000）	（6 000）	（8 000）	（4 000）	（6 000）	（8 000）
EBIT	2 000	3 000	4 000	2 000	3 000	4 000
利息（12%）	（0）	（0）	（0）	（1 200）		（1 200）
税前利润	2 000	3 000	4 000	800		2 800
税费（40%）	（800）	（1 200）	（1 600）	（320）		（1 120）
净利润	1 200	1 800	2 400	480		1 680
ROE = 净收入/普通股权益	6.0%	9.0%	12.0%	4.8%	%	16.8%
TIE = EBIT/利息	∞	∞	∞	1.7 ×	×	3.3 ×
期望 ROE	9.0%			10.8 ×		
期望 TIE	∞			2.5 ×		
σ_{ROE}	2.1%			4.2%		
σ_{TIE}	0 ×			0.6 ×		

（2）关于财务杠杆对期望回报率和风险的影响本例阐述了什么？

d. 记住前面的点，考虑 CDSS 公司的最佳资本结构。

（1）定义最佳资本结构。

（2）在不使用数字的情况下简单地描述如果

CDSS 公司决定改变资本结构使其包含更多的债务，那么将产生什么样的结果？

（3）假设能够以每股 20 美元的当前市场价格回购股票。分别计算在以下五种债务水平下 CDSS 公司的期望 EPS 和 TIE 比率：0 美元、250 000 美元、500 000 美元、750 000 美元和 1 000 000 美元。在每种情况下，资本结构调整后股票数应该保留多少？

（4）如果 CDSS 公司融资 250 000 美元的债务使得资本结构改变，那么的新股票价格是多少？同样地，在 500 000 美元、750 000 美元、1 000 000 美元的情况下呢？注意支付率为 100%，所以 $g=0$。

（5）只考虑讨论过的债务水平，哪种情况下是 CDSS 公司的最佳资本结构？

（6）EPS 最大化的债务水平是不是股票价格最大化的债务水平？为什么？

（7）公司在最佳资本结构下的 WACC 是多少？

e. 假设你发现 CDSS 公司的商业风险比你最初估计的大，描述这一变化如何影响分析。如果公司的商业风险比最初估计的小，又会怎样？

f. 当建立公司目标资本结构时，需要考虑哪些因素？

g. 信息不对称和信号传递的存在如何影响公司的资本结构？

h. CDSS 公司考虑通过采用股票拆分或股票股利来降低股票价格。解释每一个行为如何实施和每个行为对 CDSS 公司资本结构的影响。

14-17 现在你的老板想让你评估为医疗保健行业开发软件的 Information Systems, Inc. (ISI) 的股利政策，五年前 ISI 由 Donald Brown 和 Margaret Clark 创立，他们现在仍然是 ISI 仅有的股东。如果公司达到增长率目标然而目标资本结构保持不变，即 60% 的股权和 40% 的债务，那么现在 ISI 已经到了外部股权融资的阶段。为了实现这个目标，Brown 和 Clark 决定让公司上市。直到现在，这两个所有者都只是发给他们自己合理的工资，然后习惯地把税后利润再投资于公司，所以还没有实施股利政策。然而，在与潜在的外部投资者交谈之前，他们必须决定采用哪种股利政策。

你的老板让你给 Brown 和 Clark 做一个报告，在报告中回顾股利政策理论并讨论下面的问题。

a. （1）什么是股利政策？

（2）不相关和相关这两个术语被用来描述股利政策影响公司价值的方式这个理论。解释这些术语的意思并简要讨论股利政策的相关性。

（3）解释在不同的股利政策理论下股利政策与（i）股票价格和（ii）权益资本之间的关系。

（4）股利理论的实证研究产生了什么结果？这些发现如何影响我们告诉管理者股利政策方面的内容？

b. 讨论① 信息内容，也称为信息信号、信息假说；② 客户群效应；③ 自由现金流量假说；④ 它们对股利政策的影响。

c. （1）假设明年 ISI 有 800 000 美元的资本预算计划。你认为现在的资本结构（60% 的股权和 40% 的债务）是最佳的。采用剩余股利政策的方法来决定 ISI 的总股利和股利支付率。在这个过程中，解释什么是剩余股利政策并使用图表阐述你的答案。同样地，解释如果预期净利润为400 000 美元或者 800 000 美元，那么将会发生什么。

（2）一般来说，在剩余股利政策下，投资机会的改变是如何影响股利支付率的？

（3）剩余股利政策的优点和缺点是什么？（提示：不要忽略信号理论和客户群效应。）

d. 其他常用的股利支付政策有哪些？它们的优点和缺点是什么？在现实中哪种股利政策被广泛使用？

e. 什么是股利再投资计划（DRIP）以及它是如何运作的？

计算机相关问题

利用电子表格，回答本部分的问题。

14-18 使用 C14 中的模型来解决这个问题。

a. 重新考虑计算题 14-13，假设旧的长期债务将偿还，但是必须以 12% 新的长期利率进行再融资。这个改变对再融资的决定有什么影响？

b. 假设所有的长期债务都进行再融资，如果长期债务的利率降到5%或者上升到20%,那么对再融资计划的影响是什么?

c. 如果股票价格① 上升到105 美元或者② 下降到30 美元,那么你建议选择哪种融资方法?(假设所有债务的利率都是12% 。)

d. $P_0 = 60$ 美元和 $r_d = 12\%$,改变的销售收入概率分布图如下所示:

选择 1		选择 2	
销售收入	概率	销售收入	概率
2 250 美元	0.0	0 美元	0.3
2 700 美元	1.0	2 700 美元	0.4
3 150 美元	0.0	7 500 美元	0.3

这些改变的结果是什么?

14-19 回顾计算题 14-15。假设 Ybor 公司的管理者在考虑改变公司的资本结构,以使其包含更多的债务,因此管理者想分析把资产负债率提高到60%的影响。财务主管相信这个变化将导致借款人把新债券的必要报酬率提高到12% ,r_s 也将上升到14.5% 。

a. 这个变化将如何影响最佳资本预算?

b. 如果 r_s 上升到16% ,低回报项目是否可以接受?

c. 仍然假设 $r_s = 16\%$,如果股利从每股 3 美元降到1.88 美元,那么项目选择是否会受到影响?

附录 14A

(本章自测题答案)

1. $\text{EBIT}_{\text{old}} = [4\,000\,000$ 美元 $- (2\,000\,000$ 美元 $\times 0.10)](1 - 0.35) = 2\,470\,000$ 美元

$\text{EPS}_{\text{old}} = 2\,470\,000$ 美元$/500\,000 = 4.94$ 美元

$P_{\text{old}} = 4.94$ 美元$/0.15 = 32.93$ 美元

$\text{EBIT}_{\text{new}} = [4\,000\,000$ 美元 $- (10\,000\,000$ 美元 $\times 0.12)](1 - 0.35) = 1\,820\,000$ 美元

利用8 000 000 美元的债务融资,公司可以回购242 940 股股票:

回购股数 $= 8\,000\,000$ 美元$/32.93$ 美元 $= 242\,940$;新股数 $= 500\,000 - 242\,940 = 257\,060$

$\text{EPS}_{\text{new}} = 1\,820\,000$ 美元$/257\,060 = 7.08$ 美元

$P_{\text{new}} = 7.08$ 美元$/0.17 = 41.65$ 美元

因为股价很高,所以资本结构应该改变。

2. a. 剩余股利 $= 2\,000\,000$ 美元 $- 800\,000$ 美元 $= 1\,200\,000$ 美元

每股股利 $= 1\,200\,000$ 美元$/200\,000 = 6.00$ 美元

股利支付率 $= 1\,200\,000$ 美元$/2\,000\,000$ 美元 $= 0.60 = 60\%$

b. 股利 $= 0.2 \times 2\,000\,000$ 美元 $= 400\,000$ 美元

留存收益的增加 $= 2\,000\,000$ 美元 $- 400\,000$ 美元 $= 1\,600\,000$ 美元

留存收益增加额超过资本预算需求的800 000 美元,因此不需要发行新股票。

3. a. 三对一股票拆分后的股票价格 $= 138$ 美元$/3 = 46$ 美元

b. 股票拆分前的等价股利 $= 1.65$ 美元 $\times 3 = 4.95$ 美元

去年的股利 $= 4.95$ 美元$/1.10 = 4.50$ 美元

第15章
营运资本管理

管理的视角

1993 年 12 月,环球航空公司(Trans World Airlines,TWA)被美国的商务旅行人士认为是最好的国内长途航空公司和排名第二的短途航空公司,此时距它摆脱破产威胁仅一个月。环球航空公司的未来看起来无限光明——员工们同意削减工资交换公司的股权;公司进行了债务重组,降低了债务成本;由于成为公司的所有者,员工们对公司的经营倾注了更多的热情和关注。

但不幸的是,这家全美第七大航空公司很快发现其"重新振作"持续的时间并不长。因为它的流动性匮乏,所以公司很快第二次濒临破产。为提高其流动性,环球航空公司必须通过裁员、减少不盈利的航班、用节省燃料的飞机代替过时的飞机来降低成本。

环球航空公司终于从第二次破产的边缘走了出来,重新赢得了最佳国内长途航空公司的地位,但是其财务状况仍然非常糟糕。20 世纪 90 年代末期,悲惨的坠机事件和劳务问题等不可预测的状况使公司损失惨重。但是,环球航空公司也采取了行动改善其流动性。但是,削减成本和提高工资的好处都是短暂的。2001 年年初,环球航空公司第三次面临破产,并于 4月被美国航空公司收购。但是收购没有解决环球航空公司的流动性问题,仅仅只是转移给了美国航空公司。

2005 年,所有航空公司都试图从 2001 年 9 月 11 日的恐怖袭击中恢复过来。美国航空公司公布的净损失从 2001 年的低于 10 亿美元增加到 2005 年第三次面临接近 30 亿美元。由于2001 年恐怖袭击以后航空旅行明显减少,美国航空公司开始着手增加其资产流动性,其 2002年和 2003 年采取的措施使营运成本每年降低了 20 亿美元。虽然节约了成本和增加了流动性,全球最大的航空公司——美国航空公司也仅能维持生存。

如果美国航空公司想要战胜当前的财务困难继续经营下去,保持健康的流动性很重要。即使 2006 年石油价格涨到创纪录的水平,美国航空公司流动性的提高帮助公司抵御了这次金融风暴。2006 年,美国航空公司的母公司 AMR 公司公布了 2.31 亿美元的利润,这是收购环球航空公司后的第一次盈利。分析人士相信在随后的时期还会有额外的利润,主要因为美国航空公司的流动性相当强劲。尽管 2007 年燃料的价格持续上升,美国航空公司仍公布了 5.04 亿美元的利润。不幸的是,2008—2010 年美国航空公司出现了经营损失,预期 2011 年收入会再次为负值。2008 年的损失严重,主要是因为燃料的价格接近上一年的两倍,美国航空公司不得不使飞机着陆接受美国联邦航空局的强制检查,这导致了上千架航班的取消。即使这样,美国航空公司的流动性保持强劲,这表明公司将从这次流动性流失事件中恢复。在经济衰退的中期以及与工会关于工资的迫在眉睫的斗争中,美国航空公司需要很强的流动性来抵御接下来几年将面对的金融风暴。2011 年我们成书的这个时期,石油价格开始慢慢下降,家庭的飞行距离将增加;在未来的几年这两种行为能够帮助公司降低经营损失,这正是美国航空公司期望发生的。

公司努力保持流动资产和流动负债的平衡,以及销售收入与每类流动资产的平衡,从而为生存提供足够的流动性,即未来价值最大化。只要能够保持良好的平衡,流动负债就会及时得到偿还,供应商也能持续供应存货,公司也就能够满足销售需要。但是,若财务状况失去平衡,就会出现流动性问题,进而引起更为严重的问题,甚至破产。在你阅读本章内容时,请注意流动性和营运资本的正确管理对公司生存的重要性。同时,请注意这个事实,即许多新设公司由于没有正确的营运资本政策,在刚成立几个月就破产了。

资料来源:多篇来自《华尔街日报》的文章,http://www.wsj.com;美国航空公司的"投资者关系"部分,网址是 http://www.aa.com/content/amrcorp/investorrelations/main.jhtml;以及 Standard & Poor's Stock Reports(2008—2011)。

学习目标

在阅读完本章后,你应当能够:

(1) 解释营运资本是什么,以及为什么合理的营运资本管理对公司的生存至关重要。

(2) 描述管理资本营运账户时公司通常采用什么策略。

(3) 讨论公司如何进行营运资本融资。

(4) 描述公司采用的短期贷款的种类。

(5) 讨论为什么计算贷款成本是必要的,以及短期贷款成本是如何决定的。

(6) 讨论对作为短期贷款抵押品而言,哪种资产通常被认为是很安全的,以及存在的抵押品类型。

本章讲述短期财务管理,即**营运资本管理**(working capital management),它包括公司的流动(短期)资产和流动(短期)负债管理。阅读本章后,你将从中认识到:一家公司除非在短期内生存下来,否则无法实现长期的资产价值最大化。事实上,许多公司破产的主要原因是它们不能满足营运资本的需要。因此,正确的营运资本管理是公司得以生存的必要条件。

15.1　营运资本术语

我们在讨论营运资本政策之前有必要先回顾一些基本的定义和概念：

（1）**营运资本**（working capital）即常说的总营运资本（gross working capital），通常指流动资产。

（2）**净营运资本**（net working capital）是指流动资产减去流动负债，流动比率是指流动资产除以流动负债。这两个指标都可用于衡量公司的流动性状况。但是，高流动比率和正的净营运资产都不能确保公司的现金能够满足需要。若无法出售存货或者应收账款无法及时收回，这两个指标所反映的流动性安全都是虚假的。通过检验公司的现金预算可以对其流动性作出最全面的认识，现金预算是对现金流入和现金流出进行预测，现金预算关注公司产生足够现金流入以满足其现金流出的能力。现金预算在第 8 章中已讨论过。

（3）**营运资本政策**（working capital policy）是指公司关于以下两个方面的政策：① 每种流动资产的目标水平；② 流动资产融资的方式。

（4）只有专门用于融资流动资产的流动负债包含在营运资本决策中。那些由于过去长期债务融资决策形成的流动负债不包含在当期营运资本决策中。例如，① 本年到期的长期债务；② 与建设项目有关的融资，该建设项目完工后偿付的长期债券；③ 融入固定资产的短期债务。尽管这些不属于营运资本管理的范围，但由于它们将在本年度内到期，所以也不能忽视。当管理者评估公司是否有能力用未来的现金流入补偿当前债务时，必须将这些考虑进去。

15.2　外部营运资本融资需求

我们在本节和整章中继续使用第 7 章介绍的北卡罗来纳州的 Argile 纺织公司的财务报表，来说明营运资本的分析和决策。首先，我们来检验 Argile 纺织公司在三个不同日期的资产负债表，如表 15-1 显示。根据先前给的概念，2012 年 12 月 31 日 Argile 纺织公司的营运资本是 235 200 000 美元，净营运资本是 170 200 000 美元，并且其流动比率是 3.6。Argile 纺织公司的经营和销售有很强的季节性，通常在 9 月和 10 月处于高峰。因此，Argile 纺织公司的存货在 9 月末比年末时要高很多。由于销售的激增，9 月末 Argile 纺织公司的应收账款比 12 月末要多得多。

表 15-1　Argile 纺织公司历史和预期的财务状况　（单位：百万美元）

	2012 年 12 月 31 日（历史）	2013 年 9 月 30 日（预期）	2013 年 12 月 31 日（预期）
I.资产负债表			
现金	10.0	15.0	11.0
应收账款	90.0	125.0	99.0
存货	135.0	205.0	148.5

（续表）

	2012 年 12 月 31 日 （历史）	2013 年 9 月 30 日 （预期）	2013 年 12 月 31 日 （预期）
总流动资产(CA)	235.0	345.0	258.5
净厂房和设备	190.0	205.0	209.0
资产总额	425.0	550.0	467.5
应付账款	15.0	45.0	16.5
应计利息	30.0	50.0	33.0
应付票据	20.0	64.5	23.6
总流动负债(CL)	65.0	159.5	73.1
长期债券	152.0	152.5	156.8
总负债	217.0	312.0	229.9
普通股	65.0	78.0	81.5
留存收益	143.0	160.0	156.1
总所有者权益	208.0	238.0	237.6
负债和权益总额	425.0	550.0	467.5
净营运资本 = CA − CL	170.0	185.5	185.4
流动比率 = CA/CL	3.6 ×	2.2 ×	3.6 ×

	2012 年		2013 年
Ⅱ.部分利润表			
销售收入	750.0		825.0
销售成本	(600.0)		(660.0)
固定成本	(85.0)		(93.5)
息税前利润	65.0		71.5

　　试考虑从 2012 年 12 月 31 日到 2013 年 9 月 30 日，Argile 纺织公司的流动资产和流动负债预期会发生什么变化。预期流动资产从 235 000 000 美元增加到 345 000 000 美元，即增加了 110 000 000 美元；公司必须筹集新的资金来满足营运资本增加的需要。更多的采购加上生产增加引起的劳动成本支出将导致应付账款和利息增加 50 000 000 美元，即从 45 000 000 美元(15 000 000 美元的应付账款和 30 000 000 美元的利息)增加到 95 000 000 美元(45 000 000 美元的应付账款和 50 000 000 美元的利息)。需要 60 000 000 美元(110 000 000 − 50 000 000)的流动资产融资来弥补应付账款和利息的增加。Argile 纺织公司期望主要通过增加 44 500 000 美元(从 20 000 000 美元到 64 500 000 美元)的应付票据进行融资。请注意，从 2012 年 12 月到 2013 年 9 月，Argile 纺织公司的净营运资本将从 170 000 000 美元增加到 185 500 000 美元，但是流动比率将从 3.6 下降到 2.2。原因在于大部分而不是所有投入流动资产(110 000 000 美元)的资金都来源于流动负债(94 500 000 美元)。因此，当流动比率大于 1.0 并且流动负债增加(下降)至与流动资产等量(或接近等量)时，流动比率会下降(增加)。

　　表 15-1 中显示的 Argile 纺织公司营运资本状况的波动是季节性的。在经济周期内会发生类似的营运资本需求和融资需求的波动。例如，通常在经济衰退期营运资本需求下降，而

在繁荣期需求增加。一些公司,如经营农产品的公司,其季节性波动要比周期性波动大得多。但对于其他公司,如经营机器设备的公司或汽车生产商,其周期性波动更大。在下面的各节中我们将详细讨论有关营运资本融资的要求以及可选的营运资本政策。

15.3 现金周转期

总结 Argile 纺织公司的营运资本管理过程,步骤如下:

(1) Argile 纺织公司将预定和购买用于生产销售产品的原材料。Argile 纺织公司从供应商那里赊购,就将产生应付账款。赊购不会立即对现金流量产生影响,因为数天后才支付原材料款。

(2) 工人将原材料(棉花和羊毛)转换为产成品(布和毛线等),然而工资并不是在工作完成后就全额支付的,所以就产生了应付工资(可能会在一两个星期之后支付工资)。

(3) 以赊销方式出售产成品,这样就产生了应收账款,没有即时的现金流入量。

(4) 在一个生产周期中的某一时点,Argile 纺织公司必须支付应付账款和应付工资。若 Argile 纺织公司在收到应收账款之前进行支付,则将产生净现金流出,它就必须进行融资。

(5) 当 Argile 纺织公司的应收账款收回后,这个周期(通常是 30 天)就结束了。此时,公司可以支付用来赊购生产产品所筹集的资金,这样又开始下一轮的循环。

这里列示的行为指出了不同营运资本账户之间的关系。为了说明这种关系,我们可以将 Argile 纺织公司面对的这一过程称为**现金周转期**(cash conversion cycle),它关注公司从支付现金或存货生产到回收现金或生产收益实现的时间长度。[①] 以下是现金周转期模型使用的术语:

(1) **存货周转期**(inventory conversion period)是指将原材料转换为产成品并销售所需的平均时间,它是产品各个生产阶段持续时间的总和。存货周转期的计算如下:

$$存货周转期 = \frac{存货}{每天售出存货成本} = \frac{存货}{\dfrac{每年售出存货成本}{360 \ 天}} \tag{15-1}$$

因为 Argile 纺织公司 2012 年的销售成本是 6 亿美元,它的库存周转期是:[②]

$$Argile \ 纺织公司存货周转期 = \frac{13 \ 500 \ 万美元}{\dfrac{60 \ 000 \ 万美元}{360 \ 天}} = \frac{13 \ 500 \ 万美元}{166.7 \ 万美元} = 81.0 \ 天$$

因此,2012 年 Argile 纺织公司平均花费 81 天将原材料转换为产成品并销售。

(2) **应收账款回收期**(receivables collection period)是指将公司的应收账款转换成现金的平均时间——从销售产品到收回现金的时间。它也被称为尚未收回赊销款项的时间(days sales outstanding,DSO),计算如下:

---

① Verlyn Richards and Eugene Laughlin,"A Cash Conversion Cycle Approach to Liquidity Analysis," *Financial Management*,Spring 1980,32—38.

② 在本计算和本书其他比率的计算中,我们假设一年为 360 天,这个假设只是为了简化计算,因为 360 天比 365 天更容易整除。这个假设既不改变计算的意义,也不改变计算的应用。

$$\text{应收账款回收期}(DSO) = \frac{\text{应收账款}}{\text{日均赊销额}} = \frac{\text{应收账款}}{\dfrac{\text{年赊销额}}{360\text{ 天}}} \qquad (15\text{-}2)$$

2012 年,Argile 纺织公司的销售收入为 7.5 亿美元,那么它的应收账款回收期是:

$$\text{Argile 纺织公司应收账款回收期} = \frac{9\,000\text{ 万美元}}{\dfrac{75\,000\text{ 万美元}}{360\text{ 天}}} = \frac{9\,000\text{ 万美元}}{208.3\text{ 万美元}} = 43.2\text{ 天}$$

因此,与赊销有关的现金在产品销售之后的 43.2 天才能收回。

(3) 应付账款递延期(payables deferral period)是指从购买原材料和劳动力到为此支付现金的平均时间。它也被称为尚未支付赊购款项的时间(days payables outstanding,DPO),计算如下:

$$\text{应付账款递延期}(DPO) = \frac{\text{应付账款}}{\text{日均赊购额}} = \frac{\text{应付账款}}{\dfrac{\text{销售成本}}{360\text{ 天}}} \qquad (15\text{-}3)$$

Argile 纺织公司的应付账款递延期是:

$$\text{Argile 纺织公司的应付账款递延期} = \frac{1\,500\text{ 万美元}}{\dfrac{60\,000\text{ 万美元}}{360\text{ 天}}} = \frac{1\,500\text{ 万美元}}{166.7\text{ 万美元}} = 9\text{ 天}$$

因此,Argile 纺织公司平均在购买原材料之后 9 天支付供应商货款。[3]

(4) 现金周转期 (cash conversion cycle)是上述三个周期的净值,是指公司从支付工人工资和原材料款项到产品销售获得现金的时间。现金周转期等于 1 美元在流动资产中平均停留的时间。

现在我们使用这些定义来分析 Argile 公司的现金周转期。首先,图 15-1 显示了这些概念。每个部分都给了一个数字,现金周转期可用等式表示为:

$$\text{现金周转期} = (\text{存货周转期} + \text{应收账款回收期}) - \text{应付账款递延期} \qquad (15\text{-}4)$$
$$= (81.0\text{ 天} + 43.2\text{ 天}) - 9.0\text{ 天}$$
$$= 115.2\text{ 天}$$

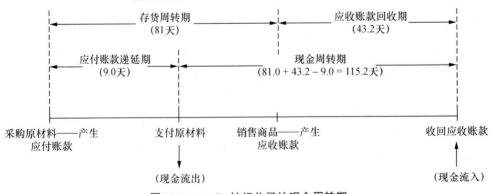

图 15-1　Argile 纺织公司的现金周转期

③　本例中的应付账款递延期使用传统方法来决定在现金周转期计算中使用的价值。如果我们意识到计算的意图是为了决定购买原材料和用于生产存货的劳动力的时间长短以及对于它们投入所支付的报酬,所以应付账款递延期应该考虑应计工资。

在这个例子中,现金周转期大约是 115 天,生产、销售产品后收到现金的时间会被拖后大约 124 天,因为:① 产品在仓库中将停留 81 天;② 在销售日后 43 天才能收回货款。由于 Argile 纺织公司在购买原材料时不是用现金支付,所以其向供应商的支付可以延后 9 天。因此,与存货投资有关的现金收入的净耽搁期为 115 天,接近一年的三分之一。

公司的目标应是在不影响经营的前提下尽可能缩短其现金周转期。这样可以提高利润,因为现金周转期越长,所需要的外部融资(如银行贷款)越多,这样的融资都是有成本的。可以通过以下方法缩短现金周转期:① 更迅速地处理原材料和出售产品,以缩短存货周转期;② 加快回收应收账款的速度,以缩短应收账款回收期;③ 延缓支付应付款项,以延长应付账款递延期。应在不对相关账户的管理产生太大影响的前提下采取这些措施。在后面的各节中我们会继续讨论更多的缩短现金周转期长度的方法。在阅读本章时,我们要牢记现金周转期的概念。

自测题 1

(答案见本章末附录 15A)

有关 Absolute Zero Freezers 公司营运资本账户的信息如下所示:

存货	30 000 美元
应收账款	60 000 美元
应付账款	25 000 美元
年赊销额	1 200 000 美元
年销售成本	900 000 美元

Absolute Zero Freezers 公司的现金周转期是多少?

15.4　营运资本投资和融资政策

营运资本政策包含两个基本问题:

(1) 什么是在流动资产总账户和特别账户项下的适度投资水平?

(2) 如何为流动资产融资?

15.4.1　可选择的流动资产投资政策

图 15-2 显示了三种有关流动资产总额的可选择投资政策。实际上,这些政策与维持一定销售水平的不同数额的流动资产相对应。斜度最大的直线代表**宽松型流动资产投资政策**(relaxed current asset investment policy),又称"肥猫政策"("fat cat" policy),此时要求相对大额的现金、可交易证券和存货量,向客户提供宽松的融资方式,相应地,其应收账款的数额也较大。相反,**紧缩型流动资产投资政策**(restrict current asset investment policy),又称"精打细算政策"("lean-and-mean" policy),其流动资产数量处于最低水平。**适度型流动资产投资政**

策(moderate current asset investment policy)居于上述两者之间。

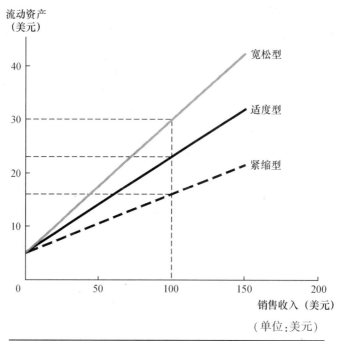

（单位：美元）

政策	用于维持 100 美元销售收入的流动资产
宽松型	30 美元
适度型	23 美元
紧缩型	16 美元

图 15-2　可选择的流动资产投资政策

注：这里的销售收入与流动资产呈线性关系，但它们的关系多数情况下呈曲线。

　　一家公司在销售、成本、订货间隔期、支付期限等确定的情况下，应该持有较低水平的流动资产，能够维持经营，公司就越可以采用紧缩型流动资产投资政策。但是，在公司营运情况都不确定的情况下，公司就得根据预期支付日期、预期销售收入、预期订货间隔期等来决定自己所要持有的现金和存货的最小量，此外还要再加上其他需要或者安全库存(safety stocks)，这样在实际情况与预期情况相背离时可以应急。类似地，可以根据客户的信用情况来决定应收账款的水平：信用情况越糟糕，在销售收入保持不变的前提下应收账款要越少。在紧缩型流动资产投资政策下，公司所持有的现金和存货的安全库存维持在最低水平并且采用紧缩的信用政策，即使这有可能冒损失订单的风险。紧缩、精打细算的流动资产投资政策通常对投资的回收期望最大，但是其所冒风险也是最大的。宽松政策下的情况正好相反。就预期风险和收益而言，适度型政策介于上述两种极端情况之间。

　　就现金周转期而言，紧缩的投资政策倾向于缩短存货周转期和应收账款回收期，最终导致相对较短的现金周转期。相反，宽松政策下存货量和应收账款都很大，存货周转期和应收账款回收期也较长，所以现金周转期也较长。适度型政策下的现金周转期介于上述两种极端情况之间。

15.4.2　可选择的流动资产融资政策

大部分公司都经历过季节性波动、周期性波动或两种情况都经历过。例如,建筑公司在春季和夏季达到高峰,零售公司在圣诞节前后达到高峰,建筑公司和零售公司的供货商也具有类似的经营模式。事实上,所有的公司在经济繁荣时都增加流动资产,在经济衰退时又都削减存货、降低应收账款的净值。但流动资产很少降为零,这种情况让人觉得一些流动资产应被看做**永久性流动资产**(permanent current assets),因为无论是季节性的还是经济环境的改变,永久性流动资产总保持稳定(一个最低水平)。

另一方面,**临时性流动资产**(temporary current assets)是指那些随着季节或公司的经营情况变动而变动的流动资产。在淡季,临时性资产可能为零;在旺季,临时性资产可能很高。表15-1 显示 Argile 纺织公司的流动资产水平在 2013 年 9 月 30 日预计为 345 000 000 美元,而在2013 年 12 月 31 日预计为 258 500 000 美元。因为 Argile 纺织公司的销售旺季是秋天,两个日期流动资产水平的差距主要来自临时性流动资产的变化。

永久性和临时性流动资产的融资方式被称为公司的流动资产融资政策。一般来说,公司使用流动资产融资的方式有以下三种:到期日匹配法、保守法和积极法。

到期日匹配法(自动清算法)　到期日匹配法或自动清算法(maturity matching, or "self-liquidating", approach)要求资产和负债的到期日匹配。如果公司被要求在债务的到期日或到期日之前进行清偿,则公司可能面临无法偿还到期债务的风险,这时这种战略可使风险最小化。公司会试图将资产和负债的到期结构正确地匹配。预期 30 天后卖出的存货将用30 天的银行贷款融资;预期使用 5 年的机器设备可以用 5 年期的贷款进行融资等。当然,有两个因素阻碍了严格的到期匹配战略:① 无法确定销售收入和公司资产的使用期,因此也无法确定现金流入的时间;② 公司必须用一些没有到期日的普通股来进行融资。

保守法　通过**保守法**(conservative approach),可用永久性、长期资本满足全部永久资产的要求,同时还可满足部分或全部的季节性、临时性的需求。在极端情况下,公司用长期融资为它们的季节性需求融资,减少短期融资需求。这是一个很难完成的工作,当然也不是不可能。使用这一方法的公司会在旺季用一定量的短期贷款满足融资要求。即使这样,它们也会在淡季将多余的永久资金以短期投资或可交易证券方式"储存流动性"。就像名字一样,这是一种安全、保守的流动资产融资政策,和其余两种方式相比,盈利性比较差。

积极法　遵循**积极法**(aggressive approach)的公司用长期资本为它的固定资产和一些永久性流动资产融资。其余的永久性流动资产和所有的流动性资产用短期资金(如银行贷款)融资。不同公司的积极程度可能不同。例如,一家公司可能用短期贷款融入永久性流动资产,而另一家公司可能用相同的贷款融入相对很少一部分永久性流动资产。积极法比另外两种方法风险更大,因为用于永久性流动资产融资的短期贷款到期时必须续贷。结果是,公司很有可能因为利率上升和贷款续借问题面临巨大的风险。但是,短期贷款要比长期贷款成本低很多,有些公司情愿牺牲安全性以换取更高的收益。

自测题2

(答案见本章末附录15A)

Calgary 公司计划制定一项有关流动资产的政策。固定资产为 600 000 美元,公司计划维持 50% 的资产负债率。公司所有负债的利率为 10%。现在考虑三种不同的流动资产政策:分别为预期销售收入的 40%、50% 及 60%。在 3 000 000 美元的销售收入中,该公司预期有 15% 的息税前利润,边际税率为 40%。在上述三种不同的流动资产水平下,该公司的预期权益收益率(ROE)是什么?

15.5 短期融资利弊

上述三种可能的融资政策下,采用短期债务的相对数额不同。积极法使用的短期负债最多,保守法使用的短期负债最少,到期日匹配法则居中。下面讨论短期融资的利弊。

15.5.1 速度

取得短期贷款比长期贷款要快得多。贷款方在发放长期贷款之前必定要作彻底的财务检查,贷款协议中将列出各种细节,因为在长期贷款期间有很多不确定的情况。

15.5.2 灵活性

如果资金的需求存在季节性或周期性,公司可能不希望进行长期借款,原因有三个:

(1) 长期债务的发行成本比短期债务高。

(2) 有些长期债务要支付昂贵的提前还款罚金。

(3) 长期贷款协议总包含一些限制公司未来经营的条款或约定。在这一方面,短期贷款协议通常没那么严格。

因此,一般情况下,短期融资比长期融资更加灵活。

15.5.3 长期债务和短期债务的成本比较

如在第 5 章所说的,收益率曲线通常向上倾斜,这表明短期债务的利率要低于长期债务的利率。因此,在正常情况下,短期债务比长期债务的利息成本低。

15.5.4 长期债务和短期债务的风险比较

短期债务的缺点是:它使公司遭受的风险要比长期债务高很多。高风险的原因有两个:

(1) 如果一家公司借入长期资金,它的利息成本相对稳定,甚至在一段时间内是固定的。如果是短期借款,利息费用的波动很大,有时会很高。

(2) 如果一家公司借了大量的短期借款,它将会发现可能没有能力偿还债务,并且如果借款人的财务状况不佳,贷款人就不会继续放贷,这就会迫使公司破产。

15.6　短期融资来源

在很大程度上,短期负债相对于长期负债的灵活性、成本以及风险主要取决于实际所采用的短期信贷的类型。**短期信贷**(short-term credit)指的是通常在一年内偿还的贷款。短期资金的来源很多。在本节中,我们讨论最主要的五个来源:应计项目、应付账款(贸易信贷)、短期银行贷款、商业票据和抵押贷款。

15.6.1　应计项目

通常公司每周、每两周或每月向员工支付工资,因此在资产负债表中会显示一些应计工资。同样地,公司应缴纳的所得税、员工的社会保障和个人所得税以及营业税都是按周、月或季度支付的,因此资产负债表中也经常会出现应交税费。这些**应计项目**(accruals)在公司经营扩大时会相应自动或自发地增加。而且,从某种意义上来说,应计账户的资金占有不存在显性利息,所以通常这种形式的负债被视为“无成本的”。然而,一家公司通常不能控制应计项目:工资支付的时间由经济力量和行业惯例决定,税收支付的时间是法律规定的。

15.6.2　应付账款(贸易信贷)

公司通常从其他公司以赊购的方式进行采购,并将负债作为应付账款。④ 这种融资方式有时还被称作贸易信贷,它是短期负债中所占比例最高的一种形式,一般占非金融公司流动负债的40%。贸易信贷起源于普通的商业交易,所以属于自发的融资来源。公司使用贸易信贷的数量取决于赊购的物品和公司的运营规模。例如,与扩大销售和采购规模一样,延长信贷期间同样创造了额外的贸易信贷。

15.6.3　短期银行贷款

商业银行的贷款通常在资产负债表上记作应付票据,而且作为一种短期融资方式,其重要性仅次于贸易信贷。⑤ 事实上,由于银行提供非自发性的资金,所以银行的影响力要大于它们的贷款额。当一家公司的融资需求增加时,它需要从银行增加贷款。如果这个要求被拒绝,公司将不得不放弃诱人的发展机会。下面我们讨论银行贷款的关键特征。

到期日　银行通常给公司签发90天的票据,在90天结束时,公司必须归还贷款或续借。当然,如果借款方财务状况恶化,银行会拒绝续借贷款。

本票　当银行批准贷款时会签署一张**本票**(promissory note),注明:① 借款金额;② 利

---

④　采用赊销方式,卖方将交易额记入应收账款,而买方则计入应付账款。我们将在本章的后面讨论作为资产投资的应收账款。我们可能还记得,如果公司的应付账款超过应收账款,则称作获得净贸易信贷;相反,如果应收账款超过应付账款,则称作提供净贸易信贷。通常小公司获得净贸易信贷,而大公司则提供净贸易信贷。

⑤　尽管商业银行是短期贷款的主要资金来源,但是仍然存在很多其他的资金来源。例如,2011年通用电气资本公司(GE Capital Corporation,GECC)的未偿还的商业银行贷款有几十亿美元。诸如GECC一类的公司最初的目标是为购买通用电气耐用消费品的消费者提供融资服务,但它们发现商业贷款比提供消费信贷更有利可图。

率;③还款计划;④是否要求抵押物或担保;⑤银行和借款方都同意的其他条款。

补偿性账户余额　银行有时要求借款方的支票账户保持一定数额的存款作为得到贷款的条件,这称为**补偿性账户余额**(compensating balance)。保持补偿性账户余额的资金为贷款额的10%—20%,这笔钱公司不能用于支付账单和投资。补偿性账户中的资金没有利息收入。补偿性账户可以看作银行向借款人收取贷款服务费用(簿记、维持信用额度等)。

信用额度　**信用额度**(line of credit)是一种银行与借款方之间的协议,是银行向借款人所能提供的最高信贷限额,这个限额是银行允许借款人在期限内的任何时候可以贷出的金额。例如,银行信贷人员向财务经理指出,银行明年能够提供给公司的最高贷款额为200 000美元。也就是说,公司在任何时候可以贷款的总额为200 000美元。当信贷额度得到保证时,则称为**循环信贷协议**(revolving credit agreement)。有了循环信贷协议,银行有法律义务向借款人提供所要求的资金。通常银行为了保证资金的可获得性,对不使用的信贷资金收取**委托费**(commitment fee)。为确保需要时能尽快获得资金,因此,银行将这笔钱投资于流动性高的工具,但获得的收益相对较低。在普通信贷协议中没有规定提供资金的法律义务以及收取委托费,因为这种信贷只有在银行有资金时才提供。

15.6.4　商业票据

商业票据(commercial paper)属于一种无担保本票,由财务状况良好的大公司发行,主要出售给商业企业、保险公司、养老基金、货币市场共同基金以及银行。商业票据的使用只限于许多小公司,这些公司抵御信贷风险的能力非常强。商业票据的到期时间为1个月至9个月不等,平均为5个月。[⑥] 商业票据可以使公司获得更广的信贷资金来源,包括全国范围的金融机构,同时有助于减少利息成本。商业票据的一个潜在问题是:有短期融资困难的债务人在借款人处很难得到帮助,因为商业票据处理的通常不是个人关系而是银行关系。

15.6.5　抵押贷款

如果认为有必要,大多数贷款可能是担保或抵押贷款。由于**抵押贷款**(secured loan)的簿记成本很高,所以最好采用无抵押的形式借入资金。然而,实力较弱的公司可能发现,它们仅在有抵押的基础上才能取得贷款或抵押贷款的利率较低。

大多数有担保的短期商业贷款使用短期资产(如应收账款和存货)作为抵押品。当应收账款作为抵押品时,公司被称为**抵押其应收账款**(pledging receivables)。有时应收账款也会卖给金融机构,公司被称为**授让**(factoring)其应收账款,而买方则被称为应收账款授让者(factor)。在这两个例子中,公司收到的货币要比应收账款价值低。也就是说,无论是抵押应收账款借入的资金还是出售应收账款融入的资金,都比应收账款的面值或总价值要低。当抵押应收账款时,贷款与应收账款面值之间的差额为缓冲带,以保障贷款人可能发生的不良应收账款。当授让应收账款时,这个差额代表授让者(购买者)的潜在总利润。两种方式的原则性差异是:当抵押应收账款时,出借人不仅拥有应收账款的所有权,而且具有对借款人的**追索权**

---

⑥　无须在SEC登记注册的最长到期时间为270天。另外,商业票据只能出售给专业的投资者;否则,无论到期时间为270天还是更短,都要到SEC登记注册。

(recourse)。如果借款公司的赊购客户产生了应收账款,不支付货款,借款人而不是出借人必须承担该损失。对大多数的授让情况来说,购买应收账款的授让者必须要承担损失。因此,通常授让者为借款人提供信贷部门来贯彻客户的信贷研究。

有相当大比例的赊销是以企业存货为担保的,如果公司有良好的信贷记录,仅以其存货就足以获得无担保贷款。如果公司的信用记录相对比较糟糕,贷款机构可能坚持存货留置(lien)。存货留置包括下列三种形式:

(1)总留置(blanket lien)是指贷款机构对借款人的所有存货设定留置而不限制借款人卖出存货。当作为抵押品的存货价格相对较低、周转快且很难单独识别时可采用总留置。

(2)信托收据(trust receipt)是指借款人持有商品信托的安排,也许商品储存在公共仓库中或事先由借款人保管。这种方式通常用于价格相对高、周转缓慢和容易以编号或以其他特征单独识别的货物。当这种留置情况下的商品出售时,其销售收入必须交付给借款人。汽车代理商融资是信托收据融资的一个最佳例子。

(3)仓库收据(warehouse receipt)。仓库收据融资是一种以存货为担保,而且将此存货与借款人的其他存货分开,并储存在有保障的地点,如在借款人的房舍中(就近仓储)或独立的仓库中(终端仓储)。为了提供存货监管,贷款机构雇用第三方——仓储公司作为其监督代理人,并销售存货。

15.7　计算短期赊销成本

在本节中,我们讨论短期赊销成本是如何计算的。首先,我们计算在给定期间使用资金的成本百分比(r_{PER}):

$$每期成本百分比 = r_{PER} = \frac{贷款成本}{可用资金} \tag{15-5}$$

在此公式中,分子代表借款所必须支付的成本,该成本包括贷款利息、使用手续费、委托手续费等;分母代表借款人实际可以使用(支出)的贷款金额。此金额不必等于贷款本金,因为折扣、补偿余额或其他原因可能降低公司可用的贷款金额。在本节,我们会看到当贷款限制使得借款人无法使用所有贷款金额时,贷款所支付的有效年利率高于名义利率。

使用等式(15-5)和第 9 章所阐述的概念,短期融资的有效年利率(r_{EAR})和年百分比率(APR)计算如下:

$$r_{EAR} = (1 + r_{PER})^m - 1.0 \tag{15-6}$$

$$APR = r_{PER} \times m = r_{SIMPLE} \tag{15-7}$$

式中,m 是一年中的借款期数(如果贷款为一个月,则 $m = 12$),r_{PER} 是每个复利期间的利率,可能是一天、一个月或者任意时间段。记得我们在第 9 章曾讨论过 EAR 的复利计算,但是对 APR 则没有。两种计算都调整每期成本百分比使其变为以年度为基础。以年度为基础衡量成本,让我们更容易比较不同到期日的短期信贷工具。

为了说明这些等式的应用,我们假设赊销条件为 2/10,净(net)30。准许公司在送出账单后 10 天或之前以购买价的 2% 折扣付现,否则就必须在送出账单后 30 天以购买价的全额付

现。如果公司放弃折扣利益,那么对于每1美元的购买,公司需要实际支付2美分来借入98美分,则额外20天使用资金的成本为:

$$每期成本百分比 = r_{PER} = \frac{2\text{美分}}{98\text{美分}} = 0.020408 \approx 2.041\%$$

按一年360天计,$m = 18$,与贸易信贷有关的APR或简单利率是:

$$APR = r_{SIMPLE} = 2.0408\% \times 18 = 36.73\%$$

使用这些贸易信贷条件作为短期融资来源的有效年利率EAR为:

$$r_{EAR} = (1 + 0.020408)^{18} - 1.0 = 1.43856 - 1.0 = 0.43856 = 43.86\%$$

根据以上计算,如果公司选择在第30天支付账单,那么它将"放弃"2%的现金折扣,等于以接近44%的年利率借入资金。[⑦]

接下来让我们考虑公司以**贴现率贷款**(discount interest loan)向银行融资的情况。这种贷款的利息必须预先支付,所以借款人所收到的金额低于本金或贷款面值。假如Argile纺织公司收到10 000美元的贴现率贷款,以8%的名义(简单)利率贷款9个月,贷款利息为600美元[$10\,000 \times 0.08 \times (9/12)$]。注意:所支出利息只是未偿付贷款年利息的一部分——本例中为9个月。因为利息必须预先支付,所以Argile纺织公司只收到9 400美元($10\,000 - 600$)的可用贷款。因此贷款9个月的利率为:

$$r_{PER} = 9\text{个月的利率} = \frac{10\,000\text{美元} \times 0.08 \times \left(\frac{9}{12}\right)}{10\,000\text{美元} - \left[10\,000\text{美元} \times 0.08 \times \left(\frac{9}{12}\right)\right]}$$

$$= 600\text{美元}/9\,400\text{美元} = 0.06383 = 6.38\%$$

贷款的APR为:

$$ARP = r_{SIMPLE} = 6.383\% \times \left(\frac{12}{9}\right) = 8.51\%$$

EAR为:

$$r_{EAR} = (1.06383)^{(12/9)} - 1.0 = 0.8600 = 8.60\%$$

如果Argile纺织公司的银行对贷款收取50美元的手续费,其贷款成本是多少?要回答这个问题,首先看等式(15-5)并决定费用支付是否影响分子(贷款成本)、分母(可用资金)或两者。分子通常被贷款相关费用影响,而分母则受必须留下来的资金(如为了满足补偿余额需求)或必须预先支付的贷款成本的影响。因此,若Argile纺织公司为使用贷款付出手续费50美元,分子和分母都将受影响,而9个月的利率为:

$$r_{PER} = 9\text{个月的利率} = \frac{600\text{美元} + 50\text{美元}}{9\,400\text{美元} - 50\text{美元}} = \frac{650\text{美元}}{9\,350\text{美元}} = 0.06952 = 6.95\%$$

贷款的APR和EAR分别为9.27%和9.37%。

在本例中,你应该认识到,当各项与贷款有关的费用(如利息、贷款处理费用等)越高时,

⑦　我们假设公司在期限的最后一天付款给供应商,也就是说,如果享受折扣可以在第10天支付,如果没有享受折扣则要在第30天支付,这是理性的商业行为。如果没有享受折扣,而且在第20天支付(或者在最后到期日之前的任意时间),则使用这种融资的相关成本高于所计算的数字。资本成本更大的原因是公司使用资本的时间更短。

或当贷款的净收入低于本金时,以百分比衡量的短期融资成本也越高。在大多数情况下,短期融资的有效年利率高于名义利率。只有当借款人整年对于所借本金可以完全利用,而且唯一以货币计算的成本是对未偿付贷款余额索取的利息时,贷款的有效年利率才等于名义利率。

自测题 3

(答案见本章末附录 15A)

Gallinger 公司需要额外 300 000 美元的流动资产来支持一项计划。公司可以从银行以年利率 13% 贴现借款,无补偿性余额要求;另外,公司还可以不享受折扣进行融资,从而增加应付账款。该公司的购货赊销条件为 2/10,净 30。但是,由于供应商的产能过剩,所以该公司通常在应付账款到期后再拖上 35 天,亦即购货后 65 天才付款且没有罚款。严格按照有效年利率进行比较,Gallinger 公司应如何为这次扩张融资?

15.8 现金与可交易证券管理

在第 10 章,我们知道公司管理层应该使公司价值(以现金流量为基础)最大化,因此,管理现金流量是财务经理非常重要的任务。其中一项任务就是确定为了确保正常的经营活动持续且不受干扰,公司在任何时候必须准备的现金量。本节阐述了影响公司持有多少现金的因素,以及目前很多公司正在采用的现金管理方法。

15.8.1 现金管理

为了便于讨论,我们将现金定义为公司所持有的可随时用于支付的资金,它包括公司支票账户的余额和实际持有的货币量。现金是用来支付票据的"非收益或闲置的资产"。如果可能的话,可以将现金"投入"拥有正期望收益的投资项目中。因此,现金管理者的目标是最小化公司为了进行日常商业活动所必须持有的现金量,同时确保公司有足够的现金支持其运营。

公司持有现金的原因主要有以下几点:

(1)公司营运持有现金的主要原因是付款必须使用现金,而且收入是储存在现金账户的。与日常收付款有关的现金余额称为**交易性余额**(transactions balance)。

(2)银行通常会要求公司维持补偿性余额(compensating balance),即储存一定金额以弥补银行提供服务(如支票清偿、现金管理等)的成本。

(3)因为对现金流入和现金流出的预测有些困难,公司通常拥有一些现金储备用于满足偶发的、不可预测的现金需求波动,这些资金被称为**预防性余额**(precautionary balance)。公司的现金流量越难预测,预防性余额应该越高。如果公司可以既快速又容易地借到资金,或许会通过建立赊销额度借到资金,这样其所需的预防性余额就会降低。

(4) 有时候持有现金余额是为了使公司充分利用偶然的投资机会,这些资金被称为**投机性余额**(speculative balance)。同预防性余额一样,容易取得借款资金的公司会依赖于其快速借款的能力,而不是出于投机目的持有现金余额。

虽然大部分公司的现金账户包括交易性、补偿性、预防性和投机性余额,但是我们无法细分每个目的所需的金额,只能将其加总以求得一个现金总需求余额,这是因为同一笔钱可能有多种功能,如预防性和投机性余额可以满足补偿性余额需要。但是,公司在确定其目标现金量时应该同时考虑这四个因素。

除了这四个动机之外,公司保留现金的目的还在于保护其信用等级,通过维持其流动性状况以保持与行业中其他公司相近的流动性水平。高的信用等级能使公司以有利的条件从供应商处购买商品,同时和银行保持良好的信贷关系。

15.8.2　现金管理的技巧

大多数的现金管理活动由公司和其主要银行进行,但是财务经理要对现金管理过程的效率负责。有效现金管理包括对公司现金流入和现金流出的适当管理,它需要考虑以下几个方面的因素:

现金预测

适当现金管理最关键的要素是现金预测,通常被称为现金预算。公司必须预估现金流入和现金流出的时机,以计划其投资和借款作业。如果公司预期在某一期间现金将短缺,必须在风险爆发前作借款计划。如果预期有现金剩余,公司可以暂时投资此资金而不必让它闲置。现金预算在第8章有详细的讨论。

现金流量同步化

公司试着让现金流入和现金流出尽可能地匹配,即规定客户支付账单的时间,以保证客户支付账单的周期刚好符合公司支付账单的周期。**现金流量同步化**(cash flow synchronization)让公司能够降低现金余额、降低银行贷款、减少利息费用和增加利润。现金流量的时间可预测性越强,获得的同步性也就越大。显而易见,公用事业和信用卡公司现金流量同步化的程度通常很高。

浮游量

浮游量(float)是公司(或个人)支票簿余额与银行账户余额的差值。例如,假设公司每天开出 5 000 美元的支票,从支票寄出、结算到从公司银行账户中转账通常需要 4 天的时间。因此,公司账簿显示的金额将比银行对账单记录少 20 000 美元(5 000 美元 × 4 天);这个差异被称为**支出浮游量**(disbursement float)。现在假设公司每天收到 6 500 美元的支票,但是存款和结算需要 2 天的时间。这个延误会产生 13 000 美元(6 500 美元 × 2 天)的**收入浮游量**(collections float)。加总之后,公司**净浮游量**(net float)为 7 000 美元,即 20 000 美元正支出浮游量与 13 000 美元负收入浮游量之间的差额。这意味着银行对账单上显示的该公司支票账户余额比公司自己的账簿中要多 7 000 美元。

延误会造成浮游量增加,因为:① 支票需要通过邮寄或电子方式交给收款人或接收人(邮寄延误);② 支票需要收款公司处理(处理延误);③ 支票需要经由银行系统交换(结算或实用性延误)。基本上,公司净浮游量的规模是加快回收支票能力和减慢支票开具能力的函数。效率高的公司可以加快支票回收的过程,从而使资金更快地投入运营,同时公司应尽可能地延长开具支票的时间。

加速收款

公司无法使用客户支付的资金,除非公司收到这部分资金并转化为可使用的形式,如现金或增加支票账户余额。毫无疑问,提高回款速度,同时尽快将这些款项转化为现金对公司很有利。

虽然公司无法直接控制一些导致浮游量的递延,但是可以使用以下几个技巧来管理收款:

(1) **锁箱法**(lockbox arrangement)就是要求顾客将支票邮寄到当地的邮政信箱而不直接寄到公司(当邮寄支付时)。公司安排地方银行从信箱中取得这些支票,可以一天数次,然后立即将这些支票存入公司的支票账户。用锁箱法减少浮游量有两种方式:第一,若支票要从很远的地方邮寄,邮寄延误降至最低;第二,因为开具支票的银行与联邦储备局位于同一个地区,所以支票结算速度更快。

(2) 如果公司从顾客处定期收到支票,可以建立一套**预先授权支付系统**(preauthorized debit system),有时也称预付。通过这种安排,收款公司和它的顾客(付款公司)达成协议,付款公司的开户行定期将资金从付款公司账户转移至收款公司账户,即使买卖双方的开户行不同也一样。预先授权支付可以加快资金转移,因为它可以完全消除邮寄和支票结算产生的延误。

(3) **集中收付制度**(concentration banking)是一种现金管理协议,无论资金处于锁箱法中还是不同地区的分散账户中,都可以将资金从分散接收地调至一个或多个中央现金库。然后,现金管理者用这些资金进行短期投资,抑或在公司的各种银行账户中进行重新分配。通过现金分配,公司在管理和投资中实现最大的规模经济效益。例如,大额投资的佣金通常少于 1 美元,大额投资比小额投资的收益高。

支付控制

加速收款代表现金管理的一面,而控制资金流出或支付则是另一面。一般而言,有三种方法可以用来控制支付:

(1) 应付账款的集中处理使得财务经理可以评估整个公司未来的支付额,同时从整个公司角度安排资金的使用以满足公司的整体需求,也使得应付账款和浮游量的影响能够得到更加有效的监控。集中支付系统的缺点是地区的管理人员无法及时进行支付,将导致名誉受损且提高了公司的经营成本。当支付制度使用更先进的电子系统时,支付集中化能够更有效地协调进行,大大减少了上述提到的不利情况。

(2) **零余额账户**(zero-balance account,ZBA)是一个特别支付账户,当没有支付活动发生时,余额为零。通常,公司会在集中账户系统建立几个零余额账户,从主账户进行转账。当开出支票要求由零余额账户进行支付时,资金将从主账户自动转账。

(3) 与零余额账户通常在集中账户系统开立不同,**控制支付账户**(controlled disbursement accounts,CDAs)可以在任何一家银行开立。这种账户不保留资金,直到要求开具支票进行支付。公司依靠开立控制支付账户的银行来提供上午(纽约时间 11 时之前)所有要求支付的支票信息。这可以让财务经理将资金转移到控制支付账户用于支付所开具的支票金额,或者在中午将即将过剩的现金进行投资,这时货币市场交易达到高峰。

电子支付系统的引入很明显地减少了浮游量(无论是收入浮游量还是支出浮游量)。随着这种系统变得更加复杂和普遍,浮游量会继续减少,也许会达到一个几乎不存在的点。

15.8.3　可交易证券

实际上现金与可交易证券的管理是无法分开的,管理一个就意味着管理另一个,因为公司持有可交易证券的数额取决于短期现金需求。

可交易证券(marketable securities)或近似现金(near-cash)资产,属于流动性极强的短期投资,短期投资使公司得以使用不必立即支付的现金赚取正报酬,但有时候付款的需要就在近期,或许是几天、几周、几个月。虽然短期投资的获利能力通常比营运资产低,但是几乎所有大公司都有可交易证券。公司持有可交易证券的原因有两点:

(1) 可交易证券可以被视为现金的替代物。公司通常持有可交易证券的投资组合,当需要资金时可以很快将投资组合的一部分转换为现金,因为可以利用可转让证券在有限的时间内利用现金余额获得收益。此时,可交易证券可以用来替代交易性账户、预防性账户和投机性账户。

(2) 可交易证券可以用作暂时性投资:① 为季节性或周期性经营筹措资金;② 聚集资金以满足未来的财务要求。例如,如果公司有保守融资政策(就像先前讨论的),那么长期资金将超过永久性资产,而当存货和应收账款较低时,公司将持有可交易证券。

因为可交易证券是暂时投资,金融资产(包括在货币市场出售的投资)都是合适的投资。这些证券(包括第 2 章中所描述的)包括国库券、商业票据、可转让定期存单和欧洲美元定期存款。基于持有这些工具多久,财务经理决定合适的证券组合和合适的到期形态,以可交易证券的形式作为近似现金储备。就像本节所描述的,长期证券不是合适的可交易证券投资;相反,安全性——尤其是保本——对于组成可交易证券投资组合是极为重要的。

◍))　自测题 4

(答案见本章末附录 15A)

Atlanta Autos 公司发现从公司开出支票、银行结算到从公司银行账户中转走平均需要 4 天,Atlanta Autos 公司从客户那里收到支票到银行将这部分资金转化为可使用的形式平均需要 2 天。Atlanta Autos 公司开出 140 000 美元的支票,以及从客户那里收到 160 000 美元的支票。公司的支出浮游量、收入浮游量和净浮游量是多少?

15.9 赊销管理

一般而言,公司偏好现金销售,因为支付是确定和立即的。那么,为什么公司要赊销商品? 主要是因为它们的竞争者提供赊销方式。让我们考虑这个情况,如果你有机会从两家公司以同样价格购买相同产品,但其中一家要求购买时支付现金,而另一家可以在购买一个月后支付,而且不需要额外的成本,你会购买哪一家公司的产品? 和你一样,公司偏好延期支付,特别是不增加成本的延期支付。

有效的赊销管理特别重要,因为就应收账款投资和维持而言,赊销成本很高。相反,赊销额太少会导致销售利润的损失。持有应收账款有直接成本和间接成本,但是也有一个重要的优势:提供赊销可以增加利润。因此,为了使股东财富最大化,财务经理必须了解如何有效管理公司的赊销活动。

本节讨论决定公司赊销政策的重要因素,如何监控赊销政策流程来确保适当管理,并评估赊销政策的改变是否对公司有利。

15.9.1 赊销政策

影响公司产品需求的主要控制变量为公司产品的销售价格、生产量、广告和公司的**赊销政策**(credit policy)。公司的赊销政策包括以下因素:

(1) **赊销标准**(credit standards)规定了可进行赊购的客户的财务能力和信誉度。公司的赊销标准被用来确定客户是否符合通常的赊销条件,以及每个顾客可赊购的额度。设定赊销标准时主要考虑客户可能延期支付甚至最终成为坏账的可能性。确定客户的信誉质量或者信誉度是赊销管理中最困难的一部分。但是,赊销评估是一种在实践中行之有效的方式,并且一个优秀的赊销经理能够通过检查客户(公司)的流动资金状况以及影响未来流动资金的评估因素,合理精确地评估不同等级客户违约的可能性。

(2) **赊销条件**(terms of credit)指的是与赊销有关,特别是与支付条件相关的条件。首先需要确定赊销期何时开始,确定客户拖欠债务之前进行支付的时间长度,以及是否采取提早支付以享受现金折扣的政策。在美国各个行业中,公司的赊销条件不尽相同,赊销条件有交货前付现(CBD)、货到付款(COD)以及提前支付的现金折扣。考虑到贸易赊销的竞争特点,大部分财务经理在制定赊销条件时都采用行业内部惯例。

(3) **收款政策**(collection policy)是指公司赊销收款所遵循的流程。公司必须确定在何时、以何种方式通知买方付款。客户越快接到通知,支付账单的速度也就越快。目前,公司更多地采用电子化的方式通知客户。

15.9.2 应收账款监控

一旦公司设定赊销政策,就必须依照该政策执行。因此,为了确保该政策被恰当执行,公司定期检查应收账款以确定客户是否改变支付方式以致赊销超出了政策范围是至关重要的。**应收账款监控**(receivables monitoring)是指评估赊销政策以确定客户是否改变了付款方式的过程。

一般来说,公司通过检查未收回的赊销款项来监控应收账款。有两种方法,分别是尚未收回赊销款项的时间(DSO)和账龄表:

（1）**尚未收回赊销款项的时间**(days sales outstanding,DSO)也称为平均收回期(average collection period),指的是收回未收回的赊销款项的平均时间。表 15-2 显示了尚未收回赊销款项的时间(平均收回期)的计算,Argile 纺织公司在 2012 年尚未收回赊销款项的时间是 43.2 天,如果 Argile 纺织公司使用如"2/10,净 30"的赊销条件,我们可以知道有些客户在支付账款时存在拖欠债务的情况。若顾客在 10 天内付款则给予现金折扣,而其他顾客平均收回时间超过 43.2 天。另外一种检测方法就是下面将讨论的账龄表。

表 15-2　Argile 纺织公司:2012 年应收账款账龄表

账龄(天)	流通在外净额 (百万美元)	占应收账款比例 (%)	平均天数
0—30	36.0	40	18
31—60	45.0	50	55
61—90	5.4	6	77
90 以上	3.6	4	97
	90.0	100	

尚未收回赊销款项的时间 = 0.40×18 天 + 0.50×55 天 + 0.06×77 天 + 0.04×97 天 = 43.2 天

（2）**账龄表**(aging schedule)是根据账龄将公司应收账款进行细分的目录。表 15-2 是 Argile 纺织公司在 2012 年 12 月 31 日的应收账款账龄表。账龄表通常按月划分账龄,通过更小的时间单位(如 1 周或 2 周)划分账龄可以获取更精确且更佳的监控信息。

根据 Argile 纺织公司的账龄表,只有 40% 的赊销账款是未逾期的,因为它们在 30 天的赊销期内收回;60% 的赊销账款是逾期的。有些付款只逾期几天,而有些款项的拖欠时间是 30 天赊销期的三四倍。

管理层应该随时监控尚未收回赊销款项的时间并用账龄表来分析趋势。该数据可以用来比较公司的回收期及其赊销条件,并与同行业的其他公司进行比较,确定赊销部门如何更有效地运作。如果尚未收回赊销款项的时间开始增加,账龄表中拖欠账款的比例增加,那么公司必须收紧赊销政策。

你必须小心看待对尚未收回赊销款项的时间和账龄表的诠释,如果公司经历重大季节性变动或者成长快速,则这两者都会被扭曲。Argile 纺织公司的季节性高峰在夏末,表 15-1 显示在 2013 年 9 月预期应收账款将高达 125 000 000 美元,但是在 2013 年 12 月 31 日将降为 99 000 000 美元。因为 2013 年预期销售收入为 825 000 000 美元,所以 Argile 纺织公司在 9 月 30 日尚未收回赊销款项的时间是 54.5 天[125 000 000/(825 000 000/360)],但是 12 月 31 日尚未收回赊销款项的时间是 43.2 天[99 000 000/(825 000 000/360)]。尚未收回赊销款项的时间的下降不表示 Argile 纺织公司紧缩赊销政策,而是季节性因素造成销售收入下降的结果。销售收入发生重大变动时账龄表分析也会发生类似问题。

尚未收回赊销款项的时间或是账龄表的变动应该被视为需要进一步探讨的信号,但是不必视为公司赊销政策的弱化。如果公司的销售方式经常发生变化,则必须采用改进的账龄报告来正确解释这些波动情况。[8] 而且,尚未收回赊销款项的时间和账龄表都是评估赊销客户付款行为的有效手段。

15.9.3　赊销政策变动分析

计划变更销售政策时要考虑的关键问题是:此改变如何影响公司价值? 除非预计赊销政策的变化获得的额外收益能超过增加的成本,否则公司不应该改变其赊销政策。

为了说明如何评估赊销政策的改变是否恰当,让我们观察如果 Argile 纺织公司改变并降低其平均收回期将会如何。公司财务经理提出按照下列两个步骤在 2013 年达成此任务:① 更早地向客户开单,对逾期付款的顾客增加压力,要求其支付款项;② 观察现存赊销顾客账户并对那些"习惯性逾期"的付款顾客取消赊销。很明显地,这些行动将增加 Argile 纺织公司赊销政策的相关成本。此外,即使 Argile 纺织公司有一些非常忠诚的顾客,但仍然会流失一些被取消赊销的顾客。由于赊销政策改变对信用好的顾客影响不大,财务经理预计当前充分享受现金折扣的客户将不会发生变化。如果赊销政策的改变被接受,则尚未收回赊销款项的时间(平均收回期)预期从 43.2 天降为 34.9 天,这将与 Argile 纺织公司的赊销条件(2/10,净30)和行业平均的 32 天更接近。而且如果平均收回期下降,应收账款"携带"的数额减少,这意味着与应收账款相关的数额减少了。

表 15-3 提供了 Argile 纺织公司目前的赊销政策和财务经理提出改变的信息。从表中可知,如果公司的赊销政策改变,销售收入每年将降低 2 000 000 美元或每天将降低 5 556 美元。注意,只有放弃现金折扣的顾客(包括那些"习惯性逾期"付款的顾客)才受到赊销政策改变的影响。结果是,如果赊销政策的改变被接受,放弃现金折扣顾客的销售收入每天降低 5 556 美元,从 1 902 200 美元降到 1 896 700 美元,而给予现金折扣顾客的销售收入仍维持在 381 700 美元。

表 15-3　Argile 纺织公司 2008 年目前和提议的赊销政策

	目前的政策	提议的政策
I. 一般赊销政策信息		
赊销条件	2/10,净30	2/10,净30
所有顾客的尚未收回赊销款项的时间[a]	43.2 天	34.9 天
享受现金折扣(17%)的顾客尚未收回赊销款项的时间	10 天	10 天
享受现金折扣(83%)的顾客尚未收回赊销款项的时间	50 天	40 天
II. 年赊销额和成本 (百万美元)		
净销售收入[b]	582.0	823.0
现金折扣顾客支付金额[c]	137.4	137.4
非现金折扣顾客支付金额[c]	684.8	682.8

---

⑧　关于对尚未收回赊销款项的时间和账龄的完整讨论参见:Eugene F. Brigham and Phillip R. Daves, *Intermediate Financial Management*,10th ed. (Cincinnati,OH:South-Western College Publishing,2010),Chapter 22。

（续表）

	目前的政策	提议的政策
变动成本（销售收入的 80%）[d]	660.0	658.4
坏账	0	0
信贷评估和回收成本[d]	8.0	9.0
Ⅲ. 每日销售收入和成本（千美元）		
净销售收入	2 291.7	2 286.1
现金折扣顾客支付金额	381.7	381.7
非现金折扣顾客支付金额	1 902.2	1 896.7
变动成本（销售收入的 80%）	1 833.3	1 828.9
坏账	0	0
信贷评估和回收成本	22.2	25.0

注：a 在现行政策下，17% 的客户取得现金折扣并在第 10 天付款，其余客户（83%）平均在第 50 天付款，全体客户的尚未收回赊销款项的时间等于 43.2 天（0.17 × 10 + 0.83 × 50）。

b 在第 8 章，我们预计 Argile 纺织公司 2008 年的销售收入为 8.25 亿美元，它代表公司预期从赊销、现金折扣中收回的数额。包括现金折扣在内的总销售收入计算如下：

$$销售收入 = 0.83 × 总销售收入 + 0.17 × (1 - 0.02) × 总销售收入 = 825\,000\,000 美元$$
$$= 总销售收入 × (0.83 + 0.17 × 0.98) = 825\,000\,000 美元$$
$$总销售收入 = 825\,000\,000 美元/0.9966 = 827\,800\,000 美元$$

c 目前，17% 的客户在第 10 天付款并取得现金折扣 2%，这群客户的预期付款金额为 1.374 亿美元 [0.17 × (1.0 - 0.02) × 8.25]。取得现金折扣的客户不受赊销政策变动的影响，政策变动是针对那些拖欠的客户。所以，在两种政策下，取得现金折扣的客户的付款都是 1.374 亿美元，未取得现金折扣的客户的付款将减少 200 万美元，即对这群客户的销售将从 6.848 亿美元（0.83 × 825\,000\,000）降到 6.828 亿美元（684\,800\,000 - 2\,000\,000）。

d 变动成本在赊销发生时付出，本分析不包括固定成本，因为赊销政策的变动不会改变其金额。其他与赊销有关的费用（如评估和回收成本）也在赊销发生时付出。这些假设可以简化分析。

e 每天都需要对数据进行分析，来评估这项提议是否可以被接受，实际的分析如表 15-4 所示。为保持一致，我们仍以一年 360 天计算。

为了判断 Argile 纺织公司是否应该接受财务经理的提议，我们必须评估提议如何影响公司价值，因此，我们必须比较两个赊销政策的净现值（NPV）。为了完成分析，我们作两个简单假设：

（1）销售在全年平稳发生；

（2）每一个生产/销售周期是固定的，因此，不管在一年中什么时间观察，与赊销相关的现金流入和现金流出都发生在相同的时点。

这些假设准许我们以天为单位评估与赊销相关的现金流入和现金流出，以确定是否接受提议的赊销政策。

表 15-3 对有关现金流入的时机给出了明确的假设，而表 15-4 显示了 NPV 分析（$r = 10\%$）的结果。根据这些结果，目前赊销政策每天的 NPV 是 401 100 美元；反之，提议的赊销政策每天的 NPV 是 402 400 美元。如果公司改变其赊销政策，每天的 NPV 变化（表 15-4 的第Ⅲ部分的 ΔNPV）是 1 300 美元。根据前面及表 15-3 的假设，我们预期此改变对公司有永久或持续的影响。因此，1 300 美元的变化表示每日的永续年金，根据表 15-4 的第Ⅲ部分，公司价

值将增加 4 680 000 美元。结果很清楚,应该改变赊销政策。

表 15-4　Argile 纺织公司:赊销政策的 NPV 分析　　　　　（单位:千美元）

Ⅰ. 目前的赊销政策

现金流量时间序列

$$0 \quad r = (10\% \div 360) = 0.02778\% \quad 10 \qquad\qquad 50 \quad 天$$

$$(1\,833.3) \qquad\qquad 381.7 \qquad\qquad 1\,902.2$$
$$(\underline{\quad 22.2\quad})$$
$$(\underline{1\,855.5})$$

$$NPV_{目前} = (1\,855.5) + \frac{381.7}{\left(1 + \dfrac{0.10}{360}\right)^{10}} + \frac{1\,902.2}{\left(1 + \dfrac{0.10}{360}\right)^{50}}$$

$$= (1\,855.5) + 380.6 + 1\,876.0 = 401.1$$

Ⅱ. 提议的赊销政策

现金流量时间序列

$$0 \quad r = (10\% \div 360) = 0.02778\% \quad 10 \qquad\qquad 40 \quad 天$$

$$(1\,828.9) \qquad\qquad 381.7 \qquad\qquad 1\,896.7$$
$$(\underline{\quad 25.0\quad})$$
$$(\underline{1\,853.9})$$

$$NPV_{提议} = (1\,853.9) + \frac{381.7}{\left(1 + \dfrac{0.10}{360}\right)^{10}} + \frac{1\,896.7}{\left(1 + \dfrac{0.10}{360}\right)^{40}}$$

$$= (1\,853.9) + 380.6 + 1\,875.7 = 402.4$$

Ⅲ. 如果提议被接受,其对公司价值的影响

以天为基础的 $\Delta NPV = 402.4 - 401.1 = 1.3$

$$\Delta\,价值 = \frac{1.3}{\left(\dfrac{0.10}{360}\right)} = 4\,680.0$$

表 15-4 的分析向 Argile 纺织公司的管理者提供了改变赊销政策对公司价值的影响,而他们必须对最后决策作很多判断,因为顾客和竞争者对赊销政策改变的反应很难评价,但是这类分析却是必要的。

自测题 5

(答案见本章末附录 15A)

　　Boca Grande 公司预期在目前营运政策之下,今年将有 10 000 000 美元的销售收入,其变动成本占销售收入的80%,而短期资金成本为16%。该公司目前的赊销政策为净25(提早支付无现金折扣),而其平均付款期为30天。Boca Grande 公司每年花50 000美元在收回赊账的工作上(无坏账),其边际税率为40%。与产品和赊销部门运营有关的费用在产品售出时支付。

该公司的赊销经理正考虑将赊销期间由25天延长到30天,赊账账款回收费用维持不变,在此提议下,销售收入预期每年增加1 000 000美元,尚未收回赊销款项的时间将由30天增加为45天。该公司是否应该改变其赊销政策?

15.10　存货管理

如果可能,公司偏好于没有存货,毕竟当产品是存货时,它们无法产生利润以及必须融资。然而,大多数公司必须以一定的形式保持一定的存货的原因有两点:一是无法对需求进行精确预测;二是将产品转化为待出售的形式还需要一定的时间。虽然对公司而言,超额存货成本可能非常高,存货不足也是如此;在没有产品可卖时,顾客可能转向竞争者购买,进而可能影响未来的收入。

虽然存货模型在生产管理的课程中有深入的探讨,但是对存货管理进行基本的了解是很重要的。因此,本章简单讨论存货管理的概念。

15.10.1　存货种类

存货根据完成阶段大体可分为:

(1) **原材料**(raw materials)包括从供应商处所购买的新存货。购买这些原材料的目的是转换为产成品以供销售。只要公司有原材料存货,订购延迟或供应商交割都不会影响生产程序。

(2) **在产品**(work-in-process)是指处于不同完成阶段的存货项目。如果公司在生产过程都有在产品的每一个阶段,一旦前几个阶段出现问题,则公司不必完全停止生产。

(3) **产成品**(finished goods)存货表示准备供销售的产品。公司持有产成品以保证当收到订单时可以出货。如果没有产成品,在出售存货之前公司必须等待所有的生产过程结束,因此一旦有需求不能马上交货。当有客户而又没有存货满足其需求时,就会发生**脱销**(stock-out),公司有可能将该客户拱手让与竞争者,也许永久失去了该客户。

15.10.2　最佳存货水平

存货管理的目标是以最低成本提供必要的存货以满足营运所需。确定最优存货水平的第一步就是识别存货采购和维持所涉及的成本;第二步是确定最小化的成本。

存货成本

通常我们将存货的成本分为三大类:持有存货成本、与采购和接收存货相关的成本,以及存货短缺(脱销)成本。首先,让我们看两种最直接、可观察的成本——维持成本和订购成本。

（1）**维持成本**(carrying costs)包括任何持有存货的相关成本,如仓储租金、存货保险等。维持成本通常与存货平均持有量同方向变动,即总维持成本与存货总量同比例增加。

（2）**订购成本**(ordering costs)包括发出和收到新存货订单所发生的相关费用,如备忘录制作成本、传真发送成本等。在大多数情况下,不管订购数量是多少,每次订购成本都是固定的。[⑨]

如果假定公司已知所需的总存货量,而且在每一期内的销售收入是平均分布的,那么我们可以将总维持成本(TCC)和总订购成本(TOC)加总,从而得到总存货成本(TIC)。

总存货成本(TIC) = 总维持成本 + 总订购成本

= 每单位维持成本 × 平均单位库存 + 每次订单的成本 × 订单次数

$$= (C \times \mathrm{PP}) \times \left(\frac{Q}{2}\right) + O \times \left(\frac{T}{Q}\right) \tag{15-8}$$

其中,各变量的定义如下:

C = 维持成本占每种存货采购价格的百分比;

PP = 每单位的购买价格或成本;

Q = 每次订单的采购数量;

T = 每期总需求或销售总量;

O = 每次订单的固定成本。

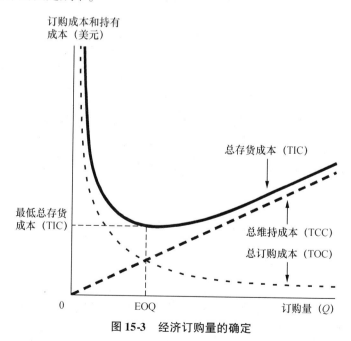

图 15-3　经济订购量的确定

---

⑨　事实上,维持成本和订购成本都包括变动成本和固定成本,至少在某一平均存货范围内是这样的。例如,短期内对于大量存货来说保管费和使用费可能是固定的。同理,接收存货的劳动力成本与接收数量相关,因此它是可变的。为了简便起见,我们将所有的维持成本视作变动成本,而将所有的订购成本视作固定成本。

根据等式(15-8),存货平均投资决定于订单发出频率和每次订单的采购量。如果我们每天订购,平均存货将大大低于每年订购一次,并且存货维持成本会很低,但是订单量很大时则存货的订购成本就很高。虽然我们可以增加订购数量以降低订购成本,但是平均存货和存货维持成本会增加。这种维持成本和订购成本的权衡显示在图15-3中。注意,图中有一点的总存货成本最低,该点被称为**经济(最优)订购量**[economic(optimum)ordering quantity,EOQ]。

经济订购量模型

经济订购量由图15-3中总存货成本曲线的斜率与横轴平行的点决定;也就是说,其斜率等于零。其结果如下列等式所示:

$$经济订购量 = EOQ = \sqrt{\frac{2 \times O \times T}{C \times PP}} \tag{15-9}$$

等式(15-9)的经济订购量模型的主要假设为:① 在检验期内销售收入平均分布而且可以精确预测;② 订单如期收到;③ 无论订购量是多少,每单位购买价格是一样的。[⑩]

为了说明经济订购量模型,考虑 Cotton Tops 公司提供的下列数据。Cotton Tops 公司为顾客定做 T 恤衫并供应给 Daisy World 卖场。

T = 每年销售 78 000 件 T 恤衫;

C = 存货价值的 25%;

PP = 每件 T 恤衫为 3.84 美元(每件售价为 9 元,但是与我们这里讨论的计算经济订购量没有关系);

O = 每次订单量为 260 美元。

将这些数据代入等式(15-9),得到经济订购量为 6 500 件:

$$EOQ = \sqrt{\frac{2 \times 260 \text{ 美元} \times 78 000}{0.25 \times 3.84 \text{ 美元}}} = \sqrt{42 250 000} = 6 500 \text{ 件}$$

如果 Cotton Tops 公司每次需要存货时的采购量为 6 500 件,则每年需要采购的次数为 12 次(78 000/6 500),维持的平均存货水平为 3 250 件(6 500/2)。因此,根据经济订购量的计算,Cotton Tops 公司的总存货成本等于 6 240 美元。

$$总存货成本(TIC) = (C \times PP)\left(\frac{Q}{2}\right) + O \times \left(\frac{T}{Q}\right)$$

$$= (0.25 \times 3.84 \text{ 美元}) \times \left(\frac{6 500}{2}\right) + 260 \text{ 美元} \times \left(\frac{78 000}{6 500}\right)$$

$$= 3 120 \text{ 美元} + 3 120 \text{ 美元} = 6 240 \text{ 美元}$$

注意下列两点:

(1)由于我们假定每次存货的采购和订单的采购数量无关,因此总存货成本中不包括存货本身的年采购成本 299 520 美元(78 000 × 3.84)。

[⑩] 也可以将经济订购量模型改写成:

$$EOQ = \sqrt{\frac{2 \times O \times T}{C^*}}$$

其中,C^* 为以美元表示的每单位年维持成本。

（2）图 15-3 以及相关的计算结果表明，在经济订购量水平下，总维持成本等于总订购成本。这一性质不是 Cotton Tops 公司所特有的，在之前的假设下，这一点总是成立。

表 15-5 显示了 Cotton Tops 公司在不同订购量下的总存货成本以及经济订购量水平。当订购数量增加时，总维持成本增加，而总订购成本减少；反之亦然。如果少于经济订购量，增加的订购成本远远大于减少的维持成本；反之，如果多于经济订购量，增加的维持成本远远大于减少的订购成本。

表 15-5　Cotton Tops 公司在不同订购量下的总存货成本

	订购量	订单号	总订购成本 （美元）	总维持成本 （美元）	总存货成本 （美元）
	3 000	26	6 760	1 440	8 200
	5 200	15	3 900	2 496	6 396
	6 000	13	3 380	2 880	6 260
EOQ	6 500	12	3 120	3 120	6 240
	7 800	10	2 600	3 744	6 344
	9 750	8	2 080	4 680	6 760
	13 000	6	1 560	6 240	7 800
	78 000	1	260	37 440	37 700

T = 年销售量 = 78 000 件
C = 维持成本 = 25%
PP = 采购价格 = 3.84 美元/件
O = 订购成本 = 260 美元/次

经济订购量模型的扩展

很明显，经济订购量的基本假设不实际，为了增加模型的使用价值，我们可以对模型进行简单的扩展。

首先，如果存货的采购和到达之间存在时间差，公司必须在存货没有前进行订购。例如，在正常情况下，订购和收到存货的时间为两周，那么 Cotton Tops 公司应该在存货剩余两周需求量时再订购。公司每周卖出 1 500 件（78 000/52），所以**再订购量**（reorder point）为存货降到 3 000 件时。

即使 Cotton Tops 公司在适当的再订购点订购了额外的存货，但预想不到的需求仍可能导致在新存货到达前缺货。为了避免这个问题，公司必须持有**安全库存**（safety stocks），或额外存货来解决脱销问题。公司增加持有安全库存的原因有三个：

（1）需求预测的不确定性非常大。

（2）脱销产生的成本（以损失的销售收入和损失的信誉来表示）非常高。

（3）延迟收到订货的机会非常大。

当持有额外存货的成本增加时，公司将减少持有安全库存。

在确定适度的存货水平时，公司还需要考虑的因素是：当大量购买时供应商是否提供折扣。例如，如果购买量超过 13 000 件时，Cotton Tops 的供应商提供 1% 的折扣，此时年购买存货成本减少 2 995.20 美元［（0.01 ×3.84 美元）×78 000］。表 15-5 指出在采购量等于 13 000

件时,持有存货和订购新存货的成本为 7 800 美元,比在经济订购量 6 500 件水平时的成本高 1 560 美元(7 800 - 6 240)。采用**数量折扣**(quantity discount)时的净利润是 1 435.20 美元(2 995.20 - 1 560.00)。因此在这种情况下,每次 Cotton Tops 公司订购存货 13 000 件比经济订购量模型计算的订购 6 500 件更有利。

假设存货需求均匀发生在每一期间的设想并不实际,因此经济订购量模型不适用以年为单位的情况,更恰当的做法是把一年分为销售相对稳定的几个时段,如春、夏、秋、冬,经济订购量模型可以单独应用于每一个时期。

虽然我们并未明确地说明经济订购量模型的延伸应用,但是我们已经提示当情况发生变化时如何调整经济订购量的值来确定最优水平。

15.10.3　存货控制系统

虽然经济订购量模型可以用来帮助建立适当的存货水平,但是存货管理也需要建立一套存货控制系统。存货控制系统的简单或复杂程度取决于存货的性质与公司规模。以一个简单的控制程序——**红线法**(red-line method)为例,该法把存货置于一个箱柜内,当处于再订购量时在箱柜周围画上红线,当存货降低到红线处时就需要再订购。这种方法适用于制造业中螺丝钉等零部件的管理或者零售业中多种物品的管理。

大多数公司都采用某种形式的**计算机化存货控制系统**(computerized inventory control system)。大公司,如沃尔玛(Wal-Mart),通常拥有全面整体计算机化存货控制系统,在该系统中随着销售量的变化计算机自动调整存货水平,当存货到达再订购量时计算机会自动订货,并且接收订单。同时,计算机记录可用来判定存货的使用率是否发生变化,从而调整再订购数量。电子技术的扩大应用允许公司与供货商更好地沟通订单,从而允许公司使用**实时系统**(just-in-time system,JIT),这是许多年前由日本公司改进形成的。根据该系统,传递到公司的材料和公司的需要时间保持一致,大约可以在使用前几个小时内到达。

另一个与存货相关的重要发展是**外包**(outsourcing),也就是不制造零件而向外包商购买。例如,如果通用汽车决定不生产冷却器,而是购买冷却器,这就构成了外包。外包通常与 JIT 系统相结合,以降低存货水平。

存货控制系统要求存货政策在制造/购买存货政策间协调。公司试图让总生产与分销成本最低,存货是总成本的一部分,而且是一项重要的成本,财务经理应了解存货成本的决定因素和使存货成本最低的方法。

⊙⊙ 自测题 6

(答案见本章末附录 15A)

Homemade 面包公司每年(以面包的形式)买卖 2 600 000 蒲式耳的小麦,小麦每次以 2 000 蒲式耳的整数倍买进,订购成本为每订单 5 000 美元,每年维持成本为采购价格 5 美元/蒲式耳的 2%,运货时间为 6 周。经济订购量为多少? 存货水平为多少时应该发出订单? 经济订购量下的总存货成本为多少?

15.11 跨国营运资本管理

在大多数情况下,管理跨国企业短期资产和负债的方法基本上和管理国内公司的方法相同。然而跨国企业面临更复杂的任务,因为它们在很多不同的企业文化、政治环境和经济状况下营运。本节描述了一些跨国企业与国内公司在营运资本管理上的差异。

15.11.1 现金管理

就像国内公司一样,跨国企业要达成下列目标:① 加速收现和延缓支出;② 快速将现金转移到需要的地方;③ 以临时现金余额赚取正报酬。为实现这些目标,跨国企业所采取的步骤与国内公司大致相同,但是因为跨国企业面对更远距离和更严重的邮寄延迟,锁箱系统和电子资金移转显得更为重要。

跨国企业面对的一个潜在问题是外国政府限制资金转移出去的可能性,这种限制的目的是鼓励在本国投资。即使没有资金移转的限制,恶化的汇率也可能使跨国企业不愿意将资金转移出去。

一旦确定可转出跨国企业经营所在国的资金数额,那么确定哪些是可获得最高收益的地区是至关重要的。国内公司倾向于考虑国内证券,而跨国企业更可能了解到世界各国的投资机会。大多数跨国企业利用一家或多家全球化的银行,它们通常位于货币中心,如伦敦、纽约、东京、苏黎世和新加坡,跨国企业也与国际银行共事以获取全球最佳利率。

15.11.2 赊销管理

通常,赊销政策对跨国企业比对国内公司更重要,原因有两个:第一,很多美国公司与贫穷的发展中国家开展贸易,在这种情况下,为了进行贸易合作提供赊销是必需的。第二,经济健康的发达国家通过出口、提供信贷的方式,辅助其制造性公司参与全球竞争。例如,日本政府机构在帮助日本公司识别潜在出口市场的同时,还向潜在的客户提供赊销政策,鼓励其从日本公司进行购买。虽然美国政府也执行了一些方案来帮助国内厂商出口产品,但是并不提供财务支援,而是由地方政府向本部在其他国家的跨国公司提供相应的帮助。

当提供赊销政策时,跨国企业比国内公司面临更大的风险,因为除了正常的违约风险外,它还必须处理两个潜在问题:

(1)政治和法律环境有可能使对违约账户的收现更为困难。

(2)跨国企业必须担心在销售和收现之间发生的汇率变化。可以采用套期保值来降低风险,但需要较高成本。

指出国际信贷政策中存在的各种风险,并不是说明这些赊销方法不好,恰恰相反,从跨国经营中获得的潜在收益远远高于所面临的风险,至少对于那些具备必要技术的公司而言是这样的。

15.11.3 存货管理

跨国企业中的存货管理要比国内公司复杂得多,因为存货处理中出现了物流管理问题。

例如,一家公司是否应该将存货集中于全世界的几个战略中心,这样的政策可以最小化全球经营所需的存货量以及相应的投资。但是也存在问题,即将存货从战略中心运到世界各地用户所在地引起的时间延误。很显然,每个用户所在地和战略中心必须维持一定的营运存货和安全库存。

汇率也可能对跨国企业的存货政策有重要影响。例如,如果一个国家的货币相对于美元预期升值,在货币升值前,在这个国家营运的美国公司会增加当地生产的存货;反之亦然。

另一个必须考虑的因素是进出口配额或关税。配额限制了产品出口的数量。关税就像其他税一样,增加了进口产品的价格。配额和关税的设计限制了外国企业与国内公司竞争的能力,在极端情况下,外国产品将完全被排除在外。

在某些国家,企业还面临着被征用或被接管公司本地经营的风险。如果征用风险很高,存货持有量必须最小化,只有在需要时才购买产品。

对跨国企业存货管理政策而言,税收也是必须考虑的,原因有两个:第一,国家通常征收财产税,包括存货;第二,这样的税收是以某一特定日期的持有量为基础的,这种规定使得跨国企业妥善地安排生产,以使评估日的存货降低。如果评估日在一个地区的不同国家间有所差异,公司可能发现在不同国家、不同时间持有安全库存是有利的。

通常跨国企业会使用类似本章所提供的营运资本管理技巧,不过它们的工作更复杂,因为企业、法律和经济环境在不同国家间有很大差异。

道德困境

资金回收有保障,一切 OK?

TradeSmart 公司在美国经营着 1 200 个折扣电子商店。由于 TradeSmart 公司能够提供比其他折扣商店价格更低的品牌商品,因此在激烈的行业竞争中其经营得非常成功。由于 TradeSmart 公司的规模大,它可以直接从生产商中大批采购存货,并将其因此获得的规模经济效益以较低的价格形式转移给客户。

除低价的优势外,TradeSmart 公司也提供相当自由的退货政策,允许顾客出于任何理由退还产品,而且也不受制造商产品保修期的限制。事实上,几天前一位顾客来退还两年前购买的数字传呼机。TradeSmart 公司仍旧退还了全部的价款,尽管这个传呼机好像被汽车碾过一般,如果真是这样的话,它就不在生产商的保修范围之内。再看一个例子,一位退还摄像机的顾客,也得到了全额的退款。这位顾客在三天前购买摄像机录制女儿的婚礼。他无法说明这台摄像机的故障,只是说:"摄像机不好用。"顾客拒绝更换货品,坚持退钱,当然他也得到了全额的价款。顾客关系部经理怀疑这位顾客"购买"摄像机时,就打算在女儿婚礼之后退还。

TradeSmart 公司的退货政策并没有排除这种可能性,按照顾客关系部副经理 Ed Davidson 的说法,无论出现什么问题,TradeSmart 公司都愿意为其出售的产品负责,因为公司相信在竞争如此激烈的行业中,这项政策可以吸引并留住忠诚的客户。公司的座右铭"顾客满意是我们的宗旨"被永久挂在 TradeSmart 公司的各个商店中。

坚持这样一个自由的退货政策,TradeSmart 公司又是如何将售价压到如此低的呢? 实际上,公司将顾客退还的货品作为瑕疵品运回制造商,所以退货成本实际上转移给了制造商。根据制造商的说法,TradeSmart 公司退回的货品中每六个只有一个才是真正的瑕疵品。当制造商抱怨退回使用过的货品或没有机械问题的货品时,TradeSmart 的说法是公司没有维修部门,所以员工不知道有关产品电路系统方面的问题。相反,退回制造商的每一件商品都将顾客的抱怨贴在上面。TradeSmart 公司的库存经理认为公司不是有意欺骗或利用制造商的退货政策和保证。

你同意 TradeSmart 公司的退货政策吗? 这样的政策是否符合道德标准? 若你是 TradeSmart 公司的供应商之一,你会采取什么样的措施?

■ 本章要点总结

本章重要概念

为了总结,我们把本章讨论的关键概念与本章开始的学习目标联系起来。

● 营运资本是指公司的短期(流动)资产。营运资本管理差通常导致财务困境,甚至公司破产。营运资本账户的流动产生支付当前账单需要的现金。如果公司不能支付当前的账单,它就无法长期生存下去。

● 在其他条件都相同的条件下,公司想投资资金以获得正报酬,使其价值最大化。因此,公司通常采用的营运资本政策是加快应收账款的收回,延缓应付账款的支付。当然,采取的任何行动都不应当损害公司的价值。

通常,公司更加喜欢持有三种余额为零的营运资本:① 现金,因为现金被认为是不能产生收益的闲置资产;② 存货,因为存货占用现金直到项目出售;③ 应收账款,因为应收账款代表没有收到现金支付的销售。因此,公司努力减少这些账户的余额,这要求公司保持最佳经营。也就是说,公司仅仅保持足够的现金以支付每天负债的现金(交易性余额),使公司充分利用偶然的投资机会(投机性余额),或者满足最低的银行所需的现金余额(补偿性余额)。公司持有足够的存货是为了满足销售需求,因为只有存在存货才能销售。公司赊销的主要原因是竞争者也赊销,也因为一些顾客没有能力购买产品,除非他们延长赊销时间。

● 公司必须经常为生产所需要的原材料和劳动力付款,在顾客付款前出售产品。从公司投资于产品,也就是支付原材料和劳动力等成本,到收到销售产品这一现金支付的期间,公司需要外部融资支持经营。短期债务或长期债务能够满足这些融资需求。

短期融资通常比长期融资风险高但成本低。因此,公司必须确认其承担融资风险的水平。能够承担较高财务风险的公司(积极法)比不能够承担较高财务风险的公司(保守法)倾向于使用更多的短期债务为流动资产融资。大多数公司采用到期日匹配法或自动清算法,这是一种适中的方法,公司使用暂时性债务为自发性、自动清算的债务融资,使用更多的永久性债务为长期资产融资。

- 公司通常从允许赊购的供应商那里购买原材料。这种类型的赊购也称为贸易信贷,是自发性和自我清算性的。在某种意义上,在任何时候未偿还信贷额自发地随公司购买原材料的生产需求增加(降低)而增加(降低),当公司销售由原材料制造的产成品时公司通常支付赊购额。

银行也提供各种类型的短期贷款。两个常用的融资方式是期限小于1年的票据和信用额度。如果公司向银行借款那么必须签署一张本票。信用额度赋予公司在任何时候借款的权利,只要未偿付的总额不超过银行指定的最高数额。这两种类型的贷款都是非自发性的,在某种意义上公司必须正式从银行申请资金。这样的贷款可能需要公司在银行保持补偿性账户余额。银行使用补偿性账户余额获得报酬,这可以有效帮助弥补费用,否则公司要为银行提供的各种服务支付费用。

- 每期赊销成本百分比(r_{PER})等于总贷款成本除以借款人实际可以使用的贷款金额。非复利利率 APR 和复利利率 EAR 的计算中都调整每期成本百分比使其变为以年度为基础。当借款费用较高(较低)、可用资金较低(较高),或者两种情况同时存在时,赊销成本百分比较高(较低)。当借款人无法使用所有贷款金额时,贷款所支付的有效年利率高于名义(单利)利率。

- 应收账款和存货被认为是短期贷款的良好的抵押品,因为它们是流动资产。应收账款指的是已经销售但还没有收到现金的资产。因此,应收账款余额是指公司预计在不久的将来收到的现金。在应收账款实际收回之前,公司可以通过两种方法使用应收账款筹集资金:① 把应收账款作为抵押品来贷款;② 授让其应收账款,即把应收账款卖给受让者。

存货指的是公司预计在短期内出售的产品。存货作为抵押品的吸引力取决于它的特征,容易出售且不易坏的存货被认为比难以出售且易腐蚀的存货更好。

个人理财相关知识

本章讲述的内容可以帮助你理解如何采取行动更好地管理流动资产,从而更好地处理你当前的负债。

- 虽然你不是一个商人,但你也有现金周转期。当你使用信用卡购买物品时,你的现金周转期可能和下面的状况相似:

天	0	9	14
	用信用卡购物	支付信用卡账单	收到工资

在本例中,在你下一次收到工资前,信用卡的账单到期了。在这种情况下,你必须有可以选择的资金来源(如存款)来支付你的信用卡账单。鉴于这种情况,你应该尽可能地减小你的资金周转期。为了能够这样,你可以推迟信用购买,推迟信用购买的支付,或者同时采取两种措施。然而,如果你选择推迟信用支付,你必须确保到期付款,因为你不想损害你的信誉。

- 与企业类似,你应该评估你的流动性状况。如果你的收入是变化的和不确定的,比起稳定的收入你应该有更多的流动资产。因为你不想损害你支付当前账单的能力,你应该确保你有足够的流动资产(也就是,支票账户现金、存款和短期投资)来满足流动负债。然而,你不应该有过多的流动资产,因为短期投资通常比长期投资取得的报酬少,长期投资的风险更大且流动性更小。因此,你应该权衡你的流动性状况,使你有一个合理的短期投资和长期投资组合。

- 用来融资的贷款的期限和资产的寿命相匹配通常是最好的。例如,虽然你能够用一系列的一年期贷款为购房融资,这些贷款在长达 30 年的时间里每年都要周转,这个策略是危险的。利率每年都在变化,考虑到影响你的财务状况的个人或经济因素,在某些时候你可能不能周转一年期贷款。因此,当为购房融资时,使用 30 年期的抵押贷款,而不是 30 年来每年都周转的一年期抵押贷款,会更好。

- 我们大多数使用现金购买这样的日常用品,如汽油、午餐和生活用品等(交易性余额)。我们也经常持有一些安全现金(预防性余额)防止出现意想不到的购买;在某些情况下,我们持有现金来利用偶然的投资机会(投机性余额)。不管你持有现金的原因是什么,你应该知道现金是闲置的资产的事实,不能够给你带来正的报酬。因此,你应该学会如何有效地管理现金。

- 与企业类似,你应该尽快地收回欠款,延缓支付你的账单但要按时付款。记住,你不需要在收到账单时就付款。只要在到期日付款,就不会损害你的信誉,你可以利用现金获得正报酬。

- 把本章讨论的存货管理原则应用于你的个人状况,考虑在这一年里你购买的食品和其他必需品。你可能每天都去杂货店,而你的朋友可能一周或每隔一周去一次。但是你多长时间去一次杂货店取决于:① 你的家庭或公寓有多少存储空间(维持成本);② 去杂货店的方便程度(订购成本,包括汽油的成本);③ 当你饥饿以及在你的家里或公寓里找不到你想要的食物时,你的反应如何(脱销成本)。通过考虑这些因素,你可以决定哪种食物存货管理政策对你和你的家庭最好。

- 在你生活的某一时间,你借钱买车、买房或投资。在读完本章后,你应该知道申请费用、处理费用和贷款的其他费用显著地影响着借款成本。在利率低的情况下,找到增加贷款有效利率的隐性成本。你应该经常通过计算贷款的 EAR 来评估贷款的成本,

- 银行经常要求客户保持补偿性账户余额来避免费用和其他支出。例如,如果你的支票账户没有最低限额的存款,许多银行会收取服务费用。根据提供给你的服务的成本,银行决定用来补偿这些费用所需要的补偿性账户余额。例如,对于支票账户,你收到支票兑现服务,以及银行结算你开出的支票和你存款的支票,都属于这类服务。

▌ 思考题

15-1　借着追踪一家公司制造与销售产品账户的影响,描述应付账款、存货、应收账款及现金之间的关系。追踪以采购原材料开始,以收回货款结束。

15-2　描述现金周转期。财务经理如何使用现金周转期管理公司的营运资本?

15-3　资产与负债到期日匹配的优点是什么?

缺点是什么?

15-4　持有现金的两个主要理由是什么? 公司是否可将满足需要的现金量加总,从而估计其目标现金余额?

15-5　为什么财务经理了解浮游量的概念对有效管理公司的现金是重要的?

15-6 锁箱法为什么对于销售遍及全美国的公司比销售集中在公司总部所在地的同样业务规模的公司更有意义?

15-7 为什么一家公司会要求它的顾客加速或减慢付款? 相同的公司如何管理它的支出? 为什么?

15-8 当为证券投资组合选择证券时,公司财务人员必须在风险和报酬之间进行权衡,是否大多数公司的财务人员都愿意持有可交易证券,通过承担较大的风险以获得较高的报酬?

15-9 公司赊销政策的四个要素是什么? 在何种程度上公司可以制定自己的赊销政策,而不是必须接受行业竞争产生的赊销政策?

15-10 什么是账龄表? 赊销经理如何使用账龄表才能更有效率地管理应收账款?

15-11 描述三种存货分类,并说明持有的目的。

15-12 "每家公司应该使用经济订购量模型确定最佳的存货水平。"讨论本章所提出的经济订购量模型的正确性。

计算题

15-1 Cristo Candy 公司持有存货的平均余额为 400 000 美元,公司商品的销售成本平均为 4 500 000 美元。(a) Cristo Candy 公司的存货周转次数是多少? (b) Cristo Candy 公司的存货周转期是多少?

15-2 Wally 汽车公司通常有 48 000 000 美元的存货,如果公司的存货周转次数为 8 次,(a) 存货周转期是多少? (b) 商品的销售成本是多少?

15-3 Small Fry Pools 公司通常持有 80 000 美元的应收账款,它每年的赊销销售收入为 2 400 000 美元。(a) Small Fry Pools 公司的应收账款周转次数是多少? (b) 应收账款回收期(DSO)是多少?

15-4 Unique Uniforms 公司通常有 480 000 美元的应收账款,如果公司的应收账款周转次数为 12 次,(a) 应收账款回收期(DSO)是多少? (b) 年赊销额是多少?

15-5 在任何时候,Grandiron Fertilizer 公司通常欠供应商 180 000 美元,公司商品的销售成本平均为 2 520 000 美元。(a) Grandiron Fertilizer 公司的应付账款周转次数是多少? (b) 应付账款递延期(DPO)是多少?

15-6 Momma's Baby 公司的应付账款通常为 1 600 000 美元,如果应付账款周转次数为 20 次,(a) 应付账款递延期(DPO)是多少? (b) 年赊购额是多少?

15-7 Clearwater Glass 公司检查它的现金管理政策,发现从公司开出支票到达银行,到从支票账户余额中转账需要 5 天的时间。另一方面,从 Clearwater Glass 公司接收客户支付的款项到银行将这部分资金转化为可使用形式需要 4 天的时间。平均每天 Clearwater Glass 公司共开出 70 000 美元的支票,并从客户那里收到 80 000 美元的支票。

a. 计算支出浮游量、收入浮游量和净浮游量。

b. 如果 Clearwater Glass 公司有 10% 的机会成本,它愿意每年花费多少使收入延迟减少 2 天? (提示:假设所有闲置的资金以 10% 的年利率进行投资。)

15-8 McCollough 公司的可变营运成本率为 70%,资本成本为 10%,流动资产为 10 000 美元。所有销售都是赊销,该公司目前的赊销政策为净 30,应收账款余额为 1 500 美元。McCollough 公司正在考虑一个新的赊销政策,其条件为净 45。在这个新政策下,销售收入将增加到 12 000 美元,应收账款将增加到 2 500 美元。计算在现有的政策下和建议的政策下尚未收回赊销款项的时间(DSO)。

15-9 计算在下面每一个条件下非免费贸易信贷的 APR 和 r_{EAR}。假设在最后到期日或折扣日付款。

a. 1/15,净 20

b. 2/10,净 60

c. 3/10,净 45

d. 2/10,净 45

e. 2/15,净 40

15-10 a. 如果公司的赊购条件是 3/15,净 45,但是在第 20 天付款仍然获得折扣,非免费贸易信贷的 APR 是多少?

b. 如果公司在 15 天内付款,公司获得比原有多还是少的信贷?

15-11　Boles 公司需要筹集一年期 500 000 美元的资金,把资金应用于新商店。Boles 公司从供应商那里购买的条件是 3/10,净 90,目前公司在第 10 天支付获得折扣;但是放弃折扣,在第 90 天支付,就可获得 500 000 美元昂贵的贸易信贷。除此之外,Boles 公司能以 12% 的贴现利率从银行借款。最低筹资成本的 EAR 是多少?

15-12　Gifts Galore 公司从美国国民城市银行(National City Bank,NCB)借款 1 500 000 美元。贷款的简单年利率为 9%,期限为 3 个月。因为公司在国民城市银行没有支票账户的余额,所以 20% 补偿性账户余额的要求提高了有效利率。

　　a. 贷款的 APR 是 11.25%,EAR 是多少?

　　b. 如果票据要求贴现利率,贷款的 EAR 是多少?

15-13　Saliford 公司的存货周转期是 60 天,应收账款回收期是 36 天,应付账款递延期是 24 天。

　　a. 公司的现金周转期是多长?

　　b. Saliford 公司每年的销售收入是 3 960 000 美元,以及所有的销售都是赊销,应收账款的平均余额是多少?

　　c. Saliford 公司存货每年的周转次数是多少?

　　d. 如果存货的周转次数每年平均为 8 次,那么 Saliford 公司的现金周转期将发生什么变化?

15-14　Morrissey 公司的赊销条件是 3/10,净 30。一年的销售收入为 900 000 美元。40% 的顾客在第 10 天付款并且获得现金折扣,其他 60% 的顾客在购货后付款的平均时间 40 天。

　　a. 尚未收回赊销款项的时间是多少?

　　b. 平均应收账款是多少?

　　c. 如果 Morrissey 公司紧缩赊销政策,即所有不享受现金折扣的顾客在第 30 天付款,平均应收账款将发生什么变化?

15-15　Muscarella 公司新上任的赊销经理 Helen Bowers 警觉地发现,Muscarella 公司的赊销条件为净 50 天,而目前同行业的赊销条件降到了 30 天。Muscarella 公司每年的赊销额为 3 000 000 美元,目前销售所得的应收账款的时间平均为 60 天。Bowers 估计紧缩赊销条件到 30 天,每年的销售额将降到 2 600 000,但是应收账款的时间将降到 35 天,在应收账款投资上节省的金额将超过带来的损失。

Muscarella 公司的可变成本利率为 70%,边际税率为 40%。如果投资于应收账款的资金的利率为 11%,赊销条件是否应该改变?当存货销售时,支付所有的营运成本。

15-16　Green Thumb 园艺中心每年共销售 240 000 袋的草坪肥,最佳安全库存为(最初手中持有的)1 200 袋。每袋肥料花费 Green Thumb 4 美元,存货维持成本是其 20%,向供应商下订单的成本为 25 美元。

　　a. 经济订购量(EOQ)是多少?

　　b. 在经济订购量水平下总存货成本是多少?

　　c. 在收到订货后持有的存货最大值是多少?

　　d. Green Thumb 的平均存货是多少?

　　e. 公司必须多长时间订一次货?

15-17　Garvin 公司在 Barngrover Naiional 银行开设新的支票账户,计划每天开出支票 1 600 000 美元,并且在每日营业结束后,将所开的支票数额从公司账簿中扣除。平均而言,银行在支票开出之后的第四天下午 5 点收到并处理该支票(即将支票的金额从银行账簿中扣除)。例如,周一所开具的支票将在星期五下午 5 点结算。Garvin 公司与银行的契约规定,Garvin 公司必须在账户中保留 1 200 000 美元的平均补偿性余额,它比公司的现金存款余额多出 400 000 美元。该公司在开户时已经存入 1 200 000 美元。

　　a. 假设该公司每天下午 2 点将钱存入银行(银行汇总当天的业务),为了维持足够的余额以达到稳定水平,公司每天必须存入多少资金?(为了回答这个问题,必须用表格形式说明稳定水平之前公司账簿中记录的日余额以及银行记录的日余额。)假设公司在第一天开出 1 600 000 美元的支票,以后每天都是如此,计算第一天、第二天、第三天以及以后每天的必要存款额。

　　b. 该公司持有浮游量的天数是多少?

　　c. 该公司在银行和公司账簿中记录的日余额分别是多少?

　　d. 请说明净浮游量如何帮助公司提高普通股的价值。

15-18　Flamingo 公司尝试确认关于现金流量周转中的存货周转率和应收账款回收期(DSO)。Flamingo 公司 2012 年的销售收入(全部赊销)为 180 000 美元,它赚得了 5% 的净利润,即 9 000 美元。

商品的销售成本是销售收入的 85%。存货每年周转 8 次,尚未收回赊销款项的时间(DSO,也称为平均收回期)是 36 天。公司的固定资产为 40 000 美元,Flamingo 公司的应付账款递延期是 30 天。

a. 计算 Flamingo 公司的现金周转期。

b. 假设 Flamingo 公司的现金和可交易证券忽略不计,计算总资产的周转率和资产收益率(ROA)。

c. 假设 Flamingo 公司的管理者相信存货周转率可以提高到 10。如果 2012 年存货周转为 10,那么 Flamingo 公司的现金周转期、总资产周转率和资产收益率分别是多少?

15-19 Durst 公司 5 年前就开始在丹佛地区经营,当时只是一家小型的服务公司。但是其名声和市场迅速扩大,目前该公司在全美国都拥有客户。尽管其客户群很广,但是 Durst 公司的总部和中心支付系统仍旧设在丹佛。为了缩短邮寄时间和处理浮游量,Durst 公司的管理层正在考虑采用另一种收款程序。平均而言,从客户邮寄票据到 Durst 公司收到、处理并存入银行需要 5 天的时间。Durst 公司希望设立一个锁箱法收款系统,以此将客户邮寄款项至存款之间的时间缩短为 3 天,甚至减少为 2 天。Durst 公司平均每天收到的支付款项为 1 400 000 美元。

a. 目前存在的收入递延是多少天? 而如果采用锁箱法是多少天? 通过采用锁箱法系统,Durst 公司的现金余额可以减少多少?

b. 如果 Durst 公司有 10% 的机会成本,锁箱法系统的年价值是多少?

c. Durst 公司每月在锁箱法系统上的最高花费是多少?

15-20 Pettit 公司的年赊销额为 2 000 000 美元,目前收款部门的费用为 30 000 美元,坏账损失为 2%,而尚未收回赊销款项的时间为 30 天。Pettit 公司正考虑将其赊销政策放宽,收款费用降至每年 22 000 美元,坏账损失预期增加 3%,并且将尚未收回赊销款项的时间增加为 45 天。另外,预期销售每年将增加 2 200 000 美元。

Pettit 公司的资金机会成本为 12%,变动成本率为 75%,边际税率为 40%,该公司是否应该放宽其赊销政策? 假设与产品制造和销售有关的成本(包括赊销成本)都发生在销售当天。

15-21 Bey 技术公司正在考虑改变它的赊销条件从而加速收款,即从 2/15,净 30,到 3/10,净 30。现在,40% 的 Bey 技术公司的付款客户获得 2% 的现金折扣。在新的条件下,获得现金折扣的客户预计提高到 50%。不管赊销条件,一半没有获得现金折扣的顾客预计会按时付款,其他的将延迟 10 天付款。变化不包括放松赊销标准,因此,坏账损失不希望超过目前 2% 的水平。然而,宽松的现金折扣条件预计能够使销售收入每年从 2 000 000 美元增加到 2 600 000 美元。Bey 技术公司的变动成本率为 75%,投资于应收账款的资金的利率为 9%,公司的边际税率为 40%。与产品制造和销售有关的成本(包括赊销成本)都发生在销售当天。

a. 改变前和改变后尚未收回赊销款项的时间分别是多少?

b. 计算改变前和改变后现金折扣的成本。

c. 计算改变前和改变后的坏账损失。

d. Bey 技术公司是否应该改变赊销条件?

15-22 Computer Supplies 公司必须从供应商那里订购许多磁盘。根据下面提供的数据,完成下面表格,计算 Computer Supplies 公司磁盘的经济订购量。

年需求:	26 000 打
每次订购成本:	30.00 美元
维持成本:	20%
每打价格:	7.80 美元

订购量(打)	250	500	1 000	2 000	13 000	26 000
订购次数						
平均存货						
维持成本						
订购成本						
总成本						

15-23 Thompson 公司的存货资料如下:

(1) 每次订购量必须为 100 个单位的倍数。

(2) 年销售 338 000 个单位。

(3) 每单位采购价格为 6 美元。

(4) 维持成本为商品采购价格的 20%。

(5) 固定订货成本为 48 美元。

(6) 送货时间为 3 天。

a. 经济订购量为多少?

b. 该公司每年要订购几次?

c. 每次订货时存货水平是多少?

d. 若订购量分别为 4 000 个单位、4 800 个单位、6 000 个单位时,总订购成本和维持成本各为多少? 若订购量为经济订购量时,其总成本为多少?

15-24 本章的表 15-1 列示了 Argile 纺织公司在 3 个不同日期的资产负债表。Argile 纺织公司一年里销售收入的波动是由业务的季节性造成的;然而,我们可以利用总销售收入除以 360 计算出公司平均每天的销售收入,其低于销售旺季每天的销售收入,高于销售淡季每天的销售收入。Argile 纺织公司预计 2013 年的销售收入为 825 000 000 美元,所以每天销售收入预计平均为 2 290 000 美元。预计 2013 年商品销售成本为 660 000 000 美元,所以与产品有关的每天赊销成本平均为 1 830 000 美元。假设所有销售和购买都是赊销。

a. 分别计算 Argile 纺织公司在 2013 年 9 月 30 日和 2013 年 12 月 31 日的存货周转期。

b. 分别计算 Argile 纺织公司在 2013 年 9 月 30 日和 2013 年 12 月 31 日的应收账款回收期。

c. 分别计算 Argile 纺织公司在 2013 年 9 月 30 日和 2013 年 12 月 31 日的应付账款递延期。

d. 使用从第 a 到 c 题计算出的数值,分别计算在这两个资产负债表日 Argile 纺织公司的现金周转期。

e. 在第 d 题中,你应该发现 9 月 30 日的现金周转期大于 12 月 31 日的现金周转期。为什么会出现这种结果?

f. 为什么具有季节性销售的公司在销售淡季和销售旺季的现金周转期不同? 解释你的理由。

15-25 Verbrugge 公司是美国汽车电池生产商中的一个领先者。Verbrugge 公司每天生产 1 500 块电池,每块电池的材料和劳动力的成本是 6 美元。从原材料到加工成电池需要 22 天。Verbrugge 公司允许它的顾客在 40 天内付款,以及公司通常在 30 天内向供应商付款。

a. Verbrugge 公司的现金周转期是多少?

b. 如果 Verbrugge 公司经常在一天内生产和销售 1 500 块电池,公司必须融资多少营运资本?

c. 如果 Verbrugge 公司能够使应付账款递延期降到 35 天,公司需要融资的营运资本减少了多少?

15-26 Susan Visscher 是 Visscher's Hardware 公司的所有者,她正在和 First Merchant 银行协商,向该银行借一年期 50 000 美元的贷款。First Merchant 银行给 Visscher 以下选择,计算每种选择的 EAR。哪种选择的 EAR 最低?

a. 不要求保持补偿性余额,年末支付利息,以 12% 的简单利率贷款 12 个月。

b. 要求保持 20% 的补偿性余额以及年初支付利息,以 9% 的简单利率贷款 12 个月。

c. 要求保持 15% 的补偿性余额,以 8.75% 的年利率进行贴现率贷款。

15-27 Meyer 公司来年必须对需要的营运资本进行融资。Meyer 公司的三种选择分别为:(a) 从银行贷款,以 12% 的简单利率贷款一年(年末支付利息);(b) 以 11.5% 的简单利率借入 3 个月可续借的贷款;(c) 通过取消现金折扣和增加应付账款获得所需要的资金。Meyer 公司的购买条件是 1/15,净 60。假设每年 360 天,成本最低的信贷类型的 EAR 是多少?

15-28 UFSU 公司想要借 450 000 美元满足下一年的短期融资需求。公司正在评估其支票账户开户银行给出的融资选项。UFSU 公司的支票账户余额平均为 50 000 美元,可满足银行可能给出的补偿性余额要求。银行提供的融资方案包括下列各项:

方案 1:贴现贷款的利率是单利 9.25%,不要求保持补偿性余额。

方案 2:银行贷款的简单利率为 10%,要求保持 15% 的补偿性余额。

方案 3:1 000 000 美元循环信用额度的简单利率为 9.25%,未用余额的委托费用为 0.25%。不要求保持补偿性余额。

a. 假设 UFSU 借入 450 000 美元,计算每一项融资方案的有效成本(率)。UFSU 应该采用哪一个方案?

b. 对于每一个方案,UFSU 公司需要借入多少贷款才能满足 450 000 美元的需求(用来支付公司账单)?

综合题

15-29 Ray Smith 是一个退休的图书管理员,最近开了一间名为 Smitty's Sports Paradise(SSP)的户外休闲店。Ray 认为 62 岁还不是他待在家里享受悠闲生活的时候。开一间户外休闲店一直是他的梦想,所以他的朋友说服他做这件事。由于 Ray 的教育背景是文学而不是商业,所以他雇用你这个金融专家来帮助他管理现金。他非常热衷学习,所以他要求你列出一系列的问题来帮助他明白现金管理。回答下面问题:

a. 什么是现金管理目标?

b. 公司持有现金的原因有哪些?

c. 什么是预防性余额和投机性余额?

d. 公司持有足够的现金余额有哪些特定的优势?

e. 公司怎样同步化其现金流量,努力这样做的好处是什么?

f. 你已经仔细检查了商店的支票簿和银行余额,在这个过程中,你发现 SSP 商店平均每天开出10 000 美元的支票,这些支票大约需要 5 天的时间得到清算。公司每天也收到 10 000 美元的支票,但是这些支票被存入银行和清算还需要 4 天。公司的支出浮游量、收入浮游量和净浮游量是多少?

g. 公司怎样加速收款和延缓支出?

h. 为什么公司要持有可交易证券?

i. 在构建可交易证券组合时公司需要考虑哪些因素?需要持有哪些证券以及不需要持有哪些证券?

15-30 Ray 现在要你检查公司的赊销政策来决定是否需要改变赊销政策。他的一个员工是最近刚刚从金融专业毕业的,这个员工建议改变赊销政策,从 2/10,净 30,改变为 3/20,净 45,以及放松赊销标准和收款政策。根据这个员工的建议,这个改变将使销售收入从 3 600 000 美元增加到 4 000 000 美元。

目前,SSP 公司 62.5% 的顾客在计费周期的第10 天支付账款从而获得现金折扣,32% 的顾客在第30 天付款,5.5% 的顾客在第 60 天付款(平均)。如果公司采用新的赊销政策,Ray 认为 72.5% 的顾客将获得现金折扣,10% 的顾客将在第 45 天付款,17.5% 的顾客将在第 90 天付款。两种政策的坏账损失预计都很少。

SSP 公司的可变营运成本目前是销售收入的75%,资金成本是 10%,边际税率是 40%。这些因素不因为赊销政策的改变而改变。与产品制造和销售有关的所有现金支付(包括赊销成本)都发生在销售当天。

为了帮助他决定是否采用新的赊销政策。Ray

让你回答以下问题。

a. 什么变量决定公司的赊销政策?如果紧缩赊销政策,那么哪些方面会改变?每个变量是如何影响销售收入、应收账款水平和坏账损失的?

b. 尚未收回赊销款项的时间和平均收回期是怎样关联在一起的?如果 SSP 公司保持目前的赊销政策,那么尚未收回赊销款项的时间是多少?如果采用建议的赊销政策呢?

c. 在当前的赊销政策和建议的赊销政策下享有折扣的赊销金额分别是多少?

d. SSP 公司应该改变赊销政策吗?

e. 假设公司改变了赊销政策,但是它的竞争者也改变了赊销条件,两者的净结果是 SSP 公司的销售总额保持在 3 600 000 美元的水平。这种情况是如何影响公司价值的?

f. (1) 什么是应收账款监控?

(2) 为什么公司监控它的应收账款?

(3) 在这个过程中如何使用尚未收回赊销款项的时间和账龄表?

15-31 现在 Ray 让你检查公司的存货情况,他认为存货太多,因为经理订购了大量的货物。Ray打算检查飞棒这个关键产品的情况,采购时飞棒每个花费 320 美元并且准备销售。该产品每年销售2 500 台,每年维持成本是库存价值的 10%。公司每次订购数量是 500 台,当存货达到 100 台时再进行下一次订单,SSP 公司每次订货都要花费 64 美元。公司全年销售是均匀的。

a. Ray 相信应该使用经济订购量模型来决定产品的最佳存货。经济订购量是多少?这个模型的关键假设是什么?

b. 计算总存货成本的模型是什么?

c. 飞棒的经济订购量是多少?如果 SSP 公司的订货数量为经济订购量,那么该产品的总存货成本是多少?

d. 如果 SSP 公司订购 500 台飞棒而不是经济订购量,它的成本增加多少?如果每次订购 750 台,那么成本增加是多少?

e. 假设在准备销售之前,SSP 公司收到订货以及包装需要 3 天的时间。假设产品时间和使用确定,在什么存货水平时 SSP 公司应该订购更多的飞棒?(假设一年 360 天,SSP 公司每天开业,订购量为经济订购量。)

f. 当然,SSP 公司的使用率和订单的延迟不确定,所以公司必须持有库存以防止飞棒的短缺以及销售损失。如果 SSP 公司的安全库存为 50 台,这个政策对总存货成本产生什么影响?

g. 对 SSP 公司的大多数商品而言,存货的全年使用情况不是一样的,而是遵循一些季节模式。在这种情况下可以使用经济订购量模型吗? 如果可以,怎样使用?

h. 下面的因素如何影响经济订购量模型的使用?

(1) 实时系统的使用;

(2) 使用空运送货;

(3) 计算机化存货控制系统。

15-32　Ray 让你检查公司的短期融资政策,并准备一份报告帮他做 SSP 公司未来的营运资本融资决策。为了帮助你开始这件事,他准备了一些问题,当你回答这些问题后,可以给 Ray 一个关于公司短期融资政策的好想法。

a. 什么是短期赊销? 这种赊销的主要来源是什么?

b. 有没有应计成本? 公司有没有很好地控制它们? 什么是贸易信贷?

c. 同大多数小公司一样,SSP 公司有两个短期负债来源:贸易信贷和银行贷款。一个供应商每年提供给 SSP 公司 50 000 美元的材料,该供应商提供的购买条件是 2/10,净 50。

(1) 从该供应商那里 SSP 公司每日净购买量是多少?

(2) 如果 SSP 公司享受现金折扣,对这个供应商 SSP 公司应付账款的平均水平是多少? 如果不享受现金折扣,平均水平是多少?

(3) 如果 SSP 公司不享受现金折扣,融资成本大约是多少? 公司的有效年成本是多少?

d. 在与公司合作的银行讨论一个可能的贷款时,Ray 发现该银行愿意以 9% 的单利利率一年最多借给 SSP 公司 800 000 美元。不幸的是,他忘记问有哪些特定条款。

(1) 假设公司将借款 800 000 美元。如果贷款利息在年末支付(不是贴现率贷款),有效年利率是多少? 如果以 8% 的利率贷款 6 个月而不是 1 年,这个变化会影响有效年利率吗?

(2) 如果是贴现率贷款,有效年利率是多少? 假设是一年期贷款。

(3) 假设银行要求利息在年末支付,还要求公司保持 20% 的补偿性余额。贷款的有效年利率是多少? 假设 SSP 公司在银行的支票账户中没有任何资金。

e. SSP 公司正在考虑使用抵押短期融资。什么是抵押贷款? 哪两种流动资产可以用来抵押贷款?

f. 抵押其应收账款与授让其应收账款有什么不同? 通常认为哪种类型更好?

g. 存货融资的三种形式之间有什么不同? 通常认为哪种类型更好?

计算机相关问题

利用电子表格,回答本部分的问题。

15-33　使用文件 C15 中的模型解决这个问题

a. 参考计算题 15-15。当 Bowers 分析她提出的改变赊销政策的建议时,她发现它们将减少 Muscarella 公司的价值,因此该政策将不实施。Bowers 重新评估了它的销售估计,因为目前同行业的其他所有公司紧缩了它们的赊销政策。如果她将赊销政策紧缩到 30 天,她估计销售收入会降到 2 800 000 美元。在这种情况下改变赊销政策有利可图吗?

b. 另一方面,Bowers 相信她会将赊销政策紧缩

到净 45 天,以及从她的竞争者那里夺回一些销售。他估计在这个政策下销售收入将增加到 3 300 000 美元,尚未收回赊销款项的时间将下降到 50 天。Bowers 是否应该实施这个的政策?

c. Bowers 也相信保留之前的赊销政策,销售收入将增加到 3 400 000 美元,尚未收回赊销款项的时间将保持在 60 天。Bowers 是保留之前的赊销政策还是按照第 a 题和第 b 题描述的那样紧缩赊销政策? 哪种赊销政策使 Muscarella 公司的价值最大?

附录 15A

（本章自测题答案）

1. 应收账款回收期 = 应收账款/日均赊销额 = $\dfrac{60\,000\ 美元}{(1\,200\,000\ 美元/360)} = \dfrac{60\,000\ 美元}{3\,333.33\ 美元} = 18$ 天

应付账款递延期（DPO）= 应付账款/日均赊购额 = $\dfrac{25\,000\ 美元}{(900\,000\ 美元/360)} = \dfrac{25\,000\ 美元}{2\,500\ 美元} = 10$ 天

存货周转期 = 存货/每天售出存货成本 = 存货/每天售出存货成本 = $\dfrac{30\,000\ 美元}{(900\,000\ 美元/360)} = \dfrac{30\,000\ 美元}{2\,500\ 美元} = 12$ 天

现金周转期 =（18 天 + 12 天）- 10 天 = 20 天

2. 总资产 = 流动资产 + 固定资产；股权 = w_s（总资产）

$TA_{CA=40\%} = 0.4 \times 3\,000\,000\ 美元 + 600\,000\ 美元 = 1\,800\,000\ 美元$

股权$_{CA=40\%} = 0.5 \times 1\,800\,000\ 美元 = 900\,000\ 美元 = 债务_{CA=40\%}$

$TA_{CA=50\%} = 0.5 \times 3\,000\,000\ 美元 + 600\,000\ 美元 = 2\,100\,000\ 美元$

股权$_{CA=50\%} = 0.5 \times 2\,100\,000\ 美元 = 1\,050\,000\ 美元 = 债务_{CA=50\%}$

$TA_{CA=60\%} = 0.6 \times 3\,000\,000\ 美元 + 600\,000\ 美元 = 2\,400\,000\ 美元$

股权$_{CA=60\%} = 0.5 \times 2\,400\,000\ 美元 = 1\,200\,000\ 美元 = 债务_{CA=60\%}$

净利润 =（息税前利润 - 利息）×（$1-T$）

$NI_{CA=40\%} =（3\,000\,000\ 美元 \times 0.15 - 900\,000\ 美元 \times 0.10）\times（1-0.4）= 216\,000\ 美元$

$NI_{CA=50\%} =（3\,000\,000\ 美元 \times 0.15 - 1\,050\,000\ 美元 \times 0.10）\times（1-0.4）= 207\,000\ 美元$

$NI_{CA=60\%} =（3\,000\,000\ 美元 \times 0.15 - 1\,200\,000\ 美元 \times 0.10）\times（1-0.4）= 198\,000\ 美元$

ROE = NI/股权

$ROE_{CA=40\%} = 216\,000\ 美元/900\,000\ 美元 = 0.24 = 24.0\%$

$ROE_{CA=50\%} = 207\,000\ 美元/1\,050\,000\ 美元 = 0.197 = 19.7\%$

$ROE_{CA=60\%} = 198\,000\ 美元/1\,200\,000\ 美元 = 0.165 = 16.5\%$

3. 银行贷款成本 = $\dfrac{本金 \times 0.13}{本金 \times（1-0.13）} = \dfrac{0.13}{0.87} = 0.1494 = 14.94\%$

如果公司计划额外推迟 35 天向供应商付款，即赊销条件是 2/10，净 65，贸易信贷成本为：

55 天贸易信贷利率 = 2/98 = 0.020408163

有效年利率 =（1.0204082）$^{360/55}$ - 1.0 = 0.14138 = 14.14\%

Gallinger 公司延长支付而不是从银行融资。但是 Gallinger 公司应该考虑贸易信贷的借款方怎样看待 35 天的延迟支付。

4. 支出浮游量 = 140\,000 美元 × 4 天 = 560\,000 美元

收入浮游量 = 160\,000 美元 × 2 天 = 320\,000 美元

净浮游量 = 560\,000 美元 - 320\,000 美元 = 240\,000 美元

5. 改变分析

	目前的政策	提议的政策
每年数量：		
销售额	10\,000\,000 美元	11\,000\,000 美元
营业费用(80%)	8\,000\,000 美元	8\,800\,000 美元
收款费用	50\,000 美元	50\,000 美元
坏账损失	0 美元	0 美元
尚未收回赊销款项的时间	30 天	45 天
必要报酬率，r	16%	16%
每日数量：		
销售额 = 年销售额/360	27\,778 美元	30\,556 美元
营业费用(80%)	22\,222 美元	24\,444 美元
必要报酬率 = 12%/360	0.0444%	0.0444%

* 因为坏账损失和收款费用没有改变，所以没有分析。

目前的政策：

$$NPV_{目前} = -22\,222\ 美元 + \dfrac{27\,778\ 美元}{\left(1 + \dfrac{0.16}{360}\right)^{30}}$$

$$= 5\,188\ 美元$$

提议的政策：

$$NPV_{提议} = -24\,444\ 美元 + \dfrac{30\,556\ 美元}{\left(1 + \dfrac{0.16}{360}\right)^{45}}$$

$$= 5\,507\ 美元$$

$NPV_{提议} > NPV_{当前}$，故选择提议的政策。

6. $EOQ = \sqrt{\dfrac{2 \times O \times T}{C \times PP}}$

$$= \sqrt{\dfrac{2 \times 5\,000\ 美元 \times 2\,600\,000}{0.02 \times 5.00\ 美元}}$$

$$= 509\,902\ 蒲式耳$$

因为公司的订购量必须是 2 000 蒲式耳的倍数，所以它应订购 510 000 蒲式耳。

平均每周销售额 $= 2\,600\,000/52 = 50\,000$ 蒲式耳

再订购量 $= 6$ 周的销售额 $= 6 \times 50\,000 = 300\,000$ 蒲式耳

总存货成本：

$$TIC = (C)PP\left(\dfrac{Q}{2}\right) + O\left(\dfrac{T}{Q}\right)$$

$$= 0.02 \times 5\ 美元 \times \left(\dfrac{510\,000}{2}\right)$$

$$+ 5\,000\ 美元 \times \left(\dfrac{2\,600\,000}{510\,000}\right)$$

$$= 25\,500\ 美元 + 25\,490.20\ 美元$$

$$= 50\,990.20\ 美元$$

第5部分

投资者决策

第16章
投资概念

　　最大收益和最低风险应该是所有投资者的目标吗？也许是的,但并非每个投资者的投资理由都一样,而且并非所有投资者都采用相同的方法来管理其投资组合。当回答如何实现其投资目标时,许多投资者是相当自信的。他们会炫耀自己可以持续地优于市场的表现。而事实上,他们也有这样做的资本。他们是如何实现的呢？

　　在追求投资目标时,许多投资者不会对是否把特定的有价证券纳入其投资组合作出决定,而是利用专业投资顾问为他们提供服务。因为许多专业投资顾问抢着要为投资者提供金融服务,因而投资者知道如何通过持续监控那些为其提供投资业务的投资顾问的表现,并间接使这些专业人士知道其与其他顾问相比表现怎样,从而在这些顾问之间创造一个竞争的环境。顾问/经纪人中表现差的要作出解释,说明表现"无法达到标准"的原因。如果投资无法在一个特定时间内(如6个月或一年内)获利的话,那么资金就要流向其他公司。如果你是那位将失去这笔投资资金的顾问,就要想方设法来留住资金,特别是数百万美元的投资账户。此外,你不想被他人知道自己因表现不佳而失去这一账户的事情,因为在当今社会中,声誉代表一切。

　　即使投资者没有对是否把有价证券纳入其投资组合作出明确决定,只要投资者了解投资的原理,他们对其投资组合也能了如指掌。多数情况下,专家会建议投资组合应保持一致。也就是说,尽管投资是一个动态的过程,但如果为追求过高的收益而对投资组合进行重大调整的话,会造成严重损失。这并不是要你过度保守,而是不让你超出你的风险容忍度——只接受那些和你的风险观相一致的风险。遵守那些经其他投资顾问检验可行的建议:① 向朋友咨询投资的建议;② 考察以往的业绩;③ 与具有发展潜能的候选人交流。从这些候选人身上可以看到,他们的业绩一贯表现良好,而且守纪,对工作高度热忱。

本章将介绍一些基本的投资概念。当你阅读本章时,请思考为什么文中介绍的投资管理方法可以帮助你实现投资目标。

学习目标

在阅读完本章后,你应当能够:

(1) 说明投资者在投资时应该遵循哪些程序。

(2) 说明投资者在购买或出售有价证券时可以选择哪些委托类型。

(3) 计算投资收益。

(4) 说明算术平均收益和几何平均收益之间的差别并讨论哪种方法更好,以及为什么。

(5) 讨论市场指数和市场收益是如何测量的。

(6) 说明如何实现保证金交易和卖空,以及在什么情况下采用这些投资策略。

从经济的观点来看,我们可以把投资者视为一个放弃目前消费、增加未来财富,从而增加未来消费的人。如果你问投资者投资的原因是什么,会有不同的答案,比如退休、储蓄、买房子、增加收入等。但是,如果你仔细想想,"投资者"可以分为两类,因为人们购买金融资产的主要理由也就有两个。

(1) 大多数人把投资视为实现长期增长的工具。那些愿意购买预期平均增长(从长期来看)相对稳定的投资的个人,承担正常的风险,从而获得正常的收益,他们就是一般所说的**投资者**(investors)。

(2) 有些人甘于冒相当大的风险,投资于那些他们认为在金融市场上没有准确定价的产品,从而获得非正常风险调整的收益。具有这一特征的人一般被称为**投机者**(speculator)。因为他们是在赌博或者投机,主要关注金融资产的价格是否被错误估计,市场价格是否会相应调整。投机比投资风险更大。

本章与第17章主要说明部分投资概念以及估值技巧。我们讨论的重点是投资而不是投机,针对个人而不是机构,如养老金和保险公司。这两章仅提供投资的一般概述,你可以通过参加有关投资课程来获得更多与投资相关的知识。

16.1　投资程序

投资可以看作一种如图16-1所示的持续过程。

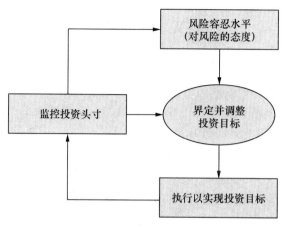

图 16-1　投资程序

16.1.1　投资目标

如我们在第 2 章中所述,有许多不同种类的金融工具,每种金融工具的目的不同。投资者在决定购买何种投资之前,要明确投资的理由。常见的投资理由如下:

(1) 投资的主要理由与退休计划有关。一般人未能及早作退休计划,而当我们开始作退休计划时,通常我们所作的决定是如何弥补社会保障或养老金以及由雇主或其他组织设计的养老计划的不足之处。你在职业生涯的哪个时点开始作自己的退休规划,将大大影响你要执行的策略。如果你在工作初期就开始规划的话,那么可以投资于长期增长的工具;如果你很晚才进行规划的话,那么就要投资于短期稳定性较好的工具。

(2) 人们利用投资来补充其现有的收入,特别是那些已经退休的人。适合的投资主要包括那些能够提供稳定的股利和利息的工具,即所谓的**收益型证券**(income securities)。优先股(preferred stock)和附息债券(interest-bearing bond)一般被视为比较好的增加收入的投资。

(3) 人们投资的目的是利用免税或其他的税收规定来避税以保障目前的收入。通常如果不要求当期缴纳的话,投资者会通过拖延或避免缴纳所得税的合法方式来达到避税的目的。例如,税法规定支付给合格员工退休金计划和个人退休账户(individual retirement accounts,IRAs)的资金可以从税前收入扣除,等到退休领用这一收入时才纳税。此外,有些投资,如出租的房地产在折旧时能让所有者享受税收减免的优惠,也就是减少这一投资产生的收入的应纳税额。

(4) 人们把当前收入储蓄起来用于如购买房子、供小孩上大学、环球旅行等未来目标。如果实现未来目标需要大笔资金时,投资者就会选择符合其财务需求、安全可靠的金融工具。

16.1.2　投资者对风险的态度

当我们首次在第 11 章讨论到风险时指出,多数情况下投资者都是厌恶风险的,因此,他们在投资风险较大时会要求更多的收益。我们也说过,不同投资者在任何时间点上对风险的厌恶程度并不相同,而且会随时间而变化。举个例子,你问班上的同学,如果他有 10 000 美元进行投资的话会选择何种投资,你会得到不同的答案。有些学生会采用高风险方式来迅速增加其投资,而另一些学生可能想要实现投资保值并获得稳定、长期的增长,因而会比较保守。如果四十年后在同学聚会上再问同样的问题,你会得到完全不同的答案。即使是那些在四十年前愿意接受高风险投资的同学,现在也变得保守多了,多数人会倾向于持有弥补其退休收入的工具,而不愿进行高风险、高收益的投资。

为确定哪种投资工具适合实现自己的投资目标,你要考虑一下个人的投资能力,以及承受风险的意愿。很明显,每个人都努力实现投资收益最大化。但是切记,收益越高,风险就越大。对大多数人而言,对风险容忍度进行判断最好的经验是:如果你为投资而失眠,或者你对投资组合业绩的关注多于工作业绩的话,那就表示你的投资组合可能风险太高了。一般来说,你对风险容忍的能力和意愿,也就是所谓的**风险容忍度**(risk tolerance level),取决于你当前的经济情况、社会地位(财富、收入和其他因素),以及对自己未来社会经济地位的期望。[①]比如,在经济表现良好,而且你在目前的支出或现有投资之外有多余的资金时,就可能比较愿意投资于风险较高的有价证券。如果经济表现不佳且资金有特定用途的话,你的投资意愿就比较低。

16.1.3　执行计划以实现投资目标

一旦根据投资目标和风险态度确定可行目标之后,就要执行既定的投资计划。执行计划包括选择和买入特定投资工具以实现期望的目标。这个过程是有成本的,因为必须支付交易成本或佣金后才能进行投资。有些投资工具的交易成本(包括储蓄账户、存单等)便宜、间接,因为其中仅涉及时间、精力、路费或打电话。其他的交易成本更加直接、昂贵,除了时间、精力和打电话之外,还要支付经纪人佣金。当然,除非执行了投资策略,否则就无法实现投资目标。

根据你的风险容忍度以及控制自身投资决策的倾向,你可能会选择自己投资或接受投资专业人士的建议来执行投资策略。如果你选择个人积极管理投资组合的话,就要投入必要的时间和精力来观察和选择符合投资目标的投资工具。如果你不这么做或者对自己能否作出令人信服的投资决策没有信心的话,就要采取消极管理方式,如购买如共同基金等由专业人士管理的投资,或者聘请专业投资顾问。

在投资管理上,无论是积极还是消极,你都要随时留意投资资产的构成,即**投资组合**(investment portfolio),因为在投资组合中对不同形式资产的资金配置是一项重要的决定。在判断适当的**资产配置**(asset allocation)或不同形式资产的投资比例时,你应把自己的投资目标时刻牢记在心。如果你的投资目标是创造收入的话,那么你的组合应该包括更多产生收益的投资,而不是那些产生资本利得或增长的资产。

在多数情况下,投资者会把资金配置于以下三种金融资产:

(1)短期债务工具或货币市场证券(现金或近似现金项目);

(2)长期债务或债券;

---

① 如果你想知道你的风险容忍度,可以做一个网上的风险容忍度测试,如 Rutgers New Jersey Agricultural Experiment Station(RNJAES)的个人财务部分,网址为:http://njaes.rutgers.edu/money/。

（3）股票。

你可能认为资产配置是一件容易的事情,只要把你的资金分配到上述三种金融资产中就行了。事实上,资产配置决策非常重要,因为它将影响你的投资组合收益。此外,资产配置是一个动态的过程,当金融市场发生变化时,你也要改变投资组合中的资产配置。例如,当市场变得不稳定且无法预测时,许多专业投资经纪人会把资金转移到较为安全的资产上,如货币市场工具和贷款。如前所述,随着年龄的增长,人们会越来越保守,因此也会把资金转移到风险低的资产类别中。

表 16-1 显示了投资专家建议的一生中不同阶段的资产配置。请注意随着个人投资者接近退休年龄,分配建议也由风险较高的投资(即股票)倾向于风险较低的投资(即债券和现金)。

表 16-1　根据风险容忍度/年龄建议的资产配置

风险容忍度	描述	股票	债券	现金[a]
高风险	年轻投资者	70%—80%	15%—25%	0—5%
中等风险	接近退休的投资者	60%	30%—40%	0—10%
低风险	退休投资者	40%—50%	40%—50%	5%—20%
	70 岁以上的投资者	20%—30%	60%	10%—20%

a 现金包括支票账户、存款账户和货币市场(短期)投资。

资料来源: William Reichenstein, "Basic Truths About Asset Allocation: A Consensus View Among Experts," American Association of Individual Investors, October 1996.

16.1.4　监控投资状况

在执行投资策略后,应对投资状况进行监控以确保投资符合目标。由于经济和法律条件持续变化,以及新的投资工具会随市场需求变化而出现,投资者应定期重新评估其投资构成,以判断它们是否处于实现目标的最佳状态。此外,当个人风险态度与其社会经济地位改变时,其投资策略也应随之变化。基于上述理由,投资者必须定期重新检查其目标、策略和投资构成,以决定是否对其进行调整。

16.2　投资选择

回顾我们在第 2 章介绍的金融资产,有许多不同种类的工具供个人选择,以实现其投资目标。例如,喜好低风险、想作短期投资的人可以购买货币市场工具,如国库券、定期存单等。而那些有长期目标的投资者可以购买一些预期稳定、长期增长的资本市场工具,如大型、组织健全的公司的股票和债券。喜好较高风险的投资者可以通过购买期权或期货,投资于衍生工具市场。

虽然不同类型的投资工具可以满足任何投资目标,但是新投资随着投资者需求(要求)的改变而不断涌现出来。例如,20 世纪 70 年代中期,当投资者由于利率过高以及长期金融市场高度不稳定而退出资本市场时,货币市场共同基金应运而生。最近,对冲基金得到了发展。对冲基金是多种投资构成类型中的一种组合形式,由高杠杆的股票、债券和衍生性金融工具构成,并以一种非常激进、以产生高收益为目的、忽略市场状况的风格管理。很明显,随着投资者的人口年龄结构改变以及他们金融需求和策略的相应调整,新的金融工具在未来将陆续出现。

16.3　证券交易

大多数的投资交易与金融机构提供的储蓄工具无关,它需要中间人或者代理人,即所谓**经纪人**(broker)的帮助。经纪人的角色在于协助客户处理金融工具交易,特别是股票、债券及衍生性金融工具。例如,股票经纪人或许多经纪公司所称的账户管理员,协助个人或机构投资者买卖金融资产,并赚取佣金。为了从事有价证券交易,也就是为了成为经纪人,必须先取得这类有价证券交易核发的从业执照。此外,经纪人必须遵守交易所在州规定的执照和注册要求,并遵守由 SEC 制定的道德标准。

由于经纪公司在金融市场和实现个人投资目标上有着相当重要的作用,本节主要说明这类组织传统上提供的部分服务。此外,本节还将介绍如何进行有价证券交易。

16.3.1　经纪公司与金融中介机构

严格来说,经纪公司并不被视为“金融中介机构”。回想第 4 章的说明,按照字面含义来看,金融中介机构生产(manufacture)不同的金融产品,如抵押贷款、汽车贷款、NOW 账户或退休基金,由此让储蓄者间接提供资金给借款者(资金的使用者)。相比较而言,经纪公司的传统角色不是生产储蓄工具或金融有价证券,而是帮助投资者交易由公司和政府发行的有价证券,通过这种方式,经纪人让储蓄者直接提供资金给资金使用者(这一程序不在第 4 章讨论的中介过程中)。例如,如果你找一位经纪人购买微软公司的普通股,那么你投资的是微软发行的有价证券,而非银行、储蓄机构或其他金融中介机构的有价证券。相反,如果你购买包括微软股票在内的共同基金的话,那么就已经参与了中介过程,因为你实际并没有拥有微软的股票,而是投资于实际拥有微软股票的共同基金公司发行的证券(股份)。

虽然经纪公司的传统角色是帮助投资者买卖股票、债券和其他有价证券,但最近许多经纪公司纷纷转向与金融中介相关的业务领域。例如,许多经纪公司提供支票、货币市场基金、信用卡或其他传统上被视为银行、共同基金或其他金融中介提供的服务。将来经纪公司毫无疑问会提供更多被视为非传统的金融产品,以增加其在金融市场上的竞争力。

16.3.2　经纪公司的类型

一般而言,我们把经纪公司分为两类:全面服务经纪人和折扣经纪人。顾名思义,**全面服务经纪人**(full service brokerage firm)为客户提供各种不同的服务,其中包括各种研究成果、每月出版包括投资建议的出版物,以及咨询服务。而**折扣经纪人**(discount brokerage firm)仅为顾客提供与有价证券交易相关的基本服务,在某些情况下,其提供的服务仅限于执行交易和相关报告需求。

由于折扣经纪人提供的服务比全面服务经纪人少,因而其运营成本较低,仅收取执行交易的最低基本手续费。事实上,有时一个折扣经纪人收取的“基本”手续费仅为全面服务经纪人的 15%—20%。全面服务经纪人购买每股 50 美元的股票,平均每 100 股收取近 90 美元的手续费。而相同的交易,折扣经纪人仅收取 5—50 美元,平均约 25 美元。"低价折扣"(deep-discount)经纪人经常对类似的交易仅收取不到 10 美元的手续费。

虽然多数有价证券交易是通过电话或人工完成的,但大型经纪公司也提供电子交易。电子交易的好处之一是:即使已经闭市,你也可以随时下单。虽然在市场结束后所下的委托,一般要推迟到下一个交易日开始时才处理,但是随时下单为投资者提供了相当的便利。电子交易的另一个好处是:手续费比传统股票经纪人(即使是折扣经纪人)收取的手续费低,因为电子委托可以由完成该笔交易的经纪人公司的代表直接下单。据估计,多数手续费是折扣经纪人收取的,全面服务经纪人 20% 以上的手续费是由网上交易活动取得的。虽然多数手续费仍来自传统的交易机制,但是很显然,一个"虚拟的华尔街"已在逐渐发展了。

16.3.3　交易证券

无论是利用全面服务经纪人、折扣经纪人还是采用电子交易,一般的交易程序都相同——必须提供证券交易指令。一般来说,除了确定要交易的证券外,交易指令中还包括交易的单位或股份数量指示、交易时间和与该交易相关的任何规定。

交易数量

在交易所进行有价证券交易时,需要以**整股**(round lots)为单位或 100 股的倍数方式来进行交易。这一限制并不意味着投资者每次只能买卖 100 股或 100 股的倍数,投资者还可以交易**零碎股**(odd lots),这表示可以用不是 100 股的倍数方式来交易。因为交易所只做整股的交易,所以零碎股交易是由所谓的零碎股交易员(odd-lot dealers)来特别处理。零碎股交易员把零碎股交易有效地结合在一起,即整合出可以在交易所进行交易的以 100 股为单位的交易。就如你想到的,与整股交易相比,零碎股交易涉及更多的程序,所以其费用也相对增加。

委托类型

交易是按照投资者的委托来进行股票买卖的。对于投资大众来说,市场上有许多不同类型的委托。最常见的类型为**市价委托**(market order),它是一种在最优价格才执行交易的委托。因此,如果投资者下单要购买 IBM 公司股票的话,他可以要求经纪人在交易开始时以可能的最低价格来购买。

委托还包括有关如何及何时执行买卖交易的条件和限制。例如,停止委托和限价委托被用来规定执行委托的价格或限制交易价格。

停止委托(stop order)指定市价委托启动的价格。如果 IBM 公司股票目前售价为每股 129 美元,而投资者的委托是 BUY IBM 130 STOP(价格未达到 130 美元时,不买入 IBM 股票),那么购买 IBM 公司股票的市价委托要等到每股价格达 130 美元时才会生效。停止委托指示经纪人何时开始执行交易,但它并不保证或限制交易价格。例如,购买 IBM 公司股票的停止委托只是指示经纪人在股价达到 130 美元时,才开始执行市价买入委托。在实际执行该委托时,IBM 公司的股价也许已经明显超过或低于 130 美元。

为限制交易的价格,投资者可以采用**限价委托**(limit order),即一种可以在价格不高于

(不低于)指定价格的时候买入(卖出)股票的委托。例如,投资者想要购买 IBM 公司股票,但购买的每股价格又不想高于 132 美元的话,投资者就可以下单 BUY IBM 132 LIMIT(价格未超过 132 美元,买入 IBM)。这种委托指示经纪人只要每股价格不高于 132 美元,就购买该股票。如果在下单时 IBM 的股价已为 132.25 美元的话,就不执行该笔交易。

有时可以把停止委托和限价委托组合成一个委托。如果包括以前的委托的话,例如,投资者可以下单 BUY IBM 130 STOP 132 LIMIT(价格未达到 130 美元不买入,价格未超过 132美元买入 IBM)。在这种情况下,当 IBM 公司股价达到 130 美元时即启动市价买入委托,但所购的股票价格不会超过 132 美元。

有价格限制的委托也可以有时间上的限制。例如,停止委托也可以限定如果在交易日结束时,无法达到价格条件的话即取消委托,此类委托被称为**当日委托**(day order,DO)。还有**取消有效委托**(good'til canceled,GTC),也就是说该委托持续有效直到达到价格限制或直到投资者取消委托为止。实际上,经纪人会定期确认 GTC 委托(也许是每 6 个月),以确定投资者仍保留委托。投资者也可以进行**立即执行或取消委托**(fill or kill order),也就是告诉经纪人如果无法即刻执行的话,委托就被取消。投资者有时会在立即执行或取消委托中加入如 15分钟等的时间限制。

所有者证明

当你从经纪人手中购买股票时,经纪人会问你是否需要股票凭证。股票凭证是所有权凭证,既可以由本人持有也可以由经纪公司保管。如果你选择持有股票凭证的话,那么你就拥有该股份登记在你名下的实际证明。如果未来你要卖股票的话,那么就像卖车一样,要转让所有权(也就是说,你必须要公证签名等)。另外,如果你让经纪公司持有该股票,一般而言它是以**商号名义**(street name)的方式持有,也就是说将股票注册给经纪公司。经纪公司的纪录中显示你才是"实际的"股票持有人,而经纪人会把你的持有证明定期以报表的形式寄给你。公司分给持股人的股利、年度报告和其他信息将会送到经纪公司,然后再由经纪公司将收入或资料寄给拥有该股票的客户。因此,不论如何持有其股份,即使该股票登记在证券经纪公司名下,你仍将与其他投资者一样收到公司分配的股利和信息。

一般而言,由于以下两个原因,最好让经纪公司以商号名义的方式持有你的股票:第一,在卖出股票时,股份的转换比你个人持有更容易;第二,通过保留该股票的管理权,事实上,经纪公司也有保护你的投资的责任。

证券保险

几乎所有的经纪公司,包括折扣经纪人在内,都通过有价证券投资者保护公司(Securities Investor Protection Corporation,SIPC)来购买保险。SIPC 为经纪公司持有的投资者的资金与有价证券投保盗窃或损失险(指遗失有价证券,而非贬值)。每位投资者均享有最高 500 000 美元的保险理赔(现金持有 250 000 美元)。有些公司也会从私人机构购买额外的保险。

16.4　投资信息

无论选择积极管理还是雇用投资顾问/经理,你都应了解你所作的选择。在作投资决策方面,无知会让你付出沉重的代价。在大举投资之前,你应了解你所投资的项目。一般惯例是,你应该了解你所要投资的项目的优缺点。在第 2 章,我们介绍了几种普通投资工具。在本节中,我们会观察与那些投资相关的投资信息的来源和用途。

16.4.1　投资信息来源

现在有许多投资信息的来源和方式,如报纸、杂志、公司报告、投资研究机构和互联网等,都提供了大量的投资资料和数据。例如,像在第 7 章中曾讨论的,上市公司必须准备公布年度报告,报告包括财务报表和其他本年度内有关公司经营情况的信息。*Value Line Investment Survey*、*Moody's Investment Services* 和 *Standard & Poor's* 等均为此类信息的来源,它们提供类似的财务数据和研究人员的分析结果。在本地或国际报纸上可以找到与股票、债券和其他有价证券有关的一般商业和经济新闻与报价。大城市发行的报纸,如《纽约时报》(*New York Times*),有很大的版面被用来提供财务报告。《华尔街日报》(*The Wall Street Journal*)、《巴伦周刊》(*Barron's*)和《投资者商业日报》(*Investor's Business Daily*)是专门为投资者报道财务新闻和相关企业信息的报纸。《商业周刊》(*Business Week*)、《福布斯》(*Forbes*)、《财富》(*Fortune*)和《金钱》(*Money*)等杂志则提供更多一般商业新闻与信息的报道。

除了报纸与商业杂志之外,互联网也为投资者提供了搜寻和接触大量其他资源的机会。多数大型公司均设有提供公司经营、产品与人事和当前及近期财务报告的网站。[2] 许多经纪公司和投资服务业务也有网站,这些网站提供公司特定资料和经济状况以及关于经济和各种金融市场的一般信息。美国政府及其下属不同机构均提供经济和金融状况的相关信息,如 SEC 和美联储有大量供个人计算机下载和评估的资料。

如今投资者更熟悉运用信息技术,计算机成为制定投资决策的重要工具。互联网上有许多数据库以及用于分析这些数据库的程序。有些服务需要先成为会员,而有一些则是免费的。不论哪种情况,计算机已大大延伸了投资者评估投资策略,以及为实现投资目标寻找可能的选择的能力。随着计算机的普及,以及越来越多的软件和金融数据库的出现,与二三十年前相比,目前投资者可以进行更多的复杂投资分析,因此,投资者能够根据资料作出更全面的投资决策。随着信息技术的发展,未来这种分析也一定会变得更为深入。

16.4.2　价格信息——报价

下节将说明如何计算与投资相关的收益。但是,首先我们必须要确定投资的价格。也就是说,我们必须能够读懂投资价格报价。在大多数情况下,阅读任何财经报纸或上网都能轻易得到目前股票或债券的价格。尽管如此,报价中的一些名词仍需要解释。本节侧重于股票与债券报价,说明数字的实际意义。

---

② 公司通常将它们的年度报告放在网站上,并归入"投资者关系"(或其他类似栏目)一栏。

许多投资者把《华尔街日报》作为每日股票和债券报价的主要来源③,因为从不同的网站上都可以轻易得到股票的报价,《华尔街日报》并不像从前那样报出很多股票和债券的价格,而是以股票和债券的缩写的列表报出。例如,股票是通过"Biggest 1 000 Stocks"(1 000 只最大的股票)来报出股价,而不是把所有列在纽约证券交易所和全国证券交易商自动报价系统协会(NASDAQ)的股票全部报出。《华尔街日报》上刊登的很多金融数字是以汇总数据的形式提供关于不同金融市场的总体变化的信息。因此,本节我们主要说明出现在《华尔街日报》上的报价以及网上的报价。

股票报价

股价是以小数形式显示的,并以美元和美分为单位。④ 为了解读股票报价中包含的信息,你需要了解每栏数据的含义,一旦你了解其含义后,就很容易理解报价了。下面就是对《华尔街日报》上股票报价的每栏中信息的解释:

STOCK　　股票的名称,必要时以缩写表示。例如,Tiffany 公司的缩写为"Tiffany"。

SYM　　公司的**股票代码**(stock symbol),即该公司的交易代码,例如,Tiffany 的股票代码为
　　　　TIF。股票代码就是经纪人进行交易和检索股票报价时使用的代码。在金融频道
　　　　或经纪人办公室中电视屏幕的顶部或底部显示的移动式市场报价中,就是使用股
　　　　票代码来报价,因为它较为简单,仅需显示代码而不需要使用该股票的全名。⑤

CLOSE　　上一个交易日结束时公司的股票价格。

NET CHG　股票的报价从前一天闭市到今天闭市的时间里净增加的数值。

股票报价中可能会包含一些符号(如♣和▲),这些符号用来表示该股票的特别信息,而它们的定义出现在股票报价的解释说明中。

除了报价中包含的符号和字母外,请留意有些报价是以粗体或加下划线来表示的。粗体报价表示该公司的股票价格和前一交易日收盘价相比变化至少达5%。加下划线的目的是突出与过去 65 个交易日的平均交易量相比,交易量明显增加的股票。如果某家公司的报价既使用粗体,又加下划线,这就是说该公司股票的价格与前一交易日的收盘价格相比增加了 5%或者更多,并且该股票的交易量比股票的平均交易量高。⑥

虽然严谨的投资者会阅读《华尔街日报》这类刊物,但是许多投资者还会选择从网上获取他们股票的报价,因为这些报价代表着大部分最近交易的结果(可能延迟 15—20 分钟)。下面你将看到的就是 Tiffany 公司的报价,它来自一家电子经纪公司的网站,如 Charles Schwab和 TD Ameritrade。

---

③ 《华尔街日报》于全年股票市场开市的每日均发行。《华尔街日报》也有周六版。因此,其每周一至周六发行,节假日除外。

④ 最小价格变化被称为 tick size,1997 年 6 月 24 日,纽约股票交易所(NYSE)将它从 1/8 改为 1/6。同时,NYSE 同意实行报价的十进位制。2001 年 1 月 29 日,所有股票开始实行十进位制。大约从 200 年前开始,价格的最小变化就采用1/8,因此,这些变化都是 NYSE 的历史性改变。

⑤ 股票代码也被称为"ticker"符号,是因为第一台用于把股票价格持续传回经纪人办公室的设备在打印报价时会发出"滴答"声。

⑥ 我们对股票报价的解释适用于 NYSE 的股票,同样也适用于美国证券交易所(American Stock Exchange)、NASDAQ、多数区域性股票交易所和场外交易(OTC)。

Symbol	Last	Change	Bid	Ask	High	Low	Vol	Time (ET)
TIF	76.50	+0.46	76.26	76.99	76.61	75.03	1 951 289	4:01:06PM

这个报价结果是在 2011 年 5 月 27 日星期五下午 4:01 得到的,是当天的收盘价格。每栏中数字的含义如下:

Last 实现的最后一笔交易的价格是 76.50 美元。

Change 最后一笔交易的价格比上一笔高出了 0.46 美元。

Bid 交易者愿意以 76.26 美元的价格买入股票,所以他们向投资者提出这个数额的价标,在这个价格上投资者可能会考虑出售他们所持有的 Tiffany 公司的股票。

Ask 交易者愿意以 76.99 美元的价格出售他们的股票,所以他们询问投资者是否想支付这个价格来购买 Tiffany 公司的股票。

High 截止到今天的这个时间,Tiffany 公司股票交易的最高价格是 75.61 美元。

Low 截止到今天的这个时间,Tiffany 公司股票交易的最低价格是 75.03 美元.

Vol 截止到今天的这个时间(股市收盘时),Tiffany 公司完成了 1 951 289 股的股票交易。如果这个报价发生在市场收盘之前,那么当天的股票交易量会完成得更多。

债券报价

债券报价的说明与股票报价的说明有些不同。

下面是对《华尔街日报》上债券报价中所包含信息的解释。

Issuer 发行商的名称。

Symbol 公司的交易代号。

Coupon(%) 票面利率,表明债券持有者的利息按年利率支付。

Maturity 债券的到期日,也就是说,公司必须到期按债券的票面价值支付给债券持有者。

Current 以面值百分比的形式表示的债券的收盘价格。

One-day Change 债券与前一日收盘价格相比的变化。

Last Week 以面值百分比的形式表示的一周以前债券的价格。

Close($) 上一交易日,公司股票的收盘价格。

% chg 与前一日相比,股票收盘价格变动的百分比。

和股票报价一样,许多投资者选择从网上获取他们所持有债券的报价,因为这些报价代表着大部分最近的交易结果(可能延迟 15—20 分钟),并且很多债券的价格可通过电子设备获取。下面的例子就是你可能在像雅虎和金融业监督管理机构(FINRA)这样的网站上看到的 Edison 公司债券的报价。

Type	Issue	Price	Coupon	Maturity	YTM	Current Yield	Rating	Callable
Corp	EDISON MISSION ENERGY	79.50	7.625	15-May-2 027	10.255	9.591	B	No

这个报价是 2011 年 5 月 27 日星期五下午 4:30 通过雅虎网站获得的。每一栏数字的含义如下:

Type	债券的类型,可能是公司债券、美国政府债券、市政债券等。
Issue	发行商的名称,通常是公司的名称。
Price	以其面值的百分比表示的债券的价格。这个报价是 2011 年 5 月 27 日星期五的收盘价格。
Coupon	票面利率。
Maturity	债券的到期日,意味着到期必须向债券持有者支付其面值。
YTM	到期收益率,表示投资者以当前价格购买的债券持有至到期后获得的收益。我们在第 10 章已讨论过到期收益率。对于 Edison 公司的债券,用金融计算器确定其债券到期收益率,方法如下:① 输入 N = 32 = 16 × 2,PV = −795,PMT = 38.125 = 76.25/2,和 FV = 1 000;② 计算 I/Y = 5.1299,到期收益率是以 6 个月到期利率表示的;③ 将结果按年折算,即年到期收益率 = 10.2598 = 5.1299 × 2。我们计算的到期收益率的结果与报价略有差异,因为实际上持有至到期并没有 16 年(32 个半年期)。[⑦]
Current Yield	年收益率,等于每年的利息收益除以债券的现值。对 Edison 公司的债券来说,其年收益率 = 76.25 美元/795 美元 = 0.09591 = 9.591%。
Rating	债券评级,它体现发行公司的信誉度。Edison 公司的信用评级为 B,意味着该公司的信用风险还可以;AAA 是最高级别(在第 2 章讨论了债券评级)。
Callable	至到期日期间,公司发行的债券是否为可赎回的债券。Edison 公司的债券是不可赎回的(在第 2 章讨论了提前赎回条款)。

自测题 1

(答案见本章末附录 16A)

假定今天是 2012 年 1 月 3 日,从网上获取以下部分债券报价:

Type	Issue	Price	Coupon	Maturity
Corp	ACME DESIGN	88.00	5.500	31-Dec-2021

(a) 面值 1 000 美元的债券的售价是多少? (b) 债券的年收益率是多少? (c) 债券的到期收益率是多少(利息每半年支付一次)?

---

⑦ 因为此债券最后一期利息的支付日期是 5 月 15 日,而当前报价的日期是 5 月 27 日,所以在 5 月 27 日购买债券的投资者必须向债券持有者支付 795 美元的市场价格以及 12 天的利息。因此对新的投资者来说,所花费的总费用(包括佣金和其他费用)为 797.5068 美元 = 795 美元 + (12/365) × 76.25 美元。把这个数值作为债券的现值,通过调整至到期日的利息期数,计算的到期收益率为 10.26%。

16.5　计算投资收益

监控投资很重要的一点就是确定已实现的收益。本节我们要讨论在一定时间内持有个别投资和投资组合的历史收益的计算方法。

16.5.1　计算个别证券的收益

如第 11 章所讨论的,投资收益是由该项投资产生的收入以及该项投资价值或价格变动产生的。因此,这项投资获得的现金收益是收入和价值变动之和,如下所示:

$$投资的现金收益 = 现金收入 + 资本利得$$
$$= 现金收入 + (期末价值 - 期初价值)$$
$$= INC + (P_1 - P_0) \tag{16-1}$$

在等式(16-1)中,无论是债券的利息还是股票的股利,INC 代表该投资的现金收入;P_1 是收益计算期结束时的投资价值;P_0 是收益计算期开始时的投资价值。

在特定期限内,投资的收益率用下列公式来计算:

$$收益率(\%) = \ddot{r} = \frac{总收益}{期初价值} = \frac{(现金收入 + 资本利得)}{期初价值}$$
$$= \frac{[INC + (P_1 - P_0)]}{P_0} = 持有期收益率(HPR) \tag{16-2}$$

上述等式计算出的是**持有期收益率**(holding period return, HPR)。我们用它来计算投资持有期间内获得的收益,可能是 6 个月、5 年或其他时期。持有期收益率是第 11 章介绍的实际或真实收益率,基于此,我们这里使用相同的名称——$\ddot{r}$。你可以从等式(16-2)中看到,分子包括投资收益以及与该投资相关的价值变化,或是资本利得(损失)。

为说明如何计算持有期收益率,我们来看一下全球空气压缩及相关设备的领军制造商 Ingersoll-Rand 公司 2011 年 1 月 2 日至 2011 年 5 月 27 日的表现。在此期间,Ingersoll-Rand 公司支付给股东每股 0.19 美元的股利(3 月 9 日支付 0.07 美元,4 月 7 日支付 0.12 美元)。2011 年 5 月 27 日星期五,公司的股票价格为 49.53 美元。2011 年 1 月 3 日,当股价为 47.09 美元时,购买 Ingersoll-Rand 公司股票的投资者能获得的 5 个月持有期收益率为:

$$Ingersoll\text{-}Rand\ 公司\ 5\ 个月的持有期收益率 = \frac{[0.19\ 美元 + (49.53\ 美元 - 47.09\ 美元)]}{47.09\ 美元}$$
$$= \frac{0.19\ 美元}{47.09\ 美元} + \frac{2.44\ 美元}{47.09\ 美元}$$
$$= 0.004035 + 0.051816$$
$$= 0.055851 = 5.59\%$$

计算显示,在 2011 年年初购买 Ingersoll-Rand 公司股票且持有到 2011 年 5 月的投资者获得的 5 个月持有期收益率等于 5.59%。在计算中,我们把收益区分为两个部分:与该公司支付的股利相关的收益,即所谓的**股利收益率**(dividend yield);以及股票市场价值的变化,即所谓的**资本利得(损失)**[capital gain(loss)]。请注意支付股利对收益的贡献为 0.4035 个百分点,但是 Ingersoll-Rand 公司股票价格的变化对收益的贡献为 5.1816 个百分点,因此,2011 年前 5 个月持有该股票的投资者获得的总收益为 5.59%。

在多数情况下,我们倾向于按年度来说明收益率,这样与其他投资进行比较就很容易。因此,我们必须调整等式(16-2),进行投资者的持有期限不等于一年的计算。为确保收益是按年度计算的,把等式(16-2)改写为:

$$年度收益率 = \frac{[INC + (P_1 - P_0)]}{P_0} \times \left(\frac{360}{T}\right) \tag{16-3}$$

在等式(16-3)中,所有的变量都与前面定义的一样,而 T 表示持有该项投资的天数,因此利用 $360/T$ 把持有期收益率年度化,即调整收益让它按年度计算。在计算中我们使用一年 360 天只是为了简化,也就是说,360 比 365 易于被除尽。[8] 我们使用等式(16-3)计算出来的收益,即为第 9 章中介绍的年利率(APR),它不包括复利的影响。

回到 Ingersoll-Rand 公司的例子,我们发现 2011 年前 5 个月的收益率为 5.585%。因此,相应的年度收益率为 5.585% × 360/145 = 13.866%。[9] 同样的结果也可以通过等式(16-3)得出:

$$年度收益率 = \frac{[0.19 \text{ 美元} + (49.53 \text{ 美元} - 47.09 \text{ 美元})]}{47.09 \text{ 美元}} \times \left(\frac{360}{145}\right)$$

$$= 0.05585 \times 2.4828 = 0.1386 = 13.866\%$$

一般而言,当我们考虑与持有数年的投资相关的收益时,我们想要知道的是平均年度收益率。例如,你也许听有些人说过,他持有长达 5 年或 10 年的投资,已获得每年 15% 的平均收益率或平均增长率。那么我们如何来计算平均年度收益率(每个阶段的收益率)呢? 首先,我们必须计算在该投资期间内,每年的年度持有期收益率。例如,如果一个投资超过 5 年的话,我们要计算 5 个年度收益率。其次,我们要找出平均值。在计算持有超过 1 年(期限)以上投资的平均收益率时,可运用下列两个方法:简单算术平均和几何平均。[10]

简单算术平均收益

简单算术平均收益(simple arithmetic average return)是把每项收益加总后再除以收益次数。因此,简单算术平均收益的计算式如下:

$$简单算术平均收益 = \bar{r}_A = (\bar{r}_1 + \bar{r}_2 + \cdots + \bar{r}_n)/n \tag{16-4}$$

在等式(16-4)中,r_A 表示简单算术平均收益,$\bar{r}_t$ 表示持有第 t 年的收益率,n 表示持有该项投资的年数。

为说明等式(16-4)的应用,让我们来看表 16-2 中的数据。表中显示了 2007—2012 年,TreeTop Landscape Services 公司普通股的年末市场价格与年度持有收益率。该公司的简单算

---

[8]　等式(16-3)也被用于持有期超过一年以上的投资,最后一项仍然可以把收益"年度化"。为了说明,假设有一项投资在 2 年以上的期限中获得 20% 的收益率,这项投资的年度收益率为 10% = 20% × (360/720)。

[9]　在这种情况下,$T = 145$ 的计算方法如下:因为我们在 1 月 3 日购买的股票,故 1 月 29 天,2 月 28 天,3 月 31 天,4 月 30 天,5 月 27 天(因为我们在 2011 年 5 月 27 日卖出股票)。

[10]　简单算术平均值与几何平均值均可应用于持有期限不等于一年的情况,如 1 个月、6 个月等。因为一般以年度为基准来比较平均收益率,而我们的计算也只以年度收益率为基础。

术平均收益为：

$$\bar{r}_{A_{TreeTop}} = \frac{\left[50.0\% + 10.0\% + 4.0\% + 2.0\% + (-42.9\%) \right]}{5} = \frac{23.1\%}{5} = 4.6\%$$

表 16-2 **TreeTop Landscape Services 公司 2007—2012 年的市场价格和收益率**

年份	年末股价	持有期 1 年的收益率[a]
2007	200.00 美元	—
2008	300.00 美元	50.0%
2009	330.00 美元	10.0%
2010	343.20 美元	4.0%
2011	350.06 美元	2.0%
2012	200.00 美元	-42.9%

[a]在此期间,TreeTop Landscape Services 公司没有支付股利,因此,持有期年收益率只是基于价格变动。

结果显示,2008—2012 年的 5 年间,年平均收益率为 4.6%。但请注意,简单算术平均收益的计算中并未考虑复利的影响。

几何平均收益

几何平均收益(geometric average return)中包括复利,因为它假设今天投资的 1 美元在年终时将增长到 $1 \times (1 + \bar{r}_1)$ 美元;把这一金额用于再投资,在第二年结束时将增长到 $1 \times [(1 + \ddot{r}_1) \times (1 + \ddot{r}_2)]$ 美元;以此类推。因此,1 美元(或任何其他数量)数年后增长为 $[(1 + \ddot{r}_1) \times (1 + \ddot{r}_2) \times \cdots \times (1 + \ddot{r}_n)]$ 美元。如我们在第 9 章讨论的,如果今天投资 1 美元,按 5 年 15% 的收益率计算,会增长 $2.0114 \approx (1.15)^5 = (1.15) \times (1.15) \times (1.15) \times (1.15) \times (1.15)$ 倍。为计算年平均收益率,我们必须逆算复利程序,把增长乘积开 n 次方再减 1.0。因此,我们对几何平均收益说明如下:

$$\text{几何平均收益} = \bar{r}_G = \left[(1 + \bar{r}_1) \times (1 + \bar{r}_2) \times \cdots \times (1 + \bar{r}_n) \right]^{\frac{1}{n}} - 1.0 \qquad (16\text{-}5)$$

在这一等式中,$\bar{r}_G$ 是几何平均收益,而所有其他变量与等式(16-4)中的相同。当等式升到 $1/n$ 次幂时,即表示结果开 n 次方,这一计算过程可以用计算器上的 y^x 键来完成。[⑪]

如果我们使用等式(16-5)的话,TreeTop Landscape Services 公司的几何平均收益计算如下:

$$\ddot{r}_{G_{TreeTop}} = \left[(1 + 0.500) \times (1 + 0.100) \times (1 + 0.040) \times (1 + 0.020) \times (1 - 0.429) \right]^{\frac{1}{5}} - 1.0$$

$$= \left[1.500 \times 1.100 \times 1.040 \times 1.020 \times 0.571 \right]^{\frac{1}{5}} - 1.0$$

$$= (1.00)^{0.2} - 1.0 = 0.0 = 0.0\%$$

计算结果显示,TreeTop Landscape Services 公司在 2008 年 1 月到 2012 年 12 月间没有任

---

⑪ 有关使用 y^x 键的进一步讨论见第 9 章。

何增长。

从结果中可以看出,简单算术平均收益(-4.6%)与几何平均收益(0.0%)的计算结果不同。哪个是正确的呢? 在本例中,我们只要计算5年持有期收益率就可以找出答案。请注意,在2007年年底(12月31日星期一)股市收盘时的价格为200美元,它也是2008年年初(1月2日星期三)股市开盘时的价格。因此,如果投资者在2008年1月2日星期三购买Tree-Top Landscape Service 公司的股票的话,每股要支付200美元。因为投资者也可以在2013年1月2日星期三以相同价格购买该股票,所以该股票在5年持有期间的实际增长率为零。在这5年期限的每一年中每股价格均有波动,但是任何一个在2008年年初购买TreeTop Landscape Service 公司股票,然后在5年后把相同数量的股票卖出的投资者,仅仅收回当初投入的资金。因此,我们可以得出这一结论:几何平均收益显示了在5年期间内价值的正确变化。

由于简单算术平均收益并没有考虑复利,所以它的价值始终等于或大于几何平均收益。从货币的时间价值概念中(见第9章),你应该知道存在这一关系:当其他条件不变时,如果基金没有按复利计算的话,必须有较大的收益率才能达到一定的未来价值。只有在年度收益为常数时,简单算术平均收益与几何平均收益才会相等。

虽然你不应该使用简单算术平均收益计算多年期投资,如5年的平均年度收益率,但可以用它来计算在某一时点投资组合的平均收益。例如,确定特定行业的股票平均收益时,你就可以采用简单算术平均法,因为你不在乎逐年的增长率。而且,你可以用它来检验某一特定时点的一些投资的收益。

16.5.2　计算投资组合的收益

在第11章中,我们讲过投资组合的预期收益率,是指包含在投资组合中个别股票的加权平均预期收益率。在计算投资组合的历史收益率时也可以使用相同的方法。也就是说,我们可以确定每只股票的实际收益率的权数,而该权数为投资(持有)初期个别股票投资价值占整体投资组合价值的百分比。我们使用以下公式来计算投资组合的历史收益率。

$$\bar{r}_p = \left(\frac{\text{证券 1 的价值}}{\text{投资组合的总价值}} \right)\bar{r}_1 + \left(\frac{\text{证券 2 的价值}}{\text{投资组合的总价值}} \right)\bar{r}_2 + \cdots + \left(\frac{\text{证券 } n \text{ 的价值}}{\text{投资组合的价值}} \right)\bar{r}_n$$
$$= \quad w_1 \bar{r}_1 \quad + \quad w_2 \bar{r}_2 \quad + \cdots + \quad w_3 \bar{r}_3 \quad (16\text{-}6)$$

在这里,w_j 为投资初期包含了 n 种股票的投资组合中第 j 种股票的权数。

为说明如何运用等式(16-6),让我们来观察2011—2012年 Sue Hogan 的股票投资组合。经纪公司提供给 Sue 下列资料:

(单位:美元)

股票	市场价值		
	2010 年 12 月 31 日	2011 年 12 月 31 日	2012 年 12 月 31 日
Microtech	1 500	1 800	1 980
Unicity	2 500	2 750	3 300
Hywall	1 000	950	1 425
投资组合价值	5 000	5 500	6 705

为帮助 Sue 评估其投资,我们首先用等式(16-2)来计算每种股票的年度持有期收益率。收益率的计算结果如下:

股票	收益率	
	2011	**2012**
Microtech	20.0%	10.0%
Unicity	10.0%	20.0%
Hywall	− 5.0%	50.0%

如果我们使用等式(16-6)的话,2011 年 Sue 的投资组合收益率的计算结果如下:

$$\ddot{r}_{p,2011} = \left(\frac{1\,500\ \text{美元}}{5\,000\ \text{美元}}\right) \times (20.0\%) + \left(\frac{2\,500\ \text{美元}}{5\,000\ \text{美元}}\right) \times (10.0\%) + \left(\frac{1\,000\ \text{美元}}{5\,000\ \text{美元}}\right) \times (-5.0\%)$$

$$= 0.3 \times (20.0\%) + 0.5 \times (10.0\%) + 0.2 \times (-0.5\%)$$

$$= 6.0\% + 5.0\% + (-1.0\%)$$

$$= 10.0\%$$

虽然 Hywall 在 2011 年时损失了 5%,但是由于投资在 Hywall 的资金仅占 Sue 整个投资组合的 20%,所以她因持有这个股票遭受的损失仅为 1%。

为计算 2012 年的投资组合收益率,我们再次使用等式(16-6)。这次,每种股票的权数是以 2012 年年初(2011 年年底)时的价值,而不是以初始价值为基准。因为 2011 年 Hywall 的价格下跌,其权数对投资组合收益的影响也会下降。2012 年投资组合收益率的计算如下:

$$\ddot{r}_{p,2012} = \left(\frac{1\,800\ \text{美元}}{5\,500\ \text{美元}}\right) \times (10.0\%) + \left(\frac{2\,750\ \text{美元}}{5\,500\ \text{美元}}\right) \times (20.0\%) + \left(\frac{950\ \text{美元}}{5\,500\ \text{美元}}\right) \times (50.0\%)$$

$$= 0.3273 \times (10.0\%) + 0.5000 \times (20.0\%) + 0.1727 \times (50.0\%)$$

$$= 3.3\% + 10.0\% + 8.6\%$$

$$= 21.9\%$$

请注意,Hywall 的权数自 2011 年年初的 20% 下跌至 2012 年年初的 17.3%,因此虽然 2012 年 Hywall 的股票增值了 50%,但它对投资组合收益率的贡献仍低于 Unicity 的股票。Unicity 的股票获得 20% 的收益并占投资组合的一半(50%)。

通过确定每年投资组合总额的变化,我们可以计算出该投资组合的年度收益率。换句话说,运用等式(16-2)可以计算出投资组合收益率:

$$\ddot{r}_{p,2011} = \left(\frac{5\,500\ \text{美元} - 5\,000\ \text{美元}}{5\,000\ \text{美元}}\right) = 0.100 = 10.0\%$$

$$\ddot{r}_{p,2012} = \left(\frac{6\,705\ \text{美元} - 5\,500\ \text{美元}}{5\,500\ \text{美元}}\right) = 0.219 = 21.9\%$$

我们发现,收益率与使用等式(16-6)计算的结果相同。当我们在计算加总收益率时,并不一定要去计算与每只股票有关的权数,因为这一信息已经包含在加总值中。因此,如果我们仅计算一个投资组合的整体收益率的话,就可以使用等式(16-2)。如果我们要决定个别股票的收益率,以及其对投资组合收益率的贡献的话,那么我们就应该使用等式(16-6)。

自测题2

(答案见本章末附录16A)

Lucy Ramissaw 四年前投资了四只股票,总价值为 10 000 美元。她刚刚收到 Bestvest 经纪公司(代理其交易的公司)的报表,其投资组合收益报告如下:

(单位:美元)

股票	日期 2008 年 12 月 31 日	2009 年 12 月 31 日	2010 年 12 月 31 日	2011 年 12 月 31 日	2012 年 12 月 31 日
Mateo Computers	2 000	2 400	2 760	2 484	3 726
Northern Water	4 000	4 100	4 900	5 635	6 762
AMN Motors	1 000	900	1 080	1 350	1 404
Farley Agricorp	3 000	2 850	3 420	3 762	3 762
投资组合价值	10 000	10 250	12 160	13 231	15 654

a. 计算每只股票四年持有期收益率及年收益率。

b. 根据表中的市场价值,计算每年投资组合中每只股票的权重。

16.6 指数——衡量市场收益率

上一节我们观察了用于衡量个别资产(如股票、债券)和投资组合的收益率的方法。本节我们讨论股票市场和债券市场的市场指数,它们被用来衡量有价证券组合或投资篮子(baskets)的收益。

市场指数衡量金融市场的表现,就如同经济指数衡量经济的表现一样。最常见的一种市场指数是道·琼斯工业平均指数(Dow Jones Industrial Average,DJIA),它用来衡量在美国国内 30 家最大工业公司的总收益率或表现。DJIA 1896 年由 Charles Dow 创立,被公认为最古老的股票市场指数。这一指数在初期仅包括 12 家大公司,被用来评估股票市场的整体表现。表 16-3 显示了 DJIA 最初和 2011 年包括的公司组合,其中只有一家公司——通用电气从开始直到今天仍然存在。即使 DJIA 仅包括 30 只股票,少于 NYSE 所列股票总数的 1%,很多人仍然相信它较好地反映了股票市场的变化,原因是 DJIA 中的公司都是大型企业,它们占 NYSE 总市值的 20% 以上。如你所见,DJIA 包含的企业中有一些并非工业企业,这就意味着该市场指数建立之初,工业的概念只是象征性的。

表 16-3　1896 年和 2011 年 5 月道·琼斯工业平均指数(DJIA)的构成

公司	公司大事记
1. 1896 年最初的 DJIA	
American Cotton Oil	变更为 CPC 国际公司,现在名为 Best Foods

（续表）

公司	公司大事记
American Sugar	变更为 Amstar Holdings，成为 Long Wharf 海运中心
American Tobacco	1911 年因反托拉斯法而破产，演变为 American Brands 和 RJR ToBacco
Chicago Gas	1897 年被 Peoples Gas 收购，现为 TECO Energy，Inc. 的子公司
Distilling & Cattle Feeding	变更为 Quantum Chemical，成为 Millennium Chemicals，Inc. 的子公司
General Electric	仍为 DJIA 的一部分
Laclede Gas	仍用同名经营，1899 年从 DJIA 中移除
National Lead	现名为 NL Industries
North American	20 世纪 40 年代被解体为一家垄断公用事业公司
Tennessee Coal & Iron	1907 年被 U. S. Steel 公司收购，现名为 USX
U. S. Leather	1952 年倒闭
U. S. Rubber	变更为 Uniroya，现为 Michelin 的子公司

公司	首次纳入日期	说明
II. 2011 年 5 月的 DJIA		
3M Company	1976	2002 年 Minnesota Mining & Manufacturing 更名为 3M
Aluminum Co. of America	1959	
American Express Co.	1982	
AT&T Inc.	1912	1928 年被更换，1939 年再次被纳入，1994 年更名为 American Telephone & Telegraph，2004 年被更换，2005 年被 SBC Communication 并购后再次被纳入
Bank of America	2008	
Boeing Co.	1987	
Caterpillar，Inc.	1991	
Chevron Corp.	2008	替换 Altria Group（Philip Morris）
Cisco Systems Co.	2009	替换 General Motors
Coca-Cola Co.	1932	1935 年被更换，1987 年再次被纳入
DuPont Co.	1924	1925 年被更换，1935 年再次被纳入
Exxon/Mobil Corp.	1928	1972 年从新泽西州的 Standard Oil 更名而来，1999 年合并
General Electric	1896	1898 年被更换，1899 年再次被纳入，1901 年被更换，1907 年再次被纳入
Hewlett-Packard Co.	1997	
Home Depot	1998	
IBM	1932	1939 年被更换，1979 年再次被纳入
Intel	1998	
Johnson & Johnson	1997	
J. P. Morgan Chase.	1991	J. P. Morgan 和 Chase Manhattan 于 2000 年合并
Kraft Foods，Inc.	2008	替换 American International Group，Inc.（AIG）
McDonald's Corp.	1985	

（续表）

公司	首次纳入日期	说明
Merck & Co.	1979	
Microsoft	1998	
Pfizer Incorporated	2004	
Procter & Gamble Co.	1932	
Travelers Companies, Inc.	2009	替换 Citigroup
United Technologies Corp.	1933	1934 年被更换, 1939 年再次被纳入, 1975 年从 United Aircraft 更名而来
Verizon Communications	2004	
Wal-Mart Stores, Inc.	1997	
Walt Disney Co.	1991	

注:(1) 在注释中,更换表示该股票退出 DJIA。
(2) 纳入 DJIA 中的股票数量从最初的 12 种增加到 1916 年的 20 种。
(3) 纳入 DJIA 中的股票数量从 1916 年的 20 种增加到 1928 年的 30 种。
资料来源:道·琼斯公司网站,http://averages.dowjones.com;以及 *The Dow Jones Averages, 1885-1995*, Phyllis S. Pierce, ed. Irwin Professional Publishing, 1996。

许多其他市场指数的目的是衡量不同的投资篮子或者使用不同的计算方法。例如,其他著名的指数包括由标准普尔公布的指数——S&P 500、S&P 400、S&P 工业指数等。当然,S&P 工业指数较 DJIA 更具普遍性、覆盖范围更广,因为它包含了更多的公司。当然还有覆盖范围更广的指数,例如,主要股票市场都有包含所有在交易所挂牌的股票在内的综合指数(composite index),像 NYSE 综合指数、AMEX 综合指数和 NASDAQ 综合指数。此外,Russell 3 000 (包括 3 000 种有价证券)和 Wilshire 5 000(实际上包含 5 000 多种有价证券)用于衡量更普遍的股票群,而不仅是在特定交易所挂牌的股票指数。

尽管指数种类繁多,但是 DJIA 的引用次数仍然高于其他指数。DJIA 刊登在每天早上的报纸中,而当地或国家广播每晚都会引用 DJIA 向听众提供股票市场当天的表现。DJIA 被视为股票市场的晴雨表。

表 16-4 列出了几种每天刊登在《华尔街日报》或者网络上的市场指数,并提供了 2010 年每种指数衡量的特定股票收益率资料。[12] 虽然所有指数显示市场正处于下跌中,但是经过计算的收益率却大不相同。有两个主要原因可以解释这些差异:第一,如我们前面提到的,并非每一个指数都用于衡量相同的股票群,因而不同指数计算的结果或多或少有所不同。例如,与 DJIA 中包含的公司相比较,NASDAQ 指数所包含的公司就显得非常小。第二,即使包含相同有价证券篮子的指数,其结果仍会有差异,原因是并非所有指数都采用相同的方法计算。对不同指数的计算差异的具体讨论超出了本书范围,本节仅提供一个简单的例子来说明指数间的差异。

---

[12] 表 16-4 中报告的是 2010 年基于全年市场表现的收益。

表 16-4 2010 年的几种市场指数

指数	组成	计算方法	2010 年收益率
DJIA	全美 30 家最大的企业	价格加权	10.99%
NYSE 综合指数	在 NYSE 中交易的超过 3 000 种普通股（不包括某些类型的有价证券）	价值加权	10.84%
S&P 500	来自不同产业,但在 NYSE 和 NASDAQ 中交易的 500 家大公司	价值加权	12.63%
NASDAQ 综合指数	在 NASDAQ 中交易的所有国内公司的普通股	价值加权	16.66%
Russell 3 000	以市场资本化为基准,美国 3 000 家最大的公司——代表所有可投资股票的 98%	价值加权	15.17%
Wilshire 5 000	5 000 多种（最初为 5 000 种）在 NYSE、AMEX 和 OTC 交易的普通股——最广泛的市场估量	价值加权	15.56%

表 16-5 显示了三家虚拟公司的相关价格资料。我们可以用这一资料来建立两种指数类型:价格加权(price-weighted)指数和价值加权(value-weighted)指数。

表 16-5 建立市场指数

股票	流通股	2011 股价	2011 市值	2012 股价	2012 市值	一年期收益率
Amber, Inc.	5 000	10 美元	50 000 美元	15 美元	75 000 美元	50.0%
B&B Design	500	30 美元	15 000 美元	36 美元	18 000 美元	20.0%
Wotterup, Inc.	200	200 美元	40 000 美元	180 美元	36 000 美元	− 10.0%
合计		240 美元	105 000 美元	231 美元	129 000 美元	

Ⅰ. 计算一个简单的价格加权指数(I_w)

$I_{w,2011}$ = 240 美元/3 = 80

$I_{w,2012}$ = 231 美元/3 = 77

根据 I_w 计算 2012 年的收益率为:(77 − 80)/80 = − 0.037 5 = − 3.75%

Ⅱ. 计算一个简单的价值加权指数(I_v)

$I_{v,2011}$ = 105 000 美元/3 = 35 000

$I_{v,2012}$ = 129 000 美元/3 = 43 000

根据 I_v 计算 2012 年的收益率为:(43 000 − 35 000)/35 000 = 0.228 6 = 22.86%

注:价值为当年年末数字。

价值加权指数的计算通常是按当年的股票市场价值除以上一年的市场价值,然后将结果乘以 100。在我们的例子中,其计算公式如下: I_v = (129 000 美元/105 000 美元) × 100 = 122.86

如你所见,其结果是高于基础年价值(100)22.86%。

为建立一个简单的价格加权指数,我们需要把每种股票的价格加总,然后除以指数中的股票数量。按表 16-5 中提供的价值,这种指数类型的价值在 2011 年年底为 80,而在 2012 年年末是 77。根据这一计算方法,这三种股票在 2012 年的损失为 3.75%。如果你看一下表 16-5 中"一年期收益率"栏的话,你会发现只有一种股票实际上是下跌的,其他两种股票获得了相当丰厚的收益。Wotterup 是一种高价股票,其价格的变化对指数的影响大于其他两种股票(Wotterup 的价格占 2011 年总价格的 80% 以上)。这引起了人们对价格加权指数的批评。

　　一种降低高价有价证券对价格加权指数的影响的方法是:计算价值加权指数。价值加权指数是以每只股票的总价值,而不是每股价格为基准。例如,根据表16-5中的资料,2011年Amber公司的总市值或者**资本总市值**(market capitalization)为50000美元。同年,Wotterup的总市值为40000美元。即使Amber每股股价比Wotterup低190美元或者相当于Wotterup股价的5%,Amber的总市值仍比Wotterup的总市值高10000美元或25%。

　　表16-5中的价值加权指数是采用相当简单的形式来表示的,但是它证明了构建指数的方法可以使市场表现的计算结果完全不同。价值加权指数暗示了2012年这三家公司的组合表现良好——年收益率几乎达到23%。这一结果与价格加权指数的结果大不相同,主要是因为Wotterup遭受的损失对指数的影响并不像其他两种股票产生的收益影响那么大。2011年,Wotterup的市场价值占三种股票资本总市值的比重不到40%。

　　我们已经介绍过建立市场指数的两种方法,你应该了解到报纸或者晚间新闻中报道的指数并不能完全相同地衡量事件。如果你的投资组合中每种股票的股份数量相等的话,那么你可能会用像DJIA这样的价格加权指数与你的投资组合收益率进行比较,或者用像S&P 500这样的价值加权指数来作比较。事实上,市场指数之间具有高度的相关性,不论它是如何建立的或者是使用了哪些特定的有价证券组合。图16-2显示了自1980年以来五种指数的变化情况。可以看到,大多数情况下指数都是相继变化的。如果把每种指数衡量的年度市场收益率用一个图表显示的话(也就是图16-2显示的价值变化),就很难辨别个别指数的收益率,因为这些曲线在相当多的年份会相互重叠。

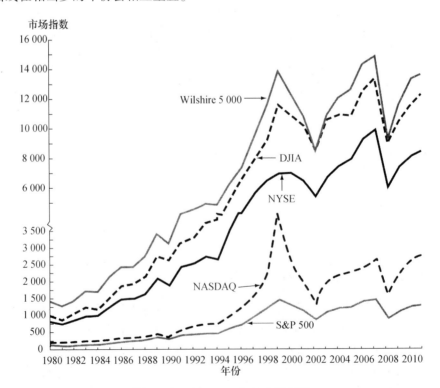

图16-2　1980—2011年的市场指数

指数有几个重要的用处。首先,指数是用于衡量股票市场表现的标准,同样指数也是为投资者提供经济运行稳健与否的晴雨表。当市场上涨时,我们称之为**牛市**(bull market),表示经济运行良好;当市场下跌时,我们称之为**熊市**(bear market),表示经济表现不佳。

除了衡量经济运行好坏的功能外,个人投资者和共同基金经纪人也使用市场指数作为标杆,以确定其投资组合的优劣。你是否听说过某人的投资组合比市场表现得更好?为证明这一说法,投资者用其中一种市场指数来把自己的投资组合收益率与市场收益率进行比较。

指数也可用于估算有价证券的 β 系数。回想一下第 11 章中讨论的,β 系数代表股票收益率与市场收益率之间的关系。也就是说,它可衡量与股票相关的系统风险。最后,指数可以用来作为投资工具以及其他投资(如选择权)的基准,如期权。换句话说,你可以通过购买 NYSE 综合指数在整个 NYSE 进行投资。

自测题 3

(答案见本章末附录 16A)

下表给出了三只股票的信息:

股票	股票数量	每股价格		
		第一年年初	第一年年末	第二年年末
AmSteel	750	30.00 美元	33.00 美元	39.60 美元
Zedega	200	150.00 美元	153.00 美元	154.20 美元
OrionStar	3 000	15.00 美元	21.00 美元	19.20 美元

使用所有的股票,(a)构建一个简单的价格加权市场指数;(b)构建一个简单的价值加权市场指数。计算每年每个指数的市场收益,假设所有股票都不支付股息。

16.7 可供选择的投资策略

投资者通过持有不同比例、不同种类的金融资产来建立投资组合。为了实现其投资目标,多数个人投资者遵守**买入并持有策略**(buy-and-hold strategy),即他们会购入想要持有的有价证券直到实现目标为止,或者对其投资组合进行调整,以确保实现未来的目标。买入并持有策略常常被视为一种长期的而不是短期的投资策略。当投资者购买有价证券时,不论其想要持有的期限长短,都被视为做多(going long),而且很明显,他们希望价格能够上涨。另一方面,当投资者在卖出有价证券时,即所谓做空(going short),此时通常投资者预期未来价格会下跌。

当投资者预期价格会上涨时,他们会向经纪公司借资金来增加收益率,这被称为保证金交易(margin trading)。这一策略使投资者能用超过自有资金的方式来进行投资。另外,当投资者预期价格将下跌时,他们可以采取卖空(short selling)方式来赚钱,即卖出不是自己所有的有价证券,并在未来填补上这一空缺。如果价格下跌的话,可以用较低的价格回购有价证券。这样投资者就可以赚取卖空价格和再次买入价格之间的差价。

在本节,我们说明保证金交易和卖空,让你理解如何与经纪人进行投资安排。但是需要提醒你,除非你对它们有全面的了解,否则轻易不要使用这类投资安排。换句话说,就是警告投资者,投资需谨慎。

16.7.1　保证金交易

保证金交易(margin trading)指投资者从经纪人处借入部分资金来购买有价证券。融资金额根据保证金要求(margin requirement)而定,也就是购买有价证券的个人投资者的最低个人资金(原始股权)。举例来说,如果保证金要求为60%,那么投资者就必须提供至少相当于有价证券价格的60%的资金。在这种情况下,经纪人可以借给投资者的最大额度为40%。美联储对最低保证金的要求目前是50%。[13]

当投资者向经纪公司融资购买有价证券时,要签订**抵押契约**(hypothecation agreement),也就是把有价证券作为贷款的抵押品。本质上,如果投资者违约的话,经纪人可以根据抵押契约出售股票以偿还贷款。和其他借款一样,融资购买有价证券的投资者也要为其融资贷款付息。支付的利率,即所谓的**经纪人贷款利率**(broker loan rate),是根据贷方向经纪人借出资金而定的。因为投资者支付特定(固定)的利率从经纪人处借入资金,当投资者投资证券的价值增值率高于经纪人贷款利率时,保证金交易就能提高收入;相反,当价值下降时,保证金交易的损失也会增加。

为了解保证金交易如何运作,可以看一下 Karen Lambert 的案例。Karen 自己有 6 000 美元资金投资于 MVP 公司,该公司目前股价为每股 50 美元。如果仅用自己的资金,Karen 可以购买 120 股(6 000 美元/50 美元)MVP 股票。MVP 不支付股利。因此,如果 MVP 股票在一年内上涨到 60 美元,Karen 可以每股获利 10 美元,而其投资的总收益是 1 200 美元或 20%(0.20 = 1 200 美元/6 000 美元)。如果 MVP 的股票下跌到 40 美元,Karen 持有的股票每股将损失 10 美元,而其投资价值将下降 20%,达到 4 800 美元。

负责帮 Karen 交易的经纪公司向其提供保证金交易,保证金要求是 60% 加 10% 的经纪人贷款利率。[14] 如果 Karen 根据自身资金状况来融资,她可以利用超过自有资金的方式购买更多的 MVP 股票。为确定 Karen 融资后购买 MVP 股票的数量,我们首先来考虑实际保证金是多少或如何计算投资者的权益百分比。

$$
实际保证金 = 投资者的权益百分比 = \frac{投资者的权益}{投资的市场价值} \tag{16-7}
$$

购买股票时,实际保证金不能低于购买股票时的保证金要求,因此 Karen 最多可以购买 MVP 股票的数量为:

---

⑬　1946 年,保证金要求为 100%,表示投资者不能借钱购买股票。20 世纪 30 年代末期,最低保证金要求为 40%。保证金为 40% 时,投资者可以借款购买股票的资金额度为 60%。1974 年以来,保证金要求为 50%。

⑭　经纪公司可以设定高于美联储规定的保证金要求,但不可以提供更低的保证金要求。

$$实际保证金 = 0.60 = \frac{6\,000\ 美元}{投资的市场价值}$$

$$投资的市场价值 = \frac{6\,000\ 美元}{0.60} = 10\,000\ 美元$$

因此,如果 Karen 根据自己的财务状况进行融资,她可以购买 10 000 美元或者 200 股 MVP 股票。为达到这一目的,她必须向经纪人借入 4 000 美元,再加上自有的 6 000 美元。如果 MVP 的股票价格增加到 60 美元,200 股的总市值将等于 12 000 美元。如果 Karen 要偿还其融资,她无法拿到全部的 12 000 美元,因为她必须付给经纪人 4 400 美元,以偿还她借的 4 000 美元和贷款利息 400 美元(= 0.10 × 4 000 美元)。在这种情况下,Karen 能获得 7 600 美元(= 12 000 美元 – 4 400 美元),比她投资的 6 000 美元多了 1 600 美元。其资金的收益率是 26.7%,高于她不利用保证金交易能获得的 20% 的收益率。

$$持有期为一年的收益率 = \frac{\left[\,(12\,000\ 美元 - 4\,400\ 美元) - 6\,000\ 美元\,\right]}{6\,000\ 美元}$$

$$= 1\,600\ 美元 / 6\,000\ 美元 = 0.267 = 26.7\%$$

相反,如果 MVP 股票下跌至 40 美元,Karen 持有的 200 股只值 8 000 美元。Karen 必须支付 4 400 美元给经纪人以偿还贷款和利息,因此她原来 6 000 美元的资金仅剩下 3 600 美元(= 8 000 美元 – 4 400 美元),即她的投资损失了 40%(= – 2 400 美元/ 6 000 美元)。

如上例所示,保证金交易可以增加获利和损失。从第 8 章讨论的杠杆(经营和财务)中,你应该预期到会发生这样的扩大效应。

请注意,股票的市场价值变化时,Karen 欠经纪人的资金金额不变。因此,当股票价格上涨时,Karen 在她的投资头寸上就拥有了更多的权益或所有权;当股票价格下跌时,她拥有的权益就少了。任何时候投资者的权益头寸都用与当前股票市场价格有关的实际保证金来表示。为计算投资者的权益状况,等式(16-7)可以扩展为:

$$实际保证金 = 投资者的权益百分比 = \frac{投资者的权益}{投资的市场价值}$$

$$= \frac{(股数 \times 每股价格 - 借款总数)}{(股数 \times 每股价格)} \tag{16-8}$$

因此,当 MVP 的股票价格是 60 美元时,Karen 的权益状况等于 66.7%。也就是说,实际保证金为:

$$\underset{(价格 = 60美元)}{实际保证金} = \frac{\left[\,(200 \times 60\ 美元) - 4\,000\ 美元\,\right]}{(200 \times 60\ 美元)} = \frac{8\,000\ 美元}{12\,000\ 美元} = 0.667 = 66.7\%$$

当 MVP 的股票价格是 40 美元时,她的实际保证金为 50%,因为 Karen 欠经纪人的贷款是 MVP 股票价值 8 000 美元的一半。

如果某一只股票的价格下跌过多,融资的投资者可能会放弃他的股票头寸,拒绝偿还经纪人的贷款。为防止这种现象发生,当实际保证金下跌至某个百分比或更低时,经纪人会要求投资者提供额外的资金,也就是说,经纪人通过发出**追加保证金通知**(margin call)来追回更多的资金。发出追加保证金通知时的价格根据**维持保证金**(maintenance margin)而定,它代表投资后任何时间内经纪人允许其融资投资者拥有的最低实际保证金或权益百分比。要确定在哪个价格发出追加保证金通知,我们利用等式(16-8)把实际保证金定为维持保证金,并把

等式重新推导如下[15]:

$$追加保证金的价格(每股) = \frac{借款总数}{[股数 \times (1 - 维持保证金)]} \qquad (16-9)$$

如果维持保证金为45%,当MVP股票的价格跌到每股36.36美元时,Karen就会收到追加保证金通知:

$$追加保证金的价格(每股) = \frac{4\,000\ 美元}{[200 \times (1 - 0.45)]} = 36.36\ 美元$$

如果MVP股票的价格跌到36.36美元以下时,Karen购买的200股总值将低于7 272美元(=200×36.36美元),而她的实际保证金将少于45%的维持保证金。如果Karen真的收到追加保证金通知的话,她必须提供额外的资金来增加其实际权益。如果她不能提供更多资金的话,她的部分或全部股票就会被出售,以满足追加保证金通知的要求。切记,在保证金交易中,以股票作为投资的抵押品,必要时经纪人可以将其出售。

当然,Karen比较认同MVP股票的价格将上升,这样她的收益率会由于保证金交易而增加。如果她认为MVP股票的价值将下跌,她也许会卖空,这就是接下来我们要讨论的投资安排。

16.7.2　卖空

如果投资者相信某只股票(或其他有价证券)的价格在未来会下跌,他可以通过**卖空**(short selling)该股票的方式来获利。[16] 卖空是投资者向其他投资者借用股票,然后出售,并承诺日后会填补这一空缺,或偿还借来的股票。如果借来的股票价格下跌的话,投资者以低价买回并进行替换,由此创造利润。实际上,卖空的目的就在于卖高和买低。[17]

现举例说明,如果Karen预期MVP股票的价格会下跌,她可以向经纪人借100股并以目前每股50美元的价格卖出。如果每股的价格跌至40美元,Karen将以每股40美元的价格把它们买回来并把股票归还给经纪人。不考虑佣金和其他费用,她的获利是每股10美元,总共1 000美元。如果MVP股票的价格上涨到60美元,那么Karen每股将损失10美元,总共1 000美元,因为她必须用高于卖空时每股股价10美元的价格来购买该股票。

卖空最初所产生的收益,投资者并不能随意使用,而是由经纪人持有并作为借出股票的

---

[15]　等式(16-9)的推导如下:

$$维持保证金 = \frac{(股数 \times 每股价格 - 借款金额)}{(股数 \times 每股价格)} = 1 - \frac{借款金额}{(股数 \times 每股价格)}$$

$$1 - 维持保证金 = \frac{借款金额}{(股数 \times 每股价格)}$$

$$(1 - 维持保证金) \times 股数 \times 每股价格 = 借款金额$$

$$每股股价 = \frac{借款金额}{[股数 \times (1 - 维持保证金)]} = 追加保证金的价格$$

[16]　股票之外的其他证券是可以卖空的。一般来说,讨论股票交易的卖空比较容易,因此这里我们仅讨论股票。

[17]　2007年以前,卖空有价格限制。价格限制会抑制一个投资者卖空,除非以前与股票有关的交易导致价格上升(报升)或者一个更早交易导致的价格上升之后没有价格变化(零正点)。SEC在2007年取消了该项限制。然而,在2010年,SEC实施了一项新"开关"政策,当一天内股票价格下跌10%或者更多时,限制对该股的卖空。一个经历"短路开关"的股票可以卖空,只有在它的价格超过现在的全国最佳买卖价格,该价格即交易商销售证券时存在的最佳可售卖价格。

抵押品。此外,投资者必须向经纪公司交纳保证金以确保当股票价格下降时可以再买回。保证金的数额通常是应付保证金的一个函数,以最小金额为条件,如 2 000 美元。举例来说,当每股价格为 50 美元时,如果 Karen 想卖空 100 股 MVP 股票,这项买卖需要 5 000 美元。经纪人要把这笔资金存放在存款账户中,而 Karen 也要存 3 000 美元(=5 000 美元×0.60)在经纪人那里,以确保在股票价格真正上涨时可以弥补其头寸不足。如果股票价格上涨过多,投资者将收到一份由经纪公司寄来的追加保证金通知,要求投资者提供额外的资金,以应对未来可能出现的价格上涨。[18]

存放在经纪人账户内的资金在补足卖空头寸后会还给投资者,当股票还给原所有者时会发生这种情况。

事实上,当投资者卖空某一股票时,股票所有者通常不知道他的股票已被卖出,因为用的是以商号名义持有的股票(street name stock)。从技术上讲,股票的所有者不再持有股份,在股票被卖空期间,卖空方必须支付公司发放的股票股利。因此,被卖空股票的投资者不必担心,在卖空期间他们只是在技术上不再拥有股份。

与卖空相关的限制及股票价格的变化无常,使得使用这类投资策略变得非常冒险。卖空是成熟的投资者经常使用的一种投资策略。[19] 如果你曾经考虑要卖空有价证券,就要先确定你要做什么并要知道这么做可能会损失很多资金。在卖空交易中你能损失多少? 为了回答这一问题,我们提出另一个相关问题:某一股票的价值能涨到什么程度?

自测题 4

(答案见本章末附录 16A)

Lance Underwood 考虑把刚继承的 19 800 美元用作投资。他联系了一位朋友推荐的经纪人,经纪人告诉他既可以把 19 800 美元全部用于投资,也可以向证券公司借更多的钱进行更大的投资。经纪公司要求的保证金为 55%,维持保证金为 40%,经纪人贷款利率为 12%。Lance 决定投资 Megasoft,目前 Megasoft 的每股价格为 120 美元,没有支付任何股利。

a. 假设 Lance 没有融资且把全部资金投资于 Megasoft,如果 Megasoft 股价一年内上涨到 150 美元,他的持有期收益率是多少? 如果股价跌至 105 美元,他的收益率是多少?

b. 假设 Lance 向经纪人借入最大资金额度,如果 Megasoft 股价上涨到 150 美元或是下跌到 105 美元,他的持有期收益率各为多少? 如果 Lance 从事保证金交易,在他收到追加保证金通知前,Megasoft 的股票价格将下跌到多少?

---

⑱ 以资金或证券为担保品以确保各种投资头寸安全的账户通常被称为保证金账户。尽管投资者未进行具体的保证金交易,这样的头寸仍包含某些类型的借入或杠杆活动,如卖空涉及借入证券。

⑲ 最早于 1997 年,当投资者卖空他们依然持有的股票时,这种是指对冲卖空。这个定义源于更早些时候,当一个投资者在银行,或者家中、工作中的保险箱中持有证券,这种投资策略是卖空已经持有的股票。在过去,投资者卖空保险箱去推迟支付与流动投资有关的税费。但是,1997 年针对美国税收法规的修改消除了与这种投资策略相关的收益。

道德困境

ETHICAL DILEMMA

滴、滴、滴……我们应该打电话叫一个管道工吗

弗里曼管道供应公司决定重新制定股利政策,该政策是 30 年前建立的,当时公司也是第一次支付股利。在过去的 30 年里,弗里曼公司的运营方式经历了翻天覆地的变化,所以公司 CEO 想看一下目前的股利政策是否仍然适用。

CEO 表示,对公司来讲,制订一个股息再投资计划(DRIP)可能是一个好的建议,因为他相信该公司是一个好的投资选择并且大多数股票持有者都宁愿股利再投资而不是派发现金。因此,公司的 CFO——Ed Davidson 被委派评估启动 DRIP 项目的可行性。

Ed 认为弗里曼公司应该分发股利以保持它的市场价值进而维持股票持有者的财富。自从几年前股利的税率降低后,该行业的大多数公司要么增加了股利发放,要么开始分发股利。鉴于这个原因,Ed 坚信弗里曼公司必须继续分发股利;实际上,他认为应该增加股利的发放。

当 Ed 被委派评估 DRIP 项目的任务时,他非常兴奋。他知道这个项目将会在他所管辖的部门执行,这就给了他和同事展现工作水平的机会。然而,随着评估工作的进行,Ed 开始担心当 CEO 建议启动 DRIP 项目的时候,有一些私人动机在里面。当他发现弗里曼公司的高管们每年都会收到巨额奖金的时候,他的担心越来越多,因为这些奖金通常是以公司股票的形式支付的。Ed 的调查发现:DRIP 项目使得高管们以再投资公司股票的股利形式接收奖金,这与现有的奖金支付系统有着同样的作用。因为高管们实际上接受的是股利的支付,但是经过 DRIP 项目之后,他们的奖金在税收上就会有很大的差异。在现有的计划下,高管们的奖金以及收到的任何股票都会和普通收入一样交同样的税。而合格的股利税率相对低一些,换句话说,基于股利支付的 DRIP 项目购买的股票比普通收入的税率更低。

再加上他收集的其他一些资料,Ed 认为 CEO 启动 DRIP 项目的原因只是该计划有益于弗里曼公司的高管们。虽然 Ed 还处于评估的初始阶段,但是他认为若仅仅只是有益于高管,公司不应当启动该项目。从这一点来看,Ed 正考虑应该放弃该评估并告诉 CEO "滚吧"还是继续评估,这项评估可能会给 CEO 辩护的机会,即他们需要启动这项有益于高层管理者的项目。他应该怎么做呢? 如果你是 Ed,你会怎么做?

本章要点总结

本章重要概念

为了总结,我们把本章讨论的关键概念与本章开始的学习目标联系起来。

● 在投资时,投资者作的第一个决定就是确定其投资目标。投资是为了存钱养老还是攒钱在5—10年内买房子? 还是有其他的目的? 接下来,投资者必须确定他为实现目标愿意承受的风险度。虽然承受较大的风险可能使投资者更快速地实现投资目标,但是这种投资还可能会导致大额的损失。投资目标和可接受的风险度一旦确定下来,投资计划就可以实施了。也就是说,必须制订适当的投资计划。最后,必须不断地监控计划的执行,以便在必要时进行调整。

● 在执行投资交易的时候,投资者有多种委托选择。最常见的一种类型是市场委托,它是一种当交易进入市场后,投资人委托经纪人在最优价格下才执行的委托。投资者可以使用停止委托、限价委托或者两种类型结合来限制交易的价格。停止委托指定市价委托启动的价格,而限价委托是一种可以在价格不坏于指定价格的时候买入或卖出股票的委托。投资者还可以对其委托加上时间的限制。停止委托也可以限定为如果在交易日结束时,无法达到价格条件的话即取消委托,此类委托被称为当日委托。还有取消有效委托,也就是说,该委托持续有效直到达到价格限制或直到投资者取消委托为止。投资者也可以提出一份立即执行或取消委托,也就是告诉经纪人,如果无法即刻执行,委托就被取消。

● 投资收益取决于两个因素:① 投资产生的现金收入,即投资持有期间发放的利息和股利;② 投资价值的变动。因此,为了确定投资收益或者收益率,我们必须计算某个特定期间的投资产生的收益或者资本利得。一般而言,我们可以年度收益率简单地比较不同的投资。

● 为了计算投资的算术平均收益,我们把每项收益简单加总后再除以收益次数。为了计算几何平均收益,我们要遵循以下步骤:① 每项收益加上 1.0;② 将步骤①中的结果相乘,即 $[(1 + \dot{r}_1) \times (1 + \dot{r}_2) \times \cdots \times (1 + \dot{r}_n)]$,在这里的 $\dot{r}_1$ 表示第一年的收益率;③ 将步骤②中的结果开 n 次方;④ 将步骤③的计算结果减去 1.0。算术平均收益为我们提供了一个简单、单利的均值,而几何平均收益则是一个考虑了复利情况的均值。因此,由于大多数投资者计算投资收益的时候考虑到复利,所以我们得出如下结论:应通过计算投资的几何平均收益来确定投资的真正收益。

● 一般而言,我们通过市场指数来衡量市场价值,如道·琼斯工业平均指数(DJIA)、S&P 500,或者其他市场指数。这些指数代表着特定的市场细分。虽然有的指数与其他的指数相比代表着更广泛的领域,但是每个指数被用来确定市场或者市场的某个特定部分是如何运转的。相对于其他一些标准,许多投资者使用市场指数作为确定他们的投资组合效益的基准。市场指数还可以用作指示未来市场运营的晴雨表。

● 当投资者进行保证金交易时,他们从经纪人那里借入一部分资金来投资。投资者必须为他们借入的资金支付利息。即使如此,因为保证金交易涉及杠杆作用,这种作用会对收益产生了巨大的影响——不管是盈利还是损失都比没有保证金交易时大得多。我们在第8章中讨论了杠杆作用。卖空就是投资者借用其他投资者的股票,然后出售,并承诺日后会偿还借来的股票给原所有者。卖空时,投资者希望股票的价格下跌,然后他们日后能够以低价买回并进行替换,由此创造利润。

个人理财相关知识

本章介绍了一些基本投资概念,应该有助于个人增加对投资知识的了解。如果你能够运用本章所学的概念,那么不管你是雇用了专业人士来管理你的投资还是你亲自管理,你都应该能够作出更多精明的投资决策。

- **为什么应该制定投资目标,然后还要监督目标的执行?** 你应该遵循本章开头给出的投资程序,并结合你对风险的态度以确保制定合理的投资目标。因为金融市场是动态多变的,你必须时刻(不必每天)监督投资计划以确保目标的实现。如果投资组合发生重大变化以至于你的投资目标无法实现,那么你必须采取适当的行动,例如,用一些新的有价证券来替代你现有的投资,因为这些新的有价证券更有利于你实现目标。

- **所有的经纪人不都一样吗?** 经纪公司是购买经纪和信息服务的商店。有许多类型的经纪人以及不同类型的投资服务。投资服务的范围很广,从梗概到涉及各个方面的全方位的服务。因为有许多不同类型的经纪人——现实中的和网上的——你应当确定你需要或者想要的服务,以确保选择你需要的服务且只为你使用的服务收费的经纪公司。

- **为什么我要了解如何计算投资收益率?** 你必须了解如何确定收益率,目的如下:① 了解经纪人给你的报告中,收益代表什么;② 能自己计算收益。投资者的许多决策与什么类型的有价证券更有利于实现投资目标有关,都是根据这些投资预期产生的收益制定的。如果你不懂收益是如何计算的,或者不知道这些数字的含义,那么你对投资机构提供的数字的理解可能会导致制定一些不利于实现投资目标的决策。

- **在制定投资决策时,应该如何使用市场指数?** 市场指数经常被用来作为评价投资组合表现的基准。如果你了解这些基准是测量什么的,那么你就能够对你投资的成果得出更有效的结论。

- **我应该利用可供选择的投资策略吗?** 在本章末,我们提到了两种可供选择的投资策略——保证金交易和卖空。许多其他可供选择的策略的存在意味着投资者并不总是置身于简单的策略当中。但是,不管是什么投资,都应当注意:不要对一些你不懂的投资进行投资。虽然说有风险、复杂的投资可能会产生巨额的收益,但是也可能带来大量的损失——这就是风险的定义。不要仅仅因为高收益就冒险投资自己处理不了的投资。许多投资者由于不听从这个建议而遭受了巨额损失。在2006—2007年次贷危机时进行投资的投资者,即使不是全部,也是大多数人遭受了损失,并且大部分人不知道原因是什么。

思考题

16-1 简述投资过程及在每个阶段要作哪些决策。

16-2 为什么投资者持续监督他的投资状况是很重要的?如果忽视监督功能会产生什么后果?

16-3 习惯上,为什么股票经纪公司不属于金融中介机构?说明经纪公司与金融中介机构的角色有何不同。

16-4 简述在证券交易时投资者可以给经纪人下达的几种指令。在何种情况下实行限价委托指令？为什么投资者有时会使用取消有效（GTC）委托指令？

16-5 投资者可以从股票及债券报价中获得什么信息？

16-6 解释股利收益率及资本利得（损失）的不同。在投资者看来比较偏好哪一种？

16-7 简单算术平均收益与几何平均收益有什么不同？在哪些情况下适宜使用哪一种方法？

16-8 市场指数的主要作用是什么？

16-9 在衡量收益时，所有市场指数会产生相同的结果吗？为什么不同的指数会产生不同的结果？请举例。

16-10 价格加权指数及价值加权指数有什么不同？哪一种方法比较好？

16-11 说明保证金交易如何扩大投资者的收益率。

16-12 投资者如何卖空？为什么要卖空？

16-13 当投资者卖空证券时可能发生的利益或损失是什么？

16-14 你认为交易成本如何影响执行投资目标的决策？

16-15 当你的朋友用来之不易的钱进行风险投资时，你会给他什么样的建议？

计算题

本部分的计算题不考虑税收影响和投资收益的佣金。为了简便起见，我们假设没有税收和佣金。

16-1 假定 IBM 公司的股票价格为 110 美元/股，你通过卖空的方式卖了 200 股。

a. 如果 IBM 公司的股票价格下降到每股 95 美元，你投资的现金收益是多少？

b. 如果 IBM 公司的股票价格增长到每股 120 美元，你投资的现金收益是多少？

16-2 Andy 目前有 5 400 美元，他想投资 Best Sell 公司的股票，该公司股票目前的价格为每股 30 美元。其经纪公司的保证金要求是 60%，维持保证金为 50%。如果他想购买 Best Sell 公司的股票，最多能购买多少股？在股票价格为多少时，他会收到追加保证金通知？

16-3 Robin 想购买 Anatop 公司的股票 1 000 股，该公司股票的售价为 5 美元/股。该公司不支付股利，因为所有的收益都进行再投资以维持公司的研发。经纪公司允许 Robin 借入一部分资金，初始保证金要求为 70%，维持保证金为 35%。经纪人贷款利率为 14%。假定 Robin 可以从经纪公司借入最大资金额度来购买 Anatop 公司的股票。

a. Robin 要想购买 1 000 股该公司的股票，他必须提供多少自有资金？

b. 当 Anatop 公司股票的价格下降到多少时，Robin 会收到经纪人的追加保证金通知？

c. 一年后，如果股票的价格变为 7.5 美元/股，

那么 Robin 的投资收益率是多少？

d. 一年后，如果股票的价格变为 4 美元/股，那么 Robin 的投资收益率是多少？

16-4 Mary Anderson 购买了 250 股 Dishport 公司的股票，每股 50 美元，6 个月以后她以每股 55 美元的价格出售。在股票持有期间，公司发放过两次每股 1 美元的股利。

a. Mary 6 个月的持有期收益率是多少？

b. Mary 的年收益率为多少？

16-5 Ralph Saunderson 的投资组合包括股票和公司债券。总投资为 50 000 美元，其中 40 000 美元为股票投资。股票的名称以及它们最近的年收益率如下表所示：

股票	收益率
Abbott，Inc.	20.1%
Randicorp	12.5%
Salvidore Co	- 2.4%

在 40 000 美元的股票投资中，50% 投资于 Randicorp 公司，其余两家公司各占 25%。最近的债券年利率为 6%。

a. Ralph 在每只股票上投资了多少？

b. 如果 Ralph 的投资组合中只包含股票，他最近的年收益率是多少？

c. Ralph 的投资组合的年收益率是多少？

16-6 Nancy Cotton 购买了 NeTalk 400 股股票，每股 15 美元。一年后，在他收到公司每股 0.9 美元的现金股利后，以每股 21 美元卖出股票。

a. Nancy 今年的总现金收益是多少？

b. Nancy 的投资收益率是多少？

c. 把第 b 题中计算的投资收益率分为股利收益率及资本利得收益率，换句话说，计算 Nancy 持有一年 NeTalk 股票的股利收益率及资本利得收益率。

16-7 Janis Rafferty 1 月初购买了 Gold Depot 100 股普通股，每股 25 美元。Janis 在 12 月底时收到这家公司支付的每股 1.25 美元的股利。此时，股票市价为每股 27.50 美元。

a. 计算 Janis 今年的现金收益。

b. 计算 Janis 的投资收益率。

c. 计算 Gold Depot 今年的股利收益率及资本利得。

d. 如果今年年初购买 500 股而不是 100 股，那么 Janis 的投资收益率是多少？

16-8 根据 NYSE 综合指数，下面是 2006—2010 年的股票市场收益率：

年份	NYSE 年收益率
2006	17.9%
2007	6.6%
2008	−40.9%
2009	24.8%
2010	10.8%

a. 利用简单算术平均数计算五年间 NYSE 的收益率。

b. 利用几何平均数计算五年间 NYSE 的收益率。

c. 根据第 b 题的答案，如果他在 2006 年年初投资 2 000 美元于 NYSE 综合指数，请计算投资者在 2010 年年底的现金收益。

d. 用表中的年收益率，如果每年年底投资 2 000 美元，计算投资的价值。

16-9 George Rice 评估其持有的投资组合过去五年的业绩，他决定把其投资组合收益率与 S&P 500 指数计算的市场收益率相比较。投资组合的市场价值及 2005—2010 年 S&P 500 指数的资料如下表所示：

年底	投资组合价值	S&P 500 指数
2005	17 000.00 美元	1 248
2006	20 400.00 美元	1 418
2007	22 440.00 美元	1 468
2008	23 562.00 美元	902
2009	27 096.00 美元	1 117
2010	37 934.82 美元	1 258

a. 计算投资组合及市场的年收益率。

b. 计算投资组合及市场的简单算术平均收益率。

c. 计算投资组合及市场的几何平均收益率。

d. 解释为什么投资组合及市场的简单算术平均收益率大于几何平均收益率。

e. 与市场相比较，评估 Georag 的投资组合的业绩。

16-10 Abby Deere 听一位朋友的建议，将 Techware 普通股在股价为 105 美元时卖空 100 股。

a. 如果价格在 120 美元时再买回股票平仓，Abby 会获利或损失多少？

b. 如果价格在 95 美元时再买回股票平仓，Abby 会获利或损失多少？

c. 卖空情况下 Abby 最多获利多少？为什么？

d. 卖空情况下 Abby 最多损失多少？为什么？

16-11 Harold Rawlings 根据其持有的投资组合的股票计算去年获得的收益。他年初投资股票的个别收益及金额如下表所示：

股票	收益率	投资金额
AT&T	22.5%	5 200 美元
GM	12.3%	5 520 美元
Danka	−44.7%	1 200 美元
SuizaFoods	100.0%	3 080 美元

a. 计算 Harold 去年的投资组合收益。

b. 虽然去年 Danka 财务困难，业绩很差，但 Harold 仍然决定维持 Danka 在投资组合中的比例，因为 Harold 预期 Danka 今年将有重大转机——产生 25% 的收益。如果其预测是对的，假设其他股票的收益仍与去年相同，计算今年的投资组合收益。（提示：投资组合中股票的权重是根据去年的收益而定的,因而用年底股票的价值计算新的权数。)

16-12 假设 Warner-Lambert 是一家制药公司,目前股价是每股 75 美元。你只有 7 500 美元可以用于投资,经纪公司允许你用 62.5% 的保证金贷款去买股票,维持保证金为 40%,经纪人贷款利率为 12%。你预期一年后 Warner-Lambert 的股价会比今天的股价高出 20%,同时,公司会付给股东每股 2 美元的现金股利。

a. 如果你对明年的预期是正确的,而你只投资 7 500 美元,没有向经纪公司借任何贷款,那么收益是多少?

b. 如果你可以向经纪公司借入最大金额时,你可以向 Warner-Lambert 投资多少钱?

c. 如果你对明年的预期是正确的,那么你投资 7 500 美元,并且年初用你可能借到的最大金额投资时,收益是多少?

d. 如果股票在年底时跌到每股 70 美元,并且用你可能借到的最大金额投资时,收益是多少?

16-13 三年前,Sparky Simpson 购买了 200 股 Andrinap 公司股票,每股 80 美元。Andrinap 没有派发股利,现在股票市价为 128.08 美元。

a. 计算 Sparky 买入 Andrinap 股票后的总现金收益。

b. 计算 Sparky 的三年持有期收益率。

c. 计算 Sparky 的平均年收益率。(提示:你知道股票的初始价值和结束价值,因此你可以用第 9 章中讨论的货币时间价值概念解决这道题。)

16-14 Angie Cowler 在四年前购买了 300 股 INV 股票,每股 10 美元,她认为这只股票是"没有发光的宝石",因此她融资最大金额去购买。最初保证金要求为 55%,经纪人贷款利率为 10%。今天股票市价为每股 30 美元,保证金规定和第一次购买 INV 股票的时候一样。INV 从上市后就没有支付任何股利,因为它把盈余再投资于资本预算项目。

虽然 INV 股价现在仍然是每股 30 美元,但已经从前几个月的每股最高价 38 美元下跌。Angie 不想卖掉任何股票,因为她相信股价在以后几个月会回升。因此,Angie 正在考虑一位朋友的意见——卖空 100 股 INV 股票,目的是在未来数月股价进一步下跌时保证其投资利益。朋友解释说,如果她决定在股价下跌时出售股票,卖空将有助于冲销她做多的部分损失。

a. 假设 INV 股价一年后下跌到每股 20 美元,而年初 Angie 并未卖空该股票,一年的股票投资让她获得多少收益?记住,Angie 处于融资状态。

b. 假设 INV 股价一年后下跌到每股 20 美元,而年初 Angie 卖空 100 股,一年的股票投资让她获得多少收益?

c. 在第 a 题的情况下计算五年持有期收益率。

d. 在第 b 题的情况下计算五年持有期收益率。

e. 假设一年后 INV 的股价是每股 40 美元,重新计算第 a—d 题的答案。

16-15 下表是两年前就在 Small Investors Stock Exchange(SISE)交易的五种股票的信息:

股票	股数	每股市价		
		第一年年初	第一年年底	第二年年底
Startab	500	75.00 美元	82.50 美元	100.00 美元
Oakorn	100	450.00 美元	454.50 美元	460.00 美元
Teeduff	1 000	30.00 美元	40.00 美元	38.50 美元
Amxy	5 000	7.50 美元	6.75 美元	13.50 美元
Zaxive	300	150.00 美元	165.00 美元	148.50 美元

没有任何一只股票支付股利。

a. 应用所有股票建立价格加权指数,计算每年的市场收益率。

b. 应用所有股票建立价值加权指数,计算上述股票每年的市场收益率。

c. 解释为什么第 a 题、第 b 题计算得出的收益率不同。

综合题

16-16 你作为一名投资顾问受雇于 Jamestown Financial Services(JFS)公司。你的老板 Susan Canton 必须为一名重要的客户写一份报告,所以她决定对你进行一次在职培训,即让你回答下列问题并完成一些计算:

a. 要确定 JFS 公司客户的投资目标,你会问什么问题?如何才能最好地实现其投资目标?

b. 怎样帮客户实现最好的资产配置?资产配置在什么样的情况下应该发生变动?

c. 什么是股票经纪人?经纪人在证券交易中扮演什么角色?

d. 当客户进行投资组合交易时,JFS 公司是否应当建议他们使用全面服务经纪人还是折扣经纪人?

e. 经纪人可以接受哪些类型的委托?在委托的时候,何时应该使用一些限制条件——时间限制或者价格限制?

f. JFS公司的客户若想维持当前的状况,应该从哪里获得投资以及其他财务信息?

g. 客户一年前继承了一组股票组合资产。股票组合信息如下表所示:

股票	继承的股票数	继承时股票价格	股票的现值[a]
Borman	3 000	45 500 美元	43 225 美元
Capnow	185	18 500 美元	24 050 美元
Exytor	500	30 000 美元	33 000 美元
Orteck	120	6 000 美元	9 000 美元
		100 000 美元	109 275 美元

[a] 包括本年内支付的各种股利。

客户每只股票的收益以及组合的收益是多少?

h. JFS公司的客户想比较她的股票收益和市场收益。而对于这种比较JFS公司通常使用S&P 500指数。当客户收到遗产时,用S&P 500指数衡量的股票价值为1 017.01,而今天,其价值为1 080.53。今年的市场收益是多少?

i. 客户的经纪人告诉她,他们的公司可以进行保证金交易和卖空。由于客户不知道这些投资到底是什么,所以请解释什么是保证金交易和卖空,以便于客户更好地理解进行某种投资所承受的风险。

j. JFS公司的客户看到MacroTech公司的股票价格在过去十年里有非同寻常的增长,所以非常有兴趣购买。她特别想知道如果自己从经纪公司借入资金购买MacroTech公司的股票会获得多少收益。经纪公司的初始保证金要求为60%,维持保证金为35%,经纪人贷款利率为10%。假定客户从经纪公司借入最大金额并且MacroTech公司不支付股利。

(1) 假定她进行融资,她拥有18 600美元的自有资金,会有多少资金用于投资MacroTech公司?若股票的价格为每股100美元,那么她能购买多少股?

(2) 如果MacroTech公司股票的价格在一年之内从100美元增长到125美元,那么客户的收益率为多少?

(3) 如果MacroTech公司股票的价格在一年之内从100美元下降到90美元,那么客户的收益率为多少?

(4) 什么是追加保证金通知?当MacroTech公司的股票价格为多少时客户将会收到追加保证金通知?

(5) 如果MacroTech公司股票的价格下降到61美元,公司就会发放追加保证金通知,即客户必须提供足够的资金来增加实际保证金使其达到50%,那么客户必须给经纪人多少钱?

k. JFS公司的客户正打算卖空TNT Fireworks公司的200股股票,其当前的价格为每股35美元。TNT公司不支付股利。

(1) 如果根据初始保证金的要求,经纪公司要求客户提供抵押或者诚信基金,那么她要卖空TNT Fireworks公司股票需给经纪人多少钱?

(2) 如果TNT Fireworks公司股票的价格下降到每股28美元,她能从卖空交易中获得的现金收益为多少?

(3) 如果TNT Fireworks公司股票的价格增长到每股40美元,她能从卖空交易中获得的现金收益为多少?

l. 如果你必须给客户一条投资建议,你会建议什么?

计算机相关问题

利用电子表格,回答本部分的问题。

16-17 使用文件C16中的模型来解决这个问题。

a. 回顾计算题16-9。假设George Rice有另外一组投资组合来帮助其支付女儿的大学教育费用。这一组合2005—2010年的市场价值如下表所示:

年底	组合的价值
2005	5 500 美元
2006	5 000 美元
2007	5 510 美元
2008	6 010 美元
2009	6 705 美元
2010	6 945 美元

年底	George 的组合	女儿的组合	S&P 500 指数
2011	44 850 美元	7 350 美元	1 350
2012	50 250 美元	7 105 美元	1 450
2013	40 250 美元	7 800 美元	1 575
2014	45 120 美元	8 210 美元	1 980
2015	50 150 美元	9 000 美元	1 855

计算简单算术平均收益和几何平均收益。与计算题 16-9 中的投资组合相比,这个组合怎么样?

b. 假定在未来五年里,这两个投资组合的价值以及 S&P 500 指数如下表所示:

计算投资组合未来 5 年的简单算术平均收益和几何平均收益。比较两个组合的收益。

c. 比较两个组合之间的风险/收益关系。

附录 16A

(本章自测题答案)

1. a. 售价 = 1 000 美元 × 0.880 0 = 880.00 美元

b. 当前收益 = (0.055 0 × 1 000 美元)/880.00 美元 = 55 美元/880 美元 = 0.062 5 = 6.25%

c. 到期收益率;计算方法:

N = 10 × 2 = 20;PV = - 880;PMT = (0.055 × 1.000)/2 = 27.50;

FV = 1 000;计算 I/Y = 3.602 = 6 个月期的收益率;YTM = 3.602 × 7.204%

2. a. 年收益 $= \dfrac{(P_1 - P_0)}{P_0}$

Mateo Computers 的 2009 年收益率

$= \dfrac{(2\,400\ 美元 - 2\,000\ 美元)}{2\,000\ 美元}$

$= \dfrac{400\ 美元}{2\,000\ 美元} = 0.20 = 20.0\%$

Mateo 公司持有期为四年的收益率

$= \dfrac{(P_{12/31/12} - P_{12/31/08})}{P_{12/31/08}}$

$= \dfrac{(3\,726\ 美元 - 2\,000\ 美元)}{2\,000\ 美元}$

$= 0.863 = 86.3\%$

使用同样的方法计算,股票的年收益为:

(单位:%)

	2009	2010	2011	2012	四年收益率
Mateo Computers	20.0	15.0	- 10.0	50.0	86.3
Northern Water	2.5	19.5	15.0	20.0	69.1
AMN Motors	- 10.0	20.0	25.0	4.0	40.4
Farley Argicorp	- 5.0	20.0	10.0	0	25.4
投资组合	2.5	18.6	8.8	18.3	56.5

b. 每年每只股票的权重是用股票年初的市场价值除以投资组合的市场价值来表示的。例如,Mateo Computers 2012 年的权重 = 2 484 美元/13 231 美元 = 0.187 7 = 18.8%。

(单位:%)

	2009	2010	2011	2012
Mateo Computers	20.0	23.4	22.7	18.8
Northern Water	40.0	40.0	40.3	42.6
AMN Motors	10.0	8.8	8.9	10.2
Farley Argicorp	30.0	27.8	28.1	28.4

3. (单位:美元)

股票	股票数	第一年年初		第一年年末		第二年年末	
AmSteel	750	30.00	22 500	33.00	24 750	39.60	29 700
Zedega	200	150.00	30 000	153.00	30 600	154.20	30 840
OrionStar	3 000	15.00	45 000	21.00	63 000	19.20	57 600
	合计	195.00	97 500	207.00	118 350	213.00	118 140

a. 价格加权指数 I_w：

$I_{w,\text{Year 0}} = 195/3 = 65$

$I_{w,\text{Year 1}} = 207/3 = 69$ 　第一年收益率 $= (69-65)/65 = 0.0615 = 6.15\%$

$I_{w,\text{Year 2}} = 213/3 = 71$ 　第二年收益率 $= (71-69)/69 = 0.0290 = 2.90\%$

b. 价值加权指数 I_v；

$I_{v,\text{Year 0}} = 97\,500/3 = 32\,500$ 　第一年收益率 $= (39\,450 - 32\,500)/32\,500$

$I_{v,\text{Year 1}} = 118\,350/3 = 39\,450$ 　　$= 0.214 = 21.4\%$

$I_{v,\text{Year 2}} = 118\,140/3 = 39\,380$ 　第二年收益率 $= (39\,380 - 39\,450)/39\,450$

　　$= -0.0018 = -0.18\%$

4. a. Lance 用自己的钱购买了 165 股($= 19\,800$ 美元/120 美元) Megasoft 公司的股票。

如果 $P_1 = 150$ 美元,那么持有其收益率

$$= \frac{[(150\ 美元 - 120\ 美元) \times 165]}{(120\ 美元 \times 165)}$$

$$= \frac{4\,950\ 美元}{19\,800\ 美元} = \frac{30\ 美元}{120\ 美元}$$

$$= 0.250 = 25.0\%$$

如果 $P_1 = 105$ 美元,那么持有其收益率

$$= \frac{[(105\ 美元 - 120\ 美元) \times 165]}{(120\ 美元 \times 165)}$$

$$= \frac{-2\,475\ 美元}{19\,800\ 美元} = \frac{-15\ 美元}{120\ 美元}$$

$$= -0.125 = -12.5\%$$

b. 如果 Lance 借入最大金额,他可以购买 Megasoft 公司价值 36 000 美元的股票。

$$投资的最大金额 = \frac{19\,800\ 美元}{保证金要求} = \frac{19\,800\ 美元}{0.55} =$$

36 000 美元

因此,Lance 可以购买 36 000 美元/120 美元 = 300 股 Megasoft 公司的股票。

由于 Lance 借入 $36\,000 \times (1-0.55) = 16\,200$ 美元,所以他必须在年末支付 16 200 美元 × 0.12 = 1 944 美元的利息。因此,当年末 Megasoft 公司的股票价格为每股 150 美元或 105 美元时,他的收益率为：

如果 $P_1 = 150$ 美元,那么持有其收益率

$$= \frac{[(150\ 美元 - 120\ 美元) \times 300 - 1\,944\ 美元]}{19\,800\ 美元}$$

$$= \frac{7\,056\ 美元}{19\,800\ 美元} = 0.356 = 35.6\%$$

如果 $P_1 = 105$ 美元,那么持有其收益率

$$= \frac{[(150\ 美元 - 120\ 美元) \times 300 - 1\,944\ 美元]}{19\,800\ 美元}$$

$$= \frac{-6\,444\ 美元}{19\,800\ 美元} = -0.325 = -32.5\%$$

追加保证金的价格

$$= \frac{借入金额}{[股票数 \times (1 - 维持保证金)]}$$

$$= \frac{16\,200\ 美元}{[300 \times (1 - 0.40)]} = 90.00\ 美元$$

第 17 章
证券估值和选择

纵观整个投资史,"买低卖高"这一至理名言被反复强调。遵守这一格言似乎并不困难,因为以往股市呈现长期上升的趋势,如果今天你投资一篮子的证券(投资组合),然后长期持有投资(例如,10—20年),你肯定有机会以更高的价格出售这些证券。事实上,如果你的收益率等于市场平均回报率,你最初的投资每隔7—9年就可以增值一倍。

如今,信息技术进步提高了个人投资者在管理投资组合方面的效益,当然,每位参与投资的个人都想寻找买入后会赚钱的"赢家"型股票,这些股票就是投资的富矿带(bonanzas)。有些投资者甚至会利用极端的方法来筛选这些股票。认识到这样的事实后,或许那一句古老的格言应该改为"打败市场——以更低的价格买进,更高的价格卖出"。

投资者要在风险调整的基础上打败市场,就必须使用各种方法来识别那些被错误定价或有高度增长潜力的股票,这两种股票分别被称为价值型股票(value stocks)和增长型股票(growth stocks)。有些专业投资者相信价值型股票比增长型股票能产生更大的收益,其他人持相反看法,那么哪种看法是正确的呢?

大量的证据表明:价值型股票的业绩通常优于增长型股票。前者的股价往往被低估,通常具有较高的股利回报率以及相当低的P/E比率,而后者可能有较高的收益增长率、较低的股利回报率以及相当高的P/E比率。例如,从2006年1月到2010年12月期间(包括2007年年底到2009年中期大约40%的下滑),价值型股票产生的复合年回报率为1.2%,而增长型股票为4.1%。在过去的30年里,与增长型股票相比,价值型股票的表现平均超出1.5%—3.0%。

为什么增长型股票的业绩没有价值型股票那样优异?答案不是很明确。虽然增长型股票的投资策略建立在稳健的原则上——投资于增长率超过平均水平的公司的股票,但是多数增长型股票的售价是其盈利的20—30倍,这是未来增长无法保证的高溢价。当然,未来增长可能大于原来的预期,在这种情况下,投资者将获取巨额回报,但是也可能发生未来增长远低于预期的情况。未来任何时期低于预期的增长都会降低以后各个现金流量的预期值,即使后来几年的预测成真。

相较之下,价值型股票不像增长型股票那样热门,因而得不到分析师或专业投资者的青睐。这类公司可能产生超额回报,因为这些公司公布的多数信息常常被解读为好消息,市场对这些消息作出的回应是股价大幅上涨。此外,价值型股票的数量多于增长型股票,与增长型股票的价格相比,价值型股票价格膨胀的可能性小。

未来若干年,增长型股票的支持者和价值型股票的支持者仍将是对立的。证据表明,如果投资者能够正确地把握策略的话,任何一方都有可能获得巨额回报。许多专家认为,在市场低迷或者在经济低迷时期,由于收入很少,价值型股票的业绩要优于增长型股票。而当股票市场一片兴旺,特别是业务高峰期结束时,由于公司的收入按照高于平常的速度增加,增长型股票表现得更好。不管哪个说法对,多数专业投资顾问告诉投资者,要去寻找具有增长前景的股票和便宜的股票。因此,每位投资者似乎都想找出这个问题的答案:我如何选择"赢家"型股票?不幸的是,这个问题并没有明确的答案。事实上,你可能发现这样的问题是没有答案的,即使如此,本章仍要告诉你投资者用来评估和选择证券的一些方法,即选择"赢家"的一些方法。

注:上面提到的收益都是通过检验 Russell 1 000 增长指数、Russell 1 000 价值指数、S&P/Barra 增长指数,以及 S&P/Barra 价值指数中的历史数据确定的。

学习目标

在阅读完本章后,你应当能够:
(1) 描述进行基本面分析和技术分析时,都涉及了什么以及这两种分析方法的差异。
(2) 讨论在评估投资的吸引力时,投资者应当注意哪些常见的因素。
(3) 描述一家公司普通股估值时会使用哪些技术。
(4) 讨论在投资时,专家建议投资者应该遵循的一般规则。

第10章介绍了估值概念及其在金融资产(如股票和债券)和实物资产(如建筑物和设备)中的应用。正如我们在第10章学到的,任何资产的价值都可以用资产寿命内预期产生的现金流的现值来衡量。但是我们在第10章和第13章看到,预测未来现金流量并不是一个简单的工作,个人或公司按法定合同要求在特定时间内支付特定款项的情况下估计现金流,远比按默认契约规定在未来某一时点进行现金分配容易。例如,传统公司债规定公司有支付利息的义务,这在法定文件债券契约(indenture)中有规定,因而与债券有关的未来现金流量易于估计。而普通股发行中未对发行公司规定未来现金分配的义务,投资者视普通股为默认契约(implied contract),这意味着发行公司承诺它将追求(股票)价值最大化,而且当公司没有较好的增长机会时,它将分配现金给股东。因此,尽管估值概念相当简单,但事实上,在真实的世界中,要确定投资(如股票)的价值却不是那么容易,它可能是一件相当困难的任务。

本章介绍了一些用于估值和选择证券(如普通股)的方法,但只是对可供选择的估值和选择方法进行总结和介绍。对这些方法的详细讨论不在本章范围内。你可以通过专门讲授投资的课程了解更详细的内容。

17.1 基本面分析和技术分析

传统上,普通股估值的方法有两种:基本面分析和技术分析。我们先观察这两种方法,然后再介绍这两种方法常用的一些估值技术。

基本面分析(fundamental analysis)是指评估包含在财务报表、产业报告和影响公司内在价值的经济因素中信息的方法。**内在价值**(intrinsic value)是指公司的真正价值或经济价值。如果市场价值和内在价值不一致,则称股票被**错误定价**(mispriced)。**基本面分析者**(fundamentalists),即利用基本面分析的分析师,通过观察与股票市场价值有关的因素来预测未来股价。这些因素分为三类:

(1) 公司状况。例如,盈利、财务实力、产品、管理、劳资关系等。

(2) 产业状况。例如,成熟度、稳定性、竞争条件等。

(3) 经济和市场状况。例如,利率、通货膨胀、失业等。

因此,基本面分析是对公司、产业和总体经济进行全面评估。

一般而言,技术分析包括那些没有纳入基本投资概念的方法,以及评估那些与证券市场价值建立有关的基本因素。具体而言,**技术分析**(technical analysis)是基于证券供需关系的分析,以确定股价或金融市场的运行趋势。**技术分析师**(technicians)则是通过研究图形或使用计算机程序,评估股票和总体金融市场的交易量和价格的历史变化信息来探寻长期趋势。在过去,技术分析师被称为图表分析师(chartists),因为大家都知道他们熟悉包含历史交易量和价格的图形,目的是寻找预期未来会重复出现的模式。事实上,如果技术分析师要大喊,他将喊出"历史会重演"这样的口号。

技术分析师使用的方法反映出:他们相信金融市场的变化是由投资者对各种经济和金融因素的态度及其心理状态变化造成的。在很多情况下,由这些态度造成的行为未必都是理性的,但却是可以预测的,因为人是习惯的动物。也就是当面对过去发生过的情况时,投资者会采取与过去投资者类似的行动。例如,对如贪婪和恐惧的情绪作出的反应通常是可以预测的;在牛市中,投资者由于贪心会把更多的钱投入股市;在熊市中,恐惧使投资者把资金从市场中抽出。实质上,当市场表现良好时投资者会"跳上花车";然而当市场逆转时,他们会迅速地"弃船逃走"。

接下来的几节将介绍基本面分析者和技术分析师用来判断股票和金融市场价值的一些技巧。本章大部分在讨论基本面分析的方法,是因为这些方法与本书讲解的一般评估概念相一致。本章稍后会简要回顾技术分析的方法。虽然本章的重点放在股票上,但是多数方法也适用于债券和其他金融资产的评估。

17.2　经济分析

经济形势显然会影响企业业绩及其在金融市场中的证券价格。当经济增长时,个人愿意投入更多的存款到股市和债市,金融市场随之扩张,这些投资也使得企业获得扩张项目所需的资金;当经济停滞或下滑时,会出现相反的变化。因此,当预测金融市场变化和企业业绩时,我们有必要先预测经济的未来表现。本节将对分析经济形势时要观察的一些问题进行概述。

17.2.1　预测经济周期

当预测经济形势时,我们想知道的是如何预测经济周期的变化。**经济周期**(business cycle)被定义为总体经济活动运行的方向。经济活动增加称为**扩张**(expansion),经济活动减少称为**紧缩**(contraction),而经济活动通常以**国内生产总值**(gross domestic product,GDP)来衡量。GDP是指在某一特定期间内,经济社会生产的所有产品和服务的价值总和。GDP一般用名义值表示,也可以用实际值表示,前者并不随着通货膨胀而调整,后者则需要随着通货膨胀而调整,且实际GDP可以让经济学家确定经济的实际增长水平。

金融市场的变化与经济周期密切相关,因此,如果我们能够很好地预测经济周期,就能够预测如股市、债市等金融市场的变化。不幸的是,过去的经济周期表现出不规律的模式,因此很难用历史、经济信息来预测未来的周期,而且更麻烦的是金融市场和经济周期也并不显著相关。

图17-1显示了从1980年起美国股市的变化情况,经济衰退期以阴影表示。经济学家定义的**衰退**(recession)是连续两个季度经济紧缩或GDP下降。根据国民经济研究局(National Bureau of Economic Research,NBER)的说法,从1980年起美国共发生过五次衰退。图17-1显示每次衰退时股市都下跌,而最近二十多年发生的三次最显著的股市下跌却发生在经济扩张时期——从1987年9月到1987年11月股价下跌了30%,从1998年7月到1998年8月下跌了16%,从2000年9月到2001年2月下跌了18%(从2000年9月到2003年8月下跌了35%,这期间有一次衰退)。如图所示,20世纪90年代股市表现得非常出色,从1990年年初到1999年年末股市价值大约上涨了316%,如果从1990—1991年中期的衰退算起,市场开始了一次大反弹,到2000年8月市值上涨近400%。不幸的是,在2000年9月—2003年8月这段上涨趋势前,市场一直处于下跌趋势。在2011年5月我们撰写这本书时,经济相当低迷,虽然无法确定某天是涨还是降,但是股票市场呈上涨的趋势,这可能是接近经济复苏的征兆。

表17-1给出了1973年以来更多的经济衰退的信息。如你所见,这几次衰退没有特定的模式。无论是长度、影响效果,还是连续两次衰退(扩张时期)的时间间隔都不相同。到2011年5月(作者撰写本书时)为止,美国经济已经停滞了几年了,一些专家预测一年内经济将恢复稳定增长。可是如果没有模式可以确定何时或者要多久出现扩张或衰退,他们如何作出这样的预测? 其实通过观察政府公布的经济指标及专业分析师的评论主旨,我们能够找到问题的答案。

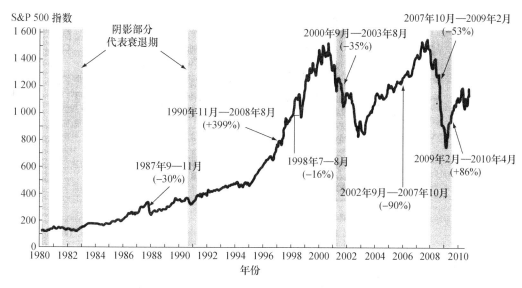

图 17-1　1975—2005 年的经济衰退和股价变化

资料来源:美国商务部、经济分析局,以及标准普尔数据。

表 17-1　1973 年以来的衰退期

衰退期		衰退时间	与前次衰退	实际 GDP 平均
开始日期	结束日期	(月)	的时间间隔(月)	年变化率
1973 年 11 月	1975 年 3 月	16	36	− 2.97%
1980 年 1 月	1980 年 7 月	6	58	− 1.92%
1981 年 7 月	1982 年 11 月	16	12	− 1.12%
1990 年 7 月	1991 年 3 月	8	92	− 2.67%
2001 年 3 月	2001 年 11 月	8	120	− 0.29%
2007 年 12 月	2009 年 6 月	18	73	− 3.76%

资料来源: 国民经济研究局,网址是 http://www.nuber.org。

经济指标

美国商务部的经济分析局(The Bureau of Economic Analysis,BEA)收集了许多经济指标的数据,如 GDP、物价指数、个人和企业收入数据等。这些指标和 BEA 的各项分析都发表在 *Survey of Current Business* 中,几乎每所大学的图书馆或多数公立图书馆都有这份刊物。[①] 之前 BEA 出版过而现在由世界大型企业联合会出版(月度经济报告)、最常被引用的企业活动指标是综合指数(composite indexes)。这些总体衡量指标包括三类经济变量——先行、滞后或同步,它们取决于与经济周期相关的变化时间。综合指数由大量单一指标组合而成,对虚假的变化进行平均,为一般经济形势提供了更好的衡量尺度,而不是依赖于每个体系的单一指标。

---

① 经济分析局的网址是 http://www.bea.doc.gov。

顾名思义,**先行经济指标**(leading economic indicators)在经济活动变化前先行变化,**滞后经济指标**(lagging economic indicators)通常跟随在经济活动变化之后变化,**同步指标**(coincident indicators)就像一面镜子,与经济周期同步变化。表17-2列举了由世界大型企业联合会报告、构成三类综合指数的经济指标。

表17-2 经济周期指标——先行、同步和滞后综合指数

包含在内的指数和衡量指标	理由/解释
I.先行指标的构成指数	
平均工作周时数	当企业想要生产更多(更少)的产品以应对未来更高(更低)的需求时,工作周时数增加(减少)。
首次申请失业保险给付数的平均值	当预期经济即将复苏(紧缩)时,申请失业保险给付的人数减少(增加)。
制造业新订单——消费品和原材料	新订单随着经济扩张(紧缩)而增加(减少)。
非国防资本品的新订单	公司随着经济扩张(紧缩)而增加(减少)厂房和设备。
销售运输状况	因为产品不是那么容易获得,所以在扩张(紧缩)期间,货物运输缓慢(快速)。
新建私人建筑许可证	预期经济景气(不景气)将使个人建造新房(维持现有住房)。
货币供给(M2)	货币供给增加(减少)引起利率下降(上升),从而影响经济活动。
利差:10年期国债收益率减联邦基金利率	利率基于预期,当长期和短期利率趋于一致(背离)时,投资者对金融市场有更高(更低)的信心,愿意承担更大(更小)的风险。
股价——S&P 500指数	股价取决于人们对未来现金流量的预期。
消费者预期指数	这是由密歇根大学调查研究中心建立的指数,如果消费者预期经济状况更好(更差),他们将增加(减少)支出。
II.同步指标的构成指数	
非农业部门的就业人数	随着经济改善(恶化),企业雇用(解雇)员工。
个人收入——工资	工资通常随着经济扩张(紧缩)而增加(减少)。
工业生产	多数产品的制造与经济条件同步变化;订单在实际生产之前变化。
制造业和贸易额	分销商、零售商等的销售额随着经济扩张(紧缩)而增加(减少)。
III.滞后指标的构成指数	
平均失业期	当经济从紧缩阶段反弹时,失业的员工又获得了就业机会,反之亦然;失业时间越长的员工越先被召回。
存货与销售的比率——制造业和贸易业	当经济从紧缩开始复苏(从扩张到紧缩)时,销售开始增加(减少)而存货减少(增加)。
每单位产出的人工成本的变化	当经济从紧缩开始复苏(从扩张到紧缩)时,较低(较高)的失业引起人工成本增加(减少)。
银行基准利率	除非对资金(贷款)的一般需求改变,否则银行通常不调整其基准利率。
对商业和工业的贷款	为应对业务持续增加(减少),借款增加(减少)。
消费者分期偿还贷款占个人收入的百分比	在扩张(紧缩)期间,个人根据其收入而借入更多(更少)资金,但是只有在认识到经济状况后,他们才会采取行动。
服务业消费者价格指数的变化	只有在经济条件改变后,价格才会变化。

资料来源:经济分析局,网址是 http://www.bea.doc.gov。

先行指标构成指数包括 10 项衡量指标,如制造业新订单、新建私人建筑许可证、货币供给等,或许大家对包含在这一综合指数中的先行指标最熟悉的是股价。长久以来,股价都作为经济的先行指标,因为如第 10 章所述,股价取决于未来现金流量的预测值。可想而知,先行指标综合指数受到很大的重视,特别是新媒体更为关注它,因为它是未来经济的预言者。不幸的是,先行指标随着时间推移而变化。基于先行指标综合指数的变化,我们还是很难预测经济变化的时间。

图 17-2 是世界大型企业联合会公布的三个综合指数图形。多数时候这些指数的变化和预期一样——在衰退期开始前,先行指标的指数已经下降了;当衰退期开始时,同步指标的指数同步下降;在进入衰退期后,滞后指标的指数才开始下降,并且有时候等到衰退期结束时,滞后指标的指数才开始下降。正如你所见,多数时间综合指数看似可以显示一般经济周期的趋势,但是循环的时间和幅度还是难以预测,因为先行和滞后的时间随着不同的衰退期而有所差异。

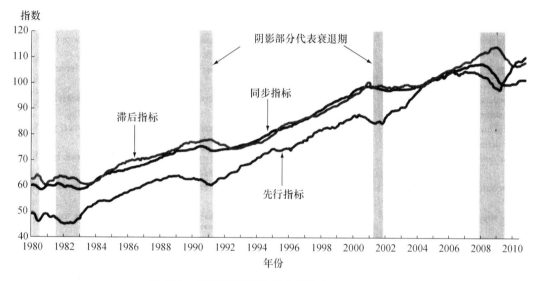

图 17-2　经济周期指标:综合指数(1980—2011)
资料来源:世界大型企业联合会,http://www.conference-board.org/;经济分析局,www.bea.gov。

专业预测者的意见

除政府公布的经济信息外,大型经纪公司和金融服务机构的相关部门也会分析经济资料,并对其客户提供有关预测未来经济活动的信息。虽然这些研究结果只提供给客户,但是公司通常会对公众发布一般经济预测。通过观察许多专家的预测,你能够根据专家分析的相同点形成自己对未来经济运行的观点。

17.2.2　经济周期和货币与财政政策

美联储执行的货币政策和政府(美国财政部)实行的财政政策能够显著影响经济周期。回想一下第 4 章的讨论,**货币政策**(monetary policy)是美联储通过调控美国货币供给影响经济的重要工具。美联储通过调整金融机构的准备金来调控货币供给,以保持适度增长,促进经济环境的稳定。例如,当经济处于衰退期时,美联储通常执行宽松的货币政策,准备金(货币供给)增加使利率下降,从而刺激经济活动。尽管在相同的经济情况下,美联储采取的政策不一定相同,但是投资者还是应该评估当前的经济条件,并形成对美联储未来可能采取行动的预期,因为金融市场会受到这些行动的影响。例如,2007—2009 年,美联储将利率调低了5.75%,试图刺激低迷的经济。与此同时,美联储采取措施来减少通货膨胀的影响,特别是在石油市场上,2008 年石油的价格达到了每桶 135 美元。2011 年 5 月,石油的价格略微降低,为每桶 115 美元。

财政政策(fiscal policy)包括政府支出。政府支出主要由政府对个人和企业的征税支撑。从概念上看,财政政策和货币政策应该有相同的目标——保持适度增长,促进经济稳定。从20 世纪 60 年代起,**赤字支出**(deficit spending)主导着美国的财政政策。赤字支出是指政府支出超过税收的情况(即支出超过收益)。许多经济学家认为,政府必须发行更多的货币或借入更多的资金为支出提供融资,这样一来赤字就会造成物价或利率上升。很明显,当确定经济预期时,评估政府的支出活动非常重要。

这样的评估对跨国企业尤其重要。例如,20 世纪 90 年代末期东南亚国家的腐败行为造成了全球股市大幅下跌,甚至美国市场也出现了大幅下跌。因为投资者担心亚洲公司会以折扣(cut-rate)价格方式把产品倾销到美国市场,使得美国企业很难进入国际市场(在国际市场上的竞争力下降)。

通过上述讨论,可以看出经济条件显然会影响到金融市场,因此在作出投资决策前进行经济分析是很重要的,即便只是粗略的分析。分析(基本面分析)的下一步是明确经济条件如何影响产业,并确定产业的一般财务和竞争地位。

17.3　产业分析

商业经济包括不同的部门或产业,而产业包括具有相似特征的企业。虽然产业通常按产品分类来定义,但是我们以一般部门(如工业、服务、科技、金融等)为基础来归类企业。可想而知,在经济周期的不同阶段中,所有产业的业绩并不相同。也就是说,在扩张期间一些产业的业绩比其他产业好;反之亦然。因此,我们要观察产业状况,以明确相对于其他产业的企业,处于某一产业的企业是否具有较大的吸引力。基本产业分析包括评估并确定:① 产业的一般业绩和经济条件之间的关系;② 产业在其生命周期中所处的位置,以确定其未来增长的潜力。

17.3.1　产业业绩和经济条件

第 11 章指出,经济或市场的环境影响到每家企业。我们注意到,经济周期的变化并非以相同方式影响着每家企业,原因是产业是具有相似特征的企业的集合,可以预见不同产业对经济变化作出的反应是不同的。例如,相对于食品零售和消费者服务业,建筑、汽车制造等耐用产品的制造商对利率变化更为敏感。**周期性产业**(cyclical industries)在扩张期表现得最好,在紧缩期表现得最差。相反,**防御性产业**(defensive industries)或**反周期产业**(countercyclical industries)在扩张期表现得较其他产业差,在紧缩期或衰退期表现得最好。你知道周期性产业和反周期产业的例子吗?汽车制造业和建筑业是周期性产业,而汽车零件制造业和住房改造业本质上是反周期的。

为确定产业对经济的敏感性,可以通过基于复杂统计方法的计算机模型,或者简单观察利率和消费者物价等主要经济因素发生变化时,某一产业的股票价格变化方向得出。用电子数据表刻画出产业销售和特定经济变量之间的关系,或者应用相对简单的回归分析都是很容易做到的。例如,图 17-3 显示的是新建住房数量和抵押贷款利率之间关系的趋势线。这条线的斜率是负的,表明新建住房数量随着利率下降而增加,反之亦然。该图显示个人愿意(不愿意)在利率低(高)的时候购买住房。当然,工资和物价之类的因素也会影响新建住房数量。然而,图 17-3 只是告诉我们确定经济条件和产业活动之间关系的一个方法。

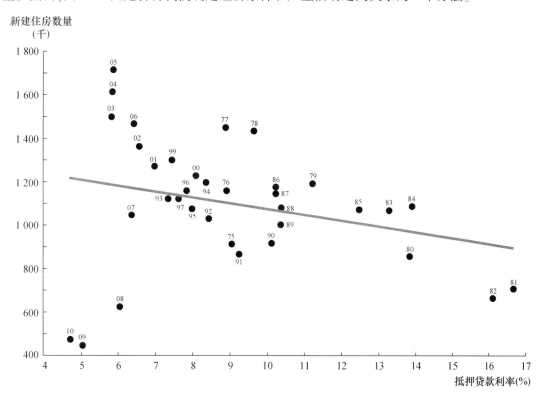

图 17-3　趋势线——新建住房数量与抵押贷款利率之间的关系(1975—2010)

注:圆点上的数字代表年份。

资料来源:经济分析局,http://www.bea.gov;美联储,http://federalreserve.gov。

17.3.2　产业生命周期

当我们观察商业或产业的历史时,我们发现产业的生命周期类似于人类的生命周期。产业的生命周期从产业萌芽开始,新生产业是脆弱的而且容易受到竞争的影响。接着,它经过茁壮成长期。最后,产业因衰败而消失。具体而言,考虑到产业中的产品和竞争环境,**产业生命周期**(industry life cycle)经历了成长的各个阶段。如图 17-4 所示,我们可以将产业生命周

期分成三个明显的阶段:

(1) 导入期(introductory stage)始于产业诞生。在本阶段,产业增长很快,几乎没有什么壁垒去阻止新企业进入带来的竞争,企业的存活率很低。多数企业以不计成本的方式经营,因为它们试图建立竞争优势。因此,所有的盈利基本上都用于再投资,以支持增长。图 17-4中,我们注意到,在产业生命周期的这个阶段,销售大幅增加,意味着未来有大量的增长机会(即净现值为正的投资机会)。因此,在产业生命周期的这个阶段几乎没有公司支付股利。

(2) 扩张期(expansion stage)包括那些在导入期存活下来的企业。为满足扩大产能的需要,企业逐渐建成更大规模的工厂,经营也变得更加复杂。但由于产品不再具有新鲜感,增长开始放缓,虽然销售量在增加,但其增长速度逐渐下降(见图 17-4)。因为企业开始取得竞争优势,客户对品牌的忠诚度增强以后竞争壁垒增加。投资增长的机会更少,在本阶段(可能接近结束时)企业通常开始支付股利。

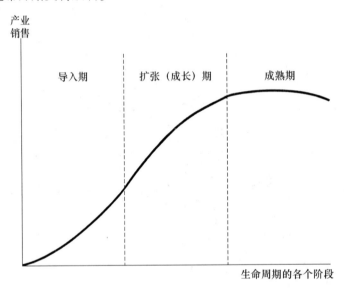

图 17-4　产业生命周期

(3) 成熟期(mature stage),在本阶段企业已经支付应该付出的费用,产业的特征因企业地位稳固而定型。由于竞争优势已经形成并难以突破,新企业不易进入市场——竞争壁垒非常高。产业增长开始放缓,多数盈利用来支付股利。

各种产业并非以相同的速度经历生命周期的各个阶段,如与汽车制造业或公用事业相比,生物科技业经历这些阶段的速度较快。此外,持续产生大量新技术的产业,永远不会到达产业生命周期的成熟期。

投资者了解产业处于生命周期的哪个阶段非常重要。存活率、增长机会和对未来的预期取决于产业所处生命周期的阶段。进一步来说,投资者应该评估每个阶段投资机会的特征。导入期的特征是以增长为导向的小企业居多,许多企业无法存活到扩张期,因而在这个阶段投资风险很高,但潜在的回报也非常高,存活下来的企业通常增长很快。

例如,如果 1986 年 3 月微软公司首次公开发行股票时,你以每股 21 美元的价格买入,将获得多少收益呢? 从微软公司上市以来,其股票已拆分了九次,最初的 1 股股票相当于现在股票的 288 股。2011 年 5 月底,微软公司股票的市场价值为每股 24.50 美元,因此,其最初的股票价值为每股 7 056 美元 ≈24.50 美元 ×288。[2] 持有 25 年的总收益率大约为 33 500%(每年 26%)。相反,如果当时你购买的是另一家初创软件公司的股票,持有期间内总收益率可能为 −100%,因为当时许多软件公司如今已经销声匿迹。

可想而知,扩张期和成熟期的投资风险小于导入期的投资风险。事实上,成熟期产业的特征是增长稳定的大公司居多,它们的股票是收益型的,股利支付稳定。

17.4　评估企业的财务状况

投资分析的最终目的是评估企业的证券价值。正如我们所知,评估时需要估计投资后产生的预期未来现金流量。因此,投资分析的下一步是:观察发行证券企业目前的财务状况及预期未来前景。

为评估企业的财务状况,我们通常使用第 7 章介绍的财务报表分析,投资者有必要利用企业提供的财务报表评估其当前和过去的业绩,并决定未来方向。从投资者的角度来看,财务报表分析的目的是根据企业财务状况的强弱及预测未来经营的变化来确定投资的吸引力。

由于第 7 章已经详细讨论过财务报表分析,本节只简要探讨一般概念。一般而言,财务报表分析包括企业与同行业其他企业相比较的经营业绩和财务状况。通过分析财务报表,投资者会形成对企业未来前景的预期,尤其是对现金流量分配的预期。

尽管财务报表分析是基于会计报表分析得出的结论,会计报表通常不能体现经济盈利,但在投资分析中这样的评估还是非常有用的,理由如下:

(1)我们对企业及其同行业、类似企业的经营状况进行比较,以明确目前的经营是高于、等于还是低于平均情况。

(2)基于目前和过去的经营状况,我们可以预测企业未来可能的趋势。在某些情况下,目前业绩低于平均值、未来预期更好的企业被视为具有吸引力的投资,反之亦然。

(3)通过对公司未来财务状况的预测,我们可以获得盈利和股利的预测值并用于证券估值模型。

(4)通过对目前和预测未来经营状况的观察,我们可以形成对企业未来经营风险的预期。风险是投资者投资某一证券的必要报酬率的决定因素,当计算与投资有关的未来现金流量的现值,即计算投资价值时,必要报酬率被用作贴现率。

从上述讨论可知,我们知道财务报表分析的主要目的是帮助投资者形成与投资有关的未来现金流量和风险的预期。在结束讨论之前,如果我们没有强调对第 7 章财务报表分析的评论,那是我们的疏漏:成功的财务报表分析最重要,而且最困难的一步是获得有关企业财务状况的总体结论所需的判断。

在形成对公司财务状况的认识时,除研究财务报表外,基本面分析者也观察劳动力状况、管理任期、品牌忠诚度等定性因素。观察这样的定性因素对于预测企业未来的财务稳健程度

---

② 从 1986 年 3 月第一次公开发行股票开始,微软公司的股票已拆分了 9 次。其中,有 7 次 2 对 1 拆分和 2 次 3 对 2 拆分。最初的 1 股相当于 2011 年的 288 股($=2^7 \times 1.5^2$)。

非常重要。不幸的是,要把定性因素纳入公司的分析,分析人员要作大量的判断。

17.5　股票估值方法

如前所述,个人投资者和专业分析人员(分析师)利用许多估值模型对普通股进行估值。本节介绍评估股票价值的三种基本方法,投资者利用这些方法来发现错误定价的股票和快速增长的股票,并对投资组合的一般成分形成战略决策。

17.5.1　股利贴现模型

在第 10 章中我们知道,投资普通股获取的现金流量被称为股利。进一步来说,普通股价值取决于公司预期未来支付的所有股利的现值。显然,贯穿本书的讨论中,我们发现计算现金流量的现值或贴现现金流量是最合适的资产评估方法。

多数的现有股票估值模型都源自**股利贴现模型**(dividend discount model,DDM),这个模型把现金流量贴现原则应用到投资股票预期收到的股利上。第 10 章的一般股利贴现模型如下:

$$股票价值 = V_s = \hat{P}_0 = 预期股利的现值$$

$$= \frac{\hat{D}_1}{(1 + r_s)^1} + \frac{\hat{D}_2}{(1 + r_s)^2} + \cdots + \frac{\hat{D}_\infty}{(1 + r_s)^\infty} \tag{17-1}$$

式中,D_t 表示在第 t 期的预期股利支付,r_s 是投资者对于类似投资风险要求的回报率。在固定增长率的假设下,DDM 可简化如下:

$$\hat{P}_0 = \frac{\hat{D}_1}{(r_s - g)} \tag{17-2}$$

式中,g 表示股利的固定增长率。这是一个简单的方程,但是应用本式以求得股价的良好估计值却不是一件容易的事,理由有二:第一,应用这一公式的条件是企业目前的增长必须持续到未来,在现实世界中可能没有一家公司严格满足这样的条件。第二,我们必须估计三个变量:① 下一期股利支付;② 固定增长率;③ 适当的必要报酬率。因此,虽然估值过程看起来很简单,但实际上是一件很难的工作。

尽管存在这些内在的问题和困难,DDM 还是可以用来计算普通股的价值。例如,如果我们有信心预测未来十年企业将支付现金股利($D_1, \cdots, D_{10}$),就可以利用第 11 章的资本资产定价模型(CAPM)来确定适当的报酬率(r_s),然后利用非固定增长率的 DDM 来估计当前股价(P_0)。

第 10 章指出,如果目前这种股票是非固定增长率,但是在未来某一时点将达到固定增长率,我们用下列过程估计股票价值:

(1)计算非固定增长过程中股利的现值并加总。

(2)计算非固定增长期结束时的股价,在这一时点该股票成为固定增长型股票,并把这一价格折现。

(3)加总这两个计算结果以求得股票的内在价值 P_0。

归纳这三个步骤,非固定增长 DDM 以下式表示:

$$\hat{P}_0 = \frac{\hat{D}_1}{(1+r_s)^1} + \frac{\hat{D}_2}{(1+r_s)^2} + \cdots + \frac{(\hat{D}_N + \hat{P}_N)}{(1+r_s)^N}$$

$$= \frac{\hat{D}_1}{(1+r_s)^1} + \frac{\hat{D}_2}{(1+r_s)^2} + \cdots + \frac{\hat{D}_N}{(1+r_s)^N} + \frac{\hat{P}_N}{(1+r_s)^N} \quad (17\text{-}3)$$

式中, $\hat{D}_1 \cdots \hat{D}_N$ = 非固定增长的预期股利;

$\hat{P}_N = \dfrac{\hat{D}_N(1+g_{\text{norm}})}{(r_s - g_{\text{norm}})}$ = 固定增长开始(或非固定增长结束)那一时点的未来股价;

r_s = 权益成本或股东的必要报酬率。

为说明股票评估的 DDM 使用方法,我们来看 Altria 集团(前身是 Philip Morris)的例子。2010 年公司发放每股股利 1.46 美元。根据分析师的预测,我们估计 Altria 集团 2011 年的收益为每股 2.04 美元并假定在年底支付所有股利。Altria 集团的 β 系数为 0.85,并假设可预见的未来这一值不变。观察过去几年的盈利和股利增长,我们发现盈利和股利的平均增长率每年分别约为 – 7.0% 和 – 4.5%,这一数据在未来可能发生变化。因为从历史数据来看,Altria 集团的年增长率都在 10% 左右。虽然专家们并不期望公司的增长率能回到平均水平,但是还是希望在未来的几年里 Altria 集团的年增长率为正,增长率在 4.5% 的水平上趋于平稳。根据专家对 Altria 集团 2011 年的预测,我们认为集团在 2012 年的收益将以 9% 的速度增长,接下来的两年(2012—2013 年)以 7% 的速度增长,在 2014—2015 年每年下降 1 个百分点,然后稳定在 4.5%,并在这个增长率的基础上继续增长。通过公司的股利政策我们发现,过去五年 Altria 集团每年都把收入的 70% 用于支付股利,从历史数据来看,Altria 集团的股利支付率为 45%—55%。于是,我们假设 Altria 集团将回归正常,每年的股利支付率为 50%。此外,假设未来经济状况不会使预期市场回报过度偏离当前市场的标准值,因而我们假设市场回报率为 9%,长期公债的预期回报率为 4%。至此,我们有足够的信息利用 DDM 来评估 Altria 股票的价值。表 17-3 列出了股票评估的步骤和结果。

表 17-3　利用 DDM 评估 Altria 集团(前身是 Philip Morris)的股票价值

步骤 1:利用 CAPM 计算与 Altria 集团有关的必要报酬率。

$$r_{\text{Altria}} = r_{\text{RF}} + (r_{\text{M}} - r_{\text{R}})\beta_{\text{PM}}$$

$$= 4.0\% + (9.0\% - 4.0\%) \times 0.85 = 8.25\%$$

步骤 2:预测非固定增长期的股利,并用必要报酬率计算股利的现值。

年份	假设增长率	预期盈利[a]	预期股利(EPS 50%)	以 8.25% 贴现的股利
2011	0.09	2.0383	$\hat{D}_1 = 1.0192$	0.9415
2012	0.07	2.1810	$\hat{D}_2 = 1.0905$	0.9306
2013	0.07	2.3336	$\hat{D}_3 = 1.1668$	0.9198
2014	0.06	2.4737	$\hat{D}_4 = 1.2369$	0.9008
2015	0.05	2.5974	$\hat{D}_5 = 1.2987$	0.8737
			股利现值(2011 – 2015) = 4.5664 美元	

步骤3：计算 2015 年非固定增长结束后的股价：

$$\hat{P}_{2015} = \frac{\hat{D}_{2016}}{(r_s - g_{norm})} = \frac{1.2987\text{美元} \times 1.045}{(0.0825 - 0.045)} = \frac{1.3571\text{美元}}{0.0375} = 36.1893\text{美元}$$

步骤4：计算目前股价，即步骤 2 的股利现值加步骤 3 的未来价格的现值。

$$\hat{P}_0 = 4.5664\text{美元} + \frac{36.1893\text{美元}}{(1.0825)^5} = 4.5664\text{美元} + 24.3467\text{美元} = 28.9131\text{美元} \approx 28.91\text{美元}$$

a 2011 年的盈利估计基于 Altria 在网站(如 Zacks 投资研究、Charles Schwab 和《华尔街日报》)上发布的预测。

通过 DDM 估计 2011 年 Altria 股票的价值是 29 美元，而 2011 年 5 月 Altria 的实际股票价格接近 28 美元。这样的价格是否说明在市场中 Altria 股票被错误定价了(价值被低估)？也许是。当然，并非每个人预测的增长率都和我们一样，不同的分析人员可能获得完全不同的结果。

如果我们发现不同分析人员得出很不一致的预测，哪个预测最可信？回答这一问题不是不可能，但确实很难。如果未来股利的预测值准确，且与 CAPM 和 DDM 有关的假设成立，则 DDM 的评估模型最有效。例如，利用固定增长模型计算 2015 年 Altria 股票的价格，我们必须假设从 2016 年起一直保持 4.5% 的增长率来支付股利，显然这样的假设并不合理。即使如此，DDM 仍为分析人员提供了估计普通股价值的方法。专业分析师利用比本例更复杂的计算方法、更详细的信息以对企业未来业绩作更好的预测。

17.5.2　利用市盈率评估

许多分析人员认为，市盈率或盈利乘数相对而言是衡量股票价值的良好指标。这里所说的**市盈率(P/E ratio)**与第 7 章介绍的相同，其计算公式是当前每股市价 P_0 除以每股盈利 EPS_0。市盈率越高(越低)，越多(越少)的投资者愿意为企业获得每 1 美元付出更多。

实际上，市盈率类似于资本预算的回收期法。例如，假设企业把所有盈利都以股利方式分配出去，如果企业的市盈率为 12，那么投资者将用 12 年的时间回收其原始投资。如果用市盈率衡量回收期，其他条件不变，则盈利乘数越低越好。事实上，相对于相同产业的其他企业，低市盈率的企业获得的风险调整收益通常高于平均值；反之亦然。理由如下：如果相对于同产业平均水平，某企业的市盈率太低，则现有股价并未完全反映该企业获得的盈利，股价就会上涨；类似地，如果相对于同产业平均水平，某企业的市盈率太高，则市场高估了企业所获得的盈利，因此股价必然下跌。

我们如何利用市盈率评估普通股价值？一般来说，我们观察股票的市盈率是否高于或低于正常水平，以确定股票价格是否太高或太低。如果我们可以确定适当的市盈率，那么这个市盈率乘以 EPS 就可以估计出适当的股票价值。确定适当的市盈率需要判断，所以对于市盈率的适当水平，分析师们的看法并不一致。

像评估财务报表那样的公司分析，我们需要调整市盈率以反映其对公司未来业绩的预期。如果企业的未来不像过去那么好，市盈率可能需要向下调整，因为投资者可能不愿意对未来盈利支付相同的乘数。调整过程是有些武断，但是预期收入增长较高(较低)和预期必要报酬率较低(较高)的企业有较高(较低)的市盈率。例如，如果预期未来企业的增长率高于正常水平,投资者就会拿出更多的盈利进行投资。

现在举例说明市盈率如何决定股票价格,我们还是观察 Altria 股票的例子。根据《华尔街日报》(http://www.wsj.com),2011 年 5 月底 Altria 股票的市盈率是 14.5,略低于产业平均水平。如果观察该公司过去五年的市盈率,我们发现它处于 10—17,平均值大约为 14。由于最近的趋势使得市盈率在 14 上下波动,所以我们假设 Altria 股票未来适当的市盈率是 14。2011 年的预期 EPS 乘以 14 即得出股价的估计值。根据 Zacks 投资研究、Charles Schwab 网络调查,以及《华尔街日报》网络公司的调查,分析师估计 2011 年的 EPS 是 2.04 美元。因此,利用市盈率法来估计 Altria 股票的价格为 28.56 美元 =2.04 美元×14,略高于 2011 年 5 月底的实际股价(28 美元)。

17.5.3　利用经济增加值法评估股票价值

经济增加值(economic value added,EVA)是衡量财务业绩及评估股票吸引力的最新方法。它是由思腾思特管理服务公司(Stern Stewart Management Services)发明的,利用基本的财务原理来分析公司业绩以评估公司价值。使用 EVA 的公司包括 Coca-Cola、Eli Lily、AT&T、Sprint、Quarter Oats 等,有些公司像 Cola-Cola 从 20 世纪 80 年代初期起就使用 EVA。

EVA 的基本概念是:公司获得的盈利必须足以补偿资金供给者——债权人和股东。这个概念听起来很熟悉,它应该与投资计划必须盈利,至少企业的加权平均资本成本(WACC)能够被接受的概念(第 12 章和第 13 章讨论过)有关。然而,与其不同的是,EVA 是以调整利润表的盈利数字来说明债券和股票的成本。

这一基本概念表明 EVA 能确定公司的决策将会使公司的经济价值增加多少。因此我们写出如下的 EVA 基本方程式:

$$EVA = (IRR - WACC) \times 投资资金$$
$$= EBIT(1 - T) - (WACC \times 投资资金) \tag{17-4}$$

式中,IRR 是企业的内部报酬率,WACC 是企业的加权平均资本成本,T 是边际税率,投资资金是投资者提供的资金。等式(17-4)可用来评估企业的整体价值或个别投资计划的价值。如果 EVA 为正,企业的活动增加价值;如果 EVA 为负,企业的活动减少价值。第 13 章告诉我们,IRR > WACC 的资本预算计划是可接受的,因为它们增加企业的价值。当 IRR > WACC 时,EVA >0,同样的结论也适用于 EVA。

为了举例说明 EVA 的使用方法,我们还是看一下 Altria 集团。首先,我们看 2010 年年底该公司发布的财务报表,可以得到如下信息:

营业收入(息税前利润)	65.4 亿美元
总资本 = 长期负债 + 权益	174.2 亿美元
流通股	20.9 亿美元
边际税率	34%
资产负债率	86%

另外,利用当年支付利息和负债余额的数据,我们估计 Altria 集团的税前负债成本 r_d = 8%,假设以前使用 CAPM(8.25%)计算的资本成本是正确的,则 WACC 的计算如下:

$$WACC = [8.0\% \times (1 - 0.34)] \times 0.86 + (8.25\% \times 0.14) = 5.6958\% \approx 5.7\%$$

利用等式(17-4)计算 EVA 如下:

$$EVA = [65.4 \times (1 - 0.34)] - (0.057 \times 174.2)$$
$$= 43.164 - 9.929$$
$$= 33.235(亿美元)$$

上式指出,投资者由于提供给企业资金而要求 10 亿美元的补偿(回报),而企业产生的 43.16 亿美元的税后净营业利润用于支付与融资有关的补偿。我们的结论是 Altria 集团利用资金获得的回报高于 2010 年投资者要求的回报。因此,公司对于投资者来说很有吸引力。该公司对普通股股东更具有吸引力,因为他们有权利要求超过必要报酬率的盈利。

不考虑公司的价值可能受到威胁,我们先使用 EVA 决定支付给股东的最大股利,计算很简单——用 EVA 除以流通股股数。在 Altria 集团的例子中,最大股利是 1.59 美元 = 33.235 亿美元 ÷ 20.9 亿股,Philip Morris 在 2010 年支付 1.46 美元的股利,并预计在 2011 年支付 1.52 美元的股利。因此,实际支付的股利略少于 EVA 计算的股利。这一发现意味着该公司的股价被低估了。然而如本节讨论的其他方法,EVA 需要更多的计算和预测以获得更精确的结果。例如,思腾思特指出存在超过 160 种财务报表中会计数值的调整方法,都可以对企业业绩的真正经济价值作更好的估计。

EVA 作为评估方法已经引起了人们广泛的关注,因为它以财富最大化的基本原则为基础,这应是每家公司的目标。EVA 另一个吸引人之处在于它以简单的项目刻画出创造价值的过程:① 改变资本结构可以改变价值,因为 WACC 受到影响;② 通过降低营业费用或提高营业收入等提高企业效率的方法,企业将增加营业收入和经济价值。EVA 的潜在使用者注意到,为获得企业经济业绩的精确估计值,有必要对财务报表的会计数字进行调整,而进行调整通常要有相当的经验。

⊙)) 自测题1

(答案见本章末附录 17A)

a. 过去五十多年 Anchor Shipping 每年都发放股利,这样的做法预期未来会持续很长一段时间。分析师评估 Anchor Shipping 的财务状况,发现股利每年以 6% 的固定比率在增长,最近一次是昨天发放的每股 3.40 美元的股利。有关的市场条件如下:Anchor Shipping 的 β 系数是 1.6,无风险回报率是 8.0%,市场回报率为 18.0%。利用固定增长型股利贴现模型(DDM),计算 Anchor Shipping 的股票价值。

b. American Transmitter(AT)是一家电信公司,目前不发放股利。我们从各种来源收集到有关 AT 的信息如下:

税前债务成本(r_d)	8%	权益成本	15.0%
EBIT	600 000 美元	总资本	2 000 000 美元
资产负债率	65.0%	EPS	2.64 美元
流通在外股数	100 000	边际税率	40.0%

> （1）计算 AT 的加权平均资本成本。
>
> （2）计算目前经营期 AT 的经济增加值(EVA)。
>
> （3）承第(2)题,计算 AT 能发放多少股利而不会对企业价值造成损失(基于 EVA 计算)。
>
> （4）假设在正常情况下 AT 的市盈率为 15 倍,估计每股市价。

17.6　技术分析

上面介绍的评估方法以基本的评估原则为基础,重点讨论了哪些因素决定价值以及为什么价值会变化,因此,这些方法属于基本面分析的一部分。而技术分析的重点在于何时价值会变化。技术分析师相信我们可以识别投资供给/需求关系的变化,这些投资造成单只股票或整个股市的持续趋势。更重要的是,他们相信若当前情况类似于过去发生的情况时,投资者的行为是可以预测的。也就是说,"历史会重演"(History repeats itself)。

技术分析师并不认为基本面分析者能够发现企业的内在价值。他们认为当基本面分析者完成对经济、个别产业和个别企业的评估后,再想利用发现的错误定价这一机会可能已经晚了。因此,技术分析师相信除基本面分析者所用的方法外,其他方法也能应用于确定哪些投资应当以及何时进行买入或卖出。本节介绍用来评估股票和股市的一些技术分析方法,使你对一般技术分析有所了解。

17.6.1　制图法——使用图表

如前所述,技术分析源自对股市中存在趋势的信心。技术分析师试图识别这些趋势的方法之一就是通过观察过去价格、交易量等的图表分析股市的趋势线。

我们以**柱状图**(bar chart)来说明图表的使用。柱状图显示在某一特定期间某股票每天、每周和每月的高价、低价和收盘价变化的情况。图 17-5 是一家名为 Jacrad 的虚拟公司的柱状图,图中每天画出的交易线包含三项信息:① 竖线的顶端代表高价;② 竖线的底部代表低价;③ 从竖线平行伸出的部分代表收盘价。如你在图中所见,竖线的长度是指当天股价变化的范围。例如,第 6 个交易日 Jacrad 股票的最高交易价格是 33 美元,最低交易价格是 32 美元,收盘价是 32.5 美元,价格变化幅度很小。相反,第 32 个交易日高价是 49 美元,低价是 40 美元,收盘价是 43 美元,价格出现大幅变化。第 32 个交易日价格的变化显然大于第 6 个交易日,意味着波动性更大。

图 17-5 包含**趋势线**(trend line),它显示股价变化的方向,并接触到这些交易日的低价。趋势线显示,股价在前 29 个交易日出现上涨的趋势,然而在第 30 个交易日交易线穿过趋势线,第 31 个交易日到 33 个交易日交易线落到趋势线之下,交易线和趋势线的交点称为**趋势线交叉**(trend line penetration)。如果交叉显著或持续,显示以前的趋势线有逆转方向的压力。因而根据图 17-5 的柱状图,投资者应该考虑在第 31 个交易日或第 32 个交易日出售 Jacrad 股

票,尽管当时的价格仍在每股 40 美元以上,是一个月前的两倍多。

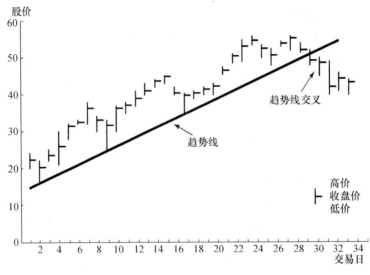

图 17-5　Jacrad 公司的柱状图

这里我们只列举技术分析师使用的众多图形之一,然而这个图形会给你提供有关制图基本方法的概念。要注意的是,技术分析师观察的图形大多都比图 17-5 复杂而且难于理解。制图的关键和困难之处在于通过图形解说找出交易模式,并确定任何模式逆转的时间。

17.6.2　技术分析师的估计和指标

为形成对投资的预期,技术分析师不仅使用图表,而且使用他们相信可以用来衡量市场交易活动和市场基调的其他方法和指标。本节介绍技术分析师常用的一些衡量方法。

道氏理论

正如我们所知,19 世纪 90 年代末期查尔斯·道(Charles Dow)提出了结构性技术分析,并发展出**道氏理论**(Dow theory)。按照道氏理论的说法,市场变化有三种可能:

(1) 持续几个月到几年的主要或大趋势(primary or broad trend);

(2) 持续几个星期到三四个月的次要或中期趋势(secondary or intermediate trend);

(3) 以每天价格移动为主的短期移动(short-term movement)。

道氏理论的主要目的是通过观察道·琼斯工业平均指数(Dow Jones Industrial Average)和道·琼斯交通运输业平均指数(Dow Jones Transportation Average)的移动辨识主要趋势的逆转,前者包含最大的 30 家工业公司的股票,后者包含 20 家运输公司的股票。道氏理论的支持者相信,这两种指数反映了推动市场移动的最重要因素,包括市场心理或投资者的一般态度。本质上,这一理论认为,只要道·琼斯工业平均指数和道·琼斯交通运输业平均指数同向移动,市场就保持目前的趋势。例如,在牛市中,如果这两种指数一起上升,这样的模式预示市场强劲且持续上升。当指数反向移动时,预示市场疲软,目前趋势的逆转可能迫在眉睫。道氏理论的基本原则是输送到终端使用者手里的产品数的概念。因此产量增加(减少),运输量就会增加(减少),这就标志着经济状况将好转(低迷)。

移动平均

技术分析师通常观察在某一特定期间内,以固定时间长度计算的平均股价的移动模式,这样的衡量方法被称为**移动平均**(moving averages)。例如,我们用以下价格计算 3 天移动平均:

(单位:美元)

日期	价格	3 天移动平均
1	44.00	—
2	44.24	—
3	44.90	44.38
4	45.02	44.72
5	45.14	45.02

第一个 3 天移动平均的计算包含第 1 天到第 3 天的价格,计算的结果是 44.38 美元 = (44.00 美元 + 44.24 美元 + 44.90 美元)/3。第二个 3 天移动平均的计算包含第 2 天到第 4 天的价格,除了用第 4 天代替第 1 天的价格外,计算方法相同。如同你看到的,用来计算平均值的时间长度总是 3 天,然而由于时间长度包含的 3 天随时间移动,所以只用到最近 3 天的价格。

技术分析师用来计算移动平均的时间长度通常从 30 天到 1 年不等。例如,他们会计算 100 天的移动平均。在某一特定期间内移动平均——如 6 个月——的计算结果以图形表示。这样的图形的解析类似于柱状图:当移动平均穿过以前建立的数列时,趋势将会逆转。

技术指标

技术指标(technical indicators)是技术分析师用来预测未来股价移动的方法。技术分析师相信,这些指标就像本章前面介绍的经济先行指标一样。技术指标有许多不同的类型,基本类型有两种:一是衡量市场宽幅(breadth)的指标;二是衡量市场情绪(sentiment)的指标。

市场宽幅指标(market breadth indicators)被用来衡量交易量和市场中交易的范围。例如,最常用的方法之一是**涨/跌线**(advance/decline line),它是根据某一段期间,上涨股票数目和下跌股票数目的差额画出来的图形。涨/跌线被用来追踪市场是否正在经历上升或下降的压力。只要涨/跌线随市场同向移动,技术分析师通常认为市场将持续同向移动;如果涨/跌线与市场趋势背道而驰,市场走势趋弱,不久可能发生逆转。技术分析师也采用像超买/超卖指标、自营商指标和其他不同的数量指标等宽幅指标进行技术分析。本质上,这类分析者相信交易量的变化及基于交易量的衡量方法,能提供未来市场价格变化的预测。

情绪指标(sentiment indicators)被用来监控市场的心情或心理。它是以对一般个人投资者的建议,或一般个人投资者行为的观察为基础得出的结论。许多技术分析师相信,一般投资者通常在错误的时点进行股票买卖的决策,所以当零碎股的购买(小投资者行为的指标)增加时,或投资新闻媒体对个人投资者发出牛市的信息时,技术分析师预期近期内市场将下跌。③ 另一个心理指标是观察投资专家和精明投资者的交易行为。例如,技术分析师相信,专业投资者持有的卖空头寸量是预测市场变动方向的良好指标,即当专业投资者增加卖空头寸时,未来市场可能下跌;反之,市场可能上升。

尽管本节只是简要介绍了技术分析采用的一些方法,但是你应该能够对技术分析师相信股价变化提供重要信号有所了解。然而,基本面分析者认为技术分析师只告诉了我们已经知道的事情——过去股价的变化,而不能告诉我们最想知道的——未来股价的变化。

自测题 2

(答案见本章末附录 17A)

最近十天 Banquet Caterers 普通股的收盘价如下:

(单位:美元)

日期	股价	日期	股价
1	76.00	6	77.85
2	76.50	7	78.20
3	76.75	8	77.95
4	77.10	9	77.90
5	77.20	10	78.10

a. 计算整段期间的 5 天移动平均值。(提示:你应该计算出 6 个移动平均值。)
b. 根据计算出来的移动平均数列,你认为股价呈现长期上升还是下降的趋势?

17.7　选股标准

多年来,许多投资专家发展出大量不同的股票选择标准或筛选技术。有些方法强调增长潜力,有些则重视价值和稳定性。对多数因素的估计是基本面分析的一部分,但是有些因素的估计很明显属于技术指标。尽管两者存在差异,著名的投资专家使用的选股方法仍然具有某些共同的特征。

本节讨论的重点是于 1998 年 11 月在 *AAII Journal* 上发表的一篇文章。*AAII Journal* 是美国个人投资者协会(American Association of Individual Investors)发行的期刊。④ 该文章归纳并比较了 10 位著名投资专家的选股标准。像几十年前由 Benjamin Graham 和 T. Rowe Price 发明的老方法,今天仍能引起人们相当大的兴趣。本节简要介绍一般方法并指出这些方法的共

---

③　在第 16 章,零碎股交易被定义为交易的股数不是 100 的倍数。例如,如果投资者买进 60 股,这就是零碎股交易。只有个人才能进行零碎股交易,因此,当零碎股交易增加时,我们知道个人交易增加。

④　Maria Crawford Scott, "The Common Traits of Successful Investment Strategies," *AAII Journal*, November 1998,11—15.

同特点。但在此之前我们应该明白,至今没有哪一种方法被称为完美的选股方法。

许多投资者利用本节提到的筛选或选择方法来寻找在风险调整的基础上能够"打败市场"的股票。这些股票被分成两类:增长型股票和价值型股票(见本章开头"管理的视角")。从技术上说,**增长型股票**(growth stocks)是有许多正净现值投资机会的企业的股票,即企业价值会随投资计划的执行而增加。一般来说,增长型股票是营业收入和盈利增长率大大超越产业平均值的企业的股票。相对于增长型股票,**价值型股票**(value stocks)是指被错误定价的股票,尤其指价值被低估的股票。

表 17-4 列出了 *AAII Journal* 上这篇文章中讨论的 10 位投资专家,并归纳出他们的一般投资哲学及他们认为可以用来实现特定投资目标的选股标准。该表仅给出了对每位专家投资哲学的一般说明。你可以发现表 17-4 中列出的投资专家强调非常清晰的投资目标,并建议每位投资者能在追求各自投资目标的过程中持之以恒。

表 17-4 投资专家的选股标准(按照姓的首字母顺序排列)

姓名	投资哲学	包含的股票类别	数量特征	质量特征	投资期限
Warren Buffett	利用内在价值选择预期产生长期盈利的公司	任何股票,但是选择标准倾向于成熟公司的股票	持续上升趋势的高获利;高保留盈余;过去十年中有五年获得高利润	公司应该易于了解;因专利权、品牌等特征而形成竞争优势	持有股票直到公司的这些特征不再有吸引力
David Dreman	观察投资者的态度;过度反应的交易	中大型公司	具有高股利收益率和低市盈率;相对于市场而言呈现高盈利增长;高 ROE 和流动比率;低负债	了解公司的业务及哪些因素对收益的影响最大	长期持有;当市盈率接近市场市盈率时卖出
Phillip Fisher	寻找增长率高于市场的公司	任何股票	相对于增长而言市盈率低;资产状况较好;获利高于平均值;销售强劲且增长稳定	寻找研发好的公司;人事健全;与投资者关系良好;强势的市场前景	持有股票直到增长率下降或公司的基本特征改变
Benjamin Graham	寻找价格低于内在价值的公司	发放股利的好公司或拥有良好子公司但知名度不高的大公司	低市盈率,低市价与账面价值比;稳定的盈利增长;流动比率大于 2.0;长期负债少于流动负债的 110%	偏重数量衡量,寻找历史上管理优良的公司	长期持有;当价格高于内在价格时卖出
Peter Lynch	选择增长前景好、股价合理的公司	任何股票	相对于产业和公司过去的增长而言市盈率低;低负债/权益比率和机构投资者持有少;盈利保持稳定	基础稳定和投资者知晓的公司;市场正在扩张;产品需求存在于所有经济体中	长期持有;当投资不再符合目标时卖出
William O'Neil (CANSLIM)	寻找具备未来股价增长的有利条件的公司	任何股票,但是小公司较好	高且递增的盈利和盈利增长;低负债;股价创新高;机构投资者持有少	寻找创新、增长型行业的领先公司	持续监控;每季卖出表现最差的股票

（续表）

姓名	投资哲学	包含的股票类别	数量特征	质量特征	投资期限
James O'Shaug-hnessy	无论采用哪种策略,都应该持之以恒;使用已成功实践的方法	根据采用何种策略而定	如果采用以价值为基础的策略,选择销售收入、股利收益率等高于平均值的市场领先者;如果采用以增长为基础的策略,公司资本化的价值应该高于 1.5 亿美元,收益稳定且股价高而强劲	—	持有股票直到不再满足投资目标为止
T. Rowe Price	选择处于生命周期导入期并具有长期增长前景的公司	任何股票,但是小公司提供了更多的增长机会	相对于过去的平均值而言市盈率低;稳定的 EPS 增长率;留存收益增加资本基础;高于净利率的平均值	管理层持有多;处于增长的产业中;具有良好的劳资关系	长期持有;当不再是增长型公司时卖出
Ralph Wanger	基于财务稳健和增长前景的原则寻找价值不错的公司	基础稳定的小公司	相对于增长潜力而言,市盈率低;相对于其他资产股价便宜;经营资本好;负债低;机构投资者持有少	有良好的管理;有竞争优势;提供符合未来社会和经济趋势的需求	长期持有;当投资不再符合目标时卖出
Geraldine Weiss	选择支付股利且价值被低估的好公司	支付股利的公司;优质公司;流通股多	稳定的盈利和股利;低市盈率;股利收益率处于前期高点的10%以内;高流动比率;低负债/权益比率;机构投资者持有多	了解公司在产品、研发和营销方面的努力	持有股票直到股利收益率处于历史低点的10%以内

　　如果我们观察表中提出的数量特征和质量特征,就会发现不同方法存在一些有趣的相似之处:第一,我们注意到每种选股标准都要用不同的方式对企业的盈利进行评估,而市盈率似乎是最常采用的价值衡量方法。我们不难发现投资专家偏爱盈利稳定增长的企业,也不难发现投资专家偏爱有财务实力的企业——最好的企业似乎是那些相对于产业平均值而言,负债低、偿付流动负债能力高的企业。在这些标准中唯一不同的因素是机构投资者持股的数量,包括养老基金、保险公司等机构的持股。偏好机构投资者持股高的专家认为这样可以增加股票的流动性。而偏好机构投资者持股低的专家则认为,如果机构投资者的持股比例相当低,就比较容易找到价格便宜的股票。

　　观察表 17-4 中的质量特征,我们会发现一个共同特征,即投资者投资前应该了解公司的产品和一般经营的情况。实际上,表中多数专家认为投资者不应该投资自己不熟悉的公司,因为即使有好机会,你也无法知道股价变化的原因,甚至于在股价变化后也是如此。专家偏好那些具有竞争优势的企业,这些竞争优势来自专利、品牌忠诚度或其他的竞争壁垒。相对于高度竞争产业的企业,面对较少竞争的企业通常更加确定未来的增长。

　　在表 17-4 中,最有趣的信息或许出现在最后一栏,它被称为"投资期限"(investment horizon)。本栏归纳了专家对投资应该持有多久的一般看法。很明显,没有人建议投资者投机或尽量配合市场变化的时间（短线）操作。相反，一致的看法是持有投资直到不再满足投资者的目标为止。因此，专家的共同看法是"买进并持有"直到个人目标或市场条件变化。

我们把专家建议的共同因素归纳如下：

（1）对你的投资方法持之以恒，即让某种策略有成功的机会。因为你无法看到即时结果，所以不要游走在两种策略之间。

（2）了解你要投资的公司。在确定投资前，你对该公司及其经营应有基本了解。

（3）选择财务状况好及未来增长潜力大的公司。

（4）持有股票直到不再满足你的投资目标为止，但是不要以短期业绩评估它是否实现了你的投资目标。

17.8 有效市场中的投资选择

第3章介绍了金融市场中信息效率的概念。如果市场具有信息效率，那么投资者不可能利用选股标准持续地获得**非正常回报**（abnormal returns）。非正常回报指超过相同风险机会投资收益的回报。相信有效市场的投资者，可能不愿意浪费时间用上一节讨论的评估和选择股票的方法去寻找被错误定价的股票。因此，本节讨论与金融市场有关的信息效率的概念，以及利用技术分析师和基本面分析者建议的股票评估与选股方法。

17.8.1 市场效率和股票分析

市场效率有三种形式，包括弱式有效、半强式有效和强式有效。

弱式有效　如果**弱式有效**（week-form efficiency）存在，当前市场价格反映全部的历史信息，包括过去价格移动和交易量资料提供的任何信息。多数对弱式有效市场的实证研究表明市场是弱式有效的。这表明制图法及技术分析师使用的其他方法都无法获得非正常回报。事实上，有些研究发现，随机选股的投资者和遵循简单的买进并持有（buy-and-hold）策略的投资者有相同的投资业绩。多数基本面分析者同意市场是弱式有效的，因为他们认为技术分析师使用的方法类似巫术或魔法。

半强式有效　**半强式有效**（semistrong-form efficiency）强调现行市场价格反映全部公开取得的信息，包括历史资料提供的信息和目前财务报表提供的信息。如果市场是半强式有效的，则利用财务报表分析、产业生命周期等基本面分析方法也无法获得非正常回报。至今对半强式有效市场的检验并无定论。有些实证研究证实半强式有效市场存在，而有些又指出这样的效率并不存在。许多基本面分析者认为，是他们所作的评估及提供的信息使市场有效率。然而，实证分析指出这样的论述是错误的，因为信息无效率仍存在于市场中。例如，有些研究相信，市盈率低的股票提供非正常回报；其他研究认为，在一个相对的基础上，小公司的业绩优于大公司；也有研究认为，发现市场中有超额回报的研究者是由于观察错误的事件或采用错误的统计检验得出的结论。

强式有效　**强式有效**（strong-form efficiency）强调现行市场价格反映全部的信息，无论是公开的还是未公开的。因此，如果市场实现这样的效率，内部人士在持续的基础上也无法获得非正常回报。在强式有效市场中，即使你获得内部信息也无法获得非正常回报。大多数情况下,对强式有效市场的实证研究指出,内部人士能够持续获得非正常回报,这就无法证实强式有效市场的存在。

17.8.2　投资分析和有效市场策略

关于金融市场有效性的实证研究对选择股票有什么帮助?如果你相信市场有效率,你是否应该随机选择证券,然后遵守买进并持有策略?在有效市场中,本章讨论的方法真的毫无用处吗?一般而言,对后面两个问题的答案是否定的。本章介绍的方法还是有用的,理由不仅仅是为了获得非正常回报。如果能够获得非正常回报,这当然是投资者最高兴的事情。遗憾的是,研究显示要保持这样的目标也相当困难,但并非不可能。即便我们认可通过努力地评估基本面和技术信息可以获得非正常回报的说法,多数人仍倾向于采取买进并持有的投资策略,因为大家实在不能也不愿投入过多的时间和精力去寻找被错误定价的股票,更何况我们有可能选错对象。

如果我们并不认同总是可以获得非正常回报的说法,那么就要对我们选择的投资进行评估,以确保实现投资目标。如果没有进行适当的分析就盲目进行投资,你可能发现自己持有的投资组合不是风险过高,就是风险不足。本章介绍的评估和选择方法可以用来评估某些特定的投资,并决定是否应该将其纳入投资组合中。因此,除非你的目标是通过持有包括大量不同证券的投资组合来获得与市场(组合)相同的回报,否则采用随机选股的方法并不明智。总之,你应该常作投资的功课,以便了解你承担的风险及设定的目标是否正在被实现。

道德困境
ETHICAL DILEMMA

Mary 真霸气!你是怎么预测你的销售增长的

Saskatchewan Mining Steel(SMS)公司正在评估是否生产一种新的合成钢,这种材料将花费公司上亿美元。公司 CEO——Bill Bates 认为,合成钢将会大大提高公司的销售额,从而大幅度提高公司的净利润。Mary 已经在资本预算部门工作了六年,公司要求她评估合成钢预期产生的现金流量是多少。

在过去的几周里,Mary 与公司的工程师、产品经理以及市场部的副总经理进行了大量的谈话。根据与这些人的谈话以及从独立信息源获得的信息,Mary 对合成钢的相关现金流量给出了一个相当详细的预测。昨天,Mary 将最终的报告提交给公司的 CFO,报告只包括预测的现金流量和对预测的解释。报告不包括对投资的整体吸引力的分析,因为这种分析是投资主管的职责。

今天,投资主管给 Mary 打电话并告诉她,他认为 Mary 提交的预测报告是不对的。Mary 解释说,她的预测是基于自己收集的大量信息以及分析师对合成钢成功潜力的预测。正如她告诉投资主管的那样,她的预测是根据未来 15 年合成钢销售额的正的增长率作出的。投资主管认为这种革命性的产品的增长率可能比 Mary 估计的要高,所以他让 Mary 重新考虑一下她对现金流量的估计。虽然她已经看了几十遍并且坚信她的预测是可靠的，但是她还是答应再看一次。对于 Mary 来说，具备团队精神是非常重要的，因为她想尽早得到晋升，并且她相信如果她与上司（包括投资主管）合作的话，那么升职的机会会增加。

由于她使用电子表格建立了预测，所以她知道很容易改变销售额的增长率进而得到新的合成钢的现金流量预测值。但是她认为这个增长率并不比之前预测的高，即使合成钢可能取得巨大的成功。她确实使用了投资主管建议的更高的增长率从而产生了一套新的预期现金流量，即使她坚信这个新的增长率不可能实现，但是前不久还是把这个新的预测值发给了投资主管。她认为这没有什么区别，反正她又做不了最终的决定。

你认为 Mary 应该修改她的预测值吗？如果你处于她的立场你会怎么做？这些信息会对 SMS 公司股票的投资者或者潜在的投资者产生什么影响？

本章要点总结

本章重要概念

为了总结，我们把本章讨论的关键概念与本章开始的学习目标联系起来。

● 基本面分析者是指那些通过基本面分析来评估经济、公司运营的行业以及公司本身的人，其试图确定公司的内在价值，或者公司的真正价值或经济价值。对公司进行评估时，基本面分析者会观察财务报表、劳资关系、管理效率等因素。技术分析师通过观察金融市场可能存在的过去的趋势和模式，进而试图确定市场的方向和未来投资的动向。技术分析师相信"历史会重演"是因为人是习惯的动物。因此，技术分析师认为当面对过去发生过的情况时，现在投资者会采取与过去投资者类似的行动。

● 假设你正考虑把你的血汗钱投资于某一特定公司的普通股。大多数的专业投资者会建议你了解经济状况、该公司所处的行业以及公司本身。因此，当你确定公司的吸引力时，你应当进行以下三种类型的分析：① 经济分析，对未来经济状况的期望以及经济对公司的影响；② 产业分析，对公司运营所在产业的未来期望以及公司在未来产业中所处的位置；③ 公司分析，对公司未来财务状况的期望，以确定其作为投资的吸引力。

● 本章介绍了三种股票评估技术：① 股利贴现模型（DDM），要求计算公司预期未来支付的所有股利的现值；② 市盈率（P/E）技术，通过计算公司或产业的市盈率，乘以每股预期收益就可以确定合适的股票价格；③ 经济增加值（EVA）方法，其基本概念是为维持其价值，公司获得的盈利必须足以补偿资金供给者，也就是说，公司必须赚取足够多的钱来回报提供资金的股东和债权人。

● 成功的投资专家对投资者的建议是：① 对你的投资方法持之以恒，即让某种策略有成功的机会；② 对于你要投资的公司有一些基本的了解；③ 选择财务状况好及未来增长潜力大的公司；④ 持有股票直到不再满足你的投资目标为止，但是不要以短期业绩评估它是否实现了你的投资目标。

个人理财相关知识

本章中提出的概念将有助于个人理解并制定更好的投资决策。本章的具体案例有助于你将概念应用到个人财务决策的制定中。在制定个人投资决策时,你可以运用以下的一些概念。

- **了解你在做什么!** 当你用血汗钱进行投资的时候,你想制定好的决策,那么你就应当理解你在做什么。虽然你没必要成为一名投资专家,但是你应该对金融市场以及你感兴趣且想要购买的投资有一定的了解。你可以通过纸质资料或者电子设备等多种来源获得个人投资信息。

- **做好功课!** 要想作出明智的投资决策,你应当观察你正考虑的投资的吸引力。因为每一家公司都不是独立存在的,在评估普通股时,不要仅仅考虑它本身的财务状况,还要考虑产业和经济活动对公司运营的影响。

- **跟上步伐!** 投资后,你必须持续关注公司活动、所处的产业以及经济等各种信息。投资是一个动态的过程。因此,为了确保投资目标的实现,你必须时刻监督影响投资的事件和因素,在必要的时候作出相应的变化。

- **听从专家的建议!** 专家建议坚持自己的投资策略。换句话说,不要因为看不到预期的结果就改变你的投资策略。大部分的专家建议投资应注重长期目标,而不是短期的结果。

思考题

17-1 区别用在股票评估和选择中的基本面分析和技术分析。

17-2 根据以下每个经济变量指出经济变量是先行还是滞后于总体经济的变化,还是与总体经济同步变化。请说出原因。

经济变量	先行	滞后	同步
开工建设许可			
股市			
货币供给			
基本利率			
消费者物价			
工业生产			
个人工资/薪金			

17-3 说明美联储如何管理美国的货币政策。如果经济处于衰退阶段并具有高利率的特征,美联储应该采取什么措施来降低利率?

17-4 有些经济学家认为美国政府的赤字政策造成物价和利率的上升,请解释原因。把赤字支出作为支持经济活动的工具,你能够拿出证据来支持这一点吗?

17-5 指出以下的产业应该归类于周期性产业、防御性产业,还是二者都不是? 当你作分类时,请思考你作这样分类的理由。

	周期性	防御性	两者都不是
汽车制造			
收取债务服务			
珠宝			
食品加工/杂货			
个人电脑软件			
家电用品制造			

17-6 在以下各项既定的条件下,个人投资者偏爱产业生命周期的哪个阶段? 请说明理由。

	生命周期阶段		
	导入期	扩张期	成熟期
a. 投资的目的是补充退休收入			
b. Susan 最近刚从大学毕业,刚开始工作			
c. Steve 想要用中彩票得到的钱在股市投机			
d. 投资者想要投资于发放股利并许诺未来有高增长的股票			
e. 12 岁的 Randy 刚从姑妈那里继承了一小笔遗产			

17-7　说明用来评估普通股的股利贴现法、市盈率法和经济增加值法。在什么条件下,哪种方法可以获得股票价值的良好估计值?

17-8　讨论建立技术分析的基本概念。技术分析师希望从图表和技术指标中获得什么样的信息?

17-9　讨论表 17-4 中所列的投资专家的投资哲学和选股标准中的共同标准。他们建议的投资策略和行为中有值得一般投资者采用的吗?

17-10　假设金融市场是强式有效市场,投资者有什么理由进行投资分析? 请说明原因。

计算题

17-1　ADM 公司当前的股票价格为每股 20 美元,用 P_0 表示,该公司打算下一年支付每股 2.20 美元的股利。如果公司股票适当的必要报酬率为 15%,那么一年后股票的价格(用 $\hat{P}_1$ 表示)是多少? 假定公司稳定增长。

17-2　假定公司上一次支付的股利为每股 2.20 美元,股利以 5% 的比例稳定增长,股东要求将 16% 投资于同类型的投资,那么该公司股票的价值是多少?

17-3　Steel Safety Corporation 处于产业生命周期的导入期,所以近年来其销售额和收益都呈现快速增长的趋势。至今,该公司选择保留所有的收益而不是支付股利,分析师预测这种情况可能会持续 10 年。第 11 年时,公司预计支付第一笔股利,预期为每股 25 美元。分析师还认为该公司股票适当的要求报酬率为 16%。

　　a. 假定一旦开始支付股利,公司的现金股利就会保持每年每股 25 美元不变。计算今天该公司股票的价值。(提示:直到第 11 年才开始支付股利。)

　　b. 假定一旦开始支付股利,股利就会以 5% 的速度稳定增长。那么今天该公司股票的价值是多少?

17-4　J. D. Agribusiness 有 500 000 美元的投资资本,其中 60% 为负债资本。对于这个资本结构,该公司的加权平均资本成本为 12%。根据该公司最近的利润表,公司的营业收入为 100 000 美元,边际税率为 40%。运用经济增加值法,该公司是否是一家值得投资的公司?

17-5　East/West Maps 公司股票售价为每股 122.40 美元,市盈率为 30 倍。

　　a. 运用市盈率法,计算 East/West Maps 公司当前的每股收益。

　　b. 假定公司的收益下一年增长了 20%,但是市盈率下降到 25 倍,更接近产业的平均水平。East/West Maps 公司下一年的股票价格是多少?

　　c. 如果投资者今天以 122.40 美元的价格购买了该公司的股票,一年后以第 b 题中计算的价格出售,收益率为多少?

17-6　RJS Foods 公司报告去年的净利润为 65 000 美元,该公司的利息支出为 40 000 美元,其边际税率为 35%。根据公司的资产负债表可知投资资本为 800 000 美元。

　　a. 计算 RJS 去年产生的息税前利润(EBIT)。

　　b. 如果 RJS 的加权平均资本成本(WACC)为 12%,那么该公司去年的经济增加值是多少?

17-7　Zycard 公司认为普通股股东的必要报酬率为 15%,上次公司发放每股股利 2.50 美元。

　　a. 如果投资者预期未来股利以 0、5%、10% 的固定比率增长,Zycard 的股票价值分别为多少?

b. 介绍你估计 Zycard 适当的未来增长率的几个步骤。

17-8 过去五年 Consumer Friendly Collections (CFT)每年的增长率都是 30%,预期这样的增长率还可以持续三年;三年后增长率将降到 15%,这样再维持五年;然后降到 5%,预期在生命周期的剩余时间都将维持这个增长率。CFT 的 β 系数为 1.5,预期市场回报率为 14%,无风险回报率为 6%。目前经济维持正常增长,经济学家预计至少未来五年也是如此。

a. 利用资本资产定价模型计算 CFT 股票的必要报酬率。

b. 如果 CFT 刚发放了每股股利 2.40 美元,目前 CFT 股票的市场价值是多少?

c. 如果你预期一年后经济将进入长期衰退期,你会调整本题所给的预期增长率吗?为什么?

17-9 从 2009 年 6 月到 2011 年 5 月 S&P 500 的月底收盘价如下:

日期	**S&P 500**	日期	**S&P 500**
2009 年 6 月	919.32	2010 年 6 月	1 030.71
2009 年 7 月	987.48	2010 年 7 月	1 101.60
2009 年 8 月	1 020.62	2010 年 8 月	1 049.33
2009 年 9 月	1 057.08	2010 年 9 月	1 141.20
2009 年 10 月	1 036.19	2010 年 10 月	1 183.26
2009 年 11 月	1 095.63	2010 年 11 月	1 180.55
2009 年 12 月	1 115.10	2010 年 12 月	1 257.64
2010 年 1 月	1 073.87	2011 年 1 月	1 286.12
2010 年 2 月	1 104.49	2011 年 2 月	1 327.22
2010 年 3 月	1 169.43	2011 年 3 月	1 325.83
2010 年 4 月	1 186.69	2011 年 4 月	1 363.61
2010 年 5 月	1 089.41	2011 年 5 月	1 345.20

a. 利用上述资料计算 6 个月的移动平均值。

b. 根据第 a 题的计算结果画图,解释明显的模式或趋势。

c. 根据你对图形的理解,你认为 2011 年下半年市场应该往哪个方向调整?(注意:做本题时,要把预测的结果和实际的资料进行比较。)

17-10 Georgetown Motorcars(GM)的普通股售价是每股 71.44 美元,是每股收益的 19 倍,最近发放的股利为每股 2.00 美元。

a. GM 目前的每股收益是多少?

b. GM 现行的股利支付率是多少?(提示:支付率是指盈利中作为股利支付的百分比。)

c. 假设投资者投资 GM 股票要求的回报率为 12%,计算股利收益率和 GM 股票的增长率。(提示:股利收益率是用股利除以目前股票的市价。)

d. 产业的市盈率通常为 11—14 倍,利用产业平均值估计 GM 股票的价格。

e. 讨论造成 GM 的市盈率高于产业平均值的原因。

17-11 除资本结构不同外,以下三家企业有相同的经营信息:

	A 公司	B 公司	C 公司
总资本	100 000 美元	100 000 美元	100 000 美元
资产负债率	0.80	0.50	0.20
流通在外股数	6 100	8 300	10 000
负债成本	14%	12%	10%
权益成本	26%	22%	20%
营业收入(EBIT)	25 000 美元	25 000 美元	25 000 美元
净利润	8 970 美元	12 350 美元	14 950 美元
边际税率	0.35	0.35	0.35

a. 计算每家公司的加权平均资本成本。

b. 计算每家公司的经济增加值。

c. 根据第 b 题计算的结果,哪家企业是最好的投资对象?为什么?

d. 假设产业市盈率通常是 15 倍,利用这一信息计算每种股票的价值。

e. 考虑到哪些因素时,你可能调整第 d 题的市盈率,让它变得更合适?

17-12 Backhaus Beer Brewers(BBB)宣告,当前会计年度利润表的净利润为 120 万美元,边际税率为 40%,当年的利息费用为 150 万美元。BBB 的总资本为 800 万美元,其中负债占 60%。另外,该公司尽力维持加权平均资本成本在 12% 的水平。

a. 计算当年 BBB 获得的息税前利润。

b. 当年 BBB 的经济增加值是多少?

c. BBB 流通在外的普通股有 500 000 股。根据你在第 b 题计算出来的经济增加值,BBB 每股发放多少股利才会造成公司价值下降?如果 BBB 不发放股利,你预期公司价值会有什么变化?

17-13 投资者对 Rollover Beds 公司的股票感兴趣,因为该公司保持年平均25%的增长率。Jason Jackson 想评估 Rollover Beds,以决定是否把该公司的股票纳入其投资组合中。Jason 作出以下结论:Rollover Beds 目前的增长率将持续30年,该公司股票的必要报酬率为20%。Jason 还收集到以下信息:

息税前利润	300 000 美元
净利润	120 000 美元
总发放股利	72 000 美元
流通在外股数	100 000
产业市盈率	25 倍

a. 计算最近发放的每股股利(D_0)。下一年的预期股利($\hat{D}_1$)是多少?

b. 基于已提供的信息及第 a 题计算的结果,利用固定增长率的股利贴现模型确定 Rollover Beds 现在的股价。

c. 你在第 b 题得到的答案有意义吗?说明为何你会得到这样的答案。在这些既定信息的条件下,是否有更好的方法估计 Rollover Beds 的股价?

d. 以市盈率法评估 Rollover Beds 的股价,并比较本题和第 b 题的结果,你认为哪种评估方法较佳?

综合题

17-14 Michelle Delatorre 是一名专业的网球运动员,在第4章的综合问题中首次提到。她已经到了你在 Balik 和 Kiefer 的办公室,想问你一些关于股票评估和选择的问题。Delatorre 小姐想让你做她的投资顾问或经理,她想用她去年锦标赛上获得的奖金来投资股票市场。她已经提出了与股票评估和选择有关的一些问题,希望你能帮她解答。

a. 使用基本面分析法和技术分析法来评估股票有什么不同。

b. 什么是经济周期?我们所说的经济处于扩张期是什么意思?经济处于紧缩期又是什么意思?

c. 我们可以使用什么方法来预测经济周期?预测经济周期难吗?为什么?

d. 经济周期如何影响美联储实行的货币政策以及政府实行的财政政策?

e. 为什么在制定投资决策之前需要评估公司运营所处的产业?投资者在进行产业分析的时候需要考虑哪些因素?

f. 产业生命周期是如何影响个人投资决策的?

g. 投资者观察公司的经济状况最主要的原因是什么?

h. 描述本章讨论的三种评估技术,并指出什么时候应该采用什么技术。

i. Delatorre 小姐听从同事的建议,密切注意 Omega Optical 公司,她调查得越多,就对这家公司越感兴趣。现在,她不知道如何估计该公司股票的价值。她收集了大量该公司的信息。其调查结果如下:

息税前利润	110 000 美元
净利润	60 060 美元
边际税率	35%
总资本	550 000 美元
税前负债成本(r_d)	8.0%
权益成本(r_s)	18%
资产负债率	40%
流通在外股数	40 000
当前每股股利(D_0)	0

除了这些信息之外,Delatorre 小姐还给你提供了她从多个订阅渠道收到的一些分析师的预测。专家们一致认为 Omega Optical 公司五年后将开始为每个投资者支付每股4美元的股利。在接下来的一年里,股利支付增长了25%,然后每年下降2%直到以5%的增长率稳定地增长。换句话说,第6年的股利支付率为25%,第7年下降到23%,第8年下降到21%,直到第16年以5%的增长率增长,持续到公司结束。

(1)使用股利贴现模型计算 Omega Optical 公司股票的价值。

(2)Delatorre 小姐收集的信息表明公司的平均市盈率与 Omega Optical 公司相似,为25倍。使用市盈率,估计该公司的股票价格是多少。

(3)计算 Omega Optical 公司的经济增加值。根据这个计算结果分析,投资该公司是一个好选择吗?为什么?你认为股票的价值应该是多少?

j. 解释为什么第 i 题的计算结果彼此不同?你

认为股票的价值应该是多少?

k. 描述技术分析师使用的一些方法,这些方法可能有助于 Delatorre 小姐评估 Omega Optical 公司股票的价值。

l. 如果你必须给 Delatorre 小姐提供三条表

17-4 中包含的专家的建议,你会给她什么建议?

m. 描述金融市场信息效率的概念。如果市场是有效的,投资分析有什么用? 在有效市场的情况下,你会给 Delatorre 小姐什么样的投资建议?

计算机相关问题

利用电子表格,回答本部分问题。

17-15　使用文件 C17 中的模型解决问题。回顾计算题 17-11,使用计算机模型重新计算第 a 至 d 题,但是要做如下改变,每个变化都是相互独立的。也就是说,在每一个问题中,除了变动的地方其他的都与计算题 17-11 中一样,保持不变。

a. 将 A 公司的资产负债率变为 70%,B 公司改为 40%,C 公司改为 30%,其他条件不变。

b. 将每家公司的息税前利润改为 150 000 美元,其他条件不变。

c. 将每家公司的边际税率改为 40%,其他条件不变。

附录 17A

(本章自测题答案)

1. a. $r_{Anchor} = 8\% + (18\% - 8\%) \times 1.6 = 24.0\%$

$$P_0 = \frac{(3.40 \text{ 美元} \times 1.06)}{(0.24 - 0.06)} = 20.02 \text{ 美元}$$

b. (1) $WACC = [8.0\% \times (1 - 0.40)] \times 0.65 + 15.0\% \times 0.35 = 8.37\%$

(2) $EVA = EBIT(1 - T) - (WACC \times 投资资本)$
$= 600\,000 \text{ 美元} \times (1 - 0.40) - (0.0837 \times 2\,000\,000 \text{ 美元})$
$= 360\,000 \text{ 美元} - 167\,400 \text{ 美元}$
$= 192\,600 \text{ 美元}$

(3) 每股经济增加值 = EVA/流通在外股数 = 192 600 美元/100 000 = 1.93 美元

(4) 首先,必须计算 American Transmitter 公司的净利润:

$NI = (EBIT - I)(1 - T) = (600\,000 \text{ 美元} - 104\,000 \text{ 美元}) \times (1 - 0.4) = 297\,600 \text{ 美元}$

$I = r_d \times 资产负债率 = (2\,000\,000 \text{ 美元} \times 0.65) \times 0.08 = 104\,000 \text{ 美元}$

EPS = 净收益/流通在外股数 = 297 600 美元/

100 000 = 2.98 美元

$\hat{P}_1 = EPS \times P/E = 2.98 \text{ 美元} \times 15 = 44.70 \text{ 美元}$

2. 第一系列即从第 1 天到第 5 天的平均价格,计算方法如下:

平均价格 =

$$\frac{(76.00 \text{ 美元} + 76.50 \text{ 美元} + 76.75 \text{ 美元} + 77.10 \text{ 美元} + 77.20 \text{ 美元})}{5}$$

$= 76.71 \text{ 美元}$

每 5 天为一个期间,其平均值的计算方法都一样,结果如下表所示:

(单位:美元)

系列	5 天期	平均值	系列	5 天期	平均值
1	1—5 天	76.71	4	4—8 天	77.66
2	2—6 天	77.08	5	5—9 天	77.82
3	3—7 天	77.42	6	6—10 天	78.00

如果绘制 5 天移动平均值的曲线,你会发现曲线是向上倾斜的,这就表明股票价格呈上涨趋势。

附录 A
使用电子表格解答财务问题

如计算器一样,电子表格的开发也是为了更容易地解决数学计算的问题。在这篇附录中,我们将会简单地介绍如何使用电子表格解决本书中所讨论的问题。在进行相关解释之后,我们会使用 Excel 2010 介绍电子表格的具体应用。

建立数学关系

对于要求使用诸如加、减、乘、除等算术运算符的数学问题,建立数学关系解决起来非常容易。以下是 Excel 中经常使用的算术运算符:

运算符	说明	功能
+	加号	加法
−	减号	减法
*	星号	乘法
/	斜线	除法
^	插入号	乘方(自乘)

解答过程如下:首先将光标放入你想要最终结果出现在的单元格里,然后输入"=",再输入你要解决问题的数学关系,最后按一下"Enter"键得到结果。例如,假设你想要计算今天投资 700 美元,三年后将会增长到多少(年复合利率为 10%)? 这个问题通过在电子表格的单元格中输入第 9 章的等式(9-1)的关系,就能够很容易地解答出来。以下是解答过程:

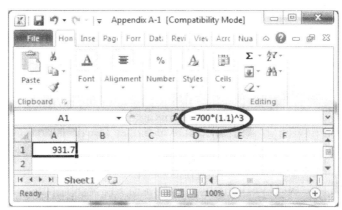

单元格 A1 中的公式显示在圆圈圈起来的地方,它是 $FV = 700^* (1.1)^3$,计算结果为 $700 \times (1.10)^3 = 931.7$,即 931.70 美元,该结果与第 9 章中的结果一样。[①]

尽管通过定义关系,然后在单元格中输入数字就能很容易地计算出结果,但是最好能够先建立一个表格,该表格包含解决特定方程所需的数值,然后建立涉及特定单元格中数值的关系(方程)。例如,在该计算中,电子表格可能建立如下:

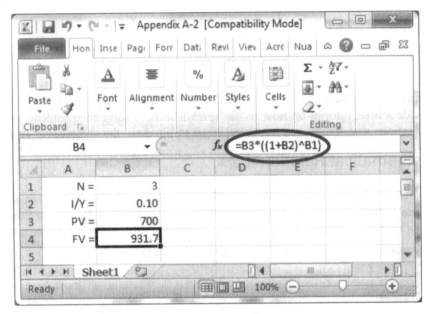

通过观察编辑栏中被圈出的关系式可知,单元格 B4 含有计算 700 美元投资现值的关系式。但单元格 B4 含有的关系式中不包含具体数值,而是解决问题所需数值所在的单元格之间的关系。通过这种方式建立的关系式,你可以改变任何单个的输入值,然后使用新的输入值得出的结果就会显示在 B4 中。你可以试着用这里介绍的方法建立一个电子表格,会得到和前面一样的结果。现在将单元格 B2 中的利率改为 8%,首先输入 0.08,然后按 Enter 键,你将会看到单元格 B4 的结果变为 881.7984 或 881.80 美元。

不过要注意,当你向电子表中输入百分数的时候,你应当输入小数,如 0.10,或者在数值后面加"%",如 10%。[②] 如果你输入的数值没加"%",那么电子表格就直译你输入的数值,然后据此计算。例如,如果你输入了 10,而不是 0.10 或 10%,那么 B4 中显示的结果将会是:

$$FV = 700 \times (1 + 10)^3 = 700 \times (11)^3 = 931\ 700$$

很明显,这是一个错误的答案。

虽然通过建立数学关系能很简单地解决第 9 章的大部分问题,但通过在电子表格中预编方程会更简单。所以,在这篇附录接下来的部分,我们将向你介绍如何通过在电子表格中预编货币时间价值方程解决第 9 章的问题。

使用预编电子表格功能解决货币时间价值(TVM)

预先给电子表格编入的功能与那些预先给财务计算器编入的功能一样。在这一部分,我们将介绍如何

[①]　图片中的圆圈和椭圆都不会真正出现在电子表格中。我们加上这些只是为了描述清楚。

[②]　如果你输入数字 0.10,就可以格式化这个单元格,这样的话,就会显示你希望显示的足够多的小数位。这种格式化功能在编辑菜单中,这个菜单允许你格式化每个单元格内的内容。你也可以运用这个功能去格式化那些包含现值、终值和年金的单元格,这样它们可以以美元或者美分来表示。

使用电子表格计算第 9 章给出的例题。在第 9 章,我们只介绍了电子表格的设置和每个问题的结果,而这里我们将给出使用 TVM 功能所需的每一个步骤。注意,我们给电子表格(A 列)的单元格中的输入值作了标注,这与 Texas Instruments BAII Plus 财务计算器(这也是用来解决第 9 章问题的计算器)上的 TVM 键一样。

在 Excel 2010 中,你可以通过"开始"菜单或者"公式"菜单来启用 TVM 功能。如果是通过"公式"菜单来启用该功能,你可以单击出现在"公式"菜单下水平菜单栏左边的"插入函数"图标,"f_x"符号也显示在"插入函数"图标上;如果是通过"开始"菜单来启用该功能,你可以单击编辑栏左边的"f_x"图标,或者单击工具栏右边的"Σ"符号下边的向下箭头。以下的屏幕截图显示了在"开始"菜单中"f_x"图标(中间的圆圈)和"Σ"符号(右上角的圆圈)的位置。

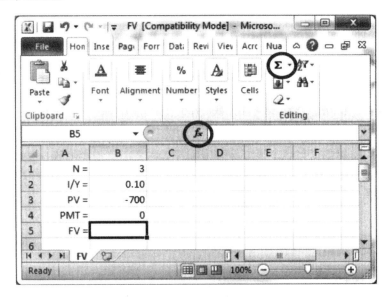

在单击"开始"菜单或"公式"菜单中的"f_x"图标后,会出现以下对话框:

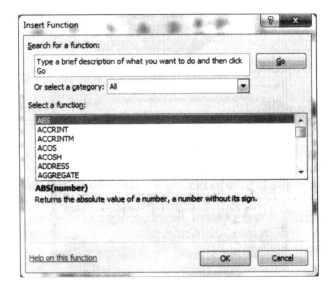

对话框最上面的"搜索函数"选项可以让你找到你想要的适合用来计算的所有函数,你也可以通过使用带有下拉菜单的"或选择类别"标签选择特定的计算类型。由于我们想要使用财务函数,所以首先单击"或

选择类别"的下拉菜单,然后单击出现在新菜单里的"财务"选项,这样你就可以启用财务函数解决货币时间价值的问题了。这些财务函数将会出现在该对话框标为"选择函数"的列表中。

计算终值:一次性付款和年金

电子表格功能也被用来求解一次性付款的终值和年金的终值。

一次性付款的终值

如果你想要求解现在存入 700 美元,三年后的终值是多少(10% 的复利),你可能会建立如下的电子表格:

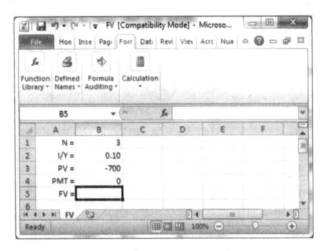

你会注意到输入的投资额 700 美元是负数,这与使用财务计算器解决这个问题时一样,即 700 美元的投资额是现金流出。

对于终值的计算,首先将光标放入单元格 B5 中,单击"公式"菜单中"插入函数"图标,然后向下滚动包括在"选择函数"菜单中的函数列表,直至找到"FV"选项。在你的电脑中,你应当看到如下对话框:

当单击"确定",或者双击"FV",会出现以下的对话框:

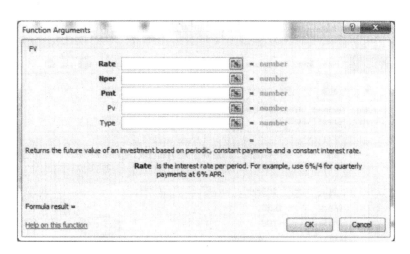

"Rate"是每个时期的利率,"Nper"是支付利息的总期数,"Pmt"是每期支付的数额或年金数额(后面我们将会使用到),"Pv"是各期支付数额现值,"Type"是年金支付的方式(0 指普通年金,1 指先付年金)。你可以通过将光标放在变量所在的行(框)中来读取每个变量的含义。例如,"Rate"的含义显示在以下的对话框中。

为了解答我们的问题,在电子表格的单元格中应当输入题中给定的数值。所以,在对话框的第一行输入 B2(Rate),第二行输入 B1(Nper),第三行输入 B4(Pmt),第四行输入 B3(Pv),最后一行不输入,对话框如下所示:

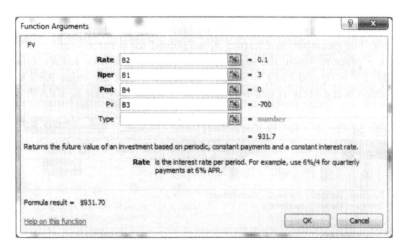

你会注意到,你也可以通过单击对话框中各行右边带有红色箭头的小框,将光标放在含有数值的电子表格的单元格中,然后按"Enter"键,输入同样的内容。你会看到,所涉及单元格中的内容在对话框中各行的右边会显示出来。例如,对话框第一行最右边显示出了"Rate"的数值,为 0.1,这表明用来计算终值的收益率数值是 10% 。当"函数参数"对话框中的信息足够时,你将会在对话框底部的左边看到计算结果(这里显示的是 931.70 美元)。

当所有数值对应的单元格位置都输入对话框中时,单击"确定",结果会显示在电子表格的单元格 B5 中。电子表格显示如下:

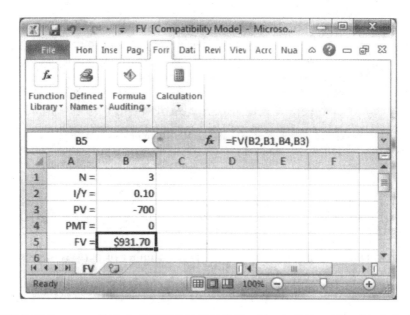

这里计算的终值是931.70美元，与前面部分计算的结果一样。如果按一下 F2 键，你会看到单元格 B5 中的内容应当是"= FV(B2,B1,B4,B3)"。

年金终值

对于计算年金终值的问题，我们使用与前面一样的财务方程，即 FV。例如，在第9章中，我们计算期限为3年、年金为400美元、机会成本为5%的终值。首先，建立与前面一样的电子表格，然后改变数值，N = 3，I/Y = 0.05，PMT = -400。你将会看到终值变为1 261.00美元，这和第9章的结果一样，即 FVA = 1 261.00 美元。

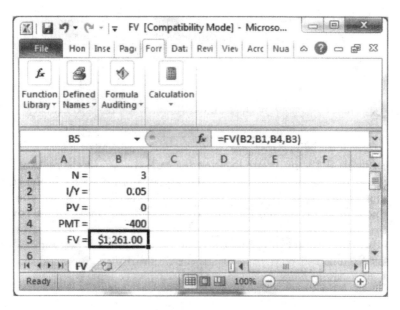

这里给出的结果是普通年金的终值。要计算先付年金的终值,可以将光标插入 B5 中,然后单击"公式"菜单中的"插入函数"图标。当"函数参数"对话框出现时,将对话框中"Type"的值改为 1,如下所示:

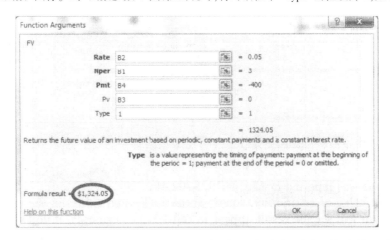

你会看到对话框中的结果变为 1 324.05 美元(圆圈部分)。当单击"确定"键时,结果会显示在单元格 B5 中。如你所看到的一样,当在"函数参数"对话框最后一行输入 1 时,就改变了年金现金流的时间,每期现金流由期末改为期初,所以现金流的模式由普通年金变为先付年金。你也可以在电子表格中加入另一个单元格,可能是 B6,标为"Type"。当计算普通年金时输入 0,计算先付年金时输入 1。计算结果与第 9 章的一样。

计算现值:一次性付款和年金

使用电子表格计算现值,除了要使用现值财务函数,计算步骤与计算终值是一样的。电子表格中各项和前面一样,只是终值(在电子表格中的"FV"项)要求输入数值,现值(PV)不输入。例如,如果你想要确定三年后收到的现值为 935 美元(机会成本为 10%),电子表格的设立和"PV"函数的"函数参数"对话框如下:

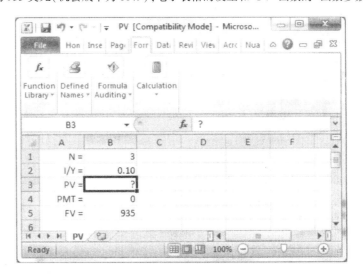

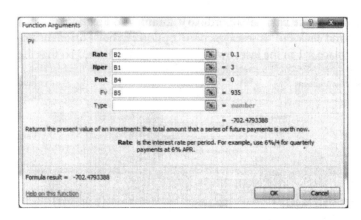

计算结果与第 9 章中的一样,为 702.48 美元。

对于年金现值的计算,只需在电子表格中适当的单元格里输入已知的数值,结果就会出现在单元格 B3 中。例如,假设机会成本为 5%,如果你想计算在未来的三年里每年年末都收到 400 美元的现值,那么你就在 B1 中输入 3,B2 中输入 0.05,B4 中输入 400,B5 中输入 0。计算的结果会显示在 B3 中,为 − 1 089.30 美元,这与第 9 章中的一样。

计算利率:一次性付款和年金

假设你想计算以下投资获得的收益率:如果你购买了一项价值为 78.35 美元的投资,希望在五年后获得 100 美元。使用电子表格解答这个问题,要运用"Rate"函数。电子表格可能设立如下:

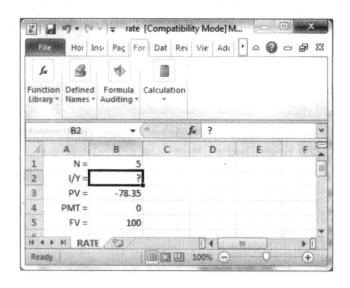

只要输入了正确的单元格位置,"Rate"函数的"函数参数"对话框如下所示:

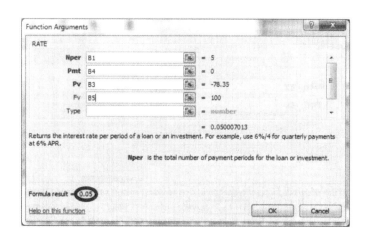

如你所看到的一样,计算结果为 5%(圆圈部分)。当你按下"确定"键时,结果也会显示在单元格 B2 中。你也可以使用同样的函数计算年金的利率。

计算期数:一次性付款和年金

假设你想计算现在投资 68.30 美元,需要几年才能增加到 100 美元(利率为 10%)。使用电子表格解答这个问题,要运用"Nper"函数。电子表格可能设立如下:

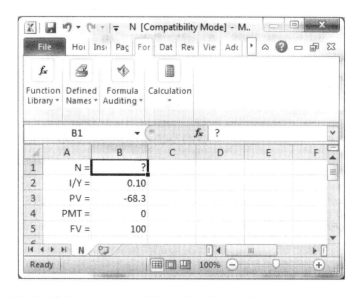

只要输入了正确的单元格位置,"Nper"函数的"函数参数"对话框如下所示:

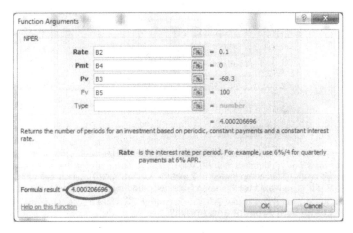

如你所看到的一样,计算结果为 4 年。当你按下"确定"键时,结果也会显示在单元格 B1 中。你也可以使用同样的函数计算年金的期数。

计算现值和终值:不均衡现金流

运用 NPV 函数计算不均衡现金流的现值。不过,你要确保自己清楚该函数实际计算的是什么。在第 13 章中,我们介绍的 NPV 计算的是一系列现金流的现值,它包括在第 0 期的初始成本和期望该投资在投资期产生的未来现金流。然而,电子表格中的 NPV 函数计算的只是未来现金流的现值。因此,当使用电子表格中的 NPV 函数时,当期(第 0 期)的投资不应该包括在内。这里,我们使用 NPV 函数计算一系列不均衡未来现金流的现值。在第 13 章的末尾附录 13B 中,我们给出了如何使用 NPV 函数计算一项资本资产的净现值。

假设你正考虑购买一项投资,该投资承诺在未来三年年末分别向你支付 400 美元、300 美元和 250 美元。如果你的机会成本是 5%,那么你应当为你的投资支付多少现金呢?为了回答这个问题,你需要确定该投资未来产生现金流的现值。

使用电子表格计算不均衡现金流的现值,我们必须使用 NPV 函数。在该情况下,可建立如下所示的电子表格:

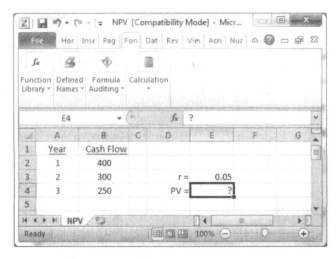

将光标放入如图所示的单元格 E4 中,单击"插入函数"图标,选择"财务"类别中的"NPV"函数,然后会出现如下对话框:

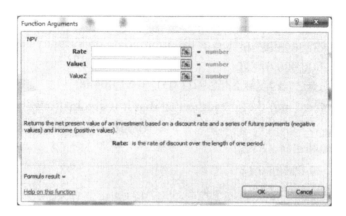

该函数计算的是有关投资的所有未来现金流的现值,包括现金流入和现金流出。在对话框中输入电子表格给出的用来计算现金流现值的数值对应的单元格位置:对话框中的"Value1"指现金流系列,你可以单击"Value1"这一行右边的红色箭头,使用光标选中单元格 B2 到 B4;然后在对话框中"Rate"这一行输入 E3,或者单击"Rate"这一行右边的红色箭头,再将光标放入 E3 中;最后按一下"确定"键。你会看到对话框中显示了所需数值所在的单元格位置,如下所示:

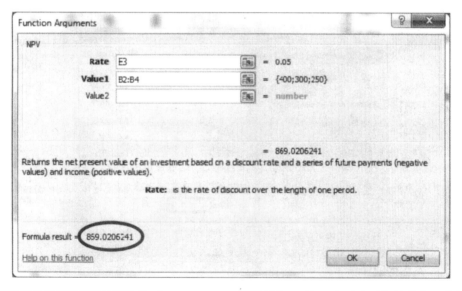

在对话框的底部显示了计算结果,为 869.0206241(圆圈部分)。按一下"确定"键,结果会显示在单元格 E4 中。因此,系列现金流的现值为 869.02 美元,这个结果与第 9 章使用财务计算器计算的结果一样。

如果要计算不均衡系列现金流的终值,首先计算现值,然后将该现值乘以适当的机会成本。对于上述我们给出的例题,终值为:

$$FV = 869.02 \text{ 美元} \times (1.05)^3 = 1\,006.00 \text{ 美元}$$

所以,可以将现值与终值的这种关系输入电子表格中,以便自动计算。

附录 B
章末问题答案

这里给出了每章后面部分计算题的答案。由于四舍五入存在差异,请注意你的答案可能与我们给出的不同。尽管我们也不希望一些问题可能会有不止一个答案,但这要看每题的具体情况。此外,许多计算题都包括一些讨论和数值计算,这些讨论过程在这里就不给出了。

第 2 章

2-1 a. 40 美元

2-2 a. 4 美元

　　 b. 12.50 美元

2-3 a. 7 931 份债券

　　 b. 每年债券成本 = 0 美元

2-4 a. +300 美元

　　 b. −200 美元

　　 c. P_0 = 18 美元, −300 美元;

　　　　P_0 = 13 美元, +200 美元

2-5 b. −1 000 美元

　　 c. +1 000 美元

2-6 b. 发行前:20 000 股

　　 d. EPS_{Meyer} = 2.52 美元; EPS_{Haugen} = 2.50 美元

2-7 c. 选择方案 1,EPS = 0.58 美元;

　　　　选择方案 2,EPS = 0.62 美元

　　 d. 选择方案 2

2-8 a. 35.00 美元

　　 b. 34.18 美元

2-9 b. 522 500 美元

　　 c. 汇率为 0.10 美元/日元时,

　　　　成本 = 550 000 美元;

　　　　汇率为 0.085 美元/日元时,

　　　　成本 = 467 500 美元

第 3 章

3-1 a. 1 050 000 美元

　　 c. −3 450 000 美元

3-2 b. 36 270 000 美元

　　 c. 41 935 484 美元

3-3 589 862 股

3-4 5 000 000 股

3-5 债券数量 = 77 784

　　 收益 = 75 000 480 美元

3-6 a. 600 万股

　　 b. 1.38 亿美元

3-7 a. 425 000 美元

　　 b. 10 210 000 美元

3-8 a. 4 200 000 美元

　　 b. 2 300 000 美元

3-9 a. 35 280 000 美元

　　 b. 10 000 000 股

第 4 章

4-1 a. 7.0%

　　 b. 12.0%

　　 c. 14 300 亿美元

4-2 10 350 亿美元

4-3 a. 22 800 亿美元

　　 c. 12 000 亿美元

d. 1 200 亿美元

4-4　a. − 22 800 亿美元

　　　b. − 10 800 亿美元

4-5　120 亿美元

4-6　5 580 亿美元

4-7　a. 200 亿美元

　　　b. 120 亿美元

4-8　a. 4 510 亿美元

　　　b. 10 510 亿美元

　　　c. 30 亿美元

　　　d. 571 亿美元

4-9　a. 2 250 亿美元

　　　b. 25.0%

　　　c. − 1 500 亿美元

第 5 章

5-1　57.1%

5-2　− 10%

5-3　a. − 2.0%

　　　b. 第二年收益率 = 4.0%

5-4　a. 第二年的 r_1 = 10%

5-5　第二年的 r_{RF1} = 15%；
　　　第二年的通货膨胀率 = 11%

5-6　6.0%

5-7　$Infl_2$ = 3.4%

5-8　DRP = 1.5%

5-9　r_{2016} = 5.4%

5-10　r_{2017} = 2.8%

5-11　第三年的 r_1 = 7.0%

5-12　$r_{第6年}$ = 1.9%

5-13　a. r_1 = 9.2%；r_5 = 7.2%

5-14　a. $Infl_5$ = 4.6%

　　　b. MRP_5 = 0.8%

　　　c. r_5 = 8.4%

　　　d. r_{10} = 8.1%

5-15　a. 0.3%

　　　c. r^* = 1.5%

5-16　a. 11.1%

　　　c. 3.7%

5-18　a. 4.8%

　　　b. 6.8%

　　　c. 五年期债券 = 7.3%

第 6 章

6-1　a. 联邦所得税 = 61 250 美元

　　　b. 应纳税额 = 15 600 美元

　　　c. 应纳税额 = 4 680 美元

6-2　a. 应纳税额 = 107 855 美元；
　　　净利润 = 222 145 美元

　　　b. 平均税率 33.76%

6-3　a. 应纳税额 = 125 美元

　　　b. 应纳税额 = 150 美元

　　　c. 应纳税额 = 1 050 美元

6-4　a. 应纳税额 = 30 美元

　　　b. 应纳税额 = 30 美元

　　　c. 应纳税额 = 70 美元

6-5　退税额 = 90 000 美元

6-6　2012 年应纳税额 = 0 美元；
　　　2014 年年初应纳税额 = 4 500 美元；
　　　2015 年年初应纳税额 = 15 450 美元；
　　　2015 年年末应纳税额 = 0 美元

6-7　a. 2013 年公司制节约额 = 0 美元

　　　b. 2014 年节约额 = 170 美元

　　　c. 2015 年节约额 = − 1 630 美元

6-8　a. 个人应纳税额 = 13 525 美元

　　　b. 平均税率 = 17.16%

　　　c. IBM 的税后收益率 = 8.25%
　　　　　应选择佛罗里达州地方债券

　　　d. 18.18%

6-9　a. 个人应纳税额 = 4 375 美元

6-10　a. 应纳税额 = 9 327.5 美元

　　　b. 应纳税额 = 4 175 美元

第 7 章

7-1　262 500 美元；速动比率 = 1.19

7-2　销售收入 = 2 511 628 美元；DSO = 37 天

7-3　TIE = 3.5

7-4　ROE = 24.5%；ROA = 9.8%

7-5　230 000 美元

7-6　a. 280 万美元

　　　b. 950 000 美元

7-7　− 20 000 美元

7-8　净利润率 = 2%；资产负债率 = 40%

7-9　a. + 5.54%

　　　b.（2）+ 3.21%

7-10 总流入 = 102 美元;现金和有价证券净增加额 = 19 美元

7-11 a. 税后 NOI = 900 000 美元;
CF = 2 400 000 美元
b. CF = 3 000 000 美元

7-12 a. 流动比率 = 3.8 ×;DSO = 41.1 天
固定资产周转率 = 4.0 ×;负债比率 = 48.1%

7-13 a. 流动比率 = 1.98 ×;DSO = 75.2 天
总资产周转率 = 1.7 ×;负债比率 = 61.9%

7-14 A/P = 90 000 美元;存货 = 67 500 美元;固定资产 = 160 500 美元

7-15 b. 净利润率 = 3.4%;总资产周转率 = 1.77;
ROA = 6.0%

7-16 a. 速动比率 = 0.85 ×;DSO = 37.8 天;ROE = 13.1%;负债比率 = 54.8%

第8章

8-1 a. 80 000 美元
b. Q_{OpBE} = 6 000

8-2 Q_{OpBE} = 200

8-3 30 000 美元

8-4 DFL = 1.8 ×

8-5 a. (1) − 75 000 美元
(2) 175 000 美元
b. Q_{OpBE} = 140 000
c. (1) − 8.3;
(2) 15.0;
(3) 5.0

8-6 a. 480 000 美元
b. 18 750 美元

8-7 a. 40 000 美元
b. (0.30 美元)
c. DOL = 3.0 ×;DFL = 1.7 ×

8-8 AFN = 360 美元

8-9 a. 应付票据 = 3 144 万美元
b. 流动比率 = 2.0 ×;ROE = 14.2%
c. (2)流动比率 = 4.25 ×;ROE = 10.84%

8-10 a. 总资产 = 33 534 美元;AFN = 2 218 美元
b. 应付票据 = 4 228 美元;AFN = 70 美元

8-11 a. DOL = 2.5 ×;DFL = 3.0 ×

8-12 a. 第一轮迭代 AFN = 667 美元
b. 应付票据增加 = 51 美元;CS 增加 = 368 美元

8-13 a. (1) − 60 000 美元
b. Q_{OpBE} = 14 000
c. (1) − 1.33

8-14 a. (2) 125 000 美元
b. Q_{OpBE} = 7 000

8-15 a. Feb = 2 000 美元
b. Feb = − 58 000 美元

8-16 a. ΔROA = 21.25%
b. DOL_{New} = 2.85 ×;$Q_{OpBE-New}$ = 4 545
c. ROA = 13.25%
d. DFL = 1.31 ×

8-17 a. Oct = − 22 800 美元

第9章

9-1 561.80 美元

9-2 747.26 美元

9-3 (1) 499.99 美元
(2) 867.13 美元

9-4 利率为7%时,$n \approx 10$ 年

9-5 今天的 1 000 美元更有价值

9-6 14.87%

9-7 a. 6 374.97 美元

9-8 a. 7 012.47 美元

9-9 a. 2457.83 美元
b. 865.90 美元

9-10 a. 2 703.61 美元

9-11 以7%折现时,永续年金现值 = 1 428.57 美元;以14%折现时,永续年金现值 = 714.29 美元

9-12 a. PV_A:973.57 美元

9-13 a. 881.17 美元
b. 895.42 美元
c. 903.06 美元
d. 908.35 美元

9-14 b. 279.20 美元
c. 276.84 美元
d. 275.22 美元

9-15 a. 5 272.32 美元
b. 5 374.07 美元

9-16 a. 2 944.03 美元
b. 2 975.49 美元

9-17 a. 101 616.34 美元
b. 78 729.48 美元和0 美元

9-18 1 205.55 美元

9-19 $n \approx 15$ 年

9-20 5 年；1 885.09 美元

9-21 PVA(DUE) = 4 680 万美元；接受年金

9-22 a. PVA = 5 110 万美元；接受一次性付款

 b. 5.4%

9-23 a. 1 259.71 美元

 c. 1 126.53 美元

 d. 279.56 美元

9-24 b. 221.92 美元

 d. 10.06%

 e. 20.0%

 g. 8.16%

9-25 b. 7%

 c. 9%

 d. 15%

9-26 a. 第一城市银行 = 7%；

   第二城市银行 = 6.66%

9-27 APR = 8.0%；r_{EAR} = 8.24%

9-28 12%

9-29 9%

9-30 7.94%

9-31 a. 7 350 美元

 b. PMT(阿拉斯加南部银行) =

   1 425.46 美元

 c. 3.07%

9-32 984.88 美元

9-33 a. PMT = 6 594.94 美元

 b. 13 189.87 美元

9-34 a. Z = 9%；B = 8%

 b. Z = 558.39 美元；135.98 美元；32.2%；

   B = 548.33 美元；48.33 美元；9.7%

9-35 a. 260.73 美元

 b. 263.34 美元

9-36 r_{SIMPLE} = 15.19%

9-37 a. 26.51 个月

 c. 9.81 个月

9-38 a. 854.74 美元

 c. 14.3 年

9-39 b. 493.19 美元

 d. 信用社贷款：11 127.78 美元

9-40 a. 61 204 美元

 b. 11 020 美元

 c. 6 841 美元

9-41 a. 176 792 美元

 b. 150 259 美元

9-42 1 901 美元

9-43 4 971 美元

第 10 章

10-1 832.23 美元

10-2 841.15 美元

10-3 a. 1 251.22 美元

10-4 a. 813.07 美元

10-5 85 美元

10-6 150 美元

10-7 100 美元

10-8 65 美元

10-9 15.30 美元

10-10 45.95 美元

10-11 23.75 美元

10-12 1.96 美元

10-13 a. 利率为 5% 时，V_L = 1 518.99 美元；

   利率为 7% 时，V_L = 1 273.24 美元；

   利率为 11% 时，V_L = 928.09 美元

10-14 b. 30 美元

10-15 25.03 美元

10-16 P_0 = 19.89 美元

10-17 35.28 美元

10-18 a. 25.23 美元

 c. 第 2 年：股利收益率 = 5.65%；

   资本利得收益率 = 6.35%

10-19 12%

10-20 12%

10-21 7.6%

10-22 8.0%

10-23 a. 829 美元时的 YTM = 15%

10-24 0.5%

20-25 a. 13.3%

 b. 10%

 c. 8%

 d. 5.3%

10-26 IBM 债券 = 9.33%

10-27 10.2%

10-28 总收益率 = 46%

10-29   总收益率 = 15%;资本利得收益率 = 10%

10-30   12%

10-31   总收益率 = 5% = 股利收益率

10-32   a. 7%

       b. 5%

       c. 12%

10-33   a. 10.54%

       c. 资本利得收益率 = 17.2%;

         总收益率 = 26.2%

10-34   资本利得收益率 = -0.7%;

       总收益率 = 7%

10-36   a. 1 250 美元

       b. 833.33 美元

       d. 债券收益率为 8% 时, $V_d = 1\,196.36$ 美元

10-37   a. 1 000 美元

       b. $V_{Microsoft} = 888.42$ 美元

       c. IBM 债券的资本利得收益率 = -6.8%

       d. IBM 债券的当前收益率 = 5.0%

       e. IBM 债券的总收益率 = -1.8%

       g. $V_{IBM} = 965.35$ 美元

10-38   a. (1) 9.50 美元

         (2) 13.33 美元

       b. (1) 不明确

10-39   a. 22.50 美元

       b. 27.79 美元

       d. 42.59 美元

10-40   a. 第 3 年的股利 = 2.66 美元

       b. $P_0 = 39.43$ 美元

       c. 第 1 年:股利收益率 = 5.10%;

         第 5 年:股利收益率 = 7.00%

10-41   a. $P_0 = 54.11$ 美元;资本利得收益率 = 6.45%

第 11 章

11-1   17%

11-2   10%

11-3   2.0

11-4   0.5

11-5   15.5%

11-6   14%

11-7   24%

11-8 $CV_E = 0.667$

11-9 $r_{RF} = 2.5\%$

11-10   17%

11-11   a. $\hat{r}_M = 13.5\%$; $\hat{r}_s = 11.6\%$

       b. $\sigma_M = 3.85\%$; $\sigma_s = 6.22\%$

       c. $CV_M = 0.29$; $CV_s = 0.54$

11-12   19%

11-13   a. $\hat{r}_Y = 14\%$

       b. $\sigma_X = 12.20\%$

11-14   a. $\hat{r}_R = 6\%$

       b. $\hat{r}_R = 9\%$

       c. $\sigma_P = 0.71\%$

       d. $CV_S = 0.71$

11-15 $r_K = 19\%$

11-16 $\beta_{New} = 1.0$

11-17 $\beta_{Stock} = 0.6$

11-18 $\beta_{New} = 1.16$

11-19   a. $\beta_B = 2$

       b. $r_B = 12.5\%$

11-20   a. $r_X = 15.5\%$

       b. (1) $r_X = 16.5\%$

       c. (1) $r_X = 18.1\%$

11-21   4.5%

11-22 $\beta_P = 0.7625$; $r_P = 12.1\%$

11-23   a. $\hat{r}_C = 8\%$

       b. $\sigma_A = 9\%$

       c. $CV_A = 0.50$; $CV_B = 0.97$;

         $CV_C = 0.41$

11-24   a. 50 万美元

       c. (2) 15%

11-25   a. 13.5%

       b. 1.8

       c. $r_F = 8\% + 5.5\%\beta_F$

       d. 17.9%

11-26   a. $\bar{r}_B = 18.9\%$

       b. $S_A = 19\%$

11-27   a. $\bar{r}_A = 11.3\%$

       c. $S_A = 20.8\%$

       d. $CV_A = 1.84$

第 12 章

12-1   6.12%

12-2   7.92%

12-3　7.64%

12-4　11.94%

12-5　12.37%

12-6　13.0%

12-7　$r_e = 14.0\%$

12-8　a. $F = 10\%$

　　　b. $r_e = 15.8\%$

12-9　a. 13.6%

　　　b. 14.2%

12-10　7.2%

12-11　$r_e = 16.5\%$

12-12　80 000 美元

12-13　$BP_{RE} = 500\,000$ 美元；

　　　　$BP_{7.8\%债务} = 1\,500\,000$ 美元

12-14　9.8%

12-15　WACC = 15%；选择项目 E 和 F

12-16　7.0%

12-17　WACC = 12.72%

12-18　1 000 万美元

12-19　42 000 美元

12-20　62 000 美元

12-21　a. 14.40%

　　　　b. $WACC_2 = 10.62\%$

12-22　a. 16.3%

　　　　b. 15.4%

　　　　c. 16%

12-23　a. 8%

　　　　b. 2.81 美元

　　　　c. 15.8%

12-24　a. 1 800 万美元

　　　　b. BP = 4 0000 万美元

　　　　c. $BP_1 = 2\,180$ 万美元；
　　　　　 $BP_2 = 4\,360$ 万美元

12-25　a. $g = 3\%$

　　　　b. EPS = 5.562 美元

12-26　a. 35 000 000 美元

　　　　c. $r_s = 12\%$；$r_e = 12.4\%$

　　　　d. 27 000 000 美元

　　　　e. $WACC_1 = 9\%$；$WACC_2 = 9.2\%$

12-27　a. $r_{dT} = 5.4\%$；$r_s = 115.1\%$；

　　　　b. WACC = 11.22%

　　　　d. WACC = 11.70%

12-28　a. $BP_{RE} = 40\,000$ 美元；

　　　　　 $BP_{12\%债务} = 20\,000$ 美元

　　　　b. $r_s = 15.54\%$；$r_{e;\ F=20\%} = 17.18\%$；

　　　　　 $r_{ps;\ F=10\%} = 12.22\%$

　　　　c. $WACC_1 = 12.86\%$；

　　　　　 $WACC_3 = 13.90\%$；

　　　　　 $WACC_5 = 14.54\%$

　　　　d. 16%

12-29　a. 三个断点；$BP_{D1} = 1\,111\,111$ 美元；

　　　　　 $BP_{RE} = 1\,818\,182$ 美元；

　　　　　 $BP_{D2} = 2\,000\,000$ 美元

　　　　b. $WACC_1 = 10.96\%$；

　　　　　 $WACC_2 = 11.50\%$；

　　　　　 $WACC_3 = 12.14\%$；

　　　　　 $WACC_4 = 12.68\%$

　　　　c. $r_1 = 16\%$；$r_3 = 14\%$

第 13 章

13-1　a. 390 000 美元

　　　b. 11 000 美元

13-2　NPV = 15 301 美元

13-3　NPV = 22 329 美元

13-4　NPV = −2 894.79 美元

13-5　20%

13-6　NPV = −10 075.29 美元

13-7　−361.65 美元

13-8　$IRR_G = 14.04\%$；$IRR_P = 13.98\%$；$IRR_V = 13.75\%$

13-9　13.7%

13-10　DBP = 3.39 年

13-11　MIRR = 10.6%

13-12　$IRR_G = 15.96\%$；$MIRR_G = 15.25\%$；$IRR_J = 16.04\%$；$MIRR_J = 16.04\%$；$IRR_K = 15.53\%$；$MIRR_K = 15.10\%$

13-13　a. $NPV_P = 448.86$ 美元；
　　　　　 $NPV_Q = 607.20$ 美元；
　　　　　 $IRR_P = 15.24\%$；
　　　　　 $IRR_Q = 14.67\%$；
　　　　　 $DBP_P = 4.81$ 年；
　　　　　 $DBP_Q = 4.89$ 年

13-14　$NPV_C = 1\,256$ 美元；$IRR_C = 17.3\%$；
　　　　 $NPV_R = 1\,459$ 美元

13-15 $IRR_Q = 15.6\%$

13-16 $NPV_Y = 886$ 美元;接受项目

13-17   b. $NPV = 7\,486.86$ 美元

d. $DBP = 6.51$ 年

13-18   a. 10.6%

b. $NPV = 1\,100$ 美元;接受该项目

13-19   a. 15%;

b. 1.48;15.4%;17%

13-20   接受 A 和 B

13-21   接受 QUE 和 DOG

13-22 $NPV_P = 409$ 美元;$IRR_P = 15\%$;

$MIRR_P = 14.5\%$;$NPV_T = 3\,318$ 美元;$IRR_T = 20\%$;$DPB_T = 4.15$ 年

13-23 $NPV_E = 3\,861$ 美元;$IRR_E = 18\%$; $NPV_G = 3\,057$ 美元;$IRR_G = 18\%$;

选择电力动力叉车

13-24   a. (178 000 美元)

b. 52 440 美元;60 600 美元;

40 200 美元

c. 48 760 美元

d. $NPV = -19\,549$ 美元

13-25   a. (126 000 美元)

b. 42 560 美元;47 477 美元;

35 186 美元

c. 51 268 美元

d. $NPV = 11\,385$ 美元

13-26 $NPV = 1\,335$ 美元

13-27   a. (52 000 美元)

b. 18 560 美元;22 400 美元;

12 800 美元;10 240 美元

c. 1 500 美元

d. $NPV = 1\,021$ 美元

13-28   a. (776 000 美元)

c. 199 000 美元;255 400 美元;

194 300 美元;161 400 美元;

156 700 美元

d. 115 200 美元

e. $NPV = 436.77$ 美元;$IRR = 12.02\%$

13-29   a. 11%

13-30 $NPV_{5年} = 4\,422$ 美元;

$NPV_{4年} = -4\,161$ 美元;

$NPV_{8年} = 26\,658$ 美元

13-31   b. $IRR_A = 17.8\%$;$IRR_B = 24.0\%$

13-32   a. $NPV_X = 966.02$ 美元;

$NPV_Y = 630.72$ 美元

$IRR_X = 18\%$;$MIRR_Y = 13.73\%$;

13-33   a. $IRR_A = 20\%$;$IRR_B = 16.7\%$;

交叉利率 $\approx 16\%$

13-34   a. $NPV_A = 14\,486\,808$ 美元;

$NPV_B = 11\,156\,893$ 美元;

$IRR_A = 15.03\%$;$IRR_B = 22.26\%$;

$MIRR_B = 13.68\%$

13A-1 $PV = 1\,273\,389$ 美元

第 14 章

14-1   a. $ROE_{LL} = 14.6\%$;$ROE_{HL} = 16.8\%$

b. $ROE_{LL} = 16.5\%$

14-2   支付率 $= 40\%$

14-3   720 000 美元

14-4   20 000 000 美元

14-5   b. 0.10 美元

14-6 $D_0 = 3.44$ 美元

14-7   3 250 000 美元

14-8   支付率 $= 52\%$

14-9   支付率 $= 31.39\%$

14-10   没有杠杆情况:$ROE = 10.5\%$,$\sigma = 5.4\%$,$CV = 0.51$;60% 的杠杆:$ROE = 13.7\%$,$\sigma = 13.5\%$,$CV = 0.99$

14-11   a. 5.10 美元

14-12   a. $EPS_{Old} = 2.04$ 美元;新:$EPS_D = 4.74$ 美元;

$EPS_S = 3.27$ 美元

b. 33 975 单位

c. $Q_{New,Debt} = 27\,225$ 单位

14-13   使用负债:$E(EPS) = 5.78$ 美元,

$\sigma_{EPS} = 1.05$ 美元,$E(TIE) = 3.49 \times$;

使用股票:$E(EPS) = 5.51$ 美元,

$\sigma_{EPS} = 0.85$ 美元,$E(TIE) = 6.00 \times$

14-14   a. (1) 3 960 000 美元

(2) 4 800 000 美元

(3) 9 360 000 美元

(4) 固定股利 $= 3\,960\,000$ 美元;

额外股利 $= 5\,400\,000$ 美元

c. 15%

14-15 a. 支付率 $=63.16\%$;

   $BP_{w/dividend}=955$ 万美元;

   $WACC_1=10.67\%$; $WACC_2=10.96$

  b. 1 500 万美元

第 15 章

15-1 a. $11.25\times$

  b. 32 天

15-2 a. 45.0 天

  b. 384 000 000 美元

15-3 a. $30.0\times$

  b. 12 天

15-4 a. 30 天

  b. 5 760 000 美元

15-5 a. $14.0\times$

  b. 25.7 天

15-6 a. 18 天

  b. 32 000 000 美元

15-7 a. 净浮游量 $=30\,000$ 美元

  b. 16 000 美元

15-8 $DSO_{Existing}=54$ 天;

  $DSO_{Proposal}=75$ 天

15-9 b. $APR=14.69\%$; $r_{EAR}=15.66\%$

  d. $APR=20.99\%$; $r_{EAR}=23.10\%$

15-10 a. 44.54%

15-11 $N/P=13.64\%$

15-12 a. 11.73%

  b. 12.09%

15-13 a. 72 天

  b. 396 000 美元

  d. 降到 57

15-14 a. $DSO=28$ 天

  b. 70 000 美元

15-15 $NPV_{Existing}=2\,349$ 美元;

  $NPV_{Proposal}=2\,089$ 美元

15-16 a. $EOQ=3\,873$

  c. 5 073 袋

  d. 3 137 袋

  e. 平均 6 天

15-17 a. 1 600 000 美元

  c. 银行 $=1\,200\,000$ 美元;

   账簿 $=-5\,200\,000$ 美元

15-18 a. 51 天

b. 周转率 $=2.33\times$; $ROA=11.67\%$

  c. $CCC=42$ 天;周转率 $=2.46$;

   $ROA=12.3\%$

15-19 b. 420 000 美元

  c. 35 000 美元

15-20 $NPV_{Existing}=1\,141$ 美元;

  $NPV_{Proposal}=1\,196$ 美元

15-21 a. $DSO_{Old}=27$ 天; $DSO_{New}=22.5$ 天

  b. $Disc_{Old}=15\,680$ 美元;

   $Disc_{New}=38\,220$ 美元

  c. $BD_{Old}=40\,000$ 美元;

   $BD_{New}=52\,000$ 美元

  d. $NPV_{Old}=1\,197$ 美元;

   $NPV_{New}=1\,514$ 美元

15-22 $EOQ=1\,000$

15-23 a. $EOQ=5\,200$

  b. 65

  c. 平均 5.5 天

  d. $TIC_{Q=6\,000}=6\,304$ 美元

15-24 a.（1）112 天

   （2）81 天

  d.（1）142 天

   （2）115 天

15-25 a. 32 天

  b. 288 000 美元

  c. 45 000 美元

15-26 a. 12%

  b. 11.25%

  c. 11.48%

15-27 b. 12.01%

  d. 10.57%

15-28 a. 方案 3 的 $r_{ERP}=9.56\%$

  b. 方案 2 $=470\,588$ 美元

第 16 章

16-1 b. $-2\,000$ 美元

16-2 300 股;在 24 美元时追加保证金

16-3 a. 3 500 美元

  b. 2.31 美元

  d. -34.6%

16-4 a. 14.0%

16-5 a. 对 Randicorp 的投资为 20 000 美元

  b. 10.675%

c. 9.74%

16-6　a. 2 760 美元

　　　b. 46%

　　　c. 资本利得收益率为 40%；股利收益率为 6%

16-7　a. 375 美元

　　　b. 15%

　　　d. 15%

16-8　a. $r_A = 3.8\%$

　　　b. $r_G = 0.5\%$

　　　c. $FV_{2010} = 2\,054.18$ 美元

16-9　a. $r_{p,2009} = 15.0\%$；

　　　　$r_{S\&P,2009} = 23.84\%$

　　　b. $\bar{r}_{A,P} = 18.00\%$；

　　　　$\bar{r}_{A,S\&P} = 3.01\%$

　　　c. $\bar{r}_{G,P} = 17.41\%$；

　　　　$\bar{r}_{G,S\&P} = 0.16\%$

16-10　a. −1 500 美元

　　　 b. +1 000 美元

16-11　a. 29.28%

　　　 b. 43.94%

16-12　a. 22.7%

　　　 b. 12 000 美元

　　　 c. 29.1%

　　　 d. −13.6%

16-13　a. 9 616.00 美元

　　　 b. 60.1%

　　　 c. 17%

16-14　a. −41.0%

　　　 b. −27.9%

　　　 c. 140.9%

d. 201.5%

16-15　a. $r_{W,2} = 1.57\%$

　　　 b. $r_{V,1} = 7.67\%$

第 17 章

17-1　$P_1 = 20.80$ 美元

17-2　21 美元

17-3　a. $P_0 = 35.42$ 美元

　　　b. $P_0 = 54.09$ 美元

17-4　EVA = 0 美元

17-5　a. $EPS_0 = 4.08$ 美元

　　　b. $P_0 = 122.40$ 美元

　　　c. $r = 0\%$

17-6　a. EBIT = 140 000 美元

　　　b. EVA = −5 000 美元

17-7　a.（2）$P_0 = 26.25$ 美元

17-8　b. 46.42 美元

17-10　a. 3.76 美元

　　　 c. 股利收益率 = 3.05%

　　　 d. $P/E = 14$ 时，$P_0 = 52.64$ 美元

17-11　a. $WACC_A = 12.48\%$；

　　　　 $WACC_B = 14.90\%$；

　　　　 $WACC_C = 17.30\%$

　　　 b. $EVA_A = 3\,770$ 美元；

　　　　 $EVA_B = 1\,350$ 美元；

　　　　 $EVA_C = -1\,050$ 美元

　　　 d. $P_B = 22.32$ 美元

17-12　a. 3 500 000 美元

　　　 c. EVA = 1 140 000 美元

17-13　a. $D_0 = 0.72$ 美元；$\hat{D}_1 = 0.90$ 美元

　　　 b. $P_0 = -18$ 美元，这没有意义

附录 C
部分公式

第 2 章

$$转换价格 = \frac{面值}{转换率}$$

第 3 章

$$发行收益 = 发行时市价 \times (1 - 发行成本百分比)$$
$$投资银行收益 = 发行成本 - 费用$$

第 4 章

$$货币供应的最大变化 = \frac{超额准备金}{准备金要求}$$

第 5 章

$$总货币收益 = 货币收益 + 资本利得$$

$$收益率(用百分比表示的收益) = \frac{总货币收益}{初始值} = \frac{货币收益 + 资本利得}{初始值}$$

$$= \frac{货币收益 + (期末值 - 初始值)}{初始值}$$

$$收益率 = r = 无风险利率 + 风险溢价$$

$$收益率 = r = r_{RF} + RP = r_{RF} + [DRP + LP + MRP]$$

$$= [r^* + IP] + [DRP + LP + MRP]$$

$$r_{Treasury} = r_{RF} + MRP = [r^* + IP] + MRP$$

$$2\text{ 年期债券的收益率} = \frac{(第 1 年的利率) + (第 2 年的利率)}{2} = \frac{\hat{R}_1 + \hat{R}_2}{2}$$

第 6 章

$$应纳税投资的等价税前收益率 = \frac{免税项目收益率}{1 - 边际税率}$$

$$免税投资的收益率 = 应税投资的税后收益率 = 应税收入的税前收益率 \times (1 - 边际税率)$$

$$平均税率 = \frac{应缴税额}{应税收入}$$

第 7 章

$$普通股账面价值 = 总发行股数 \times 每股面值$$

$$净现金流 = 净利润 + 折旧与摊销额$$

$$净营运资本 = NWC = 流动资产 - 流动负债$$

$$净营运流动资金 = NOWC = 经营所需的流动资产 - 不负担利息的流动负债$$

$$经营现金流 = [NOI \times (1 - 税率)] + 折旧摊销费用 = 税后净营业利润 + 折旧摊销费用$$

$$自由现金流(FCF) = 经营现金流 - 投资 = 经营现金流 - (\Delta 固定资产 + \Delta NOWC)$$

$$经济附加值(EVA) = NOI \times (1 - 税率) - (投资资本 \times 税后资本成本率)$$

$$流动比率 = \frac{流动资产}{流动负债}$$

$$速动(酸性测试)比率 = \frac{流动资产 - 存货}{流动负债}$$

$$存货周转率 = \frac{销售成本}{存货} = \frac{可变经营成本}{存货}$$

$$销售流通天数(DSO) = \frac{应收账款}{平均日销售额} = \frac{应收账款}{\frac{年销售额}{360}}$$

$$固定资产周转率 = \frac{销售额}{固定资产净值}$$

$$总资产周转率 = \frac{销售额}{总资产}$$

$$负债率(资产债务比率) = \frac{总负债}{总资产}$$

$$D/E = \frac{D/A}{1 - D/A}, 而 D/A = \frac{D/E}{1 - D/E}$$

$$利息保障倍数(TIE) = \frac{息税前利润}{利息费用}$$

$$固定费用偿付比率 = \frac{EBIT + 租赁费用}{利息费用 + 租赁费用 + \frac{沉没资金支付}{(1 - 税率)}}$$

$$销售净利润率 = \frac{净利润}{销售收入}$$

$$总资产收益率(ROA) = \frac{净利润}{总资产}$$

$$普通股收益率(ROE) = \frac{净利润}{普通股权益}$$

$$每股收益(EPS) = \frac{净利润}{流通股股数}$$

$$价格 / 收益(P/E) 比率 = \frac{每股市价}{每股收益}$$

$$每股账面价值 = \frac{普通股权益}{流通股股数}$$

$$市值 / 账面价值(M/B) 比率 = \frac{每股市值}{每股账面价值}$$

$$ROA = 销售净利率 \times 总资产周转率 = \frac{净利润}{销售额} \times \frac{销售额}{总资产}$$

$$ROE = ROA \times 股权乘数 = \frac{净利润}{总资产} \times \frac{总资产}{普通股权益}$$

$$ROE = (销售利润率 \times 总资产周转率) \times 股权乘数 = \left(\frac{净利润}{销售额} \times \frac{销售额}{总资产} \right) \times \frac{总资产}{普通股权益}$$

第 8 章

$$满负荷运转销售收入 = \frac{销售水平}{该销售水平下的生产能力使用率}$$

$$总营业成本 = 总固定营业成本 + 总可变营业成本$$

$$TOC = F + VC = F + (V \times Q)$$

$$Q_{OpBE} = \frac{F}{边际贡献} = \frac{F}{P - V} \quad S_{OpBE} = \frac{F}{边际利润} = \frac{F}{1 - (V/P)}$$

$$DOL = \frac{毛利润}{NOI} = \frac{(Q \times P) - (Q \times V)}{(Q \times P) - (Q \times V) - F} = \frac{S - VC}{S - VC - F}$$

$$DFL = \frac{EBIT}{EBIT - \left[I - \dfrac{D_{ps}}{1 - T} \right]} \quad DFL = \frac{EBIT}{EBIT - I}(当公司没有优先股时)$$

$$DTL = DOL \times DFL$$
$$= \frac{毛利润}{EBIT} \times \frac{EBIT}{EBIT - I}$$
$$= \frac{毛利润}{EBIT - I} = \frac{S - VC}{EBIT - I} = \frac{Q(P - V)}{[Q(P - V) - F] - I}$$

$$优先股 = 0$$

第 9 章

$$FV_n = PV(1 + r)^n$$

$$FVA_n = = PMT \sum_{t=0}^{n-1} (1 + r)^t = PMT \left[\frac{(1 + r)^n - 1}{r} \right]$$

$$FVA(DUE)_n = PMT \sum_{t=1}^{n} (1 + r)^t = PMT \left\{ \left[\frac{(1 + r)^n - 1}{r} \right] \times (1 + r) \right\}$$

$$FVCF_n = CF_1(1 + r)^{n-1} + CF_2(1 + r)^{n-2} + \cdots + CF_n(1 + r)^0 = \sum_{t=0}^{n-1} CF_t(1 + r)^t$$

$$PV = \frac{FV_n}{(1 + r)^n} = FV_n \left[\frac{1}{(1 + r)^n} \right]$$

$$PVA_n = PMT\left[\sum_{t=1}^{n}\frac{1}{(1+r)^t}\right] = PMT\left[\frac{1-\dfrac{1}{(1+r)^n}}{r}\right]$$

$$PVA(DUE)_n = PMT\sum_{t=0}^{n-1}\frac{1}{(1+r)^t} = PMT\left\{\left[\frac{1-\dfrac{1}{(1+r)^n}}{r}\right]\times(1+r)\right\}$$

$$PVP = PMT\left[\frac{1}{r}\right] = \frac{PMT}{r}$$

$$PVCF_n = CF_1\left[\frac{1}{(1+r)^1}\right] + CF_2\left[\frac{1}{(1+r)^2}\right] + \cdots + CF_n\left[\frac{1}{(1+r)^n}\right] = \sum_{t=1}^{n}CF_t\left[\frac{1}{(1+r)^t}\right]$$

$$期间利率 = r_{PER} = \frac{给定的年利率}{每年利息支付次数} = \frac{r_{SIMPLE}}{m}$$

$$利息支付期数 = n_{PER} = 年数\times每年支付利息次数 = n_{YPS}\times m$$

$$有效年利率(EAR) = r_{EAR} = \left(1+\frac{r_{SIMPLE}}{m}\right)^m - 1.0 = (1+r_{PER})^m - 1.0$$

$$APR = r_{PER}\times n_{PER}$$

第 10 章

$$资产价值 = V = \frac{\widehat{CF_1}}{(1+r)^1} + \frac{\widehat{CF_2}}{(1+r)^2} + \cdots + \frac{\widehat{CF_{n-1}}}{(1+r)^{n-1}} + \frac{\widehat{CF_n}}{(1+r)^n}$$

$$债券价值 = V_d = \left[\frac{INT}{(1+r_d)^1} + \frac{INT}{(1+r_d)^2} + \cdots + \frac{INT}{(1+r_d)^N}\right] + \frac{M}{(1+r_d)^N}$$

$$= INT\left[\frac{1-\dfrac{1}{(1+r_d)^N}}{r_d}\right] + M\left[\frac{1}{(1+r_d)^N}\right]$$

$$V_d = \frac{INT}{2}\left[\frac{1-\dfrac{1}{\left(1+\dfrac{r_d}{2}\right)^{2\times N}}}{\left(\dfrac{r_d}{2}\right)}\right] + \frac{M}{\left(1+\dfrac{r_d}{2}\right)^{2\times N}};如果利息每半年支付$$

$$V_d = \frac{INT}{(1+r_d)^1} + \cdots + \frac{INT+M}{(1+r_d)^N} = \frac{INT}{(1+YTM)^1} + \frac{INT}{(1+YTM)^2} + \cdots + \frac{INT+M}{(1+YTM)^N}$$

$$近似到期收益率 = \frac{年利率+累积资本收益}{债券期限内平均价值} = \frac{INT+\left(\dfrac{M-V_d}{N}\right)}{\dfrac{2V_d+M}{3}}$$

$$V_d = \frac{INT}{(1+r_d)^1} + \cdots + \frac{INT+赎回价格}{(1+r_d)^{N_c}}$$

$$= \frac{INT}{(1+YTC)^1} + \frac{INT}{(1+YTC)^2} + \cdots + \frac{INT+赎回价格}{(1+YTC)^{N_c}}$$

$$债券收益 = 当前收益 + 资本利得收益 = \frac{INT}{V_{d,Begin}} + \frac{V_{d,End}-V_{d,Begin}}{V_{d,Begin}}$$

$$\hat{r}_s = \frac{\hat{D}_1}{P_0} + \frac{\hat{P}_1-P_0}{P_0} = 期望股利收益率 + 期望增长率(资本利得收益率)$$

$$股票价值 = V_s = \hat{P}_0 = \frac{\hat{D}_1}{(1+r_s)^1} + \frac{\hat{D}_2}{(1+r_s)^2} + \cdots + \frac{\hat{D}_{\infty-1}}{(1+r_s)^{\infty-1}} + \frac{\hat{D}_\infty}{(1+r_s)^\infty}$$

$$\hat{P}_0 = \frac{D}{(1+r_s)^1} + \frac{D}{(1+r_s)^2} + \cdots + \frac{D}{(1+r_s)^{\infty-1}} + \frac{D}{(1+r_s)^\infty} = \frac{D}{r_s} = 零增长股票价值$$

$$\hat{r}_s = \frac{D}{P_0}; 零增长股票$$

$$\hat{P}_0 = \frac{D_0(1+g)^1}{(1+r_s)^1} + \frac{D_0(1+g)^2}{(1+r_s)^2} + \cdots + \frac{D_0(1+g)^\infty}{(1+r_s)^\infty}$$

$$= \frac{D_0(1+g)}{r_s-g} = \frac{\hat{D}_1}{r_s-g} = 固定增长股票价值$$

$$\hat{r}_s = \frac{\hat{D}_1}{P_0} + g; 期望收益率 = 期望股利收益率 + 期望增长率(资本利得收益率)$$

$$\hat{P}_0 = \frac{D_0(1+g_1)^1}{(1+r_s)^1} + \frac{D_0(1+g_2)^2}{(1+r_s)^2} + \cdots + \frac{D_0(1+g_N)^N + \hat{P}_N}{(1+r_s)^N}$$

$$= 非固定增长股票价值; 这里 \hat{P}_N = \frac{\hat{D}_N(1+g_{norm})}{r_s-g_{norm}}$$

第 11 章

$$预期收益率 = \hat{r} = Pr_1 r_1 + Pr_2 r_2 + \cdots + Pr_n r_n = \sum_{i=1}^{n} Pr_i r_i$$

$$方差 = \sigma^2 = (r_1-\hat{r})^2 Pr_1 + (r_2-\hat{r})^2 Pr_2 + \cdots + (r_n-\hat{r})^2 Pr_n = \sum_{i=1}^{n} (r_i-\hat{r})^2 Pr_i$$

$$标准差 = \sigma = \sqrt{(r_1-\hat{r})^2 Pr_1 + (r_2-\hat{r})^2 Pr_2 + \cdots + (r_n-\hat{r})^2 Pr_n}$$

$$= \sqrt{\sum_{i=1}^{n} (r_i-\hat{r})^2 Pr_i}$$

$$估计\ \sigma = s = \sqrt{\frac{\sum_{t=1}^{n} (\ddot{r}_t-\bar{r})^2}{n-1}}$$

$$\bar{r} = \frac{\ddot{r}_1 + \ddot{r}_2 + \cdots + \ddot{r}_n}{n} = \frac{\sum_{t=1}^{n} \ddot{r}_t}{n}$$

$$变异系数 = CV = \frac{风险}{收益} = \frac{\sigma}{\hat{r}}$$

$$证券组合的收益 = \hat{r}_P = w_1\hat{r}_1 + w_2\hat{r}_2 + \cdots + w_N\hat{r}_N = \sum_{j=1}^{N} w_j\hat{r}_j$$

$$证券组合的贝塔系数 = \beta_P = W_1\beta_1 + W_2\beta_2 + \cdots + W_N\beta_N = \sum_{j=1}^{N} w_j\beta_j$$

$$股票\ j\ 的风险溢价 = RP_M \times \beta_j$$

$$必要报酬率 = 无风险收益 + 风险溢价 = r_{RF} + RP_j = r_{RF} + (RP_M)\beta_j = r_{RF} + (r_M - r_{RF})\beta_j$$

$$价值 = \frac{\widehat{CF_2}}{(1+r)^1} + \frac{\widehat{CF_2}}{(1+r)^2} + \cdots + \frac{\widehat{CF_n}}{(1+r)^n} = \sum_{t=1}^{n} \frac{\widehat{CF_t}}{(1+r)^t}$$

第 12 章

$$税后债务资本成本 = r_{dT} = 债券的必要报酬率 - 税收节约额 = r_d - r_d \times T = r_d(1 - T)$$

$$债券价值 = V_d = \frac{INT}{(1 + r_d)^1} + \frac{INT}{(1 + r_d)^2} + \cdots + \frac{INT + M}{(1 + r_d)^N}$$

$$优先股资本成本 = r_{ps} = \frac{D_{PS}}{NP_0} = \frac{D_{PS}}{P_0 - 发行成本} = \frac{D_{PS}}{P_0(1 - F)}$$

$$必要报酬率 = 期望收益率$$

$$r_s = \hat{r}_s$$

$$r_{RF} + RP_s = \frac{\hat{D}_1}{P_0} + g$$

$$r_s = r_{RF} + RP_S = r_{RF} + (r_M - r_{RF})\beta_s$$

$$P_0 = \frac{\hat{D}_1}{(1 + r_s)^1} + \frac{\hat{D}_2}{(1 + r_s)^2} + \frac{\hat{D}_3}{(1 + r_s)^3} + \cdots + \frac{\hat{D}_\infty}{(1 + r_s)^\infty}$$

$$= \frac{D_0(1 + g)}{r_s - g} = \frac{\hat{D}_1}{r_s - g} ; 持续增长股票$$

$$\hat{r}_s = \frac{\hat{D}_1}{P_0} + g = r_s$$

$$\hat{r}_s = 债券收益率 + 风险溢价 = r_d + 风险溢价$$

$$\hat{r}_e = \frac{\hat{D}_1}{NP_0} + g = \frac{\hat{D}_1}{P_0(1 - F)} + g$$

$$WACC = (债务比例 \times 税后债务资本成本) + (优先股比例 \times 优先股资本成本)$$
$$+ (普通股权益比例 \times 普通股资本成本)$$
$$= (w_d \times r_{dT}) + (w_{ps} \times r_{ps}) + (w_s \times r_s 或 r_e)$$

$$断点 = \frac{某种资本要素在较低资本成本下的最大融资额}{这种资本在资本结构中的比例}$$

第 13 章

$$第 t 年增量营运现金流量(CCF_t) = \Delta 现金收入_t - \Delta 付现成本_t - \Delta 支付的税金_t$$
$$= \Delta NOI_t \times (1 - T) + \Delta Depr_t$$
$$= (\Delta S_t - \Delta OC_t - \Delta Depr_t) \times (1 - T) + \Delta Depr_t$$
$$= (\Delta S_t - \Delta OC_t) \times (1 - T) + T\Delta Depr_t$$

$$NPV = \widehat{CF}_0 + \frac{\widehat{CF}_1}{(1 + r)^1} + \frac{\widehat{CF}_2}{(1 + r)^2} + \cdots + \frac{\widehat{CF}_n}{(1 + r)^n}$$

$$NPV = \widehat{CF}_0 + \frac{\widehat{CF}_1}{(1 + IRR)^1} + \frac{\widehat{CF}_2}{(1 + IRR)^2} + \cdots + \frac{\widehat{CF}_n}{(1 + IRR)^n} = 0$$

$$或 \widehat{CF}_0 = \frac{\widehat{CF}_1}{(1 + IRR)^1} + \frac{\widehat{CF}_2}{(1 + IRR)^2} + \cdots + \frac{\widehat{CF}_n}{(1 + IRR)^n}$$

$$投资回收期 = 投资成本足额回收前的年数 + \frac{足额收回年年初尚未收回额}{足额收回年的现金净流入量}$$

$$现金流出量的现值 = \frac{现金流入量的终值}{(1 + MIRR)^n} = \frac{TV}{(1 + MIRR)^n}$$

$$\sum_{t=0}^{n} \frac{COF_t}{(1+r)^t} = \frac{\sum_{t=0}^{n} CIF_t (1+r)^{n-t}}{(1 + MIRR)^n}$$

$$E(NPV) = \sum_{t=1}^{n} Pr_i NPV$$

$$\sigma = \sqrt{\sum_{i=1}^{n} Pr_i \left[NPV_i - E(NPV) \right]^2}$$

$$r_{项目} = r_{RF} + (r_M - r_{RF})\beta_{项目}$$

第 14 章

$$EPS = \frac{(S - F - VC - I)(1 - T)}{流通在外股数} = \frac{(EBIT - I)(1 - T)}{流通在外股数}$$

$$TIE = \frac{EBIT}{I}$$

$$从留存收益中转出的数额 = 流通在外股数 \times 股票股利百分比 \times 股票市场价格$$

第 15 章

$$账户余额 = 日常活动量 \times 账户平均寿命$$

$$存货周转期 = \frac{存货}{每天销售成本} = \frac{存货}{\frac{每年销售成本}{360 \text{ 天}}}$$

$$应收账款回收期(DSO) = \frac{应收账款}{日均赊销额} = \frac{应收账款}{\frac{年赊销额}{360}}$$

$$应付账款递延期(DPO) = \frac{应付账款}{日均赊购额} = \frac{应付账款}{\frac{销售成本}{360}}$$

$$现金周转期 = \left[存货周转期 + 应收账款回收期 \right] - 应付账款递延期$$

$$每期成本百分比 = r_{PER} = \frac{货款成本}{可用资金}$$

$$r_{EAR} = (1 + r_{PER})^m - 1.0$$

$$APR = r_{PER} \times m = r_{SIMPLE}$$

$$总存货成本(TIC) = 总维持成本 + 总订购成本$$
$$= 每单位维持成本 \times 平均单位库存 + 每次订单的成本 \times 订单次数$$
$$= (C \times PP) \times \left(\frac{Q}{2}\right) + O \times \left(\frac{T}{Q}\right)$$

$$经济订购量 = EOQ = \sqrt{\frac{2 \times O \times T}{C \times PP}}$$

第 16 章

$$投资的现金收益 = 现金收入 + 资本利得$$
$$= 现金收入 + (期末价值 - 期初价值)$$
$$= INC + (P_1 - P_0)$$

$$收益率(\%) = \ddot{r} = 总收益 / 期初价值$$
$$= (总收入 + 资本利得) / 期末价值$$
$$= [INC + (P_1 - P_0)] / P_0 = 持有期收益率(HPR)$$

$$年收益率 = \{[INC + (P_1 - P_0)] / P_0\} \times (360/T)$$

$$简单算术平均收益 = \bar{r}_A = (\ddot{r}_1 + \ddot{r}_2 + \cdots + \ddot{r}_n) / n$$

$$几何平均收益 = \bar{r}_G = [(1 + \ddot{r}_1) \times (1 + \ddot{r}_2) \times \cdots \times (1 + \ddot{r}_n)]^{1/n} - 1.0$$

$$\ddot{r}_p = (证券 1 的价值 / 投资组合的总价值)\ddot{r}_1 + (证券 2 的价值 / 投资组合的总价值)\ddot{r}_2$$

$$+ \cdots + (证券 n 的价值 / 投资组合的价值)\ddot{r}_n$$

$$= w_1 \ddot{r}_1 + w_2 \ddot{r}_2 + \cdots w_n \ddot{r}_n$$

$$价格加权指数 = I_{w,t} = \sum_{j=1}^{n} P_j, t/n$$

$$价值加权指数 = I_{v,t} = [\sum_{j=1}^{n} (P_{j,t} \times 股票数)]/n$$

$$实际保证金 = 投资者的权益百分比 = 投资者的权益 / 投资的市场价值$$
$$= (股数 \times 每股价格 - 借款总数)/(股数 \times 每股价格)$$

$$追加保证金的价格(每股) = 借款总数 / [股数 \times (1 - 维持保证金)]$$

第 17 章

$$股票价值 = V_s = \hat{p}_0 = 预期股利的现值$$

$$= \hat{D}_1 / (1 + r_s)^1 + \hat{D}_2 / (1 + r_s)^2 + \cdots + \hat{D}_\infty / (1 + r_s)^\infty$$

$$\hat{P}_0 = \hat{D}_1 / (r_s - g)，这里的股利增长率是固定的$$

$$\hat{P}_0 = \hat{D}_0 (1 + g_1)^1 / (1 + r_s)^1 + \hat{D}_0 (1 + g_2)^2 / (1 + r_s)^2 + \cdots + [\hat{D}_0 (1 + g_N)^N + \hat{P}_N]/(1 + r_s)^N$$

$$\hat{P}_N = \hat{D}_N (1 + g_{norm}) / (r_s - g_{norm})，这里的股利增长率不固定$$

$$EVA = (IRR - WACC) \times 投资资金$$
$$= EBIT(1 - T) - (WACC \times 投资资金)$$

$$\hat{P}_0 \approx (P/E 比率) \times EPS_0$$

译 后 记

　　金融学作为一门具有相当的理论性和实践性的学科，是随着企业组织的出现而独立出来的，又由于金融市场的发展而具有了丰富的内涵和广阔的发展空间。最早对金融学产生兴趣是在 1996 年年底，那时候真不知道该看什么样的书，看过货币银行学、国际金融学、投资学、财务学等方面的书，很多初学者能感同身受地想象出那种混乱。

　　呈现在读者面前的这本《金融学原理》(第 5 版)正是反映当代金融学理论和实践进展的一部经典入门教材，也是国际金融界最受好评的优秀教材之一，它被麻省理工大学、宾夕法尼亚大学等近两百所欧美高校采用。本书的作者——南佛罗里达大学的斯科特·贝斯利和佛罗里达大学的尤金·F. 布里格姆都是美国著名教授及财务金融学界的权威人士，贝斯利的主要研究方向是投资。他是 2002 年南部金融协会主席。在此之前，他是协会项目副主席 (2001) 和组织副主席 (1995)。他还在金融管理协会和东部金融协会任职。布里格姆从 1971 年开始在佛罗里达大学授课，是该校的名誉研究教授。他作为作者或联合作者编写的有关财务管理和经济学管理的教材被美国一千多所大学使用，并同时被翻译成多国语言在全世界使用。他还担任过美国金融管理协会的主席。将他们的书翻译出版，对我国财务、金融及工商管理专业的本科教学，MBA 和企业经理人等经济管理人员的职业培训无疑有很大的帮助。

　　本书集中讨论了金融市场和中介、投资和财务管理三个相关的领域，对资本结构、资产定价、证券组合、利率期限结构等理论以及金融中介、金融市场、金融工具等在企业经营管理中的应用进行了深入浅出的介绍，把视角由内部、静态的企业财务活动，扩展到基于金融这个现代经济核心，进行科学的投融资决策，控制企业资金的流向和流量并控制风险，创造和实现企业的价值。本书结构明晰，每章从"管理的视角"导入与该章相关的案例或背景，以"道德困境"结束学习和思考，同时用许多例题、案例和图表来解释和运用核心概念和方法，使学生能够循序渐进地掌握金融学的内容和实质。相信读者在学习和阅读本书的过程中对个中的优点会有切身的体会。

　　《金融学原理》适用于高等院校金融学专业学生、MBA、高层管理人员，以及正在从事和有志于从事金融工作的人士。甚至是追求公司价值最大化的财务决策者，都可以从中找到值得学习和借鉴的地方。

　　本书第 5 版的内容在第 3 版的基础上有非常大的改动，耗时 1 年多的时间，是多位财务和金融教学、科研一线同仁通力合作的结果。他们是：北京大学经济学博士后吴先红，东北财经大学金融学博士苏立刚、王宇，东北财经大学财政学博士徐春武、李季、闫晗，中国人民大学商学院财务金融系博士刘洪生、李艳丽、申景奇、姜军、吴逸伦、王宏和王芃南，东北财经大学会计学院及金融学院研究生陈曦、赵亚敏、陈秋怡、高亚丽、张擎、付楠楠、姜俊梅、孙伟、张玲玲、霍思含、陶雪冰、岳竞媛。同时，也非常感谢参与第 3 版翻译的东北财经大学金融学院研究生刘露、陈阳、刘洋、夏鹏、刘伟、梁月、李琳、李青川、赵文锦、蔡丽、孙平、李靖野、王靖国、陈红萍、林珊珊、邵洁、张云峰、姜冬辉、张庭杰、李秀。在本书翻译过程中，我们得到北京大学出版社张燕和刘誉阳女士的帮助和支持，在此深表谢意。

　　由于水平和时间有限，译文中难免有不妥之处，希望读者朋友予以批评指正。

译者
2016 年春

教 学 支 持 服 务

　　圣智学习出版集团（Cengage Learning）作为为终身教育提供全方位信息服务的全球知名教育出版集团，为秉承其在全球对教材产品的一贯教学支持服务，将为采用其教材图书的每位老师提供教学辅助资料。任何一位通过Cengage Learning北京代表处注册的老师都可直接下载所有在线提供的、全球最为丰富的教学辅助资料，包括教师用书、PPT、习题库等。

　　鉴于部分资源仅适用于老师教学使用，烦请索取的老师配合填写如下情况说明表。

教学辅助资料索取证明

兹证明＿＿＿＿＿＿＿＿大学＿＿＿＿＿系／院＿＿＿＿＿＿学年（学期）开设的＿＿＿名
学生□主修 □选修的＿＿＿＿＿＿＿＿＿课程，采用如下教材作为□主要教材 或□参
考教材：
书名：＿＿＿＿＿＿＿＿＿＿＿＿＿＿＿＿＿＿＿＿＿＿＿＿＿
作者：＿＿＿＿＿＿＿＿＿＿＿＿＿＿＿＿＿＿　□英文影印版　　□中文翻译版
出版社：＿＿＿＿＿＿＿＿＿＿＿＿＿＿＿＿
学生类型：□本科1/2年级　□本科3/4年级　□研究生　□MBA □EMBA　□在职培训
任课教师姓名：＿＿＿＿＿＿＿＿＿＿＿＿
职称／职务：＿＿＿＿＿＿＿＿＿＿＿
电话：＿＿＿＿＿＿＿＿＿＿
E-mail：＿＿＿＿＿＿＿＿＿＿＿
通信地址：＿＿＿＿＿＿＿＿＿＿＿＿
邮编：＿＿＿＿＿＿＿＿＿＿
对本教材的建议：＿＿＿＿＿＿＿＿＿＿＿

系／院主任：＿＿＿＿＿＿＿（签字）
（系／院办公室章）
＿＿＿＿年＿＿＿月＿＿＿日

----

*相关教辅资源事宜敬请联络圣智学习出版集团北京代表处。

北京大学出版社 PEKING UNIVERSITY PRESS

经济与管理图书事业部
北京市海淀区成府路 205 号 100871
联系人：徐 冰 张 燕
电　话：**010-62767312 / 62767348**
传　真：**010-62556201**
电子邮件：em@pup.cn em_pup@126.com
Q　Q：552063295
新浪微博：@北京大学出版社经管图书
网　址：http://www.pup.cn

CENGAGE Learning™

Cengage Learning Beijing Office
圣智学习出版集团北京代表处
北京市海淀区科学院南路2号融科资讯中心C座南楼1201室
Tel: (8610) 8286 2095 / 96 / 97　Fax: (8610) 8286 2089
E-mail: asia.infochina@cengage.com
www.cengageasia.com